国家出版基金项目
NATIONAL PUBLICATION FOUNDATION

國家出版基金項目

教育部哲學社會科學研究重大課題攻關項目

「十一五」國家重點圖書出版規劃項目·重大工程出版規劃

國家社會科學基金重大項目

北京大學「九八五工程」重點項目

儒藏

精華編六三冊

經部禮類

儒藏

精華編

北京大學《儒藏》編纂與研究中心

《儒藏》精華編第六三册

首席總編纂 季羡林

項目首席專家 湯一介

總編纂 湯一介 龐樸 孫欽善 安平秋

（按年齡排序）

本册主編 彭林

《儒藏》精華編凡例

一、中國傳統文化以儒家思想爲中心。《儒藏》爲儒家經典和反映儒家思想、體現儒家經世做人原則的典籍的叢編。收書時限自先秦至清代結束。

二、《儒藏》精華編爲《儒藏》的一部分，選收《儒藏》中的精要書籍。

三、《儒藏》精華編所收書籍，包括傳世文獻和出土文獻。傳世文獻按《四庫全書總目》經史子集四部分類法分類，大類、小類基本參照《中國叢書綜録》和《中國古籍善本書目》，於個别處略作調整。凡單書已收入入選的個人叢書或全集者，僅存目録，並注明互見。出土文獻單列爲一個部類，原件以古文字書寫者一律收其釋文文本。韓國、日本、越南儒學者用漢文寫作的儒學著作，編爲海外文獻部類。

四、所收書籍的篇目卷次，一仍底本原貌，不選編，不改編，保持原書的完整性和獨立性。

五、對入選書籍進行簡要校勘。以對校爲主，確定内容完足、精確率高的版本爲底本，精選有校勘價值的版本爲校本。出校堅持少而精，以校正誤爲主，酌校異同。校記力求規範、精煉。

六、根據現行標點符號用法，結合古籍標點通例，進行規範化標點。專名號除書名號用角號（《》）外，其他一律省略。

七、對較長的篇章，根據文字内容，適當劃分段落。正文原已分段者，不作改動。千字以内的短文一般不分段。

八、各書卷端由整理者撰寫《校點説明》，簡要介紹作者生平、該書成書背景、主要内容及影響，以及整理時所確定的底本、校本（舉全稱後括注簡稱）及其他有關情況。重複出現的作者，其生平事蹟按出現順序前詳後略。

九、本書用繁體漢字豎排，小注一律排爲單行。

《儒藏》精華編第六三册

經部禮類

通禮之屬

五禮通考卷第三十一

內廷供奉禮部右侍郎金匱秦蕙田編輯
太子太保總督直隸右都御史桐城方觀承同訂
按察司副使元和宋宗元參校

吉禮三十一

五帝

蕙田案：五帝之祭，《周禮》最著。《月令》迎氣雖不言祀事，而大皞、炎帝、黄帝、少皞、顓頊及勾芒、祝融、后土、蓐收、玄冥，所謂五人帝、五人神，皆與《家語》合。説者以爲五方之帝即上帝之佐，故注疏家及諸儒以四郊之兆即迎氣之祭，理或然也。乃鄭康成創爲六天之説，而五帝遂與昊天上帝並尊，又一一爲之名字，以明堂大享爲總祭五帝，則舛矣。先儒辭而闢之，不爽也。三代而後，秦之鄜、密、上、下四時，漢增北時，所祀皆五帝，其所由來者舊矣。東漢以降，或從祀於圜丘，或合祭於明堂，或分祭於迎氣，大抵由重即輕，由繁即簡，逮明而不臚於祀焉，此亦不相沿襲之一大端也。後世合祭之事多附見南郊大饗，今復另爲一門，專以四時迎氣屬焉，考禮者亦可知所別矣。

【《周禮·春官·小宗伯》】兆五帝於四郊。

【注】兆，爲壇之營域。五帝，蒼曰靈威仰，太昊食焉；赤曰

赤熛怒，炎帝食焉；黄曰含樞紐，黄帝食焉；白曰白招拒，少昊食焉；黑曰汁光紀，顓頊食焉。黄帝亦於南郊。

鄭氏鍔曰：「求神各從其類，故蒼帝東，赤帝南，白帝西，黑帝北，各於其郊，四郊爲四帝之兆。黄帝之位，學者之論不一。余以《月令》攷之，中央土位於季夏之後，夏，火也，火生土，其相生也，乃所以相繼也，然則黄帝之兆其同位於南郊乎？説者謂玉用黄琮，不用赤璋，其位乃同南郊，何耶？余以爲祭之玉當放其色，求之方，各因其位。」

王氏昭禹曰：「昊天之有上帝，猶國之有君。五精之君，猶四方之諸侯，諸侯有君道，故皆謂之君。五精之君有帝道，故皆謂之帝。」

陳氏汲曰：「鄭氏惑六經、緯書，有六天之説，後世莫能廢。至唐許敬宗始立論非之，近世學者亦知其誕。《大宰》、《掌次》、《司服》皆言祀五帝，《大宗伯》『以青圭禮東方，赤璋禮南方，白琥禮西方，玄璜禮北方』，《小宗伯》『兆五帝於四郊』，則是爲迎氣設於四郊之中立五兆。所謂五帝者，五行之精氣，東方青帝，南方赤帝，西方白帝，北方黑帝，中央黄帝。鄭氏所謂五人帝從祀之説，則於義未害，蓋本《月令》之言。夫人臣如重黎五行之官尚從祀，則以五德之帝配食於五行精氣，或者是歟？案鄭氏注《大宗伯》『青圭禮東方』等謂蒼精之帝，然則此所謂五帝者，即鄭氏所注《大宗伯》之文，謂五行精氣之帝也。鄭氏於彼注已是，於此五帝之下又别爲五帝名，則爲誕矣。」

蕙田案：鄭解「兆」字，甚是。五帝之説，陳及之爲正。先儒駁注疏六天之謬及五帝與上帝之辨，詳見圜丘門，不重録。

劉氏彝曰：「天地之道，陰陽二氣而已。春生夏長，秋實冬藏，品彙於斯，各正性命。聖人不忘乎其所自，遂即圜丘以祀昊天上帝者，報本也；兆於四郊以祀五帝者，迎時氣也。報本所以神天之道，必有宰而御之者，故曰昊天上帝；迎氣所以神天之時，以其應候晷刻差，故曰五方帝。六者無形也，而萬物賴其生成之功；無位也，而聖人代其柄任之命。雖欲神而報之，莫知其神之所在也，故望其昊昊然，則圜丘報本之義生焉；望其五方之色，則兆於四郊之禮作焉。亦猶宗廟一祖也，而六享行焉，故天雖曰神，地雖曰祇，亦强名而神之者也。何以知其然哉？謹案《大司樂》之職云：『乃分樂而序之，以祭，以享，以祀。乃奏黄鐘，歌大吕，舞《雲門》，以祀天神。』若夫地示，則與四望也、山川也各異其樂。天神至尊，一樂而已，明其神之不二也。又大裘而冕，圜丘、五兆不異此服，示其同也。聖人之意，其在兹乎？」

【《禮記·禮器》】因吉土以饗帝於郊，饗帝於郊而風雨節，寒暑時。【注】吉土，王者所卜而居之土也。享帝於郊，以四時所兆，祭於四郊者也。今漢亦四時迎氣，其禮則簡。五帝主五行之氣和，而庶徵得其序也。五行木爲雨，金爲暘，火爲燠，水爲寒，土爲風。【疏】此謂祭五方之帝，因其所卜吉土以爲都，享祭五方之帝於都之四郊。又王者各祭感生之帝於南郊是也。

方氏慤曰：「吉土，卜土之吉者，以爲之兆也。」

蕙田案：經文曰吉土，曰郊，自當以圜丘爲正，所謂「因天事天，爲高必因丘陵」也。鄭以吉土爲所卜而居之土，則指王者所居之都，與因天之義不符矣。又以郊爲專主四郊之壇兆，而圜丘反不與。蓋鄭以圜丘與郊爲二，故不引《大司樂》地上之文，而專以《小宗伯》四郊爲説，意欲自掩其闕，而不知其詞之曲、義之漏也。觀疏言王者祭感生之帝於南郊亦是，則孔氏已深窺其隱而代補之矣。今從先儒正説，載入郊祀門，仍附見於此。蓋經文固不專言四郊之兆，而四郊當亦在其中也。爰録注説而正之。

右五帝兆。

【《家語·五帝篇》】季康子問於孔子曰："舊聞五帝之名，而不知其實，請問何謂五帝？"孔子曰："昔丘也聞諸老聃曰：'天有五行，水、火、金、木、土，分時化育，以成萬物。【王注】一歲三百六十日，五行各主七十二日也。化生長育，一歲之功，萬物莫不成。其神謂之五帝。'五帝，五行之神，佐天生物者。而後世讖緯皆爲之名字，亦爲妖怪妄言。古之王者，易代而改號，取法五行，五行更王，終始相生，亦象其義。法五行更王，終始相生，以木德王天下。其次以生之行轉相承，而諸説乃謂五精之帝下生王者，其爲蔽惑無可言者。故其爲明王者，死而配五行，是以太皞配木，炎帝配火，黄帝配土，少皞配金，顓頊配水。"康子曰："太皞氏其始之木何如？"孔子曰："五行用事，先起於木，木東方，萬物之初皆出焉，是故王者則之，而首以木德王天下，其次則以所生之行轉相承也。"木生火，火生土之屬。康子曰："吾聞勾芒爲木正，祝融爲火正，蓐收爲金正，玄冥爲水正，后土爲土正。此則五行之主而不亂，稱曰帝者，何也？"孔子曰："凡五正者，五行之官名，五行佐成上帝而稱五帝，太皞之屬配焉，亦云帝，從其號。天至尊，物不可以同其號，亦兼稱上帝，上得包下。五行佐成天事，謂之五帝，以地有五行，而其精神在上，故亦謂之上帝。黄帝之屬，故亦稱帝，蓋從天五帝之號。故王者雖號稱帝，而不得稱上帝，而曰天子者，子之與父，其尊卑相去遠矣。曰天王者，言乃天下之王也。昔少皞氏之子有四叔，曰重、曰該、曰修、曰熙，實能金木及水，使重爲勾芒，該爲蓐收，修及熙爲玄冥，顓頊氏之子曰黎，爲祝融。共工氏之子曰勾龍，爲后土。此五者，各以其所能業爲官職。各以一行之官爲職業之事。生爲上公，死爲貴神，別稱五祀，不得同帝。」神故不得稱帝也。康子曰：「陶唐、有虞、夏后、殷、周獨不得配五帝，意者德不及上古耶，將有限乎？」孔子曰：「古之平治水土及播殖百穀者衆矣，唯勾龍兼食於社，兼猶配也。而棄爲稷神，易代奉之，無敢益者，明不可與等。故自太皞以降，逮於顓頊，其應五行而王，數非徒五而配五帝，是其德不可以多也。」

楊氏復曰：「此章注云：『五帝，五行之神，佐天生物者，而後世讖緯皆爲之名字，亦爲妖怪妄言。』夫所謂爲之名字，如靈威仰而下是也。自伏羲始畫八卦，更文王、夫子而後易道備。卦象、《文言》、《繫辭》言天者詳矣，何嘗有此等名字？推原此説之所出，則曰《易緯乾鑿度》也，《春秋緯文耀鉤》也，《運斗樞》也，《孝經緯鉤命決》也，《援神契》也。抑不知《易》也，《春秋》也，《孝經》也，聖人何嘗有一言一句如此？信乎其爲妖怪妄言矣！但此章所謂『五帝，五行之神，佐天生物者』，愚恐非夫子之言。或謂《家語》王肅所作，何也？以《易》論之，乾、坤爲父、母，震、巽、坎、離、艮、兑爲六子，卦畫固有此象矣。然《序卦》言帝出乎震，齊乎巽，自震巽而下，皆天帝之爲也。謂在天有五行，能生物，則可；謂五行佐天生物，則天與五行爲二矣。是以程子曰：『不知乾、坤之外，甚底是六子？譬如人之四肢，只是一體耳。學者大惑也。』」

馬氏端臨曰：「案五帝之祀，見於《周禮》；五帝之義，見於《家語》，其説本正大也。自秦漢間廢祀天之禮，而以所謂郊祀者祀於五時，名曰五帝。鄭康成解經，習聞秦漢之事，遂於經所言郊祀，多指爲祀五帝，且據緯書爲之名字。於是王子雍羣儒引經傳以排之，而謂五帝者，太皞以下五人帝也。先儒楊信齋則謂：『果以五人帝爲五帝，則五人帝之前，其無司四時者乎？鄭則失矣，王亦未爲得也。』其説善矣。然楊氏之釋五帝，則以爲如毛公所謂元氣昊大謂之昊天，遠視蒼蒼謂之蒼天。程子所謂以形體謂之天，以主宰謂之帝之類，則五帝乃天之別名，而元未嘗有所謂五帝之神也。愚謂若以爲天之別名而已，則曰帝可矣，何必拘以五？又何必於祀上帝之外，別立祀五帝之禮乎？蓋五帝爲五行之主而在天，猶五嶽爲五行之鎮而在地，《家語》所言盡之矣。今因疑緯書靈威仰等名字，而謂五帝之本無，因疑五帝之本無，而謂《家語》之非聖言，亦過矣。如日、月、星、宿、風伯、雨師，皆天神之見於祀典者，經傳所言昭昭也，而道家者流則以爲各有名稱，甚者或爲姓字，其妖妄不經，甚於緯書，儒者所不道也。然因是而疑日月諸神之本無，可乎？」

林氏之奇曰：「古之祭上帝與祭五帝之禮，以經推之，禮莫盛於周。周之祭上帝，亦曰祀天，郊祀之天，明堂之上帝，即一也。郊祀從簡，爲報本反始，以稷配；明堂從備，爲大享報成，以文王配。稷，王業所始；文王，王業所成，從其類也。祭於郊曰天，於明堂曰上帝，天言兆朕，帝言主宰也。歲之祭五帝者五：《周禮》先言『祀上帝』，次言『祀五帝亦如之』，蓋言祀青帝之禮亦如之，祀赤帝之禮亦如之，不可詳數，故但曰『祀五帝亦如之』。夫所謂『祀五帝亦如之』者，謂大臣之贊相，有司之備具，至其圭幣，則五帝各有方色，未嘗與上帝混而同也。《周禮》曰禮東方，禮南方，《月令》云四立迎氣，故曰歲之祭上帝者四，而祭五帝者五。若有故而旅，則不在此矣。」

蕙田案：《家語》云：「天有五行，水、火、金、木、土，分時化育，以成萬物，其神謂之五帝。」注以爲「五行之神佐天生物者」，此五帝之正義也。下云：「古之王者，易代而改號，取法五行更王，終始相生，亦象其義。」此言五人帝取法五行，是五帝之配也，文義甚明。王氏注此，亦本不誤。乃王於《周禮》五帝但指爲五人帝，王之蔽也。辨之者遂謂《家語》王肅所作，又諸儒之蔽也。馬氏、林氏之説得之矣。

【《禮記·月令》】孟春之月，其帝太皞，其神勾芒。【注】此蒼精之君，木官之臣，自古以來，著德立功者也。太皞，宓戲氏。勾芒，少皞氏之子，曰重，爲木官。【疏】「其帝大皞」者，謂自古以來，木德之君，其帝太皞也。謂之皞者，案《異義》：《古尚書》説「元氣廣大謂之昊天」，則皞皞廣大之意，以伏羲德能同天，故稱皞。以東方生養，元氣盛大，西方收斂，元氣便小，故東方之帝謂之太皞，西方之帝謂之少皞。「其神勾芒」者，謂自古以來，主春立功之臣，其祀以爲神。是勾芒者，主木之官，木初生之時，勾屈而有芒角，故云勾芒。言太皞、勾芒者，以此二人生時，木王，主春，立德立功。及其死後，春祀之時，則祀此太皞、勾芒，故言也。此言之，據死後享祭之時，不論生存之日，故云「其神勾芒」。勾芒言其神，則太皞亦神也。太皞言帝，則勾芒當云臣也。互而相通。太皞在前，勾芒在後，相去懸遠，非是一時。太皞木王，勾芒有主木之功，故取以相配也。

蕙田案：少皞在太皞之後，故稱少以別之，猶太康、少康，非有優劣也。疏謂元氣有大小，非。

孟夏之月，其帝炎帝，其神祝融。【注】此赤精之君，火官之臣，自古以來，著德立功者也。炎帝，大庭氏也。祝融，顓頊氏之子曰犁，爲火官。【疏】何胤曰：「《春秋説》云：炎帝號大庭氏，又爲地皇，作耒耜，播百穀，曰神農也。」云「犁爲火官」，案昭二十九年《左傳》云：「顓頊氏有子曰犁，爲祝融。」杜注云：「祝融，明貌。」

中央土，其帝黄帝，其神后土。【注】此黄精之君，土官之神，自古以來，著德立功者也。黄帝，軒轅氏也。后土，亦顓頊氏之子曰犁，兼爲土官。【疏】案昭二十九年《左傳》云：「顓頊氏有子曰犁，爲祝融。共工氏有子曰勾龍，爲后土。」后土爲土官。知此經后土非勾龍而爲犁者，以勾龍初爲后土，後轉爲社；后土官缺，犁則兼之，故鄭注《大宗伯》云「犁食於火土」。以《宗伯》别云社稷，又云五祀，勾龍爲社神，則不得又爲五祀，故云「犁兼」也。

丘氏光庭曰：「五行獨土神稱后者，后，君也，位居中，統領四行，故稱君也。案《左傳》勾龍爲后土，后土爲社，則是勾龍一人而配兩祭，非謂轉爲社神也。《月令》土既是五行之神，以勾龍配之，正與《左傳》合。康成失之于前，穎達狥之于後，皆非也。然《楚語》曰：『顓頊命南正重司天，火正犁司地。』犁既司地，豈不可配土？蓋犁之司地，兼其職耳，非有功於土也。若犁可配土，則重亦可配天乎？且犁爲火正，而康成猶用兼之配土，豈勾龍土官乃不可以配土乎？依《左氏》勾龍配於兩祭，不亦宜乎！」

蕙田案：五行之中，土最大，其功亦最鉅，故先王於五祀之外又立社稷以祀之，而勾龍復配食於社焉。一行而兩祀，一官而兩配，皆所以報其功也。中央與社，所祀非二，故配神亦無二。注疏以勾龍轉爲社，犁兼土官，蓋誤。丘氏非之，是也。

孟秋之月，其帝少皞，其神蓐收。【注】此白精之君，金官之臣，自古以來，著德立功者也。少皞，金天氏。蓐收，少皞氏之子曰該，爲金官。【疏】此秋云「其帝少皞」，在西方金位。《左傳》昭元年云「昔金天氏有裔子曰昧，爲玄冥師，生允格、臺駘」，稱金天氏，與少皞金位相當，故少昊則金天氏也。又《帝王世紀》「少皞帝號曰金天氏」。云「少皞氏之子曰該，爲金官」者，案《左傳》昭二十九年蔡墨云少皞氏之子曰該，又云「該爲蓐收」，是爲金神，佐少皞於秋。蓐收者，言秋時萬物摧蓐而收斂。

孟冬之月，其帝顓頊，其神玄冥。【注】此黑精之君，水官之臣，自古以來，著德立功者也。顓頊，高陽氏也。玄冥，少皞氏之子曰修，曰熙，爲水官。【疏】案《五帝德》云：「顓頊高陽氏，姬姓也。」又《帝王世紀》云：「生十年而佐少皞，十二年而冠，二十年而登帝位，在位七十八年而崩，以水承金也。」云「玄冥，少皞氏之子曰修曰熙」者，案昭二十九年《左傳》云少皞氏有子曰修曰熙，又云修及熙爲玄冥，是相代爲水官也。

【《春秋》昭公二十九年《左傳》】蔡墨曰：「五行之官，是謂五官。實列受氏姓，封爲上公，祀爲貴神。社稷五祀，是尊是奉。【注】五官之君長能修其業者，死皆配食於五行之神，爲王者所尊奉。木正曰勾芒，【注】取木生勾曲而有芒角也，其祀重焉。火正曰祝融，【注】祝融，明貌，其祀犂焉。金正曰蓐收，【注】秋物摧蓐而可收也，其祀該焉。水正曰玄冥，【注】水陰而幽冥，其祀修及熙焉。土正曰后土。」【注】土爲羣物主，故稱后也，其祀勾龍焉。在家則祀中霤，在野則爲社。獻子曰：「社稷五祀，誰氏之五官也？」對曰：「少皞氏有四叔，曰重、曰該、曰修、曰熙，實能金、木及水。使重爲勾芒，該爲蓐收，修及熙爲玄冥，世不失職，遂濟窮桑，【注】少皞氏之號。此其三祀也。顓頊氏有子曰犂，爲祝融；共工氏有子曰勾龍，爲后土。此其二祀也。后土爲社。」【疏】五官之君長，死則皆爲貴神，王者尊奉之，如祭配食於五行之神，即下重、該、修、熙、犂是也。王者祭木、火、土、金、水之神，而以此人之神配之食，非專祭此人也。分五行以配四時，故五行之神，勾芒、祝融之徒，皆以時物之狀而爲之名。此五者，本爲五行之神作名耳，非與重、該之徒爲名也。《晉語》云：「虢公夢在廟，有神人面、白毛、虎爪，執鉞立西阿，公懼而走。神曰：『無走！帝命曰：使晉襲於爾門。』公拜稽首。覺，召史嚚占之，對曰：『如君之言，則蓐收也，天之刑神也。』」如彼文，虢公所夢之狀，必非該之貌，自是金神之形耳。由此言之，知勾龍、祝融、玄冥、后土之徒，皆是木火水土之神名，非所配人之神名也。雖本非配人之名，而配者與之同食，亦得取彼神名以爲配者神名。猶社本土神之名，稷本穀神之名，配者亦得稱社稷也。此五行之官，配食五行之神，天子制禮使祀焉，是爲王者所尊奉也。

蕙田案：孔疏此條釋五行之神名，及配神者亦得取彼名以爲名，極精。

葉氏夢得曰：「《左氏》記蔡墨之言，謂以人司其官，死而遂祀以爲神者也。五行本天地之氣，無形可求，其神必依人而行。上古不可得而知矣。自少皞以下，各以其子爲之，則世或擇其能者相代，如夏以柱爲稷，周以棄爲稷是也。後世五行之官不復修，唯后土祭於社，而勾芒立春出土則祀之，祝融、蓐收無常祀也。」

陳氏祥道曰：「古者祭祀必有配，故社配以勾龍，稷配以棄。四時迎氣於郊，不可以無配也，故迎青帝則配以太皞，迎赤帝則配以炎帝，配以太皞則從以勾芒，配以炎帝則從以祝融。以至中央、秋、冬之禮，類皆如此。蓋五帝以德，五神以功，德則究其所乘之勢而本之也，功則推其所職之事而歸之也。」

【《朱子語録》】問：祭先賢先聖如何？朱子曰：有功德在人，人自當報之。古人祀人帝只是如此。

【陳氏《禮書》】有天地則有五方，有五方則有五帝。古者祀五帝必配以五人帝、五人臣。《月令》春、夏、秋、中央之臣皆一人，而冬有修與熙者，蓋冬於方爲朔，於卦爲艮，於腎有左右，於器有權衡，於物有龜蛇，於色有青黑，則官有修、熙宜矣。

右五帝義及配神。

【《禮記・月令》】先立春三日，太史謁之天子曰：「某日立春，盛德在木。」天子乃齊。立春之日，天子親帥三公、九卿、諸侯、大夫，以迎春於東郊。【注】太史，禮官之屬，掌正歲年以序事。謁，告也。迎春，祭蒼帝靈威仰於東郊之兆也。《王居明堂禮》曰：「出十五里迎歲。」蓋殷禮也。周近郊五十里。【疏】賈、馬、蔡邕皆以爲迎春祭太皞及勾芒。鄭獨以爲祭蒼帝靈威仰者，以《禮器》云：「饗帝于郊，而風雨節，寒暑時。」太皞是人帝，何能使風雨寒暑時？《周禮・司服》：「王祀昊天上帝，則服大裘而冕，祀五帝亦如之。」五帝若是人帝，何得與天帝同服也？

楊氏復曰：「鄭注五帝爲天帝，賈逵、馬融、王肅等以五帝爲五人帝。故爲鄭學者辨之云：『饗帝於郊而風雨節，寒暑時，若是五人帝，何能使風雨寒暑得時？』二説不同，當以鄭氏之説爲正。鄭氏注《春官・宗伯》謂禮五天帝而以五人帝配食，謂如立春禮蒼帝於東郊，而太皞、勾芒食焉，以其自外至者，無主不止，故四時别祀五帝，而以五人帝配食也。」

先立夏三日，太史謁之天子曰：「某日立夏，盛德在火。」天子乃齊。立夏之日，天子親帥三公、九卿、大夫，以迎夏於南郊。【注】迎夏，祭赤帝赤熛怒於南郊之兆也。

先立秋三日，太史謁之天子曰：「某日立秋，盛德在金。」天子乃齊。立秋之日，天子親帥三公、九卿、諸侯、大夫，以迎秋於西郊。【注】迎秋者，祭白帝白招拒於西郊之兆也。

先立冬三日，太史謁之天子曰：「某日立冬，盛德在水。」天子乃齊。立冬之日，天子親帥三公、九卿、大夫，以迎冬於北郊。【注】迎冬者，祭黑帝汁光紀於北郊之兆也。

方氏慤曰：「四立之日則其氣至矣，故天子親帥其臣以迎之於郊焉，所以導其氣之至也。五行獨不迎土者，以其居中，非自外至也。」

胡氏銓曰：「饗帝於郊，初不指言何帝。竊以爲蒼帝與太皞皆當祭，不必分也。鄭取《春秋緯》，固不經，而賈、馬等亦太泥矣。鄭又以此爲殷禮，然《王居明堂禮》亦何嘗指以爲殷，又逸《禮》亦豈盡足據，則此謂之周禮可也。」

蕙田案：《周禮》言祀五帝，而不言所祭之時。《月令》有迎氣而無祭祀之事。然兆在四郊，而迎氣亦在四郊，則所迎之地即所兆之地可知也。祭則必於所兆，而迎氣必於四立，則迎氣之日即爲祭帝之日可知也。鄭氏據緯書，蒼帝等名字固不可從，而謂祭於四郊，似可信也。或疑《周禮》言卜日，而四立日則不用卜；《冢宰》言十日戒而《月令》三日齊，《司服》祀五帝大裘而冕，迎氣不應均服大裘。然四立雖有定日，亦須卜者，卜其牲。再《周禮》泛言大祭祀，故以卜日該之，如南北郊亦在内，非無定日也。疏言示審慎，蓋亦是一解。《冢宰》先十日戒乃散齊，《太史》先三日謁乃致齊，義亦無礙。至大裘而冕，特言其祭服之重同於祀天耳，非謂夏秋皆服大裘也。論見郊祀服冕條下。今姑從鄭義，以俟考古者。

右迎氣祭五帝。

【《周禮·天官·大宰》】祀五帝則掌百官之誓戒與其具修。【注】祀五帝，謂四郊及明堂。【疏】《月令》，四時迎氣，及季夏六月迎土氣于南郊，其餘四帝各於其郊，並夏正祭所感帝於南郊，故云祀五帝於四郊也。鄭云「及明堂」者，總享五帝於明堂。依《月令》，秦用季秋。鄭云「未知周以何月」。案下《曲禮》云：「大享不問卜。」鄭云：「祭五帝于明堂，莫適卜也。」彼明堂不卜，此下經云「帥執事而卜日」，則此祀五帝，不合有明堂。鄭云及明堂者，廣解祀五帝之處，其實此處無明堂。

前期十日，帥執事而卜日，遂戒。【疏】四時迎氣、冬至郊天等雖有常時常日，猶須審慎，仍卜日。

【《秋官·大司寇》】若禋祀五帝，則戒之日涖誓百官。

楊氏復曰：「案鄭氏注《掌次》『祀五帝則張大次、小次，設重帟、重案』云：『此所謂四時迎氣，《月令》四立之祭是矣。』及注《太宰》『祀五帝』，《大司寇》、《小司寇》『禋祀五帝』，皆云四時迎氣，亦當與《掌次》同，注又兼云『總享明堂』，何耶？夫總享五帝於明堂，漢禮則有之，非周禮也。漢襲秦禮，郊祀及明堂皆祀五時之帝，周禮安有此哉？鄭注蓋約漢禮以言周禮耳。」

【《天官·司服》】祀昊天上帝則服大裘而

冕，祀五帝亦如之。

鄭氏鍔曰：「五帝雖天之佐而與天同體，故祀之服亦可得而同。四圭有邸，奏黄鍾，歌大吕，舞《雲門》，其玉其樂皆同，其服何疑之有？」

蕙田案：祭服與昊天上帝同者，明其重耳。祀火帝於孟夏，祀土帝於季夏，必無服大裘之理。行禮自有變通，唐《開元禮》夏亦服裘冕，可謂膠柱之見矣。

【《春官・大宗伯》】以青圭禮東方，以赤璋禮南方，以白琥禮西方，以玄璜禮北方，皆有牲幣，各放其器之色。【注】禮東方以立春，謂蒼精之帝而太昊、勾芒食焉。禮南方以立夏，謂赤精之帝而炎帝、祝融食焉。禮西方以立秋，謂白精之帝而少昊、蓐收食焉。禮北方以立冬，謂黑精之帝而顓頊、玄冥食焉。禮神者必象其類。【疏】云「禮東方以立春，謂蒼精之帝」者，此已下皆據《月令》四時迎氣皆在四立之日，故以立春、立夏、立秋、立冬言之也。

鄭氏鍔曰：「不言祀中央者，熊氏以爲中央黄帝亦以赤璋。然以類求神，中央土色宜用黄，孔氏以爲當用黄琮，然則土與地一類，故不言。」

蕙田案：禮中央黄帝之玉，此節及《覲禮》祀方明俱不言，説者以爲用赤璋，則赤非其色；以爲用黄琮，則琮非祀天神之玉，似俱未妥，然亦無明文可攷也。

【《大司樂》】乃奏黄鍾，歌大吕，舞《雲門》，以祀天神。【注】天神謂五帝及日月星辰。

【《地官・充人》】掌繫祭祀之牲牷，祀五帝則繫於牢，芻之三月。【疏】云「祀五帝」者，上云掌繫祭祀之牲牷，則總養天地、宗廟之牲，下别言祀五帝，則略舉五帝而已。其實昊天及地示與四望、社稷之等外神皆繫之也。

【《天官・掌次》】祀五帝則張大次、小次，設重帟、重案。【注】祀五帝於四郊。【疏】「祀五帝於四郊」者，案引《宗伯》祀五帝於四郊是也。此謂四時迎氣。

【《太宰》】及執事，眂滌濯。

【《地官・大司徒》】祀五帝，奉牛牲，羞其肆。

【《秋官・小司寇》】凡禋祀五帝，實鑊水。

【《士師》】祀五帝，則沃尸，及王盥，洎鑊水。

【《天官・太宰》】及納亨，贊王牲事。

及祀之日，贊玉幣爵之事。

楊氏復曰：「祀五帝禮物、樂章，大略當與郊祀同。而亦有不同者，如《小宗伯》『兆五帝於四郊』乃祀五帝之位，《月令》四立之祭乃祀五帝之時，《大宗伯》以青圭禮東方，以赤璋禮南方之類，乃禮五帝之玉，《大宗伯》牲幣各放其器之色，《大司徒》奉牛牲之類，皆祀五帝之禮也。《大司樂》『乃奏黃鐘，歌大呂，舞《雲門》，以祀天神』，鄭注云：『神謂五帝及日月星辰。』則祀五帝之樂也。又案《大宗伯》注疏，祭五天帝以五人神配食。《通典》云：『其配祭以五人帝：春以太皞，夏以炎帝，季夏以黃帝，秋以少昊，冬以顓頊。其壇位，各於當方之郊，去國五十里內曰近郊，爲兆位，於中築方壇，亦名曰太壇，而祭之。其禮七獻，畢獻之後，天子舞當代之樂。』」

蕙田案：陳氏《禮書》謂：「《周官》祀五帝之禮有與天同，以極其隆；有與天異，以致其辨。」其說最明。夫昊天上帝者，猶《易》卦之乾也，《說卦傳》曰「乾爲天」是也。五帝則元、亨、利、貞四德，在天爲四時，在地爲五方，在行爲五行，所以運轉乎陰陽寒暑之氣，而爲生長收藏之主宰者也。譬之在人，性則乾之體也，天也，心則其主宰，而曰君，猶昊天上帝也。五帝則仁、義、禮、智、信之德，發爲惻隱、羞惡、辭讓、是非之心，亦各有主宰，而分見者是也。五帝與天同其隆者四端，皆性也；異于天以致其辨者，偏端之見，非心之全體也，其理一也。鄭玄六天之説則失之僭，從緯書而各爲之名字則失之誕。王肅以爲即五人帝，則又失其本，皆無足據。至祭祀儀節，詳見南郊門。今擇經文之明著五帝，及注可信者，列於右。大略較之祭天，宜少殺，然不可考矣。

右祭五帝儀。

王氏應電曰：「或疑天一而已，不應有五，此後世簒入之文。是不然，《周禮》全經，文誤者寡，雖或簒入，不應數處皆然。蓋天體雖一，而氣之流行，截然不同，《易》曰『帝出乎震，齊乎巽』，《月令》曰『盛德在木』之類是矣，故王者因其氣之至而祀之也。夫天無心也，一陽之生，天心于是而見，故冬至以祭天；帝無形也，五氣之易，帝之主宰于是而見，故于四孟、季夏以祭五帝。然祭雖有五，但因其方氣之不同，而其禮物亦異，非天實有五也。至其所配，則以五人帝，而其從祀又以五人神者，蓋上古聖人繼天而王，其性雖無不全，其曆數受命必各得其氣之盛，若太皥以木德王，周人以火之類。又古者神明之臣，皆能燮調元和，司天司地，各有攸職，世執其功，如重爲勾芒，犂爲祝融，該爲蓐收，修及熙爲玄冥，其功不可掩，故必配以五人帝，而從以五人神也。或又云：祭不欲數，上帝一歲五祭，無乃煩而不敬乎？蓋元后者，天之元子，故事天之禮，一視其祖考。是故冬至之郊視于禘，五帝之祀視于時祭。其餘水旱之祈、禪、革、大故、大烖、大師之類，告禱祠皆與祖廟並舉，一如子孫之事其先王。後人唯失其爲上天元子之意，故若疏遠而不相屬，甚有五年一郊者，故觀此反爲數耳。」

蕙田案：王氏云冬至之郊視乎禘，五帝之祭視乎時祭，其説甚善。又

《祭法》云：「埋少牢于泰昭，祭時也。」似亦與迎氣相近。然少牢用埋，則非天神矣。今不便採入，闕疑可也。

【《史記·秦本紀》】周避犬戎難，東徙雒邑，襄公以兵送周平王。平王封襄公爲諸侯，賜之岐以西之地，於是始國，與諸侯通使聘享之禮，乃用騮駒、黄牛、羝羊各三，祠上帝西畤。《索隱》曰：「襄公始列爲諸侯，自以居西畤。西畤，縣名，故作西畤祠白帝。畤，止也，言神靈之所依止也，亦音市，謂爲壇以祭天也。」

蕙田案：襄公所祀上帝乃白帝，非昊天上帝也。始皇始廢封建，立郡縣，襄公時安得有西畤縣？縣乃因西畤而得名耳。祀上帝曰西畤，則西方之帝耳。《索隱》謂爲壇以祭天，誤。

【《封禪書》】秦襄公始列爲諸侯，居西垂。【注】漢隴西郡縣，今在秦州上邽縣西南九十里。❶ 自以爲主少皡之神，作西畤，祀白帝，其牲用騮駒、黄牛、羝羊各一云。

【《通鑑前編》】平王元年，秦祀上帝于西畤。

蕙田案：「上帝」應作「白帝」。

【《史記·秦本紀》】文公十年，初爲鄜畤，用三牢。

【《封禪書》】秦文公東獵汧渭之間，卜居之而吉。文公夢黄虵自天下屬地，其口止於鄜衍。鄜屬馮翊。山阪曰衍。史敦曰：「此上帝之徵，君其祠之。」於是作鄜畤，用三牲郊祭白帝焉。自未作鄜畤也，而雍旁故有吴陽武畤，雍東有好畤，皆廢無祠。或曰：「自古以雍州積高，神明之隩，故立畤郊上帝，

❶「邽」，原作「封」，據庫本改。

諸神祠皆聚云。蓋黄帝時常用事，雖晚周亦郊焉。」其語不經見，搢紳者不道。

【《通鑑前編》】平王十有五年，秦作鄜時。

【《史記・秦本紀》】德公元年，初居雍城大鄭宫，以犧三百牢祠鄜時。卜居雍。

【《封禪書》】作鄜時後七十八年，秦德公既立，卜居雍，「後子孫飲馬於河」，遂都雍。雍之諸祠自此興。用三百牢於鄜時。《索隱》曰：「『百』當爲『白』，秦君西祠少皞，牲尚白牢。秦，諸侯也，雖奢侈僭祭，郊本特牲，不可用三百牢以祭天，蓋字誤也。」

【《史記・秦本紀》】秦宣公四年，作密時。

【《封禪書》】德公立二年卒。其後六年，秦宣公作密時於渭南，祭青帝。其後，秦靈公作吴陽上時，祭黄帝。徐廣曰：「凡去作密時二百五十年。」作下時，祭炎帝。《索隱》曰：「吴陽，地名，蓋在岳之南。又上云『雍旁有故吴陽武時』，今蓋因武時又作上、下時以祀黄帝、炎帝。」櫟陽雨金，秦獻公自以爲得金瑞，故作畦時櫟陽而祀白帝。晉灼曰：「漢注：在隴西西縣人先祠山下，形如種韭畦。」《索隱》曰：「《漢舊儀》云：『祭人先於隴西西縣人先山，山上皆有土，山下有時，如種韭畦，畦中各有二土封，故云畦時。』」其後百二十歲而秦滅周。

【《正義》】《括地志》云：「漢有五時，在岐州雍縣南，則鄜時、吴陽上時、下時、密時、北時。秦文公夢黄蛇自天而下屬地，其口止于鄜衍，作時，郊祭白帝，曰鄜時。秦宣公作密時於渭南，祭青帝。秦靈公作吴陽上時，祭黄帝；作下時，祀炎帝。漢高帝曰：『天有五帝，今四，何也？待我而具五。』遂立黑帝，曰北時是也。」

蕙田案：據此，則五時所祀者五帝，而非上帝明矣。自是，五帝之祠盛於兩漢，而上帝之祀淆于方士之言，亂於讖緯之説，其害遂及於六經。雖曰注疏之流弊，實五畤爲之厲階也。

【《秦本紀》】昭襄王五十四年，王郊見上帝于雍。

【《封禪書》】秦并天下，令祠官所常奉，惟雍四畤上帝爲尊。故雍四畤，春以爲歲禱，因泮凍，秋涸凍，冬賽祠，五月嘗駒，及四中之月祠。春夏用騂，秋冬用駵。畤駒四匹，木寓龍欒車一駟，李奇曰：「寓，寄也，寄生龍形於木也。」《索隱》曰：「欒車，謂車有鈴。」木寓車馬一駟，各如其帝色。黄犢羔各四，珪幣各有數，皆生瘞埋，無俎豆之具。

【《通典》】秦始皇既即位，以昔文公出獵獲黑龍，此其水德之瑞，用十月爲歲首，色尚黑，音尚大吕。

右秦四畤。

【《漢書·郊祀志》】高祖立爲漢王二年，東擊項籍而還入關，問：「故秦時上帝祠何帝也？」對曰：「四帝，有白、青、黄、赤帝之祠。」高祖曰：「吾聞天有五帝，而四，何也？」莫知其説。於是高祖曰：「吾知之矣，乃待我而具五也。」乃立黑帝祠，命曰北畤。有司進祠，上不親往。悉召故秦祀官，復置太祝、太宰，如其故儀禮。因令縣爲公社。

【《史記·封禪書》】令晉巫祠五帝，九天巫祠九天，皆以歲時祠宫中。《索隱》曰：「《孝武本紀》云：『立九天廟於甘泉。』《三輔故事》云：『胡巫事九天於神明臺。』《淮南子》云：『中央曰鈞天，東方曰蒼天，東北旻天，北方玄天，西北幽天，西方皓天，西南朱天，南方炎天，東南陽天。』是爲九天也。」《正義》曰：「《太玄經》云一中天，二羨天，三徒天，四罰更天，五晬天，六郭天，七咸天，八治天，九成天也。」

【《通考》】案五帝之説，先儒多闢之，以爲帝即天也，天一而已，安得有五？然帝者主宰之名，五行之在天，各有神以主之，而謂之五帝，猶云可也。至于九天之説，則其虛誕特甚，而漢初已祠之宫中。《索隱》、《正義》引《淮南子》及《太玄經》所載名字，是果何所傳授，而於義何所當耶？後來道家有所謂九天，又有所謂三十三天，且各有名字，然則其説所從來遠矣。

文帝十三年，制曰：「朕賴宗廟之靈，社稷之福，方内乂安，民人靡疾。間者比年登，朕之不德，何以饗此？皆上帝諸神之賜也。蓋聞古者饗其德必報其功，欲有增諸神祠。」有司議增雍五畤路車各一乘，駕被具；駕車被馬之飾。西畤、畦畤寓車各一乘，寓馬四疋，駕被具。

【《文帝本紀》】十五年，黄龍見成紀，詔曰：「有異服之神見於成紀，毋害於民，歲以有年。朕親郊祀上帝諸神。禮官議，毋諱以勞朕。」有司、禮官皆曰：「古者天子夏躬親禮祀，祠上帝於郊，故曰郊。」於是天子始幸雍，郊見五帝，以孟夏四月答禮焉。

十六年，上親郊見渭陽五帝廟。

【《漢書·郊祀志》】趙人新垣平以望氣見上，言：「長安東北有神氣，成五采，若人冠冕焉。或曰東北，神明之舍；西方，神明之墓也。張晏曰：「神明，日也。日出東方，舍謂陽谷；日没於西，墓謂北谷也。」師古曰：「此説非也。總言神明以東北爲居，西方爲冢墓之所，故立廟於渭陽也。」天瑞下，宜立祠上帝，以合符應。」於是作渭陽五帝廟，同宇，帝一殿，面五門，各如其帝色。祠所用及儀亦如雍五畤。明年夏四月，帝親拜霸渭之會，以郊見渭陽五帝。五帝廟臨渭，其北穿蒲池溝水。權火舉而祠，若光輝然屬天焉。於是貴平上大夫，賜累千金。而使博士諸生刺《六經》中作《王制》，謀議巡狩封禪事。文帝出長安門，若見五人於道北，遂因其直立五帝壇，祠以五牢具。

【《史記・文帝本紀》】其後人有上書告平所言皆詐，下吏治，誅夷平。自是後，怠於神明之事，而渭陽長門五帝，使祠官領以時致禮，不親往焉。

【《漢書・景帝本紀》】六年冬十月，行幸雍郊五時。

【《史記・封禪書》】孝景即位十六年，祠官各以歲時祠如故，無有所興。

【《漢書・武帝本紀》】元光二年冬十月，行幸雍祠五時。

【《郊祀志》】武帝初即位，尤敬鬼神之祀。六年，竇太后崩，其明年，徵文學之士。明年，上初至雍，郊見五時，後常三歲一郊。

【《武帝本紀》】元狩元年冬十月，行幸雍祠五時，獲白麟，作《白麟》之歌。應劭曰：「獲白麟，因改元曰元狩也。」

【《郊祀志》】亳人謬忌奏祠太乙方，曰：「天神貴者太乙，太乙佐者五帝。古者天子以春秋祭太乙東南郊，日一太牢，七日，爲壇開八通之鬼道。」於是天子令太祝立其祠長安城東南郊，常奉祠如其方。其後，人上書言：「古者天子三年一用太牢，祠三：一天、一地、一太乙。」天子許之，令太祝領祠之於忌太乙壇上，如其方。後人復有言：「古天子常以春解祠，祠黄帝用一梟、破鏡，冥羊用羊祠，馬行用一青牡馬，太乙、皐山山君用牛，武夷君用乾魚，陰陽使者以一牛。」令祠官領之如其方，而祠太乙于忌太乙壇旁。後二年，郊雍，獲一角獸，若麃然。有司曰：「陛下肅祗郊祀，上帝報享，錫一角獸，蓋麟云。」於是以薦五時，時加一牛以燎。賜諸侯白金，以風符應合于天也。

【《武帝本紀》】元狩二年冬十月，行幸雍，祠五時。

元鼎四年冬十月，行幸雍，祠五時。賜民爵一級，女子百户牛酒。

五年冬十月，行幸雍，祠五時。

元封二年冬十月，行幸雍，祠五時。

四年冬十月，行幸雍，祠五時。

【《史記·封禪書》】明堂禮畢，又上泰山，自有秘祠其巔。而泰山下祠五帝，各如其方，黄帝并赤帝，而有司侍祠焉。

蕙田案：漢先立五時，後立渭陽五帝廟，五帝廟旋領祠官，而親祠五時，是爲五帝正祭。其祀明堂復有五帝者，蓋比諸圜丘從祀之例。至東漢明帝時，乃專以明堂祀五帝，而宋齊以下時或從之，則尤誤矣。然其事既行于明堂，則與五時之祀又别。馬氏編輯，多有兩岐。今凡祀明堂者，悉入明堂，此不重載。

太初二年，有司言：「雍五時無牢孰具，芬芳不備。」迺令祠官進時特牢具，色食所勝，孟康曰：「若火勝金，則祠赤帝以白牲也。」而以木寓馬代駒焉。及諸名山川用駒者，悉以木寓馬代，行過乃用駒。他禮如故。

【《漢書·武帝本紀》】太始四年十二月，行幸雍，祠五時。

【《宣帝本紀》】五鳳二年春三月，行幸雍，祠五時。

【《元帝本紀》】始元五年三月，行幸雍，祠五時。

永光四年三月，行幸雍，祠五時。

建昭元年春三月，上幸雍，祠五時。

【《成帝本紀》】建始二年春正月，罷雍五時。

永始二年十一月，行幸雍，祠五時。

三年冬十月庚辰，皇太后詔有司復甘泉泰時、汾陰后土、雍五時、陳寶祠。

【《郊祀志》】明年，祀南郊之明年。匡衡坐事免官爵。衆庶多言不當變動祭祀者。又初罷甘泉泰畤作南郊日，大風壞甘泉竹宮，折拔畤中樹木十圍以上百餘。天子異之，以問劉向。向言：「家人尚不欲絶種祠，種祠，繼嗣所傳祠也。況於國之神寶舊畤！且甘泉、汾陰及雍五畤始立，皆有神祇感應，然後營之，非苟而已也。武、宣之世，奉此三神，禮敬敕備，神光尤著。祖宗所立神祇舊位，誠未易動。」上意恨之。後上以無繼嗣故，令皇太后詔有司曰：「蓋聞王者承事天地，交接太乙，尊莫著于祭祀。孝武皇帝大聖通明，始建上下之祀，營泰畤于甘泉，定后土于汾陰，而神祇安之，享國長久，子孫蕃滋，累世遵業，福流於今。今皇帝寬仁孝順，奉循聖緒，靡有大愆，而久無繼嗣。思其咎職，殆在徙南、北郊，違先帝之制，改神祇舊位，失天地之心，以妨繼嗣之福。春秋六十，未見皇孫，食不甘味，寢不安席，朕甚悼焉。《春秋》大復古，善順祀。其復甘泉泰畤、汾陰后土如故，及雍五畤、陳寶祠在陳倉者。」天子復親郊禮如前。

【《成帝本紀》】元延元年三月，行幸雍，祠五畤。　三年三月，行幸雍，祠五畤。

綏和元年三月，行幸雍，祠五畤。

【《郊祀志》】平帝元始五年，大司馬王莽奏：「臣前奏徙甘泉泰畤、汾陰后土皆復於南、北郊。謹案《周官》『兆五帝於四郊』，山川各因其方，師古曰：「《春官》小宗伯之職也。兆謂爲壇之營域也。五帝於四郊，謂青帝於東郊，赤帝及黄帝於南郊，白帝於西郊，黑帝於北郊也。各因其方，謂順其所在也。」今五帝兆居在雍五畤，不合於古。又日、月、雷、風、山、澤，《易》卦六子之尊氣，所謂六宗也。星、辰、水、火、溝、瀆，皆六宗之屬也。今或未特祀，或無兆居。謹與太師光、大司徒宫、羲和歆等八十九人議，皆曰：天子父事天，母事地。今稱天神曰皇天上帝，泰一兆曰泰畤，而稱地祇曰后土，與中央黄靈同，又兆北郊未有尊稱。宜令地祇稱皇地后祇，兆曰廣畤。《易》曰：『方以類聚，物以羣分。』師古曰：「《易·上繫》之辭也。方謂所向之地。」分羣神以類相從爲五部，兆天地之別神：中央帝黄靈后土畤及日廟、北辰、北斗、填星、中宿中宫於長安城之未地兆；東方帝太昊、青靈、勾芒畤及雷公、風伯廟、歲星、東宿東宫於東郊兆；南方炎帝赤靈、祝融畤及熒惑星、南宿南宫於南郊兆；西方帝少皞、白靈、蓐收畤及太白星、西宿西宫於西郊兆；北方帝顓頊、黑靈、玄冥畤及月廟、雨師廟、辰星、北宿北宫於北郊兆。」奏可。於是長安旁諸廟兆畤甚盛矣。

右西漢五畤。

蕙田案：西漢崇重五帝，而不聞有迎氣之制。東漢以下但有五郊迎氣，而無特祭五帝之文，故自此以下獨存迎氣。其圜丘從祀已見于前，馬氏多彼此互見，今並不列。

【《後漢書·祭祀志》】立春之日，皆青幡幘，迎春於東郭外。令一童男冒青巾，衣青衣，先在東郭外野中。迎春至者，自野中出，則迎者拜之而還，弗祭。三時不迎。

蕙田案：五時迎氣之禮，定于永平。此所載迎春於東郭外，三時不迎者，乃縣邑所行之事，故不備禮。以《志》不書創始年月，故載於永平二年之前，而附著其説如此。

【《明帝本紀》】永平二年，始迎氣於五郊。

【《祭祀志》】迎時氣，五郊之兆。自永平以《禮讖》及《月令》有五郊迎氣服色，因采元始中故事，兆五郊於洛陽四方。中兆在未，壇皆三尺，階無等。立春之日，迎春於東郊，祭青帝勾芒。《月令章句》曰：「東郊去邑八里，因木數也。」車旗、服飾皆青。歌《青陽》，八佾舞《雲翹》之舞。及因賜文官太傅、司徒以下縑各有差。立夏之日，迎夏於南郊，祭赤帝祝融。《月令章句》曰：「去邑七里，因火數也。」車旗、服飾皆赤。歌《朱明》，八佾舞《雲翹》之舞。先立秋十八日，迎黃靈於中兆，祭黃帝后土。《月令章句》曰：「南郊五里，因土數也。」車旗、服飾皆黃。歌《朱明》，八佾舞《雲翹》、《育命》之舞。魏氏繆襲議曰：「漢有《雲翹》、《育命》之舞，不知所出。舊以祀天，今可兼以《雲翹》祀圜丘，兼以《育命》祀方澤。」立秋之日，迎秋於西郊，祭白帝蓐收。《月令章句》曰：「西郊九里，因金數也。」車旗、服飾皆白。歌《西皓》，八佾舞《育命》之舞。使謁者以一特牲先祭先虞於壇，有事，天子入囿射牲，以祭宗廟，名曰貙劉。語在《禮儀志》。立冬之日，迎冬於北郊，祭黑帝玄冥。《月令章句》曰：「北郊六里，因水數也。」車旗、服飾皆黑。歌《玄冥》，八佾舞《育命》之舞。

【《獻帝本紀》】建安八年冬十月己巳，公卿初迎冬於北郊，總章始復，備八佾舞。

【注】《獻帝起居注》曰：「建安八年，公卿迎氣北郊，始復用八佾。」《皇覽》曰：「迎禮春、夏、秋、冬之樂，又順天道，是故距冬至日四十六日，則天子迎春於東堂，距邦八里，堂高八尺，堂階三等。青稅八乘，旗旄尚青，田車載矛，號曰『助天生』。唱之以角，舞之以羽翟，此迎春之樂也。自春分數四十六日，則天子迎夏於南堂，距邦七里，堂高七尺，堂階二等。赤稅七

乘，旗旄尚赤，田車載戟，號曰『助天養』。唱之以徵，舞之以鼓鞉，此迎夏之樂也。自夏至數四十六日，則天子迎秋於西堂，距邦九里，堂高九尺，階九等。白税九乘，旗旄尚白，田車載兵，號曰『助天收』。唱之以商，舞之以干戚，此迎秋之樂也。自秋分數四十六日，則天子迎冬於北堂，距邦六里，堂高六尺，堂階六等。黑税六乘，旗旄尚黑，田車載甲鐵鍪，號曰『助天誅』。唱之以羽，舞之以干戈，此迎冬之樂也。」

【《祭祀志》】肅宗建初五年，始行月令迎氣樂。

《東觀記》曰：「馬防上言：『聖人作樂，所以宣氣致和，順陰陽也。臣愚以爲可因歲首，發太簇之律，奏雅頌之音，以迎和氣。』時以作樂器費多，遂獨行十月迎氣樂也。」

靈帝建寧二年，迎氣黄郊。道於洛水西橋，逢暴風雨。導從鹵簿車或發蓋，百官霑濡，還，不至郊，使有司行禮。迎氣北郊。❶

時議郎蔡邕上疏言：「臣自在宰府，及備朱衣，朱衣，謂祭官也。迎氣五時，而車駕稀出，四時致敬，屢委有司。雖有解除，猶爲疏廢。解除，謂謝過也。忘禮敬之大，任禁忌之書，拘信小故，以虧大典。故皇天不悦，顯風霆災妖之異。」

右東漢五郊迎氣。

【《宋書・禮志》】晉武帝泰始二年，詔定郊祀，羣臣議：「五帝即天地王氣，其實一神。五郊宜改五精之號，皆同稱昊天上帝，各設一坐而已。」從之。

❶「北郊」，《續漢志・五行四》作「西郊」，下有「亦壹如此」四字。

蕙田案：明堂除五帝之坐，五郊改五精之號，皆晉武特識，超越兩漢。但五帝本五行之氣，同在天中，而各有所主。譬如人有五官，不可指其一而名之曰人。同稱昊天上帝，於義殊爲未安也。

蕙田又案：《晉》《宋》二史，郊堂以外，俱不言有別祭五帝之制。觀此條，五郊是其指迎氣分祭無疑也。又明帝太寧三年，詔書有「依舊詳處」之文，是舊有之，而渡江後復設耳。

【《晉書・明帝本紀》】太寧三年，詔曰：「郊祀天地，帝王之重事。自中興以來，惟南郊。北郊、四時五郊之禮都不復設，主者其依舊詳處。」

【《隋書・禮儀志》】《禮》，天子每以四立之日及季夏，乘玉輅，建大旂，服大裘，各於其方之近郊爲兆，迎其帝而祭之。所謂燔柴於太壇，掃地而祭者也。春迎靈威仰者，三春之始，萬物稟之而生，莫不仰其靈德，服而畏之也。夏迎赤熛怒者，火色熛怒，其靈炎至明盛也。秋迎白招拒者，招，集；拒，大也，言秋時集成萬物，其功大也。冬迎叶光紀者，❶叶，拾；光，華；紀，法也。言冬時收拾光華之色，伏而藏之，皆有法也。中迎含樞紐者，含，容也；樞，機，有開闔之義；紐者，結也。言土德之帝，能含容萬物，開闔有時，紐結有法也。然此五帝之號，皆以其德而名焉。梁、陳、後齊、後周及隋，制度相循，皆以其時之日，各於其郊迎，而以太皞之屬五人帝配祭，並以五官、三

❶「叶」，原作「汁」，據庫本及《隋書・禮儀志》改。

辰、七宿於其方從祀焉。

梁制，迎氣以始祖配，牲用特牛一，其儀同南郊。

天監五年，明山賓請迎五帝于郊，皆以始祖配饗。詔「依議」。　七年，尚書左丞司馬筠等議：「以昆蟲未蟄，不以火田，鳩化爲鷹，罻羅方設。仲春之月，祀不用牲，止珪璧皮幣。斯又事神之道，可以不殺明矣。况今祀天，豈容尚此？請夏初迎氣，祭不用牲。」帝從之。　八年，明山賓議曰：「《周官》祀昊天以大裘，祀五帝亦如之。頃代郊祀之服，皆用衮冕，是以前奏迎氣、祀五帝，亦服衮冕。愚謂迎氣、祀五帝亦宜用大裘，禮俱一獻。」帝從之。

陳迎氣之法，皆因梁制。

【《魏書·太祖本紀》】天興元年，詔百司議定五郊立氣，宣贊時令，敬授民時，行夏之正。

太和十五年十有二月己酉，車駕迎春于東郊。　十六年三月乙亥，車駕初迎氣南郊，自此以爲常。　十九年，詔議牲色。祕書令李彪曰：「五帝各象其方色，亦有其義。」

【《魏書·禮志》】太宗泰常三年，爲五精帝兆於四郊，遠近依五行數。各爲方壇四陛，埒壝三重，通四門。以太皞等及諸佐隨配。侑祭黄帝，常以立秋前十八日。餘四帝，各以四立之日。牲各用牛一，有司主之。

　蕙田案：《魏書》此下云：「又六宗、靈星、風伯、雨師、司民、司禄、先農之壇，皆有别兆，祭有常日，牲用少牢。立春之日，遣有司迎春於東郊，祭用酒、脯、棗、栗，無牲幣。」此所謂祭，自指六宗諸壇而言，蓋正祭則以少牢，立春非諸壇之正祭，故殺用酒、脯也。《通典》節取此文，直於「牛一」之下，接云「又立春日，遣有司」云云，則似一日之中兩祀青帝，一以牛，一以酒、脯，知其不然矣。

【《劉芳傳》】轉太常卿，芳以所置五郊及日月之位、去城里數於禮有違，乃上疏曰：「臣聞國之大事，莫先郊祀；郊祀之本，實在審位。是以列聖格言，彪炳綿籍；先儒正論，昭著經史。臣學謝全經，業乖通古，豈可輕薦瞽言，妄陳管說！竊見所置壇祠，遠近之宜，考之典制，或未允衷，既曰職司，請陳膚淺。《孟春令》云：『其數八。』又云：『迎春於東郊。』盧植云：『東郊，八里之郊也。』賈逵云：『東郊，木帝太昊，八里。』許慎云：『東郊，八里郊。』鄭玄《孟春令》注云：『《王居明堂禮》曰：「王出十五里迎歲。」蓋殷禮也。周禮，近郊五十里。』鄭玄別注云：『東郊去都城八里。』高誘云：『迎春氣於東方，八里郊也。』王肅云：『東郊八里，因木數也。』此皆同謂春郊八里之明據也。《孟夏令》云：『其數七。』又云：『迎夏於南郊。』盧植云：『南郊，七里郊也。』賈逵云：『南郊，火帝，炎帝，七里。』許慎云：『南郊，七里郊也。』鄭玄云：『南郊去都城七里。』高誘云：『南郊，七里之郊也。』王肅云：『南郊七里，因火數也。』此又南郊七里之審據也。《中央令》云：『其數五。』盧植云：『中郊，五里之郊也。』賈逵云：『中央黄帝之位，并南郊之季，故云兆五帝於四郊也。』鄭玄云：『中郊，西南未地，去都城五里。』此又中郊五里之審據也。《孟秋令》云：『其數九。』又曰：『迎秋於西郊。』盧植云：『西郊，九里郊。』賈逵云：『西郊，金帝少皞，九里。』許慎云：『西郊，九里郊也。』

鄭玄云：『西郊去都城九里。』高誘云：『西郊，九里之郊也。』王肅云：『西郊九里，因金數也。』此又西郊九里之審據也。《孟冬令》云：『其數六。』又云：『迎冬於北郊。』盧植云：『北郊，六里郊也。』賈逵云：『北郊，水帝顓頊，六里。』許慎云：『北郊，六里郊也。』鄭玄云：『北郊去都城六里。』高誘云：『北郊，六里之郊也。』王肅云：『北郊六里，因水數也。』此又北郊六里之審據也。宋氏《含文嘉》注云：❶『《周禮》：王畿千里，二十分其一，以爲近郊。近郊五十里，倍之爲遠郊。迎王氣蓋於近郊。漢不設王畿，則以其方數爲郊處，故東郊八里，南郊七里，西郊九里，北郊六里，中郊在西南未地，五里。』《祭祀志》云：『建武二年正月，初制郊兆於雒陽城南七里，依採元始中故事，北郊在雒陽城北四里。』此又漢世南、北郊之明據也。今地祇準此。至如三十里之郊，進乖鄭玄所引殷、周二代之據，退違漢、魏所行故事。凡邑外曰郊。今計四郊各以郭門爲限，里數依上。《禮》：朝拜日月，皆於東西門外。今日月之位，去城東西，路各三十，竊又未審。《禮》又云：『祭日於壇，祭月於坎。』」今計造如上。詔曰：「所上乃有明據，但先朝置立已久，且可從舊。」

【《高祖本紀》】太和十六年三月乙卯，車駕初迎氣南郊，自此爲常。

【《隋書·禮儀志》】後齊五郊迎氣，爲壇各於四郊，又爲黄壇於未地。所祀天帝及配帝五官之神同梁。其玉帛、牲各以其方色。其儀與南郊同。帝及后各以夕牲日之旦，太尉陳幣，告請其廟，以就配焉。其從祀之

❶「含」，原作「舍」，據庫本改。

官，位皆南陛之東，西向。壇上設饌畢，太宰丞設饌於其座。亞獻畢，太常少卿乃於其所獻。事畢，皆撤。又云，立春前五日，於州大門外之東，造青土牛兩頭，耕夫犁具。立春，有司迎春於東郊，登青幡於青牛之傍焉。

五郊迎氣樂辭：

青帝降神，奏《高明樂》辭　歲云獻，谷風歸。斗東指，雁北飛。電鞭激，雷車遽。虹旌靡，青龍馭。和氣洽，具物滋。翻降止，應帝期。

赤帝降神，奏《高明樂》辭　婺女司旦中吕宣，朱精御節離景延。根荄俊茂温風發，柘火風水應炎月。執衡長物德孔昭，赤旂霞曳會今朝。

黄帝降神，奏《高明樂》辭　居中匝五運，乘衡畢四時。含養資羣物，協德固皇基。嘽緩契王風，持載符君德。良辰動靈駕，承祀昌邦國。

白帝降神，奏《高明樂》辭　風凉露降，馳景颸寒精。山川摇落，平秩在西成。蓋藏成積，蒸人被嘉祉。從享來儀，鴻休溢千祀。

黑帝降神，奏《高明樂》辭　虹藏雉化告寒，冰壯地坼年殫。日次月紀方極，九州萬邦獻力。叶光是紀歲窮，微陽潛兆方融。天子赫赫明聖，享神降福惟敬。

後周五郊壇，其崇及去國，如其行之數。其廣皆四丈，其方俱百二十步。内壝皆半之。祭配皆同後齊。星辰、七宿、嶽鎮、海瀆、山林、川澤、丘陵、墳衍，亦各於其方配郊而祀之。其星辰爲壇，崇五尺，方二丈。嶽鎮爲埳，方二丈，深二尺。山林已下，亦爲埳。壇崇三尺，埳深一尺，俱方一丈。其儀頗同南郊。冢宰亞獻，宗伯終獻，禮畢。

祀五帝歌辭：

奠玉帛，奏《皇夏》辭　嘉玉惟芳，嘉幣惟量。成形依禮，稟色隨方。神班有次，歲禮惟常。威儀抑抑，率由舊章。

初獻，奏《皇夏》　惟令之月，惟嘉之辰。司壇宿設，掌史誠陳。敢用明禮，言功上神。鈎陳旦闢，閶闔朝分。旒垂象冕，樂奏《山雲》。將迴霆策，蹔轉天文。五運周環，四時代序。鱗次玉帛，循迴樽俎。神其降之，介福斯許。

皇帝初獻青帝，奏《雲門舞》　甲在日，鳥中星。禮東后，奠蒼靈。樹春旗，命青史。候雁還，東風起。歌木德，舞震宮。泗濱石，龍門桐。孟之月，陽之天。億斯慶，兆斯年。

皇帝初獻配帝，奏舞　帝出于震，蒼德於神。其明在日，其位居春。勞以定國，功以施人。言從配祀，近取諸身。

皇帝初獻赤帝，奏《雲門舞》　招搖指午對南宮，日月相會實沈中。離光布政動温風，純陽之月樂炎精。赤雀丹書飛送迎，朱弦絳鼓罄虔誠，萬物含養各長生。

皇帝獻配帝，奏舞　以炎爲政，以火爲官，位司南陸，享配離壇。三和實俎，百味浮蘭。神其茂豫，天步艱難。

皇帝初獻黃帝，奏《雲門舞》　三光儀表正，四氣風雲同。戊己行初曆，黃鐘始變宮。平琮禮內鎮，陰管奏司中。齋壇芝曄曄，清野桂馮馮。夕牢芬六鼎，安歌韻八風。神光乃超忽，佳氣恒蔥蔥。

皇帝初獻配帝，奏舞　四時咸一德，五氣或同論。猶吹鳳凰管，尚對梧桐園。器圜居土厚，位總配神尊。始知今奏樂，還用我《雲門》。

皇帝初獻白帝，奏《雲門舞》　肅靈兑景，承配秋壇。雲高火落，露白蟬寒。帝律登年，金精行令。瑞獸霜輝，祥禽雪映。司藏肅殺，萬保咸宜。厥田上上，收功在斯。

皇帝初獻配帝，奏舞　金行秋令，白帝朱宣。司正五雉，歌庸九川。執文之德，對越彼天。介以福祉，君子萬年。

皇帝初獻黑帝，奏《雲門舞》　北辰爲政玄壇，北陸之祀員官。宿設玄圭浴蘭，坎德陰風御寒。次律將迴窮紀，微陽欲動細泉。管猶調於陰竹，聲未入於春弦。待歸餘於送曆，方履慶於斯年。

皇帝初獻配帝，奏舞　地始坼，虹始藏。服玄玉，居玄堂。沐蕙氣，浴蘭湯。匏器潔，水泉香。陟配彼，福無疆。君欣欣，此樂康。

隋五時迎氣。青郊爲壇，國東春明門外道北，❶去宮八里，高八尺。赤郊爲壇，國南明德門外道西，去宮十三里，高七尺。黄郊爲壇，國南安化門外道西，去宮十二里，高七尺。白郊爲壇，國西開遠門外道南，去宮八里，高九尺。黑郊爲壇，宮北十一里丑地。高六尺，並廣四丈。各以四方立日，黄郊以季夏土王日。祀其方之帝，各配以人帝，以太祖武元帝配。五官及星三辰七宿，亦各依其方從祀。其牲依方色，各用犢二，星辰加羊、豕各一。其儀同南郊。其嶽瀆鎮海，各依五時迎氣日，遣使就其所，祭之以太牢。

❶「國東春明門外道北」，原作「國南明德門外道西」，據《隋書・禮儀志》改。

【《音樂志》】五郊歌辭五首：迎送神、登歌，與圜丘同。

青帝歌辭，奏角音　震宮初動，木德惟仁。龍精戒旦，鳥曆司春。陽光煦物，温風先導。巖處載驚，膏田已冒。犧牲豐潔，金石和聲。懷柔備禮，明德惟馨。

赤帝歌辭，奏徵音　長贏開序，炎上爲德。執禮司萌，持衡御國。重離得位，芒種在時。含櫻薦實，木槿垂蕤。慶賞既行，高明可處。順時立祭，事昭福舉。

黄帝歌辭，奏宫音　爰稼作土，順位稱坤。孕金成德，履艮爲尊。黄本内色，宫實聲始。萬物資生，四時咸紀。靈壇汎掃，盛樂高張。威儀孔備，福履無疆。

白帝歌辭，奏商音　西成肇節，盛德在秋。三農稍已，九穀行收。金氣肅殺，商威飂戾。巖風鼓莖，繁霜殞蔕。厲兵詰暴，敕法慎刑。神明降嘏，國步惟寧。

黑帝歌辭，奏羽音　玄英啓候，冥陵初起。虹藏於天，雉化於水。嚴關重閉，星迴日窮。黄鐘動律，廣莫生風。玄尊示本，天産惟質。恩覃外區，福流景室。

五禮通考卷第三十一

淮陰吴玉搢校字

五禮通考卷第三十二

內廷供奉禮部右侍郎金匱秦蕙田編輯
太子太保總督直隸右都御史桐城方觀承同訂
按察司副使元和宋宗元參校

吉禮三十二

五帝

【《舊唐書·禮儀志》】武德、貞觀之制，神祇大享之外，每歲立春之日，祀青帝於東郊，帝宓羲配，勾芒、歲星、三辰、七宿從祀。立夏，祀赤帝於南郊，帝神農氏配，祝融、熒惑、三辰、七宿從祀。季夏土王日，祀黃帝於南郊，帝軒轅配，后土、鎮星從祀。立秋，祀白帝於西郊，帝少昊配，蓐收、太白、三辰、七宿從祀。立冬，祀黑帝於北郊，帝顓頊配，玄冥、辰星、三辰、七宿從祀。每郊帝及配座，用方色犢各一，籩、豆各四，簠、簋各一，甄、俎各一。勾芒已下五星及三辰、七宿，每宿牲用少牢，每座籩、豆、簠、簋、甄、俎各一。

【《音樂志》】祀五方上帝於五郊，樂章四十首貞觀中魏徵等作，今行用。

祀黃帝降神奏宮音　黃中正位，含章居貞。既彰六律，兼和五聲。畢陳萬舞，乃薦斯牲。神其下降，永祚休平。

皇帝行，用《太和》。詞同冬至圜丘。

登歌奠玉帛，用《肅和》　渺渺方輿，蒼蒼圓蓋。至哉樞紐，宅中圖大。氣調四序，風和萬籟。祚我明德，時雍道泰。

迎俎，用《雍和》　金縣夕肆，玉俎朝陳。饗薦黄道，芬流紫辰。酒誠酒敬，載享載禋。崇薦斯在，惟皇是賓。

皇帝酌獻飲福，用《壽和》。詞同冬至圜丘。

送文舞出迎武舞入，用《舒和》　御徵乘宫出郊甸，安歌率舞遞將迎。自有《雲門》符帝賞，猶持雷鼓答天成。

武舞用《凱安》。詞同冬至圜丘。

送神用《豫和》。詞同冬至圜丘。此與《太和》、《壽和》四曲以下並同。

祀青帝降神，用角音　鶴雲旦起，烏星昏集。律候新風，陽開初蟄。至德可饗，行潦斯挹。錫以無疆，烝人乃粒。

登歌奠玉帛，用《肅和》　玄鳥司春，蒼龍登歲。節物變柳，光風轉蕙。瑶席降神，朱弦饗帝。誠備祝嘏，禮殫珪幣。

迎俎，用《雍和》　大樂希音，至誠簡禮。文物斯建，聲名濟濟。六變有成，三登無體。迎春豐潔，恩覃愷悌。

送文舞出迎武舞入，用《舒和》　笙歌籥舞屬年韶，鷺鼓鳧鐘展時豫。調露初迎綺春節，承雲遽踐蒼霄馭。

祀赤帝降神，用徵音　青陽告謝，朱明戒序。延長是祈，敬陳椒醑。博碩斯薦，笙鏞備舉。庶盡肅恭，非馨稷黍。

登歌奠玉帛，用《肅和》　離位克明，火中宵見。峰雲暮起，景風晨扇。木槿初榮，❶含桃可薦。芬馥百品，鏗鏘三變。

迎俎用《雍和》　昭昭丹陸，奕奕炎方。禮陳牲幣，樂備篪簧。瓊羞溢俎，玉醑浮觴。恭惟正直，歆此馨香。

送文舞出迎武舞入，用《舒和》　千里温

❶「榮」，原作「容」，據《舊唐書·音樂志》改。

風飄絳羽，十枚炎景勝朱干。陳觴薦俎歌三獻，拊石摐金會七盤。

祀白帝降神用商音　白藏應節，天高氣清。歲功既阜，庶類收成。萬方静謐，九土和平。馨香是薦，受祚聰明。

登歌奠玉帛用《肅和》　金行在節，素靈居正。氣肅霜嚴，林凋草勁。豺祭隼擊，潦收川鏡。九穀已登，萬箱流詠。

迎俎用《雍和》　律應西成，氣躔南吕。珪幣咸列，笙竽備舉。苾苾蘭羞，芬芬桂醑。式資宴貺，用調霜序。

送文舞出迎武舞入，用《舒和》　璇儀氣爽驚緹籥，玉吕灰飛含素商。鳴鞞奏管芳羞薦，會舞安歌葆旄揚。

祀黑帝降神用羽音　嚴冬季月，星迴風厲。享祀報功，方祈來歲。

登歌、奠玉帛，用《肅和》　律周玉琯，星迴金度。次極陽烏，紀窮陰兔。火林霰雪，湯泉凝沍。八蜡已登，三農息務。

迎俎用《雍和》　陽月斯紀，應鐘在候。載潔牲牷，爰登俎豆。既高既遠，無聲無臭。静言格思，惟神保佑。

送文舞出迎武舞入，用《舒和》　執籥持羽初終曲，朱干玉鍼始分行。《七德》、《九功》咸已暢，明靈降福具穰穰。

又五郊樂音十首太樂舊有此詞，不詳所起。

黄郊迎神　朱明季序，黄郊土辰。厚以載物，甘以養人。毓金爲體，稟火成身。宫音式奏，奏以迎神。

送神　春末冬暮，徂夏杪秋。土王四月，時季一周。黍稷已享，籩豆宜收。送神有樂，神其賜休。

青郊迎神　緹幕移候，青郊啓蟄。淑景遲遲，和風習習。璧玉宵備，旌旄曙立。

張樂以迎，帝神其入。

送神　文物流彩，聲明動色。人竭其恭，靈昭其飭。歆薦無已，垂禎不極。送禮有章，惟神還軾。

赤郊迎神　青陽節謝，朱明候改。靡草雕華，含桃流彩。簴列鐘磬，筵陳脯醢。樂以迎神，神其如在。

送神　炎精式降，蒼生攸仰。羞列豆籩，酒陳犧象。昭祀有應，宜其不爽。送樂張音，惟靈之往。

白帝迎神　序移玉律，節應金商。天嚴殺氣，吹警秋方。槱燎既積，稷奠並芳。樂以迎奏，庶降神光。

送神　祀遵五禮，時屬三秋。人懷肅敬，靈降禎休。奠歆旨酒，薦享珍羞。載張送樂，神其上遊。

黑郊迎神　玄英戒序，黑郊臨候。掌禮陳彝，司筵執豆。寒雰斂色，沍泉凝漏。樂以迎神，八音斯奏。

送神　北郊時沵，南陸輝處。奠本虔誠，獻彌恭慮。上延祉福，下承歡豫。廣樂送神，神其整馭。

【《通典》】永昌元年，（即嗣聖六年。）敕：「天無二稱，帝是通名。承前諸儒，互生同異，乃以五方之帝，亦謂爲天。假有經傳互文，終是名實未當。稱號不別，尊卑相混。自今郊祀之禮，惟昊天上帝稱天，自餘五帝皆稱帝。」

【《通考》】玄宗開元十一年正月十日制：獻歲之吉，迎氣方始，敬順天時，無違月令。所由長吏，可舉舊章。

【《開元禮》】立春日，祀青帝於東郊。以太昊配，勾芒、歲星、三辰、七宿從祀。

立夏日，祀赤帝於南郊。炎帝配，祝融、

熒惑、三辰、七宿從祀。

季夏日，祀黃帝於南郊　軒轅配，后土、鎮星從祀。

立秋日，祀白帝於西郊　少昊配，蓐收、太白、三辰、七宿從祀。

立冬日，祀黑帝於北郊　顓頊配，玄冥、辰星、三辰、七宿從祀。正座、配座籩、豆各十二，五辰、五官、三辰、七宿籩、豆各二，餘各一也。

以上樂用本音，皆以黃鐘爲均，三成，准《周禮》云「圜鐘之均六變，天神皆降可得」。而《禮記》云「天神皆降」，明五帝、日月星辰皆天神也。又准《周禮》，樂三變唯致丘陵之祇，今改用六變。

齋戒　攝事祀官齋戒如圜丘儀。　前祀七日平明，太尉誓百官於尚書省曰：「某月某日，祀青帝於東郊，各揚其職。不供其事，國有常刑。」皇帝散齋四日，致齋三日，如圜丘儀。

陳設　前祀三日，尚舍直長施大次於外壝東門之内道北，南向。尚舍奉御鋪御座，攝事則衛尉設祀官公卿已下次於道南，北向西上。　衛尉設陳饌幔於内壝東門之外道南，北向。設文武侍臣次，又設祀官及從祀羣官、諸州使、蕃客等次。前祀二日，太樂令設宮懸之樂於壇南壝之内，設歌鐘、歌磬於壇上，各如圜丘之儀。右校掃除壇之内外。郊社令積柴於燎壇，其壇於樂懸之南外壝之内，攝事則其壇於神壇之左内壝之外。　方一丈，高丈二尺，開上南出户，方六尺。前祀一日，奉禮設御位在壇之東南，西向；攝事則設祀官公卿位於内壝東門之内道北，執事位於道南。每等異位。重行西向，以北爲上。　設望燎位於柴壇之北，南向；設祀官、公卿位於内壝東門之外道南，分獻之官於公卿之南，執事位於其後；設祀官及從祀羣官位及門外等位，一如圜丘。攝事則御史位於壇上。設牲牓於東壝之外，當門西。❶配帝牲牓少退南上，設廩犧令位於牲西南，御史陪其後，❷俱北向；設諸太祝位於牲東，各當牲後，祝史陪其後，俱西向；設太常卿省牲位於牲前，近北南向。設青帝夏赤帝，季夏黃帝，秋白帝，冬黑帝。酒罇於壇之上下，太罇二，著罇二，犧罇二，罍二，在壇上東南隅，北向；象罇二、壺罇二、山罍二，在壇下，皆於南陛之東，北向西上；設配帝著罇二、犧罇二、象罇二、罍二，在壇上，於青帝酒罇之東，北向西上；歲星、三辰、勾芒氏夏祝融，季夏后土，秋蓐收，冬玄冥，已下放此。俱象罇二，各設於神座之左，皆右向；七宿，壺罇二，設於神座之右而左向。上帝、配帝之罇置於坫。星辰以下罇藉以席，皆加勺、冪，設爵於罇下。設御洗於壇南陛東南，亞獻之洗又於東南，俱北向。罍水在洗東，篚在洗西，南肆。篚實以巾爵。設星辰之罇、罍、洗、篚各於其方陛道之左，俱內向，執罇、罍、篚、冪者各於其後；又設玉幣之篚於壇上下罇坫之所。祀日未明五刻，太史令、郊社令設青帝靈威仰神位赤帝赤熛怒，黃帝含樞紐，白帝白招拒，黑帝叶光紀。於壇上北方，南向，席以藁秸。設帝太昊氏神座夏神農，季夏軒轅，秋少昊，冬顓頊，已下放此。於東方，西向，席以莞。設歲星三辰之座於壇之東北，七宿之座於壇之西北，各於其壇，南向相對爲首；設勾芒氏之座於壇之東面，❸西向，席皆莞；設神位各於座首。

省牲器。如別儀。

鑾駕出宮。如圜丘儀。

❶「西」下，《大唐開元禮》卷一一有「向」字。

❷「御」，《大唐開元禮》卷一一五時分述，或作「祝」，或無此字。

❸「面」，《大唐開元禮》卷一一作「南」。

奠玉帛　祀日未明三刻，諸祀官各服其服。郊社令、良醖令各率其屬入實罇、罍、玉幣。凡六罇之次，太罇爲上，實以汎齊；著罇次之，實以醴齊；犧罇次之，實以盎齊；象罇次之，實以醍齊；壺罇次之，實以沈齊；山罍下，實以三酒。配帝著罇爲上，實以汎齊；犧罇次之，實以醴齊；象罇次之，實以盎齊。其歲星、三辰、勾芒氏之象罇，俱實以醍齊。七宿之壺罇，俱實以汎齊，玄酒各實於五齊之上罇。禮神之玉，東方以青珪，南方以赤璋，中央以黃琮，西方以騶虞，北方以玄璜。其幣各隨方色，長丈八尺。太官令帥進饌者實籩、豆、簠、簋，入設於內壝東門之外饌幔內。未明二刻，奉禮帥贊者先入就位，贊引引御史、❶博士、諸太祝及令史、祝史與執罇罍、篚、冪者入自東壝門，當壇南，重行北面，西上。立定，奉禮曰：「再拜。」贊者承傳，御史已下皆再拜訖，執罇、罍、篚、冪者各就位。贊引引御史、博士、諸太祝詣卯陛升，行掃除於上，令史、祝史行掃除於下訖，引就位。

車駕將至，謁者、贊引引祀官，通事舍人分引從祀羣官，諸方客使先至者各就門外位。駕至大次門外，迴輅南向。將軍降，立於輅右。侍中進，當鑾駕前跪，奏稱：「侍中臣某言，請降輅。」俛伏，興，還侍位。皇帝降輅，之大次。通事舍人各引文武九品已上從祀壝外位。❷攝則無「車駕將至」下至「壝外位」儀。太樂令帥工人、二舞次入就位，文舞入陳於懸內，武舞立於懸南道西。謁者引司空入，陳掃除訖，出復位如常儀。皇帝停大次半刻頃，通事舍人、贊引各引從祀羣官、介公、酅公、諸方客使先入就位，大常博士引大常卿立於大次門，當門北向。侍中版奏「外

❶「引引」，原不重，據《大唐開元禮》卷一一及下文改。

❷「祀」下，《唐會要》有「群官就」三字，《大唐開元禮》卷一一有「之官皆就」四字。

辦」。❶攝則初司空入，謁者引祀官，贊引引執事俱就門外位。司空掃除訖，各引入就位。贊再拜，謁者進太尉之左白：「有司謹具，請行事。」無「皇帝停大次」下至「太常卿奏謹具儀」。皇帝服大裘而冕。夏服衮冕。出次，華蓋、侍衛如常儀。博士引太常卿，太常卿引皇帝，凡太常卿前導，皆博士先引。至内壝外，殿中監進大珪，尚衣奉御又以鎮珪授殿中監，殿中監受進，皇帝搢大珪，執鎮珪。華蓋、仗衛停於門，近侍者從入如常。謁者引禮部尚書、太常少卿陪從如常儀。皇帝至版位，西向立。每立定，太常卿、博士即立於左。謁者、贊引各引祀官次入就位。立定，太常卿前奏稱：「請再拜。」退復位。皇帝再拜。奉禮曰：「衆官再拜。」衆官在位者皆再拜。其先拜者不拜。太常卿前奏：「有司謹具，請行事。」退復位。協律郎跪，俛伏，舉麾，鼓柷，奏角音，夏徵音，季夏宫音，秋商音，冬羽音。乃以黄鐘之均，文舞之舞，樂六成；偃麾，戛敔，樂止。太常卿前奏稱：「請再拜。」退復位。皇帝再拜，攝事拜。奉禮曰：「衆官再拜。」衆官在位者皆再拜。上下諸太祝俱取玉幣於篚，各立於罇所。其奠玉幣及毛血，並如圜丘儀。攝則太尉爲初獻，受玉幣，登歌，作《肅和》之樂，餘亦如圜丘攝事之儀。

進熟

皇帝既升奠玉帛，其設饌盥洗奠，皆如圜丘之儀。攝事如圜丘攝事儀。太祝持版進於神座之右，東向跪，讀祝文曰：「維某年歲次某月朔某日，子嗣天子臣某，攝事云：「嗣天子臣某，謹遣太尉封，臣名。」敢昭告於青帝靈威仰：獻春伊始，時維發生，品物昭蘇。式遵恒禮，敬以玉帛犧齊，粢盛庶品，肅恭燔祀，暢兹和德。帝太昊氏，配神作主。尚饗。」

❶「辦」，原作「辨」，據庫本及《大唐開元禮》卷一一改。

訖，興。夏云：「昭告於赤帝赤熛怒：朱明戒序，長嬴馭節，庶品蕃碩，用遵恒典。敬以玉帛犧齊，粢盛庶品，恭敬禋祀，肅昭養德。帝神農氏，配神作主。」季夏云：「黄帝含樞紐，爰兹溽暑，實惟土潤，戊己統位，黄鐘在宫。敬以玉帛犧齊，粢盛庶品，恭修燔祀，式虔厚德。帝軒轅氏，配神作主。」秋云：「白帝白招拒，素秋伊始，品物收成，祗率舊章，展其恒禮。帝少昊氏，配神作主。」冬云：「黑帝叶光紀，玄冥戒序，庶類安寧，資此積歲，祗率恒典。帝顓頊氏，配神作主。」皇帝再拜，初，讀祝文訖，樂作。太祝進奠版於神座前，興，還罇所，皇帝拜訖，樂止。太常卿引皇帝詣配帝酒罇所，執罇者舉冪，侍中取爵於坫，❶進，皇帝受爵，侍中贊酌汎齊訖，樂作。太常卿引皇帝進，當太昊氏神座前，東向跪，奠爵，俛伏，興，太常卿引皇帝少退，東向立，樂止。太祝持版進於神座之左，北面跪，讀祝文曰：「維某年歲次某月朔日，子開元神武皇帝臣某，敢昭告於帝太昊氏：爰始立春，盛德在木，用致燔燎青帝靈威仰。惟帝布兹仁政，功叶上玄，謹以制幣犧齊，粢盛庶品，備兹明薦，配神作主，尚饗。」訖，興。夏云：「昭告於帝神農氏：時維孟夏，火德方融，用致明禋於赤帝赤熛怒。惟帝表功協德，允斯作對。謹以制幣犧齊，粢盛庶品，式陳明薦，配神作主。」季夏云：「告於帝軒轅氏：時維季夏，位膺土德。奉明禋于黄帝含樞紐，惟帝功施厚地，道合上玄。謹以云云。」秋云：「告於帝少昊氏：時維立秋，金德在馭，用致燔燎於白帝白招拒。惟帝立兹義政，叶此神功。謹以云云。」冬云：「告於帝顓頊氏：時維立冬，水德在馭，用致禋燎於黑帝叶光紀。惟帝道合乾元，允兹升配，謹以云云。」其飲福及亞獻、至還宫，並同圜丘之儀。攝官如圜丘攝事。

【《文獻通考》】開元二十五年十月一日，制：「自今已後，每年立春之日，朕當帥公

❶「於坫進皇帝受爵」七字，原脱，據《大唐開元禮》卷一一補。

卿親迎春於東郊。其後夏及秋，常以孟月朔於正殿讀時令。仍令禮官即修撰儀注。既爲常式，及是常禮，務從省便，無使勞煩也。」

【《唐書·玄宗本紀》】開元二十六年正月丁丑，迎氣于東郊。

【《舊唐書·禮儀志》】開元二十六年，又親往東郊迎氣，祀青帝，以勾芒配，歲星及三辰、七宿從祀。其壇本在春明門外，玄宗以祀所隘狹，始移於滻水之東面，而位望春宮。其壇一成，壇上及四面皆青色。勾芒壇在東南。歲星已下各爲一小壇，在青帝壇之北。親祀之時，有瑞雪，壇下侍臣及百寮拜賀稱慶。

【《文獻通考》】肅宗元年建卯月一日，赦文：「朕敬授人時，慎徽《月令》，庶無極僁，以獲休徵。自今以後，每至四孟月迎氣之日，令所司明案典禮，宣讀時令，朕當與百辟卿士舉而行之。」

【《舊唐書·禮儀志》】德宗貞元元年十月二十七日，詔：「郊祀之義，本於至誠。制定禮名，合從事實，使名實相副，尊卑有倫。五方配帝，上古哲王，道濟蒸人，禮著明祀。論善計功，則朕德不類；統天御極，則朕位攸同。而祝文所有稱臣以祭，既無益於誠敬，徒有黷於等威。宜從改正，以敦至禮。自今以後，祀五方配帝祝文，並不須稱臣。其餘禮數如舊。」

【《舊唐書·歸崇敬傳》】時有術士巨彭祖上疏云：「大唐土德，千年合符，請每四季郊祀天地。」詔禮官、儒者議之。崇敬議曰：「案舊禮，立春之日，迎春於東郊，祭青帝。立夏日，迎夏於南郊，祭赤帝。先立秋十八日，迎黃靈於中地，祀黃帝。

秋、冬各於其方。黄帝於五行爲土王，在四季生於火，故火用事之末而祭之，三季則否。漢、魏、周、隋，共行此禮。國家土德乘時，亦以每歲六月土王之日，祀黄帝於南郊，以后土配，所謂合禮。今彭祖請用四季祠祀，多憑緯候之説，且據陰陽之説。事涉不經，恐難行用。」又議祭五人帝不稱臣云：「太昊五帝，人帝也，於國家即爲前後之禮，無君臣之義。若於人帝而稱臣，則於天帝復何稱也？議者或云：『五人帝列於《月令》，分配五時。』則五神、五音、五祀、五蟲、五臭、五穀皆以備其時之色數，非謂别有尊崇也。」

【《宋史·禮志》】五方帝。宋因前代之制，冬至祀昊天上帝於圜丘，以五方帝、日、月、五星以下諸神從祀。又以四郊迎氣及土王日專祀五方帝，以五人帝配，五官、三辰、七宿從祀。各建壇于國門之外：青帝之壇，其崇七尺，方六步四尺；赤帝之壇，其崇六尺，東西六步三尺，南北六步二尺；黄帝之壇，其崇四尺，方七步；白帝之壇，其崇七尺，方七步；黑帝之壇，其崇五尺，方三步七尺。

【《文獻通考》】太宗太平興國八年，詔祀土德於黄帝壇，如大祠之制。

淳化三年正月上辛，親祀南郊，五方帝並列從祀，詔罷本壇之祭。

【《宋史·禮志》】真宗景德二年，鹵簿使王欽若言：「五方帝位版如靈威仰、赤熛怒，皆是帝名，理當恭避，望下禮官詳定。」禮官言：「案《開寶通禮義纂》，靈威仰、赤熛怒、含樞紐、白招拒、叶光紀者，皆五帝之號。《漢書注》五帝自有名，即靈符、文祖之類是也。既爲美稱，不煩迴避。」詔可。

蕙田案：五帝特主宰五氣之神，緯書各爲之名字，先儒斥爲妖怪妄言，是矣。王欽若以爲名諱當避，禮官又以爲美稱，未知何據而云然，不亦誕乎！

【《宋史·樂志》】景德以後祀五方帝十六首：

青帝降神，《高安》六變。　四序伊始，三陽肇新。氣迎東郊，蟄户咸春。功宣播殖，澤被生民。祝史正辭，昭事惟寅。

奠玉幣、酌獻，並用《嘉安》　條風始至，盛德在木。平秩東作，❶種獻穜穋。律應青陽，氣和玉燭。惠被兆民，以介景福。

送神，《高安》　備物致用，薦羞神明。❷禮成樂舉，克享克禋。

酌獻，《祐安》　條風斯應，候律維新。陽和啓蟄，品物皆春。篪簧協奏，簠簋畢陳。精羞豐薦，景福攸臻。

赤帝降神，《高安》　長贏戒序，候正南訛。功資蕃育，氣應清和。鼎實嘉俎，樂備登歌。神其來享，降福孔多。

奠玉幣、酌獻，《嘉安》景祐用《祐安》，辭亦不同。　象分離位，德配炎精。景風協律，化神含生。百嘉茂育，乃順高明。神無常享，享乎克誠。

送神，《高安》　籩豆有踐，黍稷惟馨。禮終三獻，神歸杳冥。

黄帝降神，《高安》　坤輿厚載，黄裳元吉。宅中居正，含章抱質。分王四季，其功靡秩。育此羣生，首兹六律。

奠玉幣，酌獻，《嘉安》景祐用《祐安》，辭亦不同。　中央定位，厚德維新。五行攸正，四氣

❶「東」，原作「耕」，據庫本及《宋史·樂志》改。

❷「神明」，庫本作「明神」。

爰均。笙鏞以間，簠簋斯陳。爲民祈福，肅奉明禋。

送神，《高安》 上德居中，方輿配位。樂以送神，式申昭事。

白帝降神，《高安》 西顥騰晶，天地始肅。盛德在金，百嘉茂育。彍弩射牲，築場登穀。明靈格思，旌罕紛屬。

奠玉幣、酌獻，《嘉安》景祐用《祐安》，辭亦不同。

博碩肥腯，以炰以烹。嘉栗旨酒，有瀰斯盈。肴核惟旅，肅肅烝烝。吉蠲備物，享于克誠。

送神，《高安》 飇翰戾止，景燭靈壇。金奏繹如，白露溥溥。

黑帝降神，《高安》 隆冬戒序，歲曆順成。一人有慶，萬物由庚。有旨斯酒，有碩斯牲。報功崇德，正直聰明。

奠玉幣、酌獻，《嘉安》景祐用《祐安》，辭亦不同。

大儀斡運，星紀環周。三時不害，黍稷盈疇。克誠致享，品物咸羞。禮成樂變，錫祚貽休。

送神，《高安》 管磬咸和，禮獻斯畢。靈馭言旋，神降之吉。

【《文獻通考》】仁宗時，制四立、土王日祭五方帝。

【《宋史·禮志》】仁宗天聖六年，天聖中，詔太常葺四郊宮，少府監遣吏齎祭服就給祠官，光禄進胙，登祭使封題。

【《文獻通考》】皇祐定壇如唐《郊祀録》，各廣四丈，其高用五行八七五九六爲尺數。

慶曆用羊、豕各一，正位太罇各二，不用犧罇，增山罍爲二，在壇上，簠、簋、俎各增爲二。

嘉祐加羊、豕各二。

【《宋史·禮志》】仁宗嘉祐元年，以集賢校理丁諷言，案《春秋文耀勾》爲五帝之名，始下太常去之。

元祐六年，知開封府范百禄言：「每歲迎氣於四郊，祀五帝，配以五神，國之大祀也。古者天子皆親帥三公、九卿、諸侯、大夫以虔恭重事，而導四時之和氣焉。今吏部所差三獻皆常參官，❶其餘執事贊相之人皆班品卑下，不得視中祠行事者之例。請下禮部與太常議，宜以公卿攝事。」從之。

【《政和五禮新儀》】五方帝壇，廣四丈。（青帝壇高八尺，赤帝壇高七尺，黄帝壇高五尺，白帝壇高九尺，黑帝壇高六尺。壇飾依方色。）立春祀青帝，以帝太昊氏配，以勾芒氏、歲星、三辰、七宿從祀。（勾芒位于壇下卯階之南。歲星、析木、大火、壽星于壇下子階之東，西上。角宿、亢宿、氐宿、房宿、心宿、尾宿、箕宿位於壇下子階之西，東上。）立夏祀赤帝，以帝神農氏配，以祝融氏、熒惑、三辰、七宿從祀。（祝融位于壇下卯階之南。熒惑、鶉首、鶉火、鶉尾位于子階之東，西上。井宿、鬼宿、柳宿、星宿、張宿、翼宿、軫宿位于子階之西，東上。）季夏祀黄帝，以帝軒轅氏配，以后土、鎮星從祀。（后土位于壇下卯階之南，鎮星位于壇下子階之東。）立秋祀白帝，以帝少昊氏配，以蓐收、太白、三辰、七宿從祀。（蓐收位于壇下卯階之南。太白、大梁、降婁、實沈位于壇下子階之東，西上。奎宿、婁宿、胃宿、昴宿、畢宿、觜宿、參宿位于子階之西，東上。）立冬祀黑帝，以帝高陽氏配，以玄冥、辰星、三辰、七宿從祀。❷（玄冥位于壇下卯階之南。辰星、諏訾、玄枵、星紀位于子階之東，西上。斗宿、牛宿、女宿、虚宿、危宿、室宿、壁宿位于子階之西，東上。）皇帝祀五方帝儀，皇帝服衮冕，祀黑帝則服裘被衮。配位，登歌作《承安》之樂，餘並如祈穀祀上帝儀。

---

❶「部」，原脱，據《宋史・禮志》補。

❷「玄」，原作「真」，據庫本改。下「玄枵」同。後皆倣此。

【《宋史・高宗本紀》】紹興三年夏四月己亥，復舉五帝之祀。

【《禮志》】紹興初，仍祀五帝于郊。

【《文獻通考》】紹興三年，司封員外郎鄭士彦請以立春、立夏、季夏土王日、立秋、立冬祀五帝於四郊。

九年，國子監丞張希亮言：祀五帝今用酒脯，乞依大祀，用牲牢。

【《宋史・高宗本紀》】紹興二十七年五月辛卯，復以五帝爲大祀。

【《樂志》】紹興以後，祀五方帝六十首：

青帝降神，《高安》 圜丘宫三奏 於神何司，而德于木？ 蕭然顧歆，則我斯福。 我祀孔時，我心載祗。 匪我之私，神來不來。

黄鐘爲角，一奏 神兮焉居？ 神在震方。 神以爲宅，秉天之陽。 神之來矣，道修以阻。 望神未來，使我心苦。

太簇徵一奏 神在途矣，習習以風。 百靈後先，敢一不恭！ 奔走癘疫，拔除菑凶。 顧瞻下方，逍遥從容。

姑洗羽一奏 温然仁矣，熙然春矣。 龍駕帝服，穆將臨矣。 我酒清矣，我肴烝矣。 我樂備矣，我神顧矣。

升殿，《正安》 在國之東，有壇崇成。 節以和樂，式降式登。 潔我珮服，璆琳鏘鳴。 匪壇斯高，曷妥厥靈？

青帝奠玉幣，《嘉安》 物之熙熙，胡爲其然。 蒙神之休，乃敢報旃。 有邸斯珪，有量斯幣。 于以奠之，格此精意。

太昊氏位奠幣，《嘉安》 卜歲之初，我迎春祇。 孰克侑饗，曰古宓戲。 於皇宓戲，萬世之德。 再拜稽首，敢愛斯璧。

奉俎，《豐安》 靈兮安留，煙燎既升。

有碩其牲，有俎斯承。匪牲則碩，我德惟馨。綏節安歌，庶幾是聽。

青帝酌獻，《祐安》　百末布蘭，我酒伊旨。酌以匏爵，洽我百禮。帝居青陽，顧予嘉觴。右我天子，宜君宜王。

太昊酌獻，《祐安》　五德之王，誰實始之？功括造化，與天無期。酌我清酤，盥獻載飭。神鑒孔饗，天子之德。

亞終獻，《文安》　貳觴具舉，承神嘉虞。神具醉止，眷焉此都。我歲方新，我畝伊殖。時暘時雨，緊神之力。

送神，《高安》　忽而來兮，格神鴻休。忽而往兮，神不予留。神在天兮，福我壽我。千萬春兮，高靈下墮。

赤帝降神，《高安》，圜鐘爲宮　離明御正，德協于火。有感其生，惟帝是荷。帝圖炎炎，貽福錫我。鑒于妥虔，高靈下墮。

黃鐘爲角　赤精之君，位于朱明。茂育萬物，假然長贏。我潔我盛，我蠲我誠。神其下來，雲車是承。

太簇爲徵　八卦相盪，一氣散施。隆熾恢台，職神尸之。肅肅颷御，神戾于天。於昭神休，天子萬年。

姑洗爲羽　燁燁其光，炳炳其靈。窅其如容，欻其如聲。扇以景風，導以朱斿。我德匪類，神其安留。

升殿，《正安》　除地國南，有基崇崇。載陟載降，式虔式恭。燎煙既燔，黻冕斯容。神如在焉，肆予幽通。

赤帝奠玉幣，《嘉安》　太微呈祥，炎德克彰。佑我基命，格于明昌。一純二精，有嚴典祀。于以奠之，以介繁祉。

神農氏奠幣，《嘉安》　練以纁黃，有篚

將之。肹蠁斯答，有神昭之。維神于民，實始貨食。歸德報功，敢怠王國。

奉俎，《豐安》　有牲在滌，從以騂牡。或肆或將，有潔其俎。神嗜飲食，飶飶芬芬。莫腆于誠，神其顧歆！

赤帝酌獻，《祐安》　四月維夏，兆于重離。帝執其衡，物無癘疵。於皇帝功，思樂旨酒，奠爵既成，垂福則有。

神農氏酌獻，《祐安》　猗歟先農，肇茲黍稷！既殖既播，有此粒食。秬鬯潔清，彝罇疏冪。竭我瑤斝，莫報嘉績。

亞終獻，《文安》　盥爵奠斝，載虔載恭。籩豆静嘉，於樂鼓鐘。禮備三獻，神具醉止。孰顯神德？揚光紛委。

送神，《高安》　神來何從？馭然靈風。神去何之？杳然幽蹤。伊神去來，霧散雲烝。從遺休祥，山崇川增。

黄帝降神，《高安》　圜鐘爲宫　維帝奠位，乃咸于時。孰主張是，而樞紐之？穀我腹我，比予于兒。告我冠服，迨其委蛇。

黄鐘角　蕤無不在，日與我居。孰不可求？肹蠁斯須。象服龍駕，淵淵鼓桴。蕤不汝多，多汝意乎。

太簇徵　樂哉帝居，逝留無常！爾信我宅，爾中我鄉。乃眷茲土，於赫君王。翩然下來，❶去未遽央。

姑洗羽　澹兮撫琴，啾兮吹笙。神之未來，肅穆以聽。繽紛羽旄，姣服在中。神既來止，❷亦無惰容。

升殿，《正安》　民生地中，動作食息。

❶「翩」，原作「翻」，據庫本及《宋史·樂志》改。

❷「來止」，原作「未正」，據庫本改。

與我周旋，莫匪爾極。捕鰈東海，搴茅南山。彼勞如何，矧升降間！

黄帝奠玉幣，《嘉安》　萬櫝之寶，一絢之絲。孕之育之，誰爲此施？歸之后神，神曰何爲？不宰之功，蕩然四垂。

有熊氏位奠幣，《嘉安》　維有熊氏，以土勝王。其後皆沿，兹德用壯。黼黻幅舄，裳衣是創。幣之玄纁，對此昭亮。

奉俎，《豐安》　王曰欽哉，無愛斯牲！登我元祀，亦有皇靈。以將以享，或剥或亨。大夫之俎，天子之誠。

黄帝酌獻，《祐安》　黍以爲翁，鬱以爲婦。以侑元功，以酌大斗。伊誰歆之？皇皇帝后。伊誰嘏之？天子萬壽。

有熊氏酌獻，《祐安》　昔在綿邈，有曰公孫。❶登政撫辰，節用良勤。所蓄既大，所行宜遠。載其華鐏，從以簫管。

亞終獻，《文安》　羽觴更陳，厥味清凉。飲之不煩，又有蔗漿。夜未艾止，明星浮浮。願言妥靈，靈兮淹留。

送神，《高安》　靈不肯留，沛兮將歸。玉節猋逝，翠旗並馳。顧瞻佇立，悵然佳期。蹇千萬年，無斁人斯。

白帝降神，《高安》　圜鐘爲宫　白藏啓序，庶彙向成。有嚴禋祀，用答幽靈。風馬雲車，來燕來寧。洋洋在上，休福是承。

黄鐘角　素精肇節，金行固藏。氣冲炎伏，明河翻霜。功收有年，禮薦有章。祗越眇冥，鴻基永昌。

太簇徵　昊天之氣，揫斂萬彙。涓日潔齊，有嚴厥祀。有牲惟肥，有酒維旨。

❶「曰」，原作「入」，據庫本改。

神之燕娭，錫兹福祉。

姑洗羽　執矩斯兑，實惟素靈。受職儲休，萬寶以成。饗于西郊，奠玉陳牲。侑以雅樂，來歆克誠。

升殿，《正安》　素猋諧律，西顥墮靈。肇復元祀，晨煬肅清。下土層陔，嘉薦芳馨。以御蕃祉，介我西成。

白帝奠玉幣，《嘉安》　惟時素秋，肇舉元祀。禮備樂作，降登有數。洋洋在上，神既來止。神之格思，錫我繁祉。

少昊祀位奠幣，《嘉安》　西顥肅清，羣生茂遂。有嚴報典，孔明祀事。珪幣告虔，神靈燕喜。賚我豐年，以錫民祉。

奉俎，《豐安》　洽禮既陳，諧音具舉。有滌斯牲，孔碩爲俎。維帝居歆，介我稷黍。樂哉有秋，緊神之祜！

白帝酌獻，《祐安》　徂商肇祀，靈蓋孔饗。恭承嘉禧，湛濬秬鬯。監此馨香，靈其安留。疇惠下民，匪靈之休。

少昊氏位酌獻，《祐安》　沆碭西顥，功載萬世。乘金宅兑，侑我明祀。嘉觴布蘭，牲玉潔精。神之燕虞，肅用有成。

亞終獻，《文安》　肅成萬物，沉漻其秋。惟兹祀事，戾止靈斿。酌獻具舉，典禮是求。冀福斯成，黍稷盈疇。

送神，《高安》　沆碭白藏，順成萬寶。有來德馨，於昭神妥。露華晨晞，飈馭聿還。介我嗣歲，澤均幅員。

黑帝降神，《高安》　圜鐘爲宮　吉日壬癸，律中應鐘。❶國有故常，北郊迎冬。乃蕆祀事，必祇必恭。明默雖異，感而遂通。

❶「律」，原作「吉」，據《宋史·樂志》改。

黄鐘爲角　良月盈數，四氣推遷。吉蠲是時，典司其權。高靈下墮，降祉幅員。神之聽之，祀事罔愆。

太簇爲徵　北方之神，執權司冬。三時務農，于焉告功。禮備樂作，歸功于神。風馬來游，承錫斯民。

姑洗爲羽　天地閉塞，盛德在水。黑精之君，降福羡祉。洋洋在上，若或見之。齊莊承祀，其敢斁思。

升殿，《正安》　昧爽昭事，煌煌露光。滌溉蠲潔，容儀肅莊。牲肥酒旨，薦此芬芳。降陟有序，禮無越常。

黑帝奠玉幣，《嘉安》　晨曦未升，天宇肅穆。祇若元祀，將以幣玉。神之格思，三獻茅縮。明靈懌豫，下土是福。

高陽氏位奠幣，《嘉安》　飈馭雲蓋，神之顧歆。丕昭禮容，發揚樂音。祀事既舉，仰當神心。申以嘉幣，式薦誠諶。

奉俎，《豐安》　辰牡孔碩，奉牲以告。祕祝非祈，豐年宜報。至意昭徹，交乎神明。降福穰穰，用燕羣生。

黑帝酌獻，《祐安》　赫赫神遊，周流八極。德馨上聞，于焉來格。不腆酒醴，用伸悃愊。神其歆之！民用饗德。

高陽氏酌獻，《祐安》　十月納禾，民務藏蓋。不有神休，民罔攸賴。孟冬之吉，禮行不昧。神隆百祥，昭著蓍蔡。

亞終獻，《文安》　萬彙揫斂，時維冬序。蠢爾黎氓，入此室處。酌獻告神，禮以時舉。賴此陰騭，民有所祜。

送神，《高安》　神之戾止，天門夜開。禮備告成，雲軿亟回。旗纛晻靄，萬靈喧豗。獨遺祉福，用澤九垓。

蕙田案：五帝之祭，遼、金、元不見于史。明太祖定禮，緣諸儒「天一而已，安得有六」之説，郊壇專祀昊天上帝，不列五帝從祀之位。又無四時迎氣之祭，相沿惟立春出土牛，迎春祭勾芒，不祭青帝，而五帝遂不臚于祀典。此外，火神尚有專祠，玄冥則道家真武廟意略相近，黄帝、白帝無聞矣。竊意天地之氣，流行四序，各有主宰，聖人敬而祀之。在天爲五帝，猶在地有五嶽也，五嶽有祭，則五帝亦不宜闕。考元明以來，太歲、月將不見于經者猶行祀事，矧其爲周禮之大祀耶！夫積月以成時，積時而成歲，太歲主一歲干支之神，六十年而一周，四時則歲歲無改。月將主一月之建，分四時爲孟仲季，五帝則爲之統綱，品其秩，當不在太歲、月將下。秩祀典者，或亦有俟論定與？

右歷代祭五帝。

祭四時 附

【《禮記·祭法》】埋少牢於泰昭，祭時也。

【注】昭，明也，亦謂壇也。時，四時也，亦謂陰陽之神也。埋之者，陰陽出入於地中也。【疏】此明四時所祭之處。春夏爲陽，秋冬爲陰。若祈陰則埋牲，祈陽則不應埋之，今總云埋者，以陰陽之氣俱出入於地中而生萬物，故並埋之。

馬氏晞孟曰：「四時有生物之功，地主於成物，此其所以埋少牢以祭之也。」

蕙田案：《祭法》此句，孔安國謂六宗之一，蔡氏《書傳》因之。然考諸他書及後世禮制，無有議及此者。

不若寒暑、日月星、水旱、四方可自爲一祭。今因祭四時與四時迎氣相近，姑附於此。然泰昭之義未詳，豈在四郊五帝兆之南昭明之地與？而少牢用埋，又似祭地祇，而非天神。不可强釋，闕疑可也。

右祭四時。

祭寒暑

蕙田案：《周禮·春官·籥章》有中春逆暑、中秋迎寒之樂。《祭法》：「相近於坎壇，祭寒暑也。」説者以爲即禋六宗之一。自秦有伏臘祠，而逆暑迎寒之禮廢，但于藏冰、開冰時有司寒一祭，歷代不廢，故唐《開元禮》有享司寒儀。《通典》、《通志》但存享司寒一門，《文獻通考》則仍祭寒暑名目，然自南宋以後，即享司寒亦不著祀典矣。

【《禮記·祭法》】相近于坎壇，祭寒暑也。【注】相近當爲禳祈，聲之誤也。禳猶却也，祈，求也。寒暑不時，則或禳之，或祈之。寒于坎，暑于壇，祭用少牢。【疏】祭寒暑者，或寒暑太甚，祭以禳之；或寒暑頓無，祭以祈之。

張子曰：「寒暑無定，暑近日壇，寒近月坎而已，❶故曰：『相近於坎壇，祭寒暑也。』注謂相近爲禳祈者，非。」陸氏佃曰：「迎寒則與寒相近于坎，迎暑則與暑相近于壇。『相近』，一作『祖迎』。」

右寒暑坎壇。

【《周禮·春官·籥章》】掌土鼓、豳籥。【注】杜子春曰：「土鼓，以瓦爲匡，以革爲兩面，可擊也。」鄭司

❶「坎」，原作「壇」，據庫本改。

農云：「豳籥，豳國之地竹，《豳詩》亦如之。」玄謂：「豳籥，豳人吹籥之聲章。」《明堂位》曰：「土鼓、蕢桴、葦籥，伊耆氏之樂。」【疏】後鄭云「豳人吹籥之聲章」，云「豳人吹籥」，其義難明，謂作「豳人吹籥之聲章」，商祝、夏祝之類。聲章，即下文《豳詩》之等是也。「《明堂位》曰：土鼓、蒯桴、葦籥，伊耆氏之樂」者，鄭注《禮運》云：「土鼓，築土爲鼓也。蒯桴，桴謂擊鼓之物，以土塊爲桴。」中春，晝擊土鼓，龡《豳詩》以逆暑。【注】《豳詩》，《豳風・七月》也。龡之者，以籥爲之聲。《七月》言寒暑之事，迎氣歌其類也。此《風》也，而言《詩》，《詩》總名。迎暑以晝，求諸陽。【疏】中春，二月也。言迎暑者，謂中春晝夜等，已後漸暄，故預迎之耳。又曰鄭知「龡之者，以籥爲之聲」者，以發首云「掌土鼓豳籥」，故知《詩》與《雅》、《頌》皆用籥龡之也。云「七月言寒暑之事」者，《七月》云「一之日觱發，二之日栗烈」，「七月流火」之詩，是寒暑之事。「迎暑以晝，求諸陽」者，對下「迎寒以夜，求諸陰」也。中秋夜迎寒亦如之。【疏】言「亦如之」，亦當擊土鼓，吹《豳詩》也。

【朱子《豳風・七月》《詩集傳》】《周禮・籥章》「中春，晝擊土鼓，吹《豳詩》，以逆暑，中秋夜迎寒亦如之」，即謂此詩也。

楊氏曰：「《籥章》不文『凡穀祈年于田祖』，疏曰：『此祈年于田祖并迎暑迎寒。並不言祀事。❶既告神，當有祀事可知，但以告祭非常，故不言之耳。若有禮物，不過如《祭法》埋少牢之類。』」

易氏祓曰：「民事終始，實關天時之消長，故必先之以迎寒逆暑。逆如逆女之義，自外而入于內，以我爲主，謂陽常居大夏而主歲功。迎如迎賓之義，自內而出於外，以彼爲客，謂陰常居大冬，時出而佐陽。中春爲歲陽之中，晝爲日陽之中，如是而逆暑，與《堯典》所謂『日中星鳥，寅賓出日』同意。中秋爲歲陰之中，夜爲宵陰之中，如是而迎寒，與《堯典》所謂『宵中星虛，寅餞納日』同意。萬物生于土反于土，則土者，物之終始也。逆暑迎寒，所以皆擊土鼓焉。」

張子曰：「當春之晝，吾方逆暑，則『三之日于耜，四之日舉趾』，蓋有以逆其氣。

❶「祀」，原作「祝」，據庫本改。

當秋之夜，吾方迎寒，則『一之日觱發，二之日栗烈』，蓋有以迎其氣。」

楊氏復曰：「陰陽積而爲寒暑，寒暑相推而成歲。寒暑不時，無以成歲，故迎之逆之，所以道其氣。陽生于子，冬至日在牽牛；陰生於午，夏至日在東井。聖人向明而治，于中春逆暑，背其所向則不順，故謂之逆。中秋迎寒，面其所向則順，故謂之迎。」

【《禮記・月令》】仲春之月，天子乃鮮羔開冰。【注】鮮當爲獻，聲之誤也。獻羔，謂祭司寒也。祭司寒而出冰，薦于宗廟，乃後賦之。【疏】按《詩・豳風・七月》云：「四之日其蚤，獻羔祭韭。」故知鮮爲獻也。云「獻羔謂祭司寒」者，以經云獻羔啓冰，先薦寢廟，恐是獻羔寢廟，故云祭司寒，《左傳》直云「獻羔而啓之」。知「祭司寒」者，以《傳》云「祭寒而藏之」，既祭司寒，明啓時亦祭之。薦於宗廟，謂仲春也。「乃後賦之」，謂孟夏也。故《凌人》云「夏頒冰」，《左傳》云「火出而畢賦」是也。畢，盡也，謂應是得冰之人，無問尊卑，盡賦與之。

方氏慤曰：「古者鑿冰於建丑之月，則以重陽方固而達陽氣也；藏冰於建寅之月，則以少陽尚稟而閉陰氣也；開冰於建卯之月，則以陽方中而順中氣也；頒冰於建巳之月，則以陽方盛而禦暑氣也。夫開冰，陽事也，不以羊而以羔者，方少陽用事之時，而又品物少故也。」

陸氏佃曰：「鮮讀如字。擊牲曰鮮，言鮮者，嫌於不殺。知然者，以下云祀不用犧牲，據此，小祀用牲唯開冰。」

【《春秋》昭公四年】春，王正月，大雨雹。

【《左氏傳》】大雨雹。季武子問於申豐曰：「雹可禦乎？」對曰：「聖人在上，無雹，雖有不爲災。古者，日在北陸而藏冰，【注】禦，止也。申豐，魯大夫。陸，道也，謂夏十二月，日在虛危，冰堅而藏之。【疏】《釋天》云：「北陸，虛。西陸，昴也。」孫炎云：「陸，中也。北方之宿，虛爲中也；西方之宿，昴爲中也。」彼以陸爲中，杜以陸爲道者，陸之爲中爲道，皆無正訓，各以意言耳。《周禮・凌人》：「正歲十有二月，令斬冰。」《詩》云：「二之日鑿冰冲冲。」《月令》：「季冬冰盛水腹，命取冰。」鄭玄云：「腹，厚也。」以此知日在北陸，謂夏之十二月也。西陸朝覿而出之。【注】謂夏三月，日在昴畢，蟄虫出而用冰。春分之中，奎星朝見東方。

【疏】覿，見也。西道之宿，有早朝見者，于是而出之，謂奎星晨見而出冰也。西方凡有七宿，專言「西陸朝覿」，于傳之文，未知何宿覿也。杜以「西陸朝覿」，實是春分二月，故杜此注云：「春分之中，奎星朝見東方。」及下「獻羔啓之」，注云「謂二月春分，獻羔祭韭」，是皆據初出其冰，公始用之時也。所以杜注云「謂夏之三月，日在昴畢，蟄虫出而用冰」者，以此傳云「西陸朝覿而出之」，下傳覆之云「其出之也，朝之禄位，賓食喪祭于是乎用之」。則是普賜羣臣，故杜云「謂夏三月」。又下注云「言不獨共公」，是據普班之時也。故下傳又云「火出而畢賦」是也。然冰之初出，在西陸始朝覿之時。冰之普出，在西陸朝覿之後。總而言之，亦得稱「西陸朝覿而出之」也。其藏冰也，深山窮谷，固陰沍寒，於是乎取之。【注】沍，閉也。必取積陰之冰，所以道達其氣，使不爲災。其出之也，朝之禄位，賓食喪祭，于是乎用之。【注】言不獨共公。【疏】此謂公家用之也。朝廷之臣，食禄在位，大夫以上，皆當賜之冰也。其公家有賓客享食，公家有喪有祭，于是乎用之，言其不獨共公身所用也。《周禮·凌人》云：「春始治鑑，凡内外饔之膳修鑑焉，凡酒漿之酒醴亦如之。祭祀共冰鑑，賓客共冰，大喪共夷槃冰。」是公家所用冰也。其藏之也，黑牡秬黍，以享司寒。【注】黑牡，黑牲也。秬，黑黍也。司寒，玄冥，北方之神。故物皆用黑。有事于冰，故祭其神。【疏】此祭玄冥之神，非大神，且非正祭，計應不用大牲。杜言「黑牡，黑牲」，當是「黑牲，羊也」。「秬，黑黍」，《釋草》文也。啓冰唯獻羔，祭韭。藏冰則祭用牲黍者，啓唯告而已，藏則設享祭之禮，祭禮大而告禮小故也。《月令》于冬云「其神玄冥」，故知司寒是玄冥也。其出之也，桃弧棘矢，以除其災。【注】桃弓棘箭，所以禳除凶邪，將御至尊之故。【疏】《説文》云：「弧，木弓也。」謂空用木，無骨節也，服虔云：「桃，所以逃凶也。棘矢者，棘亦有箴，取其名也。蓋出冰之時，置此弓矢于凌室之户，所以禳除凶邪。將御至尊，故慎其事，爲此禮也。」其出入也時，食肉之禄，冰皆與焉。【注】食肉之禄，謂在朝廷治其職事，就官食者。大夫命婦，喪浴用冰。祭寒而藏之，獻羔而啓之，公始用之。火出而畢賦。【注】命婦，大夫妻。享司寒，謂二月春分獻羔祭韭。

始開冰室，公先用，優尊。火星昏見東方，謂三月四月中。【疏】《周禮》云「夏頒冰」，謂正歲之夏，即四月是也。故杜兼言四月。自命夫命婦，至於老疾，無不受冰。【注】老，致仕在家者。其藏之也周，其用之也徧，則冬無愆陽，夏無伏陰，春無凄風，秋無苦雨，雷出不震，【注】愆，過也，謂冬温。伏陰，謂夏寒。凄，寒也。霖雨爲人所患苦。【疏】「雷出不震」，言有雷而不爲霹靂也。下云「雷不發而震」，言無雷而有霹靂也。無菑霜雹，癘疾不降。【疏】霜雹即是災。言無此災害之霜雹也。寒暑失時，則民多癘疾。天氣爲之，故云降也。民不夭札。【注】短折爲夭，夭死爲札。今藏川池之冰，棄而不用。風不越而殺，雷不發而震。【疏】風不以理舒散，而暴疾害物；雷不徐緩動發，而震擊爲害。雹之爲菑，誰能禦之？《七月》之卒章，藏冰之道也。」【注】《七月》，《詩·豳風》。卒章曰「二之日鑿冰冲冲」，謂十二月鑿而取之。「三之日納於凌陰」，凌陰，冰室也。「四之日其蚤，獻羔祭韭」，謂二月春分，蚤開冰室，以薦宗廟。

【《周禮·凌人》疏】曰：公始用之，「謂二月之時，蠅虫已生，公始用之。四月已後，暑氣漸盛，則賜及羣下」。服氏云：「火出，于夏爲三月，於商爲四月，於周爲五月。」《爾雅》云：「北陸，虛也。」服氏云：「陸，道也。北陸言在，謂十二月在危一度。西陸朝覿不言在，則不在昴，謂二月在婁四度，謂春分時奎婁晨見東方而出冰，是公始用之。」今鄭注引朝覿而出之，謂經夏頒冰，則西陸。《爾雅》曰：「西陸，昴也。」朝覿而出冰，羣臣用之。若然，日體在昴在三月内，得爲夏頒冰者，據三月末之節氣，故證夏頒冰。此言夏，據得夏之節氣。《春秋》言火出者，據周正。于《七月》詩「二之日」云云，孫皓問：「藏之既晚，出之又早何？」鄭答：「豳土晚寒，故夏正月納冰。夏二月仲春，大簇用事，陽氣出地，始温，故禮應開冰，先薦寢廟，是公始用之也。」

【《詩·國風·豳風》】二之日，鑿冰冲冲。三之日，納於凌陰。四之日其蚤，獻羔祭韭。【傳】冰盛水腹，則命取冰于山林。冲冲，鑿冰之意。凌陰，冰室也。【箋】古者日在北陸而藏冰，西陸朝覿而出之，祭司寒而藏之，獻羔而啓之。其出之也，朝之禄位，賓食喪祭，于是乎用之。《月令》：「仲春，天子乃獻羔開冰，先薦寢廟。」《周禮·凌人之職》：「夏頒冰，掌事。秋刷。」上章備寒，故此章備暑，后稷先公禮教備也。【疏】毛以爲豳公教民，二之日之時，使人鑿冰冲冲然；三之日之時，納于凌陰之中；四之日其早，朝獻黑羔于神，祭用韭菜而開之，所以禦暑。言先公之教，寒暑有備也。《月令》「季冬，冰方盛，水澤腹堅，命取而藏之」，注云：「腹堅，厚也。此月日在北陸，冰堅厚之時。」昭四年《左傳》説藏冰之事云：「深山窮谷，於是乎取之。」是于冰厚之時命取冰也。《左傳》言取冰于山耳，此兼言林者，以山木曰林，故連言之。冲冲，非貌非聲，故云「鑿冰之意」。納于凌陰，是藏冰之處，故知爲冰室也。案《天官·凌人》云：「正歲十有二月，令斬冰，三其凌。」注云：「凌，冰室也。」三之者，爲消釋度也。杜子春云：「三其凌者，三倍其冰。」此言凌陰，始得爲凌室。彼直言凌，此亦得爲凌室者，凌冰一物，既云斬冰，而又云三其凌，則是斬冰三倍，多于凌室之所容，故知三其凌者謂凌室。不然，單言凌者，止得爲冰體，不得爲冰室也。凌人十二月斬冰，即以其月納之。此言三之日納于凌陰，四之日即出之，藏之既晚，出之又早者，鄭答孫皓云：「豳土晚寒，故可夏正月納冰。夏二月仲春，大簇用事，陽氣出，地始温，故禮應開冰，先薦寢廟。」言由寒晚，得晚納冰。依禮，須早開故也。《月令》：「孟春，律中大簇。二月，律中夾鍾。」言二月大簇用事者，❶以大簇爲律，夾鍾爲吕。吕者助律宣氣，律統其功，故雖至二月，猶云大簇用事。自「于是乎用之」以上，皆昭四年《左傳》文。彼説藏冰之事，其末云：「《七月》之卒章，藏冰之道。」與此同，故具引之。《釋天》云：「北陸，虚也。西陸，昴也。」孫炎曰：「陸，中也。北方之宿，虚爲中也。西方之宿，昴爲中。」然則日在北陸，謂日體在北方之中宿，是建丑之月，夏之十二月也。劉歆《三統曆術》「十二月小寒節，日在女八度，大寒中，日在危一度」，是大寒前一日，日猶在虚，於此之時，可藏冰也。西陸朝覿而出之，謂日行已過于昴，星在日之後早朝出現也。《三統術》「四月立夏節，日在畢十二度，星去日半次然後見」，是立夏之日，日去昴星之界已十二度，昴星得朝見也。于此之時，可出冰也。祭司寒而藏之，還謂建丑之月，祭主寒之神而藏此冰也。獻羔而啓之，謂建卯之月，獻羔以祭主寒之神，開此冰也。二月開冰，君始用之，未賜臣也。至于夏初，其出

❶「二」，原作「三」，據庫本改。

之也，朝之禄位，賓食喪祭，于是乎普用之，乃是頒賜臣下也。服虔云：「禄位，謂大夫以上。賓客、食、喪有祭，祭祀是其普用之事也。」服虔以西陸朝覿而出之，謂二月日在婁四度，春分之中，奎始晨見東方，蟄虫出矣，故以是時出之，給賓客喪祭之用。服説如此。知鄭不與同者，以鄭荅孫皓曰：「西陸朝覿，謂四月立夏之時，《周禮》曰『夏班冰』是也。」鄭以西陸朝覿謂四月，與服異也。鄭意所以然者，以「西陸爲昴」，《爾雅》正文。「西陸朝覿」，當爲昴星朝見，不得爲奎星見也，故知出之爲四月賜，非二月初開也。《傳》下句別言祭司寒而藏之，獻羔而啓之，乃謂十二月始藏之，二月初開之耳。《傳》言祭寒而藏之，不言司寒，箋引彼文加「司」字者，彼文上句云「以享司寒」，下句重述其事，略其「司」字。箋以經有藏冰、獻羔二事，故略引下句以當之，不引上句，故取上句之意，加「司」字以足之。服虔云：「司寒，司陰之神玄冥也。將藏冰，致寒氣，故祀其神。」鄭意或亦然也。箋又引「其出之」以下者，解此藏冰之意，言爲此頒冰，故藏之也。傳文「其出之也」在司寒之上，此引之倒者，以其不證經文，故退令在下。《月令》「仲春，天子乃獻羔開冰，先薦寢廟」，《月令》文也。彼作「鮮羔」，注云：「鮮當爲獻。」此已破之證。經獻羔之事在二月也。祭羔韭者，蓋以時韭新出，故用之。《王制》云：「庶人春薦韭。」亦以新物，故薦之也。《周禮・凌人之職》，「夏，班冰掌事。秋，刷」，《天官・凌人》文。彼注云：「暑氣盛，王以冰頒賜，則主爲之刷清也。秋凉，冰不用，可以清除其室也。」案《傳》以「啓之」下云「火出而畢賦」，又云「火出于夏爲三月」，則是三月頒冰。《周禮》言「夏頒冰」者，凡言時事，總舉天象，不可必其月也。以三月火始見，四月則立夏，時相接連，冰以暑乃賜之，故當在于四月，是火出之後，故《傳》以火出言之。上章蠶績裳裘，是備寒之事，故此章又説藏冰，是備暑之事，言后稷先公禮教備也，以序言后稷，故兼言也。

【朱子《集傳》】鑿冰，謂取冰于山也。冲冲，鑿冰之意，《周禮》「正歲十二月，令斬冰」是也。納，藏也。藏冰所以備暑也。凌陰，冰室也。豳土寒多，正月風未解凍，故冰猶可藏也。蚤，蚤朝也。韭，菜名。獻羔祭韭，而後啓之，《月令》「仲春獻羔開冰，先薦寢廟」是也。

黄氏一正曰：「司寒之神，藏冰時，先以黑牡、秬黍享之；至開冰，而又祭以羔、韭也。」

右享司暑、司寒。

【《漢書·志》】秦德公時，初作伏祠，師古曰：「立秋之後，以金代火，金畏于火，故遇庚日必伏。庚，金也。孟康曰：『周時無伏，至此乃方有之。』」磔狗邑四門，以禦蠱災。

【《文獻通考》】馬氏曰：「案秦祠伏磔狗之禮，非古也。以古有祀寒暑之禮，姑附於此。」

【《宋書·孝武帝本紀》】大明六年五月丙戌，置凌室，修藏冰之禮。

【《禮志》】孝武帝大明六年五月，詔立凌室藏冰。有司奏：季冬之月，冰壯之時，凌室長率山虞及輿隸取冰於深山窮谷涸陰沍寒之地，以納於凌陰。務令周密，無洩其氣。先以黑牡、秬黍祭司寒於凌室之北。仲春之月春分之日，以黑羔、秬黍祭司寒。啓冰室，先薦寢廟。夏祠用鑑盛冰，室一鑑，以禦溫氣蠅蚋。三御殿及大官膳羞，並以鑑供冰。自春分至立秋，有臣妾喪，詔贈秘器。自立夏至立秋，不限稱數，以周喪事。繕制夷槃，隨冰供給。凌室在樂遊苑內，置長一人，吏一人，保舉吏二人。

【《隋書·禮儀志》】季冬藏冰，仲春開冰，並用黑牡、秬黍，於冰室祭司寒神。開冰，加以桃弧、棘矢。

【《唐書·百官志》】上林署季冬藏冰千段，先立春三日納之冰井，以黑牡、秬黍祭司寒。仲春啓冰亦如之。

【《舊唐書·禮儀志》】武德、貞觀之制：季冬藏冰，仲春開冰，並用黑牡、秬黍祭司寒之神於冰室。籩、豆各二，簠、簋、俎各一。其開冰加以桃弧、棘矢，設於神座。

【《唐書·禮樂志》】孟冬祭司寒，籩、豆皆八，簠一，簋一，俎一，黑牡一。

【《通志》】唐制，先立春三日，用黑牡、秬黍祭司寒之神於冰室。祭訖，鑿冰萬段，方三尺，厚尺五寸而藏之。仲春開冰，祭如藏禮，加以桃弧、棘矢，設於冰室户内之右，禮畢遂留之。

【《開元禮》孟冬祭司寒儀】納冰、開冰附

前三日，諸祭官散齋二日於家正寢，致齋一日於祭所。右校掃除祭所，衛尉陳設如常。

祭日，未明十刻，❶太官丞具特牲之饌。未明一刻，郊社丞入布神座於廟北，南向，設神位於座首；又帥其屬設酒罇于座東南，設洗于酒罇東南，俱北向，罍水在洗東，篚在洗西，南肆。篚實以巾爵。執罇罍篚者各位於罇罍篚之後。上林令設桃弧、棘矢於冰室户内之右。祭訖，遂留之。奉禮設上林令位于神座東南，執事者陪其後，俱重行，西向北上。質明，上林令以下各服其服。郊社丞、良醖之屬入實罇罍，太官丞監實籩、豆、簠、簋。贊引引上林令，又贊引引執事者俱就門外位，立定。太祝與執罇罍篚羃者先入，立於神座前，北向，俱再拜訖，各就位。贊引引上林令，又贊引引執事者俱入就位，立定，贊：「拜。」上林令以下皆再拜。太官丞出詣饌所，贊引進上林令之左，白：「有司謹具，請行事。」退復位。太官丞引饌入，太祝迎於座首，設於神座前訖，太官丞以下還本位，❷太祝還罇所。贊引引上林令盥手，洗爵，詣酒罇所。執罇者舉羃，上林令酌酒。贊引引上林令進神座前，北向跪，奠爵，俛伏，興，少退，北向立。太祝持版進於神座之右，東向跪，讀祝文曰：「維某年歲次月朔日，開元神武皇帝謹遣某官姓名，敢昭告于玄冥之神：順兹時令，增冰堅厚，式

❶「十」，原作「一」，據《通典》卷一一六改。
❷「本位太祝還」，原脱，據《大唐開元禮》卷五一補。

遵常典，將納凌陰。謹以玄牡、秬黍、嘉薦、清酌，明祀於神。尚享。」訖，興。上林令再拜，太祝進跪奠版於神座，俛伏，興，還罇所。太祝以爵酌福酒進上林令之右，西向立，上林令再拜，受爵，跪，祭酒，遂飲卒爵，太祝進受爵，還罇所，上林令跪，❶俛伏，興，再拜，贊引引還本位。太祝進，跪，徹豆，俛伏，興，還罇所。太祝與執罇罍篚者俱復位，立定。贊引贊：「拜。」上林令以下皆再拜。贊引進上林令之左，白：「禮畢。」贊引引上林令以下出。其祝版焚於齊所。

【《五代史·唐明宗本紀》】長興元年冬十月丁酉，始藏冰。

【《文獻通考》】周顯德元年，詔築壇北郊，以孟冬祭司寒。其藏冰、開冰之祭，俟冰室成即行之。

【《宋史·禮志》】司寒之祭，常以四月，命官率太祝，用牲、幣及黑牡、秬黍祭玄冥之神，乃開冰以薦太廟。建隆二年，置藏冰署而修其祀焉。

【《文獻通考》】太宗淳化三年，秘書監李至言：「開冰之祭，當在春分。」上覽奏，即命正其禮。

【《宋史·禮志》】秘書監李至言：「按《詩·豳·七月》曰：『四之日獻羔祭韭。』蓋謂周以十一月爲正，其四月即今之二月也。《春秋傳》曰：『日在北陸而藏冰。』謂夏十二月，日在危也。『獻羔而啓之』，謂二月春分，獻羔祭韭，始開冰室也。『火出而畢賦』，火星昏見，謂四月中也。又按《月令》：『天子獻羔開冰，先薦寢廟。』詳其開冰之祭，當在春分，乃有司之失也。」帝覽奏

❶「跪」，原脱，據《大唐開元禮》卷五一補。

曰：「今四月，韭可苦屋矣，何謂薦新？」遂正其禮。

天聖新令：「春分開冰，祭司寒於冰井務，卜日，薦冰於太廟。季冬藏冰，設祭亦如之。」

神宗詔：「改定小祀，以藏冰、出冰祭司寒。」

【《文獻通考》】神宗元豐中，詳定郊廟奉祀禮文所言：「《熙寧祀儀》，孟冬選吉日祭司寒。國朝祀令，春分日開冰，季冬月藏冰，祭司寒於北郊。案《春秋左傳》曰：『古者日在北陸而藏冰，西陸朝覿而出之。其藏之也，黑牲、秬黍以享司寒；其出之也，桃弧、棘矢以除其災。』古者司寒，唯以藏冰、啓冰之日，孟冬非有事於冰，則不應祭享。其祀儀，孟冬選吉日祭司寒，宜從寢罷。惟季冬藏冰，則享司寒於冰井務，牲用黑牡羊，穀用秬黍；仲春開冰，則但用羔而已。《月令》：『天子獻羔開冰。』孔穎達曰：『啓冰唯獻羔。』唐《郊祀録》：『仲春開冰，祭司寒於冰室，以桃弧、棘矢設於神座。』夫桃弧、棘矢以禳除凶邪，非禮神之物，當置於凌宇之户；其啓冰獻羔，當依孔穎達之説。」從之。

徽宗大觀四年，議禮局言：「《春秋左氏傳》以少皞有四叔，其一爲玄冥。杜預以玄冥爲水官，故歷代祀之爲司寒，則玄冥非天神矣。本廟儀注，其祭司寒，禮畢燔燎，是以祀天神之禮而享人鬼也。請罷燔燎而埋祝幣。」從之。

【《宋史·禮志》】政和議禮局言：「今祠儀，司寒歲用羊、豕一。《祠令》：小祠，牲入滌一月，所以備潔養之法。今肉以豕，又取諸市，與令文相戾。請諸小祠祭以少牢，仍用體解。」

【《大學衍義補》】丘氏濬曰：「《祭法》：『埋少牢於泰昭，祭時也；相近於坎壇，祭寒暑也。』案一歲之間而有春夏秋冬之時，四時之候而有寒暑温凉之氣，冥冥之間，必各有神以司之。古者，各因其時而致其祭，隨其候而行其禮。本朝於春秋二時，祭太歲之神及四時、月將之神，蓋以四時之首合於太歲，而四時之令分於月將，其亦祭時與寒暑之遺意歟？」

【《圖書編》】章氏潢曰：「《祭法》：『相近於坎壇，祭寒暑也。』《周禮·籥章》：『中春，晝擊土鼓，歌《邠詩》以逆暑。中秋夜迎寒亦如之。』其禮逆暑以晝，求諸陽也；迎寒以夜，求諸陰也。此何以祭？疏謂：『寒暑太甚，祭以禳之；寒暑頓無，祭以祈之。』理或然也。然則兹祭也，亦王者輔相調爕之一事歟？」

右歷代享司寒。

五禮通考卷第三十二

博野尹嘉銓校字

五禮通考卷第三十三

內廷供奉禮部右侍郎金匱秦蕙田編輯
太子太保總督直隸右都御史桐城方觀承同訂
按察司副使元和宋宗元參校

吉禮三十三

日　月

蕙田案：《大戴禮·保傅傳》：「天子春朝朝日，秋暮夕月。」《國語》：「天子大采朝日，少采夕月。」《周官·典瑞》：「王搢大圭，執鎮圭，繅藉五采五就，以朝日。」《玉藻》：「天子朝日於東門之外。」《祭義》：「祭日於東，祭月於西，祭日於壇，祭月於坎。」《祭法》：「王宫，祭日也；夜明，祭月也。」陳用之謂：日壇名王宫，以有君道也；月壇名夜明，以昱乎夜也。祭以春秋分者，天地至尊，故祭於陰陽之始生而以二至，日月次天地，故祭於陰陽之正中而以二分，此日月之正祭也。其餘主日配月，則郊壇之從祭；禮日南門，禮月北門，則因覲而祭；祈年天宗，則因蜡而祭；風雨不時，則因禜而祭，皆非正祭。《周禮》實柴，其秩爲隆。漢武東向揖日，西向揖月，則太簡；拜於殿下，則太褻。如魏黄初《太和禮》，唐《開元禮》，宋《政和禮》，《明集禮》，壇壝典禮，尚不至失古制，輯日月篇。

【《禮記・祭法》】王宮，祭日也。夜明，祭月也。【注】王宮，日壇。王，君也，日稱君。宮壇，營域也。夜明，亦謂月壇也。【疏】王，君也。宮亦壇也，營域如宮也。日神尊，故其壇曰君宮也。夜明者，祭月壇名也。月明於夜，故謂其壇爲夜明也。

方氏慤曰：「天無二日，土無二王，則王有日之象，而宮乃其居也，故祭日之壇曰王宮。《祭義》曰：『祭日於壇，祭月於坎。』彼以形言，此以明言也。」

周氏諝曰：「月爲陰而盛于夜，故曰夜明。」

【《祭義》】祭日於壇，祭月於坎，以別幽明，以制上下。【注】幽明者，謂日照晝，月照夜。【疏】此經及下經，皆據春分朝日，秋分夕月。祭日於壇，謂春分也。祭月於坎，謂秋分也。祭日於東，祭月於西，以別外內，以端其位。【注】端，正也。【疏】祭日於東，用朝旦之時，是爲外。祭月於西，鄉夕之時，是爲內。是以別外內，以正其位也。而崔氏云：「祭日於壇，祭月於坎，還據上文郊祭之時。」今謂若是郊祭，日與月當應同處，何得祭日於壇，祭月於坎，日於東，月於西，祭不同處？則崔說非也。崔又云：「日月有合祭之時，謂郊祭天而主日，配以月，其禮大，用牛。各祭之時，謂春分朝日，秋分夕月，其禮小，故《祭法》用少牢。」今謂《小司徒》云「小祭祀奉牛牲」，鄭注謂「玄冕所祭」，自玄冕皆用牛也，何得用少牢？今謂《祭法》日月用少牢，鄭云「禱祈之祭也」，崔氏說又非。崔氏又云「迎春之時兼日月」者，今案諸文迎春迎秋無祭日月之文，《小宗伯》云「兆五帝於四郊，四望、四類亦如之」，謂四望、四類之祭亦如五帝在四郊，故鄭云「兆日於東郊，兆月與風師於西郊」，不謂兆五帝之時即祭日月，崔說又非。

日出於東，月生於西。陰陽長短，終始相巡，以致天下之和。【疏】陰，謂夜也。陽，謂晝也。夏則陽長而陰短，冬則陽短而陰長。

慕容氏彦逢曰：「此明分祭之禮，所謂春分朝日、秋分夕月是也。日昱乎晝，月昱乎夜，則日月以晝夜而分幽明。日以陽爲尊上道也，月以陰爲卑下道也，則日月以陰陽而定上下。壇出乎上而明，坎出乎下而幽。祭以類而求焉，故可得而禮矣。」

方氏愨曰：「壇之形則圜而無所虧，以象日之無所虧而盈也。坎之形則虚而有所受，以象月之有所受而明也。壇高而顯，坎深而隱，一顯一隱，所以别陰陽之幽明；一高一卑，所以制陰陽之上下。東動而出，西静而入，出則在外，入則反内，故東西所以别陰陽之外内。東爲陽中，西爲陰中，中則得位，故東西所以端陰陽之位。日出於東，月生於西，此又覆明祭日月於東西之意也。日之出入也，歷朝夕晝夜而成一日；月之死生也，歷晦朔弦望而成一月。日往則月來，月往則日來，終則有始，相巡而未嘗絶，故以是致天下之和也。」

【《周禮·春官·小宗伯》】兆五帝於四郊，四類亦如之。鄭注：「四類，日、月、星、辰。兆日於東郊，兆月於西郊。」

蕙田案：祭日於壇，祭月於坎，祭日於東，祭月於西。注疏謂「春分朝日，秋分夕月」是也。崔氏謂「還據上文郊祭之時」。《祭法》：「王宫祭日，夜明祭月。」注：先儒亦有謂從祀於郊者，皆非是。夫圜丘祭天，誠敬專一，既無兼祭百神之禮，而他神亦皆有致祭之兆，亦無庸雜然並附於郊壇。况壇與坎，幽明上下，判然迥别，豈有於郊壇之上復爲日壇、月坎乎？理不可通。孔氏辨之，極是。

宗元案：南郊祀天，北郊禮地，而兆日則於東，兆月則於西，此自上古以來皆然。正先天乾南、坤北、離東、坎西之本位也，益信伏羲卦位，邵子據《説卦》經文而摹出者，爲確不可易。若如漢唐人但以文王卦位爲易之本圖，則南郊宜兆日，北郊宜兆月，而祀天則於西北，禮地則於西南，先王制禮，不乃俱亂其位乎？然則文王卦位又何爲而悉反之？曰是從先王制禮中，一本而分，亦一時並行者爾。夫圜丘固在南郊，方丘固在北郊矣。而祭天則於冬日至，祭地則於夏日至，是即後天乾北坤南之義也。朝日固在春分，夕月固在秋分矣，而朝覲則禮日於南門之外，禮月於北門之外，是即後天離南坎北之義也。此先天後天，所以相爲體用而不可相無也，是以不能達化窮神者，不能制禮作樂，此亦其一端之可見者乎？

【《玉藻》】朝日於東門之外。【注】朝日，春分之時也。東門，謂國門也。

【《禮器》】大明生於東，月生於西。

方氏慤曰：「日月皆有明。日本明，月受日而明。大明生於東，經所謂『日出於東』是也；月生於西，揚雄所謂『載魄於西』是也，此陰陽所以分也。」

【《國語·周語》】古者先王既有天下，又崇立於上帝、明神而敬事之，於是乎有朝日夕月，以教民事君。【注】明神，日月也。禮，天子以春分朝日，以秋分夕月。拜日於東門之外，然則夕月在西門之外必矣。

【《魯語》】天子大采朝日，與三公九卿祖識地德，日中考政，與百官之政事，師尹維旅、牧、相，宣序民事。【注】禮，天子以春分朝日，示有尊也。虞說曰：「大采，袞織也。祖，習也。識，知也。地德，所以廣生。」昭謂：《禮·玉藻》「天子玄冕以朝日」，玄冕，冕服之下則大采，非袞織也。《周禮》：「王搢大圭，執鎮圭，藻藉五采五就以朝日。」則大采謂此也。言天子與公卿因朝日以修陽政而習地德，因夕月以治陰教而糾天刑。日照晝，月照夜，各因其明，以修其事也。

少采夕月，與大史、司載糾虔天刑。日入監九御，使潔奉禘郊之粢盛，而後即安。【注】夕月以秋分。糾，恭也。虔，敬也。刑，法也。或云：「少采，黼衣也。」昭謂：朝日以五采，則夕月其三采也。載，天文也。司天文謂馮相氏、保章氏與大史相儷偶也。此因夕月而恭敬觀天法，攷行度，以知妖祥也。監，視也。九御，九嬪之官，主粢盛、祭服者。即，就也。

【《春秋》莊公十八年《穀梁傳》】王者朝日，故雖爲天子，必有尊也；貴爲諸侯，必有長也。故天子朝日，諸侯朝朔。【疏】天子朝日於東門之外，服玄冕。其諸侯，則《玉藻》云「皮弁以聽朔於太廟」，與天子禮異，其禮雖異，皆早旦行事。

【《大戴禮·保傅篇》】三代之禮，天子春朝朝日，秋暮夕月，所以明有別也。【注】祭日東壇，祭月西壇，以別內外，以端其位。

蕙田案：《漢書·賈誼傳》同。

右日月坎壇正祭。

【《儀禮·覲禮》】天子乘龍路，載大旂，象日月、升龍、降龍，出拜日於東門之外。反祀方明，禮日於南門外，禮月與四瀆於北門外。

黃氏直卿曰：「《覲禮》載朝日之禮，蓋時會殷同，王既揖諸侯於壇，乘龍路，載大旂，出拜日於東門之外，反祀方明，此所謂大朝覲者也。常歲春朝朝日，諸侯有修歲事而朝者，豈亦帥之而出歟？《國語》『大采朝日，少采夕月』，蓋日朝焉。」

蕙田案：《國語》「大采朝日，少采夕月」，韋注亦以春秋分之祭釋之。蓋古者無旦夕拜日月之禮也。旦夕常於殿下拜日月，乃漢氏之禮，魏文嘗以煩褻譏之，良是。黃氏以《國語》所云爲日朝，殆非也。又案：此條因覲而祭。

【《禮記·郊特牲》】郊之祭也，大報天而主日也。

【《祭義》】郊之祭，大報天而主日，配以月。

【《逸周書·作雒》】周公作大邑成周於土中，乃設立兆於南郊，配以后稷，日月、農星、先王皆與食。

宗元案：郊祭，大報天而主日，又配

以月。楊氏謂：「垂象著明，莫大乎日月，故祭天而主日配月，非必百神從祀也。」此説誠是。則注疏謂徧報天之諸神，以日爲諸神之主者，非也。然既不及諸神，則惟祭一天可矣，何爲又主乎日而以月配之？此義蓋未有發明之者。孔疏乃謂如君燕羣臣，以膳宰爲之主，則甚得聖人尊祖配天之微意。蓋主乃賓主之主，以人臣無敢當尊者，故另以宰夫爲之主。況天尊無上，可以直擬上帝而薦享之耶？惟日爲陽宗，以是爲主，庶可藉以上通帝座。日月同類，既主日，即以月配耳。則其以始祖配天者，亦是此意。聖人敢自謂我有功德，遂可直達于天哉？故積吾之誠意，以昭格乎祖，庶藉祖之神靈，以對越乎天，純是聖人虔恭寅畏之至意，而無一毫侈張誇大之私心者也。此義不明，郊壇從祀至於千五百餘神，則益雜矣。今《逸周書》所云「日月、農星、先王皆與食」者，無乃不能遏其端，而反爲之推波助瀾也歟？

蕙田案：以上三條，因郊而祭。

【《月令》】天子乃祈來年於天宗。【注】此《周禮》所謂蜡祭也。天宗，謂日月星辰也。【疏】云「天宗謂日月星」者，以蜡祭唯公社，不祭地，故知祭天宗者不祭天。若是祭天，何須稱宗？下季冬云天之神，是天之衆神，有司中、司命，不稱宗，明稱宗者謂日月星也。案《異義》：六宗，❶賈逵等以爲天宗三，謂日、月、星；地宗三，謂泰山、河、海。鄭玄六宗，以爲星也，辰也，司中也，司命也，風師也，雨師也，不同賈逵之義。今此云「天宗謂日、

❶「六」，原作「亦」，據庫本及阮校《禮記正義》改。

月、星」者，《尚書》「六宗」文承「肆類上帝」之下。凡郊天之時，日月從祀，故祭以日月配，日月在上帝之中，故六宗不得復有日月。此不云六宗而云天宗，與彼別也。蔡邕云：「日爲陽宗，月爲陰宗，北辰爲星宗也。」

蕙田案：以上一條，因蜡而祭。

【《春秋》昭元年《左氏傳》】日月星辰之神，則雪霜風雨之不時，于是乎禜之。

蕙田案：以上一條，因禜而祭。

右因事祭日月。

【《周禮・春官・大宗伯》】以實柴祀日月。【注】實柴，實牛柴上也。實柴或爲賓柴。【疏】《祭義》曰：「郊之祭也，大報天而主日，配以月。」則郊祭並祭日月可知。

蕙田案：凡祀日月星辰，皆用實柴，以其爲天神，故升烟氣以享之也。疏專以郊祭從祀釋之，蓋誤。

【《典瑞》】王晉大圭，執鎮圭，繅藉五采五就，以朝日。【注】繅有五采文，所以薦玉，木爲中幹，用韋衣而畫之。就，成也。王朝日者，示有所尊，訓民事君也。天子常春分朝日，秋分夕月。《覲禮》曰：「拜日于東門之外。」晉讀爲搢紳之搢，謂插于紳帶之間，若帶劍也。【疏】云「王朝日者，示有所尊，訓民事君也」者，❶王者父天母地，兄日姊月，故春分朝日，秋分夕月，以王者至尊猶朝日夕月，況民得不事君乎？是訓民事君也。云「天子常春分朝日，秋分夕月」，知者，案《祭義》云「祭日于東，祭月于西」，又《玉藻》云「玄端而朝日于東門之外」，又《覲禮》春拜日于東門之外。既春拜日于東，明秋夕月于西，故知春分朝日，秋分夕月也。

圭璧以祀日月。【注】圭其邸爲璧，取殺于上帝。【疏】祭日月謂若春分朝日，秋分夕月，并大報天主日，配以月。又《月令》云「祈來年于天宗」，鄭云：「天宗，日月星辰。」亦是也。《祭法》「埋少牢」已下，祭日月星辰，謂禱祈而祭，亦用此圭璧以禮神也。云「圭其邸爲璧」者，上文四圭、兩圭及下璋邸，皆言邸。鄭皆以邸爲璧，但此圭云璧，不言邸，故鄭還以邸解璧也。云「取殺於上帝」者，郊天及

❶「也者」，原作「者也」，據庫本改。

神州之神雖相對，但天尊地卑，故四二有異，鄭直云象，不言殺也。今日月星天神，故以殺言之也。言殺者，取降殺以二爲節也。

【《考工記·玉人》】圭璧五寸以祀日月。

【疏】此圭璧，謂以璧爲邸，旁有一圭。

【《禮記·玉藻》】天子玄端而朝日于東門之外。【注】端當爲冕，字之誤也。玄衣而冕，冕服之下。【疏】案《宗伯》實柴祀日月星辰，則日月爲中祀。而用玄冕者，以天神尚質。

方氏慤曰：「經有曰玄冕，曰玄冠，曰玄端，何也？蓋玄端者，祭服、燕服之總名。衣玄衣而加玄冕則爲祭服。衣玄衣而加玄冠則爲燕服。或冠冕通謂之端。玄端而朝日則是玄冕者也，玄端而居則是加玄冠者也。」

【《大戴禮·朝事篇》】天子冕而執鎮圭，尺有二寸，帥諸侯朝日于東郊。

【《周禮·天官·掌次》】朝日則張大次、小次，設重帟、重案。【注】朝日，春分拜日於東門之外。次謂幄也。重帟，復帟。重案，牀重席也。【疏】知朝日春分者，《祭義》云：「祭日於東。」故鄭約用春分也。云「拜日於東門之外」者，謂在東郊。

【《春官·大司樂》】乃奏黄鐘，歌大吕，舞《雲門》，以祀天神。【注】天神，謂五帝及日月星辰也。【疏】此下又不見日月星別用樂之事，故知此天神中有日月星辰可知。

【《尚書大傳》】古者帝王以正月朝迎日於東郊，所以爲萬物先而尊事天也。祀上帝於南郊，所以報天德。迎日之辭曰：「維某年月上日，明光於上下，勤施於四方，旁作穆穆，維予一人某，敬拜迎日東郊。」

蕙田案：禮家言朝日以春分，而《大傳》獨云正月，豈迎日之禮又與朝日有間乎？其迎日詞襲用《洛誥》美周公之文，殆非古也。姑存之，以備參考。

【陳氏《禮書》】古者之祀日月，其禮有

六：《郊特牲》曰：「郊之祭，大報天而主日，配以月。」一也。《玉藻》曰：「朝日於東門之外。」《祭義》曰：「祭日於東郊，月於西郊。」二也。《大宗伯》：「四類於四郊，兆日於東郊，兆月於西郊。」三也。《大司樂》：「樂六變而致天神。」《月令》：「孟春，祈來年於天宗。」天宗者，日月之類，四也。《覲禮》：「拜日於東門之外，反祀方明，❶禮日於南門之外，禮月於北門之外。」五也。「雪霜風雨之不時，於是乎禜之」，六也。夫因郊蜡而祀之，非正祀也。類禜而祀之，與覲諸侯而禮之，非常祀也。春分朝之於東門之外，秋分夕之於西門之外，此祀之正與常者也。日言朝，則於日出之朝朝之也；月言夕，則於月出之夕夕之也。日壇謂之王宮，以其有君道故也；月壇謂之夜明，以其昱於夜故也。其次則大次、小次，設重帟、重案；其牲體，則實柴；其服，則玄冕玄端；其圭之繅藉，則大采、少采；禮之之玉，則一圭邸璧；祀之之樂，則奏黃鐘，歌大吕，舞《雲門》。玉藻十有二旒，龍衮以祭，玄端以朝於東門之外，則龍衮玄端，皆言其衣也。衣玄冕之衣，則用玄冕矣。鄭氏改玄端爲玄冕，不必然也。虞氏釋《國語》，謂朝日以衮冕，然祀上帝以衮冕，而朝日以圭璧與張次、設帟，一切殺於上帝，則其不用衮冕可知矣。《周禮》於《掌次》之次、帟、案，與《典瑞》之大圭、鎮圭、繅藉，言朝而已，則夕月之禮又殺乎此也。漢武帝因郊泰畤，朝日行宫，東向揖日，其夕西向揖月，則失東西郊之

❶「反」，原無，據庫本補。

禮也。魏文帝正月祀日於東門之外，則失春分之禮也。齊何佟之曰：「王者兄日姊月，馬、鄭用二分，盧植用立春。佟之以爲日者太陽之精，月者太陰之精。春分陽氣方永，秋分陰氣向長。天地至尊，故用其始，而祭以二至，日月次天地，故祭以二分，則融與康成得其義矣。」魏薛靖曰：「朝日宜用仲春之朔，夕月宜用仲春之朏。」此尤無據也。後周於東門外爲壇，以朝日，燔燎如圜丘；於西門外爲壇於坎中，方四丈，深四丈，以夕月，燔燎如朝日。隋唐壇坎之制，廣狹雖與後周差異，大概因之。

蕙田案：兆，爲之營域，鄭注《小宗伯》云「兆日月於東西郊」，蓋指其壇坎而言，非祭也。《祭義》言祭於壇坎，即祭於所兆之處，非有二也。《禮書》分爲二禮，誤矣。祀日月之義，經文有並言之者，如禮之以圭璧，燔之以實柴之類。至於玄端之服，圭之搢執，次帟案之張設，經皆止言朝日，而不及月，蓋從省文，非有隆殺之辨。蓋日月雖有陰陽之分，而其爲天之貴神則一，故《祭義》曰主日配月，則祀之之儀不應有二。所異者，兆有東西，制有壇坎，名有王宮、夜明，時有春秋，候有朝暮，采有大少，其見于經者如此，其他則無所別。《禮書》云夕月之禮殺乎朝日，亦未知所據。至杜氏《通典》仍崔氏之謬，今不載。

楊氏復曰：「《典瑞》：『朝日。』注云：『天子當春分朝日，秋分夕月。』《玉藻》：『朝日於東門之外。』注云：『朝日於春分之時。』馬融、鄭康成皆同此說。賈誼亦曰：『三代之禮，春朝朝日，秋暮夕月，所以明有敬也。』蓋冬至祭天，夏至祭地，此祭天地之正禮也；春分朝日，秋分夕月，此祭日月之正禮也。陳氏云：『天地至尊，故用其始，而祭以二至。日月次天地，故祭以二分。』此言是也。所謂兆日於東郊，兆月於西郊，祭日於壇，祭月於坎，祭日於東，祭月於西，王宮祭日，夜明祭月，即春分朝日、秋暮夕月之事也。此外則因事而祭，如大報天而主日，配以月，此因郊而祭也；《覲禮》拜日於東門之外，禮日於南門外，禮月於北門外，此因覲而行禮也；《月令》『祈來年於天宗』，此因蜡而祈也；『日月星辰之神，則雪霜風雨之不時，於是乎禜之』，此因禜而祭也。」

蕙田案：《易》曰：「懸象著明，莫大乎日月。」先天卦，離爲日，居東；坎爲月，居西，所以肖其體也。後天卦，離爲日，爲火，居南；坎爲月，爲水，居北，所以著其用也。坎離代乾坤用事，是以二郊之外，次以日月。二至，祭天地陰陽之始也；二分，祭日月陰陽之中也。此聖人所以通乎晝夜之道，而知幽明之故也。三代之禮，其祭有正，有告，有報，有祈，有禳。兆日于東，兆月於西，東乃出震，西則生明，端其位也。兆於東郊者以壇，兆於西郊者以坎。壇圜而明，坎虛而受，昭其象也；朝以春分之朝，夕以秋分之夕，因其時也。朝日則日中考政，夕月則日入糾刑，法其德也。祀以實柴，圭璧五寸，繅藉五就，玄端而冕，樂奏黃鐘，舞以《雲門》，次以重帟、重案，辨其秩也。此每年之正祭，禮之常也。其因郊而祭者，主日配月，從祀上帝，崇其功而報之也。因蜡而祭者，《周禮》候嘉慶，順豐年，冀其福而祈之也。雖皆非正，而常祭者也。因禜而祭者，却凶咎，寧風旱，值其沴而禳之也。因覲而祭者，告其事而拜日於東門之外，仍其體之正也。反祀方明而禮日於南門外，禮月於北門外，效其用之大也，皆非正與常也。此先王崇立明神而敬事之，祭日月之大端也。

右祭日月儀。

【《書經·堯典》】分命羲仲，宅嵎夷，曰暘谷，寅賓出日。

蕙田案：蔡《傳》：「賓，禮接之如賓客，亦帝嚳歷日月而迎送之意。」據此則迎之而已。迎日之禮不傳，未便輯入祀典，附識以俟考。

【《楚辭·九歌》】東君。朱子注：「今案：此日神也。《禮》曰：『天子朝日于東門之外。』《漢志》亦有『東君』。」

【《拾遺記》】炎帝神農築圜丘以祀朝日，飾瑶階以揖夜光。

【《史記·五帝本紀》】帝嚳高辛氏歷日月而迎送之。

【羅泌《路史》】帝嚳高辛氏以日至設丘兆於南郊，以祀上帝、日月星辰。

【柳宗元《朝日説》】柳子爲御史，主祀事，將朝日，其寮問曰：「古之名曰朝日而已，今而曰祀朝日，何也？」余曰：「古之祀者，則朝拜之云也。今而加祀焉者，則朝旦之云也。今之所云非也。」問者曰：「以夕而偶諸朝，或者今之是乎？」余曰：「夕之名，則朝拜之偶也。古者旦見曰朝，暮見曰夕，故《詩》曰：『邦君諸侯，莫肯朝夕。』《左氏傳》曰：『百官承事，朝而不夕。』《禮記》曰：『日入而夕。』又曰：『朝不廢朝，夕不廢夕。』晉侯將殺豎襄，叔向夕。楚子之留乾谿，右尹子革夕。齊之亂，子我夕。趙文子礱其椽，張老夕。智襄子爲室美，士茁夕。皆暮見也。《漢儀》：夕則兩郎向瑣闈拜，謂之夕郎。亦出是名也。故曰『大采朝日，小采夕月』。又曰『春朝朝日，秋夕夕月』，若是其類足矣，又加祀焉，蓋不學者爲之也。」寮曰：「欲子之書其説，吾將施于世，可乎？」予從之。

蕙田案：柳子釋朝夕義詳矣，而以加祀爲不學者爲之，殆非也。古人之于神也，一飲食之微，蔬食菜羹必祭焉，朝日夕月而有祀，宜也。

右日月附録。

【《史記·封禪書》】始皇東遊海上，祠八神。六曰月主，祠之萊山。在齊北，渤海。七曰日主，祠成山。成山斗入海，最居齊東北隅，以迎日出。各用一牢具祠，而巫祝所損益，珪幣雜異焉。

【《漢書·郊祀志》】高祖六年，長安置祠祀官、女巫。晉巫祠東君，以歲時祠宮中。師古曰：「東君，日也。」

【《武帝本紀》】元鼎五年十一月辛巳朔旦冬至，立泰畤於甘泉，天子親郊見，朝日夕月。師古曰：「春朝朝日，秋暮夕月，蓋常禮也。郊泰畤而揖日月，此又別儀。」

【《郊祀志》】祭日以牛，祭月以羊、彘特。泰一，祝宰則衣紫及繡，五帝各如其色，日赤，月白。十一月辛巳朔旦冬至，昒爽，天子始郊拜泰一。朝朝日，夕夕月，則揖而見。

【《通典》】漢武帝立二十八年，始郊泰一，朝日夕月，改周法。其後常以郊泰畤，質明，出行竹宮，東向揖日。其夕，西向揖月。即爲郊日月，又不在東西郊，遂朝夕常於殿下東面拜日。羣公無四朝之事。

蕙田案：西漢無郊天之禮，安得有祀日月之事？《漢書》所載，乃郊見泰一時所行耳。至于朝夕于殿下拜之，可見有不能自已于其心者，則典禮之宜講明矣。

【《漢書·武帝本紀》】太始三年二月，幸瑯邪，禮日成山。孟康曰：「禮日，拜日也。」如淳曰：「祭日於成山也。」

【《郊祀志》】宣帝修武帝故事，盛車服，敬齊祀之禮，頗作詩歌。祠成山於不夜，萊山於黄。成山祠日，萊山祠月，京師近縣鄠，則有日月祠。

【《地理志》】東萊郡不夜有成山日祠。師古曰：「《齊地記》云：『古有日夜出，見於東萊，故萊子立城，以不夜爲名。』」

【《郊祀志》】成帝建始二年，匡衡、張譚復條奏罷雍舊祠二百三所，成山、萊山皆罷。元始五年，丞相衡等議復長安南北郊。莽又頗改其祭禮，曰：「四望，蓋謂日、月、星、海也。三光高而不可得親，海廣大無限界，故其樂同。祀天則天文從，祭地則地理從。三光，天文也；山川，地理也。天地合祭，其旦，東鄉再拜朝日；其夕，西鄉再拜夕月，然後孝弟之道備，而神祇嘉享，萬福降輯。」後莽又奏言：「日、月、靁、風、山、澤，易卦六子之尊氣，今或未特祀，或無兆居。謹與太師光、大司徒宫、羲和歆等議日廟於長安城。」

【《晉書·禮志》】漢儀，每月旦，太史上其月曆，有司侍郎、尚書見讀其令，奉行其正。朔前後二日，牽牛酒至社下，故以祭日。日有變，割羊以祀社，用救日變。執事長官，衣絳，領袖緣，中衣絳緣以行禮，如故事。

【《魏志・文帝本紀》】黄初二年春正月乙亥，朝日于東郊。

【《晉書・禮志》】禮，春分祀朝日於東，秋分祀夕月於西。漢武帝郊泰畤，平旦出竹宫，東向揖日，西向揖月。即郊日月，又不在東西郊也。後遂旦夕常拜。故魏文帝詔曰：「漢氏不拜日於東郊，而旦夕常於殿下東西拜日月，煩褻似家人之事，非祀天神之道也。」黄初二年正月乙亥，祀朝日於東郊之外，又違禮二分之義。

【《通典》】秘書監薛靖論云：「案《周禮》朝日無常日，鄭玄云用二分。秋分之時，月多東昇，西向拜之，背實遠矣。朝日宜用仲春之朔，夕月宜用仲秋之朔。」據《魏書》所引，則此「朔」字當爲「朏」字之誤。淳于睿駁之，引《禮記》云「祭日於東，祭月於西，以端其位」。《周禮》秋分夕月，並行于上代。西向拜月，雖如背實，亦猶月在天而祭之於坎，不復言背也。猶如天子東西遊幸，朝堂之官及拜官猶北向朝拜，寧得以背實爲疑？

【《魏志・明帝本紀》】太和元年春二月丁亥，祀朝日於東郊。八月己丑，祀夕月於西郊。

【《宋書・禮志》】太和元年二月丁亥朔，朝日於東郊，八月己丑，夕月於西郊，此古禮也。《白虎通》：「王者父天母地，兄日姊月。」此其義也。

【《晉書・禮志》】武帝太康二年，有司奏，春分依舊請車駕祀朝日，寒温未適，可不親出。詔曰：「禮儀宜有常，若如所奏，與故太尉所撰不同，復爲無定制也。間者方難未平，故每從所奏，今戎事弭息，惟此爲大。」案此詔，帝復爲親祀朝日也。此後廢。

【《南齊書・禮志》】永元元年，步兵校尉何佟之議曰：「蓋聞聖帝明王之治天下也，莫不尊奉天地，崇敬日月，故冬至祀天於圜丘，❶夏至祭地于方澤，春分朝日，秋分夕月，所以訓民事君之道，化下嚴上之義也。故《禮》云：『王者必父天母地，兄日姊月。』《周禮・典瑞》云：『王搢大圭，執鎮圭，藻藉五采五就以朝日。』馬融云：『天子以春分朝日，秋分夕月。』《覲禮》：『天子出，拜日於東門之外。』此處當有脱文，觀下盧、鄭二條並是解《玉藻》可見。盧植云：『朝日以立春之日也。』鄭玄云：『端當爲冕，朝日春分之時也。』《禮記・朝事議》云『天子冕而執鎮圭，尺有二寸，率諸侯朝日於東郊，所以教尊尊也』，故鄭知此端爲冕也。《禮記・保傅》云『天子春朝朝日，秋暮夕月，所以明有敬也』，而不明所用之定辰。馬、鄭云用二分之時，盧植云用立春之日。佟之以爲日者太陽之精，月者太陰之精。春分陽氣方永，秋分陰氣向長。天地至尊用其始，故祭以二至；日月禮次天地，故朝以二分。差有理據，則融、玄之言得其義矣。漢世則朝朝日，暮夕月。魏文帝詔曰：『《覲禮》天子拜日東門之外，反禮方明。❷《朝事議》曰天子冕而執鎮圭，率諸侯朝日於東郊。以此言之，蓋諸侯朝，天子祀方明，因率朝日也。漢改周法，羣公無四朝之事，故不復朝於東郊，得禮之變矣。然旦夕常於殿下東向拜日，其禮太煩。今採周春分之禮，損漢日拜之儀，又無諸侯之事，無所出東郊，今正殿

❶「祀」，原作「配」，據《南齊書・禮志》改。
❷「禮」，庫本作「祀」。

即亦朝會行禮之庭也，宜常以春分于正殿之庭拜日，其夕月文不分明。其議奏。』魏秘書監薛循請《魏書》、《通典》俱作「薛靖」，「循請」二字並衍誤。論云：『舊事朝日以春分，夕月以秋分。案《周禮》朝日無常日，鄭玄云用二分，故遂施行。秋分之夕，月多東昇，而西向拜之，背實遠矣。謂朝日宜用仲春之朔，夕月宜用仲秋之朔。』淳于睿駁之，引《禮記》云『祭日于東，祭月于西，以端其位』。《周禮》秋分夕月，並行于上世。西向拜月，雖如背實，亦猶月在天而祭之于坎，不復言背月也。佟之案：《禮器》云『爲朝夕必放于日月』，鄭玄云『日出東方，月出西方』。又云『大明生于東，月生于西，此陰陽之分，夫婦之位也』，鄭玄云『大明，日也』。知朝日東向，夕月西向，斯蓋各本其位之所在耳。猶如天子東西遊幸，朝堂之官及拜官者猶北向朝拜，寧得以背實爲疑邪？佟之謂魏世所行，善得與奪之衷。晉初棄圜丘方澤，于兩郊二至輟禮，至于二分之朝，致替無義。江左草創，舊章多闕，宋氏因循，未能反古。竊惟皇齊應天御極，典教惟新，謂宜使盛典行之盛代，以春分朝于殿庭之西，東向而拜日，秋分于殿庭之東，西向而拜月，此即所謂『必放日月，以端其位』之義也。使四方觀化者，莫不欣欣而頌美。旒藻之飾，蓋本天之至質也，朝日不得同昊天至質之禮，故玄冕三旒也。近代祀天，著衮十二旒，極文章之義，則是古今禮之變也。禮天朝日，既服宜有異，頃世天子小朝會，著絳紗袍、通天金博山冠，斯即今朝之服次衮冕者也。竊謂宜依此拜日月，甚得差降之宜也。佟之任非禮局，輕奏大典，實爲侵官，伏追慙震。」從之。

蕙田案：佟之議甚得禮意，但謂于殿庭間東向、西向拜之，非是。

【《魏書·太祖本紀》】天興三年二月丁亥，詔有司祀日于東郊。

【《禮志》】天興三年春，帝始祀日于東郊，用騂牛一。秋分，祭月于西郊，用白羊一。太和十五年八月甲寅，集羣官，詔曰：「近論朝日夕月，皆欲以二分之日於東西郊行禮。然月有餘閏，行無常準。若一依分日，或值月出于東，而行禮于西，尋情即理，不可施行。昔秘書監薛靖等常論此事，以爲朝日以朔，夕月以朏。卿等意謂朏朔二分，何者爲是？」尚書游明根對曰：「考案舊式，推校衆議，宜從朏月。」

【《高祖本紀》】太和十六年二月甲午，初朝日于東郊，遂以爲常。八月庚寅，車駕初夕月于西郊，遂以爲常。

蕙田案：自漢以後，朝日夕月之禮，至魏高祖，始合于經義。

【《周書·孝閔帝本紀》】元年二月癸酉，朝日于東郊。

【《隋書·禮儀志》】《禮》：天子以春分朝日于東郊，秋分夕月于西郊。漢法，不俟二分于東西郊，常以郊泰畤，旦出竹宮東向揖日，其夕西向揖月。魏文帝譏其煩褻似家人之事，而以正月朝日于東門之外。前史又以爲非時。及明帝太和元年二月丁亥，朝日于東郊，八月己丑，夕月于西郊，始合于古。後周以春分朝日于國東門外，爲壇，如其郊。用特牲青幣，青圭有邸。皇帝乘青輅，及祀官俱青冕，執事者青弁。司徒亞獻，宗伯終獻。燔燎如圜丘。秋分夕月于國西門外，爲壇于埳中，方四丈，深四尺，燔燎禮如朝日。

【《周書·武帝本紀》】保定元年春二月甲午，朝日于東郊。

【《宣帝本紀》】宣政元年六月，即位。秋八月丙寅，夕月于西郊。

【《隋書·高祖本紀》】開皇七年二月丁巳，祀朝日于東郊。

【《禮儀志》】隋因周制。開皇初，于國東春明門外爲壇，如其郊。每以春分朝日。又于國西開遠門外爲坎，深三尺，廣四丈。爲壇于坎中，高一尺，廣四尺。每以秋分夕月。牲幣與周同。

【《北史·劉芳傳》】芳轉太常卿，以所置日月之位去城里數於禮有違，乃上疏曰：「臣聞國之大事，莫先郊祀，郊祀之本，實在審位。臣學謝全經，業乖通古，豈可輕薦瞽言，妄陳管説。竊見所置壇祀遠近之宜，考之典制，或未允衷，既曰職司，請陳膚淺。據殷周漢魏所行故事，依《禮》，朝拜日月皆于東西門外。今日月之位，去城東西，路各三十，竊又未審。《禮》又云：『祭日于壇，祭月于坎。』今計造如上云云。」詔曰：「所上乃有明據，但先朝置立已久，且可從舊。」

【《隋書·音樂志》】朝日夕月歌詩二首：迎送神、登歌，與圜丘同。

朝日，奏《諴夏》辭　扶木上朝暾，嵫山沉暮景。寒來遊晷促，暑至馳輝永。時和合璧耀，俗泰重輪明。執圭盡昭事，服冕罄虔誠。

夕月，奏《諴夏》辭　澄輝燭地域，流耀鏡天儀。歷草隨弦長，珠胎逐望虧。成形表蟾兔，竊藥資王母。西郊禮既成，幽壇福惟厚。

【《唐書·禮樂志》】春分朝日于東郊，秋分夕月于西郊。廣四丈，高八尺者，朝日之壇也。爲坎深三尺，縱廣四丈，壇于其中，高一尺，方廣四丈者，夕月之壇也。

【《舊唐書·禮儀志》】武德、貞觀之制，春分朝日于國城之東，秋分夕月于國城之西，各用方色犢一，籩、豆各四，簠、簋、甄、俎各一。

【《音樂志》】祀朝日樂章八首：貞觀中作，今行用。

降神，用《豫和》。詞同冬至圜丘。　皇帝行，用《太和》。詞同冬至圜丘，夕月同。

登歌、奠玉帛，用《肅和》　惟聖格天，惟明饗日。帝郊肆類，王宫戒吉。珪奠春舒，鐘歌曉溢。禮云克備，斯文有秩。

迎神，用《雍和》　晨儀式薦，明祀惟光。神物爰止，靈暉載揚。玄端肅事，紫幄興祥。福履攸假，於昭令王。

皇帝酌獻、飲福，用《壽和》。詞同冬至圜丘，夕月同。

送文舞出、迎武舞入，用《舒和》　崇牙樹羽延調霧，旋宫扣律掩承雲。誕敷懿德昭神武，載集豐功表睿文。

武舞，用《凱安》。詞同冬至圜丘。　送神用《豫和》。詞同冬至圜丘，夕月同。

又祀朝日樂章二首：太樂舊有此辭，不詳所起。

迎神　太陽朝序，王宫有儀。蟠桃彩駕，細柳光馳。軒祥表合，漢曆彰奇。禮和樂備，神其降斯。

送神　五齊兼飭，百羞具陳。樂終廣奏，禮畢崇禋。明鑒萬寓，昭臨兆人。永流洪慶，式動曦輪。

祀夕月樂章八首：貞觀中作，今行用。

登歌奠玉帛，用《肅和》　測妙爲神，通微曰聖。坎祀貽則，郊禋展敬。璧薦登光，金歌動暎。以載嘉德，以流曾慶。

迎俎，用《雍和》　朏晨争舉，天宗禮闢。

夜典涼秋，陰明湛夕。有醻斯旨，有牲斯碩。穆穆其暉，穰穰是積。

送文舞出、迎武舞入，用《舒和》合吹八風金奏動，分容萬舞玉鞘鶩。詞昭茂典光前烈，夕耀乘功表盛明。

五禮通考卷第三十三

博野尹嘉銓校字

五禮通考卷第三十四

内廷供奉禮部右侍郎金匱秦蕙田編輯
太子太保總督直隸右都御史桐城方觀承同訂
按察司副使元和宋宗元參校

吉禮三十四

日月

【《舊唐書·禮儀志》】王仲丘撰成一百五十卷，名曰《大唐開元禮》，以日月爲中祀。

【《開元禮》】皇帝春分朝日于東郊儀：秋分夕月及攝事附。

齋戒

前祀五日，皇帝散齋三日，致齋二日，如圜丘儀。諸應祀之官齋戒，如別儀。

陳設如祀五帝儀，唯不設配帝位及罇罍。燎壇方八尺，高一丈，開上南出户，方三尺。

鑾駕出宫。如圜丘之儀。

奠玉帛

祀日未明三刻，諸祀官各服其服。郊社令、良醖令各帥其屬入實罇罍玉幣。凡罇之次，太罇爲上，實以醴齊；著罇次之，實以盎齊；罍罇實以清酒。其玄酒各實于上罇，罍罇無玄酒。禮神之玉以圭有邸。其幣，大明以青，夜明以白。太官令帥進饌者實諸籩豆簠簋，入設于内壝東門之外饌幔内。未明二刻，奉禮帥贊者先入就位，贊引引御史、太祝及令史與執罇罍篚冪者入自東門，當壇南，重行北面，以西爲上。凡引導者每曲一逡巡。立定，奉禮曰：「再拜。」贊者承傳，凡奉禮有詞，贊者皆承傳。御史以下皆再拜。訖，執罇者升自東陛，立于罇所，壇下執罍洗篚冪者各就位。贊引引御史、太祝詣壇東陛，升，行掃除于上，令史、祝史行掃除于下，訖，引降就位。駕將至，謁者、贊引各引祀官及從祀羣官、諸國蕃客使俱就門外位。駕至大次門外，迴輅南向，將軍降立于輅右。侍中進當鑾駕前，跪奏稱：「侍中臣某言，請降輅。」俛伏，興，還侍立。皇帝降輅，之大次。通事舍人引文武五品以上從祀之官，皆就門外位。太樂令帥工人、二舞次入就位，文舞入陳于懸内，武舞立于懸南道西。謁者引司空入就位。立定，奉禮曰：「再拜。」司空再拜訖，謁者引司空詣壇東陛，升，行掃除于上，降，行樂懸于下，訖，引出就位。皇帝停大次半刻頃，通事舍人分引從祀文武羣官、介公、酅公、諸國客使先入就位。太常博士引太常卿立于大次門外，當門北向。侍中版奏：「外辦。」皇帝服玄冕出次，華蓋侍衛如常儀。侍中負寶陪從如式。博士引太常卿，太常卿引皇帝凡太常卿前導，皆博士先引。至南内壝門外。殿中監進大圭，尚衣奉御又以鎮圭授殿中監，殿中監受，進，皇帝搢大圭，執鎮圭。華蓋、仗衛停于門外，近侍者從入如常，謁者引禮部尚書、太常少卿陪從如常。皇帝至版位，西面立。每立定，太常卿與博士退立于左。謁者、贊引各引祀官次入就位。立定，太常卿前奏稱：「請再拜。」退復位。皇帝再拜。奉禮曰：「衆官再拜。」在位者皆再拜。太常卿前奏：「有司謹具，請行事。」攝則初司空入，謁者、贊引各引祀官以次入就位，贊拜訖，謁者進太尉之左曰「請行事」。凡獻皆以太尉爲初獻。退復位。協律郎跪，俛伏，舉麾興。凡取物者，皆跪俯伏而取以興。奠物則奠訖俛伏而後興。鼓柷，奏《元和》之樂，乃以圜鍾之均，作文舞之舞樂，❶舞六成，偃麾，戛敔，樂止。凡樂皆協律郎舉麾，工鼓柷而後作，偃麾戛敔而後止。太常卿前奏稱：「請再拜。」退復位。攝則奉禮贊曰「衆官再拜」。皇帝再拜。奉禮曰：「衆官再拜。」在位者皆再拜。太祝取玉幣于篚，立于罇所。太常卿引皇帝，《太和》之樂作，皇帝每行皆作《太和》之樂。皇帝詣壇，升自南陛，侍中、中書令已下及左右侍從、量人從升，以下皆如之。皇帝升壇，北向立，樂止。攝則謁者引太尉升奠。太祝加玉于幣以授侍中，侍中奉玉帛東向進，皇帝搢鎮圭，受玉帛。每受物，搢鎮圭，奠訖執圭，俛伏，興。登歌，作《肅和》之樂，乃以大吕之均。太常卿引皇帝進，北面跪奠于大明夕月云「夜明」。神座，俛伏，興，太常卿引皇帝少退，北向再拜訖，登歌止。太常卿引皇帝，樂作，皇帝降自南陛，還版位，西向立，樂止。攝則謁者引太尉。初羣官拜訖，祝史奉毛血之豆立于門外，俟登歌止，祝史奉毛血入，升自南陛，太祝迎取于壇上，進奠于神座前，太祝與祝史退立于罇所。

進熟

皇帝既升奠攝則太尉既升奠。玉帛，大官令出，帥進饌者奉饌陳于内壝門外，謁者引司徒出，詣饌所，司徒奉俎。初皇帝既入至位樂止，大官令引饌入，俎初入門，《雍和》之樂作，以黄鐘之均，饌至陛，樂止。祝史進，徹毛血之豆，降自東陛以出。饌升南陛，太祝迎引于壇上，設于神座前。籩豆，蓋冪先徹，乃升。簠簋既奠，却其蓋于下。設訖，謁者引司徒以下降自東陛，復位，太祝還罇所。太常卿引

❶「作」，原作「以」，據《大唐開元禮》卷四改。

皇帝詣罍洗，樂作。其盥洗之儀如圜丘。太常卿引皇帝，樂作，皇帝詣壇，升自南陛，樂止。謁者引司徒升自東陛，立于罇所，齋郎奉俎從升，立于司徒之後。太常卿引皇帝詣罇所，執罇者舉冪，侍中贊酌醴齊訖，《壽和》之樂作，皇帝每酌獻及飲福，皆作《壽和》之樂。太常卿引皇帝少退，北向立，樂止。太祝持版進于神座之右，東面跪讀祝文曰：「維某年歲次月朔日，子嗣天子臣某，攝則云「謹遣太尉封臣名」。敢昭告于大明：惟神宣布太陽，照臨下土，動植咸賴，幽隱無遺。時惟仲春，敬遵常禮，夜明云：「昭著玄象，輝耀陰精，理曆授時，仰觀取則，爰茲仲秋，用率常禮。」謹以玉帛犧齊，粢盛庶品，祇祀于神，尚享。」訖，興。皇帝再拜。初讀祝文訖，樂作，太祝進奠版于神座，還罇所，皇帝拜訖，樂止。太祝以爵酌上罇福酒授侍中，侍中受爵西向進，皇帝再拜受爵，跪，祭酒，啐酒，奠爵，俛伏，興。太祝帥齋郎進俎，太祝減神前胙肉加于俎，太祝持俎以授司徒，司徒奉俎西向進，皇帝受以授左右。攝則太尉受以授齋郎。謁者引司徒降復位。皇帝跪取爵，遂飲，卒爵，侍中進受爵以授太祝，太祝受爵復于坫，皇帝俛伏，興，再拜，樂止。太常卿引皇帝，樂作，皇帝降自南陛，還版位，西向立，樂止。文舞出，鼓柷，作《舒和》之樂，出訖，戛敔，樂止。武舞入，鼓柷，作《舒和》之樂，立定，戛敔，樂止。皇帝獻將畢，謁者引太尉詣罍洗，盥手，攝則太尉獻將畢，謁者引太常卿爲亞獻，下皆倣此。洗匏爵訖，謁者引太尉自東陛升壇，詣著罇所，❶執罇者舉冪，太尉酌盎齊，武舞作。謁者引太

❶「著」，原脱，據《通典》卷一一一、《大唐開元禮》卷二四補。

尉進大明神座前，北向跪奠爵，興，謁者引太尉少退，北向再拜。太祝以爵酌罍福酒，進太尉之右西向立，太尉再拜受爵，跪，祭酒，遂飲，卒爵，太祝進受爵復于坫，太尉興，再拜，謁者引太尉降復位。

初太尉獻將畢，謁者引光禄卿皇帝儀與攝事同，以光禄卿爲終獻。詣罍洗，盥洗匏爵，升酌盎齊終獻，如亞獻之儀。訖，謁者引光禄卿降復位。武舞六成，樂止。舞獻俱畢，太祝進徹豆，還罇所。徹者籩豆各少移于故處。奉禮曰：「賜胙。」贊者唱：「衆官再拜。」在位者皆再拜。已飲福受胙者不拜。《太和》之樂作，太常卿前奏稱：「請再拜。」退復位。皇帝再拜。奉禮曰：「衆官再拜。」在位者皆再拜。❶樂一成，止。太常卿前奏：「請就望燎位。」太常卿引皇帝，樂作，攝則謁者引太尉。皇帝就望燎位，南向立，樂止。于羣官將拜，太祝執篚進神座前，跪取玉帛、祝版，齋郎以俎載牲體、黍稷飯、爵酒，興，降自南陛，南行，經懸内，當柴壇南，東行，自南陛登柴壇，以玉幣、祝版、饌物寘于柴上户内。訖，奉禮曰：「可燎。」東西各四人以炬燎火。半柴，太常卿前奏：「禮畢。」太常卿引皇帝還大次，樂作，皇帝出内壝門，殿中監前受鎮珪，以授尚衣奉御，殿中監又前受大珪，華蓋仗衛如常儀，皇帝入次，樂止。謁者、贊引引祝官及從祀羣官、諸國蕃客以次出。贊引引御史以下俱復執事位，立定，奉禮曰：「再拜。」御史以下俱再拜，贊引引出。工人、二舞以次出。

鑾駕還宮。如圜丘之儀。

【《册府元龜》】天寶三載三月戊寅，詔曰：

❶「者」，原脱，據庫本補。

「祭之爲典，以陳至敬，名或不正，是相奪倫。日月照臨，下土式瞻。既超言象之外，宜極尊嚴之禮，列爲中祀，頗紊大猷。自今已後，升爲大祀，仍以四時致祭。庶昭報之誠，格于上下，欽崇之稱，合于典則。」

蕙田案：《開元禮》最得禮意，玄宗則既行之矣，乃天寶改元，旋自反汗。郊天之禮，屢用移易，日月中祀，禮之常經，忽又升爲大祭。二分朝夕，祭之大倫，忽又致以四時，其意何居？

【《唐書·新羅傳》】新羅元日相慶，是日拜日月神。

【《宋史·禮志》】天禧初，太常禮院以監察御史王博文言，詳定：「準禮，春分朝日于東郊，秋分夕月于西郊。《國語》：『大采朝日，少采夕月。』又曰：『春朝朝日，秋夕夕月。』唐柳宗元論云：『夕之名者，朝拜之偶也。古者旦見曰朝，暮見曰夕。』案禮，秋分夕月。蓋其時晝夜平分，太陽當午而陰魄已生，遂行夕拜之祭。以祀日未前十刻，❶大官令率宰人割牲，未後三刻行禮，蓋是古禮以夕行朝祭之儀。又案《禮》云：從子至巳爲陽，從午至亥爲陰。參詳典禮，合于未後三刻行禮。」

蕙田案：夕月祭刻，此爲合禮。

【《樂志》】景德朝日三首：

降神，《高安》六變。　陽德之母，羲御寅賓。得天久照，首兹三辰。正辭備物，肅肅振振。淪精降監，❷克享明禋。

❶「日」，《宋史·禮志》作「月」，則「以祀月」三字當從上讀。

❷「降」，原作「隆」，據庫本及《宋史·樂志》改。

奠玉幣酌獻，《嘉安》　醴齊良潔，有牲斯純。大采玄冕，乃昭其文。王宮定位，粢盛苾芬。民事以敘，盛德升聞。送神，《高安》　縣象著明，照臨下土。降福穰穰，德施周普。

夕月三首：

降神，《高安》六變。　凝陰禀粹，照臨八埏。麗天垂象，繼日代明。一氣資始，四時運行。靈祇照格，備物薦誠。奠玉幣酌獻，《嘉安》　夕耀乘秋，功存寓縣。金奏在縣，以時致薦。祀事孔寅，明靈降眷。潔粢豐盛，倉箱流衍。送神，《高安》　夙陳籩豆，潔誠致祈。垂休保佑，景祚巍巍。

【《禮志》】慶曆三年，定朝日之圭，夕月之圭，皆五寸。　朝日夕月，慶曆用羊、豕各二，籩、豆十二，簠、簋、俎二。

皇祐五年，定朝日壇，舊高七尺，東西六步一尺五寸；增爲八尺，廣四丈，如唐《郊祀録》。夕月壇與隋唐制度不合，從舊則壇小，如唐則坎深。今定坎深三尺，廣四丈，壇高一尺，廣二丈，四方爲陛，降入坎中，然後升壇。壇皆兩壝，壝皆二十五步。增大明、夜明壇山罍二，籩、豆十二。禮生引司天監官分獻，上香，奠幣、爵，再拜。

【《通考》】元豐六年，禮部言：「《熙寧祀儀》，朝日壇廣四丈，夕月壇廣二丈。以唐王涇《郊祀録》考之，夕月壇方廣四丈，今止二丈，蓋《禮儀》之誤。請依制廣改造夜明壇。」從之。

【《宋史·樂志》】大觀秋分夕月四首：

降神，《高安》　至陰之精，虧而復盈。輪高儷桂，階應祥蓂。玉兔影孤，金莖露溢。其駕星車，顧于兹夕。

奠玉幣　玉鈎初彎，冰盤乍圓。扇掩秋後，烏飛枝邊。精凝蟾蜍，輝光嬋娟。歆于明祀，❶弭芳節焉。

酌獻　名稽《漢儀》，歌參唐宗。往于卿少，乘秋氣中。周天而行，如姊之崇。可飛霞佩，下瑠璃宫。

送神　四扉大開，五雲車立。霓裾娣從，風翻童執。摇曳胥來，鏘洋爰集。歆我嚴禋，西面以揖。

【《禮志》】《五禮新儀》定二壇高廣、坎深如皇祐，無所改。

【《文獻通考》】政和三年，議禮局上《五禮新儀》，朝日壇廣四丈，高八尺，四出陛，兩壝二十五步；夕月坎深三尺，廣四丈，壇高一尺，廣二丈，四方各爲陛，入坎中，然後升壇。兩壝，每壝二十五步。

【《宋史·高宗本紀》】紹興三年四月己亥，復舉五帝、日月之祀。

【《文獻通考》】紹興三年，司封員外郎鄭士彦言：「春分朝日，秋分夕月，祀典未舉。望詔禮官講求。」從之。其後于城外惠照院望祭。位版，日書曰「大明」，月書曰「夜明」。玉用圭璧。大明幣用赤，夜明幣用白。禮如祀感生帝。

【《宋史·樂志》】紹興朝日十首：

降神，《高安》，圜鍾爲宫　玄鳥既至，序屬春分。朝于太陽，厥典備存。載嚴大采，示民有尊。揚光下燭，煜爚東門。

黄鍾爲角　升暉麗天，陽德之母。率無頗偏，兼燭下土。恭事崇壇，禮樂具舉。頓御六龍，裴回容與。

太簇爲徵　周祀及闇，漢制中營。肸蠁

❶「于」，原作「午」，據庫本改。

是屆，❶禮神以兄。我潔斯璧，我肥斯牲。神兮燕享，鑒觀孔明。

姑洗爲羽　屹爾王宫，泛臨翊翊。惠此萬方，豈惟五色。以修陽政，以習地德。雲景杳冥，施祥無極。

初獻升殿，《正安》　天宇四霽，嘉壇聿崇。肅祇嚴祀，登降有容。仰瞻曜靈，位居其中。既安既宴，沛哉豐融！

奠玉幣，《嘉安》　物之備矣，以交于神。時惟炎精，不忘顧歆。經緯之文，璆琳之質。燦然相輝，其儀秩秩。

奉俎，《豐安》　扶桑朝暾，和氣肸飭。奉此牲牢，爲俎孔碩。芬馨進聞，介我黍稷。所將以誠，兹用享德。

酌獻，《嘉安》　匏爵斯陳，百味旨酒。勺以獻之，再拜稽首。鐘鼓在列，靈方安留。眷然加薦，惟時之休。

亞終獻，《文安》　禮罄沃盥，誠意肅將。包茅是縮，奠畢重觴。焕矣情文，既具醉止。熙事備成，靈其有喜。

送神，《禮安》　羲和駕兮，其容杲杲。將安之矣？言歸黄道。光赫萬物，無古無今。人君之表，咸仰照臨。

夕月十首：

降神，《高安》，圜鍾爲宫　金行告道，玉律分秋。禮蕆西郊，毖祀聿修。精意潛達，永孚于休。神之聽之，爰格飈斿。

黄鐘爲角　時維秋仲，夜寂天清。賓嚴姊事，用答陰靈。壇壝斯設，黍稷惟馨。雲車來下，庶歆厥誠。

太簇爲徵　遡日著明，麗天作配。潔誠以祠，禮行肅拜。光凝冕服，氣肅環珮。

❶「屆」，原作「屆」，據庫本改。

庶幾昭格，祇而不懈。

姑洗爲羽　穆穆流輝，太陰之精。盈虧靡忒，寒暑以均。克禋克祀，揆日涓辰。牲碩酒旨，來燕來寧。

升殿，《正安》　猗歟崇基，右平左墄。祇率典常，届兹秋夕。陟降惟寅，威儀抑抑。神其鑒觀，穰簡是集。

奠玉幣，《嘉安》　少采陳儀，實曰坎祭。禮備樂舉，嚴恭將事。于以奠之，嘉玉量幣。神兮昭受，陰騭萬彙。

奉俎，《豐安》　穀旦其差，有牲在滌。工祝致告，爲俎孔碩。肹蠁是期，祚我明德。備兹孝欽，式和民則。

酌獻，《嘉安》　白藏在序，享惟其時。躬即明壇，禮惟載祇。斟以瑶爵，神靈燕娭。歆馨顧德，錫我蕃釐。

亞終獻，《文安》　肅雍嚴祀，聖治昭彰。清酒既載，或肆或將。禮匝三獻，終然允臧。神具醉止，其樂且康。

送神，《理安》　歌奏雲闋，式禮莫愆。以我齊明，罄其吉蠲。神保聿歸，降康自天。蘿圖永固，億萬斯年。

【《遼史·太祖本紀》】天贊三年九月庚子，❶拜日于蹛林。

【《穆宗本紀》】應曆二年冬十一月己卯，日南至，始用舊制，行拜日禮。

【《禮志》】拜日儀：皇帝升露臺，設褥，向日再拜，上香。閤門使通，閤使或副，應拜臣僚殿左右階陪位，再拜。皇帝升座。奏牓訖，北班起居畢，時相以下通名再拜，不出班，奏「聖躬萬福」，又再拜，各祇候。宣徽以下横班同。諸司、閤門北面先奏事，餘

❶「贊」，原作「寶」，據庫本改。

同。教坊與臣僚同。

【《聖宗本紀》】統和元年十二月戊申，千齡節，祭日月，禮畢，百僚稱賀。統和四年十一月癸未，祭日月，爲駙馬都尉勤德祈福。開泰二年夏四月甲子，拜日。

四年六月庚戌，上拜日如禮。秋七月，上又拜日，遂幸秋山。　七年夏四月，拜日。

【《金史·禮志》】朝日壇曰大明，在施仁門外之東北，當闕之卯地，門壝之制皆同方丘。夕月壇曰夜明，在彰義門外之西北，當闕之西地，❶掘地汙之，爲壇其中。春分朝日于東郊，秋分夕月于西郊。

【《太宗本紀》】天會四年春正月丁卯朔，始朝日。

【《禮志》】朝日夕月儀：齋戒、❷陳設、省牲器、奠玉幣、進熟，其節並如大祀之儀。朝日玉用青璧，夕月用白璧，幣皆如玉之色。牲各用羊一、豕一。有司攝三獻司徒行事。其親行朝日，金初用本國禮，天會四年正月，始朝日于乾元殿，而後受賀。熙宗天眷二年，定朔望朝日儀。皇帝服靴袍，百官常服。有司設爐案、御褥位于所御殿前陛上，設百官褥位于殿門外，皆向日。宣徽使奏導皇帝至位，南向，再拜，上香，又再拜。各門皆相應贊，殿門外臣僚陪拜如常儀。世宗大定二年，以無典故罷。十五年，言事者謂今正旦并萬春節，宜令有司定拜日之禮。有司援據漢、唐春分朝日，升煙奠玉如圜丘之儀。又案唐《開元禮》，南向設大明神位，天子北向，皆無南向拜日

❶「之西地」，原作「西」，據《金史·禮志》改。
❷「戒」，原作「滅」，據聖環本、庫本改。

之制。今已奉敕以月朔拜日，宜遵古制，殿前東向拜。詔姑從南向。其日，先引臣僚于殿門外立，陪位立殿前班露臺左右，皇帝于露臺香案拜如上儀。

十八年，上拜日于仁政殿，始行東向之禮。皇帝出殿，東向設位，宣徽贊：「拜。」皇帝再拜，上香，訖，又再拜。臣僚並陪拜，依班次起居，如常儀。

【《章宗本紀》】明昌五年三月庚辰，初定日月常祀。

【《宣宗本紀》】貞祐元年閏九月戊辰朔，拜日于仁政殿。自是每月吉爲常。

【《元史·世祖本紀》】至元十六年十二月甲申，祀太陽。　二十五年春正月庚寅，祭日于司天臺。

【《成宗本紀》】至元三十一年四月，即位。五月，祭太陽于司天臺。

蕙田案：司天臺，所以測日觀星，蓋司天者所應用之地，猶官府之有衙署，錢糧之有倉庫也，豈所以交神致祭乎？要之，壇坎不必務廣大，而其地不可不特設也。

【《武宗本紀》】至大三年冬十月丙午，三寶奴及司徒田忠良等言：「曩奉旨舉行南郊配位從祀，北郊方丘、朝日夕月典禮。臣等議，春秋朝日夕月，實合祀典。」有旨：「所用儀物，其令有司速備之。」

【《明史·禮志》】洪武三年，禮部言：「古者祀日月之禮有六。《郊特牲》曰：『郊之祭，大報天而主日，配以月。』一也。《玉藻》曰：『朝日于東門之外。』《祭義》曰：『祭日于東郊，祭月于西郊。』二也。《大宗伯》：『肆類于四郊，兆日于東郊，兆月于西郊。』三也。《月令》孟冬『祈來年于天宗』。天宗，日月之類，四也。《覲禮》：『拜日于東門之外，反祀方明，禮日于南門之外，禮月于北門之外。』五也。『霜雪風雨之不時，則禜日月。』六也。説者謂因郊祀而祀之，非正祀也。類禜而祀之，與覲諸侯而禮之，非常祀也。唯春分朝之于東門外，秋分夕之于西門外者，祀之正與常也。蓋天地至尊，故用其始而祭以二至。日月次天地，春分陽氣方永，秋分陰氣方長，故祭于二分，爲得陰陽之義。自秦祭八神，六曰月主，七曰日主，雍又有日月廟。漢郊太乙，朝日夕月，改周法，常以郊泰畤，質明出行宫，東向揖日，西向揖月，又于殿下東西拜日月。宣帝于成山祠日，萊山祠月。魏明帝始朝日東郊，夕月西郊。唐以二分日，朝日夕月于國城東西。宋人因之，升爲大祀。元郊壇以日月從祀，其二分朝日夕月，皇慶中議建立而未行。今當稽古正祭之禮，各設壇專祀。朝日壇宜築于城東門外，夕月壇宜築于城西門外。朝日以春分，夕月以秋分。星辰則祔祭于月壇。」從之。其祀儀與社稷同。

【《明集禮》】壇制：築朝日壇于城東門外，高八尺，方廣四丈。築夕月壇于城西門外，高六尺，方廣四丈。俱兩壝，每壝二十五步。燎壇方八尺，高一丈，開上南出户，方三尺。

神位版，以松柏爲之，長二尺五寸，闊五寸，趺高五寸，朱漆金字。祝册：❶朝日曰：「唯神陽靈東升，運行于天，神光下燭，無私無偏，歲紀聿新，昭天之德，萬物具瞻。黄道弗忒，國有時祀，古典式遵，曦馭既格，海

❶「祝」上，庫本有「唯」字。

宇咸春。」夕月曰：「唯神太陰所鍾，承光于日，配陽之德，麗于穹碧。惟此秋夕，雲斂氣清，仰瞻素輝，神馭以升，夜明有壇，用伸報祭，唯神鑒臨，萬古不昧。」星辰曰：「唯神羅列周天，耿耿其輝，既瞻月馭，衆象以微，上之所躔，下必有應。爰遵古典，用伸報稱。季秋禮祀，設壇既崇，神其歆格，鑒此寸衷。」

蕙田案：星辰從祀月壇，本不應讀祝，所撰祝文，但當用之專祭耳。然《集禮》所載夕月儀，則星辰另自讀祝，故此亦載入，以仍其舊，實緐文也。

祭器：並設太尊二，著尊二，山罍二，在壇上東南隅，北面。象尊二，壺尊二，山罍二，在壇下。籩、豆各十，簠、簋各四。

玉幣：玉並用圭璧五寸。幣，大明用赤，夜明、星辰並用白。　牲：大明用赤犢，夜明用白犢，星辰用純色犢。　酒齊：太尊實醴齊，著尊實盎齊，山罍實清酒，其明水、玄酒各實于上尊。　籩豆之實：籩實以石鹽、乾魚、乾棗、栗、黃榛子仁、菱仁、芡仁、鹿脯、白餅、黑餅。豆實以韭菹、醓醢、菁菹、鹿醢、芹菹、兔醢、筍菹、魚醢、脾析菹、豚拍。　祭服，服衮冕。

【皇帝春朝朝日儀注】　時日，以春分日行事。

齋戒：皇帝散齋三日，致齊二日。陪祭官、執事官並齊五日，如常儀。

省牲：前期二日，所司設皇帝大次于壝外東門内道北，南向。設省牲位于内壝東門外。先祭一日，導駕官同太常卿導引車駕詣大次。太常卿奏：「請中嚴。」皇帝服皮弁，太常卿奏：「外辦。」導駕官同太常卿導引皇帝詣省牲位，執事者各執乃事。廩犧令帥其屬牽牲自東行過御前。省訖，牽詣神廚。執事者取毛血，實于豆。太常卿奏：「請詣神廚。」導駕官同太常卿導引至神廚。太常卿奏：「請視鼎鑊，請視滌濯。」遂烹牲。導駕官同太常卿導引皇帝還大次。

陳設：前祭一日，所司陳設如《圖儀》。

鑾駕出宮，鹵簿導從同圜丘儀。

正祭：祭日清晨，太常卿帥執事者各實尊、罍、籩、豆、簠、簋、登、俎，又實幣于篚，加圭璧，陳于尊所。祝版寘于神位之右。樂生、舞生入就位。諸執事官、陪祭官各入就位。太常卿奏：「請中嚴。」皇帝服衮冕。太常卿奏：「外辦。」導駕官同太常卿導引皇帝至御位，南向立。

迎神：贊禮唱：「迎神。」協律郎跪，俛伏，舉麾，奏《熙和》之曲，樂一成止。贊禮唱：「請行禮。」太常卿奏：「有司謹具，請行事。」奏：「鞠躬，拜，興，拜，興，平身。」皇帝鞠躬，拜，興，拜，興，平身。贊禮唱：「皇太子以下在位官皆再拜。」傳贊唱：「鞠躬，拜，興，拜，興，平身。」皇太子以下鞠躬，拜，興，拜，興，平身。

奠玉幣：贊禮唱：「奠玉幣。」太常卿奏：「請詣盥洗位。」導駕官同太常卿導引皇帝詣盥洗位。太常卿贊盥曰：「前期齊戒，今晨奉祭，加其清潔，以對神明。」太常卿奏：「搢圭。」皇帝搢圭。司執洗者舉盥，進巾。太常卿奏：「盥手，帨手，出圭。」皇帝盥手，帨手，出圭。太常卿奏：「請升壇。」贊曰：「神明在上，整肅威儀。」升自午陛，太常卿奏：「請詣大明神位前。」司玉幣者奉玉幣以俟。協律郎跪，俛伏，舉麾，奏《保和》

之曲。導駕官同太常卿導引皇帝至神位前，北向立。太常卿奏：「跪，搢圭。」皇帝跪，搢圭。司香官舉香跪進于皇帝之左。太常卿奏：「上香，上香，三上香。」皇帝上香，上香，三上香。司玉幣者奉玉幣跪進于皇帝之右。皇帝受玉幣，奠于大明神位前。太常卿奏：「出圭，鞠躬，拜，興，拜，興，平身。」皇帝出圭，鞠躬，拜，興，拜，興，平身。樂止。太常卿奏：「復位。」導駕官同太常卿導引皇帝復位。

進熟：贊禮唱：「進俎。」齋郎舉俎至壇前。進俎官舉俎，升自午陛。協律郎跪，俛伏，舉麾奏中闕之曲。導駕官同太常卿導引皇帝至大明神位前。太常卿奏：「搢圭。」皇帝搢圭。進俎官以俎進于皇帝之右，皇帝以俎奠于大明神位前。太常卿奏：「出圭。」皇帝出圭。太常卿奏：「復位。」導駕官同太常卿導引皇帝復位。

初獻：贊禮唱：「行初獻禮。」太常卿奏「請行初獻禮」，「請詣爵洗位」。導駕官同太常卿導引皇帝至爵洗位。太常卿奏：「搢圭。」皇帝搢圭。執爵官以爵進。皇帝受爵，滌爵，拭爵，以爵授執爵官。太常卿奏：「出圭。」皇帝出圭。太常卿奏：「請詣酒尊所。」導駕官同太常卿導引皇帝升壇至酒尊所。太常卿奏：「搢圭。」皇帝搢圭。執爵官以爵進，皇帝執爵，司尊者舉冪，酌泛齊。皇帝以爵授執爵官。太常卿奏：「出圭。」皇帝出圭。太常卿奏：「請詣大明神位前。」協律郎跪，俛伏，舉麾，奏《安和》之曲，《武功》之舞。導駕官同太常卿導引皇帝至神位前。太常卿奏：「跪，搢圭。」皇帝跪，搢圭。司香官捧香，跪進于皇帝之左。太常卿奏：「上香，上香，三上香。」皇帝上香，上香，三上香。執爵官捧爵，跪進于皇帝之右。皇帝受爵。太常卿奏：「祭酒，祭酒，三祭酒，奠爵。」皇帝祭酒，祭酒，三祭酒，奠爵。樂舞止。太常卿奏：「出圭。」皇帝出圭。讀祝官取祝版于神右，跪讀訖，樂舞作。太常卿奏：「俛伏，興，平身，稍後，鞠躬，拜，興，拜，興，平身。」皇帝俛伏，興，平身，稍後，鞠躬，拜，興，拜，興，平身。樂舞止。太常卿奏：「請復位」。導駕官同太常卿導引皇帝復位。

亞獻：並同初獻儀，惟尊酌醴齊，樂奏《中和》之曲，《文德》之舞。奠爵後不讀祝。

終獻：並同亞獻儀，惟尊酌盎齊，樂奏《肅和》之曲，《文德》之舞。

飲福受胙：贊禮唱：「飲福，受胙。」太常卿奏：「請詣飲福位。」導駕官同太常卿導引皇帝升壇至飲福位，北向立。太常卿奏：「鞠躬，拜，興，拜，興，平身。」皇帝鞠躬，拜，興，拜，興，平身。太常卿奏：「跪，搢圭。」皇帝跪，搢圭。奉爵官酌福酒，跪進于皇帝之左。贊曰：「唯此酒肴，神之所與。賜以福慶，億兆同霑。」皇帝受福酒，祭酒，飲福酒，以爵寘于坫。奉胙官奉胙，跪進于皇帝之右。皇帝受胙，以胙授執事者。執事者跪受于皇帝之右。太常卿奏：「出圭。」皇帝出圭。太常卿奏：「俛伏，興，平身，稍後，鞠躬，拜，興，拜，興，平身。」皇帝俛伏，興，平身，稍後，鞠躬，拜，興，拜，興，平身。太常卿奏：「請復位。」導駕官同太常卿導引皇帝復位。

徹豆：贊禮唱：「徹豆。」協律郎跪，俛伏，舉麾，奏《凝和》之曲。掌祭官徹豆。贊禮唱：「賜胙。」太常卿奏：「皇帝飲福，受胙，免拜。」贊禮唱：「皇太子以下在位官皆再拜。」傳贊唱：「鞠躬，拜，興，拜，興，平身。」皇太子以下皆鞠躬，拜，興，拜，興，平身。樂止。

送神：贊禮唱：「送神。」協律郎跪，俛伏，舉麾，奏《壽和》之曲。太常卿奏：「鞠躬，拜，興，拜，興，平身。」皇帝鞠躬，拜，興，拜，興，平身。贊禮唱：「皇太子以下在位官皆再拜。」傳贊唱：「鞠躬，拜，興，拜，興，平身。」皇太子以下皆鞠躬，拜，興，拜，興，平身。

贊禮唱：「祝人取祝，帛人取帛，詣望燎位。」讀祝官捧祝，捧帛官捧帛，掌祭官取饌及爵酒，詣柴壇，寘户上。樂止。

望燎：贊禮唱：「望燎。」導駕官同太常卿導引皇帝至望燎所。贊禮唱：「可燎。」東西面各二人，以炬燎火，柴半燎，太常卿奏：「禮畢。」導駕官同太常卿導引皇帝還大次，解嚴。

鑾駕還宫：鹵簿導從如來儀。大樂鼓吹振作。

【皇帝秋夕夕月儀注】時月：以秋分日行事。齊戒　省牲　陳設　鑾駕出宫　正祭　迎神以上並同朝日儀，惟迎神奏《凝和》之曲。奠玉幣，並同朝日儀。樂止後。太常卿奏：「請詣星辰神位前。」導駕官同太常卿導引皇帝至神位前。太常卿奏：「跪，搢圭。」皇帝跪，搢圭。司香官捧香，跪進于皇帝之左。太常卿奏：「上香，上香，三上香。」皇帝上香，上香，三上香。司幣者捧幣，跪進于皇帝之右。皇帝受幣，奠于星辰神位前。太常卿奏：「出圭，鞠躬，拜，興，拜，興，平身。」皇帝出圭，鞠躬，拜，興，拜，興，平身。太常卿奏：「復位。」導駕官同太常卿導引皇帝復位。

進熟並同朝日儀。出圭後，導駕官同太常

卿導引至星辰神位前。進俎官以俎進于皇帝之右。太常卿奏：「搢圭。」皇帝搢圭，以俎奠于星辰神位前。太常卿奏：「出圭。」皇帝出圭。太常卿奏：「復位。」導駕官同太常卿導引皇帝復位。

初獻並同朝日儀。樂舞止後。太常卿奏：「請詣酒尊所。」導駕官同太常卿導引皇帝至酒尊所。執爵官以爵進，皇帝受爵，司尊舉冪，酌泛齊以爵授執爵官。太常卿奏：「請詣星辰神位前。」樂作。導駕官同太常卿導引皇帝至神位前。太常卿奏：「跪，搢圭。」皇帝跪，搢圭。司香官捧香跪進于皇帝之左，❶太常卿奏：「上香，上香，三上香。」皇帝上香，上香，三上香。執爵官捧爵，跪進于皇帝之右。皇帝受爵，太常卿奏：「祭酒，祭酒，三祭酒，奠爵。」皇帝祭酒，祭酒，三祭酒，奠爵。太常卿奏：「出圭。」讀祝官取祝版于神位之右，跪讀訖。太常卿奏：「俛伏，興，平身，稍後，鞠躬，拜，興，拜，興，平身。」皇帝俯伏，興，平身，稍後，鞠躬，拜，興，拜，興，平身。太常卿奏：「請復位。」導駕官同太常卿導引皇帝復位。

亞獻、終獻並同朝日儀。其詣星辰神位並同初獻儀，惟不讀祝，不上香。

飲福、受胙同朝日儀。

徹豆同朝日儀，樂奏《壽和》之曲。

送神同朝日儀，樂奏《豫和》之曲。

望燎同朝日儀。

蕙田案：《集禮》所載夕月之儀，悉如朝日之儀。亞獻、終獻之儀，悉如初獻之儀，今節録之。

❶「進」，原作「搢」，據《明集禮》卷一一改。

【《明史·樂志》】朝日樂章：洪武三年定。

迎神，《熙和》之曲　吉日良辰，祀典式陳。純陽之精，惟是大明。濯濯厥靈，昭鑒我心。以候以迎，來格來歆。

奠幣，《保和》之曲　靈旗涖止，有赫其威。一念潛通，幽明弗違。有幣在篚，物薄而微。神兮安留，尚其饗之。

初獻，《安和》之曲　神兮我留，有薦必受。享祀之初，奠茲醴酒。晨光初升，祥徵應候。何以侑觴，樂陳雅奏。

亞獻，《中和》之曲　我祀維何？奉茲犧牲。爰酌醴齊，載觴載升。洋洋如在，式燕以寧。庶表微衷，交于神明。

終獻，《肅和》之曲　執事有嚴，品物斯祭。黍稷非馨，式將其意。薦茲酒醴，成我常祀。神其顧歆，永言樂只。

徹豆，《凝和》之曲　春祈秋報，率爲我民。我民之生，賴于爾神。惟神祐之，康寧是臻。祭祀云畢，神其樂歆。

送神，《壽和》之曲　三獻禮終，九成樂作。神人以和，既燕且樂。雲車風馭，靈光昭灼。瞻望以思，邈彼寥廓。

望燎，《豫和》之曲　俎豆既徹，禮樂已終。神之云還，倏將焉從。以望以燎，庶幾感通。時和歲豐，維神之功。

夕月樂章：

迎神，《凝和》之曲　吉日良辰，祀典式陳。太陰夜明，以及星辰。濯濯厥靈，昭鑒我心，以候以迎，來格來歆。

奠幣以下，樂章並與朝日同。

【《大政紀》】洪武四年正月，詔定親祀，朝日、夕月服袞冕，陪祭官各服本品梁冠祭服。九月乙亥，詔親祀日月齋三日，降香齋一日，著爲令。

洪武二十一年三月，增修南郊壇壝于大祀殿丹墀内，疊石爲臺四，東西相向，以爲日、月、星、辰四壇從祀。其朝日、夕月禜星之祭，悉罷之。

蕙田案：洪武初《集禮》所定，頗合典禮。自郊壇改爲合祭，而諸禮俱廢，惜哉！

【《明史·禮志》】嘉靖九年，帝謂：「大報天而主日，配以月。大明壇當與夜明壇異。且日月照臨，其功甚大。太歲等神，歲有二祭，而日月星辰止一從祭，義所不安。」大學士張璁亦以爲缺典。遂定春秋分之祭如舊儀，而建朝日壇于朝陽門外，西向；夕月壇于阜城門外，東向。壇制有隆殺以示别。朝日，護壇地一百畝；夕月，護壇地三十六畝。朝日無從祀，夕月以五星、二十八宿、周天星辰共一壇，南向袝焉。春祭，時以寅，迎日出也。秋祭，時以亥，迎月出也。

【王圻《續通考》】嘉靖九年，用夏言議，改建四郊。兆日于東郊，兆月于西郊。每歲春分行朝日禮，秋分行夕月禮。朝日壇在朝陽門外，方廣五丈，高五尺九寸，壇面甎青色琉璃。四出陛，九級。圓壝，墻七十五丈，高八尺一寸，厚二尺三寸。櫺星門六，正西三，南、東、北各一。外圍墻前方後圓。西、北各三門。墻西北有石坊，曰禮神街。

夕月壇在阜成門外，方廣四丈，高四尺六寸，壇面甎白色琉璃。四出陛，六級。方壝，墻二十四丈，高八尺，厚二尺二寸八分。櫺星門六，正東三，南、北、西各一。外圍方墻，東、北各三門，墻東北有石坊，亦曰禮神街。

朝日壇儀注：一，前期三日，夕月前二日，太常寺奏祭祀如常儀。諭百官致齋二日。

一，前期二日，夕月前一日，太常卿同光禄卿奏省牲，如常儀。

一，前期一日，夕月是日，上親填祝版于文華殿，遂告于廟。紅楮版，硃書。如遇遣官之歲，則中書官代填日月，用白楮版，墨書。

一，陳設　大明之神西向。夕月，夜明之神東向。犢一，羊一，豕一，登一，鉶一，簠、簋各二，籩十，豆十，玉爵三。夕月，金爵三。酒尊三，紅瓷，夕月白瓷，酒盞三十，紅瑪瑙玉一，夕月白璧，帛一，紅色。夕月白色。篚一，祝案一，夕月有從位一，壇南向，籩十，豆十，帛十，青、紅、黄、玄各一，白六。

一，正祭。是日，免朝。錦衣衛備隨朝駕。上常服，乘輿由東長安門出。夕月，由西長安門出。至壇北門入，至具服殿，具祭服。夕月則具皮弁服出。導引官導上由左門入，夕月由中門入。典儀唱：「樂舞生就位，執事官各司其事。」内贊奏：「就位。」上就拜位。典儀唱：「迎神。」樂作。樂止，内贊奏：「四拜。」夕月則兩拜。典儀唱：「奠玉帛。」樂作，内贊奏：「陞壇。」導上至大明神位前。夕月則夜明神位前。奏：「跪。」奏：「搢圭。」司香官捧香跪進于上左。内贊奏：「上香，上香，三上香。」訖，捧玉帛官以玉帛跪進于上右。内贊奏：「獻玉帛。」上受玉帛，奠訖，奏：「出圭。」奏：「復位。」樂止。典儀唱：「行初獻禮。」樂作，内贊奏：「陞壇。」導上至神位前。奏：「搢圭。」捧爵官以爵跪進于上右。上受爵。内贊奏：「獻爵。」上獻訖，奏：「出圭。」奏：「詣讀祝位。」奏：「跪。」傳贊衆官皆跪。樂暫止。贊：「讀祝。」讀祝官跪讀祝，畢，樂復作。奏：「俛伏，興，平身。」奏：「復位。」樂止。典儀唱：「行亞獻禮。」樂作。儀同初獻，但不讀祝。樂止，典儀唱：「行終獻禮。」樂作，儀同亞獻。樂止，太常卿進立于壇前之右，唱：「賜福胙。」內贊奏：「詣飲福位。」導上至飲福位。奏：「跪。」奏：「搢圭。」光祿官捧福酒跪進于上右。內贊奏：「飲福酒。」上飲訖，光祿官捧福胙跪進于上右。內贊奏：「受胙。」上受訖，奏：「出圭，俛伏，興，平身。」奏：「復位。」上復位。奏：「兩拜。」傳贊百官同。典儀唱：「徹饌。」樂作，執事官徹饌訖，樂止。典儀唱：「送神。」樂作，內贊奏：「四拜。」夕月則兩拜。興，平身，樂止。典儀唱：「讀祝官捧祝，進帛官捧帛，掌祭官捧饌，各詣燎位。」夕月則「詣瘞位」。樂作。內贊奏：「禮畢。」樂止。導引官導上至具服殿易常服。陞輦，還，參拜于廟。參拜畢，上還宮。遣官則否。

一，夕月壇分獻官儀注： 初獻，讀祝，獻官朝上跪，至，俛伏，興，平身。贊引引獻官由北級上至神位前。贊：「搢笏，上香，獻帛，獻爵。」訖，贊：「出笏。」復位。亞終獻同上。復位，贊引引獻官至神位前，贊：「搢笏，獻爵，出笏，復位。」

一，祝文 維某年某月某朔某日，嗣天子御名，謹昭告于大明之神：惟神陽精之宗，列聖之首，神光下照，四極無遺，功垂今昔，率土仰賴。茲當仲春，式遵古典，以玉帛牲醴之儀，恭祀于神，伏惟鑒歆，錫福黎庶，尚享。 維某年某月某朔某日，嗣天子御名，謹昭告于夜明之神：惟神鍾陰之精，配陽之德，繼明于夕，有生共賴。既惟五星列宿，咸司下土，各有攸分，眇予之資，仰承帝命，君此生民。茲者時惟秋分，爰遵典禮，以玉帛牲醴之儀，用修常祭于神，惟神歆鑒，福我邦民，尚享。

【《圖書編》】朝日壇，嘉靖九年罷從祀，建壇朝陽門外二里許。爲制一成，壇面紅琉璃。東西南北堦九級，俱白石。内櫺星門四。西門外爲燎爐、瘞池，西南爲具服殿，東北爲神庫、神廚、宰牲亭、燈庫、鐘樓，北爲遣官房。外建天門二。北天門外西北爲禮神坊，西天門外迤南爲陪祀齋宿房。護壇地一百畝。歲春分，祭大明之神于朝日壇，西向。甲、丙、戊、庚、壬年，上祭服親祀。餘年遣文大臣攝之。

夕月壇，嘉靖九年建壇阜城門外之南二里許。爲制一成，壇用白琉璃。東西南北堦六級，俱白石。内櫺星門四。東門外爲瘞池，東北爲具服殿，南門外爲神庫，西南爲宰牲亭、神廚、祭器庫，北門外爲鐘樓遣官房。外天門二，東門外北爲禮神坊。護壇地三十六畝七分。歲秋分，祭夜明之神于夕月壇，東向，從祀木火土金水星、二十八宿、周天星辰，南向。丑、辰、未、戌年，上皮弁服親祀。餘年遣武大臣攝之。

蕙田案：朝日之祭，用天干之五。夕月之祭，用地支之四。六十年中，祭日者三十，祭月者二十，而又有甲辰、甲戌等十年，日月皆親祭。丁卯、己巳等二十年，皆不親祭。

【《明史・樂志》】嘉靖九年，復定朝日樂章：

迎神，《熙和》之曲　仰瞻兮大明，位奠兮王宫。時當仲春兮氣融，爰遵祀禮兮報功。微誠兮祈神昭鑒，願來享兮迓神聰。

奠玉帛，《凝和》之曲　神靈壇兮肅其恭，有帛在篚兮赤琮。奉神兮祈享以納，予躬奠兮忻以顒。

初獻，《壽和》之曲　玉帛方奠兮神歆，酒

行初獻兮舞呈。齊芳馨兮犧色騂，神容悦兮鑒予情。

亞獻，《時和》之曲　二齊升兮氣芬芳，神顔怡和兮喜將。予令樂舞兮具張，願垂普照兮民康。

終獻，《保和》之曲　慇懃三獻兮告成，羣職在列兮周盈。神錫休兮福民生，萬世永賴兮神功明。

徹饌，《安和》之曲　一誠盡兮予心懌，五福降兮民獲禧。仰九光兮誠已申，終三獻兮徹敢遲。

送神，《昭和》之曲　祀禮既周兮樂舞揚，神享以納兮還青鄉。予當拜首兮奉送，願恩光兮普萬方。永耀熹明兮攸賴，烝民咸仰兮恩光。

望燎之曲　覩六龍兮御駕，神變化兮鳳翥鸞翔。束帛殽羞兮詣燎方，佑我皇明兮基緒隆長。

夕月樂章：

迎神，《凝和》之曲　陰曰配合兮承陽宗，式循古典兮齋以恭。覩太陰來格兮星辰羅從，予拜首兮迓神容。

初獻，《壽和》之曲　神其來止，有嚴其誠。玉帛在篚，清酤方盈。奉而奠之，願鑒微情。夫祀兮云何？祈佑兮羣氓。

亞獻，《豫和》之曲　二觴載斟，樂舞雍雍。神歆且樂，百職惟供。願順歸兮五行，祈民福兮惟神必從。

終獻，《康和》之曲　一誠以申，三舉金觥。鐘鼓鍧鍧，環珮琤琤。鑒予之情，願永保我民生。

徹饌，《安和》之曲　禮樂肅具，精意用申。位坎居歆，納兹藻蘋。徹之弗遲，儀典肅陳。神其鑒之，佑我生民。

送神，《保和》之曲　禮備告終兮神喜旋，穹碧澄輝兮素華鮮。星辰從兮返神鄉，露氣清兮霓裳蹁躚。

望瘞之曲　殽羞兮束帛，薦之于瘞兮罔敢愆。予拜首兮奉送，願永貺兮民樂豐年。

【《禮志》】十年，禮部上《朝日夕月儀》。朝日，迎神四拜，飲福、受胙兩拜，送神四拜。夕月，迎神、飲福、受胙、送神皆再拜，飲並如舊儀。

【《圖書編》】嘉靖十年，夕月壇以鐵爐置于坎上焚燎，不必造燎壇，以稱祭月于坎之義。

【《明史·禮志》】隆慶三年，禮部上《朝日儀》，言：「正祭遇風雨，則設小次于壇前，駕就小次行禮。其升降奠獻，❶俱以太常寺執事官代。」制曰：「可。」

蕙田案：《明集禮》朝日夕月皆以清晨行事。《續文獻通考》稱隆慶以前朝日以卯時，夕月以酉時。《明史》稱嘉靖時朝日以寅，夕月以亥，互有不同。宋夕月以未後三刻，稍爲近之。惟本朝日以卯，月以酉，爲得陰陽出入之正矣。

右歷代祀日月。

五禮通考卷第三十四

博野尹嘉銓校字

❶「獻」，原作「儀」，據《明史》卷四九改。

五禮通考卷第三十五

内廷供奉禮部右侍郎金匱秦蕙田編輯
太子太保總督直隸右都御史桐城方觀承同訂
按察司副使元和宋宗元參校

吉禮三十五

星辰

蕙田案：《祭法》云「王宫祭日，夜明祭月，幽宗祭星」，此日、月與星辰異壇矣。春朝朝日，秋莫夕月，此日月之正祭。其星辰正祭，不見於經，而祭之之秩與日月相等，故《宗伯》實柴，《典瑞》圭璧，《月令》祈年，《左傳》禜祭，皆以日月星辰連言。至《大宗伯》「以槱燎祀司中、司命、風師、雨師」，《天府》祭天之司命、司禄，説者以爲六者皆星。若果皆星，則何不統之實柴内，而别以槱燎祀之？以爲非星，則風師、雨師非星可也，司中、司命、司民、司禄何得謂之非星？以理揆之，實柴、槱燎乃祀之秩，實柴所祀，五緯、十二辰、二十八宿，其餘衆星不與。其衆星之中，職有所司。有功烈於民者，乃列名祀之，秩尊故燔柴實牲，秩卑故槱燎不實牲，此《周禮》所以别言之也。其獻民數，祭司民；獻穀數，祭司禄，校人祭馬祖，諸侯祭分野，乃係專祭，不在星辰壇。至靈星所以祈農，禮經不見，僅見《周頌・絲衣》詩序。漢時頗崇祀，亦係專祭，與實柴、槱燎之文無涉。今以類相依，以星辰門統之。若後世所祀九宮太乙、太歲等，亦星辰之餘，并附見焉。

【《禮記・祭法》】幽宗，祭星也。【注】宗當爲禜，字之誤也。幽禜，亦謂星壇也。星以昏始見。禜之言營也。《春秋傳》曰：「日月星辰之神，則雪霜風雨之不時，於是乎禜之。」【疏】幽宗，祭星壇名也。幽，闇也。宗當爲禜，❶禜壇域也。蓋星至夜而始出，故謂之幽也。爲營域而祭之，故謂之幽禜也。

方氏慤曰：「幽言其隱而小。揚雄曰：『視日月而知衆星之蔑。』故祭星之所謂之幽宗焉。幽雩皆謂之宗，宗，尊也，祭祀無所不用其尊。《詩》曰：『靡神不宗。』無所不用其尊之謂也。泰壇、泰折不謂之宗者，天地之大，不嫌於不尊也。」

蕙田案：鄭氏改宗爲禜，似屬無據。方氏訓如字，自可通。但鄭以禜爲營，疏謂爲營域而祭之，方氏謂祭星之所謂之幽宗，義固相同也，然不言營域在何方何所。今案：祭祀之地見於經而有據者，祀天於南郊，祭地於北郊，兆五帝於四郊，朝日於壇，在東門之外；夕月於坎，應在西門之外。而祭寒暑，先儒謂相近於日月之坎壇。祭四方又有四坎壇，雩宗則諸神自郊徂宮，亦各有常祭之處。唯祭時之泰昭，祭星之幽宗，則未嘗别見。今案：此節所祭，皆承上燔柴泰壇、瘞埋泰折而言，意者昭爲陽明之意，幽爲陰闇之意，豈四時乃天地之氣，四方皆有之，或在四郊壇兆之南，南爲離明相見之地，故曰

❶「當」，原作「廟」，據《禮記・祭法》疏文改。

昭。星乃天象，隨月而見於夜，或在西郊月坎之北。坎爲隱伏，故曰幽與？言泰言宗，皆尊之之意。注疏及方氏説，義似未足，今姑繹其字義而略爲之説，以俟考。

【《周禮・春官・大宗伯》】以實柴祀星辰。

【注】實柴，實牛柴上也。星謂五緯，辰謂日月所會十二次。【疏】云「星謂五緯」者，五緯即五星：東方歲星，南方熒惑，西方太白，北方辰星，中央鎮星。言緯者，二十八宿隨天左轉爲經，五星右旋爲緯。案《元命包》云：「文王之時，五星以聚房也。」《星備》云五星初起牽牛，此云星，明是五緯，又案《星備》云：「歲星一日行十二分度之一，十二歲而周天；熒惑日行三十三分度之一，三十三歲而周天；鎮星日行二十八分度之一，二十八歲而周天；太白日行八分度之一，八歲而周天；辰星日行一度，一歲而周天。」是五緯所行度數之事。且諸文皆星辰合解之。故《尚書・堯典》云：「曆象日月星辰。」《洪範》五紀亦云星辰，鄭皆星辰合釋者，餘文于義不得分爲二，故合釋此文。上下不見祭五星之文，故分星爲五緯，與辰別解。若然，辰雖據日月會時而言，辰即二十八星也。案昭七年《左傳》，晉侯問伯瑕曰：「何謂六物？」對曰：「歲、時、日、月、星、辰是也。」公曰：「多語寡人辰，而莫同，何謂辰？」對曰：「日月之會是爲辰，故以配日。」是其事，但二十八星面有七，不當日月之會直謂之星，若日月所會則謂之宿，謂之辰，謂之次，亦謂之房。故《尚書・胤征》云：❶「辰弗集于房。」孔注云：「房，日月所會。」是也。

蕙田案：星兼經星、緯星而言。辰，天之無星處皆是，是以日月所會，大略分之則爲十二次耳，非即指二十八宿也。北辰，辰之最尊者，並無星象，亦不在二十八宿之内，是其徵矣。注專以五緯釋星，疏即以二十八宿爲辰，皆非。

【《典瑞》】圭璧以祀星辰。【疏】星辰所祭，謂《小宗伯》「四類亦如之」注云「禮風師、雨師于郊」之屬。

❶「胤」，原作「允」，係避清世宗諱，今改回，不一一説明。

【《考工記》】玉人之事，圭璧五寸，以祀星辰。

【《春官・大司樂》】乃奏黄鍾，歌大吕，舞《雲門》，以祀天神。【注】天神，謂五帝、日月星辰。

凡以神士者，掌三辰之灋，以猶鬼神示之居，辨其名物。【注】猶，圖也。居謂坐也。天者，羣神之精，日月星辰其著位也。以此圖天神地祇人鬼之坐者，謂布祭衆寡與其居句。【疏】神有衆寡多少，或居方爲之，或曲爲之也。

薛氏季宣曰：「日、月、星辰謂之三辰。日，陽也；月，陰也，星辰亦有陰陽焉。陰陽之氣有消息盈虚之理，而三辰之法未嘗不由之。三辰之數有升降出入往來之變，而鬼神示之居未嘗不從之。推陰陽而考三辰，觀三辰以居鬼神祇，非知幽明之故者不能也。」

以冬日至致天神人鬼。【注】天、人，陽也。陽氣升而祭鬼神，蓋用祭天之明日。【疏】《大司樂》：「冬日至，于地上之圜丘奏之。若樂六變，天神皆降。」但其時天之神皆降，仍于祭天之明日更祭此等小神祇，故于此别之也。當冬至之日，正祭天神，事繁，不可兼祭此等，雖無正文，鄭以意解之，故云蓋用祭天之明日也。

【《肆師》】立次祀用牲幣，立小祀用牲。【注】鄭司農曰：「次祀，日月星辰。小祀，司命以下。」

【《禮記・月令》】孟冬之月，天子乃祈來年於天宗。【注】謂祭日月星辰也。

【《春秋》昭元年《左氏傳》】日月星辰之神，則雪霜風雨之不時，於是乎禜之。【注】禜祭，爲營攢，用幣以祈福祥。星辰之神，若實沈者。【疏】云「星辰之神若實沈」者，言此禜祭祭其先世主星辰者之神矣，非獨祭此星辰之神也。

【《爾雅・釋天》】祭星曰布。【疏】李巡曰：「祭星者，以祭布露也，故曰布。」孫炎曰：「既祭，布散于地，似星布列也。」

蕙田案：《祭法》一條，見祭星辰之處。《大宗伯》、《典瑞》、《考工記》、《大司樂》四條，見祭星辰之儀。凡以神仕一條，見祭星辰之時。《月令》、《左傳》二條，見因事祭星辰。《爾雅》一條，總言祭星辰之名。若其正祭，則於經無見也，故合爲一類，而以祭星辰統之。

右統祭星辰。

【《周禮·春官·大宗伯》】以槱燎祀司中、司命。【注】槱，積也。《詩》曰：「芃芃棫樸，薪之槱之。」積柴，實牲體焉。燔燎而升烟，所以報陽也。鄭司農云：「司中，三能三階也。司命，文昌宮星。」玄謂：司中、司命，文昌第五第四星。或曰中能、上能也。【疏】先鄭云「司中三能三階也」者，案《武陵太守星傳》云：「三台，一名天柱。上台司命爲太尉，中台司中爲司徒，下台司禄爲司空。」云「司命文昌宮星」者，亦據《星傳》云：「文昌宮，第四曰司命，第五曰司中。」二文俱有司中、司命，故兩載之云。云「司中、司命，文昌第五第四星」者，❶此破先鄭也，何則？先鄭以爲司中是三台，司命是文昌星。今案三台與文昌皆有司中、司命，何得分之？故後鄭云文昌第五、第四星。必先言第五後言第四者，案文昌第四云司命，第五云司中，此經先云司中，後云司命，後鄭欲先説司中，故先引第五證司中，後引第四證司命，故文倒也。案《武陵太守星傳》云：「文昌宮六星：第一曰上將，第二曰次將，第三曰貴相，第四曰司命，第五曰司中，第六曰司禄。」是其本次也。云「或曰中台」者，亦據《武陵太守星傳》而言。云「三台，一名天柱。上台司命爲太尉，中台司中爲司徒，下台司禄爲司空」，引此破先鄭也。

【《楚辭·九歌·大司命》朱子注】《周禮·大宗伯》「以槱燎祀司中、司命」，疏引《星傳》云：「三台，上台曰司命。」又文昌宮第四星亦曰司命，故有兩司命也。

【《少司命》注】案前篇注説有兩司命，則彼固爲上台，而此則文昌第四星歟？

蕙田案：司命之説，二鄭訖無定論。朱子亦但隨文解之，蓋楚俗祠祀固不足以考禮，而名稱既古，又分兩祭，則知兩岐之説古已有之，蓋不始于二鄭矣。

黄氏榦曰：「司中、司命，文昌第五第四星，未可信。鄭

❶「昌」，原作「星」，據庫本改。

又以爲中能上能，則當時已有兩説矣。三代之禮散亡久矣，諸儒之説，于經有據而理安者，方可信；出于讖緯不經與凡臆度義起，而于理不安者，皆難信。」

楊氏復曰：「先鄭釋司中、司命，是一説，後鄭又是一説。竊謂惟皇上帝降中于民，非帝之外别有司中之神也。乾道變化，各正性命，非乾道之外别有司命之神也。蓋統言之則曰帝，曰乾。祀典專指一事之所指而祀之，以報其德，則曰司中，曰司命，義與司民、司禄同。注家穿鑿異同，又以星象言之，過矣。」

方氏苞曰：「先王制司命、司中之祀，蓋以人受天地之中以生，必有賦之以性者，湯所謂降中是也；既生而有形氣，又必有制其死生脩短之數者，孔子所謂命是也。王者相協生民之中，欲登之于仁壽而消其疵厲夭札，故特立神號以祀之，亦使民知所受之有中，以正其德，所稟之有命，以定其志也，蓋禮以義起者也。既有典祀祝號，然後天文家以三能、文昌諸星當之。」

蕙田案：二鄭釋司中、司命説雖不同，然其以星名當之則一而已。朱子注《九歌》兩司命則猶先鄭之意也。楊氏謂「統言之則曰帝，曰乾；專指則曰司中，曰司命」，而不以星象言之，是明與鄭異矣。方氏謂「既有典祀祝號，天文家遂以星當之」，則舉兩説而合之矣。夫謂之非星者，失之空；專以三台、文昌言者，失之鑿。竊意《宗伯》祀典如五帝、四方、風雲雷雨，❶一皆天地之氣化，其始非必各有一神以默主之。而王者崇報之意，因其有功於天地也，故亦各爲類以祀之。司中主理，司命主氣，亦猶是耳。至星象之見於天，因其爲精氣之所聚，故義類感召，亦遂各有所主，此天文家所以以星當之也。

右祭司中、司命。

❶「雲」，原作「雷」，據庫本改。

【《周禮・秋官・小司寇》】孟冬，祀司民，獻民數於王，王拜受之。【注】司民，星名，謂軒轅角也。小司寇于祀司民而獻民數于王，重民也。【疏】大比，登民數于天府，據三年大比而言。此則據年年民數皆有增減，于孟冬春官祭司民之時，小司寇以民數多寡獻于王也。

【《司民》】三年大比，以萬民之數詔司寇。司寇及孟冬祀司民之日，獻其數於王，王拜受之，登之於天府。【注】鄭司農云：「文昌宮三能，屬軒轅角，相與爲體，近文昌爲司命，次司中，次司禄，次司民。」玄謂：司民，軒轅角也。天府，主祖廟之藏者。【疏】曰「及孟冬祀司民之日」者，謂司寇于春官孟冬祭祀司民星之日，以與司寇爲節，此日司寇獻其民數于王。云「王拜受之，登于天府」者，重此民數，民爲邦本故也。先鄭云「文昌宫三能，屬軒轅角，相與爲體，近文昌爲司命，次司中，次司禄，次司民」，《武陵太守星傳》：「文昌第一曰上將，第二曰次將，第三曰貴相，第四曰司命，第五曰司中，第六曰司禄。」不見有司民。三台六星，兩兩相居，起文昌，東南則在太微，亦無司民之事，故後鄭不從。云「司民，軒轅角也」者，案軒轅星有十七星，如龍形，有兩角，角有大民、小民，故依之也。

鄭氏鍔曰：「軒轅之角有大民、小民之星，其神實主民。説者謂春官祭之，然《春官・天府》但受其數耳。司民之官言『司寇及孟冬祀司民之日獻其數』，則司民之祀，正司寇之所主明矣。先王以爲民之登耗，必有神主之，故每歲孟冬物成之時，使司寇祀之。司寇，刑官也，宜無與于民數，大比之年則以户口之數詔之，何也？以刑之繁簡，民之息耗繫焉，所以告之者，使省刑而已。司寇得其數于祀司民之日，則獻于王，以爲民之所以生者屬乎天，亦隱有神者相之而其權在王。王能恤天之所生，則已得以省刑矣。司民，天之星也，王者以名官，所以法之也。」

高氏愈曰：「司寇濫刑則民日耗，故以民數詔之，使不敢殘刑以逞也。司民主民生死壽夭，故祀之，以祈繁衍。王拜受者，天地之性人爲貴，且以爲邦本故也。」

【《春官・天府》】若祭天之司民、司禄而獻民數、穀數，則受而藏之。【注】司禄，文昌第六星，或曰下能也。禄之言穀也。年穀登乃後制禄。祭此二星者，以孟冬既祭之，而上民穀之數于天府。【疏】此主祭祀者，祭天之司民、司禄，在孟冬之時。鄭知祭此二星在孟冬者，見《月令》孟冬云「祈來年于天宗」，即日月星，是知祭在孟冬也。

楊氏復曰：「當獻民數之時而祭司民，所以報天生烝民之德也。當獻穀數之時而祭司禄，所以報天生百穀之德也。然則所謂天者，其昊天上帝歟？曰：莫非天也。凡天之生物，只氣數到自生。天生烝民，有烝民之氣數。百穀雖植物，亦有百穀之氣數。氣數之所主處，便自有神，亦如五土之神、五穀之神之類是也。即一事之所主而名之曰司，因一事之功而祭報之則曰司民，司禄之神，亦如司春、司夏、司寒、司中、司命之類是也。其大者如乾坤六子之神，日月星辰之神，嶽瀆山川之神，亦不越乎氣數。所以成變化而行鬼神者，此也。先鄭、後鄭以星言之，人各一説，此不可以爲據。」

【《文獻通考》】馬氏曰：「祀司中、司命、司民、司禄，出於《周禮》。注家以爲四司皆星也，未知何據。而星宿之名，多出於緯書。又先、後鄭之説，自爲牴牾，此後人之所以難據以爲信也。但信齋楊氏皆歸之於天與氣數，而以爲非有一星以主之，則其説又似太渺茫。蓋天之有日、月、星、辰，猶君之有百司、庶府也。謂品物歲功一出於天，而無日、月、星、辰以司之，猶謂政教號令一出於君，而無百司、庶府以行之也。況金、木、水、火、土，人間有此五物，則天上亦有此五星以主之，而《洪範》言『星有好風，星有好雨』，則司風雨者亦星也。然則司中、司命、司民、司禄，何害其爲星乎？」

右祭司民、司禄。

【《春秋》襄公九年《左氏傳》】古之火正，或食於心，或食於咮，以出内火。是故咮爲鶉火，心爲大火。【注】謂火正之官，配食于火星。建辰之月，鶉火星昏在南方，則令民放火。建戌之月，大火星伏在日下，夜不得見，則令民内火，禁放火。【疏】昭二十九年《傳》：「五行之官有木正、火正、金正、水正、土正。」後世祀之。火正之官，居職有功，祀火星之時，以此火正之神配食也。有天下者，祭百神。天子祭天之時，因祭四方之星，諸侯祭其分野之星。其祭火星，皆以正配食也。火正配火星而食，有此傳文。其金、木、水、土之正，不知配何神而食，經典散亡，不可知也。

陶唐氏之火正閼伯居商丘，祀大火，而火紀時焉。相土因之，故商主大火。【注】閼伯，高辛氏之子。《傳》曰：「遷閼伯于商丘，主辰。」辰，大火也，今爲宋星。然則商丘在宋地。相土，契孫，湯之祖也，始代閼伯之後居商丘，祀大火。【疏】祀大火者，閼伯祀此大火之星，居商丘，而祀大火星也。相土因之，復主大火，是商丘之地，屬大火也。然則在地之上，各有上天之分。《周禮》：「保章氏以星土辨九州之地所封，封域皆有分星。」鄭玄云：「星土，星所主土也。封，猶界也。大界則曰九州，州中諸國之封域，於星亦有分焉，其書亡矣。今其存可言者，十二次之分也。星紀，吴越也；玄枵，齊也；娵訾，衛也；降婁，魯也；大梁，趙也；實沈，晉也；鶉首，秦也；鶉火，周也；鶉尾，楚也；壽星，鄭也；大火，宋也；析木，燕也。」是言地屬于天，各有其分之事也。鄭唯云「其存可言」，不知存者本是誰説。其見于傳紀者，則此云「商主大火」，昭元年《傳》云「參爲晉星」。二十八年《傳》云「龍，宋、鄭之星」，則蒼龍之方，有宋、鄭之分也。又曰「以害鳥帑，周、楚惡之」，則朱鳥之方，有周、楚之分也。昭七年四月，日食，《傳》稱「魯、衛惡之，去衛地如魯地」，則春分之日，在魯、衛之分也。又十年《傳》曰：「今兹歲在顓頊之墟，姜氏、任氏實守其地。」則于時歲星在齊、薛之分也。又三十二年《傳》曰：「越得歲而吴伐之，凶。」則于時歲星在吴、越之分也。《晉語》云：「實沈之墟，晉人是居。」《周語》云：「歲在鶉火，我有周之分野。」是有分野之言也。天有十二次，地有九州。以此九州，當彼十二次，《周禮》雖云「皆有分星」，不知其分，誰分之也，何必所分能當天地。星紀在于東北，吴、越實在東南。魯、衛東方諸侯，遥屬戌亥之次。又三家分晉，方始有趙，而韓、魏無分，趙獨有之。《漢書·地理志》：「分郡國以配諸次。」❶其地分或多或少，鶉首甚多，鶉火極狹。徒以相傳爲説，其源不可得而聞之。堯封閼伯于商丘，比及相土，應歷數世，故云「代

❶「郡」，原作「群」，據庫本及《春秋左傳正義》卷三〇改。

閼伯之後居商丘，祀大火」也。

【昭公元年《左氏傳》】子産曰：「昔高辛氏有二子，伯曰閼伯，季曰實沈，居於曠林，不相能也。日尋干戈，以相征討。后帝不臧，遷閼伯於商丘，主辰。商人是因，故辰爲商星。【注】商人，湯先相土封商丘，因閼伯故國，祀星辰。【疏】襄九年《傳》云：「閼伯居商丘，祀大火，相土因之，故商主大火。」辰即大火星也，故商人祀辰星。商謂宋也。宋，商後，故稱商人也。遷實沈於大夏，主參。唐人是因，以服事夏、商。其季世曰唐叔虞。當武王邑姜方震大叔，夢帝謂己：『余命而子曰虞，將與之唐，屬之參。』及成王滅唐而封大叔焉，故參爲晉星。由是觀之，則實沈，參神也。」

右祭分野星。

【《周禮·夏官·校人》】春祭馬祖。【注】馬祖，天駟也。《孝經説》曰：「房爲龍馬。」【疏】馬與人異，無先祖可尋，而言祭祖者，則天駟也，故取《孝經説》房爲龍馬，是馬之祖。春時通淫，求馬蕃息，故祭馬祖。

【《詩·小雅·吉日》】吉日維戊，既伯既禱。【疏】伯，長也，馬祖始是長也。鄭云「馬祖，天駟」，《釋天》云「天駟，房也」，孫炎曰：「龍爲天馬，故房四星謂之天駟。」鄭亦引《孝經説》房爲天駟是也。

嚴氏粲曰：「伯是馬祖之神，言既伯，是既有事于馬祖，謂祭之也。」

右祭房星。

【《詩·周頌·絲衣》序】絲衣，繹賓尸也，高子曰：「靈星之尸也。」【疏】經之所陳，皆繹祭始末之事也。子夏作《序》，則惟此一句而已。後世有高子者，別論他事云「靈星之尸」，言祭靈星之時，以人爲尸。後人以高子言靈星尚有尸，宗廟之祭有尸必矣，故引高子之言以證賓尸之事。高子者，不知何人。公孫丑稱高子之言以問孟子，則高子與孟子同時。靈星者，不知何星。《漢書·郊祀志》云高祖詔御史：「其令天下立靈星祠。」張晏曰：「龍星，左角曰天田，則農祥也，晨見而祭之。」史傳之説靈星，唯有此耳。

【何楷《世本古義》】曰：「《絲衣》，祭靈星也。靈星，農祥也。先王祀之而配以后稷，歌《絲衣》之詩以樂之。此《詩》有二説，云『繹賓尸也』，又引高子曰『靈星之尸也』。愚以本文『絲衣其紑，載弁俅俅，自羊徂牛』三語定之，當從高子之説。陳祥道亦云高子以《絲衣》之尸爲靈星之尸，是也。靈星者，農祥也。東方蒼龍七宿，房、心通有農祥之稱。《周語》虢文公曰『農祥晨正，土乃脉發』。韋昭以爲『房星也，立春之日晨中于午，農事之候，故曰農祥』。又伶州鳩曰：『昔武王伐殷，月在天駟。月之所在，辰馬農祥也，我太祖后稷之所經緯也。』《晉語》董因曰：『大火，閼伯之星也，是謂大辰。辰以成善，后稷是相。』韋昭謂：『心星所在大辰辰次爲天駟，駟，馬也，故曰辰馬。辰爲農祥，周先后稷之所以成善道，戒農事也。』合前二説，則房、心皆謂農祥，亦以二星相近故也。而應劭則引賈逵説，以爲龍第三有天田星。靈者，神也，故祀以報功。辰之星爲靈星，故以壬辰日祀靈星于東南，金勝木，爲土相也。張晏亦曰：『龍星左角曰天田，則農祥也，晨見而祭之。』范燁亦引舊説，以龍左角爲天田星，主穀，祀用壬辰日祠之。壬爲水，辰爲龍，從其類也。據此則靈星乃專指天田而爲之名。攷《星經》，則天田二星在角北者是也。故服虔以靈星爲角星，又有天田九星在牛東南，非此天田也。《唐志》云：『歲星主農祥，后稷馮焉，故周人常閱其機祥，以觀善敗。其始王也，次于鶉火，以達天黿。其衰也，淫于玄枵，以害鳥帑。』《逸周書·作洛篇》云：『周公作大邑成周于土中，乃設丘兆于南郊，以祀上帝，配以后稷，日、月、農星、先王皆與食。』是則農星有祭，自周公時已然。以周家農事開基，而此星獨主農祥，故特著之祀典，不與凡星同，所謂后稷之所經緯者也。杜佑《通典》載：『周制，仲秋之月，祭靈星于國之東南。以爲東南祭之，就歲星之位也。歲星，五星之始，最尊，故就其位。』王充《論衡》亦云：『今靈星秋雩也。』而《漢舊儀》則謂：『古時歲再祭靈星，春秋用太牢。』要之，古禮無文，俱莫能定其是否。愚以是詩證之，則正孟冬蜡祭時事，其謂祭于仲秋，謂春秋再祭者，誤也。何者？蜡祭之禮，皮弁素服，他祭不然。據此詩曰絲衣、曰載弁，此足表明其爲蜡祭矣。《絲衣》之爲蜡祭者何也？《禮·月令》篇『孟冬之月，天子祈來年于天宗』，與祭八蜡、祠大社門閭同時而舉，即此祭也。靈星之爲天宗者何也？《祭法》曰：『幽宗，祭星也。』是星有宗之名，

《虞書》：『禋于六宗。』賈逵謂：『天宗三，日、月、星。地宗三，河、海、岱。』是星又有天宗之名。然星與日月雖並稱天宗，而日月及他星皆無關農事。其晨見之時，當歲功之始，而獨主穀者，唯靈星耳。故周公郊祀，特舉與日月並列，固以重民事，亦以彰祖德，美其名則曰靈星，尊其神則曰天宗也。漢興，高祖五年，或言：『周興而邑立后稷之祠，至今血食天下。』于是制詔御史：『其令天下立靈星祠。』言祀后稷而謂之靈星者，以后稷配食星也。亦名赤星，祠龍左角，色赤也。牲用太牢。縣邑令長侍祠，舞者用童男十六人，舞者象教田，初爲芟除，次耕種、耘耨、驅爵及穫刈、舂簸之形，象其功也。孝武遊登五岳，尊祠靈星。建武二年，立靈星祠，有司掌之。晉令縣祀靈星。唐以立秋後辰日祠靈星，祝曰：『九穀方成，三時不害。馮兹多祐，介其農穡。』開元祀于國城東南。天寶四載，升中祀。宋皇祐中，立靈星壇，東西丈三尺，南北亦如之。蓋歷代靈星之見于祀典者如是。祠之設，專爲祈田，每隸郡邑，唯周之肇祀，反其所自始，與后稷比隆，制固淵乎遠矣。《風俗通》載：『俗說：縣令問主簿：「靈星在城東南，何法？」主簿仰答曰：「唯靈星所以在東南者，亦不知也。」』每思其詼諧，啞然失笑。嗚呼！以高子筆之于《詩序》之後，而先儒猶未能明其制而信其是，且詆以爲誤。彼縣令、主簿皆俗吏，其能知之也哉？羅泌云：『于祭有尸，見君子氤氳事神之盡也。宗廟有尸，以盡孝也。而自天地、社稷、山川、羣小祀，一皆有尸，則亦以事父母之心事之也。大抵神鬼陰屬，非附陽體，則不可以見，是故尸以託之。繹賓之尸，高子以爲靈星，是三辰亦有尸矣。』」

蕙田案：絲衣載弁乃士助祭之服，何氏據此爲蜡祭之證，且以《月令》之天宗爲專指靈星，愚皆不敢以爲然。特所載靈星祀典頗詳，故録以備考。

【《五經通義》】靈星爲立尸，故云「絲衣其紑，載弁俅俅」，言王者祭靈星，公尸所服也。

【《逸周書·作洛篇》】周公作大邑成周於土中，乃設丘兆於南郊，以祀上帝，配以后稷，日月、農星，先王皆與食。

【《通典》】周制，仲秋之月祭靈星於國之東南。【注】東南祭之，就歲星之位也。歲星爲星之始，最尊，故就其位。王者所以復祭靈星者，爲人祈時，以種五穀，故別報其功也。

【《風俗通》】祀典，既以立稷，又有先農，無爲靈星復祀后稷也。❶ 左中郎將賈逵説，以爲龍第三有天田星。靈者神也，故祀以報功。辰之神爲靈星，故以壬辰日祀靈星於東南，金勝木爲土相。

蕙田案：高子説詩，雖無他證佐，然可見靈星之祀，蓋自古有之，不始於漢矣。靈星，或以爲歲星，或以爲房星、心星，或以爲天田星，而天田又有二，一在角北，一在牛東南。今亦無以的知其然否。要其爲農祥而祀之，以祈民事，則信而有徵也。又考《逸周書·作洛》之説，農星亦從祀郊壇，而農星或即靈星與？

又案：歲在五緯中，房、心在二十八宿中，皆當祭之於幽宗，不應特祀於國之東南，則以靈星爲天田者近是。

右祭靈星、農星。

【《史記·封禪書》】秦并天下，而雍有日、月、參、辰、南北斗、熒惑、太白、歲星、填星、二十八宿、風伯、雨師、四海、九臣、十四臣、諸布、諸嚴、諸逑之屬，百有餘廟。於下邽有天神，灃、滈有昭明，於社亳有壽星祠。《索隱》曰：「《漢舊儀》云：❷『祭參、辰於池陽谷口，夾道左右爲壇也。』雍，地名也。《爾雅》『祭星曰布』，或云諸布是祭星之處。案樂彦引《河圖》云：『熒惑星散爲昭明。』壽星，蓋南極老人星也。見則天下理安，故祠之以祈福也。」

❶「星復」，原無，據《風俗通義》補。

❷「漢」下，原有「書」字，據《史記·封禪書》刪。

【《漢書・郊祀志》】高祖六年，長安置祠祀官、女巫，荆巫祠司命，以歲時祠宫中。師古曰：「司命，説者云文昌第四星也。」

【《風俗通》】謹案：《詩》云：「芃芃棫樸，薪之槱之。」《周禮》槱燎司中、司命，文昌也。司中，文昌上六星也。槱者，積薪燔柴也。今民間獨祀司命耳，刻木長尺二寸爲人像，行者檐篋中，居者别作小屋，齊天地大尊重之，汝南餘郡亦多有，皆祠以腊，率以春秋之月。

【《漢書・郊祀志》】八年，或言曰：「周興而邑立后稷之祠，至今血食天下。」於是高祖制詔御史：「其令天下立靈星祠，常以歲時祠以牛。」張晏曰：「龍星左角曰天田，則農祥也，晨見而祭之。」

【《通典》】漢高祖八年，命郡國郡邑立靈星祠。時或言周興而邑立后稷之祀，至今血食，以其有播種之功也。于是高祖命立靈星祠。《三輔故事》：「長安城東十里有靈星祠。」一云：靈星，龍左角爲天田，主穀農祥，晨見而祭之。言祠后稷而謂之靈星者，以后稷又配食星也。常以歲時祠以牛，古時歲再祭靈星，春秋用少牢。壬辰位祠之。壬爲水，辰爲龍，就其類也。縣邑令長侍祠。舞者童男十六人。即古之二羽。舞象教田，初爲芟除，次耕種，次芸耨、驅爵及穫刈、舂簸之形，象成功也。

【《唐類函》】《嵩山記》云：「漢武巡遊祭五嶽，尊事靈星，乃作殿堂，周迴種松柏，祠前兩傍立石碣以表之。」

【《漢書・郊祀志》】宣帝立歲星、辰星、太白、熒惑、南斗祠於長安城旁。

【《漢舊儀》】祭參、辰星於池陽谷口，夾道左右爲壇埒，各周三十六里。

【《漢書・郊祀志》】成帝時，匡衡奏，罷雍舊祠二百三所，唯山川諸星十五所爲應禮云。

【《後漢書·禮儀志》】仲秋之月，祀老人星於國都南郊老人廟。季秋之月，祠心星於城南壇心星廟。

【《古今注》】元和三年初，爲郡國立稷及祠社、靈星禮器也。

【《通典》】晉以仲秋月祀老人星於國都南遠郊老人星廟，季秋祀心星於南郊壇心星廟。

【《文獻通考》】東晉以來，靈星、老人星、心星配享南郊，不復特祀。

【《隋書·禮儀志》】陳制，令太中署常以二月八日，於署庭中以太牢祀老人星，兼祀天皇大帝、太一、日月、五星、鈎陳、北極、北斗、三台、二十八宿、丈人星、子孫星，都四十六座。凡應預祠享之官，大醫給除穢氣散藥，先齋一日服之以自潔，其儀本之齊制。

【《魏書·禮志》】天興二年十月，立星神，一歲一祭，常以十二月，用馬、鹿各一，牛、豕各一，雞一。太祖初，有兩彗星見，劉后使占者占之，曰：「祈之則當掃定天下。」后從之，故立其祀。

高祖太和三年，禱星於苑中。十五年，詔曰：「先恒有水火之神四十餘名，及城北星辰。今圜丘之下既祭風伯、雨師、司中、司命，明堂祭門、户、井、竈、中霤，每神皆有。此四十神，計不須立，悉可罷之。」

【《北史·劉芳傳》】芳轉太常卿，以靈星之祀不應隸太常，乃上疏曰：「靈星本非禮事，兆自漢初，專爲祈田，恒隸郡縣。《郊祀志》云：『高祖五年，制詔御史，其令天下立靈星祀，牲用太牢，縣邑令長得祠。』《晉祠令》云：『郡、縣、國祀社、稷、先農，縣又祠靈星。』此靈星在天下諸縣之明據也。今移太常，恐乖其本。臣以庸蔽，謬忝今職，考括墳籍，博采羣議，既無異端，謂粗可依據。」詔曰：「所上乃有明據，但先朝置立已久，且可從舊。」

【《隋書・禮儀志》】星辰、四望等爲中祀，司中、司命及諸星爲小祀。　養牲在滌，中祀三旬，小祀一旬。

【《通典》】隋於國城西北十里亥地爲司中、司命、司禄三壇，同壝，祠以立冬後亥。

【《唐書・禮樂志》】四時祭靈星、司中、司命、司人、司禄，籩八，豆八，簋一，簠一，俎一，五官、五星、三辰、七宿皆少牢，靈星、司中、司命、司人、司禄皆羊一。

【《文獻通考》】唐制，立秋後辰日祀靈星於國城東南，立冬後亥日祀司中、司命、司民、司禄於國城西北，不用樂，籩、豆各八，簋、俎等各一。

【《開元禮》】以星辰爲中祀，司中、司命諸星之屬爲小祀。　立冬後亥日，祀司中、司命、司人、司禄於國城西北，有司行事。每座象罇二，於壇上東南隅，北向，皆有坫，以西爲上。設司中、司命、司人、司禄神座於壇上近北，南向，以西爲上。初獻司中，祝文曰：「時屬安寧，兆庶康乂，用率常禮，報兹祉福。」次獻司命，祝文曰：「賴兹正直，黎庶康寧，資此良辰，用申常禮。」次獻司人，祝文曰：「星紀已周，兆庶寧阜，備兹蠲吉，式薦馨香。」次獻司禄，祝文曰：「玄英紀時，歲事云畢，聿遵典故，修其常祀。」飲福行事如風師儀。　立秋後辰日祀靈星，有司行事，祝文曰：「維九穀方成，三時不害，憑兹多祐，介其農穡。」

【《舊唐書・禮儀志》】開元二十四年七月己巳，初置壽星壇，祭老人星及角、亢等七宿。

【《册府元龜》】開元二十四年七月庚子，

有上封事者言：「《月令》云：八月，日月會於壽星，居列宿之長。五者土之數，以生爲大。臣竊以壽者，聖人之長也；土者，皇家之德也。陛下首出壽星之次，旅於土德之數，示五運開元之期，萬壽無疆之應。伏請兩京各改一殿，以『萬壽』爲名，至千秋節，會百僚於此殿，如受元之禮。每至八月社日配壽星祠，至於大社壇享之。」詔曰：「德莫大於生成，福莫先於壽考。苟有所主，得無祀之。今有上事者言：仲秋，日月會於壽星，以爲朕生於是月，欲以配社而祭，於義不倫。且壽星，角、亢也。既爲列宿之長，復有壽星之名，豈唯朕躬獨享其應，天下萬姓寧不是懷？蓋秦時已有壽星祠，亦云舊矣。宜令所司特置壽星壇，嘗以千秋節日修其祀典，申敕壽星壇，宜祭老人星及角、亢七宿，著之常式。」

【《玉海》】天寶十四載三月，時雨未降，令給事中王維等分祭五星壇。

【《册府元龜》】德宗貞元六年春二月甲申，復祀司中、司命、司人、司禄及靈星。

【《五代史·唐本紀》】同光二年九月壬子，置水於城門，以禳熒惑。

【《宋史·禮志》】景德三年，太常禮院言：「案《月令》：『八月，命有司享壽星於南郊。』注云：『秋分日，祭壽星於南郊。壽星，南極老人星也。』《爾雅》云：『壽星，角、亢也。』注云：『數起角、亢，列宿之長，故云壽星。』唐開元中，特制壽星壇，常以千秋節日祭老人星及角、亢七宿。請用祀靈星小祠禮，其壇亦如靈星壇制，築于南郊，以秋分日祭之。」

【《文獻通考》】知樞密院事王欽若言：「壽

星之祀，肇自開元。伏以陛下光闡鴻猷，並秩羣祀，而蕭蘋之祭，獨略此祠，縉紳之談，皆謂闕典。加以周伯星出，實居角、亢之間，天既垂休，禮罔不答。伏望特詔禮官，俾崇祀事，庶百祥之允集，介萬壽以無疆。」詔有司詳定。遂請以秋分日饗壽星及角、亢七宿，爲壇南郊，高三尺，周回八步四尺，四陛下壝。其祭器、祀禮，咸以靈星爲準。奏可。

【《禮志》】諸星祠，有壽星、周伯、靈星之祭。大中祥符二年，翰林天文邢中和言：「景德中，周伯星出亢宿下。案《天文志》，角、亢爲太山之根，果符上封之應。望于親郊日特置周伯星位於亢宿間。」詔禮官與司天監定議，且言：「周伯星出氐三度，然亢、氐相去不遠，並鄭分。兖州，壽星之次，宜如中和奏，設位氐宿之間，以爲永式。」天禧四年，從靈臺郎皇甫融請，凡修河致祭，增尾宿、天江、天記、天社等諸星，在天河內者，凡五十位。

【《文獻通考》】慶曆四年，靈臺郎王太明言：「案《占書》，主河、江、淮、濟、溝渠溉灌之事十九星，汴口祭河、瀆七位，而不及星。」司天監定亢池主渡水，往來迎送之事；北河爲胡門北戒，南河爲越門南戒，土司空掌水土功事，皆不主江、淮、濟。箕、計、奎三星，顓注津瀆，太明所遺。請與東井、天津、天江、咸池、積水、天淵、天潢、水位、水府、四瀆、九坎、天船、王良、羅堰等十七星在天河內者，當祠。二月，詔汴口祭河兼祠十七星。

【《宋史·仁宗本紀》】康定元年十二月癸未，詔南京祠大火。

【《禮志》】大火之祀。康定初，南京鴻慶宮災，集賢校理胡宿請修其祀，而以閼伯配焉。禮官議：「閼伯爲高辛火正，實居商丘，主祀大火。後世因之，祀爲貴神，配火侑食，如周棄配稷、后土配社之比，下歷千載，遂爲重祀。祖宗以來，郊祀上帝，而大辰已在從祀，閼伯之廟，每因赦文及春秋，委京司長吏致奠，咸秩之典，未始云闕。然國家有天下之號實本於宋，五運之次，又感火德，宜因興王之地，商丘之舊，爲壇兆祀大火，以閼伯配。建辰、建戌出内之月，内降祝版，留司長吏奉祭行事。」乃上壇制：高五尺，廣二丈，四陛，陛廣五尺，一壝，四面距壇各二十五步。位牌以黑漆朱書曰大火位，配位曰閼伯位。牲用羊、豕一，器準中祠。歲以三月、九月擇日，令南京長吏以下分三獻，州、縣官攝太祝奉禮。

慶曆以立秋後辰日祀靈星，其壇東西丈三尺，南北丈二尺，壽星壇方丈八尺。皇祐定如唐制，二壇皆周八步四尺。其享禮，籩八，豆八，在神位前左右，重三行。俎二，在籩、豆外，簠、簋一，在二俎間。象尊二，在壇上東南隅，❶北向西上。七宿位各設籩一，豆一，在神位前左右。俎一，在籩、豆外，中設簋一、簠一，在俎左右。爵一，在神位正前。壺尊二，在神位右。光禄實以法酒。

元豐中，禮文所言：「《時令》：❷秋分享壽星於南郊。❸《熙寧祀儀》：于壇上設壽星一位，南向。又于壇下卯陛之南設角、亢、氐、房、心、尾、箕七位，東向。案《爾雅》所

❶「南」，原作「西」，據庫本改。
❷「令」，原作「今」，據庫本改。
❸「秋分」，原作「秋冬」，據《宋史·禮志》改。

謂『壽星，角、亢』，非此所謂秋分所享壽星也。今于壇下設角、亢位，以氐、房、心、尾、箕同祀，尤爲無名。又案《晉・天文志》：『老人一星在弧南，一曰南極，常以秋分之旦見于丙，春分之夕没于丁，見則治平，主壽昌，常以秋分候之南郊。』後漢于國都南郊立老人星廟，常以仲秋祀之，則壽星謂老人矣。請依後漢，于壇上設壽星一位，南向，祀老人星。其壇下七宿位不宜復設。」案：《通考》作元豐四年。

元豐詳定局言：「《周禮》小宗伯之職，『兆五帝于四郊，四類亦如之』。鄭氏曰：兆，爲壇之營域。星辰運行無常，以氣類爲之位，兆司中、司命于南郊，以氣類祭之。《熙寧祀儀》：兆司中、司命于國城西北亥地，則是從其星位，而不以氣類也。請稽舊禮，兆司中、司命、司禄于南郊，祀以立冬後亥日。其壇兆則從其氣類，其祭辰則從其星位，仍依《熙寧儀》，以司民從司中、司命、司禄之位。」

元符元年，左司員外郎曾旼言：「今令文北極天皇而下皆用濕香，至于衆星之位，香不復設，恐于義未盡。」于是每陛各設香。又言：「先儒以爲實柴所祀者無玉，槱燎所祀者無幣。今太常令式，衆星皆不用幣，蓋出于此。然考《典瑞》、《玉人》之官，皆曰『圭璧以祀日月星辰』。則實柴所祀非無玉矣。槱燎無幣，恐或未然。」至是，遂命衆星隨其方色用幣。

【《宋史・樂志》】司中、司命五首：

迎神，《欣安》　冠峨峨兮，服章蕤蕤。靈來下兮，進止委蛇。我涓我壇，我潔我俎。降輿却旌，于兹享御。

升降，《歛安》　神綏舒舒，佩環鏗鏗。陟

降上下，壇燎光明。有盥于罍，有帨于巾。不吴不敖，庶以安神。

奠幣，《容安》 我誠既潔，我豆既豐。神來降斯，有儼其容。薦此嘉幣，肅肅雍雍。何以侑之？於樂鼓鐘。

酌獻，《雍安》 酌兹旨酒，既盈且芬。式用來歆，衎衎熏熏。何以迎神？ 薦有嘉籩。何以錫民？ 曰唯豐年。

送神，《欣安》 雲兮飄飄，風兮稜稜。飈馭反空，杲日來昇。歸旆揚揚，衆樂鏘鏘。我神式懽，惠我嘉祥。

【《東坡志林》】紹聖二年五月望日，敬造真一法酒成。請羅浮道士鄧守安拜奠北斗真君。將奠，雨作。已而清風肅然，雲氣解駁，月星皆見，魁標皆爽。徹奠，陰雨如初。

【《禮志》】建中靖國元年，又建陽德觀以祀熒惑。因翰林學士張康國言，天下崇寧觀並建火德真君殿，仍詔正殿以離明爲名。太常博士羅畸請宜倣太一宫，遣官薦獻，或立壇于南郊，如祀靈星之儀。有司請以閼伯從祀離明殿，又請增閼伯位。案《春秋傳》曰：五行之官封爲上公，❶祀爲貴神。祝融，高辛氏之火正也；閼伯，陶唐氏之火正也。祝融既爲上公，則閼伯亦當服上公衮冕九章之服。既又建熒惑壇于南郊赤帝壇壝外，令有司以時致祭，增用圭璧，火德、熒惑以閼伯配，俱南向。五方火精、神等爲從祀。壇廣四丈，高七尺，四陛，兩壝壝二十五步，從《新儀》所定。

【《徽宗本紀》】崇寧元年秋七月甲申朔，建長生宫，以祠熒惑。 四年秋七月辛丑，置

❶「封」，原作「分」，據《宋史·禮志》改。

熒惑壇。

【《禮志》】《政和新儀》壽星壇改定：壇高三尺，東西袤丈三尺，南北袤丈二尺，四出陛，一壝，二十五步。初，乾興祀靈星，值屠牲有禁，乃屠于城外。至是，敕有司：「凡祭祀牲牢，無避禁日，著爲令。」政和之制，司中、司命、司民、司禄爲四壇，各廣二十五步，同壝。又言：「《周禮》樂師之職：『凡國之小事用樂者，令奏鐘鼓。』説者曰：『小祀也。』《小師職》注：『小祭祀謂司中、司命』是也。既已有鐘鼓，則是有樂明矣。請有司祀司中、司命用樂，仍製樂章以爲降神之節。」又言：「《周禮·小司徒之職》：『凡小祭祀，奉牛牲，羞其肆。』又《肆師》云：『小祭祀用牲。』所謂小祭祀，即司中、司命、司民、司禄之類是也。後世以有司攝事，難于純用太牢，猶宜下同大夫禮，用羊、豕可也。今祀儀，司中、司命、司民、司禄用羊、豕一。《祠令》：小祠，牲入滌一月，所以備潔養之法。今每位肉以豕，又取諸市，與令文相戾。請諸小祠祭以少牢，仍用體解。請司中、司命止薦熟。」從之。

【《文獻通考》】政和三年四月，議禮局議上《五禮新儀》，立秋後辰日祀靈星。

【《高宗本紀》】紹興三年正月癸酉，復祭大火。

【《禮志》】紹興三年，詔祀大火。太常寺言：「應天府祀大火，今道路未通，宜于行在春秋設位。」

【《高宗本紀》】紹興七年五月壬申，命禮官舉熒惑、壽星之祀。六月壬辰，命歲辰戌月祀大火，配以閼伯。

【《通考》】紹興七年，太常博士黄積言：「立春後丑日祀風師，立夏後申日祀雨師、雷神，秋分日饗壽星，立夏日祀熒惑。」從之。壽星禮料用籩一，鹿脯；豆一，鹿臡；著尊一，實以法酒。

【《通考》】紹興十八年，禮部侍郎沈該言：「國家乘火德之運，以王天下。先朝建陽德觀專奉火德，配以閼伯，而祀以夏至。舊典可舉，望詔有司于宫觀内别建一殿，專奉火德，配以火伯，以時修祀，益固炎圖。」詔禮部、太常寺討論。太常寺討論得應天府祀大火，繫以季春、秋擇日差官于本廟致祭。今道路未通，從宜于行在春秋設位。臣僚言：「多事以來，大火之祀弗舉。比年多灾，雖緣有司不戒，然預防之計，宜無所不用其至。望命有司參酌舊典，即行在每建辰、戌出納之月，設位望祭，豈特昭炎德昌熾之福，亦弭灾之道。」尋太常寺請以季春出火日于東郊，季秋納火日于西郊，各建壇壝，以大祀之禮禮火神，禮料依感生帝。

【《宋史·樂志》】紹興祀大火樂章十二首：

降神，《高安》，圜鍾爲宫　五緯相天，各率其職。司禮與視，則維熒惑。至陽之精，届我長嬴。于以求之，祀事孔明。

黄鍾爲角　有出有藏，伏見靡常。相我國家，鑒觀四方。視罔不正，終然允臧。神其來格，明德馨香。

太簇爲徵　小大率禮，不愆于儀。展采錯事，秩祀孔時。維今之故，閲我數度。修厥典常，神其來顧。

姑洗爲羽　於赫我宋，以火德王。永永丕圖，緊神之相。神之來矣，維其時矣。禮備樂奏，神其知矣。

升殿，《正安》　有儼其容，有潔其衷。屹屹崇壇，伊神與通。神肯降格，嘉神之休。虔恭降登，神乎安留。

熒惑位奠玉幣，《嘉安》　馨香接神，肸蠁恍惚。求神以誠，薦誠以物。有藉斯玉，有篚斯幣。是用薦陳，昭茲精意。

商丘宣明王位奠幣，《嘉安》　熒惑在天，唯火與合。繄神主火，純一不雜。作配熒惑，祀功則然。不腆之幣，于以告虔。

捧俎，《豐安》　火遵其令，❶無物不長。視此牲牢，務得其養。豢以祀神，有腯其肥。非神之宜，其將曷歸？

熒惑位酌獻，《祐安》　皇念有神，介我戩穀。登時休明，有此美祿。酌言獻之，有飶其香。神兮燕娭，醉此嘉觴。

宣明王位酌獻，《祐安》　誰其祀神，知神嗜好。閼伯祀火，爲神所勞。睠言配食，既與火俱。於樂旨酒，承神嘉虞。

亞終獻，《文安》　神既貺施，嗜我飲食。申以累獻，以承靈億。神方常羊，咸畢我觴。于再于三，于誠之將。

送神，用《理安》　登降上下，奠璧獻斝。音送粥粥，禮無違者。已虞至旦，神其將歸。顧我國家，遺以繁釐。

出火祀大辰十二首

降神《高安》　圜鐘爲宮　燁燁我宋，火德所畀。用火紀時，允維象類。神自類歆，誠繇類至。有感斯通，孚我陽燧。

黃鐘爲角　樂音上達，粵惟出虛。火性炎上，亦生于無。我鏞我磬，我笙我竽。氣同聲應，昭哉合符。

太簇爲徵　火在六氣，獨處其兩。感生維君，繄辰克相。何以驗之？占茲垂象。騰駕蒼虯，歆其來饗。

姑洗爲羽　星入于戌，與火俱詘。火

❶「火」，原作「大」，據庫本改。

出于辰，與星俱伸。一伸一詘，孰操縱之？利用出入，民咸用之。

升殿，《正安》 屹彼嘉壇，赤伏始屆。掞光曜明，洋乎如在。俛仰重《離》，默與精會。隨我降升，肅聽環珮。

大辰位奠玉幣，《嘉安》 維莫之春，五陽發舒。日之夕矣，三星在隅。莫量匪幣，莫嘉匪玉。明薦孔時，神光下矚。

商丘宣明王位奠幣，《嘉安》 二七儲神，與天地並。孰儷厥德？聿唯南正。功懋陶唐，澤流億姓。作配嚴禋，贊列唯稱。

捧俎，《豐安》 有嚴在滌，陳彼牲牢。孔碩其俎，薦此血毛。厥初生民，飲茹則然。以燔以炙，伊誰云先？

大辰位酌獻，《祐安》 孰爲大辰？唯北有斗。曾是彗星，斯名孔有。幽禜報功，潔齊敢後。容與嘉觴，式歆旨酒。

宣明王位酌獻，《祐安》 周設司爟，雖列夏官。仍襲孔易，闓端實難。相彼商丘，永懷初造。不腆桂椒，匪以爲報。

亞終獻，《文安》 潛之伏矣，柞槱既休。有俶其來，榆柳是求。靈駕紛羽，尚其安留。飲我三爵，言言油油。

送神，《理安》 五運唯火，實宗衆陽。宿壯用明，千載愈光。神保聿歸，安處火房。鬱攸不作，炎圖永昌。

納火祀大辰十二首

降神，《高安》圜鐘爲宮 赫赫皇圖，炎炎火德。侈神之賜，奄有方國。粢盛既豐，俎豆有飶。於萬斯年，報祀無斁。

黃鐘爲角 火星之躔，有煒其光。表于辰位，❶伏于戌方。時和歲稔，仁顯用藏。

❶「辰」，原作「神」，據庫本改。

告爾萬民，出納有常。

太簇爲徵　季秋之月，律中無射。農事備收，火功告畢。克禋克祀，有嚴有翼。風馬雲車，尚其來格！

姑洗爲羽　明明我后，重祭欽祠。有司肅事，式薦晨儀。禮唯其稱，物唯其時。神之聽之，福禄來爲。

升殿，《正安》　猗與明壇，右平左城！冕服斯皇，玉珮有節。陟降惟寅，匪徐匪疾。式崇大祀，禮文咸秩。

大辰位奠玉幣，《嘉安》　金行序晚，玉露晨清。齋戒豐潔，肅恭神明。嘉幣惟量，嘉玉惟精。于以奠之，庶幾來聽。

商丘宣明王位奠幣，《嘉安》　恭惟火正，自陶唐氏。邑于商丘，配食辰祀。有功在民，有德在位。敢替典常，惟恭奉幣。

捧俎，《豐安》　萬彙攸成，四方寧謐。工祝致告，普存民力。迺薦斯牲，爲俎孔碩。介以繁祉，式和民則。

大辰位酌獻，《祐安》　庶功備矣，休德昭明。天地釀和，鬱鬯斯清。玉瓚以酌，瑶觴載盈。周流常羊，來燕來寧。

宣明王位酌獻，《祐安》　廣大建祀，式崇其配。馨香在兹，清酒既載。穆穆有暉，洋洋如在。聿懷嘉慶，繫神之賚。

亞終獻，《文安》　幣玉肅陳，笙簧具舉。桂醑浮觴，瓊羞溢俎。禮有三獻，式和且序。神具醉止，慶流寰宇。

送神，《理安》　神靈降鑒，天地回旋。唯馨薦矣，既醉歆焉。諸宰斯徹，式禮莫愆。隤祉降祥，天子萬年。

【《禮志》】乾道五年，太常少卿林栗等言：「本寺已擇九月十四日，依旨設位，望祭應天府大火，以商丘宣明王配。二十一日内火，祀大辰，以閼伯配。大辰即大火，閼伯即商丘宣明王也。緣國朝以宋建號，以火紀德，推原發祥之所自，崇建商丘之祠，府曰應天，廟曰光德，加封王爵，錫謚宣明，所以追嚴者備矣。今有司旬日之間舉行二祭，一稱其號，一斥其名，義所未安。乞自今祀熒惑、大辰，其配位稱閼伯，祝文、位版並依應天府大火禮例，改稱宣明王，以稱國家崇奉火正之意。」

【《元史・世祖本紀》】至元五年十二月，敕二分、二至及聖誕節日，祭星于司天臺。

【王圻《續通考》】十七年正月，祭斗。

【《元史・世祖本紀》】十八年春正月丁巳，制以六祖李全祐、嗣五祖李居壽祭斗。

二十二年八月辛酉，命有司祭斗三日。十二月辛卯，敕有司祭北斗。　二十六年十二月丁亥，命回回司天臺祭熒惑。

【王圻《續通考》】至元二十七年，命回回司天臺祭熒惑。　二十八年，命元教宗師張留孫寘醮，祠星三日。

元祀儀，皆禮官所擬而定于中書，日星始祭于司天臺，而回回司天臺遂以禜星爲職事。

【《元史・成宗本紀》】至元三十一年，成宗即位。五月壬子，祭太陽、太歲、火、土等星于司天臺。庚申，祭紫微星于雲仙臺。

元貞元年十二月庚子朔，遣集賢院使阿里渾撒里等祭星于司天臺。

大德九年八月己卯，命太常卿丑閭、昭文館大學士靳德進祭星于司天臺。

【《仁宗本紀》】武宗至大四年，仁宗即位。秋七月，禜五星于司天臺。

皇慶二年夏四月甲子，禜星于司天臺。

延祐五年五月戊辰，遣平章政事王毅禜星于司天臺三晝夜。　六年春正月己卯，禜星于司天臺。二月丁亥，改禜星于回回司天臺。　九月壬辰，禜星于司天臺。

【《英宗本紀》】延祐七年，英宗即位。八月戊申，禜星于司天監。十二月乙丑，禜星于回回司天監四十晝夜。

至治元年六月丁卯，禜星于司天臺。二年五月戊子，禜星于五臺山。

【《泰定帝本紀》】至治三年，泰定帝即位。十一月乙卯，禜星于司天監。十二月壬申，禜星于司天監。

泰定元年五月癸丑，命司天監禜星。七月丁未，禜星于上都司天監。十一月甲午，禜星于回回司天監。　二年二月丁酉，禜星于回回司天監。七月甲寅，禜星于上都司天監。　三年三月壬子，禜星于司天監。

四年夏四月乙未，禜星于回回司天臺。

【《文宗本紀》】天曆元年九月丁丑，命司天監禜星。辛巳，命司天監禜星。　二年五月己未，遣翰林學士承旨阿鄰帖木兒北迎大駕，命司天監禜星。八月庚寅，明宗崩。己亥，帝復即位于上都。甲辰，命司天監及回回司天監禜星。

至順元年秋七月壬子，命西僧禜星。

【《順帝本紀》】至正八年六月丙戌，立司天臺于上都。

【《明史·禮志》】靈星諸神，洪武元年，大常寺奏：「《周禮》：『以槱燎祠司中、司命、風師、雨師。』《天府》：『若祭天之司民、司禄，而獻民數、穀數，受而藏之。』漢高帝命郡國立靈星祠。唐制，立秋後辰日祀靈星，立冬後亥日遣官祀司中、司命、司民、司禄以少牢。宋祀如唐，而于秋分日祀壽星。今擬如唐制，分日而祀，爲壇于城南。」從之。

二年，從禮部尚書崔亮奏，每歲聖壽日祭壽

星，同日祭司中、司命、司民、司禄，示與民同受其福也。八月望日祀靈星，皆遣官行禮。

三年，罷壽星等祀。

【《大政紀》】三年正月，禮部定星辰祔祭于月壇。

【《明史·禮志》】洪武三年，帝謂中書省臣：「日月皆專壇祭，而星辰乃祔祭于月壇，非禮也。」禮部擬于城南諸神享祭壇正南向，增九間，朝日、夕月、祭周天星辰，俱于是行禮。朝日、夕月仍以春秋分祭，星辰則于天壽節前三日。從之。

四年九月，帝躬祀周天星辰。正殿共十壇，中設周天星辰位，儀如朝日。

【《大政紀》】四年正月，詔定親祭星辰用皮弁服，陪祭官各服本品梁冠祭服。九月乙亥，詔：「親祀星辰，齋三日，降香，齋一日，著爲令。」

【《明史·樂志》】洪武四年，祀周天星辰樂章：

迎神，《凝和》之曲　星辰垂象，布列玄穹。擇兹吉日，祀禮是崇。濯濯厥靈，昭鑒我心。謹候以迎，庶幾來歆。

奠帛，《保和》之曲。詞同朝日。

初獻，《保和》之曲　神兮既留，品物斯薦。奉祀之初，醴酒斯奠。仰惟靈耀，以享以歆。何以侑觴？樂奏八音。

亞獻，《中和》之曲　神既初享，亞獻再升。以酌醴齊，仰薦于神。洋洋在上，式燕以寧。庶表微衷，交于神明。

終獻，《肅和》之曲　神既再享，終獻斯備。不腆菲儀，式將其意。薦兹酒醴，成我常祀。神其顧歆，永言樂只。

徹豆，《豫和》之曲　祀事將畢，神既歆

只。徹茲俎豆，以成其禮。唯神樂欣，無間始終。樂音再作，庶達微悰。

送神，《雍和》之曲。詞同朝日。

望燎，《雍和》之曲　神既享祀，靈馭今旋。燎烟既升，神帛斯焚。巍巍霄漢，倏焉以適。拳拳余衷，瞻望弗及。

【《禮志》】二十一年，以星辰既從祀南郊，罷禜星之祭。

右歷代祭星辰。

星　辰附

蕙田案：禮經祀典，但有星辰、寒暑、四時之祭，蓋星辰有分主職事，分主土地，若天子立六官之掌五等之封也。寒暑、四時則分主一時，分主一氣，若天子設羲和之官，以正春夏秋冬者也。至于歲之運行，則不聞別祭其神者，蓋古人所云「歲在鶉火」、「歲在玄枵」，皆以星紀爲次，而更無他神，則已並列星辰，而無庸別祀也。自唐玄宗信術士之言，別立九宮貴神之祭，後人或以爲列星，或曰司水旱、風雨、霜雹、疾疫，蓋皆依倣之辭而實無考究，何也？既謂之星，則星辰本有正祭，又當從祀圜丘，不應獨遺此九星而須別祭也。且稱之曰星，則已有天蓬、天内諸名矣，而其神則又有太乙、攝提諸號，然則五行二十八宿諸星，其神又當何號耶？又以爲司水旱風雨，夫水旱風雨已非一神，又與星辰各別，何此九星者，乃併古之三祀爲一也？又以爲分方守位，則應如九州分野之星，而復云飛碁巡行二十五年而移一宫，則又如五行迭旺之氣，蓋其説之支離膠擾，大抵出於道家之附會，而無當于禮典者也。然唐宋及金，舉行不一，又不可缺而弗述，今故于星辰之後爲類以附，而以太乙、太歲、月將繼其後。蓋嘗以意測之，天地運行，其中必有主之者，安得謂之無神？然則九宫太乙者，其大運之流行，二十餘年而一易者乎？太歲則歲之所建，一年一易，四時則時之所司，一時一易者乎？寒暑則時之所極，積二時而一當其權。月將則月之所值，一月而一躔其位。以是推之，理亦宜然。然古之聖人非不知歲與月之皆有神也，而祭止于四時、寒暑者，豈非以歲之運行，既以星辰主之，固不必更生區别耶？後世既秩于祀典，今考而録之，以備議禮者之參稽。統低一字，以小變其例云。

【《唐書・玄宗本紀》】天寶三載十二月癸丑，祠九宫貴神于東郊，大赦。

【《舊唐書・禮儀志》】天寶三載，有術士蘇嘉慶上言：❶「請於京東朝日壇東，置九宫貴神壇，其壇三成，成三尺，四陛。其上依位置九壇，壇尺五寸，東南曰招摇，正東曰軒轅，東北曰太陰，正南曰天一，中央曰天符，正北曰太乙，西南曰攝提，正西曰咸池，西北曰青龍。五爲中，戴九履一，左三右七，二四爲上，六八爲下，符于遁甲。四孟月祭，尊爲九宫貴

❶「嘉」，原作「加」，據《舊唐書・禮儀志》改。

神，禮次昊天上帝，而在太清宫太廟上。用牲牢、璧幣，類于天地神祇。」玄宗親祀之，如有司行事，即宰相爲之。

【《文獻通考》】天寶三載，術士蘇嘉慶上言：「請于城東置九宫神壇，每歲四孟月祭，尊爲九宫貴神。」十月十六日敕：「無文咸秩，有功必祀。漢則八神是禱，晉則六宗置壇，皆議叶當時，禮高羣望。惟九宫貴神，實司水旱，功佐上帝，德庇下民，冀嘉穀歲登，災害不作。至于祀典，歷代猶闕。豈有享于幽贊之功，而無昭報之禮？宜令所司，即擇處以來月甲子日立壇，仍議其牲牢禮秩。每至四時初節，令中書門下往攝祭者，著以成式，垂之不刊。」其年十二月二十四日，親祀九宫貴神于東郊。

【《册府元龜》】天寶三載十二月癸巳，制曰：「唯神之主，必恭禋祀，率先之訓，義在躬親。朕欽若昊穹，子育黎庶，通明靈之德，以洽和平之理，是修闕典，咸秩無文。如在之誠，久陳於郊廟；懷柔之至，亦徧於山川。況九宫所主，百神之貴，上分天極，下統坤維，陰騭生靈，功深亭育。故式昭新典，肇建明祠，將以爲人，載祈孚佑。宜叶元辰之吉，用申大祭之禮。可以今月立春，朕親祀九宫壇，仍令中書門下與禮官等，即詳定儀注奏聞。」癸丑，親祠九宫貴神於東郊。

【唐孫逖《親祭九宫壇大赦文》】制曰：「勵精爲理，三紀于兹。上荷宗廟延祥，克開厥後；下賴股肱叶德，以致雍熙。而麟鳳龜龍，近遊郊藪，蠻夷戎狄，遠輸琛賮，乘時年之休運，恢皇王之遠圖。是以圜丘方澤之儀，昇中告類之禮，靡典不舉，靡神不懷。恭惟九宮，明祀尚闕。載深兢惕，用建靈壇，爰以元辰，親執奠獻，叶青陽發生之慶，祈黔庶吉祐之福。」

蕙田案：《開元禮》頒行，未幾，天寶改元，即爲非禮作俑，異哉。

【《唐書·肅宗本紀》】乾元二年正月丁丑，祀九宮貴神。　三年，復祀九宮貴神。

【《舊唐書·禮儀志》】乾元三年正月，又親祀之。初，九宮神位，四時改位，呼爲飛位。乾元之後不易位。　太和二年八月，監察御史舒元輿奏：「七月十八日，祀九宮貴神，臣次合監祭，職當監察禮物。伏見祝版九片，臣伏讀既竟，竊見陛下親署御名及稱臣于九宮之神。臣伏以天子之尊，除祭天地、宗廟之外，無合稱臣者。王者父天母地，兄日姊月，比以九宮爲目，是宜分方而守其位。臣又觀其名號，乃太乙、天乙、招摇、軒轅、咸池、青龍、太陰、天符、攝提也。此九神，于天地猶子男也，于日月猶侯伯也。陛下尊爲天子，豈可反臣於天之子男耶？臣竊以爲過。縱陰陽者流言其合祀，則陛下當合稱皇帝遣某官致祭于九宮之神，不宜稱臣與名。臣實愚瞽，不知其可。伏緣行事在明日鷄初鳴時，成命已行，臣不敢滯。伏乞聖慈異日降明詔，禮官詳議，冀明萬乘之尊，無所虧降，悠久誤典，因此可正。」詔都省議，皆如元輿議。乃降爲中祠，祝版稱皇帝，不署。

【《文獻通考》】三年，以祀九宮壇，舊是大祠，太常博士崔龜從議曰：「九宮貴神，經典不載。天寶中，術士奏請，遂立祠壇，事出一時，禮同郊祀。臣詳其圖法，皆是星名，縱司水旱兵荒，品秩不過列宿。今者五星悉是從祀，日月猶在中祀，豈容九宮獨越常禮，備列王事，誠誓百官？尊卑乖儀，莫甚于此。若以常在祀典，不可廢除，臣請降爲中祀。」從之。

【《舊唐書·禮儀志》】武宗會昌元年十二月，中書門下奏：「準天寶三載十月六日敕，『九宮貴神，實司水旱，功佐上帝，德庇下人。冀嘉穀歲登，災害不作。每至四時初節，令中書門下往攝祭』者。準禮，九宮次昊天上帝，壇在太清宮、太廟上，用牲牢、璧幣，類于天地。天寶三載十二月，玄宗親祠。乾元二年正月，肅宗親祠。伏自累年以來，水旱愆候，恐是有司禱請，誠敬稍虧。今屬孟春，合修祀典，望至明年正月祭日，差宰臣一人禱請。向後四時祭，並請差僕射、少師、少保、尚書、太常卿等官，所冀稍重其事，以申嚴敬。臣等十一月二十五日已于延英面奏，伏奉聖旨合檢儀注進來者。今欲祭時，伏望令有司崇飾舊壇，務于嚴潔。」敕旨依奏。

【《舊唐書·武宗本紀》】會昌二年春正月，中書奏百官議九宮壇本大祠，請降爲中祠。宰相崔珙、陳夷行奏定左右僕射上事儀注。

【《禮儀志》】二年正月四日，太常禮院奏：「準監察御史關牒：『今月十三日，祀九宮貴神，已敕宰相崔珙攝太尉行事，合受誓戒，及有司徒、司空否？』伏以前件祭本稱大祠，準太和三年七月二十四日敕，降爲中祠。昨據敕文，秪稱崇飾舊壇，務于嚴潔，不令別進儀注，更有改移。伏恐不合却用大祀禮料，伏候裁旨。」中書門下奏曰：「臣準天寶三年十月六日敕，『九宫貴神，實司水旱』，臣等伏覩，既經兩朝親祀，必是祈請有徵，況自太和已來，水旱愆候，陛下常憂稼穡，每念烝黎。臣等合副聖心，以修墜典。伏見太和三年禮官狀云：『縱司水旱兵荒，品秩不過列宿。今者五星悉是從祀，日月猶在中祀。』竊詳其意，以星辰不合比于天官。曾不知統而言之，則爲天地，在于辰象，自有尊卑。謹案後魏王鈞《志》：『北辰第二星，盛而常明者元星。路寢，太帝常居，始由道奥而爲變通之迹。又天皇大帝，其精曜魄寶，蓋萬神之秘圖，河海之命紀皆禀焉。』據玄説，即昊天上帝也。天乙掌八氣、九精之政令，以佐天極。徵明而有常，則陰陽序，大運興。太乙掌十有六神之法度，以輔人極。徵明而得中，則神人和而王道昇平。又北斗有權、衡二星，天乙、太乙參居其間，所以財成天地，輔相神道也。若一概以列宿論之，實爲淺近。案《漢書》曰：『天神貴者太乙，佐曰五帝。』古者天子以春秋祭太乙，列于祀典，其來久矣。今五帝猶爲大祀，則太乙無宜降祀，稍重其祀，固爲得所。劉向有言曰：『祖宗所立神祇舊典，誠未易動。』又曰：『古今異制，經無明文，至尊至重，難以疑説正也。』其意不欲非祖宗舊典。以劉向之博通，尚難于改作，況臣等學不究于天人，識尤懵于祀典，欲爲參酌，恐未得中。伏望更令太常卿與學官同詳定，庶獲明據。」從之。檢校左僕射太常卿王起、廣文博士盧就等獻議曰：「伏以九宫貴神，位列星座；往因致福，詔立祠壇。降至尊以稱臣，就東郊以親拜。在祀典雖云過禮，庇羣生豈患無文？恩福黔黎，特申嚴奉，誠聖人屈己以安天下之心也。厥後祝史不明，精誠亦怠，禮官建議，降處中祀。今聖德憂勤，期臻壽域，兵荒水旱，痞寐軫懷，爰命台臣，緝興墜典。伏惟九宫所稱之神，即太乙、攝提、軒轅、招摇、天符、青龍、咸池、太陰、天乙者也。謹案《黄帝九宫經》及蕭嵩《五行大義》：『一宫，其神太乙，其星天蓬，其卦坎，其行水，其方白。二宫，其神攝提，其星天内，其卦坤，其行土，其方黑。三宫，其神軒轅，其星天衝，其卦震，其行木，其方碧。四宫，其神招摇，其星天輔，其卦巽，其行木，其方緑。五宫，其神天符，其星天禽，其卦離，其行土，其方黄。六宫，其神青龍，其星天心，其卦乾，其行金，其方白。七宫，其神咸池，其星天柱，其卦兑，其行金，其方赤。八宫，其神太陰，其星天任，其卦艮，其行土，其方白。九宫，其神天乙，其星天英，其卦離，其行火，其方紫。』觀其統八卦，運五行，土飛于中，數轉于極，雖敬事迎釐，不聞經見，而範圍亭育，有助昌時，以此兩朝親祀而臻百祥也。然以萬物之精，上爲列星，星之運行，必繫于物。貴而居者，則必統八氣，總萬神，幹權化于混茫，賦品彙于陰騭，與天地日月，誠相參也。豈得緊賴于敷祐，而屈降于等夷？又據太尉攝祀九宫貴神舊儀：前七日，受誓誡于尚書省，散齋四日，致齋三日。牲用犢。祝版御署，稱嗣天子臣。圭幣樂成。比類中祀，則無等級。今據《江都集禮》又《開元禮》，蜡祭之日，大明、夜明二座及朝日、夕月，皇帝致祝，皆率稱臣。若以爲非泰壇配祀之時，得主日報天之儀。卑緣厭屈，尊用德伸，不以著在中祠，取類常祀。此則中祠用大祠之義也。又據太社、大稷，開元之制，列在中祠。天寶三載二月十四日敕，改爲大祠，自後因循，復用前禮。長慶三年正月，禮官獻議，始準前敕，稱爲大祠。唯御署祝文，稱『天子謹遣某官某昭告』。文義以爲殖物粒人，則宜增秩，致祝稱禱，有異方丘，不以伸爲大祠，遂屈尊稱。此又大祠用中祠之禮也。參之日月既如彼，考之社稷又如此，所謂功鉅者因之以殊禮，位稱者不敢易其文，是前聖後儒陟降之明徵也。今九宮貴神，既司水旱，降福禳灾，人將賴之，追舉舊章，誠爲得禮。然以立祠非古，宅位有方，分職既異其司存，致祝必參乎等列。求之折中，宜有變通，稍重之儀，有以爲比。伏請自今已後，却用大祠之禮，誓官備物，無有降差。唯御署祝文，以社稷爲本，伏緣已稱臣于天帝，無二尊故也。」敕旨依之，付所司。

蕙田案：九宮貴神，出于術士荒唐之言，玄宗惑之，崇祀類于天地，在太廟之上，可謂過矣。文宗從崔龜從之議，降爲中祀，稍得其平。然不逕除之者，以其名託星辰，有其舉之，莫敢廢也。武宗崇信道家言，時相逢其意，遂復升大祀，此與漢匡衡奏罷雍舊祠二百三所，于祀典大有廓清之力，乃未久而復，二事頗相類。夫邪説之不勝正論，常也。然自大道不明，人心易惑，彼邪説者，雖一時爲正論之所屈，而旋息旋作，鮮有久而不變者，是以定禮制，匡流俗，不可不先正其本也。

【《宋史·禮志》】太乙九宫神位，在國門之東郊。壇之制，四陛外，西南又爲一陛，曰坤道，俾行事者升降由之。其九宫神壇再成，第一成東西南北各百八尺，各相去一丈六尺。初用中祀，咸平中改爲大祀，壇增兩壝，玉用兩圭有邸，藉用稿秸，加褥如幣色。其御書祝禮如社稷。尋以封禪，别建九宫壇泰山下行宫之東，壇二成，成一尺，面各長五丈二尺，四陛及坤道各廣五丈。上九小壇，相去各八尺，四隅各留五尺。壇下兩壝，依大祠禮。及祀汾陰，亦遣使祀焉。自後親郊恭謝，皆遣官于本壇别祭。

【《文獻通考》】宋制：二仲祀九宫貴神爲大祀。咸平四年，駕部員外郎、直祕閣杜鎬上言：「案《封禪書》：天神貴者太乙，太乙之佐曰五帝。今禮以五帝爲大祠，太乙爲中祠。況九宫所主風雨、霜雹、疾疫之事，唐朝元、肅二宗並嘗親祀，會昌中陞次昊天上帝。欲望復爲大祀。」從之。

【《宋史·樂志》】景德祀九宫貴神三首：

降神，《高安》　倬彼垂象，照臨下土。躔次運行，功德周普。九宫既位，唯德是輔。神之至止，皇皇斯覩。

奠玉幣，酌獻《嘉安》　靈禋既肅，明神既秩。在國之東，協日之吉。升歌有儀，六變中律。懷和萬靈，降兹陰騭。

送神《高安》　祇薦有常，唯神無方。回飈整馭，垂休降祥。

【《文獻通考》】大中祥符元年，東封太山，于行宫東築壇二成，俱高三尺，上成縱廣各五丈，下成五丈二尺，上爲小壇，餘如京城祀壇。牲用太牢，以祀九宫。

【《宋史・禮志》】景祐二年，學士章得象等定司天監生于淵、役人單訓所請祀九宮太一依逐年飛移位次之法：「案郄良遇《九宮法》，❶有《飛碁立成圖》，每歲一移，推九州所主災福事。又唐術士蘇加慶始置九宮神壇，一成，高三尺，四陛。上太一西南曰攝提，正西曰咸池，西北曰青龍，五數爲中，戴九履一，左三右七，二四爲上，六八爲下，符于遁甲，此則九宮定位。設祭以四孟，隨歲改位行棋，謂之飛位。自乾元以後，止依本位祭之，遂不飛易，仍減冬、夏二祭。國朝因之。今于淵等所請，合天寶初祭之禮，又合良遇《飛棋之圖》。然其法本術家，時祭之文，經禮不載。❷議者或謂不必飛宮，若日月星辰躔次周流而祭有常所，此則定位之祀所當從也。若其推數于回後，候神于恍惚，因方弭沴，隨氣考祥，❸則飛位之文固可遵用。請依唐禮，遇祭九宮之時，遣司天監一員詣祠所，隨每年貴神飛棋之方，旋定祭位。仍自天聖己巳入曆，太乙在一宮，歲進一位，飛棋巡行，周而復始。」詔可。

【《文獻通考》】九宮，慶曆儀，每座籩、豆十二，簠、簋、俎二。　皇祐增定壇如《郊祀録》，三成，成三尺，四階，上依位寘小壇九，皆高尺五寸，縱廣八尺，西南爲坤階。　治平初，樞密副使胡宿言：「九宮司水旱，國家列于常祀。至和中，光祿小

❶「郄」，原作「郗」，據庫本改。
❷「禮」，原作「理」，據《宋會要・禮》一九之四、《長編》卷一一六及《通考》卷八〇改。
❸「祥」，原作「神」，據《宋會要・禮》一九之四、《長編》卷一一六及《通考》卷八〇改。

吏慢于祭而震死二人，威靈所傳，耳目未遠。今春夏垂盡，而時雨尚愆，有惻上仁，徧走羣望。宜特遣近臣并祠九宮。」禮院以爲舊制每歲雩祀外，水旱稍久，皆遣官告天地、宗廟、社稷及諸寺觀、宮廟，貴神亦宜准此。從之。

【《宋史·禮志》】元豐中，太常博士何洵直言：「熙寧祀儀，九宮貴神祝文稱『嗣天子臣某』，以禮秩論之，當與社稷爲比，請依祀儀爲大祀。其祝版即依會昌故事及《開寶通禮》，書御名不稱臣。又近制，諸祠祭牲數，正配以全體解割，各用一牢，貴神九位悉是正坐，異壇別祀，尊爲大祀，而共用二少牢，于腥熟之俎，骨體不備。謂宜每位一牢，凡九少牢。」詔下太常，修入祀儀。　元祐七年，監察御史安鼎言：「案漢武始祠太乙一位，唐天寶初兼祀八宮，謂之九宮貴神。漢祀太乙，日用一犢，凡七日而止。唐祀類于天地。今春秋祀九宮太乙，用羊、豕，其四立祭太乙宮十神，皆無牲，以素饌加酒焉。載詳《星經》。太乙一星在紫宮門右，天一之南，號曰天之貴神。其佐曰五帝，飛行諸方，躡三能以上下，以天極星其一明者爲常居。主使十六神，知風雨、水旱、兵革、饑饉、疫疾、災害之事。《唐書》曰：『九宮貴神，實司水旱。太乙掌十六神之法度，以輔人極。』《國朝會要》亦云：『天之尊神及十精、十六度，並主風雨。』由是觀之，十神太乙、九宮太乙與漢所祀太乙共是一神。今十神皆用素饌，而九宮並薦羊、豕，似非禮意。」詔禮官詳定：十神、九宮太乙各有所主，即非一神，故自唐迄今皆用牲牢，別無祠壇用素食禮。

遂依舊制。

【《樂志》】元祐祀九宮貴神二首：

降神《景安》六變　上天貴神，九宮設位。功德及物，乃秩明祀。望拜紫壇，赫然靈氣。奠玉薦幣，歆之無愧。

送神《景安》　天之貴神，推移九宮。厥位靡常，降康則同。來集于壇，顧歆恪恭。歌以送之，飇静旋穹。

【《禮志》】崇寧三年，太常博士羅畸言：「九宮諸神位無禮神玉，惟有燔玉。竊謂宜用禮神玉，少倣其幣之色，薦於神坐。」議禮局言：「先王制禮，用圭璧以祀日月星辰。所謂圭璧者，圭，其邸爲璧，以取殺于上帝也。今九宮神皆星名，而其玉用兩圭有邸。夫兩圭有邸，祀地之玉，以祀星辰，非周禮也。乞改用圭璧，以應古制。」

【《五禮新儀》】仲春、仲秋祀九宮貴神，壇三成，一成縱廣十四丈，再成縱廣十二丈，三成縱廣十丈，各高三尺。其上依方位寘小壇九，各高一尺五寸，縱廣八尺，四陛，又西南爲一陛曰坤道。兩壝，每壝二十五步。

【《禮志》】紹興十一年，太常丞朱輅言：「九宮貴神所主風雨、霜雪、雹疫，所係甚重，請舉行祀典。」太常寺主簿林大鼐亦言：「十神太乙、九宮太乙，皆天之貴神，國朝分爲二，並爲大祀。比一新太乙宮，而九宮貴神尚寓屋而不壇。」乃詔臨安府于國城之東建築九宮壇壝，其儀如祀上帝。

【《高宗本紀》】紹興十八年六月甲辰，築九宮貴神壇于東郊。

【《樂志》】紹興祀九宮貴神十首：

降神，《景安》，圜鍾爲宮　紫闕幽宏，唯神靈尊。輔成泰元，贊役乃坤。曰雨曰暘，緼豫調紛。享薦隕光，蒙祉如屯。

黃鍾爲角　載陽衍德，農祥孔昭。賚茲元嘏，穰穰黍苗。象輿眇冥，金奏遠姚。無閟厥靈，丹衷匪恌。

太簇爲徵　於赫九宮，天神之貴。煌煌彪列，下土是蒞。幽贊高穹，陰騭萬類。肅若舊典，有嚴祇事。

姑洗爲羽　練時吉良，聿崇明祀。粢盛潔豐，牲碩酒旨。肅唱和聲，來燕來止。嘉承天休，賚及含齒。

初獻升壇，《正安》　於昭毖祀，周旋有容。歷階將事，趨進鞠躬。改步如初，沒階彌恭。左城右平，陟降雍雍。

太乙位奠玉幣，《嘉安》　煌煌九宮，照臨下土。陰騭庶類，功施周普。恪修祀典，禮備樂舉。嘉玉量幣，馨非稷黍。攝提、權星、招搖、天符、青龍、咸池、太陰、太乙位樂曲並同。

奉俎，《豐安》　靈鑒匪遠，誠心肅祇。是烝是享，俎實孔時。禮行樂奏，肸蠁是期。雲車風馬，神其燕娭。

太乙位酌獻，《嘉安》　惟天丕冒，彪列九神。財成元化，陰騭下民。有酒斯旨，登薦苾芬。昭哉降鑒，茀祿來臻。

亞終獻，《文安》　均調大化，陰騭下民。駿功有赫，誕舉明禋。嘉觴中貳，執事惟寅。清明鬯矣，福祿攸臻。

送神，《景安》　薦獻有序，降登無違。禮樂備舉，昭格燕娭。雲車縹緲，神曰還歸。報以景貺，翊我昌期。

【王圻《續通考》】金宣宗興定元年七月，以久旱祀九宫貴神于東郊。

右九宫貴神。

五禮通考卷第三十五

博野尹嘉銓校字

五禮通考卷第三十六

內廷供奉禮部右侍郎金匱秦蕙田編輯
太子太保總督直隸右都御史桐城方觀承同訂
按察司副使元和宋宗元參校

吉禮三十六

星　辰附

【《楚辭·九歌》】東皇太一。

【朱子注】太一，神名，天之尊神，祠在楚東，以配東帝也，故云東皇。《漢書》云：「天神貴者，太一。太一佐曰五帝，中宮天極星，其一明者，太一常居也。」《淮南子》曰：「太微者，太一之庭。紫宮者，太一之居。」

蕙田案：以太一爲尊神，其事始于漢武，而屈子《九歌》乃在其前。二百餘年，則流俗相傳，其來已久，蓋道家之説流布民間，而後遂置爲祀典也。故録之，以誌其始。

【《漢書·郊祀志》】置壽宫神君。孟康曰：「壽宫，奉神之宫也。」神君最貴者曰太一，其佐曰太禁、司命之屬，皆從之，非可得見，聞其言，言與人音等。時去時來，來則風肅然。居室帷中，時晝言，然常以夜。天子祓然後入。孟康曰：「崇潔自除祓，然後入。」因巫爲主人，關飲食，所欲言，行下。李奇曰：「神所欲言，下之于巫。」又置壽宫、北宫，張羽旗，設供具，以禮神君。神君所言，上使受書，其名曰「畫法」。孟康曰：「策畫之法也。」

其所言，世俗之所知也，無絶殊者，而天子心獨喜。其事秘，世莫知也。

【《文獻通考》】馬氏曰：「案太一，莫知其何神，《天官書》言：『中宫天極星，其一明者，太一常居。』則其爲星也明矣。《祭法》雖有幽禜之禮，然敘其事于祭天地、四時、寒暑、日月之後，則亦非祀典之首也。漢承秦制，以祀五帝爲郊天。至武帝時，採繆忌之説，則以爲五帝特太一之佐，于是具太一祠壇在五帝之上，帝親郊拜，則以祀天之禮事之矣。然郊祀明堂，巍然受祭天之禮，何其崇極也？至于因巫爲主人，關飲食，所欲言，行下，則又何其猥屑也？武帝惑于方士求仙延年之説，故所以事鬼神者，其諂且瀆至于如此！」

蕙田案：《漢書》天子郊拜太一如雍郊禮，其尊在五時上，所謂泰時也。其立祀之意，與唐宋所祀九宫太一、十神太一不同。此條壽宫神君有太禁司命之佐，則非如郊祀所云矣。特爲編入，以爲後世惑方士崇淫祀之始。

【《舊唐書·肅宗本紀》】乾元元年夏六月己酉，初置太一神壇于圜丘東。命宰相王璵攝行祠事。

蕙田案：此于九宫貴神外別置太一神壇之始。

【《宋史·太宗本紀》】太平興國八年五月丁卯，詔作太一宫于都城南。十一月己未，太一宫成。

【《石林燕語》】太平興國中，司天言太一或有五福、大游、小游、四神、天一、地一、真符、君基、臣基、民基凡十神，皆天之貴神。而五福所臨無兵疫，凡行五宫，四十五年一易。今自甲申歲，入黄室巽宫，當吴分野，請即蘇州建宫祠之。已而復有言今京城東南蘇村，可應姑蘇之名，乃改築于蘇村，京師建太一宫自此始。

蕙田案：甲申即太平興國八年之明年，改爲雍熙元年。

雍熙元年八月丁酉，親祀太一宫。

【《真宗本紀》】大中祥符二年二月乙巳，幸上清宫，祈雨。戊申，遣使祠太一，祠玄冥。

【《仁宗本紀》】天聖六年三月壬戌，作西太一宫。九月癸卯，祠西太一宫。十二月癸亥，祠西太一宫。

【《神宗本紀》】熙寧四年十一月丁亥，作中太一宫。

【《禮志》】熙寧四年，司天中宫正周琮言：「《太一經》推算，七年甲寅歲，太一陽九、百六之數，復元之初。故《經》言：『太歲有陽九之災，太一有百六之厄，皆在入元之初終。』今陽九、百六當癸丑、甲寅歲，爲災厄之會。然五福太一移入中都，可以消異爲祥。竊詳五福太一，自國朝雍熙元年甲申歲，入東南巽宫，時修東太一宫。天聖七年己巳歲，五福太一入西南坤位，修西太一宫。請稽詳故事，崇建祠宇，迎之京師。」詔建中太一宫于集禧觀。十太一神，並用通天冠、絳紗袍。熙寧六年十一月癸丑，中太一宫成。乙卯，親祀太一宫。

【《文獻通考》】熙寧六年，中太一宫成，命王安石爲奉安太一使，吴充、孫固爲前導官，主管鹵簿，奉安神像，降德音于天下。

太常禮院言：「中太一宮冠服，依東、西太一，而東、西太一唯五福、君基冠通天冠，大遊以下皆冠道冠。案《史記》，天神貴者太一，太一佐者五帝。又方士言十太一皆天之尊神，請並用通天冠、絳紗袍。」從之。

禮部言：「五福、十太一祝版舊詞稱『嗣天子臣某』。謹案：古之祝詞，以天子至尊，雖祇事天地、宗廟，示民嚴上，蓋未有稱臣者。故《禮》曰：『踐阼臨祭祀，內祀曰孝王某，外事曰嗣王某。』內謂宗廟，外謂郊社。《大戴禮》載祀天祝文，稱『予一人某』。漢承古禮，稱天子以事天，其贊享辭又曰皇帝。魏明帝始詔天地、明堂、五郊可稱天子臣某。東晉賀循製策祝文，稱皇帝臣某。沿襲至今，蓋用魏晉之制。本朝儀注祀儀，于上帝、五帝、日、月並稱臣。檢會九宮貴神祝版，進書已不稱臣。五福、十太一當依熙寧六年以前故事，其被遣之官，自宜稱臣。如此，則不失輕重之體。」從之。

【《宋史·禮志》】元豐詔改定大祀：太一東以春，西以秋，中以夏冬。

【《文獻通考》】政和三年，議禮局上《五禮新儀》：立春，祀東太一宮；立夏、季夏土旺日，祀中太一宮；立秋日，祀西太一宮；立冬日，祀中太一宮。　中太乙宮真室殿，五福太乙在中，君棋太乙在東，大遊太乙在西，俱南向。延休殿，四神太乙。承釐殿，臣棋太乙在東，西向，北上。凝祐殿，直符太乙。臻福殿，民棋太乙在西，東向，北上。歷慶殿，小遊太乙在中，天乙太乙在東，地一太乙在西。靈貺殿，太歲在中，太陰在西，俱南向。三皇、五方帝、日、月、五星、二十八宿、十日、十二辰、天地水三官、五行、九宮、八卦、五岳、四海、四瀆、十二山神等，並爲從祀。東、西太乙宮準此。東太乙宮大殿，五福太乙在東，君棋太乙在西，俱南向。大遊太乙殿在大殿之北，南向。臣棋太乙殿在西，北向。小遊太乙、直符太乙、四神太乙殿在大殿之東，西向，北上。天一太乙、民棋太乙、地一太乙殿在大殿之西，東向，北上。西太一宮黄庭殿，五福太乙在中，君棋太乙在東，大遊太乙在西；均福殿，小遊太一在中，俱南向。延貺殿，天一太乙在中，四神太一在南，臣棋太乙在北，俱西向。資祐殿，地一太乙在中，民棋太乙在南，直符太乙在北，俱東向。

紹興十八年，詔擇地建太一宮。先是，命禮官考典故，十月癸卯上之，曰：「太平興國初，司天楚芝蘭建言：『太一有十，曰五福、君基、大遊、小遊、天一、臣基、直符、民基、四神、地一，天之尊神也。五福所在，無兵疫，人民豐樂。自雍熙元年入巽宮吴分蘇州，請建宮都城東南蘇村，以應蘇臺之名。』乃建東太一宮。八年，宮成，合千一百區，凡十殿四廊，圖三皇、五帝、九曜、七元、天地水三官、南斗、三台、二十八宿、天曹四司、十精太一、五岳、儲副、佐命、十二山神、八卦、六丁、五行、四瀆、本命等神，及四直靈官、三十六神將象，五百二十四軀。天聖六年，司曆者言，太一入蜀之坤宮。又建西宮于八角鎮，前後東西凡四殿；又建齋殿，塑像自内出，始鑄印給之。熙寧四年十月，司天言，甲寅，五福當入中都。又建中宮于集禧觀。政和間，改龍德宮爲北太一宮。

今四立日，皆望祀太一于惠照設位，宜擇地建宫。」詔兩浙漕臣營之。癸丑，詔製像于新宫。十一月甲戌，禮官謂：「太一冠服，不載于傳記。略記東西宫像，服通冠、仙衣，侍臣二人服道衣，童子二人青衣，執紅絲拂。中太一宫道流朱忠焕亦謂：『十神太一，皆服通天冠、絳服，執圭；從臣梁冠、絳服，執笏；童子執紅絲拂。』請如其飾，及名諸殿。」十八年正月癸未，又請上書其榜：太一殿曰靈休，殿門曰崇真，挾殿曰瓊章寶室；三清殿曰金闕寥陽，火德殿曰明離，本命殿曰介福，齋殿曰齊明。三月，宫成，凡百七十有四區。十太一位于殿上，南面，西上；從祀，東廡九十有八，西廡九十有七，皆北上。乙亥，設官牓。丙子，奉安神像，用細仗二百人，鈞容樂、親從、威儀、道士皆百人，宰臣爲奉安使。上親謁太一宫，前期，有司張帟于齋殿，設褥位于靈休殿、介福殿上之東，西向，及香案之前；設羣臣次宫之内外。質明，帝服履袍，自崇政殿乘輦出宫北門，至齋殿降輦。羣臣先入，班于靈休殿下，皆北面。帝自齋殿後步至宫之東廡，入便門，升殿東側階，至褥位西面立，再拜，羣臣皆再拜。凡帝拜，羣臣皆拜。帝進五福太一前，三上香，再拜；次至君基、大遊、小遊、天一、地一、四神、臣基、民基、直符前，皆如五福之儀。還褥位，再拜。羣臣自西廡班于介福殿下。帝降，由東廡升介福殿東側階，至褥位，西向立，再拜，進建生星斗君前，三上香，再拜。次至本命元辰真君前亦如之。帝還褥位。若命宰臣炷香，則宰臣升自西階，以次上香畢，降階，帥羣臣再拜。帝再拜，還齋殿。羣臣皆退，帝還宮。

太常寺簿林大鼐言：「十神太一皆天之貴神，國朝分而爲二，並爲大祀。比新太一宮，而九宮貴神尚寓屋而不壇，與小祀雜。」乃詔臨安府于國城之東，擇爽塏地，建九宮貴神壇壝，其儀如祀上帝，以太一、攝提、權星、招搖、天符、青龍、咸池、太陰、天一爲序，牲以少牢，籩、豆十有二，玉以圭璧。太一幣以黑，攝提、招搖、天符以黄，權星以青，青龍以紫，咸池以白，太陰以紅，天一以赤。

【王圻《續通考》】宋理宗淳祐十二年，詔建西太一宮于延祥觀左，以十月三日親行欵謁恭謝之禮。

時牟子才上奏曰：「自漢武帝始祠太一，其後或隨太一所在築室迎祠，大率皆因方士雜引道經星曆之學而爲之。比者國家以五福太一臨蜀分，乃建西太一于西河之濱，以爲禬禳之地。雖厥有故事，然是役也，土木鉅麗一時，囊封匭奏，已交言其非。而或者又竊議陛下他日必因欵謁而爲湖山遊幸之舉。今宗祀禮成，親行恭謝，陛下蓋將敬休神天，禔福庶民，夫豈以觀遊爲意？然道途之言，皆謂有司飭橋梁、除道路，辦供給，過爲勞擾。又傳是日欲張水嬉，陳樂伎。萬一果出于此，豈不實或者遊幸之説，而有失陛下敬天愛民之初意乎？伏惟陛下察臣愚衷，深入宸慮，自以其意，特召大臣，詳議其事，明詔有司，亟止此行。庶幾舉動合宜，青史書之，可爲萬世法，而疑慮消，宗廟社稷幸甚。」又曰：「臣比者西太一指揮初下之時，嘗密告陛下，乞自以聖意明詔有司，亟止此行。蓋區區忠愛之志，欲救正于未然，力量淺薄，未能感動。繼聞諸臣陸續亦有奏疏，是公議不謀而同，非臣一人之私言也。二十四日伏睹内批，陛下非不儆悟此意，而款謁之行終未即止，是猶以臣等之言爲未然也。臣又案《漢史》武帝元鼎五年，立泰畤于甘泉，親祠太一。武帝即位幾三十年而有此舉措，蓋其學不足以明理，情不足以制欲，無足怪者。陛下講學，于今三十年餘。此乃聖德成就之日，所當同符堯舜，而乃欲效武帝親祀太一之舉，臣實惜之。始武帝既祠太一，遂下詔稱揚，以爲望見太一，若景光十有二，迺心侈然。其後益封泰山，祠后土，幸建章，巡海上，作甘泉，通天蜚廉，殆無虚歲，蓋其侈心一萌不能自止，可不懼哉！且祠太一，所以致福，而臣以《漢史》考之，其初祠太一之年，日有食之，自是旱蝗、河決、蛇鬬，無歲無有。而南越之叛、匈奴之寇亦在是年。至于東方盜起，巫蠱禍作，干戈相尋，所謂禍者乃如此。武帝晚年始悟，下詔以爲平生所爲狂悖。嗚呼！亦已晚矣。武帝自謂其所爲狂悖，試觀其所爲，豈不真狂悖可笑，而奈何欲效之乎？望陛下痛察臣衷，改降指揮，特寢前命，以弭人言。」

【《元史·世祖本紀》】至元十八年十一月乙亥，召法師劉道真問祠太一法。

【《成宗本紀》】大德元年春正月辛卯，建五福太一神壇。

【王圻《續通考》】五福太一壇，時以道流主之。

【《元史・文宗本紀》】至順元年九月乙未，以立冬祀五福、十神、太一真君。至順二年正月甲辰，敕每歲四祭五福太一星。二月庚午，建五福太一宮于京城乾隅。

【王圻《續通考》】乾隅，西北方也。張美和曰：「五福太一之貴神，以二百二十五年行五宮，自乾而艮，艮而巽，巽而坤，坤而中宮，又至乾，每宮住四十五年。所至之宮澤福。」是年，在乾宮。二十年三月，祀太一。二十一年，復祀太一。

【《元史・泰定帝紀》】二年二月戊申，命道士祭五福、太一神。

蕙田案：太一之名，始見于《楚辭》，不過習俗師巫附會天神之一，而非以爲極尊無上之號也。至《史記・封禪書》漢武帝用方士言，專祠太一而以五帝配祀，則直以昊天上帝當之。逮匡衡奏罷泰畤，然後太一之説始息。是當其未罷以前，泰畤固若即漢之圜丘也。東漢至隋，皆未有言太一者。唐明皇既信術士，祀九宮，而九宮之神一曰太一，是太一特九宮之一耳。至肅宗，又于九宮之外別置太一壇，煩瀆不經，日甚一日。宋太宗、真宗復行之。仁宗立西太一，神宗立中太一，加五福之名，增十神之位。徽宗又有北太一，踵事繁文，荒誕已極。元代猶沿其謬，至明而始廓清焉。夫以太一爲獨尊，亦僅尊于彼八宮之神耳。至增之爲十太一，則是九宮皆可稱太一，而又餘其一。以此擬諸漢武之太一，其爲大小尊卑，蓋截然其不侔矣。今取唐、宋、元祭太一事，另爲一類，附諸九宮貴神之後，以爲後世鑒。

右太一。

【《圖書集成》】宋王安石《景靈宮修蓋神御殿上梁祭告太歲已下諸神祝文》：「伏以欽奉僊游，肇營寶構。舉修梁而揆日，具蠲餚以寧神。祓此後艱，仰緊天祐。」案太歲之祀，漢、唐、宋以來不載祀典，而安石有祭太歲諸神文，豈宋時已有其祀耶？

【《元史・成宗本紀》】至元三十一年夏四月，即皇帝位。五月壬子，祭太陽、太歲、火、土等星于司天臺。

【王圻《續通考》】元每有大興作，祭太歲、月將、日值于太史院。

【《餘冬序録》】國初，肇祀太歲。禮臣上言：「太歲之神，自唐宋以來，祀典不載。惟元有大興作，祭于太史院，亦無常祭。國朝始有定祀，是以壇之制，于古無稽。案《説文》：『太歲，木星也。』一歲行一次，應十二辰而一周天，其爲天神明矣。亦宜設壇露祭，但壇制無考，應照社稷壇築造，高廣尺寸，差爲減殺，庶于禮適宜。」詔可。

蕙田案：此以木星爲太歲。

【《明史・禮志》】古無太歲、月將壇宇之制，明始重其祭。太祖既以太歲諸神從祀圜丘，又合祭羣祀壇。已而命禮官議專祀壇壝。禮臣言：「太歲者，十二辰之神。案《説文》，歲字從步從戌。木星一歲行一次，歷十二辰而周天，若步然也。陰陽家説，又有十二月將，十日十二時所值之神，若天乙、天罡、太一、功曹、太衝之類。雖不經見，歷代因之。元每有大興作，祭太歲、月將、日直、時直于太史院。宜以太歲、風雲雷雨諸天神合爲一壇，諸地祇爲一壇，春秋專祀。」乃定驚蟄、秋分日祀太歲諸神于城南。三年，復以諸神陰陽一氣，流行無間，乃合二壇爲一，而增四季、月將。又改祭期，與地祇俱用驚蟄、秋分後三日。

蕙田案：此以十二辰之神爲太歲，仍主木星。

【王圻《續通考》】國初，令祀太歲及四季、月將、風雲雷雨、岳鎮海瀆、山川、城隍、旗纛諸神。嘗建山川壇于天地壇之西，正殿七壇：曰太歲，曰風雲雷雨，曰五岳，曰四鎮，曰四海，曰四瀆，曰鍾山。兩廡從祀六壇：左京畿山川、夏冬季月將，右都城隍、春秋季月將，西南有先農壇，東有旗纛廟，南有藉田。至是始議爲一壇，春秋專祭。先是，上親祀之。至是，始遣官祭。乃春用驚蟄後，秋用秋分後三日。是日，上皮弁，御奉天殿，降香，中嚴，陞御殿，獻官復命解嚴，還宫。

【《餘冬序録》】國初肇祀太歲，禮官雜議，因及陰陽家説十二時所直之神，太祖乃定祭太歲于山川壇之正殿，而以春夏秋冬四月將分祀兩廡。或謂月將非經見者。案《禮·祭法》：「埋少牢于泰昭，祭時也；相近于坎壇，祭寒暑也。」太歲實統四時，而月將，四時之候，寒暑行焉。今祭太歲、月將，則四時與寒暑之神也，載諸祀典，孰謂非經見耶。

蕙田案：此以太歲、月將即四時、寒暑之神。

【《春明夢餘録》】洪武七年，令春秋上旬擇日祭太歲。未幾，以諸神從祀南郊，遂省春祭。

【《明會典》】嘉靖八年，令以每歲孟春及歲暮特祀太歲、月將之神，與享太廟同日。又太歲、月將，嘉靖八年定：

前期十日，太常寺請命大臣一員行事。

一，前三日，太常寺奏祭祀如常儀。

一，陳設。太歲神位：犢一，羊一，豕一，登一，鉶二，簠、簋各二，籩、豆各十，爵三，酒盞三十，尊三，帛一，篚一。兩廡月將共四壇，每壇犢一，羊一，豕一，登一，鉶一，簠、簋各二，籩、豆各十，爵三，酒盞三十，尊三，帛三，篚一。

一，正祭。典儀唱：「樂舞生就位，執事官各司其事。」贊引贊：「就位。」典儀唱：「迎神。」奏樂。樂止，贊：「兩拜。」典儀唱：「奠帛，行初獻禮。」奏樂。執事官捧帛、爵詣各神位前，奠訖，樂暫止。贊引贊：「跪。」典儀唱：「讀祝。」讀訖，樂復作。贊：「俛伏，興，平身。」樂止。典儀唱：「行亞獻禮。」奏樂。儀同初獻，惟不獻帛讀祝。樂止，典儀唱：「終獻禮。」奏樂，儀同亞獻，樂止。掌祭官西向立，唱：「賜福胙。」執事官捧福酒，跪進于遣官右。贊：「跪搢笏。」贊「飲福酒」訖。執事官捧福胙，跪進于遣官右。贊「受胙」訖。贊：「出笏。」贊：「俯伏，興，平身。」贊：「兩拜。」典儀唱：「徹饌。」奏樂。樂止，典儀唱：「送神。」奏樂。贊：「兩拜。」樂止。典儀唱：「讀祝官捧祝，掌祭官捧帛饌，各詣燎位。」奏樂。捧祝帛饌官過遺官前訖。贊：「禮畢。」

【《明史·樂志》】嘉靖八年祀太歲、月將樂章：

迎神　吉日良辰，祀典式陳。輔國佑民，太歲尊神。四時月將，功曹司辰。濯濯厥靈，昭鑒我心。以候以迎，來格來歆。

奠帛以後，俱同神祇。

【《禮志》】嘉靖十年，命禮部考太歲壇制。禮官言：「太歲之神，唐宋祀典不載，元雖有祭，亦無常典。壇宇之制，于古無稽。太歲天神，宜設壇露祭，準社稷壇制而差小。」從之。遂建太歲壇于正陽門外之西，與天壇對。中，太歲殿。東廡，春秋月將二壇。西廡，夏冬月將二壇。帝親祭于拜殿中。每歲孟春享廟，歲暮祫祭之日，遣官致祭。

【《春明夢餘録》】嘉靖十年，即山川壇爲天神、地祇二壇，以仲秋中旬致祭。別建太歲壇，專祀太歲。東廡爲春秋月將，西廡爲冬夏月將，各二壇。前爲拜殿、宰牲亭，南爲川井，即山川壇舊井，有龍蟄其中。壇西南有先農壇，東旗纛廟，壇南耤田在焉。又太歲壇在山川壇内，中爲太歲壇，東西兩廡。南爲拜殿，殿之東南砌燎爐，殿之西爲神庫、神廚、宰牲亭，亭南爲川井，外四天門。東門外爲齋宮、鑾駕庫，外爲東文門。

【《明會典》】隆慶元年，議罷神祇壇，惟太歲、月將特祭于山川壇如故。禮部會議，太歲仍于歲暮、孟春遣官專祭，正月遣太常寺官祭太歲、月將之神。

蕙田案：太歲之祭，始自元、明，于

《禮》固無可考。然就其所謂歲神，或以爲木星，或以爲十二辰，蓋既云木星歲行一次十二歲一周天，乃五緯之一，而非別有一神。若以所行之次每歲一易者當之，是即十二辰也。天無星處，皆謂之辰，而此十二次之辰，則皆取附近之星以識別之，是已在二十八宿之中，而又非別有一神也。惟以爲與月將即四時寒暑之神，庶幾近之。歲星所次凡十有二，以子、丑、寅、卯等十二辰紀之，而斗柄所指謂之月建者，亦十有二，于是有月將之説。逐日之神亦十有二，于是又有日值之説。蓋皆出于釋、道、陰陽、卜筮、擇日、堪輿、星命之流，大抵皆自星辰之類而遞推衍以及之者。今撮其祀事，以附星辰之末云。

右太歲、月將。

風師雨師附雲神、雷神

蕙田案：風雨雲雷之屬，皆陰陽闔闢噓吸之氣也。謂各有神司之者，蓋有一物，必有一物之精氣，物愈大而其氣之發揚變化者，則謂之神。鄭司農注《周禮》云：「風師，箕也。雨師，畢也。」皆以星宿目之。顔師古注《漢書》則云：「風伯，飛廉也。雨師，屏翳也。」《志》既言二十八宿，又有風伯、雨師，則知非箕、畢，二説皆非也。《洪範》所謂「好風好雨」者，特以星稟陰陽、五行之氣，而風氣燥、雨氣潤，其氣同者自足相感召，故月行至箕、畢，恒有風雨之應，如民之有嗜好。然乃取以相況，非謂二星即風雨之神也。據《易》，巽爲風，坎爲雨，則風雨固屬陰陽之氣所爲，氣感而神即憑之，此所以有風師、雨師之名。《周禮》以實柴祀星辰，又以槱燎祀風師、雨師，使二神即箕、畢，則星辰足以該之，何故別言于下，而其祀之之法又有實柴、槱燎之異也？此可知鄭説之未的矣。顔氏據《漢志》而知風師、雨師非箕、畢，良是，但從《楚詞》而爲之名字，非由經典，儒者所不敢道也。

【《周禮·大宗伯》】以槱燎祀風師、雨師。

【疏】《春秋緯》云：「月離乎箕，風必揚沙。」是風師，箕也。《詩》云：「月離于畢，俾滂沱矣。」是雨師，畢也。

崔氏曰：「祭風師、雨師之法，皆謂隨其類祭之。兆風師于西方，不從箕星者，箕星天位耳。兆雨師于北郊者，水位在北也。」

丘氏濬曰：「注疏謂風師、雨師皆星，蓋以《洪範》『星有好風，星有好雨』。好風，箕宿也。好雨，畢宿也。臣竊以謂，人間有此物，則夫蒼蒼之表，必有所以司之者。大而天，天則有帝。次而五行，有此質則有此氣，有此氣則有此神，陰陽不測之謂神。祀之以神，必指爲箕、畢，則執泥矣。風而爲箕，雨而爲畢可矣，則夫後世所祀之雲雷，又指何星以主之乎？本朝郊祀，既已設星辰二壇于上，又有風雲雷雨之壇，則亦不以風雨爲星也。」

【《爾雅·祭名》】祭風曰磔。【注】今俗當大道中磔狗，云以止風，此其象。【疏】祭風曰磔者，謂披磔牲體，象風之散物，因名云。

【《左傳》哀公六年】是歲也，有雲如衆赤烏，夾日以飛，三日。楚子使問諸周太史。周太史曰：「其當王身乎？若禜之，可移于令尹、司馬。」王曰：「除腹心之疾，而寘諸股肱，何益？不穀不有大過，天其夭諸？有罪受罰，又焉移之？」遂弗禜。

【《楚辭・九歌》】雲中君。【朱注】謂雲神也。亦見《漢書・郊祀志》。

蕙田案：《周禮》但言風師、雨師，無有言祭雲雷神者。然觀《左傳》、《楚辭》，則雲神之祭，三代已有之，唯雷神未見明文耳。

【《風俗通》】《楚辭》説：「後飛廉使奔屬。」飛廉，風伯也。案《周禮》：「以槱燎祀風師。」風師者，箕星也。箕主簸揚，能致風氣。《易》，巽爲長女也，長者伯，故曰風伯。鼓之以雷霆，潤之以風雨，養成萬物，有功于人，王者祀以報功也。戊之神爲風伯，故以丙戌日祀于西北，火勝金爲木相也。《春秋左氏傳》説：「共工之子，爲玄冥師。」「鄭大夫子産禳于玄冥。」雨師也。案《周禮》：「以槱燎祀雨師。」雨師者，畢星也。《詩》云：「月離于畢，俾滂沱矣。」《易》師卦也，土中之衆者，莫若水。衆者，師也，雷震百里，風亦如之。至于泰山不崇朝而徧雨天下，異于雷風，其德散大，故雨獨稱師也。丑之神爲雨師，故以己丑日祀雨師于東北，土勝水爲火相也。

蔡邕《獨斷》：「風伯神，箕星也，其象在天，能興風。雨師神，畢星也，其象在天，能興雨。祠此神以報其功也。」

【《史記・封禪書》】及秦并天下，而雍有風伯、雨師廟，各以歲時奉祀。

【《漢書・郊祀志》】高祖六年，天下已定。

長安置祠祀官、女巫，其晉巫祠雲中君，以歲時祀宮中。師古曰：「雲中君，謂雲神也。」平帝元始五年，王莽奏：「分雷公、風伯廟于東郊兆，雨師廟于北郊兆。」奏可。

【《後漢書·祭祀志》】縣邑常以丙戌日祠風伯于戌地，以己丑日祠雨師于丑地，用羊、豕。

【《隋書·禮儀志》】晉元帝建武元年，每以仲春、仲秋并令郡國縣兼祀風伯、雨師。

【晉束晳《風伯雨師不得避諱議》】元康七年詔書稱，咸寧元年詔下尊諱，風伯雨師，皆爲詁訓。又公官文書吏人上事稱引經書者，復多迴避，使大義不明。諸經傳咸言天神星宿，帝王稱號，皆不得變易本文，但省事言語，臨時訓避而已。

【又議】太常博士華簡言：「《周禮·大宗伯職》云：『槱燎祭司中、司命、風師、雨師。』此禮文正稱，應如丙辰詔書，不改其名。」事下五府博議。案風伯之名，所由來遠，其在漢魏，固已有之，非晉氏避諱始造此號也。若以異于《周禮》，宜當變改，則今國家行事，神物稱號，多因近代，不皆率古，蓋亦簡易而從，仍舊隨時之制，不能悉變。唯雨師之名，實繇避諱，宜如舊稱。

【《魏書·禮志》】泰常三年，爲五精帝兆于四郊。又風伯、雨師之壇皆有別兆，祭有常日，牲用少牢。

【《隋書·禮儀志》】舊禮祀司中、司命、風師、雨師之法，皆隨其類而祭之。兆風師于西方者，就秋風之勁，而不從箕星之位。兆雨師于北郊者，就水位，在北也。隋制：國城東北七里通化門外爲風師壇，祀以立春後丑。國城西南八里金光門外爲雨師壇，祀以立夏後申。壇皆三尺，牲以一少牢。高祖受命，欲新制度。乃命國子祭酒辛彦之議定祀典。風師、雨師爲小祀，養牲在滌一旬。

【《唐書・禮樂志》】有司歲所常祀者，立春後丑日祀風伯，立夏後申日祀雨師，皆一獻。祝稱「天子謹遣」。

【《舊唐書・禮儀志》】武德、貞觀之制，立春後丑祀風師于國城東北，立夏後申祀雨師于國城西南。各用羊一，籩、豆各二，簠、簋各一。

【《唐書・禮樂志》】小祀，風伯、雨師，其高皆三尺，廣皆丈者，小祀之壇也。小祀皆二象尊，實醍齊，上尊亦實明水。四時祭風師、雨師，籩八，豆八，簠一，簋一，俎一，羊一。

【《開元禮》】祀風師、雨師、靈星、司中、司命、司人、司禄儀：

立春後丑日祀風師。前祀三日，諸應祀之官散齋二日，致齋一日，並如別儀。前祀一日，晡後一刻，諸衛令其屬各以其方器服守衛壝門，俱清齋一宿。衛尉設祀官次于東壝之外道南，北向，以西爲上。陳饌幔于内壝東門之外道南，北向。郊社令積柴于燎壇，其壇在神壇之左，内壝之外。方五尺，高五尺，開上，南出户。祀日未明三刻，奉禮郎設祀官位于内壝東門之内道北，執事位于道南，每等異位，俱重行西向，皆以北爲上。設望燎位當柴壇之北，南向。設御史位于壇上西南隅，東向，令史陪其後。于壇下設奉禮位于祀官西南，贊者二人在南，差退，俱西向。又設奉禮贊者位于燎壇東北，西向北上。設祀官門外位于東壝之外道南，每等異位，重行北向，以西爲上。郊社令帥齋郎設酒罇于壇上東南隅，象罇二實于坫，北向西上。設幣篚于罇坫之所。設洗于壇南陛東南，北向，罍水在洗東，篚在洗西，南肆。篚實以巾爵。執罇罍篚冪者各位于罇罍篚冪之後。太官令帥宰人以鑾刀，烹牲于廚。祀日未明二刻，太史令、郊社令升，設風師神座于壇上近北，南向，席以莞，設神位于座首。未明一刻，諸祀官各服其服。郊社令、良醖令各帥其屬入實罇罍及幣。實以醍齊，其玄酒實以上罇。太官令帥進饌者實諸籩豆簠簋，入設于內壝東門之外饌幔內。奉禮帥贊者先入就位。贊引引御史、太祝及令史與執罇罍篚冪者入，當壇南，重行北面，以西爲上。立定，奉禮曰：「再拜。」贊者承傳，凡奉禮有詞，贊者皆承傳。御史以下皆再拜。執罇者陞自東陛，立于罇所，執罍洗篚冪者各就位。贊引引御史、太祝詣壇東陛，升，行掃除于上，令史行掃除于下，訖，各引就位。質明，謁者引祀官，贊引引執事者，俱就門外位，謁者、贊引各引祀官以次入就位。立定，奉禮曰：「衆官再拜。」在位者皆再拜。謁者進獻官之左白：「有司謹具，請行事。」退復位。太官令出，帥進饌陳于門外。初太官令出，太祝跪取幣于篚，興，立于罇所。謁者引獻官升自南陛，進當神座前，北向立，太祝以幣東向進，獻官受幣，進，北向跪奠于神座，俛伏，興，少退，北面再拜訖，謁者引獻官降復位。太官令引饌入，詣南陛升壇，太祝迎引于壇上，設于神座前。籩、豆，蓋冪先徹，乃升。簠、簋既奠，却其蓋于下。設訖，太官令以下降復位，太祝還罇所。謁者引獻官詣罍洗，盥手洗爵訖，謁者引獻官自南陛升壇，詣罇所，執罇者舉冪，獻官酌醍齊訖，謁者引獻官進神座前，北向跪奠爵，俛伏，興，少退，北向立。太祝持版進于神座之右，東面跪讀祝文曰：「維某年歲次月朔日，子嗣天子謹遣具位臣姓名，敢昭告于風師：含生開動，必佇振發，功施造物，實彰祀典。謹以制幣犧齊，粢盛庶品，明薦于神，尚享。」訖，興。獻官再拜。太祝進，跪奠版于神座，興，還罇所。獻官拜訖，謁者引獻官立于南方，北向。太祝以爵酌福酒，進獻官之右，西向立，獻官再拜受爵，跪祭酒，遂飲卒爵，太祝進爵，復于坫，獻官俛伏，興。太祝帥齋郎進俎，太祝跪減神前胙肉，加俎，興，以俎西向進，獻官受以授齋郎，謁者引獻官降復位。太祝進，跪徹豆、籩，還罇所。徹者，籩、豆各一少移于故處。奉禮曰：「賜胙。」贊者唱：「衆官再拜。」在位者皆拜。已飲福受胙者不拜。謁者進獻官之左白：「請就望燎位。」遂引獻官就望燎位，南向立。太祝執篚跪取幣、祝版，齋郎以俎載牲體、黍稷飯、爵酒，興，自南陛降壇南行，當柴壇南，東行，自南陛登柴壇，以幣、祝版、饌物寘柴上户内訖，奉禮曰：「可燎。」東西面各二人以炬燎。火半柴，謁者進獻官之左白：「禮畢。」遂引獻官出，贊引引執事者以次出。贊引引御史以下俱復執事位，立定，奉禮曰：「再拜。」御史以下皆再拜，贊引引出。

立夏後申日祀雨師，有司行事，祝文曰：「百昌萬寶，式仰膏澤，率遵典故，用備常祀。」其首尾與風伯文同。

【《文獻通考》】天寶四載，敕：「風伯、雨師，濟時育物，謂之小祀，頗紊彝倫。前載衆星已爲中祀，永言此義，固合同升。自今以後，并宜入中祀，仍令諸郡各置一壇，因春秋祭社之日，同升享祠。」九月十六日，敕：

「諸郡風伯壇置在社壇之東，雨師壇在社壇之西，各稍北數十步，其壇卑小于社壇。其祀風伯，用立春後丑。祀雨師，用立夏後申。各用羊一，籩、豆各十，簠、簋、俎一，酒三斗。應緣祭須一物已上，並以當郡公廨社利充，如無，即以當處官物充。其祭官准祭社例，取太守以下充。」

蕙田案：風師、雨師，皆天神也，而天寶、祥符皆命設壇于社壇東西，天神之祭接之北郊，不知于義何取。

天寶五載，詔曰：「發生振蟄，雷爲其始。畫卦陳象，威物效靈，氣實本乎陰陽，功先施于動植。今雨師、風伯久列于常祀，惟此震雷未登于羣望。其已後每祀雨師，宜以雷師同壇祭，共牲，别置祭器。」

丘氏濬曰：「此後世祀雷之始。《周禮》有風師、雨師，漢以丙戌日祀風師于戌地，以己丑日祀雨師于丑地。宋人兆風師于西郊，祠以立春後丑日；兆雨師于北郊，祀以立夏後申日；兆司中、司命、司禄于南郊，祠以立秋後亥日，以雷師從雨師之位，以司民從司中、司命、司禄之位，皆各壇爲祭，未嘗合而爲一。本朝于風雨雷之外，又加以雲，合以爲一壇，以從獻于郊天大祀。又爲壇于郊壇之西，每歲仲秋，天子又躬祀焉。其與並祀者，太歲及五嶽、五鎮、四海、四瀆之神，而以京畿山川、四季月將、京都城隍從享，所謂太歲，月將、城隍與夫風雨雷師之外而加以雲，皆前代所未嘗祀者也，其視前代所祀九宫貴神之屬，蓋有間矣。夫雲興而雨霈，既祀夫雨，而獨遺乎雲可乎？峙形于兩間者，既已享祀而流行于四時，以司民興作耕作之候者，而無其祭可乎？名山大川，遼絶于千萬里之外者，既皆入于望祀，而宸居所涖之地，六宫、百司、三軍百姓之所居止者，反遺之可乎？聖祖之見，所以卓越千古，非獨人蒙其至治之澤，而凡冥漠之中有薰蒿之感者，莫不咸受其職焉！嗚呼至哉！」

【《圖書集成》】肅宗實録：「乾元二年四月，以久旱祭風伯、雨師。」

【《舊唐書·禮儀志》】代宗永泰二年，禮儀使右常寺于休烈請依舊祠風伯、雨師于國門舊壇，復爲中祠。從之。

【《册府元龜》】德宗貞元二年四月壬午，太常寺奏祭風伯、雨師祝版，准《開元禮》。凡有司攝事，祝版應御署者進署訖，皆北面再拜。其風伯、雨師本是小祀，並有司行事。天寶三載，始升諸星爲中祀，亦無皇帝親祀風伯、雨師之文，命有司，自是常典，不同攝祭，其祝版准中祀，例合進署，其再拜，案禮無文。詔曰：「風師、雨師升爲中祀，有烈祖成命，况在風雨，事切蒼生，令雖無文，朕當屈己再拜，以申子育萬民之意。」

貞元三年閏五月，徙風師壇于滻水東。

【《文獻通考》】憲宗元和十五年，太常禮院奏：「來年正月三日，皇帝有事于南郊；同日立春後丑，祀風師。案《周禮》，大宗伯以槱燎祀風師。鄭玄云：『風，箕星也。』故今禮立春後丑，于城東北就箕星之位，爲壇祭之。禮，祀昊天上帝于圜丘，百神咸秩，箕星從祀之位，在壇之第三等。伏以皇帝有事南郊，徧祭之儀，百神咸在。其五方帝并日、月、神州已下，緣對昊天上帝、皇地祇，尊不得申，並爲從祀，悉無上公行事并御署祝版之儀。風師既是星神，厭降之儀，便當陪祭。如非遇郊祀，其特祭如常儀。」

【《宋史·禮志》】凡祀典皆領于太常。歲之中祀九：立春後丑日祀風師，立夏後申日祀雨師，其諸州祀風雨並如小祀。

太宗太平興國五年十一月，車駕北征。前一日，遣官祭告天地于圜丘；磔風于風伯壇，祀雨師于本壇，並用少牢；仍遣内侍一人監祭。

真宗咸平二年，旱，詔有司祠雷師、雨師。

【《禮志》】風伯、雨師，諸州亦致祭。大中祥符初，詔惟邊地要劇者，令通判致祭，餘皆長吏親享。未幾，澤州請立風伯、雨師廟，乃令禮官考儀式頒之。有司言：「唐制，諸郡置風伯壇社壇之東，雨師壇于西，各稍北數十步，卑下于社壇。祀用羊一，籩、豆各八，簠、簋各二。」

舊制，風師壇高四尺，東西四步三尺，南北減一尺。皇祐定高三尺，周三十三步；雨師壇、雷師壇高三尺，方一丈九尺。皇祐定周六步。

元豐詳定局言：「《周禮·小宗伯之職》：『兆五帝于四郊，四類亦如之。』鄭氏曰：『兆，爲壇之營域。四類，日、月、星、辰，運行無常，以氣類爲之位，兆日于東郊，兆月與風師于西郊，兆司中、司命于南郊，兆雨師于北郊。』各以氣類祭之，謂之四類。漢儀，縣邑常以丙戌日祀風伯于戌地，以己丑日祀雨師于丑地，亦從其類故也。熙寧祀儀：『兆日東郊，兆月西郊。』是以氣類爲之位。至于兆風師于國城東北，兆雨師于國城西北，則是各從其星位，而不以氣類也。請稽舊禮，兆風師于西郊，祀以立春後丑日；兆雨師于北郊，祀以立夏後申日；其壇兆則從其氣類，其祭辰則從其星位，仍依熙寧儀，以雷師從雨師之位。」

【《樂志》】熙寧祭風師五首：

迎神，《欣安》　飄飄而來，淅瀝而下。爰張其旂，爰整其駕。有豆有登，有兆有壇。弭旌梠輈，降止且安。

升降，《欽安》　盥帨於下，有盤有匜。饋酌于上，有登有彝。服容柔止，進退優止。即事寅恭，神其休止。

奠幣，《容安》　育我嘉生，神惠是仰。載

致斯幣，庶幾用享。鼓之舞之，式緊爾神。錫福無疆，佑此下民。

亞終獻，《雍安》 栗栗壇坫，載是豆觴。醇烈氤氳，普薦芬芳。酌之維宜，獻之惟時。民有服侑，靈用安之。

送神，《欣安》 奠獻紛紛，靈心欣欣。超然而返，衆御如雲。其施伊何？多黍多稌。其祥伊何？不愆厥敘。

【《文獻通考》】哲宗元符祀風師、雨師、雷師儀注：

陳設 前祀二日，有司預修除壇之内外，設祀官次于壇東壝之外道南，❶北向，以西爲上。祀日，掌事者設神位版于壇上，席以莞。執尊罍者設祭器，掌饌者實之。每位籩八，❷在神位前左，重三行；豆八，在神位前右，重三行；俎二，在籩豆外，分左右；簠、簋各一，在二俎間。設尊于壇上東南隅，北向，尊實坫，加勺、冪。設洗于壇南陛之東南，北向，罍在洗東，加勺、冪；篚在洗西，南肆，實巾爵。設三獻位于壇卯陛之東，西向北上。❸設祝位二于壇南，北向，西上。雨師于兩壇間，又設位于壇上，西向，北上。雨師、雷壇飲福位準此。設初獻飲福位于壇上神座之東，北向。設望燎位于壇南，南向。燎壇積柴于上，開上南出户。置香爐合并燭于神座之前，幣置篚陳于左，祝版置坫陳于右。

行禮 祀日質明，諸祀官各服其服，贊禮者引三獻官以下入就位立。贊禮者少前初獻之左，贊：「請行事。」執事者升煙燔牲首，

❶「東」下，原衍「壇」字，據《文獻通考》卷八〇删。

❷「八」，原作「豆」，據《文獻通考》卷八〇改。

❸「西向北上」，原作「西北向上」，據《文獻通考》卷八〇改。

贊唱者曰：「拜。」獻官以下皆再拜訖，祝升自東陛，就西向立；祝跪取幣于篚，興，立于神座左。贊禮者引初獻詣罍洗南，北向，執罍者酌水，初獻搢笏，盥手，執篚者取巾于篚，授初獻，帨手訖，即授巾奠于篚，執笏。初獻升自午陛，詣神座前，北向搢笏，跪，三上香，祝以幣西向跪授初獻訖，興，復位。初獻受幣，奠于神座前，執笏，俛伏，興，再拜，內雨師行禮訖，降壇，次詣雷師壇位前，行禮如上儀。降陛復位。少頃，引初獻再詣罍洗南立，北向，執罍者酌水，初獻搢笏，盥手，帨手訖，又取爵以授初獻，執罍者酌水，初獻洗爵，又授巾，初獻拭爵訖，巾奠于篚，執笏。初獻升自午陛，執事者引初獻詣酒尊所，舉冪，酌酒于爵。初獻詣神座前北向，搢笏，跪，執爵，三祭酒，奠爵，執笏，俛伏，興，少退，北向立。祝持版于神座之右，東向跪讀祝畢，初獻再拜。祝奠版于神座右坫，興，讀祝訖，先詣雷師神位，初獻三祭酒，奠爵，興，祝持版于神座右跪讀祝畢，奠版于神座右坫，興，復位。初獻降復位。次引亞獻詣罍洗，北向搢笏，盥手，帨手，洗爵，執爵，執笏，升自東陛，詣神座前，搢笏，跪，執爵，三祭酒，奠爵，執笏，俛伏，興，再拜訖，降復位。詣雷師壇並如上儀。次引終獻詣罍洗，升獻如亞獻之儀訖，降復位。詣雷師壇並如上儀。次引初獻升自午陛，詣飲福位北向立。執事者各以爵酌酒，合實一爵，持爵詣初獻之左，東向立。初獻再拜，搢笏，跪受爵，祭酒，啐酒，奠爵。執饌者以俎減神座前胙肉，合實一俎上，又以豆取稷黍飯，合實一豆。先以飯授初獻，受訖，又以俎授初獻，受訖，皆以授執饌者。初獻取爵，飲卒爵，執事受虛爵復于坫。初獻執笏，俛伏，興，再拜，降復位。初獻以下就望燎位，南向立。執事者以篚詣神位前跪，取版、幣，降自東陛，寘于燎柴。贊唱者曰：「可燎。」以炬燎，柴半，贊者少前北面贊：「禮畢。」引初獻以下退。

大觀祭風師六首

降神，《欣安》　羽旗雲車，飄飄自天。猗歟南箕，欣嘉升煙！牲餼粢盛，俎簋鉶籩。維神戾止，從空泠然。

初獻升降，《欽安》　明昭惟馨，威儀孔時。鏘鏘鳴佩，欽薦牲犧。惟恭惟祗，無愆無違。周旋中禮，肅恭委蛇。

奠幣，《容安》　吹噓于喁，披拂氤氲。衆竅咸作，潛運化鈞。恩大功豐，酬神維恭。嘉贈盈箱，于物有容。

酌獻，《雍安》　犧尊斯陳，清酤盈中。芬芬苾苾，馨香交通。明靈來思，歆我精衷。維千萬祀，品物芃芃。

亞終獻，《雍安》　清酤洋洋，虔恭注茲。條暢敷宣，神用歆之。尊罍靜嘉，金奏諧熙。於皇肆祀，休我羣黎。

送神，《欣安》　窈冥無窮，肸蠁斯融。來終嘉薦，歸返遥空。惟神之歸，欣安導和。惟神之澤，于彼滂沱。

雨師五首

迎神，《欣安》　神之無象，亦可思索。維雲陰陰，惟風莫莫。降止壇宇，來顧芳馨。侑以鼓歌，薦此明誠。

升降，《欽安》　佩玉璆如，黼黻襜如。承神不懈，訖獲嘉虞。聖皇命祀，臣敢弗恭。凡爾在位，翼翼雍雍。

奠幣，《容安》　崇崇壇階，靈既降止。有嚴執奠，承祀茲始。明靈在天，式顧庶察。澤潤以時，永拂荒札。

酌獻，亞終獻，《雍安》　寅恭我神，惟

上之使。俾我康年，民徯休祉。折俎既登，斛酒既盈。匪薦是專，配以明誠。

送神，《欣安》　牲俎告徹，嘉樂休成。卒事有嚴，燕虞高靈。蕃我民人，育我稷黍。萬有千祀，承神之祜。

【《禮志》】政和中，定《五禮新儀》，以雷神爲中祀，州縣祀風伯、雨師、雷神爲小祀。政和之制，風壇廣二十三步，雨、雷壇廣十五步，皆高三尺，四陛，並一壝，二十五步。其雨師、雷師二壇同壝。又言：「《周禮·大宗伯》：『以槱燎祀司中、司命、風師、雨師。』所謂周人尚臭，升煙以報陽也。❶今天神之祀皆燔牲首，風師、雨師請用柏柴升煙，以爲歆神之始。」又言：「《周禮·樂師之職》曰：『凡國之小事用樂者，令奏鐘鼓。』説者曰：『小祀也。』《小師職》注：『小祭祀謂風師。』是也。既已有鐘鼓，則是有樂明矣。請有司祀風師、雨師用樂，仍製樂章以爲降神之節。請諸小祠祭以少牢，仍用體解。」又言：「社稷五祀，先薦爓，次薦熟。至于羣小祀，薦熟而已。請風師、雨師止薦熟。」并從之。

【《文獻通考》】徽宗政和三年，議禮局上《五禮新儀》：風師、雨師、雷師壇高三尺，四出陛，並一壝，二十五步；風師壇廣二十三步，雨師、雷師壇廣十五步。又言：「本朝都城壇壝之制，風師在城之西，雨師在城之北，雷師從雨師之位，爲二壇，同壝。州縣，風師在社之東，雨師在雷師之西，非所謂各依其方類求神者。請倣都城方位之制，仍以雷師從雨師之位，爲二壇，同壝。」從之。

❶「煙」，原作「陽」，據《周禮·春官·大宗伯》鄭玄注、《長編》卷三一七及《宋會要·禮》一四之五一改。

【《宋史·高宗本紀》】紹興七年五月壬申，命禮官舉風雷雨師之祀。

【《文獻通考》】紹興七年，太常博士黄積言：「立春後丑日祀風師，立夏後申日祀雨師、雷師，望下有司舉行。」從之。

【《宋史·樂志》】紹興祭風師六首

迎神，《欣安》 夫物絪緼，神氣撓之。誰歟其司？維南之箕。俶哉明庶，我祀維時！我心孔勞，神其下來！

初獻升降、盥洗，《欽安》 神哉沛矣，厥靈載揚！揚靈如何？剡剡皇皇。我其承之，繩繩齊莊。往從鬱人，爰挾斯芳。

奠幣，《容安》 物之流形，甚畏瘥癘。八風平矣，嘉生以遂。絲縷之積，有量斯幣。惟本之報，匪物之貴。

酌獻，《雍安》我求于神，無臭無聲。神之燕享，惟時專精。大磬在列，槱燎在庭。侑我桂酒，娭其以聽。

亞終獻 禮有三祀，儀物視帝。神臨消摇，疇敢跛倚！重觴載申，百味孔旨。神兮樂康，答我以祉。

送神曲同迎神。 荃其止乎？禗禗其容。奄横四海，蹇莫之窮。時不驟得，禮焉有終。荃其行乎？余心憺憺。

雨師、雷神七首

迎神，《欣安》 衆萬之託，動之潤之。昭格孔時，維神之依。洽然後先，肆我肯顧。是耶非耶？紛其來下。

初獻盥洗、升降，《欽安》 言言祠宫，爰考我禮。維西有罍，維東有洗。爰潔爰滌，載薦其體。神在何斯？匪遠具邇。

奠幣，《容安》 霈兮隱兮，蹶其陰威。相我有終，胡寧不知！我幣有陳，我邸斯珪。豈惟有陳，于以奠之。

雨師位酌獻，《雍安》　山川出雲，裔裔而縷。載霆載濛，其德乃溥。自古有年，胡然莫祖！無簡我觴，無怠我俎。

雷神位酌獻曲同雨師。　瞻彼南山，有虺其出。維蟄之奮，維癘之息。眷焉顧饗，在夏之日。觴豆匪報，皇忍忘德。

亞終獻曲同初獻。　作解之德，形聲一兮。爰展獻侑，酌則三兮。我興有假，云胡有私！下土是冒，庶其遠而。

送神曲同迎神。　陰旄載旋，鼓車其鞭。問神安歸？冥然而天。皇有正命，祀事孔蠲。其臨其歸，億萬斯年。

【《遼史·聖宗本紀》】統和二年四月辛卯，祭風伯。　七年五月辛巳，祭風伯于儒州白馬村。

開泰元年夏四月己酉，祭風伯。　八年二月丙辰，祭風伯。

【《禮志》】清寧元年，皇帝射柳訖，詣風師壇再拜。

【《金史·章宗本紀》】明昌二年五月戊辰，詔諸郡邑風雨師神壇墮廢者復之。

明昌五年三月庚辰，初定日月、風雨、雷師常祀。

【《禮志》】明昌五年，禮官言：「國之大事，莫重于祭。王者奉神靈，祈福祐，皆爲民也。我國家自祖廟禘祫五享外，惟社稷、嶽鎮、海瀆定爲常祀，而天地、日月、風雨、雷師，其禮尚闕，宜詔有司講定儀注以聞。」尚書省奏：「天地日月，或親祀，或令有司攝事。若風雨雷師乃中祀，合令有司攝之。且又州縣之所通祀者也，合先舉行。」制可。乃爲壇于景豐門外東南闕之巽地，歲以立春後丑日以祀風師。牲、幣、進熟，如中祀儀。又爲壇于端禮門外西南闕之坤地，以立夏後申日以祀雨師，其儀如中祀，羊、豕各一。是日，祭雷師于位下，禮同小祀，一獻，羊一，無豕。其祝稱「天子謹遣臣某」云。

【《宣宗本紀》】興定五年三月丙午，以旱築壇祀雷雨師。

【《元史·世祖本紀》】至元七年十二月，敕歲祀風師、雨師、雷師。

【《祭祀志》】至元七年十二月，大司農請于立春後丑日祭風師于東北郊，立夏後申日祭雷雨師于西南郊。　風雨雷師之祀，仁宗延祐五年，乃即二郊定立壇壝之制，其儀注闕。

【《圖書編》】明太祖洪武元年，詔立春後丑日祭風師于東北郊，立夏後申日祭雨師、雷師于西南郊，祭風師、雨師，給米三石。

【《春明夢餘録》】洪武二年，以風雲雷雨諸神止令祀于城南諸神享祀之所，未有壇壝等祀，非隆敬神祇之道，命禮官考古制以聞。禮官奏：「風雨師之祀見于《周官》，秦、漢、隋、唐亦皆有祭。天寶中，增雷師于雨師之次，因升風雲雷雨爲中祀，宋元因之。今國家開創之初，常以風雲雷雨與太歲、嶽瀆、城隍皆祀于城南享祀之所，既非專祀，又室而不壇，非理所宜。考之唐制，以立春後申日祭雨雷于城東南。以今觀之，天地之生物，動之以風，潤之以雨，發之以雷，陰陽之機，本一氣使然，而各以時別祭，甚失享祀本意。今宜以風雲雷雨與太歲、嶽瀆、城隍合爲一壇，春秋祀之。」詔可。

【《明會典》】洪武中，令有司各立壇廟祭風雲雷雨。

【《明集禮》專祀風雲雷雨師儀注】

風師、雨師之祀，見于《周官》，秦、漢、隋、唐亦皆有祭。天寶中，又增雷師于雨師之次，因升風雨雷師爲中祀，宋元因之。國朝既于圜丘以太歲、風雨雷師從祀，且增雲師于風師之次，復以春秋驚蟄、秋分後之三日專祀風師、雲師、雷師、雨師于國南羣祀壇。天子降香，遣官行事。其郡縣風、雲、雷、雨師之祭，一如前代之儀云。

壇制時日附　風雲雷雨之祀，《月令》以立春後丑日祭風師于國城東北，立夏後申日祀雨師于國城西南。兆之于東北、西南者，從箕、畢星位也。以春秋分祭風雲雷雨于國南，其制屋而不壇。若各府州縣之祀風雲雷雨師，則仍築壇于城西南，祭用驚蟄、秋分日。

牲幣　太歲、風雲雷雨師各用一太牢，其幣則以白。

祭器　太歲、風雲雷雨各用尊三，籩八，豆八，簠二，簋二。

酒齊　太歲、風雲雷雨酌尊皆同宋制。宋設尊，其八實五齊三酒，其八實明水、玄酒。酌尊，犧尊實泛齊，象尊實醴齊。

粢盛　皆簠實黍稷，簋實稻粱。

籩豆之實　皆籩實以石鹽、乾魚、棗、栗、榛、菱、芡、鹿脯、白黑餅，豆實以韭菹、醓醢、菁菹、鹿醢、芹菹、兔醢、筍菹、魚醢、脾析菹、豚拍。

樂　用雅樂。

風雲雷雨樂章

迎神，《中和》之曲　吉日良辰，祀典式陳。太歲尊神，雷雨風雲。濯濯厥靈，昭鑒我心。以候以迎，來格來歆。餘並同朝日。

降香遣官祀風雲雷雨師儀注

時日　春以驚蟄後三日，秋用雷收聲時秋分後三日行事。

齋戒　前期三日，皇帝齋戒。獻官及各執事官俱散齋二日，致齋一日。

降香　前祀一日清晨，有司立仗，百官具公服侍班，皇帝服皮弁服，陞奉天殿。捧香授獻官，獻官捧由中陛降，中道出，至午門外置龍亭内。儀仗鼓吹導引至祭所。

陳設　前祀一日，有司陳設如《圖儀》。

省牲　前祀一日，獻官公服詣壇東省牲，贊禮引至省牲位。執事者牽牲省訖，詣神廚視鼎鑊，視滌濯畢，遂烹牲。執事者以豆取毛血，寘于饌所。

正祭　祭日清晨，執事者入實尊、罍、簠、簋、籩、豆、牲俎并陳毛血豆于神位前。列篚幣于酒尊所。贊引引獻官及應祀官各入就位。

迎神　贊禮唱：「迎神。」協律郎舉麾，奏《中和》之曲。樂成止。贊禮唱：「有司已具，請行禮。」唱：「鞠躬，拜，興，拜，興，平身。」獻官及在位者皆鞠躬，拜，興，拜，興，平身。樂止。

奠幣　贊禮唱：「奠幣。」贊引引獻官詣盥洗位。搢笏，盥手，帨手，出笏，詣太歲神位前。協律郎奏《保和》之曲。贊禮唱：「跪。」獻官北向，跪，搢笏，三上香。執事者奉幣，東向跪，授獻官。獻官受幣。贊禮唱：「奠幣。」獻官興，奠幣于神位前。贊禮唱：「鞠躬，拜，興，拜，興，平身。」次詣風師、雲師、雷師、雨師。上香、奠幣皆如太歲神位前之儀。奠訖，樂止。復位。

進俎　贊禮唱：「進俎。」執事者舉俎升階。協律郎跪，俛伏，舉麾，奏□□之曲。贊禮引獻官至太歲神位前，搢笏，以俎奠于神位訖，出笏。以下四位進俎皆同。

初獻　贊禮唱：「行初獻禮。」贊引引獻官詣爵洗位。搢笏，滌爵，拭爵，以爵授執事者。以下四位爵，其滌、拭、授皆同。詣酒尊所。司尊者舉冪，執爵者以爵進，酌醴齊以爵授執事者，以下四位進爵、酌醴、授執事皆同。出笏。贊禮唱：「詣太歲神位前。」協律郎舉麾，奏《安和》之曲，□□之舞。贊禮引至神位前，跪，搢笏，三上香，三祭酒，奠爵，出笏，俛伏，興，平身，少退，鞠躬，拜，興，拜，興，平身。次詣風師以下四位，上香，祭酒，退，拜，皆如上儀。拜畢，樂舞止。贊禮唱：「讀祝。」獻官跪，讀祝官取祝版于神右，跪讀畢。樂舞作。贊禮唱：「俛伏，興，平身，稍後，鞠躬，拜，興，拜，興，平身。」樂舞止。

亞獻、終獻並如初獻儀。唯不讀祝。

飲福受胙　贊禮唱：「飲福，受胙。」贊引引獻官詣飲福位。鞠躬，拜，興，拜，興，平身，稍前，跪，搢笏，進爵，祭酒，飲福酒，以爵復于坫。奉俎者進俎。獻官受俎，以俎授執事者，出笏，俛伏，興，平身，鞠躬，拜，興，拜，興，平身，復位。

徹豆　贊禮唱：「徹豆。」掌祭官徹豆。贊禮唱：「賜胙。」贊唱：「已飲福受胙者不拜，在位官皆再拜，鞠躬，拜，興，拜，興，平身。」

送神　贊禮唱：「送神。」協律郎舉麾，奏《豫和》之曲。贊禮唱：「鞠躬，拜，興，拜，興，平身。」獻官以下皆再拜。祝人取祝，幣人取幣，詣望燎位。

望燎　贊禮唱：「望燎。」贊引引獻官詣望燎位。執事者以祝版、幣饌寘于燎壇。贊禮唱：「可燎。」執事者舉炬火燔之，柴半燎，贊禮唱：「禮畢。」獻官以下各以次出。

王國祭風雲雷雨

齊戒　前期，王散齊二日于别殿，王相府官于正寢；王致齊一日于正殿，王相府官于公廨。

省牲　先祭二日，執事設王次于廟壇南門外道之東，南向。先祭一日，典儀、典祠導王至次。執事者各執事。典儀、典祠導王至省牲位。執事者自東牽牲，西行過王前。省訖，執事牽牲詣神廚。典儀、典祠導王詣神廚，視鼎鑊，視滌濯，訖，典儀、典祠導王還次。

陳設　先祭一日，典祠依圖陳設。

正祭　祭日清晨，典祠率執事者各實尊、罍、籩、豆、登、鉶，實幣篚于案，祝版于神位之右。大樂入就位。諸執事及陪祭官入就位。典祠啓：「王服遠遊冠、絳紗袍。」典祠、典儀導王至位，北向立。典祠、典儀分左右立于王之前。

迎神　司禮唱：「迎神。」大樂作。司禮唱：「請行禮。」典祠啓：「有司謹具，請行事。」啓：「鞠躬，拜，興，拜，興，平身。」司禮唱：「在位官再拜。」司贊唱：「鞠躬，拜，興，拜，興，平身。」王與在位官皆鞠躬，拜，興，拜，興，平身。樂止。

奠幣初獻　司禮唱：「奠幣，行初獻禮。」典祠啓：「詣盥洗位。」大樂作。典儀、典祠導王至盥洗位。樂止。典祠啓：「搢圭。」王搢圭。典祠啓：「盥手。」司盥洗者酌水，王盥手，訖。司巾者以巾進。典祠啓：「帨手。」王帨手，訖。典祠啓：「出圭。」王出圭。典祠啓：「詣爵洗位。」典祠、典儀導王至爵洗位。典祠啓：「搢圭。」王搢圭。執爵官以爵進。典祠啓：「受爵。」王受爵。典祠啓：「滌爵。」司爵洗者酌水，王滌爵，訖。典祠啓：「拭爵。」司巾者以巾進，王拭爵。典祠啓：「以爵授執事者。」王以爵授執爵官。典祠啓：「出圭。」王出圭。啓：「詣風雲雷雨神位前。」大樂作。典祠、典儀導王至神位前。樂止。奉爵、奉幣者前行。典祠啓：「跪。」王跪。掌祭詣案取香，跪進于王之左。典祠啓：「搢圭。」王搢圭。啓：「上香，上香，三上香。」王三上香，訖。奉幣者奉幣，跪進于王之右。王受幣，奠于神位前。奉爵者奉爵，跪進于王之右。王受爵。典祠啓：「祭酒，祭酒，三祭酒，奠爵。」王三祭酒，奠爵，訖。典祠啓：「出圭。」王出圭。讀祝官取祝，跪讀于神位之右。讀畢，復以祝寘于案。典祠啓：「俛伏，興，拜，興，拜，興，平身。」王俛伏，興，大樂作。拜，興，拜，興，平身。樂止。典祠啓：「復位。」典祠、典儀導王復位。

亞獻　司禮唱：「行亞獻禮。」典祠啓：「行亞獻禮。」掌祭官至神位前爵内斟酒。典祠啓：「鞠躬，拜，興，拜，興，平身。」王鞠躬，大樂作。拜，興，拜，興，平身。樂止。

終獻如亞獻之儀。

飲福受胙　司禮唱：「飲福，受胙。」執事罍香案寘于王拜位前。執事酌福酒，舉胙肉。典祠啓：「飲福，受胙。」大樂作。典祠、典儀導王至香案前位。典祠啓：「鞠躬，拜，興，拜，興，平身。」王鞠躬，拜，興，拜，興，平身。典祠啓：「跪，搢圭。」王跪，搢圭。執事捧爵，東向，跪進于王。王受爵，訖。啓：「飲福酒。」王祭酒少許，飲福酒，以爵寘于坫。執事官東向，跪進胙于王。王受胙，以胙授左右。左右西向，跪受，興。典祠啓：「出圭。」啓：「俛伏，興，拜，興，拜，興，平身。」王俛伏，興，大樂作。拜，興，拜，興，平身。樂止。典祠啓：「復位。」典祀、典儀導王復位。

徹豆　司禮唱：「徹豆。」掌祭官徹豆。司禮唱：「賜胙。」典祠啓：「王飲福。受胙者免拜。」司禮唱：「陪祭官皆再拜。」司贊唱：「鞠躬，拜，興，拜，興，平身。」陪祭官皆鞠躬，大樂作。拜，興，拜，興，平身。樂止。

送神　司禮唱：「送神。」典祠啓：「鞠躬，拜，興，拜，興，平身。」司禮唱：「在位官皆再拜。」司贊唱：「鞠躬，拜，興，拜，興，平身。」王與陪祭官皆鞠躬，大樂作。拜，興，拜，興，平身。樂止。

望燎　司禮唱：「望燎。」讀祝官取祝，捧幣者取幣，掌祭官取饌，詣燎所。典祠啓：「詣望燎位。」大樂作。典祠、典儀導王至望燎位。樂止。司禮唱：「可燎。」候燎半，典祠啓：「禮畢。」導引王還次。司禮引陪祭官出。

各府州縣祭風雲雷雨師儀

時日　春以驚蟄日，秋用秋分日行事。

齋戒　前三日，三獻官散齋二日于別寢，致齋一日于祭所。執事人員齋各一日于祭所。

陳設　前祭二日，有司掃除壇上下。設三獻官次于壇門外。前一日，執事者設省牲位于南門外，設神位于壇上近北，南向。每位設籩四于神位之左，豆四于神位之右，簠、簋各一于籩豆之間，毛血豆于簠簋前，俎二又于其前。香燭案于俎前，爵坫、沙池于香案之前。祝版位于神位之右。設酒尊所于壇上東南隅，犧尊一，山罍一。設幣篚位附于酒尊所。設盥洗位于壇下之東，爵洗位于盥洗位之北。初獻位于壇下正中之南，亞獻位于初獻位之左，終獻位于初獻位之右稍後，從祭官位于獻官之後，引贊位于獻官之左右，贊禮二人位于壇下之東，讀祝位于神位之右，掌祭二人位于神位之左右，司尊、司爵、司洗、捧幣位各于其所。設望燎位于壇之西南。

省牲　前祭一日，執事者引三獻官至省牲位。執事者自東門牽牲，東行過獻官前。執事者告「腯」訖，牽詣神廚。獻官詣廚，視鼎鑊滌溉訖，遂烹牲。以豆取毛血，置于饌所。

正祭奠幣　丑前五刻行事。執事者入實尊、罍、籩、豆、簠、簋、登、鉶，陳毛血豆、祝版。三獻官服公服，簽祝版于次。執事者各冠垂脚唐帽，圓領白襴衫，烏角帶，各入就位。引贊引獻官入就壇下拜位。贊禮唱：「有司已具，請行事。」贊禮唱：「鞠躬，拜，興，拜，興，平身。」贊者唱：「奠幣。」引贊引初獻官詣盥洗位。搢笏，盥手，帨手，出笏。引詣風雲雷雨師神位前。贊禮唱：「跪，搢笏。」執事者以幣跪進于初獻之右。初獻受幣，奠于神位前，訖，稍後。引贊唱：「俛伏，興，拜，興，拜，興，平身，復位。」

初獻　贊禮唱：「行初獻禮。」引贊引獻官詣爵洗位，搢笏，受爵，滌爵，拭爵，以爵授執事者，出笏。次引初獻自南陛升壇，詣酒尊所。搢笏，受爵，司尊者舉冪，酌犧尊之緹齊，以爵授執事者。出笏。引詣神位前，北向立。引贊唱：「跪，搢笏。」掌祭官捧香，跪進于獻官之左。引贊唱：「上香，上香，三上香。」初獻三上香，訖。執爵者捧爵，跪進于初獻官之右。受爵。引贊唱：「祭酒，祭酒，三祭酒。」初獻三祭酒，奠爵，出笏。讀祝官取祝版，跪于神位之右，讀，訖。引贊唱：「俛伏，興，拜，興，拜，興，平身。」

亞獻、終獻，其行事並與初獻同。唯不讀祝。

飲福　贊禮唱：「飲福。」贊引引初獻官詣

飲福位，西向立。掌祭者以爵酌福酒，持詣獻官之左。引贊唱：「鞠躬，拜，興，拜，興，平身。」初獻官再拜，訖。引贊唱：「跪，搢笏。」初獻官跪，搢笏。掌祭者舉福酒爵，進于初獻之左。初獻官受爵，祭酒少許，飲福酒，奠爵。掌祭官減神位前胙肉，跪進于初獻之左。初獻受胙，以胙授執事者。引贊唱：「出笏，俛伏，興，拜，興，拜，興，平身。」初獻再拜，訖。引復位。贊禮唱：「賜胙。」初獻官飲福，受胙，免拜。在位者皆再拜。贊唱：「鞠躬，拜，興，拜，興，平身。」亞獻官以下皆鞠躬，拜，興，拜，興，平身。

望燎　贊禮唱：「詣望燎位。」引贊引初獻官以下詣望燎位。祝人取祝，幣人取幣，掌祭取饌，寘于燎所。贊禮唱：「可燎。」東西面各一人舉炬火燔之，柴半燎，贊引唱：「禮畢。」引初獻官以下及諸從祭官以次出。

【《明會典》】洪武二十六年，風雲雷雨之神，凡各布政司、府、州、縣春秋仲月上旬擇日同壇設祭。帛四，俱白色。附郭府州縣官，止隨班行禮，不必別祭。其祭物、祭器、獻官及齋戒、省牲、陳設、正祭、迎神並與社稷禮同。但臨祭時，執事者先以毛血瘗于坎，通贊不唱「瘗毛血、奠帛」。初獻先詣神位前，次詣讀祝所，亞獻、終獻同初獻。不唱「奠帛讀祝」。飲福，受胙，其胙于風、雲、雷、雨神位前取羊一脚，徹饌、送神、望燎亦同。社稷儀但改「瘗」字爲「燎」字。

永樂六年，駕幸北京。東宮監國，凡風雲雷雨之神，豫期敕皇太子攝祭。

【《明史・樂志》】嘉靖九年，復分祀天地神祇樂章：

迎天神，《保和》之曲　吉日良辰，祀典式陳。景雲甘雨，風雷之神。赫赫其靈，功著生民。參贊元化，宣布蒼仁。爰兹報祀，鑒兹藻蘋。

奠帛以後，俱如舊。

【《圖書編》】嘉靖十一年，釐正祀典，改敘雲雨風雷祭期。歲仲春秋上旬，擇日行事。獻官齋戒、省牲，並同社稷儀注。正祭日，將行禮，起鼓，初嚴，遍燃庭燎香燭。鼓，再嚴。執事者各敘立于兩階。鼓，三嚴。贊引引各獻官立候行禮。通贊唱：「執事者各司其事，陪祭官各就位。獻官就位，迎神，鞠躬，拜，興，拜，興，拜，興，拜，興，平身。奠帛，行初獻禮。」贊引唱：「詣盥洗所。搢笏，出笏。詣酒罇所。」司罇者舉冪，酌酒。詣雲雨風雷神位前，跪，搢笏，奠帛，獻爵，出笏，俯伏，興，平身。詣讀祝位，跪。通贊唱：「衆官皆跪。」贊引唱：「讀祝。」通引同唱：「俯伏，興，平身。」贊引唱：「復位。」通贊唱：「行亞獻禮。」贊引唱：「詣酒罇所。」司罇者舉冪，酌酒，詣雲雨風雷神位前，跪，搢笏，獻爵，出笏，俯伏，興，平身，復位。通贊唱：「行終獻禮。」贊引唱：「詣酒罇所。」司罇者舉冪，酌酒。詣雲雨風雷神位前，跪，搢笏，獻爵，出笏，俯伏，興，平身，復位。通贊唱：「飲福，受胙。」贊引唱：「詣飲福位。」搢笏，跪飲福酒，受胙，出笏，俯伏，興，平身，復位。通贊唱：「鞠躬，拜，興，拜，興，平身。」徹饌，送神，鞠躬，拜，興，拜，興，拜，興，拜，興，平身。讀祝者捧祝，進帛者捧帛，各詣燎所。望燎。贊引唱：「詣望燎位。」通贊唱：「焚帛者。」一段至七段，皆唱：「禮畢。」

【《岱史》】風伯、雨師在州治東。先是廟廢，止遺石碣。成化丙午，旱，或油然雨狀，輒爲風散。知府蔡晟詣其所祭之，風頓息，大雨如注，因復立廟。廟圮，知州鄭豸易以壇。

右風師雨師。

五禮通考卷第三十六

博野尹嘉銓校字

五禮通考卷第三十七

內廷供奉禮部右侍郎金匱秦蕙田編輯
太子太保總督直隸右都御史桐城方觀承同訂
按察司副使元和宋宗元參校

吉禮三十七

方丘祭地

蕙田案：《周禮·大司樂》：「以冬日至祀天於圜丘，夏日至祭地於方澤。」此王者父事天、母事地之正禮。稽之經傳，凡壇壝、圭璧、瘞埋、樂舞、祝詞，皆與祀天迥别。漢初，郊祀之禮廢，五時太乙，天帝已無正祭，而渭陽、汾陰，后土之祭，漫焉不倫。至建始初，始建南北郊，旋復旋廢。至王莽創合祭之議，後世樂便安、憚勞費，往往仍而不改。其間惟魏太和、周建德、隋開皇、唐開元、宋元豐、明嘉靖，隔數百載，一舉行分祭之典，而朝議齗齗，紛若聚訟。然主分祭者，理正而有據；主合祭者，雖一時迎合附會，曲意文飾，亦終不敢斷然以分祭爲非，則定論固自有屬矣。我朝制作明備，南北郊之典，天子歲必親行，法古垂後，準禮經而超百代矣。至經生家妄爲祭社即祭地之説，尤屬不經，人主亦未有行之者。兹輯祭地門，先經後史，詳載諸儒辨論，稍稍正其紕繆，而祭祀儀節，及後世祭地郊壇，已附見祀天門者，不重出焉。

【《禮記·曲禮》】天子祭天地。【疏】天地有覆載大功，天子主有四海，故得總祭天地，以報其功。

吕氏大臨曰：「天子繼天而王，君天下而有之。冬日至祀天，夏日至祭地。」

劉氏炫曰：「天子以下俱荷地德，皆當祭地，但名位有高下，祭之有等級。天子祭地，祭大地之神也。諸侯不得祭地，使之祭社也。家又不得祭社，使之祭中霤也。霤亦地神，所祭小，故變其名。」

劉氏彝曰：「唯爲天子者，乃得以主天地之祀。地之爲祇一也，其濟生於物，隨人大小，不可以一祀而報之也，故天子必父天而母地。夏至之日，祭於澤中之方丘，則曰皇地祇也。祭之於庫門内之西，則曰大社，爲羣姓祈豐年也。祭之于藉田之壇，則曰王社，爲宗廟祈粢盛也。諸侯爲民而祭者曰國社，爲藉而祭者曰侯社，大夫成羣而祭者曰置社，司徒令其鄉黨而祭者曰里社，是皆地示也。而方丘之祭主之者，獨天子焉。」

方氏慤曰：「祭天地則天下之事，故于天子言之。」

蕙田案：祭地乃天子之事，故下文云諸侯祭社稷，則祭地與祭社，其爲尊卑廣狹大有别矣。注疏及兩劉氏、方氏説得之，詳見後條。

【《禮器》】因地事地。【注】地下，❶因下者以事也。

【《周禮》】大宗伯之職，掌建邦地示之禮。【疏】經先云人鬼，後云地示，鄭則先云地示，後云人鬼者，經先云人鬼，欲見天在上，地在下，人藏其間。鄭後云人

❶「下」，原作「地」，據《禮記·禮器》鄭注改。

鬼者，據下經陳吉禮十二，先地示，後人鬼，據尊卑爲次故也。

王氏傳曰：「地之靈曰示。」

【《大司樂》】以祭地示。　若樂八變，則地示皆出，可得而禮矣。　凡以神仕者，以夏日至致地示。

【《詩・周頌・昊天有成命》序】曰：「郊祀天地也。」【疏】郊祀天地之樂歌也。祭之于南郊，祭之于北郊，雖南北有異，祭俱在郊，故總言郊祀也。

【《書・召誥》】丁巳，用牲于郊，牛二。

【蔡《傳》】郊天地也，故用二牛。

【《欽定書傳説》「用牲於郊」注】案祭天地分合，從古聚訟。此經云「用牲于郊，牛二」。注疏謂以后稷配，故牛二。蔡《傳》則云祭天地也。蔡但言祭天地，不言合者，天地各攻其位，位成而祭之也。疑此時南北郊之名已立，言郊者，統天地言之歟？《周禮・大宗伯》有蒼璧禮天，黄琮禮地之説。《大司樂》有圜丘方澤之説。又《祭法》言：「燔柴于太壇，祭天也。瘞埋于太折，祭地也。用騂犢。」此皆天地並言，祭天地異所。王者尊天而親地，未有祭天而不及地者，亦未有言其合者也。然則兆于南郊，就陽位也，禮固明言之，而北郊未有明文，此經之偶闕耳。注疏之家，鄭康成、賈公彦、孔穎達輩皆已補言之。《周禮・典瑞》云：「兩圭有邸以祀地。」注疏皆謂祀于北郊。又《牧人》言陽祀、陰祀，注疏亦謂陰祀，祭地北郊。又如《禮記》太壇、太折之文，疏云此經論祭帝于南郊，地示于北郊也。此皆北郊之説鑿鑿可據者。以此言之，祭地之位，不待推而可知也。雖有冬夏至之分，而此于位之初成，非常祀之時可比，故同日而舉也。

蕙田案：天地分祭，本于《周禮》。

朱子曰：「古時天地定不是合祭。」又曰：「天地合祭于南郊，千五六百年無人整理，蓋信之深而望之切也。」祭地北郊，自當以《周禮》、朱子之説爲定。先儒葉秀發、陳用之、楊信齋皆主之，詳見圜丘門。我朝既定南北郊之祭，復欽定《書經傳説》，折衷羣言，證明北郊之可據，發前人所未發，聖人復起，不能易矣。

又案：北郊字，經文雖未明言祭地，而《周禮·天官·内宰》：「中春，詔后帥外内命婦，始蠶于北郊，以爲祭服。」《禮記·祭統》：「王后蠶于北郊，以共純服。」夫祭天于南郊，故天子親耕于南郊，以純陽爲尊而就陽位也。祭地于北郊，故王后親蠶于北郊，以純陰爲尊而就陰位也。經文每多互見。親蠶在北郊，則祭地北郊可知，即不得謂北郊之不見于經文也。漢匡衡引《禮記》之文曰：「祭地于大折，在北郊。」則其所本者遠，蓋不止注疏之言爲可據矣。

附諸儒辨注疏崑崙、神州兩地示

【《曲禮》「天子祭天地」孔疏】案《地統書括地象》云地中央曰崑崙，又云其東南方五千里曰神州，以此言之，崑崙在西北，別統四方九州。其神州者，是崑崙東南一州耳。于神州中更分爲九州，則《禹貢》之九州是也。

【《周禮·大宗伯》「以黄琮禮地」鄭注】禮地以夏至，謂神在崑崙者也。　【《大司樂》「以祭地示」鄭注】謂神州之神。　【《典瑞》「兩圭有邸以祀地」鄭注】謂所祀于北郊神州之神。【賈疏】案《河圖括地象》崑崙東南萬五千里神州是也。　【「地示皆出」鄭注】地示則主崑崙。

【《禮器》「爲下必因川澤」鄭注】謂夏至祭地，在方澤之中。【孔疏】祭崑崙之神。

【陳氏《禮書》】《周禮》或言大示，或言地示，或言土示，蓋大示則地之大者，地示則凡地之示與焉，土示則五土之示而已。《禮記》言：「兆于南郊，就陽位也。」南郊祀天則北郊祭地矣。祀天就陽位，則祭地就陰位矣。《大宗伯》「以黄琮禮地，牲幣各放其器之色」，而《牧人》「陰祀用黝牲」，則牲有不同也。《典瑞》：「兩圭有邸以祀地。」則玉有不同也。《大司樂》：「奏太簇，歌應鍾，以祀地示。凡樂，函鍾爲宫。若樂八變，地示皆出。」則樂有不同也。蓋先王之于神示，求之之然後禮，禮之然後祀。函鍾爲宫，求之之樂也。太簇應鍾，祀之之樂也。若夫玉之黄琮、兩圭，牲幣之黄黑，蓋祭有不一，而牲幣器亦從而異也。鄭氏之徒謂夏至于方丘之上祭崑崙之示，七月于太折之壇祭神州之示。此惑于讖緯之説，不可考也。

楊氏復曰：「《大司樂》：『奏太簇，歌應鍾，舞《咸池》，以祀地示。』鄭注云：『地示，所祭于北郊及社稷。』《牧人》：『陰祀用黝牲，毛之。』鄭注云：『陰祀，祭地北郊及社稷。』夫祭地唯有夏至北郊方澤之禮，此外則有社祭，亦祭地也。鄭氏亦既知之矣，及注《曲禮》『天子祭天地』，《大宗伯》『黄琮禮地』，《典瑞》『兩圭祀地』，又云『地神有二，歲有二祭，夏至祭崑崙之神于方澤，夏正祭神州之神于北郊』，何也？蓋祭地唯北郊及社稷，此三代之正禮，而釋經之正説，鄭氏所不能違也。有崑崙，又有神州，有方澤，又有北郊，析一事以爲二事，此則惑于緯書，而牽合聖經以文之也。知有正禮而又汩之以緯書，甚矣！其惑也。」

馬氏端臨曰：「如《通典》，則依鄭氏注以

方丘爲祭崑崙之神。丘在國之北，禮神之玉以黄琮，牲用黄犢，幣用黄繒，所謂各如其器之色。王及尸同服大裘，配以后稷，服與配，經文不載，注家以爲同祭天之禮，故服大裘，配后稷。其樂則《大司樂》之函鐘爲宫云云，至『八變則地示皆出可得而禮』是也。神州地示則爲壇于北郊，名太折，玉用兩圭五寸有邸，牲用黝犢，陰祀用黝牲。幣用黑繒，幣，經無文，據牲用黑，知當從其色。配亦以后稷。其樂則『奏太簇，歌應鐘，舞《咸池》以祭地示』是也。案鄭氏解經，于天地之祀皆分而爲二，是有二天二地矣。然古人祀天之禮，❶郊與明堂本二處，所配之祖又不同，則因『宗祀文王于明堂以配上帝』一語，而指其帝爲五精之神、感生之帝猶可云也。至於祭地，則經文所載唯方澤而已，乃以爲此所祀者崑崙，而又有神州，則祭之于北郊，又因《祭法》有太折之語，而以爲太折即北郊，又非方澤也。其支離不通彌甚矣。」

劉氏迎曰：「祭地示即樂之八變而出者。鄭既謂地示則主崑崙，又謂祭神州之神及社稷，不知神州、崑崙何所據。」

蕙田案：天子祭方丘、祭社，皆祭地示而廣狹不同。方丘所祭統乎職載之地言，無有疆域界限，此地與天對，乾父坤母之義也。社之祭主乎所有之地言，其不入版章者不與，此社與稷對，土爰稼穡之義也。鄭氏分崑崙、神州兩地示，意亦如此。但崑崙、神州之號頗爲不經，况神州不係之社而係之太折，誤分方丘、太折

❶「禮」，原作「祀」，據《文獻通考》卷七六改。

爲二。于祭地既屬重疊，以太折之名侵祭社之實，則祭社又成贅旒，義兩無取。諸儒辨二説之誤已詳，但未指明神州一祭已該祭社之内，恐尚無以盡其情而服其心耳。

附辨鄭氏説地示不同

【《地官・鼓人》「以靈鼓鼓社祭」鄭注】社祭，祭地示也。

【《大宗伯》「血祭貍沈疈辜」鄭注】此皆地示。

蕙田案：鄭氏于《大司樂》既分神州、崑崙兩地示，于《鼓人》又以社祭爲祭地示，于《大宗伯》又以社稷、五祀、山林川澤、四方百物皆爲地示。解地示，凡四説。其實方澤所祭，止一地示，以其爲大地之示，故亦曰大示。社稷、五祀、山林川澤之類，皆地示之屬，不足以當地示之號，猶日月星辰皆天神之屬，而不足以當天神之號也。

【《周禮・春官・大司樂》】于澤中之方丘奏之。【疏】地言澤中方丘者，因高以事天，故于地上；因下以事地，故于澤中。取方丘者，水鍾曰澤，不可以水中設祭，故亦取自然之丘。方，象地方故也。

薛氏圖曰：「陰以方爲體，性静，地陰而静，故爲方丘。在國北之澤以祀之，亦各從其類。」

【《禮記・祭法》】瘞埋于太折，祭地也。【注】折，昭晳也。必爲昭明之名，尊神也。

【《廣雅》】方澤，大折，祭地也。

【《通典》】方丘在國之北。

【《明集禮》】大折，封土祭地之處。折，曲也，言方丘之形四方曲折象地。

附諸儒社與方澤是一辨

張子曰：「郊者，郊天之位。社者，祭地之位。郊外無天神之祀，社外無地示之祀，澤中方丘亦社也，故凡言社者即地示之祭。」胡氏宏曰：「古者祭地于社，猶祀天于郊也，故《泰誓》曰『郊社不修』，而周公祀于新邑，亦先用二牛于郊，後用太牢于社也。《記》曰：『天子將出，類于上帝，宜于社。』又曰：『郊所以明天道，社所以神地道。』《周禮》：『以禋祀祀昊天上帝，以血祭祭社稷。』而別無地示之位。『四圭有邸，舞《雲門》以祀天神；兩圭有邸，舞《咸池》以祀地示』，而別無祭社之説，則以社對郊可知矣。後世既立社，又立北郊，失之矣。」

楊氏復曰：「愚案禮經天子祭天地，諸侯祭社稷，莫重于天地，而社稷其次也。胡氏乃合祭地、祭社二者而一之，何也？曰：社者，五土之神，是亦祭地也，而有廣狹之不同。曰里社，則所祭者一里之地而已。曰州社，則所祭者一州之地而已。諸侯有一國，其社曰侯社，則所祭者一國之地，一國之外不及也。天子有天下，其社曰王社，則所祭者天下之地，極其地之所至，無界限也，故以祭社爲祭地，惟天子可以言之。凡胡氏所引，皆天子社也。且云後世既立社，又立北郊，失之矣。此則未然。有正祭，有告祭。冬至祭天于南郊，順陽時，因陽位；夏至祭地于北郊，順陰時，因陰位，以類求類，故求諸天而天神降，求諸地而地示出，所謂正祭也。匠人營國，左祖右社，以社與祖對，尊而親之。若因事而告地，則祭社亦可知矣。《記》曰『天子將出，類于上帝，宜乎社』之類是也。説者曰：類者，依郊祀正禮而爲之也；宜者，有事乎社，求福佑也，此所謂告祭也。知祭各有義，不可以一説拘，則知聖人制禮精微之意矣。」

觀承案：天子祭天地，證之《周官》、《戴記》，必截然分爲二祭者，洵不刊之論已。然天地匹也，天於冬至外，尚有孟春、孟夏、季秋之三祭，地則夏至而外寂爾無聞，何也？社爲土神。説者謂非大地之神不得爲祭地。社既不得爲祭地，則更以何者爲祭地乎？夫合祭天地之所以不得不辨者，以南郊合祭而遂廢北郊之禮，故朱子謂社祭之外，自應別有方丘一祭，此誠是也。今欲正祭地之專在方丘，因斥凡社之皆無與於祭地，至使方丘外天子竟歲無祭地之時，以此而報兩大生成，無乃疏數不均之甚乎？竊意，社亦不同。大社、王社者，天子之社也。國社、侯社者，諸侯之社也。諸侯之社固方隅之地，而非大地；天子之社，則合萬國九州之地而一之矣。王者無外，其可限以方隅而不爲大地乎？楊氏謂天子之社即是祭地者，良是。觀經傳之文，多以郊社對言，其意皆以社爲祭地而對天也。惟社稷連文，則但爲土穀之神而非地五土之示，則如天之有五帝而非昊天上帝爾。且冬至、啓蟄、龍見之祭皆在圜丘，而季秋享帝則於明堂，是祭天固亦不拘一所也。則謂祭地之方丘雖在北郊，而大社、王社之亦爲祭地者，即在庫門内，其亦説之可通者歟？或謂：社與方丘之祭，其儀文器數有大相徑庭者，固未可統稱祭地。是亦不然。夫社與方丘之儀文器數雖不同，其爲祭地則同也。猶之冬至與明堂之禮亦固有不能盡同者，而其爲祭天則同也。蓋惟冬、夏二至爲大報本之祭，其餘則固可遞爲等殺耳。《禮經》殘闕，所執各殊，要惟會而通之，以得其當，則禮雖先王未之有，可以義起，況六經本無社非祭地之文乎？附識于此，以俟考禮者正之。

【《山堂考索》】社乃地示之屬而非地，猶五帝爲天之尊神而非天。

【《欽定書傳説彙纂》】社于新邑，謂此所以祀地也，非也。若以此社爲祭地，則《王制》所云祭天地、社稷，地與社豈重累而舉之乎？

周氏世樟曰：「朱文公不信北郊之説，而取胡五峰之言，以爲經文無北郊，只社便是祭地。然考之諸書，地與社鑿然不同。《山堂考索》云：『地者，后土之總稱。社者，地示之屬，而非即地，猶五帝爲天之尊神，而非即天也。』所以地爲大祀，社爲中祀。祭地則用騂犢，祭社則用太牢。祭地則用七獻，祭社則用三獻。祭地則服衮衣，祭社則服希衣。祭地則以后稷配，祭社則以句龍配。《王制》言天子祭天地，諸侯祭社稷，地與社之不同明矣。吴澄云：『祭地之禮，北郊方澤爲至重，唯天子得行之。其次則祭地于社，天子而下皆得行之。』斯言最爲明確。經傳中有天與地並稱者，此南北郊之禮也，其禮地與天敵。有郊與社並稱者，此郊社之禮也，其禮社不與郊敵。今人弗深考，遂謂社即是方澤，誤矣。」

宗元案：圜丘、方澤，各自爲祭。朱子言之，不一而足。《語類》此條因經文無北郊，而反取胡五峰之言。若非記録之訛，即是朱子未定之説耳。周氏乃單摘此條，議之而不加别白，尚欠分曉。顧所論社與地示之判，則頗明辨。然亦但謂社不是方澤耳，非社之必不可祭地也。蓋社連稷言，地示自不在内。若社對郊言，即以爲地示在内，亦何不可？古人之文，每多互見。《大宗伯》於天神言昊天上帝而不及五帝，舉大以見小也；于地示言社稷而不及方澤，舉小以見大也。《小宗伯》則言社稷、五帝而並無天地，《大司樂》又但言天地而並無社稷、五帝，亦皆互見以相備云爾。即如《中庸》郊社之禮，禘嘗之義，亦是舉郊以該明堂，舉社以該后土，舉禘以該大祫，舉嘗以該時祭也。讀經貴細剖以研其異，又貴統會以觀其同，方不觸處成礙耳。

黄氏澤曰：「殷革夏，周革殷，皆屋其社，是辱之也。旱乾水溢則變置社稷，是責之也。王者父事天，母事地，豈有可責可辱之理，則社非祭地明矣。」

李氏光坡曰：「祀天神，祭地示，其時其地詳見《大司樂》。而《大宗伯》『以蒼璧禮天，黄琮禮地』，《典瑞職》『四圭有邸以祀天，兩圭有邸以祀地』，《王制》『天子祭天地，諸侯祭社稷』，則地示之祭自不得以社當之。然《大宗伯職》序祭有社無示，《司徒・鼓人職》『以雷鼓鼓神祀，以靈鼓鼓社稷』，亦言社而不及示。《典瑞職》以圭璧禮諸神，祀地之外，不著社稷，《大司樂》分樂以祭，亦不别著社稷于祭地之後，二者又言示而不及社，似乎彼此互見，而示祭、社祭禮無殊也。黄勉齋曰：『社祭土，稷祭穀。土穀之祭達于上下，故方丘與社皆祭地也。而《宗伯》序祭有社無示，舉社則其禮達于下，舉示則天子獨用之。《鼓人職》不曰祭示而曰社祭，亦以其禮達于上下也。《大司樂》靈鼓、靈鼗以祭地示，則示祭、社祭其用同矣。』此説較之賈疏『所謂以小該大』者，尤爲長於理而合於經也。」

蕙田案：周氏所引騂犢、太牢、七獻、三獻、衮衣、希衣，以見祭示、祭社之不同，而祭社不可謂之祭地也。李氏所據《鼓人職》言社而不及示，《大司樂》言示而不及社，彼此互見，祭禮無殊，又以見祭示、祭社之所同，祭示之外必仍祭社，而祭社之不得爲祭地也，二説似異而實相發。蓋其所不同者，大小之品秩；其所同者，社與示無二道也，所謂因地事地也。

方氏苞曰：「胡仁仲謂：『王者父天而母地，掃地而祭者，唯昊天上帝。地示則唯有社祭，並無所謂方澤。』蓋據《大宗伯》『禋祀祀昊天上帝』及《鼓人》『以靈鼓鼓社祭』皆不言大示，而諸傳記亦多以郊社對舉，故妄爲此説。《戴記》曰：『器用陶匏，以象天地之性也。』又曰：『天地之牛角繭栗。』則祀天、祀地儀物皆同可知矣。又曰：『因天事天，因地事地。』又曰：『燔柴于太壇，祭天也。瘞埋于太折，祭地也。』又曰：『以祀天地、山川、社稷、先古。』七十子之徒各記所聞，而大體不易，不得謂社祭之外，別無方澤之祭，昭昭然矣。」

蕙田案：祭地不同于祭社，經有明文。《曲禮》：「天子祭天地，諸侯祭社稷。」今考其禮之不同者十有三。《周禮·大司樂》：「夏日至于澤中之方丘奏之。」又：「凡以神仕者，以夏日至致地示。」此祭非諸侯所得與，其不同，一也。《詩·周頌·載芟》序：「春藉田而祈社稷。」《良耜》序：「秋報社稷。」《豐年》序：「秋冬報。」《月令》：「孟冬之月，大割祠于公社。」或以春，或以秋冬，從未有以夏至者，是祭之時不同，二也。《月令》：「仲春之月，擇元日，命民社。」《郊特牲》：「日用甲，用日之始也。」夏日至，陰生；日之甲，陽始，是祭之日不同，三也。方丘在澤中，社稷在庫門内，是祭之地不同，四也。祭祭社稷。」是祭之名不同，五也。《儀禮》：「祭地瘞。」《周禮》：「以血《禮器》：「瘞埋于泰折，用騂犢。」《郊特牲》：「社稷太牢。」是牲不同，六也。《郊特牲》：「器用陶匏，象天地之性。」犧尊，疏布冪。《周禮·鬯人》：「社壝用大罍。」是祭器不同，七也。祭地用衮衣，祭社稷希冕，是祭服不同，八也。祭地七獻，祭社三獻，是獻不同，九也。祭地以后稷配，祭社以句龍配，是配不同，十也。地爲大祀，社爲次祀，是秩不同，十一也。《周禮》或言大示，或言地示，或言土示。大示則地之大者，地示則凡地之示與焉，土示則五土之示而已。是祭之稱示不同，十二也。《周禮·大司樂》「五變而致土示，八變而致地示」，是樂之致示不同，十三也。經傳所載祭地、祭社之不同如此。乃胡五峰謂祭地即祭社，楊氏、章氏非之，極是。夫天子一歲祭天有四，而地則唯夏至一祭者，

《詩·載芟》、《良耜》、《豐年》，《月令》割祠公社，凡軍旅會同，田獵災眚，皆有事焉。祭社稷皆所以祭地，而夏至方丘之正祭，不嫌于一舉矣。正祭不嫌於一舉，而社又無乎不祭，此社之祭所由與郊並稱。《書》之郊社不修，《中庸》郊社之禮，《禮記》郊社之義，皆對舉以言，而地之正祭反有時不及，胡氏之誤所由自來。若明乎天子所祭者，地唯方澤一祭，則社之祭土不得混于祭地矣。胡氏之云，豈足以紊先王之大典哉！

附辨蔡氏方澤、澤宮是一

【蔡德晉《禮圖說》】大社稷壇一名太折，一名方丘，一名方澤，其制于雉門之右，度方百二十步之地爲澤宮，周之以垣，垣北正中爲門，垣内爲方澤，澤北正中爲橋，澤内近北空地爲習射處。《郊特牲》云：「王立于澤，親聽誓命。」《射義》：「天子將祭，必先習射于澤。」《司弓矢》云：「澤供射椹質之弓矢。」是澤中社稷壇前有空地，爲誓戒習射處也。　又曰：「社壇在國中王宮之右，謂之方丘，亦曰太折，又名冢土，四面有水以象四海，故又謂之澤宮。」

【《郊特牲》鄭注】既卜必到澤宮，擇可與祭祀者，因誓敕之以禮也。【孔疏】以射擇士，因呼爲澤宮。至澤宮，射以擇助祭之人。

陸氏佃曰：「《毛詩傳》曰：『雍，澤也。』然則澤蓋學宮辟雍是矣。」

郝氏敬曰：「澤宮即璧雝、泮宮之別名。」

蕙田案：方澤與社稷非一，諸儒論之詳矣。此《禮圖說》不特合方澤、社稷而一之，并合澤宮、方澤而一之，不知澤宮即學宮，非祭地之方澤。《爾雅疏》：「宮，穹也，言屋見于垣上，穹崇然也。」《記》曰：「亡國之社屋之。」天子之社，壇而不屋，亦不可稱宮。又古者僇人于社，未聞擇土于社，則澤宮與社壇尤無涉矣。又案：地道配天，故《易》首乾、坤。自合祭行而地無正祭，以社爲地，而地并無祭矣。以土爲地，猶漢以五時爲天。《周禮・大宗伯》所謂掌建地示之禮者，❶何謂耶？兩説盡破，而地之正祭始明矣。

右方丘正祭。

【《書・商書・湯誥》】敢昭告于上天、神后。

【蔡《傳》】神后，后土也。

【《周書・武成》】告于皇天后土。

【《召誥》】丁巳，用牲于郊，牛二。

王氏充耘曰：「郊社，大事也。周、召以人臣行之，可乎？蓋因事告祭，奉天册命以行事，非常祭之比也。」

【《周禮・大宗伯》】王大封，則先告后土。

【注】后土，土神，黎所食者。

【《大祝》】建邦國，先告后土，用牲幣。【注】后土，社神。

黄氏曰：「注疏説后土，非也。古人常以后土對皇天，《春秋傳》曰：『君履后土而戴皇天。』后土，地也。五行之神后土，黎所食者，稱號同耳。《周禮》『大封告后土』，不曰社而曰后土，社，生物，后土主土。」

附辨注疏説后土不同

【《春秋》僖十五年《左傳》「君履后土而戴皇天」孔疏】以地神后土言之，后土者，地之大名也。履后土，指謂地爲后土也。　此以后土爲地之大名。

【《大宗伯》】王大封則先告后土。【鄭注】后土，土神也，黎所食者。【賈疏】言：「后土有二，若五行之官，東方

❶「謂」，底本漫漶不清，據聖環本、庫本補。

木官句芒，中央土官后土，此等后土，土官也。黎爲祝融兼后土，故云黎所食者。若《左氏傳》云『君戴皇天而履后土』，彼爲后土神，與此后土同也。若句龍生爲后土官，死配社，即以社爲后土。其實社是五土總神，非后土，但以后土配社食，世人因名社爲后土耳。」此以后土爲中央土神。

【《商書·湯誥》「敢昭告于上天、神后」蔡《傳》】神后，后土也。　此以后土爲神后。

【《月令》「仲春之月，命民社」鄭注】社，后土也。【《檀弓》「君舉而哭于后土」鄭注】后土，社也。【《周書·武成》「告于皇天、后土」孔傳】后土，社也。【《小雅·甫田》「以社以方」毛傳】社，后土也。　此俱以后土爲社。

【《周書·武成》蔡《傳》】句龍爲后土。　此以后土爲人神。

【《月令》「中央土，其神后土」鄭注】后土，顓頊之子，曰黎，兼爲土官。【孔疏】案昭二十九年《左傳》云：「顓頊氏有子曰黎，爲祝融。共工氏有子曰句龍，爲后土。后土爲土官。」知此經后土非句龍而爲黎者，以句龍初爲后土，後轉爲社。后土官缺，黎則兼之，故鄭注《大宗伯》云「黎食于火土」，以《宗伯》別云社稷，又云五祀句龍爲社神，則不得又爲五祀，故云黎兼也。【《祭法》「共工氏之霸九州也，其子曰后土，能平九州，故祀以爲社」孔疏】共工後世之子孫爲后土之官，能治九州五土之神，故祀以爲配社之神。【昭二十九年《左傳》「共工氏有子曰句龍，爲后土，后土爲社」孔疏】句龍既爲后土，又亦配社，故言后土爲社也。【《鄭志》答趙商云】后土爲社，謂輔作社神。趙商問：「《郊特牲》『社祭土而主陰氣』，《大宗伯職》曰『王大封則先告后土』，注云『后土，土神也』，若此之義，后土則社，社則后土，二者未知云何。敢問后土祭誰，社祭誰乎？」答曰：「句龍本后土，後遷之爲社。『大封先告后土』，玄注云：『后土，土神。』不云后土，社也。」田瓊問：「《周禮》『大封先告后土。』注云：『后土，社也。』前答趙商曰：『當言后土，土神，言社非也。』《檀弓》曰：『國亡大縣邑，或曰君舉而哭于后土。』注云：『后土，社也。』《月令》：『仲春命民社。』注云：『社，土神。』《中庸》云：『郊社之禮，所以事上帝也。』注云：『社祭地神，不言后土，省文。』此三者皆當定之否？」答曰：「后土，土官之名也，死以爲社神而祭之，故曰句龍爲后土。後轉爲社，故世人謂社爲后土，無可怪也。欲定者定之，亦可不須。」此俱以后土爲土官。

【陳氏《禮書》】古者正祭有常數，非正祭無常時，故歲祭天者四：《詩序》曰：「春夏祈穀于上帝。」又曰：「豐年，秋冬報。」則春祈穀，《左氏》所謂「啓蟄而郊」是也；夏祈穀，所謂「龍見而雩」是也；秋報，《月令》所謂「季秋大饗」是也；冬報，《周禮》所謂「冬日至于地上之圜丘」是也，凡此，正祭也。祭地之禮，《周禮》所謂「夏日至，于澤中之方丘」，正祭也。禱祠之屬，非正祭也。然先王親地，有社存焉。《禮》曰：「饗帝于郊，祀社于國。」又曰：「郊所以明天道，社所以神地道。」又曰：「郊社，所以祀上帝。」又曰：「明乎郊社之義。」或以社對帝，或以社對郊，則祭社乃所以親地也。《大宗伯》：「以血祭祭社稷。」又曰：「大封，先告后土。」《大祝》：「大師，大會同，宜于社。」又曰：「建邦國先告后土。」則后土非社矣。鄭氏釋《大宗伯》謂：「后土，土神，黎所食者。」釋《月令》「其神后土」謂：「后土，黎也。」釋《大祝》謂：「后土，社神也。」既曰土神，又曰社神，是兩之也。《書》曰：「敢昭告于皇天、后土。」《左氏》曰：「君戴皇天而履后土。」漢武帝祀后土于汾陰，宣帝祠后土于河東，而宋梁之時，祠地皆謂之后土，則古者亦命地示爲后土矣。然《周禮》有大示，有地示，有土示，有后土，則所謂后土者非地示也。

蕙田案：陳氏分正祭、告祭，極是。但以冬至圜丘正祭爲冬報，以祈穀、雩、大享爲正祭，尚未的，説見祀天門。以方澤爲地示正祭，以祀社爲親地，則千古不刊之論也。至《周禮》有大示，有地示，有土示，有后土，又有社稷，陳氏辨注「既曰土神，又曰社神，是兩之也」，可謂抵鄭之隙矣。但謂后土非地示，畢竟后土何所指，則不得其説矣。竊謂大示即地示，地示即后土。對天神而言則曰地示，以其配天神而非五土之示則曰大示，以其尊於土示而君之則曰后土，后土亦即地示也。若土示，則五土之示，社稷則建國之土神而已。鄭氏注后土爲土神，又注爲社神，自岐其指，疏矣。

右后土告祭。

【《中庸》】郊社之禮，所以事上帝也。【注】社祭地，不言后土者，省文。

【《仲尼燕居》】郊社之義，所以仁鬼神也。【疏】郊社，所以祭天地。

【《周書·泰誓》】郊社不修。【《召誥》孔疏】社亦名后土，地名后土，名同而義異也。

蕙田案：王者尊天而親地。郊天與明堂五帝皆爲祀天，而莫尊于郊；方澤與社皆爲祭地，而尤親于社。故天子一歲祭天凡四，地雖止夏日方澤一祭，他如《載芟》春祈，《良耜》秋報，《豐年》秋冬報，《月令》「孟冬大割祠」，與夫軍旅、會同、田獵、災眚皆有事于社，蓋祭社亦是祭地，故曰「祀社于國，所以列地利」。凡書中郊社並稱者，于天舉所尊，于地舉所親，皆言其理，而非言其制也。乃世儒不察，見郊社對舉，遂以祭社當方丘之祭地，誤矣。

右祭地稱社。

【《周禮・春官・大司樂》】夏日至，于澤中之方丘奏之。【疏】禮地示必于夏至之日者，以地是陰，夏至一陰生，是以還于陰生之日祭之也。

劉氏彝曰：「陰生而祭地，以助乎坤元資生之德。」

凡以神仕者，以夏日至致地示。【注】地，陰也，陰氣升而祭地示，所以順其物也。【疏】五月一陰生之日，當陰氣升而祭之也。

蕙田案：天子一歲祭天，冬至、祈穀、大雩、明堂凡四，而唯冬日至爲正祭。方丘，地之正祭也，見于經者唯夏日至一祭而已。孔疏謂地神有二，歲有二祭。夫一地安得有二神，而夏正之月亦未嘗有北郊之祭，其繆甚矣。

又案：《月令》：「仲春之月，擇元日，命民社。」《郊特牲》：「日用甲，用日之始也。」疏：「社是國中之貴神。甲是旬日之初始。」周諝曰：「甲者，陽中之陽。社用甲而不用乙，欲其以陽召陰。」是祭社之日，經有明文。澤中夏至，取其陰時陰位；仲春甲日，取其陽時陽日。是地與社之祭日，非惟不相似，而且相反矣。

附辨孔、賈祭神州月不同

【《曲禮》「天子祭天地」孔疏】夏正之月，祭神州地示于北郊。或云建申之月祭之，與郊天相對。【《春官・典瑞》「兩圭有邸以祀地」賈疏】三王之郊，一用夏正，未知神州何月祭之。或解郊用三陽之月。神州既與郊相對，宜用三陰之月，當七月祭也。【杜氏《通典》】東晉咸和中，議北郊用正月。隋以孟冬祭神州于北郊。唐因隋制，依舊十月致祭。《開元禮》以立冬祭神州于北郊。

陳氏汲曰：「祭地止夏至方澤，豈得崑崙、神州之異哉？其曰『三王之郊，一用夏正』，是《月令》『孟春，天子以元日祈穀于上帝』者，非郊天也。」

蕙田案：注疏于夏至祭方澤之外，添出神州一祭，宜求其祭月不可得，而徒爲是紛紛也。

附辨諸家地有二祭、四祭

【《曲禮》「天子祭天地」孔疏】地神有二，歲有二祭，夏至之日祭崑崙之神于方澤，一也；夏正之月祭神州地示于北郊，二也。【蔡氏《禮圖説》】天子一歲祭地有四：《大司樂》「夏日至，于澤中之方丘奏之，凡以神仕者，以夏日至致地示物鬽」，此夏至祭地于方澤，一也。《詩·小雅·甫田》「以社以方」，《頌》有《良耜》，此秋報，二也。《月令》「孟冬，大割祠于公社」，此冬祠，三也。《大司馬》「仲春獻禽以祭社」，《月令》「仲春，擇元日，命民社」，《頌》有《載芟》，此春祈，四也。 又曰：「天子一歲四祭，以夏至爲大。秋報、冬祠、春祈皆于方澤。」

蕙田案：地示無二，方澤非社，前辨已詳此。歲有二祭，緣分崑崙、神州爲二也；歲有四祭，緣合方澤、社稷爲一也。一分一合，二者胥失之。陳及之、楊信齋固云祭地止夏至方澤一祭耳。

右祭日。

【《通典》】配以后稷。【本注】案《鉤命訣》釋《孝經》云：「郊祀后稷以配天地。祭天南郊，就陽位。祭地北郊，就陰位。后稷爲天地主，文王爲五帝宗。」

【《明集禮》】配地之神，《周禮》無文，鄭玄以《孝經緯》云后稷爲天地主，則后稷配天南郊，亦當配地北郊矣。其説無據。至漢平帝用王莽之説，以呂太后配，光武時改薄太后爲高皇后以配，後魏道武以神元靈后配，則愈不經矣。

蕙田案：祭地之配，經無明文。《通典》本注疏，引緯書以后稷配。《明集禮》謂爲無據，是也。然王者父天母地，《中庸》謂「博厚配地，高明配天」。雖以德言，固三才之道也。如配祭則周當以后稷，而後世配天之祖亦當以配地，此禮之以義起者也。至地示無二，配帝亦無二，乃注疏裂崑崙、神州爲二示，以嚳、稷分配。《太平御覽》載《禮記外傳》以后土、后稷分配，説愈支，理愈窒。至漢以吕太后配，後魏以神元竇后配，北齊以武德皇后配，無稽益甚矣。

右配神。

【《禮記·祭義》】天子爲耤千畝，躬秉耒耜，以事天地、山川、社稷、先古，以爲醴酪、齍盛。

蕙田案：親耕、粢盛、秬鬯以事上帝，本兼祭地在內，詳見祀天門。兹《祭義》一條，明以天地、社稷分別言之，亦祭社非祭地之一證也。

右親耕、粢盛、醴酪。

【《周禮·春官·大宗伯》】以黄琮禮地。

【注】禮，謂始告神時薦于神坐。禮地以夏至，謂神在崑崙者也。禮神者必象其類，琮八方，象地。【疏】云「琮八方以象地」者，天員以對地方，地有四方，是八方也。《易》曰：「天玄而地黄。」今地用黄琮，隨地色。

王氏與之曰：「鄭氏以《大宗伯》有蒼璧、黄琮之文，《典瑞》無之，而云『四圭有邸以祀天，兩圭有邸以祀地』，遂以蒼璧所禮者，冬至圜丘之祭；四圭所禮者，夏正郊天之祭；黄琮所禮者，崑崙之神；兩圭所禮者，神州之神。其説甚誕。」

蕙田案：黄琮，謂上爲兩圭而以黄琮爲邸也。琮方象地，黄則象其色，土具五色，以黄爲主。

【《典瑞》】兩圭有邸以祀地。【注】兩圭者，以象地數二也。僢而同邸。【疏】「僢而同邸」者，案《王制》注：

「卧則僢。」彼僢謂兩足相向。❶此兩圭亦兩足同邸，是足相向之義，故以僢言之，則上四圭同邸者，❷亦是各自兩足相向，但就此兩足相向而言之也。

陳氏汲曰：「《宗伯》所謂蒼璧、黄琮，《典瑞》所謂四圭、兩圭也，蒼璧、黄琮言其色，四圭、兩圭言其形。以此推之，若祀天則用四圭之蒼璧，祭地則用兩圭之黄琮。祭天地之處止于圜丘、方澤，安有天、地之别，崑崙、神州之異哉？」

【《考工記》】玉人，兩圭五寸以祀地。

趙氏溥曰：「兩圭亦是用玉瑑成，方琮却于琮兩邊瑑出兩圭相對，其圭各長五寸。邸者，取其托宿之意。天則以璧爲邸，地以琮爲邸。必以五寸，則以地數不過五，如《書》『五曰土也』。此亦植在神坐前，欲地示降而依憑，存宿于中，非所執之玉也。此則《典瑞》『兩圭有邸以祀地，旅四望』。玉人制此器，故特言其寸數。」

易氏祓曰：「兩圭祀地，對四圭祀天而言也。天以健爲體，其德無不周，故其用爲四圭，其數爲尺二寸；地以順爲體，其德有所止，故半之而爲兩圭，殺之而其數爲五寸。知四圭尺有二寸而邸于璧，則知兩圭五寸而托于琮。」❸

蕙田案：兩圭，前後各一圭，以黄琮爲趺。兩圭，象地之有剛柔，其本著于一琮，象其得一以寧也。五寸，亦象地之有五方也。鄭氏分作兩玉以祀兩地，陳氏、趙氏論之明矣。

【《春官·大宗伯》】皆有牲幣，各放其器之色。

【《明集禮》】周制，禮地示之幣以黄。

蕙田案：黄琮、蒼璧，是色不同；兩圭、四圭，是制不同；五寸、尺有二寸，是數不同。祀天祭地之玉，其别

❶「彼」，原作「被」，據庫本及《周禮疏》改。
❷「上」，原作「主」，據《周禮疏》改。
❸「寸」，原作「尺」，據聖環本、庫本改。

如此。

右玉幣。

【《尚書・湯誥》】敢用玄牡，敢昭告于上天、神后。

【《召誥》】用牲于郊，牛二。

林氏之奇曰：「用牛二者，先儒以爲后稷配，不如王博士曰：『《昊天有成命》，郊祀天地也，蓋祭地亦可以郊言之，唯郊于天地，故用二牛也。』」

周氏諝曰：「言郊則天神與地示也。《詩序》曰：『昊天有成命，郊祀天地也。』《書》曰：『用牲于郊，牛二。』蓋一則用于南郊以祀天神，一則用于北郊以祭地示。」

【陳氏《禮書》】大禮必簡，小禮必繁。簡則內心而貴誠，繁則外心而貴味，此所以「郊特牲而社稷太牢，諸侯膳天子用犢，而天子禮諸侯以太牢也」。蓋南郊所以祀天神，北郊所以祭地示，其謂之郊則同，而其所以用特牲亦同，故《周頌》曰郊祀天地，是天地之祀皆謂之郊也。《書》曰「用牲于郊，牛二」，是天地之牲皆用犢也。

【《周禮・地官・牧人》】陰祀用黝牲，毛之。

【注】陰祀，北郊及社稷也。鄭司農云：「黝讀爲幽，黑也。」

【疏】天神與宗廟爲陽，地與社稷爲陰。案《大宗伯》云「蒼璧禮天，黃琮禮地」，謂圜丘、方澤。下云「牲幣各放其器之色」，則昊天與崑崙牲用蒼用黃，四時迎五方天帝，又各依其方色牲，則非此騂牲、黝牲。惟有郊天及宗廟、社稷一等不見牲色，在此陽祀、陰祀之中可知。案《郊特牲》云：「郊之祭也，大報天而主日。兆于南郊，就陽位也，牲用騂。」是南郊用騂也。《檀弓》云：「殷尚白，周尚赤。」是祭宗廟時赤也。據此而言，則祭天于南郊及宗廟用騂也。《郊特牲》云：「社祭土而主陰氣也。」是社稱陰。《孝經緯鉤命決》云：「祭地于北郊，就陰位。」彼對郊天就陽位，則是神州之神在北郊而稱陰。以是知陰祀中有祭地于北郊及社稷也。不從先鄭「陽祀，春夏」者，周祭宗廟，四時同用騂，夏至祭地方澤，牲用黃，春夏迎氣各隨方之色，明不得同用騂，故不從也。云「黝讀爲幽，幽，黑也」者，以其幽是北方，故從幽爲黑也。

易氏祓曰：「黝者，黑色之微。」

【陳氏《禮書》】《大宗伯》「牲幣各放其器之色」，則天以蒼不以騂，地以黃不以黝。《牧人》所言，亦大率而已。《詩》云「來方禋祀，以其騂黑」，則四方有用騂、黑者。孔子曰：「犁牛之子，騂且角，山川其舍諸？」則山川亦有用騂者。

【《禮記・祭法》】瘞埋于太折，祭地也。用騂犢。【注】地，陰祀，用黝牲。與天俱用犢，連言耳。【疏】云「陰祀用黝牲，毛之」，鄭康成注云：「陰祀，祭地北郊及社稷也。」又《郊特牲》云：「郊之用犢，貴誠也。」彼文雖主南郊，其北郊與天相對，故知俱用犢也。

【《王制》】祭天地之牛，角繭栗。

蕙田案：祭天用犢而地亦用犢者，尊地以配天也。故郊之祭同陽祀，用騂，陰祀用黝。祀天燔而祭地瘞者，兩儀判而高卑分也，故郊之南北不同，此聖人尊天親地之微意也。至郊用特牲而社稷太牢，方性夫曰：「于牲言特，以見太牢之非一；于牢言太，以見特牲之用犢也。」孕牲祭地弗用，則社稷容或用焉，是祭地之牲又不同于社稷也。

右犧牲。

【《郊特牲》】器用陶匏，以象天地之性也。

蕙田案：郊祭兼圜丘、方澤，其體多相同，故經言郊，則統天地言之。凡酒醴、粢盛、籩豆、器用，據《周禮》所載，非惟祭地無明文，即祭天亦統于祭大神之內。故《郊特牲》所載，每多渾言。惟此條明點出「地」字，推之可見也。又案：郊祭用犧尊，社壝用大罍，器用之不同于祭社亦一證。

右器用。

【《禮記・月令》】季夏之月，令婦官染采，黼黻文章，必以法故，以給郊廟祭祀之服。

蕙田案：祭地之服，經無明文，統于祭天也。統于祭天者，統于衮冕也。大裘特爲冬至設耳，故《春官・司服》但言冕不言衮，衮之章從乎冕，未有冕而不衮者也。祀天大裘，蓋謂異乎諸祭之但服衮冕耳。❶《郊特牲》：「祭之日，王被衮以象天。」《家語》：「天子大裘以黼之。」則固衮而備黼黻文章矣。祭地去大裘而衮冕，則郊祭之服同也。乃注疏謂祭天地同服大裘，是誤以祭天爲但服大裘而不被衮，并誤以祭地爲同服大裘，但知天地之祭同服，而不知同者衮冕而非大裘也。觀《月令》此條，不惟祭地之不服大裘可見，而祭天之服裘被衮亦可證矣。何乃泥于「大裘而冕」一語，致穿鑿無理如是耶！

附辨賈、孔祭地服大裘

【《天官·司裘》「掌爲大裘」賈疏】以其祭天地之服，故以大言之。　【《王制》「一命卷」孔疏】祭地之服無文。案《詩》：「昊天有成命，郊祀天地也。」天地相對，則祭地亦用大裘，故《孝經援神契》云祭地之禮與祭天同，亦據衣服同故也。　【杜氏《通典》】「王及尸同服大裘」注，「祭地之服無文」。崔靈恩、賈公彦、孔穎達皆云與祭天同服。今案，《郊特牲》云：「器用陶匏，以象天地之性。」是同器也。《王制》云：「天地之牛角繭栗。」是同牲也。又《鈎命訣》云「地配以后稷」，又配祭同也。此類頗多，凡覆載功齊，煦嫗德一，尚質之義，安有二哉！

程子曰：「元祐時，朝廷議行北郊，只因五月間天子不可服大裘，皆以爲難行，不知郊天郊地，禮制自不同。天是資始，故凡物皆尚純，藉用藁秸，器用陶匏，服用大裘是也。地則資生，安可亦用大裘？當時諸公知大裘不可服，不知別用一服，

❶「但服衮」，庫本作「服但衮」。

是時蘇子瞻便據《昊天有成命》之詩，謂郊祀同。文潞公便謂：譬如祭父母作一處何害？曰：此詩冬至、夏至皆歌，豈不可耶？郊天地又與共祭父母不同也，此是報本之祭，須各以其類祭，豈得同時耶？」

蕙田案：程子謂天資始而尚純，是大裘無衮冕也。推之地資生則宜尚華尚備，服用衮冕而不用大裘可矣，于「器用陶匏，以象天地之性」二句義便不合。是程子此條論祭地不服裘，則是論祭天服裘爲純色，義尚未確。

楊氏復曰：「自漢以來，分冬至、夏至二祀爲南北郊。南郊則周人之圜丘也，北郊則周人之方澤也。然後之人主欲行親郊之禮者，未聞以南郊爲難，而常以北郊爲難。夫五月雖盛暑之月，他事之當舉，他禮之當行者，未嘗廢也，而獨難于北郊何也？諸儒謬誤之説惑之也。案《司服》：『王祀昊天上帝則服大裘而冕，祀五帝亦如之。』惟祀地之服，經無明文，鄭注亦未嘗及之。賈公彦始爲之疏曰：『崑崙、神州亦服大裘可知。』夫賈公彦一時率爾之言，未嘗深考其故，豈有夏至陽極之月而可服大裘哉？而崔靈恩、孔穎達與杜佑《通典》亦爲是説，于是祀天地之服，不問寒暑，必服大裘，而北郊遂爲不可行之禮。至本朝元祐中，議北郊禮，論者猶以大裘不可服爲言，于是始有請于冬至南郊而合祭天地者矣，若顧臨等所言是也。有援虞周告祭之禮以證祀地之正祭者矣，如蘇軾之言是也。因諸儒一時謬誤之言，而欲廢祀地之大典，可不惜哉！」又曰：「王者事天明，事地察，祭祀冕服同乎異乎？曰：冬至祀天，夏至祀地，蒼璧禮天，黄琮禮地，各因其類，以象天地之性者，不容以不異也。冕服者，王之所服，以事昊天上帝、后土、地示，不容以不同也。但夏至不用大裘爾。《周官·屨人》曰：『凡四時祭祀，以宜服之。』夫屨猶辨四時之宜，則冕服可知矣。唐長孫無忌曰：『天子祀天地，服大裘冕。案周郊祀被衮以象天，戴冕璪十二旒與大裘同。《月令》孟冬天子始裘以禦寒，冬至報天，啓蟄祈穀，服裘可也。孟夏迎氣，龍見而雩，如之何而可服？故歷代惟服衮章。』斯言也，信而有證矣。」

右服冕。

【《儀禮·覲禮》】祭地瘞。

敖氏繼公曰：「瘞，埋也。皆順其性而爲之。」

【《禮記·祭法》】瘞埋于太折，祭地也。用騂犢。【疏】謂瘞繒埋牲。

方氏慤曰：「瘞埋則藏之幽，藏之幽者，地道也，謂瘞繒埋牲于土。」

【《禮運》】祭地，瘞繒。【注】埋牲曰瘞。幣帛曰繒，或作贈。【疏】瘞繒者，瘞埋也，謂祀地埋牲也。《祭法》云：「瘞埋于太折，祭地也。」幣帛曰繒，繒之言贈也，謂埋告又贈神也。

方氏慤曰：「繒帛藏之于幽，故言瘞。」

馬氏彦醇曰：「古者蒼璧禮天，黄琮禮地，未嘗有瘞埋之玉也。先儒謂燔柴、瘞埋俱有玉以降天神，出地示。《肆師》曰：『大祀用玉帛、牲牷。』《雲漢》云：『圭璧既卒。』皆謂禮神之玉。此經燔柴、瘞埋有帛而無玉也。蓋祭天不燔玉而燔帛，祭地不瘞玉而瘞繒，《禮運》云『祭祀瘞繒』是也。正如諸侯之禮，三帛二生一死贄，則受之，而五玉，卒乃復也。」

【《爾雅·釋天》】祭地曰瘞埋。【注】既祭埋藏之。【疏】《祭法》「瘞埋于太折，祭地」，然則祭神州地示于北郊，瘞繒埋牲，因名祭地曰瘞埋。李巡曰：「祭地以玉埋地中曰瘞埋。」孫炎曰：「瘞者，翳也，既祭翳藏地中。」

【《文獻通考》】宋元豐元年九月，陳襄等言：「陰祀自血始，然則瘞血以致神明，不可不在先也。及致示矣，方有事焉，至于禮畢，則以牲幣之屬瘞之，然後爲禮之終。故《儀禮》謂『祭地瘞』，而鄭氏謂祭禮終矣備矣。先儒有謂于瘞之始，即用牲幣之屬，既不經見，而又未薦神，遽以瘞之，則是備于先而闕于後也。至後世知瘞牲幣于祭末，而不知致神于其始，則是備于後而闕于先也。請祀北郊先行瘞血之禮，俟薦獻禮畢，即瘞牲幣之屬，則始終之禮備。」從之。

【陳氏《禮書》】《曾子問》曰：「天子將出，必以幣帛皮圭告于祖禰，反必告，釋奠。卒，斂幣玉，藏之兩階之間。君薨而世子生。太祝執束帛升，奠幣于殯東几上，遂朝奠。小宰升舉幣。」則宗廟之瘞在既事之後矣。祭天曰燔柴，祭地曰瘞埋。又周人尚臭而升煙，瘞埋乃臭氣也，則天地之燔瘞在行事之前矣。賈公彦謂：「天神中非直有升煙、玉帛、牲，亦有禮神者也。地示中非直有瘞埋、牲，亦有禮神者也。」以爲瘞埋在作樂降神之後，而禮神又燔瘞之後，則燔瘞之與禮神固有二玉、二帛、二牲矣。以宗廟之祭考之，升首所以報陽，則天地燔瘞固用首矣。漢用牲首，蓋禮意也。《周官・羊人》：「凡釁積，共其羊牲。」《犬人》：「凡祭祀共犬牲，伏瘞亦如之。」鄭司農曰：「瘞謂埋祭。祭地曰瘞埋，則燔瘞用羊犬矣。」此豈施于天地之大祀與夫次祀、小祀者乎？周魏之間，燔柴皆于祭末。郭璞云：「祭天，既祭，積柴燒之。祭地，既祭，瘞埋藏之。」恐先王之時，祭祀事畢亦有燔瘞之禮，其詳不可考也。《書・金縢》稱周公曰：「爾之許我，我其以璧與圭瘞，俟爾命。」則禮神之玉，其終固燔瘞矣。

蕙田案：燔瘞之禮，當以宋元豐陳襄議爲是。陳氏《禮書》謂燔瘞用牲首及燔瘞有玉，皆非是，詳見祀天門。　祭地曰瘞，《周禮》以血祭祭社稷，是祭名不同也。

右瘞埋。

【《周禮・春官・大司樂》】凡樂，函鍾爲宮，太簇爲角，姑洗爲徵，南吕爲羽。靈鼓、靈鼗，孫竹之管，空桑之琴瑟，《咸池》之舞，夏日至，于澤中之方丘奏之，若樂八變，則地示皆出，可得而禮矣。【注】禘，大祭也。地示則主崑崙。函鍾，林鍾也。林鍾生于未之氣，未，坤之位，或曰天社在東井輿鬼之外，天社，地神也。地宫林鍾，林鍾上生太簇，太簇下生南吕，南吕上生姑洗。鄭司農云：「靈鼓、靈鼗，四面。」玄謂靈鼓、靈鼗六面。孫竹，竹枝根之末生者。空桑，山名。【疏】言「六變、八變、九變」者，謂在天地及廟庭而立四表，舞人從南表向第二表爲一成，一成則一變。從第二至第三爲二成，從第三至北頭第四表爲三成。舞人各轉身南向于北表之北，還從第一至第二爲四成，從第二至第三爲五成，從第三至南頭第一表爲六成，則天神皆降。若八變者，更從南頭北向第二爲七成，又從第二至第三爲八成，地示皆出。若九變者，又從第三至北頭第一爲九變，人鬼可得禮焉。此約周之《大武》，象武王伐紂，故《樂記》云：「且夫《武》，始而北出，再成而滅商，三成而南，四成而南國是疆，五成而分，❶周公左，召公右。六成復綴以崇天子。」其餘《大濩》已上，雖無滅商事，但舞人須有限約，亦應立四表，以與舞人爲曲別也。云「函鍾，林鍾也」者，《月令》謂之林鍾是也。云「林鍾生于未之氣，未，坤之位」者，林鍾在未，八卦坤亦在未，故云「坤之位」。❷云「或曰天社在東井輿鬼之外」者，案《星經》，「天社六星，輿鬼之南」。是其輿鬼外也。天社神位，皆是地示，故以林鍾爲地宫也。地宫林鍾，林鍾上生太簇，太簇爲角，太簇下生南吕，南吕爲羽，先生後用也。南吕上生姑洗，姑洗爲徵，後生先用，四聲足矣。云「孫竹，竹枝根之末生」者，案《詩毛傳》云：「枝，幹也。」幹即身也。以其言孫，若子孫然，知竹根末生焉。

薛氏士隆曰：「林鍾，丑之衡，爲地統，與其他之律皆相生之次而用，地静而不變，以生爲本，故以相生爲用。不與圜丘、宗廟同。」

王氏《詳説》曰：「林鍾上生太簇，太簇下生南吕，南吕上生姑洗。然先姑洗而後南吕，以姑洗數多而南吕數

❶「分」下，庫本有「陝」字。

❷「云坤之位」，原脱，據《周禮疏》補。

少耳。相生者，地之功，故于地言之。」鄭氏鍔曰：「地功始于寅，故用太簇爲角，角言功之始。地功成于辰，故用姑洗爲徵，徵言功之成。地功終于酉，故用南吕爲羽，羽言功之終。天神而地靈，故以靈名其鼓與鼗。樂用靈鍾，言地爲萬物之君，終于南吕，象其作成萬物之效。鼓鼗言其德之靈，管象其生之衆，空桑言其道無所不容，咸池言其澤無所不徧，而丘之體又象地之方。祭之日用夏至，一陰始生之日，以類求類，如此安有神之不出乎？」

蔡氏德晉曰：「函鍾即林鍾，屬未，其位爲坤。地勢坤，萬物皆致養焉，故祀地用以爲宫。不曰林而曰函，與《易》坤卦含宏同意。『林鍾生太簇，太簇生南吕，南吕生姑洗』者，律之相生者也。相生者，地之功，故祀地取之。函鍾爲宫，蕤賓爲之合；太簇爲角，應鍾爲之合；姑洗爲徵，南吕爲羽，而交相合焉。宫之旋而在地者，其合降而三也。鼓鼗以靈名，靈爲地之德也。孫竹，竹旁生而柔穉者，其音和平，于祭地示宜也。樂八變者，《咸池》之樂，以八變而終也。天神在上，故曰降；地示在下，故曰出。言皆出者，亦謂后土來格，而諸地示隨之也。」

方氏苞曰：「天之體動，故其感較速。地之體静，故其感較遲。上言五變而致土祇，此言八變而地示皆出，何也？上列序五地土祇者，原隰之祇耳。《記》曰：『大旅具矣，不足以享帝。』則方澤之祭，較之原隰之祇，其感召必有難易可知也。」

蕙田案：此致示之樂。

乃奏太簇，歌應鍾，舞《咸池》，以祭地示。

【注】太簇，陽聲第二，應鍾爲之合。《咸池》，《大咸》也。

【疏】地示卑于天神，故降用大簇陽聲第二及《咸池》也。云「大簇，陽聲第二，應鍾爲之合」者，以黄鍾之初九下生林鍾之初六，林鍾之初六上生大簇之九二，是陽聲之第二也。太簇，寅之氣也，正月建焉，而辰在娵訾。❶應鍾，亥之氣也，而辰在析木，是應鍾爲之合也。云「《咸池》，《大咸》也」者，此云「咸池」，上文云「大咸」，以爲一物，故云「《大咸》也」。

鄭氏鍔曰：「大簇者，建寅之律，陽聲之第二。應鍾雖非陽聲之第二，然其位在亥。寅與亥相合之辰，故奏大簇必歌應鍾之調，取其合也。」

易氏祓曰：「《池》以象地之澤，唐堯氏之樂。唐堯氏德與地合，故《咸池》之樂起于大簇之寅，應以應鍾之亥，是大簇爲六律之次，應鍾爲六同之次，《咸池》爲六舞之次，以祭地示，類也。」

蔡氏德晉曰：「太簇屬寅，陽聲第二。應鍾屬亥，陰聲第六。爲之合，寅與亥合也。《咸池》，六樂第二。」

蕙田案：此祭示之樂。

右樂。

【《周禮·春官·大祝》】凡祭示，逆尸，相尸禮。

【《小祝》】大祭祀，送逆尸，沃尸盥。

【《曲禮》孔疏】天子祭天地、社稷、山川、四方百物，皆有尸。

右尸。

【《周禮·春官·大祝》】掌六祝之詞，以事鬼神示。

辨六號。三曰示號。【注】號，謂尊其名，更爲美稱焉。示號，若云后土、地示。

祭示則執明水火而號祝。【注】明水火，司烜所共日月之氣，以給烝享。執之如以六號祝，明此圭潔也。

劉氏敞曰：「祭示，祭地方澤，禮最大，故特言。」

【《大戴禮·公符篇》】古祝詞：溥溥之土，承天之神，興甘風雨，庶卉百穀，莫不茂者，既安且寧，維予一人，敬拜下土之靈。維某年某月上日。

右祝。

【《周禮·天官·冢宰》】前期十日，帥執事

❶「辰」，原作「神」，據《周禮疏》改。

而卜日，遂戒。祀大示，亦如之。

【《春官・大宗伯》】祭大示，帥執事而卜日。凡祭大示，宿，視滌濯，涖玉，詔大號，治其大禮，詔相王之大禮。

【《天官・大宰》】及執事，視滌濯。祀大示，亦如之。

【《春官・大宗伯》】凡祭大示，涖玉鬯，省牲鑊，奉玉齍。【注】玉，禮神之玉也。【疏】即黄琮之等，兩圭之類，皆是禮神，置于神坐也。

【《秋官・蜡氏》】凡國之大祭祀，令州里除不蠲，禁刑者、任人及凶服者，以及郊野。【疏】大祭祀，謂郊祭天地。

【《大祝》】凡祭示，逆牲。

【《天官・大宰》】及納亨，贊王牲事。祀大示亦如之。

【《春官・大宗伯》】祭大示，省牲鑊。

【《天官・大宰》】贊玉幣爵之事，祀大示亦如之。

【《小宰》】凡祭祀，贊玉幣爵之事。

蕙田案：祀天圜丘，祭地方澤，皆謂之郊。然其禮有與祀天異者，有與祀天同者。澤中方丘、夏日至、玉幣、犧牲、瘞埋、樂舞，皆與天異者，從其類也。至卜日、誓戒、陳設、省視、酒醴、粢盛、籩豆、器用、服冕、車旗及祭日儀節、始終之序，皆與天同者，均其尊也。今特舉其異而明著大示者，編列如右。其同者，已詳祀天門，不復載。閱者參互考之，可具見禮之等殺焉。

右儀節。

五禮通考卷第三十七

淮陰吴玉搢校字

五禮通考卷第三十八

内廷供奉禮部右侍郎金匱秦蕙田編輯
太子太保總督直隸右都御史桐城方觀承同訂
按察司副使元和宋宗元参校

吉禮三十八

方丘祭地

【《文獻通考》】秦始皇帝即位三年，祠八神，二曰地主，祠泰山梁父。蓋天好陰，祠之必于高山之下，山之上，命曰畤；地貴陽，祭之必于澤中圜丘云。

【《漢書·高祖本紀》】二年六月，令祠官祀天地、四方、上帝、山川，以時祀之。六年，詔御史令長安置祠祀官、女巫，其梁巫祠天地。

【《文獻通考》】漢文帝初，祭地于渭陽，以高帝配。

【《漢書·武帝本紀》】元鼎四年冬十月，行幸雍，自夏陽，東幸汾陰。十一月甲子，立后土祠于汾陰脽上。禮畢，行幸滎陽。還至洛陽，詔曰：「祭地冀州，瞻望河、洛，巡省豫州，觀于周室，邈而無祀。詢問耆老，乃得孽子嘉。其封嘉爲周子南君，以奉周祀。」

【《郊祀志》】天子郊雍，曰：「今上帝朕親郊，而后土無祀，則禮不答也。」有司與太史令談、祠官寬舒議：「天地牲角繭栗。今陛下親祠后土，后土宜于澤中圜丘爲五壇，壇一黄犢牢具，已祠盡瘞。而從祠衣上黄。」侍祠之人着黄衣。於是天子東幸汾陰。汾陰男子公孫滂洋等見汾旁有光如絳，上遂立后土祠于汾陰脽上，如寬舒等議。上親望拜，如上帝禮。

【《漢舊儀》】漢法，三歲一祭地于河東汾陰后土宫，以夏至日祭地，地神出。祭五帝于雍畤。又曰：祭地河東汾陰后土宫，宫曲入河。古之祭地，澤中方丘也，禮儀如祭天。名泰一曰丘。

【《武帝本紀》】元鼎五年冬十一月，祭后土。

元封四年春三月，祠后土，詔曰：「朕躬祭后土地祇，見光集于靈壇，一夜三燭，其赦汾陰死罪以下。」六年春三月，行幸河東，祠后土。詔曰：「朕禮首山，昆田出珍，物化或爲黄金。祭后土，神光三燭，其赦汾陰殊死以下，賜天下貧民布帛人一匹。」

太初元年十二月，禪高里，祠后土。二年春三月，行幸河東，祠后土，令天下大酺五日。夏四月，詔曰：「朕用事介山祭后土，皆有光應，其赦汾陰、安邑殊死以下。」

天漢元年春三月，行幸河東，祠后土。

蕙田案：漢《郊祀歌》有祠后土樂章，見圜丘門。

【《宣帝本紀》】神爵元年三月，行幸河東，祠后土。

五鳳三年春三月，幸河東，祠后土，詔赦天下。

【《元帝本紀》】初元四年春三月，幸河東，祀后土，赦汾陰徒，賜民爵一級。

永光五年三月，幸河東，祠后土。

建昭二年春三月，行幸河東，祠后土。

【《成帝本紀》】建始元年，作長安南北郊，罷汾陰后土祠。

二年三月辛丑，上始祠后土于北郊。

永始三年冬十月，皇太后詔復汾陰后土祠。四年三月，行幸河東，祠后土，賜吏民。　四年三月，行幸河東，祠后土。　元延二年三月，行幸河東，祠后土。　綏和元年三月，行幸河東，祠后土。　二年，皇太后詔復長安南北郊。哀帝即位，寢疾，復甘泉泰畤、汾陰后土祠。

【《文獻通考》】平帝時，王莽奏罷甘泉泰畤，復長安南北郊。　又奏：「以天地合祭，以孟春正月上辛若丁，天子親合祀天地于南郊，以高帝、高后配。　夏日至，使有司奉祭北郊，以高后配。」議：「稱地祇曰后土，與中央黄靈同。　又兆北郊未有尊稱，宜令地祇稱皇地后祇，兆曰廣畤。」奏可。

【《後漢書·祭祀志》】建武元年，爲壇祭告天地，未以祖配。　天地共犢。

【《文獻通考》】建武二年正月，郊，别祀地祇，位南面西上；高皇后配，西面北上，皆在壇上；地理羣神從食皆在壇下，如元始故事。岳、瀆位見山川門。　地祇、高皇后用犢各一頭，五岳共牛一頭，海、四瀆共牛一頭，羣神共二頭。　奏樂亦如南郊。　既送神，瘞俎實于壇北。

【《黄圖》載元始儀】后土壇方五丈六尺。　茅營去壇十步外，土營方二百步限之。　其五零壇土茅營，❶如上帝五神去營步數。　神道四通，廣各十步。　宫内道廣各二丈，有闕。　爲周道后土宫外，徑九步。　營岱宗西門之外，河北門之外，海東門之外，徑各六十步。　壇方二丈，高二尺。　爲周道前望之外，徑六步。　列望亞前望道外，三十六步。　壇廣一丈五尺，

❶「土」下，《後漢書·祭祀志》李賢注有「去」字。

高一尺五寸。 爲周道列望之外，徑六步。卿望亞列望道外，徑三十五步。壇廣一丈，高一尺。 爲周道卿望之外，徑六步。大夫望亞卿望道之外，徑十九步。壇廣八尺，高八寸。 爲周道大夫望之外，徑九步。士望亞大夫望道外，徑十二步。壇廣六尺，高六寸。 爲周道士望之外，徑六步。凡地宗后土宮壇營，方二里，周八里。營再重，道四通。 常以歲之孟春正月親郊祭天南郊，以地配，天地位皆南向，同席，地差在東，共牢而食。夏至，使有司奉祭地祇于北郊，高皇后配。

【《後漢書·世祖本紀》】建武十八年三月壬午，幸蒲坂，祀后土。

【《漢官儀》】祭地于河東汾陰后土宮，宮曲入河。古之祭地，澤中方丘也。以夏至日祭。其禮儀如祭天。蒲坂縣，屬河東郡，后土祠在今蒲州汾陰縣北。

中元元年十月甲申，使司空告祠高廟，曰：「吕太后不宜配食。高廟同祧至尊，薄太后母德仁慈，其上薄太后尊號曰高皇后，配食地祇，遷吕太后廟主于園。」是歲，初起北郊。

【《祭祀志》】中元元年，初營北郊，遷吕太后于園，上薄太后尊號曰高皇后，當配地，郊高廟。北郊在雒陽城北四里，爲方壇四陛。

【《世祖本紀》】中元二年春正月，初立北郊，祀后土。

【《祭祀志》】三十三年正月辛未，郊，别祀地祇，位南面西上。高皇后配，西面北上，皆在壇上。地理羣神從食壇下，如元始中故事。

【《漢官儀》】北郊壇在城西北角，去城一

里。所謂方壇四陛，但存壇祠舍而已。其鼓吹樂及舞人御帳，皆從南郊之具。地祇位南面西上，高皇后配，西面，皆在壇上。地理羣神從食壇下。南郊焚犢，北郊埋犢。

【《禮儀志》】凡齋，天地七日。大喪，地以下皆百日後乃齋，如故事。

右秦漢祭地。

【《宋書·禮志》】蜀漢先帝章武二年，詔丞相諸葛亮營北郊于成都。

【《通典》】魏明帝景初元年，詔祀方丘所祭曰皇皇后地，以舜妃伊氏配，北郊所祭曰皇地之祇，以武宣后配。

時高堂隆上表云：「古來娥英、姜姒，盛德之妃，未聞配食于郊者也。漢文初祭地祇于渭陽，西漢武帝時始立汾陰后土祠，孝文時無祭地祇于渭陽事。以高帝配。孝武立后土，宜依古典，以武皇配天地。」

【《文獻通考》】馬氏曰：「案鄭康成分圜丘與南郊爲二，方澤與北郊爲二，而所祀天地亦各有二名。曹魏郊祀，遵用其說。然鄭説祀天則有昊天，有五帝，而魏圜丘所祀曰皇皇帝天，南郊所祀曰皇天之神。鄭説祀地則有崑崙，有神州，而魏方澤所祀曰皇皇后地，北郊所祀曰皇地之祇。往往見靈威仰及崑崙等名不雅馴，故有以易之。然不知皇天之與天神，后土之與地祇，果可分而爲二乎？可笑也！」

右蜀魏祭地。

【《晉書·禮志》】晉武帝泰始二年，定郊祀、地郊先后配。是年，并圜、方二丘于南北郊，更修壇兆。其二至之祀合于二郊。時從有司議，云古者郊丘不異。十一月庚寅冬至，帝親祠于南郊，自後方澤不別立。

元帝泰興二年，北郊未立地祇，共在天郊。

明帝太寧三年，詔立北郊。未及建而帝崩。

太寧三年七月，始詔立北郊。及成帝咸和八年正月，追述前旨，于覆舟山南立之。地郊以五岳、四望、四海、四瀆、五湖、五帝之佐，沂山、嶽山、白山、霍山、醫無閭山、蔣山、松江、會稽山、錢塘江、先農，凡四十四神也。江南諸小山，蓋江左所立，猶如漢西京小水，皆有祭秩也。是月辛未，祀北郊，始以宣穆張皇后配地，魏氏故事，非晉舊也。

建元元年正月，將北郊，太常顧和表：「泰始中，合二至之禮于二郊。北郊之月，古無明文，或以夏至，或同用陽。漢光武正月辛未，始建北郊，此則與南郊同月。及中興草創，百度從簡，合北郊于一丘，憲章未備，權用斯禮，蓋時宜也。至咸和中，議別立北郊，同用正月。魏承後漢，正月祭天以配地。時高堂隆等以爲禮祭天不以地配，而稱周禮三王之郊，一用夏正。」于是從和議。是月辛巳，北郊，帝親奉。

蕙田案：高堂隆稱祭天不以地配，是矣。所稱三王之郊，一用夏正，仍用鄭氏緯書之説，非周禮也。

【《晉書·樂志》】地郊饗神歌

整泰折，竢皇祇，衆神感，羣靈儀。陰祀設，吉禮施，夜將極，時未移。祇之體，無形象。潛泰幽，洞忽荒，祇之出，薆若有。靈無遠，天下母。祇之來，遺光景。照若存，終冥冥。祇之至，舉欣欣。舞象德，歌成文。祇之坐，同歡豫。澤雨施，化雲布。樂八變，聲教敷。物咸亨，祇是娛。齊既潔，侍者肅。玉觴進，咸穆穆。饗嘉慶，歆德馨。祚有晉，暨羣生。溢九壤，格天庭。保萬壽，延億齡。

右晉祭地。

【《宋書・禮志》】宋武帝永初二年，親祀南北郊。

【《少帝本紀》】永初三年九月，司空羨之、尚書令亮等奏：「高祖武皇帝宜配天郊。至于地祇之配，雖禮無明文，先代舊章，每所因循，魏晉故典，足爲前式。謂武敬皇后宜配北郊。明年孟春，有事于二郊，請宣攝內外，詳依舊典。」詔可。

【《通典》】孝武帝大明三年，移北郊于鍾山北道西，與南郊相對。後還舊處。

初，晉始置于覆舟山南，至于此移之。廢帝以舊地吉祥，復之。

【《宋書・禮志》】北郊齋、夕牲、進熟及乘輿、百官到壇三獻，悉如南郊之禮。惟事訖，太祝令牲玉饌物詣埳，置牲上訖，又以一牲覆其上。治禮舉手曰：「可霾。」二十人俱時下土。填埳欲半，博士仰白：「事畢。」帝出。

右宋祭地。

【《南齊書・禮志》】齊高祖建元二年正月次辛，祀北郊。犧牲之色，因舊不改，而無配。詔可。用王儉議。

武帝永明二年，祠部郎中蔡履議：「漢東京《禮儀志》：『南郊禮畢，次北郊、明堂。』」太學博士王祐議：「正月上辛宜祭南郊，次辛有事明堂，後辛饗祀北郊。」兼博士劉蔓議：「若依《漢書》五供，便應先祭北郊，然後明堂，則是地先天食，所未可也。」兼太常丞蔡仲熊議：「魏高堂隆表『九日南郊，十日北郊，十一日明堂，十二日宗廟』。案隆此言，是審于時定制。」尚書陸澄議：「明堂用日，宜依古在北郊後。漢唯南郊備大駕，自北郊以下，車駕十省其二。」尚書王儉議：「《春秋感精符》云『王者父天母地』，則北郊之祀應在明堂之先。漢魏北郊，亦有親奉。」太常顧和秉議：「今宜親祀北郊，明年正月上辛祀昊天，次辛瘞后土，後辛祀明堂，御並親奉。」詔可。

【《武帝本紀》】永明三年春二月辛丑，車駕祀北郊。

【《齊書·樂志》】北郊樂歌辭，案《周頌·昊天有成命》，郊祀天地也。是則周、漢以來，祭天地皆同辭矣。宋顏延之《享地神辭》一篇，餘與南郊同。齊北郊，羣臣入，奏《肅咸》樂；牲入，奏《引牲》；薦豆毛血，奏《嘉薦》；皇帝入壇東門，奏《永至》；飲福酒，奏《嘉胙》；還便殿，奏《休成》；辭並與南郊同。迎、送神《昭夏》登歌異。

迎地神，奏《昭夏》之樂　詔禮崇營，敬享元時。靈正丹帷，月肅紫墀。展薦登華，風縣凝鏘。神惟戾止，鬱葆遥莊。昭望歲芬，環游辰太。穆哉尚禮，横光秉藹。

皇帝升壇，登歌　佇靈敬享，禋肅彝文。縣動聲儀，薦絜牲芬。陰祇以貺，昭司式慶。九服熙虔，六農祥正。

皇帝初獻，奏《地德凱容》之樂　繕方丘，端國陰，掩珪晷，仰靈心，詔原委，遍丘林。八句。禮獻物，樂薦音。此下除二十二句，餘皆顏辭。

次奏《昭德凱容》之樂　慶圖濬邈，蘊祥祕瑶。俔天炳月，嬪光紫霄。邦化靈懋，闈則風調。儷德方儀，徽載以昭。

送神，奏《昭夏》之樂　薦神升，享序楙。淹玉俎，停金奏。寶旆轉，旒駕旋。溢素景，鬱紫躔。靈心顧，留宸睠。洽外瀛，瑞中縣。

瘞埋，奏《隸幽》之樂　后皇嘉慶，定祇元時。承帝休圖，祇敷靈祉。篚冪周序，軒朱凝會。牲幣芬壇，精明佇蓋。調川瑞昌，警岳祥泰。

右齊祭地。

【《隋書·禮儀志》】梁武帝制北郊，爲方壇于北郊，上方十丈，下方十二丈，高一丈。四面各有陛，其外爲壝，再重。與南郊間歲。正月上辛，以一特牛，祀后土之神于其上，以德后配。禮以黄琮制幣。五官之神、先農、五岳、沂山、嶽山、白石山、霍山、無閭山、蔣山、四海、四瀆、松江、會稽山、錢塘江、四望，皆從祀。太史設埋次于壬地焉。【《通典》】省除四望座。博士明山賓議：「北郊有岳鎮海瀆之座，而又有四望座，疑重。」遂省四望座。松江、浙江、五湖、鍾山、白石山，並留之如故。帝行一獻之禮。

【《梁書·武帝本紀》】天監四年，何佟之云：「《周禮》，地曰祇，今地不稱祇。地攢宜題曰『后地座』。又北郊用上和香，以地于人親，宜加雜馥。」並從之。

五年，明山賓稱：「周以五月祭地，殷以六月祭地，夏以七月祭地。自頃代以來，南北二郊同用夏正，皆以始祖配饗。」詔依議。

【《隋書·音樂志》】梁北郊迎神《諴雅》，一曲三言

地德普，崑丘峻，揚羽翟，鼓應鞞，出尊祇，展誠信，招海瀆，羅岳鎮，惟福祉，咸昭晢。

送神《諴雅》，一曲四言。詞同南郊。

皇帝初獻奏，登歌，二曲四言　方壇既埳，地祇已出。盛典弗諐，羣望咸秩。乃升乃獻，敬成禮卒。靈降無兆，神饗載謐。允矣嘉祚，其升如日。

至哉坤元，實惟厚載。躬兹奠饗，誠交顯晦。或升或降，搖珠動佩。德表成物，慶流皇代。純嘏不僭，祺福是賚。

右梁祭地。

【《通典》】陳武帝受禪，亦以間歲，正月上辛，用特牛一，祀地于北郊，以皇妣昭后配。

【《陳書·高祖本紀》】永定二年春正月乙巳，輿駕親祀北郊。

【《文帝本紀》】天嘉元年春正月辛未，車駕親祀北郊。　三年春正月辛酉，輿駕親祀北郊。　五年春正月辛巳，輿駕親祀北郊。

【《隋書·禮儀志》】文帝天嘉中，北郊改以德皇帝配。

光大中，以昭后配北郊。

【《宣帝本紀》】太建三年春正月辛未，親祀北郊。　七年春正月辛巳，親祀北郊。

九年春正月辛卯，輿駕親祀北郊。

【《通典》】宣帝即位，以郊壇卑下，更增廣之。祠部郎中王元規議：「舊壇上徑廣九丈三尺，請加七尺，以則地義。下徑廣十五丈，取三分益一，高丈五寸，請加尺五寸，取二倍漢家之數。」

右陳祭地。

【《魏書·太祖本紀》】天興三年春正月癸亥，有事于北郊。分命諸官循行州郡，觀民風俗，察舉不法，賜羣臣布帛，各有差。

【《禮志》】天興三年正月癸亥，瘞地于北郊，以神元竇皇后配。五岳名山在中壝內，四瀆大川於外壝內。后土神、元后牲共用玄牲一，玉用兩珪，幣用束帛。五岳等用牛一。祭畢，瘞牲體右于壇之北亥地，從陰也。乙丑，赦京師畿內五歲刑以下。其後夏至，祭地于方澤，用牲帛之屬，與二郊同。

【《高祖本紀》】太和十三年五月庚戌，車駕有事于方澤。　十八年二月己丑，行幸河陰，規建方澤之所。二十年五月丙戌，初營方澤于河陰。丁亥，車駕有事于方澤。

蕙田案：北魏方丘歌辭見圜丘門。

右北魏祭地。

【《隋書・禮儀志》】北齊方澤，三年一祭，謂之禘祀。爲壇在國北郊，廣輪四十尺，高四尺，❶面各一陛。其外爲三壝，相去廣狹同圜丘。壝外大營，廣輪三百二十步。營壍廣一十二尺，深一丈，四面各通一門。又爲瘞坎于壇之壬地，中壝之外，廣深一丈二尺，以黄琮、束帛。夏至之日，禘崑崙皇地祇于其上，以武明皇后配。其神州之神、社稷、岱岳、沂鎮、❷會稽鎮、云云山、亭亭山、蒙山、羽山、澤山、崧岳、霍岳、衡鎮、荆山、内方山、大别山、敷淺原山、桐柏山、陪尾山、華岳、泰岳鎮、積石山、龍門山、江山、岐山、荆山、嶓冢山、壺口山、雷首山、底柱山、析城山、王屋山、西傾朱圉山、鳥鼠同穴山、熊耳山、敦物山、蔡蒙山、梁山、崏山、武功山、太白山、恒岳、醫無閭山鎮、陰山、白登山、碣石山、太行山、狼山、封龍山、漳山、宣務山、闕山、方山、苟山、狹龍山、淮水、東海、泗水、沂水、淄水、濰水、江水、南海、漢水、穀水、洛水、伊水、漾水、沔水、河水、西海、黑水、澇水、渭水、涇水、酆水、濟水、北海、松水、京水、桑乾水、漳水、呼沲水、衛水、洹水、延水，並從祀。其神州位在青陛之北甲寅地，社位赤陛之西未地，稷位白陛之南庚地。自餘並内壝之内，内向，各如其方。合用牲十二，儀同圜丘。其後諸儒定禮，北郊歲一祀，皆以正月上辛。

❶「尺」，原作「丈」，據庫本改。
❷「沂」，原脱，據聖環本、庫本補。

【《北齊書·武成帝本紀》】河清二年春正月丁丑，以武明皇后配祭北郊。

【《隋書·禮儀志》】後齊北郊爲壇如南郊壇，爲瘞坎如方澤坎，祀神州神于其上，以武明皇后配。禮用兩圭有邸，各用黄牲一，儀瘞如北郊。

右北齊祭地。

【《周書·孝閔帝本紀》】元年春正月辛丑，即皇帝位。癸卯，祀方丘。

【《明帝本紀》】元年九月甲子，即天王位。冬十月丙戌，祠方丘。

【《武帝本紀》】保定元年春正月壬子，祀方丘。天和二年春正月丁亥，初立郊丘壇壝制度。

【《隋書·禮儀志》】周方丘在國陰六里之郊。丘一成，八方，下崇一丈，方六丈八尺；上崇五尺，方四丈，方一階，尺一級。其壝八面，徑百二十步，内壝半之。神州之壇崇一丈，方四丈，在北郊方丘之右。其壝如方丘。北郊方丘以神農配，后地之祇、神州則以獻后莫那配焉。用牲，祭皇地祇以其方色。

【《通典》】莫那，周明帝之遠祖，自陰山南徙始居遼西。

【《周書·武帝本紀》】建德六年夏五月己丑，祀方丘。

【《宣帝本紀》】宣政元年六月，皇太子即皇帝位。秋七月戊申，祀方丘。

右周祭地。

【《隋書·禮儀志》】高祖受命，議定祀典。爲方丘于宮城之北十四里。丘再成，成高五尺，下成方十丈，上成方五丈。夏至之日，祭皇地祇于其上，以太祖配。神州、迎州、冀州、戎州、拾州、柱州、營州、咸州、揚州，其九州山、海、川、林、澤、丘陵、墳衍、原隰，並皆從祀。地祇及配帝在壇上，用黄犢二。神州、九州神座于第二等八陛之間：神州東南方，迎州南方，冀州、戎州西南方，拾州西方，柱州西北方，營州北方，咸州東北方，揚州東方，各用方色犢一。九州山海以下，各依方面八陛之間。其冀州山林、川澤、丘陵、墳衍，于壇之南少西，加羊、豕各九。北郊孟冬祭神州之神，以太祖武元皇帝配。牲用犢二。

【《高祖本紀》】開皇三年夏五月辛酉，有事于方澤。

【《禮儀志》】煬帝大業元年孟冬，祀神州，改以高祖文帝配。

【《文獻通考》】北齊、後周、隋北郊迎送神等歌詞同南郊。

【《隋書·音樂志》】方丘歌辭四首：

迎神，奏《昭夏》辭　柔功暢，陰德昭。陳瘞典，盛元郊。篚冪清，膋鬯馥。皇情虔，具寮肅。笙頌合，鼓鼗會。出桂旗，屯孔蓋。敬如在，肅有承。神胥樂，慶福膺。

奠玉帛，登歌　道惟生育，器乃包藏。報功稱範，殷薦有常。六瑚已饋，五齊流香。貴誠尚質，敬洽義彰。神祚惟永，帝業增昌。

皇地祇歌辭奏《誠夏》辭　厚載垂德，昆丘主神。陰壇吉禮，北至良辰。鑒水呈絜，牲粟表純。樽壺夕視，幣玉朝陳。羣望咸秩，精靈畢臻。祚流于國，祉被于人。

送神歌辭奏《昭夏》辭　奠既徹，獻已周。竦靈駕，逝遠遊。洞四極，市九縣。慶方流，祉恒遍。埋玉氣，掩牲芬。晰神理，顯國文。

方澤歌辭：

降神奏《昭夏》　報功陰澤，展禮元郊。平宗鎮瑞，方鼎升庖。調歌絲竹，縮酒江茅。聲舒鍾鼓，器質陶匏。列燿秀華，凝芳都荔。川澤茂祉，丘陵容衛。雲飾山罍，蘭浮汎齊。日至之禮，歆兹大祭。

奠玉奏《昭夏》　曰若厚載，欽明方澤。敢以敬恭，陳之玉帛。德包含養，功藏靈迹。斯箱既千，子孫則百。

初獻奏登歌辭舞辭同圜丘。　質明孝敬，求陰順陽。壇有四陛，琮爲八方。牲牷蕩滌，蕭合馨香。和鑾戾止，振鷺來翔。威儀簡簡，鐘鼓喤喤。聲和孤竹，韻入空桑。封中雲氣，坎上神光。下元之主，功深蓋藏。

望坎位奏《皇夏》　司筵撤席，掌禮移次。迴顧封壇，恭臨坎位。瘞玉埋俎，藏芬斂氣。是曰就幽，成斯地意。

右隋祭地。

【《舊唐書·禮儀志》】武德初定令：每歲夏至祭皇地祇于方丘，亦以景帝配。其壇在宫城之北十四里，壇制再成，下成方十丈，上成五丈。每祀則地祇及配帝設位于壇上。神州及五嶽、四鎮、四瀆、四海、五方、山林、川澤、丘陵、墳衍、原隰並皆從祀。神州在壇之第二等。五嶽以下三十七座在壇下外壝之内。丘陵等三十座在壝外。其牲，地祇及配帝用犢二，神州用黝犢一，嶽鎮以下加羊、豕各五。　孟冬祭神州于北郊，景帝配，牲用黝犢二。

蕙田案：夏至祭方丘，至唐乃合于禮。然神州之祭，尚仍襲鄭注之謬也。

【《通典》】太宗貞觀時，奉高祖配地郊。中書令房玄齡與禮官議以爲：「禮，有益于人則祀之。神州者，國之所托，餘八州則又不相及。近代通祭九州。今除餘州等八座，唯祭皇地祇及神州，以正祀典。」

【《舊唐書·音樂志》】夏至祭皇地祇于方丘樂章八首：貞觀中褚亮等作。

迎神，用《豫和》　萬物資以化，交泰屬昇平。易從業惟簡，得一道斯寧。具儀光玉帛，送舞變《咸英》。黍稷良非貴，明德信惟馨。

皇帝行，用《太和》。詞同冬至圜丘。

登歌奠玉帛，用《肅和》　至矣坤德，皇哉地祇。開元統紐，合大承規。九宮肅列，六典相儀。永言配命，長保無虧。

迎俎，用《雍和》　柔而能方，直而能敬。厚德以載，大亨以正。有滌斯牲，布聲斯盛。介茲景福，祚我休慶。

皇帝酌獻飲福，用《壽和》。詞同冬至圜丘。

送文舞出迎武舞入，用《舒和》　玉幣牲牷分薦享，羽旄干戚遞成容。一德惟寧兩儀泰，三才保合四時邕。

武舞，用《凱安》。詞同冬至圜丘。

送神，用《順和》　陰祇叶贊，厚載方貞。牲幣具舉，簫管備成。其豐惟肅，其德惟明。神之聽矣，式鑒虔誠。

祭神州樂章二首：太樂舊有此詞，不詳所起。

迎神　黃輿厚載，赤寰歸德。含育九區，保安萬國。誠敬無怠，禋祀有則。樂以迎神，其儀不忒。

送神　神州陰祀，洪恩廣濟。草樹霑和，飛沉沐惠。禮修鼎俎，奠歆瑤幣。送樂有章，靈軒其逝。

祭神州于北郊樂八章：貞觀中褚亮作。

迎神，用《順和》。詞同夏至方丘。

皇帝行，用《太和》。詞同冬至圜丘。

登歌奠玉帛，用《肅和》　大矣坤儀，至哉神縣。包含日域，牢籠月竁。露潔三清，風調六變。皇祇屆止，式歆恭薦。

迎俎，用《雍和》　泰折嚴享，陰郊展敬。禮以導神，樂以和性。黝牲在列，黄琮俯暎。九土既平，萬邦貽慶。

皇帝酌獻、飲福，用《壽和》。詞同冬至圜丘。

送文舞出迎武舞入，用《舒和》　坤道降祥和庶品，靈心載德厚羣生。水土既調三極泰，文武畢備九區平。

武舞，用《凱安》。詞同冬至圜丘。

送神，用《順和》。詞同冬至圜丘。

高宗永徽中，廢神州之祀。

禮部尚書許敬宗議：「方丘在祭地之外，別有神州，謂之北郊。分地爲二，既無典據，理又不通。請合于一祀，以符古義。仍並循附式，令永垂後則。」可之。

【《唐書·蕭德言傳》】方丘既祭地，又祭神州北郊，皆不載經，請止一祠。詔曰「可」。

蕙田案：鄭氏神州之謬，至是乃破。

【《文獻通考》】乾封初，詔依舊祀神州、皇地祇，壇依舊于渭水安置。

奉常博士陸遵等議：「北郊之月，古無明文。漢光武正月辛未，始建北郊。東晉成帝咸和中，議北郊用正月，皆無指據。武德來禮令即用十月，爲是陰用事，故于此時祭之。請依舊十月致祭。」從之。

蕙田案：是時圜丘、五方、明堂、感帝、神州皆以高祖、太宗並配。則天垂拱元年，郊丘諸祠以高祖、太宗、高宗並配。開元十一年，以高祖配而罷三祖並配。至二十年，蕭嵩等定禮，而祖宗之配始定，不復改矣。

武后天册萬歲元年，親享南郊，合祭天地。

睿宗景雲三年，將祀南郊，有司請設皇地祇位。

蕙田案：賈曾表議，詳見「圜丘」條下。

【《唐書・睿宗本紀》】先天元年夏五月戊寅，有事于北郊。辛巳，大赦，改元曰延和，賜内外官陪禮者勳一轉。民酺五日。

【《舊唐書・音樂志》】睿宗太極元年祭皇地祇于方丘樂章八首：不詳撰者。

迎神，用《順和》黄鍾宫三變，太簇角一變，姑洗徵一變，南吕羽一變。　坤厚載物，德柔垂祉。九域咸雍，四溟爲紀。敬因良節，虔修陰祀。廣樂式張，靈其降止。金奏新加太簇宫。　坤元至德，品物資生。神凝博厚，道叶高明。列鎮五嶽，環流四瀛。于何不載，萬寶斯成。

皇帝行，用《太和》。詞同貞觀冬至圜丘，黄鍾宫。　登歌奠玉帛，用《肅和》。詞同貞觀太廟《肅和》，應鍾均之夷則。　迎俎及酌獻，用《雍和》。詞同貞觀太廟《雍和》。　送文舞出迎武舞入，用《舒和》。詞同皇帝朝羣臣《舒和》。

武舞，用《凱安》。詞同貞觀冬至圜丘。

送神，用《順和》林鍾宫。　樂備金石，禮光樽俎。大享爰終，洪休是舉。雨零感節，雲飛應序。應紱載辭，皇靈具舉。

【《唐書・玄宗本紀》】開元十一年二月壬子，如汾陰，祀后土。

【《文獻通考》】開元十一年，上將還西京，便幸并州，兵部尚書張説進言曰：「陛下今因行幸，路由河東，有漢武后土之祀，此禮久闕，歷代莫能行之。願陛下紹斯墜典，以爲三農祈穀，此誠萬姓之福。」至十二年二月二十二日，祠后土于汾陰脽上，太史奏：「榮光出河，休氣四塞，祥風繞壇，日揚其光。」初，有司奏：「修壇掘地，獲古銅鼎二，其大者容四升，小者容一升，色皆青。又獲古甎，長九寸，有篆書『千秋萬歲』字及『長樂未央』字。又有赤兔見于壇側。」舊祠堂爲婦人素像，則天時，移河西梁山神素像，就祠中配焉。至十一年，有司遷梁山神像于祠外之別室焉。兼以中書令張嘉貞爲壇場使，將作少監張景爲壇場副使，張説爲禮儀使。

【《舊唐書·玄宗本紀》】開元二十年九月乙巳，中書令蕭嵩等奏上《開元新禮》。十一月庚午，祀后土于脽上，大赦天下。

【《唐書·玄宗本紀》】開元二十年十一月庚申，如汾陰，祠后土。

【《文獻通考》】開元二十年，車駕欲幸太原，中書令蕭嵩上言云：「十一年，親祠后土，爲蒼生祈穀，自是神明昭祐，累年豐登。有祈必報，禮之大者，且漢武親祠脽上，前後數四。伏請准舊事，至后土行報賽之禮。」上從之。至十一月二十一日，祀后土于脽上，其文曰：「恭唯坤元道昭，品物廣大，茂育暢于生成，庶憑休和，惠及黎獻。博厚之位，粵在汾陰，肅恭時巡，用昭舊典。敬以琮幣犧牲，粢盛庶品，備茲瘞禮，式展誠慤。睿宗皇帝配神作主。」禮畢，令所司刊石于祠所。上自爲文。

【《舊唐書·音樂志》】玄宗開元十一年，祭皇地祇于汾陰，樂章十一首。

迎神，用《順和》，林鍾宮以下各再變。黃門侍郎韓思復作。 太樂和暢，殷薦明神。一降通感，八變必臻。有求斯應，無德不親。降靈載止，休徵萬人。太簇角中書侍郎盧從愿作。 坤元載物，陽樂發生。播殖資始，品彙咸亨。列俎棊布，方壇砥平。神歆禋祀，后德惟明。姑洗徵司勳郎中劉晃作。

大君出震，有事郊禋。齋戒既肅，馨香畢陳。樂和禮備，候暖風春。恭惟降福，實賴明神。南吕羽禮部侍郎韓休作。

於穆濬哲，維清緝熙。肅事昭配，永言孝思。滌濯静嘉，馨香在兹。神之聽之，用受福釐。

皇帝行，用《太和》，黄鍾宫吏部尚書王晙作。

於穆聖皇，六葉重光。太原刻頌，后土疏埸。寶鼎陳符，歆雲降祥。禮樂備矣，降福穰穰。

登歌奠玉帛，用《肅和》，蕤賓均之夾鍾羽刑部侍郎崔元暐作。

聿修嚴配，展事禋宗。祥符寶鼎，禮備黄琮。祝詞以信，明德惟聰。介兹景福，永永無窮。

迎俎，用《雍和》，黄鍾均之南吕羽徐州刺史賈曾作。

蠲我餴饎，潔我膋薌。有豆孔碩，爲羞既臧。至誠無昧，精意惟芳。神其醉止，欣欣樂康。

酌獻飲福，用《壽和》，黄鍾宫禮部尚書蘇頲作。

禮物斯備，樂章乃陳。誰其作主，皇考聖真。對越在天，聖明佐神。窅然汾上，厚澤如春。

送文舞出迎武舞入，用《舒和》，太簇宫太常少卿何鸞作。

樂奏云闋，禮章載虔。禋宗于地，昭假于天。惟馨薦矣，既醉歆焉。神之降福，永永萬年。

武舞，用《凱安》，黄鍾均之林鍾徵主爵郎中蔣挺作。

維歲之吉，維辰之良。聖君紱冕，肅事壇場。大禮已備，大樂斯張。神其醉止，降福無疆。

送神，用《順和》尚書右丞源光裕作。

方丘既膳，嘉享載謐。齊敬畢誠，陶匏貴質。

秀簠豐薦，芳俎盈實。永永福流，其昇如日。

【《舊唐書·禮儀志》】開元二十年，蕭嵩爲中書令，改撰新禮，祀地一歲有二。

【《開元禮》】祭地儀：夏至日祭皇地祇于方丘壇上，以高祖神堯皇帝配座。每座籩、豆各十二，簠、簋、篚、俎各一，百七十二座。祭神州地祇于壇第一等。籩、豆各四，餘如上也。祭五岳、四鎮、四海、四瀆、五山、五川、五林、五澤、五丘、五陵、五墳、五衍、五原、五隰于内壝之外，各依方所。每座籩、豆各一，簠、簋、俎各一，皆準舊禮爲定。立冬後，祭神州地祇于北郊，以太宗文武聖皇帝配座。每座籩、豆各十二，簠、簋、篚、俎各一也。舊樂用姑洗三成。准《周禮》云：「函鍾之均八變，則地祇皆降，可得而禮。」鄭玄云：「祭地有二：一是大地崑崙爲皇地祇，則宗伯黄琮所祭者；二是帝王封域内之神州，則兩圭有邸所祭者。」國家後禮則不立神州之祀，今依前禮爲定。既曰地祇，其樂合用函鐘之均八變。

皇帝夏日至祭方丘儀后土同，孟冬祭神州及攝事並附。

齋戒

前祭七日，戒誓，皇帝服衮冕。前祭二日，太尉告高祖神堯皇帝廟，如常告之儀。告以配神作主。孟冬祭神州，則告太宗文武聖皇帝廟。餘並如圜丘之儀。

陳設

前祭三日，尚舍直長施大次于外壝東門之外道北，南向，攝事衛尉設祭官公卿以下次于東壝外道南，北向西上。尚舍奉御鋪御座，衛尉設文武侍臣次于大次之後，文官在左，武官在右，俱南向；設祭官次于東壝之外道南，北向西上；三師于南壝之外道東，諸王于三師之南，俱西向北上；文官九品以上于祭官之東，北向西上；介公、酅公于南壝之外道西，東向；諸州使人：東方、南方于諸王東南，西向，西方、北方于介公、酅公西南，東向，皆北上；諸國之客：東方、南方于諸州使人之南，西向，西方、北方于諸州使人之南，東向，皆北上；武官三品以下、七品以上于西壝之外道南，北向東上。（其褒聖侯于文官三品之下。攝事，無御座以下至此儀。）設陳饌幔於内壝東門，西門之外道北面，南向。（壇上及神州、東方、南方之饌，陳于東門外，西向；西方、北方之饌，陳于西門外，東向。神州無西門之饌。）前祭二日，太樂令設宮縣之樂于壇南内壝之外，樹靈鼓于北縣之内道之左右，餘如圜丘儀。又爲瘞埳于壇之壬地内壝之外，方深取足容物，南出陛。前祭一日，奉禮設御位（攝事無御位。）于壇之東南，西向；設望瘞位于壇西南，當瘞埳，北向。設祭官公卿位于内壝東門之外道南，分獻官于公卿之南，執事者位于其後，每等異位，俱重行，西向北上。設御史位于壇上，正位于東南隅，西向，副位西南隅，東向。設奉禮位于樂縣東北，贊者二人在南，差退，俱西向北上。設奉禮、贊者位于瘞埳西南，東向南上。設協律郎位于壇上南陛之西，東向。設太樂令位于北縣之間，當壇北向。設從祭之官三師位于縣南道東，諸王位于三師之東，俱北向西上。介公、酅公位于道西，北向東上。文官從一品以下、九品以上位于執事之南，每等異位，重行，西向。武官三品以下、九品以上位于西方，當文官，每等異位，重行，東向，皆北上；諸州使人位：東方、南方于諸王東南，重行，北面西上；西方、北方于介公、酅公西南，重行，北面東上。設諸國客使位于内壝南門之外，東方、南方于諸州使人之東，每國異位，重行，北面西上；西方、北方諸州使人之西，每國異位，重行，北面東上。攝事無三師以下至此儀。設門外位：祭官公卿以下皆于東壝之外道南，每等異位，重行，北面西上；三師位于南壝之外道東，諸王于三師之南，俱西向，介公、酅公于道西，東向，皆北上。文官從一品以下、九品以上位于東壝之外、祭官之南，每等異位，重行，北向西上。武官三品以下、九品以上位于西壝之外道南，每等異位，重行，北面東上。諸州使人位：東方、南方于諸王東南，重行，西面；西方、北方于介公、酅公西南，重行，東面，俱北上。設諸國客位：東方、南方于諸州使人之南，每國異位，重行，西面；西方、北方于諸州使人之南，每國異位，重行，東面，皆北上。攝事無三師以下至此儀。牲牓于東壝之外，當門西向，黃牲一居前，又黃牲一在北，少退，玄牲一在南，少退後，廩犧令位于牲西南，祝史陪其後，俱北向；設諸太祝位于牲東，各當牲後，祝史陪其後，俱西向；設太常卿省牲位于牲前近北，南向。設皇地祇酒尊于壇之上下：太尊二，著尊二，犧尊二，罍一，在壇上東南隅，北向；象尊二，壺尊二，山罍二，在壇下，皆于南陛之東，北向，俱西上。設配帝著尊二，犧尊二，象尊二，罍一，在壇上，皆于皇地祇酒尊之東，北向西上。孟冬北郊酒尊于神州酒尊之東，如夏至之儀。神州太尊二，在第一等；每方嶽、鎮、海、瀆俱山尊二，山、川、林、澤俱蜃尊二，丘陵、墳衍、原隰俱概尊二。凡尊各設于神座之左而右向。神州以上之尊置于坫；以下之尊俱藉以席，皆加勺、羃，設爵于尊下。孟冬儀，壇上之尊置于坫，壇下之尊藉以席。設御洗及設玉幣之篚等，並如圜丘儀。孟冬祭同。祭日未明五刻，太史令、郊社令各服其服，帥其屬升，設皇地祇神座于壇上北方，南向，席以藁秸。設高祖神堯皇帝神座孟冬神州，則設太宗文武聖皇帝神座。于東方，西向，席以莞。設神州地祇神座于第一等東南方，席以藁秸；又設岳、鎮、海、瀆以下之座于內壝之內，各于其方，皆有原隰、丘陵、墳衍之座；又設中岳以下之座于壇之西南，俱內向。自神州以下六十八位，席皆以莞，設神位各于座首。

省牲器如別儀。

鑾駕出宮，服以衮冕，餘如上辛圜丘儀。孟冬北郊同圜丘。

奠玉帛

祭日未明三刻，諸祭官服其服，郊社令、良醞令各帥其屬入實尊、罍、玉、幣。凡六尊之次：太尊爲上，實以泛齊；著尊次之，實以醴齊；犧尊次之，實以盎齊；象尊次之，實以醍齊；壺尊次之，實以沈齊；山罍爲下，實以三酒。配帝著尊爲上，實以沈齊；犧尊次之，實以醴齊；象尊次之，實以盎齊。以上孟冬同。神州太尊，實以沈齊；五方、岳鎮、海、瀆之山尊，實以醍齊；山川林澤之蜃尊，實以沈齊；丘陵以下之散尊，實以清酒。玄酒各實于諸齊之上尊。禮神之玉：皇地祇以黃琮，其幣以黃；配帝之幣亦如之；神州之玉，以兩圭有邸，其幣以玄。孟冬同。岳瀆以下之幣，各從方色。太官令帥進饌者入實饌，及禮官就位，御史、太祝行掃除等並如圜丘儀。孟冬同。駕將至，謁者、贊引各引祭官、從祭官、客使等俱就門外位。駕至大次門外，迴輅南向，將軍降立于輅左，侍中進當鑾駕前跪，奏稱：「侍中臣某言，請降輅。」跪，俯伏，興，還侍位。五品以上從祭之官皆就壝外位。攝事無駕至大次下儀。大樂令帥工人、二舞次入就位，文舞入陳于縣内，武舞立于縣南道西。謁者引司空入，行掃除訖，出復位。皇帝停大次半刻頃，謁者、贊引各引祝官，通事舍人分引從祀羣官、介公、酅公、諸方客使皆先入就位。大常博士引太常卿立于大次門外，當門北向。侍中版奏「外辦」。皇帝服衮冕孟冬神州，大裘而冕。出次，華蓋、侍衛如常儀。侍中負寶陪從如式。博士引太常卿，太常卿引皇帝至中壝門外，殿中監進大圭，尚衣奉御又以鎮圭授殿中監。皇帝搢大圭，執鎮圭，華蓋、仗衛停于門外，侍者從入，謁者引禮部尚書、太常少卿陪從如常儀。皇帝至版位，太常卿請再拜及請行事，並如圜丘儀。攝事如圜丘攝事儀。協律郎舉麾，工鼓柷，奏《順和》之樂，乃以林鍾爲宫，太簇爲角，姑洗爲徵，南呂爲羽，作文武之舞，樂舞八成。林鍾、太簇、姑洗、南呂皆再成。偃麾，戛敔，樂止。太常卿前奏稱：「請再拜。」退復位。皇帝再拜。奉禮曰：「衆官再拜。」在位者皆再拜。皇帝奠玉幣及奏樂之節，並如圜丘。攝事則太尉奠玉帛，下倣此。登歌作《肅和》之樂，以應鍾之均。太常卿引皇帝進，北向跪奠于皇地祇孟冬神州。神座，俯伏，興，及奠配座，並如圜丘儀。攝事同圜丘攝事儀。

進熟

皇帝既升奠玉幣，太官令陳饌之儀如圜丘。俎初入門，奏《雍和》之樂，以太簇之均，自後，接神之樂用太簇。饌至陛，樂止。祝史俱進，跪，徹毛血之豆，降自東陛以出。皇地祇之饌升自南陛，配帝之饌升自東陛，神州之饌升自北陛，孟冬神州升自南陛。諸太祝迎引于壇上，各設于神座前。設訖，謁者引司徒，太官令帥進饌者，降自東陛以出，司徒復位，諸太祝還尊所。又進設岳鎮以下之饌，相次而畢。太常卿引皇帝詣罍洗，樂作。其盥洗、酌獻、跪奠、奏樂之儀，並如圜丘。攝事如圜丘攝事儀。太祝持版進于神座之右，東向跪讀祝文曰：「維某年歲次月朔日，子嗣天子臣某，攝則云「謹遣太尉臣名」，下倣此。敢昭告于皇地祇：乾道運行，日躔北至。景風應序，離氣效時。嘉承至和，肅若舊典。敬以玉帛犧齊，粢盛庶品，備兹祇瘞，式表誠慤。高祖神堯皇帝，配神作主。尚享。」太祝俯伏，興，孟冬神州云：「包含區夏，載植羣生，溥被域中，賴兹厚德。式遵彝典，揀此元辰，敬以玉帛犧齊，粢盛庶品，明獻厥誠，備兹祇瘞。皇祖太宗文武聖皇帝，配神作主。」皇帝再拜。攝則太尉再拜。初，讀祝文訖，樂作，太祝進跪奠版于神座，興，還尊所。皇帝拜訖，樂止。太常卿引皇帝詣配帝酒尊所，執尊者舉冪，侍中取爵于坫進，皇帝受爵，侍中贊酌沈齊訖，樂作。太常卿引皇帝進高祖神堯皇帝神座前，東向跪，奠爵，俯伏，興。太常卿引皇帝少退，東向立，樂止。太祝持版進于神座之左，北向跪，讀祝文曰：「維某年歲次月朔日，子孝孫開元神武皇帝臣某，敢昭告于高祖神堯皇帝：時唯夏至，肅敬訓典，用祇祭于皇地祇。唯高祖德叶二儀，道兼三統，禮膺光配，敢率舊章。孟冬云：「皇曾祖太宗文武聖皇帝，德被乾坤，格于上下，昭配之儀，欽率舊章。」謹以制帛犧齊，粢盛庶品，肅雍明薦，作主侑神。尚享。」太祝俯伏，興。皇帝再拜。初，讀祝文訖，樂作。太祝進奠版于神座，興，還尊所。皇帝飲福、受胙及亞獻、終獻、盥洗、酌獻、飲福並如圜丘儀。唯皇地祇，太尉亞獻酌醍齊時，武舞作，合六律、六吕爲異耳。初，太尉將升獻，謁者一人引獻官詣罍洗，盥匏爵訖，升自己陛，詣酒尊所，執尊者舉冪，酌沈齊，進奠于神州座前，引降還本位。謁者五人次引獻官各詣罍洗，盥洗訖，各詣酒尊所，俱酌醍齊訖，引獻官各進奠爵于諸方岳、鎮、海、瀆首座，餘座皆祝史助奠，相次而畢，引還本位。又贊引五人各引獻官詣罍洗、盥洗，詣酒尊所酌沈齊，獻山川林澤如岳鎮之儀，訖，又引獻官詣罍洗，盥洗訖，詣酒尊所，俱酌清酒獻丘陵以下及齋郎助奠如上儀訖，各引還本位。武舞六成，樂止。舞、獻俱畢，諸祝徹豆及賜胙、皇帝再拜、奏樂並如圜丘儀。太常卿前奏：「請就望瘞位。」太常卿引皇帝，樂作。皇帝就望瘞位，北向立，樂止。于羣官將拜，上下諸祝各執篚進神座前取玉帛，齋郎以俎載神州以上牲體、稷黍飯、爵酒，各由其陛降壇北行，當瘞埳西行。諸太祝以玉幣、饌物置于埳，諸祝又以岳鎮以下之禮幣及牲體皆從瘞。奉禮曰：「可瘞。」埳東西廂各六人寘土。半埳，太常卿前奏「禮畢」，引皇帝還大次，樂作。從祀羣官、諸方客使、御史以下出，並如圜丘儀。其祝版燔于齋所。

鑾駕還宫如圜丘儀

開元二十一年，詔：「夏至日，祀皇地祇于方丘，以高祖配；立冬祭神州于北郊，以太宗配。」

天寶五年，詔：「皇王之典，聿修于百代；郊祭之義，允屬于三靈。聖人既因時以制宜，王者亦緣情以革禮。且尊莫大于天地，禮莫崇于祖宗，嚴配昭升，豈宜異數？今烝嘗之獻，既著于常式；南北之郊，未展于時享。自今已後，每載四時孟月，先擇吉日，祭昊天上帝，其皇地祇合祭；以次日祭九宫壇，皆令宰臣行禮奠祭，務崇蠲潔，稱朕意焉。」

蕙田案：唐玄宗定《開元禮》，後天

寶元年，改合祭天地于南郊。終唐之世，莫之或改。故地祇之祭闕焉，詳見「圜丘門」。

【《册府元龜》】代宗大曆十二年秋八月，增修北郊壇齋宫二十五間。

唐文宗太和三年六月，太常寺奏：「北郊祀皇地祇壇先闕齋宫，請准祠列置一所。」可之。

右唐祭地。

五禮通考卷第三十八

淮陰吴玉搢校字

五禮通考卷第三十九

內廷供奉禮部右侍郎金匱秦蕙田編輯
太子太保總督直隸右都御史桐城方觀承同訂
按察司副使元和宋宗元參校

吉禮三十九

方丘祭地

【《宋史·禮志》】北郊。宋初，方丘在宫城之北十四里，以夏至祭皇地祇。別爲壇于北郊，以孟冬祭神州地祇。建隆以來，迭奉四祖崇配二壇。

【《文獻通考》】宋制，夏至祭皇地祇，孟冬祭神州地祇，遂爲大祀。南郊親祀昊天上帝，則併設皇地祇之位。南郊四祭冬至圜丘。正月上辛祈穀。孟夏雩祀。季秋大享。及感生帝、皇地祇、神州地祇凡七祭，並以四祖迭配。太祖親郊者四，❶並以宣祖配。太宗即位，其七祭但以宣祖、太祖更配，方丘在宫城北十四里，常以夏至祭皇地祇。別爲壇于北郊，以孟冬祭神州地祇。

真宗景德三年四月，太常寺言：「神州壇壝中有坑塹及車馬之迹，又兩壝步數迫隘，不合禮文。望令改擇壇位，及依令式封標諸壇外壝，禁人耕墾樵牧。」奏：「可。」即徙壇于方丘之西焉。

四年正月，以朝陵，遣工部尚書王化基詣汾陰后土祠致祭，用太祠禮。

❶「四」，原脱，據《宋史·禮志》補。

汾陰后土，漢武帝元鼎中所立脽上祠，宣帝、元帝、成帝、後漢光武、唐玄宗皆親祭。是後，曠其禮。開寶九年，徙廟稍南。是年，始遣使致祭。其後，又詔：「自今凡告天地，仍詣祠告祭。命禮官考定衣冠制度，令有司條製，遣使奉上。」❶

【《宋史・樂志》】景德祀皇地祇三首：

降神，《静安》　至載厚德，陟配天長！沉潛剛克，廣大無疆。資生萬物，神化含章。同和八變，神靈效祥。

奠玉幣酌獻，《嘉安》　於昭祀典，政享坤儀。備物咸秩，柔祇格思。功宣敏樹，日益鴻禧。持載品彙，率土攸宜。

送神，《静安》　妙用無方，倏來忽逝。蠲潔寅恭，式終禋瘞。

【《宋史・真宗本紀》】大中祥符三年六月庚戌，河中府父老千餘人請祀后土，不許。七月辛丑，文武官、將校等三上表請祀汾陰后土。八月丁未朔，詔明年春有事于汾陰，州府長吏勿以修貢助祭煩民。戊申，陳堯叟爲祀汾陰經度制置使。己酉，王旦爲祀汾陰大禮使，王欽若爲禮儀使。庚戌，詔汾陰路禁弋獵，不得侵占民田，如東封之制。

【《文獻通考》】有司定制：「玉册、金玉匱，度廟庭擇地爲埳，中置石匱，匱方五尺，厚二尺，中容玉匱，刻金繩道三，闊一寸，深五分，繫繩處刻深四寸，方三寸五分，容『天下同文』寶。俟祀畢，太尉奉玉匱置其中，將作監領徒舉石覆之，石厚一尺，繫繩、填泥、印寶，悉如社首封礖之制。皇帝省視訖，加蓋其上，封固，爲小

❶「使」，原無，據《文獻通考》卷七六補。

壇，廣厚五尺。」從之。九月，經度制置使詣脽上築壇如方丘之制，廟北古雙柏旁有堆阜，即就其地焉。十月，禮儀使王欽若言：「準儀注，祀畢，太尉封玉册于廟庭石匱，百官班于庭中。皇帝謁廟禮畢，至石匱南，北向省視。」

大中祥符四年春正月辛巳，詔執事汾陰懈怠者，罪勿原。乙酉，習祀后土儀。丁亥，將祀汾陰，謁啓聖院太宗神御殿、普安院元德皇后聖容。二月辛酉，祀后土地祇，是夜，月重輪，還奉祇宮，紫氣四塞。

【《文獻通考》】四年正月丁酉，備鑾駕出京師。二月丙辰，至奉祇宮。戊午，致齋，召近臣登延慶亭，南望仙掌，北瞰龍門，自宮至脽丘，列植嘉樹，六師環宿行闕，旌旗帟幕照耀郊次，眺覽久之。己未，遣入內都知鄧永遷詣祠上衣服、供具。庚申，羣臣宿祠所。辛酉，具法駕詣脽壇，夾路設燎火，其光如晝。盤道紆曲，周以黃麾仗。至壇次，服衮冕登壇，祀后土地祇，備三獻，奉天書于神座之左，以太祖、太宗並配，悉如封禪之禮。先是，脽上多風，及行禮，頓止，黃氣繞壇，月重輪，衆星不見，唯太角光明。少頃，改服通天冠、絳紗袍，乘輦詣廟，設登歌，奠獻，省封石匱，遣官分奠諸神。登鄈丘亭望河汾。還行宮，鼓吹振作，紫氣四塞，觀者溢路，民有扶老攜幼，不遠千里而至者。壬戌，御朝覲壇肆赦。是行，塗中屢有甘澍之應，皆夕降晨霽，從官、衛兵無霑服之患；又農事方興，耕民懽忻相屬。三月，駐蹕西京。四年，詔脽上后土廟宜上額爲太寧正殿。

【《文獻通考》】慶曆時，夏至祭皇地祇，用犢羊、豕各一白。❶其後，禮官馮浩言：「皇地祇壇角再成，面廣四丈九尺，東西四丈六尺。上等高四尺五寸，下等高五尺，方五丈三尺，陛廣三尺五寸，大抵卑陋不應禮典。」禮院請如唐《郊祀録》增廣，因詳制度之未合禮者。五年，諸壇皆改。嘉祐配位七十一，加羊、豕各五。諫官司馬光奏：「告大行謚號于圜丘，而皇地祇止于望告，下同腏食，失尊卑之序。」下禮院，定非次祭告皇地祇，請差官就壇行事。

景祐二年，詔有司孟冬祭神州地祇，遣内臣降香。春秋朝陵、諸祠祈解亦然。

【《宋史·樂志》】景祐夏至祀皇地祇二首：❷

太祖奠幣，《恭安》　赫矣淳耀，俶載帝基！一戎以定，萬國來儀。寅恭潔祀，博厚皇祇。威靈攸在，福禄如茨。

酌獻，《英安》　丕命惟皇，萬物咸覩。卜年邁周，崇功冠禹。有煜炎精，大昌聖祚。酌鬯祈年，永錫繁祐。

【《文獻通考》】慶曆用羊、豕各五，正配山罍、簠、簋二。皇祐定壇高三尺，廣四十八步，四出陛。

【《宋史·樂志》】熙寧祀皇地祇十二首：

迎神，《導安》　昭靈積厚，混混坤輿。配天作極，陰慘陽舒。齊明薦享，百福其儲。庶幾來止，風馬雲車。

升降，《靖安》　有來穆穆，臨此方丘。其行風動，其止霆收。躬事匪懈，豐盛潔羞。百昌咸殖，允矣神休！

奠幣，《釐安》　純誠昭融，芳美嘉薦。

❶「白」，《文獻通考》卷七六無，疑衍。

❷「二」，原作「三」，據庫本及《宋史·樂志》改。

肅將二精，以享以奠。休光四充，靈衹來燕。其祥伊何？永世錫羨。

太祖，《肇安》　於皇烈祖，維帝所興。光輝宗祀，如日之升。告靈作配，孝享烝烝。錫兹祉福，百世其承。

司徒奉俎，《承安》　我修祀事，于何致誠？罔敢怠佚，視兹碩牲。納烹薦俎，侑以和聲。格哉休應，世濟皇明。

酌獻，《和安》　猗嗟富媪，博厚含弘。發榮敷秀，動植兹豐。爰酌兹酒，肸蠁交通。衆祥萃止，垂祐無窮。

太祖，《侑安》　光大含弘，坤元之力。海宇咸寧，烈祖之德。作配方壇，不僭不忒。子孫其承，毋替厥則。

飲福，《禔安》　載登壇阼，載酌尊彝。牲酒嘉旨，福禄純熙。其福惟何？萬物咸宜。其禄維何？永承神禧。

送文舞，迎武舞，《威安》　雍雍肅肅，建我采旄。舞以玉戚，不吴不敖。其將其肆，脾臄嘉肴。何以侑樂？鐘鼓管籥。

亞終獻，《儀安》　折俎在籩，胾羹在豆。何以酌之？酒醴是侑。何以錫之？貽爾眉壽。何以格之？永爾康阜。

徹豆，《豐安》　曳我黼黻，履舄接武。鏘我珩璜，降升圉圉。其將徹兮，既曰不侮。其終徹兮，恭飲惟主。

送神，《皇安》　神兮來下，享此苾芬。酌獻雍雍，執事孔勤。神之還矣，忽乘飛雲。遺我祺祥，物象忻忻。

常祀皇地祇五首

迎神，《寧安》八變　坤元之德，光大無疆。一氣交感，百物皇昌。吉蠲致享，精明是將。介茲景福，鼎祚靈長。

升降，《正安》　禮經之重，祭典爲宗。上公攝事，登降彌恭。庶品豐潔，令儀肅雍。百祥萃止，維吉之從。

奉俎，《豐安》　禮崇禋祀，神鑒孔明。牲牷博腯，以炰以烹。馨香蠲潔，品物惟精。錫之純嘏，享茲至誠。

退文舞、迎武舞，《威安》　進旅退旅，載揚干揚。不愆于儀，容服有章。式綏式侑，神保是聽。鼓之舞之，神永安寧。

送神，《迎安》　物備百嘉，樂周八變。克誠是享，明德斯薦。神鑒孔昭，蕃禧錫羡。回馭飄然，邈不可見。

【《宋史·禮志》】神宗元豐元年二月，郊廟奉祀禮文所言：「古者祀天于地上之圜丘，在國之南，祭地于澤中之方丘，在國之北，其牲幣禮樂亦皆不同，所以順陰陽、因高下而事之以其類也。由漢以來，乃有夫婦共牢、合祭天地之説，殆非所謂求神以類之意。本朝親祀上帝，即設皇地示位，稽之典禮，有所未合。」遂詔定更改以聞。于是陳襄、王存、李清臣、張璪、黄履、陸佃、何洵直、楊完等議，或以當郊之歲，冬夏至日分祭南北郊，各一日而祀徧；或以圜丘之旁，别營方丘而望祭；或以夏至盛暑，天子不可親祭，改用十月；或欲親郊圜丘之歲，夏至日遣上公攝事于方丘，議久未決。

三年，翰林學士張璪言：「先王順陰陽之義，以冬至祀天，夏至祀地，此萬世不可易之理。議者乃欲改用他月，無所據依。必不得已，宜即郊祀之歲，於夏至之日，盛禮容，具樂舞，遣冢宰攝事。雖未能皆當于禮，庶先王之遺意猶存焉。」于是禮官請如璪議，設宫架樂、文武二舞，改製樂章，用竹册匏爵，增配帝犢及捧俎分獻官，廣壇壝齋宮，修定儀注上之。既而曾肇言：「今冬至若罷合祭，而夏至又以有司攝事，則不復有親祭地示之時，于父天母地之義若有隆殺。請遇親祀南郊之歲，以夏至日備禮躬欵北郊，以存事地之義。」

【《曾鞏傳》】弟肇，字子開，同知太常禮院太常。自秦以來，禮文殘闕，先儒各有臆説，無所稽據。肇在職，多所釐正。親祀皇地祇于北郊，蓋自肇發之，異端莫能奪其議。

四年四月，乃詔：「親祀北郊，並以南郊之儀，有故不行，即以上公攝事。」

六年，禮部、太常寺上親祀儀並如南郊；其攝事唯改舞名及不備官，其籩豆、樂架、玉幣之數，盡如親祠。是歲十一月甲辰冬至，祀昊天上帝，以太祖配，始罷合祭，不設皇地示位。

【《黄履傳》】改崇政殿説書兼知諫院。神宗嘗詢天地合祭是非，對曰：「國朝之制，冬至祭天圜丘，夏至祭地方澤，每歲行之，皆合于古。猶以有司攝事未足以盡，于是三歲一郊而親行之，所謂因時制宜者也，雖施之方今，爲不可易。惟合祭之非，在所當正。然今日禮文之失，非獨此也，願敕有司正羣祠，爲一代損益之制。」詔置局詳定，命履董之，北郊之議遂定。

哲宗初立，未遑親祠，有司攝事如元豐儀。元佑五年夏至，祭皇地示，命尚書右丞許將攝事。將言：「王者父天母地，三歲冬至，天子親祠，徧享宗廟，祀天圜丘，而夏至方澤之祭，乃止遣上公，則皇地示遂永不在親祀之典，此大缺禮也。望博詔儒臣，講求典故，明正祀典，爲萬世法。」禮部尚書趙彦若請依元豐所定，郊祀之歲，親祀方丘及攝事，已合禮之正，更不須聚議。禮部郎中崔公度請用陳薦議，仍合祭天地，從祀百神。復詔尚書、侍郎、兩省及侍從、臺諫、禮官集議。于是翰林學士顧臨等八人，請合祭如故事，竢將來親祠北郊，則合祭可罷。宋興，一祖六宗，皆合祭天地，其不合祭者，唯元豐六年一郊耳。去所易而就所難，虚地示之大祭，失今不定，後必悔之。吏部侍郎范純禮等二十二人，皆主北郊之議。中書舍人孔武仲又請以孟冬純陰之月，詣北郊親祠，如神州地示之祭。彭汝礪、曾肇復上疏論合祭之非。文多不載。九月，三省上顧臨等議。太皇太后曰：「宜依仁宗皇帝故事。」吕大防言：「諸儒獻議，欲南郊不設皇地示位，于祖宗之制未覩其可。」范百禄以「圜丘無祭地之禮，《記》曰：『有其廢之，莫可舉也。』先帝所廢，稽古據經，未可輕改」。大防又言：「先帝因禮文所建議，遂令諸儒定北郊祀地之禮，然未經親行。今皇帝臨御之始，當親見天地，而獨不設地示位，恐亦未安。况祖宗以恩霈四方，慶賚將士，非三歲一行，則國力有限。今日宜爲勉行權制，俟北郊議定及太廟享禮，行之未晚。」太皇太后以大防之言爲是。而蘇頌、鄭雍皆以「古者人君嗣位之初，必郊見天地。今皇帝初郊而不祀地，恐未合古」。乃下詔曰：「國家郊廟特祀，祖宗以來命官攝事，唯三歲一親郊，則先享清廟，冬至合祭天地于圜丘。元豐間，有司援周制，以合祭不應古義，先帝乃詔定親祀北郊之儀，未之及行。是歲，郊祀不設皇地示位，而宗廟之享率如權制。朕方修郊見天地之始，其冬至日南郊，宜依熙寧十年故事，設皇地示位以嚴並況之儀。厥後躬行方澤之祀，則修元豐六年五月之制。俟郊禮畢，集官詳議典禮以聞。」十一月冬至，親祠南郊，遂合祭天地，而詔罷飲福宴。

七年，帝初郊，合祭地祇于圜丘。

八年，禮部尚書蘇軾復陳合祭六議，令禮官集議以聞。已而下詔依元祐七年故事，合祭天地于南郊，仍罷集議。

【《文獻通考》】紹聖元年，以右正言張商英言：「先帝制詳定禮文所，謂合祭非古，據經而正之。元祐之臣，乃復行合祭，請再下禮官議。」御史中丞黃履謂：「南郊合祭，因王莽諂事元后，遂躋地位，同席共牢。逮先帝親郊，大臣以宣仁同政，復用莽意合祀，瀆亂典禮。」帝以詢輔臣，章惇曰：「北郊歲謂之社。」黃履曰：「郊者，交于神明之義，所以天地皆稱郊。社者，土之神耳，豈有祭大祇亦可謂之社乎？」乃以履奏送禮部、太常寺。權禮部侍郎盛陶、太常丞王誼等言：「宜用先帝北郊儀注，以時躬行，罷合祭禮。」三省言：「合祭既非禮典，但盛夏祭地，必難親行。」詔令兩省、臺諫、禮官同議，可以親祀北郊，然後可罷合祭之禮。曾布言：「天地、宗廟、四時皆有祭，未聞盛夏可以廢祭祀也。若謂議可以親祀北郊，然後可議罷合祭，則先帝罷合祭爲不當矣。」四月，翰林學士錢勰、刑部侍郎范純禮議：「先帝親祀之詔，所宜遵守，但當斟酌時宜，省去繁文末節，以行親祠之禮。若謂盛夏難于出郊，則姑從權變禮，以循祖宗故事。」吏部侍郎韓宗師、兵部侍郎王古、殿中侍御史井亮采、監察御史常安民又以南郊合祭，當循祖宗舊制。權户部侍郎李琮以乘輿出郊，暑雨不常，合祭權宜，亦難輕罷。太常博士傅楫以事天地不可以暑暍廢大禮。給事中虞策、權給事中劉定、中書舍人盛陶、太常少卿黄裳請用十月親祭皇地祇于北郊。吏部侍郎豐稷請：「于夏至前三日，皇帝致齋于文德殿，遣官奏告太廟。至日五鼓，詣北郊齋殿，質明行事，禮畢還宫，不甚炎溽。若遇陰雨，大慶殿可陳望祭之禮。」起居舍人葉祖洽謂：「北郊之禮主于事地，而太廟景靈宫自可差官攝事。皇帝致齋于文德殿，前事一日，夙興至郊外齋宫，次日五鼓行事，質明禮畢還内，則是乘輿宿外不過一日，無憚暑之虞，于理爲可。」户部尚書蔡京、禮部尚書林希、翰林學士蔡卞、御史中丞黄履、工部侍郎吴安持、秘書少監晁端彦、侍御史翟思、殿中侍御史郭知章、正言劉拯、監察御史黄慶基、董敦逸等，請「罷合祭天地。自後間因大禮歲，以夏至之日，親祀北郊；其親祠北郊之歲，更不親祀南郊」。明年乃詔：「罷合祭，自今間因大禮之歲，以夏至之日，躬祭地祇于北郊。應緣祀事儀物及壇壝、道路、帷宫等，宜令有司參酌，詳具以聞。」蓋用蔡京等議。然北郊親祀，終帝世未克舉云。

權禮部侍郎黄裳等言：「南郊用大駕鹵簿儀仗二萬六十一人，明堂袷享用法駕計一萬八千八十八人。今親祠北郊，備物則當用大駕，如以盛暑之月，稍減煩文，即依明堂禮，用法駕鹵簿。」詔依南郊用大駕鹵簿。

又言：「南郊朝祭服皆以羅綾爲之，今北郊盛暑之月，難用袷服。謹案《月令》，孟夏初衣暑服，孟冬始裘。欲依衮冕制度，改用單衣。」從之。

【《宋史·哲宗本紀》】紹聖三年春正月戊午，詔罷合祭，間因大禮之歲，夏至日躬祭地祇于北郊。六月乙酉，立北郊齋宫于瑞聖園。

元符元年春正月甲戌，幸瑞聖園，觀北郊齋宫。

【《文獻通考》】元符元年，帝幸瑞聖園，觀新城北郊齋宫。故事，郊宫悉設以幕帟，其費不貲。上命繕營，不日而成，曰：「三歲一郊，次舍之費，縑帛三十餘萬，工又倍之。易以屋室，一勞永逸，所省多矣。」

徽宗崇寧元年，禮部尚書黄裳言：「南郊壇十二龕，壝中布列從享星位，具載其名，凡三百三十有八。至于北郊，第以岳、鎮、海、瀆、山、林、川、澤、丘、陵、墳、衍、原、隰之目，别以四方，寘于成壝，而不列其名。雖從享于大祇，莫非山澤，而何者來格？今兹講行北郊大禮，尚未論著，是爲闕典。乞令太常寺丞陳暘考其名位，取其可以從祀者詳具以聞，列于成壝。」從之。

二年，禮部員外郎陳暘奏：「臣聞天一與地六合，而生水于北，其神玄冥；地二與天七合，而生火于南，其神祝融；天三與地八合，而生木于東，其神勾芒；地四與天九合，而生金于西，其神蓐收；天五與地十合，而生土于中，其神后土。蓋地乘陰氣，播五行于四時，當有帝以爲之主，必有神以爲之佐也。五行之帝既從享于南郊第一成，則五行之神亦當列于北郊第一成矣。上辛大雩帝及五時迎氣，並以五人神配，而不設五行之神，是取小而遺大也。神宗皇帝嘗詔地祇之祭以五行之神從享，以五人神配，然尚立岳、鎮、海、瀆之間。臣今欲陞之第一成。」又云：「地示之祭，先儒之説有二：或繫于神州，皆有所經見。唯《爾雅》曰：『西北之美者，有崑崙之球琳琅玕焉。』《河圖括象》曰：『崑崙東南萬五千里曰神州。』是崑崙不過域于西北，神州不過域于東南也。神宗皇帝嘗詔禮官討論北郊祀典，位崑崙于方丘第一成之西北，位神州于第一成之東南，而其上設地祇位焉。崑崙、神州之説，雖出不經，然古人『有其舉之，莫敢廢也』，特降于從享之列耳。欲望明推神考詔旨，列崑崙、神州于從享之位。」又言：「三代而上，山川之神，有望秩之祭，故五岳之秩視三公，四瀆之秩視諸侯。五岳不視侯而視公，猶未極乎推崇之禮。聖朝始帝五岳而王四瀆。切唯天莫尊于上帝，而五方帝次之；地莫尊于大示，而五岳帝次之。神宗皇帝親祠上帝于南郊，而五方帝列于第一成，然則五岳帝其可尚與四鎮、海、瀆而並列乎？今欲陞之于第一成。」並從之。

蕙田案：五行之帝即五行之神，陳暘二之，非是。崑崙、神州，既知其不經，而又曰「有其舉之，莫敢廢也」，亦依違之見。帝五岳而王四瀆，尤非是。

【《宋史·禮志》】❶政和三年，詔禮制局議方壇制度。是歲，新壇成。初，元豐三年七月，詔改北郊圓壇爲方丘。六年，命禮部、太常定北郊壇制。哲宗紹聖三年，權尚書侍郎黄裳等言：「南郊青城至壇所五百一十八步，自瑞聖園至皇地祇壇之東壇五百五十六步，相去不遠。其壇係國初所建，神靈顧享已久。元豐間，有司請地祇、神州並爲方壇，壇之外爲坎，詔止改圓壇爲方。請

❶「史」，原作「書」，據文義改。

下有司，比類南郊增飾制度，除治四面，稍令低下，以應澤中之制。」詔禮部再爲詳定，指畫興築。至是，禮制局言：「方壇舊制三成，第一成高三尺，第二成、第三成皆高二尺五寸，上廣八丈，下廣十有六丈。夫圓壇既則象于乾，則方壇當效法於坤。今議方壇定爲再成，一成廣三十六丈，再成廣二十四丈，每成崇十有八尺，積三十六尺，其廣與崇皆得六六之數，以坤用六故也。爲四陛，陛爲級一百四十有四，所謂坤之策百四十有四者也。爲再壝，壝二十有四步，取坤之策二十有四也。成與壝俱再，則兩地之義也。」齋宫大内門曰廣禋，東偏門曰東秩，西偏門曰西平，正東門曰含光，正西門曰咸亨，正北門曰至順，南内大殿門曰厚德，東曰左景華，西曰右景華，正殿曰厚德，便殿曰受福、曰坤珍、曰道光，亭曰承休，後又增四角樓爲定式。其神位，崇寧初，禮部員外郎陳暘言：「五行于四時，有帝以爲之主，必有神以爲之佐。今五行之帝既從享于南郊第一成，則五行之神亦當列于北郊第一成。天莫尊于上帝，而五帝次之；地莫尊于大祇，而岳帝次之，今尚與四鎮、海、瀆並列，請升之于第一成。」至是，議禮局上《新儀》：皇地祇位于壇上北方南向，席以藁秸；太祖皇帝位于壇上東方西向，席以蒲越。木神勾芒、東岳于壇第一龕，東鎮、海、瀆于第二龕，東山林，川澤于壇下，東丘陵、墳衍、原隰于内壝之内，皆在卯階之北，以南爲上。神州地祇、火神祝融、南岳于壇第一龕，南鎮、海、瀆于第二龕，南山林、川澤于壇下，南丘陵、墳衍、原隰于内壝之内，皆在午階之東，以西爲上。土神后土、中岳于壇第一龕，中鎮于第二龕，中山林、川澤于壇下，中丘陵、墳衍、原隰于内壝之内，皆在午階之西，以西爲上。金神蓐收、西岳于壇第一龕，西鎮、海、瀆于第二龕，崑崙、西山林，川澤于壇下，西丘陵、墳衍、原隰于内壝之内，皆在西階之南，以北爲上。水神玄冥、北岳于壇第一龕，北鎮、海、瀆于第二龕，北山林、川澤于壇下，北丘陵、墳衍、原隰于内壝之内，皆在子階之西，以東爲上。神州地祇席以藁秸，餘以莞席，皆内向。其餘並如元豐儀壇壝之制。其位版之制：皇地祇位板長二尺，取兩地之數；厚六寸，取坤元用六之數；廣一尺，取地之成數；書徽號以黄色，取黄琮之義。皆以金飾。配位板各如天地之制。又言：「《大禮格》，皇地祇玉用黄琮，神州地祇、五岳以兩圭有邸。今請二者並施于皇地祇，求神以黄琮，薦獻以兩圭有邸。神州惟用圭邸，餘不用。玉琮之制，當用坤數，宜廣六寸，爲八方而不剡；兩圭之長宜共五寸，並宿一邸，色與琮同。牲幣如之。」又言：「常祭，地祇、配位各用冰鑑一。今親祀，盛暑，請增正配及從祀位冰鑑四十一。」並從之。

【《文獻通考》】政和三年，詔：「自今每遇冬大禮後一歲夏至，祭地于方澤。其儀物、儀衛應奉行事，悉從簡省，從祭臣僚與隨駕衛士，量行支賜，簡而易行，無偏而不舉之失，以稱朕意。可令禮制局裁定以聞。」

【《宋史·徽宗本紀》】政和四年夏五月丙戌，始祭地于方澤，以太祖配，降德音于天下。

【《禮志》】政和四年五月夏至，親祭地于方澤，以皇弟燕王俣爲亞獻，越王偲爲終獻。皇帝散齋七日于别殿，致齋七日于内殿，一日于齋宫。前一日告配太祖室，其有司陳設及皇帝行事，並于郊祀之儀。是後七年，至宣和二年、五年，親祀者凡四。

【《陸佃傳》】徽宗欲親祀北郊，大臣以爲盛暑不可，徽宗意甚確。朝退，皆曰：「上不以爲勞，當遂行之。」李清臣不以爲然。佃曰：「元豐非合祭而是北郊，公之議也。今反以爲不可耶？」清臣乃止。

【《文獻通考》】四年五月丙戌夏至日，帝始親祭地于方澤，以太祖皇帝配。禮成，帝親製二表，遣觀文殿學士鄧洵武告于永泰陵，詔以其日爲景貺節。故事，大禮，御札皆前期六月乃降。六年冬祀、夏祭，始同一札，五使亦同日命之，遂爲定制。前期，皇帝散齋七日于別殿，致齋七日于内殿，一日于齋宫。舊儀，侍從官設次青城内，餘就草場。今聽于青城附近官舍設次，日給食錢，更不具食。祭前一日，奏告太祖皇帝室。殿中監設大次于外壝西門之内道北，南向；小次于第二成子階之西，東向；設皇帝褥位于小次前，東向。設文武侍臣次于大次前，陪祀、行事官、宗室及有司次于外壝南門之外。設饌幔于内壝東西門之外，開瘗坎于壇子階之北壬地。光禄牽牲詣祀所。大晟陳登歌之樂于壇上稍北，南向；設宫架于壇北内壝之外，立舞表于酇綴之間。祭前一日，太史設皇地祇位于壇上南方，北向，席以藁秸；太祖皇帝位于壇上西方，東向，席以蒲越；神州地祇位于第二成午階，席以藁秸；五官神、岳、鎮、海、瀆各以其方，設位于第二成；山林、川澤、丘陵、墳衍、原隰各以其方，❶設位于壇下内壝之内，皆席以莞，内向。奉禮郎、禮直官設皇帝位版于第二成子階之西，東向；飲福位于壇上皇地祇神位東北，南向；

❶「林」，原作「陵」，據庫本改。

望瘞位于瘞坎之南，北向；設爟火于望瘞位之西，北向。司尊彝帥其屬設玉、幣、篚于酌尊所。又設籩、豆、簠、簋之位：正配位皆左十有一籩，右十有一豆，俱爲三行，俎一在籩前，二在豆右，爲二重，登一在籩、豆間，血槃一在登之前，簠一、簋一在籩豆外，簠在左，簋在右。又設尊、罍之位：每位太尊三，著尊二，犧尊、象尊、壺尊、山尊各一，尊皆有罍，以東爲上，尊南罍北。又設篚一于第二成子階之側，（實以槃匜，巾爵。❶）坫二于正配尊罍之次。又設内侍供奉皇帝盥帨位于皇帝版位之前。又設象尊二、壺尊二在壇下子陛之西，俱南向東上，皆加杓、冪，並實水；又設第二成從祀每位皆左十籩，右十豆，俱爲三行，俎二在籩豆前，登一、槃一（神州地示、五官神同。）在籩、豆間，簠一、簋一在籩豆外，簠在左，簋在右，爵一置于俎上。内壝神位，每位皆左二籩，右二豆，俎一在神位前，爵一次之，簠一、簋一在爵之前，簠在左，簋在右，登一在籩豆之間。又設尊罍之位：二成每方各犧尊二，山尊二，壇下每方設蜃尊二，散尊二，在神位之左，蜃尊、散尊外，餘皆有罍副之，凡尊罍皆加杓、冪。又設正配位籩、豆、簠、簋、俎、斗、鼎各一，于饌幔之内。太府卿、少府監帥其屬陳玉幣于篚，皇地祇玉以黄琮，幣以黄，配帝幣亦如之；神州地祇玉以兩圭有邸，幣以黑；五行、五官、五方岳、鎮、海、瀆諸神，幣各從其方色。禮神之玉，各置于神位前，瘞玉加于幣。（先是，郊祀尊、彝、籩、豆、簠、簋之類，習用前代，無所考正。上遠稽三代，作郊廟禋祀之器，❷

❶「巾」，原作「中」，據《文獻通考》卷七六改。

❷「禋」，原作「社」，據《文獻通考》卷七六改。

至是舉而用之，粲然大備。手詔具「親祀圜壇門」。前期一日，尚輦奉御進輿于垂拱殿，皇帝服通天冠、絳紗袍，乘輿以出，稱警蹕如常儀。乘黄令進玉輅于宣德門外，左輔奏「請降輿升輅」，至齋宫明禋殿前，迴輅南向；左輔奏「請降輅乘輿入齋殿」，侍衛如常儀。祭日，皇帝服通天冠、絳紗袍，乘輿至大次，禮儀使等分立大次前。有司奏「請行事」，皇帝服衮冕以出，禮儀使等前導至中壝門外，殿中監跪進大圭，皇帝執以入，宫架《儀安》之樂作；至午階，樂止。登歌樂作，至第二成版位東向立，樂止。禮儀使奏：「請有司謹具，請行事。」宫架作《寧安》之樂、《廣生儲祐》之舞，八成，止，皇帝再拜。禮儀使奏「請搢大圭」，盥手，登歌樂作；帨手訖，執大圭至壇，樂止。登歌《嘉安》之樂作，殿中監進鎮圭，皇帝搢大圭，執鎮圭，詣皇地祇神位前，南向跪，奠鎮圭于繅藉，執大圭，俯伏，興，搢圭。禮儀使奏「請受玉幣」，奠訖，俯伏，興，再拜，樂止。《恭安》樂作，詣太祖皇帝神位，前西向奠圭、幣如前儀。禮儀使前導皇帝還版位，登歌樂作；至位東向立，樂止。禮部、户部尚書以下奉饌俎，宫架《豐安》之樂作；奉奠訖，樂止。皇帝再詣罍洗，搢大圭，盥手，登歌樂作；帨手，洗爵，拭爵訖，執大圭至壇上，樂止。登歌《光安》之樂作，詣皇地祇神位前，搢大圭，跪，執爵祭酒三，奠爵訖，執圭，俯伏，興，樂止。太祝讀册，皇帝再拜訖，登歌《英安》之樂作，詣太祖皇帝神位前如前儀。皇帝還版位，登歌樂作；至位，樂止。皇帝還小次，登歌樂作；殿中監跪受大圭，簾降，樂止。文舞退，武舞進，宫架《文安》之樂作；舞者立定，樂止。亞獻盥帨訖，作《隆安》之樂、

《厚載凝福》之舞，❶禮畢，樂止。終獻行禮如前儀。皇帝詣飲福位，登歌樂作；至位，樂止。《禧安》之樂作，皇帝再拜，搢圭，跪受爵，祭酒三，啐酒，奠爵，受俎，尊俎，受搏黍豆，既奠，再受爵，飲福訖，奠爵，執圭，俯伏，興，再拜，樂止。皇帝還版位如前儀。禮部、户部尚書徹俎、豆，登歌《成安》之樂作，卒徹，樂止。禮部尚書等降復位，禮直官曰「賜胙」，行事、陪祀官再拜，❷宫架《寧安》之樂作，一成，止。皇帝詣望瘞位，登歌樂作，降自子階，樂止。宫架樂作，至位北向立，樂止。禮直官曰「可瘞」，舉爟火，瘞半坎，禮儀使跪奏「禮畢」，宫架樂作；皇帝出中壝門，殿中監受大圭，皇帝至大次，樂止。有司奏「解嚴」，皇帝常服乘大輦還齋宫，鼓吹振作。皇帝升御座，百官稱賀，皇帝降座，鳴鞭，殿上侍立官以次退，所司放仗，還内如常儀。

宣和二年五月丁巳，祭地于方澤。　五年五月癸酉，祭地于方澤。

【《宋史·徽宗本紀》】政和七年五月己丑，如玉清和陽宫，上承天效法厚德光大后土皇地祇徽號寶册。辛丑，祭地于方澤，降德音于諸路。

【《文獻通考》】馬氏曰：「北郊之議，始于元豐初，至元豐六年始罷合祭，元祐七年復合祭，紹聖以後復罷之，政和四年始親祀地祇于方澤。蓋自元豐六年至宣和之末，共四十二年，凡十一郊，唯元祐七年一次合祭，及政和四年以後四次親祠方澤而已，其餘六郊則遂廢地祇之祀矣。」

❶「隆」，原作「降」，據《文獻通考》卷七六改。
❷「祀」，原作「禮」，據庫本改。

夫本以合祭爲非禮，分祭爲禮，至分合之議不決，則廢親祠，而權以上公攝事者且二十年。蓋病其非禮，而反至于廢禮，以爲不當並祀于圜丘，而終不能親祀于方澤，則固不若一遵祖宗之法，三歲並祀南郊之爲愈也。要之，《周禮》冬至圜丘，夏至方澤，其禮甚正，亦無難行者。諸儒議論所以不能以時決者，其拘牽有二：禮文煩縟則憚勞，賞賚優渥則憚費。如陳古靈之説，每遇親郊之歲，一日宿太廟以告，一日宿北郊以祭地，一日宿南郊以祭天，是欲以二祀併在一時，則不至倍費矣，而執禮之勞加甚。如曾曲阜之説，親郊之歲，依古禮以夏至親祠方澤，一如郊禮，至冬至則舉圜丘之祀，是以二祀分在二時，則不至甚勞矣，而賞賚之費倍增。然禮文乃百王相承之大典，不可損略，而賞賚則五季姑息之弊政，何難更張？則如政和三年之詔，以郊天後一歲祭地方澤，應奉支賜務從簡省，毋使有偏而不舉之失，❶乃爲至論。但恐當時方倡豐豫之説，繁費未必能省，所以中興之後，國勢倥偬，則不復能遵而行之也。」

蕙田案：馬氏之論極中時弊，至以爲不如並祀南郊之爲愈，乃有激之詞，非篤論也。

【《文獻通考》】高宗紹興元年，禮部、太常寺討論：夏日至祭皇地祇，以太祖皇帝配。正配二位，每位尊、爵、籩、豆各一，實以酒脯、鹿臡，以獻官一員行禮。立冬祭神州地祇，以太宗皇帝配，于天慶觀望祭。

❶「偏」，原作「徧」，據庫本改。

【《宋史·禮志》】❶紹興二年，太常少卿程瑀言：「皇地祇，當一依祀天儀式。」詔從之。又言：「國朝祀皇地祇，設位于壇之北方南向。政和四年，禮局議設于南方北向。令北面望祭，北向爲難，且于經無據。請仍南向。」從之。

【《文獻通考》】太常寺每歲常祀，夏日至祭皇地祇，係于行在錢湖門外惠照院望祭齋宮設位行禮，以太祖皇帝配。三獻官，依儀：初獻係差宰執；亞獻，禮部尚書、侍郎，有故或闕，次輪別曹長貳，次給舍、諫議；終獻，太常卿及禮部郎官，有故或闕，差北司官，次輪別曹郎官。合用禮料：牲牢，羊一口，豕一口。籩二十有六，菱二，芡二，㮚二，鹿脯二，乾棗、濕棗、乾桃、濕桃、乾薧、榛栗實、麷、蕡、白、黑、形鹽、膴、鮑魚、鱐、糗、餌、粉、餈。簠八，稻、粱各四。登一，大羹。槃一，毛血。簋八，黍、稷各四。豆二十有六，飽食、糝食、芹、兔醢、深蒲、醓醢二，菭菹、雁醢，笋、魚醢二，葵、蠃醢、脾析、蠯醢、大蛤、蚳醢、豚拍、韭、昌本、菁、鹿臡、茆、麋臡二。俎八。羊腥七體，❷豕腥七體。羊熟十一，豕熟十一。羊腥，腸、胃、肺。羊熟，腸、胃、肺。豕腥，膚。豕熟，膚。尊罍共二十有四。著尊二，一實玄酒，明水，一實盎齊。太尊二，一實泛齊，一實醴齊。山尊二，一實盎齊，一實醍齊。犧尊二，一實沉齊，一實事酒。象尊二，一實昔酒，一實清酒。以上各加罍二隻，係實明水。

紹興祀皇地祇十五首：

迎神，《寧安》，函鍾爲宮　至哉厚德，物生是資！直方維則，翕闢攸宜。於昭祀典，致享坤儀。禮罔不答，神之格思。

太簇爲角　葳事方丘，舊典時式。至誠

❶「宋」，原作「宗」，據庫本改。

❷「體」，原作「獻」，據《文獻通考》卷七六改。

感神，馨非黍稷。肸蠁來臨，鑒兹明德。永錫坤珍，時萬時億。

姑洗爲徵　至哉坤元，乃順承天。厚德載物，含洪八埏。日北多暑，祀儀吉蠲。式昭母事，敢告恭虔。

南吕爲羽　蕆事方丘，情文孔時。名山大澤，侑祭無遺。牲陳黝犢，樂備《咸池》。柔祇皆出，介我繁禧。

盥洗，《正安》　於穆盛禮，肅肅在宫。歲事有初，直于東榮。滌濯是謹，惟寅惟清。祇薦柔嘉，享義克誠。

升殿，《正安》　景風應時，聿嚴毖祀。用事方丘，鏘鏘濟濟。登降有節，三獻成禮。神其格思，錫我繁祉。

正位奠玉幣，《嘉安》　坤元博厚，對越天明。辰事方澤，神惟顧歆。嘉玉量幣，祇薦純精。錫我繁祉，燕及函生。

太祖位奠幣，《定安》　毖祀泰折，柔祇是承。於赫藝祖，道格三靈。式嚴配侑，厚德惟寧。爰昭薦幣，享于克誠。

捧豆，《豐安》　丕荅靈貺，蕆事方丘。豆登在列，鼎俎斯儔。❶牲牷告具，寅畏彌周。柔祇昭格，飈至雲流。

正位酌獻，《光安》　祇事坤元，飭躬敢憚！❷爰潔粢盛，載嚴圭瓚。清明内融，嘉旨外粲。介我繁釐，時億時萬。

太祖位酌獻，《英安》　皇矣藝祖，九圍是式！至哉柔祇，萬彙允殖。保兹嘉邦，介我黍稷。酌鬯告虔，作配無極。

文舞退、武舞進，《正安》　於穆媪神，媲德彼天。我修毖祀，以莫不虔。肆陳時

❶「鼎」，原作「登」，據《宋史·禮志》改。

❷「躬」，原作「窮」，據庫本改。

夏，干羽相宣。靈其來游，降福綿綿。

亞終獻，《文安》　禮有祈報，國惟典常。籩豆豐潔，降升齊莊。備物致志，式薦累觴。昭格來享，自天降康。

徹豆，《娱安》　承天效法，其道貴誠。牲羞黄犢，薦德之馨。芳俎告畢，禮備樂盈。既静既安，庶物霑生。

送神，《寧安》　至厚至深，其動也剛。精神默通，或出其藏。神之言歸，化斯有光。相我炎圖，萬世無疆。

宋初祀神州地祇三首：❶

降神，《静安》　膴膴郊原，芒芒宇縣。畫野分疆，禹功疏奠。靈祇是臻，豆籩祇薦。幽贊皇圖，視之不見。

奠玉幣，酌獻，《嘉安》　肹蠁儲靈，肅恭用幣。鏘洋導和，洪休允契。嘉氣雲蒸，浹于華裔。式薦坤珍，聿符明世。

送神，《静安》　獻奠云畢，純嘏祁祁。威靈藏用，邈矣何之？

蕙田案：天地分合之議，莫甚于宋，詳載「圜丘門」。

右宋祭地。

【《金史·禮志》】金海陵天德以後，始有南北郊之制。北郊方丘，在通元門外，當闕之亥地。方壇三成，成爲子、午、卯、酉四正陛。方壝三周，四面三門。夏至日祭皇地祇于方丘。

方丘儀注　齋戒：祭前三日質明，有司設三獻以下行事官位于尚書省。初獻南面，監祭御史位于西，東向，監禮博士位于東，西向，俱北上。司徒亞、終獻位于南，北向。次光禄卿、太常卿，次第一等分獻官、司天

❶ 此題原脱，據《宋史·禮志》補。

監，次第二等分獻官、光禄丞、郊社令、太樂令、良醖令、廩犧令、司尊彝，❶次内壝内外分獻官、太祝官、奉禮郎、協律郎、諸執事官，就位，立定。次禮直官引初獻就位，初獻讀誓曰：「今年五月某日夏至，祭皇地祇于方丘，所有攝官，各揚其職。其或不敬，國有常刑。」讀畢，禮直官贊：「七品以下官先退。」餘官對拜，訖，退。散齋二日，宿于正寢，治事如故。齋禁並如郊祀。守壝門兵衛與大樂工人，俱清齋一宿。行禮官前期習儀于祠所。

陳設　祭前三日，所司設三獻官以下行事執事官次于外壝東門之外道南，北向，西上，隨地之宜。又設饌幕于内壝東門之外道北，南向。祭前二日，所司設兵衛，各服其服，守衛壝門，每門二人。太樂令帥其屬，設登歌之樂于壇上，如郊祀。郊社令帥其屬，掃除壇之上下，爲瘞坎在内壝外之壬地。祭前一日，司天監、郊社令各服其服，帥其屬，升設皇地祇神座于壇上北方，南向，席以藁秸。又設配位神座于東方，西向，席以蒲越。又設神州地祇神座于壇之第一等東南方，席以藁秸。又設五神、五官、岳鎮、海瀆二十九座于第二等階之間，各依方位。又設崑崙、山林、川澤二十一座于内壝之内，又設丘陵、墳衍、原隰三十座于内壝之外，席皆以莞。又設神位版，各于座首。子階之西，水神玄冥、北岳、北鎮、北海、北瀆于壇之第二等，❷北山、北林、北川、北澤于内壝内，北丘、北陵、北墳、北衍、北隰、北原于内壝外，皆各爲一列，以東爲上。

❶「犧」，原作「餼」，據《金史·禮志》改。
❷「北海」二字，原脱，據《金史·禮志》補。

卯陛之北，木神勾芒，東岳、長白山、東鎮、東海、東瀆于壇之第二等，東山、東林、東川、東澤于内壝内，東丘、東陵、東墳、東衍、東原、東隰于内壝外，皆各爲一列，以南爲上。午陛之東，神州地祇于壇之第一等，火神祝融、南岳、南鎮、南海、南瀆于壇之第二等，南山、南林、南川、南澤于内壝内，南丘、南陵、南墳、南衍、南原、南隰于内壝外，皆各爲一列，以西爲上。午陛之西，土神后土、中岳、中鎮于壇之第二等，中山、中林、中川、中澤于内壝内，中丘、中陵、中墳、中衍、中原、中隰于内壝外，❶皆各爲一列，以南爲上。酉陛之南，金神蓐收，西岳、西鎮、西海、西瀆于壇之第二等，崑崙、西山、西林、西川、西澤于内壝内，西丘、西陵、西墳、西衍、西原、西隰于内壝外，皆各爲一列，以北爲上。其皇地祇及配位、神州地祇之座，并禮神之玉，設訖，俟告潔畢權徹，祭日早重設。其第二等以下，設定不收。奉禮郎、禮直官又設三獻官位于卯陛之東稍北，西向。司徒位于卯陛之東，道南，西向。太常卿、光禄卿次之。第一等分獻官、司天監位于其東，光禄丞、郊社令、大官令、廩犧令位又在其東，❷每等異位重行，俱西向北上。又設太祝、奉禮郎及諸執事位于内壝東門外道南，每等異位重行，俱西向北上。設監祭御史二位，一于壇下午陛之西南，一于子陛之西北，俱東向。設監禮博士二位，一于壇下午陛之東南，一于子陛之東北，俱西向。奉禮郎位于壇之東南，西向。協律郎位于樂簴西北，東向。大樂令位于樂簴之

❶「陵」，原作「林」，據庫本改。

❷「廩犧」，原乙，據《金史·禮志》正。

間，西向。司尊彝位于酌尊所，俱北向。設望瘞位于坎之南，北向。又設牲牓位于内壝東門之外，西向。太祝、祝史各位于牲後，俱西向。設省饌位于牲西，太常卿、光禄卿、太官令位于牲北，南向，西上。監祭、監禮位在太常卿之西稍却，❶西上。廩犧令位于牲西南，北向。又陳禮饌于内壝東門之外道北，南向。設省饌位于禮饌之南。太常卿、光禄卿、太官令位在東，西向，監祭、監禮位在西，東向，俱北上。設祝版于神位之右。司尊及奉禮郎帥其屬，設玉幣篚于酌尊所，次及籩豆之位。正、配位各左有十一籩、右有十一豆，俱爲三行。登三，在籩豆間。鉶三，在登前。簠一、簋一，各在鉶前。又設尊罍之位，皇地祇太尊二、著尊二、山罍二，在壇上東南隅。配位著尊二，犧尊二，象尊二，山罍二，在正位酒尊之東，俱北向西上，皆有坫，加勺、冪，爲酌尊所。又設皇地祇位象尊二、壺尊二、山罍四，在壇下午陛之西。❷配位犧尊二、壺尊二、山罍四，在酉陛之北，東向北上，皆有坫，加冪，設而不酌。神州地祇位左八籩，右八豆，登一在籩豆間，簠一、簋一在登前，爵坫一，在神座前。又設第二等諸神位每位籩二，豆二，簠一，簋一，俎一，爵坫一。内壝之内外諸神每位籩一，豆一，簠、簋、俎一，爵坫一。陳列皆與上同。又設神州地祇太尊二、著尊二，皆有坫。第二等諸神每方山尊二，❸内壝内每方蜃尊二，内壝外每方概尊二，皆加勺、冪。又設正、配位籩一、

❶「監祭」，原作「監察」，據庫本改。下一「監祭」同。
❷「西」下，《金史·禮志》有「北向西上」四字。
❸「第二」，原作「第一」，據庫本改。

豆一、簠一、簋一、俎三，及毛血豆一，并神州地祇位俎一，各于饌冪内。❶ 又設二洗于壇下卯陛之東，北向，盥洗在東，爵洗在西，並有罍加勺。篚在洗西，南肆，實以巾。爵洗之篚實以匏爵，加坫。又設第一等分獻官盥洗、爵洗位，第二等以下分獻官盥洗位，各于其方道之左，罍在洗左，篚在洗右，俱内向。執爵篚者各于其後。祭日丑前五刻，司天監、郊社令帥其屬，升設皇地祇及配位神座于壇上，設神州地祇座于第一等。又設玉幣，皇地祇玉以黄琮，神州地祇玉以兩圭有邸，皆置于匣。正、配位幣並以黄色，神州地祇幣以玄色，五神、五官、岳鎮、海瀆之幣各從其方色，皆陳于篚。太祝取瘞玉加于幣，以禮神之玉各置于神座前。光禄卿帥其屬，入實正、配位籩豆。籩三行，以右爲上，豆三行，以左爲上，其實並如郊祀。登實以太羹，鉶實以和羹。又設從祭第一等神州地祇之饌。籩三行，以右爲上；豆三行，以左爲上，其實並如郊祀。登實以太羹，簠實以稷，簋實以黍。第二等每位，左二籩，栗在前，鹿脯次之。右二豆，菁菹在前，鹿臡次之。簠實以稷，簋實以黍。俎，一羊，一豕。内壝内外每位左籩一，鹿脯，右豆一，鹿臡。簠黍，簋稷，俎以羊。良醖令帥其屬，入實酒尊。皇地祇太尊爲上，實以泛齊。著尊次之，實以醴齊。犧尊次之，實以盎齊。象尊次之，實以醍齊。壺尊次之，實以沈齊。山罍爲下，實以三酒。配位，著尊爲上，實以泛齊。犧尊次之，實以醴齊。象尊次之，實以盎齊。壺尊次之，實以醍齊。山罍爲下，實以三酒。皆

❶「冪」，原作「幕」，據庫本改。

左實明水，右實玄酒，皆尚醞代。次實從祭第一等，神州地祇酒尊，太尊爲上，實以泛齊。著尊次之，實以醴齊。第二等，山尊實以醍齊。内壝内，蜃尊實以泛齊。内壝外，概尊實以三酒。以上尊皆左以明水，右以玄酒，皆尚醞代之。太常卿設燭于神座前。

省牲器　祭前一日午後八刻，去壇二百步禁止行者。未後二刻，郊祀令率其屬掃除壇之上下。司尊與奉禮郎帥執事者以祭器入設于位。郊祀令陳玉幣于篚。未後三刻，廩犧令與諸太祝、祝史以牲就省位。禮直官、贊者分引太常卿、光禄卿、丞、監禮、監祭、太官令等詣内壝東門外省牲位。其視濯滌、告潔、省牲饌，並同郊祀。俱畢，廩犧令、諸太祝、祝史以次牽牲詣廚授太官令。❶次引光禄卿以下詣廚，省鼎鑊，視滌溉，乃還齋所。晡後一刻，太官令帥宰人以鸞刀割牲，祝史各取毛血，實以豆，置于饌幔。遂烹牲，又祝史取瘞血貯于盤。

奠玉幣　祭日丑前五刻，獻官以下行事官各服其服。有司設神位版，陳玉幣，實籩豆簠簋尊罍，俟監祭、監禮案視壇之上下，乃徹去蓋冪。大樂令帥工人及奉禮郎、贊者先入。禮直官、贊者分引分獻官以下，❷監祭、監禮、諸太祝、祝史、齋郎與執事官入自南壝東門，當壇南，重行，北向，西上，立定。奉禮郎贊：「拜。」獻官以下皆再拜，訖，以次分引各就壇陛上下位。次引監祭、監禮案視壇之上下，訖，退復位。禮直官分引三

❶「授太官」至「乃還齋」二十二字，原脱，據《金史・禮志》補。

❷下「官」字，原脱，據《金史・禮志》補。

獻官以下行事官俱入就位。行禮官皆自南壝東門入。禮直官進立初獻之左，白曰：「有司謹具，請行事。」退復位。協律郎高舉笏，執麾者舉麾，俯伏，興。工鼓柷，樂作《坤寧》之曲，八成，偃麾，戛敔，樂止。俟太常卿瘞血訖，奉禮郎贊：「拜。」在位者皆再拜。又贊：「諸執事者各就位。」禮直官引諸執事各就其位俟。太祝跪取玉幣于篚，立于尊所。諸位太祝亦各取玉幣立于尊所。禮直官引初獻詣盥洗位，樂作《肅成》之曲。至位，北向立，樂止。搢笏，盥手，帨手，執笏，詣壇，樂作《肅寧》之曲。凡初獻升降，皆作《肅寧》之曲。升自卯陛，至壇，樂止。詣皇地祇神座前，北向立，樂作《静寧》之曲。搢笏，跪。太祝加玉于幣，西向跪以授初獻。初獻受玉幣奠訖，執笏，俯伏，興，再拜，興，樂止。次詣配位神座前，東向立，樂作《億寧》之曲，奠幣如上儀，樂止。降自卯陛，樂作，復位，樂止。初獻將奠配位之幣，贊者引第一等分獻官詣盥洗位，搢笏，盥手，帨手，執笏，由卯陛詣神州地祇神座前，搢笏，跪。太祝以玉幣授分獻官，分獻官受玉幣奠訖，執笏，俯伏，興，再拜，訖，退。初，第一分獻官將升，贊者引第二分獻官詣盥洗位，盥手，帨手，執笏，各由其陛升，唯不由午陛，詣于首位神座，奠幣如上儀。餘以次祝史、齋郎助奠訖，各引還位。初獻奠幣將畢，祝史奉毛血豆，各由午陛升，諸太祝迎于壇上，進奠于正、配位神座前，太祝與祝史俱退，立于尊所。

進熟　初獻既升奠玉幣，有司先陳牛鼎二、羊鼎二于神廚，各在鑊右。大官令帥進饌者詣廚，以匕升牛、羊、豕，自鑊實于各鼎。牛、羊、豕各肩、臂、臑、肫、胳、正脊一、横脊

一、長脇一、短脇一、代脇一，皆二骨以並，❶冪之。祝史以扃各對舉鼎，有司執匕以從，陳于饌幔内。從祀之俎實以羊，更陳于饌幔内。光禄卿實以籩、豆、簠、簋。籩實以粉餈，豆實以糝實，簠實以稷，簋實以黍。實訖，去鼎之扃冪，匕加于鼎。大官令以匕升牛、羊、豕，載于俎，肩、臂、臑在上端，肫、胳在下端，脊、脇在中。俟初獻還位，樂止。禮直官引司徒出詣饌所，同薦籩、豆、簠、簋、俎。齋郎各奉皇地祇配位之饌，升自卯陛，諸太祝各迎于壇上。司徒詣皇地祇神座前，搢笏，奉籩、豆、簠、簋，次奉俎，北向跪奠，訖，執笏，俯伏，興，設籩于糗餌之前，豆于醓醢之前，簠簋在登前，俎在籩前。次于卯陛奉配位之饌，東向跪奠于神座前，並如上儀。各降自卯陛，還位。大官令又同齋郎奉神州地祇之饌，升自卯陛，太祝迎于壇陛之道間，奠于神座前左籩前，訖，樂止。大官令、進饌者降自卯陛，還位。禮直官引初獻官詣盥洗位，樂作。至位，北向立，搢笏，盥手，帨手，執笏，詣爵洗位。至位，北向立，搢笏，洗爵，拭爵，以授執事者。執笏，詣壇，樂作。升自卯陛，至壇上，樂止。詣皇地祇酌尊所，西向立。執事者以爵授初獻。初獻搢笏，執爵。司尊舉冪，良醖令跪酌太尊之泛齊，酌訖，初獻以爵授執事者，執笏，詣皇地祇神座前，北向立，搢笏，跪。執事者以爵授初獻，初獻執爵，三祭酒于茅苴，奠爵，三獻奠爵，皆執事者受之以興。執笏，俯伏，興，少退，跪，樂止。舉祝官跪，對舉祝版，讀祝，太祝東向跪讀祝訖，俯伏，

❶「皆二骨以並」，原作「共五體並列」，據《金史·禮志》改。

興。舉祝奠版于案，再拜，興。次詣配位酌尊所，執事者以爵授初獻，搢笏，執爵。司尊舉冪，良醖令跪酌著尊之泛齊，樂作太簇宮《保寧》之曲。初獻以爵授執事者，執笏，詣配位神座前，東向立，搢笏，跪。執事者以爵授初獻，初獻執爵，三奠酒于茅苴。奠爵，執笏，俯伏，興。少退，跪，樂止。讀祝訖，樂作，就拜，興，拜，興。降自卯陛，讀祝、舉祝俱從，樂作，復位，樂止。次引亞獻詣盥洗位，北向立，搢笏，盥手，帨手。執笏，詣爵洗位，北向立，搢笏，洗爵，拭爵，授執事者。執笏，升自卯陛，詣皇地祇酌尊所，西向立。執事者以爵授亞獻。亞獻搢笏，執爵，司尊舉冪，良醖令酌著尊之醴齊，酌訖，以爵授執事者，執笏，詣皇地祇神座前，北向立，搢笏，跪。執事以爵授亞獻，亞獻執爵，三祭酒于茅苴，奠爵，執笏，俯伏，興，少退，再拜。次詣配位，酌獻如上儀，唯酌犧尊爲異。樂止，降復位。次引終獻詣盥洗位，盥手，帨手，洗爵，拭爵，以爵受執事者，升壇。正位，酌犧尊之盎齊，配位，酌象尊之醴齊，奠獻並如亞獻之儀。禮畢，降復位。初，終獻將升，贊者引第一等分獻官詣盥洗位，搢笏，盥手，帨手，洗爵，拭爵，以爵授執事者。執笏，詣神州地祇酌尊所，搢笏，執事者以爵授獻官。獻官執爵，執事者酌太尊之泛齊，酌訖，以爵授執事者。進詣神座前，搢笏，跪，執事者以爵授獻官，獻官執爵，三祭酒于茅苴，奠爵，俯伏，興，少退，跪，再拜，訖，還位。初，第一等分獻官將升，贊者分引第二等分獻官詣盥洗位，搢笏，盥手，帨手，執笏，詣酌尊所，執事以爵授分獻官，酌以授執事者，進詣首位神座前，奠獻並如上儀。祝史、齋郎以次助奠，訖，各引還位。諸獻既畢，諸太祝進徹，籩豆各一，少移故處。樂作《豐寧》之曲，卒徹，樂止。奉禮官贊曰：「賜胙。」衆官再拜，樂作，一成，止。初，送神樂止，引初獻官詣望燎位，樂作太簇宫《肅寧》之曲，至位，南向立，樂止。初，在位官將拜，諸太祝、祝史各奉篚進詣神座前。❶玉幣，從祭神州地祇以下，並以俎載牲體，并取黍稷飯爵酒，各由其陛降壇北，詣瘞坎，❷實于坎中，又以從祭之位禮幣皆從瘞，禮直官曰：「可瘞。」東西六行，實土半坎，禮直官贊：「禮畢。」引初獻出，禮官贊者各引祭官及監祭、監禮、太祝以下俱復壇南，北向立定，奉禮郎贊曰：「再拜。」監祭以下皆再拜，訖，奉禮以下及工人以次出。光禄卿以胙奉進，監祭、監禮展視。其祝版燔于齋方。

【《樂志》】方丘樂歌：

迎神，《鎮寧》之曲　林鐘宫再奏，太簇角再奏，姑洗徵再奏，南吕羽再奏，辭同　至哉坤儀，萬彙資生。稱物平施，流謙變盈。禮修泰折，❸祭極精誠。皇皇靈睠，永奠寰瀛。

初獻盥洗，太簇宫《肅寧》之曲　禮有五經，無先祭禮。即時申虔，惟時盥洗。品物吉蠲，威儀濟濟。錫之純嘏，來歆愷悌。

初獻升壇，應鐘宫《肅寧》之曲　無疆之德，至哉坤元。沉潛剛克，資生實蕃。方丘之儀，惟敬無文。神其來思，時歆薦殷。

❶「詣」，原作「諸」，據庫本改。

❷「詣瘞坎」，原作「諸瘞物」，據《金史·樂志》改。

❸「折」，原作「哲」，據庫本改。

初獻奠玉幣，太簇宮《億寧》之曲　禮行方澤，文物備舉。惟皇地祇，昭格來下。奠瘞玉帛，純誠內著。神保是享，陟降斯祐。

司徒捧俎，太簇宮《豐寧》之曲　四階秩儀，壇于方澤。昭事皇祇，即陰以墌。潔肆于祊，孔嘉且碩。神其福之，如幾如式。

正位酌獻，太簇宮《溥寧》之曲　蕩蕩坤德，物無不載。柔順利貞，含洪光大。籩豆既陳，金石斯在。四海永寧，福祿攸介。

配位酌獻，配太宗也。太簇宮《保寧》之曲

詞闕。

亞終獻升壇，太簇宮《咸寧》之曲　卓彼嘉壇，奠玉方澤。百辟祇肅，八音純繹。祀事孔明，柔祇感格。

徹豆，應鐘宮《豐寧》之曲　修理方丘，吉蠲是宜。籩豆靜嘉，登于有司。苾芬馨香，來享來儀。郊儀將終，聲歌徹之。

送神，林鐘宮《鎮寧》之曲　因地方丘，濟濟多儀。樂成八變，靈祇格思。薦餘徹豆，神貺昭垂。億萬斯年，永祐丕基。

詣望燎位，太簇宮《肅寧》之曲。詞同升壇。

右金祭地。

【《續文獻通考》】元世祖時，每歲遣使代祀后土。

至元五年，建后土祠于太寧宮。　十三年，又立后土祠于平陽之監湯。

【《元史·祭祀志》】成宗大德九年，禮官博士奏：「冬至圜丘唯祀昊天上帝，其方丘祭地之禮，續議以聞。」制曰「可」。

【《武宗本紀》】至大二年十一月乙酉，尚書省臣及太常禮儀院言：「今南郊之禮已行而未備，北郊之禮尚未舉行，明年夏至祀地北郊，請以世祖皇帝配。」制可。

至大三年冬十月丙午，三寶奴及司徒田忠良等言：「曩奉旨舉行南郊配位從祀，北郊方丘、朝日夕月典禮。臣等議，欲祀北郊，必先南郊。今歲冬至祀圜丘，尊太祖皇帝配享，來歲夏至祀方丘，尊世祖皇帝配享，❶實合祀典。」有旨：「所用儀物，其令有司速備之。」

【《祭祀志》】三年正月，中書禮部移太常禮儀院，下博士擬定北郊從祀、朝日夕月禮儀。博士李之紹、蔣汝礪疏曰：「案方丘之禮，夏以五月，商以六月，周以夏至，❷其丘在國之北。禮神之玉以黃琮，牲用黃犢，幣用黃繒，配以后稷。其方丘之制，漢去都城四里，爲壇四陛。唐去宮城北十四里，❸爲方壇八角三成，每成高四尺，上闊十六步，設陛。上等陛廣八尺，中等陛廣一丈，下等陛廣一丈二尺。宋至徽宗始定爲再成。歷代制雖不同，然無出于三成之式。今擬取坤數用六之義，去都城北六里，于壬方選擇善地，于中爲方壇，三成四陛，外爲三壝。仍依古制，自外壝之外，治四面稍令低下，以應澤中之制。宮室、牆圍、器皿，色並用黃。其再成八角八陛，非古制，難用。其神州地祇以下從祀，自漢以來，歷代制度不一，至唐始因隋制，以岳鎮、海瀆、山林、川澤、丘陵、墳衍、原隰，各從其方從祀。今盍參酌舉行！」

❶「享」下，《元史·武宗本紀》有「春秋朝日夕月」六字。
❷「至」，原作「五月」，據《元史·祭祀志》改。
❸「十」，原脱，據《元史·祭祀志》補。

仁宗延祐元年四月丁亥，太常寺臣請立北郊。帝謙遜未遑，北郊之議遂輟。

泰定帝泰定四年，特加皇地祇黄犢一，將祀之夕敕送新獵鹿二。唯至大三年冬至，正配位蒼犢皆一，五方帝犢各一，皆如其方之色，大明青犢，夜明白犢，皆一，馬一，羊、鹿、野豕各十有八，兔十有二。四年四月如之，其犧牲、品物、香酒皆參用國禮，而豐約不同。

文宗至順二年，遣秘書少監王珪代祀后土。

右元祭地。

五禮通考卷第三十九

淮陰吴玉搢校字

五禮通考卷第四十

内廷供奉禮部右侍郎金匱秦蕙田編輯
太子太保總督直隸右都御史桐城方觀承同訂
按察司副使元和宋宗元參校

吉禮四十

方丘祭地

【《明史·太祖本紀》】吳三年八月癸丑，方丘成。

【《春明夢餘録》】太祖未即大位之先，建方丘于太平門外鍾山之陰，分祀地。洪武元年，李善長等進《方丘説》曰：「三代祭地之禮，見于經傳者，夏以五月，商以六月，周人以夏日至禮之于澤中方丘。蓋王者事天明，事地察，故冬至報天，夏至報地，所以順陰陽之義也。祭天于南郊之圜丘，祭地于北郊之方澤，所以順陰陽之位也。然先王親地，有社存焉，《禮》曰：『亨帝于郊，祀社于國。』又曰：『郊所以明天道，社所以神地道。』又曰：『郊社所以事上帝。』又曰：『明乎郊社之禮。』或以社對帝，或以社對郊，則祭社乃所以親地也。《書》曰：『敢昭告于皇天后土。』《左氏》曰：『戴皇天，履后土。』則古者亦命地祇爲后土矣。曰地祇，曰后土，曰社，皆祭地也。此三代之正禮，而釋經之正説。自鄭玄惑于緯書，而謂夏至于方丘之上祭崑崙之祇，七月于泰折之壇祭神州之祇，析一事爲二事。後世宗之，一歲二祭。自漢武用祀官寬舒議，立后土祠于汾陰脽上，禮如祀天。而後世又宗之，于北郊之外仍祠后土。元始間，王莽奏罷甘泉太畤，復長安南北郊，以正月上辛若丁，天子親合祀天地于南郊，而後世又因之，多合祭焉，皆非禮經之正義矣。由漢歷唐，千餘年間，親祀北郊者，唯魏文帝之太和，周武帝之建德，隋高祖之開皇，唐玄宗之開元，四祭而已。宋元豐中，議專祭北郊，故政和中專祭者凡四。南渡以後，則唯行攝祀而已。元皇慶間，議夏至專祭地，未及施行。今當以經爲正，夏日至親祀皇地祇于方丘，以五嶽、五鎮、四海、四瀆從祀。」上是之。

【《明史·禮志》】壇壝之制：明初，建方丘于太平門外鍾山之陰。方丘壇二成。上成廣六丈，❶四出陛，南一丈，東、西、北八尺，皆八級。下成四面各廣二丈四尺，高六尺，四出陛，南丈二尺，東、西、北一丈，皆八級。壝去壇十五丈，高六尺，外垣四面各六十四丈，餘制同南郊。有浴室，瘞坎在内壝外壬地。

【《太祖本紀》】洪武二年五月癸卯，始祀地于方丘。

【《明會典》】二年，始奉仁祖淳皇帝配享。

【《明史·禮志》】二年夏至，祀皇地祇于方丘，其儀並同圜丘。唯迎神後瘞毛血，祭畢，奉牲帛祝饌而埋之，與郊天異。　神位，方丘洪武二年夏至，正壇第一成。皇地示南向。　祭器，北郊同南郊。　玉帛牲牢　皇地示黃琮。郊祀制帛，地示黃，配位白。方丘黃犢，配位各純犢。配位：天下

❶「丈」，原作「尺」，據庫本改。

山川牛一，羊、豕各三。　祝册、祝版，長一尺一分，廣八尺，厚二分，用楸梓木。　籩豆之實，以下同圜丘。

【《明集禮》】神位版，正位題曰「皇地祇」，配帝題曰「仁祖淳皇帝」，位版並黄質金字。從祀題曰「五岳之神」、「四海之神」、「四瀆之神」、「五鎮之神」，神位版並赤質金字。　配位：洪武三年五月二十日，親祀北郊，奉皇考仁祖淳皇帝配。　從祀：以五岳、五鎮、四海、四瀆四位從祀方丘。　神席：用龍椅、龍案、錦坐褥。　配位同。　從祀位並設於案，不設席。　祝册：洪武元年五月十四日夏至，親祀方丘，祝文曰：「維洪武三年五月二十四日，親祀方丘。」正位祝文曰：「時當夏至，萬物咸亨，用遵彝典。　謹率臣僚，以玉帛犧齊，粢盛庶品，奉兹瘞祀。皇考仁祖淳皇帝配神作主，尚享。」　配位祝文曰：「時當夏至，萬物咸亨。　謹率臣僚，恭祀皇地祇，奉以玉帛犧齊，粢盛庶品，用修典禮，伏惟敬慎瞻仰，永爲配位，尚享。」　祭器：設皇地祇太尊二，著尊一，犧尊一，山罍一，于壇上，皆有勺，有冪，有坫。設太尊一，山罍一，于壇下，有坫，有冪。　配帝同。　其從祀則設五岳、四海著尊二，犧尊二，于左。　設五鎮、四瀆著尊二，犧尊二，于右。　上帝及配帝籩、豆各十有二，簠、簋各二，登、盤、篚各一，牲案各一，爵坫各三，沙池、香案各一。　其從祀則籩、豆各十，簠、簋各二，牲案各一，爵坫、沙池、香案各一。　禮神之玉，方丘正位用黄琮。　帛，方丘正位幣仍以黄。　從祀幣各從方色。　配位帛用白。　牲：用黄犢二，從祀岳、鎮、海、瀆各用純色犢一。　樂舞：方丘迎神，奏《中和》之曲。　奠玉幣，奏《肅和》之曲。　奉俎，奏《凝和》之曲。初獻，奏《壽和之曲》。亞獻，奏《豫和》之曲。終獻，奏《禧和》之曲。徹豆，奏《雍和》之曲。送神，奏《安和》之曲。望瘞，奏《時和》之曲。其盥洗、升降、飲福、受胙俱不奏樂。　祭服：夏至祭地，皇帝服衮冕，其侍祠服亦如祀天禮。　酒齊：正、配位，太尊實泛齊、醴齊，著尊實盎齊，犧尊實醍齊，山罍實昔酒，在壇上。太尊實沈齊，山罍實事酒、清酒，在壇下。從祀著尊，實醴齊、盎齊，犧尊實事酒。　粢盛：正配位、從祀並簠實以黍稷，簋實以稻粱。　籩豆之實：方丘正配位，籩各實以鹽、藁魚、棗、栗、榛、菱、芡、鹿脯、黑餅、白餅、糗餌、粉餈。豆各實以韭菹、醓醢、菁菹、鹿醢、芹菹、兔醢、筍菹、❶魚醢、脾析菹、❷豚拍、飽食、糝食。從祀籩減糗餌、粉餈，豆減飽食、糝食。　褥位，用緋，同郊天禮。　車旂，同祀天禮。　執事人員：設皇帝大次、皇太子幄次官二人。掃除壇上下官一人。御史監掃除二人。灑掃齋舍、神廚官二人。設饌幔官二人。設皇地祇仁祖淳皇帝龍椅龍案從祀神席官一人。設御位、皇太子位官二人。設燔柴官二人。設分獻及文武官諸執事官版位官二人。設儀仗官二人。設庭燎、墳燭官二人。設牲榜省牲位及割牲官二人。宰牲十五人。掌鼎鑊、視滌濯官二人。協律郎一人。舞士一人。樂生一人。舞生一人。撰祝、書祝官各一人。讀祝兼捧祝官一人。導駕官、奏禮官六人。導引皇太子官四人。分獻官、執事八人。引陪祭官執事四人。糾儀御史

❶「菹」，原作「醢」，據庫本改。
❷「析」，原作「折」，據庫本改。

四人。奉爵官六人。捧幣官六人。司香官六人。掌祭官十二人。舉飲福案官二人。進福酒官二人。進俎官二人。授胙執事官一人。司御洗捧匜一人，進巾一人。司分獻罍洗各酌水二人，進巾二人。司御盥洗酌水一人，進巾一人。司分獻盥洗位酌水一人，進巾一人。司御酒尊所官一人。司分獻酒尊所各二人。進正配位饌官六人。舉案齋郎十二人。舉從祀饌案四十八人。

陳設：設皇帝大次于外壝之東，其禮亦准祀天之儀。于祀前一日，有司掃除壇上下，開瘞坎，設皇太子幕次于大次之右。祭前一日，設省牲位于内壝之東門外，設樂縣于壇下之南，設正位于壇第一層之北正中，配位于壇上之東。設五岳、五鎮、四海、四瀆位于壇第二層，五岳、四海在東，五鎮、四瀆在西。設正配位著尊于壇上，設尊于壇下，玉幣篚位次之。又設五岳、四海酒尊于神座之次，幣篚位次之。設五鎮、四瀆酒尊于神座之右，幣篚位次之。設正配位籩十二于神位之左，豆十二于神位之右，簠、簋各二，登一，在籩、豆之間；俎一，在簠、簋之前，香燭案在俎之前，爵坫、沙池在香案之前。設五岳、五鎮、四海、四瀆籩十在左，豆十在右，簠、簋各二，登一，在籩、豆之間；俎一，在簠、簋之前，香燭案在俎之前，爵坫、沙池在香燭案之前。又設御盥洗位于壇之東，分獻官盥洗位于樂縣之東西，設御褥位于壇之南，設皇太子褥位于御位之右，設分獻官于御位之南，文武陪祭官于分獻官之南，讀祝官于神之右，司尊、司洗、捧幣、捧爵各于其所。設望瘞位于壇東南，告天下神祇。　祀前十日，設天下神祇位于方丘之壇東，西向，以酒脯祭之，祝文曰：

「某年某月某日，皇帝將有事于方丘，咨爾百神，克相祀事。」北郊祀畢，復以籩、豆、簠、簋、羊、豕各六，即壇以祭。祝文曰：「皇帝敬遣某官某致祭于天下神祇。」齋戒：散齋七日，致齋三日。致齋第一日，百官朝服，親受誓戒于御前，如祀天禮。省牲器，並同祀天禮。飲福：方丘三獻禮畢，飲福受胙儀及贊詞並同祀天禮。

齋宮：洪武二年十二月，詔太常禮部議築齋宮於方丘之側。

告廟：同祀天篇。

樂：協律郎一人，幞頭，紅羅袍，荔枝帶，皂靴，手執麾旛。樂生六十二人，服緋袍，展脚幞頭，革帶，皂靴。樂器：編鐘十六，編磬十六，琴十，瑟四，搏拊四，敔一，柷四，壎四，篪四，簫四，横笛、笙八，應鼓一。

舞：舞士一人，幞頭，紅羅袍，荔枝帶，皂靴，手執節。舞生百二十八人，文舞六十四人，引舞二人，各執羽籥，服紅袍，展脚幞頭，革帶，皂靴。舞生六十二人，服紅袍，展脚幞頭，革帶，皂靴，手執羽籥。武舞六十四人，引舞二人，各執干戚，服緋袍，展脚幞頭，革帶，皂靴。舞生六十二人，服緋袍，展脚幞頭，革帶，皂靴，手執干戚。

方丘樂章：

迎神，《中和》之曲　坤德博厚，物資以生。承天時行，光大且寧。穆穆皇祇，功化順成。來御方丘，嚴恭奉迎。

奠玉幣，《肅和》之曲　地有四維，大琮以方。土有正色，制幣以黄。敬存于中，是薦是將。奠之几筵，臨監洋洋。

奉俎，《凝和》之曲　奉時純牲，其牲童犢。烹鼎既嚴，登俎維肅。升壇昭薦，神光下燭。眷佑邦家，報效唯篤。

初獻，《壽和》之曲　午爲盛陽，陰德和萌。天地相遇，品物光榮。吉日令辰，明祀攸行。進以醇醴，展其潔清。

亞獻，《豫和》之曲　至廣無邊，道全持載。山岳所憑，海瀆咸賴。民資水土，既安且泰。酌酒揭虔，功德惟大。

終獻，《熙和》之曲　庸眇之資，有此疆宇。匪臣攸能，仰承佑助。恩崇父母，臣歡鼓舞。八音宣揚，疊侑明醑。

徹豆，《雍和》之曲　牲牷在俎，籩豆有實。臨之肸蠁，匪惟飲食。登歌乃徹，薦獻爰畢。執事奉承，一其嚴慄。

送神，《安和》之曲　神化無方，妙用難量。其功顯融，其祀悠長。飈輪云旋，龍控鸞翔。拜送稽首，瞻禮餘光。

望瘞，《時和》之曲　牲體制幣，餕饌唯馨。瘞之于坎，以達神靈。奉神于陰，典禮是程。企而望之，厚壤寬平。

夏至親祀方丘儀注：

齋戒：前期，皇帝散齋四日，致齋二日。陪祀官、執事官並齋七日。

告天下神祇：散齋第五日，于方丘壝外之東設壇，置天下神祇位，西向。具酒脯，祭告。

省牲：先祭二日，設皇帝大次于壝外東門内道北，南向。省牲位于内壝東門外。先祭一日，導駕官導引車駕詣大次。太常卿奏：「中嚴。」皇帝服皮弁服，太常卿奏：「外辦。」導駕官同太常卿導引皇帝詣省牲位。執事者各執事，廩犧令帥其屬牽牲自東西行過御前。省訖，牽牲詣神廚。執事者取毛血，實于豆。太常卿奏「請詣神廚」。導駕官同太常卿導引至神廚。太常卿奏「請視鼎鑊，請視滌濯」，遂烹牲。導駕官同太常卿導引皇帝還大次。

陳設：先祭一日，陳設如圖儀。

鑾駕出宫：前一日，太常寺告示文武官具朝服，乘馬導從兵馬，司洒掃御道，侍衛儀整班行和聲備樂，金吾衛備兵仗，拱衛司備儀仗車輅，❶典牧所備仗馬。至日，擊鼓，初嚴。内使監陳御輿于謹身殿前，南向。拱衛司設繖扇擎執于御輿之左右。設黄麾仗于丹墀中道之東西。設玉輅于奉天門外正中，南向。和聲郎設樂于午門外。金吾衛陳仗于午門外近南，東西相向。陳金鼓隊于雲集街橋南，東西相向。舍人催文武官各具朝服。擊鼓，二嚴。侍儀版奏中嚴。舍人引文武官分立于雲集街橋北，文東武西。擊鼓，三嚴，侍儀奏外辦。皇帝御謹身殿。御用監令跪奏「服冕服」，興。皇帝服冕服，訖。侍衛奏請升輿。皇帝升輿。侍儀同導駕官導引御輿至丹墀儀仗前，導至奉天門外。侍儀跪奏「降輿」，皇帝降輿。侍儀奏升輅。皇帝升輅。侍儀跪取旨，勑文武官上馬。舍人傳旨，勑文武官上馬。訖。侍儀跪奏「進發」。玉輅進發。前金鼓隊，分左右行。次旗仗，分左右行。次百官前導，分左右行。次護衛，次仗馬，次儀仗，次侍儀導駕官，次將軍，次内使擎執，各分左右行。次内使監、拱衛司、光禄寺、御用監官扈從于玉輅之後。次鼓吹，次旗幟，次兵仗，各後扈從。駕將至，兵仗周衛于大次，文武官下馬，侍立于御道之左右。金鼓、仗馬、大樂、儀仗分列于大次之南，東西相向。駕至大次前，回輅，侍儀跪奏「降輅」。皇帝降輅。侍儀與導駕官導引皇帝

❶「拱」，原作「供」，據庫本及下文改。

入大次。侍儀跪取旨，敕文武官各還齊次。

正祭：祭日清晨，太常少卿率執事者各實尊、罍、籩、豆、登、俎、簠、簋，又實幣于篚，加玉，置于酒尊所。祝版置于皇地祇配帝位之右。樂生舞生入就位。諸執事入就位。太常卿奏「請中嚴」。皇帝服衮冕。太常卿奏「外辦」。導駕官同太常卿導引皇帝自左南門入至位，北向立。

迎神：贊禮唱：「迎神。」協律郎跪，俯伏，舉麾，奏《中和》之曲。贊禮唱：「瘞毛血。」郊社令瘞毛血。樂六成，止。贊禮唱：「請行禮。」太常卿奏「有司謹具，請行事」，奏「鞠躬，拜，興，拜，興，平身」。贊禮唱：「皇太子以下在位官皆再拜。」傳贊唱：「鞠躬，拜，興，拜，興，平身。」皇太子以下皆鞠躬，拜，興，拜，興，平身。

奠玉帛：贊禮唱：「奠玉幣。」太常卿奏「請詣盥洗位」。導駕官同太常卿導引皇帝詣盥洗位。太常卿贊盥，曰：「前期齋戒，今晨奉祭，加其清潔，以對神明。」太常卿奏：「搢圭。」皇帝搢圭。司執洗者奉盥進巾。太常卿奏：「盥手，帨手，出圭。」皇帝盥手，帨手，出圭。太常卿奏「請升壇」。贊曰：「神明在上，整肅威儀。」升自午陛。太常卿奏「請詣皇地祇神位前」。司玉幣者奉玉幣以俟。協律郎跪，俯伏，舉麾，奏《肅和》之曲。導駕官同太常卿導引皇帝至神位前，北向立。太常卿奏：「跪，搢圭。」皇帝跪，搢圭。司香官舉香，跪進於皇帝之左。太常卿奏：「上香，上香，三上香。」皇帝上香，上香，三上香。司玉幣者奉玉幣，跪進于皇帝之右。皇帝受玉幣，奠于皇地祇神位前。太常卿奏：「出圭，鞠躬，拜，興，拜，興，平身。」皇帝出圭，鞠躬，拜，興，拜，興，平身。

樂止。太常卿奏：「請詣仁祖淳皇帝神位前。」導駕官同太常卿導引皇帝至神位前。太常卿奏：「跪，搢圭。」皇帝跪，搢圭。司香官奉香，跪進于皇帝之左。太常卿奏：「上香，上香，三上香。」皇帝上香，上香，三上香。司幣者奉幣，跪進于皇帝之右。皇帝受幣，奠于仁祖淳皇帝神位前。太常卿奏：「出圭，鞠躬，拜，興，拜，興，平身。」皇帝出圭，鞠躬，拜，興，拜，興，平身。太常卿奏：「復位。」導駕官同太常卿導引皇帝復位。

進熟：贊禮唱：「進俎。」齊郎舉俎至壇前。進俎官舉俎，升自午陛。協律郎跪，俯伏，舉麾，奏《凝和》之曲。導駕官同太常卿導引皇帝至皇地祇神位前。太常卿奏：「搢圭。」皇帝搢圭。進俎官以俎進于皇帝之右。皇帝以俎奠于皇地祇神位前。太常卿奏：「出圭。」皇帝出圭。導駕官同太常卿導引皇帝至仁祖淳皇帝神位前。太常卿奏：「搢圭。」皇帝搢圭。進俎官以俎進于皇帝之右。皇帝以俎奠于仁祖淳皇帝神位前。太常卿奏：「出圭。」皇帝出圭。太常卿奏：「復位。」導駕官同太常卿導引皇帝復位。

初獻：贊禮唱：「行初獻禮。」太常卿奏：「行初獻禮，請詣爵洗位。」導駕官同太常卿導引皇帝至爵洗位。太常卿奏：「搢圭。」皇帝搢圭。執爵官以爵進，皇帝受爵，滌爵，拭爵，以爵授執爵官。執爵官又以爵進，皇帝受爵，滌爵，拭爵，以爵授執爵官。太常卿奏：「出圭。」皇帝出圭。太常卿奏：「請詣酒尊所。」導駕官同太常卿導引皇帝升壇至酒尊所。太常卿奏：「搢圭。」皇帝搢圭。執爵官以爵進。皇帝受爵，司尊者舉冪，酌泛齊。皇帝以爵授執爵官。太常卿奏：「出圭。」皇帝出圭。太常卿奏：「請詣皇地祇神位前。」❶協律郎跪，俯伏，舉麾，奏《壽和》之曲，《武功》之舞。導駕官同太常卿導引皇帝至皇地祇神位前。太常卿奏：「跪，搢圭。」皇帝跪，搢圭。司香官奉香，跪進于皇帝之左。太常卿奏：「上香，上香，三上香。」皇帝上香，上香，三上香。執爵官奉爵跪進于皇帝之右。皇帝受爵。太常卿奏：「祭酒，祭酒，三祭酒，奠爵。」皇帝祭酒，祭酒，三祭酒，奠爵。樂舞止。太常卿奏：「出圭。」皇帝出圭。讀祝官取祝版于神右，跪讀，訖。樂舞作。太常卿奏：「俯伏，興，平身，稍後，鞠躬，拜，興，拜，興，平身。」皇帝俯伏，興，平身，稍後，鞠躬，拜，興，拜，興，平身。樂舞止。太常卿奏：「請詣酒尊所。」導駕官同太常卿導引皇帝至酒尊所。執爵官以爵進，皇帝受爵，司尊者舉冪，酌泛齊，以爵授執爵官。太常卿奏：「請詣仁祖淳皇帝神位前。」導駕官同太常卿導引皇帝至神位前。太常卿奏：「跪，搢圭。」皇帝跪，搢圭。司香官奉香跪進于皇帝之左。太常卿奏：「上香，上香，三上香。」皇帝上香，上香，三上香。執爵官奉爵跪進于皇帝之右，皇帝受爵。太常卿奏：「祭酒，祭酒，三祭酒，奠爵。」皇帝祭酒，祭酒，三祭酒，奠爵。太常卿奏：「出圭。」皇帝出圭。讀祝官取祝版于神位之右，跪讀，訖。太常卿奏：「俯伏，興，平身，稍後，鞠躬，拜，興，拜，興，平身。」皇帝俯伏，興，平身，稍後，鞠躬，拜，興，拜，興，平身。太常卿奏：「請復位。」導駕官同太常卿導引皇

❶「地」，原作「帝」，據庫本改。

帝復位。

亞獻：贊禮唱：「行亞獻禮。」太常卿奏：「行亞獻禮，請詣爵洗位。」導駕官同太常卿導引皇帝至爵洗位。太常卿奏：「搢圭。」皇帝搢圭。執爵官以爵進，皇帝受爵，滌爵，拭爵，以爵授執爵官。執爵官又以爵進，皇帝受爵，滌爵，拭爵，以爵授執爵官。太常卿奏：「出圭。」皇帝出圭。太常卿奏：「請詣酒尊所。」導駕官同太常卿導引皇帝升壇至酒尊所。太常卿奏：「搢圭。」皇帝搢圭。執爵官以爵進，皇帝受爵，司尊官舉冪，酌醴齊，皇帝以爵授執爵官。太常卿奏：「出圭。」皇帝出圭。太常卿奏：「請詣皇地祇神位前。」協律郎跪，俯伏，舉麾，奏《豫和》之曲，《文德》之舞。導駕官同太常卿導引皇帝至神位前。太常卿奏：「跪，搢圭。」皇帝跪，搢圭。執爵官奉爵，跪進于皇帝之右，皇帝受爵。太常卿奏：「祭酒，祭酒，三祭酒，奠爵。」皇帝祭酒，祭酒，三祭酒，奠爵。太常卿奏：「出圭，俯伏，興，平身，稍後，鞠躬，拜，興，拜，興，平身。」皇帝出圭，俯伏，興，平身，稍後，鞠躬，拜，興，拜，興，平身。樂舞止。太常卿奏：「請詣酒尊所。」導駕官同太常卿導引皇帝至酒尊所。執爵官以爵進，皇帝受爵，司尊者舉冪，酌醴齊，皇帝以爵授執爵官。太常卿奏：「請詣仁祖淳皇帝神位前。」導駕官同太常卿導引皇帝至神位前。太常卿奏：「跪，搢圭。」執爵官奉爵，跪進于皇帝之右，皇帝受爵。太常卿奏：「祭酒，祭酒，三祭酒，奠爵。」皇帝祭酒，祭酒，三祭酒，奠爵。太常卿奏：「出圭，俯伏，興，平身，稍後，鞠躬，拜，興，拜，興，平身。」皇帝出圭，俯伏，興，平身，稍後，鞠躬，拜，興，拜，興，平身。

樂舞止。太常卿奏：「復位。」導駕官同太常卿導引皇帝復位。

終獻：贊禮唱：「行終獻禮。」太常卿奏：「行終獻禮，請詣爵洗位。」導駕官同太常卿導引皇帝至爵洗位。太常卿奏：「搢圭。」皇帝搢圭。執爵官以爵進。皇帝受爵，滌爵，拭爵，以爵授執爵官。執爵官又以爵進。皇帝受爵，滌爵，拭爵，以爵授執爵官。太常卿奏：「出圭。」皇帝出圭。太常卿奏：「請詣酒尊所。」導駕官同太常卿導引皇帝升壇至酒尊所。太常卿奏：「搢圭。」皇帝搢圭。執爵官以爵進。皇帝受爵，司尊官舉冪，酌盎齊。皇帝以爵授執爵官。太常卿奏：「出圭。」皇帝出圭。太常卿奏：「請詣皇地祇神位前。」協律郎跪，俯伏，舉麾，奏《熙和》之曲，《文德》之舞。導駕官同太常卿導引皇帝至神位前。太常卿奏：「跪，搢圭。」皇帝跪，搢圭。執爵官奉爵，跪進于皇帝之右。皇帝受爵。太常卿奏：「祭酒，祭酒，三祭酒，奠爵。」皇帝祭酒，祭酒，三祭酒，奠爵。太常卿奏：「出圭，俯伏，興，平身，稍後，鞠躬，拜，興，拜，興，平身。」皇帝出圭，俯伏，興，平身，稍後，鞠躬，拜，興，拜，興，平身。太常卿奏：「請詣酒尊所。」導駕官同太常卿導引皇帝至酒尊所。執爵官以爵進。皇帝受爵，司尊者舉冪，酌盎齊。皇帝以爵授執爵官。太常卿奏：「請詣仁祖淳皇帝神位前。」導駕官同太常卿導引皇帝至神位前。太常卿奏：「跪，搢圭。」皇帝跪，搢圭。執爵官奉爵，跪進于皇帝之右。皇帝受爵。太常卿奏：「祭酒，祭酒，三祭酒，奠爵。」皇帝祭酒，祭酒，三祭酒，奠爵。太常卿奏：「出圭，俯伏，興，平身，稍後，鞠躬，拜，興，拜，興，平身。」皇帝出圭，俯伏，興，平身，稍後，鞠躬，拜，興，拜，興，平身。太常卿奏：「復位。」導駕官同太常卿導引皇帝復位。

分獻：贊禮俟行終獻時唱：「分獻官行禮。」贊引各引分獻詣盥洗位。贊：「搢笏。」贊：「盥手。」司盥者酌水，分獻官盥手。贊：「帨手。」司巾者以巾進分獻官，帨手。贊：「出笏。」分獻官出笏。贊：「請詣爵洗位。」贊引引分獻官至爵洗位。贊：「搢笏。」分獻官搢笏。執爵官以爵進。分獻官受爵，滌爵，拭爵，以爵授執爵官。❶贊引贊：「出笏。」分獻官出笏。贊：「請詣各從祀神位前。」贊引引分獻官至神位前。贊：「跪，搢笏。」分獻官跪，搢笏。司香者以香跪進于分獻官之左。贊引贊：「上香，上香，三上香。」分獻官上香，上香，三上香。執爵官以爵跪進于分獻官之右。分獻官受爵。贊引贊：「祭酒，祭酒，三祭酒，奠爵。」分獻官祭酒，祭酒，三祭酒，奠爵。贊引贊：「出笏俯伏，興，平身，稍後，鞠躬，拜，興，拜，興，平身。」分獻官出笏，俯伏，興，平身，稍後，鞠躬，拜，興，拜，興，平身。贊引唱：「復位。」分獻官復位。

飲福受胙：贊禮唱：「飲福，受胙。」太常卿奏：「請詣飲福位。」導駕官同太常卿導引皇帝升壇至飲福位，北向立。太常卿奏：「鞠躬，拜，興，拜，興，平身。」皇帝鞠躬，拜，興，拜，興，平身。太常卿奏：「跪，搢圭。」皇帝跪，搢圭。奉爵官酌福酒，跪進于皇帝之左。贊曰：「唯此酒肴，神之所與。賜以福慶，億兆同沾。」皇帝受福酒，祭酒，飲福酒，以爵置于坫。奉胙官奉胙，跪進于皇帝

❶「官」，原作「者」，據庫本改。

之右。皇帝受胙，以胙授執事者。執事者跪于皇帝之右受胙。太常卿奏：「出圭。」皇帝出圭。太常卿奏：「俯伏，興，平身，稍後，鞠躬，拜，興，拜，興，平身。」皇帝俯伏，興，平身，稍後，鞠躬，拜，興，拜，興，平身。太常卿奏：「請復位。」導駕官同太常卿導引皇帝復位。

徹豆：贊禮唱：「徹豆。」協律郎跪，俯伏，舉麾，奏《雍和》之曲。掌祭官徹豆。贊禮唱：「賜胙。」太常卿奏：「皇帝飲福受胙，免拜。」贊禮唱：「皇太子以下在位官皆再拜。」傳贊唱：「鞠躬，拜，興，拜，興，平身。」皇太子以下皆鞠躬，拜，興，拜，興，平身。樂止。

送神：贊禮唱：「送神。」協律郎跪，俯伏，舉麾，奏《安和》之曲。太常卿奏：「鞠躬，拜，興，拜，興，平身。」皇帝鞠躬，拜，興，拜，興，平身。贊禮唱：「皇太子以下在位官皆再拜。」傳贊唱：「鞠躬，拜，興，拜，興，平身。」皇太子以下皆鞠躬，拜，興，拜，興，平身。贊禮唱：「祝人取祝，幣官取幣，詣望瘞位。」讀祝官取祝，奉幣人取幣，掌祭官取饌及爵酒詣瘞坎，置户上。樂止。

望瘞：贊禮官唱：「望瘞。」導駕官同太常卿導引皇帝至望瘞位。贊禮唱：「可瘞。」東西面各二人，以毛血瘞。俟半瘞，太常卿奏：「禮畢。」導駕官同太常卿導引皇帝還大次，解嚴。

鑾駕還宮，鹵簿導從如來儀，大樂鼓吹振作。

【王圻《續通考》】洪武二年，方丘在北郊，歲夏至皇帝大祭地于方澤。皇地祇北向，以五嶽、五鎮、四海、四瀆諸神配。服衮冕。方丘壇南建殿九間，風雨于此望祭。三年，增祀天下山川之神于方丘，五月戊申，祀地于方丘，以仁祖配。

【《明史·禮志》】洪武四年，改築方丘。上成廣二丈九尺四寸，高三尺九寸。下成每面廣丈五尺五寸，高三尺八寸，通徑七丈四寸。壇至内壝墻，四面皆八丈九尺五寸。内壝墻至外壝墻，四面各八丈二尺。

【王圻《續通考》】洪武七年，增設天下神祇壇于南北郊。

【《明史·樂志》】洪武八年，御製方丘樂章：

迎神　仰皇祇兮駕來，川岳從迎兮威靈備開，香煙繚繞兮神臨御街。漸升壇兮穆穆，靄瑞氣兮應結樓臺。以微衷兮率職，幸望聖悦兮心諧。但允臣兮固請，願嘉烝民兮永懷。

奠玉幣　臣奉兮以筐，玉帛是進兮歲奠以常，百辟陪祀兮珮聲琅琅。惟南薰兮解愠，映燎炎兮煌煌。

迎俎　庖人兮净湯，大烹牲兮氣靄而芳。以微衷兮獻上，曰享兮曰康。

初獻　初獻行兮捧觴，聖靈穆穆兮洋洋。爲烝民兮永康，鑒豐年兮耿光。

亞獻　雜肴羞兮已張，法前王兮典章。臣固展兮情悃，用斟醴兮載觴。

終獻　爵三獻兮禮將終，臣心眷戀兮無窮。恐殽羞兮未具，將何報兮神功。

徹饌　俎豆徹兮神熙，鸞輿駕兮旋歸。百神翼翼兮雲衣，敬奉行兮弗敢違。

送神　祥風興兮悠悠，雲衢開兮民福留。歲樂烝民兮大有，想洋洋兮舉觴載酒。

望瘞　殽羞玉帛兮瘞坎中，遥瞻隱隱兮龍旗從。祀事成兮盡微衷，感厚德兮民福雍雍。

【王圻《續通考》】洪武九年，定郊社之禮，雖有三年之喪不廢。　十年，太祖感齋居陰雨，命作大祀殿于南郊，遂定每歲合祀于孟春爲永制。　十一年十月甲子，大祀殿成。

【《明史·太祖本紀》】洪武十二年正月己卯，始合祀天地于南郊。

蕙田案：明太祖勤于郊祀，奕世仍之。自改大祀殿合祀後，太祖親祀者二十，恭閔親祀者三，成祖親祀者十一。詳見圜丘門。

【《禮志》】永樂十八年，京都大祀殿成，規制如南京。

蕙田案：自此年北京肇建大祀殿合祭天地，至世宗嘉靖九年建南北郊壇，皇帝親祀者，凡一百有一，見「圜丘門」。

【《明會典》】嘉靖九年，遵初制，建方澤于安定門外。每歲夏至祭地，以五岳、五鎮、四海、四瀆、陵寢諸山從祀，俱止奉太祖一位配享，而罷太宗之配。　建皇地祇室于方澤南，以藏皇地祇及從位主。　是年，既分建四郊，遂號祖陵山曰基運，皇陵山曰翊聖，孝陵鍾山曰神烈，顯陵山曰純德，并天壽山俱從祀方澤，居岳鎮之次，仍俱祀于地祇壇。

【《春明夢餘録》】嘉靖九年，從給事中夏言之請，建改地壇在安定門外之北，繚以垣墻。壇爲制二成。夏至祭皇地祇，北向，太祖西向，俱一成上。東一壇，中岳、東岳、南岳、西岳、北岳、基運山、翊聖山、神烈山西向；西一壇，中鎮、東鎮、南鎮、西鎮、北鎮、天壽山、純德山東向。東二壇，東海、南海、西海、北海西向；西二壇，大江、大淮、大河、大漢東向，俱二成上。壇制一成，面方六丈，高六尺；二成，面方十丈六尺，高六尺。各成面甎用六八陰數，皆黄色琉璃，青白石包砌，四出陛，各八級。周圍水渠一道，長四十九丈四尺四寸，深八尺六寸，闊六尺。内壝方墻二十七丈，高六尺，厚二尺。内欞星門四，北門外西爲瘞位，瘞祝帛，配位帛則燎之，東爲燈臺。南門外爲皇地祇室，藏神版，而太祖版則以祭之前一日請諸廟。外欞星門四，西門外迤西爲神庫、神廚、宰牲亭、祭器庫，北門外西北爲齋宫。又建四天門，西門外爲鑾駕庫、遣官房，南爲陪祀官房，又外爲壇門，又外爲泰折街牌坊。護壇地一千四百七十六畝。

【王圻《續通考》】嘉靖祀方澤儀注：

一，前期十日，太常寺題請視牲，次請命看牲、分獻大臣各四員。

一，前期五日，上詣犧牲所視牲。其前一日，上告廟及還參拜俱如大祀之儀。告辭曰：「明日出視方澤大祭牲犧。」回還，餘並同大祀。參畢回宫。次日，命大臣輪視如常儀。

一，前期四日，太常寺奏祭祀進銅人，如常儀。諭百官致齋三日。上親填告請太祖祝版于文華殿。

一，前期三日，上詣太廟請太祖配神，以脯醢、酒果。行再拜一獻禮。祝文曰：「維嘉靖某年歲次某月某朔某日，孝元孫嗣皇帝御名，敢昭告于太祖高皇帝曰：兹以今月日夏至，恭祭皇地祇于方澤，謹請高祖作主侑神，伏惟鑒知，謹告。」

一，前期二日，太常卿同光禄卿奏省牲，如常儀。

一，前期一日，太常卿詣太廟寢，請太祖御

位至皇祇室奉安。上親填祝版于文華殿。黄楮版，黑字。遂告於廟，告辭曰：「孝元孫嗣皇帝御名，明日恭詣北郊行祭地禮，謹詣祖宗列聖帝后神位前，恭預告知。」

一，祭之日，五鼓，太常卿俟上御奉天門，跪請聖駕詣地壇。錦衣衛備隨朝駕。上常服乘輿由長安左門出，入壇之西門。太常官導上至具服殿易祭服。出，導引官導上由方澤右門入。典儀唱：「樂舞生就位，執事官各司其事。」内贊奏：「就位。」上就位。典儀唱：「瘞毛血。」唱：「迎神。」樂作。樂止，内贊奏：「四拜。」傳贊百官同。典儀唱：「奠玉帛。」樂作，内贊升壇，導上至皇祇香案前。奏：「跪。」奏：「搢圭。」司香官捧香，跪進于上右。内贊奏：「上香，上，三上香。」訖，捧玉帛官以玉帛跪進于上右。上受玉帛。内贊奏：「獻玉帛。」上奠訖。奏：「出圭。」導至太祖香案前。儀同。奏：「復位。」樂止。典儀唱：「進俎。」樂作。齋郎舁俎，安訖。内贊奏：「升壇。」導上至皇祇俎匣前。奏：「搢圭。」奏：「進俎。」奏：「出圭。」導上至太祖俎匣前。儀同。奏：「復位。」樂止。典儀唱：「行初獻禮。」樂作。内贊奏：「升壇。」導上至皇祇前。奏：「搢圭。」捧爵官以爵跪進于上右。上受爵。内贊奏：「獻爵。」上獻爵，訖。奏：「出圭。」奏：「詣讀祝位。」奏訖，傳贊衆官皆跪。樂暫止。内贊贊：「讀祝。」讀祝官跪讀祝，畢，樂復作。内贊奏：「俯伏，興，平身。」傳贊百官同。導上至太祖前。奏：「搢圭。」捧爵官以爵跪進于上右。上受爵。内贊奏：「獻爵。」上獻訖，奏：「出圭。」奏：「復位。」樂止。典儀唱：「行亞獻禮。」樂作。儀同初獻，惟不讀祝。樂止，典儀唱：「行終獻禮。」儀同亞獻。樂止。太常卿進立壇左，❶東向。唱：「賜福胙。」内贊奏：「詣飲福位。」内贊、對引官導上詣飲福位。奏：「跪。」奏：「搢圭。」光禄卿捧福酒，跪進于上右。内贊奏：「飲福酒。」上飲訖，光禄卿捧福胙，跪進于上右。内贊奏：「受胙。」上受訖，奏：「出圭。」奏：「俯伏，興，平身。」奏：「復位。」奏：「四拜。」傳贊百官同。典儀唱：「徹饌。」樂作。執事官徹饌，訖。樂止。典儀唱：「送神。」樂作。内贊奏：「四拜。」傳贊百官同。樂止，典儀唱：「讀祝官捧祝，進帛官捧帛，掌祭官捧饌，各詣瘞位。」典儀唱：「望瘞。」内贊奏：「詣望瘞位。」内贊、對引官導上至望瘞位。祝帛瘞訖，配帝帛燎半，内贊奏：「禮畢。」導引官導上至具服殿易服。太常卿捧太祖御位入安于太廟寢。駕還，詣廟參拜，致詞曰：「孝元孫嗣皇帝御名，恭詣北郊祭地，禮成，謹詣祖宗列聖帝后神位前，恭行參拜。」畢，還宫。

一，分獻官儀注：典儀唱：「行初獻禮。」讀祝訖，俯伏，興，平身。贊引引獻官各詣神位前。贊：「跪。」贊：「搢笏。」上香，獻帛，獻爵訖，贊：「出笏。」復位。典儀唱：「行亞獻禮、終獻禮。」贊引引獻官各詣神位前。贊：「搢笏。」獻爵，出笏，復位。至唱「望瘞」，贊引引獻官至燎所。燎半，贊：「禮畢。」

一，祝文：「維嘉靖某年歲次某月某朔某日，嗣天子臣御名，敢昭告于皇地祇曰：時當夏至，羣物方亨，生長發育，有生咸賴，功德至厚，上配皇天。爰遵典禮，謹率臣僚，

❶「立」，原作「出」，據庫本改。

以玉帛牲齊，粢盛庶品，奉兹禋祀，奉太祖高皇帝配神。尚享。」

一，陳設：正位北向。犢一，黄，璧一，帛一，黄色。登一，簠、簋各二，籩十二，豆十二，黄玉爵三，尊三，篚一，祝案一。配位西向。陳設同，無玉。帛一。白色。從四壇：五岳、基運山、翊聖山、神烈山，共一壇，東設西向。犢一，羊一，豕一，登一，帛八，黄一，青一，白四，紅一，玄一。鉶一，籩十，簠、簋各二，豆十，黄瓷爵三，篚一，酒盞三十，尊三。五鎮、天壽山、純德山共一壇，西設東向。陳設同，帛七。黄一，青一，紅一，白三，玄一。四海一壇，東設西向。陳設同，帛四。玄色。

【《明史·樂志》】嘉靖九年，復定方丘樂章：

迎神　《中和》之曲　俯瞻兮鳳輦來，靈風兮拂九垓。川岳從兮後先，百辟列兮襄陪。臣拜首兮迓迎，願臨享兮幸哉。

奠玉帛，《廣和》之曲　祀禮有嚴兮奉虔，玉帛在笥兮來前。皇靈垂享兮以納，烝民率土兮樂豐年。

進俎，《咸和》之曲　殽羞馨兮氣芳，庖人奉役兮和湯。奉進兮皇祇歆慰，臣稽首兮敬將。

初獻，《壽和》之曲　酒行初獻兮樂舞張，齊醴明潔兮馨香。願垂享兮以歆，生民安兮永康。

亞獻，《安和》之曲　載獻兮奉觴，神顔和懿兮以嘗。功隆厚載兮配天，民感德兮無量。

終獻，《時和》之曲　三進兮玉露清，百職奔繞兮佩環鳴。鼉鐘鷺鼓兮韻錚鍧，❶願

❶「鷺」，原無，據庫本及《明史·樂志》補。

留福兮羣生。

徹饌，《貞和》之曲　禮告終兮徹敢遲，深惟一念兮誠意微。神垂博容兮聽納，恐未備兮惟慈依。

送神，《寧和》之曲　禮成兮誠已伸，駕還兮法從陳。靈祇列兮以隨，百辟拜兮恭寅。望坤宫兮奉辭，願普福兮烝民。

望燎，曲同《寧和》。

【《春明夢餘録》】潘潢《議大祀之殿義不可墮》：「案《尚書》、《孝經》、《春秋》，凡言郊、不卜郊、郊祀、用牲于郊，皆斷名之曰郊，不别云某郊。凡言郊以明天道，郊則天神格，祭天于郊，皆直繫之天，更不並云天地，是知祭天之外無郊，郊祭之中無地，易明也。匡衡徒見天子有兆于南郊之語，妄意祭地當于北郊，其言本《孝經緯》，于經無據。且北既陰方，地象母位，則郊配亦當以其類矣。嚴母莫大于配地，古有之乎？是故北郊之謬，義不可襲。王者受命有天下，謂之有土，是故古者天子大社，丘方五丈，封土五色，祭后土焉。凡封建諸侯，則各割其方色之土，苴以白茅而錫之，使各立社，祭于其國，亦曰胙土。是天子大社五土，王社自祭畿内分土，諸侯獨得祭其方土而已，故曰王者有分土祭天地，諸侯方祭祭土。而《尚書》、《周官》、《禮記》皆謂祭地曰社，或曰后土，曰冢土，示曰大示，亦曰地示，又曰土示。丘方曰方丘，折曰泰折，天下之社莫大焉，曰大社，社所以明地道，列地利，命降乎社之謂殽地，社之爲大示昭昭矣。自鄭玄諸儒牽附讖緯，誤分泰折爲祭崑崙，方丘爲祭神州，于是大社自爲五土之神，而夏至祭地别在北郊。夫五土之神非地而何？旅五帝獨非祭天耶？《周禮·宗伯·甸師》用牲于社，《大祝》、大師、大會同宜于社，《小祝》寇戎之事保郊祀于社，《大司馬》蒐田、獻禽、祭示、大合軍，以先愷樂獻功于社，《大司寇》軍旅之事涖戮于社，類皆言社而不及稷。臣謂此天子大社也。張載曰：大社，王爲羣姓所立，必在國外；王社，王所自立，必在城内。夫大社既在國外，則《小宗伯》建國之神位，所謂右社稷、左宗廟者，固王自立之社，而大社無稷矣。漢儒乃謂大社有稷，王社無稷，是無怪其以社爲地别體，而雜求諸泰折、方丘，卒起後來紛紛之議。非胡宏、王炎諸臣相維講正，流惑可勝慨乎？」

蕙田案：潘潢以大社爲祭地，于社禮之外又添一社，而地無祭矣，謬極。

編修歐陽鐸議：「竊惟二儀定位，天高而地下；先王制禮，天尊而地親，故我太祖皇帝兆圜丘于鍾山之陽，兆方丘于鍾山之陰，用周禮也。行之十年乃更爲大祀之殿，定合祀之儀。又行之二十餘年，而太宗皇帝承之。百十年來，論者類疑其非古。然以太祖非無爲而變，太宗非無據而承，況土木一興，財費不貲，事干國典，不敢易言耳。兹遇陛下博稽古典，臣工何容異議。雖然古不可悖，亦不可泥，參之酌之，與時宜之，是在陛下聖明而已，況周禮固有不可知者。臣請先舉其略，而後效其愚。謹案《周禮》冬至圜丘，夏至方丘，可以見天地之分祀矣，然未知其兆于南郊歟？抑南北二郊歟？不可考也。及考《大宗伯》掌建邦禮則禋祀祀天，血祭祭社，而無祭地之禮。《小宗伯》掌建神位，則右社稷，左宗廟，五帝四郊，而無地祇之位。《司服》則祀天大裘，祭社希冕，而無祭地之服。乃若《大宗伯》蒼璧禮天，黄琮禮地，圭、璋、虎、璜禮四方，則無禮社之玉。《典瑞》四圭祀天，兩圭祀地，璋邸射祀山川，則無祀社之圭，何其缺略如此耶？或謂天子之社非諸侯各祭一方者比，古無北郊，社以祭地也，故尊與郊等，親與廟並，故武王伐商，類于上帝，即宜于冢土；成王遷洛，用牲于郊，即社于新邑。《周禮》蓋言地即不言社，言社即不言地耳。信斯言也，則既謂右社稷，又曰澤中方丘，何其乖錯如此耶？意者國門之内，除地爲澤，而築丘祭社，如古者壇墠之制歟？或社稷在國都之右，因澤爲丘，不必于門内歟？是又未可考也。臣故曰：古不可悖，亦不必泥，得其意，不踐其迹，時之爲貴可也。」

蕙田案：歐陽鐸之議《周禮》，誠不知而妄爲之説也。曰「禋祀祀天，血祭祭社，無祭地之禮」，彼黄琮禮地，兩圭祀地者，何禮耶？曰「右社稷，左宗廟，五帝四郊，無地祇之位」，彼澤中方丘非地祇之位耶？曰「祀天大裘，祭社希冕，無祭地之服」，夫冬至寒故大裘而衮冕，未有冕而不衮者，祭地夏至則衮冕爾，何謂無服？曰「黄琮禮地而無禮社之玉，兩圭祀地而無祀社之圭」，夫《周禮・序官》，每多互見。靈鼓鼓社祭，言社而不及示，《大司樂》分樂，又言示而不言社，蓋祭祇不可謂之祭社，而祭社則可謂之祭地。故其禮有異者，以秩其等；有同者，以著其德。《周禮》不及者，其禮同也，何得謂之缺略耶？　至謂國門之内，除地爲澤，而築丘祭社，意欲併而爲一，而不知悖于因地事地之義矣。又謂社稷在國都之右，因澤爲丘，不必于門内，吾不知其何説矣！

又案：《春明夢餘録》又載姚淶一議，以周人建子可以冬至郊天，夏至祭地用夏正，則先地後天，尤爲謬妄。吴鼎、顧我鈞痛辨之，載「圜丘門」，可參觀也。

【王圻《續通考》】穆宗隆慶元年，會議典禮：「郊祀之禮，分祀已久，似難紛更，宜照例于南、北二郊，于冬、夏至日聖駕親詣致祭，仍奉太祖高皇帝配。」從之。命夏至方澤以卯時行禮。　五月辛酉，上親祀地于方澤。

先是冬至祀天，孟秋享太廟，春秋祭社稷、先師孔子，曆代帝王俱用子時。祭朝日壇以卯時，夕月壇以酉時。孟春、孟夏、孟冬時享及祫享太祖，俱午時。惟夏至祀地未定。至是，太常寺以請，遂定卯時。

二年五月丙寅，上親祀地于方澤。

崇禎十五年五月二十六日甲午，夏至，先是上傳親祭地于方澤，所司者皆如儀。是日四鼓後鐘鳴，上乘輿從午門、端門、承天門、長安左門、安定門詣北郊，至行幄，具祭服。時曙色漸開，上繙閱章疏，久之，報卯時。上步出大次，從内壝靈星右門步入，行大祭禮，樂九奏。上升壇者五而對越盡禮，仍至大次，易常服而還。正位：黑犢一，黄琮、黄帛、黄玉爵。配位同，惟無玉。四從位：黑犢四，北羊四，猪四。計用犢六隻，北羊及猪各四隻。北羊者，角彎下，價最高。山羊，角直上，價廉。大祀不用山羊。南郊配位藏于泰神殿，北郊配位在太廟。臨祭前一日，請出壇，祭畢仍奉入。

右明祭地。

五禮通考卷第四十

淮陰吴玉搢校字

五禮通考卷第四十一

内廷供奉禮部右侍郎金匱秦蕙田編輯
太子太保總督直隸右都御史桐城方觀承同訂
按察司副使元和宋宗元參校

吉禮四十一

社稷

蕙田案：《周禮·小宗伯》：「建國之神位，右社稷，左宗廟。」社祭土神，稷祭穀神，人非土無以立，非穀無以養，國以民爲本，故建國以社稷爲先。《郊特牲》：「社祭土而主陰氣也。」土亦是地而與祭地異者，隤然下凝，皆地也，其職主載，惟天子得祭之。于地之中别而爲土職，主稼穡以養人，《洪範》「土爰稼穡」是也。故自天子下及庶民，被其功德者，均得美報，此土穀之祭所以達乎上下也。世儒以祭社爲祭地，誤矣。有天子社，有諸侯社，有大夫社，有庶民社，有亡國之社。有春祈，有秋報，有冬蜡。其配句龍、后稷，其牲黝牲，其祭血祭，其尊大罍，其服希冕，其樂應鍾，其鼓靈鼓，其舞帗舞，其儀三獻。凡軍旅、會同、田獵、灾眚皆有事焉。見于經文，班班可考。今悉採其文條列之，間附以諸儒異同之論，其歷代制度典禮詳焉。

【《周禮·地官·大司徒》】以天下土地之

圖，周知九州之地域廣輪之數，設其社稷之壝。【注】社稷，后土及田正之神。【疏】謂于中門之外右邊設大社、大稷、王社、王稷，又於廟門之屏設勝國之社稷，其外皆壝埒于四面。

黄氏度曰：「社祭土，稷祭穀。郊丘祭天地，天子之禮也。土穀之祭達乎上下，故方丘與社皆地祭也。而《宗伯》序祭有社無示，舉社則其禮達乎上下，舉示則天子獨用之。《鼓人職》曰：『以雷鼓鼓神祀，以靈鼓鼓社祭。』不曰示祭，而曰社祭，亦見其禮之達乎上下也。《大司樂》『雷鼓、雷鼗以祭天神，靈鼓、靈鼗以祭地示』，是則示祭社祭，其用同矣。非天子不祭天，而天子與庶人皆得祭社，尊父親母之義也。」

【《小司徒》】凡建邦國，立其社稷。【疏】諸侯亦有三社三稷，謂國社、侯社、勝社，皆有稷配之。言立其社稷，謂以文書法度與之，不可國國身往。

鄭氏鍔曰：「大司徒設其社稷之壝矣，小司徒又立之，蓋地官掌貳，權重位尊，諸侯受土以置社，或爲之設壝，或爲之立祀，則權在朝廷，而諸侯不敢以自擅矣。」

【《封人》】掌設王之社壝。【注】壝，謂壇及堳埒也。不言稷者，稷，社之細也。【疏】云「掌設王之社壝」者，謂王之三社、三稷之壇及壇外四邊之壝，皆設置之。直言壝，不言壇，舉外以明内之有壇可知也。又曰「壝謂壇及堳埒也」者，堳埒即壝，經不言壇，故鄭兼見之也。案《孝經緯》：社是五土總神，稷是原隰之神。原隰即是五土之一耳，故云「稷，社之細」。舉社則稷從之矣，故言社不言稷也。云「社謂后土」者，舉配食者而言耳。

蕙田案：鄭以稷爲社之細，猶以望爲郊之細云爾。然以此解社稷則難通。

鄭氏鍔曰：「考《大司徒》于邦國都鄙言制其畿疆而溝封之，又言制其地域而封溝之，俱謂聚土爲封，則知康成聚土之説爲是。司徒制封溝之封，制其法也；封人爲聚土之封，爲其事也。惟其爲聚土之事，故于王社則掌設其壝，又爲畿封而植木以爲表。于諸侯國之社稷亦掌設其壝，爲之封土以表其界之所，非特王社之畿與諸侯國之封爲然，造都鄙，表封域亦然。蓋俱循大司徒所立之法，而爲壇壝堳埒與小封疆也。」

凡封國，設其社稷之壝，造都邑亦如之。

【疏】《禹貢》：「徐州貢土五色。」注云：「王者封五色土爲社，建諸侯則各割其方色土與之，使立社。」是封諸侯立社稷之法。

右建設社稷。

【《春官·小宗伯》】掌建國之神位，右社稷，左宗廟。【注】庫門内，雉門外之左右。【疏】言「右社稷左宗廟」者，案《匠人》亦云左祖右社。彼掌其營作，此掌其成事位次耳。地道尊右，故社稷在右，是尚尊尊之義。此據外神在國中者，社稷爲尊，故鄭注《郊特牲》云：「國中神莫大于社。」《祭義》注「周尚左」者，據内神而言。若據衣服尊卑，先王衮冕，先公鷩冕，亦貴于社稷，故云周尚左。各有所對，故注不同也。又曰：「鄭知『庫門内雉門外』者，後鄭義以雉門爲中門，故知雉門外、庫門内之左右也。」

易氏祓曰：❶「古者建國，王宫居中。左者人道所親，故立祖廟于王宫之左。右者地道所尊，故立國社于王宫之右。」

鄭氏鍔曰：「左所以本仁，右所以明義。」

【《考工記》】匠人營國，左祖右社。【注】王宫所居也。祖，宗廟。【疏】左右前後者，據王宫所居處中而言之。

【《白虎通》】社稷在中門之外，外門之内何？尊而親之，與先祖同也。不置中門内何？敬之，示不褻瀆也。

右社稷神位。

【《書·禹貢》】徐州厥貢惟土五色。【孔傳】王者封五色土爲社，建諸侯則各割其方色土與之，使立社。燾以黄土，苴以白茅。茅取其潔，黄取王者覆四方。【疏】燾，覆也，四方各依其方色，皆以黄土覆之。其割土與之時，苴以白茅，用白茅裹土與之。必用白茅者，取其潔清也。《易》稱：「藉用白茅。」茅色白而潔美。《韓詩外傳》云：「天子社廣五丈，東方青，南方赤，西方白，北方黑，上冒以黄土。將封諸侯，各取其方色土，苴以白茅以爲社。明有土，謹敬潔清也。」

【《傳説彙纂》】《水經注》：「姑幕縣有五

❶「祓」，原作「紱」，案引語出易祓《周官總義》，據改。

色土，王者封建諸侯，隨方授之。」《元和志》：「徐州彭城郡開元貢五色土各一斗。」

【《詩·大雅·緜》】迺立冢土。【毛傳】冢土，大社也。起大事，動大衆，必先有事乎社而後出，謂之宜。美大王之社，遂爲大社也。【孔疏】大社者，天子社名，諸侯不得稱大社也。冢土非諸侯之社，云遂爲大社，皆言大王所作，遂爲文王之法也。《郊特牲》曰：「社所以神地之道也。」《禮運》云：「命降于社之謂殽地。」是社爲土之神也。冢既爲大，土爲社主，故知冢土大社也。傳以大社者，天子社名，大王時實諸侯，而云乃立冢土，以天子之名言之者，美此大王之社而遂爲大社，言大王立此社，文王後取其制以爲天子之社，故以冢土言之。毛所以爲此說者，蓋以《祭法》云：「王爲羣姓立社曰大社。」《郊特牲》云：「天子大社，必受霜露風雨之氣也。」以爲大社之名惟施于天子，其諸侯不得名大社故也。

朱子曰：「冢土，大社也，亦大王所立，後遂因以爲天子之制。」

何氏楷曰：「山頂之高腫起者曰冢，故以爲高大之義。社，《說文》云：『地主也。』《郊特牲》云：『家主中霤而國主社。』孔云冢土訓爲大社，未即名爲大社。《祭法》：『王爲羣姓立社曰大社。』《郊特牲》云：『天子大社必受霜露風雨之氣。』以爲大社之名惟施于天子，諸侯雖不可名大社，可以言冢土矣。乃立冢土，正是諸侯之法。案《泰誓》言：『類于上帝，宜于冢土。』則猶仍大王舊稱，以未爲天子故也。」

【《汲冢周書·作雒篇》】諸侯受命于周，乃建大社于國中。【注】受封也。其位東青土，南赤土，西白土，北驪土，中央疊以黃土。將建諸侯，鑿取其方一面之土，苞以黃土，苴以白茅，以爲土封，故曰受削土于周室。【注】其方，謂建東方諸侯以青土，而覆茅苴，裹土封之爲社也。❶

【《白虎通》】其壇大如何？《春秋傳》曰：「天子有大社焉。」東方青色，南方赤

❶「土」，原作「上」，據庫本改。

色，西方白色，北方黑色，上冒以黃土，故將封東方諸侯青土，苴以白茅，謹敬潔清也。

【蔡邕《獨斷》】天子大社，以五色土爲壇。皇子封爲王者，受天子之社土，以所封之方色，東方受青，南方受赤，他如其方色，苴以白茅，受之各以其所封方之色。歸國以立社，故謂之受茅土。漢興，以皇子封爲王者得茅土，其他功臣及鄉亭他姓公侯各以其户數租入爲限，不受茅土，亦不立社也。天子社稷，土壇，方廣五丈。諸侯半之。社稷二神同功，故同堂别壇，俱在未位。

【《通志》】社壇在東，稷壇在西，俱北面。壇築壇門，四面門。天子之社，則以五色土各依方色爲壇，廣五丈，諸侯則但用當方之色爲壇。

【《周禮圖》】曰：社稷壇相並。社壇在東，稷壇在西，各三級，壝在四隅，如矩曲方。

右社稷壇。

【《禮記·郊特牲》】社祭土而主陰氣也。【疏】土謂五土，山林、川澤、丘陵、墳衍、原隰也。以時祭之，故云社祭土。土是陰氣之主，故云主陰氣也。馬氏晞孟曰：「古人之言社必有稷，此言社而不言稷者，蓋社以總祭五土之神，而山林、川澤、丘陵、墳衍、原隰皆是也。稷則止于原隰而已，言社可以兼稷也。《祭法》言天子、諸侯立社，而不言稷，亦以此。」

蕙田案：馬氏言社可以兼稷，是也。云稷則止于原隰而已，此依鄭義，非是。

社，所以神地之道也。地載萬物，天垂象，取財于地，取法于天，是以尊天而親地也，故教民美報焉。家主中霤而國主社，示本也。【疏】言立社之祭，是神明于地之道。發此句，爲下張本也。「地載萬物」者，釋地所以得神之由也。「天垂象」者，欲明地，故引天爲對。地有其物，天皆垂其象，所謂在天成象，在地成形也。財並在地出，故爲人所取。人知四時早晚，皆放日月星辰，以爲耕作之候，是取法于天，故尊而祭之，天子祭天是也。所取財者，故親而祭之，一切親地而共祭社是也。地既爲民所親，故與庶民祭之，以教民美報故也。卿大夫之家主祭土神于中霤。天子、諸侯之國主祭土神于社，以土神生財，以養官與民，故皆祭土神，示其生養之本也。　社稷之義，先儒所解不同。鄭康成之説，以社爲五土總神，稷爲原隰之神，勾龍以有平水土之功，配社祀之；稷有播種之功，配稷祀之。鄭必以爲此説者，案《郊特牲》云「社祭土而主陰氣」，又云「社所以神地之道」，又《禮運》云「命降于社之謂殽地」，又《王制》云「祭天地社稷，爲越紼而行事」。據此諸文，故知社即地神，稷是社之細别，别名曰稷。稷乃原隰所生，故以稷爲原隰之神。若賈逵、馬融、王肅之徒，以社祭勾龍，稷祭后稷，皆人鬼也，非地神。故《聖證論》王肅難鄭云：「《禮運》云：『祀帝于郊，所以定天位；祀社于國，所以列地利。』社若是地，應云定地位，而言列地利，故知社非地也。」爲鄭學者馬昭之等通之云：「天體無形，故須云定位。地有形，不須云定位，故唯云列地利。」肅又難鄭云：「祭天牛角繭栗，而用特牲；祭社牛角尺，而用大牢。又祭天地大裘衮冕，祭社稷絺冕，又唯天子令庶民祭社，社若是地神，豈庶民得祭地乎？」爲鄭學者通之云：「以天神至尊，而簡質事之，故牛角繭栗而用特牲，服著大裘。天地至尊，天子至貴，天子社稷，是地之别體，有功于人，報其載養之功，故用大牢，貶降于天，故角尺也。祭用絺冕，取其陰類。庶人蒙其社功，故亦祭之，非是方澤、神州之地也。」肅又難鄭云：「《召誥》『用牲于郊，牛二』，明后稷配天，故知二牲也。又云：『社于新邑，牛一，羊一，豕一』，明知唯祭勾龍，更無配祭之人。」爲鄭學者通之云：「是后稷與天，尊卑既别，不敢同天牲。勾龍是上公之神，社是地祇之别，尊卑不甚懸絶，故云配同牲也。」肅又難鄭云：「后稷配天，《孝經》有配天明文，后稷不稱天也。《祭法》及昭二十九年《傳》云：『勾龍能平水土，故祀以爲社。』不云祀以配社，明知社即勾龍也。」爲鄭學者通之云：「后稷非能與天同功，惟尊祖配之，故云不得稱天。勾龍與社同功，故得云祀以爲社，而得稱社也。」肅又難云：「《春秋》云『伐鼓于社，責上公』，不云責地祇，明社是上公也。又《月令》『命民社』，鄭注云：『社，后土也。』《孝經》注云：『后稷，土也。勾龍爲后土。』鄭注云『社，后土，則勾龍也』，是鄭自相違反。」爲鄭學者通之云：「伐鼓責上公者，以日食，臣侵君之象，故以責上公言之。勾龍爲后土之官，其地神亦名后土，故《左傳》云『君戴皇天而履后土』。地稱后土，與勾龍稱后土，名同而實異也。鄭注云『后土』者，謂土神也，非謂勾龍也。故《中庸》云：『郊社之禮。』注云：『社，祭地神。』又《鼓人》云：『以靈鼓鼓社祭。』注云：『社祭，祭地祇也。』是社爲地祇也。」《異義》：「今《孝經説》曰：社者土地之主，土地廣博，不可偏敬，故封五土以爲社。古《左氏》説：共工爲后土，后土爲社。」許君謹案亦曰：「《春秋》稱公社，今人謂社神謂社公，故知社是上公，❶非地祇。」玄駁之云：「社祭土而主陰氣，又云社者神地之道。謂社神皆言上公，失之矣。今人亦謂雷曰雷公，天曰天公，豈上公也？」《異義》：「稷，今《孝經説》：稷者，五穀之長，穀衆多，不可偏敬，故立稷而祭之。古《左氏》説：烈山氏之子曰柱，死祀以爲稷，稷是田正，周棄亦爲稷。自商以來祀之。」許君謹案：「禮緣生及死，故社稷人事之。既祭稷，穀不得，但以稷米祭稷，反自食。同《左氏》義。」鄭駁之云：「《宗伯》以血祭祭社稷、五祀、五嶽。社稷之神若是勾龍、柱、棄，❷不得先五嶽而食。」又引《司徒》五土名，又引《大司樂》「五變而致介物及土示」。土示，五土之總神，即謂社也。六樂于五地，無原隰而有土祇，則土祇與原隰同用樂也。又引《詩·信彼南山》云「畇畇原隰」下之「黍稷或云」。❸原隰生百穀，黍爲之長，然則稷者原隰之神，若達此義，不得以稷米祭稷爲難。

【《通典》】説曰：王者、諸侯所以立社稷者，爲萬人求福報功也。人非土不立，非穀不生，不可偏敬，故立社稷而祭焉。自經籍灰燼，互執不同。鄭玄注：「社稷者土穀之神，勾龍、后稷以配食也。」案所據《郊特牲》云「社祭土而主陰氣，君南嚮於北墉下，❹答陰之義」。又云「社者神地之道」。又《周禮》以血祭祭社稷、五祀、五嶽，樂用靈鼓。大喪，三年不祭，唯天地

❶「上」，原作「土」，據《禮記·郊特牲》孔疏改。
❷「柱」，原作「社」，據《禮記·郊特牲》孔疏改。
❸「或云」，《詩·小雅·信南山》作「彧彧」。
❹「墉」，原作「牖」，據庫本改。

社稷，越綍而行事。王肅云：「勾龍、周棄並爲五官，故祀爲社稷。」案所據《左氏傳》云「勾龍爲后土，祀以爲社」，故曰「伐鼓於社，責上公也」。今俗猶言社公，上公之義耳。又，牲用太牢，與地不同。若稷是穀神，祭之用稷，反自食乎！崔靈恩云：「二家之説，雖各有通途，但昔來所習，謂鄭爲長。故依鄭義。」試評曰：案崔靈恩以鄭爲長，當矣！何者？案公者尊稱，以人尊社，故曰社公。王肅以俗言社公，及以社爲上公者，俗言天公、雷公，豈上公乎！又，日蝕伐鼓于社，責陰助陽之義也。夫陽爲君，陰爲臣，日蝕者，陰蝕陽也。君弱臣强，是以伐鼓于社，云責上公耳。若句龍、周棄爲社，則不得先五嶽而埋血也，以人鬼雖用血而不埋。復云以無「配食」字是正神者，「周人禘嚳而郊稷，祖文王而宗武王」，亦無配食之説，豈得不謂郊天者乎！且人鬼之道，不用靈鼓，不得越綍而祭也。稷者，土有生長之功，立其神，因以稷名之。鄭據《孝經説》曰「社者土地之神，稷者能生五穀之神」。《孝經援神契》云「稷乃原隰之中能生五穀之祇」。今案，本無正神，人感其功，欲美報之，因以稷名。所以稷名神者，五穀之長故也。

楊氏復曰：「王鄭之學，互有得失。若鄭云勾龍有平水土之功，配社祀之；后稷有播種之功，配稷祀之，則鄭説爲長。」

蕙田案：兩家互有得失。鄭得者，句龍配社，后稷配稷，一也。地稱后土，勾龍稱后土，名同而實異，二也。駁社是上公，駁勾龍、棄先五嶽而食，三也。其失者，社即地示，一也。

稷爲原隰之神，二也。稷是社之細别，三也。王得者，社非祭地，一也。定地位，一難；牲牢衮冕，二難，二也。駁鄭自相違反，三也。其失者，社祭勾龍，稷祭后稷，皆人鬼，一也。無配食明文，不得稱配，二也。稷米祭稷，反自食，三也。朱子註《孟子》云：「社，土神。稷，穀神。」最爲明白簡當。云土神，則隨土之大小皆得祭之。若云地示，則惟天子乃得祭，而非社之謂矣。

馬氏晞孟曰：「天遠于人則尊而不親，地近于人則親而不尊，故在天則明之，欲民尊而親之也；在地則神之，欲民親而尊之也。萬物本乎天而亦本乎土，故家以中霤爲主，國以社爲主者，示其不敢忘本之意也。」

周氏諝曰：「《周官》以『血祭祭社稷、五祀』。中霤，五祀之一，而社稷之次，故有國者以社爲主，而有家者則中霤而已。」

【《禮運》】命降于社之謂殽地。【注】降于社，謂教令由社下者也。社，土地之主也。《周禮》土會之法，有五地之物生。【疏】命者，政令之命，降下于社，謂從社而來以降民也。社即地也，指其神謂之社，指其形謂之地。法社以下教令，故云殽地。《周禮·大司徒》五地則山林、川澤、丘陵、墳衍、原隰，地有五土，生物不同，人君法地，亦養物不一也。

王氏安石曰：「命者，命祀之謂也。出命而降于社，天子有社，諸侯亦可以有社。謂之殽地，諸侯可以祭社，而不可以祭天故也。殽者，雜而分也。天子大社，兼五色，使諸侯立社，各以其方色之土授之，殽地之謂也。」

祀社于國，所以列地利也。【疏】出財，故云列地利。

劉氏彝曰：「祀社于國也。生物享其報，而民不敢慢于其神矣。」

方氏慤曰：「天則遠人而尊，故祭帝于郊；地則近人而親，故祀社于國。郊謂郊之南，南者，陽之盛，故曰所以定天位。國謂國之右，右者，陰之盛，故曰所以列地利。」

定天位，則天下達于尊卑之禮矣；列地利，則天下達于施報之禮矣。且位以祭之所言也，利以祭之物言也，位欲其一，故言定；物欲其陳，故言列。天神曰祀，地示曰祭，而此于天曰祭者，郊所以明天道故也；于地曰祀者，社所以神地道故也。」

禮行于社而百貨可極焉。【疏】祀社盡禮，則五穀豐稔，金玉露形，盡爲國家之用，故云可極。

【《禮器》】社稷、山川之事，鬼神之祭體也。

【《荀子》】社祭社，稷祭稷。

【《白虎通》】王者所以有社稷何？爲天下求福報功。人非土不立，非穀不食。土地廣博，不可徧敬也；五穀衆多，不可一一而祭也，故封土立社，示有土尊。稷，五穀之長，故封稷而祭之也。《尚書》曰：「乃社于新邑。」《孝經》曰：「保其社稷而和其民人，蓋諸侯之孝也。」稷者得陰陽中和之氣，而用尤多，故爲長也。不謂之土何？封土爲社，故變名謂之社，利于衆土也。爲社立祀，始謂之稷，語不自變，有内外。或曰：至稷，不以稷爲社，故不變其名，事自可知也。

【後漢蔡邕《陳留索昏庫上里社碑》】社祀之建尚矣。在昔聖帝，有五行之官，而共工子勾龍爲后土。及其没也，遂爲社祀，故曰：「社者，土地之主也。」《周禮》建爲社位，左宗廟，右社稷，戎醜攸行，于是受脤，❶土膏恒動，于是祈農。又頒之于兆民，春秋之中，命之供祠，故自有國至黎庶，莫不祀焉。

【附諸家論社神稷神】

【仲長統社祭土神荅】自漢諸儒論勾龍即是社主，或云是配，其議甚衆。後荀彧問仲長統以社所祭者何神也？統荅所祭

❶「脤」，原作「賑」，據庫本改。

者土神也。侍中鄧義以爲不然而難之，或令統答焉。統答義曰：「前見逮及，敢不敬對。退熟惟省，郊社之祭，國之大事，誠非學淺思薄者所宜興論重復，亦以鄧君難，事有先漸，議則既行，可謂辭而不可得，因而不可得已者也。《屯》有經綸之義，《睽》有異同之辭，歸于建國立家，通志斷類也。意則欲廣其微以宗實，備其論以求真，先難而後易，出異而歸同乎？」難曰：「社祭土，主陰氣，正所謂勾龍土行之官，爲社則主陰明矣，不與《記》説有違錯也？」答曰：「今《記》之言社，輒與郊連，體有本末，辭有上下，謂之不錯不可得。《禮運》曰：『政必本于天，殽以降命，命降于社之謂殽地，參于天地，並于鬼神。』又曰：『祭帝于郊，所以定天位也；祀社于國，所以列地利也。』《郊特牲》曰：『社所以神地之道也。地載萬物，天垂象，取財于地，取法于天，是以尊天而親地。家主中霤，國主社，示本也。』相此之類，元尚不道配食者也。主以爲勾龍，無乃失歟？」難曰：「信如此，所言土尊，故以爲首，在于上宗伯之體，所當列上下之序。上句當言天神、地祇、人鬼，何反先人而後地？上文如此，至下何以獨不可，而云社非勾龍，當爲地哉？」答曰：「此形成著體，數自上來之次言之耳，豈足據使從人鬼之例邪？三科之祭，各指其體。今獨擿出社稷，以爲但勾龍有烈山氏之子，恐非其本意也。案《記》言社土，而云何得之爲勾龍，則《傳》雖言祀勾龍爲社，亦何嫌，反獨不可謂之配食乎？《祭法》曰：『周人禘嚳，郊稷，祖文王，宗武王。』皆以爲配食者，若復何須謂之不祭天乎？備讀《傳》者則真土，獨據《記》者則疑勾龍，未若交錯參伍致其義以相成之爲善也。」難曰：「再特于郊牛者，后稷配故也。『社于新邑，牛一，羊一，豕一』。所以用二牲者，立社位祀勾龍，❶緣人事之也。如此，非祀地明矣。以宫室新成，故立社耳。又曰『軍行載社』者，當行賞罰，明不自專，故告祖而行賞，造社而行戮。二主明皆人鬼，人鬼故以告之。必若所云，當言載地主于齋車，又當言用命賞于天，不用命戮于地，非其謂也。所以有死社稷之義者，凡賜命受國，造建宫室，無不立社。是奉言所受立，不可棄捐苟免，而去當死之也。易勾龍爲其社，《傳》有見文；今欲易神之相，令記附食，宜明其徵。祀國大事，不可不重。據經依傳，庶無咎悔。」

答曰：「郊特牲者，天至尊，無物以稱專誠，而社稷太牢者，土于天爲卑，緣人事以牢祭也。社禮今亡，并特之義亦未可得明也。昭告之文，皆于天地，何獨人鬼？此言則未敢取者也。郊社之次，天地之序也。今使勾龍載冒其名，耦文于天，以度言之，不可謂安矣。土者，人所依以固而最近者也。故立以爲守祀，居則事之時，軍則告之以行戮，自順義也。何爲當平于社，❷不言用命賞于天乎？帝王兩儀之參，宇中之莫尊者也。而盛一官之臣，以爲土之貴神，置之宗廟之上，接之郊禘之次，俾守之者有死無失，何聖人制法之參差，用禮之偏頗？其列

❶「祀」，原作「祝」，據庫本改。
❷「平于社」，庫本作「戮于地」。

在先王人臣之位，其于四官爵侔班同，比之司徒，于數居二。縱復令王者不同，禮儀相變，或有尊之，則不過當若五卿之與冢宰，此坐之上下，行之先後耳。不得同祖與社，言俱坐處尊位也。《周禮》爲禮之經，而《禮記》爲禮之傳，案經傳求索見文，在于此矣。鈞之兩者，未知孰是。去本神而不祭，與貶勾龍爲土配，比其輕重，何謂爲甚？經有條例，紀有明義，先儒未能正，不可稱是。鈞校典籍，論本考始，矯前易故，不從常説，不可謂非。孟軻曰：『予豈好辨哉，乃不得已也。』鄭司農之言，正此之謂也。」

【丘光庭《兼明書》】社始。或問社之始。答曰：「始于上古穴居之時也。故《禮記》云『家主中霤而國主社』者，古人掘地而居，開中取明，雨水霤入，謂之中霤，言土神所在，皆得祭之，在家爲中霤，在國爲社也。由此而論，社之所始，其來尚矣。」

稷始。或問稷之始。答曰：「始有粒食之時也。故《祭法》曰：『厲山氏之有天下也，其子曰農，能殖百穀。夏之衰也，周棄繼之，故祀以爲稷。』厲山氏，神農之號，則神農之時有稷矣。」

社神。先儒以社祭五土之神。五土者，一曰山林，二曰川澤，三曰丘陵，四曰墳衍，五曰原隰。明曰：社者，所在土地之名也。凡土之所在，人皆賴之，故祭之也。若惟祭斯五者，則都邑之土人不賴之乎？且邑外之土分爲五事，之外無餘地也，何必歷舉其名乎？以此推之，知社神所在，土地之名也。或問曰：五土之名，出自《周禮》，非乎？答曰：「案

《周禮・地官》唯云辨五土之名物，不云五土爲社也。」又問曰：社既土神，而夏至祭皇地祇于方丘，又何神也？答曰：「方丘之祭，祭大地之神。社之所祭，邦國鄉原之土神也。」

社名。或問曰：社既土神，不言祇而云社者，何也？答曰：「社以神地之道，蓋以土地，人所踐履，而無崇敬之心，合其字從示，其音爲社，皆所以神明之也。」

稷神。先儒皆以稷祭百穀之神，鄭康成以稷原隰之神。明曰：鄭義非也。且原隰亦土也。社既祭土，何故更分原隰而別祭之乎？又稷之名義，不與原隰相侔，縱令鄭義有徵，亦是不分真僞。諸儒所識，可謂不一。

稷名。或問曰：稷既百穀之神，不言穀而云稷者，何也？答曰：「稷屬土而爲諸穀之長，故《月令》謂之首種。首種者，種最在前也。諸穀不可偏舉，故舉其長而爲言之，以等之也。若直以穀言之，則爲人所褻慢也。」

【《朱子語類》】堯卿問社稷神。曰：「說得不同，或云稷是山林、原隰之神，或云穀神。看來穀神較是，社是土神。」又問：「社如何有神？」曰：「能生物，便是神也。」

丘氏濬曰：「社以祀土神，稷以祀穀神，而配以人尚矣。《祭法》謂祀后土以爲社，而《春秋傳》則謂勾龍爲后土。蓋后土，掌水土之官，勾龍嘗居是官，一以人名，一以官名也。鄭玄謂『勾龍以有平水土之功，配社祀之。稷有播種之功，配稷祀之』，非謂即祀之以爲社爲稷也。」

蕙田案：社神、穀神，鄭、王兩家之辨詳矣。鄧義、仲長統之論難，不喻其指，比而觀之，自以仲說爲長，而最後一答則尤爲鄭學者所未到。然以爲五土之神，原隰之神，則猶泥而不圓正，不如丘氏所云「社爲土地所在之名，稷爲百穀之神」，其義正大而的當也。蓋人非土不立，非穀不養，古之人享其功者必祭之，報其功也。天子有天下而始尊天下，有百穀而民育，故天子之社，天下之社也，所以報其萬邦作乂、烝民粒食之功也。諸侯分土而始有國，有土，有財，有民，故諸侯之社，一國之社也，所以守其胙土，保其宗廟，而和其民人也。若一州之社，大夫以下之社，則由大而漸小，由廣而漸狹矣。大如天下，次如一國，猶可云五土也。若一鄉一里，何山林、川澤、原隰、丘陵、墳衍之有？則主人鬼者固非，而謂爲五土之示者，亦未是矣。至以稷爲原隰之神，則不惟與五土中原隰重複，而失五穀養人之義。自當以朱子生物之論爲穩。

右社稷名義。

【《禮記・祭法》】厲山氏之有天下也，其子曰農，能殖百穀。夏之衰也，周棄繼之，故祀以爲稷。共工氏之伯九州也，其子曰后土，能平九州，故祀以爲社。【注】厲山氏，炎帝也，起於厲山。或曰有烈山氏。棄，后稷名也。共工氏無錄而王，謂之伯，在太昊、炎帝之間。【疏】「其子曰農，能殖百穀」者，農謂厲山氏後世子孫，名柱，能殖百穀，故《國語》云神農之名柱，作農官，因名農是也。「夏之衰也，周棄繼之」者，以夏末湯遭大旱七年，欲變置社稷，故廢農祀棄。「故祀以爲稷」者，❶謂農及棄皆祀之，以配稷之神。「其子曰后土，能平九州，故祀以爲社」者，是共工後

❶「故祀」至「祀之」十三字，原脱，據《禮記疏》補。

世之孫，爲后土之官。后，君也，爲君而掌土，能治九州五土之神，故祀以爲配社之神。

葉氏夢得曰：「自夏以上，蓋世以烈山氏主稷，勾龍氏主社，而易稷以代烈山氏者，自殷以來爲之也。故祀后稷爲稷，祀勾龍氏爲社，至于今守之。吾讀禮至此，然後知《逸書》作《夏社》之意，《書序》云『湯勝夏，欲遷其社，不可，作《夏社》』，意者湯既黜夏，殷人有歸罪于社稷之不能保其國而易之者，后稷之功在天下，而人所共知，故以代柱無嫌，而勾龍氏未有昭然如稷可代者，則不可以苟易，所以遷烈山氏而不遷勾龍氏歟？」

【《春秋》昭公二十九年《左氏傳》】蔡墨曰：

「共工氏有子曰勾龍，爲后土。【注】共工在太昊後，神農前，以水名官者，其子勾龍能平水土，故死而見祀。【疏】言共工有子，謂後世子耳，不知勾龍之爲后土在于何代。

「后土爲社。【疏】句龍既爲后土，又亦配社，故言后土爲社也。

「稷，田正也。【注】掌播殖也。【疏】《國語》云：「宣王不藉千畝，虢文公諫曰：民之大事在農，是故稷爲大官。」然則百穀，稷其長，遂以稷名爲農官之長。正，長也，稷是田官之長。

「有烈山氏之子曰柱，爲稷。【注】烈山氏，神農世諸侯。【疏】《魯語》及《祭法》皆云：「烈山氏之有天下也，其子能殖百穀，故祀以爲稷。」言有天下，則是天子矣。杜注不得爲諸侯也。賈逵、鄭玄皆云「烈山，炎帝之號」，杜言「神農，世諸侯」者，案《帝王世紀》神農本起烈山，然則初封烈山爲諸侯，後爲天子，猶帝堯初爲唐侯然也。此與《魯語》皆云「其子曰柱」，《祭法》云「其子曰農」者，劉炫云：「蓋柱是名，❶其官曰農，猶呼周棄爲稷。」

「自夏以上祀之。【注】祀柱也。

「周棄亦爲稷。【注】棄，周之始祖，能播百穀。湯既勝夏，廢柱而以棄代之。【疏】棄爲周之始祖，能播殖百穀。經傳備有其事，以其後世有天下，號國曰周，故以周冠棄，棄時未稱周也。

「自商以來祀之。」

【《左傳》「土正曰后土」杜注】土爲羣物主，故稱后也。

❶「柱」，原作「社」，據庫本改。

其祀句龍焉。在家則祀中霤，在野則爲社。【疏】后者，君也。羣物皆土所載，故土爲羣物之主，以君言之，故云后土也。賈逵云：「勾芒祀于户，祝融祀于竈，蓐收祀于門，玄冥祀于井，后土祀于中霤。」今杜云在家則祀中霤，是同賈説也。家謂宫室之内，對野爲文，故稱家，非卿大夫之家也。言在野者，對家爲文。雖在庫門之内，尚無宫室，故稱野。且卿大夫以下，社在野田，故《周禮·大司徒》云：「辨其邦國都鄙之數，制其畿疆而溝封之。設其社稷之壝而樹之田主。各以其野之所宜木，遂以名其社。」鄭玄云：「社稷，后土及田正之神。田主，田神后土，田正之所依也，詩人謂之田祖。所宜木，謂若松柏栗也。」是在野則祭爲社也。此野田之社，民所共祭，即《月令》「仲春之月，擇元日，命民社」是也。劉炫云：天子以下俱荷地德，皆當祭地。但名位有高下，祭之有等級，天子祭地，祭大地之神也。諸侯不得祭地，使之祭社也。家又不得祭社，使祭中霤也。霤亦地神，所祭小，故變其名。賈逵以勾芒祀于户云云，言雖天子之祭五神亦如此耳。杜以别祭五行神，以五官配之，非祀此五神于門、户、井、竈、中霤也。門、户、井、竈直祭門户等神，不祭勾芒等也。惟有祭后土者亦是土神，故特辨之。云「在家則祀中霤，在野則爲社」，言彼與中霤亦是土神，但祭有大小。《郊特牲》云：「社所以神地之道也。地載萬物，取材于地，教民美報焉。家主中霤而國主社，示本也。」是在家則祀中霤也。大司徒以下同此禮也。

【《家語·五帝》】孔子曰：「古之平治水土及播植百穀者衆矣，唯勾龍氏兼食于社，而棄爲稷神，易代奉之，無敢易者，明不可與等也。」

【《漢書·郊祀志》】自共工氏伯九州，其子曰句龍，能平水土，死爲社祠。有烈山氏王天下，其子曰柱，能植百穀，死爲稷祠。湯放桀，欲遷夏社，不可，作《夏社》，迺遷烈山子柱而以周棄代爲稷祀。應劭曰：「遭大旱七年，明德以薦而旱不止，故遷社。以棄代爲稷，欲遷勾龍，德莫能繼，故作《夏社》，説不可遷之義也。」

【《通鑑前編》】成湯二十有四祀，祀棄爲稷。

【《尚書序》】湯既勝夏，欲遷其社，不可。

【孔傳】湯承堯舜禪代之後，順天應人，逆取順守，而有慙德，故革命創制，改正易服，變置社稷。而後世無及句龍者，故不可而止。【疏】湯于初時，社稷俱欲改之。周棄功多于柱，即令廢柱祀棄。而上世治水土之臣，其功無及句龍者，故不可遷而止。《孟子》曰：「犧牲既成，粢盛既潔，祭祀以時，然而旱乾水溢，則變置社稷。」鄭玄因此乃云：「湯伐桀之時，大旱，既置其禮祀，明德以薦而猶旱，至七年，故更置社稷。」乃謂湯即位之後，七年大旱，方始變之。若實七年乃變，何《書》繫之勝夏？勝夏猶尚不可，況在《湯誓》前乎？且《禮記》云：「夏之衰也，周棄繼之。」商興七年乃變，安得以「夏衰」爲言也？若商革夏命，猶七年祀柱，《左傳》亦不得斷爲自夏以上祀柱，自商以來祀棄也。由此而言，孔稱改正朔而變置社稷，所言得其旨也。漢世儒者説社稷有二，《左傳》説社祭勾龍，稷祭柱、棄，惟祭人神而已。《孝經説》社爲土神，稷爲穀神，勾龍、柱、棄是配食者也。孔無明説，而此經云「遷社」，孔傳云「無及勾龍」，即同賈逵、馬融等説，以社爲勾龍也。

【丘光庭《兼明書》】社配。《春秋》昭二十九年《左傳》曰：「共工氏之子句龍，爲后土，爲社。」是勾龍生而后土之官死，故以之配祭于社。今之祭配社以后土配坐，即句龍也。稷配。明曰：有能播百穀者謂之曰正，正，長也，謂爲農之長，死後以配祭于稷。謂之后稷，后，君也，謂爲穀之君。《傳》曰：「有烈山氏之子曰柱，爲稷，自夏以上祀之。周棄亦爲稷，自商以來祀之。」祭稷配以后稷者，周棄也。

蕙田案：句龍配社，柱、棄配稷，當以《左傳》、《祭法》爲正。王肅即以人神爲社稷者，誤也。

右社稷配神。

【《禮記·祭法》】王爲羣姓立社曰大社，王自爲立社曰王社。【注】羣，衆也。【疏】羣姓，謂百官以下及兆民。言羣姓者，包百官也。❶大社在庫門内之右，故《小宗伯》云右社稷。「王自爲立社曰王社」者，其王社所在，書傳無文。或曰：與大社同處，王社在大社之西。崔氏云：「王社在籍田，王自所祭，以共粢盛。」今從其說。故《詩·頌》云「春藉田而祈社稷」是也。

張子曰：「大社，王爲羣姓所立，必在國外也。民各有社，不害爲大社。王自爲立社，必在城内。在漢猶有大社，在唐只見一社。」又曰：「天子立大社爲羣姓，必不但爲城中之民，爲天下也。諸侯國社則是一國也。郊者，郊天之位。社者，祭地之位。郊外無天神之祀，社外無地示之祀，澤中方丘亦社也。故凡言社者，即地示之祭，如大社、王社。又分而言之，大社祭天下之地示，王社祭京師之地示，五祀祭宫中之地示。」

蕙田案：祀社于國，所以列地利。張子謂大社爲羣姓所立，必在國外，恐非。蓋左祖右社，天子、諸侯同之也。王社，疏謂與大社同處，崔氏謂在藉田，張子謂必在城内，則猶注疏之説也。至謂社即是祭地，社外無地祇之祭，則惑矣。詳見「祭地門」。

【陳氏《禮書》】先儒謂王社，或建於大社之西，或建於藉田。然《國語》王藉則司空除壇，農正陳藉禮。而歷代所祭，先農而已，不聞祭社也。故《詩》曰「春藉田而祈社稷」，非謂社稷建於藉田也。

又曰：西漢及魏有官社無官稷，晉之時有帝社無帝稷，類皆二社一稷。議者紛然，或欲合二社以爲一，或欲異二社之所向，是雖違經悖禮，然亦二社同設於國中，未聞藉田有之也。

蕙田案：注疏引崔氏說，謂王社在藉田，《禮書》辨之甚力。夫大社爲民而立，尚在國中，王自爲立社，似

❶「官」，原作「姓」，據《禮記疏》改。

不宜在國外。陳氏説恐是。疏謂與大社同處，理或有之，然不可考矣。

【《郊特牲》】天子大社，必受霜露風雨，以達天地之氣也。【注】大社，王爲羣姓所立。【疏】風雨至則萬物生，霜露降則萬物成，故不爲屋，以受霜露風雨，是天地氣達也。

【蔡邕《獨斷》】天子之宗社曰太社，天子所爲羣姓立社也。天子之社曰王社，一曰帝社。古者有命將行師，必于此社授以政。《尚書》曰：「用命賞于祖，不用命戮于社。」

右天子社稷。

【《禮記・王制》】諸侯祭社稷。《禮運》同。

馬氏晞孟曰：「社稷者，土穀之神也。諸侯者，爲天子守土也，故祭社稷。在上者可以兼下，故天子祭天地、社稷、五祀；在下者不可以兼上，故諸侯祭社稷。」

【《祭法》】諸侯爲百姓立社，曰國社。諸侯自爲立社，曰侯社。【疏】諸侯國社亦在公宮之右。侯社在藉田。

【《曲禮》】問國君之年，長則曰「能從宗廟、社稷之事矣」，幼則曰「未能從宗廟、社稷之事也」。

國君去其國，止之曰：「奈何去社稷也？」【注】臣民殷勤之言。國君死社稷。

呂氏大臨曰：「以社稷爲言，指其所本也。先王之建國，必爲之置社稷，使其君守之，爲土地人民之主。此有國者所以以社稷爲言也。」

【《禮運》】故國有患，君死社稷謂之義。

方氏慤曰：「諸侯爲守土之臣，故死于社稷謂之義。義之爲言宜也。」

【《孟子》】諸侯不仁，不保社稷。

【《孝經》】保其社稷而和其民人，蓋諸侯之孝也。

【蔡邕《獨斷》】諸侯爲百姓立社曰國社，諸侯之社曰侯社。

【《白虎通》】王者、諸侯俱兩社何？俱有土之君。《禮記·三正》曰：「王者二社。大社爲天下報功，王社爲京師報功。大社尊于王社，土地久，故而報之。」

【陳氏《禮書》】諸侯有侯社、國社、亡國社，與天子同。其祭用少牢，與天子異。先儒謂：天子社廣五丈，諸侯半；天子社五色，冒以黄，而諸侯受土，各以其方之色，亦冒以黄。其言雖不經見，然五土數黄土色，則天子社廣五丈，冒以黄信矣。諸侯之禮常半天子：天子六軍，諸侯三軍；天子六卿，諸侯三卿；天子六宫，諸侯三宫；天子辟雍，諸侯泮宫；天子之馬十二閑，諸侯之馬六閑，則社半五丈信矣。《禹貢》徐州貢土五色以爲社，則大社五色，諸侯受土各以其方之色，信矣。

【附辨諸家社不置稷】

【陳氏《禮書》】王社、侯社，國中之土示而已，無預農事，故不置稷。大社、國社，則農之祈報在焉，故皆有稷。西漢及魏有官社無官稷，類皆二社一稷。　王與諸侯皆三社二稷。

史氏浩曰：「王社、侯社皆不置稷者，王與諸侯以寶土地爲任也。大社、國社有稷侑之者，民以食爲天也。」

鄭氏鍔曰：「王自爲立社，是爲土示而稷無預與？封人所設之社壝謂地，兹所以不立稷也。」

【《周禮·小司徒》賈疏】諸侯有三社三稷，謂國社、侯社、勝國之社，皆有稷配之。《州長》疏同。

馬氏晞孟曰：「古人之言社必有稷。《祭法》言天子、諸侯立社而不言稷，言社可以兼稷也。」

【《書·召誥》孔疏】經有社無稷，稷是社類，知其同告之。告立社稷之位，其祭用太牢，故牛、羊、豕各一也。「句龍能平水土，祀之以爲社。后稷能殖百穀，祀以爲稷。」《左傳》、《魯語》、《祭法》皆有此文。漢世儒者説社稷有二，《左氏》説社稷唯祭句龍，后稷人神而已，是孔之所用。《孝經説》，社爲土神，稷爲穀神，句龍、后稷配食者，是鄭之所從。而《武成》篇云：「告於皇天、后土。」孔以后土爲地，言「后土，社也」者，以《泰誓》云：「類於上帝，宜於冢土。」故以后土爲社也。小劉云「后土與皇天相對」，以后土爲地。若然，《左傳》云「句龍爲后土」，豈句龍爲地乎？社亦名后土，地名后土，名同而義異也。「社稷共牢」，經無明説，《郊特牲》云「社稷太牢」，二神共言「太牢」，故《傳》言「社稷共牢」也。此經上句言「於郊」，此不言「於社」；此言「社於新邑」，上句不言「郊於新邑」；上句言「用牲」，此言牛、羊、豕，不言「用」；告天不言告地，告社不言告稷，皆互相足，從省文也。

【《通志》】天子三社，諸侯三社，大夫以下一社。立名雖異，其神則同，皆以句龍配之。稷，周棄配之。

蕙田案：據注疏，王社、侯社在藉田。《詩·周頌·載芟》序曰：「春藉田而祈社稷也。」是王社、侯社亦皆有稷也。

又案：王與諸侯皆立兩社。先儒謂大社、國社爲公，王社、侯社爲私。夫社以祭土，天下之土皆天子之土也，一國之土皆諸侯之土也，又何公私之有？竊謂大社，天子爲羣姓所立，即所稱五色之土，用以分封諸侯與天下共之者乎？王自立社，則畿内之土神，王所自主而與畿内公卿大夫士共之者乎？諸侯國社，即分封茅土之社，與國同爲存亡，百姓之所繫屬者乎？自立之社，則國邑之土神，所謂「旱乾水溢，可以變置」者乎？春祈秋報，則兩社皆可並行。如此，雖畧有分別，而皆屬于公，於義爲合。觀大夫以下成羣立社，無有一家自立一社者，亦可證也。

右諸侯社稷。

【《周禮·春官·喪祝》】掌勝國邑之社稷之祝號，以祭祀禱祠焉。【注】勝國邑，所誅討者。社稷者，若亳社是矣。存之者，重神也。蓋揜其上而棧其下，爲北牖。【疏】「以祭祀禱祠」者，祭祀謂春秋正祭，禱祠謂國有故祈請。求福曰禱，得福報賽曰祠。云「勝國邑，所誅討」者，據武王伐紂，取其社稷而事之，故云「若亳社」是也。據其地則曰亳，據彼國喪亡，即爲亡國之社稷。此主勝之，即爲勝國之社稷。是以《郊特牲》云「喪國之社」，《春秋》謂之「亳社」也。君自無道被誅，社稷無罪，故存之，是重神也。《公羊》曰「掩其上」，即屋之也。「棧其下」者，非直不受天陽，亦不通地陰。

劉氏彝曰：「周勝于商，取其社以祭之，故曰勝焉。弇上，以絶天之陽也；棧下，以絶地之生也；北其牖而祭之，爲其國亡也，故使喪祝掌其祀事。」

陳氏傅良曰：「鄭謂存之，重神也。存先代之後，忌子卯之日，陳垂和之器，古人如此，皆有深意。如《詩》云『有客白馬，助祭于廟』，皆是此意。若曰『商之賢聖六七作，豈謂其處此哉』，皆儆戒修省之意。作《夏社》，與此意同。」

【《秋官·士師》】若祭勝國之社稷，則爲之尸。【注】以刑官爲尸，略之也。周謂亡殷之社爲亳社。【疏】案《鳧鷖》詩，宗廟、社稷、七祀皆稱公尸，不使刑官。今祭勝國之社稷，士師爲尸，故鄭云「用刑官爲尸，略之也」。云「周謂亡殷之社爲亳社」者，據周勝殷謂之勝，據殷亡即云亡國，即《郊特牲》云「廢國之社屋之」是也。據地而言，即言亳社，《春秋》「亳社灾」是也。

鄭氏鍔曰：「勝國，國爲吾所勝也，則無主後矣。然實我用兵以勝之，如周之勝商，不廢亳社，以湯之故，不絶祀，是以祭之。」

易氏祓曰：「『社祭土，而主陰氣也。』又曰：『天子大社，必受霜露風雨，以達天地之氣。喪國之社屋之，不受天陽也。亳社北牖，使陰明也。』言亳社則勝國之社也。亳社以陰爲主，而刑乃陰之類，媒氏以男女之陰訟而聽于勝國之社，類也。此祭勝國之社而刑官爲之尸，亦類也。」

劉氏彝曰：「《凫鷖》之詩，宗廟、社稷、七祀皆有尸，未聞用刑官爲之。勝國之社稷，其祭五土之神與先稷，與夫興王之社稷無以異矣，必屋其壇，用士師爲之尸，祭其社稷而威其亡國之妖邪耳！」

蕙田案：古者凡祭外神亦皆有尸，此其明文。

【《地官·媒氏》】凡男女之陰訟，聽之于勝國之社。【注】陰訟，争中冓之事以觸法者。勝國，亡國也。亡國之社，奄其上而棧其下，使無所通。就之以聽陰訟之情，明不當宣露其罪。【疏】云「勝國，亡國也」者，此社有四名。若此往勝得彼國，將社來，謂之勝國，即此文是也。若據彼國喪亡，則謂之亡國之社，引《公羊傳》者是也。又名喪國之社，《郊特牲》云「喪國之社必屋之」是也。據其地則曰亳社，則《左傳》云「亳社災」是也，故云「勝國，亡國也」。故鄭引《公羊傳》云「勝國，亡國也」。云「亡國之社」者，《公羊傳》文。云「奄其上」者，即《郊特牲》「屋之，不受天陽者」是也。云「棧其下」者，謂于下著柴以棧之，使不通陰故也，故云「使無所通」也。云「就之以聽陰訟之情，明不當宣露」者，以其勝國社上下不通，是不宣露。中冓之言亦不宣露，故就而聽之也。若然，案《詩》召伯聽男女之訟于甘棠之下，不在勝國社者，彼謂周公未制禮前，此據制禮之後，故不同。

【《禮記·郊特牲》】喪國之社屋之，不受天陽也；薄社北牖，使陰明也。【注】屋之北牖，絶其陽通其陰而已。薄，亳，殷之社，殷始都薄。【疏】喪國禮社者，謂周立殷社以爲戒。天是生法，無生義，故屋隔之，塞其三面，惟開北牖，示絶陽而通陰，陰明則物死也。

【《尚書序》】湯既勝夏，欲遷其社，不可，作

《夏社》。【孔傳】湯承堯舜禪代之後，順天應人，逆取順守，而有慚德，故革命創制，改正易服，變置社稷。作《夏社》，言夏社不可遷之義。

【《春秋》襄三十年《左氏傳》】鳥鳴于亳社，如曰嘻嘻。

【定公六年《左氏傳》】陽虎盟國人于亳社。

【哀公四年】六月辛丑，亳社災。【杜注】亳社，殷社，諸侯有之，所以戒亡國。

范氏甯曰：「殷都于亳。武王克紂，而班列其社于諸侯，以爲亡國之戒。劉向曰：『災亳社，戒人君縱恣，不能儆戒之象。』」【《穀梁傳》】亳社者，亳之社也。亳，亡國也。亡國之社以爲廟屏，戒也。其屋，亡國之社，不得達上也。【范注】亳即殷也，殷都于亳，故因謂之亳社。立亳之社于廟之外，以爲屏蔽，取其不得通天，人君瞻之而致戒心。必爲之作屋，不使上通天也。緣有屋，故言災。【楊疏】《周禮》：「建國之神位，左宗廟，右社稷。」彼謂天子、諸侯之正社稷霜露者。《周禮》又云決陰事于亳社，明不與正同處。明一在西，一在東，故《左氏》曰「間于兩社，爲公室輔」是也。【《公羊傳》】蒲社災。蒲社者何？亡國之社也。社者，封也。其言災何？亡國之社蓋掩之，掩其上而柴其下。蒲社災，何以書？記災也。【何注】掩柴之者，絶不得使通天地四方，以爲有國之戒。戒社者，先王所以威示教戒諸侯，使事上也。是後，宋事强吴，齊、晉前驅，滕、薛俠轂，魯、衛驂乘，故天去戒社，若曰王教絶滅云爾。【疏】蒲社者，先世之亡國在魯竟者。《公羊》解以爲蒲者，古國之名，天子滅之以封伯禽，取其社以戒諸侯，使事上。今災之者，若曰王教絶云爾。《左氏》、《穀梁》以爲亳社者，殷社也，武王滅殷，遂取其社賜諸侯，以爲有國之戒。然則《傳》說不同，不可爲難。案今《穀梁》經傳皆作「亳」字，范氏曰：「殷都于亳，武王克紂而班列其社于諸侯，以爲亡國之戒。」而賈氏云「《公羊傳》曰蒲社也」者，蓋所見異。

【哀公七年《左氏傳》】以邾子益來獻于亳社。

【《白虎通》】王者、諸侯必有誡社者何？示有存亡也。明爲善者得之，爲惡者失之，故《春秋公羊傳》曰：「亡國之社，❶掩其上，柴其下。」《郊特牲》曰：「喪國之社，屋之。」自言與天地絶也。在門東，明自下之無事處也。或曰：皆當置明誡，當近君置宗廟之墻南。《禮》曰：「亡國之社稷，必以爲宗廟之屏。」示賤之也。

【《漢書·五行志》】亳社災。董仲舒、劉向以爲亡國之社，所以爲誡也。

【《韓詩外傳》】亡國之社，以戒諸侯。人之戒在于挑殳。

【陳氏《禮書》】孔子謂哀公曰：「君出魯之四門，以望魯之四郊，亡國之墟必有數焉，君以此思懼，則懼將焉不至。」然則天子、諸侯必有勝國之社，❷其意亦若此也。《記》言「天子大社」，繼之以「亡國之社，屋之」，天子之亳社也。《春秋》書「亳社災」，魯之亳社也。《左傳》曰「鳴于亳社」，宋之亳社也。社必有稷，《少司寇》「祭勝國之社稷則爲尸」是也。位必在左，《春秋傳》所謂「間于兩社」是也。掩上棧下，不受天陽，設于北牖，使陰明焉，以其不能生成萬物，而趨于幽也。男女之訟於此聽者，以其當隱蔽而不敢褻也。祭之而刑官爲尸者，以其滅亡刑之類也。宗廟之制，天子外屏，諸侯内屏，不容以亡國之社爲之。《穀梁》以亡國之社爲廟屏，此不可考。孔穎達曰：「亡國之社或在廟，或在庫門内之東。」是穎達亦疑《穀梁》之説。

❶「之」，原作「王」，據《春秋公羊傳》、《白虎通》改。
❷「天」，原作「公」，據庫本改。

蕙田案：《穀梁》立亳社於廟之外以爲屏蔽，非如内屏、外屏之屏也。特因其蔽于外，而取屏蔽之意以爲喻耳。《禮書》似泥。

右勝國社稷。

五禮通考卷四十一

五禮通考卷第四十二

內廷供奉禮部右侍郎金匱秦蕙田編輯
太子太保總督直隸右都御史桐城方觀承同訂
按察司副使元和宋宗元參校

吉禮四十二

社稷

【《禮記·祭法》】大夫以下成羣立社，曰置社。【注】大夫以下，謂下至庶人也。大夫不得特立社，與民族居，百家以上則共立一社，今時里社是也。《郊特牲》曰：「惟爲社事，單出里。」【疏】「大夫以下成羣立社曰置社」者，大夫以下，謂包士庶。成羣，聚而居，其羣衆滿百家以上得立社，爲衆特置，故曰置社。大夫至庶人等共在一處也。大夫，北面之臣，不得自專土地，故不得特立社。社以爲民，故與民居百家以上則可以立社。知百家者，《詩·頌》云：「百室盈止，殺時犉牡。」故曰百家。言以上者，不限多少。故鄭《駁異義》引《州長職》曰：「以歲時祭祀州社，是二千五百家爲社也。」雖云百家以上，惟治民大夫乃得立社，故鄭《駁異義》云「有國及治民之大夫乃有社稷」是也。此大夫所主立社稷，則田主是也，故鄭《駁異義》引《大司徒職》云：「樹之田主，各以其野之所宜木，遂以名其社與其野。」注云：「田主，田神后土，田正之所依也。后土則社神，田正則稷神。」其義已具《郊特牲》疏。

馬氏晞孟曰：「社者，土神，而有生物之功，故王、諸侯、大夫立社，皆所以教民美報，而有反本復始之意也。王謂之王社，諸侯有君之道，謂之國社，謂之侯社。至于大夫以下，皆北面之臣，則謂之置社。」

張子曰：「社，土神也。大夫以下成羣立社，曰置社。若謂大夫長于廛里之間，與百姓居者立社，則大夫與百姓同事于社稷，似非其類也。恐是士大夫以下，各以其輩類立社。天子、諸侯皆有自爲立社，士大夫不敢自各爲社，則恐結輩類以爲社，共事之。然士大夫方社之日，當從其君以禮社，則所事于置社者，或以子弟、家老行事也。今貴而至天子，賤而至農夫，皆知禮社。獨士大夫之家不預社事，是不知身之所從來，殊無戴天履地之報。古者丘乘共粢盛，恐十里之中立一社也。」

【《白虎通》】大夫有民，其有社稷者，亦爲報功也。《禮·祭法》曰：「大夫成羣立社，曰置社。」❶《月令》曰：「擇元日，命人社。」《論語》曰：「季路使子羔爲費宰，曰：有民人焉，有社稷焉。」

【蔡邕《獨斷》】大夫以下成羣立社，曰置社。大夫不得特立社，與民族居，百姓以上則共一社，今之里社是也。

【陳氏《禮書》】大夫以下，其社之大者，則二千五百家爲之，《周禮》所謂「州社」是也。其小則二十五家亦爲之，《左傳》所謂「書社」、「千社」是也。《左傳》昭二十五年，齊侯致千社于魯。哀十五年，「齊人與衛地，自濟以西，禚、媚、杏以南，書社五百」。杜氏注：「二十五家爲一社。」鄭氏謂「百家以上共立一社，若今時里社」，此以漢制明古也。《周禮》，六鄉之内，族祭酺，黨祭禜，雖百家以上亦不祭社，特州然後祭之者，黨族非不祭也，姑以别社、禜、酺之等差耳。《禮》曰：「唯爲社事，單出里。唯爲社田，國人竭作。唯社，丘乘供粢盛。」則牢醴亦在所共。皇氏曰：「大夫以下無籍田，祭社則丘乘之民共之。」其説是也。《左傳》有清丘之社，《月令》：「仲春命民社。」先儒以爲自秦以下民始得立社，然《禮》言大夫以下，則民社不始于秦。

【《周禮·地官·州長》】若以歲時祭祀州

❶「社」，原作「在」，據《禮記·祭法》改。

社，則屬其民而讀法。【疏】此云歲時，謂歲之二時春秋耳。春祭社，以祈膏雨，望五穀豐熟。秋祭社者，以百穀豐稔，所以報功。故云祭祀州社也。凡讀法，皆因節會以聚民。今既祭，因聚民而讀法。

凡州之大祭祀，涖其事。【注】大祭祀，謂州社稷也。涖，臨也。【疏】言「大祭祀，謂州社稷」者，以上文云歲時祭祀州社，此經又因言州之大祭祀，故知還是上文州社也。知有稷者，以其天子、諸侯三社皆稷對之，黨祭禜，族祭酺，故此特言州社也。

【《閭胥》】凡春秋之祭祀，聚衆庶。【注】祭祀，謂州社、黨禜、族酺也。【疏】知「祭祀謂州社、黨禜、族酺」者，以其鄉黨之内所以祭祀，無過此三者而已。

鄭司農曰：「二千五百家爲州，二十五家爲閭。」

丘氏濬曰：「此一州之祭也。後世命郡縣祭社本此。」

右州社。

【《周禮・天官・内宰》】凡建國，佐后立市，祭之以陰禮。【注】市朝者，君所以建國也，建國者必面朝後市。王立朝而后立市，陰陽相成之義。鄭司農云：「佐后立市者，始立市，后立之也。祭之以陰禮者，市中之社，先后所立社也。」陰禮，婦人之祭禮。【疏】王者建國，非定一所，隨世而遷，謂若自契至湯八遷，太王遷岐，文王遷豐，武王遷鎬，成王營洛，皆是建國，故云「凡」以該之。云「建國者必面朝後市」，乃《冬官・匠人》文。云「王立朝」者，即三朝，皆王立之也，而「后立市」者，即此文是也。「祭之以陰禮」者，市乃先后所立，故以陰禮，爲市之社亦先后所立社也。

右市社。

【《禮記・郊特牲》】唯爲社事，單出里。【注】單出里，皆往祭社于都鄙。二十五家爲里。【疏】社事，祭社是也。單，盡也。里，居也。社既爲國之本，故若祭社，則合里之家並出，故云單出里也。此唯每家出一人，不人人出也。

【《春秋》昭二十五年《左傳》「請致千社」孔疏】《禮》有里社，故《特牲》稱「惟爲社事，單出里」，以二十五家爲里，故知二十五家爲社也。

右里社。

【《周禮・春官・小宗伯》】若大師，則帥有司而立軍社。【注】出軍，必先有事于社及遷廟，而以其主行。社主曰軍社，遷主曰祖。《春秋傳》曰：「軍行，祓社釁鼓，祝奉以從。」《曾子問》曰：「天子巡守，以遷廟主行，載于齊車，言必有尊也。」《書》曰：「用命賞于祖，不用命戮于社。」【疏】鄭知有司是大祝者，見《大祝職》云「大師，設軍社」故也。鄭知王出軍必先有事于社及遷廟，而以其主行者，見《泰誓》及《王制》將出軍，皆云「類于上帝」，「宜于社」。又《曾子問》云「以遷廟主行，載于齊車」，故知也。云「社主曰軍社」者，以其載社在于軍中，故以軍社言之。

【《大祝》】大師，設軍社。【注】鄭司農説：設軍社，以《春秋傳》曰所謂「君以師行，祓社釁鼓，祝奉以從」者也。【疏】「設軍社」者，此則據社在軍中，故云設軍社。司農引《春秋傳》者，定四年《左氏傳》。案彼祝鮀云「君以軍行」者，師則軍也。故《尚書》云「大巡六師」，《詩》云「六師及之」，皆以師名軍。引之者，證社在軍謂之軍社之事。

鄭氏鍔曰：「古者大師，則先有事于社與廟，然後載社主與遷廟之主以行。不用命戮于社，故載社主將以行戮；用命賞于祖，故載廟之主將以行賞。小宗伯掌社稷、宗廟之禮，宜載以行。乃言立者，蓋社本不在軍，因用師始立之。立者，出于一時之故。廟主爲尊，載之以行，不敢忽也，故言奉，奉以言其肅欽之至。帥有司者，蓋帥太祝也。」

郝氏敬曰：「軍社，以齊車載社主與遷廟主于軍中，賞功告祖，戮罪告社。」

【《夏官・量人》】營軍社之所里。【注】軍社，社主在軍者。里，居也。【疏】在軍，不用命戮于社，故將社之石主而行。所居有步數，故職在量人。

【《秋官・大司寇》】大軍旅，涖戮于社。

右軍社。

【《春秋》定公六年《左氏傳》】陽虎又盟公及三桓于周社。

【莊公二十有三年】夏，公如齊觀社。【注】齊國祭社，蒐軍實，故公往觀之。

【《國語·魯語》】莊公如齊觀社。❶ 曹劌諫曰：「夫齊棄太公之法而觀民于社，君爲是舉而往觀之，非故業也，何以訓民？ 土發而社，助時也。今齊社而往觀旅，非先王之訓也。天子祀上帝，諸侯會之受命焉。諸侯祀先王、先公，卿大夫佐之受命焉。臣不聞諸侯之相會祀也，祀又不法。」【韋注】舉，動也。土發，春分也。《周語》曰：「土乃脉發。」社者，助時祈福，爲農始也。旅，衆也。上帝，上天也。受命助祭，受政命也。事，職事也。不法，謂觀民。

【《春秋》閔公二年《左氏傳》】間于兩社，爲公室輔。【注】兩社，周社、亳社。兩社間，朝廷執政所在。【疏】爲羣姓立社，在庫門内之西。自爲立者，在藉田之中。其亡國之社，《穀梁傳》云「以爲廟屏戒」，或在廟，或在庫門内之東，則亳社在東也。故《左傳》云「間于兩社，爲公室輔」。魯之外朝在庫門之内，東有亳社，西有國社，朝廷執政之處，故云「間于兩社」。

【哀十五年《左氏傳》】與衛地，自濟以西，禚、媚、杏以南，書社五百。【注】二十五家爲一社，籍書而致之。

【昭二十五年《左氏傳》】齊侯曰：「自莒疆以西，請致千社。」【注】二十五家爲社。千社，二萬五千家，欲以給公。

右社名。

【《周禮·地官·大司徒》】設其社稷之壝而樹之田主，各以其野之所宜木，遂以名其社與其野。【注】田主，田神后土，田正之所依也，詩人謂之田祖。所宜木，謂若松、柏、栗也。若以松爲社者，則名松社之野，以别方面。

薛氏季宣曰：「言社則稷在其中。曰『各』云者，爲邦國都鄙設耳。」

王氏安石曰：「各以其野所宜木，則新甿欲有所植，不謀而知其土壤所宜；公上欲有所斂，不視而知其木所出。」

❶ 「莊」，原作「嚴」，據《國語·魯語》改。

鄭氏鍔曰：「國之所以有立者，有社稷也；農之所以祈報者，有先農也，故壇壝不可以不設，田主不可以不樹。」

【《訂義》】王氏曰：「立之田主，使鬼神有所依附，民心有所歸向，此先王係人心處。」

【《春官·小宗伯》】若大師，則帥有司而立軍社，奉主車。

丘氏濬曰：「社之主，樹以木，出師則不可載以行。意者當時壇壝之上則樹以木，而又以石爲主，如喪之車然。遇有征行，則奉之以車而行乎？後世遂因之，不用木而用石也。不然，則是臨行旋爲之，故曰有司立軍社。謂之立者，前故未有也。」

【《春秋》襄二十五年《左氏傳》】鄭子産伐陳，入之。陳侯免，擁社以待于朝。【注】免，喪服。擁社，抱社主，示服。

【《論語》】哀公問社于宰我，宰我對曰：「夏后氏以松，殷人以柏，周人以栗。」【朱注】三代之社不同者，古者立社，各樹其土之所宜木以爲主也。

蔡氏清曰：「既曰各樹其土之所宜木爲主，則夏后氏以松，未必舉天下之諸侯社皆以松也。殷人以栢，亦未必舉天下之諸侯社皆以栢也。周人以栗，亦未必舉天下之諸侯社皆以栗也。宰我此對甚疎，下句尤鑿。縱使告以各樹其土之所宜木，亦未得立社之本意。《集注》姑且就其言之謬而正之耳，未暇深論也。」

陳氏祥道曰：「後世宋有禖社，豐有枌榆社。先儒謂諸侯社皆立樹以爲主，以象其神；大夫以下，但各以地之所宜木立之。于義或然。」

【《白虎通》】社稷所以有樹何？尊而識之，使民人望見即敬之，❶又所以表功也。故《周官》曰：「司社而樹之，各以土地所生。」《尚書》曰：「大社唯松，東社唯栢，南社唯梓，西社唯栗，北社唯槐。」

---

❶「即」，原作「師」，據《白虎通》改。

【附論諸家社主用石用木不同】

【《春官・小宗伯》「帥有司而立軍社」鄭注】社之主蓋用石爲之。【賈疏】案許慎云：「今山陽俗祠有石主。」彼雖施于神祠，要有石主，主類其社，其社既以土爲壇，石是土之類，故鄭注「社主，蓋以石爲之」。無正文，故云「蓋」以疑之也。

【《夏官・量人》賈疏】在軍不用命，戮于社，故將社之石主而行。

【陳氏《禮書》】《周禮・小宗伯》：「若大師，則帥有司而立軍社，奉主車。」《春秋傳》曰：「軍行祓社釁鼓，祝奉以從。」鄭氏曰：「社之主蓋用石爲之。」唐神龍中，議立社主。韋叔夏等引《吕氏春秋》及鄭玄議，以爲社主用石。又後魏天平中，大社石主遷于社宫，是社主用石矣。又檢舊社主長二尺五寸，方一尺七寸，在禮無文。案《韓詩外傳》云：「天子大社方五丈，諸侯半之。」蓋以五是土數，故壇方五丈。其社主，準五數，長五尺；準陰之二數，方二尺。剡其上以象物生，方其下以體地體，埋其半，以根在土中，而本末均也。蓋石，地類也。先儒謂社主石爲之，其長不過尺五寸，其短以寸計之。唐之時，舊主一尺六寸，方一尺七寸，蓋有所傳然也。而議者謂宜長五尺，方二尺，埋其半于土中，此臆論也。古者天子、諸侯有載社之禮，而陳侯嘗擁社以見鄭子展。果埋其半，則不可迎而載；果石長五尺，方二尺，則不可取而擁。

【朱子《語録》】問：「古者各樹其所宜木以爲社，不知以木造主，還便以樹爲主？」朱子曰：「看古人意思，只以樹爲社主，使神依焉。如今人説神樹之類，以木名社，如櫟社、枌榆之類。」問：「社主平時藏何處？」曰：「但以所宜木爲主，如今世俗之神木然，非是將木來作主也。」

答許慎之曰：「古人立木于社，使民知所存着，知社之神必有所司，則國君所以守社稷其嚴乎！」

【丘光庭《兼明書》】社所以依神表域也，各隨其地所宜而樹之。宰我謂欲使人畏敬戰慄，失其義也。

程氏迥曰：「古者以木爲主，今也以石爲主，非古也。」

蕙田案：社主用石，本《周禮》鄭注之説，非有明證。夫軍行載社主，陳侯擁社主，皆非石主所宜。且已埋其半于土中，如何復載之、擁之也？朱子雖云「各樹其土之所宜木以爲主」，然《語録》又云「非是將木來作主」，則又非以木爲主也，是石主、木主兩皆無據。不如古之樹木以依神者爲當，而臨祭則用後世木主可耳。

【論社有主稷無主】

朱子答社壇説曰：「舊法，社有主而稷無主，不曉其意，恐不可以己意增添其言。壇上之南方，非壇之中也。蓋神位坐南向北，而祭器設于神位之北，故此石主當壇上南陛之上。若在壇中央，即無設祭處矣。」

蕙田案：石是土類，故古有社主用石之説，畢竟無所憑據，故疏及《禮書》皆疑之，况稷是穀神，推其氣類，不宜用石，而用木明矣。然木主不可以露設，往往祭畢藏之。瞻其壇者，遂謂社有主、稷無主耳，非真稷無主也。明制，祭日，設社稷兩木主于壇上，祭畢貯之庫中，仍設社石主埋壇中，❶微露其末，又似社有二主矣。以義揆之，或如古制平日壇内樹木依神，以爲社主，臨祭則設兩木主，祭畢供之神庫，師行載之以設軍社，或亦禮以義起者乎！

右社木、社主。

【《禮記·郊特牲》】唯爲社田，國人畢作。

【疏】「唯爲社田，國人畢作」者，田，獵也。畢，盡也。作，行也。既人人得社福，故若祭社，先爲社獵，則國中之人皆盡行，無得住家也。

馬氏晞孟曰：「古者唯田與追胥竭作，唯爲社事，單出里，此近于家出一人也。國人畢作，此所謂竭作，而其餘無羡也。唯爲社田，國人畢作，人不愛其力也。」

周氏諝曰：「社田畢作，欲其皆曉于戰陣也。」

季春出火，爲焚也。然後簡其車賦，而歷其卒伍，而君親誓社，以習軍旅，左之右之，坐之起之，以觀其習變也。而流示之禽，而鹽諸利，以觀其不犯命也。求服其志，不貪其得，故以戰則克，以祭則受福。【注】凡出火，以火出，建辰之月火始出。焚，謂焚萊也。簡、歷，謂算具陳列之也。君親誓社，誓吏士以習軍旅。既而遂田，以祭社也。言祭社，則此是仲春之禮也。仲春以火田，田止弊火，然後獻禽，至季春火出，而民乃用火。今云季春出火，乃親誓社，記者誤也。社或爲省。流，猶行也。行，行田也。鹽讀爲艷。行田示之以禽，使歆艷之，觀其用命否也。謂禽爲利者，凡田，大獸公之，小禽私之。失伍而獲，猶爲犯命，是求服其志，不貪其得也。【疏】此一節論仲春祭社之前，田獵取禽以祭社獲福之事。祭社既用仲春，焚當在仲春。記者以季春民始出火，遂悞以天子、諸侯用焚爲季春也。焚，謂焚燒除治宿草。出火，謂出陶冶之火。案《春秋》火出爲夏三月，故《左氏》昭六年，「鄭人鑄刑書」，火未出而用火，故晉士文伯譏之。若田獵之火，則昆蟲蟄後得火田以至仲春也。既焚之後，簡選車馬及兵

❶「埋」，庫本作「瘞」。

賦器械之屬，歷其百人之卒，五人之伍。君親誓此士衆，以習軍旅，既而遂田，以所得之禽獸，因以祭，故云「親誓社」。或左或右，或坐或起，戒勑之以習軍旅。君親自觀于習武變動之事，教陣訖而行田禮，驅禽于陣前，以示士卒。示流示之禽也，利則禽也，驅禽示之而歆艷之以小禽之利也。于此之時，觀其士卒犯命與不犯軍命者，求欲服其士卒之志，使進退依禮，不欲貪其犯命，苟得于禽。言失伍得禽，不免罰也。其所爲得禮，故戰則克勝，祭則受福。

方氏慤曰：「田獵之禮，《周官》則行之于仲月，而與此異。《郊詩》、《月令》則行之于季月，而與此同。此之所言，亦泛記異代耳。」

右社田、君親誓社。

【《詩·周頌·載芟》序】曰：春藉田而祈社稷也。【箋】藉田，甸師氏所掌，王載耒耜所耕之田。天子千畝，諸侯百畝。藉之言借也，借民力治之，故謂之藉田。【疏】《載芟》詩者，春藉田而祈社稷之樂歌也。❶謂周公、成王太平之時，王者于春時親耕藉田，以勸農業，又祈求社稷，使民獲其年豐歲稔。詩人述其豐熟之事，而爲此歌焉。經陳下民樂治田業，收穫弘多，釀爲酒醴，用以祭祀。是由王者耕藉田、祈社稷，勸之使然，故序本其多穫所由，言其作頌之意。經則主説年豐，故其言不及藉、社，所以經、序有異也。《月令》：「孟春，天子躬耕帝藉。仲春，擇元日，命民社。」《大司馬》：「仲春，教振旅，遂以蒐田，獻禽以祭社。」然則天子祈社亦以仲春，與耕藉異月。而連言之者，雖則異月，俱在春時，故以春總之。《祭法》曰：「王爲羣姓立社曰大社。王自爲立社曰王社。」此二社皆應以春社之，但此爲百姓祈祭，文當主于大社，其稷與社共祭，亦當爲大社、社稷焉。

【《良耜》序】曰：秋報社稷也。【疏】《良耜》詩者，秋報社稷之樂歌也。謂周公、成王太平之時，年穀豐稔，以爲由社稷之所祐，故于秋物既成，王者乃祭社稷之神，以報生長之功。詩人述其事而作此歌焉。經之所陳，其末四句是報祭社稷之事，「婦子寧止」以上，言其耕種多穫，以明報祭所由，亦是報之事也。經言「百室盈止，婦子寧止」，乃是場功畢入，當十月之後，而得言秋報者，作者先陳人事使畢，然後言其報祭。其實報祭在秋，寧止在冬也。

❶「祈」，原作「祭」，據庫本改。

黄氏度曰：「《良耜》言『殺時犉牡』者，❶則專主祭社稷而言也。」

【《豐年》序】曰：秋冬報也。【疏】天地社稷之神，雖則常祭，謂之祈報。【朱子傳】此秋冬報賽田事之樂歌，蓋祀田祖、先農、方社之屬也。

【《禮記·月令》】孟冬之月，大割祠于公社。【注】此蜡祭也。大割，殺羣牲割之也。【疏】謂大割牲以祠公社。以上公配祭，故云公社。皇氏云：「社是報功，故云大割。」

方氏慤曰：「公社親而不尊，在致味以祭之，故曰大割。」

【《明堂位》】春社秋省，而遂大蜡，天子之祭也。【注】省讀爲獮，獮，秋田名也。春田祭社，秋田祀祊。

方氏慤曰：「社與省，春與秋皆有之，其所異者，春社以祈爲主，秋社以報爲主；春省以耕爲主，秋省以斂爲主耳。此于社言春以該秋，于省言秋以該春，其實一也。」

【《山堂考索》】「載芟載柞，其耕澤澤」，此春祈社稷之詩也。「其崇如墉，其比如櫛」，此秋報社稷之詩也。夫廬居族處，非土不生；枵腹張頤，非穀不食。知土穀之不容一日廢，則社稷之祭，如之何其廢之？是故人臣有平土之功，則取以配社，如共工氏之子龍、高陽氏之子黎是也；有播穀之功，取以配稷，如烈山氏之子柱、厲山氏之子農是也。古人崇重之意如何？如祭之以春官，卜之以肆師，擇之以元日，重蔵事也；行之于新邑，禱之于枌榆，正之于洛陽，示尊敬也。其不崇重之意又爲何如？蓋自不立官稷，而社稷之禮始廢；不建州社，而祀社之禮始壞。一廢于漢之中世，再壞于唐之建州，況復有《載芟》、《良耜》之遺意乎？吁！此張文琮所以有何觀之嘆。然而社用羊、豕，稷用黍稷，用黍稷，又奚爲不用犢祭？蓋用犢，乃祭地之禮。社稷雖地示之屬而非地，猶五帝爲天之尊神而非天也。社安得不用羊、豕，稷安得不用黍稷乎？吾于此，又知社稷爲土穀之正神，實非人爲之也。

【《月令》】仲春之月，擇元日，命民社。【注】社，后土也，使民祀焉，神其農業也。祀社日用甲。

❶「牡」，原作「牲」，據庫本改。

【疏】后土者，五官之后土，即社神也。與《左傳》僖十五年云「君履后土」者别也。但句龍爲配社之神，又爲后土之官也。云「祀社日用甲」者，解經元日也。案《郊特牲》云：「祀社日用甲，用日之始也。」《召誥》：「戊午，乃社于新邑。」用戊者，周公告營洛邑位成，非常祭也。

方氏慤曰：「《祭法》曰：『大夫以下成羣立社曰置社。』則民固有社矣。然非天子命之，無敢專祭焉，故擇元日而命之也。且社，土示也。方春土發生之時，擇元日而祭之，亦祈其土之利，無不善而已。《郊特牲》言：『社日用甲。』則此言元日，蓋甲日也。社日用甲，則得其善矣，故謂之元日焉。凡祭社而稷必從之，此止言命民社者，特舉重以見輕耳。」

【丘光庭《兼明書》】社日。或問曰：「《月令》云『擇元日命人社』，註云：『元日，近春分前後戊日。』《郊特牲》云：『日用甲，日之始也。』與今註《月令》不同何也？」答曰：「《召誥》云：『越翼日戊午，乃社于新邑。』則是今註《月令》取《召誥》爲義也。不取《郊特牲》爲義者，以社祭土，土畏木，甲屬木，故不用甲也。用戊者，戊屬土也。《召誥》，周書，則周人不用甲也。《郊特牲》云甲者，當是異代之禮也。」稷日。或問曰：「祭稷不别，與社同日者，何也？」答曰：「以百穀生于土，戊屬土，故可與社同日而祭也。」

應氏鏞曰：「元日祈于上帝，所以祀天也。元日命民社，所以祀地也。乾始坤生，事之如一，不容有異心也。故祈帝、祀社皆曰元日，而親耕則曰元辰而已。《載芟》之詩曰：『春藉田而祈社稷。』則藉田固以祈社稷矣。而此復曰『命民社』者，蓋藉田之祈，王所自爲之王社也。命民社者，王爲羣姓所立之大社也。同于爲社，而先後則有等差，因事以爲教也。」

丘氏濬曰：「此一里之祭也，後世命民主里社本此。然《郊特牲》祭社用甲日，而《召誥》用戊日。戊者，土之氣也，因土氣以祭社神，當用上戊爲是。况所謂元者，非但訓善也，亦有首始之義。謹考官曆，春秋二社皆在仲月。臣竊以爲官府祭社，宜用仲月上戊；而里民所祭者，當用官曆所定社日爲宜。又往往見有司祭社，偶遇春秋二仲月之上旬戊在丁後，必先釋奠而後祭社。吁！豈所謂上戊哉，亦豈古人所以秩祭祀之意哉！蓋秩之爲言，次序之謂也。《周禮·肆師》『以歲時序其祭祀』，正謂此爾。況社稷大祀，先師中祀，自當循其次序。」

【《郊特牲》】日用甲，用日之始也。【注】國中之神莫貴于社，故日用甲也。【疏】社是國中之貴神，甲是旬日之初始，故用之也。社之祭，一歲有三：仲春命民社，一也；《詩》曰「以社以方」，謂秋祭，二也；孟冬云大割祠于公社，是三也。

方氏慤曰：「社必用日之始，何也？蓋陽始于甲而物生，陰極于辛而物成。地雖以陰而成物，然始地事者存乎陽，故社用甲，以原其始焉。天雖以陽而生物，然終天功者存乎陰，故郊用辛，以要其終焉。夫獨陰不生，獨陽不成，天地相須之義也。故聖人制禮，以致其義焉。」

馬氏晞孟曰：「日用甲，用日之始，則郊用辛，用日之成也。以乾知大始，坤作成物，則郊宜用甲，社宜用辛。天雖主于生物，亦有以成之，則天之道所以明；地雖主于成物，亦有以生之，則地之道所以神。蓋郊所以明天道，故用辛；社所以神地道，故用甲。《曲禮》曰：『外事用剛日，內事用柔日。』郊者，外事也；社者，內事也。而此言郊用辛日之柔，社用甲日之剛者，說者以爲郊社，至尊之祭，不可同于內外。此說得之。」又曰：「凡日始于甲，物成于辛。日始于甲而社用之者，地以形成物，而肇地事者，氣也，氣自甲而始，故用是以社；物成于辛而郊用之者，天以氣始物，而終天事者，形也，形至辛而成，故用是以郊。天地相合，萬物資焉，故曰：『郊以明天道，社以神地道。』萬物資氣于天，故郊于孟春；資生于地，故社于仲春。」

應氏鏞曰：「郊用辛，乾位也，氣之藏也超乎物，無爲之尊，天之道也。社用甲，震方也，物之生也役于乾，有用而勞，土之象也。」

周氏諝曰：「甲者，陽中之陽也。社用甲而不用乙，欲其以陽召陰也。辛者，陰中之陰也，郊用辛而不用庚，欲其以陰召陽也。以甲爲用日之始，則誤矣。」

【《祭統》】崇事宗廟社稷，則子孫順孝。

【《周禮・地官・封人》】令社稷之職。【注】將祭之時，令諸侯有職事于社稷者也。《郊特牲》曰：「惟爲社事，單出里；惟爲社田，國人畢作；惟爲社，丘乘供粢盛，所以報本反始也。」【疏】春秋祭社，皆有職事令之者，使各依職司而行，故須令之也。

鄭氏鍔曰：「諸侯當守社稷之職，又慮其廢而不祀，封人則令之，使無敢廢職。如是，則其國之民亦爲社事而單出里，爲社田而竭作，爲社祭而共粢盛，亦不敢失其職。」

郝氏敬曰：「社稷之職，謂典守壇壝之人，皆封人令之。」

右社稷祈報正祭。

【《禮記・王制》】天子社稷皆太牢，諸侯社稷皆少牢。【《通考》】案《書》曰：「乃社于新邑，牛一，羊一，豕一。」是天子用太牢也。

方氏慤曰：「牢者，圈也，以能有所畜，故所畜之牲皆曰牢也。太牢具牛、羊、豕焉，以其大，故曰太。少牢則羊、豕而已，以其小，故曰少。天子之社稷，主天下之土穀，故用太牢以祭之。諸侯之社稷，主一國之土穀，故用少牢以祭之。此隆殺之別也。」

【《郊特牲》】社稷太牢。【疏】社，五土總神。稷是原隰之神。功及于人，人賴其功，故以太牢報祭，其牲則黝色也。

方氏慤曰：「于牲言特，以見太牢之非一。于牢言太，以見特牲之用犢也。特則牢所畜之物，牢則牲所畜之地，互相備也。牲孕，祭帝弗用，則社稷容或用焉。」

【《月令》】季夏之月，命四監大合百縣之秩芻，以養犧牲。令民無不咸出其力，以祠社稷之靈，以爲民祈福。【注】四監，主山林川澤之官。百縣，鄉遂之屬地，有山林川澤者也。秩，常也。百縣給國養犧牲之芻，多少有常，民皆當出力，艾芻養牲，以供祠神靈，爲民祈福也。

季冬之月，乃命太史次諸侯之列，賦之犧牲，以共社稷之饗。【注】此所與諸侯共者也。列國有大小，賦之犧牲，大者出多，小者出少。饗，獻也。【疏】列，次也。來歲祭祀所須犧牲出諸侯之國，國有大小，故命太史書列之，以共賦也。社稷，王之社稷也。諸侯自有社稷，而始封亦割王社土與之，故賦牲共王社稷也。

【《周禮・地官・牧人》】陰祀用黝牲，毛之。【注】毛之，取純毛也。陰祀，祭地北郊及社稷也。鄭司農云：「黝讀爲幽，幽黑也。」【疏】《郊特牲》云：「社祭土而主陰氣也。」是社稱陰。《孝經緯鈎命決》云：「祭地于北郊，就陰位。」彼對郊天就陽位，則是神州之神在北郊而稱陰，以是知陰祀中，有祭地于北郊及社稷也。

鄭氏鍔曰：「用黝，豈徒色之黑哉？必欲其毛純乎黑。牧人毛之，然後五官奉之，是禮官之事，亦牧人之事。」

【《春官・大宗伯》】以血祭祭社稷。【注】陰祀自血起，貴氣臭也。【疏】此地之次祀，先薦血以歆神。且社稷亦土神，故舉社以表地示。《鼓人》亦云靈鼓鼓社祭，亦舉社以表地，此其類也。云「陰祀自血起」者，對天爲陽祀，自烟起，貴氣臭同也。

項氏安世曰：「血毛，告幽全之物。」又曰：「血祭，盛氣也，則以地道有幽陰之義，而求之以血也。」

鄭氏鍔曰：「血之爲物，有象而非虚，有形而非實，物之幽，蓋亦求之于虚實之間。」

【《肆師》】立次祀用牲幣。【注】玄謂次祀又有社稷。

易氏祓曰：「牲色之純者謂之牷，上言牲牷，下特言牲，則其色之不必純也。幣帛一也，自其質言之謂之帛，制而用之謂之幣。」

【《周書・召誥》】乃社于新邑，牛一，羊一，豕一。【孔傳】告立社稷之位，用太牢也。

【《白虎通》】以三牲何？重功故也。《尚書》曰：「乃社于新邑，牛一，羊一，豕一。」《王制》曰：「天子社稷皆太牢，諸侯社稷皆少牢。」宗廟俱太牢，社稷少牢何？宗廟太牢，所以廣孝道也。社稷爲報功，諸侯一國所報者少故也。

右牲。

【《周禮・春官・鬯人》】掌共秬鬯而飾之。凡祭祀，社壝用大罍。【注】秬鬯，不和鬱者。飾之，謂設巾。壝，謂委土爲墠壇，所以祭也。大罍，瓦罍。【疏】「壝謂委土爲墠壇，所以祭」者，謂四邊委土爲壝，于中除地爲墠，墠内作壇，謂若「三壇同墠」之類也。此經云社壝，謂若《封人》及《大司徒》皆云社壝，皆直據外壝而言也。知大罍是瓦罍者，《瓬人》爲瓦簋，據外神明。此罍亦用瓦，取質略之意也。

鄭氏鍔曰：「社壝者，社之外委土爲壝埒，其中爲壇。社祭土，以瓦罍出于土，器雖出于土，然非用人工以陶冶，器無自而成。祭祀社壝則用大罍以盛秬鬯，以見土者，人所用功，而社神有功于土。」

王氏昭禹曰：「社壝則封人所設王之社壝。王社之示，比于天地之神爲近人情，則宜交之以人道，故有秬鬯。言于人道則非鬼，故不加鬱而不裸。」

蕙田案：社必有壝，故言社壝。亦舉社以該稷。

【《禮記·祭義》】天子爲藉千畝，躬秉耒以事天地、山川、社稷、先古，以爲醴酪、齍盛。

【《郊特牲》】惟社，丘乘共粢盛，所以報本反始也。【注】丘，十六井也。四丘，六十四井，曰甸，或謂之乘。乘者以于車賦出長轂一乘，乘或爲鄰。【疏】「惟社，丘乘共粢盛」者，鄉説祭社用牲，此言祭社用米也。「丘乘」者，都鄙井田也。九夫爲井，四井爲邑，四邑爲丘，四丘爲乘。惟祭社而使丘乘共其粢盛也。粢，稷也。稷曰明粢，在器曰盛。所以報本反始，結美報也。皇氏曰：「天子、諸侯祭社，則用藉田之穀。大夫以下無藉田，若祭社，則丘乘共之，示民出力也。國人畢作是報本，而丘乘共粢盛是反始。言粢盛，是社所生，故云反始也。」

方氏愨曰：「丘言其地也，乘言其賦也。夫社者，陰之神；軍者，陰之事。使軍賦之家，而共粢盛于社，各從其類也。故將出征則宜乎社，不用命則戮于社，軍行則祓于社，凱旋則獻于社，皆以是耳。故此不曰丘民，而必曰丘乘也。以非祭社則不必如是，故每言惟焉，則以本始有在乎此，而報反之禮不可不重故也。」

張子曰：「古者丘乘共粢盛，恐十里之中立一社也。」

劉氏彝曰：「天子、諸侯郊社宗廟，粢盛取于神倉。大夫都鄙，粢盛取于丘乘也。衣食本乎土，故曰報本。知平水土始于句龍，知播五穀始于后稷，故以爲配，是曰反始焉。」

【《詩·小雅·甫田》】以我齊明，與我犧羊，以社以方。【傳】器實曰粢，在器曰盛。社，后土也。方，迎四方氣于郊也。【箋】云以潔齊豐盛與我純色之羊，秋祭社與四方，爲五穀成熟報其功也。【疏】經傳多齊盛連文，故傳因齊解盛。《春官・肆師》：「祭之日，表粢盛，告潔。」注云：「粢，六穀也。」則六穀總爲齊。《天官・甸師》注云：「粢，稷也。」惟以稷爲粢者，以稷是穀之長，爲諸穀之總名。六穀皆爲器之實，故曰器實曰齊，指穀體也。「在器曰盛」，據已盛于器也。故桓六年《左傳》曰：「潔粢豐盛。」言爲穀則潔清，在器則豐滿，是指器實爲粢，在器爲盛也。

右酒醴、粢盛。

【《周禮・春官・司服》】祭社稷則希冕。

【注】希，刺，粉米無畫也。其衣一章，裳二章，凡三也。

【疏】云「希刺粉米無畫也」者，衣是陽，應畫。今希冕三章，在裳者自然刺繡，但粉米不可畫之物，今雖在衣，亦刺之不變，故得希名，故鄭特言粉米也。然則毳冕之粉米亦刺之也。

鄭氏鍔曰：「希冕惟有粉米、黼、黻三章，其章爲罕，故其字用『希』，本又作『絺』字。粉、米兩物共爲一章，言粉其米以爲章。其在裳則當繡，及爲三章之首則當畫，以在衣不可繡也。社稷、五祀、五岳同于血祭，此則用七章之服以祀四望、山川，又用五章之服以祭社稷、五祀，蓋此言山川在社稷之上，殆非丘陵、墳衍之山川也，指四望之山川耳，何則？丘陵、墳衍之山川當比羣小祀，以玄冕祭之，不當處社稷之上。觀祀五帝、享先王、祭社稷、祭羣小祀，而獨于四望山川之祭謂之祀四望山川，則其尊可知。粉米者，養人之物。社稷者，土穀之養人者也。五祀之神則能平五行之政，亦有功利以生人者也，故祭則同服。或謂絺爲細葛布，上刺繡，布豈可繡哉？或謂其字音蕭，蕭者，縫也。凡冕服皆玄衣、纁裳，玄冕，惟有黻之一章刺于裳而已，其衣無章，但見其玄色。」

黄氏度曰：「《宗伯》序社稷、五祀先于五岳，《司服》序四望山川先于社稷，祭之秩當如《宗伯》，《司服》自以服爲序。地祭以社稷見，不別出，則方丘不服大裘矣。諸儒紛紛，蓋未嘗考先王制祀之義。」

右冕服。

【《周禮・春官・大司樂》】乃奏太簇，歌應鐘，舞《咸池》，以祭地示。【注】地示，所祭于北郊及社稷。【疏】知及社稷者，以六冕差之。社稷雖在小祀，若據薦祭言之，《大宗伯》云：「以血祭祭社稷、五祀、五岳。」用血祭與郊同，又在五岳之上，故知用樂亦與神州同。

【《地官·鼓人》】以靈鼓鼓社祭。【注】靈鼓，六面鼓也。社祭，祭地示也。【疏】《郊特牲》云：「社祭土，神地之道。」故舉社以表地示。《大宗伯》亦云血祭祭社稷、五祀，亦舉社以表地示。其實地之大小之祭皆用靈鼓。

鄭氏鍔曰：「地道有形可見，而靈者，神之降而有驗，故名靈者。以鼓社祭，則宜言鼓神祀、鼓鬼享，不言地示，乃曰『鼓社祭』，何也？《記》曰：『社祭土而主地。』蓋社者，地神之尤貴，言社則地示見矣。觀大宗伯掌天神、人鬼、地示之禮，亦只言以血祭祭社稷，意蓋類此。」

【《舞師》】教帗舞，帥而舞社稷之祭祀。

【《地官·鼓人》孔疏】❶案《樂師》注：「帗，五采繒。」令靈星舞子持之。

史氏浩曰：「帗舞，執五采繒，如帗。」

王氏昭禹曰：「社稷，土穀之神，所以生養人者。欲其無災害之厲民而有帗除之功，帗有祓除之義也，故教帗舞，帥而舞社稷之祭祀。」

【《詩·周頌·載芟》】載芟載柞，其耕澤澤。千耦其耘，徂隰徂畛。侯主侯伯，侯亞侯旅，侯彊侯以。有嗿其饁，思媚其婦，有依其士。有略其耜，俶載南畝。播厥百穀，實函斯活。驛驛其達，有厭其傑。厭厭其苗，緜緜其麃。載穫濟濟，有實其積，萬億及秭。爲酒爲醴，烝畀祖妣，以洽百禮。有飶其香，邦家之光。有椒其馨，胡考之寧。匪且有且，匪今斯今，振古如兹。【疏】《載芟》詩者，春藉田而祈社稷之樂歌也。

【《詩緝》】李氏曰：「《噫嘻》、《豐年》，其說爲略；《載芟》、《良耜》，其說爲詳。蓋祈上帝，所以尊之也，故其詞略；祭社稷，所以親之也，故其詞詳。」

【《良耜》】畟畟良耜，俶載南畝。播厥百穀，實函斯活。或來瞻女，載筐及莒。其饟伊

❶ 「孔疏」，當爲「賈疏」。

黍，其笠伊糾。其鎛斯趙，以薅荼蓼。荼蓼朽止，黍稷茂止。穫之挃挃，積之栗栗。其崇如墉，其比如櫛，以開百室。百室盈止，婦子寧止。殺時犉牡，有捄其角。以似以續，續古之人。【疏】《良耜》詩者，秋報社稷之樂歌也。【傳】黄牛黑脣曰犉。牡，社稷之牛，角尺。【疏】《釋畜》直云黑脣，以言黑脣，明不當與身同色。牛之黄者衆，故知黄牛也。某氏亦云「黄牛黑脣曰犉」，取此傳爲説也。《地官・牧人》云：「凡陰祀，用黝牲毛之。」注云：「陰祀，祭地北郊及社稷也。」然則社稷用黝牲，角以黑。而用黄者，蓋正禮用黝，至于報功，以社是土神，故用黄色，仍用黑脣也。以經言角，辨角之長短，故云「社稷之牛角尺」也。《王制》云：「祭天地之牛，角繭栗。宗廟之牛，角握。賓客之牛，角尺。」社稷之牛卑于宗廟，宜與賓客同尺也。《禮緯稽命徵》云：「宗廟、社稷角握。」此箋不易毛傳，蓋以《禮緯》難信，不據以爲正也。社稷太牢，獨云牛者，牛三牲爲大，故特言之。

【《詩緝》】黄氏曰：「《載芟》言『以洽百禮』者，仍其豐年之慶，而百神之祀皆無所缺也。《良耜》言『殺時犉牡』者，則專主祭社稷而言也。」

【《白虎通》】祭社有樂。《樂記》曰：「樂之施于金石絲竹，越于聲音，用之于宗廟、社稷。」

右樂舞。

【《禮記・郊特牲》】君南鄉于北墉下，答陰之義也。【注】墻謂之墉。北墉，社内北墻也。【疏】社既主陰，陰宜在北，故祭社時，以社在南，設主壇上北面，而君來在北墻下，而南向祭之，是答陰之義也。

【《白虎通》】王者自親祭社稷何？社者，土地之神也。土生萬物，天下之所主也，尊重之，故自祭也。

【《禮器》】三獻文。【注】謂祭社稷、五祀。其神稍尊，比羣小祀禮儀爲文飾也。【疏】希冕三章祭社稷、五祀，故知三獻祭社稷、五祀也。

三獻爓。【注】三獻，祭社稷、五祀。爓，沈肉于湯也。

【《通典》】三獻禮：取血先瘞于所祭之

處，以爲祭始。次則禮神以玉，尸前薦燗肉及脯醢、籩、豆，王則酌大罍中酒以獻尸，所謂朝踐之獻，是爲一獻也。至薦熟時，宗伯亦攝后酌以亞獻，所謂再獻。尸食訖，賓長酌酳尸，謂之三獻。

右君親祭三獻。

【《春秋》閔二年《左氏傳》】受脤于社。【注】脤，宜社之肉，盛以脤器。【疏】《釋天》云：「起大事，動大衆，必先有事乎社而後出，謂之宜。」知出兵必祭社，祭社名爲宜。《周禮·大宗伯》：「以脤膰之禮親兄弟之國。」定十四年，天王使石尚來歸脤。知脤是器物，可執之以賜人也。今言受脤于社，明是祭社之肉，盛以脤器，賜元帥也。《地官·掌蜃》：「祭祀共蜃器之蜃。」鄭玄云：「蜃，大蛤。蜃之器以蜃飾，因名焉。」

右受脤。

【《周禮·春官·肆師》】社之日，涖卜來歲之稼。【注】社祭土，爲取財焉。卜者，問後歲稼所宜。【疏】此社亦是秋祭社之日也。言「涖卜來歲之稼」者，祭社有二時，謂春祈秋報。報者，報其成熟之功。今卜者，來歲亦如今年宜稼與不。但春稼秋穡，不言穡而言稼者，秋穡由于春稼，故據稼而言之。《郊特牲》云：「社祭土而主陰氣也。取財于地，取法于天。」故云社祭土而取財焉。

鄭氏鍔曰：「詩人言『大田多稼，以社以方』，故知稼爲田苗之事。祭社有二，春祈秋報。知此社非春祈者，以嘗與獮無非秋事，知此爲秋報祭之社也。」

右卜稼。

【《詩·大雅·緜》】乃立冢土，戎醜攸行。

【《爾雅》】起大事，動大衆，必先有事乎社而後出，謂之宜。【郭注】冢土，大社。戎醜，大衆。有事，祭也。《周官》所謂「宜乎社」。【邢疏】孫炎曰：「大事，兵也。有事，祭也。宜，求見使祐也。」此文本解「戎醜攸行」之意，言國家起發軍旅之大事，以興動其大衆，必先有祭事于此社，而後出行。❶其祭之名謂之爲宜，以師行必須宜祭以告社，故言「戎醜攸行」

❶「後」字，原無，據庫本及《爾雅注疏》補。

也。以兵凶戰危，慮有負敗，祭之以求其福宜，故謂之宜。

【《春官·大祝》】大師，宜于社。及軍歸，獻于社。【疏】言「大師」者，王出六軍，親行征伐，故曰大師。云「宜于社」者，軍將出，宜祭于社，即將社主行，不用命戮于社。「及軍歸獻于社」者，謂征伐有功，得囚俘而歸，獻捷于社。

鄭氏鍔曰：「大師必載社主與遷廟之主以行，故有宜社、造社之祭。祭社曰宜，蓋以事宜而祭之，非春秋之所報祭。」

大會同，宜于社。反行，舍奠。【注】《曾子問》曰：「凡告必用牲幣，反亦如之。」

陳氏祥道曰：「釋奠者，設牲饌酌奠而已，無迎尸以下事。古者釋奠，或施于山川，或施于廟社，或施于學。」

【《小祝》】有寇戎之事，則保郊，祀于社。

【注】鄭司農云：「謂保守郊祭諸祀及社，無令寇侵犯之。」杜子春讀禩爲祀，書亦或爲祀。玄謂：保祀互文，郊社皆守而祀之，彌災兵。

鄭氏鍔曰：「有寇戎則事出不虞，兵自外作，則出而保郊。四郊兆域皆神之所處，人心不安，神或失所依。小祝，事神者也，故就其所保而守之，以安神也。社在國内，但祀以弭災兵可也。鄭康成以『保郊祀于社』爲一句，其說不可用。」

黄氏度曰：「郊非有司所當祀也，直保之祀社而已。」

王氏昭禹曰：「保郊以防患，祀社以弭兵。」

【《肆師》】凡師甸，用牲于社宗，則爲位。

【注】社，軍社也。宗，遷主也。【疏】云「社，軍社也」者，在軍不用命戮于社。又君以軍行，祓社釁鼓，故名軍社也。鄭知「宗，遷主」者，《曾子問》云：「師行必以遷廟主行，載于齊車。」故知遷主也。

易氏祓曰：「師甸者，田而後用師者，必載社之石主、祖之木主，示有所受命。」

【《夏官·大司馬》】若師有功，則左執律，右秉鉞，以先愷樂獻于社。【注】功，勝也。律者，以聽軍聲。鉞，所以爲將威也。【疏】趙商問：「《大司樂》：『王師大獻，則令奏愷樂。』注云『獻于祖』，與此異。」鄭答曰：「司馬主軍事之功，故獻于社。大司樂，宗伯之屬，宗伯主宗廟，故獻于祖。」若然，軍有功，二處俱獻。以出軍之時告于祖，宜于社，故反必告也。

王氏《詳説》曰：「祖本仁，故獻愷在春官。社本義，故獻愷在秋官。」

鄭氏鍔曰：「司馬主九伐之法，故獻于社，示法陰而行誅伐也。」

若師不功，則厭而奉主車。

蔡氏德晉曰：「奉主車，奉護廟社主之車而歸也。」

【《禮記·王制》】天子將出征，宜乎社。

【《大傳》】牧之野，武王之大事也，既事而退，祈于社。

陳氏祥道曰：「武王之出師，受命文考，類于上帝，宜于冢土，所以告其伐也。既事而退，柴于上帝，祈于社，設奠于牧室，所以告其成也。」

【《周書·泰誓》】宜于冢土。【孔傳】冢土，社也。祭社曰宜。【疏】孫炎曰：「宜求見福祐也。」冢訓大也。社是土神，故「冢土，社也」。

林氏之奇曰：「『宜于冢土』與《王制》『宜于社』，其曰宜者，亦當是非祭祀之常禮，權其事宜以制其禮，則謂之宜也。」

【《春秋》定四年《左氏傳》】子魚曰：「祝，社稷之常隸也。社稷不動，祝不出竟，官之制也。若以軍行，祓社釁鼓，祝奉以從，于是乎出竟。」【注】師出，先有事祓禱于社，謂之宜社。于是殺牲，以血塗鼓鼙，爲釁鼓。奉社主也。

蕙田案：以上九條出師祭社。

【《周禮·夏官·大司馬》】仲春，教振旅，遂以蒐田，有司表貉，誓民，鼓，遂圍禁，火弊，獻禽以祭社。【注】春田爲蒐。有司，大司徒也，掌大田役治徒庶之政令。表貉，立表而貉祭也。誓民，誓以犯田法之罰也。誓曰：「無干車，無自後射，立旌遂圍禁，旌弊争禽而不審者，罰以假馬。」禁者，虞衡守禽之厲禁也。既誓，令鼓而圍之，遂蒐田。火弊，火止也。春田主用火，因焚萊除陳草，皆殺而火止。獻猶致也、屬也。田止，虞人植旌，衆皆獻其所獲禽焉。《詩》云：「言私其豵，獻豜于公。」春田主祭社者，土方施生也。鄭司農云：「貉讀爲禡。禡謂師祭也。書亦或爲禡。」【疏】此因田獵而祭，非《月令》仲春祭社也。

鄭氏鍔曰：「將田之初，有司行表貉之祭，司馬以軍法誓民，所謂有司者，肆師、甸祝也。《肆師》：『大田獵，祭表貉則爲位。』《甸祝》：『掌四時之田表貉之祝號。』則有司謂此二官明矣。鄭康成以爲大司徒無表貉事，其説非也。」

蕙田案：此條田獵祭社。

【《春官・小宗伯》】凡天地之大災，類社稷、宗廟則爲位。【注】禱祈禮輕。類者，依其正禮而爲之。【疏】天災，謂日月食、星辰奔隕。地災，謂震裂。則類祭社稷及宗廟，則亦小宗伯爲位祭之。

王氏昭禹曰：「大災，若日月食、山冢崩，皆非常之變，則合聚社稷、宗廟之神而禱祀焉，故曰類。」

鄭氏鍔曰：「天神曰類，而社稷、宗廟亦曰類者，蓋當變故之祭，依倣其正禮，聚一處以禱祀，故以類言之。」

【《大祝》】國有大故天災，彌祀社稷禱祠。【注】大故，兵寇也。天災，疫癘、水旱也。彌猶徧也。徧祀社稷及諸所禱，既則祠之以報焉。

鄭氏鍔曰：「國有災故，祀社稷之神以弭息之。始禱祈、終報祠皆掌之。」

【《春秋》襄二十五年《左氏傳》】祝祓社。【注】祓，除也。【疏】《周禮・女巫》：「掌歲時祓除釁浴。」鄭玄云：「歲時祓除，如今三月上巳如水上之類。」彼言祓除，知此祓社是祓除也。

【《周禮・夏官・小子》】掌珥于社稷。【注】鄭司農云：「珥社稷，以牲頭祭也。」玄謂：珥讀爲衈。衈者，釁禮之事也。衈社稷，五祀，謂始成其宫兆時也。【疏】先鄭云珥以牲頭祭，漢時祈禱，有牲頭祭。後鄭不從者，案《禮記・雜記》釁廟之禮云：「門、夾室用雞，其衈皆于屋下。」衈既爲釁禮，此刉與衈連文，則刉亦是釁禮，非祭祀之法，何得爲牲頭祭乎？是以後鄭爲釁法解之。

王氏與之曰：「珥當爲弭，如《小祝》所謂弭兵災，非釁事也。」

黄氏度曰：「社稷，人所依以生者，故有禱祈之事。」

【《詩・大雅・雲漢》】方社不莫。【箋】祭四方與社不晚。《朱子傳》曰：「方祭，四方社祭土神也。」

【《春秋》莊公】二十五年，六月辛未朔，日有食之，鼓，用牲于社。【注】鼓，伐鼓也。用牲以祭社，傳例曰「非常也」。

秋，大水，鼓，用牲于社，于門。【注】門，國門也。傳例曰「亦非常也」。

文公十五年六月辛丑，日有食之，鼓，用牲于社。【《左傳》】非禮也。日有食之，天子不舉，伐鼓于社，諸侯用幣于社，伐鼓于朝。

蕙田案：以上八條禱祈祭社。

【《禮記・王制》】天子將出，宜乎社，諸侯將出，宜乎社。【疏】此論天子巡守之禮。將出，謂初出時也。知此是巡守者，以下别云出征也。宜乎社者，巡行方事誅殺封割，應載社主也。云宜者，令誅罰得宜，又社主乎地也。

馬氏晞孟曰：「宜者，以事之宜而告于社，而其禮則略于祭地。」

葉氏夢得曰：「諸侯，臣也，臣則地道，故宜乎社。理有宜，而巡守所出皆理所宜行，故于社皆言宜也。」

蕙田案：此條巡狩祭社。

【《曾子問》】諸侯適天子，命祝史告社稷、宗廟、山川。

蕙田案：此條君行告社。

【《周禮・春官・大祝》】建邦國，先告后土，用牲幣。【注】后土，社神也。

鄭氏鍔曰：「先告后土，然後分封，示不敢專也。大宗伯掌其禮，大祝則掌告也。告之之時，其事用牲，其禮用幣，以爲割裂土宇，故用盛禮焉。」

【《周書・召誥》】乃社于新邑，牛一，羊一，豕一。【孔傳】告立社稷之位，用太牢也。

王氏充耘曰：「郊社，大事也。周召以人臣行之，可乎？蓋因事祭告，奉王册命以行事，非常祭之比也。」

【《書傳説彙纂》】社于新邑，謂此乃所以祀地者，非也。王爲羣姓立社曰大社，王自爲立社曰王社；諸侯爲百姓立社曰國社，諸侯自爲立社曰侯社；又大夫以下成羣立社曰置社，鄭云「此今時里社也」。又《月令》「命民社」，仲春之祭也；《詩》

「以社以方」，秋祭也；孟冬則云「大割祀于公社」，是一歲三社也。社之日，自天子以至于士庶人，皆得共之。其名至多，名同而義則各異。玆之社于新邑，乃社稷之社，位在庫門之右者。若以此社爲祭地，則《王制》所云「祭天地、社稷」，地與社豈重累而舉之乎？

蕙田案：以上二條建國告祭。

右因事祭社稷。

【《孟子》】民爲貴，社稷次之。【朱子注】社，土神。稷，穀神。建國則立壇壝以祀之。犧牲既成，粢盛既潔，祭祀以時，然而旱乾水溢，則變置社稷。【趙注】犧牲已成肥腯，粱稻已成潔清，祭祀社稷常以春秋之時，然而其國有旱乾水溢之災，則毀社稷而更置之。【孫疏】社稷無功以及民，亦在所更立有功于民者爲之也。社稷者，蓋先王立五土之神，祀以爲社；立五穀之神，祀以爲稷。以古推之，自顓帝以來，用句龍爲社，柱爲稷。及湯之旱，以棄易其柱，是知社稷之變置，又有見于湯之時然也。

【朱子注】祭祀不失禮，而土穀之神不能爲民禦災捍患，則毀其壇壝，而更置之，亦年不順成，八蜡不通之意。

右變置社稷。

【《禮記·郊特牲》疏】其社稷制度，《白虎通》云：「天子之社，壇方五丈，諸侯半之。」說者又云：「天子之社，封五色土爲之，若諸侯受封，各割其方色土與之，則東方青，南方赤之等是也。」上皆以黃土也。其天子、諸侯皆有二社者，《祭法》云：「王爲羣姓立社曰大社，王自爲立社曰王社，諸侯爲百姓立社曰國社，諸侯自爲立社曰侯社。」是各有二社。又各有勝國之社，故此云「喪國之社屋之」，是天子有之也。案《春秋》亳社災，《公羊》云：「亡國之社，蓋掩之，掩其上而柴其下。」

是魯有之也。襄三十年《左傳》云：「鳥鳴于亳社。」是宋有之也。此是天子、諸侯二社之義。其所置之處，《小宗伯》云：「右社稷，左宗廟。」鄭云：「庫門内、雉門外之左右。」爲羣姓立社者，在庫門内之西。自爲立社者，在藉田之中。其亡國之社稷，《穀梁傳》云：「亡國之社以爲廟屏，戒。」或在廟，或在庫門内之東，則亳社在東也，故《左傳》云：「間于兩社，爲公室輔。」蓋魯之外朝，在庫門之内，東有亳社，西有國社，廟庭執政之處，故云間于兩社也。其卿大夫以下，案《祭法》云：「大夫以下成羣立社曰置社。」注云：「大夫不得特立社，與民族居，百家以上則共立一社，今時里社是也。」如鄭此言，則周之政法，百家以上得立社，其秦漢以來，雖非大夫，民二十五家以上則得立社，故云今之里社。又《鄭志》云：「《月令》命民社謂秦社也。自秦以下，民始得立社也。其大夫以下所置社者，皆以土地所宜之木，則《論語》云「夏后氏以松，殷人以栢，周人以栗」，故《大司徒》云「而樹之田主，各以其野之所宜木」是也。其天子大社之等，案《尚書·無逸》篇曰：「大社唯松，東社唯栢，南社唯梓，西社唯栗，北社唯槐。」其天子、諸侯、大夫等皆有稷也。故註《司徒》：「田主，田神后土，田正之所依也。」田正則稷神也。田主尚然，故知天子、諸侯社皆有稷，其亡國之社亦有稷。故《士師》云：「若祭勝國之社稷，則爲之尸。」是有稷也。但亡國之社稷，故略之，用刑官爲尸，其祭餘社爲尸，不用刑官也。其社之祭，一歲有三：仲春命民社，一也；《詩》云「以社以方」，謂秋祭，二也；孟冬云大割祠于公社，是三也。其社主用石，故鄭注《宗伯》云：「社之主蓋用石。」案《條牒論》：稷壇在社壇西，俱北向，營並壇共門；或曰在社壇北。其用玉無文，❶不可强言，今禮用兩圭有邸。

蕙田案：疏稱王社在藉田，社主用石，于經無考。唯云天子、諸侯皆有稷，極是。

【陳氏《禮書》】社所以祭五土之示，稷所以祭五穀之神。而命之稷，以其首種先成而長百穀故也。稷非土無以生，土非稷無以見，生生之效，故祭社必以稷，以其同功均利而養人故也。祭必有配，而社配以句龍，稷配以柱，商之時，又易柱以棄，以其功利足以侔社稷故也。王與諸侯之社皆三，其二社所以盡祈報之誠，其勝國之社所以示鑒戒之理。王之大社，則土五色而冒以黃。夏之時，「徐州厥貢惟土五色」，孔安國以社言之，是也。諸侯之國社，則受其方色之土于天子，而苴以茅。漢之時，有受青土、赤土，蔡邕以茅社言之，是也。其位則中門之右，社主陰故也。其壝則北面，社向陰故也。其飾則不屋，《記》所謂「大社必受霜露風雨，以達天地之氣」是也。其表則木，《傳》所謂「夏以松，商以栢，周以栗」是也。其方廣則五丈，其主則石爲之，其列則社東而稷西。先儒之説蓋有所受之也。先王之祭社稷，春有祈，秋有報，孟冬大割祠。春祈而歌《載芟》，秋報而歌《良耜》，此祭之常者也。凡天地大災之

❶「玉」，原作「主」，據《禮記·郊特牲》孔疏改。

類祭，大故、天災之彌祀，君行有宜，宫成有衈，此祭之不常者也。祭之常者用甲，其他則唯吉而已。祭之牲以太牢，其遇天災則用幣而已。考之于禮，王之祭也南面，其服也希冕，其牲用黝，其祭血祭，其鐏大罍，其樂應鐘，其舞帗舞，其鼓靈鼓，凡皆因其物以致其義，非深知禮樂之情者，孰與此哉？先儒有以王社有稷壇，原隰爲稷神。有以句龍爲社而非配社，柱爲稷而非配稷。後世又有以夏禹爲社配，有以戌亥爲社日，有以先農爲帝社，有以大稷爲稷社，皆臆論也。

又曰：有天下之社，有一國之社，有衆人之社，有一人之社，有失國之社。大社，天下之社也。國社，一國之社也。置社，衆人之社也。王社、侯社，一人之社也。喪國之社屋之，失國之社也。三社之制，大社爲大，此孟子所謂「民爲貴，社稷次之，君爲輕」也。喪國之社，天子所以爲戒，則又次于王社矣，以言安不可以忘危也。《書》曰夏社，《禮》與《春秋》曰亳社，皆以爲戒而已。然則諸侯有國社、侯社，與《春秋》之亳社，亦三社矣。天子之社在雉門之右，而《緜》詩曰「乃立應門」，繼之曰「乃立冢土」。冢土，社也。則諸侯之社亦在門内也。天子之牲太牢，則諸侯當用少牢。若《郊特牲》曰「社事，❶單出里，丘乘共粢盛」，此大夫以下之社也。社稷之重，于古也如此，而《孟子》「旱乾水溢，變置社稷」。夫水旱者，天事也。人事不勝，故天變見于時。而社稷，土示也，豈其罪哉？然則謂之變者，猶曰以

❶「牲」，原作「特」，據庫本改。

變置諸侯耳。

蕙田案：《禮書》謂王社無稷壝，非是。

【《禮經會元》】《小宗伯》：「建國之神位，右社稷，左宗廟。」有國則有社稷矣。古者立君則曰「奉社稷」，取女則曰「共社稷」，死國則曰「死社稷」，去國則曰「去社稷」。社稷之重亦明矣。是故大司徒辨制邦國都鄙之畿疆，而首設社稷之壝；小司徒凡建邦國，立其社稷，正其畿疆；封人掌設王之社壝而樹之。凡封國，則必設社稷之壝，造都邑亦如之。以此，見王畿、都鄙、邦國皆有社稷矣。鄭康成曰社稷，土穀之神，有德者配食焉。共工氏之子曰句龍，有厲山氏之子曰柱，食于稷，湯遷之而祀棄，此社稷之神然也。《大宗伯》則以血祭祭社稷，《小宗伯》「大災，類社稷，則爲位」，《舞師》帥舞社稷之祭祀，《大祝》「國有大故天災，則彌祀社稷禱祀」，小子則掌珥于社稷。凡所用于社稷者，豈非以其與天時相爲休咎歟？喪祝則掌勝國之社稷祝號，以祭祀禱祠，士師則祭勝國之社稷而爲之尸，是亡國之社稷亦存矣。古人崇重社稷如此，豈非以其與國祚相爲存亡歟？故《載芟》之詩曰「春祈社稷也」，《良耜》之詩曰「秋報社稷也」，豈非以其與歲事相爲豐耗歟？然古者之奉社稷，犧牲必成，粢盛必潔，苟有旱乾水溢之災，則變置社稷。説者謂湯伐桀時，旱，明牲以薦而猶旱至七年，故湯遷柱而以棄代之，欲遷句龍，以無可繼者，于是故止。果如是説，則社稷可以變置其神乎？曰：此即大宰祭祀馭神之意也。蓋聖人之制祭祀也，以勞定國則祀之，能禦大災則祀之，水旱爲沴，故社稷不享矣。故變置者，變易其祭祀之禮而已，豈以社稷之神而改易之歟？湯之遷柱祀棄也，以棄之功大于柱也，非以旱而遷也。且湯既放桀，欲遷夏社，猶以爲不可。勝國之社猶不可遷，則必無遷句龍之意。句龍不遷，則遷柱祀棄者，必不以旱遷之矣。漢人除秦社稷，立漢社稷，豈識周存勝國社稷之意乎？抑嘗以《封人》考之，曰「掌設王之社壝」，而不言稷，鄭康成謂「稷，社之細也」。若是，則周人果重社而輕稷乎？后稷，周之先祖，殷人祀之以爲稷，周之子孫尤宜加敬。今考之《周禮·宗伯·甸師》則用牲于社，《大祝》大師則宜于社，大會同則宜于社；《小祝》「寇戎之事則保郊，祀于社」，《大司馬》「蒐田，獻以祭社」，《大司寇》「大軍旅，則涖戮于社」，類皆言社而不言稷，蓋以稷司稼穡之事，非師旅田役殺伐之事可浼也。周人祖以后稷，而郊祀之以配天，《詩》曰：「思文后稷，克配彼天。」又非社事配地之所得比也。觀《封人》言設王社，而不言稷，又以見周人尊祖重農之意歟？

蕙田案：葉氏論變置社稷一條，良是。

唐氏仲友曰：「先王之祀，上下達禮，未有社稷者也。耕耨斂藏，人力所可勉；旱乾水溢，則繫于神祇，故凡先王神祇之事，皆爲民祈穀也。天尊地親，故事之不同。《噫嘻》事之以誠，《載芟》事之以力，《載芟》、《良耜》，人事盡矣，不敢謂人事之盡而忽于神也，故祈焉；不敢謂人事之盡而忘于神也，故報焉。祈非吾過求也，振古如兹矣。報非止于今也，欲其有繼焉。所謂『以似以續，續古之人』者，涖卜來歲之稼之意也。諸侯危社稷而變置者，古有之矣。旱乾水溢而變置社稷者，未聞焉。孟子謂『民爲貴，社稷次之』，故舉是禮，以言人君固不可舍己而求之神也。《雲漢》之詩曰：『祈年孔夙，方社不莫。』又曰：『自郊徂宫，后稷不克。』宫，社宫也。意吾常禮之未修，則祈社修矣。意吾變禮之未舉，則郊宫徂矣。而終不敢以責神也，自反而已，自勉而已。周先王其于豐凶之祭，所以敬事社稷者，蓋如此。故社稷，國之主也，兵農之事繫焉。古者兵出于鄉遂丘乘，其本在社，有社斯有民，有民斯有兵。『乃立冢土，戎醜攸行』，故奉之主車，戮則行焉，勝則獻焉，報本反始焉耳。言公社以别私，言民社以别官。王與諸侯爲羣姓立者，公也；自爲立者，私也。里社，民社也。百室以上，官社也。命民社，則下通于二十五家之里社；大割祠于公社，則王之大社而已。祀地之禮有公，而又有私者，親地也。尊無二上，故事天明，獨行于天子而無二尊；事地察，故下達于庶人而且有公私焉：尊親之辨如此。」

右總論社稷。

五禮通考卷第四十二

五禮通考卷第四十三

內廷供奉禮部右侍郎金匱秦蕙田編輯
太子太保總督直隸右都御史桐城方觀承同訂
按察司副使元和宋宗元參校

吉禮四十三

社稷

【《漢書・高祖本紀》】二年二月癸未，令民除秦社稷，立漢社稷。

【《郊祀志》】高祖初起，禱豐枌榆社。鄭氏曰：「枌榆，鄉名。」晉灼曰：「枌，白榆也。社在豐東北十五里。」師古曰：「以此樹爲社神，因立名，蓋高祖里社也。」

蕙田案：禮有勝國之社，故商有夏社，周有殷社，示誡也。高祖除秦社稷，則勝國之社禮亡矣。

二年入關，因命縣爲公社。李奇曰：「猶官社。」

【《蕭何傳》】漢二年，何守關中，立宗廟、社稷。

【《郊祀志》】六年，天下已定，詔御史令豐治枌榆社，常以時，春以羊、彘祠之。長安置祠祀官。梁巫祠天社，秦巫祠社主。師古曰：「即五社主也。」

蕙田案：枌榆社，《周禮》所云「樹之田主，❶各以所宜木名其社」也。

十年春，有司請令縣常以春二月及臘祠稷以羊彘，民里社各自裁以祠。謂隨其祠具之豐儉也。

❶「主」，原作「土」，據庫本改。

【《漢舊儀》】官大社及大稷一歲各再祠，太祝令常以二月、八月以一太牢，❶使者監祠，南向立，不拜。天下祠社稷。社者，古司空，主平水土。共工氏之子勾龍氏能平水土，植百穀，祭于社以報其功。稷者，司馬官長，助后稷耕種，祭于稷以報其功。祠社稷，各官長、諸侯、丞相、中二千石、二千石以下令長侍祠。

【《文獻通考》】成帝初，衡、譚奏罷雍舊祠，社主有五祠，置其一。

【《漢書・平帝本紀》】元始三年夏，立官稷。

【《郊祀志》】平帝時，大司馬王莽上書：「帝王建立社稷，百王不易。社者，土也。宗廟，王者所居。稷者，百穀之主，所以奉宗廟，共粢盛，人所食以生活也。王者莫不尊重親祭，自爲之主，禮如宗廟。《詩》曰：『乃立冢土。』師古曰：「《大雅・緜》之詩也。冢，大也。土，土神，謂大社也。」又曰：『以御田祖，以祈甘雨。』師古曰：「《小雅・甫田》之詩也。田祖，稷神也。言設樂以御祭于神，爲農求甘雨也。」《禮記》曰：『唯祭宗廟、社稷，爲越紼而行事。』李奇曰：「引棺車謂之紼。當祭天地、五祀，則越紼而行事，不以私喪廢公祀。」師古曰：「紼，引車索也。」聖漢興，禮儀稍定，已有官社，未立官稷。」臣瓚曰：「高帝除秦社稷，立漢社稷，禮所謂大社也。時又立官社，配以夏禹，所謂王社也。見《漢祀令》。而未立官稷，至此始立之。世祖中興，不立官稷，相承至今也。」遂于官社後立官稷，以夏禹配食官社，后稷配食官稷。稷種穀樹。師古曰：「穀樹，楮樹也。其子類穀，故于稷種。」徐州牧歲貢五色土各一斗。

蕙田案：高祖立漢社稷，有大社、大稷，即《周禮》王爲羣姓立之大社也。

❶「八」字，原無，據《文獻通考》卷八二引《漢舊儀》補。

又有官社而未立官稷，王莽立之，亦猶古王社矣。但古者大社、王社皆以勾龍配，而莽又以夏禹配之，妄矣。

右漢社稷。

【《後漢書・世祖本紀》】建武元年八月壬子，祭社稷。　二年正月壬子，建社稷于洛陽。

【《祭祀志》】建武二年，立大社稷于洛陽，在宗廟之右，方壇，無屋，有門墻而已。二月、八月及臘，❶一歲三祠，皆太牢具，使有司祠。《孝經援神契》曰：「社者，土地之主也。稷者，五穀之長也。」《禮記》及《國語》皆謂共工氏之子曰句龍，爲后土官，能平九土，故祀以爲社。烈山氏之子曰柱，能植百穀疏，自夏以上祀以爲稷，至殷以柱久遠，而堯時棄爲后稷，亦植百穀，故廢柱，祀棄爲稷。大司農鄭玄説，古者官有大功，則配食其神，故勾龍配食于社，棄配食于稷。郡縣置社稷，太守、令、長侍祠，牲用羊、豕。惟州所治有社無稷，以其使官。古者師行平有載社主，不載稷也。案：「平」字當考。

蕙田案：後漢社稷壇位、配神祭祀之禮，俱合古，用康成説也。州社無稷，非是。

【《章帝本紀》】章和元年八月，南巡守，戊子，幸梁。己丑，遣使祠豐枌榆社。

【《文獻通考》】《漢儀》：朔前後各二日，皆牽羊、酒至社下，以祭日。日有變，割羊以祠社，用救日。【何休注《公羊傳》】曰：「日有食之，鼓，用牲于社，求乎陰之道也。以朱絲縈社，或曰脅之，或曰爲闇，恐人犯之，故縈之也。」何休曰：「脅

❶「八月」，原作「八日」，據庫本改。

之，與責求同義。社者，土地之主也；月者，土地之精也。上繫于天而犯日，故鳴鼓而攻之，脅其本也；朱絲縈之，助陽抑陰也。『或曰爲闇』者，社者，土地之主尊也。爲日光盡，天闇冥，恐人犯歷之，故縈之，然此說非也。先言『鼓』，後言『用牲』者，明先以尊者命責之，後以臣子禮接之，所以爲順也。《白虎通》曰：『日食必救之，陰侵陽也；鼓攻之，以陽責陰也。故《春秋》日食，鼓，用牲于社。所以必用牲者，社，❶地別神也，尊之不敢虛責也。日食、大水則鼓用牲，大旱則雩祭求雨，非虛言也，助陽責下，求陰之道也。』」

蕙田案：此即《左傳》伐鼓用牲之意，蓋漢猶行之也。

右後漢社稷。

【《晉書·禮志》】漢至魏，但太社有稷，而官社無稷，故常二社一稷。

【《通典》】明帝景初中，立帝社。博士孔晁議，漢氏及魏初，皆立一社一稷。至景初之時，更立太社、太稷，又特立帝社。云：「《禮記·祭法》云『王爲羣姓立社曰太社』，言爲羣姓下及士庶，皆使立社，非自立也。今並立二社，一神二位，同時俱祭，于事爲重，于禮爲黷。宜省除一社，以從舊典。」劉喜難曰：「《祭法》爲羣姓立社，若如晁議，當言『王使』，不得言『爲』。下云『王爲羣姓立七祀』，『諸侯自爲立五祀』，❷若是使羣姓私立，何得踰于諸侯而祭七祀乎！却爲羣姓立七祀，乃王之祀也。夫人取法于天，取財于地，普天率土，無不奉祀，而何言乎一神二位以爲煩瀆？」

蕙田案：孔晁之議出于臆說，劉喜難之是也。

明帝時祭社但稱皇帝。王肅議：太尉等祭祀，

❶「社」，原作「土」，據《白虎通》改。
❷「爲立」，原作「立爲」，據《通典》卷四五改。

但稱名，不稱臣，每有事須告，皆遣祝史。

【魏曹植《社頌》】余前封鄄城侯，轉雍丘，皆欲爲上，宅宇初造，以府庫尚豐，志在善公夫，務完圃而已，農桑一無所營。經離十載，塊然守空，饑寒備嘗。聖朝閔之，故封此縣。田則膏腴，桑則天下之甲第。故封此桑，以爲田社。乃作頌云。

於惟太社，官名后土。是曰勾龍，功著上古。德配帝王，實爲靈主。克明播殖，農正日舉。尊以作稷，豐年是與。義與社同，方神北宇。建國成家，莫不攸敘。

右魏社稷。

【《晉書・武帝本紀》】太康九年春二月壬辰，初并二社爲一。

【《禮志》】前漢但制官社而無官稷，王莽置官稷，漢至魏但太社有稷，而官社無稷，故常二社一稷。晉初仍魏，無所損益。至太康九年，改建宗廟，而社稷祠壇與廟俱徙。乃詔曰：「社實一神，其并二社之祀。」於是車騎司馬傅咸表曰：「《祭法》王社、太社，各有其義。天子尊事宗廟，故冕而躬耕。躬耕也者，所以重孝享之粢盛。親耕故自報，自爲立社者，爲籍田而報者也。國以人爲本，人以穀爲命，故又爲百姓立社而祈報焉。事異報殊，此社之所以有二也。王景侯之論王社，亦謂春祈藉田，秋而報之也。其論太社，則曰王者布下圻内，爲百姓立之，謂之太社，不自立之於京都也。景侯此論據《祭法》。《祭法》：『大夫以下成羣立社，曰置社。』景侯解曰：『今之里社是也。』景侯解《祭法》，則以置社爲人間之社矣。而別論復以太社爲人間之社，未曉此旨也。太社，天子爲百姓而祀，故稱天子社。《郊特牲》曰：『天子太社，必受霜露風雨。』以羣姓之衆，王者通爲立社，故稱太社也。若夫置社，其數不一，蓋以里所爲名，《左氏傳》『盟于清丘之社』是也。衆庶之社，既已不稱太矣，若復不立之京师，當安所立乎！《祭法》又曰：王爲羣姓立七祀，王自爲立七祀。言自爲者，自爲而祀也；爲羣姓者，爲羣姓而祀也。太社與七祀，其文正等。説者窮此，因云墳籍但有五祀，無七祀也。案祭，五祀國之大祀，七者小祀。《周禮》所云祭凡小祀，則墨冕之屬也。景侯解大厲曰：『如周社，鬼有所歸，乃不爲厲。』今云無二社者稱景侯，《祭法》不謂無二，則曰：『口傳無其文也。』夫以景侯之明，擬議而後爲解，而欲以口論除明文，如此非但二社當見思惟，景侯之解亦未易除也。前被勑，《尚書·召誥》乃社於新邑，惟一太牢，不二社之明義也。案《郊特牲》曰社稷太牢，必援一牢之文以明社之無二，則稷無牲矣。説者則曰，舉社則稷可知。苟可舉社以明稷，何獨不舉一以明二？國之大事，在祀與戎。若有過而除之，不若過而存之。況存之有義，而除之無據乎？《周禮》封人掌設社壝，無稷字。今帝社無稷，蓋出於此。然國主社稷，故經傳動稱社稷。《周禮》王祭社稷則絺冕，此王社有稷之文也。封人所掌社壝無稷字，説者以爲略文，從可知也。謂宜仍舊立二社，而加立帝社之稷。」時成粲議社稷，景侯論太社不立京都，欲破鄭氏學。咸重表以爲：「如《祭法》之論，❶景侯之解，交以此壞。《大雅》云『乃立冢土』，毛公解曰：『冢土，大社也。』景侯解《詩》，即用此説。《禹貢》『惟土五色』，景侯

❶「祭法」，《晉書》作「粲」，指成粲。下文「交」字，《晉書》作「文」。

解曰：『王者取五色土爲太社，封四方諸侯，各割其方色，王者覆四方也。』如此，太社復爲立京都也。不知此論何從而出，而與解乖，上違經記明文，下壞景侯之解。臣雖頑蔽，少長學問，不能默已，謹復續上。」劉實與咸議同。詔曰：「社稷一神，而相襲二位，衆議不同，何必改作！其便仍舊，一如魏制。」

蕙田案：景侯不自立之京師之説，與孔晁同義。傅咸以爲人間之社不稱太，足以折服之矣。景侯解《禹貢》，又與己説相矛盾，然此解却是。

【《武帝本紀》】太康十年六月庚子，復置二社。

【《禮志》】摯虞奏，以爲：「臣案《祭法》『王爲羣姓立社曰太社，王自爲立社曰王社』，《周禮》大司徒『設其社稷之壝』，又曰『以血祭祭社稷』，則太社也。又曰『封人掌設王之社壝』，又有軍旅宜乎社，則王社也。太社爲羣姓祈報，祈報有時，主不可廢。故凡祓社釁鼓，主奉以從是也。此皆二社之明文，前代之所尊。以《尚書·召誥》社於新邑三牲各文，《詩》稱『乃立冢土』，無兩社之文，故廢帝社，惟立太社。《詩》、《書》所稱，各指一事，又皆在公旦制作之前，未可以易《周禮》之明典，《祭法》之正義。前改建廟社，營一社之處，朝議沸然，執古匡今。世祖武皇帝躬發明詔，定二社之義，以爲永制。宜定新禮，從二社。」詔從之。

【《元帝本紀》】建武元年春三月，立宗廟、社稷於建康。

【《禮志》】元帝建武元年，又依洛京立二社一稷。其太社之祝曰：「地德普施，惠存無疆。乃建太社，保佑萬方。悠悠四海，咸賴嘉祥。」其帝社之祝曰：「坤德厚載，邦畿是保。乃建帝社，以神地道。明祀惟辰，景福來造。」

【晉殷仲堪《合社文》】 里社之由來尚矣。今二三宗親，思桑梓之遺風，遵先聖之明誥，絜齊牲牢，庶乎自祐以來，一日之澤。然三人之行，必有其師，故復選中正立三老者，惟公理以御衆，稽舊章以作憲。

【王廙春《社櫟頌》】 吉辰兮上戊，明靈兮唯社。百室兮畢集，祈祭兮樹下。濯卵兮菹韭，齧菻兮擗鮓。縹醪兮浮蟻，交觴兮並坐。氣和兮體適，心怡兮志可。

右晉社稷。

【《宋書·禮志》】祀太社、帝社、大稷常以歲二月、八月二社日祀之。太祝令夕牲進熟，如郊廟儀。司空、太常、大司農三獻也。官有其注。周禮，王親祭。漢以來，有司行事。

【《通典》】宋仍晉舊，無所改作。

【宋何承天《社頌》】 余以永初三年八月大社，聊爲此文。實唯陰祇，稷爲穀先。率育萬類，協靈昊乾。霸德方將，世號共工。厥有才子，實曰勾龍。稱物平賦，百姓熙雍。唐堯救災，決河流江。棄亦播殖，作乂萬邦。克配二祀，以報勳庸。勳庸伊何，厚載生民。倉廩既實，禮節斯行。人亦有言，因物思人。矧乃大德，功彼陶鈞。豈伊百世，萬代不泯。蒸哉帝王，肇建皇極。體國經野，設官分職。峩峩二社，剖榦比殖。歲云其秋，晷漏均程。牲牢既潔，嘉薦惟馨。乃家乃國，是奉是尊。

【《南齊書·禮志》】永明元年十二月，有司奏：「今月三日，臘祀太社稷。一日合朔，日蝕既在致齋內，未審於社祀無疑不？曹檢未有前准。」尚書令王儉議：「《禮記·曾子問》：天子嘗、禘、郊、社、五祀之祭，簠簋既陳，惟大喪乃廢。至於當祭之日，火、日蝕則停。尋伐鼓用牲，由來尚矣，而簠簋初陳，問所不及。據此而言，致齋初日，仍值薄蝕，則不應廢祭。又初平四年，士孫瑞議以日蝕廢社而不廢郊，朝議從之。王者父天親地，郊社不殊，此則前准，爲不宜廢。」詔可。

永明十一年，兼祠部郎何佟之議：「案《禮記·郊特牲》：『社祭土而主陰氣也，君南向於北墉下，答陰之義也。』鄭玄云：『答猶對也。』『北墉，社內北墻也。』王肅云：『陰氣北向，故君南向以答之。答之爲言，是相對之稱。』知古祭社，北向設位，齋官南向明矣。近代相承，帝社南向，太社及稷並東向，而齋官位在帝社壇北，西向，於神背後行禮；又名稷爲稷社，甚乖禮意。乃未知失在何時，原此禮當未久。竊以皇齊改物，禮樂維新，中國之神，莫貴於社，若遂仍前謬，懼虧盛典。謂二社，語其義則殊，論其神則一，位並宜北向。稷若北向，則成相背。稷是百穀之總神，非陰氣之主，宜依先東向。齋官在社壇東北，南向立，東爲上，諸執事西向立，南爲上。稷依禮無兼稱，今若欲尊崇，正可名爲太稷耳，豈得謂爲稷社耶？臘祀太社日近，案奏事御，改定儀注。」儀曹稱治禮學士議曰：「《郊特牲》又云：『君之南向，答陽也；臣之北向，答君也。』若以陽氣在南，則位應向北；陰氣在北，則位宜向南。今南北二郊，一限南向，皇帝奠幣黑瓚階東西向，故知壇墠無繫於陰陽，設位寧拘於南北。羣神小祀，類皆限南面，薦享之時，北向行禮，蓋欲申靈祇之尊，表求幽之義。魏世秦静使社稷别營，稱自漢以來，相承南向。漢之於周，世代未遠，鄗上頹基，商丘餘樹，猶應尚存，迷方失位，未至於此，通儒達識，不以爲非。庾蔚之昔已有此議，後徐爰、周景遠並不同，仍舊不改。」佟之議：「來難引君南向答陽，臣北向答君。敢問答之爲言，爲是相對？爲是相背？相背則社位南向，君亦南向，可如來議。《郊特牲》云『臣之北向答君』，復是君背臣。今言君南臣北，向相稱答，則君南不得稱答矣。《記》何得云祭社君南向以答陰邪？社果同向，則君亦宜西向，何故在社南向？在郊西向邪？解則不然，《記》云，君之南向答陽，此明朝會之時，盛陽在南，故君南向對之，猶聖人南面而聽，向明而治之義耳，寧是祈祀天地之日乎？知祭社北向，君答故南向，祀天南向，君答宜北向矣。今皇帝黑瓚階東西向者，斯蓋始入之别位，非接對之時也。案《記》云『社所以神地之道也』，又云『社祭土而主陰氣』，又云『不用命，戮於社』。孔安國云：『社主陰，陰主殺。』《傳》曰：『日蝕，伐鼓於社。』杜預云：『責羣陰也。』社主陰氣之盛，故北向設位，以本其義耳。餘祀雖亦地祇之貴，而不主此義，故位向不同。不得見餘陰祀不北向，便謂社應南向也。案《周禮》祭社南向，君求幽，宜北向，而《記》云君南向，答陰之義，求幽之論不乖歟？魏權漢社，社稷同營共門，稷壇在社壇北，非古制。後移宮南，自當如静此言，❶乃是顯漢社失周法，見漢世

❶「自當」後，《册府元龜》卷五七八《掌禮部・奏議》第六引此有「如禮」二字。

舊事。爾時祭社南向，未審出何史籍。就如議者，静所言是祭社位向仍漢舊法，漢又襲周成規，因而不改者，則社稷三座，並應南向，今何改帝社南向，泰社及稷並東向邪？」治禮又難佟之，凡三往反。至建武二年，有司議：「治禮無的然顯據。」佟之議乃行。

蕙田案：《郊特牲》君南向以答陰，則社北向可知。以爲社稷並南向固非，以爲社南向稷東向，是以稷爲社之配位矣。勾龍，后稷之配，更宜何向耶？佟之駁稷社名得之，治禮解臣北向答君非是，祈祀天地之日亦是也。

右宋齊社稷。

【《隋書·禮儀志》】梁社稷在太廟西，其初蓋晉元帝建武元年所創，有太社、帝社、太稷，凡三壇。門墻並隨其方色。每以仲春、仲秋，並令郡國縣祠社稷、先農，縣又兼祀靈星、風伯、雨師之屬。及臘，又各祀社稷於壇。百姓則二十五家爲一社，其舊社及人稀者，不限其家。春秋祠，水旱禱祈，祠具隨其豐約。

蕙田案：梁社稷壇承晉制，仲春、仲秋祠之，郡國各有祠也。

舊太社，廩犧吏牽牲，司農省牲，太祝吏贊牲。天監四年，明山賓議，以爲：「案郊廟省牲日，則廩犧令牽牲，太祝令贊牲。祭之日，則太尉牽牲。《郊特牲》云：『社者神地之道。』國主社稷，義實爲重。今公卿貴臣，親執盛而令微吏牽牲，頗爲輕末。且司農省牲，又非其義，太常禮官，實當斯職。禮，祭社稷無親事牽之文。謂宜以太常省牲，廩犧令牽牲，太祝令贊牲。」帝惟以太祝贊牲爲疑，又以司農省牲，於理似傷，犧吏執紖，即事誠卑。議以太常丞牽牲，餘依明議。於是遂定。大同初，又加官社、官稷，并前爲五壇焉。

右梁社稷。

【《隋書·禮儀志》】陳制皆依梁舊。而帝社以三牲首，餘以骨體。薦粢盛爲六飯：粳以敦，稻以牟，黄粱以簠，白粱以簋，黍以瑚，粢以璉。【《通典》】其儀本之齊制。敦音對。

【《陳書·高祖本紀》】永定三年六月丁酉，高祖不豫，遣兼太宰中書令謝哲告太社。

【《隋書·禮儀志》】陳宣帝大建中，議從雙祀崑崙皇地示位，神州位在青陛之北甲寅地，社在赤陛之西未地，稷位白陛之南庚地。

右陳社稷。

【《北魏書·太祖本紀》】天興元年七月，遷都平城，始營宮室，建宗廟，立社稷。十有一月辛亥，詔儀曹郎中董謐撰郊廟社稷之儀。

【《禮志》】天興二年冬十月，置太社、太稷、帝社於宗廟之右，爲方壇，四陛，祀以二月、八月，用戊，皆太牢。句龍配社，周棄配稷，皆有司侍祠。

【《劉芳傳》】芳以社稷無樹，又上疏曰：「依《合朔儀注》：日有變，以朱絲爲繩，以繞係社樹三匝。而今無樹。又《周禮·司徒職》云：『設其社稷之壝，而樹之田主，各以其社之所宜木。』鄭玄注云：『所宜木，謂若松、栢、栗也。』此其一證也。又《小司徒》、《封人職》云：『掌設王之社壝，爲畿封而樹之。』鄭玄云：『不言稷者，王主於社。稷，社之細也。』此其二證也。又《論語》曰：『哀公問社於宰我，宰我對曰：夏后氏以松，殷人以栢，周人以栗。』是乃土地之所宜也。此其三證也。又《白虎通》云：『社稷所以有樹，何也？尊而識之，使民望見即敬之，又所以表功也。』案此正解所以有樹之義，了不論有之與無也。此其四證也。此云『社稷所以有樹何』，然則稷亦有樹明矣。又《五經通義》云：『天子太社、王社，諸侯國社、侯社。制度奈何？曰：社皆有垣無屋，樹其中以木，有木者土，主生萬物，萬物莫善於木，❶故樹木也。』此其五證也。此最其丁寧備解有樹之意也。又《五經要義》云：『社必樹之以木。』《周禮・司徒職》曰：『班社而樹之，各以土地所生。』《尚書・無逸篇》曰：『太社唯松，東社唯栢，南社唯梓，西社唯栗，北社唯槐。』此其六證也。此又太社及四方皆有樹別之明據也。又見諸家《禮圖》、《社稷圖》皆畫爲樹，惟誠社、誠稷無樹。此其七證也。雖辯有樹之據，猶未正所植之木。案『夏后氏以松，殷人以栢，周人以栗』，便是世代不同。而《尚書・無逸篇》則云：『太社惟松，東社惟栢，南社惟梓，西社惟栗，北社惟槐。』如此，便以一代之中，而五社各異也。愚以爲宜植以松。何以言之？逸《書》云『太社惟松』，今者植松，不慮失禮。惟稷無成證，乃社之細，蓋亦不離松也。」世祖從之。

【《高祖本紀》】孝文帝太和二十三年春，正月戊辰，車駕至自鄴，庚子，告廟社。

【《禮志》】天平四年四月，七帝神主既遷於太廟，太社石主將遷於社宮。禮官云應用幣。中書侍郎裴伯茂時爲《祖祀文》，伯茂據故事，太和中遷社宮，高祖用牲不用幣，

❶「莫」字，原無，據《魏書・劉芳傳》補。

遂以奏聞。於時議者或引《大戴禮》，遷廟用幣，今遷社宜不殊。伯茂據《尚書·召誥》，應用牲，詔遂從之。

右北魏社稷。

【《隋書·禮儀志》】後齊立太社、帝社、太稷三壇於國右。每仲春、仲秋月之元辰及臘，各以一太牢祭焉。皇帝親祭，則司農卿省牲進熟，司空亞獻，司農終獻。

右北齊社稷。

【《周書·孝閔帝本紀》】元年春正月甲辰，祠太社。二月戊寅，祠太社。八月戊辰，祠太社。

【《隋書·禮儀志》】後周社稷，皇帝親祀，則冢宰亞獻，宗伯終獻。

【《通典》】後周立社稷於左。

【《明帝本紀》】元年冬十月甲午，祠太社。

【《武帝本紀》】保定元年春正月乙卯，祠太社。

右北周社稷。

【《隋書·高祖本紀》】開皇元年二月甲子，❶即皇帝位。景寅，脩廟社。

【《禮儀志》】開皇初，社稷並列於含光門内之右，仲春、仲秋吉戊，各以一太牢祭焉。牲色用黑。孟冬下亥，又臘祭之。州郡縣二仲月，並以少牢祭，百姓亦各爲社。

【《高祖本紀》】開皇三年秋八月戊子，上有事於太社。七年十一月甲午，幸馮翊，親祠故社。父老對詔失旨，上大怒，免其縣官而去。

【《禮儀志》】大業七年，征遼東，煬帝遣諸將於薊城南桑乾河上築社稷二壇，設方壝，行宜社禮。帝齋於臨朔宮懷荒殿，預告官及

❶「元」，原作「二」，據《隋書·高祖本紀》改。

侍從各齋於其所。十二衛士並齋。帝衮冕玉輅，備法駕。禮畢，御金輅，服通天冠，還宮。

【《樂志》】社稷歌辭四首：迎送神、登歌，與方丘同。

春祈社，奏《諴夏》辭　厚地開靈，方壇崇祀。達以風露，樹之松梓。勾萌既甲，芟柞伊始。恭祈粢盛，載膺休祉。

春祈稷，奏《諴夏》辭　粒食興教，播厥有先。尊神致絜，報本惟虔。瞻榆束耒，望杏開田。方憑戩福，佇詠豐年。

秋報社，奏《諴夏》辭　北墉申禮，單出表誠。豐犧入薦，華樂在庭。原隰既平，泉流又清。如雲已望，高廩斯盈。

秋報稷，奏《諴夏》辭　人天務急，農亦勤止。或蓘或蔗，惟蘴惟芑。涼風戒時，歲云秋矣。物成則報，功施必祀。

右隋社稷。

【《舊唐書·高祖本紀》】武德九年二月戊寅，親祠社稷。

【《禮儀志》】武德、貞觀之制，仲春、仲秋二時戊日祭大社、大稷，社以勾龍配，稷以后稷配。社稷各用太牢一，牲色並黑，籩、豆、簠、簋各二，鉶、俎各三。季冬蜡之明日，又祭社稷於社宮，如春秋二仲之禮。

【《通典》】唐社稷亦在含光門内之右。

【《册府元龜》】武德九年正月丙子，詔曰：「厚地載物，社主其祭，嘉穀養民，稷惟元祀。列聖垂範，昔王通訓，建邦正位，莫此爲先。爰暨都邑，建於州里，率土之濱，咸極莊敬。所以勸農務本，修始報功，敦序教義，整密風俗。末代澆浮，祀典虧替，時逢喪亂，仁惠弛薄，壇壝闕昭備之禮，鄉閭無紀合之訓。朕握圖受歷，菲食卑宮，奉珪璧以尊嚴，潔粢盛而煙燎。尚想躬稼，厲精治本，永言享祀，宜存億紀。是以吉日惟戊，親祀大社，率從百僚，以祈九穀。今既南畝俶載，東作方興，州縣致祀，宜盡祇肅。四方之民，咸勤殖藝，隨其性類，命爲宗社。京邑庶士，臺省羣官，里閈相從，共遵社法。以時供祀，各申祈報，兼行宴醑之義，用洽鄉黨之歡。且立節文，明爲典制，進退俯仰，登降折旋。明加誨厲，遞相勸獎，齊之以禮，有恥且格。布告天下，即宜遵用。」戊寅，親祀社稷。

【《通典》】唐初爲帝社，亦曰籍田壇。貞觀三年，太宗將親耕，給事中孔穎達議曰：「禮，天子籍田南郊，諸侯東郊。晉武帝猶東南。今帝社乃東壇，未合於古。」太宗曰：「《書》稱『平秩東作』，而青輅、黛耜，順春氣也。吾方位少陽，田宜於東郊。」乃耕於東郊。

【《舊唐書·高宗本紀》】咸亨五年五月己未，詔：「春秋二社，本以祈農，如聞此外别爲邑會。此後除二社外，不得聚集，有司嚴加禁止。」

【《唐書·武后本紀》】長壽元年九月，大赦，改元，改用九月社。

【《中宗本紀》】神龍元年五月乙酉，立太廟、社稷於東都。

【《禮樂志》】先農，唐初爲帝社，亦曰籍田壇。垂拱中，武后籍田壇曰先農壇。神龍元年，禮部尚書祝欽明議曰：「《周頌·載芟》：『春藉田而祈社稷。』《禮》：『天子爲籍千畝，諸侯百畝。』則緣田爲社，曰王社、侯社。今曰先農，失王社之義，宜正名爲帝社。」太常少卿韋叔夏、博士張齊賢等議曰：「《祭法》，王者立太社，然後立王社。所置之地，則無傳也。漢興已有官社，未立官稷，乃立於官社之後，以夏禹配官社，以后稷配官稷。臣瓚曰：『《高紀》，立漢社稷，所謂太社也。官社配以禹，所謂王社也。至光武乃不立官稷，相承至今。』魏以官社爲帝社，故摯虞謂魏氏故事立太社是也。晉或廢或置，皆無處所。或曰二社並處，而王社居西。崔氏、皇甫氏皆曰王社在藉田。案衛弘《漢儀》：『春始東耕於籍田，引詩先農，則神農也。』又《五經要義》曰：『壇於田，以祀先農如社。』魏秦静議風伯、雨師、靈星、先農、社、稷爲國六神。晉太始四年，耕於東郊，以太牢祀先農。周、隋舊儀及國朝先農皆祭神農於帝社，配以后稷。則王社，先農不可一也。今宜於藉田立帝社、帝稷，配以禹、棄，則先農、帝社並祠，叶於周之《載芟》之義。」欽明又議曰：「藉田之祭本王社。古之祀先農，勾龍、后稷也。烈山之子亦謂之農，而周棄繼之，皆祀爲稷，共工之子曰后土，湯勝夏，欲遷而不可。故二神，社、稷主也。黄帝以降，不以羲、農列常祀，豈社、稷而祭神農乎？社、稷之祭，不取神農耒耜大功，而專於共工、烈山，蓋以三皇洪荒之迹，無取爲教。彼秦静何人，而知社稷、先農爲二，而藉田有二壇乎？先農、王社一也，皆后稷、勾龍異名而分祭，牲以四牢。」欽明又言：「漢祀禹，謬也。今欲正王社、先農之號而未決，乃更加二祀，不可。」叔夏、齊賢等乃奏言：「經無先農，《禮》曰：『王自爲立社，曰王社。』先儒以爲在籍田也。永徽中猶曰籍田，垂拱後乃爲先農。然則先農與社一神，今先農壇請改曰帝社壇，以合古王社之義。其祭，準令以孟春吉亥祠后土，以勾龍氏配。」於是爲帝社壇，又立帝稷壇於西，如太社、太稷，而不設方色，以異於太社。

蕙田案：社在籍田，本無明據。唐始以帝社爲籍田壇，繼以籍田爲先農壇，合社與先農而一之，謬矣。叔夏等又欲合先農帝社並祠而爲二壇，尤謬矣。後乃改先農之名而曰帝社，稍爲得之。然立社於籍田，而奪先農之祀，終非禮也。

【《張齊賢傳》】齊賢遷博士。時東都置大社，禮部尚書祝欽明問禮官博士：「周家田主用所宜木，今社主石，奈何？」齊賢與太常少卿韋叔夏、國子司業郭山惲、尹知章等議：「《春秋》：『君以軍行，祓社釁鼓，祝奉以從。』故曰：『不用命，戮於社。』社稷主用石，以可奉而行也。崔靈恩曰：『社主用石，以地産最實歟！』《吕氏春秋》言殷人社用石。後魏天平中，遷太社石主，其來尚矣。周之田主用所宜木，其民間之社歟！非太社也。」於是舊主長尺有六寸，方尺七寸，問博士云何，齊賢等議：「社主之制，禮無傳。天子親征，載以行，則非過重。《禮》：『社祭土，主陰氣。』《韓詩外傳》：『天子太社方五丈，諸侯半之。』五，土數。社主宜長五尺，以準數五；方二尺，以準陰偶；剡其上，以象物生；方其下，以象地體；埋半土中，本末均也。請度以古尺云。」又問：「社稷壇隨四方用色，而中不數尺，冒黄土，謂何？」齊賢等曰：「天子太社，度廣五尺，分四方，上冒黄土，象王者覆被四方，然則當以黄土覆壇上。舊壇上不數尺，覆被之狹，乖於古。」於是以方色飾壇四面及陛，而黄土全覆上焉。祭牲皆太牢。其後改先農曰「帝社」，又立帝稷，皆齊賢等參定。

【《舊唐書·禮儀志》】起居舍人王仲丘撰成一百五十卷，名曰《大唐開元禮》。二十年九月，頒所司行用焉。以社稷、帝社爲中祀，州縣之社稷爲小祀。

【《唐書·禮樂志》】社稷之壇，廣五丈，以五土爲之。社以后土，稷以后稷配。以太罍實醍齊，著尊實盎齊，皆二，山罍一。州縣之社稷，以象尊二，實醍齊。以兩圭有邸，幣以黑。小祀，幣以白。籩、豆皆十。簠二，簋二，鉶三，俎三。州縣祭籩、豆皆八，簠二，簋二，俎三。春秋祭牲皆太牢，以黑。孟春祭帝社及配坐籩、豆皆十，簠二，簋二，甄三，鉶三，俎三。

【《開元禮》】仲春、仲秋上戊，祭太社、太稷。舊樂用姑洗之均，三變。社稷之祀，於禮爲尊，豈同丘陵止用三變？合依地祇，用函鍾之均，八變之樂。

皇帝仲春、仲秋上戊祭太社、太稷儀：攝事附

齋戒。如方丘儀。

陳設　前祭三日，尚舍直長施大次於社宮西門之外道北，南向，尚舍奉御鋪御座。衛尉設文武侍臣次於大次之後，文官在左，武官在右，俱南向。設諸祭官次於齋坊之內。攝事無設大次儀，但守臣設祭官次。三師於北門之外，❶諸王於三師之北，俱東向南上。文官從一品以下九品以上於齋坊南門之外，重行，東向北上；介公、酅公於北門之外道東，西向，以南爲上。諸州使人，東方南方於諸王西北，東面；西方北方於介公、酅公

❶「外」下，《通典》卷一一三、《大唐開元禮》卷三三有「道西」二字。

東北，俱南上。武官三品以下九品以上於東門之外道北，南向，以西爲上。諸國之客於東門之外，東方南方於武官東北，南向；西方北方於道南，北向：俱以西爲上。攝事無三師以下至此儀。前祭二日，太樂令設宮縣之樂于壇北，東方西方磬簴起南，鍾簴次之；南方北方磬簴起東，鍾簴次之。設十二鎛鍾于編縣之間，各依辰位。樹靈鼓于南縣之內，道之左右。植建鼓于四隅。置柷、敔于縣內。柷在左，敔在右。設歌鍾、歌磬各于壇上近北，南向，皆磬簴在西，其匏竹者各立于壇下，南向，相對爲首。凡縣皆展而編之。諸工人各位于縣後，東方西方以南爲上，南方北方以東爲上。右校清掃內外。又爲瘞埳二於南門之內，於稷壇西南，攝事爲埋坎二于樂縣之北。方深取足容物，北出陛。前祭一日，奉禮設位北方之內，當社壇北，南向。將祭，奉禮郎一人守之，在位版東北立五步所，南向。又設望瘞位西門之內，當瘞埳，南向。攝事無御位以下至此儀。設祭官、公卿位于西門之內道北，執事位于其後少北，每等異位，俱重行東面，以南爲上。設御史位于壇上，正位于太社壇東北隅，西向；副位于太稷壇西北隅，東向。攝事令史陪後。設奉禮位于樂縣西北，贊者二人在北，差退，俱東面南上。又設奉禮、贊者位于瘞埳西北，東向北上。攝事無奉禮位。設協律郎位各于壇之上東北隅，俱西向。設太樂令位于南縣之門，南向。設祭官位、三師位于北門之內道西，俱南面東上。設介公、酅公位于道東，南面西上。文官從一品以下九品以上位于執事北，每等異位，俱重行東向；武官三品以下九品以上位于東方，值文官，每等異位，重行西向：皆以南爲上。諸州使人位，東方南方于北門之内道西，于諸王西北，重行南向，以東爲上；西方北方于道東，于介公、酅公東北，重行南向，以西爲上。諸蕃客位于北門之内，東方南方諸州使人之西，每國異位，重行南向，以東爲上；西方北方於諸州使人之東，每國異位，俱重行南向，以西爲上。設門外位。祭官、公卿以下皆于西門之外道南，每等異位，重行北向，以東爲上。三師位于北門之外道西，諸王于三師之北，俱東向；介公、酅公位于道東，西向：皆以南爲上。文官從一品以下九品以上位西門之外，祭官之南，每等異位，重行北向，以東爲上；武官三品以下九品以上位于東門之外道北，每等異位，重行南向，以西爲上。諸州使人位，東方南方于諸王西北，重行東向；西方北方於介公、酅公東北，西向：俱南上。設諸國客位，東方南方於武官東北，每國異位，俱重行南向；西方北方於道南，每國異位，重行北向：皆以西爲上。攝事無三師北門内位至此儀，但設祭官門外之位。

設酒罇之位。太社大罇二、著罇二、罍二，壇上西北隅，南向；設后土氏象罇二、著罇二、罍二于太社酒罇之西。俱南向東上，各置于坫，皆加勺、冪。爵皆置于罇下。設太稷、后稷酒罇于其壇上，如太社、后土之儀。設御洗各于太社、太稷壇之西北，南向，亞獻之洗又各于西北，南向，俱罍水在洗西，篚在洗東，北肆，篚實以巾爵。執罇罍篚冪者位于罇罍篚冪之後。各設玉幣之篚于壇上罇坫之所。晡後，謁者引光禄卿詣廚省饌具訖，還齋所。祭日未明十刻，太官令帥宰人以鑾刀割牲，祝史以豆取毛血，攝事齋郎取毛血。置于饌所，遂烹牲。牲皆用黝。未明五刻，太史令、郊社令各服其服，升設太社、太稷神座，各于壇上近南，北向。設后土氏于太社神座之右，后稷氏于太稷神座之左，俱東向，席皆以莞。設神座各于座首。

鑾駕出宮。如方丘之儀。

奠玉帛　祭日未明三刻，諸祭官各服其服。郊社令、良醞令各帥其屬入實罇罍玉幣。大罇爲上，實以醴齊；著罇次之，實以盎齊；罍爲下，實以清酌。配座之罇亦如之。齊加明水，酒加玄酒，各實于上罇。禮神之玉，太社、太稷兩圭有邸。幣色各以玄。太官令帥進饌者實諸籩豆簠簋，皆設於神廚。未明二刻，奉禮帥贊者先入就位。贊引引御史、諸太祝及令史、祝史與執尊罍篚冪者入自西門，當太社壇北，重行南面，以東爲上。凡引導者每曲一逡巡。立定，奉禮曰：「再拜。」贊者承傳，凡奉禮有詞，贊者皆承傳。御史以下皆再拜。訖，執罇者各升自西陛，立于罇所，執罍洗篚冪者各就位。贊引引御史、諸太祝詣太社壇西陛，升，行掃除于上，令史、祝史行掃除于下。降，又詣太稷壇行掃除，如太社之儀。訖，各引就位。駕將至，謁者、贊引各引祭官，通事舍人分引從祭羣官、客使俱就門外位。駕至大次門外，迴輅南向，將軍降，立于輅右。侍中進，當鑾駕前跪奏稱：❶「侍中臣某奏請降輅。」俛伏，興，還侍位。❷皇帝降輅，之大次。謁者引文武五品以上從祭，羣官皆就門外位。攝事，謁者、贊引引祭官各就位，無駕將至至此儀。太樂令帥工人、二舞次入就位，文舞入陳于懸內，武舞立于懸北道東。謁者引司空入就位，立定，奉禮曰：「再拜。」司空再拜訖，謁者

❶「奏」，原作「奉」，據庫本改。

❷「位」，原作「立」，據《通典》卷一一三、《唐會要》卷一〇改。

引司空詣壇西陛，升，行掃除于上，升稷壇亦如之。訖，降，行樂懸于上。訖，引就門外位。皇帝停大次半刻頃，謁者、贊引各引祭官，通事舍人分引從祭文武羣官、介公、酅公、諸國客使先入就位。太常博士引太常卿立于大次門外，當門北向。侍中版奏：「外辦。」皇帝服繡冕出次，❶華蓋、侍衛如常儀。侍中負璽陪從如式。博士引太常卿，太常卿引皇帝凡太常卿前導，皆博士前引。至社宫西門外。殿中監進大圭，尚衣奉御又以鎮圭授殿中監，受進。皇帝搢大圭，執鎮圭，華蓋侍衛停于門外，近侍者從入如常儀。謁者引禮部尚書、太常少卿陪從如常。皇帝至版位，南向立。每立定，太常卿與博士退立于左。謁者、贊引各引祭官次入就位。立定，太常卿前奏稱：「請再拜。」退復位。皇帝再拜。奉禮曰：「衆官再拜。」在位者皆再拜。其先拜者不拜。太常卿前奏：「有司謹具，請行事。」退復位。攝事，謁者白太尉。下倣此。協律郎跪，俯伏，舉麾，凡取物者，跪俯伏取以興。奠物則奠訖，俯伏而後興。鼓柷，奏《順和》之樂，乃以函鐘爲均，文舞八成，偃麾，戛敔，樂止。凡樂，皆協律郎舉麾，工鼓柷而後作，偃麾戛敔而後止。太常卿前奏稱：「請再拜。」退復位。皇帝再拜。奉禮曰：「衆官再拜。」在位者皆再拜。諸太祝俱取玉幣于篚，各立于罇所。太常卿引皇帝，《太和》之樂作，皇帝每行，皆作《太和》之樂。皇帝詣太社壇，升自北陛，侍中、中書令下及左右侍衛、量人從升。以下皆如之。皇帝升壇上，南向立，樂止。太祝加玉于幣以授侍中，侍中奉玉幣西向進，皇

❶「出」，原脱，據《通典》卷一一三、《文獻通考》卷八二補。

帝搢鎮圭，受玉幣。凡受物，皆搢鎮圭，奠訖，執圭，俯伏，興。登歌，作《肅和》之樂，乃以應鍾之均。太常卿引皇帝進，南向跪奠于太社神座，俯伏，興，太常卿引皇帝少退，南向再拜，太常卿引皇帝立于東方，西向。太祝以幣授侍中，侍中奉幣南向進，皇帝受幣，太常卿引皇帝進，西向跪奠于后土氏神座，俯伏，興，太常卿引皇帝少退，西向再拜訖，登歌止。太常卿引皇帝降自北陛，樂作，太常卿引皇帝詣太稷壇，升自北陛，南向立，樂止。太祝加玉于幣以授侍中，侍中奉玉帛西向進，皇帝受玉帛，登歌作，太常卿引皇帝進，南向跪奠于太稷神座，俯伏，興，太常卿引皇帝少退，南向再拜訖，太常卿引皇帝立于東方，西向。又太祝以幣授侍中，侍中奉幣南向進，皇帝受幣，登歌作。太常卿引皇帝進，奠于后稷氏神座，俯伏，興，太常卿引皇帝少退，西向再拜訖，登歌止。太常卿引皇帝降自北陛，樂作，皇帝還版位，南向立，樂止。初羣官拜訖，祝史各奉毛血之豆立于門外，登歌止，祝史奉毛血入，各由其陛升，諸太祝迎取于壇上，俱進奠于神座前，諸太祝與祝史退立于罇所。

進熟❶　皇帝既升奠玉帛，太官令出，帥進饌者奉饌陳於西門外，謁者引司徒出詣饌所，司徒奉太社之俎。初皇帝既至位，樂止，太官令引饌入，太社、太稷之饌入自正門，配座之饌入自左闥。俎初入門，《雍和》之樂作，以太簇之均，饌至陛，樂止。祝史各進，徹毛血之豆，降自西陛以出。太社、太稷之饌升自北陛，配座之饌升自西陛，諸太祝迎引于壇上，各設于神座前。籩豆，蓋冪

❶「進熟」，庫本作「遂進熟食」，接上文，不另起。

先徹，乃升簠簋，奠訖，却其蓋于下。設訖，謁者引司徒以下降自西陛，復位。諸太祝還鐏所。太常卿引皇帝詣罍洗，樂作，其盥洗之儀並如圜丘。太常卿引皇帝，樂作，皇帝詣太社壇，升自北陛，樂止。謁者引司徒升自西陛，立于鐏所；齋郎奉俎從升，立于司徒之後。太常卿引皇帝詣太社酒鐏所，執鐏者舉冪，侍中贊酌醴齊，《壽和》之樂作，皇帝每酌獻及飲福，皆作《壽和》之樂。太常卿引皇帝進太社神座前，南面跪奠爵，俯伏，興，太常卿引皇帝少退，南向立，樂止。太祝持版進于神座之右，西面跪讀祝文曰：「維某年歲次月朔日，子嗣天子某，攝事云：「謹遣太尉封臣名。」下同。敢昭告于太社：維神德兼博厚，道著方直，載生品物，含弘庶類。謹因仲秋、仲春，祇率常禮，敬以玉帛、一元大武、柔毛、剛鬣、明粢、薌合、薌萁、嘉蔬、嘉薦、醴齊，備兹禋瘞，用伸報本，以后土勾龍氏配神作主，尚享。」興。皇帝再拜。初讀祝文訖，樂作，太祝進，奠版于神座前，還鐏所，皇帝拜訖，樂止。太常卿引皇帝詣后土氏酒鐏所，執鐏者舉冪，侍中取爵于坫，進，皇帝受爵，侍中贊酌醴齊，樂作，太常卿引皇帝進后土氏神座前，西向跪奠爵，俯伏，興，太常卿引皇帝少退，西向立。太祝持版進於神座之左，南面跪讀祝文曰：「維某年歲次月朔日，子開元神武皇帝某，敢昭告於后土氏：爰兹仲春、仲秋，揆日惟吉，恭修常祀，薦於太社。唯神功著水土，平易九州，昭配之義，實唯通典。謹以制幣、一元大武、柔毛、剛鬣、明粢、薌合、薌萁、嘉薦、醴齊，陳于表位，作主侑神，尚享。」訖，興。皇帝再拜。初讀祝文訖，樂作，太祝進，奠版于神座前，還鐏所，皇帝拜訖，樂止。太常卿引皇帝進太社神位前，南向立，樂作。太祝各以爵酌上尊福酒，合置一爵訖，太祝持爵授侍中，侍中受爵東向進，皇帝拜受爵，跪祭酒，啐酒，奠爵，俯伏，興。太祝帥齋郎進俎，太祝減大社神座前三牲胙肉，各置一俎上，太祝以俎授司徒，司徒持俎東向以次進，皇帝每受以授左右。皇帝跪取爵，遂飲卒爵，侍中進受爵以授太祝，太祝受爵復于坫，皇帝俯伏，興，再拜，樂止。太常卿引皇帝，樂作，皇帝降自北陛，詣罍洗，樂止。謁者引司徒降壇西陛以從。皇帝至罍洗，盥手洗爵，侍中、黄門侍郎贊洗如常。訖，太常卿引皇帝，樂作，皇帝詣太稷壇，升自北陛，樂止。謁者引三公，三公與齋郎奉俎升自西陛，立於罇所。皇帝詣太稷酒罇所，執罇者舉冪，侍中贊酌醴齊，樂作，太常卿引皇帝進太稷神座前，南向跪奠爵，俯伏，興，太常卿引皇帝少退，南向立，樂止。太祝持版進于神座之右，西向，跪讀祝文曰：「維某年歲次月朔日，子嗣天子某，敢昭告於太稷：唯神播生百穀，首兹八政，用而不匱，功濟氓黎。恭以玉帛、一元大武、柔毛、剛鬣、明粢、薌萁、薌合、嘉薦、醴齊，式陳瘞祭，備修常禮，以后稷棄配神作主，尚享。」訖，皇帝再拜。初讀祝文訖，樂作，太祝進奠版于神座，還罇所，皇帝拜訖，樂止。太常卿引皇帝詣后稷氏酒罇所，執罇者舉冪，侍中取爵于坫，進，皇帝受爵，侍中贊酌醴齊，樂作，太常卿引皇帝詣后稷氏神座前，西向跪奠爵，俯伏，興，太常卿引皇帝少退，西向立，樂止。太祝持版進於神座之左，南面跪讀祝文曰：「維某年歲次月朔日，子開元神武皇帝某，敢昭告於后稷氏：爰以仲春，式揀吉辰，敬修常禮，薦於太稷。唯神功叶稼穡，闡修農政，允茲從祀，用率舊章。謹以制幣、一元大武、柔毛、剛鬣、明粢、薌合、薌萁、嘉薦、醴齊，陳於表位，作主配神，尚享。」訖，興。皇帝再拜。初讀祝文訖，樂作，太祝進奠版于神座前，還罇所，皇帝拜訖，樂止。太常卿引皇帝進太稷神座前，南向立，樂作，皇帝飲福受胙，如太社之儀。訖，樂止。太常卿引皇帝，樂作，皇帝降自北陛，還版位，南向立，樂止。謁者引司徒降自西陛，復位。文舞出，鼓柷，作《舒和》之樂，出訖，戛敔，樂止。武舞入，鼓柷，作《舒和》之樂，立定，戛敔，樂止。皇帝獻后土氏將畢，謁者引太尉（攝事則引太常卿，下同。）詣罍洗，盥手洗爵訖，謁者引太尉自西陛升壇，詣太社酒罇所，執尊者舉冪，太尉酌盎齊。武舞作。謁者引太尉進太社神座前，南向跪奠爵，興，謁者引太尉少退，南向再拜。謁者引太尉詣后土氏酒罇所，取爵于坫，執尊者舉冪，太尉酌盎齊。謁者引太尉進后土氏神座前，南向跪奠爵，興，謁者引太尉少退，西向再拜。謁者引太尉進太社神座前，南向立。太祝各以爵酌罍福酒，合置一爵訖，太祝持爵進太尉之右，東向立。太尉再拜受爵，跪祭爵，遂飲卒爵。太祝進受爵，復于坫。太尉興，再拜。謁者引太尉降自西陛，詣罍洗爵，詣太稷壇升獻，如太社之儀。訖，引降復位。初太尉獻后土將畢，謁者引光祿卿（攝事同，與光祿卿爲終獻。）詣罍洗，盥手洗爵，升酌盎齊。終獻如亞獻之儀。訖，謁者引光祿卿降復位。武舞六成，樂止。舞獻俱畢，諸太祝各徹豆，還罇所。奉禮曰：「賜胙。」贊者唱：「衆官再拜。」在位者皆再拜，已飲福受胙者不拜。《順和》之樂作，太常卿奏稱：「請再拜。」退復位。皇帝再拜。奉禮曰：「衆官再拜。」在位者皆再拜。樂一成，止。太常卿前奏：「請就望瘞位。」太常卿引皇帝，樂作，皇帝就望瘞位，南向立，樂止。羣官將拜，諸太祝各執篚進神座前取幣，齋郎以俎載牲體、稷黍飯、爵酒，❶各由其陛壇南行，當瘞埳，西行，諸太祝以玉幣、饌置於埳。訖，奉禮曰：「可瘞。」埳東西面各四人寘土。半埳，太常卿前奏：「禮畢。」太常卿引皇帝還大次，樂作，皇帝出門，殿中監前受鎮圭以授尚衣奉御，殿中監又前授大圭，華蓋侍衛如常儀，皇帝入次，樂止。謁者、贊引引祭官，通事舍人分引從祭羣官、諸方客使以次出。贊引引御史以下俱復執事位，立定，奉禮曰：「再拜。」御史以下皆再拜。贊引引工人、二舞以次出。其祝版燔于齋所。

鑾駕還宮。如方丘之儀。

諸州祭社稷儀：諸縣祭社稷附

前三日，刺史，縣則縣令，下倣此。散齋於別寢二日，致齋於廳事一日。亞獻以下應祭之官，散齋二日，各於正寢，致齋一日，皆於壇所。上佐爲亞獻，録事參軍及判司爲終獻。若判司及上佐等有故，並次差攝之。縣則丞爲亞獻，主簿及尉通爲終獻。若縣令已下有故，亦以次差，不足則州官及比縣官充。諸從祭之官，各清齋於公館一日。前二日，從祭官，刺史未出之前，先赴祭所。齋皆如別儀。本司先修除壇之内外，其壇方二丈五尺，高三尺，四寸出階，三等。爲瘞埳二於壇西門之外道北，南向。縣埳於壇北，方深足容物。設刺史次於社壇西門之外道北，南向。縣令同。諸祭官已下次於刺史次西北，俱南向，以東爲上。前一日晡後，本司帥其屬守社稷壇四門，去壝

❶「飯」，原作「飲」，據《通典》卷一一三改。

九十步所。縣七十步。禁止行人。本司設刺史位於北門之内道西，南向。若刺史有故，攝祭初獻位于亞獻之前，東面。縣令位同。設亞獻、終獻位於社稷壇西北。設掌事者位於西門之内道北，俱每等異位，東向南上。設贊唱者位於終獻東北，東面南上。設州官位於祭官掌事者之北，東面。縣從祭官位同。府官位於東方，當州官，西面，俱重行南上。縣無府官以下至此儀。設望瘞位於埳北，南向東上。設門外位：祭官以下於西門之外道南，州官於祭官之南，俱重行北面，以東爲上。縣從祭官位同。府官於東門之外道南，重行北面，以西爲上。祭器之數，每座罇二、籩八、豆八、簋二、簠二、俎三，羊、豕皮腊各一俎。縣同。掌事者以罇坫升自西階，各設於壇上西北隅，配座之罇在西，俱南向東上，皆加勺冪。社稷皆一爵，配座皆爵四，各置于坫。設洗于社稷北陛之西，去壇三步所，南向；罍水在洗西，加勺冪，篚在洗東，北肆，實爵六、巾二，加冪。執罇罍洗篚者各位於尊罍洗篚之後。祭日未明，烹牲于廚。祝以豆二取牲血。夙興，掌饌者實以祭器。牲體：羊、豕皆載右胖。前脚三節：肩、臂、臑，節一段，皆載之。後脚三節，節一段，去下一節，載上肫、胳二節。又取正脊、脡脊、横脊、短脇、正脇、代脇各二骨以並。餘皆不設。簋實黍稷，簠實稻粱。籩實石鹽、乾魚、棗、栗、菱、芡、鹿脯。❶豆實虀菹、醓醢、菁菹、鹿醢，韮菹、兔醢，筍菹、魚醢。若土無者，各以其類充之。本司帥掌事者以席入自西門，詣壇西階升，設社稷神座各於壇上近南，北向。又設后土氏神座於社神之左，后稷氏神座於稷神之左，俱東向。席皆以莞。質明，諸祭官及從祭之官各服其服。祭官服祭服。從祭之官應公服者公

❶「栗」下，《文獻通考》卷八二引《開元禮》有「榛」字。

服，非公服者常服。本司帥掌事者入實罇罍。每座尊二，一實玄酒爲上，一實醴齊次之。祝版各置於坫。祝以幣各置於篚，與血豆俱設於饌所。社稷之幣皆用黑，各長丈八尺。贊唱者先入就位。祝與執罇罍篚者入自西門，當社壇北重行南向，以東爲上，立定，贊唱者曰：「再拜。」祝以下皆再拜。執罇者升自西階，立於罇所。執罍篚者各就位。詣社壇，升自西階，行掃除訖，降詣稷壇，升，掃除如社壇之儀，降掃除於下訖，皆就位。刺史將至，縣則縣令將至。下倣此。贊禮者引祭官及從祭之官與掌事者俱就門外位。刺史至，參軍事引之次。贊唱者先入就位。縣令，贊禮者引。下倣此。刺史停於次少頃，服祭服出次，參軍事引刺史入自西門，就位南向；參軍事立於刺史之東，少退，南向。贊禮者引祭官以下及從祭之官以次入就位。凡導引者，每曲一逡巡。立定，贊唱者曰：「再拜。」刺史以下皆再拜。參軍事少進刺史之左，西面白：「請行事。」退復位。本司帥執饌者奉饌陳於西門之外。祝以幣授刺史，參軍事引刺史北階升社壇，南向跪奠幣于社神座前訖，興，少退，再拜。祝又以幣授刺史，參軍事引刺史升稷壇，南向跪奠幣于稷神座如社壇之儀訖，參軍引刺史降復位。本司引饌入，社稷之饌升自北階，配座之饌升自西階，諸祝迎引于壇上，設于神座前。籩豆，蓋冪先徹乃升；簠簋既奠，却其蓋于下。籩居右，豆居左，簠簋居其間。羊、豕二俎横而重于右，腊特于左。本司與執饌者降自西階，復位，諸祝各還罇所。參軍事引刺史縣，贊禮者引縣令。下同。詣罍洗，執罍者酌水，執洗者跪取盤，興，承水，刺史盥手，執篚者跪取巾于篚，興，進，刺史帨手訖，執篚者受巾，跪奠於篚；遂取爵興以進，刺史受爵，執罍者酌水，刺史洗爵，執篚者又取巾于篚，興，進，刺史拭爵訖，受巾，奠於篚，奉盤者跪奠盤，興。參軍事引刺史自社壇北階升，詣社神酒罇所，執尊者舉冪，刺史酌醴齊。參軍事引刺史詣社神座前，南向跪奠爵，興，少退，南向立。祝持版進於神座之右，西向跪讀祝文曰：「維某年歲次月朔日，子某官姓名敢昭告于社神：唯神德兼博厚，道著方直，載生品物，含養庶類。謹因仲春，祇率常禮，恭以制幣犧齊，粢盛庶品，備茲明薦，用伸報本，以后土勾龍氏配神作主，尚享。」縣祝文以下並同。訖，祝興，刺史再拜，祝進，跪奠版于神座，興，還罇所，刺史拜訖，參軍事引刺史詣配座酒罇所，取爵於坫，執罇者舉冪，刺史酌醴齊，參軍事引詣后土氏神座前，西向跪奠爵，興，少退，西向立。祝持版進于后土氏前，祝文曰：「爰茲仲春，厥日唯戊，敬修常祀，薦於社神。唯神功著水土，平易九州，昭配之義，實通祀典。謹以犧齊，粢盛庶品，式陳明薦，作主侑神，尚享。」祝興，刺史再拜，祝進跪奠版于神座，興，還罇所。刺史拜訖，參軍事引刺史進當社神座，南向立。祝各以爵酌福酒，合置一爵，祝持爵進于刺史之右，東向立。刺史再拜受爵，跪祭，啐酒，奠爵，興。祝帥執饌者以俎進，減社神座前胙肉，各取前脚第二骨。共置一俎上，興。祝持俎東向進，刺史受以授左右。刺史跪取爵，飲卒爵，祝進受爵，復於坫。刺史興，再拜。參軍事引刺史降自北階，詣罍洗，盥手，洗爵，自稷壇北階升，詣稷神酒罇所，執罇者舉冪，刺史酌醴齊。參軍事引刺史詣稷神座前，南向跪奠爵，興，少退，南向立。祝持版進于神座之右，曰：「敢昭告于稷神：唯神播生百穀，首兹八政，用而不匱，功濟氓黎。恭以制幣犧齊，粢盛庶品，祗奉舊章，備兹瘞禮，以后稷棄配神作主，尚享。」訖，祝興，刺史再拜，祝進跪奠版于神座，興，還罇所。刺史拜訖，參軍事引刺史詣配座酒罇所，刺史取爵于坫，執罇者舉冪，刺史酌醴齊。參軍事引刺史詣后稷氏座前，西向跪奠爵，興，少退，西向立。祝持版進於神座之右，南面跪讀祝文曰：「敢昭告于后稷氏：爰以仲春，恭修常禮，薦於稷神。唯神功叶稼穡，闡修農政，允兹從祀，用率舊章。謹以犧齊，粢盛庶品，式陳明薦，作主配神，尚享。」訖，祝興，刺史再拜，祝進跪奠版於神座，興，還罇所。刺史拜訖，參軍事引刺史詣稷神座前，南向立，飲福受胙如社壇之儀訖，參軍事引刺史降自本階，還本位。初刺史獻將畢，贊者引亞獻詣罍洗盥手洗爵，升獻如刺史之儀。唯不讀祝文，不受胙。亞獻將畢，贊禮者引終獻詣罍洗，升酌終獻如亞獻之儀訖，降復位。諸祝各進神座前，跪徹豆，興，還罇所。贊唱曰：「賜胙，再拜。」非飲福受胙者皆再拜。贊唱者又曰：「再拜。」刺史已下皆再拜。參軍事少進刺史之左，西面白：「請就望瘞位。」參軍事引刺史就望瘞位，西向立。祝於神前取幣及血寘於埳，贊唱者曰：「可瘞。」埳東西面各二人寘土。❶半埳，參軍事進刺史左白：「禮畢。」遂引刺史出還次，贊禮者引祭官以下次出。諸祝及執罇罍篚者降復掌事位。贊唱者曰：「再拜。」祝以下皆再拜以出。其祝版燔于齋所。

❶「埳」，原作「埋」，據《唐會要》卷一〇、《大唐開元禮》卷六八改。

諸里祭社稷儀：

前一日，社正及諸社人應祭者各清齋一日於家正寢。正寢者，謂人家前堂待賓之所。應設饌之家先修治神樹之下。又爲瘞埳于神樹之北，深取足容于物。掌事者設社正位于稷座西北十步，東面；諸社人位于其後，東面南上。設祝奉血豆位于瘞埳之北，南向。祭器之數，每座罇酒二并勺一，以巾覆之，俎一，籩二，豆二，爵二，簠二，簋二。無禮器者，量以餘器充之。祭日未明，烹牲於廚。唯以特豕，祝以豆取牲血，置于饌所。夙興，掌饌者實祭器。牲體載右胖，折節如州縣制，分載二俎。其罇，一實玄酒爲上，一實清酒次之。籩實棗栗，豆實葅醢。簠實黍稷，簋實稻粱。掌事者以席入，社神之席設於神樹下，稷神之席設於神樹西，俱北向。質明，社正以下各服其服。掌事者以盥水器入，設於神樹北十步所，加勺巾二、爵一於其下，盛以箱。又以酒罇入，設於神北近西，社神之罇在東，稷神之罇在西，俱東上南向，置爵二及祝版於罇下。執罇者立於罇後。掌事者入實罇酒訖，祝及執罇者其祝以社人有學識者充之。入當社神北，南向，以東爲上，皆再拜。執酒罇者就罇後立，其執盥者就盥器後立。贊禮者引社正以下俱就位，立定，贊禮者贊：「再拜。」社正以下皆再拜，祝詣罇所。贊禮者贊：❶「再拜。」社正以下皆再拜，掌事者以饌入，各設於神座前。葅醢居前左右箱，黍稷在其間，俎居其外。訖，掌事者出。贊禮者引社正詣盥器所，執盥者酌水，社正洗手，取巾拭手訖，洗爵，拭爵訖，贊禮者引社正詣社神酒罇所，酌酒訖，贊禮者引社正詣社神座前，跪奠爵

❶ 下「贊」字，原無，據庫本補。

於饌右，興，少退，南向立。祝持版進社神座東，西面跪讀祝文曰：「維某年歲次月朔日，子某坊村則云某村，次下准此。社正姓名合社若干人等，今昭告于社神：唯神載育黎元，長茲庶物，時屬仲春，日唯吉戊，謹率常禮，恭用特牲清酌，粢盛庶品，祇薦社神，尚享。」祝興，社正以下及社人等俱再拜。贊禮者引社正詣稷神罇所，取爵酌酒訖，贊禮者引社正詣稷神座前，南向跪奠酒於饌右，興，少退，南向立。祝持版進于稷神座西，東向跪讀祝文曰：「若干人等敢昭告于稷神：唯神主茲百穀，粒此羣黎，今仲春吉戊，秋云仲秋。謹率常禮，恭以特牲清酌，粢盛庶品，祇薦於稷神，尚享。」祝興，社正以下及社人俱再拜。贊禮者引社正立於社神座前，南向立。祝以爵酌社稷神福酒，合置一爵，進社正之右，社正再拜受酒訖，跪祭酒，遂飲卒爵，祝受爵還罇所，社正興，再拜。贊禮者引社正還本位，立定，贊禮者再拜，社正及社人俱再拜。訖，祝以血置於埳，埳東西各一人寘土。半埳，贊禮者少前，白：「禮畢。」遂引社正等出。祝與執罇者復位再拜。訖，出其餘饌，社人等俱於此餕，如常會之儀。其祝版燔于祭所。

【《唐會要》】開元二十二年三月，詔州縣社仍用牲牢。

天寶元年十月戊寅九日，詔：「社爲九土之尊，稷乃五穀之長，祭官宜加精潔，其社壇側禁樵牧。」　三載二月戊寅，詔社稷升爲大祀，以四時致祭。後又依《開元禮》，爲中祀。

【《通典》】天寶三載，詔：「社稷列爲中祀，頗紊大猷。自今以後，社稷及日月五星並升爲大祀，仍以四時致祭。」

【《舊唐書·肅宗本紀》】至德二載秋九月壬

寅，廣平王統朔方、安西、回紇、南蠻、大食之衆，與賊將戰於香積寺西北，賊軍大敗，棄京城東走。癸未，復西京。甲辰，捷書至行在，即日遣裴冕入京，啓告郊廟社稷。

【《文獻通考》】開元十九年正月三十日，勅：「普天率土，崇德報功，饗祀唯殷，封割滋廣，非所以全惠養之道，協靈祇之心。其春秋二時社及釋奠，天下諸州府縣等並停牲牢，唯用酒脯。務存修潔，足展誠敬，自今以爲常式。」至二十二年三月二十五日，勅：「春秋祈報，郡縣常禮。比不用牲，豈用血祭？陰祀貴臭，神何以歆？自今已後，州縣祭祀特以牲牢，宜依常式。」其年六月二十八日，勅：「大祀、中祀及州縣社稷，依式合用牲牢，餘並用酒脯。」至貞元五年九月十二日，國子祭酒包佶奏：「春秋祭社稷，准《禮》，天子社稷皆太牢。至大歷六年十月三日勅，中祀少牢。社稷是中祠，至今未改。」敕旨宜准《禮》用太牢。

【《舊唐書·音樂志》】祭太社樂章八首：貞觀中褚亮等作。

迎神，用《順和》。詞同夏至方丘。皇帝行，用《太和》。詞同冬至圜丘。

登歌奠玉帛，用《肅和》　后土凝德，神功叶契。九域底平，兩儀交際。戊期應序，陰墉展幣。靈車少留，俯歆樽柱。

迎俎，用《雍和》　美報崇本，嚴恭展事。受露疏壇，承風啓地。潔粢登俎，醇犧八饋。介福遠流，羣生畢遂。

皇帝酌獻飲福，用《壽和》。詞同冬至圜丘。

送文舞出，迎武舞入，用《舒和》　神道發生敷九稼，陰陽乘仁暢八埏。緯武經文陶景化，登祥薦祉啓豐年。

武舞，用《凱安》。詞同冬至圜丘。送神用《順和》。詞同冬至圜丘。

又太社樂章二首：太樂舊有此詞，不詳所起。

迎神　烈山有子，后土有臣。播種百穀，濟育兆人。春官緝禮，宗伯司禋。戊爲吉日，迎享兹辰。

送神　告祥式就，酬功載畢。親地尊天，禮文經術。旣徵令序，福流初日。神馭爰歸，祠官其出。

右唐社稷。

五禮通考卷第四十三

五禮通考卷第四十四

内廷供奉禮部右侍郎金匱秦蕙田編輯
太子太保總督直隸右都御史桐城方觀承同訂
按察司副使元和宋宗元參校

吉禮四十四

社稷

【《宋史·禮志》】社稷，自京師至州縣，皆有其祀。歲以春秋二仲月及臘日祭太社、太稷。州縣則春秋二祭，刺史、縣令初獻，上佐、縣丞亞獻，州博士、縣簿尉終獻。如有故，以次官攝，若長吏職官或少，即許通攝，或别差官代之。牲用少牢，禮行三獻，致齋三日。其禮器數：正配坐尊各二，籩、豆各八，簠、簋各二，俎三。從祀籩、豆各二，簠、簋、俎各一。太社壇廣五丈，高五尺，五色土爲之。稷壇在西，如其制。社以石爲主，形如鍾，長五尺，方二尺，剡其上，培其半。四面宫垣飾以方色，面各一屋，三門，每門二十四戟，四隅連飾罘罳，如廟之制，中植以槐。其壝三分宫之一，在南，無屋。又：大祀，春秋二仲及臘日祭太社、太稷，州縣祭社稷，如小祀。

太宗淳化三年十二月，將郊，常奏告外又告太社、太稷。

【《真宗本紀》】咸平二年八月戊午，社，宴近臣於中書。　四年八月戊辰，社，宴宰相於中書。

【《文獻通考》】景德四年，户部員外郎、判太常禮院言：「天下祭社稷、釋奠，長吏多不親行事，及闕三獻之禮，甚非爲民祈福、尊師設教之意。望令禮官申明舊典。」詔付有司。

【《宋史·禮志》】慶曆三年，定報社稷兩圭有邸，祈不用玉。　慶曆三年，❶定社稷牲牢、籩豆之數。　慶曆祭社稷用羊、豕各二，正配位籩、豆十二，山罍、簠、簋、俎二，祈報象尊一。

【《仁宗本紀》】至和元年四月甲午朔，日有食之，用牲于社。　嘉祐四年正月丙申朔，日有食之，用牲於社。

【《禮志》】治平四年十二月，詔以來歲正旦日食命翰林學士承旨王珪祭社。

元豐三年，詳定所言：「社稷祝版、牲幣、饌物，請並瘞於坎，更不設燔燎。　又《周禮·大宗伯》『以血祭祭社稷』，社爲陰祀，血者幽陰之物，是以類求神之意。郊天先薦血，次薦腥，次薦爓，次薦熟。社稷、五祀，先薦爓，次薦熟。至于羣小祀，薦熟而已。今社稷不用血祭，又不薦爓，皆違經禮。請以埋血爲始，先薦爓，次薦熟。古者祭社，君南向於北墉下，所以答陰也，今社稷壝内不設北墉，而有司攝事，乃設東向之位，非是。請設北墉，以備親祀南向答陰之位，有司攝事，則立北墉下少西。《王制》曰：『天子社稷皆太牢，諸侯社稷皆少牢。』今一用少牢，殊不應禮。夫爲一郡邑報功者，當用少牢；爲天下報功者，當用太牢。所有春秋祈報太社、太稷，請于羊、豕外加角握二牛。」又言：「社稷之祭，有瘞玉而無禮玉，《開元禮》：奠太社、太稷，並以兩圭有邸。

❶「三」，原爲空格，據庫本補。

請下有司造兩圭有邸二，以爲禮神之器。」仍詔于壇側建齋廳三楹，以備望祭。先是，州縣社主不以石。禮部以爲社稷不屋而壇，當受霜露風雨，以達天地之氣，故用石主，取其堅久。又禮，諸侯之壇半天子之制。請令州縣社主用石，尺寸廣長亦半太社之制。遂下太常，修入祀儀。

蕙田案：此議有合禮處。

六年，詳定禮文所言，太社、太稷皆瘞牲之左髀以報陰。

【《文獻通考》】元豐七年，詔諸州社稷于壇側建齋廳三楹，以備望祭。

【《宋史·禮志》】元祐中，又從博士孫諤言：祭太社、太稷皆設登歌樂。

元符三年四月朔，太陽虧，遣官告太社。

【《徽宗本紀》】崇寧二年九月甲辰，詔郡縣謹祀社稷。

【《禮志》】大觀，議禮局言：「太社獻官、太祝、奉禮，皆以法服；至於郡邑，則用常服。請下祭服制度于郡縣，俾其自製，敝則聽勅造之。」

【《文獻通考》】徽宗政和三年，議禮局上《五禮新儀》：❶太社、太稷壇四門同一壝二十五步。壇飾各隨方色，燾以黃土。政和五年，知歙州歙縣盧知原言：「社稷之祭，郡邑以長吏及以次官充三獻官，著于甲令，比來州郡多委曹掾攝事。請申嚴有司，應奉祀官非實有疾故，不得輒委他官行禮。」從之。

【《宋史·高宗本紀》】紹興元年二月壬申，初定歲祀天地、社稷，如奏告之禮。

【《禮志》】紹興元年，以春秋二仲及臘前祭

❶「儀」，原作「議」，據《文獻通考》卷八二改。

太社、太稷于天慶觀，又望祭于臨安天寧觀。

【《高宗本紀》】紹興七年秋七月乙酉，詔即建康權正社稷之位。

【《文獻通考》】紹興八年，改祀于惠照齋宮。以言者謂用血祭，始用羊、豕皆四，籩、豆皆十有二，備三獻，如祀天地之儀。徙齋宮之櫺星門于南，除其地以設牲器。

蕙田案：祀社稷如祀天地之儀，過矣。

【《宋史·高宗本紀》】紹興十三年正月甲子，製郊廟社稷祭器。三月乙巳，建社稷壇。

【《禮志》】始築壇壝于觀橋之東，立石主，置太社令一員，備牲宰器幣，進熟、望燎如儀。

【《文獻通考》】孝宗淳熙四年，命臨安守臣立望祭社稷殿及庖室、齋廬，儀視神州。惟設太社、太稷位于壇之南方，北向，后土氏、勾芒氏、后稷氏位于其西，東向。

祀社稷儀注：

陳設　前祀二日，本司修除壇之内外。設祀官次于壇西門之外道北，南向。祀日，掌事者設神位版于壇上，席以莞。執尊、罍者設祭器，掌饌者實之。正、配每位籩八，在神位前左，重三行；豆八，在神位前右，重三行；俎二，在籩豆外，分左右；槃一，在籩豆之間；簠、簋各一，在二俎之間。設尊二于壇上西北隅，配位之尊在西，俱南向西上，尊置于坫，加以勺、冪。設洗二，各于子陛之西，南向。社、稷各一。罍在洗西，加勺、冪；篚在洗東，北肆，置巾、爵。設三獻位于壇西北，祝位二，又于其西，俱道北，南向東上。又設祝位于稷壇上，東向南上。設初獻飲福位於稷壇上神座之東北，南向。

設望瘞位于瘞埳之南，北向東上，開瘞埳，各于壇之北壬地，方深取足容物，南出陛。置香爐合并燭于神座之前。幣置篚，陳于左；祝版置坫，陳于右。

行禮　祀日質明，諸祀官各服其服。贊禮者引三獻官以下入就位立，贊禮者少前初獻之左，贊：「請行事。」執事者瘞血，贊唱者曰：「拜。」獻官以下皆再拜訖，祝詣社壇升自酉陛，就位，東向立。俟初獻將詣罍洗，祝詣社壇，跪取幣于篚，興，立于社神座左。贊禮者引初獻詣社壇罍洗北，南向，執罍者酌水，初獻搢笏，盥手。執篚者取巾于篚，授初獻帨手訖，即受巾，奠于篚。初獻執笏，升自子陛，詣社神座前，南向，搢笏，跪，三上香。祝以幣東向跪，授初獻訖，興，詣配位前南向立。初獻受幣，奠于社神座前，執笏，俯伏，興，再拜訖，引初獻詣后土神座前，西向，如上儀訖。祝次詣稷神座前，東向立。初獻降壇，詣稷壇罍洗，升獻並如社壇之儀訖，降還位。祝復位，立少頃，引初獻再詣社壇罍洗，南向。執罍者酌水，初獻搢笏，盥手，帨手訖，又取爵以授初獻，執罍者酌水，初獻洗爵。又授巾，初獻拭爵訖，巾奠于篚。初獻執笏升自子陛，執事者引初獻詣社神酒尊所，舉冪，酌酒于爵。初獻詣社神座前，南向，搢笏跪，執爵，三祭酒，奠爵。執笏，俯伏，興，少退，南向立。初獻將詣罍洗，祝詣社壇，持版于社神座之右，西面跪讀祝訖，初獻再拜，祝奠版于神座右坫，興。次詣配位前，北向立。執事者引初獻詣配位酒尊所，舉冪，酌酒于爵。初獻詣后土氏神座前，西向跪，執爵，三祭酒，奠爵。初獻執笏，俯伏，興，少退，西向立。祝持版于后土神座之右，北面跪，讀祝畢，初獻再拜。祝奠版于神座右坫，興，詣稷神座前，西向立。初獻降壇，詣稷壇罍洗盥、帨、洗爵訖，升自子陛，執事者詣稷神酒尊所舉冪，酌酒于爵。初獻詣稷神座前，南向，搢笏，跪，執爵，三祭酒，奠爵，執笏，俯伏，興，少退，南向立。祝持版于稷神之右，西面跪，讀祝畢，初獻再拜，祝奠版于神座右坫，興，次詣配位前北向立。執事者引初獻詣配位酒尊所，舉冪，酌酒于爵。初獻詣后稷氏神座前西向跪，執爵，三祭酒，奠爵，執笏，俯伏，興，少退，西向立。祝持版于后稷神座之右，北面跪讀祝畢，初獻再拜，祝奠版于神座右坫，興，初獻降復位。次引亞獻詣社壇罍洗北，南向，搢笏，盥手，帨手，洗爵，執笏，升自酉陛，詣社神座前南向，搢笏，跪，執爵，三祭酒，奠爵，執笏，俯伏，興，再拜。次詣后土氏神座前，如上儀訖，降壇。詣稷壇罍洗、升獻，並如社壇之儀訖，降復位。次引終獻詣社稷壇罍洗升獻，如亞獻之儀，降復位。次引初獻詣稷壇，升自子陛，詣飲福位，南向立。執事者各以爵酌酒，合置一爵，持爵詣初獻之左，西向立。初獻再拜，搢笏，跪，受爵，祭酒，啐酒，奠爵。執饌者以俎減社稷神座前胙肉，合置一俎上，又以豆取稷黍飯合置一豆，先以飯授初獻，受訖，又以俎授初獻，受訖，皆以授執饌者。初獻取爵飲卒爵，執事者受虛爵，復于坫。初獻執笏，俯伏，興，再拜，降復位。引初獻以下詣社稷壇望瘞位，北向立，執事者以篚詣神位跪取祝版、幣及饌物牲之左髀，寘于埳，以火焚半。贊禮者曰：「可瘞。」寘土半埳訖，贊禮者少前贊：「禮畢。」引初獻以下出退。

舊制：用羊、豕各一口；籩十二，菱、芡、

栗、鹿脯、榛實、乾桃、乾䕩、乾棗、形鹽、魚鱐、糗餌、粉餈；登二，大羹；鉶脂鼎三，鉶羹；盤一，毛血；簠二，黍、稷；簋二，稻、粱；豆十二，芹、筍、葵、菁、韭、酏食、魚醢、羹醢、豚胉、鹿臡、醓醢、糁食；兔俎八；羊腥七體，羊熟十一，羊腥胃、肺，羊熟腸、胃；豚豕腥七體，豕熟十一，豕腥膚，豕熟膚；尊罍二十四，實以酒，並同皇地祇。

七年，權禮部侍郎齊慶胄奏：「郡縣春秋祈報社稷，壇壝、器服之度，升降跪起之節，鄙野不經，請以祥符所頒《祭器圖制》、《元豐郊廟祀禮》、《政和五禮新儀》與其沿革，及今所用冕服、壇壝之制，祭祀之儀，參類爲書，鏤版以賜。」禮官謂：「祥符《祭器圖製》以竹木，今臨安上丁、上戊及祀風雷亦用之。請以《祥符圖製》及郡縣壇壝、冕服祀儀，類爲一書，命臨安守臣刻之，摹上禮部，下之四方，名曰《淳熙編類祀祭儀式》。」從之。

【朱子《州縣社稷壇說》】州縣社壇方二丈五尺，四步，今每步六分之一。凡言方者，皆徑也。此言方二丈五尺者，從東至西二丈五尺，從南至北二丈五尺也。壝二十五步，其説亦然。高三尺。既言壇高三尺，又言壇分三級，則是以一尺爲一級也。四出陛。此陛之級即壇之級也，但于四面陛之兩傍各以石砌作幔道隔斷，使其中爲陛級，外爲壇級可也。稷壇如社壇之制。社以石爲主，其形如鐘，長二尺五寸，方一尺一寸，剡其上，培其下半。舊法唯社有主，而稷無主，不曉其意，恐不可以己意增添。其言壇上之南方，非壇之中也。蓋神位坐南向北，而祭器設于神位之北，故此石主當壇上南陛之上。若在壇中央，即無設祭處矣。四門同一壝，二十五步。壝方二十五步者，亦是徑二十五步，謂從東至西二十五步。以丈計之，六尺爲步，則爲十五丈也。四角築土爲壝，高三尺許，使壇上與齋廳相望得見。壝上不用瓦，蓋以磚兩面砌，使其走水，尤爲堅固。四門，當中開門。古法不言闊狹，恐須闊一丈餘，庶幾行禮執事之人往來寬展，不相妨礙。兩旁各立一華表，高一丈許，上以横木貫之，如門之狀。華表于禮無文，但見州縣有如此者。或恐易得損壞，不作亦得。但壇面二丈五尺，乃是上一級之數，下面更兩級，一級須展一尺，即壇脚須徑二丈九尺。壇飾各隨方色，上蓋以黄土。古者，社稷不屋有明文不用磚砌，無所考。然亦不須磚砌者，中原土密，雖城壁亦不用磚；今南方土疎，不砌恐易壞。赤土飾之，又恐僭于郊壇，不可用也。瘞坎於壇之北壬地，南出陛，方深取足容物。瘞坎在壇之北壬地，即是合在北壝門内兩壇邊，各于中央下日隔取壬地，各用磚石砌作一小天井，深闊三四尺許。其南作踏道上下，閒時以土實之，臨祭即令人取去土，掃令潔凈。祭畢，即使人持幣及祝版之屬，從踏道下送入坎中，然後下土築實，依條差人守視。又曰：「右出《政和五禮新儀》，以行事儀考之，二壇東西相並，坐南向北，石主在壇上之南方。北門壝外空地須令稍寬，可容縣官席位。空地之北，乃作齋廳，以備風雨，設獻官位。獻官南面行事。社各植之以土之所宜木。壇壝等當用古尺，不當用大尺。」

右宋社稷。

【《金史·熙宗本紀》】皇統三年五月甲申，初立社稷。

【《海陵本紀》】貞元元年閏十二月癸巳，定社稷制度。

【《禮志》】貞元元年，有司奏建社稷壇於上京。

世宗大定七年七月，建社稷壇於中都。社爲制，外四周爲垣，南向開一神門，門三間。内又四周爲垣，東西南北各開一神門，門三間，各列二十四戟。四隅連飾罘罳，無屋，于中稍南爲壇位，令三方廣闊，一級四陛。以五色土各飾其方，中央覆以黄土，其廣五丈，高五尺。其主用白石，下廣二尺，剡其上，形如鐘，埋其半，壇南栽栗以表之。近西爲稷壇，如社壇之制而無石主。四壝門各五間，兩塾三門，門列十二戟。壝有角樓，樓之面皆隨方色飾之。饌幔四楹，在北壝門西，北向。神廚在西壝門外，南向。廨在南圍墻外東，西向。有望祭堂三楹，在其北，雨則于是堂望拜。堂之南北各爲屋二楹，三獻官及司徒致齋幕次也。堂下南北相向有齋舍二十楹。外門止一間，不施鴟尾。祭用春秋二仲月上戊日，樂用登歌。遣官行事，太尉一，司徒一，以上奏差。亞獻太常卿一，終獻光禄卿一，省牲。太常卿一，光禄卿一，郊社令一，學士院官一，請御署祝版。大樂令一，大官令二，監祭御史二，❶太常博士二，廩犧令一，奉禮郎一，協律郎二，司尊罍二，奉爵酒官一，太祝七，祝史四，盥洗官二，爵洗官二，❷執巾篚官四，齋郎四十八，贊者一，禮直官十，以上部差。守衛十二人，各衣其方色，其服官給。舉瘞四，衣皂，軍人内差，其衣自備。前三日質明，行事官受誓戒于尚書省，御史臺，太常寺引衆官就位，禮直官贊：「揖。」對揖，訖，太尉誓曰：「某月某日上戊，祭于大社，各揚爾職。其或不恭，國有常刑。」讀訖，對拜，訖，退。凡與祭官散齋二日，致齋一日，已齋而缺者通攝行事，習禮于社宫。諸衛令帥其屬，各以其方器服通衛社宫門。大樂工人俱清齋一宿。前三日，陳設局設祭官公卿以下次于齋房之内。及設饌幔四於社宫西神門之

❶「祭」，原作「察」，據庫本改。
❷「爵洗」，原作「洗爵」，據《金史·禮志》乙正。

外，門南，西向。

前二日，郊社令帥其屬掃除壇之上下。大樂令設樂於壇上。郊社令爲瘞坎位於壬地，方深取足容物，南出陛。又設望瘞位於坎之北，南向。

前一日，奉禮郎帥禮直官設祭官公卿已下褥位於西神門之内道南，執事官於道北，每等異位，俱重行，東向，南上。設御史位二於壇下，一在太社東北，西向，一在太稷西北，東向，博士各在其北。設奉禮郎位於稷壇上西北，贊者一在北，東向。設協律郎位二於壇上東北隅，俱西向。設太樂令位於兩壇之間，南向。設獻官褥位於壇上神位前。設省牲位於西神門外。設牲榜於當門，黝牲二居前，又黝牲二，少退，北上。設廩犧令位於牲東北，南向。設諸太祝位於牲西，各當牲後，祝史陪其後，俱東向。設太常卿省牲位於前近南，北向。又設御史位於太常卿之東，北向。太常卿帥其屬設酒罇之位。太罇二、著罇二、犧罇二、山罍二在壇上北隅，南向。象罇二、壺罇二、山罍二在壇下北陛之西，南向。后土氏象罇二、著罇二、山罍二在太社酒罇之西，俱東向南上。設太稷、后稷酒罇於壇之上下，如太社、后土之儀。設洗位二於社壇西北，南向。罍在洗東，篚在洗西，北肆。司尊罍篚冪者，各位於其後。設玉帛之篚於壇上尊坫之所。設四座，各籩十、豆十、簠二、簋二、鉶三、盤一、俎三、坫四，内籩一、豆一、簠一、簋一、俎三各設於饌幔内。光禄卿帥其屬入實。籩之實，魚鱐、乾棗、形鹽、鹿脯、榛實、乾䕩、桃、菱、芡、栗，以序爲次。豆之實，筍菹、芹菹、葵菹、菁菹、韭菹、魚醢、兔醢、豚胉、鹿臡、醓醢，以序爲次。鉶實以羹，加芼滑。簠實以稻、粱，簋實以黍、稷，粱在稻前，稷在黍前。太官令入實尊罍以酒，各一尊，實以玄酒。

祭日未明五刻，郊社令升設太社、太稷神座，各於壇上近南，北向。設后土氏神座於太社神座之左，后稷氏神座於太稷神座之左，席皆以莞，加裀褥，如幣之色。神位版各於座首。前一日，諸衛之屬禁斷行人。郊社令與其屬以尊坫罍洗篚冪入設於位，司尊罍、奉禮郎及執事者升自太社壇西陛以俟。其省牲器、視滌溉，並如郊廟儀。祭日未明十刻，大官令率宰人以鸞刀割牲，祝史以豆取毛血，各置於饌所，以盤取血置神座前，遂烹牲。未明三刻，諸祭官各服其服。郊社令、大官令入實玉幣尊罍。大官令帥進饌者實諸籩豆簠簋。未明一刻，奉禮郎、贊者先入就位。禮直官引光禄卿、御史、博士、諸太祝、祝史、司罇罍篚冪者入自西門，當太社壇北，重行，南向東上，立定。奉禮曰：「再拜。」贊者承傳，御史以下皆再拜，訖，司罇罍篚冪者皆就位。奉盤血祝史與太祝由西陛升壇，各於尊所立，祝史以俟瘞血，太祝以次取玉幣。太樂令率工人入。禮直官各引祭官入就位，立定。奉禮曰：「衆官再拜。」贊者曰：「在位者皆再拜。」其先拜者不拜。禮直官進太尉之左曰：「有司謹具，請行事。」退復位。禮直官引光禄卿就瘞血所，又引祝史奉盤血降自西陛，至瘞位，引光禄卿瘞血，訖，復位。祝史以盤還饌幔，以俟奉毛血豆。奉禮曰：「衆官再拜。」在位者皆再拜。諸太祝取玉幣於篚，❶各立於尊所。禮直官引太尉詣盥洗位。協律郎跪，俯伏，舉麾，樂作太簇宫《正寧》之曲。後盥洗同。至洗位南向立，樂止。搢笏，盥手、帨手訖，詣太社壇，樂作應鐘宫《嘉寧》之曲。後升壇同。升自北陛，樂止，南向立。太祝以玉帛西向授太尉，太尉受玉帛。禮神之玉奠於神前，瘞玉加於幣，配位不用玉。玉用兩圭有邸。盛以匣。瘞玉以玉石爲之。帛用黑繒，長一丈八尺。樂作太簇宫《嘉寧》之曲，太稷同。禮直官引太尉進，南向跪奠於太社座前，俯伏，興。引太尉少退，詣褥位南向再拜。太祝以幣授太尉，太尉受幣，西向跪奠於后土神座前，俯伏，興。禮直官引太尉少退，西向再拜，訖，樂止。禮直官引太尉降自北陛，詣太稷壇，盥洗、升奠玉幣如太社后土之儀。祝史奉毛血入，各由其陛升，毛血豆係别置一豆。諸太祝迎取於壇上，俱進奠於神座前，祝史退立於尊所。太尉既升奠玉幣，太官令出，帥進饌者奉饌陳於西門外。禮直官引司徒出詣饌所，司徒奉太社之俎。諸太祝既奠毛血，禮直官、太官令引太社、太稷之饌入自正門，配座之饌入自左闥。饌初入門，樂作太簇宫《正寧》之曲，饌至陛，樂止。祝史俱進徹毛血豆，降自西陛以出。太社、太稷之饌升自北陛，配座之饌升自西陛，諸太祝迎取於壇上，各於神座前設訖，禮直官引司徒以下降自西陛，樂作，復位，樂止。諸太祝還尊所。禮直官引太尉詣罍洗位，樂作，至位，樂止。盥手、洗爵訖，禮直官引太尉詣太社壇，升自北陛，樂

❶「諸」，原作「詣」，據庫本改。

作，至太社酒尊所，樂止。執尊者舉冪，執事者以爵授太尉，執爵，太官令酌酒，訖，樂作太簇宮《阜寧》之曲。太稷同。太尉以爵授執事者。禮直官引太尉詣太社神座前，執事者以爵授太尉，南向跪奠爵，訖，以爵授執事者，俯伏，興。太尉少退，樂止。讀祝官與捧祝官進於神座前右，西向跪讀祝，讀訖，讀祝官就一拜，各還尊所。太尉拜訖，詣配位酒尊所。執事者舉冪，執事者以爵授太尉，太尉執爵，太官令酌酒，訖，樂作太簇宮《昭寧》之曲。太尉以爵授執事者。禮直官引太尉進后土神座前，執事者以爵授太尉，西向跪奠爵，訖，以爵授執事者，俯伏，興。太尉少退，樂止。讀祝如上儀。太尉再拜，訖，禮直官引太尉降自北陛，樂作，至罍洗位，樂止。盥手、洗爵訖，禮直官引太尉詣太稷壇，升自北陛，並如太社后土之儀，樂曲同。訖，禮直官引太尉還本位。亞、終獻，盥洗、升獻並如太社之儀。禮直官引終獻降，復位，樂止。太祝各進徹豆，樂作應鐘宮《娱寧》之曲，還尊所，樂止。徹者籩、豆各一，少移于故處。奉禮曰：「賜胙。」贊者曰：「衆官再拜。」在位者皆再拜。禮直官進太尉之右，請就望瘞位，御史、博士從，南向立。於衆官將拜之前，太祝執篚進於神座前取玉幣，齋郎以俎載牲體、稷黍飯、爵酒。體謂牲之左髀。各由其陛降壇，以玉幣饌物置于坎，訖，奉禮曰：「可瘗。」坎東西各二人置土半坎，訖，禮直官進太尉之左曰：「禮畢。」遂引太尉出，祭官以下以次出。禮直官引御史、博士以下俱復執事位，立定。奉禮曰：「再拜。」御史以下皆再拜，訖，出。工人以次出。祝版燔於齋坊。光禄卿以胙奉進，御史就位展視，光禄卿望闕再拜，乃退。其州縣祭享，一遵唐宋舊儀。

【《石琚傳》】大定十年二月祭社，有司奏請御署祝版，上問琚曰：「當署乎？」琚曰：「故事有之。」上曰：「祭祀典禮，卿等慎之，無使後世譏誚。」熙宗尊謚太祖，宇文虚中定禮儀，以常朝服行事。當時朕雖童穉，猶覺其非。」琚曰：「祭祀，大事也，非故事不敢行。」

【《章宗本紀》】明昌四年，始以春秋二仲月上戊日祭社稷。五年正月甲戌，祭社稷，以宣獻皇后忌辰，用熙寧祀儀，樂懸而不作。

【《宣宗本紀》】貞祐四年二月甲辰，命禮部尚書張行信提控修奉社稷。三月己巳，以將修社稷，遣太子少保張行信預告。冬十月丁卯，以奉安社稷，遣官預告。戊辰，命張行信攝太尉，奉安社稷，禮樂咸殺其數。興定二年秋七月己卯，遣官祭太社、太稷。

右金社稷。

【《元史·世祖本紀》】至元七年十二月，詔歲祀太社、太稷。

十一年八月甲辰朔，頒諸路立社稷壇壝儀式。

十六年三月甲戌，中書省下太常寺講究州郡社稷制度，禮官折衷前代，參酌《儀禮》，定擬祭祀儀式及壇壝祭器制度，圖寫成書，名曰《至元州縣社稷通禮》，上之。

二十年二月戊子，定以春秋仲月上戊日祭社稷。

二十九年秋七月壬申，建社稷和義門内，壇各方五丈，高五尺，白石爲主，飾以五方色土，壇南植松一株，北墉瘞坎壝垣，悉倣古制，別爲齋廬，門廡三十三楹。

蕙田案：古者立社，樹以土之所宜木，爲依神也。神無依不止，樹有生意，又土之所生，其氣相得，恐木不盛不足以久，故必以所宜木。聖人之意微矣。後世依鄭注，易以石主，殊爲弗類。元社壇植松一株，猶得古之遺意，似可法也。

【《祭祀志》】至元七年十二月，有詔歲祀太社、太稷。三十年正月，始用御史中丞崔彧言，于和義門内少南，得地四十畝，爲壝垣，近南爲二壇，壇高五尺，方廣如之。社東稷西，相去約五丈。社壇土用青赤白黑四色，依方位築之，中間實以常土，上以黄土覆之。築必堅實，依方面以五色泥飾之。四面當中，各設一陛道。其廣一丈，亦各依方色。稷壇一如社壇之制，惟土不用五色，其上四周純用一色黄土。壇皆北向，立北墉于社壇之北，以塼爲之，飾以黄泥；瘞坎二于稷壇之北，少西，深足容物。二壇周圍壝垣，以磚爲之，高五丈，廣三十丈，四隅連飾。内壝垣靈星門四所，外垣靈星門二所，每所門三，列戟二十有四。外壝内北垣下屋七間，南望二壇，以備風雨，曰望祀堂。堂東屋五間，連厦三間，曰齊班廳。廳之南，西向屋八間，曰獻官幕。又南，西向屋三間，曰院官齋所。又其南，屋十間，自北而南，曰祠祭局，曰儀鸞庫，曰法物庫，曰都監庫，曰雅樂庫。又其南，北向屋三間，曰百官廚。外垣南門西壝垣西南，北向屋三間，曰大樂署。其西，東向屋三間，曰樂工房。又其北，北向屋一間，曰饌幕殿。又北，南向屋三間，曰饌幕。又北稍東，南向門一間。院内南，南向屋三間，曰神廚。東向屋二間，曰酒庫。近北少却，東向屋三間，曰犧牲房。井有亭。望祀堂後自西而東，南向屋九間，曰執事齋郎房。自北折而南，西向屋九間，曰監祭執事房。此壇壝次舍之所也。社主用白石，長五尺，廣二尺，剡其上如鍾，于社壇近南，北向，埋其半于土中。稷不用主。后土氏配社，后稷氏配稷。神位版二，用栗，素質黑書。社樹以松，于社稷二壇之南各一株。此作主樹木之法也。祝版四，以楸木爲之，各長二尺四寸，闊一尺二寸，厚一分。文曰：「維年月日，嗣天子敬遣某官某，敢昭告于太社之神。」配位曰「后土之神」。稷曰「太稷之神」，配位曰「后稷之神」。玉幣，社稷皆黝圭一，繅藉，瘞玉一，以黝石代之，玄幣一。配位皆玄幣一，各長一丈八尺。此祝文、玉幣之式也。牛一，其色黝，其角握，有副。羊四，野豕四。籩之實皆十，無糗餌、粉餈。豆之實亦十，無酏食、糝食。簠簋之實皆四。鉶之實和羹。五齊皆以尚醞代之。香用沈龍涎。神席一，緣以黑綾，黑綾褥方七尺四寸。太尊、著尊、犧尊、山罍各二，有坫，加勺、冪。象尊、壺尊、山罍各二，有坫冪，設而不酌。籩、豆各十有一，其一設於饌幕。鉶三，簠三，簋三，其一設於饌幕。俎八，其二設於饌幕。盤一，毛血豆一，爵一，有坫。沙池一，玉幣篚一，木柶一，勺一，香鼎一，香盒一，香案一，祝案一，皆有衣。紅髹器一，以盛馬湩。盥洗位二，罍二，洗二。白羅巾四，實以篚。朱漆盤五。已上，社稷皆同。配食有象尊，無太尊。設而不酌者，無象尊。餘皆與正位同。此牲齊、祭器之等也。饌幕，省饌殿、香殿，黃羅幕三，黃羅額四，黄綃帷一百九十五幅，獻攝板位三十有五，紫綾拜褥百，蒲、葦席各二百，木燈籠四十，絳羅燈衣百一十，紅挑燈十，剪燭刀二，鐵粈盆三十有架，黄燭二百，雜用燭二百，麻粈三百，松明、清油各百觔。此饌幕、版位、燭燎之用也。初獻官一，亞獻官一，終獻官一，攝司徒一，助奠官二，太常卿一，光禄卿一，廩犧令一，大官令一，巾篚官四，祝史四，監祭御史二，監禮博士二，司天監二，良醖令一，奉爵官一，司尊罍二，盥洗官二，爵洗官二，太社令一，太社丞一，太樂令一，太樂丞一，協律郎二，奉禮郎二，讀祝官一，舉祝官二，奉幣官四，剪燭官二，太祝七，齋郎四十有八，贊者一，禮直官三，與祭官無定員。此獻攝執事之人也。凡祭之日，以春秋二仲月上戊。

【《成宗本紀》】至元三十一年，成宗即位。八月戊子，初祀社稷，用堂上樂。

【《祭祀志》】元貞二年冬，復下太常，議置壇于城西南二壇，方廣視太社、太稷，殺其半。壺尊三，籩、豆皆八，而無樂。牲用羊、豕，餘皆與太社、太稷同。三獻官以州長貳爲之。

【《仁宗本紀》】延祐六年春二月丁亥，改祀社稷于中戊。

【《祭祀志》】延祐六年，改用中戊。其儀注之節有六：

一曰迎香。前一日，有司告諭坊市，灑掃經行衢路，設香案。至日質明，有司具香酒樓轝，三獻官以下及諸執事官各具公服，五品以下官、齋郎等皆借紫，詣崇天門。三獻官及太常禮儀院官入，奏祝及御香、尚尊酒、馬湩自内出。監祭御史、監禮博士、奉禮郎、太祝分左右兩班前導。控鶴五人，一人執纖，四人執儀仗，由大明門正門出。教坊大樂作。至崇天門外，奉香酒、馬湩者各安置于輿，導引如儀。至紅門外，百官乘馬分班行于儀仗之外，清道官行于儀衛之先，兵馬司巡兵夾道次之，金鼓又次之，京尹儀從左右成列又次之，教坊大樂一隊次之。控鶴弩手各服其服，執儀仗左右成列次之。拱衛使行其中，儀鳳司細樂又次之。太常卿與博士、御史導于輿前，獻官、司徒、助奠官從于輿後。若駕幸上都，三獻官以下及諸執事官則詣健德門外，皆具公服于香輿前北向立，異位重行。俟奉香酒官驛至，太常官受而奉之，各置于輿。禮直官贊：「班齊，鞠躬，再拜，興，平立。」班首稍前，搢笏，跪，衆官皆跪，三上香，出笏，就拜興，平立，退復位，北向立，鞠躬，再拜，興，平立。衆官上馬，分班前導如儀。至社稷壇北神門外皆下馬，分左右入自北門，序立如儀。太常卿、博士、御史前導，獻官、司徒、助奠等官後從。至望祀堂下，三獻官奉香、酒、馬湩陞階，置于堂中黄羅幕下。禮直官引三獻官以次而出，各詣齋次，釋服。

二曰齋戒。前期三日質明，有司設三獻官以下行事執事官位于中書省。太尉南向，監祭御史位二于其西，❶東向，監禮博士位二于其東，西向，俱北上。司徒、亞獻、終獻位于其南，北向。次助奠，稍却。次太常卿、光禄卿、大官令、司尊彝、良醞令、太社令、廩犧令、光禄丞、太樂令、太社丞。次讀祝官、奉爵官、太祝、祝史、奉禮郎、協律郎、司天生、諸執事齋郎。每等異位重行，俱北向，西上。贊者引行事執事官各就位，立

❶「祭」，原作「察」，據《元史·祭祀志》改。

定。禮直官引太尉、初獻就位，讀誓曰：「某年某月某日上戊日，祭於太社、太稷，各揚其職，其或不敬，國有常刑。」散齋二日，宿於正寢，致齋一日於祠所。散齋日治事如故，不弔喪問疾，不作樂，不判署刑殺文字，不決罰罪人，不與穢惡事。致齋日，惟祭事得行，其餘悉禁。凡與祭之官已齋而闕者，通攝行事。七品以下官先退，餘官對拜。守壝門兵衛與大樂工人俱清齋一日，行禮官前期習儀于祠所。

三曰陳設。前期三日，所司設三獻以下行事執事官次於齋房之內，及設饌幕四于西神門之外，稍南，西向，北上。今有饌幕殿在西壝門外，近北，南向。陳設如儀。前祭二日，所司設兵衛，各以其方色器服守衛壝門，每門二人，每隅一人。大樂令帥其屬設登歌之樂於兩壇上，稍北，南向。磬簴在東，鐘簴在西，柷一在鐘簴南稍東，敔一在磬簴南稍西。搏拊二，一在柷南，一在敔南，東西相向。歌工次之，餘工位在縣後。其匏竹者位于壇下，重行南向，相對爲首。太社令帥其屬掃除壇之上下，爲瘞坎二于壬地，方深足以容物，南出陛。前祭一日，司天監、太社令帥其屬升，設太社、太稷神座各于壇上，近南，北向。設后土神座于太社神座之左，后稷神座于太稷神座之左，俱東向。席皆以莞，裀褥如幣之色，設神位版各于座首。奉禮郎設三獻官位于西神門之內道南，亞獻、終獻位稍却。司徒位道北，太常卿、光祿卿次之，稍却。司天監、光祿丞又次之。太社令、大官令、良醞令、廩犧令、太社丞、讀祝官、奉爵官、太祝以次位于其北，諸執事者及祝史、齋郎位于其後。每等異位重行，俱東向，南上。又設監祭御史位二，監禮博士位二于太社壇子陛之東北，俱西向，南上。設奉禮郎位于稷壇之西北隅，贊者位於北稍却，俱東向。協律郎位二，於各壇上樂簴東北，俱西向。太樂令位於兩壇樂簴之間南向，司尊彝位於酌尊所，俱南向。設望瘞位於坎之南，北向。又設牲榜於西神門外，東向。諸太祝位於牲西，祝史次之，東向。太常卿、光禄卿、大官令位在南，北向，東上。監祭、監禮位於太常卿之東稍却，俱北向，東上。廩犧令位於牲東北，南向。又設禮饌于牲東，設省饌于禮饌之北，今有省饌殿設位于其北，東西相向，南上。太常卿、光禄卿、大官令位于西，東向，監祭、監禮位于東，西向，俱南上，禮部設版案各于神位之側，司尊彝、奉禮郎帥執事者設玉幣篚于酌奠所。次設籩、豆之位，每位各籩十、豆十、簠二、簋二、鉶三、俎五、盤一。又各設籩一、豆一、簠一、簋一、俎三于饌幕内。毛血别置一豆。設尊罍之位，社稷正位各太尊二、著尊二、犧尊二、山罍二，于壇上西陛之西北隅，南向，東上。設配位各著尊二、犧尊二、象尊二、山罍二，在正位酒尊之西，俱南向，東上。又設正位各象尊二、壺尊二、山罍二，于壇下子陛之東，南向，東上。配位各壺尊二、山罍二，在卯陛之南，西向，南上。又設洗位二，于各壇子陛之西北，南向。篚在洗東，北肆，執罍篚者各位于其後。祭日丑前五刻，司天監、太社令各服其服，帥其屬升，設正配位神位板于壇上。又陳玉幣，正位禮神之玉一，兩圭有邸，置于匣。正配位幣皆以玄，各長一丈八尺，陳于篚。太祝取瘞玉加于幣，實于篚，瘞玉以玉石爲之，及禮神之玉各置于神座前。光禄卿帥其屬，入實籩豆簠簋。每位籩三行，以右爲上。第一行，乾䕩在前，乾棗、形鹽、魚鱐次之。第二行，鹿脯在前，榛實、乾桃次之。第三行，菱在前，芡、栗次之。豆三行，以左爲上。第一行，芹菹在前，筍菹、葵菹、菁菹次之。第二行，韭菹在前，魚醢、兔醢次之。第三行，豚拍在前，鹿臡、醓醢次之。簠實以稻粱，簋實以黍稷，鉶實以羹。良醖令帥其屬，入實尊罍。正位太尊爲上，實以泛齊，著尊實以醴齊，犧尊實以盎齊，象尊實以醍齊，壺尊實以沈齊，山罍實以三酒。配位著尊爲上，實以泛齊，犧尊實以醴齊，象尊實以盎齊，壺尊實以醍齊，山罍實以三酒。凡齊之上尊實以明水，酒之上尊實以玄酒，酒齊皆以尚醖代之。太常卿設燭于神座前。

四曰省牲器。前期一日午後八刻，諸衛之屬禁止行人。未後二刻，太社令帥其屬，掃除壇之上下。司尊彝、奉禮郎帥執事者，以祭器入設于位。司天監、太社令升，設神位板及禮神之玉幣如儀。俟告潔畢，權徹，祭日重設。未後二刻，廩犧令與諸太祝、祝史以牲就位，禮直官、贊者分引太常卿、監祭、監禮、大官令于西神門外省牲位，立定。禮直官引太常卿，贊者引監祭、監禮，入自西神門，詣太社壇，自西陛升，視滌濯于上，❶執事者皆舉冪曰：「潔。」次詣太稷壇，如太社之儀訖，降復位。禮直官稍前曰：「告潔畢，請省牲。」引太常卿稍前省牲訖，退復位。次引廩犧令出班巡牲一匝，東向折身曰：「充。」復位。諸太祝俱巡牲一匝，上一員出班東向折身曰：「腯。」復位。禮直官稍前曰：「省牲畢，請就省饌位。」引太常卿

❶「上」，原作「二」，據《元史·祭祀志》改。

以下各就位，立定。省饌畢，還齋所。廩犧令與太祝、祝史以次牽牲詣廚，授大官令。次引光禄卿以下詣廚省鼎鑊，視滌溉畢，乃還齋所。晡後一刻，太官令帥宰人以鸞刀割牲，祝史以豆取血各置于饌冪。祝史又取瘞血貯於盤，遂烹牲。

五曰奠玉幣。祭日丑前五刻，三獻官以下行事執事官，各服其服。有司設神位板，陳玉幣，實籩豆簠簋尊罍。俟監祭、監禮案視壇之上下，及徹去蓋冪。未明二刻，大樂令帥工人入，奉禮郎、贊者入就位，禮直官、贊者入就位。禮直官、贊者分引監祭、監禮、諸太祝、祝史、齋郎及諸執事官，自西神門南偏門入，當大社壇北墉下，重行南向立，以東爲上。奉禮曰：「再拜。」贊者承傳，監祭、監禮以下皆再拜。次贊者分引各就壇上下位，祝史奉盤血，大祝奉玉幣，由西階升壇，各于尊所立。次引監祭、監禮案視壇之上下，糾察不如儀者，退復位。質明，禮直官、贊者各引三獻以下行禮執事官入就位，皆由西神門南偏門以入。禮直官進初獻之左，曰：「有司謹具，請行事。」退復位。協律郎跪，俯伏，舉麾，興，工鼓柷，樂作八成，偃麾，戛敔，樂止。禮直官引太常卿瘞血于坎訖，復位，祝史以盤還饌幕，以俟奉毛血豆。奉禮曰：「衆官再拜。」在位者皆再拜。又贊：「諸執事者各就位」，禮直官、贊者分引執事官各就壇上下位。諸太祝各取玉幣于篚，立于尊所。禮直官引初獻詣太社壇盥洗位，樂作，至位南向立，樂止。搢笏，盥手，帨手，執笏，詣壇，樂作，升自北陛，至壇上，樂止。詣太社神座前，南向立，樂作，搢笏跪。太祝加玉于幣，東向跪以授初獻，初獻受玉幣奠訖，執笏，俛伏，興，少退，再拜訖，樂止。　禮直官引初獻降自北陛，詣太稷壇盥洗位，樂作，至位樂止。　盥洗訖，升壇奠玉幣，並如太社后土之儀。　奠畢，降自北陛，樂作，復位，樂止。　初獻奠玉幣將畢，祝史各奉毛血豆立于西神門外，俟奠玉幣畢，樂止。　祝史奉正位毛血入自中門，配位毛血入自偏門，至壇下，正位者升自北陛，配位者升自西陛，諸太祝迎取于壇上，各進奠于神位前，太祝、祝史俱退立于尊所。

六曰進熟。　初獻既奠玉幣，有司先陳鼎八於神廚，各在于鑊右。　大官令出，帥進饌者詣廚，以匕升羊、豕于鑊，各實于一鼎，冪之。　祝史以扃對舉鼎，有司執匕以從，各陳于饌冪内，俟光禄卿出，帥其屬實籩豆簠簋訖，乃去鼎之扃冪，匕加于鼎。　大官令以匕升羊、豕，各載于俎，俟初獻還位，樂止。　禮直官引司徒出詣饌所，帥進饌者各奉正配位之饌，大官令引以次自西神門入。　正位之饌入自中門，配位之饌入自偏門。　饌初入門，樂作，饌至陛，樂止。　祝史俱進，徹毛血豆，降自西陛以出。　正位之饌升自北陛，配位之饌升自西陛，諸太祝迎取于壇上，各跪奠于神座前訖，俛伏，興。　禮直官引司徒、大官令及進饌者，自西陛各復位。　諸太祝還尊所，贊者曰：「太祝立茅苴於沙池。」　禮直官引初獻官詣太社壇盥洗位，樂作，至位南向立，樂止。　搢笏，盥手，帨手，執笏，詣爵洗位，至位南向立，搢笏，洗爵，拭爵，以爵授執事者，執笏詣壇，樂作，升自北陛，至壇上，樂止。　詣太社酌尊所，東向立，執事者以爵授初獻，初獻搢笏，執爵，司尊者舉冪，良醖令跪酌太尊之泛齊，樂作。　初獻以爵授執事者，執笏詣太社神座前，南向立，搢笏跪。執事者以爵授初獻，初獻執爵三祭酒，奠爵，執笏，俛伏，興，少退立，樂止。舉祝官跪，對舉祝版。讀祝官西向跪，讀祝文。讀訖，俛伏，興。舉祝官奠祝版于案，興。初獻再拜訖，樂止。次詣后土氏酌尊所，東向立。執事者以爵授初獻，初獻搢笏，執爵，司尊彝舉冪，良醞令跪酌著尊之泛齊，樂作。初獻以爵授執事者，執笏詣后土神座前，西向立，搢笏跪。執事者以爵授初獻，初獻執爵三祭酒，奠爵訖，執笏，俛伏，興，少退立，樂止。舉祝官跪，對舉祝版。讀祝官南向跪，讀祝文。讀訖，俛伏，興，舉祝官奠祝版于案，興。初獻再拜訖，樂止。降自北陛，詣太稷壇盥洗位，樂作，至位樂止。盥洗升獻並如太社后土之儀。降自北陛，樂作，復位，樂止。讀祝、舉祝官亦降復位。亞獻詣兩壇盥洗升獻，並如初獻之儀。終獻盥洗升獻，並如亞獻之儀。終獻奠獻畢，降復位，樂止，執事者亦復位。太祝各進徹籩豆，樂作，卒徹，樂止。奉禮曰：「賜胙，衆官再拜。」贊者承傳，在位者皆再拜訖，送神樂作，一成止。禮直官進初獻之左，曰：「請詣望瘞位。」御史、博士從，樂作，至位北向立，樂止。初在位官將拜，諸太祝各執篚進于神座前，取瘞玉及幣，齋郎以俎載牲體並黍稷、爵酒，各由其陛降，置于坎訖，贊者曰：「可瘞。」東西各二人置土，半坎，禮直官進初獻之左，曰：「禮畢。」禮直官各引獻官以次出。禮直官引監祭、太祝以下執事官，俱復于壇北壖下，南向立定。奉禮曰：「再拜。」監祭以下皆再拜訖，出。祝史、齋郎及工人以次出。祝版燔于齋所。光禄卿、監祭、監禮展視酒胙訖，乃退。

其告祭儀，告前三日，三獻官以下諸執事官，各具公服，赴中書省受誓戒。告前一日，省牲器。告日質明，三獻官以下諸執事各服其服，禮直官引監祭、監禮以下諸執事官入自北壝下，南向立定。奉禮郎贊曰：「再拜。」在位官皆再拜訖，奉禮郎贊曰：「各就位，立定。」監祭、監禮視陳設畢，復位立定。禮直官引三獻、司徒、太常卿、光禄卿入就位，立定。禮直官贊：「有司謹具，請行事。」降神樂作，八成止。太常卿瘞血，復位立定。奉禮郎贊：「再拜。」皆再拜訖，禮直官引初獻官詣盥洗位，盥手訖，詣社壇正位神座前南向，搢笏跪，三上香，奠玉幣，執笏，俛伏，興。再拜訖，詣配位神座前西向，搢笏跪，三上香，奠幣，執笏，俛伏，興。再拜訖，詣稷壇盥洗位，盥手，訖，❶升壇，並如上儀。俱畢，降復位。司徒率齋郎進饌，奠訖，降復位。禮直官引初獻官詣盥洗位，盥手訖，詣爵洗位，洗爵訖，詣酒尊所酌酒訖，詣社壇神位座前，南向立，搢笏跪，三上香，執爵，三祭酒於茅苴，爵授執事者，執笏，俛伏，興。俟讀祝官讀祝文訖，再拜興，詣酒尊所酌酒訖，詣配位神座前，西向，搢笏跪，三上香，執爵，三祭酒于茅苴，爵授執事者，執笏，俛伏，興。俟讀祝文訖，再拜興，詣稷壇盥洗位，盥手，洗爵，酌獻並如上儀。俱畢，降復位。禮直官引亞獻，並如初獻之儀，惟不讀祝。俱畢，降復位。禮直官引終獻，並如亞獻之儀。俱畢，降復位。太祝徹籩豆訖，奉禮郎贊：「賜胙。」衆官再拜訖，禮直官引三獻、司徒、太常卿詣瘞坎位，南向立定。禮直官贊：「可瘞。」禮畢出。

❶「訖」，原作「詣」，據《元史・祭祀志》改。

禮直官引監祭、監禮、太祝、齋郎至北墉下，南向立定。奉禮贊：「再拜。」皆再拜訖，出。

【《樂志》】社稷樂章：

降神，奏《鎮寧》之曲，林鐘宮二成　以社以方，國有彝典。大哉元德，基祚綿遠。農功萬世，于焉報本。顯相默佑，降監壇壝。

太簇角二成　錫民地利，厥功甚溥。昭代典禮，清聲律呂。穀旦于差，洋洋來下。相此有年，根本日固。

姑洗徵二成　平厥水土，百穀用成。長扶景運，宜歆德馨。五祀爲大，千古舉行。感通肸蠁，登歌鎮寧。

南吕羽二成　幣齊虔修，粢盛告備。倉庚坻京，緊維之賜。崇壇致恭，幽光孔邇。享于精誠，休祥畢至。

初獻盥洗，奏《肅寧》之曲，太簇宮　禮備樂陳，辰良日吉。挹彼樽罍，馨哉黍稷。濯溉揭虔，維巾及冪。萬年嚴祀，蹌蹌受職。

初獻升壇，奏《肅寧》之曲，降同應鍾宮　春祈秋報，古今彝章。民天是資，神靈用彰。功崇禮嚴，人阜時康。雍雍爲儀，燔芬苾香。

正配位奠玉幣，奏《億寧》之曲，太簇宮　地祇嚮德，稽古美報。幣帛斯陳，圭璋式纓。載烈載燔，肴羞致告。雨暘時若，丕圖永保。

司徒捧俎，奏《豐寧》之曲，太簇宮　我稼既同，羣黎徧德。我祀如何，牲牷孔碩。有翼有嚴，隨方布色。報功求福，其儀不忒。

正位酌獻，奏《保寧》之曲，太簇宮　異世

同德，於皇聖造。降兹嘉祥，衛我大寶。生我烝民，俾德覆燾。厥作裸將，有相之道。

配位酌獻，奏《保寧》之曲，太簇宮　以御田祖，皇家秩祀。有民人焉，盍究本始。惟敘惟修，誰實介止。酒旨且多，盛德宜配。

亞終獻，奏《咸寧》之曲，太簇宮　以引以翼，來處來燕。豆籩牲牢，有楚有踐。庸答神休，神亦錫羨。土穀是依，成此疇獻。

徹豆，奏《豐寧》之曲，應鐘宮　文治修明，相成田功。功爲特殊，儀爲特隆。終如其初，誠則能通。明神毋忘，時和歲豐。

送神，奏《鎮寧》之曲，林鐘宮　不屋受陽，國所崇敬。以興來歲，苞秀堅穎。雲軿莫駐，神其諦聽。景命有僕，與國同永。

望瘞位，奏《肅寧》之曲，太簇宮　雅奏肅寧，繁釐降格。篚厥玄黄，丹誠烜赫。肇祀以歸，瞻言咫尺。萬年攸介，丕承帝德。

【《英宗本紀》】至治元年二月戊申，祭社稷。八月戊申，祭社稷。　二年二月戊申，祭社稷。八月戊辰，祭社稷。

【《文宗本紀》】天曆元年十一月壬申，遣官告祭社稷。

【《順帝本紀》】元統二年八月戊午，祭社稷。至元元年二月戊午，祭社稷。　八月戊午，祭社稷。　二年二月戊寅朔，祭社稷。八月戊寅，祭社稷。　三年八月戊辰，祭社稷。　四年二月戊辰，祭社稷。　八月戊辰，祭社稷。　五年二月戊戌，祭社稷。　八月戊子，祭社稷。　六年二月戊子，祭社稷。八月戊子，祭社稷。　至正元年二月戊寅，祭社稷。八月戊申，祭社稷。　二年二月戊申，祭社稷。八月戊申，祭社稷。　三年二月戊戌，祭社稷。八月戊戌，祭社稷。　四年二月戊戌，祭社稷。八月戊午，祭社稷。　五年二月戊午，祭社稷。八月戊午，祭社稷。　六年八月戊申，祭社稷。　九年二月戊辰，祭社稷。　十四年二月戊戌，祭社稷。

右元社稷。

五禮通考卷第四十四

五禮通考卷第四十五

內廷供奉禮部右侍郎金匱秦蕙田編輯
太子太保總督直隸右都御史桐城方觀承同訂
按察司副使元和宋宗元參校

吉禮四十五

社　稷 城隍附

【《明史·太祖本紀》】吴元年八月，社稷壇成。

【王圻《續通考》】先是，丙午十二月定議，以明年丁未爲吴元年。羣臣建言制度宜早定。上以國之所重，莫先于宗廟、社稷，于是令有司立宗廟、社稷。洪武元年二月，定社稷禮，歲必親祀，以爲常。

【《大政紀》】洪武元年正月，恭詣社稷壇行禮。十二月己丑，頒社稷壇制于天下。

【《春明夢餘録》】洪武元年，命儒臣定諸祀典。李善長等進社稷議曰：「周制，小宗伯掌建國之神位，右社稷，左宗廟。社稷之祀，壇而不屋，必受霜露風雨，以達天地之氣。起大事，動大衆，必先告于社而後出。其禮可謂重矣。蓋古者天子社以祭五土之祇，稷以祭五穀之神，其制在中門之外、外門之内。尊而親之，與先祖等。人非土不立，非穀不食，以其同功均利以養人，故祭社必及稷，所以爲天下祈福報功之道也。然天子有三社：爲羣姓而立者曰大社，其自爲立者曰王社，有所謂勝國之社，屋之，不受天陽，國雖亡而存之，以重神也。後世天子之禮，惟立大社、大稷以祀之，社皆配以句龍，稷皆配以周棄。漢因高祖，除亡秦社稷，立官大社、大稷，一歲各再祀；光武立大社、大稷于雒陽，在宗廟之右，春秋二月及臘，一歲三祀。唐因隋制，並建社稷爲大祀，仍以四時致祭。宋制，每歲以春秋二仲月及臘日祭之。元世祖營社稷于和義門内少南，以春秋二仲月上戊日致祭。今宜祀以春秋二仲月上戊日。」皆從之。上親祭大社、大稷。大社設正位在東，配以后土，西向。大稷設正位在西，配以后稷，東向。各用玉兩邸，幣黑色，牲用犢一、羊一、豕一，籩、豆各十。后土、后稷位並同，不用玉。祭畢，賜羣臣享胙于奉天門。

【《明史·禮志》】社稷之祀，自京師以及王國、府州縣皆有之。其壇在宮城西南者，曰太社稷。明初建太社在東，太稷在西，壇皆北向。洪武元年二月，太祖親祀太社、太稷。帝服皮弁服，省牲；通天冠、絳紗袍，行三獻禮。初，帝命中書省翰林院議創屋，備風雨。學士陶安言：「天子太社必受風雨霜露。亡國之社則屋之，不受天陽也。建屋非宜。若遇風雨，則請于齋宮望祭。」從之。十二月，頒社稷壇制于天下郡邑。

【《明集禮》】社稷：建壇于宮城之右。春用二月上戊日，秋用八月上戊日致祭。

配位：《祭法》：「厲山氏之有天下也，其子曰農，能殖百穀。夏之衰也，周棄繼之，故祀以爲稷。共工氏之霸九州也，其子曰后土，能平九州，故祀以爲社。」蔡墨曰：「共工氏有子曰句龍，爲后土，后土爲社。稷，田正也。有烈山氏之子曰柱，爲稷，自夏以上祀之。周棄亦爲稷，自商以來祀之。」鄭康成以社爲五土總神，稷爲原隰之神。句龍以有平水土之功，配社祀之；稷有播種之功，配稷祀之。王肅以社祭句龍，稷祭后稷，皆人鬼也。二家之説不同，而鄭氏爲優，故後世並以句龍配社，周棄配稷。壇壝：二壇，坐南向北，社壇在東，稷壇在西，各闊五丈，高五尺，四出陛，五級。壇用五色土築，各依方位，上以黄土覆之。二壇同一壝。壝方廣三十丈，高三尺，用磚砌，四方開四門，各闊一丈。東門飾以青，西門飾以白，南門飾以紅，北門飾以黑。周圍築以墻，仍開四門，南爲靈星門，北面戟門五間，東、西戟門各三間，皆列戟二十四。瘞坎，用唐制。開瘞坎于稷壇西南，用磚砌，闊四尺，深四丈。❶降神，樂止，先瘞血，送神，樂止。執事官取祝幣牲饌，置瘞坎。坎實半土。　社主：社主用石，高五尺，闊二尺，上微尖，半在土中，近南向北。祭時唯稷與二神配位用神位版。

神席：設主于案，不用席。

祭器：社稷正配位皆用酒尊三，加勺、冪；篚箱一，籩、豆各十，鉶三，簠、簋各二，俎三，爵坫一，沙池一，盥盆一。

玉：禮神之玉用兩圭有邸。

幣：社稷幣以玄色，用黑繒四，各長一丈八尺。

祝：洪武元年八月一日，祭社文曰：「唯神厚載功深，資生德大，涵宥庶品，造化斯成。謹以仲秋，祗率常禮，敬以牲幣，嘉薦醴齊，備兹禋瘞，用伸報本。以后土句龍氏配神作主，尚享。」后土氏文曰：「爰兹仲秋，揆日唯吉，恭修常禮，薦于太社，唯神水土平

❶「四丈」，庫本作「一丈」，《明集禮》卷八作「四尺」。

治，永賴其功，載稽典彝，禮宜昭配。謹以牲幣、嘉薦、醴齊，陳于表位，作主配神，尚享。」祭稷文曰：「唯神嘉種生成，明粢唯首，帝命率育，立我烝民。敬以牲幣、嘉薦、醴齊，式陳瘞祭，備修常禮，以后稷棄配神作主，尚享。」后稷氏文曰：「爰以仲秋，揆日唯吉，恭修常禮，薦于太稷。唯神勤農務本，政成稼穡，生民立命，百世之功。謹以牲幣、嘉薦、醴齊，陳于表位，作主配神，尚享。」

牲：正配四位各用犢一，羊一，豕一。

酒齊：社稷正配位，酒尊皆實以醍齊、盎齊，事酒。

粢盛：簠二，簋二，實以黍、稷、稻、粱。

籩豆之實：籩則實以鹽、薧魚、棗、栗、榛、菱、芡、鹿脯、白黑餅。豆實以韭菹、醓醢、菁菹、鹿醢、芹菹、兔醢、筍菹、魚醢、脾析、豚胉。簠、簋實以黍、稷、稻、粱，鉶以肉羹。

樂舞：親祀太社稷，迎神奏《廣和》之曲。奠玉幣，奏《肅和》之曲。進俎，奏《凝和》之曲。初獻，奏《壽和》之曲，《武功》之舞。亞獻，奏《豫和》之曲，《文德》之舞。終獻，奏《熙和》之曲，《文德》之舞。徹豆，奏《雍和》之曲。送神，奏《安和》之曲。望瘞，奏《時和》之曲。盥洗、升降俱不用樂。

祭服：親祭，服衮冕。

職掌人員：親祀太社、太稷，設大次，皇太子幙次官二人。設百官幙次官四人。設燎明燭官四人，協律郎二人，撰祝書祝官一人，掃除壇場官二人，掌祭官二人，掌設省牲位并牽牲割牲官二人，掌鼎鑊候視滌溉官一人，牽牲十人，贊省牲禮官一人，設御位東宫位官二人，設文武陪祀諸執事版位官一人，捧玉幣徹豆兼捧幣饌官八人，司罍洗爵洗官二人，❶司尊官二人，執爵官四人，司香官二人，瘞毛血官二人，讀祝官一人，捧祝官一人，贊禮二人，通贊禮生二人，引文武二班陪祀官四人，監禮御史二人，導駕官六人，導引東宮官四人，奏禮官一人，進福酒官一人，割胙進胙官一人，受胙官一人，舉飲福案官二人，掌瘞坎實土官二人。

陳設：前祭二日，有司掃除壇上下，開瘞坎，灑掃齋次、饌室、神廚，設大次于北門內，皇太子幄次于大次之右。前祭一日，設省牲位于北門之外，設樂縣于壇下之北。執事拂拭社主，設后土氏配位于社壇之東，西向。設太稷神位于稷壇之南正中。設后稷配位于稷壇之西，東向。正配每位各設十籩于神位之左，十豆于神位之右。簠、簋各二，登、鉶各三，于籩、豆之間。俎三，于簠、簋之前。香燭案于俎前。爵坫、沙池于香案之前。祝版位于神位之右。正位尊四，于壇之側，社在東，稷在西。配位各四尊，次之玉幣篚，位于酒尊之北。爵洗位于稷壇之東北，御洗位于爵洗位之北。御位于兩壇北之正中，皇太子位于御位之右稍後。文武陪祭官位于御位之後，文東武西。讀祝官位于神位之右。導駕及奏禮官六人位于御位之左右稍前，東西相向。御史二人位于兩壇下之東西，贊禮二人位于壇南。承、傳二人位于贊禮之北。引班四人于陪祭官之左右，俱東西相向。協律郎二人于樂縣之東西，樂生位于縣前，舞生位于縣後。司尊、司洗、司爵、捧幣各于其所，望瘞位于壇之西北。

齋戒：齋戒之日如唐制。

❶「司」，原作「同」，據庫本改。

樂：協律郎一人，幞頭，紅羅公服，荔枝帶，皂靴，手執麾幡。樂生六十二人，服緋袍，展脚幞頭，革帶，皂靴。樂器，編鐘、編磬、琴、瑟、搏拊、敔、柷、塤、篪、簫、横笛、應鼓、笙。

舞：舞士一人，幞頭，紅羅公服，荔枝帶，皂靴，手執節。舞生一百二十八人，文舞六十四人。引舞二人，各執羽籥，服紅袍，展脚幞頭，革帶，皂靴。舞生六十二人，服紅袍，展脚幞頭，革帶，皂靴，各執羽籥。武舞六十四人，引舞二人，各執干戚，服紅袍，展脚幞頭，革帶，皂靴。舞生六十二人，服紅袍，展脚幞頭，革帶，皂靴，各執干戚。

【《明史·樂志》】洪武元年，太社稷異壇同壝樂章：

迎神，《廣和》之曲　五土之靈，百穀之英。國依土而寧，民以食而生。基圖肇建，祀禮修明。神其來臨，肅恭而迎。

奠幣，《肅和》之曲　有國有人，社稷爲重。昭事云初，玉帛虔奉。維物匪奇，敬實將之。以斯爲禮，冀達明祇。

奉俎，《凝和》之曲　崇壇北向，明禋方闡。有潔犧牲，禮因物顯。大房載設，中情以展。景運既承，神貺斯衍。

初獻，《壽和》之曲　太社云：高爲山林，深爲川澤。崇丘廣衍，亦有原隰。惟神所司，百靈效職。清醴初陳，顒然昭格。

句龍配云：平治水土，萬世神功。民安物遂，造化攸同。嘉惠無窮，報祀宜豐。配食尊嚴，國家所崇。

太稷云：黍稷稻粱，來牟降祥，爲民之天。豐年穰穰，其功甚大，其恩甚長。乃登芳齊，以享以將。　后稷配云：皇皇后稷，克配于天。誕降嘉種，樹藝大田。

生民粒食，功垂萬年。建壇于京，歆兹吉蠲。

亞獻，《豫和》之曲　太社云：廣厚無偏，其體弘兮。德侔坤順，萬物生兮。錫民地利，神化行兮。恭祀告虔，國之禎兮。

句龍配云：周覽四方，偉烈昭彰。九州既平，五行有常。壇壝以妥，牲醴之將。是崇是嚴，焕然典章。太稷云：億兆林林，所資者穀。雨暘應時，家給人足。倉庾坻京，神介多福。祇薦其儀，昭事維肅。后稷配云：躬勤稼穡，有相之道。不稂不莠，實堅實好。農事開國，王基永保。有年自今，常奉蘋藻。

終獻，《豫和》之曲。詞同亞獻。

徹豆，《雍和》之曲　禮展其勤，樂奏其節。庶品苾芬，神明是達。有嚴執事，俎籩乃徹。穆穆雍雍，均其欣悦。

送神，《安和》之曲　維壇潔清，維主堅貞。神之所歸，依兹以寧。土宇靖安，年穀順成。祀典昭明，永致昇平。

望瘞，《時和》之曲　晨光將發，既侑既歆。瘞兹牲幣，達于幽陰。神人和悦，實獲我心。永久禋祀，其始于今。

【《明集禮》】祭太社、太稷儀注：

齋戒：皇帝散齋四日，致齋三日。陪祭官、執事官並齋七日。致齋第一日，陪祭官、執事官受誓戒。

省牲器：先祭二日，儀鸞司設大次于社稷北門外道西，南向。設皇太子幄次于大次之旁。先祭一日，設省牲位于北門外。皇帝服皮弁服，備法駕，出宫詣大次。導駕官同太常卿導引皇帝至省牲位，南向立。執事官各執事。廩犧令帥其屬牽牲，自東行過御前，省訖，牽牲詣神廚。執事官以豆取毛血，太常卿奏：「請詣神廚。」導駕官同太常卿導引至神廚。太常卿奏：「請視鼎鑊，請視滌溉。」訖，遂烹牲。導駕官同太常卿導引皇帝還大次。

陳設：先祭，執事官陳設如《圖儀》。

正祭：享日清晨，諸執事官各實尊、罍、篚、簠、籩、豆、登、鉶，實玉帛于篚，置祝版于神位之右。車駕至大次，太常卿奏：「請中嚴。」皇帝服衮冕。樂生、舞生及諸執事官、陪祭官入就位。太常卿奏「外辦」。導駕官同太常卿導引皇帝至御位，南向立。

迎神：贊禮唱：「迎神。」協律郎跪，俯伏，舉麾，奏《廣和》之曲。贊禮唱：「請行禮。」太常卿奏：「有司謹具，請行事。」奏：「鞠躬，拜，興，拜，興，平身。」皇帝鞠躬，拜，興，拜，興，平身。贊禮唱：「皇太子以下在位官皆再拜。」傳贊唱：「鞠躬，拜，興，拜，興，平身。」皇太子以下在位官皆鞠躬，拜，興，拜，興，平身。

奠玉帛：贊禮唱：「奠玉帛。」太常卿奏：「請詣盥洗位。」導駕官同太常卿導引皇帝至盥洗位。太常卿奏：「搢圭。」皇帝搢圭。司盥洗者奉匜，進巾。太常卿奏：「盥手，帨手，出圭。」皇帝盥手，帨手，出圭。太常卿奏：「請詣太社神位前。」導駕官同太常卿導引至神位前。協律郎跪，俯伏，舉麾，奏《肅和》之曲。太常卿奏：「跪，搢圭。」皇帝跪，搢圭。司香官奉香，跪進于皇帝之右。太常卿奏：「上香，上香，三上香。」皇帝上香，上香，三上香。司玉帛者奉玉幣，❶跪進于皇帝之右。皇帝受玉帛，奠于神位前。太常卿奏：「出圭，鞠躬，拜，興，拜，

❶「幣」，庫本作「帛」。

興，平身。」皇帝出圭，鞠躬，拜，興，拜，興，平身。樂止。太常卿奏：「請詣后土句龍氏神位前。」導駕官同太常卿導引皇帝至神位前。奠帛如前儀，訖，太常卿奏：「請詣太稷神位前。」導駕官同太常卿導引皇帝降自子陛，詣太稷壇，升自子陛，行禮如前儀，訖，太常卿奏：「請詣后稷神位前。」如前儀，訖，太常卿奏：「請復位。」導駕官同太常卿導引皇帝復位。

進熟：贊禮唱：「進俎。」協律郎跪，俯伏，舉麾，奏《凝和》之曲。齋郎舉俎至太社壇前，進俎官以俎升自子陛。太常卿奏：「請升壇。」導駕官同太常卿導引皇帝至太社神位前。太常卿奏：「搢圭。」皇帝搢圭。進俎官以俎進，皇帝以俎奠于太社神位前。太常卿奏：「出圭。」皇帝出圭。奏：「請詣后土神位前。」如前儀，訖，進俎官降自西陛，導駕官同太常卿導引皇帝降自子陛。齋郎舉俎至太稷壇前，進俎官以俎升自子陛。導駕官同太常卿導引皇帝至太稷神位前。太常卿奏：「搢圭。」皇帝搢圭。進俎官以俎進，皇帝以俎奠于太稷神位前。太常卿奏：「出圭。」皇帝出圭。奏：「請詣后稷神位前。」如前儀，訖，進俎官降自西陛。導駕官同太常卿導引皇帝降自子陛，復位。

初獻：贊禮唱：「請行初獻禮。」太常卿奏：「行初獻禮，請詣爵洗位。」導駕官同太常卿導引皇帝至爵洗位。太常卿奏：「搢圭。」皇帝搢圭。執爵官以爵進，皇帝受爵，滌爵，拭爵，以爵授執爵官。執爵官復以爵進，皇帝受爵，滌爵，拭爵，以爵授執爵官。太常卿奏：「出圭。」皇帝出圭。奏：「請詣酒尊所。」導駕官同太常卿導引至酒尊所。執爵官從行。太常卿奏：「搢圭。」皇帝搢圭。執爵官以爵進。皇帝執爵，司尊者舉冪，酌醴齊畢，皇帝以爵授執爵官。執爵官從行。太常卿奏：「出圭。」皇帝出圭。太常卿奏：「請詣太社神位前。」協律郎跪，俯伏，舉麾，奏《壽和》之曲，《武功》之舞。導駕官同太常卿導引皇帝至神位前。太常卿奏：「跪，搢圭。」皇帝跪，搢圭。司香官奉香，跪進于皇帝之左。太常卿奏：「上香，上香，三上香。」皇帝上香，上香，三上香。執爵官奉爵跪進于皇帝之右，皇帝受爵。太常卿奏：「祭酒，祭酒，三祭酒，奠爵。」皇帝祭酒，祭酒，三祭酒，奠爵。樂舞止。太常卿奏：「出圭。」皇帝出圭。讀祝官取祝版于神右，東向跪讀訖，樂舞作。太常卿奏：「俯伏，興，平身，稍後，鞠躬，拜，興，拜，興，平身。」皇帝俯伏，興，平身，稍後，鞠躬，拜，興，拜，興，平身。樂舞止。太常卿奏：「請詣后土氏神位前。」奏：「詣酒尊所。」導駕官同太常卿導引至酒尊所。太常卿奏：「搢圭。」皇帝搢圭。執爵官以爵進。皇帝執爵，司尊者舉冪，酌醴齊畢，皇帝以爵授執爵官。執爵官從行。太常卿奏：「出圭。」皇帝出圭。導駕官同太常卿導引皇帝至神位前，如前儀，訖，導駕官同太常卿導引皇帝降自北陛，太常卿奏：「請詣爵洗位。」導駕官同太常卿導引皇帝至爵洗位。太常卿奏：「搢圭。」皇帝搢圭。執爵官以爵進，皇帝受爵，滌爵，拭爵，以爵授執爵官。執爵官復以爵進，皇帝受爵，滌爵，拭爵，以爵授執爵官。太常卿奏：「出圭。」皇帝出圭。太常卿奏：「請詣酒尊所。」導駕官同太常卿導引至酒尊所。執爵官從行。太常卿奏：「搢圭。」皇帝搢圭。執爵官以爵進，皇帝執爵，司尊者舉冪，酌醴齊畢，皇帝以爵授執爵官。執爵官從行。太常卿奏：「出圭。」皇帝出圭。太常卿奏：「請詣太稷神位前。」協律郎跪，俯伏，舉麾，奏《壽和》之曲，《武功》之舞。導駕官同太常卿導引皇帝至神位前。太常卿奏：「跪，搢圭。」皇帝跪，搢圭。司香官奉香，跪進于皇帝之左。太常卿奏：「上香，上香，三上香。」皇帝上香，上香，三上香。執爵官奉爵跪進于皇帝之右，皇帝受爵。太常卿奏：「祭酒，祭酒，三祭酒，奠爵。」皇帝祭酒，祭酒，三祭酒，奠爵。樂舞止。太常卿奏：「出圭。」皇帝出圭。讀祝官取祝版于神右，東向，跪讀訖。樂舞作。太常卿奏：「俯伏，興，平身，稍後，鞠躬，拜，興，拜，興，平身。」皇帝俯伏，興，平身，稍後，鞠躬，拜，興，拜，興，平身。樂舞止。太常卿奏：「請詣后稷神位前。」奏：「詣酒尊所。」導駕官同太常卿導引至酒尊所。太常卿奏：「搢圭。」皇帝搢圭。執爵官以爵進，皇帝執爵，司尊者舉冪，酌醴齊畢，皇帝以爵授執爵官。執爵官從行。太常卿奏：「出圭。」皇帝出圭。導駕官同太常卿導引皇帝至神位前，如前儀，訖，太常卿奏：「請復位。」導駕官同太常卿導引皇帝復位。

亞獻：贊禮唱：「行亞獻禮。」太常卿奏：「請行亞獻禮，請詣爵洗位。」導駕官同太常卿導引皇帝至爵洗位。太常卿奏：「搢圭。」皇帝搢圭。執爵官以爵進，皇帝受爵，滌爵，拭爵，以爵授執爵官。執爵官復以爵進，皇帝受爵，滌爵，拭爵，以爵授執爵官。太常卿奏：「出圭。」皇帝出圭。太常卿奏：「請詣酒尊所。」導駕官同太常卿導引至酒尊所。執爵官從行。太常卿奏：「搢圭。」皇帝搢圭。執爵官以爵進，皇帝受爵，司尊者舉冪，酌盎齊畢，皇帝以爵授執爵官。執爵官從行。太常卿奏：「出圭。」皇帝出圭。太常卿奏：「請詣太社神位前。」協律郎跪，俯伏，舉麾，奏《豫和》之曲，《文德》之舞。導駕官同太常卿導引皇帝至神位前。太常卿奏：「跪，搢圭。」皇帝跪，搢圭。執爵官奉爵，跪進于皇帝之右，皇帝受爵。太常卿奏：「祭酒，祭酒，三祭酒，奠爵。」皇帝祭酒，祭酒，三祭酒，奠爵。太常卿奏：「出圭，俯伏，興，平身，稍後，鞠躬，拜，興，拜，興，平身。」皇帝出圭，俯伏，興，平身，稍後，鞠躬，拜，興，拜，興，平身。樂舞止。太常卿奏：「請詣酒尊所。」導駕官同太常卿導引皇帝至酒尊所。執爵官以爵進，皇帝受爵，司尊者舉冪，酌盎齊畢，皇帝以爵授執爵官。執爵官從行。樂舞作。太常卿奏：「請詣后土氏神位前。」導駕官同太常卿導引皇帝至神位前。太常卿奏：「跪，搢圭。」皇帝跪，搢圭。執爵官奉爵跪進于皇帝之右，皇帝受爵。太常卿奏：「祭酒，祭酒，三祭酒，奠爵。」皇帝祭酒，祭酒，三祭酒，奠爵。太常卿奏：「出圭，俯伏，興，平身。稍後，鞠躬，拜，興，拜，興，平身。」皇帝出圭，俯伏，興，平身，稍後，鞠躬，拜，興，拜，興，平身。樂舞止。導駕官同太常卿導引皇帝降自北陛。太常卿奏：「請詣爵洗位。」導駕官同太常卿導引皇帝至爵洗位。太常卿奏：「搢圭。」皇帝搢圭。執爵官以爵進，皇帝受爵，滌爵，拭爵，以爵授執爵官。執爵官復以爵進，皇帝受爵，滌爵，拭爵，以爵授執爵官。太常卿奏：「出圭。」皇帝出圭。奏：「請詣酒尊所。」導駕官同太常卿導引至酒尊所。執爵官從行。太常卿奏：「搢圭。」皇帝搢圭。執爵官以爵進，皇帝執爵，司尊者舉冪，酌醴齊畢，皇帝以爵授執爵官。執爵官從行。太常卿奏：「出圭。」皇帝出圭。太常卿奏：「請詣太稷神位前。」協律郎跪，俯伏，舉麾，奏《豫和》之曲，《文德》之舞。導駕官同太常卿導引皇帝至神位前。太常卿奏：「跪，搢圭。」皇帝跪，搢圭。執爵官奉爵跪進于皇帝之右，皇帝受爵，太常卿奏：「祭酒，祭酒，三祭酒，奠爵。」皇帝祭酒，祭酒，三祭酒，奠爵。太常卿奏：「出圭，俯伏，興，平身，稍後，鞠躬，拜，興，拜，興，平身。」皇帝出圭，俯伏，興，平身，稍後，鞠躬，拜，興，拜，興，平身。樂舞止。太常卿奏：「請詣酒尊所。」導駕官同太常卿導引皇帝至酒尊所。執爵官以爵進，皇帝受爵，司尊者舉冪，酌醴齊畢，皇帝以爵授執爵官。執爵官從行。樂舞作。太常卿奏：「請詣后稷神位前。」導駕官同太常卿導引皇帝至神位前。太常卿奏：「跪，❶搢圭。」皇帝跪，搢圭。執爵官奉爵，跪進于皇帝之右。皇帝受爵。太常卿奏：「祭酒，祭酒，三祭酒，奠爵。」皇帝祭酒，祭酒，三祭酒，奠爵。太常卿奏：「出圭，俯伏，興，平身，稍後，鞠躬，拜，興，拜，興，平身。」皇帝出圭，俯伏，興，平身，稍後，鞠躬，拜，興，拜，興，平身。樂舞止。太常卿奏：「請復位。」導駕官同太常卿導引皇帝復位。

終獻：贊禮唱：「行終獻禮。」太常卿奏：「請行終獻禮，請詣爵洗位。」導駕官同太常卿導引皇帝至爵洗位。太常卿奏：「搢圭。」皇帝搢圭。執爵官以爵進，皇帝受爵，滌爵，拭爵，以爵授執爵官。執爵官復以爵進，皇帝受爵，滌爵，拭爵，以爵授執爵官。太常卿奏：「出圭。」皇帝出圭。太常卿奏：

---

❶「奏跪」，原作「跪奏」，據《明集禮》卷九改。

「請詣酒尊所。」導駕官同太常卿導引皇帝至酒尊所。執爵官從行。太常卿奏：「搢圭。」皇帝搢圭。執爵官以爵進，皇帝受爵，司尊者舉冪，酌盎齊畢，皇帝以爵授執爵官。執爵官從行。太常卿奏：「出圭。」皇帝出圭。太常卿奏：「請詣太社神位前。」協律郎跪，俯伏，舉麾，奏《熙和》之曲，《文德》之舞。導駕官同太常卿導引皇帝至神位前。太常卿奏：「跪，搢圭。」皇帝跪，搢圭。執爵官奉爵，跪進于皇帝之右。皇帝受爵。太常卿奏：「祭酒，祭酒，三祭酒，奠爵。」皇帝祭酒，祭酒，三祭酒，奠爵。太常卿奏：「出圭，俯伏，興，平身，稍後，鞠躬，拜，興，拜，興，平身。」皇帝出圭，俯伏，興，平身，稍後，鞠躬，拜，興，拜，興，平身。樂舞止。太常卿奏：「請詣酒尊所。」導駕官同太常卿導引皇帝至酒尊所。執爵官以爵進，皇帝受爵。司尊者舉冪，酌盎齊畢，皇帝以爵授執爵官。執爵官從行。樂舞作。太常卿奏：「請詣后土氏神位前。」導駕官同太常卿導引皇帝至神位前。太常卿奏：「跪，搢圭。」皇帝跪，搢圭。執爵官奉爵，跪進于皇帝之右。皇帝受爵。太常卿奏：「祭酒，祭酒，三祭酒，奠爵。」皇帝祭酒，祭酒，三祭酒，奠爵。太常卿奏：「出圭，俯伏，興，平身，稍後，鞠躬，拜，興，拜，興，平身。」皇帝出圭，俯伏，興，平身，稍後，鞠躬，拜，興，拜，興，平身。樂舞止。太常卿奏：「飲福，受胙。」導駕官同太常卿導引至正位前飲福位，南向立。太常卿奏：「鞠躬，拜，興，拜，興，平身，稍前，跪，搢圭。」皇帝鞠躬，拜，興，拜，興，平身，稍前，跪，搢圭。執事官就神前酌福酒，跪進于皇帝之右。贊曰：「唯此酒殽，神之所與，賜以福慶，億兆同霑。」

皇帝受福酒，祭酒少許，飲福酒，以爵置于坫。奉胙官就神前取胙，跪進于皇帝之右。皇帝受胙，以胙授執事者。執事者跪受于皇帝之右。太常卿奏：「出圭，俯伏，興，平身，稍後，鞠躬，拜，興，拜，興，平身。」皇帝出圭，俯伏，興，平身，稍後，鞠躬，拜，興，拜，興，平身。導駕官同太常卿導引皇帝降自北陛。太常卿奏：「請詣爵洗位。」導駕官同太常卿導引皇帝至爵洗位。太常卿奏：「搢圭。」皇帝搢圭。執爵官以爵進，皇帝受爵，滌爵，拭爵，以爵授執爵官。執爵官復以爵進，皇帝受爵，滌爵，拭爵，以爵授執爵官。太常卿奏：「出圭。」皇帝出圭。奏：「請詣酒尊所。」導駕官同太常卿導引至酒尊所。執爵官從行。太常卿奏：「搢圭。」皇帝搢圭。執爵官以爵進，皇帝執爵，司尊者舉冪，酌醴齊畢，皇帝以爵授執爵官。執爵官從行。太常卿奏：「出圭。」皇帝出圭。太常卿奏：「請詣太稷神位前。」協律郎跪，俯伏，舉麾，奏《熙和》之曲，《文德》之舞。導駕官同太常卿導引皇帝至神位前。太常卿奏：「跪，搢圭。」皇帝跪，搢圭。執爵官奉爵，跪進于皇帝之右，皇帝受爵。太常卿奏：「祭酒，祭酒，三祭酒，奠爵。」皇帝祭酒，祭酒，三祭酒，奠爵。太常卿奏：「出圭，俯伏，興，平身，稍後，鞠躬，拜，興，拜，興，平身。」皇帝出圭，俯伏，興，平身，稍後，鞠躬，拜，興，拜，興，平身。樂舞止。太常卿奏：「請詣酒尊所。」導駕官同太常卿導引皇帝至酒尊所。執爵官以爵進，皇帝受爵，司尊者舉冪，酌醴齊畢，皇帝以爵授執爵官。執爵官從行。樂舞作。太常卿奏：「請詣后稷氏神位前。」導駕官同太常卿導引皇帝至神位前。太常卿奏：「跪，搢圭。」皇帝跪，搢圭。執爵官奉爵，跪進于皇帝之右。皇帝受爵。太常卿奏：「祭酒，祭酒，三祭酒，奠爵。」皇帝祭酒，祭酒，三祭酒，奠爵。太常卿奏：「出圭，俯伏，興，平身，稍後，鞠躬，拜，興，拜，興，平身。」皇帝出圭，俯伏，興，平身，稍後，鞠躬，拜，興，拜，興，平身。樂舞止。太常卿奏：「飲福，受胙。」導駕官同太常卿導引至正位前飲福位，南向立。太常卿奏：「鞠躬，拜，興，拜，興，平身，稍前，跪，搢圭。」皇帝鞠躬，拜，興，拜，興，平身，稍前，跪，搢圭。執事官就神前酌福酒，跪進于皇帝之右。贊曰：「唯此酒餚，神之所與。賜以福慶，億兆同霑。」皇帝受福酒，祭酒少許，飲福酒，以爵置于坫。奉胙官就神前取胙，跪進于皇帝之右。皇帝受胙，以胙受執事者。執事者跪受于皇帝之右。太常卿奏：「出圭，俯伏，興，平身，稍後，鞠躬，拜，興，拜，興，平身。」皇帝出圭，俯伏，興，平身，稍後，鞠躬，拜，興，拜，興，平身。太常卿奏：「復位。」導駕官同太常卿導引皇帝復位。

徹豆：贊禮唱：「徹豆。」協律郎跪，俯伏，舉麾，奏《雍和》之曲。掌祭官各徹豆。樂止。贊禮唱：「賜胙。」太常卿奏：「皇帝飲福，受胙，免拜。」贊禮唱：「皇太子以下在位官皆再拜。」傳贊唱：「鞠躬，拜，興，拜，興，平身。」皇太子以下在位官皆鞠躬，拜，興，拜，興，平身。

送神：贊禮唱：「送神。」協律郎跪，俯伏，舉麾，奏《安和》之曲。太常卿奏：「鞠躬，拜，興，拜，興，平身。」皇帝鞠躬，拜，興，拜，興，平身。贊禮唱：「皇太子以下在位官皆再拜。」傳贊唱：「鞠躬，拜，興，拜，興，平身。」皇太子以下在位官皆鞠躬，拜，興，拜，興，平身。樂止。贊禮唱：「祝人取祝，幣人取幣，詣望瘞位。」讀祝官取祝，奉幣官取幣，掌祭官取牲饌，詣瘞所，置于坎内。望瘞：贊禮唱：「望瘞。」協律郎跪，俯伏，舉麾，奏《時和》之曲。太常卿奏：「請詣望瘞位。」導駕官同太常卿導引皇帝至望瘞位。樂止。贊禮唱：「可瘞。」東西面各二人，置土于坎，實土至半。太常卿奏：「禮畢。」導駕官同太常卿導引皇帝還大次，解嚴。

遣官祭告社稷儀注：

前期，告官及陪祀官、執事官齋三日，散齋二日，宿于公廨，致齋一日于祭所。

前一日，有司掃除壇上下，開瘞坎。執事恭視社主，設太社神位于社壇之南正中，設后土氏配位于社壇之東，設太稷神位于稷壇之南正中，設后稷配位于稷壇之西。設告官拜位于壇下之北，南向。陪祀官位于告官之北，南向。贊禮二人位于告官拜位之南，東西相向。設盥洗位于兩壇下之西，爵洗位于稷壇之東北，酒尊位于爵洗位之南，幣篚位又于尊之南。又設司尊、司爵洗、司盥洗、執爵位，各于其所。其日清晨，執事官陳設幣帛、肉脯，實酒尊，然香燭，設祝版于正配神位之右。贊引引告祭官、陪祀官各服法服，入就拜位，皆南向立。贊禮唱：「行禮。」引禮詣告官前，曰：「有司謹具，請行事。」贊禮唱：「鞠躬，拜，興，拜，興，平身。」告官及陪位官皆鞠躬，拜，興，拜，興，平身。贊禮唱：「奠幣。」贊引引告官詣盥洗位。贊引唱：「搢笏。」告官搢笏。贊引唱：「盥手。」司盥者酌水，告官盥洗，訖。唱：「帨手。」司巾者以巾進，告官帨手，訖。贊引唱：「出笏。」告官出笏。贊引詣告官前，曰：「請詣太社神位前。」司幣者捧幣從行。贊引引至神位前。唱：「跪，搢笏。」告官跪，搢笏。司香取香于案，跪進于告官之左。贊引唱：「上香，上香，三上香。」告官上香，上香，三上香，訖。司幣者取幣于篚，跪進于告官之右。告官受幣，奠于神位前。贊引唱：「出笏。」告官出笏。唱：「鞠躬，拜，興，拜，興，平身。」告官鞠躬，拜，興，拜，興，平身。次引至后土神位前，如前儀，訖，贊引引告官降自北陛，詣告官前，曰：「請詣太稷神位前。」至神位前奠幣，及詣后稷神位前，並如前儀。訖，贊引引告官復位。少立，贊禮唱：「酌獻。」贊引引告官詣爵洗位。贊引唱：「搢笏。」告官搢笏。執爵者以爵進，贊引唱：「受爵。」告官受爵。唱：「滌爵。」司爵洗者酌水，滌爵訖，唱：「拭爵。」司帨者以巾進，告官拭爵，訖，唱：「以爵授執爵者。」告官以爵授執爵者。執事者復以爵進告官，告官受爵，滌爵，拭爵，如前儀。訖，贊引唱：「出笏。」告官出笏。贊引唱：「請詣酒尊所。」引至酒尊所。贊引唱：「搢笏。」告官搢笏。執爵者以爵進，告官受爵。司尊者舉冪，酌酒，以爵授執爵者。執爵者復以爵進，告官受爵，酌酒如前儀，訖。贊引唱：「出笏。」告官出笏。贊引詣告官前曰：「請詣太社神位前。」贊引唱：「跪，搢笏。」告官跪，搢笏。執爵者以爵跪進于告官之右，告官受爵。贊引唱：「祭酒，祭酒，三祭酒，奠爵。」告官祭酒，祭酒，三祭酒，奠爵于坫。贊引唱：「出笏。」告官出笏。讀祝官取祝版于神位之右，跪讀祝文，訖。贊引唱：「俯伏，興，拜，興，拜，興，平身。」告官俯伏，興，拜，興，拜，興，平身。次引至后土神位前，如前儀訖，贊引引告官降自北陛，詣爵洗位、酒尊所。引至太稷神位前，后稷神位前，行禮皆如前儀，訖，贊引引告官復位。贊禮唱：「鞠躬，拜，興，拜，興，平身。」告官及陪位官皆鞠躬，拜，興，拜，興，平身。贊禮唱：「望瘞。」讀祝官取祝，捧幣官取幣，詣瘞所。贊引引告官至望瘞位，北向立。贊禮唱：「可瘞。」東西面各二人置土于坎，實土至半。贊禮唱：「禮畢。」引告官及在位者以次出。

【王圻《續通考》】郡邑社稷壇建于城西北，右社，左稷，各方二丈五尺，高三尺，四出陛，各三級。社以石爲主，其形如鍾，長二尺五寸，方一尺一寸，剡其上，培其下之半，在壇之南。壇周垣百步。祭用春秋二仲月上戊日。每壇正配位，籩、豆各四，簠、簋各二，鉶各一，俎二，共用羊、豕各一，帛一。長官行三獻禮，餘官陪祭。四年，定王府社稷之制，立于王國宮門之右。壇方三丈五尺，高三尺五寸，四出陛。兩壇相去亦三丈五尺。壝廣二十丈，高五尺，各置欞星門。外垣三門，置屋列戟十二，惟南門無屋。社主用石，長二尺五寸，闊一尺五寸，剡其上，埋其半。其制上不同于太社，下異郡邑之制。

【《明史·禮志》】洪武三年，于壇北建祭殿五間，又北建拜殿五間，以備風雨。

【《大政紀》】洪武四年正月，詔定親祭社稷用皮弁服，陪祭官各服本品梁冠祭服。五月，詔立大社壇于中都。九月，詔：親祀社稷齋三日，降香齋一日，著爲令。

【《明會典》】七年，定天下府州縣社稷之神正配位，各用羊一豕一。

洪武十年，改建社稷壇于午門外之右。先是社主用石，高五尺，闊二尺，上微尖，立于社壇，半埋土中，近南北向，稷不用主。至是，埋石主于社稷壇之正中，微露其尖，仍用木爲神牌而丹漆之。祭則設于壇上，祭畢貯庫。壇設太社神牌居東，太稷神牌居西，俱北向。奉仁祖神牌配神，西向，而罷勾龍、后稷配。自奠帛至終獻，皆同時行禮。

【《春明夢餘録》】洪武十年，上以太社、太稷分祭配祀，皆因前代制，欲更建之爲一代之典，遂下禮部議。尚書張籌詳議奏曰：「案《通典》，顓頊祀共工氏子勾龍爲社，烈山氏子柱爲稷。稷，田正也，高辛、唐、虞、夏皆因之，周棄亦爲稷，自商以來祀之，此社稷之祀所由始也。商湯以旱而遷社，以后稷代柱，欲遷勾龍，無可繼者，故止。然王肅以爲社祭勾龍，稷祭后稷，皆人鬼，非地祇。而陳氏《禮書》又謂社所以祭五土之祇，稷所以祭五穀之神。鄭康成亦謂社爲土總神，稷爲原隰之神，勾龍以有平水土之功，故配社祀之；稷以有播種之功，故配稷祀之。二説爲不同。漢元始五年，以夏禹配食官社，后稷配食官稷，唐宋及元則又以勾龍配社，周棄配稷，蓋本鄭氏之説，此配祀之説緣于古昔，初無一定之論也。至于社稷分合之義，《書·召誥》言社于新邑，孔氏註曰：『社稷共牢。』又《封人》『掌設王之社壝』，註云：『不言稷者，舉社則稷從之。』如是則當時社與稷固已合而一之矣。陳氏《禮書》曰：『稷非土無以生，土非稷無以見生生之數，故祭社必及稷，以其同功均利而養人也。』而《山堂考索》則曰：『土爰稼穡，其本一也。』是則社稷之祭合而一之，于古自有明證。至于壇位，則考之周制，《小宗伯》『掌建國之神位，右社稷，左宗廟』，起大事，動大衆，以先告于社而後出。其制在中門之外、外門之內，尊而親之，與先祖等。漢遣官祭大社、大稷，光武立大社、大稷于雒陽，在宗廟之右，唐因隋制，建于含光門之右，大抵皆本成周左祖右社之意。社主之言，《周禮・大司徒》：『設其社稷之壝而樹之主，各以野之所宜木名其社。』《小宗伯》『立軍社』，鄭氏注：『社主用石爲之。』蓋以石者，土之所生，最爲堅實故也。唐神龍中，議立社，韋叔夏引鄭玄議，以爲社主用石。《韓詩外傳》云：『天子社主，長五尺，方二尺，剡其上以象物生，方其下以象地體，埋其半以象根在土中而本末均。』宋初，祭社稷正配位用神位版，大社又以石爲主，其形如鐘，長五尺，方二尺，剡其上，培其下半，其中植槐，是則木主、石主前代蓋兼用矣。今擬社稷合祭，共爲一壇，皆設木主而丹漆之，祭則設于壇上，祭畢收藏，仍用石主埋壇中，如唐宋之制。至于勾龍配社，周棄配稷，雖唐虞農官而勾龍共工氏之子也，祀之無義，商湯欲遷之而未果，漢嘗易以夏禹，而今以列祀帝王之次，棄稷亦配享先農，請罷勾龍與棄配位。謹奉仁祖配享大社、大稷，以成一代之盛典，以明社尊而親之之道。」上覽奏，稱善，遂定合祭之禮。十月工完，于是合祭社稷，奉仁祖配。

【《明史・禮志》】初，社稷列中祀，及以仁祖配，乃升爲上祀，具冕服以祭，行奉安禮。

【《太祖實録》】十月，新建社稷壇成。先是禮部尚書張籌言：「天地、社稷、宗廟，崇敬之禮一也。後世列社稷爲中祀，失所以崇奉之意。至唐升爲上祀。國初仍列中祀，祭服或具通天冠、絳紗袍，或以皮弁，制未有定。今既考用古制，右社稷，左宗廟，有事社稷，奉仁祖配，其禮重矣。宜升爲上祀，具冕服以祭。」帝是之。至是行奉安禮。帝冕服乘輅，百官具祭服，詣舊壇以遷主告祭，行一獻禮畢，執事起石主，舁之，具儀衛，作樂，百官前導。帝乘輅至新壇，執事奉安石主于壇上，别設木主于神位。具牲醴庶品，升爲上祀，奉仁祖淳皇帝配。

【《明史·張籌傳》】洪武九年，籌爲尚書，乃更議合社稷爲一壇，罷勾龍、棄配位，奉仁祖配享，遂以社稷與郊廟並列上祀。識者竊非之。

蕙田案：建國神位，左祖右社，是宗廟與社稷體制相並，未聞祭社稷而以祖宗配食也。明太社罷句龍、后稷配，而以仁祖配，殊爲創典。嘉靖時去祖宗配，仍以句龍、后稷配，乃合于古矣。

【《明史·禮志》】十一年春，祭社稷，行新定儀。迎神、飲福、送神，凡十二拜，餘如舊。

【王圻《續通考》】是年，祭太社、太稷。前祭二日，詣奉先殿告仁祖淳皇帝配神。祭日，陳設。太社在東，太稷在西，俱北向。仁祖淳皇帝在東，西向。太社、太稷位，各用犢一、羊一、豕一，登一，鉶二，籩、豆各十二，簠、簋各二，玉用兩圭有邸，帛一，黑色。仁祖配位同，不用玉。共設酒尊三于壇之西北，東向。爵九，玉篚二，帛篚一，祝文一。其儀，典儀唱：「樂舞生就位，執事者各司其事。」皇帝詣盥洗位，搢圭，盥手，出圭，就位。典儀唱：「瘞毛血。」唱：「迎神。」奏樂。樂止，内贊奏：「四拜。」百官同。典儀唱：「奠玉幣，行初獻禮。」奏樂，執事官以爵受酒。皇帝詣太社神位前，搢圭。執事官以玉帛跪進，皇帝奠玉帛。執事官以爵跪進，皇帝獻爵，出圭。次詣大稷神位前，次詣仁祖淳皇帝神位前，俱如前儀。詣讀祝位跪，讀祝官以祝跪讀，訖。皇帝俯伏，興，平身，復位，樂止。典儀唱：「行亞獻禮。」奏樂。皇帝詣太社神位前，搢圭，獻爵，出圭。次詣太稷神位前，次詣仁祖淳皇帝神位前，俱如前儀。復位，樂止，典儀唱：「行終獻禮。」儀同亞獻，畢，典儀唱：「飲福受胙。」皇帝詣飲福位，跪，搢圭。光禄寺官以爵進，皇帝受爵，飲福酒，光禄寺官以胙進皇帝，受胙，出圭，俯伏，興，平身，復位，四拜，百官同。典儀唱：「徹饌。」奏樂，樂止，唱：「送神。」奏樂，皇帝四拜，百官同。樂止，讀祝官捧祝，掌祭官捧帛饌，各詣瘞位，皇帝詣望瘞位，内贊奏：「禮畢。」祝文曰：「維神贊輔皇祇，發生嘉穀，粒我烝民，萬世永賴。時當仲春，禮嚴告祀。謹以玉帛牲齊，粢盛庶品，備兹瘞祭，皇考仁祖淳皇帝配神。」

【《明史·樂志》】洪武十一年，合祭太社稷樂章：

迎神，《廣和》之曲　予惟土穀兮造化工，爲民立命兮當報崇。民歌且舞兮朝雍雍，備筵率職兮候迓迎。想聖來兮祥風生，欽當稽首兮告年豐。

初獻，《壽和》之曲　氤氲氣合兮物遂蒙，民之立命兮荷陰功。予將玉帛兮獻微衷，初斟醴薦兮民福洪。

亞獻，《豫和》之曲　予令樂舞兮再捧觴，願神昭格兮軍民康。思必穆穆兮靈洋洋，感恩厚兮拜祥光。

終獻，《熙和》之曲　干羽飛旋兮酒三行，香煙繚繞兮雲旌幢。予今稽首兮忻且惶，神顔悦兮霞彩彰。

徹饌，《雍和》之曲　粗陳微禮兮神喜將，琅然絲竹兮樂舞揚。願祥普降兮遐邇方，烝民率土兮盡安康。

送神，《安和》之曲　氤氲氤氲兮祥光張，龍車鳳輦兮駕飛揚。遥瞻稽首兮去何方，民福留兮時雨暘。

望瘞，《時和》之曲　捧殽羞兮詣瘞方，鳴鑾率舞兮聲鏗鏘。思神納兮民福昂，予今稽首兮謝恩光。

【《禮志》】中都亦有太社壇，❶洪武四年建。取五方土以築。直隸、河南進黄土，浙江、福建、廣東、西進赤土，江西、湖廣、陝西進白土，山東進青土，北平進黑土。天下府縣千三百餘城，各土百觔，取于名山高爽之地。

王國社稷，洪武四年定。十一年，禮臣言：「太社稷既同壇合祭，王國各府州縣亦宜同壇，稱國社、國稷之神，不設配位。」詔可。十三年九月，復定制兩壇一壝如初式。十八年，定王國祭社稷、山川等儀，行十二拜禮。

府州縣社稷，洪武元年，頒壇制于天下郡邑，俱設于本城西北，右社左稷。十一年，定同壇合祭如京師。獻官以守禦武臣爲初獻，文官爲亞獻、終獻。十三年，溧水縣祭社稷，以牛醢代鹿醢。禮部言：「定制，祭物缺者許以他物代。」帝曰：「所謂缺者，非土地所産。溧水固有鹿，有司故爲苟簡也。百司所以能理其職而盡民事者，以其常存敬懼之心耳。神猶忽之，于人事又何懼焉！」命論如律。乃敕禮部下天下郡邑，凡

❶「壇」，原重文，據《明史·禮志》改。

祭祀必備物，苟非地産、無從鬻者，聽其缺。十四年，令三獻皆以文職長官，武官不與。里社，每里一百户立壇一所，祀五土、五穀之神。

【《明會典》】洪武二十六年初，定儀天下府州縣社稷。洪武禮制，社稷同壇。制東西二丈五尺，南北二丈五尺，高三尺，俱營造尺。四出陛，各三級。壇下前十二丈或九丈五尺，東、西、南各五丈。繚以周墻，四門紅油，北門入。石主，長二尺五寸，方一尺，埋于壇南正中，去壇二尺五寸，止露圓尖，餘埋土中。

神號：各布政司寓治之所，雖係布政司官致祭，亦合稱府社、府稷。府，稱府社之神、府稷之神；州，稱州社之神、州稷之神；縣，稱縣社之神、縣稷之神。

神牌二，以木爲之，朱漆青字。身高二尺二寸，闊四寸五分，厚九分。座高四寸五分，闊八寸五分，厚四寸五分。臨祭設于壇上，以矮桌盛頓，祭畢藏之。

房屋：神廚三間，用過梁通連。深二丈四尺，中一間闊一丈五尺九寸，傍二間每間闊一丈二尺五寸。鍋五口，每口二尺五寸。庫房間架與神廚同，内用壁，不通連。宰牲房三間，深二丈二尺五寸，三間通連，中一間闊一丈七尺五寸九分，傍二間各闊一丈。于中一間正中鑿宰牲小池，長七尺，深二尺，闊三尺，甎砌四面，安頓木架于上。宰牲血水聚于池内，祭畢擔去，仍用蓋。房門用鎖。宰牲房前舊有小池者，仍舊制，不必更改。無者不必鑿池，止于井内取水。滌牲桶四隻，寬大可以容牲。祝版，以木爲之，白紙寫文貼其上，祭畢焚之。

祭器：牲匣四，以木爲之，朱漆底，蓋各高

六寸，長三尺三寸，闊二尺二寸。蓋兩頭用銅環二箇，底兩傍用銅環四箇。籩、豆、簠、簋俱用瓷楪，簠、簋楪稍大。酒尊三，用瓷尊，每尊用蓋布巾一，酌酒杓一。爵六，用瓷爵。鉶一，用瓷椀。香爐二，設于壇之左右。案桌，神牌案二，高一尺一寸，闊一尺九寸，長三尺三寸。籩豆簠簋案四，高一尺一寸，闊一尺九寸，長三尺三寸。牲匣案四，高六寸，闊二尺四寸，長三尺五寸。祝案一，高一尺二寸，闊一尺九寸，長三尺三寸。酒尊案一，高二尺七寸五分，闊一尺五寸，長五尺。桌面剜三孔，仍用木板一片，横裝于剜孔之下，以盛酒尊爵。帛案一，高二尺七寸五分，闊二尺三寸，長三尺。盥具，尊一，用瓷器。酌水杓一。盆一，錫銅瓷隨用。帨布一。案一，高二尺七寸五分，闊二尺三寸，長三尺。

祭物：羊一，豕一。帛一，黑色，長一丈八尺。鉶一，盛和羹。籩四，棗、栗、鹽、稾魚。豆四，韭葅，醓醢，猪肉、鮓、菁葅，鹿醢，或用鹿、兔。簠二，黍、稷。簋二，稻、粱。

祭期：每歲仲春、仲秋上戊日。獻官，各布政司及府州縣，凡遇祭祀，隨處但長官一員行三獻禮，餘官止陪祭。武官並不預祭。

儀注：正祭前三日，獻官并陪祭官、執事人等，沐浴更衣，散齋二日，各宿别室，致齋一日，同宿祭所。散齋仍理事務，惟不飲酒，不食葱、韭、蒜、薤，不弔喪問疾，不聽樂，不行刑，不判署刑殺文字，不預穢惡事。致齋，唯理祭事。正祭前一日，執事者設香案于宰牲房外。贊引引獻官常服詣省牲所。贊：「省牲。」執事者牽牲從香案前過，贊引贊：「省牲。」畢，遂宰牲，以毛血少許盛于盤，其餘毛血以浄器盛貯，祭畢埋之。其牲須連皮煮熟供祭。

前期，執事掃除壇之上下，并設獻官幙次于中門外，執事者依圖陳設。其日清晨，執事者各實籩豆酒尊等器，并滌爵。臨祭，獻官免滌。獻官具祭服，僉祝版于幙次。執事置祝于案，置帛于篚，取毛血盤，置神位前牲案下。將行禮，執事者以牲匣盛牲置于案，未啓蓋。通贊唱：「執事者各司其事，陪祭官各就位。」唱：「獻官就位。」贊引引獻官入就位。通贊唱：「瘗毛血。」執事者以毛血瘗于坎，遂啓牲匣蓋。通贊唱：「迎神，鞠躬，拜，興，拜，興，拜，興，拜，興，平身。」獻官、陪祭官皆四拜，興，平身。通贊唱：「奠帛，行初獻禮。」捧帛者捧帛，執爵者執爵以俟。贊禮唱：「詣盥洗所。」贊引引獻官至盥洗所。贊：「搢笏。」執事者酌水，進巾，獻官盥手，帨手，訖。盥手，帨手，不贊。贊：「出笏。」獻官出笏。贊：「詣酒尊所。」贊：「司尊者舉冪，酌酒，執事者各以爵受酒。」贊：「詣某社神位前。」引獻官詣神位前。贊：「跪，搢笏。」獻官跪，搢笏。捧帛者跪進于獻官之右，獻官受帛，獻帛，以帛授執事者，奠于案。執爵者跪進于獻官之右，獻官受爵，贊：「獻爵。」獻官獻爵，以爵授執事者，奠于神位前。凡進帛、進爵皆在獻官之右，奠帛、奠爵皆在獻官之左。贊：「出笏。」獻官出笏。贊：「俯伏，興，平身。」獻官俯伏，興，平身。贊：「詣某稷神位前。」同上儀。贊：「詣讀祝位。」獻官詣讀祝位。贊：「跪。」獻官跪。贊：「讀祝。」讀祝者取祝，跪讀于獻官之左，畢，興，置祝于案。贊：「俯伏，興，平身。」獻官俯伏，興，平身。贊：「復位。」獻官復位。通贊唱：「行亞獻禮。」贊引引獻官詣酒尊所。

贊：「司尊者舉羃，酌酒，執事者各以爵受酒。」贊：「詣某社神位前。」引獻官詣神位前。贊：「跪。」贊：「搢笏。」獻官跪，搢笏。執爵者跪進于獻官之右，獻官受爵。贊：「獻爵。」獻官獻爵，以爵授執事者，奠于神位前。贊：「出笏。」獻官出笏。贊：「俯伏，興，平身。」獻官俯伏，興，平身。贊：「詣某稷神位前。」同上儀。贊：「復位。」獻官復位。終獻同亞獻儀。通贊唱：「飲福，受胙。」執事者設飲福位于壇之中稍北。執事者先于社神前取羊一脚置于盤，執事者于酒尊所酌酒一爵，立俟于飲福位之右。贊引引獻官詣飲福位。贊：「跪，搢笏。」獻官跪，搢笏。執事者以爵跪進于獻官之右，獻官受爵。贊：「飲福酒。」獻官飲訖，以虚爵授執事者。執事者跪受爵于獻官之左，以退。贊：「受胙。」執事者以胙跪進于獻官之右，獻官受胙，以胙授執事者。執事者跪受于獻官之左，捧由中道出。贊：「出笏。」獻官出笏。贊：「俯伏，興，平身。」獻官俯伏，興，平身。贊：「復位。」通贊贊：「兩拜。」獻官、陪祭官皆兩拜。通贊唱：「徹饌。」執事者各詣神位前，以籩豆稍移動。通贊唱：「送神。」贊：「躬鞠，拜，興，拜，興，拜，興，拜，興，平身。」獻官、陪祭官皆四拜興，平身。通贊唱：「讀祝官捧祝，進帛官捧帛，各詣瘞所。」獻官、陪祭官移身，分東西立俟。捧帛祝者由中道過獻官拜位。通贊唱：「望瘞。」贊引贊：「詣望瘞位。」獻官至望瘞位。執事者以祝帛焚于坎中，將畢，以土實坎。贊引、通贊同唱：「禮畢。」

里社：凡各處鄉村人民，每里一百户内立壇一所，祀五土、五穀之神，專爲祈禱，雨暘時若，五穀豐登。每歲一户輪當會首，常川潔凈壇場。遇春秋二社，預期率辦祭物。至日，約聚祭祀，其祭用一羊一豕，酒果香燭隨用。祭畢就行會飲。會中先令一人讀抑强扶弱之誓，其詞曰：「凡我同里之人，各遵守禮法，毋恃力淩弱。違者先共制之，然後經官。或貧無可贍，周給其家，三年不立不使。與會其婚姻喪葬有乏，隨力相助。如不從衆及犯姦盜詐僞一切非爲之人，並不許入會。」讀誓詞畢，長幼以次就坐，盡歡而退，務在恭敬神明，和睦鄉里，以厚風俗。

儀注：前祭一日，會首及與祭之人各齋戒一日。會首前遣執事人掃除壇所，爲瘞坎于壇所之西北，方深取足容物。會首洗滌廚房鑊器，以凈室爲饌所。至晚，宰牲。執事者以楪取毛血與祭器，俱置于饌所。祭器俱用瓷瓦器。祭日未明，執事者于廚中烹牲，設五土、五穀神位于壇上。五土居東，五穀居西。設讀祝所于壇所，居中間。設會首拜位于壇下，俱南向。設預祭神位于其後。設引禮及諸執事人位又于其後。執事者于饌所實祭物于楪内，解牲體，置于二俎，置酒于尊。書祝文于紙。祭物既備，執事者各捧設于神位前，燃香明燭。自會首以下各服常服，盥手，入就拜位，立定。執事者執壺，于尊中取酒，立于五土神位之左。引禮者唱：「鞠躬，拜，興，拜，興，平身。」會首以下皆鞠躬，拜，興，拜，興，平身。執事者取毛血，瘞于坎中。引禮引會首詣五土神位前，唱：「跪。」會首詣五土神位前，跪，舉盃。執壺者斟酒。引禮唱：「三祭酒。」會首三祭酒訖。引禮唱：「俯伏，興，平身。」執壺者詣五穀神位之左。引禮引會首詣五穀神位前。唱：「跪。」會首詣五穀神位前，跪，舉盃。執壺者斟酒。引禮唱：「三祭酒。」會首三祭酒，訖，引禮唱：「俯伏，興，平身。」會首俯伏，興，平身。引禮唱：「就讀祝位。」讀祝者取祝，立于讀祝位之左。會首詣讀祝所。引禮唱：「跪。」會首跪。唱：「讀祝。」讀祝者跪讀祝訖，興，置祝于案。引禮唱：「俯伏，興，平身。」會首俯伏，興，平身。引禮唱：「復位。」會首復位。引禮唱：「鞠躬，拜，興，拜，興，平身。」會首以下皆鞠躬，拜，興，拜，興，平身。執事者徹祭物，讀祝者取祝文，焚瘞于坎所。禮畢，行會飲、讀誓文禮。

蕙田案：里社之禮，至明而盡善，非特祈報而已，寓讀法講約之意焉，因神以聚民，因聚而觀禮，可謂得三代之遺風矣。

【《太常紀》】惠帝建文元年二月，祀社稷，奉太祖配，撤仁祖位。

【《明會典》】永樂中，北京社稷壇成，位置、陳設悉如南京舊制。

【《成祖實録》】永樂元年五月，罷祀北京國社、國稷。帝以北平爲舊封國，有國社、國稷，今既爲北京，其社稷宜爲定制。禮部官言：「古制無兩京並立太社、太稷之禮。今北京舊有國社、國稷，宜改設官守護。遇上巡狩，即壇内設太社、太稷位以祭，仍于順天府別建府社、府稷，令北京行部官以時祭祀。」從之。

【《大政記》】永樂三年二月，吏部尚書蹇義等議：「今趙王留守北京，當別建國社、國稷、山川等壇致祭，如禮部尚書所議。」從之。

【《成祖實録》】五年七月，交阯立社稷。交阯布政司言：「安南夷俗，惟尚浮屠法，不知敬事祀典神祇。宜設風雷雲雨、山川、社稷等壇，以時致祭，使知崇報之道。」從之。十九年正月，北京社稷壇成。時北京郊社宗廟成，是月，帝躬詣太廟奉安祖宗神主，命皇太子詣南郊奉安上帝、地祇神位。社稷壇，遣太孫行事，其壇制祀禮，一如其舊。

【《大政記》】永樂十九年正月朔晨，命皇太孫詣社稷壇，奉安太社、太稷神主。二月丁酉，祭大社、大稷。八月戊戌，祭大社、大稷。

【《成祖實録》】三月，祀社稷，奉太祖配。帝自即位，及遷都北京，每歲春秋必躬祀，惟巡狩親征，遣皇太子攝。

【《仁宗實録》】洪熙元年二月，祭社稷，奉太祖、太宗配。命禮部永爲定式。

【《明史·禮志》】洪熙後奉太祖、太宗同配。舊制，上丁釋奠孔子，次日上戊祭社稷。

【《宣宗實録》】宣德二年二月，祀社稷，仍用上戊日。是日，適當萬壽節，禮官以祭期妨慶典，請改用中旬。帝以祖宗定制不可改，至日，行禮如常。

【《明會典》】正統二年，令應天府建社稷壇，春秋祈報，以守臣行事。

【《孝宗實録》】故事：社稷壇春秋祭，每用鋪壇五色土二百六十石，順天府民取而輸之神宮監，石加八斗。弘治五年正月，順天府尹言：「土以飾壇，義取別其方色，初不以多爲貴。況小民取之山谷，勞費不貲，請著爲定例，庶民勞可紓，而有司亦無延誤之失。」命工部尚書賈俊會神宮監、太常寺覈用土多寡之數。俊等至壇相度，言：「常年所輸土用以鋪壇，厚可二寸四分。若厚止一寸，則僅用百一十石而足。」遂命鋪壇土止以厚一寸爲度，今後依此數辦納。

【《明史·禮志》】弘治十七年八月，上丁在初十日，上戊在朔日，禮官請以十一日祀社稷。御史金洪劾之，言如此則中戊非上戊矣。禮部覆奏言：「洪武二十年嘗以十一日爲上戊，失不始于今日。」命遵舊制，仍用上戊。

蕙田案：御史之言是也。

嘉靖九年，諭禮部：「天地至尊，次則宗廟，又次則社稷。今奉祖配天，又奉祖配社，此禮官之失也。宜改從皇祖舊制，大社以句龍配，太稷以后稷配。」乃以更正社稷壇配位禮告太廟及社稷，遂藏二配位于寢廟，更定行八拜禮。

【《春明夢餘録》】嘉靖九年，諭禮部曰：「祭太社、太稷，奉我太祖、太宗配，朕有疑焉。夫天地至尊，次則宗廟，又次則社稷，此次序尊殺之禮也。奉祖配天則正矣，又奉祖配社，則失其序。或謂以祖配社乃我皇祖時禮官張籌之失，然與？否與？又議者謂：后土句龍氏乃共工之子，祭之無義。夫句龍氏有平水土之功，故取之配社，猶以后稷配稷也，當論其人，況父不善而可惡及其子乎？至如奉祖配社，屈其所尊，義實未安。玆當改正，宜如高皇帝制，太社以后土句龍氏配，太稷以后稷氏配。」雖合祭如故，而使祖宗百餘年之配位一旦撤之，人有遺議焉。

蕙田案：句龍配社，后稷配稷，此三代以來，數千百年聖賢定制也。後世亦無有議易之者。明太祖忽欲以祖配，而禮官張籌以迎合之，私違《禮經》之正，附和行之，其失大矣。世宗改正，極爲卓識。乃孫承澤反以爲祖宗百餘年之配一旦撤之，人有遺議。獨何心歟？此與《郊天》載姚淶、霍韜之議同一謬也。

【《明會典》】嘉靖九年更定儀：

一，前期二日，太常寺卿同光禄寺卿面奏省牲如常儀。

一，陳設：太社居東，北向。太稷居西，北

向。后土句龍氏居東，西向。后稷氏居西，東向。陳設並如舊制。惟帛，春用告祀，秋用禮神。

一，正祭：上乘輿由西闕門入至壇北門東，降輿。導引官導上由右門入至具服殿，上具祭服。導引官導上由拜殿右門出。典儀唱：「樂舞生就位，執事官各司其事。」上至御拜位。内贊奏：「就位。」上就位。典儀唱：「瘞毛血。」迎神，樂作。内贊奏：「陞壇。」導上至太社神前。奏：「跪。」奏：「搢圭。」奏：「上香。」司香官捧香，跪于上左。上三上香。内贊奏：「出圭。」導上至太稷神前，儀同。奏：「出圭。」奏：「復位。」太常卿上配位香。樂止，奏：「四拜。」傳贊百官同。典儀唱：「奠玉帛，行初獻禮。」樂作。執事官捧玉帛爵于各神位前，跪奠訖，樂暫止。内贊奏：「跪。」傳贊衆官皆跪。典儀唱：「讀祝。」讀祝官跪讀訖，樂復作。俯伏，興，平身。傳贊百官同。樂止。典儀唱：「行亞獻禮。」樂作，執事者捧爵于各神位前，跪奠訖，樂止。典儀唱：「行終獻禮。」樂作。儀同亞獻。樂止。太常卿于壇左東向立。唱：「賜福胙。」内贊奏：「跪。」上跪。奏：「搢圭。」光禄卿捧酒跪于上右。内贊奏：「飲福酒。」上飲訖。光禄官捧胙跪于上右。内贊奏：「受胙。」上受胙，訖。奏：「出圭。俯伏，興，平身。」奏：「四拜。」傳贊百官同。典儀唱：「徹饌。」樂作。樂止，典儀唱：「送神。」樂作。奏：「四拜。」傳贊百官同。樂止。典儀唱：「讀祝官捧祝，掌祭官捧帛饌，各詣瘞位。」樂作。捧祝帛饌官過御前。訖，奏：「禮畢。」上至具服殿易服，還宫。

一，祝文：稱「嗣天子」，及后土句龍氏、后稷氏配神，餘並同。

【《世宗實録》】九年冬，帝以來春二月三日爲章聖太后生辰，是日上戊，當祀社稷，于稱觴上壽未便。詔：「自今凡仲春祭社稷，若值太后生辰，則別諏吉日。」于是禮部請于癸亥日行禮，從之。

十年三月，幸西苑，祭帝社、帝稷。 初，親耕禮成，以給事中王璣言，欲推衍耕耤之道，禮部議：「西苑地寬，宜令農夫墾藝其中，上以春秋臨幸觀省，收其所入，輸之神倉。既悉小民艱苦之狀，且得致潔清于神明。耕耤之實，孰大于是？」帝可其議，命建土穀壇于豳風亭西。

【《明史·禮志》】壇在西苑豳風亭之西者，曰帝社稷，東帝社，西帝稷，皆北向。 始名西苑土穀壇。 嘉靖十年，帝謂土穀壇亦社稷耳，何以別于太社稷？ 張璁等言：「古者天子稱王，今若稱王社、王稷，與王府社稷名同。 前定神牌曰『五土穀之神』，名義至當。」采帝耤之義，改爲帝社、帝稷，以上戊明日祭。 後改次戊，次戊在望後，則仍用上己。 春告秋報爲定制。

【《明會典》】帝社、帝稷壇，壇趾高六尺，方廣二丈五尺，甃以細甎，實以净土，繚以土垣。 北爲櫺星門，高六尺八寸，廣五尺八寸。 神位以木爲之，各高一尺八寸，廣三寸，題曰「帝社之神」、「帝稷之神」，俱朱漆質金書。 壇之南置石龕以藏神位，高六尺，廣二尺。 壇之西爲祭器庫、樂器庫。 壇之北樹二坊以表之，曰「帝社街」。 每歲以仲春秋次戊日，上躬行祈報禮，如次戊在望後，則以上己日。 臨期，命文武大臣十二員陪拜。

一，前期四日，太常寺奏齋戒。

一，前期一日，太常寺奏省牲，上親填祝版于文華殿。

一，陳設：帝社牛一，羊一，豕一，登一，鉶一，籩、豆各八，簠、簋各二，帛一，玄色。春用告祀，秋用禮神，帝稷陳設同。

一，正祭：是日辰刻，上具皮弁服，乘版輿至豳風亭東，降輿，導引官導上至櫺星門内。典儀唱：「樂舞生就位，執事者各司其事。」上至御拜位。典儀唱：「迎神。」樂作。内贊導上陞壇，至帝社、帝稷香案前，各三上香。奏：「復位。」樂止。奏：「兩拜。」通贊、陪拜官同。典儀唱：「奠帛，行初獻禮。」樂作。執事者捧帛、爵于各神前，奠訖，樂暫止。奏：「跪。」上跪。通贊同。内贊贊「讀祝」。讀訖，樂復作。奏：「俯伏，興，平身。」通贊同。樂止，典儀唱：「行亞獻禮。」樂作。樂止，唱：「行終獻禮。」樂作。樂止，唱：「徹饌。」樂作。樂止，唱：「送神。」樂作。奏：「兩拜。」通贊同。樂止，典儀唱：「讀祝官捧祝，掌祭官捧帛饌，各詣瘞位。」樂作。奏：「禮畢。」上至豳風亭易服還宮。

【《明史・樂志》】嘉靖十年，初立帝社稷樂章：

迎神，《時和》之曲　東風兮地脉以融，首務兮稼穡之工。秋祭云：「金風兮萬寶以充，忻成兮稼穡之工。」祀神于此兮苑中，願來格兮慰予衷。

初獻，《壽和》之曲　神兮臨止，禮薦清醇。菲幣在笥，初獻式遵。神其鑒茲，享斯藻蘋。我祀伊何？祈報是因。神兮錫祉，則阜吾民。

亞獻，《雍和》之曲　二觴載舉，申此殷勤。神悅兮以納，祥靄兮氤氳。

終獻，《寧和》之曲　禮終兮酒三行，喜茂實兮黍稷粱。農事待兮豐康，予稽首兮以望。

徹饌，《保和》之曲　祀事告終，三獻既周。徹之罔遲，惠注田疇。迓以休貺，庇茲有秋。

送神，《廣和》之曲　耕耨伊首，秋祭云「耕耨告就」。力事豆籩。粢盛賴之，于此大田。予將以祀，神其少延。願留嘉祉，副我潔虔。肅駕兮雲旋，普予兮有年。

望瘞，曲同。

【沈德符《萬曆野獲編》】嘉靖十年，上于西苑隙地立帝社、帝稷之壇。用仲春、仲秋次戊日，躬行祈報禮。蓋以上戊爲祖制社稷祭期，故抑爲次戊。內設豳風亭，無逸殿其後添設。户部尚書或侍郎專督西苑農務，又立恒裕倉，收其所穫以備內殿及世廟薦新、先蠶等禮，蓋又天子之私社稷也。其後日事玄修，即其地營永壽宫，雖設官如故，而上所創春祈秋報大典，悉遣官代行矣。

【《世宗本紀》】十八年三月，帝至承天，秩于國社、國稷。

【《禮志》】隆慶元年，禮部言：「帝社稷之名，自古所無，嫌于煩數，宜罷。」從之。

【王圻《續通考》】隆慶元年，禮部會議社稷之禮：「國初，建太社、太稷，異壇同壝，以句龍、后稷配。❶洪武十年，改建同壇同壝，罷句龍、后稷配，以太祖配。永樂中，北京壇成，位置如故。洪熙間，又奉成祖配。嘉靖九年，遵復初制，以句龍、后稷配。十年，復于西苑隙地墾田，樹穀麥，帝社、帝稷二

❶「龍」，原作「芒」，據王圻《續文獻通考》卷一〇六改。

壇，每歲以仲春、秋上戊次日行祈報禮。會議社祭土祇，稷祭穀神，宜舉太社、太稷之祭，其帝社、帝稷宜罷。」　二月戊子，上親祭太社、太稷。是日，鳴鐘樂設而不作，餘如舊儀。　三年八月戊申，上親祭太社、太稷。

右明社稷。

城隍 附

蕙田案：祈報之祭，達于王公士庶、京國郡邑，而無乎不徧者，在古唯社稷，而後世則有城隍。且其義其秩，頗與社稷類，而威靈赫濯，奔走巫祝，爲民物之保障，官吏之所倚庇者，則更甚于社稷。在《易·泰》之上六曰：「城復于隍。」《禮記》：「天子大蜡八，伊耆氏始爲蜡。」水庸居七。水，隍也；庸，城也。《詩·大雅》曰：「崇墉言言。」墉與庸同，説者謂即古祭城隍之始。夫聖王之制祀也，功施于民則祀之，能禦災捍患則祀之。況有一物則有一物之神，近而居室、飲食，如門、井、户、竈、中霤尚皆有祀，矧夫高城深溝，爲一方之屏翰者哉！《孟子》曰：「三里之城，七里之郭，環而攻之而不勝，是天時不如地利。」又曰：「築斯城也，鑿斯池也，與民守之，效死而民弗去。」是城隍直與地方民物相依爲命，誠不殊于社稷矣。民爲貴，社稷次之，其祀顧不重歟？但社稷所以養人，而城隍所以衛人，且濬隍爲城，亦土之功用，則社宜足以該之。

然而古人必别有水墉之祭，而後世且盛于社稷者，竊意三代時封建法行，分茅胙土，首重社稷，即降而卿大夫，莫不有采地，下而農夫，亦有井田，衣租食力，專以土穀爲重，故自天子、諸侯而外，大夫以下成羣置社，祈焉，報焉，如是而已。雖城與隍不過秩諸百神之列，而索饗之，亦其宜也。後世易封建爲郡縣，而兵戈盜賊、戰攻防守之事起，遂專以城池爲固，守土之臣，齋肅戰栗而嚴事之，平時則水旱疾疫于以祈禳，有事則衛民禦敵于焉請禱，亦理勢之不得不然者。故自兩漢以後，廟祀見于乘志者，則有吴赤烏之年號，而《北齊書·慕容儼傳》載儼守郢城，禱城隍神獲祐事。唐諸州長史、刺史，如張説、張九齡、杜牧輩，皆有祭文傳于世。逮後唐清泰中，遂封以王爵。宋建隆後，其祀徧天下。明初，京都郡縣並爲壇以祭，加封爵，府曰公，州曰侯，縣曰伯。洪武三年，去封號。二十年，改建廟宇，俱如公廨，設座判事如長吏狀。迄于今，牧守縣令朔望展謁文廟外，則唯城隍；偶有水旱，鞠跽拜叩呼號祈請，實唯城隍；迎神賽會，百姓施捨恐後，亦唯城隍；銜寃牒訴，辨訟曲直，疫癘死亡，幽冥譴謫，麗法輸罪，亦莫不奔走歸命于城隍。至廟貌之巍峩，章服之鮮華，血食品饌之豐繁，歲時伏臘、陰晴朝莫，史巫紛若，殆無虚日。較之社稷之春祈秋報、割祠繫絲、用牲伐鼓，蓋什百矣。夫明有禮樂，幽有鬼神，苟可以庇民利國者，揆之聖人神道設教之意，列之祀典，固所不廢，雖古今事殊，其誼一也。今以義類相近，附諸社稷之末云。

【《太平府志》】城隍廟在府治東承流坊，始于吴赤烏二年創建，歷代增修。

【《春明夢餘録》】城隍之名，見于《易》。若廟祀，則莫究其始。唐李陽冰謂城隍神祀典無之，惟吴越有爾。宋趙與時辯其非，以爲成都城隍祠太和中李德裕建，李白作韋鄂州碑有城隍祠。又杜牧刺黄州，韓愈刺潮州，麴信陵刺舒州，皆有城隍之祭，則不獨吴越然矣。而蕪湖城隍祠建于吴赤烏二年，則又不獨唐而已。《記》曰：「天子大蜡八，伊耆氏始爲蜡。」注曰：「伊耆氏，堯也。」蓋蜡祭八神，水庸居七，水則隍也，庸則城也。此正城隍之祭之始。《春秋傳》鄭災祈于四鄘，宋災用馬于四鄘，皆其證也。庸字不同，古通用耳。由是觀之，城隍之祭蓋始于堯矣。

【《北齊書·慕容儼傳》】清河王岳帥師江上，遣儼鎮郢城，始入便爲梁大都督侯瑱、任約率水陸軍奄至城下，儼隨方備禦，瑱等不能尅，又于上流鸚鵡洲上造荻蔟，竟數里，以塞船路。人信阻絶，城守孤懸，衆情危懼。儼道以忠義，又悦以安之。城中先有神祠一所，俗號城隍神，公私每有祈禱。于是順士卒之心，乃相率祈請，冀獲冥祐。須臾，衝風欻起，驚濤涌激，漂斷荻蔟。約復以鐵鏁連緝，防禦彌切。儼還共祈請，風浪夜驚，復以斷絶。如此者再三。城人大喜，以爲神助。

蕙田案：城隍之神見于正史自此始。

【《圖書集成・城隍祀典部・藝文》】唐張説《祭城隍文》：維大唐開元五年歲次丁巳四月庚午朔二十日己丑，荆州大都督府長史上柱國燕國公張説，謹以清酌之奠，敢昭告于城隍之神：山澤以通氣爲靈，城隍以積陰爲德，致和産物，助天育人。人之仰恩，是關禮典。説恭承朝命，綱紀南邦，式崇薦禮，以展勤敬。庶降福四甿，式登百穀，猛獸不搏，毒蟲不噬。精誠感通，昭鑒非遠。尚享。

蕙田案：祭城隍文始于此。

張九齡《祭洪州城隍神祈晴文》：維開元十五年歲次丁卯六月壬寅朔十日辛亥，中散大夫使持節都督洪州諸軍事洪州刺史上柱國曲江縣開國男張九齡，謹以清酌脯醢之奠，敬祭于城隍之神：恭惟明神，懿此潛德，城池是保，甿庶是依。精靈以康，正直攸好。九齡忝牧兹郡，敢忘在公，道雖隔于幽明，事或同于表裏。今水潦所降，亦惟其時，而淫雨不止，恐害嘉穀。穀者人之所以爲命，人者神之所以有祀，祀不可以爲利，義不可以不福。闔境山川，能致雲雨，豈無節制？預達精誠，以時弭災，無或失稔，則理人有助，是有望于神明。尚享。

蕙田案：此城隍水潦祈晴之祭。

杜牧《祭城隍神祈雨文》：下土之人，天實有之。五穀豐實，寒暑合節，天實生之。苗方甲而水湮之，苗方秀而旱莠之，饑則必死，天實殺之。天實有人，生之孰敢言天之仁，殺之孰敢言天之不仁。刺史吏也，三歲一交，如彼管庫，敢有其寶玉？如彼傳舍，敢治其居室？東海孝婦，吏冤殺之，天實冤之，殺吏可也。東海之人，于婦何辜，而三年旱之？刺史性愚，治或不至，厲其身可也，絶其命可也！凶惡殃罰，止當其身。胡爲降旱，毒彼百姓？謹書誠懇，佈之于神，神能格天，爲我申聞。

蕙田案：此城隍禱水旱之祭。

李商隱《祭桂州城隍神祝文》：維大中元年歲次丁卯八月甲午朔二十七日庚申，桂州管内都防禦觀察處置等使正議大夫使持節桂州諸軍事桂州刺史兼御史中丞上柱國賜紫金魚袋鄭某，謹遣直官攝功曹參軍文林郎守陽朔縣令莊敬質，謹以旨酒庶饈之奠，祭于城隍之神。濬洫崇墉，所以固吾圉；春祈秋報，所以輔農功。今白露雷收，蟲壞水涸。念時暘而時雨，將乃積而乃倉。敢以吉辰，式陳常典，神其保兹正直，歆彼馨香。聿念前修，勿虧明鑒。昔房豹變樂陵之井味，任延易九真之風土。豈獨人謀，抑由冥助。今猶古也，神實聽之。

蕙田案：此城隍報祀常祭。

前人爲《安平公兖州祭城隍文》：年月日，致祭于城隍之神。四民攸居，是分都邑；五兵未息，爰假金湯。神受命上元，守職兹土。擁長雲之壘，提却月之弓。張主威靈，彈厭氛祲。某方宣朝旨，永總藩條。帳中之位既安，幕内之籌敢失？神其守同石堡，護等玉關，長令崒若岸焉，無使復于隍也。

蕙田案：此因守城祭城隍。

前人爲《懷州李使君祭城隍文》：某謬蒙朝獎，叨領藩條。熊軾初臨，虎符適至。敢資靈于水土，冀同固于金湯。況彼潞人，實逆天理。固承明之地，以作巢窟；毆庶樂之民，以爲蟊賊。一至于此，其能久乎！惟神廣扇威靈，劃開聲勢。俾犯境者，望飛鳥而自遁；此滔天者，聽唳鶴以虚聲。崇墉載嚴，巨塹無壅。今來古往，永無川竭之因；萬歲千秋，莫有土崩之事。神其聽之，無易我言。

蕙田案：此用師祭城隍。

《册府元龜》後唐廢帝清泰元年十一月，詔杭州城隍神改封順義保寧王，湖州城隍神封阜俗安成王，越州城隍神封興德保闉王，從兩浙節度使錢元瓘奏也。

蕙田案：此城隍封號之始。

後漢隱帝乾祐三年八月，以蒙州城隍神爲靈感王，從湖南請也。時海賊攻州城，州人禱于神，城得不陷，故有是請。

《宋史·禮志》太祖建隆元年，太祖平澤潞，祭城隍。征揚州、河東，並用此禮。建隆四年十一月，詔以郊祀前一日，遣官奏告城隍如儀。

蕙田案：城隍告祭見于正史者始此。

《蘇緘傳》緘知邕州。蠻入寇，城陷。亟還州治，殺其家三十六人，縱火自焚。緘没後，交人謀寇桂州，行數舍，其衆見大兵從北來，呼曰：「蘇城隍領兵來報怨。」懼而引歸。邕人爲緘立祠。

蕙田案：以人鬼爲城隍，始見于此。

《續文獻通考》宋孝宗隆興元年，上建寧府城隍爲惠寧侯，加號福應。

《元史·世祖本紀》世祖至元五年正月庚子，上都建城隍廟。

《明集禮》元封燕京城隍爲護國王。

蕙田案：城隍建廟封王，見于正史

始此。

至治中，加封溧水城隍爲靈祐廣惠侯。

【《元史·文宗本紀》】天曆二年八月，加封上都城隍神爲護國保寧王，夫人爲護國保寧王妃。

蕙田案：城隍封號兼及王妃始此。

【《明會典》】都城隍廟，洪武二年，封京都城隍，祀之。

蕙田案：都城隍廟始此。

【《圖書編》】洪武二年，封京師及天下城隍。

【《明集禮》】國初循舊制，嘗封城隍，京都爲「承天鑒國司民統神昇福大帝」，各府爲「鑒察司民城隍威靈公」，各州爲「鑒察司民城隍靈祐侯」，各縣爲「鑒察司民城隍顯佑伯」。

【《大學衍義補》】太祖皇帝勅封鑒察司民城隍制詞曰：帝王受天明命，行政教于天下，必有生聖之瑞、受命之符，此天示不言之妙，而人見聞所及者也。神司淑慝，爲天降祥，亦必受天之命。所謂明有禮樂，幽有鬼神，天理人心，其致一也。朕君四方，雖明知弗類，代天理物之道，實罄于衷，思應天命，此神所鑒而簡在帝心者，君道之大，惟典神天。有其舉之，承事惟謹。某州城隍，聰明正直，聖不可知，固有超于高城深池之表者，世之崇于神者則然，神受命于天者蓋不知也。兹于臨御之初，與天下更始，凡城隍之神，皆新其命。

【《春明夢餘録》】洪武二年，以城隍止合祀于城南諸神享祀之所，未有壇壝，非隆敬神祇之道，命禮官考古制以聞。禮官奏：「城隍之祀，莫詳所始。先儒謂既有社矣，不應復有城隍，故唐李陽冰謂城隍祀典無之，惟吴越有之。然成都城隍祠，太和中李德裕所建，張説有祭城隍文，杜牧有祭黄州城隍文，則不獨吴越爲然。又蕪湖城隍祠建于吴赤烏二年，高齊慕容儼、梁武陵王祀城隍神，皆書于史，又不獨唐而已。宋以來，其祀徧天下，或賜廟額，或頒封爵。至或遷就附會，各指一人以爲神之姓名，如鎮江、慶元、寧國、太平、華亭、蕪湖等郡邑皆以爲紀信、龍且，贛袁、瑞吉、建昌、臨江、南康皆以爲灌嬰，是也。張説祭荆州城隍文曰：致和産物，助天育人。張九齡祭洪州城隍文曰：方隅是保，甿庶是依。則歷代崇祀之意有在也。今國家開創之初，嘗以京都城隍及天下城隍祀于城南享祀之所，既非專祀，又室而不壇，非理所宜。今宜以城隍及太歲、風雨等合爲一壇，春秋祀之。」詔可。

蕙田案：此城隍之神合祭于風雲雷雨壇。

三年夏六月，始正各城隍等稱號。各處府州縣城隍稱某府城隍之神、某州城隍之神、某縣城隍之神。未幾復降儀注，凡府州縣新官到任，必先宿齋城隍廟謁神與誓，在陰陽表裏，以安下民。

【《明會典》】洪武三年，正城隍號，命從祀于山川壇。

【《明集禮》】合祭山川城隍及遣使分祀，每壇各尊三、籩八、豆八、簠二、簋二、登二。

蕙田案：改祀城隍山川壇，從地祇之類也。

【《明史·禮志》】洪武六年，製中都城隍神主成，遣官賫香幣奉安。

【《春明夢餘録》】洪武二十年，改建城隍廟，詔劉三吾曰：「朕設京師城隍，俾統若府州縣之神，以監察民之善惡而禍福之，俾幽明舉，不得僥倖而免，其書所由于石。」

丘氏濬曰：「城隍之名不經見，而史亦不

書，惟唐李陽冰有《當塗縣城隍廟記》，陽冰，唐開元以後人，則在唐已有矣。因其名而求其義，伏讀聖訓所謂『超于高城深池之表』，則是神之司，乃城隍之主者。夫天地間有一物則有一神，山林有山林之神，川谷有川谷之神，聚一方之民而爲高城深池以衛之，必有所以主之者，此城隍之神所以神歟？國初承前代之舊，洪武元年皆加以封爵，府曰公，州曰侯，縣曰伯。三年，詔革去封號，止稱某府、某州、某縣城隍之神，是年六月二十一日，又降旨各處城隍廟屏去閑雜神道。越二日，又降命各府州縣城隍廟宇俱如其公廨，設公座筆硯如其守令，造爲木主，毀其塑像，舁置水中，取其泥塗壁，繪以雲山，其在兩廡如之。京師既以其神祔享于山川壇，又設爲廟宇，命京尹主其祭，府州縣者守令主之，新官到任則俾其與神誓。案《周禮》有司民之祭，今國初詔封其神爲鑒察司民，意或有取于此歟？制詞有云『明有禮樂，幽有鬼神』，蓋置守令以治民生于昭昭之際，設城隍以司民命于冥冥之中，而加之以鑒察之名，而又俾有司到任之初特與神誓，蓋又付之鑒視糾察之任，使有民社者不敢以非理厲吾民也。我聖祖主典神人，兼用禮樂、鬼神以爲治，幽明之間，各受其職，其所以克相上帝、寵綏萬方者至矣。」

【《明會典》】洪武二十一年春，附祭于郊。秋祭仍舊，後又罷。惟每歲八月祭帝王後一日，遣南京太常寺官祭。

【《明集禮·王國祭城隍儀》】

齋戒：前期，王散齋二日于別殿，王相府官于正寢。王致齋一日于正殿，王相府官于公廨。

省牲：先祭二日，執事設王次于廟壇南門外道之東，南向。先祭一日，典儀、典祠導王至次。執事者各執事。典儀、典祠導王至省牲位。執事者自東牽牲西行過王前。省訖，執事牽牲詣神廚。典儀、典祠導王詣神廚，視鼎鑊、視滌濯訖，典儀、典祠導王還次。

陳設：先祭一日，典祠依圖陳設。

正祭：祭日清晨，典祠率執事者各實尊、罍、籩、豆、簠、簋、登、鉶，置幣篚于案，祝版于神位之右。大樂入就位。諸執事及陪祭官入就位。典祠啓：「王服遠遊冠、絳紗袍。」典祠、典儀導王至位，北向立。典祠、典儀分左右立于王之前。

迎神：司禮唱：「迎神。」大樂作。司禮唱：「請行禮。」典祠啓：「有司謹具，請行事。」啓：「鞠躬，平身。」司禮唱：「在位官再拜。」司贊唱：「鞠躬，拜，興，拜，興，平身。」王鞠躬，平身，在位官鞠躬，拜，興，拜，興，平身。樂止。

奠幣初獻：司禮唱：「奠幣，行初獻禮。」典祠啓：「詣盥洗位。」大樂作。典儀、典祠導王至盥洗位。大樂止。典祠啓：「搢圭。」王搢圭。典祠啓：「盥手。」司盥洗者酌水，王盥手訖，司巾者以巾進。典祠啓：「帨手。」王帨手訖。典祠啓：「出圭。」王出圭。典祠啓：「詣爵洗位。」典祠、典儀導王至爵洗位。典祠啓：「搢圭。」王搢圭。執爵官以爵進。典祠啓：「受爵。」王受爵。典祠啓：「滌爵。」司爵洗者酌水，王滌爵訖，典祠啓：「拭爵。」司巾者以巾進，王拭爵。典祠啓：「以爵授執事者。」王以爵授執爵官。典祠啓：「出圭。」王出圭。啓：「詣城隍神位前，北位前。」大樂作。典儀、典祠導王至神位前，北向立。樂止。典祠啓：「搢圭。」王搢圭。啓：「上香，上香，三上香。」王三上香訖，捧幣者以幣進于王之右，王受幣，奠于神位前。捧爵者以爵進于王之右，王受爵。典祠啓：「祭酒，祭酒，三祭酒，奠爵。」王三祭酒，奠爵訖，典祠啓：「出圭。」王出圭。讀祝官取祝，讀于神位之右。讀訖，復以祝置于案。典祠啓：「鞠躬。」王鞠躬。大樂作。典祠啓：「平身。」王平身。典祠啓：「復位。」典祠、典儀導王復位。樂止。

亞獻：司禮唱：「行亞獻禮。」典祠啓：「行亞獻禮。」典祠、典儀導王至神位前。掌祭官于神位前爵内斟酒。典祠啓：「鞠躬。」大樂作。王鞠躬。啓：「平身。」王平身。典祠、典儀導王復位。

終獻：如亞獻之儀。

飲福受胙：司禮唱：「飲福，受胙。」執事舁香案置于王位前。執事酌福酒，舉胙肉。典祠啓：「飲福，受胙。」大樂作。典祠、典儀導王至香案前位。典祠啓：「鞠躬，平身。」王鞠躬，平身。典祠啓：「搢圭。」王搢圭。執事捧爵東向進于王。王受爵。啓：「飲福酒。」王祭酒少許，飲福酒，以爵置于坫。執事官東向進胙于王，王受胙，以胙授左右。左右西向受之。典祠啓：「出圭。」王出圭。典祠啓：「鞠躬，平身。」大樂作。王鞠躬，平身。典祠啓：「復位。」典祠、典儀導王復位。樂止。

徹豆：司禮唱：「徹豆。」掌祭官徹豆。司禮唱：「賜胙。」典祠啓：「王、飲福受胙者免禮。」司禮唱：「陪祭官皆再拜。」司贊唱：「鞠躬，拜，興，拜，興，平身。」陪祭官皆鞠躬，大樂作。拜，興，拜，興，平身。樂止。

望燎：司禮唱：「望燎。」讀祝官取祝，捧幣者取幣，掌祭官取饌，詣燎所。典祠啓：「詣望燎位。」大樂作。典祠、典儀導至望燎位。樂止。候燎半，司禮唱：「可燎。」典祠啓：「禮畢。」導引王還次。引禮引陪祭官出。

【《明史・禮志》】永樂中，建廟都城之西，曰大威靈祠。

嘉靖九年，罷山川壇從祀，歲以仲秋祭旗纛日，并祭都城隍之神。凡聖誕節及五月十一日神誕，皆遣太常寺堂上官行禮。國有大災則告廟，在王國者王親祭之，在各府州縣者守令主之。

【王圻《續通考》】國初都城隍之神，歲以五月十一日爲神之誕辰，及萬壽聖節，各遣官致祭。後倪岳上疏，所有前項祭告，煩瀆無據，遂罷之。

【倪岳《請正祀典疏略》】京都城隍之神，謹案《易・坎卦》有曰：「王公設險，以守其國。」蓋謂人君者觀《坎》之象，知險之不可陵也，故設爲城郭溝池，以守其國，以保其民人。傳記謂其制自黃帝始。歷代建國，必有高城深隍，上以保障宗社朝廷，下以捍衛百官萬姓。其所係甚重，其爲功不小。故國朝之制，天下府州縣皆有城隍廟之祭。京都城隍廟，舊順天府西南，累朝皆加修葺，歲以五月十一日爲神之誕辰及萬壽聖節，各遣官致祭。夫廟祀城隍之神，本非人鬼，安得誕辰？可謂謬妄。況每歲南郊大祀壇、八月山川壇，俱有各祭之禮，事體已重，此于天下府州縣之祭不同。前項祭告，煩瀆無據，俱各罷免，奉旨是。

【《日下舊聞》】嘉靖九年，改定風、雲、雷、雨神牌次序曰雲、雨、風、雷。上曰：「雲、雨、風、雷，天神也。岳、鎮、海、瀆，地祇也。城隍，人鬼也，焉可雜于一壇而祭之？」議以城隍之神歸之本廟，于常祭外添祭一壇。

觀承案：城隍之神，不見于經説者，乃推本于「八蜡」之「水庸」，亦似有理。其昔微今盛，則由封建變爲郡縣，故城隍之保障特重，洵篤論也。蓋禮與時宜，則神隨代立。城隍固國庇民之功，允宜咸秩無文，以補祀典之缺。其體制，則洪武初年爲壇立主，與社稷同，最得古意。然尸法既亡，塑像亦近尸之義，愚民疑耳而信目，文告不如像設之竦觀而懾志也。則立廟塑像，亦不可厚非者爾。至如紀信、灌嬰、龍且、蘇環之事，則近乎誕矣。然達觀之，亦復于理可通。古者五行之帝本天神，而配之以五人帝，佐之以五人臣，則人鬼也而天神之矣。社本土神，稷本穀神，而勾龍與柱配焉。商人又以棄易柱而爲稷，則人鬼也而土神之、穀神之矣。夫生而爲英者，死而爲靈，幽明本無二理也。如彼紀、灌諸人，雖不可與聖賢並，❶然亦各表見于時，而非碌碌者比。則死爲城隍，亦如古之配食者然，何足深怪哉！昔柳子厚治柳有績，死而見神于羅池，韓子因碑而實之，亦猶行古之道也。若夫誕辰之祝，夫人之封，則附會太甚，固不足辨耳。

右歷代祭城隍。

五禮通考卷第四十五

❶「與」，原作「考」，據庫本、三家校改。

五禮通考卷第四十六

内廷供奉禮部右侍郎金匱秦蕙田編輯
太子太保總督直隸右都御史桐城方觀承同訂
按察司副使元和宋宗元參校

吉禮四十六

四望山川

蕙田案:《虞書》「望於山川」,又「望秩於山川」,是祭山川皆稱望,而《周禮》四望之祭與山川不同。《小宗伯》「兆五帝于四郊,四望、四類亦如之。兆山川、丘陵、墳衍,各因其方」,是兆不同。《典瑞》「兩圭有邸旅四望,璋邸射以祀山川」,是玉不同。《大司樂》「奏姑洗,歌南吕,舞大磬,以祀四望;奏蕤賓,歌函鐘,舞大夏,以祭山川」,是樂不同。又《周禮》于四望則曰祀,于山川則曰祭,是秩不同。蓋同一山川,遠而望祭之則名曰望,祭於其地則直曰祭山川也。而郊後之望不能徧及,故獨祭其宗,鄭氏所謂「岳瀆」是也。而名山大川不以封,其禮不通於諸侯,故魯之三望,僭也,《春秋》譏之。若夫山川之祭,則凡能興雲雨者,皆足以濟民澤物,而祈報由辟之典,天子則及天下。近者,就祭之,《小宗伯》所謂「兆山川因其方也」。遠者,或因事祭之,《書》所謂「柴望」,《詩》所謂「陟高山」是也。或命有司祭之，《月令》所謂「祈祀」是也。諸侯則祭境内，《左傳》所謂「並走羣望」，《曾子問》所謂「命祝史告於山川」是也。朱子曰：「天子有天下，則天下鬼神屬焉。諸侯守一國，則一國鬼神屬焉。明爲所統屬，則精神相通也。」詳考書傳，專言山川，則岳瀆在其中，故《禮》謂名山大川，五岳視三公，四瀆視諸侯，其餘視伯子男。對四望言，則四望大而秩隆，山川小而秩卑，故《周禮》壇壝、牲玉、樂舞之屬皆有等差。《通典》、《通考》以山川一門兼四望，然經有明文，不可强合。今先列四望，後列山川，分爲兩節。其漢以後，祀典不常，不可析别，仍爲合敘，而封禪本非正禮，因

其有事于山川，附綴于末焉。

【《周禮·春官·小宗伯》】兆五帝于四郊，四望、四類亦如之。【注】鄭司農云：「四望，道氣出入。」玄謂：四望，五岳、四鎮、四瀆。兆，爲壇之營域。

【疏】司農云「四望道氣出入」者，案上注司農以爲日月星海，後鄭不從矣。今此云道氣出入，與上注不同者，以無正文，故兩注有異。若然，云道氣出入，則非日月星海，謂五岳之等也，故後鄭就足之，還爲五岳之屬解之。天子四望，諸侯三望境内山川。案僖三十一年，夏四月，猶三望。服氏云：「三望，分野星，國中山川。」又上文先鄭云：「四望，日月星海。」後鄭必知望祭中無天神者，案哀六年云：「初，楚昭王有疾，卜曰河爲崇。王弗祭。大夫請祭諸郊。王曰：『三代命祀，祭不越望。江、漢、睢、漳，楚之望也。』」《爾雅》又云：「梁山，晉望。」又案：《尚書》云「望于山川」，則知望祭中無天神可知。若天神日月之等當入四類之内也，若然，《尚書》云「望于山川」，必知四望非山川，是五岳四瀆者，以其下云「兆山川丘陵之等」，山川既在下，故知此四望是五岳之屬，山川之大者也。

鄭氏鍔曰：「魯有三望之祭，或以爲分野星及國中山

川，或以爲日月星海。考之《書》云：『望于山川。』唯山川則望而祭之，故楚昭王曰：『三代命祀，祭不越望。江、漢、雎、漳，楚之望也。』即是論之，則四望之爲五岳、四鎮、四瀆明矣。諸侯得祭其境内山川，而禮下于天子，故望止于三。天子有天下，祭及于四方，故凡名山大川在四方者，皆望而祭之。四望之祭，亦如五帝因其方而爲之兆也。」

丘氏濬曰：「自古所以祀五岳、四瀆、山川者，皆以其能出斂雲雨也。出雲雨則便不至于旱暵，斂雲雨則便不至于淫潦，無非欲其生五穀，五穀熟而民人育，則君位安矣。」又曰：「所謂四望者，蓋以五岳、四鎮、四瀆乃天下山川之大者，天子兼有天下之大，不能親臨其地，故遥望而祭之也。」又曰：「鄭司農解《周禮》四望，以謂日、月、星、海，鄭玄謂禮無祭海之文。考《周頌·般》序，及觀《學記》謂『三王祭川，先河後海』，則是海之祭三代已有矣，烏可謂無祭海之禮乎？」

【附辨《禮書》望兼上下之神】

【陳氏《禮書》】天子四望，達于四方。魯三望，太山、河、海而已。《書》曰：「海岱及淮維徐州。」諸侯之望，皆其境内之名山大川也。望雖以名山大川爲主，而其實兼上下之神，故《詩》於柴望言「懷柔百神，及河喬岳」，《周禮》于望皆言祀，而不言祭。又，《典瑞》四望與山川異玉；《大司樂》四望與山川異樂；《左氏》曰「望，郊之細也」，又曰「望，郊之屬也」；《公羊》曰「方望之事，無所不通」，則望兼上下之神可知矣。鄭司農釋《大宗伯》曰「四望，日月星海」，杜預釋《左傳》曰「望祀分野之星及封内山川」，許慎曰「四望，日月星辰、河、海、大山」，其説蓋有所受之也。鄭康成釋《大宗伯》曰「四望，五岳、四瀆」，釋《大司樂》又兼之以司中、司命、風伯、雨師，釋《舞師》又以四望爲四方，其言異同，不可考也。望之禮有二，而其用不一。《男巫》「掌望祀、望衍」，鄭氏讀衍爲延，謂望祀有牲與粢盛，望衍用幣致神而已。然鄭氏于《大祝》衍祭亦以爲延祭，禮文殘闕，不可考也。

楊氏復曰：「四望之説，惟鄭氏註《小宗伯》云『四望，五岳、四鎮、四瀆』，其説爲是，蓋言望祭天下之名山大川也。所謂『懷柔百神』者，言合祭四方名山大川之神，故云百神，非必兼上下之神也。舜即位，類于上帝，禋于六宗，望于山川，徧于羣神。類也，禋也，望也，各是一事，非望兼上下之神可知也。」

蕙田案：《小宗伯》四郊之兆各爲一壇，以望祀一方之名山大川。《舜典》「望于山川」，《典瑞》「兩圭有邸以祀地，旅四望」，《司服》「王祀四望山川則毳冕」，是四望爲祭山川而屬地祇也。《春秋》：「僖公三十一年，四卜郊，不從，乃免牲，猶三望。」《公羊傳》曰：「天子有方望之事，無所不通。三望者何？祭太山、河、海也。」鄭康成以魯境不及河，乃以淮易之。《左傳》哀公六年，楚昭王曰「三代命祀，祭不越望。江、漢、睢、漳，楚之望也」，《爾雅》「梁山，晉望也」，皆祭山川名望之證也。鄭衆以四望爲日月星海，許慎以爲日月星辰、河、海、太山，賈逵、服虔、杜預以三望爲魯分野之星及國中山川，陳氏《禮書》因謂兼上下之神，非也。《大宗伯》以血祭祭五岳，以埋沈祭山林川澤；《王制》、《説苑》「天子祭天下名山大川，五岳視三公，四瀆視諸侯，山川視子男」，蓋四望祭山川之大且遠者，山川則凡近且小者就而祭之也。《公羊》「方望之事，無所不通」，是言天子之疆域無所不屆，非謂其兼上下之神也。楊信齋駁之當矣。

又案：鄭康成大、小《宗伯》注以四望爲五岳、四鎮、四瀆是矣。而以《公羊傳》「河海潤於千里」，及《學記》「三王之祭川，皆先河而後海」推之，則四望中當有四海，丘瓊山之言亦是。

觀承案：禮有望祭，其類不一。考之《尚書》、《周禮》、《春秋》，其稱望者，率指山川而言。先鄭解《大宗伯》四望謂日、月、星、海，而康成不從，專以五嶽、四鎮、四瀆當之，是也。故此編亦以四望定爲山川之禮，以昭畫一也。然義有可通，則其說亦不得不並存。古者祭祀之禮有定名，而亦有通號，如五天帝稱五帝，而五人帝亦稱五帝；門、行、戶、竈、中霤稱五祀，而《左傳》五官之神亦稱五祀。望本遥祭之名，祭山川者固秩於望祀，而凡望祀者則不獨山川也。《周禮·大司樂》分樂而序有祀、享、祭之别，而祀四望乃與祭山川對舉，祀、祭雖散文可通，而對文則別，是山川地類故稱祭，四望必天類故稱祀耳。康成注先以岳鎮、四瀆還其本稱，而後曰：「此言祀者，司中、司命、風師、雨師，或亦用此樂歟？」可謂讀經精審。而據本文「祀」字以疑之，不爲無徵也。則《左氏》謂「望者，郊之細」，又曰「郊之屬」，杜氏謂「望祀，分野之星及封內山川」，許慎謂「日、月、星、辰、河、海、大山」，而康成釋《舞師》又以四望爲四方者，夫亦各有所受，而未可一概屏除者乎？但其常祀，則主于山川而已。

右四望壇。

【《禮記·王制》】五嶽視三公，四瀆視諸侯。

【注】視三公、視諸侯，視其牲器之數也。

楊氏復曰：「舜望秩于山川。秩，序也，以次序而祭之。

五岳視三公，四瀆視諸侯，特言其禮有隆殺重輕耳。」

【《書·舜典》】望秩于山川。【疏】祭五岳如祭三公之禮，祭四瀆如祭諸侯之禮，祭山川如祭伯子男之禮。

【蔡《傳》】望，望秩以祀山川也。秩者，其牲幣、祝號之次第也。

右秩望祀。

【《書·舜典》】望于山川。【蔡《傳》】山川，名山大川，五岳、四瀆之屬。望而祭之故曰望。

王氏樵曰：「山川，名山大川，五岳、四瀆之屬。不能親詣，望所在而祭之，故曰望。」

【《周禮·春官·司服》】祀四望則毳冕。

【注】鄭司農云：「毳，罽衣也。」玄謂：毳，畫虎、蜼，謂宗彝也。其衣三章，裳二章，凡五也。【疏】云「毳罽衣也」者，案《爾雅》云「毳氂謂之罽」，則續毛爲之，若今之毛布。但此毳則宗彝，謂虎、蜼。而先鄭以爲罽衣，于義不可，故後鄭不從也。

鄭氏鍔曰：「毳冕，虎、蜼，二物不可以偏言，以其皆毛物，故因名曰毳。虎，西方之義獸。蜼遇雨則以其尾塞鼻，獸之有智者。二者皆山林之物，故服之以祭四望山川。而祀四瀆亦服之者，以山川通氣故也。」

【王氏《詳說》】曰：四望山川，國之阻固以扞禦于外者，故以虎、蜼之服。

【《典瑞》】兩圭有邸，以旅四望。【注】兩圭者，以象地數二也。

王氏昭禹曰：「旅四望，則五岳、四瀆在焉。」

【《考工記》】玉人之事，兩圭五寸有邸，以旅四望。【疏】此亦依《典瑞》所解，謂「國有故，旅祭四望」。

林氏希逸曰：「四望之旅祭用之，屬地也。」

【《地官·牧人》】望祀，各以其方之色牲，毛之。【注】望祀，五岳、四鎮、四瀆也。【疏】知望祀是四望者，以其言望與四望義同，故知是四望，五岳等也。

鄭氏鍔曰：「各倣其方之色，豈徒東青、西白、南赤、北黑哉？必欲其毛之純乎青、白、赤、黑也。」

【《春官·大司樂》】奏姑洗，歌南吕，舞大磬，以祀四望。【注】姑洗，陽聲第三，南吕爲之合。四望，五岳、四鎮、四瀆。【疏】四望又卑于神州，故降用陽聲第三及用大磬也。又曰：云「姑洗，陽聲第三，南吕爲之合」者，以其南吕六二上生姑洗之九三，是陽聲第三也。姑洗，辰之氣也，三月建焉，而辰在大梁。南吕，酉之氣也，八月建焉，而辰在壽星，是南吕爲之合也。云「四望，五岳四鎮四瀆」者，以《大宗伯》五岳在社稷下、山川上，此文四望亦在社稷下、山川上，故知四望是五岳、四鎮、四瀆也。

陸氏佃曰：「南吕，則陰之所成者事。」

易氏祓曰：「磬，❶紹也，言舜之繼堯，而能紹其道也，故《大磬》之樂起于姑洗之辰，而應以南吕之酉。以舜之柴望于方岳，而四岳、四鎮、四海、四瀆之神咸秩，以祀四望，亦其類也。」

【《周禮・春官・男巫》】掌望祀，旁招以茅。【注】杜子春云：「旁招以茅，招四方之所望祭者」。

鄭氏鍔曰：「用茅以招之。神來無方，其招亦非一方也，故曰旁招。茅之爲物，柔順潔白。惟潔白可以見誠敬之心，惟柔順可以致懷柔之禮。」

【《禮記・禮器》】五獻察。【注】察，明也。【疏】謂祭四望山川，其神既尊，神靈明察。又曰「毳冕五章，祀四望山川」，故知五獻祭四望山川也。

【《通典》】杜氏曰：「其祭之嶽鎮，則升血爲始，次薦豆籩及爓肉，爲朝踐。大祭用腥，則次祀用爓也。爓爲沈肉於湯，故鄭云『湯肉爲爓』。時王酌盎齊以獻，所謂朝踐之獻也，大宗伯亞獻亦以盎齊。至熟，王酌清酒以獻尸，亞者亦清酒。所謂饋食之獻，通前四獻也。尸食訖，王又酌清酒以酳尸，凡五獻也。」

右望正祭禮物儀節。

【《大戴禮・三正記》】郊後必有望。

【《通典》】杜氏曰：「一歲凡四祭，一者謂迎氣時，二者郊天時，三者大雩時，四者大蜡時。」

蕙田案：《春秋》書「不郊，猶三望」，則望祭行于郊後可知。《三正記》之

❶「磬」字，原作「磬」，據庫本改。下「大磬」同。

言，當非無據也。

右郊後望。

【《書・舜典》】歲二月，東巡守，至于岱宗，柴，望秩于山川。五月，南巡守，至于南嶽，如岱禮。八月，西巡守，至于西嶽，如初。十有一月，朔巡守，至于北嶽，如西禮。【孔傳】岱宗，太山，爲四岳所宗，故名。柴，燔柴祭天。告至東嶽、諸侯境内名山大川，如其秩次望祭之，謂五岳牲禮視三公，四瀆視諸侯，其餘視伯子男。

朱子曰：「燔柴以祀天，而遂望祭東方之山川，又各以其秩次而就祭之也。註家以『至岱宗柴』爲句，某謂當以『柴望秩于山川』爲一句，如柴望大告武成。

「《漢・郊祀志》亦云『望秩于山川』。」

【《禮記・王制》】歲二月，東巡守，至于岱宗，柴而望祀山川，覲諸侯。

陳氏祥道曰：「巡守之禮，凡大山川，于其所至則望之，故《時邁》言『巡守告祭柴望也』；于其所過則祀之，故《般》言『巡守而祀四岳、河、海也』。柴望先于覲諸侯，尊神也。」

方氏慤曰：「柴而望祀山川，即《詩・時邁》言『巡守告祭柴望』是也。以天之高，故燔柴以上達；以山川之遠，故望而祀之，皆所以告至而已。」

葉氏夢得曰：「或曰望祀，或曰望秩者，秩其無文而祀其在祀典者也。」

【《詩・周頌・時邁》序】時邁，巡守告祭柴望也。【疏】武王既定天下，巡行其守土，諸侯至于方岳之下，作告至之祭。柴祭昊天，望祭山川，安祀百神，乃是王者盛事。周公既致太平，追念武王之業，故述其事而爲此歌焉。

懷柔百神，及河喬岳。【毛傳】懷，來也。柔，安也。喬，高也。高岳，岱宗也。【疏】百神者，謂天與山川之神。巡守之禮，必始于東方，故以岱宗言之，其實兼四岳也。

【《朱子集傳》】懷柔百神，以至于河之深廣，岳之崇高，而莫不感格。

廖氏剛曰：「河之善溢于地，岳之峻極于天，其神爲難懷柔，而言及之，則山川莫不寧可知矣。是信能成天，使之傳序之意也。」

【《國語·晉語》】成王盟諸侯于岐陽，楚爲荆蠻，置茅蕝，設望表，與鮮卑守燎。【韋注】置，立也。蕝，謂束茅而立之，所以縮酒。望表，謂望祭山川，立木以爲表，表其位也。鮮卑，東夷國。燎，庭燎也。

蕙田案：以上四條巡守望。

【《周禮·春官·小宗伯》】若軍將有事，則與祭有司將事於四望。【注】軍將有事，將與敵合戰也。【疏】其四望者，謂五岳、四鎮、四瀆。王軍將有事，與敵合戰之時，則小宗伯與祭有司大祝之等祭四望之神以求福，但四望之神去戰處遠者，不必祭之；王之戰處要有近之者，祭之，故以四望言之也。先鄭以「與祭」以上絕讀之，若然，則與祭者與祭何神，其有司將事于四望，則有司自有事于四望矣，不于《小宗伯》輒于此言之，見何義也？于義不然，故鄭合爲一事解之也。

鄭氏鍔曰：「軍將有事則與祭者，主帥奉祭，小宗伯以職當立之，奉之，故當與也。小宗伯已與祭于軍中，則四望之祭，必遣其所屬之有司往行事焉，理之宜也。先鄭知此意，故讀『與祭』以上爲絕句。康成以『與祭』連『有司』以下讀之，恐不成文理。戰必禱于神，欲氣勢之增倍，而四望又山川之尤大者，國家所賴以爲阻固，是其爲兵之捍蔽。」

黄氏度曰：「《春秋》：『有事于太廟。』有事，祭也。軍將有事，謂將以軍旅有事于鬼神也。祭有司，主祭禱者也。『與』如字。祭禱自有主者，小宗伯與之偕。軍事重，將事于四望，謂將其事以往也。兩『將』字各義。」

蕙田案：鄭氏、黄氏解與註不同，似黄氏爲優，先鄭、後鄭俱未穩。

【《大祝》】國將有事於四望則前祝。【疏】云「國將有事于四望」者，謂軍行所過山川，造祭乃過。據此經，四望以上爲出時，獻於社爲歸時，皆大祝前祝以辭告之。

鄭氏鍔曰：「國有事于四望，則將戰地之四望，與夫『軍有功，歸而獻于社』，凡此二事，大祝處前告神，故曰前祝。」

【《肆師》】封于大神則爲位。【注】封，謂壇也。大神，社及方岳也。【疏】知兼有方岳者，見《小宗伯》云軍將有事于四望，謂將戰時。今戰訖所告，明兼祭方岳，方岳即四望也。

鄭氏鍔曰：「封者，累土增高。非山川之大神，則無累土爲壇以封崇之禮。非常祭，故爲之位。」

【《周書·武成》】柴，望，大告武成。【孔傳】燔柴郊天，望山川。先祖後郊，自近始。

【蔡《傳》】既告祖廟，燔柴祭天，望祀山川，以告武功之成，由近而遠，由親而尊也。

蕙田案：以上四條行師望。

【《周禮·春官·大宗伯》】國有大故，則旅四望。【注】故，爲凶災。旅，陳也，陳其祭祀以祈焉，禮不如祀之備也。鄭司農云：「四望，日月星海。」玄謂：四望，五岳、四鎮、四瀆。【賈疏】此旅是祈禱之名，是以知是凶災，凶謂年穀不熟，災謂水火也。云「旅，陳也，陳其祭事以祈焉，禮不如祀之備」者，但祈謂祈請求福，得福乃祠賽之，祠賽則備而與正祭同，故知禮不如祀之備也。鄭司農云四望日月星海，後鄭不從者，禮無祭海之文。又山川稱望，故《尚書》云「望秩于山川」是也。「玄謂四望五岳四鎮四瀆」，知者，祭山川既稱望，案《大司樂》有「四鎮、五岳崩」，四瀆又與五岳相配，故知四望中有此三者。言四望者，不可一往就祭，當四向望而爲壇遥祭之，故云四望也。

蕙田案：旅，祭名。旅四望，當即在四郊之兆。《詩》所謂「自郊徂宫」，郊不止天地，當有四望在内。疏謂四向望而爲壇祭之，非是。又案：此條因災而祭。

右祈告望。

【《春秋》】僖公三十一年，夏四月，四卜郊，不從，乃免牲，猶三望。【杜注】三望，分野之星、國中山川，皆因郊祀望而祭之。魯廢郊天而修其小祀，故曰猶。猶者，可止之辭。【孔疏】《公羊傳》曰：「三望者，祭太山、河、海。」且魯竟不及于河，《禹貢》「海岱及淮，惟徐州」。徐即魯地。三望，謂淮、海、岱也。賈逵、服虔以爲三望，分野之星，國中山川。今杜亦從之。【《左氏傳》】非禮也。望，郊之細也。不郊，亦無望可也。【《公羊傳》】天子有方望之事，無所不通。諸侯山川有不在其封内者，則不祭也。【何注】方望，謂郊時所望祭四方羣神、日月、星辰、風伯、雨師、五岳、四瀆及餘山川，凡三十六所。❶天子盡八極之内，天之所覆，地之所載，無所不至，故得郊也。魯郊，非禮也。三望者何？望祭也。然則曷祭？祭太山、河、海。曷爲祭太山、河、海？山川有能潤于百里者，天子秩而祭之，觸石而出，膚寸而合，不崇朝而徧雨乎天下者，唯太山爾。河海潤于千里。猶者何？通可以已也。何以書？譏不郊而望也。【注】側手爲膚，案指爲寸，言其觸石理而出，無有膚寸而不合。崇，重也。不重朝，言一朝也。亦能通氣致雨，潤澤及于千里。

蕙田案：《公羊》此傳論天子、諸侯望祭之事，極有精理，可爲經傳望祭的解。方望無所不通，對下不在封内，是言其疆域之大，非兼上下百神也。何注兼日月星辰言之，大非。

【胡傳】望祭也，有虞氏受終而望，因於類，巡守而望，因於柴，皆天子之事也。天子有方望，無所不通，諸侯非名山大川在其封内者則不祭。魯得用重禮，視王室則殺，故望止于三，比諸侯則隆，故河、海雖不在其封，而亦祭，然非諸侯之所得爲也。

吴氏澄曰：「天子郊祀上帝必望祭山川，望祭在郊祀之後，因郊而望也。魯，諸侯也，以成王之賜，許用王禮，四望缺其一，殺于天子。然郊禮既廢，則望禮可以不舉。魯既不郊而猶三望，故書以譏其非禮。」

汪氏克寬曰：「《周官》四望，蓋望四方。今魯三望，蓋太山在魯西，海在魯東，而河在魯北，殺天子之禮也。」

❶「三十」二字，原脱，據《春秋公羊傳解詁》補。

宣公三年春，王正月，猶三望。《左氏傳》：「望，郊之屬也。不郊，亦無望可也。」

成公七年春，王正月，猶三望。

右魯望。

【《春秋》哀公六年《左氏傳》】楚昭王曰：「三代命祀，祭不越望。江、漢、睢、漳，楚之望也。」【注】諸侯望祀竟内山川星辰，江、漢、睢、漳四水在楚界。

朱子曰：「諸侯祭山川也，只祭得境内底，如楚昭王病，卜云『河爲祟』，時諸大夫欲去祭河，昭王自言楚之分地不及于河，河非所以爲祟。孔子所以美之，云：『楚昭王知大道矣，其不失國也，宜哉！』這便見得境外山川與我不相關，自不當祭之。」

【《爾雅》】梁山，晉望也。

右列國望。

【《春秋》昭公二十六年《左氏傳》】❶王子朝曰：「至於夷王，王愆于厥身，諸侯無不並走其望，以祈王身。」

【昭七年《左氏傳》】韓宣子謂子産曰：「寡君寢疾，並走羣望。」【注】晉所望祀山川皆走往祈禳。

【昭十三年《左氏傳》】楚共王無冢適，有寵子五人，無適立焉。乃大有事于羣望，而祈曰：「請神擇于五人者，使主社稷。」乃徧以璧見于羣望，曰：「當璧而拜者，神所立也。」

右祈禳走羣望。

【《周禮·春官·大宗伯》】以血祭祭五嶽。【注】陰祀自血起，貴氣臭也。五岳，東曰岱宗，南曰衡山，西曰華山，北曰恒山，中曰嵩高山。不見四瀆者，四瀆，五

❶「昭」，原作「襄」，據《左傳》昭公二十六年改。

岳之匹，或省文。　【疏】云「五岳，東曰岱宗，南曰衡山，西曰華山，北曰恒山，中曰嵩高山」者，此五岳所在，據東都地中爲説。案《大司樂》云：「四鎮、五岳崩。」注云：「華在豫州，岳在雍州。」彼據鎬京爲説。彼必據鎬京者，彼據災異，若據洛邑，則華與嵩高並在豫州，其雍州不見有災異之事，故注有異也。案《爾雅》江、河、淮、濟爲四瀆，爲定，五岳不定者，周國在雍州，時無西岳，❶故權立吴岳爲西岳，非常法，《爾雅》不載；以東都爲定，故《爾雅》載之也。若然，此南岳衡山，案《爾雅》霍山爲南岳者，霍山即衡山也，故《地理志》揚州霍山爲南岳者，山今在廬山，彼霍山與冀州霍山在嵩華者别。云「不見四瀆者，四瀆，五岳之匹，或省文」者，五岳、四瀆相對若天地，故設經省文，唯見五岳也。若然，下云「貍沈祭山林川澤」，五岳歆神，雖與社稷同用血，五岳、四瀆、山川之類亦當埋沈也。《爾雅》云「祭山曰庪縣」者，或異代法耳。若然，庪縣既非周法，而《校人》云「凡將事于四海山川則飾黄駒」，注云：「王巡守過大山川則有殺駒以祈沈禮與？」《玉人》云：「天子以巡守，宗祝以前馬。」注云：「其祈沈以馬，宗祝亦執爵以先之。」彼亦言祈沈者，祈沈雖非周法，引以況義無嫌也。

黄氏度曰：「鄭謂四瀆，五岳之匹，非四瀆川，祭四望則四瀆在焉。《春秋傳》曰：『觸石而出，膚寸而合，不崇朝而雨偏天下者，唯太山乎？』其功用大，故與社稷同其秩祭。」

劉氏向曰：「五岳者何謂也？泰山東岳也，霍山南岳也，華山西岳也，常山北岳也，嵩高山中岳也。五岳何以視三公？能大布雲雨焉，能大斂雲雨焉，施德博大，故視三公。四瀆者何謂也？江、河、淮、濟也。四瀆何以視諸侯？能蕩滌垢濁焉，能通百川于海焉，能出雲雨千里焉，爲施甚大，故視諸侯也。山川何以視子男也？能出物焉，能潤澤物焉，能生雲雨，爲恩多，然品類以百數，故視子男也。」

金氏履祥曰：「案李氏心傳《辨周禮五岳》謂：『周都豐鎬，則華山乃中岳，崧高不得爲中岳。據《爾雅》河西

❶「無」，原作「爲」，據《周禮疏》改。

岳，河南華，河東泰，江南衡，則岳山乃西岳，而華乃中岳。嵩高之爲中岳，蓋東遷之後也。』今以此説推之，《禹貢》冀州自有太岳，今猶謂之霍太山。則堯都冀州，蓋以太岳爲中岳。《爾雅》河西岳，《周禮》雍州其山鎮曰岳山，即《禹貢》岍山，一名岳山，又名吴岳，今在隴州者是也。然則唐虞西岳當以岍爲西岳，太岳爲中岳，而東岱、南衡、北恒爾。衡山最遠，黄帝以灊霍爲山之副。然則秦以岍爲西岳，漢武徙衡山之神于霍山，歷代加封岷山，多以西岳爲言，蓋有自來矣。《虞書》獨東岳稱岱宗，而南西北三岳不名，蓋當時巡守四岳，取肆覲羣后，道里之宜爾，不必拘于嵩華之爲岳也。敢因李氏之言以傳其疑。」

蔡氏德晉曰：「《職方》九州皆有山鎮澤藪川浸。《大司樂》言四鎮、五岳，蓋岳亦爲鎮。岱、衡、華、恒、岳爲五鎮，其餘沂、會、醫、霍又爲四鎮，通爲九鎮，而有不同。五岳、四瀆、四海，定自開闢以來，不可更易。州鎮則每代不同，舜肇十二州，封十二山，即爲十二鎮。禹别九州，奠高山大川。周制又殊，故鎮與澤浸不得與岳瀆等。川則流行宇内，不得以州域分。如河自積石而下，稱西河，唐以來名西瀆，以其歷冀、豫、幽、兖而入海，故《職方》以爲幽、兖之川是也。涇與渭、洛皆川，而《職方》以渭、洛爲浸。言澤則遺洞庭、彭蠡、青艸、南旺，言川則遺黑水、赤水、遼水，固知《職方》僅舉其大略，非可援以定祀典也。《大宗伯》、《書大傳》、《王制》、《説苑》皆特表岳瀆而其餘山川並從，同不易之制矣。或又疑《職方》五岳無嵩山，有岳山，何也？説者謂據鎬京而言，權立吴岳爲西岳，而以華山爲中岳，若以東都爲定，則華山自是西岳，嵩山自是中岳，不知雍、豫二州山鎮係傳寫錯誤，豫州山鎮當作岳山，即嵩山也。嵩爲中岳，故獨得岳名。雍州山鎮當作華山，周之雍州兼梁州之域，故華山在雍也。」

蕙田案：漢《郊祀志》云：「三代之居，皆河洛之間，故嵩高爲中岳。自五帝以至秦，其禮損益世殊，不可勝記。」是五岳之名從古變易。金氏、蔡氏之言是也。

以貍沈祭山林川澤。【注】祭山林曰埋，川澤曰沈，順其性之含藏。【疏】經「埋沈祭山林川澤」總言，不析别而説，故鄭分之，以其山林無水，故埋之；川澤有水，故沈之，是其順性之含藏也。

崔氏靈恩曰：「祭之法，各當其時，山林于壇，川澤于坎，故《禮記》云：『四坎壇祭四方，牲用少牢。』王服玄冕，牲玉各放其方之色，樂則奏蕤賓，歌函鍾，舞《大夏》。」

鄭氏鍔曰：「山林有功于埋藏，川澤有功于涵容，祭山林之牲則埋之，祭川澤之牲則沈之，各象其德。」

【《儀禮·覲禮》】祭山、丘陵，升。祭川，沈。

敖氏繼公曰：「升，謂縣之。瘞，埋也。此皆順其性而爲之也。」

【《爾雅》】祭山曰庪縣，祭川曰浮沈。【邢疏】庪縣，祭山之名也。庪謂埋藏之。《大宗伯》云：「以埋沈祭山林川澤。」鄭注云「祭山林曰埋」是也。縣，謂縣其牲幣于山林中。郭云「或庪，或縣，置之于山」是也。又《山海經》曰「縣以吉玉」是也。浮沈，郭云：「投祭水中，或浮或沈。」《大宗伯》云：「以埋沈祭山林川澤。」鄭注云「祭川澤曰沈，順其性之含藏」是也。

右望祭法。

【《禮記·祭法》】四坎壇，祭四方也。山林、川谷、丘陵，能出雲，爲風雨，見怪物，皆曰神。【注】四方，即謂山林、川谷、丘陵之神也。祭山林、丘陵于壇，川谷于坎，每方各爲坎爲壇。怪物，雲氣非常見者也。【疏】四坎壇，四方各爲一坎一壇。山林、川谷、丘陵，能出雲，爲風雨，見怪物，此四壇坎所祭之神也。怪物，慶雲之屬，風雨雲露並益于人。壇以祭山林、丘陵，坎以祭川谷、泉澤也。

馬氏晞孟曰：「山林、川谷、丘陵，民之所取財用也。而又能出雲爲風雨而有澤以利于人，見怪物而有威以敬于人，皆有不可測之神，故皆曰神。」

右山川壇。

【《禮記·祭法》】山林、川谷、丘陵，民所取材用也。非此族也，不在祀典。【注】族猶類也。祀典，謂祭祀也。

【《學記》】❶三王之祭川也，皆先河而後海，或源也，或委也，此之謂務本。【注】源，泉所出

❶「學記」，原作「樂記」，「三王」至「聖本也」全段爲《禮記·學記》經注疏，據改。

也。委，流所聚也。始于一勺，卒成不測。【疏】三王祭百川之時，皆先祭河，後祭海，或先祭其源，或後祭其委。河爲海本，源爲委本，總之則皆曰川也。源、委，謂河海之外諸大川也。或解云「源則河也，委則海也，申明先河而後海」，義亦通矣。先祭本是務重其本，本小而後至大，是小爲大本。先學然後至聖，是學爲聖本也。

朱子曰：「先河後海者，以其或是源，故先之；或是委，故後之。疏有二説，此説是也。」

沈氏清臣曰：「海者，源也；河者，委也。昔有人問：『何以謂海爲源？』應之曰：『海者，水之所會也。其河之所流者，皆其泉脉也。譬之人之一身，元氣則其海也，其經絡則其河也。元氣不充實，則經絡不運行矣。謂經絡爲源，則非也。謂元氣爲委，則非也。鄭氏謂：「源者，泉所出。委者，流所聚。」蓋不知吾之説也。然則所謂先河而後海者，以河之近，故先祭之；海之遠，故後祭之。非故後之也，亦務其本者當如是也。』」

蕙田案：此以朱子説爲是，沈氏説非。

【《禮器》】晉人將有事于河，必先有事于惡池。齊人將有事于太山，必先有事于配林。【注】呼池，嘔夷，并州川也。配林，林之名。【疏】惡池，小川。配林是太山之從祀者。先告惡池、配林，然後祭河及太山，此皆積漸從小至大之義也。

方氏慤曰：「有事，謂祭也。將有事于大，必先有事于小焉，所謂有由始也。林則木之所積，以其從祀于太山，故曰配林。」

馬氏晞孟曰：「天子祭名山大川，諸侯祭山川之在其地者。齊人有事于太山，亦非禮也，然而記者取之而不非者，取其有大小先後之序也。」

陸氏佃曰：「晉人告惡池以配河，齊人告配林以配太山。雖曰告之，實以肄習其禮，即事有漸也。」

【《王制》】山川神祇有不舉者爲不敬，不敬者，君削以地。【注】舉，祭也。【疏】山川有外神，故云不舉。不舉不敬也，山川在其國，故削以地。

方氏慤曰：「神祇衆矣，止以山川爲言者，蓋諸侯之所守，以山川爲大，故《魯頌》言『錫之山川』。經又云『諸侯祭名山大川之在其地者』，皆此意也。天曰神，地曰示。此以山川爲神祇者，自其無所屈言之，皆可謂之神；自其有所別言之，皆可謂之祇。」

右祭山川名義。

【《書·禹貢》】奠高山大川。

曾氏曰：「定其山之高峻、川之深大者，爲其州之鎮，秩其祭而使其國主之也。」

孔氏曰：「奠定其差秩，祀禮所視。」

【《易·隨卦》】上六，王用亨于西山。

【朱子《本義》】自周而言，岐山在西。凡筮祭山川者得之，其誠意如是，則吉也。

項氏安世曰：「《大有》九三：『王用亨于天子。』《隨》上六：『王用亨于西山。』《益》六二：❶『王用亨于帝。』《升》六四：『王用亨于岐山。』四爻句法皆同，古文『亨』即『享』字，今讀《益》作『享』讀者，俗師不識古字，獨于『享帝』不敢作『亨帝』也。」

何氏楷曰：「如王之祭享于西山，誠意顯篤，雖鬼神可格，而況于人乎？王謂九五，古文『亨』即『享』字。西山，岍隴諸山，其尊者吳岳在正西兑方。又地祇，陰神也，故兑之陰畫爲西山。又兑爲巫。」

【《升卦》】六四，王用亨於岐山。

何氏楷曰：「王，文王也。文王三分有二，侯度益謹，惟祭境内之山川止矣，終不敢越分而修禋祀者也。岐山在《禹貢》雍州境南。坤，西南象。又按：《儀禮》云：『祭山、丘陵，升。』疏云：『祭山曰庪縣，不言升，此山、丘陵云升者，升即庪縣也。』」

【《禮記·王制》】天子祭天下名山大川，五岳視三公，四瀆視諸侯。諸侯祭名山大川之在其地者。【注】視三公、視諸侯，視其牲器之數也。

周氏諝曰：「天子，百神之主，故祭天下之名山大川。諸侯，境内之主，惟名山大川之在境内者則祭之。」

諸侯祭名山大川，若魯人祭太山，晉人祭河是也。

張氏栻曰：「古者諸侯，各得祭其境内山川。山川所以爲神靈者，以其氣之所感，能出雲雨，潤澤羣物，是故爲之壇壝，立之祝史，設之牲幣，所以致吾禱祝之實，

❶「益」，原作「蓋」，據庫本改。

而交乎乎隱顯之際，誠之不可掩如此。後世有山川之祠而人其形、宇其地，則其失久矣。夫山峙川流，是其形也，而人之也何居？其氣之流通，可以相接也，而宇之也何居？無其理而强爲之，雖百拜而祈，備物以享，其有時而應，亦偶然而已。」

朱子曰：「一家之主，則一家鬼神屬焉；諸侯守一國，則一國鬼神屬焉；天子有天下，則天下鬼神屬焉。看來爲天子者，這一個神明是甚麽大，如何有些子差忒得！若縱欲無度，天上許多星辰，地下許多山川，如何不變怪？」又曰：「古人祭山川，只是設壇位以祭之。祭時便有，祭了便無，故不至褻瀆。後世却先立個廟貌如此，所以反致惑亂人心，僥求非望，無所不至。」

【《曲禮》】天子祭山川，歲徧。諸侯方祀，祭山川，歲徧。【疏】祭山川者，《周禮》「兆五帝于四郊，四望、四類亦如之」也。諸侯既不得祭天地，又不得總祭五方之神，唯祀當方，故云方祀。祭山川者，《王制》云「在其地則祭之，亡其地則不祭」是也。

吕氏大臨曰：「天子有天下，故得祭天地、四方、山川、五祀，言無所不及也。諸侯有國，國必有方，祭其所居之方而已。非所居之方，及山川不在其境内者，皆不得祭，故曰方祀、祭山川、祭五祀，言有及有不及也。」

陳氏祥道曰：「山川，《周禮》所謂『以血祭祭五岳，以埋沈祭山林川澤』，《王制》所謂『名山大川』是也。諸侯方祀，《春秋傳》所謂『三代命祀，祭不越望』是也。山川，《王制》所謂『名山大川在其竟内』是也。于天子言天地，則日月、星辰、司中、司命、風師、雨師之類舉矣。于天子、諸侯言四方、方祀，則社稷之類舉矣。言山川，則林澤、丘陵、墳衍之類舉矣。」

【陳氏《禮書》】望祀或設于郊天之後，或設于巡守之方，或旅于大故之時，則望有常、有不常之祀也。崔靈恩謂四望之祭，歲各有四，不知何據然也？望祀，其兆四郊，其牲各放其方之色，其樂姑洗、南呂、大磬，❶其玉兩圭有邸，其服毳冕，其位茅以辨之而植表于其中，《周禮》所謂「旁招以茅」，《晉語》所謂「茅蕝設表望」是也。《白虎通》謂：「周公祭太山，以召公爲尸。」其言無所經見。

右山川正祭。

【《禮記·月令》】孟春之月，命祀山林川澤。

仲夏之月，命有司爲民祈祀山川百源。【注】陽氣盛而常旱，山川百源能興雲雨者也。衆水始所出爲百源。【疏】雩之與禱所以異者，《考異郵》説云：「天子禱九州山川，諸侯禱封内，大夫禱所食邑。」又僖公三時不雨，帥羣臣禱山川，以過自讓。凡雩必先禱，故此經云「乃命百縣祈祀山川百源」，始「大雩帝」是也。

陳氏祥道曰：「禮有先其大而後其小者，亦有先其小而後其大者。先其大而後其小者，異尊卑也，袷而後時祭、郊而後三望之類是也。先其小而後其大者，致敬文也，魯人將有事于上帝，必先有事于頖宮；晉人將有事于河，必先有事於惡池是也。二者之禮雖殊，其所以爲尊尊則一而已。《月令》仲夏爲民祈祀山川百源，然後大雩帝，此致敬盡文之意也。」

仲冬之月，天子命有司祈祀四海、大川、名源、淵澤、井泉。【注】順其德盛之時祭之也。

馬氏晞孟曰：「盛德在水，故應是而祈焉，以爲民致福也。」

【《講義》】四海者，衆水之所聚。大川、名源者，若江、淮、河、濟之類是也。江之源出于岷山，河之源出于崑崙，淮之源自桐柏，濟之源自沇水，故謂之名源也。淵澤者，水之所鍾而息者也。井泉者，汲取之無窮者也。仲冬之月，水歸于澤而復其本源矣，故命有司祈祀之。

應氏鏞曰：「夏祈山川百源，火勝水弱，遵其流委而廣其潤澤也。冬祀四海、山川、淵澤、井泉，❷盛德在水，鍾其淵源，厚其渟蓄也。三王之祭川，皆先河而後海，

❶「磬」，原作「磬」，據庫本改。
❷「山川」，庫本作「川源」。

以海爲委而河爲源也。水重冬祀，亦豈非源乎？」

季冬之月，乃畢山川之祀。【注】四時之功成于冬，孟月祭其宗，至此可以祭其佐也。【疏】案上孟冬「祈來年于天宗，大割祠于公社，臘先祖、五祀」，是爲蜡祭，則百神皆祭。則一變而致羽物山林之祇，再變而致鱗物川澤之祇，是蜡祭並祭山川也，是岳瀆及衆山川也。孟冬不見者，文不具。孟冬祭岳瀆，因及衆山川，至此又更祭衆山川，山川小于岳瀆，是孟月祭其宗，此月祭其佐也。

右祭山川之時。

【《周禮·春官·小宗伯》】兆山川、丘陵、墳衍，各因其方。【注】順其所在。【疏】案《大司徒職》云地有十等，此不言林澤、原隰，亦順所在可知，故略不言也。

鄭氏鍔曰：「五岳、四瀆，神之最尊者也。此言山川，則《祭法》所謂『山林、川谷、丘陵能出雲，爲風雨，見怪物皆曰神』之山川耳。不爲兆域，唯因其所在之方，爲其卑也。」

李氏嘉平曰：「原隰則卑下，不祭。」

【《司服》】祀山川則毳冕。

【《典瑞》】璋邸射以祀山川。【注】璋有邸而射，取殺于四望。鄭司農云：「射，剡也。」【疏】此祀山川，謂若《宗伯》云「兆山川、丘陵，各于其方」，亦隨四時而祭，則用此璋邸以禮神。

鄭氏鍔曰：「半圭曰璋。射者，琰而出也。半圭之璋邸于琮而從下向上皆邪卻而琰出，故謂之射璋，以象陰之盛事，又從而邪殺之，如矢之射，見通贊之義。以此祀山川，則《小宗伯》所謂『兆山川、丘陵、墳衍』者是也。」

易氏祓曰：「琮方，固所以象地。半圭所邸，于地道爲不足，于以祀山川。」

蕙田案：山川有大小，故《玉人職》璋有長短。大璋、中璋九寸，邊璋七寸。又牙璋、中璋七寸，雖非此璋，可例推也。

【《考工記》】玉人：璋邸射，素功，以祀山川。【注】鄭司農云：「素功，無瑑飾也。」

趙氏溥曰：「璋邸者，就方琮上出一璋，以璋而邸于琮。琮之方，所以象地之體，以琮爲依托之邸，所以象山川之麗于地也。與圭璧之意同。亦欲山川之神降而依存于璋邸中，亦植在神坐前，非手所執之玉。」

易氏祓曰：「射，言剡而出而貫于邸。素功，則朴質而無瑑飾之文，所以象山川有阻固之功。」

【《禮記·月令》】季夏之月，命四監大合百縣之秩芻，以養犧牲；令民無不咸出其力，以共名山、大川、四方之神。【注】四監，主山林川澤之官。百縣，鄉遂之屬地有山林川澤者也。秩，常也。百縣給國養犧牲之芻，多少有常，民皆當出力，艾芻養牲，以供祠神靈，爲民求福也。【疏】案《周禮》有山虞、澤虞、林衡、川衡之官，秩芻出于山林。又季冬云「收秩薪柴」，薪柴亦出于山林川澤。鄭知百縣非諸侯而云鄉遂之屬者，以取芻養牲不可大遠，故知是畿内鄉遂。仲夏云「百縣雩祀」，則兼外内諸侯也。此云鄉遂，不兼公卿大夫之采邑也。

方氏慤曰：「四監者，天子之縣内監郡之大夫也。古者千里百縣，縣有四郡，郡使大夫監之，故謂之四監。《春秋傳》所謂『下大夫受郡』是也。」

馬氏晞孟曰：「四監則郊各以監有受其入也，百縣則甸服之内所使納總銍秸服者也。既卜而芻焉，皆謂之牲。將殺而告具焉，皆謂之犧。令民無不咸出其力，則所謂祭祀者非獨恭也，謂民力之普存也。」

季冬之月，命宰歷卿大夫至於庶民土田之數而賦犧牲，以共山林名川之祀。【注】此所與卿大夫、庶民共者也。歷猶次也。卿大夫采地亦有大小，其非采地，以其邑之民多少賦之。【疏】宰，小宰也。卿大夫，謂畿内有采地者。庶民受田，準田多少之數賦之犧牲，以供山林名川之祀。不云士者，上舉卿大夫，下舉庶民，則士在其中，省文耳。卿大夫無采地，則出其邑之賦税。庶人無邑，則出其賦税以與邑宰，邑宰以共上。

陸氏佃曰：「歷而數之，小宰之事也。」

凡在天下九州之民者，無不咸獻其力，以共山林名川之祀。【注】民非神之福不生，雖有其邦國采地，此賦要由民出。【疏】以經云「天下九州之民」，不云諸侯卿大夫，獨云民，故鄭注言此賦要由民出也。

【《周禮·夏官·小子》】凡沈辜、侯禳，飾其牲。【注】鄭司農云：「沈謂祭川。」《爾雅》曰：「祭川曰浮沈。」辜謂磔牲以祭也。《月令》曰：「九門磔禳以畢春氣。」

候禳者，候四時惡氣禳去之也。

王氏昭禹曰：「沈謂貍沈，辜謂疈辜，候謂候福，禳謂却禍。」

易氏祓曰：「飾其牲，被之以文繡，謂羊牲也。」

【《秋官·犬人》】凡幾珥沈辜，用駹可也。

易氏祓曰：「幾，祈也。珥，弭也。❶沈以祭川，辜以磔門。四者用牷，正也，無則以駹代之亦可也。」

【《禮記·月令》】孟春之月，犧牲毋用牝。

【注】爲傷妊生之類。【疏】犧牲毋用牝者，以山林川澤其祀既卑，餘月之時，牲皆用牝，唯此月不用，故注爲傷妊生之類者。天地、宗廟、大祭之時，雖非正月，皆不用牝。

方氏慤曰：「祀不止於山林川澤，然止以是爲言者，蓋天地、宗廟之祭，非春，亦未嘗用牝故也。」

【《論語》】子謂仲弓曰：「犁牛之子騂且角，雖欲勿用，山川其舍諸？」

【朱注】犁，雜文。騂，赤色，周人尚赤，牲用騂。角，角周正，中犧牲也。用，用以祭也。山川，山川之神也。言人雖不用，❷神必不舍也。

陳氏埴曰：「祭天地之牛角繭栗，宗廟之牛角握，社稷之牛角尺，以其色既赤，又且角中程度也。」

【《大戴禮·曾子天圓篇》】山川曰犧牷。

【注】色純曰犧，體完曰牷。

【《周禮·春官·鬯人》】掌共秬鬯而飾之。凡山川、四方用蜃，凡祼事用概。【注】祼當爲埋字之誤也。故書蜃或爲謨。杜子春云謨當爲蜃，書亦或爲蜃，蜃，水中蜃也。蜃，畫爲蜃形。蚌曰含漿，尊之象。概，尊以朱帶者。【疏】鄭破祼爲埋者，若祼則用鬱，當用彝尊，不合在此而用概尊，故破從埋也。埋謂祭山林，則山川用蜃者，大山川。云「蜃畫爲蜃形」者，亦謂漆畫之。云「蚌曰含漿，尊之象」者，蚌蛤一名含漿，含漿則是容酒之類，故畫爲蜃而尊名也。云「概尊以朱帶」者，玄纁相對，既是黑漆爲尊，以朱帶落腹，故名概。概者，横概之義，故知落腹也。

鄭氏鍔曰：「四方山川則用漆尊而畫爲蜃形，先儒謂爲蚌蛤，一名含漿，則是容酒之類。余謂此乃海上能吐氣

❶「弭」，原作「珥」，據庫本改。

❷「人」，原作「神」，據庫本改。

爲樓臺者，非蛤蚌之比。四方山川爲國扞蔽，通氣乎天地之間。蜃之爲物，外堅，有阻固扞蔽之義，且能一闔一闢，其通亦有時焉，故四方山川之祼，尊則畫以爲飾。祼事用雞鳥六彝，見于司尊彝之官。《鬱人》亦曰『凡祭祀、賓客之祼事，和鬱鬯，以實彝而陳之』，則祼事不用概明矣。《大宗伯》有貍、沈、疈辜之祭，此下有疈事用散之文，則此祼字爲埋字無疑矣。祼事用概，概亦漆尊也，上下黑漆，以朱落其腹爲飾，猶横概然。山林川澤，財用百物之所出入，人所取足，而爲之神者，初無私焉，其功利及物，可謂平矣。」

黄氏度曰：「鄭改祼爲埋，埋沈，祭山川之名。此指言山川用蜃，凡祼事則不獨祭也，知賓客享、適子冠，凡用祼者，皆以概盛鬯。」

王氏昭禹曰：「凡祼必和鬱鬯，而多少之齊宜適平，故以罍，以朱帶爲飾而横概落腹，以概能平物故也。」

【《大司樂》】乃奏蕤賓，歌函鐘，舞《大夏》，以祭山川。【注】蕤賓，陽聲第四，函鐘爲之合。函鐘，一名林鐘。【疏】云「蕤賓陽聲第四」者，應鐘之六三上生蕤賓之九四，是陽聲第四也。云「函鐘爲之合」者，蕤賓，午之氣也，五月建焉，而辰在鶉首。函鐘，未之氣也，六月建焉，而辰在鶉火，是函鐘之爲合也。云「函鐘一名林鐘」者，此《周禮》言函鐘，《月令》云林鐘，故云「一名林鐘」也。

易氏祓曰：「夏，大也，言禹之治水而能大中國也，故大夏之樂起于蕤賓之午，應以函鐘之未，以禹之奠高山大川，而懷襄昏墊之患始息，以祀山川，亦其類也。」

陸氏佃曰：「林鐘以夏，爲庇物言之。」

李氏嘉會曰：「林者，物已成林，坤當涵而養之，故曰函，見蓄養萬物。」

【《地官·舞師》】掌教兵舞，帥而舞山川之祭祀。【賈疏】掌教兵舞，謂教野人，使知之。國有祭山川，則舞師還帥領往舞山川之祀，已下皆然。

王氏昭禹曰：「兵舞，干舞也。山川爲國阻固，故以干舞之。干之言扞也。」

【《山虞》】若祭山林，則爲主而修除，且蹕。【注】爲主，主辦護之也。修除，治道路、場壇。【疏】此山林在畿内王國，四方各依四時而祭。云「則爲主」者，謂主當祭事者也。「而修除」者，謂掃除糞洒。云「且蹕」者，且復蹕止行人也。云「爲主，主辨護之也」者，案《中候握河紀》堯受《河圖》云：「帝立壇，磬折西向。禹進迎舜，契陪位，稷辨護。」注云「辨護者，供時用，相禮儀」，則此云「辨護」者，亦謂共時用相禮儀者也。云「修除道路場壇」者，案《守祧職》云：「其廟則有司修除之。」鄭云有司恒主脩除，謂埽除糞洒。場，謂墠，即除地之處。壇，神位之所也。

王氏安石曰：「修，修祭事。除，除地爲墠。蹕，止人犯其祭。虞主山林，掌其政令，且爲之厲禁也。」

【《禮記・禮器》】五獻察。【孔疏】謂祭四望山川。

【《白虎通》】周公祀太山，召公爲尸。

右祭山川禮物儀節。

【《書・禹貢》】梁州，蔡、蒙旅平。

陳氏大猷曰：「古人舉事必祭，况治水土大事，必不敢忽。然旅獨於梁、雍言之者，蓋九州終於梁、雍，以見前諸州名山皆有祭也。旅獨於蔡、蒙、荆、岐言之者，蓋紀梁之山終於蔡、蒙，紀雍之山始於荆、岐，以見州内諸名山皆有祭也。故下文復以『九山刊旅』總結之。然特言於諸州之後，其先成民而後致力於神之意歟？」

雍州，荆、岐既旅。

九山刊旅，九川滌源，九澤既陂。

陳氏曰：「九州之山，槎木通道，已可祭告。」

王氏樵曰：「刊旅，舉始末以包中間。刊者，治水之始。旅者，功成祭告。」

蕙田案：以上三條，治水祭山川。

【《詩・周頌・般》序】般，巡守而祀四岳、河、海也。【疏】武王既定天下，巡行諸侯所守之土，祭祀四岳、河、海之神，神皆享其祭祀，降之福祚。至周公、成王太平之時，詩人述其事而作此歌焉。中岳無事，故序不言。《漢書・溝洫志》云：「四瀆河爲宗。」然則河爲四瀆之長，言河可以兼之。經無海而序言海者，海是衆川所爲歸，經雖不説，祭之可知。

於皇時周，陟其高山，嶞山喬嶽，允猶翕河。敷天之下，裒時之對，時周之命。【傳】高山，四嶽也。嶞，山之狹小者也。翕，合也。裒，聚也。【鄭箋】陟，登也。喬，高也。允，信也。敷，徧也。對，配也。徧天下之神，皆如是配而祭之，是周之所以受天命而王也。【疏】天子巡守所至，則登其高山而祭之，謂每至其方，告祭其方之岳也。《堯典》及《王制》説巡守之禮，皆言「望秩于山川」，則知「嶞山喬岳，允猶翕河」皆謂秩祭之事。

《釋文》曰：「嶞山，形狹長也。」

何氏楷曰：「此詩言武王先于喬岳之上祭天，又旁及諸山川，皆在喬岳之上望而祭之，無所不徧，蓋天子省方告祭，所以承天命而答人之心，禮當如此。」

【《周禮·夏官·校人》】凡將事於四海山川，則飾黄駒。【注】四海，猶四方也。王巡守過大山川，則有殺駒以祈沈禮與？《玉人職》有宗祝以黄金勺前馬之禮。【疏】云「四海猶四方也」者，王巡守唯至方岳，不至四海、夷狄，故以四海爲四方。云「有殺駒以祈沈禮與」者，《爾雅》云：「祭山曰庪縣。祭川曰浮沈。」今鄭云以祈沈者，總解過山川二事。言「與」者，《爾雅》據正祭，此則行過之，約與彼同，故云「與」以疑之也。引《玉人職》者，證過山川設禮用馬牲之事也。

鄭氏鍔曰：「若有祭祀于四海山川，則必擇黄色之駒加文飾，以將事焉，此皆校人之職。或謂：《大宗伯》以沈貍祭川澤，而祭祀之牲各放其色，四海山川乃均用黄駒，何耶？以玉人之職考之，王巡守過大山川所用之璋不同，然皆以黄金勺前馬，則知均用黄駒者，海與山川均爲地道，黄者，地之中色。若夫用駒，則以巡守而行四方。駒有千里之足而行地莫如馬，駒雖馬之小者，禮以小爲貴，飾黄駒乃郊用犢之意。」

【《考工記》】玉人：大璋、中璋九寸，邊璋七寸，射四寸，厚寸。黄金勺，青金外，朱中，鼻寸，衡四寸，有繅。天子以巡守，宗祝以前馬。【注】射，琰出者也。勺，故書或作約。杜子春云當爲勺，謂酒尊中勺也。鄭司農云：「鼻，謂勺龍頭鼻也。衡，謂勺柄龍頭也。」玄謂：鼻，勺流也。凡流皆謂龍口也。衡，古文横，假借字也。衡，謂勺徑也。三璋之勺，形如圭瓚，天子巡守有事山川，則用灌焉。于大山川則用大璋，加文飾也。于中山川用中璋，殺文飾也。于小山川用邊璋，半文飾也。其祈沈以馬，宗祝亦執勺以先之。禮，王過大山川則大祝用事焉。將有事于四海山川，則校人飾黃駒。【疏】此經説王巡守出行過山川禮敬之事。三璋據爲勺柄，黄金勺以下據爲勺頭。又曰「射琰出者也」者，向上謂之出，謂琰半已上，其半已下爲文飾也。先鄭云鼻謂勺龍頭鼻，後鄭增成其義，衡謂勺柄龍頭，後鄭不從。玄謂：❶衡古文爲横，謂勺徑，破先鄭爲勺柄。云「三璋之勺形如圭瓚」者，圭瓚之形，前註已引漢禮，但彼口徑八寸，下有盤徑一尺，此徑四寸，徑既倍狹，明所容亦少，但形狀相似耳，故云形如圭瓚也。知用灌者，以其圭瓚灌宗廟。明此巡守過山川用灌，可知。「于大山川」已下至「半文飾」皆無正文，鄭君以意解之。云「祈沈以馬」者，取《校人》飾黃駒，故知馬也。知宗祝亦執勺以先之者，即引《大祝職》云王過大山川則大祝用事焉，是大祝用此經黄金勺之事也。云「將有事于四海山川，則校人飾黃駒」者，《校人職》文，引之者，見禮山川非直灌，亦有牲牢，以山川地神，故用黄駒也。《大祝職》云王過大山川，大祝用事，不言中山川、小山川者，舉大而言，或使小祝爲之也。

【《尚書大傳》】《虞傳》曰：維元祀，巡守四岳、八伯，壇四奧，沈四海，封十有二山，兆十有二州。【注】奧，内也，安也。四方之内，人所安居也。爲壇祭之，謂祭四方之帝、四方之神也。祭水曰沈。祭者必封，封亦壇也。十有二山，十有二州之鎮也。兆，域也，爲營域以祭十二州之分星也。壇、沈、封、兆，皆因所宜爲之名。樂正定樂名。元祀代太山，貢兩伯之樂焉。東岳陽伯之樂，舞《侏離》，其歌聲比余謠，名曰《晳陽》；儀伯之樂，舞《鼚哉》，其歌聲比大謠，名曰《南陽》。中祀大交霍山，貢兩伯之樂焉。夏伯之樂，舞《謾彧》，其歌聲比中謠，名曰《初慮》；羲伯之樂，舞《將陽》，其歌聲比大謠，名曰《朱于》。秋祀柳穀華山，貢兩伯之樂焉。秋伯之樂，舞《蔡俶》，其歌聲比小謠，名曰《花落》；和

❶「謂」，原作「爲」，據《周禮注疏》改。

伯之樂，舞《玄鶴》，其歌聲比中謡，名曰《歸來》。幽都弘山祀，貢兩伯之樂焉。冬伯之舞，《齊落》，歌曰《縵縵》，并論八音四會。【注】陽伯，猶言春伯、春官，秩宗也，伯夷掌之。《侏離》，舞曲名，言象物生育離根株也。徒歌謂之謡，其聲清濁，比如余謡，然後應律也。晳當爲析，春厥民析。晳陽，樂正所定也。是時契爲司徒，掌地官矣。後又舉禹掌天官。儀當爲羲仲之後也。蕢，動貌。哉，始也，言象物應雷而動，始出見也。南，任也。中，仲也，古字通。春爲元，夏爲仲。五月南巡守，仲祭大交氣于霍山也。南交稱大交，《書》曰「宅南交」也。夏伯，夏官司馬也，棄掌之。謾，猶曼也。彧，長貌，猶物象之滋曼彧然也。初慮，陽上極陰，始謀也。謾或爲謗。將陽，言象物之秀實動摇也。于，大也。八月西巡守，祭柳穀之氣于華山也。柳，聚也，齊人語。秋伯，秋官士，皋陶掌之。蔡，猶衰也。俶，始也，言象物之始衰也。和伯，和仲之後也。玄鶴，象陽鳥之南也。歸來，言反其本也。弘山，恒山也。十有一月朔巡守，祀幽都之氣于恒山也。互言之者，明祭山。北稱幽都也。冬伯，冬官司空也，垂掌之。齊落，終也，言象物之終也。齊或爲聚。此上下有脱辭，其説未聞。

蕙田案：以上四條，巡守告山川之禮。

【《儀禮·覲禮》】禮四瀆於北門外，禮山川、丘陵於西門外。

敖氏繼公曰：「禮四瀆于北，禮山川、丘陵于西，皆隨其地之陰陽而爲之。禮川不于北者，四瀆尊，宜避之也。此三禮者，皆與上事相屬而舉之。天子巡守有『懷柔百神，望秩山川』之禮。此諸侯以天子不巡守之故而來覲，故天子於此亦畧修祀事，以放巡守之禮云。」

【《周禮·春官·大祝》】大會同，過大山川，則用事焉。【注】用事，亦用祭事告行也。《玉人職》有宗祝以黄金勺前馬之禮，是謂過大山川與？《曾子問》曰：「凡告必用牲幣，反亦如之。」【疏】大會同者，王與諸侯時見曰會，殷見曰同，或在畿内，或在畿外，亦告廟而行。言「用事，亦用祭事告行也」者，言亦如上經大師用祭事告行。引《玉人職》者，案《玉人職》大璋、中璋九寸，邊璋七寸，射四寸，厚寸。黄金勺青金外，天子以巡守，宗祝以前馬。此云有宗祝以黃金勺前馬之禮，非是彼正文義，略言之耳。云「是謂過大山川與」者，彼不過云山川，此言過大山川；此不言用黃金勺，彼言以黃金勺，以義約爲一，故言「與」以疑之。彼注云大山川用大璋，中山川用中璋，小山川用邊璋，此直見過大山川，不見中小者，欲見中小山川共大山川一處，直告大山川，不告中小，故不見中小山川，各自別處則用中璋、邊璋。此所過山川，非直用黃金勺酌獻而已，亦有牢，故《校人職》云：「將有事于四海山川則飾黃駒。」注云：「四海猶四方。王巡守過大山川則有殺駒以祈沈之禮與？」是其牲牢也。

【《禮記·曾子問》】孔子曰：「諸侯適天子，命祝史告於社稷、宗廟、山川。凡告用牲幣，反亦如之。」【疏】必知天子用牲者，《校人》云：「王所過山川則飾黃駒。」是用牲也。必知諸侯不用牲者，約下文云幣帛皮圭以告，故知不用牲也。或天子、諸侯出入有告，有祭，故告用制幣一丈八尺，其卿大夫唯入祭而已。故《聘禮》既使而反，祭用牲也。

諸侯相見，命祝史告於五廟、所過山川。反，命祝史告至於前所告者。【注】山川所不過則不告，貶于適天子也。

【《春秋》襄公十一年《左氏傳》】《載書》曰：「司慎、司盟、名山、名川。」【注】二司，天神。【疏】名山，山之有名者，謂五岳、四鎮也。名川，謂四瀆也。

蕙田案：以上四條朝會祭山川。

【《周書·武成》】底商之罪，告於皇天、后土，所過名山大川。【孔傳】名山，華岳。大川，河。【疏】周適商，路過河、華，故知所過名山，華岳；大川，河也。山川大乃有名，名、大互言之耳。《周禮·大祝》云：「王過大山川則用事焉。」鄭云：「用事，用祭祀告行也。」

【《周禮·春官·肆師》】祭兵于山川則爲位。【注】山川，蓋軍之所依止。【疏】云「山川蓋軍之所依止」者，以其山川衆多，不可並祭，軍旅思險阻，軍止必依山川，故知祭軍所依止者也。

鄭氏鍔曰：「兵之所在，必增高以祭之。非頓兵之山川，則無類禡之祭。兵之所在，則宜有祭。此非常祭，故爲之位。」

王氏與之曰：「祭兵于山川，若《武成》告所過名山大川。」

【《春秋》宣公十二年《左氏傳》】楚子敗晉師于邲，祀于河。

【襄公十八年《左氏傳》】晉侯伐齊，將濟河，獻子以朱絲係玉二瑴而禱曰：「齊環怙恃其險，負其衆庶，棄好背盟，陵虐神主。曾臣彪將率諸侯以討焉。其官臣偃實先後之，苟捷有功，無作神羞，官臣偃無敢復濟，唯爾有神裁之！」沈玉而濟。【杜注】雙玉曰瑴。環，齊靈公名。負，依也。神主，民也，謂數伐魯，殘民人。彪，晉平公名。❶稱臣者，明上有天子，以謙告神。曾臣，猶末臣。官臣，守官之臣。偃，獻子名。【疏】《王制》云「五岳視三公，四瀆視諸侯」，則諸侯于河神，其辭不得稱臣，故解其意稱臣者，以明上有天子，言己是天子之臣，以謙告神也。曾祖、曾孫者，曾爲重義，諸侯之于天子無所可重。曾臣，猶末臣，謙彼之意耳。

【昭公十七年《左氏傳》】晉侯使屠蒯如周，請有事於雒與三塗。萇弘謂劉子曰：「客容猛，非祭也，其伐戎乎？」九月丁卯，晉荀吴帥師涉自棘津，使祭史先用牲於雒。陸渾人弗知，師從之，庚午，遂滅陸渾。

蕙田案：以上五條行師告山川。

【《春秋》成公五年《左氏傳》】梁山崩，重人曰：「國主山川，故山崩川竭，君爲之不舉，降服，乘縵，徹樂，出次，祝幣，史辭以禮焉。其如此而已。」【注】主，謂所主祭。去盛饌，損盛服，車無文，息八音，舍于郊，陳玉帛，自罪責，禮山川。

右因事祭山川。

【《春秋》僖公十九年《左氏傳》】秋，衛大旱，卜有事於山川，不吉。

【昭公元年《左氏傳》】山川之神，則水旱癘疫之災，於是乎禜之。【注】有水旱之災，則禜祭山

❶「晉」，原作「昔」，據庫本改。

川之神，若臺駘者。《周禮》「四曰禜祭」，爲營攢用幣，以祈福祥。【疏】水旱癘疫，在地之災，山川帶地，故祭山川之神也。禜是祈禱之小祭耳。若大旱而雩，則徧祭天地百神，不復別其日月與山川也。杜言山川之神若臺駘者，言此禜祭祭其先世主山川之神耳，非獨祭此山川之神也。

【昭公十六年《左氏傳》】鄭大旱，使屠擊、祝款、豎柎有事於桑山，斬其木，不雨。子産曰：「有事於山，蓺山林也，而斬其木，其罪大矣！」奪之官邑。

【《淮南子》】曰：「湯旱，以身禱於桑山之林。」

右禜祭山川。

五禮通考卷第四十六

淮陰吴玉搢校字

五禮通考卷第四十七

內廷供奉禮部右侍郎金匱秦蕙田編輯
太子太保總督直隸右都御史桐城方觀承同訂
按察司副使元和宋宗元参校

吉禮四十七

四望山川

【《史記·封禪書》】昔三代之君，皆在河洛之間，《漢書》注：「師古曰：謂夏都安邑，殷都朝歌，周都洛陽。」故嵩高爲中嶽，而四嶽各如其方，四瀆咸在山東。至秦稱帝，都咸陽，則五嶽、四瀆皆并在東方。自五帝以至秦，軼興軼衰，名山大川或在諸侯，或在天子，其禮損益世殊，不可勝記。師古曰：「代代殊異，故不可盡記。」及秦并天下，令祠官所常奉天地、名山、大川、鬼神，可得而序也。于是自殽以東，《索隱》曰：「殽即崤山。杜預云：『崤在弘農澠池縣西南，即今之二崤山是也。』亦音豪。」名山五，大川祠二，曰：太室，太室，嵩高也；恒山、泰山、會稽、湘山。《索隱》曰：「《地理志》：『湘山在長沙。』」水曰濟，曰淮。《索隱》曰：「《風俗通》云：『濟廟在臨邑，淮廟在平氏也。』」春以脯酒，爲歲祠，因泮凍，服虔曰：「解凍。」秋涸凍，《漢書》注：「師古曰：涸讀與沍同，沍，凝也，音下故反。」❶春則解之，秋則凝之。《春秋左氏傳》曰：「固陰沍寒。」《禮記·月令》曰：「孟冬行春令，則凍閉不密。」冬賽禱祠，《索隱》曰：「賽，音先代反，謂報神福也。」其牲用牛犢各一，牢具，圭幣各

❶「下」，原作「十」，據庫本改。

異。自華以西，名山七，名川四，曰：華山、薄山，薄山者，襄山也。《漢書》注：「師古曰：説者云薄山在河東，一曰在潼關北十餘里，而此志云自華以西者，則今閿鄉之南山，連延西山，並得華山之名。」岳山、岐山、吴山、鴻冢、瀆山，瀆山，蜀之岷山也。《漢書》注：「師古曰：《周禮·職方氏》雍州其山曰岳。《爾雅》亦云河西曰岳，説者咸云岳即吴岳也。今志有岳，又有吴山，則吴岳非一山之名，但未詳岳之所在耳。徐廣云：『岳山在武功。』據《地理志》，武功但有垂山，無岳山也。岐山即在今之岐山縣，其山兩岐，俗呼爲箭括嶺。吴山在今隴州吴山縣。鴻冢，釋在下。岷山在湔氐道。」水曰河，祠臨晉。《漢書》注：「師古曰：即今之同州朝邑縣界。」沔，祠漢中。《漢書》注：「師古曰：沔，漢水之上名也。漢中，今梁州是也。沔，音彌善反。」湫淵，祠朝那。蘇林曰：「湫淵在安定朝那縣，方四十里，停水不流，冬夏不增減，不生草木。湫，音將蓼反。」《漢書》注：「師古曰：此水今在涇州界，清澈可愛，不容穢濁。或喧污，輒興雲雨。土俗，亢旱每于此求之，相傳云龍之所居也，而天下山川隈曲亦往往有之。湫，音子由反。」江水祠蜀。《正義》曰：「《括地志》云：江瀆祠在益州成都縣南八里。秦并天下，江水祠蜀。」亦春秋泮涸禱賽，如東方名山川，而牲牛犢牢具圭幣各異，而四大冢鴻、岐、吴、嶽皆有嘗禾。孟康曰：「以新穀祭。」陳寶節來祠。服虔曰：「陳寶神應節來也。」其河加有嘗醪。此皆在雍州之域，近天子之都，故加車一乘，騂駒四。灞、滻、長水、灃、澇、涇、渭，皆非大川，㠯近咸陽，盡得比山川祠而無諸加。韋昭曰：「無車騂之屬。」汧洛二淵，鳴澤、蒲山、嶽壻山之屬爲小山川，亦皆歲禱賽，泮涸祠，禮不必同。

【《漢書·郊祀志》】秦始皇即帝位三年，東游海上，行禮祠名山川及八神。諸此祠皆太祝常主，以歲時奉祠之。至如它名山川諸神及八神之屬，上過則祠，去則已。郡縣遠方祠者，民各自奉祠，不領于天子之祝官。祝官有秘祝，即有災祥，輒祝祠移過于下。

【《史記·封禪書》】二世元年，東巡碣石，並海南，歷太山，至會稽，皆禮祀之。

右秦祀山川。

【《漢書·高祖本紀》】二年夏六月，令祠官祀天地、四方、上帝、山川，以時祀之。

【《郊祀志》】高祖初，悉召故秦祀官，復置太祝、太宰，如其故儀禮。下詔曰：「吾甚重祠而敬祭，今山川之神當祠者，各以時禮祠之如故。」後四歲，天下已定，置祠祀官、女巫，令河巫祠河于臨晉，而南山巫祠南山秦中。

文帝即位十三年，下詔曰：「秘祝之官，移過于下，朕甚弗取，其除之。」始名山大川在諸侯，諸侯祝各自奉祠，天子官不領。及齊、淮南國廢，令太祝盡以歲時致禮如故。明年，廣增諸祀壇場、珪幣，河、湫、漢水玉加各二。

【《文帝本紀》】十五年夏四月，修名山大川嘗祀而絕者。有司以歲時致禮。

【《武帝本紀》】建元元年夏五月，詔曰：「河海潤千里，其令祠官修山川之祠，爲歲事，曲加禮。」

【《郊祀志》】武帝元狩元年，濟北王上書，獻泰山及其旁邑。天子以它縣償之。常山王有罪，䙴，師古曰：「䙴與遷同。」天子封其弟真定，以續先王祀，而以常山爲郡。然後五嶽皆在天子之邦。

【《文獻通考》】馬氏曰：「案古者天子祭四望、五嶽、四瀆，其大者也。然王畿不過千里，千里之外則皆諸侯之國，所謂嶽、瀆豈必在畿内而後祭之？如舜都蒲坂，而一歲巡五嶽，俱有望秩之禮是也。始皇雖併六國，而禮典廢墜，所祠祭山川皆因其遊觀所至處，與封禪求仙則及之，而其領之祠官，以歲時致祭，且雜以淫祀者，大率多秦中山川也。至漢，則名山大川之在諸侯國者，不領于天子之祠官，必俟齊、淮南、常山之國廢，及濟北王獻地而後，舉五嶽之祭，俱非古義也。」

【《武帝本紀》】元封元年春正月，行幸緱氏。詔曰：「朕用事華山，至于中嶽，親登嵩高。御史乘屬，在廟旁吏卒咸聞呼『萬歲』者三。登禮罔不答。其令祠官加增太室祠，禁無伐其草木，以山下户三百爲之奉邑，名曰崇高，獨給祠，復亡所與。」

【《郊祀志》】元封元年春三月，東幸緱氏。禮登中嶽太室，從官在山上聞若有言「萬歲」云。問上，上不言。問下，下不言。迺令祠官加增太室祠。

【《武帝本紀》】元封五年冬，行南巡狩，至于盛唐，望祀虞舜于九嶷。登灊天柱山，自潯陽浮江薄樅陽而出，遂北至琅琊並海，所過禮祠其名山大川。

【《郊祀志》】五年，上巡南郡，至江陵而東，登禮灊之天柱山，號曰南嶽。師古曰：「灊，廬江縣，天柱山在焉。武帝以天柱山爲南嶽。」浮江自潯陽出樅陽，過彭蠡，禮其名山大川。

【《武帝本紀》】天漢三年春三月，幸北地，祠常山，瘞玄玉。

【《郊祀志》】自封太山後十三歲，而周遍于五嶽、四瀆矣。

宣帝神爵元年，制詔太常：「夫江海，百川之大者也，今闕焉無祠。其令祠官以禮爲歲事，師古曰：「言每歲常祠之。」以四時祠江、海、雒水，祈爲天下豐年焉。」自是，五嶽、四瀆皆有常禮。東嶽泰山于博，中嶽太室于嵩高，南嶽灊山于灊，西嶽華山于華陰，北嶽常山于上曲陽，師古曰：「上曲陽，常山郡之縣也。」河于臨晉，師古曰：「馮翊之縣也。」江于江都，淮于平氏，師古曰：「南陽之縣也。」濟于臨邑界中，師古曰：「東郡之縣也。」皆使者持節侍祠。惟泰山與河歲五祠，江水四，餘皆一禱而三祠云。

哀帝建平三年，莽改祭禮，大合樂祀四望，祭山川。四望，蓋謂日、月、星、海也。三光高而不可得親，海廣大無限界，故其樂同山川地理也。❶

【《風俗通》】五岳，東方泰山。《詩》云：「泰山巖巖，魯邦所瞻。」尊曰岱宗。岱者，長也，萬物之始，陰陽交代，雲觸石而出，膚寸而合，不崇朝而徧雨天下，其唯泰山乎？故爲五岳之長。岱宗廟在博縣西北三十里，山虞長守之。十月日合凍，臘月日涸凍，正月日解凍，皆太守自侍祠。若有穢疾，代行事，法七十萬五千。三牲燔柴上，福脯三十朐，縣次傳送京師。四岳皆王同禮。南方衡山，一名霍。霍者，萬物盛長，垂枝布葉，霍然而大，廟在廬江灊縣。西方華山，華者，華也，萬物滋然變華于西方也，廟在弘農華陰縣。北方恒山，恒者，常也，萬物伏藏于北方有常也，廟在中山上曲陽縣。中央曰嵩高，嵩者，高也，《詩》云：「嵩高維嶽，峻極于天。」廟在潁川陽城縣。四瀆，河出燉煌塞外，崑崙山發源，注海。《易》、《河圖》，聖人則之。《禹貢》「九河既道」，《詩》曰「河水洋洋」，廟在河南滎陽縣。河隄謁者掌四瀆禮祠，與五岳同。江出蜀郡湔流互徼外崏山，入海。《詩》云「江漢陶陶」，《禹貢》「江漢朝宗于海」，廟在廣陵江都縣。淮出南陽平氏桐栢大

❶「山」上，庫本有「於」字。

復山東南，入海。《禹貢》「海岱及淮」，「淮沂其乂」。《詩》云：「淮水湯湯。」廟在平氏縣。濟出常山房子贊皇山東，入海。《禹貢》：「浮于汶，達于濟。」廟在東郡臨邑縣。

【《後漢書·明帝本紀》】永平六年冬十二月，幸陽城，遣使者祀中岳。

【《章帝本紀》】元和二年春二月，詔曰：「今山川鬼神應典禮者，尚未咸秩，其議增修羣祀，以祈豐年。」丙辰，東巡守。辛未，幸太山，柴告岱宗。有黃鶴三十從西南來，經祀壇上，東北過于宮屋，翱翔升降。進幸奉高。

三年春，正月丙申，北巡守。二月戊辰，進幸中山，遣使者祀北岳，出長城。三月己卯，進幸趙。庚辰，祀房山于靈壽。

【《安帝本紀》】延光三年春，二月辛卯，幸太山，柴告岱宗。

【《祭祀志》】延光三年，上東巡守，至太山，柴祭，及祀汶上明堂，如元和三年故事。

右兩漢祀山川。

【《三國·魏志·文帝本紀》】黃初二年六月，初祀五嶽、四瀆，咸秩羣祀。

【《晉書·禮志》】二年，禮五嶽、四瀆，瘞、沈珪璧。

六年七月，帝以舟軍入淮。九月壬戌，遣使者沈璧于淮。

【《三國·魏志·明帝本紀》】太和四年，八月辛巳，行東巡，遣使者以特牛祠中嶽。

青龍元年，夏五月，詔諸郡國山川不在祀典者勿祠。

【《陳留王本紀》】咸熙元年，春正月，行幸長安。使使者以璧幣祀華山。

右三國魏祀山川。

【《晉書·禮志》】太始元年十二月，詔曰：「昔聖帝明王修五岳、四瀆、名山川澤，各有定制，所以報陰陽之功故也。然以道莅天下者，其鬼不神，其神不傷人，故祝史薦而無媿辭，是以其人敬慎幽冥而淫祀不作。末世信道不篤，僭禮瀆神，縱欲祈請，曾不敬而遠之，徒偷以求幸，祆妄相煽，舍正爲邪，故魏朝疾之。其案舊禮，具爲之制，使功著于人者，必有其報，而祆淫之鬼不亂其間。」

【《隋書·禮儀志》】建武元年，令郡國有五岳者置宰祝二人，及有四瀆若海應祠者，皆以孟春、仲冬祠之。

【《晉書·明帝本紀》】太寧三年七月，詔曰：「自中興以來，五岳、四瀆、名山大川，載在祀典應望秩者，悉廢而未舉主者，其依舊詳處。」

【《禮志》】穆帝升平中，何琦備論五嶽祠曰：「唐虞之制，天子五載一巡狩，順時之方，柴燎五嶽，望于山川，徧于羣神，故曰『因名山升中于天』，所以昭告神祇，饗報功德，是以災厲不作，而風雨寒暑以時。降及三代，年數雖殊，而其禮不易，五嶽視三公，四瀆視諸侯，著在經記，所謂『有其舉之，莫敢廢也』。及秦、漢都西京，涇、渭、長水，雖不在祀典，以近咸陽，故盡得比大川之祠，而正立之祀可以闕哉！自永嘉之亂，神州傾覆，兹事替矣。唯灊音潛。之天柱在王略之内也，舊臺選百户吏卒，以奉其職。中興之際，未有官守。廬江郡常遣太史兼假四時禱賽，春釋寒而冬請冰。咸和迄今，又復墮替。計今非典之祠，可謂非一。考其正名，則淫昏之鬼；推其糜費，則百姓之蠹。而山川大神，更爲簡闕。良由頃國家多難，日不暇給，草建廢滯，事有未遑。今元憝徒對反。已殲，宜修舊典。嶽瀆之域，風教所被，而神明禋祀，未之或甄，崇明前典，將候皇輿北旋，稽古憲章，大釐制度，俎豆牲牢，祝嘏大辭，舊章靡記，可令禮官作式，歸諸誠簡，以達明德馨香，如斯而已。其諸妖孽，可粗依法令，先去其甚，俾邪正不黷，時不見省。」

右晉祀山川。

【《宋書·世祖本紀》】大明七年，春二月甲寅，車駕巡南豫、南兗二州。丙辰，詔曰：「江漢楚望，咸秩周禋，禮九嶷于盛唐，祀蓬萊于渤海，皆前載流訓，列聖遺式。霍山是曰南岳，實維國鎮，韞靈呈瑞，❶肇光宋道。朕駐蹕于野，有事岐陽，瞻睇風雲，徘徊以想，可遣使奠祭。」

【《禮志》】大明七年，六月丙辰，有司奏：「詔奠祭霍山，未審應奉使何官，用何牲饌，進奠之日，又用何器。」殿中郎丘景先議：「修祀川岳，道光列代。差秩珪璋，義昭聯册。但業曠中葉，儀漏典文。尋姬典事繼宗伯，漢載持節侍祠，血祭霾沈，經垂明範；酒脯牢具，悉有詳例。又名山著珪幣之異，大冢有嘗禾之加，山海祠霍山，以太牢告玉，此準酌記傳，其可言者也。今皇風緬暢，輝祀通岳。愚謂：宜使以太常持節，牲以太牢之具，羞用酒脯時穀，禮以赤璋纁幣。又《鬯人》之職『凡山川四方用脤』，則盛酒當以蠡桮，其餘器用，無所取說。案郊望山瀆，以質表誠，器用陶匏，藉以茅席，近可依準。山川以兆，宜爲壇域。」參議景先

❶「瑞」，原作「端」，據庫本改。

議爲允。令以兼太常持節奉使，牲用太牢，加以璋幣，器用陶匏，時不復用脤，宜同郊祀，以爵獻。凡肴饌種數，一依社祭爲允。詔可。

右宋祀山川。

【《隋書·禮儀志》】梁令郡國有五嶽者置宰祀三人，及有四瀆若海應祠者，皆以孟春、仲冬祠之。

右梁祀山川。

【《北魏書·禮志》】泰常三年，立五嶽、四瀆廟于桑乾水之陰。春秋遣有司祭，有牲及幣。四瀆唯以牲牢，準古望秩云。其餘山川及海若諸神在州郡者，合三百二十四所，每歲十月，遣祀官詣州鎮遍祀。有水旱災厲，則牧守各隨其界内祈謁，其祭皆用牲。王畿内諸山川，皆列祠次祭，若有水旱則禱之。

【《太宗本紀》】泰常四年秋，八月辛未，東巡，遣使祭恒岳。

【《禮志》】四年八月，幸代，至雁門關，望祀恒岳。

八年正月，南巡恒岳，祀以太牢。幸洛陽，遣使以太牢祀嵩高、華岳，還登太行。五月，至自洛陽，諸所過山川，羣祀之。

【《世祖本紀》】太延元年，六月甲午，詔守宰祭界内名山大川。十二月癸卯，遣使者以太牢祀北岳。

【《禮志》】太延元年，立廟于恒岳、華岳、嵩岳上，各置侍祀幾十人。歲時祈禱水旱，其春秋泮涸，遣官率刺史祭以牲牢，有玉幣。

太平真君十一年十一月，世祖南征，逕恒山，祀以太牢。浮河濟，祀以少牢。過岱宗，祀以太牢。

文成皇帝即位，三年正月，遣有司詣華岳修

廟立碑。數十人在山上，聞虛中若音聲，聲中稱「萬歲」云。

和平元年正月，帝東巡，歷橋山，祀黃帝。幸遼西，望祀醫無閭山。遂緣海西南，幸冀州，北至中山，過恒岳，禮其神而返。

二年，帝南巡，過石門，遣使者用玉璧牲牢禮恒岳。

皇興二年，以青徐既平，遣中書令兼太常高允奉玉幣祀于東岳。

【《高祖本紀》】太和四年，二月癸巳，詔曰：「朕承乾緒，君臨海内，夙興昧旦，如履薄冰。今東作方興，庶類萌動，品物資生，膏雨不降，歲一不登，百姓饑乏，朕甚懼焉。其勅天下，祀山川羣神及能興雲雨者，修飾祀堂，薦以牲璧。」

十九年春，正月己亥，車駕濟淮。夏四月己未，行幸瑕丘，遣使以太牢祀岱岳。

【《禮志》】太和十九年，帝南征。正月，車駕濟淮，命太常致祭，又詔祀岱岳。

右北魏祀山川。

【《北齊書·宣帝本紀》】天保元年，六月己亥，詔分遣使人致祭于五岳、四瀆。

右北齊祀山川。

【《文獻通考》】後周，大將出征，遣太祝以羊一祭所過名山大川。

右後周祀山川。

【《隋書·禮儀志》】開皇十四年，閏十月，詔東鎮沂山，南鎮會稽山，北鎮醫無閭山，在東夷中，遥祀。冀州鎮霍山，並就山立祠。東海于會稽縣界，南海于南海鎮南，並近海立祠。及四瀆、吴山，並取側近巫一人，主知灑掃，並令多蒔松栢。其霍山，雩祀日遣使就焉。

【《大學衍義補》】丘氏濬曰：「鄭玄注《周

禮》四望有五岳、四鎮、四瀆，後世祀典止有五嶽、四瀆，而無四鎮。至是始祀之，而又以冀州霍山爲中鎮，是爲五鎮。」

【《隋書·高祖本紀》】開皇十五年春，正月壬戌，車駕次齊州，親問疾苦。景寅，旅三符山。庚午，上以歲旱，祀泰山，以謝愆咎，大赦天下。三月己未，至自東巡狩，望祭五嶽、海、瀆。六月辛丑，詔名山大川未在祀典者悉祀之。

【《禮儀志》】十六年正月，又詔北鎮于營州龍山立祠，東鎮晉州霍山鎮。若修造，並准西鎮吴山造神廟。

【《煬帝本紀》】大業四年，八月辛酉，親祀恒岳。河北道郡守畢集。

【《禮儀志》】大業中，煬帝因幸晉陽，遂祭恒嶽。其禮頗採高祖拜岱宗儀，增置二壇，命道士、女官數十人於壝中設醮。十年，幸東都，過祀華嶽，築場于廟側。事乃不經，蓋非有司之定禮也。隋制，行幸所過名山大川，則有司致祭岳瀆以太牢，山川以少牢。

右隋祀山川。

【《唐書·禮樂志》】唐制，嶽鎮海瀆祭于其廟，無廟則爲之壇坎，廣一丈。四向爲陛者，海瀆之壇也。嶽鎮海瀆，以山尊實醍齊；山林川澤，以蜃尊實沈齊，皆二。嶽鎮海瀆，以兩圭有邸，幣如其方色。嶽鎮、海瀆、山林、川澤，籩、豆各二，簠、簋、俎各一。丘陵、墳衍、原隰，籩、豆各一，簠、簋、俎各一。四時祭五嶽、四鎮、四海、四瀆，爲籩、豆十，簠二，簋二，俎三，犢皆少牢。

【《高祖本紀》】武德二年，十月甲子，祠華山。三年，四月丙申，祠華山。

【《册府元龜》】武德七年六月，幸仁智宮，以少牢祭宫所山川。

【《文獻通考》】唐武德、貞觀之制，五嶽、四鎮、四海，年別一祭，各以五郊迎氣日祭之。東嶽岱山祭于兖州，東鎮沂山祭于沂州，東海于萊州，東瀆大淮于唐州。南嶽衡山于衡州，南鎮會稽山于越州，南海于廣州，南瀆大江于益州。中嶽嵩山于洛州。西嶽華山于華州，西鎮吴山于隴州，西海及西瀆大河于同州。❶北嶽恒山于定州，北鎮醫無閭山于營州，北海及北瀆大濟于洛州。其牲皆用太牢，禮官以當界都督、刺史充。

【《册府元龜》】貞觀十九年，征遼。三月丁丑，幸定州，經北嶽，帝自爲文祭之。

【《唐書・武后本紀》】中宗嗣聖五年，即武后垂拱四年。七月丁巳，改洛水爲永昌洛水，封其神爲顯聖侯，加特進，禁漁釣。改嵩山爲神嶽，封其神爲天中王、太師、使持節、大都督。

蕙田案：山川之神，加以人爵封號，蓋始于此，非禮之端，肇之者，則天也。

【《文獻通考》】武后萬歲通天元年，尊神嶽天中王爲神嶽天中皇帝。神龍元年，復爲天中王。先天二年，封華嶽爲金天王。

蕙田案：古者四望山川之祭，壇而不屋，易以廟號，非古也。況復封之爲王爲帝，尊號頻加頻改，不益惑之甚乎？

【《舊唐書・玄宗本紀》】開元四年二月，以關中旱，遣使祈雨于驪山，應時澍雨，以少牢致祭，仍禁樵採。

【《册府元龜》】開元五年，十二月戊寅，詔

❶「海」，原作「鎮」，據庫本改。

曰：「國之大事在祀，神之所歆惟敬，潔誠而齋，精意以享，則可臻介福，致休祥。深慮有司未副厥旨，所緣岳瀆等祭，宜令禮官博士斟酌古今，務加虔肅，合于典禮。」即詳定奏聞。

八年三月，勅：「頃歲未登，水旱不節，今春事方起，農桑是憂，宜令太常長官分祭華岳温湯。」

十一年四月庚申，勅曰：「河東冀方，其鎮惟霍，神爲天吏，山有岳靈。在昔皇業初興，肇蒙嘉祉；今者省方旋軫，重獲休徵，同受三神之貺，獨忘百邑之禮。其霍山宜崇飭祠廟，秩視諸侯，蠲山下十户以爲灑掃，晉州刺史春秋致祀。」

十二年十一月庚午，幸東都，勅有司所經名山大川，精意致祭，以酒脯時果用代牲牢。丙寅，至華州，命刺史徐知仁與信安王禕勒石于華嶽祠南之通衢，帝親製其文。

【《文獻通考》】十三年封泰山神爲天齊王，禮秩加三公一等。

【《册府元龜》】開元十六年，六月丁亥，詔曰：「爰自首春，有愆時雨，朕憂勤黎庶，精禱靈祇，遂蒙九元垂福，百神效祉，膏澤頻降，嘉年繁育，睠彼山川，能興雲雨，報功享德，祀典存焉。諸州所管名山大川，宜令當處長官設祭，務盡誠敬，以昭典禮。」庚寅，詔曰：「宗社垂祐，陰陽順成，甘澤應時，庶物繁育，祇奉靈慶，寅畏載深，宜令中書門下肅事昭報，仍令有司奏聞。」

【《舊唐書·玄宗本紀》】開元十八年，百僚及華州父老累表請上尊號并封西岳，不允。

【《册府元龜》】開元十八年，正月丁巳，親迎氣于東郊。禮畢，詔：「凡海内五岳、四瀆、諸鎮名山大川及靈跡，各令郡縣逐處設祭。」

開元二十年，四月戊申，命有司擇日就祭五嶽、四瀆。十一月庚申，❶祀后土于脽。上命有司陳禮，帝質明而享，是日大赦。制：五岳、四瀆、名山大川，各令致祭，務竭誠敬。

【《唐開元禮》】祭五岳、四鎮、四海、四瀆儀：四祭，每座籩、豆各十，簠、簋各二，俎二。諸嶽、鎮、海、瀆，每年一祭，各以五郊迎氣日祭之。設祭州界已具《歷代祀山川篇》。　前祭五日，諸祭官各散齋三日，致齋二日，如別儀。前一日，嶽令、瀆令清掃内外，又爲瘞埳于壇壬地，方深取足容物。海瀆則埳内爲壇，高丈四尺，皆爲陛。　贊禮者設初獻位于壇東南，亞獻、終獻于初獻南，少退，俱西向，北上。設掌事者位于終獻東南，重行，西面，以北爲上。設贊唱等諸位于終獻西南，西向，北上。設獻官等望瘞位于瘞坎之東北，西向。祭海瀆無望瘞位。　設祭官以下門外位于南門之外道東，重行，西向，以北爲上。祭器之數：罇六，籩十，豆十，簋二，簠二，俎三。嶽瀆令帥其屬詣壇，東陛升，設罇于壇上東南隅，北向，西上。尊皆加勺、冪，有坫以置爵。設玉篚于罇坫之所，設洗于南陛東南，北向，罍水在洗東，篚在洗西，南肆。篚實以巾爵。執罇罍洗篚者，各位于罇罍篚之後。祭日未明，烹牲于廚。其牲各隨方色。齋郎以豆先取毛血，置于饌所。　夙興，掌饌者實祭器。牲體，牛、羊、豕皆載右胖，前脚三節，節一段，肩、臂、臑皆載之。後脚三節，節一段，去下節，載上肢。胳二節。又取正脊、脡脊、横脊、短脅、正脅、代脅，各二骨以並，餘皆不設。簋實黍稷，簠實稻粱，籩十，實石鹽、乾魚、棗、栗、榛、菱、芡、鹿脯、白餅、黑餅。豆十，實韭菹、醓醢、菁菹、鹿醢、芹菹、兔醢、筍

❶「十」，原作「卜」，據庫本改。

菹、魚醢、脾菜菹、豚胉。若土無者，各以其類充之。凡祭官各服其服。三品毳冕，四品繡冕，五品玄冕，六品以下爵弁，若有二品以下，各依令。嶽令、瀆令帥其屬入詣壇東陛，升設嶽神、瀆神座于壇上，近北面南向，席以莞。又實罇罍及玉，凡罇，一實醴齊，一實盎齊，一實清酒。其玄酒各實于上罇。祭神之玉，兩圭有邸。祝版置于坫。嶽令、瀆令又以幣置于篚。齋郎以豆血皆設于饌所。其幣，長丈八尺，各隨方色。贊唱者先入就位，祝與執罇罍篚者入，當壇南，重行，北面，以西爲上，立定。贊唱者曰：「再拜。」祝以下俱再拜。執罇者升自東陛，立于罇所。執罍篚者各就位。祝詣壇東陛，升行掃除于上，降行掃除于下訖，瀆則掃除埳外訖。各就位。質明，贊禮者引祭官以下俱就門外位，立定。一刻須，贊禮者曰：「再拜。」在位者皆再拜。贊禮者進初獻之左，白：「有司謹具，請行事。」退復位。贊唱者曰：「再拜。」在位者皆再拜。祝跪取玉幣于篚，興，立于罇所。凡取物者，皆跪，俛伏，而取以興；奠物，奠訖俛伏而後興。掌饌者帥齋郎奉饌，陳于東門之外。贊禮者引初獻詣壇，升自南陛，進神座前，北向立。祝以玉幣東向進，初獻受玉幣，還罇所。贊禮者引初獻進，北向，跪奠于神座，興，少退，北向，再拜。贊禮者引初獻降，還本位。掌饌者引饌入，升自南陛。祝迎引于壇上，設于神座前。掌饌者帥齋郎降自東階，復位。祝還罇所。贊禮者引初獻詣罍洗盥手，洗爵，升自南陛，詣酒罇所，執罇者舉冪，初獻酌醴齊。贊禮者引初獻進，詣神座前，北向，跪奠爵，興，少退，北向立。祝持版進于神座之右，東面，跪讀祝文曰：「維某年歲次月朔日，子嗣天子某謹遣某官某，敢昭告于東嶽岱宗：唯神贊養萬品，作鎮一方，式因春始，南嶽云「夏始」，中嶽云「季夏」，西嶽云「秋始」，北嶽云「冬始」。謹以玉幣犧齊，粢盛庶品，朝薦于東嶽岱宗，尚享。」

東瀆大淮云：「惟神源流深泌，潛潤溥洽，阜成百穀，流滌三川，青春伊始，用遵典秩。」　南瀆大江云：「惟神總合大川，朝宗巨海，功昭潤化，德表靈長，敬用夏首，修其常典。」　西瀆大河云：「惟神上通靈漢，光啓圖書，分導九枝，旁潤千里，素秋戒序，用率典常。」　北瀆大濟云：「惟神泉源清潔，浸彼遐遠，播通四氣，作紀一方，玄冬肇節，聿修典制。」訖，興。　初獻再拜。　祝進奠版于神座，還罇所。　祝以爵酌清酒，進初獻之右，西向立。　初獻再拜，受爵，跪祭酒，啐酒，奠爵。　祝帥齋郎以俎進，減神座前胙肉前脚第二節，共置一俎上，以授初獻，初獻受，以授齋郎。　初獻跪取爵，遂飲卒爵。　祝進受爵，復于坫。　初獻興，再拜。　贊禮者引初獻降復位。　于初獻飲福酒，贊禮者引亞獻詣罍洗，盥手，洗爵，升自東陛，詣罇所。執罇者舉冪，亞獻酌盎齊，贊禮者引亞獻詣神座前，北面，跪奠爵，興，少退，北向，再拜。　祝以爵酌清酒，進于亞獻之右，西向立。　亞獻再拜，受爵，跪祭酒，遂飲卒爵。祝受虛爵復于坫。　亞獻興，再拜，贊者引亞獻降復位。　初，亞獻將畢，贊禮者引終獻盥洗升獻，飲福，如亞獻之儀。　訖，贊禮者引終獻降復位。　祝進神座前徹豆，還罇所。贊唱者曰：「再拜。」非飲福、受胙者皆再拜。　贊禮者進初獻之左，白：「請就望瘗位。」西向立。　于獻官將拜，嶽令進神座，跪取幣。　齋郎以俎載牲體、黍稷飯詣瘗坫，以饌物置于坫，祭海瀆獻官拜訖，瀆令及齋郎以幣血沈于瀆，瀆令退就位。　東西廂各二人寘土，半坫。

贊者進初獻之左，白：「禮畢。」遂引初獻以下出。❶祝與執鐏罍篚冪者俱復執事位，立定。贊唱者曰：「再拜。」訖，遂出。祝版燔于齋所。

【《舊唐書・玄宗本紀》】開元二十二年春，正月癸卯朔，制岳瀆海鎮用牲牢，餘並以酒脯充奠。二月壬寅，秦州地震，命尚書左丞相蕭嵩往祭山川。

【《册府元龜》】開元二十二年六月，詔曰：「春來多雨，歲事有妨，朕自誠祈，靈祇降福，❷以時開霽，迄用登成，永惟休徵。敢忘昭報，宜令高品官祭五岳、四瀆。其天下名山大川，各令所在長官致祭，務盡誠潔，用申精意。」

二十三年，正月乙亥，詔：「五岳、四瀆、名山大川，並令所在長官以禮致祭。」

二十五年，十月戊申，勅曰：「時和年豐，神所福也，精意備物，祭之義也。朕每爲蒼生嘗祈稔歲，微誠有感，丕應乃彰，今宗社降靈，神祇効祉，三時不害，百穀用成，使京坻遍于天下。和平之氣，既無遠而不通；禋祀之典，亦有期而必報。宜令兵部尚書兼中書令晉國公李林甫、工部尚書同中書門下三品豳國公牛仙客，即分祭郊廟社稷，尚書左丞相裴耀卿祭中岳，禮部尚書杜暹祭東岳，御史大夫李適之祭西岳，太子賓客王丘祭北岳，國子祭酒張説祭南岳，其四瀆、四海、四鎮及諸名山靈跡等，各委所由州長官祭，仍令所司即擇日開奏務修蠲潔之禮，以致精明之德，冀申誠懇，如朕意焉。」

❶ 「出」，原作「立」，據《通典》卷一一二、《大唐開元禮》卷三五、三六改。

❷ 「祇」，原作「祈」，據庫本改。

【《文獻通考》】開元時，天台道士司馬承禎言：「今五岳神祠是山林之神也，非正真之神也。五岳皆有洞府，有上清真人降任其職，山川風雨，陰陽氣序，是所理焉；冠冕服章，佐從神仙，皆有名數，請别立齋祠之所。」上奇其説，因勅五岳各置真君祠一所。

蕙田案：以五岳之神爲真君始此，方士之謬也。

【《册府元龜》】天寶元年，正月丁未，改元。制曰：「前王重典，在乎祭祀，况屬惟新事，宜昭告五岳、四瀆、名山大川諸靈跡，並令所繇州縣致祭。」是日甲寅，得靈符于尹喜臺西，百官請崇徽號。壬申，詔曰：「神仙所緘，造化同固，爰初有待，經韞櫝而多時，潛應改元，若符契之相合。景福修介，祗畏良深，而羣官宗室，抗疏于外；元良諸子，屢請于中。逮夫緇黄，兼彼耆老，以至誠懇不已。前後相仍，願加天寶之名，用益開元之號。顧惟菲薄，何以當之？然則元貺在乎欽承，人心難以稱拒。順天從衆，義叶至公。敬依所請，實用多愧。斯蓋上元厚載，爰自百神。孚佑效靈，通于睿祖。幽贊惟新之歷，克彰永代之祥，宜遵祀典，式陳昭報。宜差公卿，擇日祭五岳、四瀆，其名山大川，各令所在長官備禮陳祭。務申誠敬，副朕意焉。」

十二月乙亥，詔曰：「歲之豐儉，雖繫于常數；天之感應，實在于精誠。頃者案以陰陽，求諸推步，至于今歲，不合有年，朕所以齋心妙門，懇其元德，靈徵不遠，丕應乃彰，果獲西成，頗爲善熟。蓋至道儲祉，惠于蒸人，亦羣神叶贊，錫以昭報，《詩》不云乎，『無德不報』。宜令光禄卿嗣鄭王希言祭東岳，太子詹事嗣許王瓘祭中岳，太常卿韋縚祭北岳，所司即擇日録奏。其四瀆及諸名山大川，或遠近不同，各委所繇郡長官，便擇吉日致祭，務崇豐潔，以稱朕懷。」

三載，四月丙辰，遣使分祀岳瀆，詔曰：「務農勸穡，雖用天道，人和歲稔，實賴休徵。頃者春夏之交，稍愆時雨，收穫之際，復屬秋霖，慮害農功，每祈孚佑，遂得百神降福，羣望效靈，既不爲災，仍多美熟。幽贊之德，普洽于生人；昭報之儀，式遵于祀典，宜令太子詹事嗣許王瓘祭東岳，光禄卿嗣鄭王希言祭中岳，宗正卿濮陽郡王徹祭西岳，少府監李知柔祭南岳，衛尉卿嗣吴王祇祭淮瀆，光禄少卿彭果祭河瀆，所司擇日録奏。其名山大川，有路近處，亦合便祭；僻遠處，委所繇長官備禮致祭，務陳蠲潔，以達精誠。」

十一月壬申，勑曰：「敬惟明神，普存于祀典；咸秩羣望，式重于邦畿。頃者分命使臣，致誠岳瀆山川，便近亦已有處分。其關輔之内，屢有陳祈，王者所都，禮亦異數。應關内名山大川，各委所繇郡縣長官，稍優于常禮致祭。京兆府界，宜委蕭照同與少尹分祭，倍崇精潔，以副誠祈。」

【《舊唐書·玄宗本紀》】天寶五載，春正月，封中岳爲中天王，南岳爲司天王，北岳爲安天王，天下山水，名稱或同，義且不經，多因于里諺，宜令所司各據圖籍改定。

【《册府元龜》】天寶五載，正月乙亥，詔曰：「五方定位，岳鎮總其靈；萬物阜成，雲雨施其潤。上帝攸敘，寰區是仰，且岱宗、西華先已封崇，其中岳等三方，典禮所尊，未齊名秩，永言光被，用叶靈心。其中岳神宜封爲中天王，南岳神爲司天王，北岳神爲安天王，應須告祭。仍令所司擇日聞奏。」

【《舊唐書·玄宗本紀》】天寶六載正月，詔：「五岳既已封王，四瀆當昇公位，封河瀆爲靈源公，濟瀆爲清源公，江瀆爲廣源公，淮瀆爲長源公。」

蕙田案：四瀆封公爵始此。

【《册府元龜》】天寶六載，正月戊子，詔曰：「四瀆、五岳，雖差秩序，興雲播潤，蓋同利物，崇號所及，錫命宜均。其五岳既已封王，四瀆當昇公位。遞從加等，以答靈心。其河瀆宜封靈源公，濟瀆封清源公，江瀆封廣源公，淮瀆封長源公，仍令所司擇日差使告祭，併五岳及名山大川，并令所在長官致祭。」

【《舊唐書·玄宗本紀》】天寶七載十二月，改會昌山爲昭應山，封山神爲玄德公，仍立祠宇。

【《册府元龜》】天寶八載六月，詔曰：「九州之鎮，實著禮經。三代之典，必崇望秩。事既屬于報功，義有符于錫命。其九州鎮山，除入諸岳外，宜並封公，仍各置祠守者，量更增修，儲慶發祥，當申昭報，宜令所在長官各陳祭祀，名山大川亦量事致祭。」九月，命宗正卿褒郡信王璆祭西岳，太僕少卿兼單于安北副大都護張齊丘祭北海，蜀郡長史鮮于仲通祭江瀆，太子詹事李旭祭北岳，尚書右丞李通遷祭河瀆。詔曰：「朕肅恭明祀，祈福上元，冀敷佑于黎蒸，將昭報于靈應，頃蠻夷款附，萬里廓清，稼穡豐穰，羣方樂業，豈惟菲德，以致元和，實賴神休，永綏景貺，思崇望秩，用展虔誠，宜令宗正卿褒信郡王璆等即分往五岳、四瀆及四海致祭，所經道次者，名山大川，亦便致祭。務令精意，以稱朕懷。」

蕙田案：九鎮封公號始此。

天寶九載四月，詔曰：「五材並用，時表上靈，八水分流，實稱美利。京師奧壤，秦甸王畿。灞滻通于涇渭，澇潏匯于灃滈。蓄洩雷雨，滋育稼穡，雖惠澤已及于蒸民，而虔誠猶闕于祀典，聿崇精享，庶達明神，其涇、渭、灞、滻等八水，宜令左庶子韋述取今月二十九日，一時備禮致祭，務陳蠲潔，稱朕意焉。」

【《舊唐書・玄宗本紀》】天寶十載，正月癸丑，分遣嗣吳王祇等十三人祭岳鎮海瀆。

【《册府元龜》】天寶十載，正月甲子，制曰：「岳瀆山川，蘊靈毓粹，雲雨之澤，利及生人。《春秋》之義，存乎祀典。況正其運序，式遵咸秩，其五岳、四瀆及諸鎮山，宜令專使分往致祭。其名山大川及諸靈跡先有廟者，各令郡長官逐便致祭。」是月丁未，封東海爲廣德王，南海爲廣利王，西海爲廣潤王，北海爲廣澤王。二月己亥，分遣嗣吳王祇祭東岳齊天王，嗣魯王宇祭南岳司天王，秘書監崔秀祭中岳中天王，國子祭酒班景倩祭西岳金天王，宗正少卿李成裕祭北岳安天王，衛尉少卿李澣祭江瀆廣源公，京兆少尹韋嘗祭河瀆靈源公，太子左諭德柳偡祭淮瀆長源公，河南少尹豆盧回祭濟瀆清源公，嗣道王鍊祭沂山東安公，江東道採訪使吳郡太守趙居貞祭會稽山永興公，大理少卿李禎祭吳岳山成德公，潁王府長史甘守默祭霍山應靈公，范陽郡司馬畢悅祭醫巫閭山廣寧公，並取三月十七日庚子一時致祭。申命太子中允李隨祭東海，儀王府長史張九章祭南海，太子中允柳奕祭西海，太子洗馬李隨榮祭北海，加王位且行册禮也。四月辛巳，制曰：「王者臨馭萬國，莫不尊五岳，至于迎氣致祭，必在辨方正位。

朕丕冒眷命，肅事嚴禮，庶有合于乾坤，用永垂于典實。加以厚德載物，莫先于土；推誠導氣，必叶于時。在曆數之有徵，諒國家之所感，含弘廣大，利用豐功，隨王雖布于四方，歸本且闕于中位。朕式明統緒，用答元符，爰創新儀，再修墜典。頃者每祝黄帝，乃就南郊，義實有乖，禮亦非便。稽諸體式，理固不然。宜于皇城内西南就坤地，改置黄帝壇，朕當親祠，以昭誠敬。仍令中書門下與禮官更審參詳奏聞。」

【《文獻通考》】七載、八載、十載，皆以歲豐遣官分祭嶽瀆。

【《册府元龜》】天寶十二載二月，制：五岳、四瀆及名山大川，并靈跡之處，各委郡縣長官致祭。其祠宇頽毁者，量事修葺。十四載，八月辛卯，制曰：「《書》云：『咸秩羣望。』《詩》曰：『懷柔百神。』永惟明徵，豈忘昭報。今秋稼穡，頗勝常年，實賴靈祇，福臻稔歲。其五岳、四瀆所在山川，及得道昇仙靈跡之處，宜委郡縣長官至秋後各令醮祭，務崇嚴潔，式展誠享。」是月癸未，詔曰：「朕永念蒸人，祈穀上帝，而陰陽式序，風雨不愆。今獲稼穡阜成，允賴神明幽贊也。頃者虔心精享，已申昭告，其五岳、四瀆及天下諸郡山川，近令秋後展祭，收穫既就，農畝事隙，報功咸秩，抑推其時，宜令所在郡縣長官，即擇良辰，以崇明祀。」

【《舊唐書·禮儀志》】至德二年春，帝在鳳翔，改汧陽郡吴山爲西岳，增秩，以祈靈助。

【《册府元龜》】上元元年閏四月己卯，御明鳳門，大赦，改元，詔曰：「自古明王聖帝，名山大川，並委州縣長吏擇日致祭。」

【《文獻通考》】肅宗上元二年，改封華山爲太山，華陰縣爲太陰縣。

【《册府元龜》】廣德二年二月，詔：「五岳、四瀆、名山大川，宜令所管致祭。」三月丙午，敕曰：「三代之初，皆有神降，監其德也，天實啓之。恭惟王業之初，師及霍邑，堅城未下，大將阻兵，連雨積旬，糧儲不給。有白衣父老忽詣軍門，稱霍山之神，謁大唐皇帝，云：『東南取路，八日雨止，助帝破敵。』盡如其言。巖巖霍山，九州之鎮，興雲致雨，功已洽于生人；親道輔德，力更宣于王室。朕纘承大寶，膺受鴻休，肹蠁之間，誠明可接，永言幽贊，兹謂有孚，惟天命神，據我斯意。宜令禮儀使判官司封員外郎薛頎即往霍山致祭，正詞以薦，稱朕意焉。」

永泰元年，正月癸巳，改元，制曰：「《書》稱咸秩，《詩》美懷柔，仰惟衆靈，念兹多祐。其五岳、四瀆、名山大川，宜令所管牧宰精誠致祭。」

大曆元年，十一月甲子，日長至，御含元殿，大赦，改元，制曰：「五岳、四瀆、名山大川，祀典攸存，神理昭著，宜以禮致祭。」

五年六月，詔曰：「五岳、四瀆、名山大川，神明所居，風雨是主，宜委中書門下分使致祭，以達精誠。」

【《唐書·歸崇敬傳》】大曆八年，遣祀衡山。未至，而哥舒晃亂廣州，監察御史憚之，請望祀而還。崇敬正色曰：「君命豈有畏耶？」遂往。

【《文獻通考》】德宗貞元二年，詔太常卿裴郁等十人，各就方鎮祭岳瀆等。舊禮皆因郊祀望而祭之，天寶中始有遣使祈福之祠，非禮之正也。

【《册府元龜》】貞元四年五月初，復御署祭嶽鎮海瀆祝版。

【《文獻通考》】太常卿董晉奏：「五嶽四瀆，

伏準《開元禮》，每年各以五郊迎氣日祭之，其祝版並合御署。自上元元年，中祠、小祠一切權停。自後因循，不請御署。其祝版，欲至饗祭日，所司準程先進取御署，附驛祭遣。」勑旨，宜依仍所司，每至時先奏，附中使送往。

【《册府元龜》】順宗以貞元二十一年正月即位，四月册皇太子，詔：「五嶽、四瀆、名山大川，委所在長吏量加祭祀。」

憲宗元和七年，十月庚戌，制：册皇太子，五岳、四瀆、名山大川，委所在長吏量加祭祀。

文宗太和八年，二月庚寅，以疾瘳大赦，詔曰：「百靈所佑，獲遂痊和。虔奉神休，敢忘昭報。其五岳、四瀆、名山大川，各委所在長吏致祭，仍加豐潔，以副精誠。」

九年六月，封雞翁山爲侯。先是温造爲興元節度使，❶初往漢中，遇大雨，平地水尺餘，不可進。禱雞翁山，疾風驅雲，即時清霽。及是，帝憶聞其事，會造爲御史大夫入見，得詳言當時靈貺。明日，下詔封之。

【《文獻通考》】文宗開成二年四月十一日，勑：「每聞京師舊説，以爲終南山興雲即必有雨，若晴霽，雖密雲佗至，竟不沾濡，况兹山北面闕庭，日當顧矚，修其望祀，寵數宜及。今聞都無祠宇，巖谷湫却在命祀，終南山未備禮秩，湫爲山屬，捨大從細，深有闕于興雲致雨之祀也。宜令中書門下且差官設奠，宣告致禮。便令擇立廟處所，回日以聞，命有司即時建立。」其年九月，勑：「終南山宜封爲廣惠公，準四鎮例，以本府都督、刺史充獻官，每年一祭，以季夏土王日

❶「温」，原作「翁」，據庫本改。

祭之。」

僖宗乾寧五年，勑封少華山爲佑順侯。

昭宗天佑二年，勑封洞庭湖君爲利涉侯，青草湖君爲安流侯。

右唐祀山川。

【《册府元龜》】後唐愍帝應順元年，閏正月，詔曰：「朕猥以沖人，獲膺大寶，賴神祇之贊助，顯天地之休禎。夷夏駿奔，式符于睠命；聲教綿遠，虔荷于炳靈。德薄承祧，憂深馭朽。克奉治平之道，諒繇冥助之功，集是殊祥，敢不寅畏。賴陰陽之行運，致時雨以應期，稼穡順成，得歲功而叶望。咸臻上瑞，普泰兆民。宜令三京諸道州府界内名山大川祠廟有益于民者，以時精虔祭祀，稱朕意焉。」

清泰元年，五月壬申，詔曰：「吴嶽成德公昨遇亨期，克申幽贊，宜加王號，以表神功，可進封靈應王，其祀享官屬仍舊同五嶽，擇日册命。」初，帝在鳳翔，將有沈閼之釁，遣房暠祀之，有應。至是欲加封爵，下有司檢討，奏曰：「天寶十載正月，封吴山爲成德公，與沂山、會稽、醫無閭同制封公。至德二年十二月，改吴山爲嶽，祠享官屬視五嶽。今國家以靈應告祥，宜示殊等。」故有是命。至二年四月庚午，授册于少府監烏昭達往吴山祠，封靈應王。

右後唐祀山川。

【《册府元龜》】後晉高祖天福二年三月，詔巡幸汴州。中書奏：「車駕經過河南府河陽、鄭州、汴州管界所有名山大川，去路十里内者，伏請下本州府各排比祇候，車駕過日，以酒酺醢祭告。」從之。五月，湖南馬希範奏：「青草等四廟各乞進封。」勑：「青草廟安流侯宜進封廣利公，洞庭廟利涉侯進封靈濟公，磊石廟昭靈侯進封威顯公，黄陵二妃廟舊封懿節廟，改封昭烈廟。」八月，詔曰：「負固者，天地不容；爲逆者，神人共怒。永惟躬饗，實有感通，昨出師之時，將帥虔禱，頗聞陰佑，成此戰功。唐衛國公宜封靈顯王，其餘鄭州并汜水管内神祠，宜令長吏差官點簡，如有墮損處，便委量事修葺。貴申嚴飭，以合陰功。五嶽承天，四瀆紀地，自正當陽之位，未伸望秩之儀，宜令差官徧往告祭，兼下逐州府，量事修崇，所有近廟山林，仍宜禁斷樵牧。」十月丙戌，命使祠五嶽、四瀆。

【《遼史·太宗本紀》】會同三年冬，十月庚申，晉遣使貢布及請親祠南嶽，從之。案：遼會同三年即晉天福五年。

【《册府元龜》】天福六年，詔曰：「嶽鎮司方，海瀆紀地，載諸祀典，咸福蒸民，將保豐穰，宜申虔敬，俾加崇飾，以奉神明。其嶽鎮海瀆廟宇等，宜令各修葺，仍禁樵蘇。」七年二月，敕：「唐州湖陽縣蓼山神祠宜賜名爲蓼山顯聖之神，仍下本州修葺廟宇。」初，元襄州安從進作逆，舉軍北來。東京教坊使、充南面先鋒、都監陳思讓進軍南行，與從進相遇，接蓼山列障。俗以蓼與了字同音，傳爲不祥，遂祈戰勝，奏立廟額。從進既敗，行營都部署高行周以狀奏聞，因有是勅。

右後晉祀山川。

【《册府元龜》】後周太祖廣順二年五月，親征兖州，遣翰林學士竇儀祭東嶽廟。

【《玉海》】周世宗顯德四年，止祭沂山，其諸鎮不祭。

右後周祀山川。

【《宋史·太祖本紀》】乾德元年三月戊寅，

克復朗州，❶湖南平。夏四月乙酉，遣使祭南嶽，繼令有司製諸嶽神衣冠劍履，遣使易之。

【《玉海》】乾德六年，詔祭四鎮准《開元禮》。七月十日，復南嶽、四瀆常祭。八月，修霍山祠。

【《圖書編》】宋初，緣舊制，祭東嶽泰山于兖州，西嶽華山于華州，北岳恒山于定州，中嶽嵩山于河南府。

【《文獻通考》】乾德六年，有司言：「祠官所奉，止四嶽，令案祭典，請祭南嶽于衡州，東鎮沂山于沂州，南鎮會稽山于越州，西鎮吴山于隴州，中鎮霍山于晉州，東海于萊州，南海于廣州，西海、河瀆並于河中府，北海、濟瀆並于孟州，淮瀆于唐州，其江瀆準顯德五年勑，祭于揚州楊子江口，今請復祭于成都府，北鎮醫無閭山在營州界，未行祭享。」從之。其後望祭北鎮于定州北嶽祠。

【《宋史·太祖本紀》】開寶四年二月，廣南平。六月癸酉，遣使祀南海。

【《禮志》】廣南平，遣司農少卿李繼芳祭南海，除去劉鋹所封僞號及宫名，易以一品服。又命李昉、盧多遜、王祐、扈蒙等分撰嶽、瀆祠及歷代帝王碑，遣翰林待詔孫崇望等分詣諸廟書于石。

【《文獻通考》】開寶五年，詔：「自今嶽瀆并東海、南海廟，各以本縣令兼廟令，尉兼廟丞，專掌祀事，常加案視，務于蠲潔。仍籍其廟宇祭器之數，受代日交以相付。本州長吏每月一詣廟察舉，縣近廟者，遷治所就之。」

【《宋史·禮志》】開寶六年，遣使奉衣冠劍

❶「朗」，原作「郎」，據庫本改。

履送西鎮吴嶽廟。

【《太祖本紀》】開寶九年秋七月丁亥，命修五嶽、四瀆祠廟。

【《玉海》】太宗太平興國四年六月八日，平太原，還次定州，遣使祀北嶽。

【《宋史·禮志》】太宗太平興國八年，河決滑州，遣樞密直學士張齊賢詣白馬津，以一太牢沈祠，加璧。自是，九河決溢修塞皆致祭。

【《玉海》】淳化二年二月，秘書監李至請五郊迎氣，祭其方嶽、鎮、海、瀆，北鎮于北嶽望祭。八月十三日，禮官言：「顯德中，祭江瀆于揚，請如故事，祭于益。」

【《宋史·禮志》】秘書監李至言：「案五郊迎氣之日，皆祭逐方嶽鎮海瀆。自兵亂後，有不在封域者，遂闕其祭。國家克復四方，間雖奉詔特祭，未著常祀。望遵舊禮，就迎氣日各祭于所隸之州，長吏以次爲獻官。」其後，立春日祀東嶽岱山于兖州，東鎮沂山于沂州，東海于萊州，淮瀆于唐州。立夏日祀南嶽衡山于衡州，南鎮會稽山于越州，南海于廣州，江瀆于成都府。立秋日祀西嶽華山于華州，西鎮吴山于隴州，西海、河瀆並于河中府，西海就河瀆廟望祭。立冬祀北嶽恒山、北鎮醫無閭山，並于定州。北鎮就北嶽廟望祭。北海、濟瀆並于孟州，北海就濟瀆廟望祭。土王日，祀中嶽嵩山于河南府，中鎮霍山于晉州。

【《玉海》】至道元年二月八日，以旱祀五嶽。故事，御書祝版。學士言：「五嶽視三公，稱名恐非古。」上曰：「唐德宗猶拜風雨，朕爲民祈福，無憚桑林之禱，舊制豈可廢？」

【《宋史·真宗本紀》】景德元年，閏九月壬申，江南旱，遣使祀境内山川。

【《文獻通考》】景德元年，上封事者言：「案《開元禮儀鑑》云：『車駕行幸路次有名山大川，去三十里内則祭之，名臣十里内則祭之。』今朝陵有期，緣州縣所祀山川祠宇，名多僞俗，望委禮官，先檢詳事跡以聞。可下太常禮院。」禮院言：「同開封府、孟鄭州所供山川神祠，除京城神祠舊係祀典者，今約定祠宇，請下逐州差官以禮致祭。」從之。

【《玉海》】景德三年七月，以汴口復通，祭河瀆。十二月己卯，詔澶州于河南置河瀆廟。初，帝幸澶淵，大河不冰，虜若見陰兵助戰，故立祠。

【《文獻通考》】真宗景德三年，令澶州置河瀆廟。上幸大名也，禱之有應。及元年，駐蹕澶淵，戎騎在郊，河流不冰，故立祠，春秋致祭。

【《宋史·真宗本紀》】景德四年二月辛卯，車駕發西京。甲午，次鄭州，遣使祀中嶽。

【《禮志》】景德四年二月，次西京，遣告汾陰、中嶽、太行、河洛、啓母、少姨廟。東還，奏告如常儀。

【《真宗本紀》】大中祥符二年四月，河北旱，遣使祀北嶽。五月，陝西旱，遣使禱西嶽、河瀆諸祠。三年八月，旱，洪、潤州屢火，遣使祀境内山川。九月，華州言父老二千餘人請幸西嶽。

四年，二月壬子，出潼關，渡渭河，遣近臣祀西嶽。乙丑，加號西嶽。五月乙未，加上五嶽帝號，作《奉神述》。九月，向敏中等爲五嶽奉册使。冬十月戊申，御朝元殿，發五嶽册。

【《禮志》】真宗封禪畢，加號泰山爲仁聖天齊王，遣職方郎中沈維宗致告。又封威雄將軍爲炳靈公，通泉廟爲靈派侯，亭山神廟爲廣禪侯，嶧山神廟爲靈巖侯，各遣官致告。詔泰山四面七里禁樵採，給近山二十户以奉神祠，社首、徂徠山並禁樵採。車駕次澶州，祭河瀆廟，詔進號顯聖靈源公，遣右諫議大夫薛映詣河中府，比部員外郎丁顧言詣潭州祭告。祕書丞董温其言：「漢以霍山爲南嶽，望令壽州長吏春秋致祭。」禮官言：「雖前漢嘗以霍山爲南嶽，緣今嶽廟已在衡山，難于改制。其霍山如遇水旱祈求及非時，準別勑致祭，即委州縣奉行。」詔封江州馬當上水府，福善安江王；太平州采石中水府，順聖平江王；潤州金山下水府，昭信泰江王。及祀汾陰，命陳堯叟祭西海，曹利用祭汾河。車駕至潼關，遣官祀西嶽及河瀆，並用太牢，備三獻禮。庚午，親謁華陰西嶽廟，羣臣陪位，廟垣内外列黄麾仗，遣官分奠廟内諸神，加號嶽神爲順聖金天王。還至河中，親謁奠河瀆廟及西海望祭壇。五月乙未，加上東嶽曰天齊仁聖帝，南嶽曰司天昭聖帝，西嶽曰金天順聖帝，北嶽曰安天玄聖帝，中嶽曰中天崇聖帝。命翰林、禮官詳定儀注及冕服制度、崇飾神像之禮。其玉册制，如宗廟謚册，帝自作《奉神述》，備紀崇奉意，俾撰册文。有司設五嶽册使一品鹵簿及授册黄麾仗、載册輅、衮冕輿于乾元門外，各依方所。羣臣朝服序班，仗衛如會儀。改服衮冕，❶御乾元殿。中書侍郎引五嶽玉册，尚衣奉衮冕升殿，上爲之興。奉册使副班于香案前，侍中宣制曰：「今加上五嶽帝號，遣卿等持節奉册展禮。」咸承制再拜。奉册使以次升自東

❶「改」，《長編》卷七六、《文獻通考》卷八三作「上」。

階，受册御座前，降西階；副使受衮冕于丹墀，❶隨册使降立丹墀西。玉册發，至于乾元門外，❷帝復坐。册使奉册升輅，鼓吹振作而行。東嶽、北嶽册次于瑞聖園，南嶽册次于玉津園，西嶽、中嶽册次于瓊林苑。及廟，内外列黄麾仗，設登歌。奉册于車，奉衮冕于輿，使、副袴褶騎從，遣官三十員前導。及門，奉置幄次，以州長吏以下充祀官，致祭畢，奉玉册、衮冕置殿内。又加上五嶽帝后號：東曰淑明，南曰景明，西曰肅明，北曰靖明，中曰正明。遣官祭告。詔嶽、瀆、四海諸廟，遇設醮，除青詞外，增正神位祝文。又改唐州上源桐栢廟爲淮瀆長源公，加守護者。帝自制五嶽醮告文，遣使醮告。即建壇之地構亭立石柱，刻文其上。

【《文獻通考》】十一月，車駕過澶州，幸河瀆廟，酌奠，進號河瀆曰顯聖靈源公，遣官往河東府澶州祭告。二年八月，秘書丞董温其上言：「漢以霍山爲南嶽，望令壽州長吏春秋致祭。」詔禮官與崇文院檢討詳定。上奏曰：「案《爾雅》云：『江南衡山。』注云：『衡山，南嶽。』又『霍山爲南嶽』。注云：『即天柱山，潛水所出。』此即非特霍山爲南嶽。舜五月南巡，周之《王制》皆以衡山爲南嶽，惟漢武帝以衡山遼遠，取讖緯之説而祭灊霍。至隋，復以衡山爲嶽。况奉祀已久，國家疆宇敻廣，難于改制。其霍山如有所請，及特致祭，即委州縣奉行。」從之。

陳氏淳曰：「泰山曰天齊仁聖帝，在唐爲天齊王，至本朝，以東方主生，加『仁聖』二字，封帝。帝只一上帝而

❶「衮冕」下，原衍「輿」字，據《長編》卷七六大中祥符四年十月戊申條删。

❷「乾」，原作「朝」，據《長編》卷七六大中祥符四年十月戊申條改。

已，安有山而謂之帝？今立廟儼然人形貌，垂旒端冕衣裳而坐，又立后殿于其後，不知又是何山可以當其配而爲夫婦耶？據泰山，魯封内惟魯公可以祭，今隔一江一淮，與南方地脉絶不相干涉，而在在州縣皆立東嶽行祠，亦失于講明之故。」

丘氏濬曰：「有此天地即有此山川，有此山川即有所以主之者，是則所謂神也。世俗乃以三月二十八日爲嶽神初度之辰。嗚呼！自天一生水，凝而爲山，其所以凝而成形也，亦有時日耶？此無稽之甚也！甚者惑于釋氏地獄之説，謂人死其魂皆必經嶽祠考掠，而有二十四案之像。其説尤爲不經，乞下有司屏除，毋俾得以惑世欺民。」

【《宋史·樂志》】大中祥符五嶽加帝號祭告八首：

迎神，《静安》　鍾石既作，俎豆在前。雲旗飛揚，神光肅然。當駕飈欻，來乎青圓。言備縟禮，享兹吉蠲。

册入門，《正安》　節彼喬嶽，神明之府。秩秩威儀，肅肅靈宇。懿號克崇，庶物咸覩。帝籍升名，式綏九土。

酌獻東嶽，《嘉安》　節彼岱宗，有嚴廟貌。惟辟奉天，依神設教。帝典焜煌，嘉薦普淖。至靈格思，殊祥是效。

南嶽　作鎮炎夏，畜兹靈光。敷與萬物，既阜既昌。爰刻温玉，式薦徽章。昭嘏神意，福熙穰穰。

西嶽　瞻言太華，奠方作鎮。典册是膺，等威以峻。上公奉儀，祀宫薦信。介祉萬邦，永配坤順。

北嶽　仰止靈嶽，鎮于朔方。增崇懿號，度越彝章。祗薦嘉樂，式陳令芳。永資純佑，國祚蕃昌。

中嶽　巖巖神嶽，作鎮中央。肅奉徽册，尊名孔章。聿降飈駕，載獻蘭觴。熙事允洽，寳祚彌昌。

送神，《静安》 祇薦鴻名，寅威明祀。有楚之儀，如在之祭。奠獻既終，禮容克備。神鑒孔昭，福禧來暨。

天安殿册封五嶽帝一首：

册出入，《正安》 名嶽奠方，帝儀克舉。吉日惟良，九賓咸旅。温玉縷文，纁裳正宁。禮備樂成，篤神之祜。

【《真宗本紀》】大中祥符五年八月己未，作五嶽觀。

【《玉海》】五年二月，命晁迥等撰五嶽碑。

六年正月辛亥，修淮瀆廟。九月辛卯，修南海廟。 七年十月十九日，上親製《東嶽醮告文》。 八年三月十四日，製《五嶽醮告文》，刊石于廟。

【《宋史·禮志》】天禧四年，從靈臺郎皇甫融請，凡修河致祭，增龍神及尾、宿、天江、天紀、天社等諸星，在天河内者凡五十位。

【《仁宗本紀》】景祐四年六月乙亥，杭州江潮壞堤，遣使致祭。

【《文獻通考》】仁宗康定二年，增封海瀆，逐處遣官致祭。東海爲淵聖廣德王，南海爲洪聖廣利王，西海爲通聖廣潤王，北海爲冲聖廣澤王，江瀆爲廣源王，河瀆爲靈源王，淮瀆爲長源王，濟瀆爲清源王。

【《宋史·禮志》】康定二年三月，以黄河水勢甚淺，致分流入汴，未能通濟，遣使祭河瀆及靈津廟。又澶州曹村埽方開減水直河，而水自流通，遣使祭謝。

【《文獻通考》】慶曆二年，儂智高反，圍廣州，數有風雨，遂遁。乃詔益封南海神爲洪聖廣利昭順王。

【《宋史·仁宗本紀》】慶曆三年夏四月丙辰，以春夏不雨，遣使祠禱于嶽瀆。

【《禮志》】皇祐四年，以靈臺郎王大明言，汴口祭河，兼祀箕、斗、奎，與東井、天津、天江、咸池、積水、天淵、天潢、水位、水府、四瀆、九坎、天船、王良、羅堰等十七星在天河内者。

皇祐五年，以儂智高遁，益封南海洪聖廣利昭順王。

蕙田案：《禮志》與《文獻通考》年次不同，必有一誤。

【《仁宗本紀》】嘉祐元年春正月，帝不豫，遣諸州長吏禱于嶽瀆諸祠。

【《玉海》】嘉祐六年閏八月辛卯，修北嶽祠。

【《宋史·神宗本紀》】熙寧元年春正月庚辰，遣使祭南嶽、南海，告以南伐。十一月乙亥，以安南行營將士疾疫，遣同知太常禮院王存禱南嶽，遣中使建祈福道場。

【《文獻通考》】神宗元豐三年，集賢校理陳侗言：「案《周禮·小宗伯之職》：『兆五帝于四郊，四望、四類亦如之。』鄭氏注：『四望，謂五嶽、四瀆也。四類，日、月、星、辰也。』今四郊有五帝及日月星辰之壇，而獨四望之壇不建。或遇朝廷有祈焉，則設位皇地祇壇下，甚非古制。請依《周禮》，建四望壇于四郊，以祭五嶽、四鎮、四瀆，庶合于經。」詔下詳定禮文所詳定，所請以國朝祠令所載，嶽鎮海瀆，兆四望于四郊，岱山、沂山、東海、大淮于東郊，衡山、會稽山、南海、大江、嵩山、霍山、大海于南郊，華山、吳山、西海、大河于西郊，常山、醫無閭山、北海、大濟于北郊，每方嶽鎮則共爲一壇，海瀆則共爲一坎，以五時迎氣日祭之，皆用血祭瘞埋，有事則請禱之。又以四方山川各附于本方嶽鎮海瀆之下，别爲一壇一坎，水旱則禱之。其北郊從祀及諸州縣就祭如故。詔每方嶽鎮共爲一壇，望祭，餘從之。

【《宋史·樂志》】熙寧望祭嶽鎮海瀆十七首：

東望迎神，《凝安》 盛德惟木，勾芒御神。沂岱淮海，厥功在民。爰熙壇坎，裒對庶神。于以歆格，靈貽具臻。

升降，《固安》 紳韠襜兮，玉佩縈兮。于我將事，神燕喜兮。帝命望祀，敢有不共。往返于位，肅肅雍雍。

奠玉幣，《明安》 祀以崇德，幣則有儀。肅我將事，登降孔時。精明純潔，罔有弗祇。史辭無愧，神用來娭。

酌獻，《成安》 肇茲東土，含潤無疆。維時發春，嘉薦令芳。祭用薶沈，順性含藏。不涸不童，誕降祺祥。

送神，《迎安》 神之至止，熙壇爲春。神之將歸，旂服振振。欻兮迴飈，窅兮旋雲。佑于東方，永施厥仁。

南望迎神，《凝安》 嵩嵇衡霍，暨厥海江。時維長養，惠我南邦。肆嚴牲幣，神式來降。以侑以妥，百福是麗。

酌獻，《成安》 景風應律，朱鳥開辰。肅肅明祀，嘉籩列陳。牲用牷物，樂奏蕤賓。克綏永福，祐此下民。

送神，《凝安》 鼓鐘云云，龡管依依。神既醉飽，曰送言歸。山有厚藏，水有靈德。物其永依，往奠炎宅。

中望迎神，《凝安》 維土作德，維帝御行。含養載育，萬物以成。有嚴祀典，薦我德馨。神其歆止，永用億寧。

酌獻，《成安》 高廣融結，實維中央。宣氣報功，利彼一方。坎壇以祀，六樂鏘鏘。靈其有喜，酌以大璋。

送神，《凝安》 言旋其處，以奠中域。無替厥靈，四方是則。神永不息，祀永不忒。以享以報，于萬斯年。

西望迎神，《凝安》　品物順説，時司金行。于郊迎氣，以望庶靈。雅歌惟樂，❶圭薦惟牲。作民之祉，永相厥成。

酌獻，《成安》　西顥沆碭，執矩司秋。諏言協靈，時祀孔修。禮有薦獻，爰視公侯。秩而祭之，百福是遒。

送神，《凝安》　我樂我神，簠俎牲饔。曰神之還，西土是宫。于蕃禽魚，于衍草木。富我藪隰，滋我高陸。

北望迎神，《凝安》　帝德乘坎，時御閉藏。爰潔牲醴，兆兹北方。海山攸宅，神施無疆。具享蠲吉，降福孔穰。

酌獻，《成安》　淒寒凝陰，隕蘀滌場。百物順成，黍稷馨香。款于北郊，爰因其方。何以侑神，薦此嘉觴。

送神，《凝安》　維山及川，奠宅幽方。我度其靈，降止靡常。肅肅坎壇，既迎既將。促樂徹俎，是送是望。

【《禮志》】吴山舊封成德公，元豐八年，封王。

元祐元年十二月，以華州鄭縣山摧，命太常博士顔復往祭西嶽。

【《玉海》】元符三年，修東嶽廟，命曾肇爲碑，爲殿三，曰嘉寧、蕃祉、儲佑。

【《宋史·禮志》】東海，大觀四年，加號助順廣德王。

【《徽宗本紀》】政和三年八月戊寅，封四鎮山爲王。

【《禮志》】沂山舊封東安公，政和三年，封王。會稽舊封永興公，政和封永濟王。醫巫閭舊封廣寧公，政和封王。霍山舊封應聖公，政和封應靈王。

---

❶「歌」，原作「樂」，據庫本改。

【《文獻通考》】徽宗政和三年，議禮局上《五禮新儀》。五方嶽鎮海瀆壇各高五尺，周四十步，四出陛，兩壝，每壝二十五步。壇飾依方色。祭嶽鎮海瀆，設位南向，以西爲上。山川從祀，西向，以北爲上。諸嶽鎮海瀆年别一祭，以祭五帝日祭之。東嶽泰山于兖州界，東鎮沂山于青州界，東海于萊州界，東瀆大淮于高唐州界，南嶽衡山于潭州界，❶南鎮會稽山于越州界，南海于廣州界，南瀆大江于益州界，中嶽嵩山于河南府界，中鎮霍山晉州界，西嶽華山于華州界，❷西鎮吴山于隴州界，西海西瀆大河于河中府界，北嶽常山及遥祀北鎮醫無閭山于定州界，北海、北瀆大濟于孟州界。❸太常寺言：「大中祥符中，封五嶽爲帝，四海爲王，獨五鎮封爵尚仍唐舊。元豐八年，始封西鎮吴山爲成德王，而未及四鎮。」詔並封王。

【《玉海》】高宗建炎元年九月，權太常少卿滕康請如虞望秩、周《時邁》，車駕巡幸，祭所過名山大川。詔望祭。

【《宋史·高宗本紀》】紹興七年五月，命禮官舉嶽、鎮、海、瀆之祀。

【《文獻通考》】紹興七年，太常博士黄積厚言：「百神之祀，曠歲弗修，如中祀未舉者，嶽、瀆、海、鎮、中嶽、中鎮是也。望舉而行之。」從之。

每歲以四立日、季夏土王日設祭，其禮料初依奏告例，後比擬舊制，用羊、豕各一口，籩十，菱、芡、栗、鹿脯、榛實、乾桃、乾䕩、乾棗、形鹽、魚鱐。簠二，稻、粱。簋

❶「嶽」，原作「瀆」，據庫本改。
❷「華山于」，原脱，據《文獻通考》卷八三補。
❸「北瀆」，原作「大瀆」，據庫本改。

二，黍、稷。鉶鼎三，鉶羹。登二，大羹、脂。盤一，毛血。豆十，芹、筍、葵、菁、韭、魚醢、兔醢、腸胃、鹿臡、醓醢。俎八，羊腥七體，羊熟十一，羊腥，腸、胃；羊熟，腸、胃、肺。豕腥七體，豕熟十一，豕腥膚，豕熟膚。尊罍二十四，實酒，並同皇地祇。

三十一年，知樞密院事督視軍馬葉義問言：「寇逼江上，與鎮江、建康、太平諸郡纔隔一水，先報敵謀開第二港河，欲徑衝丹徒，施工累日。一夕，大風沙漲，截斷不得渡，以爲水府陰祐，所以致然。乞詔禮官考其制。乞依五嶽例，峻加帝號，令建康守臣擇地建廟。其金山、采石二水府，乞增封，遣官精潔祭告。」詔令禮部、太常寺討論。已而，太常寺言：「江瀆已封廣源王，止係二字，欲特贈加六字，作八字王。擬昭靈孚應威烈廣源王。令建康守臣擇爽塏之地建廟，賜額曰佑德。其乞峻加帝號一節，恢復中原日別議封册，兼契勘廣源王本廟，係在成都府，今來所封廟額，并增八字王，令本廟一等稱呼。」從之。

孝宗乾道五年，太常少卿林栗言：「國家駐蹕東南，東海、南海實在封域之内。檢照國朝祀儀，立春祭東海于萊州，立夏祭南海于廣州，其西、北獨即方州行二時望祭之禮。自渡江以後，惟南海廣利王廟歲時降御書祝文，令廣州行禮。并紹興七年，加封至八字王，爵如東海之祠。但以萊州隔絕，不曾令沿海官司致其時祭，殊不知通、泰、明、越、温、台、泉、福，皆東海分界也。紹興辛巳，虜入寇，李寶等舟師大捷于膠西，是時神靈助順，則東海之神于國爲有功矣。謹案：東海祠，隋祭于會稽縣界，唐祭于萊州界，本朝沿唐制，萊州立祠。元豐元年，建廟于明州定海縣，既成，命知制誥鄧潤甫撰記；二年，加封淵聖之號；崇寧二年，本朝歲度道士一員；大觀四年，又加『助順』二字。則東海之祠，本朝累加崇奉，皆在明州，不必泥于萊州矣。欲乞行下禮部，參照南海已封禮例，將李寶等昨來立功事迹顯著，特封東海之神八字王爵，自今後立春及大禮告謝，乞依見令廣州祭南海禮例，關報所屬，請降香祝，下明州排辦差官行禮。」詔從之。

蕙田案：國勢偏安，不克振作，徒以加封神號，爲望祐之舉，所謂聽命于神也，其可久乎？

【《宋史·樂志》】紹興祀嶽鎮海瀆四十三首：

東方迎神，《凝安》　帝奠九壥，孰非我疆。翳我東土，山川相望。祀事孔明，肅雍不忘。罔敢濛鴻，郁哉洋洋。

初獻盥洗，《同安》　青陽肇開，祀事孔飭。鬱人贊溉，其馨苾苾。敬爾威儀，亦孔之則。神之格思，無我有斁。

奠玉幣，《明安》　司曆告時，惟孟之春。爰舉時祀，旅于有神。鼓鐘既設，珪帛具陳。皁蕃庶物，以福我民。

東嶽位酌獻，《成安》　巖巖天齊，自古在昔。膚寸之雲，四方其澤。惟時東作，祀事乃飭。惠我無疆，恩霑動植。

東鎮位　惟山有鎮，雄于其方。東孰爲雄，于河之疆。祀事有時，爰舉舊章。我望匪遥，庶幾燕享。

東海位　澒洞鴻濛，天與無極。導納江漢，節宣南北。順助其功，善下維德。我祀孔時，以介景福。

東瀆位　我祀伊何？于彼長淮。導源

桐栢，委注蓬萊。扞齊護楚，宣威示懷。豆籩列陳，亦孔之偕。

亞終獻、酌獻四位並同。　我祀孔肅，神其安留。容與裴回，若止若浮。洽此重觴，申以百羞。無我斁遺，萬邦之休。

送神，《凝安》　蹇兮紛紛，神實戾止。以飲以食，以享以祀。晻兮冥冥，神亦歸止。以醉以飽，以錫爾祉。

南方迎神，《凝安》　朱明盛長，我祀用飭。厥祀伊何，山川咸秩。如將見之，繩繩齊栗。神哉沛兮，消摇來格。

初獻、盥洗、升降，《同安》　爰熙嘉壇，揭虔毖祀。鬱人沃盥，贊我祼事。于降于登，以作以止。莫不肅雍，告靈享矣。

奠玉幣，《明安》　我祀我享，儀物孔周。一純斯舉，二精聿修。璞兮其温，絲兮其紑。是薦潔蠲，神兮安留。

南嶽位酌獻，《成安》　神曰司天，居南之衡。位焉則帝，于以奠方。南訛秩事，望禮有常。庶幾嘉虞，介福無疆。

南鎮位　維南有山，于彼會稽。作鎮在昔，神則司之。厥有舊典，以祀以時。百味惟旨，靈其燕娭。

南海位　維水善下，利物曰功。逶迤百川，誰歟朝宗？蕩蕩大受，于焉會同。膋蕭列陳，以答鴻濛。

南瀆位　四瀆之利，經營中國。南曰大江，險兮天設。維爾有神，隃其廟食。望秩孔時，我心翼翼。

亞終獻、酌獻　神之游兮，洋洋對越。澮乎容與，肸蠁斯答。乃奏既備，八音攸節。重觴申陳，百禮以洽。

送神曲同迎神。　薦徹豆籩，熙事備成。靈兮將歸，羽旄紛紜。飄其逝矣，浮空簫雲。悵然顧瞻，有撫懷心。

中央迎神，《凝安》　天作高山，屹然中峙。經營厥宇，萬億咸遂。火熙土王，爰舉時祀。繩繩宣延，彷彿來止。

初獻、盥洗、升降，《同安》　思來感格，肅雍不忘。禮儀既備，濟濟蹌蹌。潔蠲致敬，往薦其方。交若有承，神兮孔饗。

奠玉幣，《明安》　練日有望，高靈來下。何以告誠，心惟物假。有篚斯實，有寶斯籍。于以奠之，神光燭夜。

中嶽位酌獻，《成安》　與天齊極，伊嵩之高。顯靈効異，神休孔昭。飭我祀事，實俎鸞膋。以侑旨酒，其馨有椒。

中鎮位　禹畫九州，河內曰冀。霍山崇崇，作鎮積勢。我祀如何，百末旨味。承神燕娭，諸神畢至。

亞終獻、酌獻　禮樂既成，肅容有常。奄留消搖，❶申畢重觴。仰臚所求，降福滂洋。師象山則，以況皇章。

送神曲同迎神。　虞至旦兮，靈亦有喜。蹇欲驤兮，象輿已轙。❷粥音送兮，靈聿歸矣。❸長無極兮，錫我以祉。

西方迎神，《凝安》　有岌斯安，有涵斯洽。聿相厥成，允祀是答。爰飭迺奏，迺奏既協。於昭降止，是尊是接。

初獻、盥洗、升降，《同安》　靡實不新，靡陳不濯。人之弗蠲，矧敢將酌。載晞之帨，載濡之勺。洸儀告備，陟降時若。

奠玉幣，《明安》　彼林有屐，彼澤有沈。倚與西望，弗菲弗淫。迺追斯邸，迺慌斯

❶「留」，底本空闕一字，據庫本補。
❷「輿」，原作「與」，據庫本改。
❸「矣」，原作「以」，據庫本改。

尋。印禮既卒，是用是歆。

西嶽位酌獻，《成安》 屹削厥方，風雲斯所。陰邑有宮，伷伷俁俁。清酤在尊，靈脊在下。于俎獻兮，則莫我吐。

西鎮位 維吴崇崇，于汧之西。瞻彼有隴，赫赫不迷。克俾于嶽，我酌俶齊。于凡有旅，眂公維躋。

西海位 奄浸坤軸，滋殖其濊。而典斯稽，有陛有壝。弗替時舉，元罍斯酹。胡先于河，實委之會。

西瀆位 自彼崐虚，于以潛流。念兹誕潤，豈俟不猶。在昔中府，暨海聿修。迄既望止，神保先卣。

亞終獻 肅肅其乂，既旨既溢。迨其畢酌，偏兹博碩。祀事既遂，不敢詳射。神武醉止，我心斯懌。

送神曲同迎神。 迺羞既徹，迺奏及闋。無餕斯俎，式聽致謁。不蹇不蹶，不沸不決。厲魃其祛，永庇有截。

北方迎神，《凝安》 我土綿綿，孰匪疆里。惟時幽都，匪曰隃止。滌哉艮月，朔風其同。曷阻曷深，其亦來降。

初獻、盥洗、升降，《同安》 壽宫輝煌，聿將時祀。繽其昭矣，吉蠲以娭。居乎昂昂，行乎遂遂。敬爾攸司，展采錯事。

奠玉幣，《明安》 相予陰威，厥功浩浩。一歲之功，何以爲報？府有珪幣，我其敢私。肅肅孔懷，于以將之。

北嶽位酌獻，《成安》 瞻彼芒芒，曰北之常。既高既厚，迺紀迺綱。薦罍伊始，靈示孔將。玄服鐵駕，覽此下方。

北鎮位 赫赫作鎮，幽朔之垂。兼福我民，食哉其宜。克配彼嶽，有嚴等衰。蠲我灌禮，其敢不祗。

北海位　八裔皆水，此一會同。沄沄天墟，洞蕩洪濛。至哉維坎，不有斯功。所秩伊何，黄流在中。

北瀆位　水星之精，播液發靈。不膂于河，既介以清。翼翼盥薦，椒糈芬馨。載止載留，爰弭翠旌。

亞終獻　俎豆紛披，金石繁會。侑以貳尊，匪瀆匪怠。我儀既周，我心孔戒。憺兮容與，彷彿如在。

送神曲同迎神。　靈既醉飽，禮斯徹兮。靈亦樂康，樂斯闋兮。雲征飈舉，不可尼兮。薦福錫祉，曷有極兮！

【《理宗本紀》】淳祐十二年十二月癸亥，詔海神爲大祀，春秋遣從臣奉命往祠，奉常其條具典禮來上。

【《樂志》】淳祐祭海神十六首：

迎神，《延安》，宫一曲　堪輿之間，最鉅惟瀛。包乾括坤，吐日滔星。祀典載新，禮樂孔明。鑒吾嘉賴，來燕來寧。

角一曲　四溟廣矣，八紘是紀。我宅東南，迴復萬里。洪濤飃風，安危所倚。祀事特隆，神其戾止。

徵一曲　若稽有唐，克致崇極。祝號既升，爰增祭式。從享于郊，神斯受職。我祀肇新，式祈陰騭。

羽一曲　猗與祀禮，四海會同。靈之來沛，鞭霆馭風。肸蠁彷彿，在位肅雍。佑我烝民，式徽神功。

升降，《欽安》　靈之來至，垂慶陰陰。靈之已至，飭兹五音。壇殿聿嚴，陟降孔欽。靈宜安留，鑒我德心。

東海位奠玉幣，《德安》　百川所歸，天地之左。澒洞鴻濛，功高善下。行都依依，百禄是荷。制幣嘉玉，以佑以妥。

南海位奠玉幣，《瀛安》　祝融之位，貴乎三神。吞納江漢，廣大無垠。長爲委輸，佑我黎民。敬陳明享，允鑒恭勤。

西海位奠玉幣，《潤安》　蒲昌之澤，派引天潢。羲娥出入，浩渺微茫。蓋高斯覆，猶隔封疆。我思六合，肇正吉昌。

北海位奠玉幣，《瀚安》　瀚海重潤，地紀亦歸。吞受百瀆，限制北陲。一視同仁，我心則怡。嘉薦玉幣，神其格思。

捧俎，《豐安》　昭格靈貺，祀典肇升。牲牷告充，雕俎是承。薦虔効物，省德惟馨。靈其有喜，萬宇肅澄。

東海位奠酌獻，《熙安》　滄溟之德，東南具依。熬波出素，國計攸資。石臼却敵，濟我王師。神其享錫，益畀燕綏。

南海位酌獻，《貴安》　南溟浮天，旁通百蠻。風檣迅疾，琛舶來還。民商永賴，坐消寇姦。薦兹嘉觴，弭矣驚瀾。

西海位酌獻，《類安》　積流疏派，被于流沙。布潤施澤，功均邇遐。我秩祀典，四海一家。祇薦令芳，靈其享嘉。

北海位酌獻，《溥安》　備忽會同，裴回安留。牲肥酒香，晨事聿修。惟德之涼，曷奄九州。帝命是祇，多福是求。

亞終獻，《饗安》　籩豆有楚，貳觴斯旅。神其醉飽，式燕以序。百靈祕怪，蜿蜒飛舞。錫我祺祥，有永終古。

送神，《成安》　告靈享矣，錫我嘉祚。乾端坤倪，開豁呈露。玄雲聿收，羣龍咸騖。滅除凶菑，六幕清豫。

右宋祀山川。

五禮通考卷第四十七

五禮通考卷第四十八

内廷供奉禮部右侍郎金匱秦蕙田編輯
太子太保總督直隸右都御史桐城方觀承同訂
按察司副使元和宋宗元參校

吉禮四十八

四望山川

【《遼史·太祖本紀》】太祖七年十一月，祠木葉山。

【《禮志》】太祖幸幽州大悲閣，遷白衣觀音像，建廟木葉山，尊爲家神。于拜山儀過樹之後，增詣菩薩堂儀一節，然後拜神，非胡刺可汗之故也。

【《太祖本紀》】天贊三年八月，登阿里典壓得斯山，以麃鹿祭。

【王圻《續通考》】太宗天顯四年三月，望祀群神。

【《遼史·太宗本紀》】天顯四年秋七月戊寅，祠木葉山。

【王圻《續通考》】會同二年十月，晉遣使請親祀南嶽，從之。

【《遼史·穆宗本紀》】應曆十二年六月甲午，祀木葉山及潢河。

應曆十四年七月，以酒脯祀黑山。

【《景宗本紀》】保寧元年十一月甲辰朔，行柴册禮，祠木葉山。

【《聖宗本紀》】統和七年二月，遣巫覡祭名山大川。三月壬午朔，遣使祭木葉山。

十三年八月，詔修山澤祠宇，以時祀之。

【《興宗本紀》】重熙十四年冬十月甲子，望祀木葉山。

【《禮志》】興宗先有事于菩薩堂及木葉山、遼河神，然後行拜山儀，冠服節文多所變更，後因以爲常。

右遼祀山川。

【《金史·世宗本紀》】大定四年六月甲子，以雨足，命有司祭謝嶽、鎮、海、瀆于北郊，定祭四嶽、五瀆禮。

【《禮志》】大定四年，禮官言：「嶽、鎮、海、瀆，當以五郊迎氣日祭之。」詔依典禮，以四立、土旺日就本廟致祭，❶其在他界者遥祀。立春，祭東嶽于泰安州，東鎮于益都府，東海于萊州，東瀆大淮于唐州。立夏，望祭南嶽衡山、南鎮會稽山于河南府，南海、南瀆大江于萊州。季夏土旺日，祭中嶽于河南府，中鎮霍山于平陽府。立秋，祭西嶽華山于華州，西鎮吴山于隴州，望祭西海、西瀆于河中府。立冬，祭北嶽恒山于定州，北鎮醫無間山于廣寧府，望祭北海、北瀆大濟于孟州。其封爵並仍唐宋之舊。

【王圻《續通考》】七年，或有言：「前代都長安及汴、洛，以太華等山列爲五嶽。今既都燕，當別議五嶽名。」時太常寺官或取《嵩高》疏「周都豐鎬，以吴嶽爲西嶽」。范拱以爲非是，議略曰：「軒轅居上谷，在恒山之西。舜居蒲阪，在華山之北。以此言之，未嘗據所都而改嶽祀也。」後遂不改。

【《金史·世宗本紀》】大定八年五月庚寅，改旺國崖曰静寧山，曷里滸東川曰金蓮川。

【《禮志》】鎮安公舊名旺國崖，太祖伐遼，嘗駐蹕于此。大定八年五月，更名静寧山，後

❶「立」，原作「至」，據《金史·禮志》改。

建廟。

大定十二年，有司言：「長白山在興王之地，禮合尊崇，議封爵，建廟宇。」十二月，禮部、太常、學士院奏奉勅旨封興國靈應王，即其北山地建廟宇。

大定十五年三月，奏定長白山封册、儀物，冠九旒，服九章，玉圭、玉册函，香幣、祝册，遣使副各一員詣會寧府，行禮官散齋二日，致齋一日，所司于廟中陳設如儀，廟門外設玉册、衮冕、幄次、牙仗、旗鼓從物等視一品儀，禮用三獻，祭如嶽鎮。其册文云：「皇帝若曰：自兩儀剖判，山嶽神秀，各鍾于其分野。國將興者，天實作之。對越神休，必以祀事。故肇基王迹，有若岐陽。望秩山川，於稽虞典。厥惟長白，載我金德。仰止其高，實惟我舊邦之鎮，混同流光，源所從出。秩秩幽幽，有相之道。列聖蕃衍熾昌，迄于太祖，神武徵應，無敵于天下。爰作神主，肆予冲人，紹休聖緒。四海之内，名山大川，靡不咸秩，矧王業所因。瞻彼旱麓，可儉其禮，服章爵號，非位于公侯之上，不足以稱焉。今遣某官某持節備物，册命兹山之神爲興國靈應王，仍勅有司歲時奉祀。於戲！廟食之享，亘萬億年，惟金之禎，與山無極，豈不偉歟！」自是每歲降香，命有司春秋二仲擇日致祭。

昭應順濟聖后：大定十七年，都水監言：「陽武上埽黄河神聖后廟，宜依唐仲春祭五龍祠故事。」

大定十九年，有司言：「瀘溝河水勢泛決嚙民田，乞官爲封册神號。」禮官以祀典所不載難之，已而特封安平侯，建廟。

二十一年，册封山陵地大房山神爲保陵公，冕八旒，服七章，圭册、香、幣，使副持節行禮，並如册長白山之儀，其册文云：「皇帝若曰：古之建邦設都，必有名山大川以爲形勝。我國既定鼎于燕，西顧郊圻，巍然大房，秀拔混厚，雲雨之所出，萬物之所瞻，祖宗陵寢，于是焉依。仰惟嶽鎮，古有秩序，皆載祀典，矧兹大房，禮可闕歟？其爵號服章，俾列于侯伯之上，庶足以稱。今遣某官某備物，册命神爲保陵公，申勅有司，歲時奉祀。其封域之内，禁無得樵採弋獵，著爲令。」是後，遣使山陵行禮畢，山陵官以一獻禮致奠。

混同江：大定二十五年，有司言：「昔太祖征遼，策馬徑渡。江神助順，靈應昭著。宜修祠宇，加賜封爵。」廼封神爲興國應聖公，致祭如長白山儀，册禮如保陵公故事。❶其册文云：「昔我太祖武元皇帝，受天明命，掃遼季荒茀，成師以出，至于大江，浩浩洪流，不舟而濟。雖穆滿渡江而鼉梁，光武濟河而水冰，自今觀之，無足言矣！執徐之歲，四月孟夏，朕時邁舊邦，臨江永嘆，仰藝祖之開基，佳江神之效靈，至止上都，議所以尊崇之典。蓋古者五嶽視三公，四瀆視諸侯，至有唐以來，遂享帝王之尊稱，非直後世彌文，而崇德報功，理亦有當然者。矧兹江源出于長白，經營帝鄉，實相興運，非錫以上公之號，則無以昭答神休。今遣某官某，持節備物，册命神爲興國應聖公，申命有司，歲時奉祀。於戲！嚴廟貌，正封爵，禮亦至矣。惟神其衍靈長之德，用輔我國家彌億年，神亦享廟食于無窮，豈不休哉！」

嘉蔭侯：大定二十五年，勑封上京護國林

❶「陵」，原作「靈」，據庫本及上下文改。

神爲護國嘉蔭侯，毳冕，七旒，服五章，圭同信圭，遣使詣廟，以三獻禮祭告。其祝文曰：「蔚彼長林，實壯天邑。廣袤百里，惟神主之。廟貌有嚴，侯封是享。歆時蠲潔，相厥滋榮。」是後，遇月七日，上京幕官一員行香，著爲令。

大定二十七年春正月，尚書省言：「鄭州河陰縣聖后廟，前代河水爲患，屢禱有應，嘗加封號廟額，今因禱祈，河遂安流。乞加褒贈。」上從其請，特加號曰昭應順濟聖后，廟曰靈德善利之廟，每歲委本縣長官春秋致祭，如令。

瀘溝河神：大定二十七年，奉旨每歲委本縣長官，春秋致祭如令。

【《章宗本紀》】明昌四年十二月甲寅，册長白山之神爲開天弘道聖帝。

【《禮志》】明昌四年十月，備衮冕、玉册、儀物，上御大安殿，用黄麾，立仗八百人，行仗五百人，復册爲開天弘道聖帝。

【《章宗本紀》】明昌六年九月甲申，册静寧山神爲鎮安公，忽土白山神爲瑞聖公。十二月乙亥，詔加五鎮、四瀆王爵。

【《禮志》】明昌六年八月，以冕服、玉册册静寧山神爲鎮安公，册文曰：「皇帝若曰：古之名山，❶咸在祀典。軒皇之世，神靈所奉者七千；虞氏之世，望秩每及于五載。蓋惟有益于國，是以必報其功。逮乎後王，申以徽册。至于嶽鎮之外，或亦封爵之加。故太白有神應之稱，而終南有廣惠之號。禮由義起，事與時偕，載籍所傳，于今猶監。朕修和有夏，咸秩無文，眷兹静寧，秀峙朔野，緼澤布氣，幽贊乎坤元；導風出雲，協

❶「名」，原作「明」，據庫本改。

符乎乾造。一方之表，萬物所瞻，南直都畿，北維障徼，連延廣厚，寶藏攸興，盤固高明，誃宮斯奠。昔有遼嘗恃以富國，迄大定更爲之錫名。洪惟世宗，功昭列聖，亦越顯考，德利生民。爰即歲時，駕言臨幸，兵革不試，遠人輯寧，雨暘常調，品彙蕃廡，❶此上帝無疆之貺，亦英靈有相之符。比即輿情，載修故事。顧先皇駐蹕之地，揖累世承平之風。迓續遺休，式甄神祐，肆象德以畀號，仍班台而闡儀。宇象一新，采章具舉。今遣使某、副某，持節備物，册命神爲鎮安公，仍勑歲時奉祀。於戲！容典焜燿，精明感通，惟永億年，翊我昌運。神其受職，豈不偉歟？」

瑞聖公即麻達葛山也，章宗生于此。世宗愛此山勢衍氣清，故命章宗名之。後更名胡土白山，建廟。明昌六年八月，以袞服、玉册封山神爲瑞聖公，建廟，命撫州有司，春秋二仲擇日致祭爲常。其册文曰：「皇帝若曰：國家之興，命曆攸屬。天地元化，惟時合符。山川百神，無不受職。粹精薦瑞，明聖繼生。著丕應于殊禎，啓昌期于幽贊。裒對信猶之典，咸修望秩之文。嘉乃名山，奠玆勝地，下綿乾分，上直樞静。盤析木之津，達中原之氣。廓除氛祲，函毓太和。仰惟光烈昭垂，徽音如在，即高明而清暑，克静壽以安仁。周廬安寧，厚澤浹洽。朕祗循祖武，順講時巡，感美號以興懷，佩聖謨而介福。言念誕彌之初度，抑由翊衛之効靈。然猶祀秩無章，神居不屋，非所以盡報功崇德之義，副追始樂原之心。爰飾名稱，載新祠宇。勒忱辭于貞琰，涓良日于

❶「廡」，原作「庶」，據庫本改。

元龜，彰服采以辨威，潔𥫗縣而致祭。闡揚茂實，敷繹多儀。今遣使某、副某，持節備物，册命神爲瑞聖公，仍勅有司歲時奉祀。於戲！尚其聰明，歆此誠意，孚休惟永，亦莫不寧。」

【王圻《續通考》】料石岡祠　海陵嘗過此祠，持杯筊禱曰：「使吾有天命，當得吉卜。」投之，吉。又禱曰：「果如所卜，他日當有報，否則毁爾祠宇。」投之，又吉。及即位，貞元元年十月，封料石岡神爲靈應侯。

章宗明昌六年十二月，詔加五嶽、四瀆王爵。

【《金史·禮志》】明昌間，❶從沂山道士楊道全請，封沂山爲東安王，吴山爲成德王，霍山爲應靈王，會稽山爲永興王，醫無閭山爲廣寧王，淮爲長源王，江爲會源王，河爲顯聖靈源王，濟爲清源王。每歲遣使奉御署祝版、奩薌，乘驛詣所在，率郡邑長貳官行事，禮用三獻。讀祝官一，捧祝官二，盥洗官二，爵洗官二，奉爵官一，司尊彝一，禮直官四，以州府司吏充。前三日，應行事、執事官散齋二日，治事如故，宿于正寢如常儀。前二日，有司設行事、執事官次於廟門外。掌廟者掃除廟之内外。前一日，有司牽牲詣祠所，享官以下常服閲饌物，視牲充腯。享日，丑前五刻，執事者設祝版于神位之右，置于坫，及以血豆陳于饌所。次設祭器，皆藉以席。掌饌者實之，左十籩爲三行，以右爲上，實以乾䕩、乾棗、形鹽、魚鱐、鹿脯、榛實、乾桃、菱、芡、栗；❷右十豆爲三行，以左爲上，實以芹菹、筍菹、韭菹、菁菹、

❶「昌」，原作「章」，據庫本改。

❷「䕩」，原作「橑」，據庫本改。

葵菹、魚醢、兔醢、豚拍、鹿臡、醓醢。左簠二，❶實以粱稻。右簋二，實以稷黍。俎二，實以牲體。次設犧尊二，象尊二，在堂上東南隅，北向，西上，犧尊在前，實以法酒。犧尊初獻官酌，象尊亞、終獻酌。又設太尊一，山尊一，在神位前，設而不酌。有司設燭于神位前。洗二，在東階之下，直東霤，北向。罍在洗東，加勺。篚在洗西，南肆，實以巾。執罍篚者位于其後。又設揖位于廟門外。初獻在西，東向；亞、終及祝在東，南向，北上。開瘞坎于廟內庭之壬地。享日，丑前五刻，執事官各就次，掌饌者帥其屬實饌具畢，凡祭官各服其服，與執事官行止皆贊者引。點視陳設訖，退就次。引初獻以下詣廟南門外揖位，立定。贊禮者贊揖。次引祝升堂就位立。次引初獻詣盥洗位北向立，搢笏，盥手，帨手，執笏，詣爵洗位，北向立，搢笏，洗爵，以爵授執事者，執笏，升堂，詣酌罇所，西向立。執事者以爵授初獻。初獻搢笏，執爵。執罇者舉冪，執事者酌酒。初獻以爵授執事者，執笏，詣神座前，北向立，搢笏，跪。執事者以爵授初獻。初獻執爵，三祭酒，奠爵訖，執笏，俛伏，興，少立。次引祝詣神位前，東向立，搢笏，跪讀祝訖，執笏興，退復位。初獻再拜。贊禮者引初獻復位。次引亞獻酌獻，並如初獻之儀。次引終獻，並如亞獻之儀。贊者引初獻官詣神位前，北向立。執事者以爵酌清酒，進初獻之右，初獻跪祭酒，啐酒，奠爵。執事者以俎進，減神座前胙肉前脚第二節，共置一俎上，以授初獻。初獻以授

❶「左簠二」至「以牲體」凡二十字，原脱，據《金史·禮志》補。

執事者。初獻取爵，遂飲卒爵。執事者進受爵，復于坫。初獻興，再拜。贊者引初獻復位。贊者曰：「再拜。」❶已飲福受胙者不拜。亞獻官以下皆再拜。拜訖，次引初獻以下就望瘞位，以饌物進于坎。東西廂各二人，贊者曰：「可瘞。」寘土，半坎，又曰：「禮畢。」遂引初獻官以下出。祝與執尊、罍、篚、冪者俱復位，立定。贊者曰：「再拜。」再拜訖，遂出。祝版燔于齋所。

【《宣宗本紀》】貞祐三年十一月壬申，遣參知政事侯摯祭河神于宜村。

【王圻《續通考》】哀帝天興三年正月，冊柴潭神爲護國靈應王。

右金祀山川。

【《元史·世宗本紀》】中統二年秋七月乙丑，遣使持香幣祀嶽瀆。冬十月辛卯，遣道士訾洞春代祀東海廣德王廟。

【《祭祀志》】嶽鎮海瀆代祀。自中統二年始，凡十有九處，分五道。後乃以東嶽、東海、東鎮、北鎮爲東道，中嶽、淮瀆、濟瀆、北海、南嶽、南海、南鎮爲南道。北嶽、西嶽、后土、河瀆、中鎮、西海、西鎮、江瀆爲西道。既而又以驛騎迂遠，復爲五道，道遣使二人。集賢院奏遣漢官，翰林院奏遣蒙古官，出璽書給驛以行。中統初，遣道士或副以漢官。

【《世祖本紀》】至元三年秋七月丙午，遣使祀五嶽、四瀆。

【《祭祀志》】至元三年夏四月，定歲祀嶽、鎮、海、瀆之制。正月，東嶽鎮、海、瀆，土旺日祀泰山于泰安州，沂山于益都府界。立

❶「再拜」二字，原脱；注文原爲大字，皆據《金史·禮志》補改。

春日，祀東海于萊州界，大淮于唐州界。三月，南嶽、鎮、海、瀆，立夏日遥祭衡山，土旺日遥祭會稽山，皆于河南府界。立夏日，遥祭南海、大江于萊州界。六月，中嶽鎮，土旺日祀嵩山于河南府界，霍山于平陽府界。七月，西嶽、鎮、海、瀆，土旺日祀華山于華州界，吴山于隴縣界。立秋日，遥祭西海、大河于河中府界。十月，北嶽、鎮、海、瀆，土旺日祀恒山于曲陽縣界，醫無閭于遼陽廣寧路界。立冬日，遥祭北海于登州界，濟瀆于濟源縣。祀官以所任守土官爲之。既有江南，乃罷遥祭。

【《世祖本紀》】至元四年春正月癸丑，勅封昔木土山爲武定山，其神曰武定公，泉爲靈淵，其神曰靈淵侯。夏四月辛未，遣使祀嶽瀆。

十二年二月甲辰，立河、瀆等廟于河中、解州、洪洞、趙城。庚午，命怯薛丹察罕不花、侍儀副使關思義、真人李德和代祀嶽瀆。

十三年五月乙未，遣使代祀嶽瀆。秋七月丙辰，遣使持香幣祀嶽瀆。

十四年二月甲子，遣使代祀嶽瀆。五月乙卯，命真人李德和代祀濟瀆。秋七月丁巳，回水窩淵聖廣源王加封善佑，常山靈濟昭應王加封廣惠，安丘雹泉靈霈侯追封靈霈公。

十五年春正月，賜湖州長興縣金沙泉名爲瑞應泉。金沙泉不常出，唐時用此水造紫筍茶進貢，有司具牲幣祭之，始得水，事訖輒涸。宋末，屢加浚治，泉迄不出。至是中書省遣官致祭，一夕水溢，可溉田千畝。安撫司以事聞，故賜今名。八月，制封泉州神女號護國明著靈惠協正善慶顯濟天妃。

【《祭祀志》】凡名山大川、忠臣義士在祀典者，所在有司主之。惟南海女神靈惠夫人，至元中以護海運有奇應，加封天妃神號，積至十字，廟曰靈慈。直沽、平江、周涇、泉福、興化等處皆有廟。

【《世祖本紀》】至元十六年五月丙子，進封桑乾河神洪濟公爲顯應洪濟公。

十七年二月，遣使代祀嶽瀆。十二月，修桐柏山淮瀆祠。

二十一年五月辛巳，加封衛輝路小清河神曰洪濟威惠王。

二十二年春正月甲申，遣使代祀五嶽、四瀆、東海。冬十月甲辰，修南嶽廟。

二十三年春正月壬午，太陰犯軒轅太民，遣使代祀嶽、瀆、東海。

二十六年春正月辛丑，遣使代祀嶽、瀆、東、南海。

二十七年春正月丁巳，遣使代祀嶽、瀆、海神。九月辛亥，修東海廣德王廟。

二十八年，饑，二月己卯，遣官持香詣中嶽、南海、淮瀆致禱。丁酉，詔加嶽、瀆、四海封號，各遣官詣祠致告。

【王圻《續通考》】至元二十八年正月，帝謂中書省臣言曰：「五嶽、四瀆祠事，朕宜親往，道遠不可，大臣如卿等又有國務，宜遣重臣代朕祠之。」漢人選名儒及道士習祀事者，其禮物則每處歲祀銀香盒一重，二十五兩。五嶽，組金幡二，鈔五百貫。四瀆，織金幡二，鈔二百五十貫。四海、五鎮，銷金幡二，鈔二百五十貫。至則守臣奉詔，使行禮。皇帝登寶位，遣官致祭。降香幡盒如前禮，惟各加銀五十兩。五嶽各中統鈔五百貫。四瀆、四海、五鎮，各中統鈔二百五十貫。或他有禱，禮亦如之。

是年春二月，加上東嶽爲齊天大生仁聖

帝，南嶽司天大化昭聖帝，西嶽金天大利順聖帝，北嶽安天大貞元聖帝，中嶽中天大寧崇聖帝，加封江瀆爲廣源順濟王，河瀆靈源弘濟王，淮瀆長源博濟王，濟瀆清源善濟王，東海廣德靈會王，南海廣利靈孚王，西海廣潤靈通王，北海廣澤靈祐王。

時東平布衣趙天麟上策曰：「臣聞：天子祭天地及天下之名山大川，諸侯祭社稷及名山大川之在其地者，大夫祭五祀，士祭宗廟，庶人祭祖考於寢。上得兼下，下不得僭上，皆有制以節之。今國家稱秩元祀，咸秩無文，既有禮部及太常司、侍儀司以備其節文，又詔令所在官司歲時致祭五嶽、四瀆、名山大川，歷代聖帝明王、忠臣節士之載在祀典者，皆其宜也。竊見方今小民，不安常典，妄事神明，其類甚多，不可枚舉。夫東嶽者，太平天子告成之地，東方藩侯當祀之山。今乃有娼優戲謔之徒、貨殖屠沽之子，每年春季，四方雲聚，有不遠千里而來者，有提挈全家而至者，干越邦典，渫瀆神明，停廢產業，耗損食貨，亦已甚矣。昔季氏，魯國之上卿，旅於泰山，孔子猶欲其宰救之，況小民之賤乎？大人之教，不以名器分之，則將紊矣。小民之心，不以名器繩之，則將恣矣。況淫祀者，事神之誠極寡，希福之貪甚多。且父慈子孝，何用焚香？上安下順，何須楮幣？不然則雖竭天下之香繼爐而焚之，罄天下之楮爲幣而爇之，臣知其斷無益矣。然而聖人立祀禮者，報其當然之本，行吾當然之義也。伏望陛下申明前詔，使天下郡縣官各祭名山大川、聖帝明王、忠臣節士之在其地者。凡下民當祭之神，如祖考及門、庭、户、竈等聽之，凡非典所當祀而祀者禁之，無令妄瀆。凡祈神賽社漿酒藿肉，飾立神像泥金鏤木者禁之，無令妄費。如是，則非但巫風寢消，抑亦富民一助。」

蕙田案：山川之祀，其來自古。天子、諸侯之秩祀，本無與于小民。自後世加封晉號，非時淫祀，一切皆邀福之心，小民化之，遂至如此。趙天麟所奏切中時弊，有益世教。此風至今猶然，不可禁止。人心之惑，非一朝一夕之故矣。

【《元史·世祖本紀》】至元二十九年二月，遣使代祀嶽、瀆、四海。

三十年正月丁亥，遣使代祀嶽、瀆、東海。

【《成宗本紀》】元貞二年二月，遣使代祀嶽、瀆。

大德元年，六月甲午，諸王也里干遣使乘驛祀五嶽、四瀆，命追其驛券，仍切責之。

二年二月癸未，詔諸王、駙馬毋擅祀嶽、鎮、海、瀆。三月壬子，詔加封東鎮沂山爲元德東安王，南鎮會稽山爲昭德順應王，西鎮吴山爲成德永靖王，北鎮醫無閭山爲貞德廣寧王，中鎮霍山爲崇德應靈王。勅有司歲時與嶽、瀆同祀，著爲令式。

四年，遣使祠東嶽。

【《武宗本紀》】至大元年三月，遣使祀五嶽、四瀆、名山大川。

【《仁宗本紀》】延祐四年冬十月，遣御史大夫伯忽、參知政事王桂祭陝西嶽鎮名山。

【《祭祀志》】南海女神靈惠夫人，皇慶以來，歲遣使齎香遍祭，❶金幡一合，銀一鋌，付平江官漕司及本府官，用柔毛、酒醴，便服行

❶「遍」，原作「編」，據《元史·祭祀志》改。

事，祝文云：「維年月日，皇帝特遣某官等致祭于護國庇民廣濟福惠明著天妃。」

【《英宗本紀》】至治元年五月辛卯，海漕糧至直沽，遣使祀海神天妃。　三年二月，海漕糧至直沽，遣使祀海神天妃。

【《泰定帝本紀》】泰定元年二月，加封廣德路祠山神張真君曰普濟，寧國路廣惠王曰福祐。

【王圻《續通考》】泰定元年，遣使代祀嶽、瀆。又以鹽官州海水溢，遣使祀海神。

二年，遣使代祀龍虎、武當二山。又遣使代祀嶽、瀆、名山大川。

【《元史·泰定帝本紀》】泰定三年三月乙巳朔，帝以不雨，遣使分祀五嶽、四瀆、名山大川，及京城寺觀。秋七月甲辰，遣使祀海神天妃。八月辛丑，作天妃宮于海津鎮。鹽官州大風，海溢，遣使祭海神。十一月戊午，加封盧陵江神曰顯應。

四年秋七月乙丑，遣使祀海神天妃。閏九月甲戌，命致祭五嶽、四瀆、名山大川。冬十月甲辰，改封建德路烏龍山神曰忠顯靈澤普祐孚惠王。

致和元年春正月甲申，遣使祀海神天妃，加封幸淵龍神福應昭惠公。三月甲申，遣户部尚書李家奴往鹽官祀海神，仍集議修海岸。夏四月甲寅，改封蒙山神曰嘉惠昭應王，鹽池神曰靈富公，洞庭廟神曰忠惠順利靈濟昭佑王。

【《文宗本紀》】天曆元年九月壬戌，遣使祭五嶽、四瀆。

二年冬十月己亥，加封天妃爲護國庇民廣濟福惠明著天妃，賜廟額曰靈慈，遣使致祭。遣使代祀嶽瀆、山川。

十一月戊午，遣使代祀天妃。

【王圻《續通考》】至順二年冬十月，遣秘書太監王珪等代祀嶽、鎮、海、瀆。三年，遣使分祀嶽、鎮、海、瀆。五年，加北嶽之神爲安天大貞玄皇帝。順帝至元元年，加封真定路滹沱河神爲昭佑靈源侯。

【《元史·順帝本紀》】至正二年春正月癸巳，遣翰林學士三保等代祀五嶽、四瀆。九年九月，遣御史中丞李獻代祀河瀆。

【王圻《續通考》】十年，詔加封河瀆神爲靈源神祐弘濟王，仍重建河瀆及西海神廟。

【《元史·順帝本紀》】十四年冬十月，詔加海神爲輔國護聖庇民廣濟福惠明著天妃。二十一年十一月戊辰，黄河自平陸三門磧下至孟津，五百餘里皆清，凡七日。命秘書少監程徐祀之。

右元祀山川。

【《明會典》】國初，建山川壇于天地壇之西，正殿七間，祭太歲、風雲雷雨、五嶽、五鎮、四海、四瀆、鍾山之神。東西廡各十五間，祭京畿山川、春夏秋冬四季月將及都城隍之神。壇西南有先農壇，東有旗纛廟，南有籍田。

【《明史·禮志》】嶽、鎮、海、瀆、山川之祀，洪武二年，太祖以嶽、瀆諸神合祭城南，未有專祀，又享祀之所，屋而不壇，非尊神之道。禮官言：「宜以嶽、鎮、海、瀆及天下山川、城隍諸地祇合爲一壇，與天神埒，春秋專祀。」遂定祭日以清明、霜降。前期一日，皇帝躬省牲。至日，服通天冠、絳紗袍，詣嶽、鎮、海、瀆前，行三獻禮。山川、城隍，分獻官行禮。是年，命官十八人祭天下嶽、鎮、海、瀆之神。帝皮弁御奉天殿，躬署御名，以香祝授使者。百官公服，送至中書省，使者奉以行。黄金合貯香，黄綺幡二，白金二十五兩市祭物。

【《春明夢餘録》】洪武二年，以嶽、鎮、海、瀆、山川之神享祀之所未有壇壝，非隆敬神祇之道，命禮官考古制以聞。禮官奏：「嶽鎮海瀆之祀，虞舜以四仲月巡狩，而祭四嶽。東嶽泰山，四嶽之宗也，故文曰岱宗。南嶽曰衡山，西嶽曰華山，北嶽曰恒山，而未言五嶽。《王制》曰：『天子祭天下名山大川，五嶽、四瀆。』始有五嶽之稱，蓋以中嶽嵩山並列。又《周官·小宗伯》：『兆四望于四郊。』鄭玄謂四望爲四嶽、四瀆。四瀆者，江、河、淮、濟也。四鎮者，東曰沂山，西曰吴山，南曰會稽，北曰醫無閭。《詩》又曰巡狩而祀四嶽河海，則又有四海之祭，蓋天子方望之祀，無所不通，而嶽、鎮、海、瀆在諸侯封内，諸侯亦各以其方祀之。秦罷封建，嶽瀆皆領于祀官。及漢復建諸侯，則侯國各祀其封内山川，天子無預焉。武帝時，諸侯或分或廢，五嶽皆在天子之邦。宣帝時，嶽瀆始有使者持節祀之禮。由魏及隋，嶽鎮海瀆皆即其地立祠，命有司致祭。唐宋之制，有命本界刺史縣令之祀，有因郊祀而望祭之祀，又有遣祭之祀。元遣使祭嶽鎮海瀆，分東西南北中爲五道。其天下山川之祀，《虞書》：『望于山川，徧于羣神。』《周頌》曰：『懷柔百神。』《周禮·小宗伯》：『兆山川、丘陵、墳衍，各因其方。』《王制》，凡山川之小者，其祭秩視伯子男。劉向謂，山川能生物，出雲雨，施潤澤，品類以百數，故視伯子男。其在諸侯封内者，諸侯又自祭之，如楚祭雎、漳，晉祭惡池，齊祭配林是也。秦罷封建，則皆領于祠官焉。由漢唐以及宋元，嶽、鎮、海、瀆之外，又有其餘山川之祀，不獨嶽、瀆也。今國家開創之初，嘗以嶽、鎮、海瀆及天下山川，與太歲、風雲雷雨、城隍，皆祀于城南享祀之所，既非專祀，又室而不壇，非理所宜。夫海嶽之神，其氣本流通暢達，無有限隔，今宜以嶽、鎮、海、瀆及天下山川與太歲、風雲雷雨、城隍合爲一壇，春秋祀之。」詔可。

【《明史·禮志》】洪武二年，建山川壇于正陽門外天地壇西，合祀諸神，凡設壇十九。太歲、春夏秋冬四季月將爲第一，次風雲雷雨，次五嶽，次五鎮，次四海，次四瀆，次京都鍾山，次江東，次江西，次湖廣，次淮東、淮西，次浙東、浙西、福建，次廣東、廣西、海南、海北，次山東、山西、河南、河北，次北平、陝西，次左江、右江，次安南、高麗、占城諸國山川，次京都城隍，次六纛大神、旗纛大將、五方旗神、戰船、金鼓、銃礮、弓弩、飛鎗、飛石、陣前陣後諸神，皆躬自行禮。先祭，禮官奏：「祝文，太歲以下至四海，凡五壇，稱臣者親署御名。其鍾山諸神稱余者，請令禮官代署。」帝曰：「朋友書牘尚親題姓名，况神明乎？」遂加親署。後又定驚蟄、秋分後三日遣官祭山川壇諸神。七年，令春秋仲月上旬擇日以祭。

【《明會典》】洪武三年，正嶽鎮海瀆、城隍諸神號，合祀太歲、月將、風雲雷雨、嶽鎮海瀆、山川、城隍、旗纛諸神。又令每歲用驚蟄、秋分各後三日遣官祭山川壇諸神。是日，上皮弁服御奉天殿，降香，中嚴坐殿上。獻官復命，解嚴還宮。　是年，又合祭東嶽泰山于山川壇。

【《明史·禮志》】洪武三年，詔定嶽鎮海瀆神號。略曰：「爲治之道，必本于禮。今依古定制，並去前代所封名號。五嶽稱東嶽泰山之神，南嶽衡山之神，中嶽嵩山之神，西嶽華山之神，北嶽恒山之神。五鎮稱東鎮沂山之神，南鎮會稽山之神，中鎮霍山之神，西鎮吴山之神，北鎮醫無閭山之神。四海稱東海之神、南海之神、西海之神、北海之神。四瀆稱東瀆大淮之神、南瀆大江之神、西瀆大河之神、北瀆大濟之神。」帝躬署名于祝文，遣官以更定神號告祭。

【《日知録》】洪武三年六月癸亥，詔曰：「五嶽、五鎮、四海、四瀆之封，起自唐世，崇名美號，歷代有加。在朕思之，則有不然。夫嶽鎮海瀆皆高山廣水，自天地開闢以至于今，英靈之氣萃而爲神，必皆受命于上帝，幽微莫測，豈國家封號之所可加？瀆禮不經，莫此爲甚。至如忠臣烈士，雖可加以封號，亦惟當時爲宜。夫禮，所以明神人，正名分，不可以僭差。今宜依古定制，凡嶽鎮海瀆並去其前代所封名號，止以山水本名稱其神。郡縣城隍神號，一體改正。歷代忠臣烈士，亦依當時初封以爲實號，後世溢美之稱，皆與革去。庶幾神人之際，名正言順，于禮爲當，用稱朕以禮事神之意。」其東嶽祝文曰：「神有歷代之封號，予詳之再三，畏不敢效。」可謂卓絶千古之見。

丘氏濬曰：「我聖祖此詔，可謂考諸三王而不謬，質諸鬼神而無疑，百世以俟聖人而不惑，一滌千古之謬。臣知上帝在天之靈，必有以簡，在于冥冥之中，而山川鬼神亦莫不各受其職矣。」

【《明史·禮志》】其他山川之神，洪武元年，躬祀汴梁諸神，仍遣官祭境内山川。二年，以天下山川祔祭嶽瀆壇。帝又以安南、高麗皆臣附，其國内山川宜與中國同祭，諭中書及禮官考之。安南之山二十一，其江六，其水六。高麗之山三，其水四。命著祀典，設位以祭。三年，遣使往安南、高麗、占城，祀其國山川。帝齋戒，親爲祝文，仍遣官頒革正山川神號詔于安南、占城、高麗。六年，琉球諸國已朝貢，祀其國山川。八年，禮部尚書牛諒言：「京都既罷祭天下山川，其外國山川亦非天子所當親祀。」中書及禮臣請附祭各省，從之。廣西附祭安南、占城、真臘、暹羅、鎖里，廣東附祭三佛齊、爪哇，福建附祭日本、琉球、渤泥，遼東附祭高麗，陝西附祭甘肅、朶甘、烏斯藏，京城不復祭。又從禮官言，各省山川居中南向，外國山川東西向，同壇共祀。

【《明集禮》】專祀嶽鎮海瀆天下山川：

國朝既於方丘以嶽鎮海瀆、天下名山從祀，復於春秋清明、霜降日，遣官專祀嶽鎮海瀆、天下山川于國城之南。至于外夷山川，亦列祀典。若國有祈禱，則又遣使降香，專祀于其本界之廟。若夫山川之在王國，則自以時致祭。

瘞坎　嶽鎮海瀆，祭畢，其祝幣、牲饌，嶽鎮則瘞之于坎，海瀆則沈之于水，其國南羣祀壇則並置于瘞坎。

祝版　親祀，祝文自署御名。遣官代祀，祝文稱：「嗣天子某謹遣臣某官姓名，敢昭告于東嶽泰山之神：唯神磅礴英靈，參贊化育，位于東方，爲嶽之首，及出膚寸之雲，不崇朝而雨天下，有滋稼苗，民賴以生，功被于世。歷代帝王，咸敦祀典。或躬臨而奉祭，或遣使以伸忱。朕允膺天命，肇造丕基，禮宜親臨致祀。今國治未周，新附未撫，或居以圖治，或出而視師，是用命使，以表朕衷，惟神鑒焉，尚享。」西嶽曰：「惟神氣應金方，靈鍾兑位，奠於西極，屹立巍巍，長物養民，功被于世。歷代。」云云同前，下並同。南嶽曰：「惟神祝融諸峯，奠彼南服，崇高峻極，德配離明，長物養民，功被于世。」北嶽曰：「惟神鎮并臨代，峙立朔方，終始陰陽，德著悠久，養民阜物，功被寰中。」中嶽曰：「惟神嵩高攸宅，表此中區，四嶽攸宗，羣山環拱，養民育物，功被寰中。」東海曰：「惟神百川朝宗，涵育深廣，靈鍾坎德，潤衍震宗，滋物養民，功被於世。歷代。」云云同前，下並同。西海曰：「惟神灝靈所鍾，道里遼邈，坎德深廣，衍潤兑方，滋物養民，功被于世。」南海曰：「惟神環兹粤壤，物巨靈鍾，坎德深大，離明斯配，潤物養民，功被于世。」北海曰：「惟神玄冥攸司，遐遠莫即，鍾靈坎德，奠位陰方，潤物養民，功被于世。」江瀆曰：「惟神岷蜀發源，浩渺萬里，朝宗於海，坎德靈長，潤物養民，澤被于世。歷代。」云云同前，下並同。河瀆曰：「惟神發源崐崘，亘絡中土，配精天漢，坎德靈長，潤物養民，澤被于世。」淮瀆曰：「惟神源深桐柏，演迤楚甸，出雲致雨，潤物養民，坎德靈長，澤被于世。」濟瀆曰：「惟神沈浸覃懷，功配三瀆，流澄蕩濁，潤物養民，坎德靈長，澤被于世。」東鎮曰：「惟神鎮彼瑯琊，羣山所仰，宣澤布氣，毓秀鍾靈，生物養民，功被于世。歷代。」云云同前，下鎮並同。西鎮曰：「惟神作鎮汧陽，羣山所仰，宣澤布氣，育秀鍾靈，生物養民，功被于世。」南鎮曰：「惟神作鎮會稽，羣山所仰，宣澤布氣，育秀鍾靈，阜物養民，功被于世。」北鎮曰：「惟神鎮彼平營，羣山所仰，宣澤布氣，育秀鍾靈，阜物養民，功被于世。」中鎮曰：「惟神鎮彼霍邑，三晉所瞻，育秀暢靈，奠兹中土，生殖庶物，功被寰宇。」洪武三年正月，專遣使致祭于外夷山川。其安南祝文曰：「惟神磅礴深廣，流峙西南，靈秀所鍾，福庇一方。使其國君，世保境土。當歷代中國帝王之興，即能慕義歸化，得免兵戈，靖安民庶，神功爲大。朕本布衣，因四方雲擾，廓清羣雄，混一天下，以承正統，皆賴天地神明而至于此。自臨御以來，海嶽鎮瀆，俱已致祭。邇者安南奉表稱臣，考之典禮，天子于山川之祀無所不通，故特遣使以牲幣之祭往答神靈，尚享。」其高麗祝文曰：「高麗爲國，奠于海東，山勢磅礴，水德汪洋，實皆靈氣所鍾，故能使境土安寧，國君世享富貴，尊慕中國以保生民，神功爲大。朕起自布衣，今混一天下，以承正統。比者高麗奉表稱臣，朕嘉其誠，已封王爵。考之古典，天子于山川之祀無所不通，是用遣使敬將牲帛，修其祀事，以答神靈，惟神鑒之，尚享。」

其占城祝文曰：「惟神靈秀磅礴，源流深廣，以濟民物，保安海邦，使其國君世守境土，尊附中國，其功多矣。朕起自布衣，仰荷天地眷祐，混一疆宇，以承正統。邇者占城奉表稱臣，考之典禮，天子于天下山川之祀無所不通，故特遣使以牲幣之祭，往答神靈，惟神鑒之，尚享。」五月，降詔，嶽、鎮、海、瀆復遣使代祀，其祝文曰：「惟洪武三年，歲次庚戌，六月戊午朔，越二十二日乙卯，某官臣某，今蒙中書省點差欽賚祝文，致祭于東嶽泰山之神。皇帝制曰：磅礴東海之西，中國之東，參穹靈秀，生同天地，形勢巍然。古昔帝王登之，觀滄海，察地利，以安生民，故祀曰泰山。于敬則誠，于禮則宜。自唐始加神之封號，歷代相因至今。曩者元君失馭，海内鼎沸，生民塗炭。余起布衣，承上天后土之命，百神陰佑，削平暴亂，正位稱尊。職當奉天地，享鬼神，以依時，統一人民，法當式古。今寰宇既清，特修祀儀，因神有歷代之封號，予起寒微，詳之再三，畏不敢效。蓋神與穹壤同始，靈鎮東方，其來不知歲月幾何？神之所以靈，人莫能測。其職必受命于上天后土，爲人君者何敢預焉？予懼不敢加號，特以東嶽泰山名其名，依時祀神，唯神鑒知，尚享。」南嶽、中嶽、西嶽、北嶽祝文並同。其東鎮祝文曰：「屹立沂州，作鎮東方，生同天地，形勢巍然。古先帝王，察地利以安民生，故祀之曰沂山。于敬則誠，于禮則宜。自唐始加神之封號，歷代相因至今。曩者元君失馭，海内鼎沸，生民塗炭。予起布衣，承上天后土之命，百神陰佑，削平暴亂，正位稱尊，職當奉天地，享鬼神，以依時，統一人民，法當式古。今寰宇既清，特修祀儀，因神有歷代之封號，予起寒微，詳之再三，畏不敢效。蓋神與穹壤同始，靈鎮東方，其來不知歲月幾何？神之所以靈，人莫能測，其職必受命于上天后土，爲人君者何敢預焉？予懼不敢加號，特以東鎮沂山名其名，依時祀神，惟神鑒知，尚享。」其起句，南鎮則曰「屹立會稽，作鎮南方」，中鎮則曰「屹立霍州，作鎮中央」，西鎮則曰「屹立隴州，作鎮西方」，北鎮則曰「屹立營州，作鎮北方」。餘並同東鎮。其東海祝文曰：「生同天地，浩瀚之勢既雄，深淺之處莫測。古昔人君，名之曰海，神而祀之，于敬則誠，于禮則宜。自唐以及近代，皆加以封號。予因元君失馭，四方鼎沸，起自布衣，承上天后土之佑，百神之助，削平暴亂，以主中國，職當奉天地，享鬼神以依時，式古法以昭民。今寰宇既清，特修祀儀。因神有歷代之封號，予起寒微，詳之再三，畏不敢效。蓋觀神之所以生，與穹壤同立於世，其來不知歲月幾何？凡施爲造化，人莫可知，其職必受命于上天后土，爲人君者何敢預焉？予懼不敢加號，特以東海名其名，依時祭祀，神其鑒知，尚享。」南海、西海、北海文並同。其東瀆大淮祝文曰：「源始桐柏，潔而東逝，納諸川以歸海。古者人君，尊曰淮瀆之神，未嘗加號，于敬則誠，于禮則宜。自唐始加神之封號，歷代相因至今。曩者元君失馭，海内鼎沸。予起布衣，承上天后土之命，百神陰佑，削平暴亂，正位稱尊，職當奉天地，享鬼神，以依時，統一人民，法宜式古。今寰宇既清，特修祀儀。因神有歷代之封號，予起寒微，詳之再三，畏不敢效。蓋神與穹壤同始，其來不知歲月幾何？神之所以靈，人莫能知；其造化必受命于上天后土，爲人君者何敢預焉！予懼不敢加號，特以東瀆大淮名其名，依時祀神，惟神鑒知，尚享。」其南瀆則曰：「源于岷山，生同天地，廣納諸川，東逝于海。古者人君尊曰江瀆之神。」餘文並同東鎮。其西瀆則曰：「源于崑崙，其行也屈曲，其激也有聲，于山不徙，于平壤則流蕩，洶湧莫測。自有天地則有之，古之人君尊曰河瀆之神。」餘文並同東鎮。其北瀆則曰：「源始王屋，伏流而出，潔異衆水。古者人君尊曰濟瀆之神。」餘文並同東鎮。

代祀嶽鎮海瀆碑文

洪武二年春正月四日，羣臣來朝。皇帝若曰：「朕自起義臨濠，率服渡江，宅於金陵，每護城池，必祭其境内山川，于今十有五年，罔敢或怠。邇者命將出師，中原底定，嶽鎮海瀆，悉在封域。朕託天地祖宗之靈，武功之成，雖藉人力，然山川之神，嘿實相予。自古帝王之有天下，莫不禮秩尊崇，朕曷敢違？于是親選敦朴廉潔之臣，賜以衣冠，俾齊沐端竦以俟，遂以十月五日授祝幣而遣焉。臣某承詔將事，惟謹某月某日祭于祠下，威靈歆格，祀事孔明，礱石鐫文，用垂悠久。惟神收藏萬類，奠于東方。西南北隨方改用。典禮既崇，綱維斯在。尚期陰陽以和，風雨以時，物不疵癘，民庶乂安，是我聖天子之所望于神明者，而亦神明助我邦家之靈驗也。」

代祀外夷山川碑文

洪武三年春，正月三日癸巳，皇帝御奉天殿，受羣臣朝。乃言曰：「朕賴天地祖宗眷祐，位于臣民之上。郊廟社稷以及嶽鎮海瀆之祭，不敢不恭。邇者占城安南、高麗並同。遣使奉表稱臣，朕已封其王爲占城國王，安南、高麗同。則其國之境内山川既歸職方，考諸古典，天子望祭雖無不通，然未聞行實禮達其境者。今當具牲幣，遣朝天宮道士某人前往，用答神靈。」禮部尚書崔亮欽承上旨惟謹，乃諭臣某致其誠潔以俟。于是上齋戒七日，親爲祝文。至十日庚子，上臨朝，以香授臣某，將命而行。臣某以某月某日至其國，設壇城南，某月某日，敬行祀事于某國某山及諸山之神，某水及諸水之神，禮用告成。臣某聞帝王之勤民者，必致敬于神。欽惟皇上受天明命，丕承正統，四海内外，悉皆臣屬，思與普天之下，共享昇平之治，故遣臣某致祭于神。神既歆格，必能庇其國王，世保境土，使風雨以時，年穀豐登，民庶得以靖安，庶昭聖天子一視同仁之意。是用刻文于石，以垂示永久。臣某謹記，某國王臣某、陪臣某、官某。

祭器　合祭嶽鎮海瀆、天下山川，及遣使分

祀，每壇各尊三、籩八、豆八、簠二、簋二、登二。州縣祀本境山川，則尊二、籩二、豆二、簠一、簋一。

玉幣　望祀用幣不用玉，諸王同。遣使奉祠嶽鎮海瀆，各降真香一炷、沈香一合、金香合一，共一觔。黄紵絲旛一對，幣帛一段，長丈有八尺，銀三十五兩。其外夷山川，則高麗旛用青，安南、占城旛用紅，餘並同嶽鎮海瀆。

牲　合祭嶽鎮海瀆、山川，各用犢一，羊一，豕一。遣使代祀，各廟並同。州縣祭本境山川，用羊一、豕一。

酒齊　合祭嶽鎮海瀆、天下山川及遣使代祀，犧尊實醴齊，象尊實沈齊，山罍實事酒。州縣祭本境山川，則象尊實緹齊，壺尊實事酒。

粢盛　合祭嶽鎮海瀆、天下山川及遣使分祀，並如宋制。其州縣祭本境山川，簠實以稷，簋實以粱。

籩豆之實　合祭嶽鎮海瀆於國城之南，及每歲遣使分祀各廟，並籩實以石鹽、魚鱐、棗、栗、榛、菱、芡、脯，豆實以韭菹、醓醢、菁菹、鹿醢、芹菹、兔醢、筍菹、魚醢。州縣祭本境山川，則籩實以栗、脯，豆實以葵菹、鹿醢。

樂　望祀用雅樂，諸王祭本國山川則用大樂，遣使代祀不用樂。

祭服　遣官攝祀並用公服。

專祀地示壇諸神樂章

迎神，《保和》之曲　吉日良辰，祀典式陳。惟地之示，百靈繽紛。嶽鎮海瀆，山川城隍。内而中國，外及四方。濯濯厥靈，昭鑒我心。以候以迎，來格來歆。

奠幣，《安和》之曲　靈旗涖止，有赫其

威。一念潛通，幽明弗違。有幣在篚，物薄而微。神兮安留，尚其饗之。

初獻，《中和》之曲　神兮我留，有薦必受。享祀之初，奠兹醴酒。晨光初升，祥徵應候。何以侑觴，樂陳雅奏。

亞獻，《肅和》之曲　我祀維何，奉兹犧牲。爰酌醴齊，貳觴載升。洋洋如在，式燕以寧。庶表微衷，交于神明。

終獻，《凝和》之曲　執事有嚴，品物斯祭。黍稷非馨，式將其意。薦兹酒醴，成我常祀。神其顧歆，永言樂只。

徹豆，《壽和》之曲　春祈秋報，率爲我民。我民之生，賴于爾神。維神佑之，康寧是臻。祭祀云畢，神其樂歆。

送神，《豫和》之曲　三獻禮終，九成樂作。神人以和，既燕且樂。雲車風馭，靈光昭灼。瞻望以思，邈彼寥廓。

望瘞，《熙和》之曲　俎豆既徹，禮樂已終。神之云還，倏將焉從。以望以瘞，庶幾感通。時和歲豐，維神之功。

降香遣官祀嶽鎮海瀆、天下山川儀注

時日：春以清明日，秋以霜降日行事。

齋戒：皇帝散齋二日，致齋一日。獻官以省臺官充。及各執事官俱散齋二日，致齋一日。

降香：前祀一日清晨，有司立仗，百官具公服侍班，皇帝服皮弁升奉天殿，捧香授獻官。獻官捧由中陛降，中道出，至午門外，寘龍亭内。儀仗鼓吹導引至祭所。

陳設：前祀一日，有司陳設如圖儀。

省牲：前祀一日，獻官公服詣壇東，省牲。贊禮引至省牲位，執事者牽牲，省訖，詣神廚，視鼎鑊，視滌濯畢，遂烹牲。

正祭：祭日清晨，執事者入實尊、罍、簠簋、籩豆、牲俎，并陳毛血豆于神位前，列篚幣于酒尊所。贊引引獻官及應祀官各入就位。

迎神：贊禮唱：「迎神。」協律郎舉麾，奏《保和》之曲，❶執事者以毛血瘞于坎。樂□成止。❷贊引唱：「有司已具，請行禮。」唱：「鞠躬，拜，興，拜，興，平身。」獻官及在位者皆鞠躬，拜，興，拜，興，平身，樂止。復位。

奠幣：贊禮唱：「奠幣。」贊引引獻官詣盥洗位，搢笏，盥手，帨手，出笏，詣五嶽神位前。協律郎奏《安和》之曲。贊禮唱：「跪。」獻官北向跪，搢笏，三上香。執事者捧幣東向跪授獻官，獻官受幣。贊禮唱：「奠幣。」獻官興，奠幣于神位前。贊禮唱：「鞠躬，拜，興，拜，興，平身。」次詣五鎮神位前，奠幣如上儀訖。次詣四海、四瀆、鍾山、江東、兩淮、兩浙、江西、湖廣、山東、山西、河南、陝西、北平、福建、廣東、廣西、海南、海北、左右兩江山川之神，并京都、外夷山川之神，皆以次自左而右逐位上香、奠幣，皆如五嶽神位前之儀。奠訖，樂止。復位。

進俎：贊禮唱：「進俎。」執事者舉俎升階。協律郎跪，俛伏，舉麾，奏《□□》之曲。❸贊禮引獻官至五嶽神位前，搢笏，以俎奠于神位前，訖，出笏。以下二十一位進俎皆同。

初獻：贊禮唱：「行初獻禮。」贊引引獻官詣爵洗位，搢笏，滌爵，拭爵，以爵授執事者，以下二十一位爵其滌、拭、授皆同。詣酒尊所，司尊者舉冪，執爵者以爵進，酌醴齊，以爵授執事者，以下二十一位進爵、酌醴、授執事皆同。出笏，贊禮唱：「引詣五嶽神位前。」協律郎舉麾，奏

❶「奏」，原作「奉」，據庫本改。
❷此空格，《明集禮》卷一四作「闕」。
❸「□□」，庫本作「熙和」。

《中和》之曲，《武功》之舞。贊禮引至神位前，跪搢笏，三上香，三祭酒，奠爵，出笏，俛伏，興，平身，少退，鞠躬，拜，興，拜，興，平身。次詣五鎮以下二十一位，其上香、祭酒、退拜皆如上儀。拜畢，樂舞止。贊禮唱：「讀祝。」獻官跪，讀祝官取祝版于神右，跪讀畢，樂舞作。❶贊禮唱：「俛伏，興，平身，稍後，鞠躬，拜，興，拜，興，平身。」樂舞止。亞獻、終獻並如初獻儀。惟不讀祝。

飲福受胙：贊禮唱：「飲福受胙。」贊引引獻官詣飲福位，鞠躬，拜，興，拜，興，平身，稍前跪，搢笏，進爵，祭酒，飲福酒，以爵復于坫。奉俎者進俎，獻官受俎，以俎授執事者，出笏，俛伏，興，平身，鞠躬，拜，興，拜，興，平身，復位。

徹豆：贊禮唱：「徹豆。」掌祭官徹豆。贊禮唱：「賜胙。」傳贊唱：「已飲福受胙者不拜。」在位官皆再拜，鞠躬，拜，興，拜，興，平身。

送神：贊禮唱：「送神。」協律郎舉麾，奏《豫和》之曲。贊禮唱：「鞠躬，拜，興，拜，興，平身。」獻官以下皆再拜。祝人取祝，幣人取幣，詣望瘞位。

望瘞：贊禮唱：「望瘞。」贊引引獻官詣望瘞位，執事者以祝版、幣饌置于坎，贊禮唱：「可燎。」執事者舉炬火燔，至半，東西面各二人以土寘于坎。贊禮唱：「禮畢。」獻官以下各以次退。

諸侯王祭封内山川：

三代命祀，祭不越望，故諸侯祭名山大川之在其地者，如魯人祭泰山，晉人祭河，楚人祭江、漢、睢、漳是也。苟不在其封内者，則

❶「作」，原作「止」，據庫本及《明集禮》卷一四改。

不敢以祭。漢文帝時，名山大川在諸侯封内者，其國各自奉祠。隋、唐、宋、元，郡不封建，故缺其禮。國朝封建諸皇太子爲王，始得各祭其國内山川，一遵周漢故事云。

祝文　洪武三年□月，皇帝制曰：「朕以一身渡江，始立太平郡，次駐金陵，于今十有六年。枝葉茂盛，子孫十有一人。已命長子爲皇太子，其餘幼者，于今年四月初七日皆封以王爵。第二子某建國于秦，國内山川之祀，王實主之。因其年幼，未能往祭，欲令作詞以奉神，其詞必非己出。然久不告神，朕心甚慊。今朕以詞實告，遣使賚香幣，陳牲醴，特伸祭告，唯神鑒知，尚享。」其晉、燕、趙、吴、楚、潭、齊、魯、靖江九國，制文同。　秦國，則西嶽華山之神及諸山之神，西瀆大河之神及諸水之神。晉國，則中鎮霍山之神及諸山之神，汾水之神及諸水之神。燕國，則北鎮醫無閭山之神及諸山之神，易水之神及諸水之神。趙國，則北嶽恒山之神及諸山之神，滹沱河之神及諸水之神。吴國，則南鎮會稽山之神及諸山之神，浙江之神及諸水之神。楚國，則大別山之神及諸山之神，江漢水之神及諸水之神。潭國，則南嶽衡山之神及諸山之神，洞庭水之神及諸水之神。齊國，則東嶽泰山之神及諸山之神，東海之神及諸水之神。魯國，則嶧山之神及諸山之神，沂水之神及諸水之神。靖江，則舜山之神及諸山之神，灕江之神及諸水之神。

王國祭山川壇儀：

齋戒：前期，王散齋二日于别殿，王相府官于正寢。王致齊一日于正殿，王相府官于公廨。

省牲：先祭二日，執事設王次于廟壇南門

外道之東，南向。先祭一日，典儀、典祠導王至次，執事者各執事，典儀、典祠導王至省牲位。執事者自東牽牲西行過王前，省訖，執事牽牲詣神廚，典儀、典祠導王詣神廚，視鼎鑊，視滌濯，訖，典儀、典祠導王還次。

陳設：先祭一日，典祠依圖陳設。

正祭：祭日清晨，典祠率執事者各實尊罍、簠簋、籩豆、登鉶，實篚幣于案，祝版于諸神位之右。大樂入就位，諸執事及陪祭官入就位。典祀啓，王服遠遊冠，絳紗袍，典祠、典儀導王至位，北向立。典祠、典儀分左右立于王之前。

迎神：司禮唱「迎神」，大樂作。司禮唱：「請行禮。」典祠啓：「有司謹具，請行事。」啓：「鞠躬，拜，興，拜，興，平身。」司禮唱：「在位官再拜。」司贊唱：「鞠躬，拜，興，拜，興，平身。」王與在位官皆鞠躬，拜，興，拜，興，平身。大樂止。

奠幣初獻：司禮唱：「奠幣，行初獻禮。」典祠啓：「詣盥洗位。」大樂作。典儀、典祠導王至盥洗位。大樂止。典祠啓：「搢圭。」王搢圭。典祠啓：「盥手。」司盥洗者酌水，王盥手訖，司巾者以巾進，典祠啓：「帨手。」王帨手訖，典祠啓：「出圭。」王出圭，典祠啓：「詣爵洗位。」典祠、典儀導王至爵洗位。典祠啓：「搢圭。」王搢圭，執爵官以爵進。典祠啓：「受爵。」王受爵，典祠啓：「滌爵。」司爵洗者酌水，王滌爵訖，典祠啓：「拭爵。」司巾者以巾進，王拭爵，典祠啓：「以爵授執事者。」王以爵授執爵官。典祠啓：「出圭。」王出圭。啓：「詣山川神位前。」大樂作。典祠、典儀導王至神位前。樂止。奉爵奉幣者前行。典祠啓：「跪。」王跪。掌祭詣案，取香，跪進于王之左。典祠啓：「搢圭。」王搢圭。啓：「上香，上香，三上香。」王三上香訖，奉幣者捧幣，跪進于王之右。王受幣，奠于神位前。奉爵者捧爵，跪進于王之右，王受爵。典祠啓：「祭酒，祭酒，三祭酒，奠爵。」王三祭酒，奠爵訖，典祠啓：「出圭。」王出圭，讀祝官取祝，跪讀于神位之右，讀畢，復以祝寘于案。典祠啓：「俛伏，興，拜，興，拜，興，平身。」王俛伏，興，大樂作。拜，興，拜，興，平身。樂止。典祠啓：「復位。」典祠、典儀導王復位。

亞獻：司禮唱：「行亞獻禮。」典祠啓：「行亞獻禮。」掌祭官于神位前爵內斟酒。典祠啓：「鞠躬，拜，興，拜，興，平身。」王鞠躬，大樂作。拜，興，拜，興，平身。樂止。 終獻如亞獻之儀。

飲福受胙：司禮唱：「飲福，受胙。」執事罍香案寘于王拜位前。執事酌福酒，舉胙肉。典祠啓：「飲福，受胙。」大樂作。典祠、典儀導王至香案前位。典祠啓：「鞠躬，拜，興，拜，興，平身。」王鞠躬，拜，興，拜，興，平身。典祠啓：「跪，搢圭。」王跪，搢圭。執事捧爵東向，跪進于王，受爵訖，啓：「飲福酒。」王祭酒少許，飲福酒，以爵寘于坫。執事官東向，跪進胙于王。王受胙，以胙受左右。左右西向，跪受，興。典祠啓：「出圭。」王出圭。啓：「俛伏，興，拜，興，拜，興，平身。」王俛伏，興，大樂作。拜，興，拜，興，平身。樂止。典祠啓：「復位。」典祠、典儀導王復位。

徹豆：司禮唱：「徹豆。」掌祭官徹豆。司禮唱：「賜胙。」典祠啓：「王飲福，受胙者免拜。」司禮唱：「陪祭官皆再拜。」司贊唱：「鞠躬，拜，興，拜，興，平身。」陪祭官皆鞠躬，大樂作。拜，興，拜，興，平身。樂止。

送神：司禮唱：「送神。」典祠啓：「鞠躬，拜，興，拜，興，平身。」司禮唱：「在位官皆再拜。」司贊唱：「鞠躬，拜，興，拜，興，平身。」王與陪祭官皆鞠躬，大樂作。拜，興，拜，興，平身。樂止。

望燎：司禮唱：「望燎。」讀祝官取祝，捧幣者取幣，掌祭官取饌，詣燎所。典祠啓：「詣望燎位。」大樂作。典祠、典儀導王至望燎位。樂止。司禮唱：「可燎。」候燎半，❶典祠啓：「禮畢。」導引王還次。引禮引陪祭官出。

各府州縣祭山川　於王國既已祭其封内山川，而郡縣亦得于本境築壇致祭。凡各府州縣山川壇，皆築于城西南，高三尺，四出陛，三級，方二丈五尺。祭則設主于其上，以春秋清明、霜降日行事。牲用羊一，豕一。籩二，實以栗、黄牛脯。豆二，實以葵菹、鹿醢。簠一，實以黍飯。簋一，實以稷飯。象尊一，實以緹齊。壺尊一，實以事酒。

各府州縣祭山川壇儀　時日，春用清明日，秋用霜降日行事。

齋戒　前三日，三獻官守令爲初獻，僚屬以次爲亞、終獻。散齋二日于別寢，致齋一日于祭所。散齋，理事如舊，惟不弔喪問疾，不作樂，不判署刑殺文書，不行刑罰，不預穢惡事。致齋惟祭事得行，其餘悉斷。執事人員齊各一日於祭所。

陳設：前祭二日，有司掃除壇内外，設三獻官、執事官次于壇壝門外，爲瘞坎于門外之西北方，深取足容物。前一日，執事設省牲

❶「候燎半」，原在上文小注「樂止」下，據庫本乙正。

位于南門之外，設山川神位于壇上之北，正中南向，每位設籩四于神位之左，豆四于神位之右，簠、簋各一于籩豆之間，毛血豆于簠簋之前，俎二又于毛血之前，香燭案于俎前，爵坫、沙池于香案之前，祝版于神位之右，設酒尊位于壇上東南隅。犧尊一，山罍一次之。設幣篚位附于酒尊所，設爵洗位于壇下之東，盥洗位于爵洗之東，初獻官位于壇下之正中，北向，亞獻官位於初獻位之左，終獻官位于初獻位之右，掌祭官二人位于神位之左右，司尊、司爵、司洗、捧幣位各于其所。設望瘞于壇之西南。

省牲：前祭一日，執事者引三獻官至省牲位，北向立。執事者自門東牽牲西行過獻官前，省訖，執事者牽詣神廚，遂烹牲。執事以豆取毛血，寘饌所。

正祭　奠幣　祭日丑前五刻行事。執事者入實尊、罍、籩、豆、簠、簋、登、鉶，陳毛血豆、祝版。執事者各服垂角，唐巾，盤領衫，各就位。引贊引獻官各服公服入就位。贊引唱：「有司已具，請行事。」贊禮唱：「鞠躬，拜，興，拜，興，平身。」在位皆再拜。贊者唱：「奠幣。」引贊引初獻官詣盥洗位。引贊唱：「搢笏。」初獻官搢笏。唱：「盥手。」司盥洗者酌水，盥訖，唱：「帨手。」司巾者以巾進，帨訖，唱：「出笏。」初獻官出笏。引詣山川神位前，北向立。唱：「跪，搢笏。」初獻官跪，搢笏。執事者以幣跪進于初獻之右。初獻官受幣，奠于神位前訖，稍後，贊引唱：「俛伏，興，拜，興，拜，興，平身。」初獻官俛伏，興，拜，興，拜，興，平身。引復位。

初獻：贊禮唱：「行初獻禮。」引贊引初獻詣爵洗位。引贊唱：「搢笏。」初獻官搢笏。

執爵者以爵進，初獻受爵。司爵洗者酌水，初獻滌爵，拭爵，以爵授執事者。引贊唱：「出笏。」初獻出笏，引詣酒尊所。引贊唱：「搢笏。」初獻官搢笏，訖，執事者以爵授初獻。初獻執爵，司尊者舉冪，酌犧尊之緹齊，以爵授執事者。引贊唱：「出笏。」初獻官出笏。引詣山川神位前，北向立。引贊唱：「搢笏，跪。」初獻搢笏，跪。掌祭官捧香，跪進于初獻之左。引贊唱：「上香，上香，三上香。」初獻三上香訖，執事者以爵跪進于初獻之右，初獻受爵，引贊唱：「祭酒，三祭酒，奠爵。」初獻三祭酒，奠爵訖，贊引唱：「出笏。」讀祝官取祝，跪于神位之右，讀訖，引贊唱：「俛伏，興，拜，興，拜，興，平身。」初獻再拜訖，引復位。

亞獻、終獻並如初獻之儀。惟酌山罍之事酒，與不讀祝，與初獻不同。

飲福：贊禮唱：「飲福。」贊禮引初獻官詣飲福位，西向立。掌祭者以爵酌福酒，持詣獻官之左。引贊唱：「鞠躬，拜，興，拜，興，平身。」初獻官再拜訖，引贊唱：「跪，搢笏。」初獻跪，搢笏。掌祭舉福酒爵，進于初獻之左。初獻受爵，祭酒少許，飲福酒，奠爵。掌祭者減神位前胙肉，跪進于初獻之左。初獻受胙，以胙授執事者。引贊者唱：「出笏，俛伏，興，拜，興，拜，興，平身。」初獻再拜訖，引復位。贊禮唱：「賜胙。」初獻官飲福，受胙，免拜，在位者皆再拜，唱：「鞠躬，拜，興，拜，興，平身。」亞獻官以下皆鞠躬，拜，興，拜，興，平身。

望瘞：贊禮唱：「詣望瘞位。」引贊引初獻官以下詣望瘞位，北向立。祝人取祝，幣人取幣，掌祭取饌，寘于坎。贊引唱：「可瘞。」寘土半坎，贊引唱：「禮畢。」引初獻官以下及諸從祭官以次而出。

【《圖書集成》】洪武七年，令禮部頒祭嶽鎮海瀆儀于所在有司。

【《明會典》】嶽鎮海瀆：東嶽泰山，山東泰安州祭。西嶽華山，陝西華陰縣祭。中嶽嵩山，河南河南府祭。南嶽衡山，湖廣衡州府祭。北嶽恒山，直隸真定府祭。東鎮沂山，山東青州府祭。西鎮吴山，陝西隴州祭。中鎮霍山，山西平陽府祭。南鎮會稽山，浙江紹興府祭。北鎮醫無閭山，遼東祭。東海，山東萊州府祭。西海，山西蒲州祭。南海，廣東廣州府祭。北海，河南懷慶府祭。江瀆，四川成都府祭。河瀆，山西蒲州祭。淮瀆，河南南陽府祭。濟瀆，河南懷慶府祭。

【王圻《續通考》】七年，令祭山川諸神於春秋仲月上旬擇日，後又以孟春郊祀時。諸神既預祭壇内，乃定以仲秋祭社稷後擇日祭之。

【《明史・禮志》】洪武九年，復定山川壇制，凡十三壇。正殿，太歲、風雲雷雨、五嶽、五鎮、四海、四瀆、鍾山七壇，東西廡各三壇：東，京畿山川、夏冬二季月將；西，春秋二季月將、京都城隍。十年，定正殿七壇，帝親行禮。東西廡，遣功臣分獻。

【王圻《續通考》】十年，太祖親祀山川壇諸神于殿中，功臣分祀兩廡，命官十八人分祀嶽鎮海瀆，賜之制。

【《明會典》】十四年，令在外山川等神以文職長官一員行禮，武官不預。如軍民指揮使司，則從本司行之。

二十一年，各設壇于大祀殿，以孟春從祀。山川壇，惟仲秋一祭。

【《明史・禮志》】洪武二十一年，增修大祀殿諸神壇壝，乃敕十三壇諸神並停春祭，每歲八月中旬擇日祭之。命禮部更定祭山川壇儀，與社稷同。

【《大政紀》】永樂五年三月甲子，督木工部尚書宋禮奏：「有大木數株，不藉人力，一夕出大谷達于江，蓋川之靈相之。」賜其山名神木山，遣禮部郎中王羽致祭，建祠立碑，命侍讀胡廣撰碑文。

【《明會典》】永樂六年，駕幸北京，東宮監國，凡山川之神，預期勑皇太子攝祭。

【《大政紀》】永樂八年二月己酉，車駕次龍虎臺，遣行在太常寺少卿朱焯祭居庸山。

【《明會典》】永樂中，建山川壇位，置陳設，悉如南京舊制，唯正殿鍾山之右增祀天壽山神，帛用黑色，加爵、篚各一。

【《春明夢餘録》】山川壇在正陽門南之右，永樂十八年建，繚以垣墻，周圍六里。

【《明會典》】孝宗弘治元年，令湖廣太嶽、太和山祀神油燭香炷，布政司照例每三年一次，于夏税内酌量派收，陸續送山應支。

【王圻《續通考》】世宗嘉靖初，科臣陳棐題請正嶽祀略曰：「真定府曲陽縣有北嶽恒山廟，爲朝廷秩祀之所。及查其實，恒山在迤北渾源州，南北相去甚遠，俗傳曾有飛石一方自恒山坎中飛來，墜于曲陽，故立廟祀。今其廟扁有飛石殿，臣竊疑之。臣考《舜典》『十有一月，巡狩至于北嶽』，《周禮》載恒山爲并州之鎮，《水經》謂北嶽爲玄嶽，《天文志》大梁析木以負北海，其神主恒山。三代而下，歷漢、隋、唐，俱于此致祭。石晉失燕雲十六州之地，宋未能混一，北爲契丹所據，無緣至幽薊之域而睹所謂北嶽者，所以止得祭之于曲陽。詭言飛石之謬，以粉飾其削弱之迹耳。然宋都汴而真定在汴京之北，以爲北門，不得已權宜祭之，猶之可也。我太祖高皇帝統一華夏，奄有萬方，首定嶽鎮海瀆之號，但時都金陵，真定迴在京師之北，所以因循，未曾釐正。我成祖文皇帝建都北平，而真定已在京師之南，使當時有禮官建明，顧有南面而登踵宋人削弱之迹哉！臣因此而論及五嶽焉。臣觀祀典載嵩山中嶽在河南登封縣，泰山東嶽在山東泰安州，衡山南嶽在湖廣衡山縣，華山西嶽在陝西華陰縣，祠祀皆近在本山之麓，而恒山北嶽則即此大同府東南渾源州者是也。今不惟北嶽之祀缺謬，而東嶽行祠偏天下，尤爲惑妄。乞將渾源州北嶽恒山定爲秩祀之所，其廟制量加修拓，以後凡遣告祈請，皆詣此致祭。其曲陽祠廟，但令有司致祭，飛石殿扁并令改撤。于凡東嶽行祠，除京師及齊魯之境外，其餘量改書院社學，仍不許加修創建，以昭皇上釐正典禮之盛，則治道幸甚！」

【《明會典》】嘉靖八年，令凡親祀山川等神，皆用皮弁服行禮，以别于郊廟。先是改山川爲中祀。嘉靖中，凡山川皆天子親祀，國有大事則遣官祭告。

十年，建天地神祇壇于先農壇之南，天神在左，南向，地祇在右，北向。附祖陵基運山、皇陵翊聖山、顯陵純德山神于地祇壇，并號鍾山曰神烈山。

神祇壇　國初，建山川壇于天地壇之西。永樂中，北京山川壇成。嘉靖十一年，即其地爲天神、地祇壇，神壇方廣五丈，高四尺五寸五分，四出陛，各九級。壝墻方二十四丈，高五尺五寸，厚二尺五寸。櫺星門六，正南三，東、西、北各一，内設雲形青白石龕四于壇北，各高九尺二寸五分。祇壇面闊十丈，進深六丈，高四尺，四出陛，各六級。壝墻方二十四丈，高五尺五寸，厚二尺四寸，櫺星門亦如神壇，内設青白石龕山形三，水形二，于壇北，先擬設于壇南，北向，後改各高八尺二寸，左從位山水形各一于壇東，右從位山水形各一于壇西，各高七尺六寸。又令神祇壇三年一親祭。嘉靖十一年，改山川壇名爲天地神祇壇，改序雲師、雨師、風伯、雷師。天神壇在左，南向。雲、雨、風、雷凡四壇。地祇壇在右，北向。五嶽、五鎮、基運、翊聖、神烈、天壽、純德五陵山，四海，四瀆，凡五壇，從祀。京畿山川西向，天下山川東向，以辰、戌、丑、未年仲秋皇帝親祭，餘年遣大臣攝祭。其太歲、月將、旗纛、城隍别祀之。十七年，加上皇天上帝尊稱，預告于神祇，遂設壇于圜丘外壝東南，親定神祇壇位陳設儀式。禮部言：「皇上親獻大明壇，則四壇分獻，諸臣不敢並列，請先上香畢，命官代獻。」帝裁定：上香，奠帛，獻爵，復位後，分獻官方行禮，亞、終二獻執事官代餘壇，俱獻官三行。

【《明會典》】嘉靖十八年，南巡經過處所真定，望祭北嶽恒山之神，用牛犢、羊、豕。上具常服，行禮如常儀。五府、九卿、巡撫大臣吉服陪拜。衛輝遣官祭濟瀆之神，用太牢。鈞州望祭中嶽嵩山之神，用牲犢。俱翰林院撰祭文，禮如北嶽。南陽遣官祭五當山之神，用牲犢，俱翰林院撰祭文。

【《明史》】隆慶元年，禮臣言：「天神地祇已從祀南北郊，其仲秋神祇之祭，不宜復舉。」令罷之。

【王圻《續通考》】隆慶二年六月，以陝西地震，命撫臣張社告祭西嶽華山、西鎮吴山之神。三年三月，遣太常寺官祭東嶽泰山之神。以洪水爲患，命總督河道都御史翁大立祭大河、大濟之神，巡撫鳳陽等處侍郎趙孔昭祭大江、大淮之神。巡撫山東都御史姜廷頤祭東嶽泰山、東鎮沂山之神，巡撫都御史谷中虛祭東海、南鎮會稽之神，巡撫保定都御史朱大器祭北嶽恒山之神。

【《明史》】萬曆十四年，巡撫胡來貢請改祀北嶽于渾源州。禮臣言：「《大明集禮》載漢、唐、宋北嶽之祭皆在定州曲陽縣，與史俱合。渾源之稱北嶽，止見州誌碑文，經傳無可考，仍祀曲陽是。」

【《春明夢餘録》】北嶽在今真定府定州曲陽縣，漢爲常山郡上曲陽縣。《史記·封禪書》：「常山王有罪，遷。天子封其弟於真定，❶以續先王祀，而以常山爲郡。然後五嶽皆在天子之邦。」《漢書·郊祀志》：「祠北嶽常山于上曲陽。」《後漢書·章帝紀》：「元和三年，幸中山，遣使者祠北嶽于上曲陽。」《魏書》：「和平元年，如中山，過恒嶽，禮其神而返。二年，如中山，遣使者禮恒嶽。」《隋書》：「大業四年，帝巡河北，親祀恒嶽。」《唐書·地理志》：「定州曲陽縣，元和十五年更恒嶽曰鎮嶽，有嶽祠。」《張嘉徵傳》：「爲州刺史，至州，于恒嶽廟中立頌，自爲文書于石，其碑用白石爲之，素質黑文，甚爲奇麗。先是嶽祠爲遠近祈賽，有錢數百萬。嘉徵自以爲頌文之功，納其數萬。」自漢及唐，北嶽之祭皆在曲陽。《一統

❶「弟」，原作「地」，據庫本改。

志》乃謂恒山在渾源州南二十里。《山西志》又謂宋時因山川諸州陷于契丹，❶乃即曲陽致祭，此謬説也。

【《大學衍義補》】丘氏濬曰：「中國之地，在三代，不出九州之外，惟揚、徐、青、冀四州濱海而已。四海惟東北濱中國，而南海、北海則越在荒服之外。自漢以後，南越始入中國而有南海，然西海竟不知所在，故今祀東海于登州，祀南海于廣州，二祀皆臨海而祭，西海則望祀于蒲州，北海則望祀于懷慶。夫宋都汴梁而懷慶在其北，是時失幽燕而以白溝河爲界，無緣至遼薊之域，出國門而北望以祭之可也。國初都金陵，因之以祭，亦不爲過。若今日建都于燕，往南而祭北海，豈天子宅中以臨四海之義哉？且古謂青州爲北海郡，青去登不遠，猶以是名。今京師東北乃古碣石淪海之處，于此立祠，就海而祭，于勢爲順，于理爲宜。況今北鎮醫巫閭山在于遼海，山既可以爲北鎮，川獨不可以爲北海乎？若夫中國之正西在于秦隴，西南則蜀，稍南則滇也。滇之極西，百夷之外，聞有大海通西南島夷，此地在前代未入中國，今既爲羈縻之地，則王化之所及也，宜于雲南望祀之。如此則四海之祀皆在吾域中矣。議禮之事，非臣下所敢專者，謹録愚見，以俟採擇焉。」

又曰：「臣案所謂四望者，蓋以五嶽、四鎮、四瀆，乃天下山川之大者。天子兼有天下之大，不能親臨其地，故遥望而祭之也。若夫所謂山川者，隨所在而有，則各

❶「川」，庫本作「北」，《春明夢餘録》作「後」，「川」似誤。

隨其地而祭之焉。本朝郊壇之外，既各爲壇，以分祭五嶽、四鎮、四瀆、四海，又於郊壇之右以專祀之。初春大祀，則從享于天地，仲秋報祀，天子乃躬獻于其壇焉，是則所謂四望之祭也。又列南京鍾山之神、北京天壽山之神與之同壇而祭，所謂山川之祭也。又于凡天下藩府郡縣既立山川壇，總祭其一方之山川，又表其山林、川澤之有名者，以專祀之，使有司躬涖其所在祀焉。」

右明祀山川。

五禮通考卷第四十八

五禮通考卷第四十九

内廷供奉禮部右侍郎金匱秦蕙田編輯
太子太保總督直隸右都御史桐城方觀承同訂
按察司副使元和宋宗元參校

吉禮四十九

四望山川 附封禪

蕙田按：封禪之名，六經無之也，其事始于秦始皇。太史公作《封禪書》，《正義》曰：「泰山上築土爲壇以祭天，報天之功，故曰封；泰山下小山上除地，報地之功，故曰禪。言禪者，神之也。」然則封禪者，不過禮天祭地焉耳。《書》「望秩于山川」，《詩·時邁》序曰「巡狩告祭，柴望也」，《禮記》曰「因名山升中于天」，是古天子巡狩方嶽必告祭柴望，所以尊天而懷柔百神也。三代既衰，禮失其傳，陋儒諂諛，遂爲符瑞受命之說，以希世主，謂之封禪。蓋春秋時已有之，故管子作《封禪篇》，然終之以詭奇之説，而桓公乃止，亦以著其説之足以惑聽而不可行也。自始皇作俑，厥後漢武、光武、唐高宗、玄宗、宋真宗皆襲行之，流毒當時，貽譏後世，斯足畏矣。若所謂聖主不須封禪，凡主不應封禪，許懋之論，深切著明，雖以梁武之中主，猶深信之而毅然不爲，況聖君賢相秉道行義，什百于梁武者哉？今臚其論議事蹟，附于山川之末，後之覽者，可以鑒矣。

【《管子·封禪篇》】桓公既霸，會諸侯于葵丘而欲封禪。管仲曰：「古者封泰山禪梁父者七十二家。【《史記正義》】《韓詩外傳》云：「孔子升泰山，觀易姓而王，可得而數者七十餘人，不得而數者萬數也。」案：管仲所記，自無懷氏以下十二家，其六十家無紀録也。　而夷吾所記者十有二焉。　昔無懷氏封泰山，禪云云。【《漢書》注】鄭氏曰：「無懷氏，古之王者，在伏羲前，見《莊子》。」服虔曰：「云云，在梁父東，山名也。」晉灼曰：「云云山在蒙陰縣，故城東北下有云云亭。」【《史記正義》】《括地志》云：「云云山在兖州博城縣西南三十里也。」　虙羲封泰山，禪云云。　神農封泰山，禪云云。　炎帝封泰山，禪云云。【《史記索隱》】曰：鄧展云「神農後子孫亦稱炎帝而登封者」，《律曆志》「黄帝與炎帝戰于阪泉」，豈黄帝與神農身戰乎？　皇甫謐云：炎帝傳位八代也。　黄帝封泰山，禪亭亭。【《史記》注】徐廣曰：「在鉅平。」駰案：服虔曰「亭亭山在牟陰」。《索隱》曰：「應劭云亭亭在鉅平北十餘里，服虔曰亭亭在牟陰，非也。」《正義》曰：「《括地志》云：『亭亭山在兖州博城縣西南三十里也。』」【《漢書·志》】晉灼曰：「《地理志》鉅平有亭亭山。」師古曰：晉説是也。　顓頊封泰山，禪云云。　帝嚳封泰山，禪云云。　堯封泰山，禪云云。　舜封泰山，禪云云。　禹封泰山，禪會稽。　湯封泰山，禪云云。　周成王封泰山，禪社首。【《漢書注》】應劭曰：「山名，在博縣。」晉灼曰：「在鉅平南十二里。」師古曰：晉説是也。　皆受命然後得封禪。」桓公曰：「寡人北伐山戎，過孤竹；西伐大夏，涉流沙，束馬懸車，上卑耳之山；南伐至召陵，登熊耳山以望江漢。　兵車之會三，而乘車之會六，九合諸侯，一匡天下，諸侯莫違我。昔三代受命，亦何以異乎？」于是管仲睹桓公不可窮以辭，因設之以事，曰：「古之封禪，鄗上之黍，北里之禾，【《史記》注】應劭曰：「鄗上，山也。鄗音臛。」蘇林曰：「鄗上、北里，皆地名。」索隱曰：「設以不可得之物。」應劭曰：「光武改高邑曰鄗。」姚氏云：「鄗縣屬常山。」一云鄗上，山名。所以爲盛；【《漢書注》】師古曰：盛謂以實簠簋。江淮之間，一茅三脊，所以爲藉也。【《漢書注》】服虔曰：「茅草有三脊也。」張宴曰：「謂靈茅也。」師古曰：藉，謂以藉地也，音才夜反。東海致比目之魚，【《史記注》】韋昭曰：「各有一目，不比不行，其名曰鰈。」索隱曰：「鰈音答。」郭璞云：「如牛脾，身薄細，鱗紫黑色，一眼，兩片合乃得行，今江東呼爲王餘，亦曰阪魚。」【《漢書注》】師古曰：《爾雅》云東方有比目魚焉，不比不行，其名謂之鰈。西海致比翼之鳥，【《史記》注】韋昭曰：「各有一翼，不比不飛，其名曰鶼鶼。」索隱曰：「《山海經》崇丘之山有鳥，狀如鳧，一翼，一目，相得乃飛，名曰鸓。郭璞注《爾雅》亦作鶼鶼。」【《漢書》注】師古曰：《爾雅》曰南方，而管仲乃云西海，其説異也。然後物有不召而自至者十有五焉。今鳳凰、麒麟不來，嘉穀不生，而蓬蒿藜莠茂，鴟梟數至，而欲封禪，毋乃不可乎？」于是桓公乃止。

蕙田案：《封禪篇》著于《管子》，而《史記》引之，可知其説自春秋已然矣。世衰道微，六經晦塞，未經孔子删定，而陋儒附會如此，此亦孟子所謂邪説也。管子著其説而卒破之，其亦有見于後世之必然，而設辭以窮之乎？

【《禮器》】「因名山升中于天，升中于天，而鳳凰降，龜龍假」【鄭注】名猶大也。升，上也。中猶成也。謂巡狩至于方岳，燔柴祭天，告以諸侯之成功也。《孝經説》曰：「封乎泰山，考績燔燎，禪乎梁甫，刻石紀號也。」【疏】泰山，謂方岳也。「巡守至于方岳，燔柴告天，告以諸侯之成功也」，此所謂封禪也。太平乃封禪，其封禪必因巡守而爲之。若未太平，但巡守而已。其未太平，巡守之時亦燔柴以告之，故《王制》説「天子巡守必先柴」。若太平，巡守之時，初到方岳，以燔柴告至，之後乃考諸侯功績，及封土爲壇，更燔柴祭天，告諸侯之成功也。此唯泰山爲之，餘岳則否。其巡守，則每岳皆至也。而皇氏云太平乃巡守。案《詩・頌・時邁》：「巡守告祭柴望。」《時邁》，武王之詩，而有巡守之禮，武王未太平，何得云太平乃巡守？其義非也。「《孝經説》云」至「刻石紀號」，皆《孝經緯》文也。「封乎泰山」者，謂封土爲壇，在于泰山之上。「考績燔燎」者，謂考諸侯功績，燔柴燎牲以告天。「禪乎梁甫」者，禪讀爲墠，謂除地爲墠，在于梁甫以告地也，梁甫是泰山之旁小山也。「刻石紀號也」者，謂刻石爲文，紀録當代號謚。案《白虎通》云：「王者易姓而起，必升封泰山何？報告之義。所以必于泰山何？萬物之所，交代之處也。必于其上何？因高告高，順其類，故升封者，增高也。下禪梁甫之基，廣厚也。刻石紀號者，著己之功迹以自勸也。增泰山之高以報天，附梁甫之基以報地。或曰：封者，金泥銀繩。或曰：石泥金繩，封之印璽。故孔子曰：封泰山，觀易姓而王可得數者七十有餘。三皇禪于繹繹之山，五帝禪于亭亭之山，三王禪于梁甫之山。繹繹，無窮之意，禪于有德者而居之，無窮已。亭亭者，制度審諦，道德著明。梁甫者，梁，信也。甫，輔也。信輔天地之道。」今案《書》説，禪者，除地爲墠。而《白虎通》云「禪以讓有德」，其義非也。案《史記・封禪書》，齊桓公欲行封禪，管仲諫止，辭云：「自古封禪七十二家，夷吾所識十有二焉。昔有無懷氏封泰山，禪云云。伏羲氏封泰山，禪云云。」神農、炎帝、黄帝、顓頊、帝嚳、堯、舜、禹、湯、周成王皆封泰山，惟禹禪會稽，成王禪社首，其餘皆禪云云者，亦泰山傍小山名也。但《白虎通》與《史記》禪處不同，未知孰是也。

蕙田案：《禮記》「因名山升中于天」，特巡狩柴望耳。注疏乃引緯書封禪以實之，不亦誣聖經而賊萬世哉。

【《史記・封禪書》】自古受命帝王，曷常不封禪？蓋有無其應而用事者矣，未有睹符瑞見而不臻乎泰山者也。雖受命而功不至，至梁父矣而德不洽，❶洽矣而日有不暇給，是以即事用希。《傳》曰：「三年不爲禮，禮必壞。三年不爲樂，樂必廢。」每世之隆，則封禪答焉，及衰而

❶「至」，原作「于」，據庫本及《史記・封禪書》改。

息。厥曠遠者千有餘載，近者數百載，故其儀闕然湮滅，其詳不可得而記聞云。

又曰：孔子論述六藝，傳略言易姓而王，封泰山禪乎梁父者七十餘王矣，其俎豆之禮不彰，蓋難言之。詩云紂在位，文王受命，政不及泰山。武王克殷二年，天下未寧而崩。爰周德之洽惟成王，成王之封禪則近之矣。

【《後漢書·祭祀志》注】《莊子》曰：「易姓而王，封于泰山、禪于梁父者，七十有二代。其有形兆堨勒石，凡千八百餘處。」許慎《説文序》曰：「蒼頡之初作書，蓋依類象形，故謂之文。其形聲相滋，即謂之字。字者，言孳乳而滋多也。著于竹帛謂之書，書者，如也。❶五帝三王之世，改易殊體，封于泰山者七十有二代，靡有同焉。」

蕙田案：觀《莊子》云云，則戰國時有其説矣。

【《河圖真記》】王者封泰山，禪梁父，易姓奉度，繼興崇功者七十二人。

【《春秋漢含孳》】天子所以昭察，以從斗樞，禁令天下，繼體守文，宿思以合，神保長久，天子受符，以辛日立號。

【《孝經鉤命決》】曰：「封乎泰山，考績燔燎，禪乎梁父，刻石紀號。煥炳巍巍，教化顯著。」

蕙田案：以上三書，所謂讖緯之言是也。

【《尚書中候》】曰：「昔古聖王，功成道洽，符瑞出，乃封泰山，今比目之魚不至，鳳凰不臻，未可以封。」鄭玄注云：「比目，東方異氣所生，名鰈。」

蕙田案：此即《管子》而重衍之。

【《帝王世紀》】曰：「黄帝得寶鼎，興封禪，有景雲之瑞，故以雲紀官，爲雲師。」

蕙田案：此亦《管子》篇内所有。

【《五經通義》】易姓而王，太平必封泰山，禪梁父何？天命己爲王，使理羣生也。或曰：封，以黄金爲泥，以銀爲繩。經無明文，以義説之。所以正封岱，❷泰山者，五岳之長，羣神之主，故獨封于泰山，告太平于天，報羣臣之功也。禪梁父者，泰山之支屬，能配泰山之德也。

❶「如也」二字，原脱，據《後漢書·祭祀志》注文補。
❷「正」，庫本作「止」。

【《白虎通》】王者易姓而起，必升封泰山何？教告之義也。始受命之時，改制應天，天下太平，功成封禪，以告太平也。所以必于泰山何？萬物所交代之處也。必于其上何？因高告高，順其類也。故升封者，增高也；下禪梁甫之山基，廣厚也。刻石紀號者，著己之功跡也，以自效倣也。天以高爲尊，地以厚爲德，故增泰山之高以倣天，附梁甫之基以報地，明天地之所命，功成事遂，有益于天地，若高者加高，厚者加厚矣。或曰封者，金泥銀繩。或曰石泥金繩，封以印璽。故孔子曰：「升泰山觀易姓之王，可得而数者七十有餘。」封者，廣也。言禪者，明以成功相傳也。梁甫者，泰山旁山名。正以梁甫何？❶以三皇禪于繹繹之山，明己成功而去，有德者居之。繹繹者，無窮之意也。五帝禪于亭亭者，制度審諟德著明也。三王禪于梁甫之山者，梁，信也；甫，輔也，輔天地之道而行之也。太平乃封知告于天，必也于岱宗何？明知易姓也，刻石紀號，知自紀于百王也。燎，祭天報之義也。望祭山川，祀羣神也。《詩》云：「於皇時周，陟其高山。」言周太平封泰山也。又曰：「墮山喬嶽，允猶翕河。」言望祭山川百神來歸也。天下太平，符瑞所以來至者，以爲王者承統理，調和陰陽，陰陽和，萬物序，休氣充塞，符瑞並臻，皆應德而至。德至天則斗極明，日月光，甘露降。德至地則嘉禾生，蓂莢起，秬鬯出，太平感。德至文表，則景星見，五緯順軌。德至草木，朱草生，木連理。德至鳥獸，則鳳凰翔，鸞鳥舞，麒麟臻，白虎到，狐九尾，白雉降，白鹿見，白鳥下。德至山陵，則景雲出，芝實茂，陵出異丹，阜出蓮莆，山出器車，澤出神鼎。德至淵泉，則黄龍見，醴泉通，河出龍圖，洛出龜書，江出大貝，海出明珠。德至八方，則祥風至，佳氣時喜，鐘律調，音度施，四夷化，越裳貢，孝道至，則以。蓮莆者，樹名也。其葉大于門扇，不摇自扇，于飲食清涼，助供養也。繼嗣平明，則賓連生于房户。賓連者，木名，連葉相承，故在于房户，象繼嗣也。日歷得其分度，則蓂莢生于階間。蓂莢，樹名也。月一日生一莢，十五日畢。至十六日去莢，故莢階生，似日月也。賢不肖位不相踰，則平路生于庭。平路者，樹名也，官位得其人則生，失其人則死。狐九尾何？狐死丘首，不忘本也。明安不忘危也。必九尾者也，九妃得其所，子孫繁息也。于尾者何？子孫常盈

❶「正以」，原作「禪于」，據庫本及《白虎通疏證》卷六改。

也。景星者，大星也。月或不見，景星常見，可以夜作，有益於人民也。甘露者，美露也。降則物無不盛者也。朱草者，赤草也，可以染絳，别尊卑也。醴泉者，美泉也，狀若醴酒，可以養老。嘉禾者，大禾也，成王時有三苗異畝而生，同爲一穟，大幾盈車，長幾充箱，民有得而上之者，成王訪周公而問之。公曰：「三苗爲一穟，天下當和爲一乎？」以是果有越裳氏重九譯而來矣。

蕙田案：附會之説，無稽之談，至此已極。不意孟堅而猶爲此，習俗移人，乃至是乎！

孟康曰：「王者功成治定，告成功于天。封，崇也，助天之高也。刻石紀號，有金策石函金泥玉檢封之焉。」

【《風俗通》】《尚書》、《禮》：天子巡守，歲二月，至于岱宗。孔子稱：「封泰山，禪梁父，可得而数七十有二。」蓋王者受命易姓，改制應天，天下太平，功成封禪，以告平也。所以必于岱宗者，長萬物之宗，陰陽交代，觸石而出，膚寸而合，不崇朝徧雨天下，唯泰山乎！封者，立石高一丈二尺，刻之曰：「事天以禮，立身以義，事父以孝，成名以仁，四守之内，莫不爲郡縣，四夷八蠻，咸來貢職，與天下無極，人民蕃息，天禄永得。」祭上玄尊而俎生魚。壇廣十二丈，高三尺，階三等。必于其上，示增高也。刻石紀號，著己績也。或曰金泥銀繩，印之璽。下禪梁父，禮祠地主，去事之殺，示增廣也。禪謂壇墠，當有所與也。三皇禪于繹繹，明己功成而去，德者居之，繹繹者，無所指斥也。五帝禪于亭亭，德不及于皇。亭亭，名山，其身禪予聖人。三王禪于梁父者，信父者子，言父子相信與也。孝武皇帝封廣丈二尺，高九尺，其下有玉牒書秘書，江淮間一茅三脊爲神藉，五色土益雜封，縱遠方奇獸飛禽及白雉，加祠，兕牛犀象之屬。其亭曰：「天增授皇帝泰元神筴，周而復始，皇帝敬拜泰靈。」其夜有光如流星，晝有白雲起封中。于是作明堂汶上，令諸侯各治邸，車駕前後五至祠，以元鼎六年告封，改爲元封，武帝已年四十七矣，何緣反更得十八也？就若所云，明神禍福，必有徵應，權時倒讀，安能誕招期乎？奉車子侯，驂乘上下，臣不預封事，何因操印没石？乃止暴病而死，悼傷無已。又言武帝與仙人對博，棊没石中，馬蹄跡處，于今尚存，虚妄若此，非一事也。予以空僞，承乏東嶽，忝素六載，數聘祈祠，咨問長老賢通上泰山者云，謂璽處刻石，文昧難知也，殊無有金篋、玉牒、探籌之事。《春秋》以爲「傳聞不如親見」，見之人，斯爲審矣。《傳》曰：「五帝聖焉死，三王仁焉死，五伯智焉死。」其隕落崩薨之日，不能咸至百年。《詩》云：「三后在天。」《論語》曰：「古皆没。」《太史記》：「黄帝葬于橋山。騎龍升天，豈不怪乎？烏號弓者，柘桑之林，枝條暢茂，烏登其上，下垂著地，烏適飛去，後從撥殺，取以爲弓，因名烏號耳。」

蕙田案：《風俗通》意似稍正，而文極支離。

袁宏曰：「夫揖讓受終，必有至德于天下；征伐革命，則有大功于萬物。是故王者初基，則有封禪之事，蓋以其成功告于神明者也。夫東方者，萬物之所始；山岳者，靈氣之所宅。故求之物本，必于其始，取其所通，必于所宅。崇其壇場，則謂之封；明其代興，則謂之禪。然則封禪者，王者開務之大禮也。德不周洽，不得輒議斯事；功不弘濟，不得髣髴斯禮。曠代一有，其道至高。自黄帝、堯、舜，至于三代，各一得封禪，未有中修其禮者也。雖繼體之君，時有功德，此蓋率復舊業，增修其前政，不得仰齊造國，同符改物者也。夫神道真一，其用不煩；天地易簡，其禮尚質。故藉用白茅，貴其誠素；器用陶匏，取其易從。然則封禪之禮，簡易可也。若夫石函玉牒，非天地之性也。」

崔靈恩曰：「自周以前，封者皆封土爲壇，至秦皇、漢武，始用石檢。」

【袁準《正論》】封禪之言，惟《周官》有王大封之文。齊桓公欲封禪，聞管仲言而止。焚燎祭天，皆王者之事，非諸侯之所爲也，是以學者疑焉。後秦一主，漢二君，修封禪之事，其制爲封土方丈餘，崇于泰山之上，皆不見于經。秦漢之事，未可專信。管仲云禹禪會稽，告天則同，祭地不得異也。會稽而可禪，四岳皆可封也。夫洛陽者，天地之所合；嵩高者，六合之中也。今處天地之中，而告于嵩高可也，奚必于泰山？

蕙田案：準但略言其事之不可信，而未言其事之不可爲，識不足也。末以封泰山不如告嵩高，抑惑矣。

又案：以上諸儒附會封禪之説。

【黄憲《外史·封禪篇》】齊王將進泰山，問于徵君曰：「敝邑有封禪之山，非天子不能舉也。秦始以諸侯之國而舉之，非僭與？」徵君對曰：「憲也聞之，古者天子巡狩，朝諸侯于明堂，祀羣神于岱嶽，觀民風以布王政，未聞有封禪之舉也，不經孰甚矣。天子一日有萬務，其勤惕也如是，豈能懈其萬務，率之以臣庶，曠之以時月，而侈心于封禪，勒功德于無知之石哉！自古迄于秦，好爲封禪者七十有二，然茫昧而不可述，大抵皆侈心之主也。炎漢重離，我二祖光耀前後，豐功令德，不能殫紀其盛，然亦未嘗蹈前王之陋規而舉封禪。文景紹厥休烈，海内幾刑措之風，固盛王素主也，至于封禪則恥之。及孝武即極，玩武佳兵，傾海内之命，運府庫之積，而肆伐匈奴，使百姓去家室之樂，而身顯功烈之名。致符瑞，求神仙，茂舉封禪，以建榮號，是以漢祚中替，卒不能休隆于前也。歷至于今，譚封禪之事者，猶昌而未熄，豈非貽謀之慮與？若秦之始皇，又何道哉？今以大王之賢，而光濟王室，可以跨秦而登周也，誠能偃泰山之碑，摧梁父之碣，毁雲夢之銘，修明堂之典，以臨天皇而招八國之諸侯，是王之顯功踰于桓文也。何必慕狂秦之侈心，追七十二君之陋軌哉？」齊王曰：「先生幸教不穀，美矣，駿矣，雅矣，元矣。」乃命左右紀之。

【《文中子》】封禪，非古也，其秦漢之侈心乎？蓋其曠世不常行，而于禮無所本。自漢以來，儒生學官議論不同，而至于不能決，則出于時君率意而行之爾。

【《文獻通考》】馬氏曰：「案《文中子》曰：『封禪，非古也，其秦漢之侈心乎？』而太史公作《封禪書》，則以爲古受命帝王未嘗不封禪，且當以文中子之言爲正。」

蕙田案：《文中子》数語，切中是非而盡其事理矣。有德者必有言，其信然乎！

蘇氏轍曰：「郊祀天地，見夫《詩》、《書》，固有國之常禮也。三代既衰，禮失其舊，秦漢之間，祀五畤，封泰山，禮汾陰，雜于郊祀之外，儒者以爲此禮之大者。然五畤廢于漢元，封禪止于晉武，當時自以爲賢于秦漢。今將考論其實。此三者，于唐虞三代抑嘗行之乎？所謂封禪七十二君，亦可信乎？秦不足言，漢之諸儒，初不言封禪，封禪之端，發于相如。相如之言，抑可信乎？」

胡氏寅曰：「緯書原本于五經而失之者也，而尤紊于鬼神之理，幽明之故。夫鬼神之理，幽明之故，非知道者不能識。斷國論者，誠能一決以聖人之經，經所不載，雖有緯書、讖記，屏而不用，則庶乎其不謬于理矣。登封之事，原本于燔柴而失之者也。《詩》、《書》紀巡狩而柴者，《記》所謂『祭天』也；至于岱宗，『陟其高山』云者，《記》所謂『因名山』也。有山則因以爲高，無則于郊而壇，其義類一也。又有大事而告于上帝者，武王克商，始有天下，故柴望而告也。舍此則瀆矣。《記》以饗帝于郊與升中于天爲二事，則傳者之失也。然則七十二君之編録，《詩》、《書》、禮典，略不經見。審有是事，乃天下國家之盛舉，堯、舜、禹、湯、文、武、成、康、昭、宣，皆身致太平，安得闕而不講？」

【《大學衍義補》】丘氏濬曰：「封禪之說，《詩》、《書》、禮典略不經見。審有是事，乃天下國家之盛舉。堯、舜、禹、湯、文、武、成、康，皆身致太平，安得闕而弗講？所謂七十二君者，果何代何人哉？先儒有言：養生至于長生不死，爲國至于祈天永命，皆有是理。然人未有能爲之者，縱爲之，然亦不出乎身心日用之間，非必由乎服食藥物、徼求鬼神而後致之也。然自秦漢以來，千餘年矣，有國家者，未有一人過百年而不死者，亦未有一國踰千年而不亡者，則是有此説而無此事明矣。是故明君欲求壽年之永，莫若寡欲；欲得國祚之延，莫若愛民。寡欲而至于全其天，愛民而至于過其歷，真誠有是理，亦真誠有是事。嗚呼！世主所以甘心于不貲之費，而得封禪之禮者，❶以有秘祝之求也。誠知此理，反之于心，知其必無驗之于古，知其無效，則自不爲矣。」

徐氏乾學曰：「《韓詩外傳》曰：『孔子升泰山，觀易姓而王可得而数者七十餘氏，不可得而数者萬数。』袁準《正論》曰：『唯周有王大封之文。案成王封禪，而文、武皆不在七十二君，而無一言見于經傳，學者疑焉。』愚謂：《韓詩外傳》亦漢儒附會之説。即太史公所引管仲答齊桓公之説，皆非事實。雖書籍經秦焚，烏有七十二君而不一見于經傳者乎？至緯書《河圖真紀》之言，皆漢人僞托以誑世主。又案《晉太康郡國志》，始皇立石頌德，文曰：『事天以禮，立身以義，事父以孝，成人以仁。四守之内，莫不郡縣。四屬八荒，咸來貢職。與天無極，人庶蕃息，天禄永得。刻石改號，有金册、石函、

❶「得」，庫本作「行」。

金泥、玉檢之事焉。』案史遷云『封藏皆秘，世不得記』，則是漢世已無聞矣。而《太康志》所載文，亦不類秦人語，特杜氏《通典》載之，故附記于此。」

蕙田案：以上数條，先儒辨正封禪之説。

右傳記諸家論封禪。

【《史記·始皇本紀》】二十八年，始皇東行郡縣，上鄒嶧山。立石，與魯諸儒生議，刻石頌秦德，議封禪望祭山川之事。乃遂上泰山，立石，封，祠祀。下，風雨暴至，休于樹下，因封其樹爲五大夫。禪梁父。刻所立石，其辭曰：「皇帝臨位，作制明法，臣下修飭。二十有六年，初并天下，罔不賓服。親巡遠方黎民，《詩記》宋大觀中，汶陽劉跂至泰山，見其碑，摹之，乃作「親⿰車巛遠黎」。登茲泰山，周覽東極。從臣思迹，本原事業，祗誦功德。治道運行，諸産得宜，皆有法式。大義休明，垂于後世，順承勿革。皇帝躬聖，既平天下，不懈于治。夙興夜寐，建設長利，專隆教誨。訓經宣達，遠近畢理，咸承聖志。貴賤分明，男女禮順，慎遵職事。昭隔内外，靡不清净，施于後嗣。化及無窮，遵奉遺詔，永承重戒。」

【《封禪書》】秦始皇既即帝位三年，東巡郡縣，祀騶嶧山，頌秦功業。❶于是徵從齊魯之儒生博士七十人，至乎泰山下。諸儒生或議曰：「古者封禪爲蒲車，惡傷山之土石草木；埽地而祭，席用葅稭，言其易遵也。」始皇聞此議各乖異，難施用，由此絀儒生。而遂除車道，上自泰山陽至巔，立石頌秦始皇帝德，明其得封也。從陰道下，禪于梁

❶「秦」，原作「奏」，據庫本及《史記·封禪書》改。

父。其禮頗采太祝之祠雍上帝所用，而封藏皆秘之，世不得而記也。始皇之上泰山，中阪遇暴風雨，休于大樹下。諸儒既絀，不得與用于封事之禮，聞始皇遇風雨，則譏之。于是始皇遂東游海上，行禮祠名山川及八神。始皇封禪之後十二歲，秦亡。諸儒生疾秦焚詩書，誅僇文學，皆曰：「始皇上泰山，爲風雨所擊，不得封禪。」

【《史記正義》】《道書福地記》云：「泰山高四千九百丈二尺，周迴二千里。」《括地志》：「梁父山在兖州泗水縣北八十里，西接徂徠山，肅然山在博城縣東六十里。」《晉太康地志》云：「肅然，泰山趾東北名也。」

蕙田案：始皇封禪，意在誇詡功德也。

右秦始皇封禪。

【《漢書・武帝本紀》】元封元年春正月，行幸緱氏，遂東巡海上。夏四月癸卯，上還登封泰山，降坐明堂。詔曰：「朕以眇身承至尊，兢兢焉惟德菲薄，不明于禮樂，故用事八神，遭天地況施，著見景象，屑然如有聞。震于怪物，欲止不敢，遂登封泰山，至于梁父，然後升禶肅然。自新，嘉與士大夫更始，其以十月爲元封元年。行所巡至，博、奉高、蛇丘、歷城、梁父，民田租逋賦貸，已除。加年七十以上孤寡帛，人二匹。四縣無出今年算。賜天下民爵一級，女子百户牛酒。」

【《郊祀志》】後二年，郊雍，獲一角獸，若麃然。有司曰：「陛下肅祗郊祀，上帝報享，賜一角獸，蓋麟云。」于是薦五畤，時加一牛以燎。賜諸侯白金，以風符應合于天也。于是濟北王以天子且封禪，上書獻泰山及其旁邑。齊人公孫卿曰：「今年得寶鼎，其冬辛巳朔旦冬至，與黄帝時等。」卿有札書曰：「黄帝得寶鼎冕服，問于鬼臾區，鬼臾區對曰：『黄帝得寶鼎神策，是歲己酉朔旦冬至，得天之紀，終而復始。』于是黄帝迎日推策，後率二十歲復朔旦冬至，凡二十推，三百八十年，黄帝仙登于天。」卿因所忠欲奏之。所忠視其書不經，疑其妄言，謝曰：「寶鼎事已决矣，尚何以爲！」卿因嬖人奏之。上大悦，迺召問卿。卿對曰：「受此書申公，申公已死。」上曰：「申公何人也？」卿曰：「齊人，與安期生通受黄帝言，無書，獨有此鼎書。曰：『漢興復當黄帝之時。』曰：『漢之聖者，在高祖之孫且曾孫也。寶鼎出而與神通，封禪。封禪七十二王，唯黄帝得上泰山封。』申公曰：『漢帝亦當上封禪，封禪則能仙登天矣。』」元鼎中，汾陰得寶鼎，上與公卿諸生議封禪。封禪用希曠絶，莫知其儀體，而羣儒采封禪《尚書》、《周官》、《王制》之望祀射牛事。齊人丁公年九十餘，曰：「封禪者，古不死之名也。秦皇帝不得上封。陛下必欲上，稍上即無風雨，遂上封矣。」上于是迺令諸儒習射牛，草封禪儀。數年，至且行。天子既聞公孫卿及方士之言，黄帝以上封禪皆致怪物與神通，欲放黄帝以接神人蓬萊，高世比德于九皇，而頗采儒術以文之。羣儒既已不能辨明封禪事，又拘于《詩》、《書》古文而不敢騁。上爲封祠器視羣儒，羣儒或曰「不與古同」，徐偃又曰「太常諸生行禮不如魯善」，周霸屬圖封事，于是上黜偃、霸，而盡罷諸儒弗用。三月，乃東幸緱氏，禮登中岳太室。上因東上泰山，泰山草木未生，迺令人上石立之泰山巔。上遂東巡海上，行禮祠八神。齊人之上疏言神怪、奇方者以萬数，迺益發船，令言海中神山者数千人求蓬萊神人。公孫卿持節常先行候名山，至東萊，言夜見大人，長数丈，就之則不見，見其跡甚大，類禽獸云。羣臣有言見一老父牽狗，言「吾欲見鉅公」，已忽不見。上既見大跡，未信，及羣臣又言老父，則大以爲仙人也。宿留海上，與方士傳車，及間使求神仙人以千数。四月，還至奉高。上念諸儒及方士言封禪人殊，不經，難施行。天子至梁父，禮祠地主。至乙卯，令侍中儒者皮弁縉紳，射牛行事。封泰山下東方，如郊祠太一之禮。封廣丈二尺，高九尺，其下則有玉牒書，書秘。禮畢，天子獨與侍中奉車子侯上泰山，亦有封。其事皆禁。明日，下陰道。丙辰，禪泰山下阯東北肅然山，如祭后土禮。天子皆親拜見，衣上黄而盡用樂焉。江淮間一茅三脊爲神藉。五色土益雜封。縱遠方奇獸飛禽及白雉諸物，頗以加祠。兕牛、象、犀之屬不用。皆至泰山，然後去。封禪祠，其夜若有光，晝有白雲出封中。天子從禪還，坐明堂，羣臣更上壽。下詔改元爲元封。又曰：「古者天子五載一巡守，用事泰山，諸侯有朝宿地。其令諸侯各治邸泰山下。」天子既已封泰山，無風雨，而方士更言蓬萊諸神若將可得，于是上欣然庶幾遇之，復東至海上望焉。奉車子侯暴病，一日死。上迺遂去，並海上，北至碣石，巡自遼西，歷北邊至九原。五月，迺至甘泉，周萬八千里云。其秋，有星孛于東井。後十餘日，有星孛于三能。望氣王朔言：「候獨見填星出如瓜，❶食頃，復入。」有司皆曰：「陛下建漢

❶「候」，原作「後」，據庫本及《漢書・郊祀志》改。

家封禪，天其報德星云。」

【《史記・平準書》】武帝既得寶鼎，立后土、太一祠，公卿議封禪事，而天下郡國皆預治橋道，繕故宮，及當馳道縣，縣治官儲，設供具，而望以待幸。

【《漢書・司馬相如傳》】相如既病免，家居茂陵。天子曰：「司馬相如病甚，可往從悉取其書；若後之矣。」使所忠往，而相如已死，家無遺書。問其妻，對曰：「長卿未嘗有書也。時時著書，人又取去，長卿未死時，爲一卷書，曰有使來求書，奏之。」其遺札書言封禪事，所忠奏焉。天子異之。相如既卒五歲，上始祭后土。八年而遂禮中岳，封于泰山，至梁甫禪肅然。

【司馬相如《封禪文》】伊上古之初肇，自顥穹生民，歷選列辟，以迄乎秦。率邇者踵武，逖聽者風聲。紛綸葳蕤，堙滅而不稱者，不可勝數也。繼韶夏，崇號謚，略可道者七十有二君。罔若淑而不昌，疇逆失而能存？軒轅之前，遐哉邈乎，其詳不可得聞已。五三六經載籍之傳，惟風可觀也。書曰：「元首明哉，股肱良哉。」因斯以談，君莫盛于唐堯，臣莫賢于后稷。后稷創業于唐，公劉發迹于西戎，文王改制，爰周郅隆，大行越成，而後陵夷衰微，千載亡聲，豈不善始善終哉。然無異端，慎所由于前，謹遺教于後耳。故軌迹夷易，易遵也；湛恩厖洪，易豐也；憲度著明，易則也；垂統理順，易繼也。是以業隆于襁褓而崇冠于二后。揆厥所元，終都攸卒，未有殊尤絶迹可考于今者也。然猶躡梁父，登泰山，建顯號，施尊名。大漢之德，逢涌原泉，沕潏漫羡，旁魄四塞，雲布霧散，上暢九垓，下泝八埏。懷生之類，霑濡浸潤，協氣横流，武節猋逝，爾陿游原。迥闊泳沫，❶首惡鬱没，晻昧昭晰，昆蟲闓澤，回首面内。然後囿騶虞之珍羣，徼麋鹿之怪獸，導一莖六穗于庖，犧雙觡共抵之獸，獲周餘放龜于岐，招翠黄乘龍于沼。鬼神接靈圉，賓于閒館。奇物譎詭，俶儻窮變。欽哉，符瑞臻兹，猶以爲德薄，不敢道封禪。蓋周躍魚隕航，休之以燎，微夫斯之爲符也，以登介丘，不亦恧乎！進讓之道，何其爽與？于是大司馬進曰：「陛下仁育羣生，義征不譓，諸夏樂貢，百蠻執贄，德侔往初，功無與二，休烈浹洽，符瑞衆變，期應紹至，不特創見。意者泰山、梁父設壇場望幸，蓋號以况榮，上帝垂恩儲祉，將以慶成，陛下謙讓而弗發也。挈三神之驩，缺王道之儀，羣臣恧焉。或謂且天爲質闇，示珍符固不可辭；若然辭之，是泰山靡記而梁父罔幾也。亦各並時而榮，咸濟厥世而屈，説者尚何稱于後，而云七十二君乎？夫修德以錫符，奉符以行事，不爲進越。故聖王弗替，而修禮地祇，謁款天神，勒功中岳，以章至尊，舒盛德，發榮號，受厚福，以浸黎民也。皇皇哉斯事！天下之壯觀，王者之卒業，不可貶也。願陛下全之。而後因雜薦紳先生之略術，使獲曜日月之末光絶炎，以展采錯事，猶兼正列其義，祓飾厥文，作春秋一藝，將襲舊六爲七，攄之無窮，俾萬世得激清流，揚微波，蜚英聲，騰茂實。前聖之所以永保鴻名而常爲稱首者用

❶「迥」，原作「迴」，據庫本改。

此，宜命掌故悉奏其儀而覽焉。」于是天子沛然改容，曰：「俞乎！朕其試哉！」乃遷思回慮，總公卿之議，詢封禪之事，詩大澤之博，廣符瑞之富。乃作頌曰：自我天覆，雲之油油。甘露時雨，厥壤可遊。滋液滲漉，何生不育；嘉穀六穗，我穡曷蓄。匪唯雨之，又潤澤之；匪唯濡之，❶氾布濩之。萬物熙熙，懷而慕思。名山顯位，望君之來。君兮君兮，侯不邁哉！般般之獸，樂我君囿；白質黑章，其儀可喜；旼旼穆穆，君子之態。蓋聞其聲，今視其來。厥塗靡從，天瑞之徵。兹亦于舜，虞氏以興。濯濯之麟，遊彼靈時。孟冬十月，君徂郊祀。馳我君輿，帝用享祉。三代之前，蓋未嘗有。宛宛黄龍，興德而升。采色炫燿，煥炳煇煌。正陽顯見，覺寤黎烝，於傳有之，云受命所乘。厥之有章，不必諄諄。依類託寓，諭以封巒。披蓺觀之，天人之際已交，上下相發允答。聖王之德，兢兢翼翼也。故曰「興必慮衰，安必思危」。是以湯武至尊嚴，不失肅祇；舜在假典，顧省厥遺：此之謂也。

【《倪寬傳》】漢武帝時，議欲倣古巡狩封禪之事，諸儒對者五十餘人，未能有所定。先是，司馬相如病死，有遺書，頌功德，言符瑞，足以封泰山。上奇其書，以問寬，對曰：「享薦之義，不著于經，以爲封禪告成，合祛天地神祇，祇戒精專以接神明。總百官之職，各稱事宜，爲之節文。惟聖王所由，制定其當，非羣臣之所能列。今將舉大事，優游数年，使羣臣得

❶「濡之」，庫本及《漢書・司馬相如傳》作「徧我」。

人人自盡，終莫能成。惟天子建中和之極，兼總條貫，金聲而玉振之，以順成天慶，垂萬世之基。」上然之，乃自制儀，采儒術以文焉。既成，將用事，拜寬爲御史大夫，從東封泰山，還登明堂。寬上壽曰：「三代改制，屬象相因，間者聖統廢絶，陛下發憤，合指天地，祖立明堂、辟雍，宗祀太一，六律五聲，幽贊聖意，神樂四合，各有方象，以承嘉祀，爲萬世則，天下幸甚。將建大元本瑞，登告岱宗，發祉闓門，以候景至。癸亥宗祀，日宣重光；上元甲子，肅雝永亨。光輝充塞，天文粲然，見象日昭，報降符應。臣寬奉觴再拜，上千萬歲壽。」制曰：「敬舉君之觴。」

【《東方朔傳》】朔之文辭有《封泰山》篇。

【《武帝本紀》】元封二年冬十月，行幸雍祀五畤。春，幸緱氏，遂至東萊。夏四月，還祠泰山。

【《郊祀志》】其春，公孫卿言見神人東萊山，若云「欲見天子」。天子于是幸緱氏城，拜卿爲中大夫。遂至東萊，宿留之數日。無所見，見大人跡云。復遣方士求神人，采藥以千數。是歲旱。天子既出亡名，迺禱萬里沙，過祠泰山。還至瓠子，自臨塞決河，留二日，湛祀而去。

元封三年夏，旱。公孫卿曰：「黄帝時封則天旱，乾封三年。」上乃下詔：「天旱，意乾封乎？」

【《武帝本紀》】五年冬，行南巡守，至于盛唐，望祀虞舜于九嶷。登灊天柱山，自尋陽浮江，親射蛟江中，獲之。舳艫千里，薄樅陽而出，作《盛唐樅陽之歌》。遂北至琅邪，並海。春三月，還至泰山，增封。夏四月，詔曰：「朕巡荆、揚，輯江、淮物，會大海氣，以合泰山。上天見象，增修封禪。其赦天下。」

太初元年冬十月，行幸泰山。十二月，禪高里。

【《郊祀志》】太初元年，幸泰山。十二月甲午朔，上親禪高里，祀后土，臨渤海，將以望祀蓬萊之屬，幾至殊庭焉。

【《武帝本紀》】太初三年春正月，行東巡海上。夏四月，還修封泰山，禪石閭。

【《郊祀志》】是年東巡海上，考神仙之屬，未有驗者。方士有言：「黄帝時爲五城十二樓，以候神人于執期，名曰迎年。」上許作之如方，名曰明年。上親禮祠，上犢黄焉。公玉帶曰：「黄帝時雖封泰山，然風后、封鉅、岐伯令黄帝封東泰山，禪凡山，合符，然後不死。」天子既令設祠具，至東泰山，東泰山卑小，不稱其聲，迺令祠官禮之而不封焉。其後令帶奉祠候神物。復還泰山，修五年之禮如前，而加禪祠石閭。石閭者，在泰山下阯南方，方士言仙人閭也，故上親禪焉。

【《武帝本紀》】天漢三年春三月，行幸泰山，修封，祀明堂，因受計還幸北地，祀常山，瘞玄玉。

【《郊祀志》】自封泰山後十三歲，而周遍于五嶽、四瀆矣。

【《武帝本紀》】太始四年春三月，行幸泰山。甲申，修封。丙戌，禪石閭。夏四月，幸不其，祀神人于交門宫。若有鄉坐拜者，作《交門》之歌。

征和四年三月，上耕于鉅定，還幸泰山，修封。癸巳，禪石閭。

【《郊祀志》】上復修封于泰山。東游東萊，臨大海。是歲，雍縣無雲如靁者三，或如虹氣蒼黄，若飛鳥集棫陽宫南，聲聞四百里。隕石二，黑如黳，有司以爲美祥，以薦宗廟。

而方士之候神入海求蓬萊者終無驗，公孫卿猶以大人之迹爲解。天子猶羈縻不絶，幾遇其真。泰山五年一修封，武帝凡五修封。

【《文獻通考》】馬氏端臨曰：「秦始皇、漢武帝之封禪也，皆黜當時諸儒之議，而自定其禮儀。攷史氏所載，則秦之諸儒進蒲車掃地之説，漢之諸儒有拘于《詩》、《書》古文而不敢騁之説，以此拂二帝之意而不見録。然封禪非古禮也。切詳諸儒之意，蓋欲以古帝王巡狩望祀之禮而緣飾之。然古帝王之事，則省方問俗、賞善罰惡，凡以爲民，其意出于公也。秦漢二主之事，則誇誦功德，希求福壽，凡以爲己，其意出于私也。迹其舉措，正自冰炭，則又安能考《詩》、《書》之説，行簡質之禮乎？固宜其見黜也。」

蕙田案：漢武封禪，意在慕黄帝之升天也。

右漢武帝封禪。

【《後漢書·光武帝本紀》】中元元年春二月己卯，幸魯，進幸泰山。北海王興、齊王石朝于東岳。辛卯，柴望岱宗，登封泰山；甲午，禪于梁父。夏四月癸酉，車駕還宫。己卯，大赦天下。復嬴、博、梁父、奉高，勿出今年田租芻藁。改年爲中元。

【《祭祀志》】建武三十年二月，羣臣上言，即位三十年，宜封禪泰山。詔書曰：「即位三十年，百姓怨氣滿腹，吾誰欺，欺天乎？曾謂泰山不如林放，何汙七十二代之編録！桓公欲封，管仲非之。若郡縣遠遣吏上壽，盛稱虚美，必髡，兼令屯田。」從此羣臣不敢復言。三月，上幸魯，過泰山，告太守以上過故，承詔祭山及梁父。時虎賁中郎將梁松等議：「《記》曰『齊將有事泰山，先有事配林』，蓋諸侯之禮也。河岳視公侯，王者祭焉。宜無即事之漸，不祭配林。」三十二年正月，上齋，夜讀《河圖會昌符》，曰：「赤劉之九，會命岱宗。不慎克用，何益于承。誠善用之，姦僞不萌。」感此文，乃詔松等復案索河雒讖文言九世封禪事者。松等列奏，乃許焉。

初，孝武帝欲求神仙，以扶方者言黄帝由封禪而後仙，于是欲封禪。封禪不常，時人莫知。元封元年，上以方士言作封禪器，以示羣儒，多言不合于古，于是罷諸儒不用。三月，上東上泰山，乃上石立之泰山之巔，遂東巡海上，求仙人，無所見而還。四月，封泰山。恐所施用非是，乃秘其事。語在《漢書·郊祀志》。上許梁松等奏，乃求元封時封禪故事，議封禪所施用。有司奏當用方石再累置壇中，皆方五尺，厚一尺，用玉牒書藏方石。牒厚五寸，長尺三寸，廣五寸，有玉檢。又用石檢十枚，列于石旁，東西各三，南北各二，皆長三尺，廣一尺，厚七寸。檢中刻三處，深四寸，方五寸，有蓋。檢用金縷五周，以水銀和金以爲泥。玉璽一方寸二分，一枚方五寸。方石四角又有距石，皆再累。枚長一丈，厚一尺，廣二尺，皆在圓壇上。其下用距石十八枚，皆高三尺，厚一尺，廣二尺，如小碑，環壇立之，去壇三步。距石下皆有石跗，入地四尺。又用石碑，高九尺，廣三尺五寸，厚尺二寸，立壇丙地，去壇三丈以上，以刻書。上以用石功難，又欲及二月封，故詔松欲因故封石空檢，更加封而已。松上疏争之，以爲「登封之禮，告功皇天，垂後無窮，以爲萬民也。承天之敬，尤宜章明。奉圖書之瑞，尤宜顯著。今因舊封，竄寄玉牒故石下，恐非重命之義。受命中興，宜當特異，以明天意」。遂使泰山郡及魯趣石工，宜取完青石，無必五色。時以印工不能刻玉牒，欲用丹漆書之；會求得能刻玉者，遂書。書秘刻方石中，命容玉牒。二月，上至奉高，遣侍御史與蘭臺令史，將工先上山刻石。文曰：「維建武三十有二年二月，皇帝東巡守，至于岱宗，柴，望秩于山川，班于羣神，遂覲東后。從臣太尉憙、行司徒事特進高密侯禹等，漢賓二王之後在位。孔子之後褒成侯，序在東后，蕃王十二，咸來助祭。《河圖赤伏符》曰：『劉秀發兵捕不道，四夷雲集龍鬬野，四七之際火爲主。』《河圖會昌符》曰：『赤帝九世，巡省得中，治平則封，誠合帝道孔矩，則天文靈出，地祇瑞興。帝劉之九，會命岱宗，誠善用之，姦僞不萌。赤漢德興，九世會昌，巡岱皆當。天地扶九，崇經之常。漢大興之，道在九世之王。封于泰山，刻石著紀，禪于梁父，退省考五。』❶《河圖合古篇》曰：『帝劉之秀，九名之世，帝行德，封刻政。』《河圖提劉子》曰：『九世之帝，方明聖，持衡拒，九州平，天下予。』《雒書甄曜度》曰：『赤三德，昌九世，會修符，合帝際，勉刻封。』《孝經鉤命決》曰：『予誰行，赤劉用帝，三建孝，九會修，專茲竭行封岱青。』《河》、《雒》命后，經讖所傳。昔在帝堯，聰明密微，讓與舜庶，後裔握機。王莽以舅后之家，三司鼎足冢宰之權勢，依托周公、霍光輔幼歸政之義，遂以篡叛，僭號自立。宗廟墮壞，社稷喪亡，不得血食，十有八年。揚、徐、青三州首亂，兵革橫行，延及荊州，豪傑并兼，百里屯聚，往往僭號。北夷作

❶「考」，原作「方」，據庫本改。

寇，千里無煙，無雞鳴犬吠之聲。皇天睠顧皇帝，以匹庶受命中興，年二十八載興兵起，是以中次誅討，十有餘年，罪人則斯得。黎庶得居爾田，安爾宅。書同文，車同軌，人同倫，舟輿所通，人迹所至，靡不貢職。建明堂，立辟雍，起靈臺，設庠序，同律、度、量、衡。修五禮，五玉，三帛，二生，一死贄。吏治修職，復于舊典。在位三十有二年，年六十二。乾乾日昃，不敢荒寧，涉危歷險，親巡黎元，恭肅神祇，惠恤耆老，理庶遵古，聰允明恕。皇帝唯慎《河圖》、《雒書》正文，是月辛卯，柴，登封泰山。甲午，禪于梁陰。以承靈瑞，以爲兆民，永兹一宇，垂于後昆。百僚從臣，郡守師尹，咸蒙祉福，永永無極。秦相李斯燔《詩》、《書》，樂崩禮壞。建武元年以前，文書散亡，舊典不具，不能明經文，以章句細微相况八十一卷，明者爲驗，又其十卷，皆不昭晰。子貢欲去告朔之餼羊，子曰：『賜也，爾愛其羊，我愛其禮。』後有聖人，正失誤，刻石記。」

二十二日辛卯晨，燎祭天于泰山下南方，羣神皆從，用樂如南郊。諸王、王者後二公、孔子後褒成君，皆助祭位事也。事畢，將升封。或曰：「泰山雖已從食于柴祭，今親升告功，宜有禮祭。」于是使謁者以一特牲于常祀泰山處，告祠泰山，如親耕、貙劉、先祀、先農、先虞故事。至食時，御輦升山，日中後到山上更衣，早晡時即位于壇，北面。羣臣以次陳後，西上，畢位升壇。尚書令奉玉牒檢，皇帝以寸二分璽親封之，訖，太常命人發壇上石，尚書令藏玉牒已，復石覆訖，尚書令以五寸印封石檢。事畢，皇帝再拜，羣臣稱萬歲。命人立所刻石碑，乃復道下。二十五日甲午，禪，祭地于梁陰，以高后配，山川羣神從，如元始中北郊故事。四月己卯，大赦天下，以建武三十二年爲建武中元元年，復博、奉高、嬴勿出元年租、芻藁。以吉日刻玉牒書函藏金匱，璽印封之。乙酉，使太尉行事，以特告至高廟。太尉奉匱以告高廟，藏于廟堂西壁石室高主室之下。

【應劭《漢官》「馬第伯《封禪儀記》」】曰：車駕正月二十八日發雒陽宫，二月九日到魯，遣守謁者郭堅伯將徒五百人治太山道。十日，魯遣宗室諸劉及孔氏、瑕丘丁氏上壽受賜，皆詣孔氏宅，賜酒肉。十一日發，十二日宿奉高。是日，遣虎賁郎將先上山，三案行，還，益治道徒千人。十五日，始齋。國家居太守府舍，諸王居府中，諸侯在縣庭中齋。諸卿、校尉、將軍、大夫、黄門郎、百官及宋公、衛公、褒成侯、東方諸侯、雒中小侯，齋城外汶水上。太尉、太常齋山虞。馬第伯自云，某等七十人先之山虞，觀祭山壇及故明堂宫郎官等郊肆處。入其幕府，觀治石。石二枚，狀博平，圓九尺，此壇上石也。其一石，武帝時石也，時用五車不能上也，因置山下爲屋，號五車石。四維距石長丈二，廣二尺，厚尺半所，四枚。檢石長五尺，廣六寸，狀如封篋。長檢十枚。一紀號石，高丈二尺，廣三尺，厚尺二寸，名曰立石。一枚，刻文字，紀功德。是朝上山，騎行，往往道峻峭，不騎，步牽馬，乍步乍騎，且相半，至中觀留馬。去平地二十里，南向極望無不覩，仰望天關，如從谷底仰觀抗峰。其爲高也，如視浮雲；其峻也，石壁窅窱，如無道徑，遥望其人，端如竹杌，或爲白石，或雪久之白者，移過樹乃知是人也。殊不可上，四布偃卧石上，有頃復蘇。亦賴齎酒脯。處處有泉水，目輒爲之明。復勉强相將行，到天關，自以已至也，問道中人，言尚十餘里。其道旁山脇，大者廣八九尺，狹者五六尺，仰視巖石松樹，鬱鬱蒼蒼，若在雲中。俛視谿谷，碌碌不可見丈尺。遂至天門之下。仰視天門窔遼，如從穴中視天。直上七里，賴其羊腸逶迤，名曰環道，往往有絙索，可得而登也。兩從者扶挾，前人相牽，後人見前人履底，前人見後人頂，如畫重累人矣。所謂磨胸捏石，捫天之難也。初上此道，行十餘步一休，稍疲，咽脣燋，五六步一休，牒牒據頓地，不避濕暗，前有燥地，目視而兩脚不隨。早食上，晡後到天門，郭使者得銅物。銅物形狀如鐘，又方柄有孔，莫能識也，疑封禪具也。得之者，汝南召陵人，姓楊名通。東上一里餘，得木甲。木甲者，武帝時神也。東北百餘步，得封所，始皇立石及闕在南方，漢武在其北。二十餘步得北垂圓臺，高九尺，方圓三丈所。有兩陛。人不得從。上從東陛上，臺上有壇，方一丈二尺所，上有方石，四維有距石，四面有闕。鄉壇再拜謁，人多置錢物壇上，亦不掃除。國家上見之，則詔書所謂酢梨、酸棗狼藉，散錢處數百，幣帛具，道是武帝封禪至泰山下，未及上，百官爲先上跪拜，置梨棗錢于道，以求福，即此也。東山名曰日觀，日觀者，雞一鳴時，見日始欲出，長三丈所。秦觀者望見長安，吴觀者望見會稽，周觀者望見齊西。北有石室，壇以南有玉盤，中有玉龜。山南脅神泉，飲之，極清美利人。日入下，去行數環。日暮，時頗雨，不見其道。一人居其前，先知蹈有人，乃舉足隨之，比至天門下，夜人定矣。

【《太康地記》】曰：「奉高者以事東岳，帝王禪代之處也，故明堂在縣南四里。漢武立太壇于東山，以登天下，示增高。」

【《後漢書・曹褒傳》】褒父充，持慶氏《禮》。建武中爲博士，從巡狩岱宗，定封禪禮。

【《張純傳》】建武三十年，純奏上宜封禪，曰：「自古受命而帝，治世之隆，必有封禪，以告成功焉。《樂動聲儀》曰：『以《雅》治人，《風》成于《頌》。』有周之盛，成康之間，郊配封禪，皆可見也。《書》曰：『歲二月，東巡狩至于岱宗，柴。』則封禪之義也。臣伏見陛下受中興之命，平海内之亂，修復祖宗，撫存萬姓，天下曠然，咸蒙更生，恩德雲行，惠澤雨施，黎元安寧，夷狄慕義。《詩》云：『受天之祜，四方來賀。』今攝提之歲，蒼龍甲寅，德在東宫。宜及嘉時，遵唐帝之典，繼孝武之業，以二月東巡狩，封于岱宗，明中興，勒功勳，復祖統，報天神，禪梁甫，祀地祇，傳祚子孫，萬世之基也。」中元元年，帝乃東巡岱，以純視御史大夫從，并上《元封舊儀》及刻石文。

【《文獻通考》】司馬彪論：「自上皇以來，封泰山者，至周七十二代。易姓則改封者，著一代之始，明不相襲也。繼世之王巡狩，則有修封以祭而已。自秦始皇、孝武帝封泰山，本因好仙，信方士之言，及造石檢印封之事也。天道質誠，約而不費，故牲用犢，器用陶匏，殆將無事于檢封之間，而樂難攻之石也。夏少康、周宣由廢復興，不聞改封。光武欲因孝武故封，而梁松固争，以爲必改乃當天意。既封之後，未有能福，而松卒被誅死，雖罪由身作，蓋亦誣神之咎也。且帝王所以能大著于後者，實在其德加于人，不聞其在封矣。」

胡氏寅曰：「前世論登封者，莫善于許懋，惜乎世祖之臣智不及此，陷其君于過舉而不得聞也。且世祖享國，至是已三十年，四垂無虞，中土寧謐，其心浸滿，是以告功皇天，明示得意，而不自知其多失也。不法唐、虞、三代，而法始皇、武帝，一失也。案讖文『九世當封禪』，則孝武之世，今乃自綴于元帝，而削去成、哀、平三君，二失也。玉檢秘文，人不得見，是必祈求永年，三失也。前年拒羣臣之請，謂『百姓怨氣滿腹，吾欺天乎』，豈有治天下三十年，民怨未除，纔後兩歲，即已歡洽，此四失也。勑戒郡縣，有上壽稱美者，必髡，令屯田，詔墨未乾，乃自令梁松等討論故事，此五失也。奉高后配地祇，未幾，黜降廟主，歸于寢園，此六失也。即位改元，終身不可改，而又改，此七失也。凡此七者，人君舉動之大節，而疵病如此，惜乎光武勇智出倫而學問不足也。光武年及耳順，方建中元，則意在久生，不言而自見矣。其視向者對宗族乞復之言，壽陵迭興之詔，即已大異。蒯徹所謂人心無常，詎不然哉？」

蕙田案：光武封禪，信讖也。

右後漢光武帝封禪。

五禮通考卷第四十九

五禮通考卷第五十

内廷供奉禮部右侍郎金匱秦蕙田編輯
太子太保總督直隸右都御史桐城方觀承同訂
按察司副使元和宋宗元參校

吉禮五十

四望山川附封禪

【《晉書·禮志》】魏文帝黄初中，護軍蔣濟曰：「夫帝王大禮，巡狩爲先；昭祖揚禰，封禪爲首。是以自古革命受符，未有不蹈梁父，登泰山，刊無竟之名，紀天人之際者也。故司馬相如謂有文以來，七十二君，或順所繇於前，謹遺教於後。太史公曰，主上有聖明而不宣布，有司之過也。然則元功懿德，不刊梁山之石，無以顯帝王之功，示兆庶不朽之觀也。語曰：『當君而歎堯舜之美，譬猶人子對厥親而生譽他人之父。』❶今大魏承百王之敝亂，拯流遁之艱厄，接千載之衰緒，繼百代之廢業。自文武至於聖躬，所以參成天地之道，綱維神人之化。上天報應，嘉瑞顯祥，以比往古，無所取喻。至於歷世迄今，未廢大禮。雖志在掃盡殘盜，蕩滌餘穢，未遑斯事。若爾，三苗屈彊於江海，大舜當廢東巡之儀；徐夷跳梁於淮泗，周成當止岱嶽之禮。且去歲破吴虜於江漢，今兹屠蜀賊於隴右，其震蕩内潰，在不復淹，

❶「親而生」，《晉書·禮志》作「所生而」。

無累於封禪之事也。此儀久廢,❶非倉卒所定。宜下公卿,廣撰其禮,卜年考時,昭告上帝,以副天下之望。臣待罪軍旅,不勝大願,冒死以聞。」詔曰:「聞蔣濟斯言,使吾汗出流足。自開闢以來,封禪者七十餘君耳。故太史公曰,雖有受命之君,而功有不洽,是以中間廣遠者千有餘年,近者數百載,其儀闕不可得記。吾何德之修,敢庶兹乎!濟豈謂世無管仲,以吾有桓公登泰山之志乎!吾不欺天也。濟之所言,華則榮矣,非助我者也。公卿、侍中、尚書、常侍省之而已,勿復有所議,亦不須答詔也。」天子雖距濟議,而實使高堂隆草封禪之儀,以天下未一,不欲便行大禮,會隆卒,不復行之。

右魏文帝封禪未行。

【《吴志》】孫皓天璽元年,陽羨山有石室,所在表爲天瑞,乃遣司空董朝、周處等,封禪國山。明年,改元,大赦,以協石文。

右孫皓封禪附。

【《晉書·禮志》】武帝平吴,混一區宇,太康元年九月庚寅,尚書令衛瓘、尚書左僕射山濤、右僕射魏舒、尚書劉寔、司空張華等奏曰:「臣聞肇自生靈,則有后辟,年載之數,莫之能紀。立德濟世,揮揚仁風,以登封泰山者七十有四家,其謚號可知者十有四焉。沈淪寂寞,曾無遺聲者,不可勝記。大晉之德,始自重黎,實佐顓頊,至于夏商,世序天地。其在于周,不失其緒。金德將升,世濟明聖,外平蜀漢,海内歸心,武功之興,實由文德。至於陛下,受命踐祚,弘建大業,羣生仰毓。惟獨江湖沅湘之表,凶桀負固,歷代不賓。神謀獨斷,命將出討,兵威暫加,

❶「儀」,原作「議」,據《晉書·禮志》改。

數旬蕩定。羈其鯨鯢，赦其罪逆，雲覆雨施，八方來同，聲教所被，達於四極。雖黄軒之征，大禹遠略，周之奕世，何以尚今！若夫玄石素文，底號前載，象以數表，言以事告，雖古《河圖》、《洛書》之徵，不是過也。宜宣大典，禮中嶽，封泰山，禪梁父，發德號，明至尊，享天休，篤黎庶，勒千載之表，播流後之聲，俾百世之下，莫不興起。斯帝王之盛業，天人之至望也。」詔曰：「今逋寇雖殄，外則障塞有警，内則百姓未寧，此盛德之事，所未議也。」瓘等又奏曰：「今東漸於海，西被於流沙，大漠之陰，日南北户，莫不通屬，芒芒禹跡，今實過之。天人之道已周，巍巍之功已著，宜修禮地祇，登封泰山，致誠上帝，以答人神之願也。乞如前奏。」詔曰：「今陰陽未和，刑政未當，百姓未得其所，豈可以勒功告成耶！」詔不許。瓘等又奏曰：「臣聞處帝王之位者，必有歷運之期，天命之應；濟兆庶之功者，必有盛德之容，告成之典。無不可誣，有不敢讓，自古道也。而明詔謙沖，屢辭其禮，雖盛德攸在，推而未居。夫三公職典天地，實掌人物，國之大事，取義於此。❶故漢氏封禪，非是官也，不在其事。臣等前奏，蓋陳祖考之功，天命又應，陛下之德，合同四海，迹古考今，宜修此禮。至於克定歲月，雖五府上議，然後奏聞。」詔曰：「雖蕩清江表，皆臨事者之勞，何足以告成。方望羣后思隆大化，以寧區夏，百姓獲乂，與之休息。斯朕日夜之望，無所復下諸府矣。」瓘等又奏：「臣聞唐虞三代濟世弘功之君，莫不仰承天休，俯協人志，登介丘，履梁父，未有辭焉

❶「義」，《晉書·禮志》作「議」。

者，蓋不可讓也。今陛下勳高，皇德無與二，茂績宏規，巍巍之業，固非臣等所能究論。而聖旨勞謙，屢自抑損，時至弗應，推美不居，闕皇代之上儀，塞靈祇之款望，使大晉之典謨，不同風於三五？❶臣等誠不敢奉詔，請如前奏施行。」詔曰：「方當共思弘道，以康庶績，且俟他年，無所復紛紜也。」王公有司又奏：「自古聖明，光宅四海，封禪名山，著于史籍，作者七十四君矣。舜禹之有天下也，巡守四岳，躬行其道。《易》著『觀俗省方』，《禮》有『升中於天』，《詩》頌『陟其高山』，皆載在方策。文王爲西伯以服事殷，周公以魯藩列于諸侯，或享于岐山，❷或有事于太山，徒以聖德，猶得爲其事。自是以來，功薄而僭其義者，不可勝數。號謚不泯，以至於今。況高祖宣皇帝肇開王業，海外有截；世宗景皇帝濟以大功，輯寧區夏；太祖文皇帝受命造晉，盪定蜀漢；陛下應期龍興，混一六合，澤被羣生，威震無外。昔漢氏失統，吴蜀鼎峙，兵興以來，近將百年，地險俗殊，人望絶塞。今不羈之寇，二代而平，非聰明神武，先天弗違，孰能巍巍其成功若兹者歟！臣等幸以千載得遭運會，親服大化，目覩太平，至公至美，誰與爲讓？宜祖述先明，❸憲章古昔，勒功岱岳，登封告成，弘禮樂之制，正三雍之典，揚名萬世，以顯祖宗。是以不勝大願，敢昧死以聞。請告太常，具禮儀復上。」詔曰：「所議誠列代之盛事也，然方今未可以爾。」便報絶之。

❶「不」字，原無，據《晉書·禮志》補。
❷「山」字，原無，據《晉書·禮志》補。
❸「明」，《晉書·禮志》作「朝」。

右晉武帝不行封禪。

【《宋書・禮志》】太祖在位長久，有意封禪。遣使履行太山舊道，詔學士山謙之草封禪儀注。其後索虜南寇，六州荒毀，其意乃息。

世祖大明元年十一月戊申，太宰江夏王義恭表曰：「惟皇天崇稱大道，始行揖讓。迄于有晉，雖聿修前緒，而跡淪言廢，蔑記於竹素者，焉可單書。紹乾維，建徽號，流風聲，被絲管，自無懷以來，可傳而不朽者，七十有四君。罔仁厚而道滅，鮮義澆而德宣，鍾律之先，曠世綿絶，難得而聞。《丘》、《索》著明者，尚有遺炳。故《易》稱先天弗違，後天奉時。蓋陶唐姚姒商姬之主，莫不由斯道也。是以風化大洽，光熙於後。炎漢二帝，亦踵曩則，因百姓之心，聽輿人之頌，龍駕帝服，鏤玉梁甫，昌言明稱，告成上靈。況大宋表祥唐虞，受終素德，山龍啓符，金玉顯瑞，異采騰於軫墟，紫烟藹於邦甸，錫冕兆九五之徵，文豹赴天曆之會。誠二祖之幽慶，聖后之冥休。道冠軒、堯，惠深亭毒；而猶執沖約，未言封禪之事，四海竊以恧焉。臣聞惟皇配極，惟帝祀天，故能上稽乾式，照臨黔首，協和穹昊，膺兹多福。高祖武皇帝明並日月，光振八區，拯已溺之晉，濟橫流之世，撥亂寧民，應天受命，鴻徽洽於海表，威稜震乎沙外。太祖文皇帝體聖履仁，述業興禮，正樂頌，作象曆，明達通於神祇，玄澤被乎上下。仁孝命世，叡武英挺，遭運屯否，三才湮滅，迺龍飛五洲，鳳翔九江，身先八百之期，斷出人鬼之表，慶煙應高牙之建，風耀符發迹之辰，親剪凶逆，躬清昏壒，天地革始，夫婦更造，豈與彼承業繼緒，拓復禹跡，車一其軌，書罔異文者，同年而議哉！今龍麟已至，鳳凰已儀，比李已實，靈茅已茂，雕氣降雰於宮樹，珍露呈味於禁林，嘉禾積穗於殿甍，連理合榦於園籞，皆耀質離宮，植根蘭囿。至夫霜毫玄文，素翮頳羽，泉河山岳之瑞，草木金石之祥，方畿慓塗之謁，抗驛絶祖之奏，彪炳雜沓，粤不可勝言。太平之應，兹焉富矣。宜其從天人之誠，遵先王之則，備萬乘，整法駕，修封泰山，瘞玉岱趾，延喬、松於東序，詔韓、岐於西廂，麾天閽，使啓關，謁紫宮，朝太一，奏《鈞天》，詠《雲門》，贊揚幽奥，超聲前古，豈不盛哉！伏願時命宗伯，具兹典度。」詔曰：「太宰表如此。昔之盛王，永保鴻名，常爲稱首，由斯道矣。朕遭家多難，入纂絶孝，德薄勳淺，鑒寐崩愧。頃麟鳳表禎，茅禾兼瑞，雖符祥顯見，恧乎猶深，庶仰述矢志，拓清中寓，禮祇謁神，朕將試哉。」

四年四月辛亥，有司奏曰：「臣聞崇號建極，必觀俗以樹教；正位居體，必採世以立言。是以重代列聖，咸由厥道。玄勳上烈，融章未分，鳴光委緒，歇而罔臧。若其顯謚略騰軌，則系綴聲采，徵略聞聽。爰洎姬、漢，風流尚存，遺芬餘榮，綿映紀緯。雖年絶世祀，代革精華，可得騰金綵，奏玉潤，鏤迹以熛今，鐫德以麗遠。而四望埋禋歌之禮，日觀弛修封之容，豈非神明之業難崇，功基之迹易泯。自兹以降，迄於季末，莫不欲英弘徽位，詳固洪聲。豈徒深默修文，淵幽馭世而已。諒以縢非虚奏，書非妄埋，擊雨恕神，淳曆復樹，安得紫壇肅祇，竹宮載竚，散火投郊，流星奔座。寶緯初基，厭靈命曆，德振弛維，功濟淪象，玄浸紛流，華液幽潤，規存永馭，思詳樹遠。太祖文皇帝以啓邁泰運，景望震凝，采樂調風，集禮宣度，祖宗相映，軌迹重暉。聖上韞籙蕃河，竚翔衡漢，金波掩照，華耀停明，運動時來，躍飛風舉，澄氛海、岱，開景中區，歆神還靈，頽天重耀，儲正凝位於兼明，衮岳蕃華於元列。故以祥映昌基，繫發篆素。重以班朝待典，飾令詳儀，纂綜淪蕪，搜騰委逸，奏玉郊宫，禋珪玄畤，景集天廟，脈壤祥農，節至昕陽，川丘夙禮，綢威巡駐，表綏中甸，史流其詠，民挹其風。於是涵迹視陰，振聲威響，歷代之渠，沈于望内，安侯之長，賢王入侍，殊生詭氣，奉俗還鄉，羽族卉儀，懷音革狀，邊帛絶書，爟光弛燭。天岱發靈，宗河開寶，崇丘淪鼎，振采泗淵，❶雲皇王岳，擿藻雲漢，并角即音，栖翔禁籞，衮甲霜味，翾舞川肆，榮泉流鏡，後昭河源，故以波沸外闕，雲蒸内澤。若其雪趾青毳，玄文朱綵，日月郊甸，擇木弄音，重以榮露騰軒，蕭雲掩閣，鎬穎孳萌，移華淵禁，山輿竚衡，雲鶼竦翼，海鰈泳流，江茅吐蔭。校書之列，仰筆以飾辭；濟、代之蕃，獻邑以待禮。豈非神勰氣昌，物瑞雲照，蒲軒軀軫，闕泉淳芳。❷太宰江夏王臣義恭咀道遵英，抽奇麗古，該潤圖史，施詳閟載，表以功懋往初，德耀炎、昊，升文中岱，登牒天關，耀冠榮名，擿振聲號。而道謙稱首，禮以虚挹，將使玄祇缺觀，幽瑞乖期，梁甫無盛德之容，介丘靡升聞之響。加窮泉之野，獻八代之駟，交木之鄉，奠絶金之楛，肅靈重表，珍符兼貺。伏惟陛下謨詳淵載，衍屬休章，依徵聖靈，潤色聲業，諏辰稽古，肅齊警列，儒僚展采，

❶「采」，原作「來」，據庫本及《宋書·禮志》改。
❷「闕」，庫本補「醴」字。

禮官相儀，懸蕤動音，洪鐘竦節，陽路整衛，正途清禁。於是績環珮，端玉藻，鳴鳳竚律，騰駕流文，間綵比象之容，昭明紀數之服。徽焯天陣，容藻神行，翠蓋懷陰，羽華列照。乃詔聯事掌祭，賓客贊儀，金支宿縣，鏞石潤響。命五神以相列，闢九關以集靈，警衛兵而開雲，❶先雨祇以灑路。霞凝生闕，煙起成宮，臺冠丹光，壇浮素靄。爾乃臨中壇，備盛禮，天降祥錫，壽固皇根，谷動神音，山傳稱響。然後辨年問老，陳詩觀俗，歸薦告神，奉遺清廟。光美之盛，彰乎萬古；淵祥之烈，溢乎無窮。豈不盛歟！臣等生接昌辰，肅懋明世，束教管聞，未足言道。且章志湮微，代往淪絶，拘採遺文，辨明訓誥，闕四字。箴訪鄒、魯，草滕書𡏖玉之禮，具竦石繩金之儀，和芝潤瑛，鐫璽乾封。懼弗軌屬上徽，燀當王則。謹奉儀注以聞。」詔曰：「天生神物，昔王稱愧，况在寡德，敢當鴻貺。今文軌未一，可停此奏。」

右宋文帝孝武帝封禪未行。

【《通典》】梁武帝天監中，有請封會稽禪國山者，帝命諸儒草封禪儀，欲行之。著作佐郎許懋建議，上嘉納之，因推演懋議，稱制旨以答請者，由是遂止。

【《梁書・許懋傳》】懋除征西鄱陽王諮議，兼著作郎，待詔文德省。時有請封會稽禪國山者，高祖雅好禮，因集儒學之士，草封禪儀，將欲行焉。懋以爲不可，因建議曰：「臣案舜幸岱宗，是爲巡守，而鄭引《孝經鉤命決》云：『封於太山，考績柴燎，禪乎梁父，刻石紀號。』此緯書之曲説，非正經之通義也。依《白虎通》云，『封者，言附廣也；

❶「開」，原作「闕」，據庫本及《宋書・禮志》改。

禪者，言成功相傳也』。若以禪授爲義，則禹不應傳啓至桀十七世也，湯又不應傳外丙至紂三十七世也。❶ 又《禮記》云：『三皇禪奕奕，謂盛德也。五帝禪亭亭，特立獨起於身也。三王禪梁甫，連延不絶，父殁子繼也。』若謂禪奕奕爲盛德者，古義以伏羲、神農、黄帝，是爲三皇。伏羲封太山，禪云云，黄帝封太山，禪亭亭，皆不禪奕奕，而云盛德，則無所寄矣。若謂五帝禪亭亭，特立獨起於身者，顓頊封太山，禪云云，帝嚳封太山，禪云云，堯封太山，禪云云，舜封太山，禪云云，亦不禪亭亭，若合黄帝以爲五帝者，少昊即黄帝子，又非獨立之義矣。若謂三王禪梁甫，連延不絶，父没子繼者，禹封太山，禪云云，周成王封太山，禪社首，舊書如此，異乎禮説，皆道聽所得，失其本文。假使三王皆封太山禪梁甫者，是爲封太山則有傳世之義，禪梁甫則有揖讓之懷，或欲禪位，或欲傳子，義既矛盾，理必不然。又七十二君，夷吾所記，此中世數，裁可得二十餘主：伏羲、神農、女媧、大庭、柏皇、中央、栗陸、驪連、赫胥、尊盧、混沌、昊英、有巢、朱襄、葛天、陰康、無懷、黄帝、少昊、顓頊、高辛、堯、舜、禹、湯、文、武，中間乃有共工霸有九州，非帝之數，云何得有七十二君封禪之事？且燧人以前至周之世，未有君臣，人心淳樸，不應金泥玉檢，升中刻石。燧人、伏羲、神農三皇結繩而治，書契未作，未應有鐫文告成。且無懷氏，伏羲後第十六主，云何得在伏羲前封太山禪云云？夷吾又曰：『惟受命之君然後得封禪。』周成王非受命君，云何而得封太山禪社首？神

❶「又」，原作「文」，據庫本改。

農與炎帝是一主，而云神農封太山禪云云，炎帝封太山禪云云，分爲二人，妄亦甚矣！若是聖主，不須封禪；若是凡主，不應封禪。當時齊桓欲行此事，管仲知其不可，故舉怪物以屈之也。秦始皇登太山中坂，風雨暴至，休松樹下，封爲五大夫，而事不遂。漢武帝宗信方士，廣召儒生，皮弁縉紳，射牛行事，獨與霍嬗俱上，既而子侯暴卒，厥足用傷。至魏明，使高堂隆撰其禮儀，聞隆没，歎息曰：『天不欲成吾事，高生舍我亡也。』晉武太始中欲封禪，乃至太康議猶不定，意不果行。孫皓遣兼司空董朝、兼太常周處至陽羨封禪國山。此朝君子，有何功德？不思古道而欲封禪，皆是主好名于上，臣阿旨于下也。夫封禪者，不出正經，惟《左傳》説『禹會諸侯於塗山，執玉帛者萬國』，亦不謂爲封禪。鄭玄有參、柴之風，不能推尋正經，專信緯候之書，斯爲謬矣。蓋《禮》云『因天事天，因地事地，因名山升中于天，因吉土享帝于郊』。燔柴岱宗，即因山之謂矣。故《曲禮》云『天子祭天地』是也。又祈穀一，報穀一，禮乃不顯祈報地，推文則有。《樂記》云：『大樂與天地同和，大禮與天地同節。和故百物不失，節故祀天祭地。』百物不失者，天生之，地養之。故知地亦有祈報，是則一年三郊天，三祭地。《周官》有圜丘、方澤者，總爲三事，郊祭天地。故《小宗伯》云『兆五帝於四郊』，此即《月令》迎氣之郊也。《舜典》有『歲二月東巡守，至于岱宗』，夏南，秋西，冬北，五年一周，若爲封禪，何其數也！此爲九郊，亦皆正義。至如大旅於南郊者，非常祭也。《大宗伯》『國有大故則旅上帝』，《月令》云『仲春玄鳥至，祀于高禖』，亦非常祭。故《詩》

云『克禋克祀，以弗無子』。并有雩禱，亦非常祭。《禮》云『雩，禜水旱也』。是爲合郊天地有三，特郊天有九，非常祀又有三。《孝經》云：『宗祀文王于明堂，以配上帝。』雩祭與明堂雖是祭天，而不在郊，是爲天祀有十六，地祭有三，惟大禘祀不在此數。《大傳》云：『王者禘其祖之所自出，以其祖配之。』異于常祭，以故云大於時祭。案《繫辭》云：『《易》之爲書也，廣大悉備。有天道焉，有地道焉，有人道焉，兼三才而兩之，故六。六者非他，三才之道也。』《乾》彖云：『大哉乾元，萬物資始，乃統天。雲行雨施，品物流形，大明終始，六位時成。』此則應六年一祭，坤元亦爾。誠敬之道，盡此而備。至於封禪，非所敢聞。」高祖嘉納之，因推演懋議，稱制旨以答，請者由是遂停。

【胡氏寅《讀史管見》】封禪之事，漢唐之君往往行之，曾無一人建議明白如許懋者，賢哉懋乎，其學可謂正矣！漢唐以來，緯書行而經學弛，重以鄭玄，博聞寡要，不知折衷於聖人，而惟緯書之信。世無稽古大儒，稽古言以祛羣惑，遂使有天下者，于無事時，肆其侈心，千乘萬騎，巡守侈費；登山琢石，夸大功德。或有秘祝，以祈不死，取笑當代，貽譏後來。彼梁武之資，未必如漢光武之英也。一聞懋言，遂遏欲行之意。❶推廣其義，以答請者，則賢于光武遠矣。使其舉措每如此，則金甌之業，何缺壞之有！

右梁武帝不行封禪。

【《通典》】北齊有巡守之禮并登封之儀，竟不行。

❶「意」，原作「竟」，據庫本改。

【《名臣奏議》】北齊文宣帝天保五年正月，制詔問升中紀號，秀州長吏樊孝謙對曰：「臣聞巡岳之禮，勒在《虞書》，省方之義，著於《易象》。往帝前王，匪唯一姓，封金刊玉，億有餘人。仲尼之觀梁甫，不能盡識；夷吾之對齊桓，所存未幾。然盛德之事，必待太平，苟非其人，更貽靈譴。秦皇無道，致風雨之災；漢武奢淫，有奉車之害。及文叔受命，炎精更輝，四海安流，天下輯睦，劍賜騎士，馬駕鼓車，乃用張純之文，始從伯陽之說。至於魏、晉，雖各有君，量德而處，莫能擬議。蔣濟上言於前，徒穢紙墨；袁準發論于後，終未施行。世歷三朝，年將十紀，啓聖之期，兹爲昌會。陛下以神武之姿，天然之略，馬多冀北，將異山西，涼風至，白露下，北上太行，東臨碣石，方欲吞巴蜀而掃崤函，苑長洲而池江漢。復恐迎風縱火，芝艾共焚，案此六軍，未申九伐。夫周發牙璋，漢馳竹使，義在濟民，非聞好戰。至如投鼠忌器之說，蓋是常談；文德懷遠之言，豈識權道。今三臺令子，六郡良家，蓄鋭須時，裹糧待詔。未若龍驤虎服，先收隴右之民，電轉雷驚，因取荆南之地。昔秦舉長平，金精食昴，楚攻鉅鹿，枉矢宵流，況我威靈，能無協讚。但使彼之百姓一覩六軍，似見周王，若逢司隸。然後除其苛令，與其約法，振旅而還，止戈爲武，標金南海，勒石東山，紀天地之奇功，被風聲於千載。若令馬兒不死，子陽尚在，便欲案明堂之圖，草射牛之禮，比德論功，多慙往列，升中告禪，臣用有疑。」

右北齊文宣帝封禪未行。

【《隋書・高祖本紀》】開皇九年陳國平，時朝野物議，咸願登封。秋七月丙午，詔曰：「豈可命一將軍除一小國，遐邇注意，便謂太平。以薄德而封名山，用虚言而干上帝，非朕攸聞。而今以後，言及封禪，宜即禁絶。」冬十一月壬辰，攷使定州刺史豆盧通等上表，請封禪，上不許。

【《禮儀志》】自古帝王之興，皆稟五精之氣。每易姓而起，以致太平，必封乎泰山，所以告成功也。封訖而禪乎梁甫。梁甫者，泰山之支山卑下者也，能以其道配成高德。故禪乎梁甫，亦以告太平也。封禪者，高厚之謂也。天以高爲尊，地以厚爲德，增太山之高，以報天也，厚梁甫之基，以報地也。明天之所命，功成事就，有益于天地，若天地之更高厚云。《記》曰：「王者因天事天，因地事地。因名山升中於天，而鳳凰降，龜龍格。」齊桓公既霸而欲封禪，管仲言之詳矣。秦始皇既黜儒生，而封泰山，禪梁甫，其封事皆祕之，不可得而傳也。漢武帝頗採方士之言，造爲玉牒，而編以金繩，封廣九尺，高一丈二尺。光武中興，聿遵其故。晉、宋、齊、梁及陳，皆未遑其議。後齊有巡守之禮，并登封之儀，竟不之行也。開皇十四年，羣臣請封禪，高祖不納。晉王廣又率百官抗表固請，帝命有司草儀注。於是牛弘、辛彦之、許善心、姚察、虞世基等創定其禮，奏之。帝逡巡其事，曰：「此事體大，朕何德以堪之。但當東守，因拜岱山耳。」十五年春，行幸兖州，遂次岱岳。爲壇，如南郊，又壝外爲柴壇，飾神廟，展宮縣於庭。爲埋埳二於南門外。又陳樂設位於青帝壇，如南郊。帝服衮冕，乘金輅，備法駕而行。禮畢，遂詣青帝壇而祭焉。

【《舊唐書·禮儀志》】隋開皇十四年，晉王廣率百官抗表固請封禪。十五年幸兖州，遂於泰山下爲壇設祭，不升山而還。

右隋文帝不行封禪。

【《册府元龜》】兖州刺史薛胄以天下太平，登封告禪，帝王盛烈，遂遣博士登太山，觀古跡，撰《封禪圖》及《儀》，上之。高祖謙讓不許。

右唐高祖不行封禪。

【《舊唐書·太宗本紀》】貞觀五年正月癸未，朝集使請封禪。

【《册府元龜》】貞觀五年正月，朝集使、趙郡王孝恭等，僉議以爲天下一統，四夷來同，詣闕上表請封禪。帝手詔曰：「省表具懷。自有隋失道，四海横流，百王之弊，于斯爲甚。朕提劍鞠旅，首啓戎行，扶翼興運，克成鴻業，遂荷慈睠，恭承大寶。每日昃思治，弗敢康寧，兢兢夕惕，用忘興寢。履薄馭朽，不足爲喻。賴三靈顯命，百辟同心，海外無塵，遠夷慕義。但流遁永久，凋殘未復，田疇多曠，倉廩猶虚。家給人足，尚懷多愧。豈可遽追前代，取譏虚美！所望恂恂濟濟，叶力盡誠，輔其不逮，致之王道，如得雅頌形于金石，菽粟同如水火，反樸還淳，當如來議。」十二月己亥，朝集使、利州都督武士彠等詣朝堂，又上表請封禪。帝曰：「隋末分離，羣兇競逐。我提三尺劍，數年之間，正一四海，是朕武功所定也。突厥强梁，世爲紛更，今乃襲我衣冠，爲我臣吏，殊方異類，輻輳鴻臚，是朕文教所來也。突厥破滅，君臣爲俘，安養之情，同于赤子，是朕仁愛之道也。林邑貢能言鳥，新羅獻女樂，憫其離本，皆令反國，是朕敦本也。酬功録效，必依賞格，懲惡罰罪，必據刑書，割親愛，捨嫌隙，以弘至公之道，是朕崇信也。非朕苟自矜伐，欲明聖人之教不徒然也。比年穀稼頻登，疾疢不作，誠宜展禮名山，以謝天地，但以喪亂之後，民物凋殘，憚于勞費，所未遑也。」

【《舊唐書·禮儀志》】貞觀六年，平突厥，年穀屢登，羣臣上言請封泰山。太宗曰：「議者以封禪爲大典。如朕本心，但使天下太平，家給人足，雖闕封禪之禮，亦可比德堯、舜；若百姓不足，夷狄内侵，縱修封禪之儀，亦何異于桀、紂？昔秦始皇自謂德洽天心，自稱皇帝，登封岱宗，奢侈自矜。漢文帝竟不登封，而躬行儉約，刑措不用。今皆稱始皇爲暴虐之主，漢文爲有德之君。以此而言，無假封禪。《禮》云『至敬不壇』，掃地而祭，足表至誠，何必遠登高山，封數尺之土也！」侍中王珪曰：「陛下發德音，明封禪本末，非愚臣之所及。」祕書監魏徵曰：「隋末大亂，黎民遇陛下，始有生望。養之則至仁，勞之則未可。升中之禮，須備千乘萬騎，供帳之費，動役數州。户口蕭條，何以能給？」太宗深嘉徵言，而中外表章不已。上問禮官兩漢封山儀注，因遣中書侍郎杜正倫行太山上七十二帝壇跡。是年兩河水潦，其事乃寢。

【《大唐新語》】貞觀中，百官上表請封禪，太宗許焉。唯魏徵切諫，以爲不可。太宗謂魏徵曰：「朕欲封禪，卿極言之，豈功不高耶，德不厚耶，遠夷不服耶，嘉瑞不至耶，年穀不登耶，何爲不可？」徵對曰：「陛下功則高矣，而人未懷惠；德雖厚矣，而澤未旁流。諸夏雖安，未足以供事；遠夷慕義，未足供其求。符瑞雖臻，罻羅猶密；積歲一豐，倉廩尚虚。此臣所以竊謂未可。臣未能遠譬，但喻于人。今有人，十年長患療，治且愈，皮骨僅存，便欲使負米一石，日行百里，必不可得。隋氏之亂，非止十年，陛下之良醫除其疾苦，雖已人安，未甚充實。告成天地，臣竊有疑。且陛下東封，萬國咸集，要荒之外，莫不奔走，自今伊洛，洎于海岱，❶灌莽巨澤，茫茫千里，人煙斷絶，雞犬不聞，道路蕭條，進退艱阻。豈可引彼夷狄，示之虚弱。殫府竭財，未厭遠人之望；加年給復，不償百姓之勞。或水旱之災，風雨之變，庸夫横議，悔不可追。豈獨臣言，兆人咸爾。」太宗不能奪，乃罷封禪。

【《貞觀政要》】太宗謂房玄齡曰：「封禪是帝王盛事，比表請者不絶，公等以爲何如？」魏徵對曰：「帝王在德，不在封禪。自喪亂以來，近泰山州縣，彫殘最甚。若車駕既行，不能全無使役，此便是因封禪而勞役百姓。」太宗曰：「封禪之事，不自取功績歸之於天。譬如玄齡等功臣，雖有益于國，能自謙讓歸之于朕，豈似不言而欲自取。今向泰山，功歸于天，有似于此。然朕意常以嵩高既是中嶽，何謝泰山？公等評議。」

【《册府元龜》】貞觀六年，公卿百寮以天下太平，四夷賓服，詣闕請封禪者，首尾相屬，帝不許，嘗從容而言曰：「朕本諸公子也，始望不及此。屬天下喪亂，遂有救焚拯溺之志，義師入關之始，羣凶鼎沸，當此之時，但得三分天下，亦爲足矣。朕以不武，内禀太上皇之謀，外假士大夫之力，數年之間，六合大定，升中告禪，信亦其時。然朕往昔蒙犯霜露，遂嬰氣疾，但恐登封之後，彌增誠懼，有乖營衛，非所以益朕也。少欲自

❶「洎」，原作「泊」，據庫本改。

怡，用安年壽。公卿等勿復爲言。」

【《舊唐書·禮儀志》】貞觀十一年，羣臣復勸封山，始議其禮。于是國子博士劉伯莊、睦州刺史徐令言等，各上封禪之事，互設疑議，所見不同。多言新禮中封禪儀注，簡略未周。太宗勅祕書少監顏師古、諫議大夫朱子奢等，與四方名儒博物之士參議得失。議者數十家，遞相駁難，紛紜久不決。于是左僕射房玄齡、特進魏徵、中書令楊師道，博採衆議堪行用而於舊禮不同者奏之。其議昊天上帝壇曰：「將封先祭，義在告神，且備謁敬之儀，方展慶成之禮。固當於壇下阯，豫申齊潔。贊享已畢，然後登封。既表重慎之深，兼示行事有漸。今請祭於泰山下，設壇以祀上帝，以大祖景皇帝配享。壇長一十二丈，高一丈二尺。」又議製玉牒曰：「金玉重寶，質性貞堅，宗祀郊禋，皆充器幣，豈嫌華美，實貴精確。況乎三神壯觀，萬代鴻名，禮極殷崇，事資藻縟。玉牒玉簡，式緼靈奇。傳之無窮，永存不朽。今請玉牒長一尺三寸，廣厚各五寸。玉簡厚二寸，長短闊狹一如玉牒。其印齒請隨璽大小，仍纏以金繩五周。」又議玉策曰：「封禪之祭，嚴配作主，皆奠玉策，肅奉虔誠。今玉策四枚，各長一尺三寸，廣一寸五分，厚五分。每策五簡，俱以金編。其一奠上帝，一奠太祖座，一奠皇地祇，一奠高祖座。」又議金匱曰：「登配之策，盛以金匱，歸格藝祖之廟室。今請長短令容玉策，高廣各六寸。形制如今之表函。纏以金繩，封以金泥，印以受命璽。」又議方石再累曰：「舊藏玉牒，止用石函，亦猶盛書篋笥，所以或呼石篋。今請方石三枚，以爲再累。其十枚石簡，刻方石四邊而立之。纏以金繩，封以石泥，印以受命璽。」又議泰山上圜壇曰：「四出開道，壇場通義，❶南面入升，於事爲允。今請介丘上圜壇廣五丈，高九尺，用五色土加之。四面各設一階。御位在壇南，升自南階，而就上封玉牒。」又議圜壇上土封曰：「凡言封者，皆是積土之名。利建分封，亦以班社立號。謂之封禪，厥義可知。今請于圜壇之上，安置方石，璽緘既畢，加土築以爲封。高一丈二尺，而廣二丈，以五色土益封，牒書藏于其内。祀禪之所土，封制亦同此。」又議玉璽曰：「謹詳前載方石緘封，玉檢金泥，必資印璽，以爲祕固。今請依令用受命璽以封石檢。其玉檢既與石檢大小不同，請更造璽一枚，方一寸二分，文同受命璽，以封玉牒。石檢形制，依漢建武時故事。」又議立碑曰：「勒石紀號，顯揚功業，登封降禪，肆覲之壇，立碑。」又議設告至壇曰：「既至山下，禮行告至，柴于東方上帝，望秩遍禮羣神。今請其壇方八丈一尺，高三尺，陛仍四出。其禪方壇及餘儀式，請從今禮。仍請柴祭、望秩，同時行事。」又議廢石闕及大小距石曰：「距石之設，意取牢固，本資實用，豈云彫飾。今既積土厚封，足與天長地久。其小距環壇，石闕迴建，事非經誥，無益禮儀，煩而非要，請從減省。」太宗從其議，仍令附之於禮。

【《顔師古傳》】帝將有事泰山，詔公卿博士雜定其儀，而論者争爲異端。師古奏：「臣譔定《封禪儀注書》在十一年，于時諸儒謂爲適中。」于是以付有司，多從其説。

❶「義」，原作「議」，據《舊唐書·禮儀志》改。

【《册府元龜》】貞觀十四年十月甲戌，趙王元景等表請封禪奏曰：「夫功成道合，古今以爲隆平；登封降禪，聖賢謂之大典。是以出震則天之后，革夏變商之君，繼韶夏而施尊名，崇號謚而廣符瑞。顧遲遲焉，羣臣區區，誠爲此也。原夫大始云構，生靈厥萌，黎庶布乎穹壤，皇王司其右契。遐哉上古，以迄於兹，歷選休徵，未有如今日之盛也。所以敢罄窺管，無懼觸鱗，瀝膽披肝，言亦備矣，援天引聖，辭亦殫矣。幸蒙亭育之澤，降以聽覽之恩，大賚雖敷，猶申後命。未便涣汗，方事逡巡，懷生之徒，不遑寧處。伏乞皇帝陛下則天成務，應物爲心，協三才之會昌，乃霈然而動色，遂萬姓之延首，俯凝旒而改容。雖復龍圖告徵，龜書襲吉，尚諮諏於四岳，建明謨於兆人。欲使六合之中，沃心通于朝野；八紘之内，下問浹于華戎。凡在人靈，疇無抃躍。今兹百辟咸集，九有攸同，並執玉以來庭，俱式歌而且舞。遠則重譯僉議，近則端笏參謀，欣覩增天之高，願逢加地之厚。絶域忘生而越險，華髮忍死而争趨。中外之心克諧，愚智之情允睦。掌故事者，草登封而待期；執羈勒者，儼車徒而俟命。庶官率職，三事夙興，遠邇昌言，明靈幽贊，莫不傾視俯聽，希陪肆覲之禮；效祉呈祥，欽承告成之慶。山稱萬歲，企和鑾而發奇；雲浮五彩，佇華蓋而交蔭。兩儀之情轉迫，萬國之望愈深。臣又聞之，屈己從衆，至人所以稱仁；絲言顯發，哲王以之敷信。昨奉明詔，許以試之，實降皇情，俯同人欲。寬仁之利斯博，示信之道宜弘。即日庶尹馳心，咸奉章而守闕；列藩翹足，各伏地以祈恩。所冀天慈，深加昭察，制可群寮之奏，尅以發軫之期，頒示普天，申明絶典。使夫一時之士，欣獨高于萬代，八荒之酋，荷周露于再造。則臣等死日，猶生之年，不任誠懇之至，謹與連牽方牧等奉表詣闕，固請以聞。」帝冲讓不許，至于再三，于是下詔曰：「自古明王，君臨區宇，功濟天下，道被生民，内外無虞，年穀豐稔，莫不歸功上玄，致禮厚地，騰茂實于六合，飛英聲于百代。今公卿在列，屢屬虚心，岳牧具僚，固陳僉願，理在難奪，敬依來請，顧循諸己，仍懷慙德。」

【《唐書・太宗本紀》】貞觀十五年四月辛卯，詔以來歲二月有事于泰山。六月己酉，有星孛于太微。丙辰，停封泰山。

【《唐書・禮樂志》】唐太宗已平突厥，年穀屢豐，羣臣請封太山。太宗初頗非之，已而遣中書侍郎杜正倫行太山上七十二君壇迹，以是歲兩河大水而止。其後，羣臣言封禪者多。至十五年，將東幸，行至洛陽，而彗星見，乃止。

【《册府元龜》】貞觀十五年三月庚辰，肅州言，所部川原，遍生芝草。先是，百僚及雍州父老，詣朝堂上表請封禪。四月辛卯朔，下詔曰：「肇有蒸庶，樹之司牧，載籍所紀，風烈猶存。至于道洽品物，功成宇縣，天眷彰于符瑞，人事表於隆平，莫不增封岱宗，廣禪梁甫，榮鏡六合，對越三神。前聖所以垂其尊名，後王所以仰其休烈，蓋由此也。自火德既衰，三光分裂，金行失御，九鼎沈淪，諸華競逐，彝倫大壞。雖周室削平趙魏，隋氏混一文軌，而金革之事，未戢于封疆；雅頌之音，弗聞於朝廷。遂使至教闕如，淳風莫反。齊郊絶類帝之禮，日觀缺升中之儀，其已久矣。朕丕膺景命，嗣守洪基，承大亂之餘，當率土之責。負扆興惕，納隍在慮，上憑宗社之靈，下資士庶之力。草昧伊始，援干戈以靖亂；區夏既平，引禮樂以緯俗。尉候無警，菑畬有年，比屋咸保其歡，含氣不違其性。殊方異域，盡地界而來庭；應圖合牒，殫天符而表瑞。緬懷前載，詳求諸己，豈伊寡德，能致此乎？固乃上玄所叶贊也。而群公卿士，百辟庶僚，因陳人祇之意，請遵封禪之典，推而不居，至於數四。文武之情彌切，内外之議日聞，誠請頻繁，淹歷年載。朕繼跡百王，因心萬物；上奉蒼昊，義在薦功；下撫黎元，方祈厚福。既迫兹理，敢不祇從，猥以眇身，齊美上代，永言夙志，凛乎增惕。可以來年二月有事泰山，所司宜與公卿并諸儒士及朝臣有學業者，詳定其儀，博考聖賢之旨，以允古今之中，務盡誠敬，稱朕意焉。」于是詔太常卿韋挺爲簡較封禪大使，禮部侍郎令孤德棻副焉。朝廷參議其儀，異端競起，祕書少監顔師古乃奏稱：「臣撰定封禪之禮書，在十一年春，于時諸儒參詳，以爲適中。」詔公卿定其可否，多從師古之禮。六月己酉，有星孛於太微宫，犯帝位。辛亥，朝散大夫、行起居郎褚遂良進曰：「陛下撥亂反正，功超前烈，告成升岳，天下幸甚。而行至雒陽，彗星輒見，此或有所未允合者也。且漢武優柔數年，始行岱禮。臣愚伏願詳擇。」丙辰，詔曰：「自古皇王，受天之命，建顯號於封禪，揚洪名於竹帛者，莫不功濟夷夏，道叶人祇。然登太山之高，刊梁甫之石，未有七德靡記，九部寂寥，而欲齊聲於聖哲，垂美於篆籀者也。朕承宗廟之重，當區宇之責，寅畏三靈，憂勤萬姓。雖戡剪禍亂，克定遐荒，而至教猶鬱，刑典未厝。勝殘之化，未洽于率土；和平之風，多慙于往烈。是以覽經籍而自失，想壇場而增懼，亟寢縉紳之奏，屢拒公卿之請，逡巡大典，荏苒歷載。近者文武百僚，州縣庶尹，頻繁抗表，殷勤固陳。咸以爲兩儀交泰，四夷賓服，禮讓興行，年穀豐稔。蒼昊呈符于上，靈符不可以久替；黎獻協心於下，衆欲不可以固拒。朕迫兹羣議，敢不敬從，欲薦功上玄，大報后土。升中之儀已具，省方之期有日。今太史奏有彗星出於西方。朕撫躬自省，深以戰慄。良由功業之被六合，猶有未著；德化之覃八表，尚多所闕。遂使神祇垂祐，警戒昭然。朕畏天之威，寢興靡措。且曠代盛典，禮數非一，行途之間，勞費不少。冬夏凋弊，多未克復，將送儀仗，轉運糧儲，雖存節省之義，終煩黎庶之力，非唯上虧天意，亦恐下失人心。解而更張，抑有故實。前以來年二月有事太山，宜停。庶夙夜自修，遂其罪己之志；勤恤匪懈，申其納隍之情。倘蒙靈祇迴睠，宗社介福，朝廷同于大道，風俗歸于朴素，告成之美，更思其宜，仍命所司，太山有前代帝王因封禪立碑及石函檢之類，往遭離亂，被賊毀發，並修立瘞藏之。」

二十年十一月，司徒長孫無忌與百官及方岳等上表請封禪，不許。司徒長孫無忌與百僚又請封禪。詔曰：「朕念遠役初寧，頗須休息。深知所請，甚合機宜。即事省方，恐生勞擾。俟百姓閑逸，可徐議之。」十二月己丑，司徒長孫無忌等又詣順天門，抗表請封禪，曰：「臣聞陰陽不測，陶冶生靈之謂神；道德玄通，仁育黎元之謂聖。聖也者，自天之攸縱也；神也者，代天之理物也。是以惟天稱辟，靈心作其會昌；惟辟奉天，至誠表其封禪。升中之道，抑斯之謂歟。由是先王急焉，當仁不讓，景中必彗，時至則行，務在告于成功，故無俟于終日。伏見綸旨，辭遠役之初寧；緩此嘉期，託俟人之逸豫。豈容前歌拔拒，戢武之後辭勞；拓境開疆，太平之秋有勸。誠如睿慮，未昭百姓之心；假此空言，實乖千里之應。臣等伏膺麟閣，縱觀太始之初，沈研鳥文，歷選檜巢之上。悠悠粟陸，未辨犧牲；淼淼大庭，孰知罇俎？袞衣爲飾，尚報太帝之功；茹毛充薦，輕展介丘之禮。西敘窮乎積石，東漸迫乎滄江，化未覃于九夷，貢有闕于三脊。猶且範圍天地，斡運羲舒，揚翠旌于奉高，撫朱弦于岱岳。迓百神而賓上帝，契三靈而謁太壇。玉牘靈文，飛英華于萬古；金繩祕檢，騰清輝于八埏。是知紀號垂名，崇高莫加于肆類；推功輯瑞，廣厚莫大于登封。若乃靈貺所集，人謀允洽，雖固執於撝謙，諒無得而辭也。伏惟皇帝陛下，研精探賾，神無不照。唯幾所鑒，洞出象帝之初；先天成則，超貫混元之際。由是大明揚彩，麗雕軒以再中；景宿騰輝，藻璇題以霄映。奔山車而疊軫，促日馭之鳴鑾；躍澤馬而相趨，徵天駟之徐軔。煙川清野，蓄洩于奕奕之阿；薰風驚途，扇蕩于云云之嶠。其冥兆也如彼，其顯應也若斯。而陛下因事逡巡，方稽大典。使尊名顯號，韜光于琰碑；絶異殊尤，沮絢于瓊簡。孰謂畏天之命，順人之欲者歟？率土悽悽，深所未喻。臣又聞之，游海若者，馮夷之宮爲陋；登太山者，魯侯之邦蓋小。是知絳霄不極，九垓網絡于胸中；赤縣無涯，四海括囊於度内。何者？升山巢睫，竊比所以懸殊；朝菌靈椿，長短自然相度也。若夫大樂云替，封豨盜鐘；大禮既湮，長鯨裂冕。酌撫石于無體，鈞天之響鬱興；採掃地于無形，禋宗之道愈劭。則女希暫其創制，軒后歸其正名矣。至若比屋見誅，農夫化爲京觀；稟噍無類，芻牧窮于染鍔。重興粒食，頌栖畝之餘糧；首建驂驔，詠徒行之兼乘。則農皇貶于推轂，羲氏退以扶輪矣。既而凝旒闡化，中外禔福，負扆勝殘，飛沈遂性。亭育侔于宇宙，就望體于雲日。荷其德以難名，用其功而無謝。故乃邈高辛之順義，孕顓頊之疏通矣。加以刑清政肅，委金科而罔施；毀犴空囹，設畫衣而莫犯。通關梁于夐服，共苑囿于黎蒸。擊壤而謡，傳清音于戎狄；耕田而食，建可封于皂隸。外户設而不扃，神獸馴而靡觸。故以光融伊帝，景焕虞庭。至於卑宮菲膳，孝享通于鬼神；大路越席，致敬極于嚴配。黄屋建三辰之旂，垂範裕于千祀；玄冔垂九旒之藻，設法懸于萬代。小正調其玉燭，應祥冥而不虧；中天朗其金鏡，與真明而同晷。則文命以是伏膺，元王于兹負笈矣。洎乎翦商除害，夷項璺災，戮冀野而復皇猷，誅疇華而清帝道。提倚天之長劍，拯塗炭于遊魂；揮駐日之雕戈，暢懷生于仁壽。則駭文武之仍代，吞高光之累葉矣。詮彼數君，時聞一善，能兼之者，實歸仁聖。若乃提封海外，總一寰中，日域窮芳華之津，月窟跨濛波之表。顒顒向内，並爲冠帶之倫；飄飄駕風，總萃王庭之會。賁北荒之明月，牣天府以摛光。篚南州之火毛，翳旗亭而吐曜。龍伯釣鰲之旅，咸編列于武臣；鳳洲君子之渠，各委質于文吏。斯乃書契之所未覩，超古先而絶類矣。竊惟域中三大，義均一體，感通由乎影響，彌綸切乎交際。是知德逾厚者貺逾深，功尤高者祥尤著。當今皥穹儲祉，浹天紘以宅心；后土錫符，總坤維而服化。由是百官累息，萬國聳神，僉發叩閽之請，佇副上靈之望。伏願時紆睿紱，遠振天聲，徵鴻儒，聘鯢齒，考逸義，緝遺編，摭秦煨之逸文，採魯壁之餘蠹，酌雲經而定議，憲河圖而繕儀。然後五路乘春，金鑣肅景，五牛翻其折羽，六龍輝其鏤錫，鼓豐隆而驚翠微，振列缺而清緑野。疑笳發岫，合萬歲于山言；飛蓋登巒，錯五松于林秀。登圜壇而接武，降曜魄而齊尊。俾夫一代衣冠，寘其名于册府；四方夷狄，鑿其竅于靈宫。則普天欣賴，懷生再造，朝聞夕死，抃若登仙。臣等深荷玉成，不勝至願，重竭愚瞽，昧死以聞。」詔曰：「朕遐觀哲王，焕在方册，功既成矣，咸禮備以升中；道既行焉，必奉符而告禪，所以發揮天命，昭格上靈，其有建顯號以創鴻徽，施尊名而騰茂烈者，莫不揚輝于鏤玉，絢景于塗金，昭昭然麗三辰而並運，滔滔焉播四冥而極深。朕誠寡德，良深景慕。曩者泯俗凋弊，國步甫安，勉致隆平，日不暇給。而槐卿守闕，請繼美于云亭；岳牧叩閽，祈踵武于梁岱。自惟菲薄，至道未凝，抗禮皥穹，實懷疑懼。緬尋幼齒，運鍾交喪，忘其家以狥天下，委其體以濟寰中，翊戴先皇，削平諸夏。出於萬死，首導五横之源；不顧一生，光錫兆人之命。越自鑪炭，獲返營魂；拔於鬼録，並登仁壽。竊惟天地之大德，存於施生；朕以徑寸之懷小心，襲於造育。降期體泰，諒或繇兹。不然者，何能致於此也。遂得池隍象浦，苑囿龍沙，置一侯於鶼林，同六爻於鰈水。實資天睠，賁以咸亨，豈朕微庸而能及此。今兹列辟卿士，鴻生碩德，各述靈徽，累陳丹款，既迫群議，當事敬從。」乃詔有司廣召縉紳先生議方石圜壇之制，草封禪射牛之禮，修造羽儀輦輅，並送之雒陽宫。

【《唐書・太宗本紀》】貞觀二十一年正月丁酉，詔以來歲二月有事於泰山。八月，泉州海溢，壬戌，停封太山。

【《册府元龜》】貞觀二十一年正月丁酉，詔曰：「朕聞天高地大，首播黎方；媧皇燧人，肇恭元籙。是知施生爲德，處崇高而不言；亭毒攸資，委欽明以司契。洎乎三正迭建，五運相遷，休烈存乎典墳，至道流乎雅頌。其有仰齊七政，俯會百神，察靈眷于祥符，服元功于昭告，莫不罄情梁岱，繼踵云亭。對越兩儀，盡先聖之能事；揚蕤三統，垂曩哲之尊名。懸鏡天衢，罔不繇於此也。自中陽絶組，堙白水于窮流；宫孽紹興，阻黄星于天塹。永嘉東播，化金馬以爲牛；道武南徂，飛蒼鵝以登祚。周吞岳裔，逮三葉而巢傾；隋并舜後，及二帝而舟覆。莫不以凶易亂，以暴代昏，各肆巨釁之心，規享上靈之佑。卻行求進，其可得乎？由是寂寥千祀，無懷之風不嗣；泯棄七經，子長之言殆絶。遂使成山日觀，久闕升中之儀；汶上明堂，疇聞類帝之義。顧瞻禮樂，深有可嗟。朕幼踐危機，愍斯窮運，上同負翼，下靡息肩，負荷休徵，投旗鞠旅，肅恭儲祉，吟雲躍鱗。順朱鳥以行誅，騫丹鳳而遐舉，射九烏而懸日月，區品物以煦陽和，練五石以造乾坤，濟摧角以全眉壽。于是尊奉先帝，凝旒于廟堂；躬履兵鋒，憂勤于燮輔。既而仰逼威命，俯順樂推，越自唐侯，言膺下武。深惟憂責之重，自勗若厲之懷，遂致靈貺無涯，翦毛頭而降錫；遊魂削衽，盡窮髮以開疆。東苑蟠桃，西池昧谷，咸覃正朔，並充和氣。較凝禎於往代，窮今古而罕聞；考光澤于前皇，罄練緗而莫覩。豈朕眇身，勤勞所逮？諒由高明垂鑒，祚此隆平。今茲三事大夫，百僚庶尹，各述天人之意，請躡封禪之蹤。顧惟寡薄，推而不有，杜絶羣言，至于數四。中外之情尤切，企佇之望逾深。朕又詳思，荷財成於穹昊，自古賢哲，並歸功於大帝。迫斯至理，弗獲固辭，展禮上玄，實增慙懼。可以貞觀二十二載仲春之月，式遵故實，有事於太山。諸内外具僚，岳牧卿士，既相敦喻，將事告成。各罄乃心，無虧政道，恪居職務，以協時雍。所司宜與縉紳先生、載筆圓冠之士，詳求通典，裁其折中，深加嚴敬，稱朕意焉。乃令天下諸州，明揚仄陋，其有學藝優洽，文蔚翰林，政術甄明，才膺國器者，並宜總集太山。庶令作賦擲金，不韞天庭之掞；披褐懷玉，無溺屠釣之間，務得英奇，當加不次也。」遣太常卿楊師道爲簡較封禪大使，户部侍郎盧承慶爲副，後改令禮部尚書、江夏郡王道宗爲大使。司空梁國公房玄齡等議云：「梁甫、社首二山，並是古昔禪祭之所。去十五年議，❶奏請禪梁甫，今更奉詔詳議。梁甫去太山七十里，又在東南，至於行事，未爲穩便。社首去太山五里，是周家禪處。臣等參詳，請禪社首。有詔依奏，餘並依十五年議。」八月壬戌，詔曰：「朕聞探玄賾者，先實而後賓；體至公者，本仁而末禮。名歸於己，往哲存而弗務；德利於人，前聖徇而爲急。是用範圍天地，權輕重以會時宜；取則陰陽，適變通以從衆欲。由古之封禪，無奪事機。所謂奉天，咸資務隙。朕

❶「去」，《唐會要》卷七《封禪》無此字。

仰窺前志，歷選哲王，無懷有巢，緬逾繩契之末；龜文鳳紀，越在俎豆之先。扣寂寞以傳疑，故可略而言也。至如三元立統，百物正名，步驟之軌非遥，損益之源可挹。雖堯心廣運，局疆域於流沙；禹跡遐宣，限隄封於碣石。猶且先引即敘，次展玉帛之儀；首創賓門，方備云亭之典。告成之義，罔弗由兹。況朕奄有方輿，闔域該於千古；仰承靈睠，降福超於百王。巨海所環，莫非臣妾，長河攸括，並入封疆。日者夷夏同文，禎符狎至。謂可鳴鑾日觀，勒牒仙閭，許以來春，親行告禪。而今延陁一姓，流竄西陲，控弦萬計，初歸正朔，新就縶維，又以公卿庶僚，各陳誠請，遂有翠微之役，非無板築之勞。既而山谷阻深，朝宗有礙，重披丹懇，請建玉華。且復頻有興造，恐致煩勞；兼聞河北數州，頗傷淹澇。朕爲人父母，思濟黎元，順動升中，理無兼遂。其介丘之禮，宜且權停。其玉華宫制度，務從菲薄。更令卑陋，庶免風雨，稱朕意焉。」

【《唐書·謝偃傳》】太宗時偃爲弘文館直學士，撰《玉牒真紀》，以勸封禪。

【《唐實録》】貞觀五年正月，朝集使、趙郡王孝恭等請封禪，手詔不許。十二月己亥，朝集使表請。帝曰：「未遑。」六年，百僚又請，不許。十一年，帝將有事封禪，國子博士劉伯莊等皆上封禪事，言新禮簡略。勑名儒及顔師古、朱子奢參議得失，議者數十家，遞相駁難，不決。于是玄齡、徵、師道采衆議，以爲永式。十四年十月甲戌，趙王元景等表請。壬辰，詔從。十五年三月庚辰，肅州言所部川原遍生芝草。先是，百僚及雍州父老詣朝堂表請。四月辛卯朔，詔以來歲二月有事於泰山，詔太常卿韋挺爲檢校封禪大使，禮部侍郎令狐德棻副焉。秘書少監顔師古奏：「臣撰禮書，在十一年春，詔公卿定可否。」多從師古之禮。六月己酉，有星孛太微宫。辛亥，起居郎褚遂良進曰：「行至洛陽，彗星輒見，或有未允合者。」丙辰，停封泰山。

【《容齋隨筆》】漢光武建武三十年，車駕東巡，羣臣上言，即位三十年，宜封禪泰山。詔曰：「即位三十年，百姓怨氣滿腹，吾誰欺？欺天乎！何事汙七十二代之編録！若郡縣遠遣吏上壽，盛稱虚美，必髡，令屯田。」從此羣臣不敢復言。後二年，上齋，夜讀《河圖會昌符》，曰「赤劉之九，會命岱宗」。感此文，乃詔梁松等案索《河》、《雒》讖文言九世封禪事者，遂奏三十六事，於是求武帝元封故事，以三月行封禪禮。唐太宗貞觀五年，羣臣以四夷咸服，表請封禪。詔不許。六年，復請。上曰：「卿輩皆以封禪爲帝王盛事，朕意不然，若天下乂安，家給人足，雖不封禪，庸何傷乎？昔秦始皇封禪，而漢文帝不封禪，後世豈以文帝之賢不及始皇邪？且事天掃地而祭，何必登太山之巓，封數尺之土，然後可以展其誠敬乎？」已而欲從其請，魏鄭公獨以爲不可，發六難以争之，至以謂崇虚名而受寔害，會河南、北大水，遂寢。十年，復使房喬裁定其禮，將以十六年二月有事于太山，會星孛太微而罷。予謂二帝皆不世出盛德之主，灼知封禪之非，形諸詔誥，可謂著明。然不能幾時，自爲翻覆，光武惑於讖記，❶太宗好大喜名，以今觀之，蓋所以累善政耳。

蕙田案：漢光武、唐太宗，皆一代令主，灼知封禪之非，而不免爲累。一則惑於讖記，卒毅然行之；一則上下往復，歸於中止。然光武之興也，何由知非？僕本以讖爲始事，故深信不疑。雖初有欺天之語，而亦不顧其心事，固坦然明白也。若太宗

❶「惑」，原作「感」，據《容齋隨筆》卷一一改。

非力不能行，特以終非盛德之舉，雖四方獻諛，議協盈廷，不過藉以頌述功德，爲快心之事，故時與答勑而姑從之，意在居其美而謝其名，其用心更爲深遠也。不然，以貞觀之時，何難舉此一事，豈彗星河决之所可止，而鄭公所得而争哉？二主之心跡，自不同矣。

右唐太宗封禪未行。

五禮通考卷第五十

五禮通考卷第五十一

内廷供奉禮部右侍郎金匱秦蕙田編輯
太子太保總督直隸右都御史桐城方觀承同訂
按察司副使元和宋宗元參校

吉禮五十一

四望山川 附封禪

【《通鑑》】顯慶四年六月，詔許敬宗議封禪儀。敬宗請以高祖、太宗俱配昊天上帝，太穆、文德二后並配地祇。從之。

【《唐書·高宗本紀》】麟德元年七月丁未，詔以三年正月有事于泰山。

【《册府元龜》】麟德元年七月丁未朔，詔：「宜以三年正月式遵故實，有事于岱宗，所司詳求茂典，以從折衷。其諸州都督、刺史以二年十二月便集岳下，諸王十月集東都。緣邊州府襟要之處，不在集限。天下諸州，明揚才彦，或銷聲幽藪，或藏器下僚，並隨岳牧舉送。」九月乙丑，詔曰：「來年行幸岱宗，州縣不得浪有煩擾。其水淺可涉，不可繕造橋梁。所行之處，亦勿開道路。諸州及寺觀并百姓，不得輒獻食。」

【《唐書·高宗本紀》】麟德二年二月壬午，如東都。十月丁卯，如泰山。

【《舊唐書·高宗本紀》】麟德二年春正月壬午，幸東都。丁酉，幸合璧宮。甲子，以發向泰山，停選。五月，以司空英國公李勣，少師高陽郡公許敬宗，右相嘉興縣子陸敦信，左相鉅鹿男竇德元爲檢校封禪使。冬十月戊午，皇后請封禪，司禮太常伯劉祥道上疏請封禪。丁卯，將封泰山，發自東都。十一月丙子，次于原武，以少牢祭漢將紀信墓，贈驃騎大將軍。十二月丙午，御齊州大廳。乙卯，命有司祭泰山。丙辰，發靈巖頓。

【《册府元龜》】麟德二年十月丁卯，帝發東都，赴東岳，從駕文武兵士及儀仗法物相繼數百里，列營置幕，彌亘郊原。突厥、于闐、波斯、天竺國、罽賓、烏萇、崑崙、倭國，及新羅、百濟、高麗等諸蕃酋長，各率其屬扈從。穹廬氈帳及牛羊駝馬，填候道路。是時，頻歲豐稔，斗米至五錢，豆麥不列于市。議者以爲古來帝王封禪，未有若斯之盛者也。十二月丙午，至齊州，停十日。丙辰，發靈巖頓，至于太岳之下。庚申，帝御行宮牙帳，以朝羣臣。

【《唐書・高宗本紀》】乾封元年正月戊辰，封于泰山，禪于社首，以皇后爲亞獻。壬申，大赦，改元。

【《禮樂志》】高宗乾封元年，封泰山，爲圓壇山南四里，如圜丘，三壝，壇上飾以青，四方如其色，號封祀壇。玉策三，以玉爲簡，長一尺二寸，廣一寸二分，厚三分，刻以金文。玉匱一，長一尺三寸，以藏上帝之册；金匱二，以藏配帝之册，纏以金繩五周，金泥、玉璽，璽方一寸二分，文如受命璽。石磩以方石再累，皆方五尺，厚一尺，刻方其中以容玉匱。磩旁施檢，刻深三寸三分，闊一尺，當繩刻深三分，闊一寸五分。石檢十枚，以檢石磩，皆長三尺，闊一尺，厚七分；印齒三道，皆深四寸，當璽方五寸，當繩闊一寸五分。檢立于磩旁，南方、北方皆三，東方、西方皆二，去磩隅皆一尺。磩纏以金繩五周，封以石泥。距石十二，分距礎隅，皆再累，皆闊二尺，長一丈，斜刻其首，令與礎隅相應。又爲壇于山上，廣五丈，高九尺，四出陛，一壝，號登封壇。玉檢、玉牒、石礎、石距、玉匱、石檢皆如之。爲降禪壇于社首山上，八隅、一成、八陛如方丘，❶三壝。上飾以黃，四方如其色，其餘皆如登封。其議略定，而天子詔曰：「古今之制，文質不同。今封禪以玉牒、金繩，而瓦尊、匏爵、秸席，宜改從文。」於是昊天上帝褥以蒼，地祇褥以黃，配褥皆以紫，而尊爵亦更焉。是歲正月，天子祀昊天上帝于山下之封祀壇，以高祖、太宗配，如圜丘之禮。親封玉册，置石礎，聚五色土封之，徑一丈二尺，高九尺。已事，升山。明日，又封玉册于登封壇。又明日，祀皇地祇于社首山之降禪壇，如方丘之禮，以大穆皇后、文德皇后配，而以皇后武氏爲亞獻，越國太妃燕氏爲終獻，率六宮以登，❷其帷帟皆錦繡。群臣瞻望，多竊笑之。又明日，御朝覲壇以朝群臣，如元日之禮。乃詔立登封、降禪、朝覲之碑，名封祀壇曰舞鶴臺，登封壇曰萬歲臺，降禪壇曰景雲臺，以紀瑞焉。其後將封嵩岳，以吐蕃、突厥寇邊而止。

【《舊唐書·禮儀志》】高宗即位，公卿數請封禪，則天既立爲皇后，又密贊之。麟德二年二月，車駕發京，東巡狩，詔禮官、博士撰定封禪儀注。有司于乾封元年正月戊辰朔，先是，有司齋戒。於前祀七日平旦，太尉誓百官于行從中臺，云：「來月一日封祀，二日登封泰山，三日禪社首，各揚其職，

❶「如」，原作「加」，據《新唐書·禮樂志》改。
❷「六」，原作「百」，據庫本及《新唐書·禮樂志》改。

不供其事，國有常刑。」上齋于行宮四日，致齋三日。近侍之官應從升者，及從事群官、諸方客使，各本司公館清齋一宿。前祀一日，諸衛會其屬。未後一刻，設黄麾半仗于外壝之外，與樂工人倶清齋一宿。至其年十二月，車駕至山下。及有司進奏儀注，封祀以高祖、太宗同配，禪社首，以太穆皇后、文德皇后同配，皆以公卿充亞獻、終獻之禮。於是皇后抗表曰：「伏尋登封之禮，遠邁古先，而降禪之儀，竊爲未允。其祭地祇之日，以太后昭配，至於行事，皆以公卿。以妾愚誠，恐未周備。何者？乾坤定位，剛柔之義既殊；經義載陳，中外之儀斯别。瑶壇作配，既合于方祇；玉豆薦芳，實歸于内職。况推尊先后，親饗瓊筵，豈有外命宰臣，内參禋祭？詳于至理，有紊徽章。但禮節之源，雖興于昔典；而升降之制，尚缺于遥圖。且往代封岳，雖云顯號，或因時省俗，意在尋仙；或以情覬名，事深爲己。豈如化被乎四表，推美于神宗；道冠乎二儀，歸功于先德？寧可仍遵舊軌，靡創彝章？妾謬處椒闈，叨居蘭掖。但以職惟中饋，道屬于蒸嘗；義切奉先，理光于蘋藻。罔極之思，載結于因心；祗肅之懷，實深于明祀。但妾早乖定省，已闕侍于晨昏；今屬崇禋，豈敢安于帷帟。是故馳情夕寢，睠嬴里而翹魂；疊慮宵興，仰梁郊而聳念。伏望展禮之日，總率六宮内外命婦，以親奉奠。冀申如在之敬，式展虔拜之儀。積此微誠，已淹氣序。既屬鑾輿將警，奠璧非賒，輒效丹心，庶裨大禮。冀聖朝垂則，永播于芳規；螢燭末光，增輝于日月。」於是祭地祇、梁甫，皆以皇后爲亞獻，諸王大妃爲終獻。丙辰，前羅舍府果毅李敬貞論封禪須明水實樽：「《淮南子》云：『方諸見月，則津而爲水。』高誘注云：『方諸，陰燧，大蛤也。熟摩拭令熱，以向月，則水生。以銅盤受之，下數石。』王充《論衡》云：『陽燧取火于日，方諸取水于月，相去甚遠，而火至水來者，氣感之驗也。』《漢書儀》云：❶『八月飲酎，車駕夕牲，以鑑諸取水于月，以陽燧取火于日。』《周禮・考工記》云：『金有六齊。金錫半，謂之鑑燧之齊。』鄭玄注云：『鑑燧，取水火于日月之器。』準鄭此注，則水火之器，皆以金錫爲之。今司宰有陽燧，形如圓鏡，以取明火；陰鑑形如方鏡，以取明水。但比年祀祭，皆用陽燧取火，應時得；以陰鑑取水，未有得者，嘗用井水替明水之處。」奉勅令禮司研究。敬貞因説先儒是非，言及明水，乃云：「《周禮》金錫相半，自是造之法，鄭玄錯解以爲陰鑑之制。依古取明水法，合用方諸，引《淮南子》等書，用大蛤也。」又稱：「敬貞曾八九月中，取蛤一尺二寸者依法試之。自人定至夜半，得水四五斗者。」敬貞所陳，檢有故實。又稱：「先經試驗確執，望請差敬貞自取蚌蛤，便赴泰山與所司對試。」是日，制曰：「古今典制，文質不同。至于制度，隨世代沿革。唯祀天地，獨不改張，斯乃自處于厚，奉天以薄。又今封禪即用玉牒金繩，器物之間復有瓦罇秸席，一時行禮，文質頓乖，駁而不倫，深爲未愜。其封祀、降禪所設上帝、后土位，❷先設藁秸、瓦甒、瓢杯等物，並宜改用裀褥罍爵，每事從文。其諸郊

❶「書」，中華書局校點本《舊唐書》據《册府元龜》卷五八六改作「舊」。

❷「所設」，原作「祈穀」，據《舊唐書・禮儀志》改。

祀，亦宜准此。」于是昊天上帝之座褥以蒼，皇地祇褥以黄，配帝及后褥以紫，五方上帝及大明、夜明席皆以方色，内官已下席皆以莞。

【《册府元龜》】乾封元年正月戊辰朔，有事于泰山，親祀昊天上帝于封祀之壇。己巳，帝登于泰山，封玉牒于介丘。庚午，降禪于社首山，皇后爲亞獻，越國太妃燕氏爲終獻。先是，李勣、許敬宗等議封禪儀注，請以高祖、太宗二座俱配昊天上帝。詔從之。壬申，帝御朝覲壇受朝賀，大赦天下。癸酉，帝謂羣官曰：「升中大禮不行來數千載，近代帝王雖稱封禪，其間事有不同。或謂求仙克禋，或以巡遊望拜，皆非尊崇祖業。近在隋朝，喪亂最甚。老者填溝壑，少壯染兵鋒。高祖發自晉陽，撥亂反正，先朝躬擐甲冑，纘成大業，掃除氛祲，廓清區宇，遂得四海宅心，萬方仰德。朕丕承寶曆十有七年。終日孜孜，夙夜無怠，屬國家無事，天下泰平，華夷乂安，遠近輯睦，所以躬親展禮，褒贊先勳，情在歸功，固非爲己。遂得上應天心，下允人望。今大禮既畢，深以爲慰。公等休戚是同，故應共有此慶。欲與公等飲宴盡歡，各宜在外更衣，即來相見。」仍勑所司撤幄帳，施玉牀。三品以上升壇，四品以下縱列坐壇下，從酒設樂，群臣及諸岳牧競來上壽起舞，日晏方止。戊寅，詔兖州置寺、觀各三所。觀以紫雲仙鶴萬歲爲稱，寺以封巒非煙重輪爲名。丙戌，發自太山，改號封祀壇爲舞鶴臺，介丘壇爲萬歲臺，降禪壇爲景雲臺，以祀日各有弄鶴及山呼萬歲之瑞故也。

【《舊唐書·禮儀志》】乾封三年正月，帝親享昊天上帝於山下封祀之壇，如圜丘之儀。

祭訖，親封玉策，置石礎，聚五色土封之。圜徑一丈二尺，高九尺。其日，帝率侍臣以下升泰山。翌日，就山上登封之壇封玉策訖，復還山下之齋宮。其明日，親祀皇地祇於社首山上降禪之壇，如方丘之儀。皇后爲亞獻，越國太妃燕氏爲終獻。翌日，上御朝覲壇以朝羣臣，如元日之儀。禮畢，讌文武百寮，大赦，改元。案《本紀》，是年三月改元總章。

【《大唐新語》】高宗乾封初，封禪岱宗，行初獻之禮畢，執事者趨下，而宮官執帷。天后率六宮昇壇行禮，帷席皆以錦繡爲之，識者咸非焉。

上元三年二月，詔今冬有事于嵩岳。閏三月，以吐蕃犯塞停之。案《本紀》，是年十一月改元儀鳳。

【《册府元龜》】上元三年二月，詔：「以今冬有事于嵩岳，命有司修撰儀注，務從典故。」閏三月，詔以吐蕃犯塞，停嵩岳封禪之禮。

【《舊唐書·高宗本紀》】調露元年秋七月己卯，詔：「以今年冬至有事嵩岳，禮官、學士詳定儀注。」冬十月，單于大都護府突厥阿史德温傳及奉職二部相率反叛。庚申，詔封嵩山宜停。

永淳二年春正月甲午朔，幸奉天宮，遣使祭嵩岳、少室、箕山、具茨等山，西王母、啓母、巢父、許由等祠。十一月癸亥，幸奉天宮。時天后自封岱之後，勸上封中岳。每下詔草儀注，即歲饑、邊事警急而止。至是，復行封中岳禮，上疾而止。

【《禮儀志》】高宗既封泰山之後，又欲遍封五岳。至永淳元年，於洛州嵩山之南，置崇陽縣。其年七月，勑其所造奉天宮。二年正月，駕幸奉天宮。至七月，下詔將以其年十一月封禪于嵩岳。詔國子司業李行偉、考功員外郎賈大隱、太常博士韋叔夏、裴守貞、輔抱素等詳定儀注。于是議：立封祀壇，如圜丘之制。上飾以玄，四面依方色。爲圓壇，三成，高二丈四尺，每等高六尺。壇上徑一十六步，三等各闊四步。設十二陛，陛皆上闊八尺，下闊一丈四尺。爲三重壝，距外壝三十步，内壝距五十步。燎壇在壇東南外壝之内，高三尺，方一丈五尺，南出陛。登封壇，圓徑五丈，高九尺，四出陛，爲一壝，飾以五色，準封祀。禪祭壇，❶上飾以金，四面依方色，爲八角方壇，再成，高一丈二尺，每等高四尺。壇上方十步，每等廣四步，設八陛。其上壇陛皆廣八尺，中等陛皆廣一丈，下等陛皆廣一丈二尺，爲三重，壝之大小，準封祀。爲埋埳，在壇之未地外壝之内，方深取足容物，南出陛。朝覲壇，于行宫之前爲壇。宫方三分。壝二，在南。壇方二十四丈，高九尺，南面兩陛，餘三面各一陛。封祀、登封，五色土封石䃮爲圜封，上徑一丈二尺，下徑三丈，高九尺。禪祭，五色土封爲八角方封，大小準封祀制度。所用尺寸，準歷東封，並用古尺。諸壇並築土爲之，禮無用石之文。並度影以定方位。登封、降禪，四出陛各當四方之中，陛各上廣七尺，下廣一丈二尺。封祀玉帛料，有蒼璧，四圭有邸，圭璧。禪祭有黄琮，兩圭有邸，無璧。又定登封、降禪、朝覲等日。準禮，冬至祭天于圜丘，其封祀請用十二日。準東封祀故事，十二日登封，十三日禪祭，十四日朝覲。若有故，須改登封已下期日，在禮無妨。又輦輿料云：封祀、登

❶「禪祭壇」，原作「壝禪祭」，據《舊唐書·禮儀志》改。

封，皇帝出乘玉輅，還乘金輅。皇太子往還金輅。禪祭，皇太子加封祀。又衣服料云：東封祀祭日，天皇服衮冕，近奉制，依《貞觀禮》服大裘。又云：衮冕服一具，齋服之；通天冠服一具，迴服之；翼善冠服一具，馬上服之。皇太子衮冕服。又齋則服遠遊冠，受朝則公服遠遊冠服，馬上則進德冠服。

【《冊府元龜》】永淳二年七月庚申，詔：「以今年十月有事于嵩岳，宜令禮官學士等審定儀注，務展誠敬。仍令天下岳牧，及京官五品以上，各舉所知有孝行、儒學、文武之士。」於是詔禮官議射牛之事。太常博士裴守真奏議曰：「據《周禮》及《國語》，郊祀天地，天子自射其牲。漢武唯封泰山，令侍中、儒者射牛行事。至于餘祀，亦無射牲之文。但親舂、射牲雖是古禮，久從廢省，不可復行。據封禪祀禮，日未明十五刻，宰人以鸞刀割牲，質明而行事。比鑾駕至祠所，牢牲總畢。天皇唯奠玉酌獻而已。若今祀前一日射牲，事即傷早；祀日方始射牲，事又傷晚。若依漢武故事，即非親射之儀。事貴隨時，不可行用。」《神功破陣樂》及《功臣慶善樂》二舞，每奏，上皆立對。守真又議曰：「竊惟二舞肇興，謳吟攸屬，贊九功之茂烈，叶萬國之歡心。義均《韶》、《夏》，用兼賓祭，皆祖宗聖德，而子孫享之。詳覽傳記，未有皇王立觀之禮。況升中大事，華夷畢集，九服仰垂拱之安，百蠻懷率舞之慶，陶甄化育，莫匪神功，豈於樂舞，別申嚴禁？臣等詳擬奏二舞時，天皇不合起立。」詔並從之。尋以帝不豫，改用來年正月行封禪之禮。十月癸亥，車駕幸奉天宮。十一月丙戌，詔曰：「朕聞仁者德之本，叶亭育之至途；禮者道之末，乃帝王之餘事。歷選往初，詳觀曩躅，惻隱以孚其化，變通以會其神。朕以虛薄，祇膺寶位。旰食宵衣，懼忝于宗社；如傷若厲，佇濟于黎元。每以皇基肇闢，範圍覆載，遺惠所覃，昭格區宇。虔荷靈命，嘗慮下虧鴻業；遍刊羣岳，不足上報元功。已升聞于日觀，思款謁于天臺，志在告成，諒非爲己。屬今茲豐稔，方有事于嵩丘，崇累聖之丕績，祈兆人之嘉佑。頃者分使出巡，存問風俗。河南、河北尚有十餘州旱澇，加以朔方寇盜，時或侵邊，關内流離，未能復業。一物失所，獨甚納隍；數郡不寧，豈宜備禮？前欲以來年正月封中岳者宜停。」

蕙田案：高宗非有封禪之志者，特以席太宗之盛，迫武后之請，絶不復權其是非而昧昧爲之，斯亦事理之至奇者矣。禪地配后爲武氏亞獻地也。慢神悖禮，不可言矣。遂致變亂，不亦宜哉。

右唐高宗封禪。

【《唐書·武后本紀》】嗣聖十三年，即武后萬歲通天元年。臘月甲戌，如神岳。甲申，封于神岳。丁亥，禪于少室山。

【《王玄感傳》】天授中，玄感直弘文館。武后時已郊，遂享明堂，封嵩山。紹興韋叔夏等草儀具，衆推練洽。

右唐武后封禪附。

【《册府元龜》】玄宗開元十二年十二月辛酉，文武百官、吏部尚書裴漼等上請封東岳曰：「臣聞道協乾坤，聖人之玄德；功存禮樂，王者之能事。故旁徵前載，博考鴻名，躬歷數之期，遇天人之應，莫不發號施令，升中合符，澤浸黎元，以茂聲實者矣。伏惟開元神武皇帝陛下，握符提象，出震乘圖，英威邁于百王，至德加于四海。梯航接武，畢盡戎夷之獻；耕鑿終歡，不知堯舜之力。惡除氛沴，增日月之光輝；慶襲休榮，雜煙雲之氣色。靈物紹至，休祥沓委，江茅將鄗黍均芳，雙觡與一莖齊烈。固可以稽典訓，設壇場，悉符瑞之美，答神祇之貺。謙而不發，雖在于聖心；理則難辭，孰違于天意？臣幸遭昌運，謬齒周行，咸申就日之誠，願覩封巒之慶。無任勤懇之至，謹于朝堂奉表陳情以聞。」帝手詔報曰：「自中朝有故，國步艱難，天祚我唐，大命集于聖真皇帝。朕承奉丕業，十有餘年，德未加于百姓，化未覃于四海，將何以擬洪烈于先帝，報成功于上玄？至若堯舜禹湯之茂躅，軒后周文之懿範，非朕之能逮也。其有日月之瑞，風雲之祥，則宗廟社稷之餘慶也；天平地成，人和歲稔，則羣公卿士之任職也。撫躬內省，朕何有焉？難違兆庶之情，未議封崇之禮。」甲子，侍中臣乾曜、中書令臣説等奏：「臣聞自古受天命、居大寶者，必登崇高之丘，行封禪之事，所以展誠敬，報神祇，三五迄今，未之闕也。是以高宗因文武之業，盛岱亭之禮，方册所記，虞夏同風。聖移三朝，年經五紀，封崇之典，缺而未修，山川望幸，屬在今日。陛下靖多難，尊先朝，天所啓也；承大統，臨萬邦，天所命也。焉可不陟東岱，禪云亭，報上玄之靈思，紹高宗之洪烈？則天地之意，宗廟之心，將何以克厭哉？且陛下即位以來，十有四載。創九廟，禮三郊，大舜之孝敬也；敦九族，友兄弟，文王之慈惠也；卑宮室，菲飲食，夏禹之恭儉也；道稽古，德日新，帝堯之文思也；憐黔首，惠蒼生，成湯之深仁也；化玄漠，風太和，軒皇之至理也。至如日月星辰，山河草木，羽毛麟介，窮祥極瑞，蓋以薦至而爲常，衆多而不録。正以天平地成，人和歲稔，可以報于神明矣。鴻生碩儒，上章奏而請封禪者，前後千百，聖情撝挹，天鑒未回。臣等仰考神心，傍採衆望，封巒展禮，時不可抑。陛下縱不欲以成功告天，豈不可以天休報德？臣等昧死上請以聞。」帝手詔報曰：「夫登封之禮，告禪之儀，蓋聖人之能事，明王之盛業也。朕以眇身，託王公之上，夙夜祗懼，恐不克勝，幸賴羣公，以保宗社。至于休徵符瑞，皆先帝遺慶，朕何賴焉？豈可以禮百神，覲羣后，備岱亭之禮，展封祀之儀者哉。雖誠精是達，而宿心未暇。」臣乾曜、説等又上言曰：「臣等考天人之際，稽億兆之情，以爲治定功成，登封告禪，鴻名盛則，屬在聖明。陛下讓德冲深，未允羣議，神祇闕望，臣等懼焉。且今四海和平，百蠻率職，莫不含道德之甘實，咀仁義之馨香。是以上帝聿懷，名山望幸，珍符薦至，年穀屢登，開闢以來，未之有也。臣聞自古受命而封禪者七十二君，安有殊風絶業足以方今也？然猶躡梁父，登泰山，飛英聲，騰茂實。而陛下功德之美，符瑞之富，固以孕虞夏，含殷周矣，有何退讓逡巡于大禮哉？夫昭報天地，至敬也；嚴配祖宗，大孝也；厚福蒼生，博惠也；登封紀號，丕業也。陛下安可以闕哉？况天地之符彰矣，祖考之靈著矣，蒼生之望勤矣，禮樂之文備矣，陛下安可以辭哉？故臣等願因神祇之叶贊，順華夏之懇誠，早稽舊章，特垂新詔，庶幾仲夏乘農之隙，以展巡狩朝覲之儀，則天下幸甚。臣等昧死重請以聞。」帝又詔報曰：「夫治定然後制禮，功成然後作樂。朕承奉宗廟，恐未克勝。未能使四海乂安，此禮未定也；未能使百蠻效職，此功未成也。焉可以揚景化，告成功？雖欲答于神祇，終候安于兆庶，再省誠懇，惻怵良深。」乾曜、説等又再上言曰：「臣聞聖人者，與天地合德，故珍符休命，不可得而辭；鴻名盛典，不可得而讓。陛下功格上天，澤流厚載，三五之盛，莫能比崇，登封告成，理叶幽贊。故符瑞異臻，天意也；書軌大同，人事也；菽粟屢登，和平也；刑罰不用，至理也。今陛下稽天意以固辭，違人事以久讓，是和平而不崇昭報，至理而闕薦祖宗。億兆之情，猶知不可，況上帝臨照，神祇顧諟，其可止乎？願納王公卿士列岳縉紳之望，迴命有司，速定大典。臣等不勝懇切，敢昧死再拜上請以聞。」時儒生墨客獻賦頌者數百計，帝不得已而從之。丁卯，下詔曰：「自古受命而王者，曷嘗不封泰山，禪梁父，答厚德，告成功？三代之前，率由斯義。自魏晉已降，迄至周隋，帝典闕而大道隱，王綱弛而舊章闕，千載寂寥，封崇莫嗣。物極而復，天祚我唐，文武二后，應圖受籙。洎于高宗，重光累盛，承至理，登介丘，懷百神，震六合，紹殷周之統，接虞夏之風。中宗弘懿鑠之休，睿宗穆粹清之道，巍巍蕩蕩，無得而稱者也。朕昔戡多難，稟略先朝，虔奉慈旨，嗣膺丕業。是用創九廟以申孝敬，禮二郊以展嚴禋，實菽粟于水火，捐珠玉于山谷，兢兢業業，非敢追美前王，日慎一日，實以奉遵遺訓。至于巡守大典，封禪鴻名，顧惟寡薄，未遑時邁，十四載于兹矣。今百穀有年，五材無眚，刑罰不用，禮義興行，和氣氤氲，淳風淡泊，蠻夷戎狄，殊方異類，重譯而至者，日月于闕庭。奇獸神禽，甘露醴泉，窮祥極瑞者，朝夕于林籞。王公卿士，罄迺誠于中；鴻生碩儒，獻其書于外。莫不以神祇合契，億兆同心。斯皆烈祖聖考，垂裕餘慶，故朕得荷皇天之景祐，賴祖宗之介福，敢以眇身，而顓其讓？是以敬承羣議，弘此大猷，以光我高祖之丕圖，以紹我太宗之鴻業。永言陟配，祇感載深。可以開元十三年十一月十日，式遵故實，有事泰山，所司與公卿諸儒，詳擇典禮，預爲備具，勿廣勞人，務存節約，以稱朕意。所緣封禪儀注，兵馬陪集，並皆條奏，布告遐邇。」

【《唐書·禮樂志》】開元十二年，四方治定，歲屢豐稔，羣臣多言封禪，中書令張説又固請，乃下制以十三年有事泰山。於是説與右散騎常侍徐堅、太常少卿韋縚、秘書少監康子元、國子博士侯行果刊定儀注。立圓臺於山上，廣五丈，高九尺，土色各依其方。又於圓臺上起方壇，廣一丈二尺，高九尺，其壇臺四面爲一階。又積柴爲燎壇於圓臺之東南，量地之宜，柴高一丈二尺，方一丈，開上，南出户，六尺。又爲圓壇於山下，三成，十二階，如圜丘之制。又積柴於壇南爲燎壇，如山上。又爲玉册、玉匱、石䃭，皆如高宗之制。玄宗初以謂升中於崇山，精享也，不可諠譁，欲使亞獻已下皆行禮山下壇，召禮官講議。學士賀知章等言：「昊天上帝，君也；五方精帝，臣也。陛下享君於上，羣臣祀臣於下，可謂變禮之中。然禮成于三，亞、終之獻，不可異也。」於是三獻皆升山，而五方帝及諸神皆祭山下壇。玄宗問：「前世何爲秘玉牒？」知章曰：「玉牒以通意於天，前代或祈長年，希神仙，旨尚微密，故外莫知。」帝曰：「朕今爲民祈福，無以秘爲。」❶即出玉牒以示百寮。乃祀昊天上帝於山上壇，以高祖配。祀五帝以下諸神于山下，其祀禮皆如圜丘。而卜日、告天及廟、社、大駕所經及告至、問百年、朝覲，皆如巡守之禮。其登山也，爲大次于中道，止休三刻而後升。其已祭燔燎，侍中前跪稱：「具官臣某言，請封玉册。」皇帝升自南陛，北向立。太尉進昊天上帝神座前，跪取玉册，置于案以進。皇帝受玉册，跪内之玉匱，纏以金繩，封以金泥。侍中取受命寶跪以進。皇帝取寶以印玉匱，侍中受寶，以授符印郎。太尉進，皇帝跪捧玉匱授太尉，太尉退，復位。太常卿前奏：「請再拜。」皇帝再拜，退入于次。太尉奉玉匱之案于石𥕢南，北向立。執事者發石蓋，太尉奉玉匱，跪藏于石𥕢内。執事者覆石蓋，檢以石檢，纏以金繩，封以石泥，以玉寶遍印，引降復位。帥執事者以石距封固，又以五色土圓封。其配座玉牒封于金匱，皆如封玉匱。太尉奉金匱從降，俱復位。以金匱内太廟，藏于高祖神堯皇帝之石室。其禪于社首，皆如方丘之禮。

【《舊唐書·禮儀志》】上詔中書令張説、右散騎常侍徐堅、太常少卿韋縚、秘書少監康子元、國子博士侯行果等，與禮官于集賢書院刊撰儀注。玄宗初以靈山好静，不欲喧繁，與宰臣及侍講學士對議，用山下封祀之儀。于是張説謂徐堅、韋縚等曰：「乾封舊儀，禪社首，享皇地祇，先后配享。王者父天而母地，當今皇母位，亦當往帝之母也，子配母享，亦有何嫌？而以皇后配地祇，非古之制也。天鑒孔明，福善如響。乾封

❶「無以秘爲」，《新唐書·禮樂志》作「無一秘請」。

之禮，文德皇后配皇地祇，天后爲亞獻，越國太妃爲終獻。宫闈接神，有乖舊典。上玄不祐，遂有天授易姓之事，宗社中圮，公族誅滅，皆由此也。景龍之季，有事圜丘，韋氏爲亞獻，皆以婦人升壇執籩豆，渫黷穹蒼，享祀不潔。未及踰年，國有内難，終獻皆受其咎，掌座齋郎及女人執祭者，多亦夭卒。今主上尊天敬神，事須革正。斯禮以睿宗大聖貞皇帝配皇地祇，侑神作主。」乃定議奏聞。上從之。

舊禮：郊祀既畢，收取玉帛牲體，置于柴上，然後燔于燎壇之上，其壇于神壇之左。顯慶中，禮部尚書許敬宗等因修改舊禮，乃奏曰：「謹案祭祀之禮，周人尚臭，祭天則燔柴，祭地則瘞血，宗廟則焫蕭灌鬯，皆貴氣臭，同以降神。禮經明白，義釋甚詳。委柴在祭物之初，理無所惑。是以《三禮義宗》等並云：『祭天以燔柴爲始，然後行正祭。祭地以瘞血爲先，然後行正祭。』又《禮論》説太常賀循上言：『積柴舊在壇南，燎祭天之牲，用犢左胖，漢儀用頭，今郊用脅之九个。太宰令奉牲脅，太祝令奉圭璧，俱奠燎薪之上。』此即晉氏故事，亦無祭末之文。❶既云漢儀用牲頭，頭非神俎之物，且祭末俎皆升右胖之脅。惟有《三禮》。賀循既云用祭天之牲左胖，復云今儀用脅九个，足明燔柴所用，與升俎不同。是知自在祭初別燔牲體，非于祭末燒神餘饌。此則晉氏以前，仍遵古禮。唯周、魏以降，妄爲損益。納告廟之幣，事畢瘞埋，因改燔柴，將爲祭末。事無典實，禮闕降神。又燔柴、正

❶「末」，原作「天」，中華書局校點本《舊唐書》據上下文義及《全唐文》改作「末」，今從。

祭，牲、玉皆别。蒼璧、蒼犢之流，柴之所用；四圭、騂犢之屬，祀之所須。故郊天之有四圭，猶祀廟之有圭瓚。是以《周官·典瑞》，文勢相因，並事畢收藏，不在燔例。而今新禮引用蒼璧，不顧圭瓚，遂亦俱燔，義既有乖，理難因襲。又燔柴作樂，俱以降神，則處置之宜，須相依準。柴燔在左，作樂在南，求之禮情，實爲不類。且《禮論》說積柴之處在神壇之南，新禮以爲壇左，文無典故。請改燔爲祭始，位樂懸之南，外壝之内。其禋祀瘞埋，亦請準此。」制可之。自是郊丘諸祀，並先焚而後祭。

及玄宗將作封禪之禮，張說等參定儀注，徐堅、康子元等建議曰：「臣等謹案：顯慶年修禮官長孫無忌等奏改燔柴在祭前，狀稱『祭祀之禮，必先降神。周人尚臭，祭天則燔柴』者。臣等案禮，迎神之義，樂六變則天神降，八變則地祇出，九變則鬼神可得而禮矣。則降神以樂，《周禮》正文，非謂燔柴以降神也。案尚臭之義，不爲燔之先後。假如周人尚臭，祭天則燔柴，容或燔臭先以迎神。然則殷人尚聲，祭天亦燔柴，何聲可燔先迎神乎？又案顯慶中無忌等奏稱『晉氏之前，猶遵古禮。周、魏以降，妄爲損益』者。今案郭璞《晉南郊賦》及注《爾雅》：『祭後方燔。』又案《宋志》所論，亦祭後方燔。又檢南齊、北齊及梁郊祀，亦飲福酒後方燔。又檢後周及隋郊祀，亦先祭後燔。據此，即周遵後燔，晉不先燔。無忌之言，義乃相乖。又案《周禮·大宗伯職》：『以玉作六器，以禮天地四方。』注云：『禮，謂始告神時薦于神座也。』下文云：『以蒼璧禮天，以黃琮禮地，皆有牲幣，各如其器之色。』又《禮器》云有以少爲貴者，祭天特牲。

是知蒼璧之與蒼牲，俱各奠之神座，理節不惑。又云：『四圭有邸，以祀天、旅上帝。』即明祀昊天上帝之時，以旅五方天帝明矣。其青圭、赤璋、白琥、玄璜，自是立春、立夏、立秋、立冬之日，各于其方迎氣所用，自分別矣。今案顯慶所改新禮，以蒼璧與蒼牲、蒼幣，俱用先燔。蒼璧既已燔矣，所以遂加四圭有邸奠之神座。蒼牲既已燔矣，所以更加騂牲充其實俎。混昊天于五帝，同用四圭；失特牲之明文，加爲二犢。深乖禮意，事乃無憑。」

考功員外郎趙冬曦、太學博士侯行果曰：「先焚者本以降神，行之已久。若從《祭義》，後焚爲定。」中書令張説執奏曰：「徐堅等所議燔柴前後，議有不同。據《祭義》及《貞觀》，顯慶已後，既先燔，若欲正失禮，求《祭義》，請從《貞觀禮》。如且因循不改，更請從《顯慶禮》。凡祭者，本以心爲主，心至則通于天地，達于神祇。既有先燔、後燎，自可斷于聖意，所至則神于神明。❶燔之先後，臣等不敢裁定。」玄宗令依後燔及先奠之儀。是後太常卿寧王憲奏請郊壇時祭，並依此先奠璧而後燔柴、瘞埋，制從之。

時又有四門助教施敬本駁奏舊封禪禮八條，其略曰：舊禮，侍中跪取匜沃盥，非禮也。夫盥手洗爵，人君將致潔而尊神，故使小臣爲之。今侍中，大臣也，而沃盥于人君；太祝，小臣也，乃詔祝于天神。是接天神以小臣，奉人君以大臣，故非禮。案《周禮・大宗伯》曰：「鬱人，下士二人，贊祼事。」則沃盥此職也。漢承秦制，無鬱人之職，故使近臣爲之。魏、晉至今，因而不改。

❶「所」上，《舊唐書・禮儀志》有「聖意」二字。

然則漢禮，侍中行之則可矣，今以侍中爲之，則非也。漢侍中，其始也微。高帝時籍儒爲之，惠帝時閎儒爲之，留侯子辟彊年十五爲之。至後漢，樓堅以議郎拜侍中，邵闔自侍中遷步兵校尉，其秩千石，少府卿之屬也。少府卿秩中二千石，丞秩千石，侍中與少府丞班同。魏代蘇則爲之。舊侍中親省起居，故謂之「執獸子」。吉茂見謂之曰，「仕進不止執獸子」，是言其爲褻臣也。今侍中，名則古宦，人非昔任，掌同燮理，寄實鹽梅，非復漢、魏「執獸子」之班，異乎《周禮》鬱人之職。行舟不息，墜劍方遥，驗刻而求，可謂謬矣。夫祝以傳命，通主人之意以薦于神明，非賤職也。故兩君相見，則卿爲上儐。况天人之際，其肅恭之禮，以兩君爲喻，不亦大乎！今太祝，下士也，非所以重命而尊神之義也。然則周、漢太祝，是禮矣。何者？案《周禮·大宗伯》曰：「太祝，下大夫二人，上士四人，掌六祝之辭。」大宗伯爲上卿，今禮部尚書、太常卿比也；小宗伯中大夫，今侍郎、少卿比也；太祝下大夫，今郎中、太常丞比也；上士四人，今員外郎、太常博士比也。故可以處天人之際，致尊極之辭矣。又漢太祝令，秩六百石，與太常博士同班。梁太祝令，與南臺御史同班。今太祝下士之卑，而居下大夫之職，斯又刻舟之論，不異于前矣。

又曰：舊禮，謁者引太尉升壇亞獻，非禮也。謁者已賤，升壇已重，是微者用之于古，而大體實變于今也。案《漢官儀》：尚書御史臺官屬有謁者僕射一人，秩六百石，銅印青綬；謁者三十五人，以郎中滿歲稱給事，未滿歲稱權謁者。又案《漢書·百官公卿表》：光禄勳官屬有郎中、員外，秩比二千石；有謁者，掌賓贊受事，員七十人，秩比六百石。古之謁者，秩異等，今謁者班微，以之從事，可謂踈矣。

又曰：舊禮，尚書令奉玉牒，今無其官，請以中書令從事。案漢武帝時，張安世爲尚書令，遊宴後宫，從官以宦者一人出入帝命，改爲中書謁者令。至成帝，罷宦者，用士人。魏黄初改祕書，署中書監令。舊尚書并掌制誥，既置中書官，而制誥樞密皆掌焉。則自魏以來，中書是漢朝尚書之職。今尚書玉牒，是用漢禮，其官既闕，故可以中書令主之。

議奏，玄宗令張説、徐堅召敬本，與之對議詳定，説等奏曰：「敬本所議，其中四條，先已改定。有不同者，望臨時量事改攝。」制從之。

十二年十一月丙戌，至泰山，去山趾五里，西去社首山三里。丁亥，帝服衮冕于行宫，致齋于供帳前殿。己丑，日南至，大備法駕，至山下。玄宗御馬而登，侍臣從。先是玄宗以靈山清潔，不欲多人上，欲初獻于山上壇行事，亞獻、終獻于山下壇行事。召禮官學士賀知章等入講儀注，因問之，知章等奏曰：「昊天上帝，君位；五方精帝，臣位；帝號雖同，而君臣異位。陛下享君位于山上，羣臣祀臣位于山下，誠足以垂范來葉，爲變禮之大者也。禮成于三，初獻、亞、終，合于一處。」玄宗曰：「朕正欲如是，故問卿耳。」于是敕三獻于山上行事，其五方帝及諸神座于山下壇行事。玄宗因問：「玉牒之文，前代帝王，何故秘之？」知章對曰：「玉牒本是通于神明之意。前代帝王，所求各異，或禱年算，或思神仙，其事微密，是故莫知之。」玄宗曰：「朕今此行，皆爲蒼生祈福，更無秘事。宜將玉牒出示百僚，使知朕意。」其詞曰：「有唐嗣天子臣某，敢昭告于昊天上帝：天啓李氏，運興土德。高祖、太宗，受命立極。高宗升中，六合殷盛。中宗紹復，繼體不定。上帝眷祐，錫臣忠武。底綏内難，推戴聖父。恭承大寶，十有三年。敬若天意，四海晏然。封祀岱宗，謝成于天。子孫百禄，蒼生受福。」

庚寅，祀昊天上帝于山上封臺之前壇，高祖神堯皇帝配享焉。邠王守禮亞獻，寧王憲終獻。皇帝飲福酒。癸巳，中書令張説進稱：「天賜皇帝太一神策，周而復始，永綏兆人。」帝拜稽首。山上作圓臺四階，謂之封壇。臺上有方石再累，謂之石䃭。玉牒、玉册，刻玉填金爲字，各盛以玉匱，束以金繩，封以金泥，皇帝以受命寶印之。納二玉匱于䃭中，金泥䃭際，以「天下同文」之印封之。壇東南爲燎壇，積柴其上。皇帝就望燎位，火發，羣臣稱萬歲，傳呼至山下，聲動天地。山下祀壇，羣臣行事已畢，皇帝未離位，命中書門下曰：「朕以薄德，恭膺大寶。今封祀初建，雲物休祐，皆是卿等輔弼之力。君臣相保，勉副天心，長如今日，不敢矜怠。」中書令張説跪言：「聖心誠慤，宿齋山上。昨夜則息風收雨，今朝則天清日暖，復有祥風助樂，卿雲引燎，靈迹盛事，千古未聞。陛下又思慎終如初，長福萬姓，天下幸甚。」先是車駕至岳西來蘇頓，有大風從東北來，自午至夕，裂幕折柱，衆恐。張説倡言曰：「此必是海神來迎也。」及至岳下，天地清晏。玄宗登太山，日氣和煦。至齋次日入後，勁風偃人，寒氣切骨。玄宗因不食，次前露立，至夜半，仰天稱：「某身有過，請即降罰。若萬人無福，亦請某爲當罪。兵馬辛苦，乞停風寒。」應時風止，山氣温暖。時從山上布兵至于山壇，傳呼辰刻及詔命來往，斯須而達。夜中燃火相屬，山下望之，有如連星自地屬天。其日平明，山上清迥，下望山下，休氣四塞，登歌奏樂，有祥雲自南而至，絲竹之聲，飄若天外。及行事，日揚火光，慶雲紛郁，遍滿天際。羣臣並集於社首山帷宮之次，以候鑾駕，遥望紫煙憧憧上達，内外歡譟。玄宗自山上便赴社首齋次，辰巳間至，日色明朗，慶雲不散。百辟及蕃夷争前迎賀。辛卯，享皇地祇于社首之太折壇，睿宗大聖真皇帝配祀。五色雲見，日重輪。藏玉策于石礖，如封壇之儀。

壬辰，玄宗御朝覲之帳殿，大備陳布。文武百僚，二王後，孔子後，諸方朝集使，岳牧舉賢良及儒生、文士上賦頌者，戎狄夷蠻羌胡朝獻之國，突厥頡利發，契丹奚等王，大食、謝颶、五天十姓，崑崙、日本、新羅、靺鞨之侍子及使，内臣之番，高麗朝鮮王，伯濟帶方王，十姓摩阿史那興昔可汗，三十姓左右賢王，日南、西二、❶鑿齒、雕題、牂牁、烏滸之酋長，咸在位。制曰：「朕聞天監惟后，后克奉天，既合德以受命，亦推功而復始。厥初作者七十二君，道洽跡著，時至符出，皆用事于介丘，升中于上帝。人神之望，蓋有以塞之，皇王之序，可得而言。朕接統千歲，承光五葉，惟祖宗之德在人，惟天地之靈作主。往者内難，幽贊而集大勳；間無外虞，守成而纘舊服。未嘗不乾乾終日，思與公卿大夫，上下協心，聿求至理，以弘我

❶「西二」，中華書局校點本《舊唐書》據《唐會要》改作「西竺」。

烈聖，其庶乎馨香。今九有大寧，羣氓樂業，時必敬授而不奪，物亦順成而無夭。懋建皇極，幸致太和。洎乃幽遐，率由感被。戎狄不至，唯文告而來庭；麟鳳已臻，將覺情而在藪。以故凡百執事，亟言大封。顧惟不德，切欲勿議。伏以先聖儲祉，與天同功，荷傳符以在今，敢侑神而無報。大篇斯在，朕何讓焉。遂奉遵高宗之舊章，憲乾封之令典，時邁東土，柴告岱岳，精意上達，肸蠁來應。信宿行事，雲物呈祥。登降之禮斯畢，嚴配之誠獲展，百神羣望，莫不懷柔，四方諸侯，莫不來慶，斯是天下之介福，邦家之耿光也。無窮之休祉，豈獨在予；非常之惠澤，亦宜逮下。可大赦天下。封太山神爲天齊王，禮秩加三公一等，仍令所管崇飾祠廟，環山十里，禁其樵採。給近山二十户，以奉祠神。」

玄宗製《紀泰山銘》，御書勒于山頂石壁之上。其詞曰：「朕宅位十有四載，顧惟不德，懵于至道，任夫難任，安夫難安，兹朕未知獲戾于上下，心之浩蕩若涉于大川。賴上帝垂休，先后儲慶。宰衡庶尹，交修皇極，四海會同，五典敷暢，歲云嘉熟，人用大和。百辟僉謀，唱余封禪，謂孝莫大于嚴父，謂禮莫尊于告天，天符既至，人望既積，固請不已，固辭不獲。肆余與夫二三臣，稽《虞典》，繹漢制，張皇六師，震讋九寓。旌旗有列，士馬無譁，肅肅邕邕，翼翼溶溶，以至于岱宗，順也。《爾雅》曰：『泰山爲東岳。』《周官》曰：『兖州之鎮山。』實萬物之始，故稱岱焉；其位居五岳之伯，故稱宗焉。自昔王者受命易姓，于是乎啓天地，薦成功，序圖録，紀氏號。朕統承先王，兹率厥典，實欲報玄天之眷命，爲蒼生之祈福，豈敢高視千古，自比九皇哉！故設壇場于山下，受羣方之助祭；躬封燎于山上，冀一獻之通神。斯亦因高崇天，就廣增地之義也。乃仲冬庚寅，有事東岳，類于上帝，配我高祖。在天之神，罔不畢降。粵翌日，禪于社首，佑我聖考，祀于皇祇。在地之神，罔不咸舉。暨壬辰，覲羣后，上公進曰：『天子膺天符，納介福。』羣臣拜稽首，呼萬歲。慶合歡同，乃陳誠以德。大渾協度，彝倫攸敘，三事百揆，時乃之功。萬物由庚，兆人允植，列牧衆宰，時乃之功。一二兄弟，篤行孝友，錫類萬國，時惟休哉！我儒制禮，我史作樂，天地擾順，時唯休哉！蠻夷戎狄，重譯來貢，累聖之化，朕何慕焉。五靈百寶，日來月集，會昌之運，朕何惑焉。凡今而後，儆乃在位，一王度，齊象法，權舊章，補缺政，存易簡，去煩苛。思立人極，乃見天則。於戲！天生蒸人，惟后時乂，❶能以美利利天下，事天明矣。地德載物，惟后時相，能以厚生生萬人，事地察矣。天地明察，鬼神著矣。惟我藝祖文考，精爽在天，其曰：『懿爾幼孫，克亨上帝。唯帝時若，馨香其下。』丕乃曰：『有唐氏文武之曾孫隆基，誕錫新命，纘我舊業，永保天禄，子孫其承之。』余小子敢對揚上帝之休命，則亦與百執事尚綏兆人，將多于前功，而毖彼後患。一夫不獲，萬方其罪余。一心有給，上天其知我。朕惟寶行三德，曰慈、儉、謙。慈者，覆無疆之言；儉者，崇將來之訓。自滿者人損，自謙者天益。如是，則軌迹易循，基搆易守。磨石壁，刻金石，冀後人之聽辭而見心，觀末而知本。銘曰：『維天生

❶「乂」，原脱，據《舊唐書·禮儀志》、《唐會要》卷八補。

人，立君以理，維君受命，奉天爲子。代去不留，人來無已，德涼者滅，道高斯起。赫赫高祖，明明太宗，爰革隋政，奄有萬邦。罄天張宇，盡地開封，武稱有截，文表時邕。高祖稽古，德施周溥，茫茫九夷，削平一鼓。禮備封禪，功齊舜禹，巍巍岱宗，衛我神主。中宗紹運，舊邦惟新。恭己南面，氤氳化醇，告成之禮，留諸後人。緬余小子，重基五聖，匪功伐高，匪德矜盛。敘若祀典，丕承永命，至誠動天，福我萬姓。古封泰山，七十二君，或禪亭亭，或禪云云。其迹不見，其名可聞，祇遹文祖，光昭舊勳。方士虛誕，儒書不足，佚后求仙，誣神檢玉。秦災風雨，漢汙編錄，德未合天，或承之辱。道在觀政，名非從欲，銘之絶巖，播告羣岳。』」于是中書令張説撰《封祀壇頌》，侍中源乾曜撰《社首壇頌》，禮部尚書蘇頲撰《朝覲壇頌》，以紀聖德。

【《册府元龜》】開元十三年四月乙丑，撫州三脊茅生。有上封事者言曰：「昔齊桓公九合諸侯，一正天下，將欲封禪，問于夷吾，夷吾對曰：『江淮間三脊茅生，用以縮酒，乃可封禪。』其將無茅，桓公大慙而罷。自歷千古，今始一生。昔昭王南征，責楚包茅不入，王祭不供。則是其地其茅。今高一尺，至八月長足，方堪縮酒，特望聖恩，至時令采，用祭泰山，并掘根于苑内植之。」時宰臣已遣使于岳州採沅江茅，乃奏曰：「管夷吾爲桓公是諸侯，不合封禪，故稱茅以拒之。及伐楚之日，尊周室，行伯道，及責楚云『包茅不入，王祭不供』，若以茅爲瑞，是不知經義。臣等歷任荆楚，博訪貢茅，沅江最勝。臣已牒岳州取訖。今稱撫州有茅，請移根入苑。且貉不踰汶，橘不過江，移根苑中，信是虛語。望勅撫州且進六束，與沅江相比用之。」帝曰：「可。」癸酉，詔朝集使各舉所部孝悌文武集於泰山之下，勅曰：「封祀告成，爲萬姓祈福，必資清潔，以副朕心。其行事官及齋郎應致齋者，宜令御史行齋，切勿容踈怠。」有雄野雞飛入齋宫，馴而不去，久之，飛入仗衛，忽不見。邠王守禮等賀曰：「臣謹案舊典，雌來者伯，雄來者王。又聖誕酉年，雞主于酉，斯蓋王道遐被，天命休禎，臣請宣付史官，以彰靈貺。」

【《唐書·列傳》】張説爲中書令，倡封禪議，受詔與諸儒草儀。及登封還，詔説撰《登封壇頌》，刻之泰山。

【唐張説《封禪壇頌》】皇唐六葉開元神武皇帝，再受命致太平，乃封岱宗，禪社首，鑿石紀號，天文煥發，儒臣志美，立碣祠壇。曰：厥初生人，俶有君臣，其道茫昧，其氣樸略。因時欻起，與運而紛落，泯泯没没，而無聞焉。爾後聖人，取法象，立名位，衣裳以等之，甲兵以定之，於是禮樂出而書記存矣。究其源，致敬乎天地；報其本，致美乎鬼神。則封禪者，帝王受天命告成功之爲也。閲曩聖之奥訓，考列辟之通術，疇若天而不成，曷背道而靡失？由是推之，封禪之義有三，帝王之略有七。七者何，傳不云乎，道、德、仁、義、禮、智、信，順之稱聖哲，逆之號狂悖。三者何？一，位當五行圖録之序；二，時會四海昇平之運；三，德具欽明文思之美，是謂與天合符，名不死矣。有一不足，而云封禪，人且未許，其如天何？言舊史者，君莫道於陶唐、舜、禹，臣莫德於皋陶、稷、卨，三臣備德，皆有天下。仲尼敘帝王之書，繫魯秦之誓，明魯祀周公用王禮，秦承伯益接周統，孔聖微旨，不其效歟？ 然秦定天下之功高，享天禄之日淺，天而未忘庭堅之德也，故大命復集於皇家。 天之贊唐，不惟舊矣，其興之也。 元靈啓迪，黄祇顧懷，應歸運以義舉，撫來蘇以利見，濩也無放夏之慙，武也無伐殷之戰。 高祖創業，四宗重光，有德格天漏泉，蒸雲濡露，菌蠢滋育，氤氲涵煦，若天地之覆載，日月之照臨，溥有形而希景，罄無外而宅心，百有八年於兹矣。 皇帝攘内難而啓新命，戴睿宗而纘舊服，宇宙更闢，朝廷始位。 蓋羲、軒氏之造皇圖也，九族敦序，百姓昭明，萬邦咸和，黎民於變，立土圭以步曆，革銅渾以正天。 蓋唐、虞氏之張帝道也，天地四時，六官著禮，井田三壤，五圻成賦，廣九廟以尊祖，定六律以和神。 蓋三代之設王制也，武緯之，文經之，聖謨之，神化之，然猶戰戰兢兢，日慎一日，約規誨以進德，遂忠良以代工，講習乎無爲之書，討論乎集賢之殿。 寵勇爵，貴經門，翼乎鵷鸞之列在庭，毅乎貔貅之師居鄙，人和傍感，神寶沓至，乾符坤珍。 千品萬類，超圖軼牒，未始聞記。 我后以人瑞爲心，不以物瑞爲意。 王公卿士，儼然進曰：「休哉陛下！ 孝至於天，故合於道。 前年祈后土，人獲大穰；間歲祀圜丘，日不奄朔。 感祥以祚聖，因事以觀天，天人交合，其則不遠。」意者喬岳埽路，望翠華之來，上帝儲恩，俟蒼璧之禮久矣，焉可專讓而廢舊勛？ 羣臣固言，勤帝知罪，至於再，至於三，帝乃揖之曰：「欽崇天道，俯率嘉話，恐德不類，敢憚于勤？ 其撰巡狩之儀，求封禪之故。」既而禮官不誠而備，軍政不謀而輯，天老練日，雨師灑道，六甲案隊，八神警蹕。孟冬仲旬，乘輿乃出，千旗雲列，萬戟林行，霍濩燐爛，飛焰揚精，原野爲之震動，草木爲之風生。歷郡縣，省謠俗，問耆年，舉百祀，興墜典，葺闕政，攸徂之人，室家相慶，萬方縱觀，千里如堵，城邑連歡，丘陵聚舞。其中垂白之老，樂過以泣，不圖蒿里之魂，復見乾封之事。堯雲往，舜日還，神華靈鬱，爛熳乎穹壤之間。是月來至於岱宗，祇祓齋宫，滌濯静室，凝神玄覽，將款太一。議夫泰山者，聖帝受天官之宫，天孫揔人靈之府，自昔立國，莫知萬類，克升中而建號，惟七十而有五，我高宗六之，而今七矣，非夫等位盛時，明德曠代，遼闊難并之甚哉！先時將臻夫大封也，累封壇於高岡，築泰壇於陽阯。夫其天壇三襲，辰陛十二，咸秩衆靈，列座有次：崇牙樹羽，管磬鏞鼓，宫懸於重壝之内；干戚釵殳，鉤戟戣戵，周衛於四門之外。伐國重器，傳代絶瑞，旅之於中庭；玉輦金轂，翠冒黄屋，夾之於端路。庶官百辟，羌夷蠻貊，褒成之後，讓王之客，敘立於禮神之場；髦頭弩牙，鐵馬金鏃，介胄如雪，旗幟如火，遠匝於清禁之野。於是乎以天正上元，法駕徐進，屯千乘於平路，留羣臣於谷口。皇帝御六龍，陟萬仞，獨與一二元老執事之人，出天門，臨日觀，次沆瀣，宿巉巖，赤霄可接，白雲在下。庚寅，祀高祖於上封，以配上帝，命衆官於下位，以享衆神，皇帝冕裘登壇，奠獻俯僂，金奏作，佾羽舞，撞黄鐘，歌大吕，開閶闔，與天語，請將信公，奉斗布度，懋建皇極，勤恤蒼生，招暇乎未兆，禳災乎未萌。上下傳節，而禮成樂遍，福壽同歸，而帝賜神策，乃撿玉牒於中頂，揚柴燎於高天，庶衷誠而上達，若憑焰而駕烟。日轡方旋，神心餘眷，五色雲起，拂馬而隨人，萬歲山呼，從天而至地。越翌日，尊睿宗，侑地祇，而禮社首，遂張大樂，覲東后。國風惟舊，無黜幽削爵之誅；王澤惟新，有告災大賚之慶。不浹日，至化洽於人心；不崇朝，景福遍於天下。然後藏金櫃於祏室，迴玉鑾於上都。煌煌乎真聖朝之能事，而高代之盛節者也。於斯之時，華戎殊俗，異音同歎曰：「岳合多雨，山峻多雲，豈有大舉百萬之師，尅期千里之外，乃行事之日，則天無點翳，地無纖塵，嚴冬變爲韶景，寒谷鬱爲和氣？非至德，孰能動天如此其順者乎？昔人云：『自西自東，自南自北，無思不服。』今信知『聖人作而萬物覩，其心服之』之謂矣！」或曰：祭泰折，主先后，非禮歟？曰：「是禮也，非宜也。王者父事天，母事地，侑神崇孝，無嫌可也。且夫柴瘞外事，帝王主之；烝嘗內事，后妃助之。是開元正人倫，革弊禮，起百王之法也。故令千載承末光，聆絶韻，咀甘實，漱芳潤，爍玄妙之至精，流不已之淑聲。臣説作頌，告於神明，四皇墳而六帝典，雖吉甫亦莫能名，徒採彼輿人之詩曰『大矣哉！維天爲大，維皇則之。率我萬國，受天之祺，子孫百代，人神共保，綏之云爾』而已矣。」

【《徐堅傳》】玄宗時，堅充集賢學士，從上泰山，以參定儀典加光禄大夫。

【《裴光庭傳》】玄宗有事岱宗，中書令張説以天子東巡，京師空虚，恐突厥乘間竊發，議欲加兵守邊，召光庭與謀，對曰：「封禪，所以告成功也。成功者，德無不被，人無不安，萬國無不懷。今將告成而懼突厥，非昭德也；大興力役，用備不虞，非安人也；方謀會同，而阻戎心，非懷遠也。此三者，名實乖矣。❶且諸蕃，突厥爲大，贄幣往來，願修和好有年矣，若遣一使，召大臣使赴行在，必欣然應命。突厥受詔，則諸蕃君長必相率而來，我偃旗息鼓，不復事矣。」説曰：「善，吾所不及。」因奏用其策，突厥果遣使來朝。契丹酋長與諸蕃長皆從行在。東封還，遷兵部侍郎。

【《康子元傳》】子元，越州會稽人，仕歷獻陵令。開元初，詔中書令張説舉能治《易》、《老》、《莊》者。集賢直學士侯行果薦子元及平陽敬會真于説，説藉以聞，並賜衣幣，得侍讀。子元擢累祕書少監，會真四門博士，俄皆兼集賢侍講學士。玄宗將東之泰山，説引子元、行果、徐堅、韋縚商裁封禪儀。初，高宗之封，中書令許敬宗議：「周人尚臭，故前祭而燔柴。」説、堅、子元白奏：「《周官》：樂六變，天神降。是降神以樂，非緣燔也。宋、齊以來，皆先嚌福酒，乃燎。請先祭後燔，如《貞觀禮》便。」行果與趙冬曦議，❷以爲：「先燎降神，尚矣。若祭已而燔，神無由降。」子元議挺不從。説曰：「康子獨出蒙輪，以當一隊耶？」議未判，説請決于帝，帝詔後燔。

【《酉陽雜俎》】明皇封禪泰山，張説爲封

❶「實」，原作「寶」，據庫本改。
❷「趙」，原作「起」，據庫本改。

禪使。説壻鄭鎰本九品官，舊例：封禪後，自三公以下，皆遷轉一級，惟鄭鎰因説驟遷五品兼賜緋服。因大酺次，玄宗見鎰官位騰躍，怪而問之，鎰無詞以對。黄旛綽曰：「此泰山之力也。」

右唐玄宗封禪。

五禮通考卷第五十一

五禮通考卷第五十二

內廷供奉禮部右侍郎金匱秦蕙田編輯
太子太保總督直隸右都御史桐城方觀承同訂
按察司副使元和宋宗元參校

吉禮五十二

四望山川附封禪

【《舊唐書·玄宗本紀》】開元十八年，百寮及華州父老累表請上尊號，並封西嶽。不允。

【《開元禮·封禪儀》】鑾駕進發。禪儀無此篇。皇帝將有事于太山，有司卜日如別儀。告昊天上帝、太廟、太社皆如巡狩之禮。告太廟高祖祝文加封祀配神作主之意，告睿宗祝文加禪祭配神作主之意。皇帝出宮，備大駕鹵簿，軷于國門，祭所過山川、古先帝王、名臣、烈士，皆如巡狩之禮。通事舍人承制問百年。所經州縣，刺史、縣令先待于境。至太山下，柴告昊天上帝于圜丘壇，如巡狩告至之禮。有司攝事。前期，所司以太牢祭于太山神廟如常式。

齋戒：前七日，太尉戒誓百官，封云封于太山，禪云禪于社首山，齋儀同封祀。皇帝散齋于行宮後殿四日，致齋于前殿三日，服袞冕結佩等並如圜丘儀。百官如別儀。

制度：將作大匠先領徒于太山上立圜臺，廣五丈，高九尺，土色各依其方；又于圜臺上起方壇，廣一丈二尺，高九尺；其臺壇四面各爲一陛。玉版長一尺三寸，廣五寸，厚五寸，❶刻牒爲字，以金填之，用金匱盛。其玉牒文，中書、門下進取進止，所由承旨請内鐫。其石檢等，❷並如後制。郊社令積柴爲燎壇于山上圜臺之東南，量地之宜。柴高一丈二尺，方一丈，開上，南出户，方六尺。又爲圜壇于山下，三成十二陛，如圜丘之制，隨地之宜。壇上飾以玄，四面依方色。壇外爲三壝。郊社令又積柴于壇南，燎如山上之儀。又爲玉册，皆以金繩連編玉牒爲之。每牒長一尺二寸，廣一寸二分，厚三分，刻玉填金爲字。少府監量文多少爲之。又爲玉匱一，長一尺三寸，并檢方五寸，當纏繩處刻爲五道，當封寶處刻深二分，方取容受命寶印，以藏正座玉册，制度如玉櫃。又爲黄金繩以纏玉匱、金匱。又爲石礙以藏玉匱，用方石再累，各方五尺，厚一尺，縱鑿石中，廣深令容玉匱。礙旁施檢處，皆刻深三寸三分，闊一尺，南北各二，東西各三，去隅皆七寸。纏繩處皆刻深三分，闊一寸五分。爲石檢十枚，檢石礙，皆長三寸，闊一尺，厚七寸；皆刻爲三道，廣一寸五分，深四寸，當封處大小取容寶印，深二寸七分；皆有小石蓋，制與封刻處相應，以檢擫封印；其檢立于礙旁當刻處。又爲金繩三，以纏石礙各五周，徑三分。爲石泥以封石礙。以石末和方色土爲。其封玉匱、金匱、石礙同用受命寶，並所司量時先奏請出之。爲距石十二枚，皆闊二尺，厚一尺，長一丈，邪刻其首，令與礙隅相應，分距礙四隅，皆再累。爲五色土圓封，以封石礙，上徑一丈二尺，下徑三丈九尺。禪禮制度：將祭，將作先于社首山禪所爲禪祭壇，如方丘之制。八角三

❶ 「五寸」，《通典》卷一一九、《大唐開元禮》卷六三作「五分」。

❷ 「石」，原作「名」，據《大唐開元禮》卷六三改。

成，每等高四尺。上闊十六步，設八陛。上等陛廣八尺，中等陛廣一丈，下等陛廣一丈二尺。爲三重壝，量地之宜。四面開門。玉册、石䃭、玉匱、金匱、金泥、檢距、圓封、立碑等，並如封祀之儀。

陳設：前祀三日，衛尉設文武侍臣次于山下封祀壇外壝東門之内道北，皆文官在左，武官在右，俱南向。設諸祭官次于東壝之外道南，北向西上。三師南壝之外道東，諸王于三師之南，俱西向北上。文官從一品以下九品以上于祀官之東，皇親五等以上諸親三等以上于文官之東，東方諸州刺史、縣令又于文官之東，俱北向西上。介公、酅公于南壝之外道西，東向；諸州使人于介公、酅公之西，東向。諸方之客，東方南方於諸王東南，西向；西方北方于介公、酅公西南，東向，皆以北爲上。武官三品以下九品以上於西壝之外道南，北向東上。設諸饌幔各於内壝東門西門之外道北，南向，北門之外道東，西向。壇上及東方之饌陳于東門外，南方及西方之饌陳于西門外，北方之饌陳于北門外。

前祀二日，太樂令設宮懸之樂於山下封祀壇之南，内壝之外，如圜丘儀。右校掃除壇之内外。禪儀：祭前三日，尚舍壇長施大次于外壝東門内道北，尚舍鋪御座。守宮設文武官次于大次前，東西相向。諸祭官于東壝外，文官九品以上于祭官東，皇親諸親又于其東，蕃客又于其東。介公、酅公于西壝外道南，武官九品于介公、酅公西，蕃客又于其西。褒聖侯于三品文官下。有諸州使，分于文武官後。設陳饌幔于内壝東西門外道北，南向。其壇上及東方饌陳于東門之外，南方西方北方饌陳于西門外。其陳樂懸則樹靈鼓。右校掃除，又爲瘞埳于壇壬地。

前祀一日，奉禮郎設祀官公卿位于山下封祀壇内壝東門之外道南，分獻之官于公卿之南，執事者位于其後，每等異位，重行，西向北上。設御史位于壇上，一位于東陛之南，西向，一位于西陛之南，東向。設奉禮位于樂懸東北，贊者二人在南差退，俱西向。設協律郎位于壇上南陛之西，東向。設太樂令位于北懸之間，當壇北向。

設從祀之官位：三師位于懸南道東，諸王位于三師之東，俱北面西上。介公、酅公位于道西，北面東上。文官從一品以下九品以上于執事之南，東方諸州刺史、縣令又于文官之南，每等異位，重行西向，俱以北爲上。武官三品以下九品以上位于西方，值文官，皇親五等以上、諸親三等以上于武官之南，每等異位，重行東向。諸州使人位于内壝南門之外道西，重行東面，皆以北爲上。設諸國客使位于内壝東門之外，❶東方于諸王東南，每國異位，重行北向，以西爲上；西方北方于介公、酅公西南，每國異位，重行北面，以東爲上。其褒聖侯、文官三品之下，諸州使人各于文武官後。禪儀：奉禮設御位于壇東南。設祭官位于内壝東門外道南，分獻官于祭官南，執事者位于後。設御史位二于壇東南，西向，令史陪後。設奉禮位于懸東北，贊者二人在南差退。協律郎于壇上，太樂令于北懸間，並如常。設望瘞位于壇東北。從祭官于執事南，皇親又于南，諸州刺史、縣令又于南，蕃客又于南。介公、酅公于内壝西門外道南，武官于後，蕃客于武官南。設門外位于東西壝門外道南，皆如設次之式。

設牲牓于山下封祀壇之外，❷當門西向。蒼牲一居前，正座。又蒼牲一；配座。青牲一在北少退，南上，次赤牲一，次黄牲一，次白牲一，次玄牲一；以上五方帝座。又青牲一，大明。又牲一，❸夜明。禪禮，設牲牓于東壝外如式，正座黄

❶「國」，原作「位」，據《通典》卷一一九、《唐會要》卷八、《大唐開元禮》卷六三改。

❷「祀」，原作「祝」，據《大唐開元禮》卷六三改。

❸「牲」上，《大唐開元禮》卷六三有「白」字，疑是。

牲一，居前；配座黄牲一，在北少退；神州黝牲一，在南少退。設廪犧令位於牲西南，史陪其後，俱北向。設太祝位於牲東，各當牲後，祝史陪其後，俱西向。設太常卿省牲位於牲前，近北。又設御史位於太常卿之西，俱南向。

設昊天上帝酒罇於圜臺之上下：太罇二、著罇二、犧罇二、山罍二在壇上，於東南隅，北向；象罇二、壺罇二、山罍四在壇下，於南陛之東，北面西上。設配帝著罇二、犧罇二、象罇二、山罍二在壇上，皆於昊天上帝酒罇之東，北向西上。其山下封祀壇設五帝、日月，俱太罇二，在神座之左。其内官每陛間各象罇二在第一等，中官每陛間各壺罇二在第三等，外官每陛間各概罇二於内壝之内，衆星每道間各散罇二於内壝之外。凡罇各設於神座之左而右向。五帝、日月以上之罇置于坫，内官以下罇俱藉以席，皆加勺、羃，設爵于罇下。禪儀，設皇地祇太罇二、著罇二、犧罇二、山罍二在壇上東南隅，北向；象罇二、壺罇二、山罍四在壇下南陛之東，北向，俱西上。設配帝著罇二、犧罇二、象罇二、山罍二在壇上正座罇東，北向西上。神州太罇二在第一等。每方嶽鎮海瀆俱山罇二，山川林澤各蜃罇二，丘陵以下各散罇二，皆于壇下，皆加勺、羃。

設罍洗各于壇南陛東南，亞獻之洗又于壇東南，俱北向。罍水在洗東，篚在洗西，南肆。篚實以巾、爵。設分獻罍洗篚羃各於其方陛道之左，俱西向，執罇罍篚羃者各於罇罍篚羃之後。各設玉幣之篚于壇之上下罇坫之所。

祀日未明五刻，太史令、郊社令各服其服，升設昊天上帝神座于山上圜臺之上北方，南向，以三脊茅爲神籍。設高祖神堯皇帝神座于東方，西向，席以莞。神座皆於座首。又太史令、郊社令設五天帝、日月神座于山下封祀壇之上，青帝于東陛之北，赤帝于南陛之東，黃帝于南陛之西，白帝于西陛之南，黑帝于北陛之西，大明于東陛之南，夜明于西陛之北，席皆以藁秸。設五星、十二辰、河漢及內官之座于第二等十有二陛之間，各依方面，凡席皆內向，其內官中有北斗、北辰位南陛之內，差在行位前。設二十八宿及中官之座于第三等亦如之。布外官席位于內壝之內，衆星席位于內壝之外，各依方次。席皆以莞，設神位各于座首。禫禮，神位：皇地祇神座于壇上北方，南向，席以藁秸。睿宗大聖真皇帝座于東方，西向，席以莞。神州于第一等，席以藁秸。東南方嶽鎮以下于內壝內，各于其方，嵩嶽以下于壇西南，俱內向，席皆以莞。所司陳其異寶及嘉瑞等于樂懸之東西廂。禫禮無瑞物。

省牲器：省牲之日午後十刻，去壇二百步所，諸衛之屬禁斷行人。晡後二刻，郊社令丞帥府史三人及齋郎以罇坫罍洗篚冪入設于位。凡升壇者各由其陛。贊引引御史、諸太祝詣壇東陛，❶御史二人升，行掃除于上，太祝七人與祝史行掃除于下。其五星以下羊、豕所司，各依令先備如常儀。並如別儀。禫禮無五星以下羊、豕，餘同。

鑾駕上山。禫無上山儀。前祀三日，本司宣攝內外，各供其職。衛尉設祀官、從祀羣官五品以上便次於行宮朝堂如常儀。前祀二日，尚舍直長施大次于圓臺東門外道北，又于山中道設止息大次，俱南向，尚舍奉御鋪御座。衛尉設從駕文武羣官及諸方使應從升者於圓臺南門之外，文東武西，並如常儀。郊社令設御洗於圓臺南陛之東，北向，罍水在洗東，篚在洗西，南肆。設巾冪。其

❶「詣壇東陛」至「于上太祝」凡十六字，原無，據《通典》卷一一九補。

日，奉禮設御位於圓臺南，當壇北向。設羣官五品以上版位於御位之南，文東武西，重行北向，相對爲首。設東方諸州刺史、縣令位於文官之東，諸州使人位于武官之後。設國客位，東方南方於文官東南，每國異位，北面西上；西方北方於武官西南，每國異位，北面東上。設御史位於圓臺東西如祀禮。設奉禮贊者位於羣官東北，西面，設執事位於東門之内道南，西面，皆北上。前祀一日，未明七刻，搥一鼓爲一嚴。三嚴時節，祀前二日侍中奏裁。未明五刻，搥二鼓爲再嚴。侍中版奏：「請中嚴。」從祀官五品以上俱就次各服其服，所司陳大駕鹵簿。未明二刻，搥三鼓爲三嚴。諸衛之屬各督其隊與鈒戟以次陳於行宫門外。謁者、贊引引祀官，通事舍人分引從祀羣官，諸侍臣結佩，俱詣行宫門外奉迎。侍中負寶如式。乘黄令進輦於行宫門外，南向。侍中版奏：「請登山。」皇帝服衮冕，乘輦以出，稱警蹕如常儀。黄門侍郎進當輦前，跪奏稱：「黄門侍郎臣某言，請鑾輿進發。」俛伏，興，退復位。鑾輿動，又稱警蹕，黄門侍郎、侍中、中書令以下夾引以出，千牛將軍夾輿而趨。駕至侍臣上馬所，黄門侍郎奏：「請鑾輿權停，敕侍臣上馬。」侍中前承制，退稱：「制曰可。」黄門侍郎退，稱：「侍臣上馬。」贊者承傳，文武侍臣皆上馬。諸侍衛之官各督其屬，左右翊鑾輿，在黄麾内；符寶郎奉六寶與殿中監後部從，在黄鉞内。侍臣上馬畢，黄門侍郎奏：「請鑾輿進發。」退復位。鑾駕動，稱警蹕如常，鼓吹不鳴，不得諠譁。從祀官在玄武隊後如常。若復先置，則聽臨時節度。車輅鼓吹皆待于山下。御史大夫、刺史、縣令前導如式。至中道，止息大次前，迴輦南向，侍中奏請降輦如常。皇帝降輦，之大次，羣官皆隨便而舍。停大次三刻頃，侍中奏請皇帝出次升輦進發如初。駕至臺東門外大次前，迴輦南向，侍中進當駕前，跪奏稱：「侍中臣某言，請降輅。」俛伏，興。皇帝降輦之大次如常儀。通事舍人承旨敕從祀羣官退就門外位。禪儀，鑾駕出行宮如封太山之儀。

薦玉幣：祀日未明三刻，諸祀官各服其服。郊社令率其屬以玉幣及玉册置于山上圓臺壇上坫所，禮神之玉蒼璧，幣以蒼，配座之幣亦如之。又以玉匱、金匱、金繩、金泥盛于篚，置於石磩之側。良醞令帥其屬各入實罇罍玉幣。凡六罇之次，太罇爲上，實以汎齊；著罇次之，實以醴齊；犧罇次之，實以盎齊；象罇次之，實以醍齊；壺罇次之，實以沈齊；山罍爲下，實以三酒。配帝，著罇爲上，實以沈齊；犧罇次之，實以醴齊；象罇次之，實以盎齊；山罍爲下，實以清酒。其玄酒各實于五齊之上罇。禮神之玉，昊天上帝以蒼璧。昊天上帝及配帝之幣以蒼。禪，祭日未明三刻以下實罇至饌幔内，與夏至北郊同也。太官令帥進饌者實諸籩、豆、簠、簋，各設於饌幔内。未明二刻，奉禮帥贊者先入就位，贊引引御史以下行掃除如常儀。❶禪禮，自未明二刻下至掃除訖就位，與夏至方丘同。駕將至，謁者、贊引各引祭官，通事舍人分引從祭羣官、諸方客使俱就門外位。自鑾輿至大次以下至進熟，與方丘同。未明一刻，謁者、贊引各引文武五品以上從祀之官皆就圓臺南立。謁者引司空入行掃除訖，出復位。侍中版奏：「外辦。」皇帝服大裘而冕，出次，華蓋侍衛如常儀。侍中負寶陪從如式。博士引太常卿，太常卿引皇帝，凡太常卿前導，皆博士先引。入自東門。殿中監進大珪，尚衣

❶「下」下，《大唐開元禮》卷六四有「入」字。

奉御又以鎮珪授殿中監，殿中監受進皇帝。搢大珪，執鎮珪繅籍，華蓋仗衛停於門外，近侍者從入如常，謁者引禮部尚書、太常少卿陪從如常。大珪如搢不便，請先定近侍承奉之。皇帝至版位，北面立。每立定，太常卿與博士退立于左。謁者、贊引各引祀官次入就位，立定，太常卿前奏：「請再拜。」退復位。皇帝再拜。奉禮曰：「衆官再拜。」在位者皆再拜。太常卿前奏：「有司謹具，請行事。」退復位。正座、配座太祝取玉幣於篚，各立於罇所。太常卿引皇帝詣壇，升自南陛，侍中、中書令以下及左右侍衛量人從升。以下皆如之。皇帝升壇北向立。太祝加玉於幣以授侍中，侍中奉玉幣東向進，皇帝搢鎮珪，受玉幣。凡受物皆搢鎮珪，奠訖，執鎮珪，俛伏，興。登歌作《肅和》之樂，以大吕之均。太常卿引皇帝進，北面跪奠於昊天上帝神座，禪則皇地祇神座。俛伏，興。太常卿引皇帝立於西方，東向。又太祝以幣授侍中，侍中奉幣北向進，皇帝受幣，太常卿引皇帝進，東面跪奠於高祖神堯皇帝神座，俛伏，興。太常卿引皇帝少退，東向再拜訖，登歌止。太常卿引皇帝，樂作，皇帝降自南陛，還版位西向立，樂止。太祝還罇所。

山下封祀壇其日，自山下五步立人，直至下壇，遞呼萬歲以爲節候。祀日未明三刻，諸祀官各服其服。郊社令率其屬以五帝及中官外官以下之玉幣，各置於坫所。五帝之玉以四珪有邸，日月以珪璧。幣各依方色。良醖令帥其屬各入實罇罍玉幣。五帝俱以太罇，皆實以汎齊；日月之罇，實以醴齊；其內官之象罇，實以醍齊；中官之壺罇，實以沈齊；外官之概罇，實以清酒；衆星之散罇，實以旨酒。其玄酒各實于五齊之上罇。禮神之玉，青帝以青珪，赤帝以赤璋，黄帝以黄琮，白帝以騶虞，黑帝以玄璜，日月珪邸。

五帝日月以下，幣皆從方色。大官令帥進饌者實諸籩豆簠簋，各設於饌幔内。未明二刻，奉禮帥贊者先入就位。贊引引御史以下入行掃除如常儀。未明一刻，謁者、贊引各引祀官皆就位。太樂令帥工人、二舞次入就位，文舞入陳於懸内，武舞立於懸南道西。謁者引司空入行掃除訖，出復位。於皇帝奠玉幣也，封祀壇謁者、贊者各引祀官入就位，立定，奉禮曰：「衆官再拜。」在位者皆再拜。其先拜者不拜。協律郎跪，俛伏，興，舉麾，鼓柷，奏《元和》之樂，乃以圜鍾之宫，黄鍾爲角，太簇爲徵，姑洗爲羽，圜鍾三奏，黄鍾、太簇、姑洗各一奏之。舞文舞之舞，樂舞六成，偃麾，戛敔，樂止。奉禮曰：「衆官再拜。」在位者皆再拜。謁者七人各引獻官及諸太祝奉玉幣各進奠於神座如常儀。將進奠，登歌作《肅和》之樂，以大吕之均，餘星座幣亦如之。進奠訖，各還本位。初羣官拜訖，夜明以上祝史各奉毛血之豆，立於門外。登歌止，祝史奉毛血各由其陛升壇，以毛血各致其座，諸太祝俱迎受，各奠於神座前，諸太祝與祝史退立於罇所。

進熟：皇帝既升奠玉幣，太官令出，帥進饌者奉饌各陳於内壝門外。謁者引司徒出詣饌所，司徒奉昊天上帝之俎。初皇帝既至位樂止，太官令引饌入。俎初入門，《雍和》之樂作，以黄鐘之均。自後接神之樂皆用《雍和》。饌至陛，樂止。祝史俱進跪徹毛血之豆，降自東陛以出。昊天上帝之饌升自午陛，配帝之饌升自卯陛。諸太祝迎引，各設於神座前。設訖，謁者引司徒，太官令帥饌者，降自東陛以出，司徒復位，諸太祝各還罇所。太常卿引皇帝詣罍洗，盥洗爵等並如圜丘儀。太常卿引皇帝，樂作，皇帝詣壇，升自南陛訖，樂止。謁者引司徒升自東陛，立於鐏所；齋郎奉俎從升，立於司徒之後。太常卿引皇帝詣昊天上帝酒鐏所，執鐏者舉冪，侍中贊酌汎齊訖，《壽和》之樂作，皇帝每酌獻飲福，皆作《壽和》之樂。太常卿引皇帝進昊天上帝神座前，北向跪奠爵，俛伏，興，太常卿引皇帝少退，北向立，樂止。太祝二人持玉册進於神座之右，東面跪，又太祝一人跪讀册文訖，俛伏，興，册文並中書、門下撰進，少府監刻文。皇帝再拜。初讀册文訖，樂作，太祝進奠册於神座，還鐏所，皇帝再拜，樂止。太常卿引皇帝詣配座，以下至終獻、光禄卿降復位，並如圜丘儀。皇帝將升獻，太官令引饌入，其山下封祀壇五帝、日月以下之饌，亦相次而入。俎初入門，《雍和》之樂作，以黄鐘之均，饌至陛，樂止。祝史俱進，跪徹毛血之豆，降自東陛以出。木帝之饌升自寅陛，火帝之饌升自巳陛，土帝之饌升自未陛，金帝之饌升自酉陛，水帝之饌升自子陛，大明之饌升自辰陛，夜明之饌升自戌陛。其内官、中官、衆星之饌，所由師長皆先陳布。諸太祝迎引於壇上，各設於神座。設訖，謁者引司徒，太官令帥進饌者俱降自東陛以出，司徒復位。諸太祝各還鐏所。於山上太尉之亞獻也，封祀壇謁者七人分引五方帝及大明、夜明等獻官詣罍洗，❶盥手洗匏爵訖，各由其陛升，俱酌汎齊訖，各引降還本位。初，第一等獻官將升，謁者五人次引獻官各詣罍洗訖，各由其陛升，詣第二等内官酒鐏所，俱酌醴齊，各進跪奠爵於内官首座，興，餘座皆祝史、齋郎助奠，相次而畢。謁者四人次引獻官俱詣罍洗盥洗，各由其陛升壇，詣第三等中官酒鐏所，俱酌盎齊以獻。贊

❶「引」，原作「列」，據庫本及《大唐開元禮》卷六三改。

引四人次引獻官詣罍洗盥洗訖，詣外官酒罇所，俱酌醍齊以獻。贊引四人次引獻官詣罍洗盥洗，詣衆星酒罇所，俱酌沈齊以獻。其祝史、齋郎酌酒助奠，皆如内官之儀。訖，謁者、贊引各引獻官還本位。武舞六成，樂止。舞獻俱畢，上下諸祝各進跪徹豆，興，還罇所。奉禮曰：「賜胙。」贊者唱：「衆官再拜。」在位者皆再拜。《元和》之樂作，奉禮曰：「衆官再拜。」在位者俱再拜。樂作一成止。

燔燎：終獻將畢，侍中前跪奏曰：「請就望燎位。」太常卿引皇帝就望燎位。太祝奉玉幣等就柴壇，置於柴上户内訖，奉禮曰：「可燎。」東西面各六人以炬燎火。半柴，侍中前跪奏：「禮畢。」太常卿引皇帝出，贊引引祀官以下皆出。其山下封祀壇獻官獻畢，奉禮曰：「請就望燎位。」諸獻官俱就望燎位。諸太祝各取玉幣等就柴壇，自南陛下，置於柴上户内訖，奉禮曰：「可燎。」東西面各六人以炬燎火，半柴訖，奉禮曰：「禮畢。」獻官以下皆出。禪儀，皇帝既升奠玉幣，下至跪奠爵俛伏興，與方丘同。太常卿引皇帝少退北向立，樂止，太祝二人持玉册進于神座之右，東向跪，又太祝一人跪讀册文訖，俛伏，興，皇帝再拜，祝文並中書、門下進，少府監刻，初讀祝文訖，至配座讀册，皆亦如之，其拜奠並同方丘。配座初讀册訖，至寘土半埳，太常卿引皇帝還版位，與方丘同。

封玉册封檢附。

燔燎畢，禪儀，皇帝既就望瘞位。侍中跪奏稱：「具官臣某言，請封玉册。」太常卿引皇帝自南陛升壇，北向立。近侍者從升如式。少府監具金繩、金泥等並所用物立于御側，符寶郎奉受命寶立于侍中之側。謁者引太尉進昊天上帝神座前，禪儀，進皇地祇神座前。跪取玉册置於案，進，皇帝受玉册，跪，疊之内於玉匱中，纏以金繩，封以金泥。侍中取受命寶，跪以進，皇帝取寶以印玉匱訖，興，侍中受寶以授符寶郎。通事舍人引太尉進，皇帝跪捧玉匱授太尉，太尉跪受。皇帝興。太尉退復位，側身奉玉匱。太常卿前奏：「請再拜。」皇帝再拜訖，入次如常儀。太尉奉玉匱之案於石䃭南，北向立。執事者發石蓋，太尉奉玉匱跪藏于石䃭内。執事者覆石蓋，檢以石檢，纏以金繩，封以石泥訖，太尉以玉寶遍印訖，引降復位。將作帥執事者以石距封固，又以五色土圜封後，續令畢其功。禪儀同。配座玉牒禪儀，太尉又進睿宗大聖真皇帝座，跪取玉册内金匱。封于金匱，皆如封玉匱之儀。訖，太尉奉金匱從降俱復位。封禪還，以金匱内太廟，藏于高祖神堯皇帝之左室，如别儀。太常卿前奏：「禮畢。」若有祥瑞，則太史監跪奏訖，侍臣奉賀再拜，三稱萬歲。内外皆稱萬歲訖，又再拜。太常卿引皇帝還大次，樂作，皇帝出東門，禪儀，皇帝出中壝門。殿中監前受鎮珪以授尚衣奉御，殿中監又前受大珪，華蓋侍衛如常儀，皇帝入次，樂止。謁者、贊引各引祀官，通事舍人分引從祀羣官以次出復位，立定，奉禮曰：「再拜。」衆官在位者皆再拜訖，贊引引出。工人、二舞以次出。禪禮，祭訖，以奇禽異獸合瑞典者，皆縱之神祀所。❶鑾駕還行宫：皇帝既還大次，侍中版奏：「請解嚴。」將士不得輒離部位。轉仗衛於還途如來儀。二刻頃，侍中版奏：「請中嚴。」皇帝服通天冠，絳紗袍，諸祀官服朝服。皇帝出次，升輦降山，下至圜壇所，權停，乘黄令進玉輅，太僕升執轡，以下入宫，並如圜丘儀。禪儀同。

❶「祀」，原作「祝」，據《通典》卷一一九、《唐會要》卷八、《大唐開元禮》卷六四改。

朝覲羣臣禪祭訖行此禮。　禪之明日，朝覲羣臣及岳牧以下於朝覲壇，如巡狩儀。皇帝服衮冕，乘輿以出，曲直華蓋警蹕侍衛，入自北壝門，由北陛升壇，即御座。符寶郎奉寶置於座，扇開，樂止。通事舍人引三品以上及岳牧以下入就位如常儀。通事舍人引上公一人，《舒和》之樂作，公至西陛，就解劍席，樂止，脱舄，跪解劍，置於席，興；相禮者與通事舍人引進，當御座前，北面跪稱：「具官臣名等言，天封肇建，景福惟新。伏惟開元神武皇帝陛下萬壽無疆。」俛伏，興。通事舍人引上公降壇，詣解劍席，跪，帶劍納舄，樂作，通事舍人引復位，立定，樂止。典儀曰：「再拜。」贊者承傳上公以下皆再拜。侍中前承制，降詣上公之東北，西向稱：「有制。」上公及羣官皆再拜訖，宣云：「封禪之慶，與公等同之。」上公及羣官又再拜，舞蹈，三稱萬歲訖，又再拜，引退。

考制度如巡狩儀。

【《册府元龜》】開元二十三年九月丁卯，文武百官、尚書左丞相蕭嵩等累表請封嵩、華二嶽，表曰：「臣聞封巒之運，王者告成，當休明而闕典，乃臣子之深過。伏惟神武皇帝陛下，受命繼天，應期光宅，垂慶雲而覆露，暢和氣以生成。物荷深仁，時惟天道，文明之化洽矣，穆清之風被矣。淳源既泳，福應咸臻，盈于天壤，昭于方策，蓋非愚下所能頌美。且天之在上，日監在兹，嘉大聖之神功，降元符以表德。恭伸昭報，祇事升中，古昔大猷，孰先兹道？臣等覩休徵以上請，陛下崇謙讓以固辭，事恐勞人，抑其勤願，德音所逮，自古未聞。昔虞巡四岳，周在一歲，《書》稱其美，不以爲煩。寧彼華、嵩，皆列近甸，復兹豐稔，又倍他年，歲熟則餘糧，地近則易給。況費務蓋寡，咸有司存，儲峙無多，豈煩黎庶？吏當首路，以望屬車。陛下往封泰山，不祕玉牒，嚴禋上帝，本爲蒼生，今其如何，而闕斯禮？伏願發揮盛事，差擇元辰，先檢玉于嵩山，次泥金于華岳。天休既答，人望見從，上下交歡，生靈幸甚。臣等昧死，敢此竭誠，理在至公，祈于俯遂，無任悃款之至，謹詣朝堂，陳情以聞。」帝固讓不從，手詔報曰：「升中于天，帝王盛禮，蓋謂臻茲淳化，告厥成功。今兆庶雖安，尚竭豐年之慶；邊疆則静，猶有踐更之勞。況自愧于隆周，敢追跡于大舜？頃年迫于萬方之請，難違多士之心，東封泰山。于今惕厲，豈可更議嵩、華，自貽慚恧。雖藉公卿，共康庶政，永惟菲薄，何以克堪。朕意必誠，宜斷來表也。」

【《唐書·玄宗本紀》】天寶九年正月丁巳，詔以十一月封華嶽。三月辛亥，華嶽廟災，關内旱，乃停封。

【《册府元龜》】天寶九載正月，文武百寮、禮部尚書崔翹等累上表，請封西嶽，刻石紀榮號。帝固拒不許，翹等又奉表，懇請曰：「自今月辛亥至于癸丑，累表誠祈，請紀榮號。聖心龔默，冲讓再三。臣等伏讀綸言，退增祇慄，敢重瀝愚懇，期諸必遂。臣聞聖人之言，與春秋而同信；上天之宰，將影響而合符。昭報不可以久稽，成命不可以固拒。今靈山警蹕，望玉鑾之升中；儒林展儀，思金匱之盛禮。發祥儲祉，喻以封山，人事天時，不可失也。伏惟開元天地大寶聖文神武應道皇帝陛下，祖武宗文，重熙累洽，霑風化而砥礪，在動植而昭蘇，外户不扃，餘糧栖畝，其神功至道，廣瑞殊祥，前表縷陳，安敢浮説？夫修德以俟命，勒功以告成，將欲竭款神祇，雍熙帝載，未爲過越也。伏惟覽公卿之議，考封禪之禮，陟華蓋于翠微，轉鉤陳于雲路，泥金于菡萏之上，刻玉于明星之前，使三五六經，復再聞于唐典；七十二姓，不獨紀于夷吾。敷景福以浸黎元，錫大慶而後天地，蒼生之望也，朝廷之幸也。無任誠懇悃款之至，謹詣朝堂，奉表陳請以聞。」帝手詔不許，曰：「輕修大典，所不願爲。」時或傳中旨，請紀榮號，何如空云，請封西嶽。乙卯，羣臣又奉表請封西嶽曰：「臣翹等伏稽古訓，上請增封，再奉明旨，未蒙允諾。臣等承詔，惶駭失圖。臣聞省方展義，君人之大典；登封告成，王者之丕業，是以古先哲后，道洽則封，所以答神祇之功，增兆庶之福。無私于己，故行之者不思；必順于天，故言之者難奪。敢昧萬責，竭誠終請。伏惟開元天地大寶聖文神武應道皇帝陛下，紹文武之丕烈，合君臣于昌運，均雨露，和陰陽，四海無波而静默，羣生自樂而仁壽，繇是德懷蠻貊，澤洎昆蟲，宗廟祀典，罔不祗肅，要荒殊俗，亦莫不庭。自皇王以來，載籍所記，未有混區宇，窮禎祥，地平天成，德茂道洽，若今日之盛者與。固可告太平之功，展封崇之禮，故臣與王公侯伯、黎老緇黄累陳白奏，備竭丹懇，豈謂聖恩猶阻，皇鑒未迴。伏奉癸丑詔書曰：『輕修大典，所不願爲。』臣等戰慄，匪遑寧處，實以陛下功成道洽，理實升中，且夫龜龍咸格，天意也；夷夏大同，人事也；時和年豐，太平也；無爲清净，至理也。允應大典，豈謂輕修乎？奉若靈命，安可不爲乎？臣等敢冒宸極，重明其義。竊以西嶽華山，實鎮京國，皇虞之所循省，靈仙之所依憑，固可封也。況金方正位，合陛下本命之符，白帝臨壇，告陛下長生之籙。發祥作聖，抑有明徵，又可封也。昔周成王以剪桐爲戲，唐叔因而定封。蓋人君之言，動有成憲，斯事至細，猶不忽也。況陛下眷言封祀，宿著神明，道已洽于升平，事未符于琬琰，豈可抑至公于私讓，棄誠信于神明乎？固不可得而辭也。日者封章累奏，嘉應必臻，一獻而甘雨流，再陳而瑞雪降，則知人天之意，影響合符。若然者，陛下安得稽天命以固辭，違人事以久讓？太平不告，其若休祥何？至理不答，其若神祇何？伏願仰答天心，允祇靈貺。上以揚祖宗之盛烈，下以副億兆之懇誠。克崇上報，永光大典。臣等幸甚。」宗子又上表曰：「臣徹等伏見禎祥委積，河海澄清，長瞻北極之尊，屢獻西封之疏，誠懇不達，天鑒未從，徘徊闕庭，隕越無地。陛下再造區寓，肇康生人，與天合符，與道合契，故得靈芝表瑞，玉版呈文，九穀歲衍于京坻，百蠻盡習其冠帶，能事備于典策，盛德光于祖宗。升中告成，是屬今日。惟夫太華，高冠羣山，當其少陰，鎮此西土。自有虞巡守，歷祀三千，夏殷以還，罕能肆覲。陛下雖加進寵號，增崇廟宇，而大禮未施，精意空潔。又陛下頃歲建碑曰：『嘗勤報德之願，未暇封崇之禮，萬姓瞻予，言可復也。』臣以爲天地之主，豈徒言哉？神祇候望，故已久矣。伏願俯順百辟兆人之請，明徵刻石銘山之記。蹔還萬乘，降被三峯，奠珪璧于中壇，奏笙鏞于上帝，使普天蒙福，重賜無疆，頻冒宸嚴，並期必遂。無任懇切屏營之至。謹詣朝堂，奉表陳請以聞。」凡三上表，上乃許之。丁巳，詔曰：「以今載十一月，有事華山。中書門下及禮官詳儀注奏聞，務從省便。」是載三月，西嶽祠廟災。時關中久旱，詔曰：「自春以來，久愆時雨。登封告禪，情所未遑。所封西嶽宜停。」

范氏祖禹曰：「封禪實自秦始，古無有也。且三代不封禪而王，秦封禪而亡，人主不法三代而法秦，以爲太平盛事，亦已謬矣。太宗方明，朝多賢臣，而佞者尤倡其議，獨魏徵以爲時未可，而亦不以其事爲非也。其後使顔師古議其事，房喬裁定之，徵亦預焉。貞觀之末，屢欲東封，以事而止。高宗、明皇遂徑行之。終唐之世，惟柳宗元以封禪爲非，雖韓愈之賢，猶勸憲宗，則其餘無足怪也。嗚呼！禮之失也久矣，世俗之惑可勝救哉！」

右唐玄宗封禪。

【《宋史·太宗本紀》】太平興國八年六月己酉，兖州泰山父老及瑕丘等七縣民詣闕，請封禪。

雍熙元年夏四月乙酉，泰山父老詣闕，請封禪。戊子，羣臣表請，凡三，上許之。五月丁丑，乾元、文明二殿災。六月壬寅，詔罷封泰山。

【《扈蒙傳》】太宗將東封，蒙定議曰：「嚴父莫大于配天，請以宣祖配天。」自雍熙元年罷封禪爲郊祀，遂行其禮，議者非之。

【《真宗本紀》】大中祥符元年春正月乙丑，有黄帛曳左承天門南鴟尾上，守門卒塗榮告，有司以聞。上詔羣臣拜迎于朝元殿啓封，號稱天書。丁卯，紫雲見，如龍鳳覆宮殿。戊辰，大赦，改元，羣臣加恩，賜京師酺。三月甲戌，兖州父老千二百人詣闕，請封禪；丁卯，兖州并諸路進士等八百四十人詣闕，請封禪；壬午，文武官、將校、蠻夷、耆壽、僧道二萬四千三百七十餘人詣闕，請封禪。不允。自是表凡五上。夏四月甲午，詔以十月有事于泰山，遣官告天地、宗廟、嶽瀆諸祠。乙未，以知樞密院事王欽若、參知政事趙安仁爲泰山封禪經度制置使。丙申，以王旦爲封禪大禮使，馮拯、陳堯叟分掌禮儀使。曹、濟州、廣濟軍耆老二千二百人詣闕請臨幸。五月壬戌，王欽若言泰山醴泉出，錫山蒼龍見。壬午，詔緣路行宮舊屋止加塗塈，毋別創。癸未，置天書儀衛使副、扶侍使都監、夾侍，凡有大禮即命之。詔離京至封禪以前不舉樂，所經州縣勿以聲伎來迓。六月乙未，天書再降于泰山醴泉北。壬寅，迎泰山天書于含芳園，雲五色見，俄黃氣如鳳駐殿上。庚戌，曲赦兖州繫囚流罪以下。九月戊寅，西京諸州民以車駕東巡貢獻召對，勞賜之。己卯，以馬知節爲行營都部署。庚辰，趙安仁獻五色金玉丹、紫芝八千七百餘本。乙酉，親習封禪儀于崇德殿。冬十月戊子，上御蔬食。庚寅，以巡幸，置考制度使、副，凡巡幸則命之。是夕，五星順行同色。辛卯，車駕發京師，扶侍使奉天書先道。丙申，次澶州，宴周瑩于行宮。戊戌，許、鄆、齊等州長吏赴泰山陪位。辛丑，駐蹕鄆州，神光起昊天玉册上。甲辰，詔扈從人毋壞民舍、什器、樹木。丁未，法駕入乾符縣奉高宮。❶戊申，王欽若等獻泰山芝草三萬八千餘本。己酉，五色雲起嶽頂。庚戌，法駕臨山門，黃雲覆輦，道經險峻，降輦步進。先夕大風，至是頓息。辛亥，享昊天上帝于圜臺，陳天書于左，以太祖、太宗配。帝衮冕奠獻，慶雲繞壇，月有黃光。命羣臣享五方帝

❶「乾符」，《續資治通鑑長編》卷七〇作「乾封」，是。

諸神于山下封祀壇，上下傳呼萬歲，振動山谷。降谷口，日有冠戴，黄氣紛郁。壬子，禪社首，如封祀儀。紫氣下覆，黄光如星繞天書匣。縱四方所獻珍禽奇獸。還奉高宫，日重輪，五色雲見。作會真宫。癸丑，御朝覲壇之壽昌殿，受羣臣朝賀，大赦天下。十一月丁丑，帝至自泰山。

【《禮志》】大中祥符元年，兖州父老吕良等千二百八十七人及諸道貢舉之士八百四十六人詣闕陳請，而宰臣王旦等又率百官、諸軍將校、州縣官吏、蕃夷、僧道、父老二萬四千三百七十人五上表請，始詔今年十月有事于泰山。遣官告天地、宗廟、社稷、太一宫及在京祠廟、嶽瀆，命翰林、太常禮院詳定儀注，知樞密院王欽若、參知政事趙安仁爲封禪經度制置使並判兖州，三司使丁謂計度糧草，引進使曹利用、宣政使李神福修行宫道路，皇城使劉承珪等計度發運。詔禁緣路採捕及車騎蹂踐田稼，以行宫側官舍、佛寺爲百官宿頓之所，調兖、鄆兵充山下丁役。行宫除前後殿外，並張幕爲屋，覆以油帊。仍增自京至泰山驛馬，令三司沿汴、蔡、御河入廣濟河運儀仗什物赴兖州，❶發上供木，由黄河浮筏至鄆州，給置頓費用，省輦送之役。以王旦爲大禮使，王欽若爲禮儀使，參知政事馮拯爲儀仗使，❷知樞密院陳堯叟爲鹵簿使，趙安仁爲橋道頓遞使，仍鑄五使印及經度制置使印給之。遣使詣岳州採三脊茅三十束，有老人黄皓識之，補州助教，賜以粟帛。初，太平興國中，有得唐玄宗社首玉册、蒼璧，至是令瘞于舊

❶「兖」，原作「衮」，據庫本改。
❷「馮」，原作「馬」，據《宋史·禮志》改。

所。其前代封禪壇址摧圮者，命修完之。山上置圜臺，徑五丈，高九尺，四陛，上飾以青，四面如其方色；一壝，廣一丈，圍以青繩三周。燎壇在其東南，高丈二尺，方一丈，開上南出户，方六尺。山下封祀壇，四成，十二陛，如圜丘制，上飾以玄，四面如方色；外爲三壝，燎壇如山上壇制。社首壇，八角，三成，每等高四尺，上闊十六步；八陛，上等廣八尺，中等廣一丈，下等廣一丈二尺；三壝四門：如方丘制。又爲瘞埳于壬地外壝之内。以玉爲五牒，牒各長尺二寸，廣五寸，厚一寸，刻字而填以金，聯以金繩，緘以玉匱，置石磩中。金脆難用，以金塗繩成之。❶正座、配座，用玉册六副，每簡長一尺二寸，廣一寸二分，厚三分，簡數量文多少。匱長一尺三寸。檢長如匱，厚二寸，闊五寸，纏金繩五周，當纏繩處刻爲五道，而封以金泥，泥和金粉、乳香爲之。印以受命寶。封匱當寶處，刻深二分，用石磩藏之。其磩用石再累，各方五尺，厚一尺，鑿中廣深，令容玉匱。磩旁施檢處，皆刻深七寸，闊一尺，南北各三，東西各二，去隅皆七寸，纏繩處皆刻三道，廣一寸五分，深三分。爲石檢十以擫磩，皆長三尺，闊一尺，厚七寸，刻三道，廣深如纏繩。其當封處，刻深二寸，取足容寶，皆有小石蓋，與封刻相應。其檢立磩旁，當刻處又爲金繩三以纏磩，皆五周，徑三分，爲石泥封磩。泥用石末和方色土爲之。用金鑄寶，曰「天下同文」，如御前寶，以封磩際。距石十二，分距四隅，皆闊二尺，厚一尺，長一丈，斜刻其道，與磩隅相應，皆再累，爲五色土圜封磩，

❶「成」，《宋史・禮志》作「代」。

上徑一丈二尺，下徑三丈九尺。命直史館劉鍇、内侍張承素領徒封圜臺石䃮，直集賢院宋臯、内侍郝昭信封社首石䃮，並先往規度之。

詳定所言：「朝覲壇在行宫南，方九丈六尺，高九尺，四陛。陛，南面兩陛，餘三面各一陛。一壝，二分在南，一分在北。又案唐封禪，備法駕。準故事，乘輿出京，並用法駕，所過州縣不備儀仗。其圜臺上設登歌、鐘、磬各一具，封祀壇宫架二十虡，四隅立建鼓、二舞。社首壇設登歌如圜臺，壇下宫架、二舞如封祀壇。朝覲壇宫架二十虡，不用熊羆十二案。又案《六典》，南郊合祀天地，服衮冕，垂白珠十有二，黝衣纁裳十二章。欲望封禪日依南郊例。洎禮畢，御朝覲壇。諸州所貢方物，陳列如元正儀。令尚書户部告示，並先集泰山下。」仍詔出京日，具小駕儀仗：太常寺三百二十五人，兵部五百六十六人，殿中省九十一人，太僕寺二百九十九人，六軍諸衛四百六十八人，左右金吾仗各一百七十六人，司天監三十七人。

有司言：「南郊惟昊天、皇地祇、配帝、日月、五方、神州各用幣，内官而下别設六十六段分充。案《開寶通禮》：『嶽、鎮、海、瀆幣從方色。』即明皆有制幣。今請封祀壇内官至外官三百一十八位，❶社首壇嶽鎮以下一十八位，並用方色幣。又南郊牲，正坐、配坐用特，五方帝、日月、神州共用羊、豕二十二，從祀七百三十七位，仍以前數分充。今請神州而上十二位用犢，其舊供羊、豕，改充從祀牲。又景德中，升天皇、北極在第

❶「八」，原作「人」，據《宋史·禮志》改。

一等，今請亦于從祀牲内薦體。」❶舊制，郊祀正坐、配坐褥以黄，皇帝拜褥以緋。至是，詔配坐以緋，拜褥以紫。又以靈山清潔，命祀官差減其數，或令兼攝，有期喪未滿、餘服未卒哭者不得預祭，内侍諸司官除掌事宿衛外，從升者裁二十四人，諸司職掌九十三人。其文武官升山者，皆公服。詳定所言：「《漢書》八神與歷代封禪帝王及所禪山，並于前祀七日遣官致祭，以太牢祀泰山，少牢祀社首。」九月，詔審刑院、開封府毋奏大辟案。帝習儀于崇德殿。初，禮官言無帝王親習之文，帝曰：「朕以達寅恭之意，豈憚勞也。」禮畢，帝見禮文有未便，諭宰臣與禮官再議。于是詳定所言：「案《開寶禮》，則燔燎畢封册；開元故事，則封瘞後燔燎。今如不對神封册，則未稱寅恭，或封瘞後送神，則并爲諠瀆。欲望俟終獻畢，皇帝升壇，封玉匱，置瘞中，泥印訖，復位，飲福，送神，樂止，舉燎火。次天書降，次金匱降。禮儀使奏禮畢。皇帝還大次，俟封瘞畢，皇帝再升壇省視。緣祀禮已畢，更不舉樂。❷省訖，降壇。」仍詔山上亞獻、終獻，登歌作樂。

十月戊子朔，禁天下屠殺一月。帝自告廟，即屏葷蔬食，自進發至行禮前，並禁音樂。有司請登封日圜臺立黄麾仗，至山下壇設爟火。將行禮，然炬相屬，又出朱字漆牌，遣執仗者傳付山下。牌至，公卿就位，皇帝就望燎位，山上傳呼萬歲，下即舉燎。皇帝還大次，解嚴，又傳呼而下，祀官始退。社

❶「薦體」，原作「體薦」，據《宋會要・禮》二六之九、《長編》卷六九乙正。

❷「更」，原作「便」，據《宋史・禮志》改。

首瘞坎，亦設爟火三爲準。遣司天設漏壺山之上下，命中官覆校日景，復于壇側擊板相應。自太平頂、天門、黄峴嶺、岱岳觀，各豎長竿，揭籠燈下照，以相參候。辛卯，發京師，以玉輅載天書先行。次日如之。至鄆州，令從官、衛士蔬食。丁未，次奉高宮。戊申，齋于穆清殿，諸升山者官給衣，令祀日沐浴服之。庚戌，帝服通天冠、絳紗袍，乘金輅，備法駕，至山門幄次，改服靴袍，乘步輦登山，鹵簿、儀衛列山下，天書仗不上山，與法駕仗間立。知制誥朱巽奉玉册牒及圜臺行事官先升。且以回馬嶺至天門路峻絶，人給横板二，長三尺許，繫綵兩端，施于背，膺選從卒，推引而上。衛士皆給釘鞵，供奉馬止于中路。自山趾盤道至太平頂，凡兩步一人，綵繒相間，樹當道者不伐，止縈以繒。帝每經陿險，必降輦徒步。亞獻寧王元偓，終獻舒王元偁，鹵簿使陳堯叟從。祀官、點饌習儀于圜壇。是夕，山下罷警場。辛亥，設昊天上帝位于圜臺，奉天書于坐左，太祖、太宗並配西北側向，帝服衮冕，升臺奠獻，悉去侍衛，拂翟止于壝門，籠燭前導亦徹之。玉册文曰：「嗣天子臣某，敢昭告于昊天上帝：臣嗣膺景命，昭事上穹。昔太祖揖讓開基，太宗憂勤致治，廓清寰宇，混一車書，固抑升中，以延積慶。元符錫祚，衆寶效祥，異域咸懷，豐年屢應。虔修封祀，祈福黎元。謹以玉帛犧牲，粢盛庶品，備兹禋燎，式薦至誠。皇伯考太祖皇帝、皇考太宗皇帝配神作主。尚享。」玉牒文曰：「有宋嗣天子臣某，敢昭告于昊天上帝：啓運大同，惟宋受命。太祖肇基，功成治定。太宗膺圖，重熙累盛。粤惟冲人，丕承列聖。寅恭奉天，憂勤聽政。一紀于兹，四隩來暨。丕貺殊尤，元符章示。儲慶發祥，清净可致。時和年豐，羣生咸遂。仰荷顧懷，敢忘繼志。僉議大封，聿申昭事。躬陟喬嶽，對越上天。率禮祗肅，備物吉蠲。以仁守位，以孝奉先。祈福逮下，佑神昭德。惠綏黎元，懋建皇極。天禄無疆，靈休允迪。萬葉其昌，永保純錫。」命羣官享五方帝及諸神于山下封祀壇。上飲福酒，攝中書令王旦跪稱曰：「天賜皇帝太一神策，周而復始，永綏兆人。」三獻畢，封金、玉匱。王旦奉玉匱，置于石䃭，攝太尉馮拯奉金匱以降，將作監領徒封䃭。帝登圜臺閱視訖，還御幄。宰臣率從官稱賀，山下傳呼萬歲，聲動山谷。即日仗還奉高宮，百官奉迎于谷口。帝復齋于穆清殿。壬子，禪祭皇地祇于社首山，奉天書升壇，以祖宗配。玉册文曰：「嗣天子臣某，敢昭告于皇地祇：無私垂祐，有宋肇基，命惟天啓，慶賴坤儀。太祖神武，威鎮萬寓；太宗聖文，德綏九土。臣恭膺寶命，纂承丕緒，穹昊降祥，靈符下付，景祚延鴻，祕文昭著。八表以寧，五兵不試。九穀豐穰，百姓親比。方輿所資，涼德是愧。溥率同詞，縉紳協議。因以時巡，亦既肆類。躬承典禮，祗事厚載。致孝祖宗，潔誠嚴配。以申大報，聿修明祀。本支百世，黎元受祉。謹以玉帛犧牲，粢盛庶品，備兹禋瘞，式薦至誠。皇伯考太祖皇帝、皇考太宗皇帝配神作主。尚饗。」帝至山下，服鞾袍，步出大次。癸丑，有司設仗衛、宮縣于壇下，帝服袞冕，御封禪壇上之壽昌殿受朝賀，大赦天下，文武遞進官勳，減免賦税，工役各有差，改乾封縣曰奉符縣，宴百官卿監以下于穆清殿，泰山父老于殿門。甲寅，發奉符，始進常膳。

帝之巡祭也，往還四十七日，未嘗遇雨雪，嚴冬之候，景氣恬和，祥應紛委。前祀之夕，陰雺風勁，不可以燭，及行事，風頓止，天宇澄霽，燭焰凝然，封䃭訖，紫氣蒙壇，黃光如帛，繞天書匣。悉縱四方所獻珍鳥異獸山下。法駕還奉高宮，日重輪，五色雲見。鼓吹振作，觀者塞路，歡呼動天地。改奉高宮曰會真宮。九天司命上卿加號保生天尊，青帝加號廣生帝君，天齊王加號神聖，各遣使祭告。詔王旦撰《封祀壇頌》，王欽若撰《社首壇頌》，❶陳堯叟撰《朝覲壇頌》。圜臺奉祀官並于山上刻名，封祀、九宮、社首壇奉祀官並于《社首頌》碑陰刻名，扈從升朝官及內殿崇班、軍校領刺史以上與番夷酋長並于《朝覲頌》碑陰刻名。

【《樂志》】大中祥符封禪十首：餘同南、北郊。

山上圜臺降神，《高安》 巖巖泰山，配德于天。奉符展粟，翼翼乾乾。滌濯靜嘉，罔有弗蠲。上帝顧諟，泠風肅然。

昊天上帝坐酌獻，《奉安》 皇天上帝，陰騭下民。道崇廣覆，化洽鴻鈞。靈文誕錫，寶命惟新。增高欽事，式奉嚴禋。

太祖配坐酌獻，《封安》 於穆聖祖，肇開鴻業。我武惟揚，皇威有曄。四隩混同，百靈震疊。陟配高穹，明靈是接。

太宗配坐酌獻，《封安》 祇若封祀，神宗配天。禮樂明備，奠獻精虔。景靈來格，休祥藹然。於昭垂慶，億萬斯年。

亞獻，《恭安》 因高定位，禮修物備。薦邕卜牲，虔恭寅畏。八音克諧，天神咸暨。降福穰穰，永錫爾類。

終獻，《順安》 浩浩元精，無臭無聲。臨

❶「王」字，原無，據《宋史·禮志》補。

下有赫，得一以清。備物致享，薦兹至誠。泰尊奠獻，夙夜齊明。

社首壇降神，《靖安》　至哉坤元，資生伊始。博厚稱德，沈潛柔止。降禪方位，聿修明祀。寅恭吉蠲，永錫蕃祉。

皇地祇坐酌獻，《禪安》　坤德直方，博厚無疆。乘陰得一，静而有常。寶藏以發，乃育百昌。肅祇禪祭，錫祉穰穰。

太祖配坐酌獻，《禪安》　皇矣聖祖，丕赫神武。秉運宅中，威加九土。德厚功崇，頌聲載路。陟配方祇，對天之祜。

太宗配坐酌獻，《禪安》　毖祀柔祇，報功厚載。思文太宗，侑神嚴配。鐘石斯和，籩豆咸在。永錫坤珍，資生爲大。

又封禪四首：

《導引》　民康俗阜，萬國樂升平，慶海晏河清。唐堯、虞舜垂衣化，詎比我皇明！九天寶命垂丕貺，雲物效祥英。星羅羽衛登喬嶽，親告禪云亭。汾陰云：「星羅羽衛臨汾曲，親享答資生。」我皇垂拱，惠化洽文明，盛禮慶重行。登封、降禪燔柴畢，汾陰云：「告虔睢上皇儀畢。」天仗入神京。雲雷布澤徧寰瀛，遐邇振歡聲。巍巍聖壽南山固，千載賀承平。

《六州》　良夜永，玉漏正遲遲。丹禁肅，周廬列，羽衛繞皇闈。嚴鼓動，畫角聲齊。金管飄雅韻，遠逐輕颸。薦嘉玉，躬祀神祇，祈動爲黔黎。升中盛禮，增高益厚，登豐檢玉，《時邁》合《周詩》。汾陰云：「方丘盛禮，精嚴越古，陳牲檢玉，《時邁》展鴻儀。」玄文錫，慶雲五色相隨。甘露降，醴泉涌，汾陰云：「嘉禾合。」三秀發靈芝。皇猷播，史册光耀。受鴻禧，萬年永固丕基。吾君德，蕩蕩巍巍，邁堯、舜文思。從今寰宇，休牛歸馬，耕田鑿井，鼓腹樂昌期。

【《文獻通考》】先是，殿中侍御史趙湘請封禪，上拱揖不答。王旦等曰：「封禪之禮，曠廢已久，若非盛世承平，豈能振舉？」初，王欽若既以城下之盟毀寇準，上自是常怏怏。他日，問欽若曰：「今將奈何？」欽若度上厭兵，即謬曰：「陛下以兵取幽薊，乃可刷此恥也。」上令思其次，欽若因請封禪，以鎮服四海，誇示契丹。又言「封禪當得天瑞」。又言：「天瑞蓋有以人力爲之。陛下謂《河圖》、《洛書》果有之乎？聖人以神道設教耳。」上曰：「王旦得無不可？」欽若遂以上意諭旦，旦黽勉而從。

【《丁晉公談録》】真宗欲東封泰山，問兩地大臣可否。大臣曰：「聖駕行幸，豈無甲兵隨駕？只恐糧草不備。」時晉公爲三司使，真宗遂問曰：「朕東封，糧草得備否？」晉公曰：「有備。」真宗又曰：「如何是備？」晉公曰：「隨駕兵士大約不過十萬人，每日請口食米二升半，一日只支計米二千五百石。或遇駐蹕處所，不過三日，只支得米七千五百石，何處州縣無七千五百石斛斗？往回之間，俱可有備。」真宗甚喜，又問：「只與二升半米，亦須與他些麫食。」晉公曰：「今來所經州郡，只可借路而過，使逐程百姓，榮觀國家大禮，固不可科率。臣欲省司行文字，告示沿路所經州軍，必恐有公用錢，州軍及應文武臣僚、州縣官僚、僧道百姓有進蒸餬者，仰先具州縣、官位、姓名、蒸餬數目申來，待憑進呈，若係省錢，支與一倍價錢回賜。仍大駕往東封日進蒸餬，回日並許進酒肉，緣有公使節帥防團刺史，有人可以勾當，仰于經過縣鎮草市處排當，經過者是州縣官員、僧道百姓，可于經過本州縣處進。」真宗聞之，又甚喜。又問曰：「或遇泥雨非次，支賜鞋轎錢，❶動要五七萬貫，如何有備？」晉公對曰：「臣亦已有擘畫，伏緣隨駕軍士，各是披帶稍重，到處若遇有支賜錢物，如何將行？臣欲先令殿前指揮使曹璨問諸六軍，或遇路中

❶「轎」，原作「輴」，庫本作「輪」，據(宋刻《百川學海》本)《丁晉公談録》改。

有非次支賜，置隨駕便錢一司，仍各與頭子支，便于軍士住營處或指定州軍便支與，各人骨肉請領一則，便于軍士請令二則，軍士隨駕骨肉，在營得便倒支錢物，因茲甚安人心。尋曹燦問諸六軍，皆曰：『隨駕請得，何用兼難以將行，若聖恩如此，皆感戴官家。』」真宗聞之，又甚喜。于是以此告諸兩地臣僚，遂定東封。聖駕往回，路無闕誤。真宗于是因晉公奏事次密，謂晉公曰：「今來封禪禮畢，大駕往回，凡百事，須俱總辦集，感卿用心。」晉公曰：「臣非才，遭逢陛下，過有委任，臣寔無所能。今大禮已畢，輒有二事，上告陛下，朝廷每有除改，外面多謗議云：『某乙甚人主張，某乙是甚人親戚。』此後每有除改，外面多謗，望聖聰不聽。」上曰：「朕深知，不聽，其如臣僚何？」晉公又曰：「只如每遇南郊大禮，外面多竊議中書密院臣僚別有動靜，今來禮畢，望陛下兩地臣僚並令依舊，免動人心。」真宗聞之，甚喜，彌加睠遇，首台掌武聞之，益多其奏議。

【《宋史・真宗本紀》】大中祥符二年春正月癸亥，以封禪慶成，賜宗室、輔臣襲衣、金帶、器幣。十二月辛丑，丁謂上《封禪朝覲祥瑞圖》，劉承珪上《天書儀仗圖》。三年九月，華州言父老二千餘人請幸西嶽。冬十月庚申，丁謂等上《大中祥符封禪記》。

右宋真宗封禪。

【《禮志》】徽宗政和三年，兗、鄆耆壽、道釋等及知開德府張爲等五十二人表請東封，優詔不允。六年，知兗州宋康年請下祕閣檢尋祥符東封典故付臣經畫。時蔡京當國，將講封禪以文太平，預具金繩、玉檢及他物甚備，造舟四千艘，雨具亦千萬計，迄不能行。

右宋徽宗封禪未行。

【《明典彙》】永樂七年三月朔，車駕巡狩北京，駐蹕東平州，望祭泰山畢，顧侍臣曰：「昔舜巡狩至泰山，舉祀禮，覲諸侯，一正朔，考制度而已，蓋欲使天下同風。後來秦皇、漢武皆有侈心，登封泰山，薦道德功，以誇示後世，終不免後世之非議。太祖一天下，立法制，五六十年，國不異政，家不殊俗。朕謹遵成憲，此行亦惟欲親巡撫，使軍民各得其所耳。」

十四年夏祠祭，郎中周訥請封禪。尚書吕震請如訥言。上曰：「今天下雖無事，然水旱疾疫亦間有之。朕每聞郡縣上奏，未嘗不惕然于心，豈敢自謂太平之世？且聖經未嘗言封禪，唐太宗亦不爲封禪，魏徵每以堯舜之聖望太宗。爾欲處朕于太宗之下，亦異乎徵之愛君矣。爾嘗以古人自勉，庶幾不忝宗伯之任。」

蕙田案：封禪之事，自宋以後，無有踵而行者，未必非成祖之言之力也。且云聖經不言封禪，唐太宗亦不爲封禪，可知雄才大略之主，舉動非可偶然。成祖蓋以自況，彼庸庸者，固無足議耳。前謂唐太宗之用心深遠，至是果驗。

右明成祖論封禪。

五禮通考卷第五十二

五禮通考卷第五十三

内廷供奉禮部右侍郎金匱秦蕙田編輯
太子太保總督直隸右都御史桐城方觀承同訂
按察司副使元和宋宗元參校

吉禮五十三

五祀

蕙田案：五祀之祭，見於經傳多矣。《曲禮》，天子、諸侯、大夫祭五祀，歲徧。《士喪禮》「禱於五祀」，是天子至士皆得祭五祀也。《月令》五祀分祭五時，孟冬臘五祀，此祭之時也；《周禮·大宗伯》「以血祭祭五祀」，《司服》祭五祀則希冕，此祭之秩也。獨《祭法》著七祀、五祀、三祀、二祀、一祀之法，有五疑焉。《曲禮》天子祭五祀，不云七祀，《儀禮》士禱五祀，不云二祀，一也；五祀與社稷同爲地示之屬，司命則屬天神，泰厲則屬人鬼，合爲七祀，恐非其類，二也；諸侯不祭户、竈，大夫以下不祭中霤，恐非推報之義，三也；既爲羣姓立七祀，又自爲立七祀，是天子有十四祀，諸侯有十祀矣，四也；五祀祭於宫中，而以厲參之，五也。《祭法》之説本不足信，康成反以爲周制，而以天子祭五祀爲商制，惑矣。《周禮》五祀難指爲商制，遂以爲五官之神，抑又惑矣。兹輯五祀門，先經後史，以諸儒辨論附於經後，覽者詳焉。

【《周禮·春官·大宗伯》】以血祭祭五祀。【注】故書祀作禩。鄭司農云：「禩當爲祀，書亦或作祀。五祀，五色之帝於王者宮中，曰五祀。」玄謂：此五祀者，五官之神在四郊，四時迎五行之氣於四郊，而祭五德之帝亦食此神焉。少昊氏之子曰重，爲勾芒，食於木。該爲蓐收，食於金。修及熙爲玄冥，食於水。顓頊氏之子曰黎，爲祝融，后土食於火、土。【疏】先鄭云「五祀，五色之帝於王者宮中，曰五祀」者，先鄭意此五祀即《掌次》云「祀五帝」一也，故云五色之帝。後鄭不從者，案《司服》云祀昊天與五帝皆用大裘，當在圜丘與四郊上，今退在社稷之下於王者宮中，失之遠矣。且五帝天神當在上經陽祀之中，退在陰祀之內，一何陋也。「玄謂此五祀者，五官之神在四郊」者，生時爲五官，死乃爲神，配五帝在四郊，知在四郊者，鄭即引《月令》四時四立之日。迎氣在四郊，并季夏迎土氣，是五迎氣。故鄭云四時迎五行之氣于四郊也。云「而祭五德之帝亦食此神焉」者，但迎氣迎五方天帝，雖不言祭人帝，案《月令》四時皆陳五德之帝，太昊、炎帝、黃帝、少昊、顓頊等五德之帝，并五人神於上，明知五人神爲十二月聽朔及四時迎氣而陳，故鄭此注，及下青圭赤璋之下注，皆云迎氣時并祭五人帝、五人神也。

鄭氏鍔曰：「中霤，土也，季夏祀之。井，水也，冬祀之。門，金也，秋祀之。户，木也，春祀之。竈，火也，夏祀之，皆五行之小神在地者，故其祭亦自血始。或謂天子七祀，此祭其五，何也？予以爲司中、泰厲以槱燎祀之矣。」

黄氏度曰：「《祭法》七祀，《宗伯》五祀，司命、泰厲非地類，血祭者惟五耳。」

蕙田案：鄭注以五祀爲祭五官神，非也。血祭、埋沈、疈辜皆祭地祇。《左傳》五官皆當從祀天神，不在地祇內。剛中謂五行之小神在地者，信矣。詳見後辨說。

【《禮記·曲禮》】天子祭天地，祭四方，祭山川，祭五祀，歲徧。諸侯方祀，祭山川，祭五祀，歲徧。大夫祭五祀，歲徧。【注】五祀，户、竈、中霤、門、行也，此蓋殷時制也。《祭法》曰天子立七祀，諸侯立五祀，大夫立三祀，士立二祀，謂周制也。

【疏】「祭五祀」者，春祭户，夏祭竈，季夏祭中霤，秋祭門，冬祭行也。「歲徧」者，謂五方之帝迎氣、雩祀、明堂及郊，雖有重者，諸神總徧，故云歲徧。「大夫祭五祀」者，大夫不得方祀及山川，直祭五祀而已。又曰：云「五祀，户、竈、中霤、門、行」者，此《月令》文，《大宗伯》五祀以爲五官者，以其在五嶽之上。此五祀在山川之下，又與大夫同祭，故知是户、竈等。云「此蓋殷時制也」者，以天子、諸侯、大夫同云祭五祀，既無等差，故疑殷時制也。案《王制》云大夫祭五祀，文與此同，而鄭云五祀謂司命也、中霤也、門也、行也、厲也，與此不同者，《王制》之文上云「天子祭天地，諸侯祭社稷，大夫祭五祀」，既有尊卑等級，疑是周禮，故引《祭法》五祀以解之，與此不同。

蕙田案：鄭注此五祀與《月令》合，是已。乃又以爲殷禮，蓋惑於《祭法》七祀、五祀、三祀、二祀之説，而不能强同，故彼爲周禮，而以此爲殷制，不知周禮但有五祀，並無七祀。七祀者，《禮記》之言，漢儒之附會耳，烏足據依？疏謂疑是殷制，疑是周禮。夫説經必有徵信，豈可以己之疑而亂聖人之經哉？故《周禮》、《曲禮》、《王制》一人之注，而三遷其説，與郊祀之釋天帝同一病矣。

宗元案：五祀通乎上下，乃五行之神之最切於民生日用者。然井即水神，人尤利賴，何以冬祭行而不祭井？程子謂，古者八家同井，蓋五祀皆門内之神，井則非一家之所獨也。然行亦非門内之神，古人出門時原有軷祭，以祭行道之神，冬則役車其休矣，何又祭行而反不及井哉？考之《淮南子》、《白虎通》諸書，皆云冬祭井，疑彼爲是。《月令》特采《吕氏春秋》之文，未足據也。

然《大雅》后稷肇祀而云「取羝以軷，以興嗣歲」，正在烝祭之時，則似冬之祭行，古禮原是如此。後得楊用修說，謂：「行即井也，八家同井，由家至井，井開八道，乃八家所行。《月令》、《時訓》特互言之，而非有異。」雖亦曲解，然實爲妙悟也。但鄙意，北方之神本有二，則冬之祭行可兼井，直當並祀之，亦無害於義爾。至王平仲說以五祀爲祭之小者，而《大宗伯》之五祀乃在五嶽之上，則非門、户等可知，欲從鄭氏五官之神在四郊之說，則謬已。五祀近而五嶽遠，由近以至遠，故先五祀而後五嶽，其序當然，何必復生一解乎？且五官之神乃天神之屬，宜從實柴槱燎之例，而不當血祭，則鄭氏益與經文爲不合耳。

【《王制》】大夫祭五祀。【注】五祀，謂司命也、中霤也、門也、行也、厲也，此祭謂大夫有地者，其無地祭三耳。

蕙田案：鄭注《大宗伯》、《曲禮》既不同矣。《王制》所言又與《祭法》相牴牾，乃鄭復用《祭法》之說以爲解，既分殷、周兩制，更於周制中分有地無地之說，支離甚矣。且果如《祭法》所云，諸侯、大夫降殺以兩，未聞大夫有地，遂得上同諸侯也。

【《通典》】說曰：天子、諸侯必立五祀，五祀者，爲其有居處出入飲食之用，祭之所以報德也。歷代同，或五，或七。周禮，天子祭七，諸侯祭五，降殺之差也。殷天子、諸侯、大夫皆五。鄭注云殷禮者，以《祭法》差降殊異故言之。鄭又云：「竈祀老婦人，古之始炊者也。」以此推之，七祀皆應古之始造者焉。馬融以七祀中之五：門、户、竈、行、中霤，即勾芒等五官之神配食者，勾芒食于木，祝融食于火，該食于金，修及玄冥食于水，勾龍食于土。《月令》五時祭祀只是金木水火土五官之祭也。許慎云：「《月令》孟夏祀竈，王者所祭，古之有功德于人，非老婦也。」鄭玄云：「爲祭五祀，竈在廟門外之東，祀竈禮，設主于竈陘。祝融乃古火官之長，猶后稷爲堯司馬，上公也。今但就竈陘而祭之，屈上公之神，何其陋也？又《月令》云『其帝炎帝，其神祝融』，文列在上，與祀竈絶遠，而推合之，文義不次，焉得爲義也！又《左傳》云：『五官之神，生爲上公，死爲貴神。』若祭之竈陘，豈得爲貴神乎？《特牲饋食禮》云『尸謖而祭饎爨』，以謝先炊者之功。知竈神是祭老婦，報先炊之義也。臧文仲燔柴於竈，夫子譏之，云：『盛于盆，尊于瓶。』若是祝融之神，豈可以盆瓶之器賓于陘而祭之乎？」鄭冲云：「五祀雖出天地之間，陰陽之氣，實非四時五行陰陽之正者也。《月令》春祀户，祭先脾；秋祀門，祭先肝，此順氣所宜，藏所值耳。❶又司命則司命星下食人間，司譴過小神矣。」袁準《正論》以爲：「五行之官祭于門、户、行、竈、中霤。中霤，土神也。火正祀竈，而水正不祀井，非其類也。且社奚爲于人家之屋棟間哉！《禮記》王七祀，諸侯五，大夫三，冬其祀行，是《記》之誤也。井不輕于竈，行不唯冬。《白虎通》云《月令》其祀井是也。」秦静云：「今月令謂行

❶「藏」，原作「蕆」，據《通典》卷五一改。

爲井，是以時俗或廢行而祀井。魏武興復舊祀而祭門、户、井、竈、中霤，凡五祀焉。案漢諸儒戴聖、聞人通漢等《白虎通》議五祀則有井之説，蓋當時以行，中間廢缺，至魏武重修舊典而祭井焉。高堂生《月令》中冬，祀四海、井泉。祭井自從小類，不列五祀。儒家誤以井于五祀，宜除井而祀行。」傅玄曰：「七祀、五祀，《月令》皆云祀行而無井。《月令》先儒有直作井者。既祭竈而不祭井，于事則有缺，于情則不類，謂之井者近是也。」又案：《白虎通》曰：「共工之子曰脩，好遠遊，舟車所至，足跡所達，靡不窮覽，故祀以爲祖神。」祖者，徂也。徂即行之義也。

蕙田案：《通典》殷制、周禮，尚沿鄭注之誤，又謂七祀皆應古之始造者，亦非也。《周禮》以血祭祭社稷、五祀，緣社稷、五祀同是地示之屬。陰祀自血始，故皆血祭。若古之始造者，則是人鬼，非地示矣。云祝融上公，祭之竈陘爲已褻，以駁馬、鄭五官之神之説，甚善。至云竈神是祭老婦，爲報先炊之義，則非。《禮器》老婦之祭，嚴陵方氏以爲祀竈，配以先炊，極是。古人祭必有配，門、户、中霤、行配祭不見于經，大約以古之始造者爲配耳。

【辨諸書五祀不同】

【《禮記·月令》】户、竈、中霤、門、行。【《祭法》】司命、中霤、國門、國行、公厲。【《春秋左氏傳》】勾芒、祝融、蓐收、玄冥、后土。【《白虎通》】門、井、户、竈、中霤。【《世本》】湯五祀，户、井、竈、中霤、行。【《荀子》注】《周禮·宗伯》「以血祭祭社稷五祀」，鄭云：「五祀，四時迎五行之氣于四郊而祭五德之帝也。」或曰：「此五祀謂礿、祠、烝、嘗及大祫也。」或曰：「《國語》展禽曰：禘、郊、祖、宗、報，此五者，國之祀典也。皆王者所親臨之祭，非户、竈、中霤、門、行之五祀也。」

【陳氏《禮書》】五祀見於《周禮》、《禮記》、《儀禮》，雜出於史傳多矣。特《祭法》以司命、泰厲爲七祀，而《左傳》昭二十五年、《家語·五帝篇》則以五祀爲重、該、修熙、黎、勾龍之五官。《月令》以五祀爲門、行、户、竈、中霤，《白虎通》、劉昭、范曄、高堂隆之徒以五祀爲門、井、户、竈、中霤。鄭氏釋《大宗伯》之五祀則用《左傳》、《家語》之説，釋《小祝》之五祀用《月令》之説，釋《王制》之五祀則用《祭法》之説。而荀卿謂「五祀執薦者百人，侍西房」，侍西房則五祀固非四方之五官，侍必百人則五祀固非門、户之類。然則所謂五祀者，其名雖同，其祭各有所主。七祀之制，不見他經，鄭氏以七祀爲周制，五祀爲商制。然《周官》雖天子亦止於五祀，《儀禮》雖士亦禱五祀，無尊卑隆殺之數矣。《祭法》自七祀推而下之，至於適士二祀，庶人一祀，非周禮也。然禮所言五祀，蓋皆門、户之類而已。門、户，人所資以出入者也。中霤，人所資以居者也。竈、井，人所資以養者也。先王之於五者，不特所資如此，而又事有所本，制度有所興，此所以祀而報之也。中霤，土之所用事，故祀於中央。竈，火之所用事，故祀於夏。井，水之所用事，故祀於冬。户在内而奇，陽也，故祀於春。門在外而偶，陰也，故祀于秋。兩漢、魏晉之立五祀，井皆與焉。特隋唐參用《月令》、《祭法》之説，五祀祭行。及李林甫之徒復修《月令》，冬亦祀井而不祀行。然則行神亦特載於始行而已，非先王冬日之常祀也。考之於禮，五祀之牲牛牲，《小司徒》：「小祭祀共牛牲。」凡祭五祀於廟，有主有尸，觀《月令》臘先祖、五祀同時，則五祀祭於廟可知也。《曾子問》「既殯而祭五祀，尸及三飯」，則五祀有尸可知也；「既殯而祭，不酳不酢」，則凡祭五祀，固有侑酳與酢矣。老婦之祭，先儒以爲竈配，則五祀固有配矣。先儒又謂卿以上宗廟有主，五祀亦有主矣。大夫以下宗廟無主，五祀亦如之。然大夫之廟未嘗無主，五祀有主與否，不可攷也。

蕙田案：聖人之制祀典也，報功爲重。五祀者，上棟下宇，修水火之利而奠民居，厚民生者也。門與户，人所由以出入。井、竈，人所由以飲食。中霤，人所資以覆庇。是故户奇而陽，陽出祀之；門偶而陰，陰長祀之，順時令也。夏屬火而祀竈，冬屬水而祀井，從其類也。中霤爲土，於季夏祀之，時之中也，所謂「義之修而禮之藏也」。若夫祭之神，則五者之靈爲主，而以有功於五祀者配之，如竈祀火神而以先炊配，類而求之，門、户諸神亦可知矣。乃禮文散失，儒者妄援經傳，凡祀之有五者，比而同之，不知人神之有勾芒等五官也，宗廟之有禘祫與四時祭也，五時之有迎氣也，周禮之有司命、司中也，此皆王者之祭，不可以通乎下，所謂「有天下者祭百神」，寧可舉之以爲五祀之證歟？故言禘祫是以內而紊外，舉五官是舍近而求遠，首司命是以神而亂祇，及大厲是舉異以瀆常。陳氏謂諸經各有所指，是也。而《祭法》則漢儒祖述《國語》之言，尤不可信。鄭氏昧其義，乃于《大宗伯》曰五官，于《小子職》引《月令》，于《王制》言《祭法》，夫先自惑也已，况《王制》爲大夫之祭，豈容有司命而反遺户竈？而《周禮》五祀上有禋祀祀上帝，槱燎祀司命，下有裸饋祠禴嘗烝享先王諸大典，若五祀已賅而存之，其文不已贅乎？雖然，大夫以下不得祭五祀何也？交神視其分，行禮有其地，致享備其物，奔走賴於人，士以貧且賤而爲之，何以克盡其制，以致神明之感格乎？《士喪禮》「行禱五祀」，先儒謂禱于平常所祭祀者，意必有降殺于大夫之禮，平日行之，有事則告之，猶宗廟之祭，士以上有廟，庶人則祭于寢焉耳。若夫祀行廢井，是秦吕氏之謬也。行者，將出告祭，舉無定時，非常行之典，且井以祀水故配于冬，行而以冬，又何所取義乎？至于門之有磔攘也，井之有祈祀也，非正祭也。大水之用牲于門也，魯之燔柴于爨也，失之誣也。而五祀之正祭，則固親于人而不可去，垂諸典而不可紊。考祀典者所當詳辨也。

右通論五祀。

【《禮記・禮運》】降於五祀之謂制度，【注】謂教令由五祀下者。五祀有中霤、門、户、竈、行之神，此始爲宫室制度。【疏】「降于五祀」者，所施政令降于民者從五祀而來，謂法此五祀之神以施政令也。「之謂制度」者，初造五祀之神，既立中霤、門、户、竈、行，大小形制各有法度，後王所以取爲制度等級也。

王氏安石曰：「出命而降于五祀，居則中霤、門、户，食則有竈，往來則有行，自天子至于卿大夫士均祀之。位有尊卑，禮有隆殺，有一定之法焉，是以謂之制度也。」

蔣氏君實曰：「降于五祀之謂制度，蓋言門、行有守，内外有職，而宫室以居也。」

五祀所以本事也。【疏】五祀是制度，故云本事也。

方氏慤曰：「五祀出于五行，而五行各因時以用事焉，故曰所以本事也。」

馬氏晞孟曰：「五祀者，中霤、户、竈、門、行，制度所出，亦治天下之事也。」

禮行于五祀而正法則焉。【疏】祭五祀以禮，而天下法則各得其正。

陳氏祥道曰：「禮行于五祀而正法則焉者，以其有制以正法，有度以正則也。」

右五祀之義。

【《禮記·月令》】春祀户，祭先脾。【注】春陽氣出，祀之于户，内陽也。祀之先祭脾者，春爲陽中，于藏直脾，脾爲尊。凡祭五祀于廟，用特牲，有主，有尸，皆先設席于奥。祀户之禮，南面，設主于户内之西，乃制脾及腎爲俎，奠于主北。又設盛于俎西，祭黍稷，祭肉，祭醴，皆三，祭肉脾一，腎再。既祭徹之，更陳鼎俎，設饌於筵前，迎尸畧如祭宗廟之儀。【疏】「春陽氣出，祀之于户」者，户在内，從外向内，户又在内，故云内陽也。户是人之出入，户則有神，故《祭法》注七祀云「小神居人之間，司察小過作譴告者爾」。此户神，則陽氣在户内之神，故云祀之于户，内陽也，由位在户内。又秋其祀門，注云「秋陰氣出，祀之于門」者，門在外，從内向外，門又在外，故云外陰也。則門神陰氣之神，是陰陽别氣在門户者，與人作神也。「凡祭五祀于廟，用特牲」之下，皆《中霤禮》文。云「祭五祀于廟」者，設祭户、祭中霤在于廟室之中，先設席于廟堂之奥，若祀竈、祀門、祀行，皆在廟門外，先設席于廟門之奥，雖廟室、廟門有别，總而言之皆謂之廟，故云「凡祭五祀于廟」，此謂殷禮也。若周則七祀，加司命與厲也，不審祀之處所，亦當與竈門行等俱在廟門之外祀也。若周，總在宫内，故《宫正》注云「祭社稷、七祀于宫中」。此特牲謂特牛，故《小司徒》云「小祭祀奉牛牲」，注云「小祭祀王玄冕」，所祭若諸侯，或亦當然，其大夫所祭或特羊也。云「有主有尸」者，謂天子、諸侯，若卿大夫廟無主，則五祀無主也。云「祀之禮設主于户内西」者，先設席于奥，乃更設席于廟户西夾，北嚮，置主位，設主之人南面設主于户西位上，使主北面。云「乃制脾及腎爲俎，奠于主北」者，謂設主之後以割制之脾與腎爲俎實，奠于主北，主既北面，奠于主前。云「又設盛于俎西」者，盛謂黍稷，俎在主前稍東，故黍稷之簋在主前稍西。云「祭黍稷、祭肉、祭醴皆三」者，當時惟始設主，未有迎尸，則是祝官祭簋中黍稷，祭俎中脾腎之肉，祭薦之禮皆三度祭之，黍亦三祭，醴亦三祭，肉亦三祭，故云「皆三」。云「祭肉脾一腎再」者，申明祭肉三度之事。其祭肉三者，脾尊，故一祭，腎卑，故再祭。云「既祭徹之，更陳鼎俎，設饌于筵前」者，謂既祭黍稷祭肉醴之後，徹去俎之與盛，更陳列鼎俎，設其饌食于初設奥之筵前。其時主已移于筵上。主人出户迎尸，尸入即筵而坐。但宗廟之祭，尸入之後始祭籩豆及黍稷醴，其祭户之時，已于西祭黍稷，祭肉，祭醴。今迎尸而入，則應坐而饌食，不更祭黍稷，祭肉，祭醴，故云「略如祭宗廟之儀」。祭户所以先設席于奥，及設饌筵迎尸皆在奥者，就尊之處也。中間設主，祭黍稷祭肉祭醴户西者，就户處也。其餘五祀所祭設主，皆就其處也。

【蔡邕《獨斷》】户，春爲少陽，其氣始出生養，祀之於户。祀户之禮，南面設主於門内之西。

【《白虎通》】春祭户。户者，人所出入，亦春萬物始觸户而出也。

右祀户。

【《禮記·月令》】夏祀竈，祭先肺。【注】夏陽氣盛，熱于外，祀之于竈，從熱類也。祀之先祭肺者，陽位在上，肺亦在上，肺爲尊也。竈在廟門外之東。祀竈之禮，先席于門之奥，東面，設主于竈陘，乃制肺及心肝爲俎，奠于主西。又設盛于俎南，亦祭黍三，祭肺、心、肝各一，祭醴三，亦既祭徹之。更陳鼎俎設饌于筵前。迎尸，如祀户之禮。【疏】云「竈在廟門外之東」者，案《少牢》及《特牲禮》皆竈在廟門外之東，西面北上。云「祀竈之禮」以下，皆《逸中霤禮》文。云「先席于門之奥」，謂廟門外西室之奥，以神位在西，故知在西室之奥。以祀户在户内，故祭在廟室之奥。祀竈在門外，故設主在門室之奥，各從其義。云「東面設主于竈陘」者，謂設主人東面也。竈陘，謂竈邊盛器之物，以土爲之。云配竈神而祭者，是先炊之人。《禮器》云竈者，是老婦之祭。

【蔡邕《獨斷》】竈，夏爲太陽，其氣長養，祀之于竈。祀竈之禮，在廟門外之東，先席於門奥西東，設主於竈陘也。

【《白虎通》】夏祭竈。竈者，火之主人，所以自養也。夏亦火王，長養萬物。

【《論語》】王孫賈問曰：「與其媚於奥，寧媚於竈，何謂也？」子曰：「不然，獲罪於天，無所禱也！」【朱注】室西南隅爲奥。竈者，五祀之一，夏所祭也。凡祭五祀，皆先設主而祭于其所，然後迎尸而祭於奥，略如祭宗廟之儀。如祀竈，則設主于竈陘，祭畢而更設饌于奥，以迎尸也。

【《朱子語録》】陘是竈門外平正可頓柴處，陘非可做好安排，故又祭于奥以成禮。五祀皆然。問：「五祀皆有尸，以誰爲之？」曰：「今無可攷，但墓祭以冢人爲尸，以此推之，祀竈之尸，恐膳夫之類。祀門之尸，恐閽人之類，祀山川則虞衡之類。儀禮，周公祭泰山，召公爲尸。」問：「主與尸，其別如何？既設主祭于其所，又迎尸祭于其奥，本是一神，以奥爲尊，以主爲卑，何也？」曰：「不是尊奥而卑主，但祭五祀皆設主于其處，則隨四時更易，皆迎尸于奥，則四時皆然，而其尊有常處耳。」

饒氏雙峰曰：「五祀，先設主席而祭于其所，親之也；後迎尸而祭于奥，尊之也。祭于其所，近于褻；止祭于奥，又非神所栖，故兩祭之，以盡求神之道也。」

【唐陸龜蒙《祀竈解》】竈壞，煬者請新之。既成，又請擇吉日以祀。告之曰：竈在祀典，聞之舊矣。《祭法》曰王爲羣姓立七祀，其一曰竈。達于庶人、庶士，立一祀，或立户，或立竈。飲食之事，先自火化以來，生民賴之，祀之可也。說者曰：「其神居人間伺察小過作譴告者。」又曰：「竈鬼以時録人功過，上白于天，當祀之，以祈福祥。」此近出漢武帝時方士之言耳。苟行君子之道，以謹養老，以慈撫幼，寒同而飽均，喪有哀，祭有敬，不忘禮以約己，不忘樂以和心，室闇不欺，屋漏不愧，雖歲不一祀竈，其誣我乎？苟爲小人之道，盡反君子之行，父子、兄弟、夫婦，人執一爨以自糊口，專利以飾詐，崇姦而樹非，雖一歲百祀竈，其私我乎？天至高，竈至下，帝至尊嚴，鬼至幽仄，果能欺而告之，是不忠也；聽而受之，是不明也。下不忠，上不明，又果可以爲天帝乎？

《禮記·禮器》孔子曰：「臧文仲安知禮？夏父弗綦逆祀而弗止也，燔柴於奧。夫奧者，老婦之祭也，盛於盆，尊於瓶。」【注】奧當爲爨，字之誤也。或作竈。禮，尸卒食而祭饎爨、饔爨也。時人以爲祭火神，乃燔柴。老婦，先炊者也。盆、瓶，炊器也。明此祭先爨，非祭火神，燔柴似失之。【疏】禮，祭爨神，言其有功於人，人得飲食，故祭報之。弗綦謂是火神，燔柴祭之，文仲又不能諫止，又爲不知禮。爨者是老婦之祭，其祭卑，唯盛食于盆，盛酒于瓶，卑賤若此，何得燔柴祭之？故鄭注謂奧當爲爨也。祝融并奧及爨，三者不同。祝融乃古火官之長，五祀之神，祀于郊。奧者，正是竈之神，常祀在夏，以老婦配之，有俎及籩豆，設于竈陘，又延尸入奧。爨者，宗廟祭後直祭先炊老婦之神，在于爨竈，三者所以不同也。

朱子曰：「有問：竈可祭否？答曰：飲食所係，亦可祭。又問竈尸。答曰：想是以庖人爲之。」

方氏慤曰：「奧者，西南隅，致養之地，故祀竈于奧，以竈能化飲食以養人故也。配以先炊，故謂之老婦之祭，猶以后稷配天，而謂之郊祀后稷也。」

應氏鏞曰：「奧者，西南隅之地，而燔柴以焚牲也，文仲不知正其順祀之爲禮，徒以昵于所親之爲孝。時僖公之死未久，既升其祀于上，又即其所居之奧而焚牲以爲祭。夫子謂此特老婦之祭耳，蓋五祀設主而迎祭于奧，皆室人親薦，而婦人之老者主其祀。物則盛于盆，酒則尊于瓶，是其所以爲媚事之能耳，而何益于孝乎？或曰：奧即廟中之奧，蓋是既逆祀，故加此于二廟以爲媚也。」

蕙田案：應説非是，當以方氏配祭之説爲長。

右祀竈。

《禮記·月令》中央祀中霤，祭先心。【注】中霤，猶中室也。土主中央而神在室。古者複穴，是以名室爲霤云。祀之先祭心者，五藏之次，心次肺，至此心爲尊也。祀中霤之禮，設主于牖下，乃制心及肝、肺爲俎，其祭肉，心、肺、肝各一。他皆如祀户之禮。【疏】鄭意言中霤猶中室，乃是開牖象中霤之取明，則其地不當棟，而在室之中央，故《喪禮》云「浴于中霤，飯于牖下」，明中霤不關牖下也。主中央而神在室者，所以必在室中，祭土神之義也。土，五行之主，故其神在室之中央也，是明中霤所祭則土神也。故杜注《春秋》云「在家則祀中霤，在野則爲社也」。又《郊特牲》云「家主中霤而國主社」，社神亦中霤神也。云「古者複穴，是以名室爲霤云」者，解所以謂室中爲中霤之由也。古者，謂未有宫室之時也。複穴者，謂窟居也。古者窟居，隨地而造，若平地則不鑿，但累土爲之，謂之爲複，言于地上重複爲之也。若高地則鑿爲坎，謂之爲穴，其形皆如陶竈，故《詩》云「陶復陶穴」是也，故毛云「陶其土而復之，陶其壤而穴之」，鄭云「復者，復于土上，鑿地曰穴，皆如陶然」，庾蔚云：「複謂地上累土，謂之穴則穿地也。複穴皆開其上取明，故雨霤之，是以後因名室爲中霤也。」云「祀之先祭心者，五藏之次，心次肺，至此心爲尊也」。云「祀中霤之禮，設主于牖下」者，開牖象霤，故設主于牖下也。五祀皆先席于室之奥，此不言者，前祀户注已備言也。此别設主，當廟室牖内之下而北向也。云「乃制心及肺肝爲俎，其祭肉心肺肝各一，它皆如祀户之禮」者，亦祭竟徹之，更陳鼎俎迎尸，如祭户也。

【蔡邕《獨斷》】中霤，季夏之月，土氣始盛，其祀中霤。霤神在室，祀中霤，設主於牖下也。

【《白虎通》】六月祭中霤。中霤者，象土石中央也。六月亦土旺也。

【《郊特牲》】家主中霤而國主社，示本也。

【注】中霤亦土神也。【疏】卿大夫之家，主祭土神于中霤。天子、諸侯之國，祭土神于社，以土神生財以養官與民，故皆祭土神，示其生養之本也。

張子曰：「家主中霤，家非止卿大夫之家也。祭中霤者，祭其明也，亦報天之義，以不敢祭天，故祭此明而已。」

周氏諝曰：「《周官》：『以血祭祭社稷、五祀。』中霤，五祀之一，而社稷之次，故有國者以社爲主，而有家者則中霤而已。」

【論註疏中霤不同】

【《郊特牲》】家主中霤。鄭註：「中霤，土神也。」【《月令》】祀中霤。鄭註：「中霤，猶中室也。」【《祭法》】七祀，孔疏：「中霤者，主堂室神。」【《檀弓》】掘中霤而浴。孔疏：「中霤，室中也。」

蕙田案：中霤之説，鄭氏解不同，今合而考之。《月令》註：「中霤，猶中室也，土主中央而神在室。古者複穴，是以名室爲霤。」疏：「複穴，謂窟居。古者窟居，隨地而造，平地累土，謂之爲複。高地鑿坎，謂之爲穴，其形皆如陶竈。《詩》云『陶復陶穴』是也。復穴皆開其上取明，故雨霤之，是以後因名室爲中霤也。」許慎曰：「霤，屋水流也。」孔穎達謂：「霤，屋檐水霤之處。夫古者複穴，開上取明，本在室之中央，而雨從此霤入，故謂之中霤。」後世易複穴爲宫室，則殿屋四注，四面皆檐溜。夏屋兩注，兩面皆檐霤，是檐霤，與中霤之霤不同。中霤在室中，而檐霤在屋外，特因其爲雨之所霤，故亦名之曰霤，而非古者中霤之霤也。中霤之霤本在室中，古人之祀原起于「陶復陶穴」之時，霤既在中，而中央之土神遂祀于此，禮以義起也。後世既有檐霤，則霤不在室中，而土神終當祀于中央，故雖無復穴之中霤，而仍以室中爲中霤也。鄭註《郊特牲》曰土神，是對社言之，而以神爲尊也。注《祭法》曰堂室居處之神，是對户、竈、門、井言之，而以宫室爲重也。注《月令》、《檀弓》曰室中，曰中室，則專以居中之位言，以合于中央土神之義也。語雖各殊，其意有在。至《檀弓》「掘中霤而浴」，疏：「掘室中之地作坎以浴」，蓋殷道，與周人《士喪禮》掘坎于階閒不同，不得以此而議其矛盾也。其餘經傳所載，《鄉飲酒禮》磬階間縮霤，《燕禮》設洗匪當東霤，又曰：「賓所執脯以賜鐘人于門內霤。」《雜記》「禭者受爵于門內霤」，《檀弓》曾子弔于季孫，涉內霤。又曰：「池視重霤。」《左傳》：「三進及溜。」雖其地不同，皆指後世屋簷之霤言，與中霤之霤無涉。陳氏《禮書》曰：「《坊記》：『喪禮每加以遠，浴于中霤，飯于牖下，小斂于户內，❶大斂于阼。』阼遠于户內，户內遠于牖下，牖下遠于中霤，則中霤爲中室可知。昔齊諸大夫之陳乞之家，乞使力士舉巨囊至于中霤，亦中室也。」其論確矣。乃程大昌、郝仲輿謂：「中霤，今人家堂檐天井中。」是不知檐霤特同霤之名，而非古之中霤也。

右祀中霤。

【《禮記·月令》】秋祀門，祭先肝。【注】秋陰氣出，祀之于門，外陰也。祀之先祭肝者，秋爲陰中，于藏直肝，肝爲尊也。祀門之禮，北面設主于門左樞。乃制肝及肺、心爲俎，奠于主南。又設盛于俎東，其他皆如祭竈之禮。【疏】云「北面設主于門左樞」者，謂廟門外左樞北面，以在門外，故主得南向而北面設之。云「乃制肝及肺心爲俎，奠于主南，設盛于俎東」者，皆約《中霤禮》文也。其他皆如祭竈之禮者，謂祭心、肺、肝各一，及祭醴三，并設席于奧，迎尸之屬也。

【蔡邕《獨斷》】門，秋爲少陰，其氣收藏，祀之于門。祀門之禮，北面設主于門左樞。

【《白虎通》】秋祭門。門以閉藏自固也。秋亦萬物成熟，內備自守。

右祀門。

❶「斂」，原作「歛」，據庫本改。

【《禮記・月令》】冬祀行，祭先賢。【注】冬陰盛，寒于水，祀之于行，從辟除之類也。祀之先祭腎者，陰位在下，腎亦在下，腎爲尊也。行在廟門外之西，爲軷壤，厚二寸，廣五尺，輪四尺。祀行之禮，北面設主于軷上，乃制腎及脾爲俎，奠于主南。又設盛于俎東，祭肉腎一，脾再。其他皆如祀門之禮。【疏】知「行在廟門外西」者，約《檀弓》云毀宗躐行，自此以下皆《中霤禮》文。「廣五尺，輪四尺」者，謂軷壇東西爲廣，南北爲輪，常祀行神之壇則然，若于國外祖道軷祭，其壇隨路所向而爲廣、輪，尺數同也。案鄭注《聘禮》云：「禮畢，乘車轢而遂行。」惟車之一輪轢耳，所以然者，以兩輪相去八尺，今軷唯廣五尺，故知不兩輪俱轢。云「北面設主軷上」者，以主須南鄉，故人北面設之。其主，則鄭注《大馭》云「蓋以菩芻棘柏爲神主也」。

【蔡邕《獨斷》】行，冬爲太陰，盛寒爲水，祀之于行，在廟門外之西。拔壤厚二尺，廣五尺，輪四尺，北面設主于拔上。一作「軷壤」。

右祀行。

【《禮記・月令》】孟冬之月，臘五祀。【注】臘，謂以田獵所得禽祭也。五祀，門、户、中霤、竈、行也。【疏】臘五祀者，臘，獵也，謂獵取禽獸以祭五祀也。其臘先祖、五祀，謂之息民之祭，其服則黄衣黄冠。又曰：「臘謂田獵所得禽祭」者，以欲臘祭之時暫出田獵以取禽，非仲冬大閲之獵也。《左傳》云「唯君用鮮」，則天子、諸侯祭用鮮獸。皇氏云：「仲冬獵得禽獸以爲乾豆，至臘用之。」其義非也。

方氏慤曰：「五祀衆而不一，在自盡以饗之，故曰臘。」

右臘祭五祀。

【《周禮・春官・大宗伯》】以血祭祭五祀。【注】陰祀自血起，貴氣臭也。

【《司服》】祭五祀則希冕。【注】希讀爲絺。或作黹，字之誤也。希，刺粉米無畫也，其衣一章，裳二章，凡三也。【疏】「希讀爲絺，或作黹，字之誤也」者，本有此二文不同，故云誤，當從絺爲正也。云「希，刺粉米無畫也」者，衣是陽，應畫，今希冕三章，在裳者自然刺繡，但粉米不可畫之物，今雖在衣，亦刺之不變，故得希名，故鄭特言粉米也。然則毳冕之粉米亦刺之也。

【《禮記・禮器》】三獻文，【注】謂祭社稷、五祀。

三獻爓。【注】三獻，祭社稷、五祀。　【疏】皇氏曰：「三獻之祭，血腥與爓一時同薦。凡薦爓之時，皆在薦腥之後，但社稷、五祀初祭降神之時，已埋血，《宗伯》之文是也。至正祭薦爓之時，又祭血，此文是也。」

【《白虎通》】祭五祀，天子、諸侯以牛，卿大夫以羊。一説：户以羊，竈以雞，中霤以豚，門以犬，井以豕。或曰：中霤用牛，餘不得用牛者，用豕。井以魚。

【《荀子·禮論》】天子祭五祀，執薦者百人，侍西房。【注】《周禮·宗伯》：「以血祭祭社稷、五祀。」鄭云：「五祀，四時迎五行之氣于四郊，而祭五德之帝也。」或曰：「此五祀謂禴、祠、烝、嘗及大祫也。」或曰：《國語》展禽曰：「禘、郊、祖、宗、報，此五者，國之祀典也。」皆王者所親臨之祭，非若户、竈、中霤、門、行之五祀也。薦，謂薦陳之物籩豆之屬也。西房，西廂也。侍，或爲待。

【《文獻通考》】馬氏曰：「古者雖有五祀、七祀，而不言其所祭之地，然以七者觀之，獨司命與厲當有祭之之所，而若中霤，若門，若户，若行，若竈，則所祭之神即其地也。《祭法》言王及諸侯立門、行二祀，則曰國門、國行，大夫士則曰門曰行而已。竊謂有國者祀此二神，則當於國門祭之。而大夫以下，則當在其家之門首。至若中霤、户、竈，則凡居室皆有之，皆可祀于其地，義或然也。而隋唐乃祀之于太廟，以時享祖宗之時并祭之，蓋本鄭康成之説。然康成注《禮記·月令》『其祀户』條下，則言凡祭五祀于廟。注《周禮·宫正》『凡邦之事蹕』條下，則言邦之祭社稷、七祀于宫中，而《正義》則謂于廟者，殷禮；于宫者，周禮。蓋康成解經，于制度之不脗合處，則以爲或殷禮，或周禮。今鄭注自爲異同，而《正義》所以釋之者，亦復如是，皆臆説也。然二説之中，宫中之義爲優。蓋此五祀者，皆人生日用起居之所係，故當即宮居而祭之。若廟則所以崇奉祖宗，不當雜祭它鬼神於其地。如門、中霤，廟亦有之，因時享而并祀於其地，猶云可也。至于若司命，若竈，若行，則于廟何關？又王之所祀泰厲，乃帝王之無後者，蓋非我族類也，今即太廟之中爲位而祭之，得毋有相奪予享之患乎？」

王氏份曰：「《月令》以春祀户，夏祀竈，季夏祀中霤，秋祀門，冬祀行爲五祀，而《祭法》則益以司命、泰厲謂爲七祀，爲周制，五祀爲商制。《禮書》云：『《周官》雖天子，止五祀。《儀禮》雖士，亦祀五祀。五祀無尊卑隆殺之數。』則《祭法》所云非也。但《白虎通》解五祀則以井易行，論者謂井不輕于竈、行，不唯冬祀井爲是。程子亦謂行，宇廊也，其功幾何？井，人所重，奈何遺其重者？然朱子則主《月令》説，且從之可也。至所祭之地，經無明文。鄭氏則謂皆祀于廟，蓋户及中霤則先設席廟堂中廟室之奧，竈、門、行則先設席廟門外門室之奧，既各祭于其處，乃迎尸于奧而祭之。蓋以其奧之或在廟室中，或在廟門外也，故曰皆祭于廟。然鄭氏注《周禮・宫正》又言祭社稷、七祀于宫中，與前説不合。馬貴與謂『廟所以奉祖宗，不當雜祭他鬼神』，則所謂奧者，不在于廟，而在其所居之室矣。」

右祀五祀之儀。

【《周禮・春官・小祝》】設道齎之奠，分禱五祀。【注】杜子春云：「齎當爲粢，道中祭也。漢儀，每街路輒祭。」玄謂：齎猶送也，送道之奠，謂遣奠也。分其牲體以祭五祀，告王去此宫中不復反，故興祭祀也。王七祀，五者，司命、大厲，平生出入不以告。【疏】齎，送也。「送道之奠」，謂將葬，于祖廟之庭設大遣奠，遣送死者，故謂之送道之奠，因分此奠以告五祀，言王去此宫中也。子春云讀齎爲粢，粢謂黍稷以爲道中祭也者，引漢法爲證。後鄭不從者，案《既夕禮》祖廟之庭，禮道中無祭法。「玄謂齎猶送也，送道之奠謂遣奠也」者，案《既夕禮》，祖廟之庭，厥明設大遣奠，包牲取下體是也。云「分其牲體以祭五祀，告王去此宫中，不復反」者，言分牲體者，包牲而取其下體，下體之外，分之爲五處祭也。云「王七祀」者，《祭法》文。云「司命、大厲，平生出入不以告」者，案《月令》，春祀户，夏祀竈，季夏祀中霤，秋則祀門，冬則祀行，此並是人之以所由從之處，非直四時合祭，所以出入亦宜告之。案《祭法》，王七祀之中有司命、大厲，此經五祀與《月令》同，《月令》不祭司命及大厲之等，此不祭則可知。《既夕》，士禮，亦云「分禱五祀」者，鄭注云「博求之」。依《祭法》，士二祀。

【《禮記·曾子問》】天子崩，未殯，五祀之祭不行。既殯而祭。其祭也，尸入，三飯不侑，酳不酢而已矣。自啓至於反哭，五祀之祭不行。已葬而祭，祝畢獻而已。【注】既葬彌吉，畢獻祝而後止。郊社亦然，唯嘗禘宗廟俟吉也。

【疏】天子、諸侯祭禮既亡，今《儀禮》唯有大夫士祭禮以言之。案《特牲饋食禮》，祝延尸於奥，迎尸而入，即延坐，三飯告飽，祝侑尸，尸又飯，至于九飯畢。若大夫依《少牢饋食》，尸食十一飯而畢，鄭注《少牢》云：「士九飯，大夫十一飯也。」則其餘有十三飯、十五飯也。」案此說，則諸侯十三飯，天子十五飯。又案《特牲禮》，尸九飯畢，主人酌酒酳尸，尸飲卒爵，酢主人，主人受酢飲畢，酌獻祝，祝飲畢，主人又酌獻佐食。此是士之祭禮也。今約此而説天子五祀之祭也。「天子崩，未殯，五祀之祭不行」者，以初崩哀戚，未遑祭祀，雖當五祀祭，時不得行。既殯而祭者，但五祀外神，不可以己私喪久廢其祭，故既殯，哀情稍殺而後祭也。「其祭也，尸入，三飯不侑，酳不酢而已矣」者，今喪既殯，不得純如吉禮，理須宜降殺。侑，勸也。故迎尸入奥之後，尸三飯告飽則止，祝更不勸侑其食，使滿常數也。又熊氏云：「『三飯不侑，酳不酢而已矣』，謂迎尸入奥之後，尸三飯即止，祝不勸侑至十五飯，于時冢宰攝主酌酒酳尸，尸受卒爵，不酢攝主，故云『三飯不侑，酳不酢而已』者，謂唯行此而已，不爲在後餘事也。」「自啓至于反哭，五祀之祭不行」者，謂欲葬之時，從啓殯以後，葬畢反哭以前，靈柩既見，哀摧更甚，故云「五祀之祭不行」。「已葬而祭，祝畢獻而已」。「已葬而祭」者，謂已葬反哭殯宫畢而行其祭，但既葬彌吉，尸入三飯之後，祝乃侑尸，尸食十五飯，攝主酳尸，尸飲卒爵而酢攝主，攝主飲畢酌而獻祝，祝受飲畢則止，無獻佐食以下之事。所以然者，以葬後未甚吉，唯行此禮而已。

【《周禮·夏官·小子》】掌祈於五祀。【注】故書祀作禩。鄭司農云：「禩讀爲祀，書亦或爲祀。」玄謂：祈或爲刉，用毛牲曰刉，刉，釁禮之事也。刉五祀，謂始成其宮兆時也。《春官・肆師職》祈或作幾，《秋官・士師職》曰「凡刉則奉大牲」。【賈疏】知刉是五祀始成其宮兆時也者，凡物須釁者皆謂始成時，是以《雜記》云「廟成則釁之」。

王氏與之曰：「祈如《小祝》所謂祈福祥，非釁事也。」

蕙田案：五祀各有處所，未必另有宮兆。東巖王氏之説恐是。

【《禮記・曾子問》】君薨而世子生，太宰命祝史以名徧告于五祀。

【《儀禮・既夕禮》】《記》：乃行禱于五祀。

【注】盡孝子之情。

敖氏繼公曰：「謂此禱于平常所祭者也。士之得祭五祀，于此可見。」

吕氏大臨曰：「士不祭五祀，而《喪禮》言禱于五祀者，蓋有不得祭而得禱者歟？」

【《特牲饋食禮》】《記》：尸卒食，而祭饎爨、雍爨。【注】以尸享祭竈，有功也。舊説云宗婦祭饎爨，亨者祭雍爨，用黍肉而已，無籩、豆、俎。

【《周禮・春官・鬯人》】凡祭祀，禜門，用瓢齎。【注】禜，營酇。所祭門，國門也。杜子春讀齎爲粢，瓢謂瓠蠡也，粢，盛也。玄謂齎讀爲齊，取甘瓠割去柢，以齊爲尊。【疏】鄭知禜爲營酇者，欲見祭神非一，取營酇而祭之義也。鄭知門是國門者，《禮記》云天子祭七祀，有國門故也。

【《地官・司門》】凡歲時之門，受其餘。【注】鄭司農云受祭門之餘。【疏】「凡歲時之門」者，歲之四時祭門非一，故云「凡」以總之。若《月令》秋祭門者，是祭廟門。此門亦謂國門十二者，除四時祭外仍有爲水祈禱，故《左氏》莊公二十五年秋大水，有用牲于門之事。

易氏祓曰：「祭門不敢用散祭祀之牲，特受其共牲之餘者而用之。」

蕙田案：歲時之門，謂以歲時而祭門，如每歲春祭門、九門磔攘與夫禜門祈報之祭也。受其餘，謂受祭門之胙肉。謂之餘者，胙肉本祭餘也。

【《禮記・月令》】季春之月，九門磔攘，以畢春氣。【注】磔牲以攘于四方之神，所以畢止其災也。

【《春秋》】莊公二十有五年，秋，大水，鼓，用牲于社于門。【《左氏傳》】亦非常也。凡天災，有幣無牲。非日月之眚，不鼓。【杜注】門，國門也。

【《儀禮・聘禮》】釋幣於行。【注】告將行也。行者之先，其古人之名未聞。天子、諸侯有常祀，在冬。大夫三祀，曰門，曰行，曰厲。《喪禮》有毀宗躐行，出于大門，則行神之位在廟門外西方。不言埋幣，可知也。今時民春秋祭祀有行神，古之遺禮乎？【疏】行者之先，謂古始教行路之人。天子、諸侯有常祀在冬者，《月令》祀行是也。大夫雖言行，無常祀，因行使始出有告禮而已。然此謂平地道路之神，至于出城，又有軷祭祭山川之神，喻無險難也。祭山川之神有軷壇，此祭行神亦當有軷壤。《月令》注云「行在廟門外之西，爲軷壇，厚三寸，廣五尺，輪四尺」是也。

《記》：出，祖，釋軷，祭酒脯，乃飲酒於其側。【注】祖，始也。既受聘享之禮，行出國門，止陳車馬，釋酒脯之奠于軷，爲行始也。《詩》傳曰：軷，道祭也，謂祭道路之神。

敖氏繼公曰：「道祭謂之軷者，爲既祭而以車軷之，因以爲名也。釋軷者，釋其所軷之物，謂酒脯也。既釋則人爲神祭之，如《士虞禮》佐食爲神祭黍稷、膚，祝祭酒之爲。既祭乃與同行者飲酒于其側，禮畢，乘車軷之而過。」

【《周禮・夏官・大馭》】掌馭玉路以祀，及犯軷，王自左馭，馭下祝，登，受轡，犯軷，遂驅之。及祭，酌僕。僕左執轡，右祭兩軹，祭軌，乃飲。【注】行山曰軷。犯之者，封土爲山象，以菩芻棘柏爲神主，既祭之，以車轢之而去，喻無險難也。《春秋傳》曰「跋履山川」。自，由也。王由左馭，禁制馬，使不得行也。軷，讀爲別異之別，謂祖道、轢軷、磔犬也。《詩》云：「載謀載維，取蕭祭脂，取羝以軷。」詩家說云將出祖道，犯軷之祭也。《聘禮》曰：「乃舍軷，飲酒于其側。」禮家說亦謂道祭。軹，謂兩轊也。軌當作軓，車前軾也。

【疏】此據祭天之時，故有犯軷之事。祭天在近郊，雖無險難，審慎故也。此云「及祭酌僕」者，即上文將犯軷之時，當祭左右轂末及軾前，乃犯軷而去。酌僕者，使人酌酒與僕，僕即大馭也。大馭則左執轡，右手祭兩軹，并祭軌之軾前三處，訖，乃飲。飲者，若祭末飲福酒。乃始轢軷而去。

【《詩·國風》】飲餞于禰。【毛傳】祖而舍軷，飲酒于其側曰餞，重始有事于道也。禰，地名。【孔疏】言「祖而舍軷飲酒于其側」者，謂爲祖道之祭，當釋酒脯于軷。舍軷即軷釋也，于時送者遂飲酒于祖側曰餞。餞，送也。所以爲祖祭者，重己方始有事于道，故祭道之神也。《聘禮·記》曰：「出祖，釋軷，祭酒脯，乃飲酒于其側。」注云：「祖，始也。既受聘享之禮，行出國門，止陳車騎，釋酒脯之奠于軷，爲行始。」《詩》傳曰：「軷，道祭，謂祭道路之神。」《春秋傳》曰：「軷涉山川。」然則軷，山行之名也，道路以阻險爲難，是以委土爲山，或伏牲其上。使者爲軷祭酒脯祈告卿大夫處者，于是餞之，飲酒于其側，禮畢，乘車轢之而遂行，舍于近郊矣。其牲，犬、羊可也。《大馭》：「掌馭玉輅，及犯軷遂驅之。」注云：「封土爲山象，以菩芻棘柏爲神主，既祭之，以車轢之而去，喻無險難也。」以此言之，軷者本山行之名，以祭道路之神，求無險難，故取名焉。知出國而爲之者，以《聘禮》、《烝民》、《韓奕》皆言出祖，則不在國內；以祖爲行道之始，則不得至郊，故知在國門外也。以軷者，軷壤之名，與中霤行神之位同。知「委土爲山，言或伏牲其上」者，據天子、諸侯有牲，卿大夫用酒脯而已，《犬人》云「伏瘞亦如之」，明天子以犬伏于軷上。羊人無伏祭之事，則天子不用羊。《詩》云：「取羝以軷。」謂諸侯也，故云其有牲則犬羊耳，謂天子以犬，諸侯以羊，尊卑異禮也。以《大馭》云「犯軷」即云「遂驅之」，故知禮畢乘車轢之也。以《聘禮》上文既受聘享之禮云「遂行舍于郊」，故知轢之而遂行舍于郊也。卿大夫之聘，出國則釋軷，《聘禮》于家又釋幣于行，注云：「告將行也。行者之先，其古人之名未聞。天子、諸侯有常祀在冬。大夫三祀，曰門，曰行，曰厲。《士喪禮》有毀宗躐行，出于大門，則行神之位，在廟門外西方。今時民春秋祭祀有行神，古之遺禮。」是在家釋幣告將行，出國門用酒脯以祈告，故二處不同也。《月令》「冬其祀行」，注：「依中霤之禮云，行在廟門外之西爲軷壤，厚二寸，廣五尺，輪四尺，有主，有尸，用特牲。」是天子、諸侯常祀在冬，與軷異也。軷祭則天子、諸侯、卿大夫皆于國外爲之，《大馭》云「犯軷」，《詩》云

「取羝以軷」，《聘禮》云「釋軷」是也。又名祖，《聘禮》及《詩》云「出祖」是也。又名道，《曾子問》云「道而出」是也。以其爲犯軷、祭道路之神，爲行道之始，故一祭而三名也。

【《大雅·生民》】取蕭祭脂，取羝以軷，載燔載烈。【傳】取蕭合黍稷，臭達墻屋，先奠而後爇蕭，合馨香也。羝羊，牡羊也。軷，道祭也。傳火曰燔，貫之加于火曰烈。【鄭箋】烈之言爛也。后稷即爲郊祀之酒及其米，則諏謀其日，思念其禮，至其時，取蕭草與祭牲之脂，爇之于行神之位，馨香既聞，取羝羊之體以祭神，又燔烈其肉爲尸羞焉。自此而往郊。【疏】至祭之日，乃取蕭之香蒿與祭牲之脂膏，而爇燒之于行神之位，使其馨香遠聞。又取羝羊之體以爲祀軷之祭。其祭軷也，取所祭之肉則傳火而燔之，則加火而烈之以爲尸之羞。既祭神道，乃自此而往于郊以祭天也。「取蕭草與祭祀之脂」，還是羝之脂也。以牲爲軷祭而設羝，宜與軷同文，脂則配蕭而用，故先言之。「爇之于行神之位」，正謂祭軷之位，以軷之所祭，即是七祀行神，故言行神之位。「馨香既聞，取羝羊之體以祭神」者，謂取牲體以祭，伏于軷上。《秋官·犬人》云：「凡祭祀共犬牲，伏瘞亦如之。」鄭司農云：「伏謂伏犬以王車轢之。」明此用羝亦伏體軷上，故言體也。犬人伏用犬牲，此用羝者，蓋天子、諸侯異禮。彼天子用犬，此諸侯用羊，禮相變也。「又燔烈其肉爲尸羞」，言「又」者，亦用此羝之肉爲之也。以七祀之祭皆有尸，明軷祭亦有尸。其燔炙者，祀尸之羞，故云爲尸羞也。此后稷爲諸侯得有尸，則天子軷祭亦有尸。依《聘禮》，卿大夫軷祭用酒脯，則無尸矣。郊之位在國外，故云「自此而往郊」也。

右因事祭五祀。

【《禮記·月令》】仲冬之月，天子命有司祈祀四海、大川、名源、淵澤、井泉。

【衛氏《集説講義》】井泉者，汲取之無窮者也。仲冬之月，水歸于宅而復其本原矣，故命有司祈祀之。

【《白虎通》】冬祭井。井者，水之生藏在地中，冬亦水王，萬物伏藏。

張子曰：「井不在五祀，恐水土之神已屬之社。以報功而言，則門、行豈大于井，反不祭井？」

【《語録》】或問五祀，伊川疑不祭井，古人恐是同井。朱子曰然。

【羅泌《路史》】《漢志》：一户，二中霤，三竈，四門，五井。《白虎通義》、范曄、高堂隆、劉昭之説皆然，後漢、魏、晉亦皆從之。湯五祀：户、井、竈、中霤、行，有行無門。而《月令》書乃有行而無井，康成放之，以故隋唐以行代井，《開元禮》祀户、司命以春，竈以夏，門、厲以秋，行以冬，中霤以季夏。迨林甫詔修《月令》，始復井而絀行。以行神特軷於始，行非冬祀也。必欲祠行，則湯之法去門爲允，唯户即兼門，而井非家國可得廢者。

右祀井。

【《禮記·祭法》】王爲羣姓立七祀，曰司命，曰中霤，曰國門，曰國行，曰泰厲，曰户，曰竈，王自爲立七祀。諸侯爲國立五祀，曰司命，曰中霤，曰國門，曰國行，曰公厲，諸侯自爲立五祀。大夫立三祀，曰族厲，曰門，曰行。適士立二祀，曰門，曰行。庶士、庶人立一祀，或立户，或立竈。【注】此非大神所祈報大事者也，小神居人之間，司察小過，作譴告者爾。《樂記》曰：「明則有禮樂，幽則有鬼神。」鬼神謂此與？司命主督察三命，中霤主堂室居處，門、户主出入，行主道路行作，厲主殺罰，竈主飲食之事。《明堂月令》春曰其祀户，祭先脾；夏曰其祀竈，祭先肺；中央曰其祀中霤，祭先心；秋曰其祀門，祭先肝；冬曰其祀行，祭先腎。《聘禮》曰：「使者出，釋幣于行。歸，釋幣于門。」《士喪禮》曰：「疾病，禱于五祀。」司命與厲，其時不著。今時民家或春秋祀司命、行神、山神，門、户、竈在旁，是必春祀司命，秋祀厲也。或者合而祀之。山即厲也，民惡言厲，巫祝以厲山爲之，謬乎？《春秋傳》曰：「鬼有所歸，乃不爲厲。」

【疏】此一經明天子以下立七祀、五祀之義。曰司命者，宫中小神，熊氏云：「非天之司命，故祭于宫中。」皇氏云：「司命者，文昌宫星。」其義非也。曰中霤者，主堂室神。曰國門者，謂城門也。曰國行者，謂行神在國外之西。曰泰厲者，謂古帝王無後者也，此鬼無所依歸，好爲民作禍，故祀之也。王自爲立七祀者，前是爲民所立，與衆共之，四時常祀及爲羣姓禱祀。其自爲立者，王自禱祭，不知其當同是一神，爲是別更立七祀也。諸侯爲國立五祀者，減天子户、竈二祀，故爲立五祀也。曰公厲者，謂古諸侯無後者，諸侯稱公，其鬼爲厲，故曰公厲。諸侯自爲立五祀者，義與天子同。大夫立三祀者，減諸侯司命、中霤，故爲三祀也。曰族厲者，謂古大夫無後者鬼也，族，衆也，大夫衆多，其鬼無後者衆，故言族厲。曰門曰行者，其大夫無民國，故不言國門、國行也。然鄭注《曲禮》「大夫五祀」爲夏殷法，注《王制》「大夫五祀」是有采地者，鄭何以知然？《曲禮》文連于大夫五祀，故知非周，而《王制》立七廟，故知是周禮，以彼推此大夫三祀，則周諸侯之大夫無地者也。又曰「小神居人之間，司察小過作譴告」者，以其非郊、廟、社稷大神，故云小神，以其門户竈等，故知居人間也。以小神所祈，故知「司察小過，作譴告」，謂作譴責以告人。云「幽則有鬼神，鬼神謂此與」者，以禮天神、人鬼、地祇皆列其名，而《樂記》直云幽則有鬼神，是幽闇之處有細小之鬼神，謂此小祀者與。與是疑辭也。云「司命主督察三命」者，案《援神契》云：「命有三科，有受命以保慶，有遭命以謫暴，有隨命以督行。受命謂年壽也，遭命謂行善而遇凶也，隨命謂隨其善惡而報之。」云「《聘禮》曰使者出釋幣于行，歸釋幣于門」者，證大夫有門、行。云「《士喪禮》曰疾病禱于五祀」者，證士亦有五祀。云「司命與厲其時不著」者，以其餘五祀，《月令》所祀，皆著其時，唯司命與厲祀時不顯著。云「今時民家或春秋祀司命、行神、山神，門、户、竈在旁」者，鄭以無文，故引今漢時民家或有春秋兩時祀司命、行神、山神也，民或然，故云或也。其祀此司命、行神、山神之時，門、户、竈三神在諸神之旁列位而祭也。云「是必春祀司命，秋祀厲也」者，漢時既春秋俱祀司命與山神，則是周時必應春祀司命。司命主長養，故祀在春；厲主殺害，故祠在秋。云「或者合而祠之」者，鄭又疑之，以見漢時司命與山神春秋合祭，故云「或者合而祠之」。云「山即厲也」者，以漢時祭司命、行神、山神、門、户、竈等，此經亦有司命、門、行、户、竈等，漢時有山而無厲，此有厲而無山，故云「山即厲也」。云「民惡言厲巫祝以厲山爲之」者，鄭解厲稱山之意，漢時人民嫌惡厲，漢時巫祝之人意以厲神是厲山氏之鬼爲之，故云厲山。云「謬乎」者，謂巫祝以厲爲厲山之鬼，于理謬乎。所以爲謬者，鬼之無後，于是爲厲，厲山氏有子曰柱，世祀厲山之神，何得其鬼爲厲，故云謬也。

方氏慤曰：「司命，《周官》以槱燎祀司命者是矣。厲即《春秋傳》所謂『鬼有所歸，乃不爲厲』是也。以司人之命，祀之求有所延，慮其爲厲，故祀之，使有所歸也。門行曰國而户竈不言者，以其在内故也。大夫而下，雖門行亦不言者，以其所立者皆非爲國故也。是以亦不别言自爲與爲國焉。諸侯曰公厲，以有國言之。大夫曰族厲，以有家言之。司命，天神，故首言之。中霤，土神也，故次言之。門在外也，故又次于中霤。行在道也，故又次于國門。厲之施毒，不特在道而已，故又次于國行。户雖在内，特用于房户之門而已，故又次于泰厲。竈則化飲食以養人，非人之養也，故以是終焉。獨族厲先于門行者，以厲之爲鬼，在天道則爲卑，在人道則爲尊，有國者有天道，有家者有人道，故或先或後，以尊卑之辨。七者之降殺，諸侯則下去户、竈而立五祀，大夫非特下去户、竈而已，又上去司命、中霤而立三祀。適士有家者所尊之，族厲又去之，而立二祀。至於庶士、庶人，則卑矣，故取七祀之最卑者，或户或竈而立一祀焉。不使庶士祀户，庶人祀竈，而或立之者，以其人與祀皆卑，不足以辨其隆殺故也。《大宗伯》言『以血祭祭社稷、五祀』，則七祀之説非周制可知。《曲禮》、《王制》止言大夫祭五祀，蓋以周制言之，上得以兼下，而五祀主于家故也。」

陸氏佃曰：「凡立五祀，曰司命，曰中霤，曰國門，曰國行，曰公厲，以是爲正。曰户，曰竈，則天子有加焉爾。大夫與諸侯殺其上，曰族厲，曰門，曰行是也。士于大夫殺其上，曰門，曰行是也。庶人或立户，或立竈，取其親者立之而已。户，所由也，竈，所養也，户近而門遠，奥尊而竈卑，大夫有家，謂之族厲以此，謂之置社亦以此。又《新説》曰：『五祀，所以本事也，故先王于四時祭焉。』加司命、泰厲爲七祀，蓋司命者，萬物之命係焉，《春官》司命是也；泰厲者，萬物之性係焉，《春官》『司中』是也。萬物受順以生者，命也；受中以生者，性也。正則中，過則厲，故泰厲一名司中，司中以正言之也，泰厲以反言之也。司命、泰厲本乎上者也，其成象在天，故以陽祀祭之，自煙始，《春官》所謂『以槱燎祠司中、司命』，《小宗伯》注云『兆司中、司命于南郊』是也。户、竈、門、行、中霤，本乎下者也。其成形在地，故以陰祀祭之，自血始，《春官》所謂『以血祭祭五祀』是也。自司命至竈，其序之如此，何也？蓋中霤處内，而其外爲門，又其外爲行，以司命總之者，司命主生，尊大之也；

户，小處也，竈，卑處也，以泰厲總之者，泰厲主殺，卑小之也。諸侯有君道，故立五祀而去天子七祀之下者二，大夫有臣道，故立三祀而去諸侯五祀之上者二，士賤于大夫，故去其一，庶人則民而已，不取于士，而取于天子一祀者，庶人卑無嫌也。王爲羣姓立七祀，所謂祀于廟中是也，自爲立七祀，所謂祭于宫中是也。《曲禮》曰『天子祭五祀』，即《春官》五祀，以司命、泰厲天類不與也。分禱五祀，則大喪之祭，于司命、泰厲無所禱也。《禮運》、《月令》、《小子職》皆云五祀，不及司命、泰厲，亦以天類異之也。此云大夫三祀，《曲禮》、《王制》皆云五祀，何也？蓋此經言其立，《曲禮》、《王制》言其祭，若官師一廟曰考廟，此以所立言之也。又曰王考無廟而祭之，此以所祭言之也。若《士既夕禮》行禱于五祀，則言其禱而已。禱與祭異，祭與立異，故不同也。」

張子曰：「五祀，户、竈、門、行、中霤而已。一畝之宫，五者皆具，故曰天子至於士皆立五祀之祭。天子之立五祀，見於經者不一，《周禮·大宗伯》《司服》《小子》。《曲禮》、《月令》、《曾子問》、《禮運》。士之立五祀，見於《士喪禮》。《祭法》有七祀、五祀、三祀、二祀、一祀之法，加以司命及厲，而諸侯不祭户、竈，大夫以下皆不祭中霤，殆非推報之義，又未嘗參見諸書，及廟祧壇墠之法，亦與經多不合，恐别是一法，非世之達禮。」

吕氏大臨曰：「大夫有家，不與山川之祀，所得祭者，五祀而已。《祭法》天子立七祀，加以司命、泰厲；諸侯五祀，有司命、公厲而無户、竈；大夫三祀，有族厲而無中霤、户、竈；士二祀則門、行而已。是法也，考之於經則不合。《曾子問》天子未殯，五祀之祭不行，《士喪禮》禱於五祀，則自天子至於士皆祭五祀。蓋一宫之中雖有大小之差，而五者無不具。《祭法》加以司命、厲，與户、竈、門、行、中霤謂之七祀，而言涉怪妄不經，至於廟制所稱，亦不與諸經合。竊意三代之末，嘗議是法，著之書而未行也。士不祭五祀，而《喪禮》言禱於五祀者，蓋有不得祭而得禱者歟？」

【羅泌《路史》】五祀，門、户、中霤、井、竈，見於《儀禮》，自天子至士無隆殺。《司服》、《曲禮》、《禮運》、《禮器》，天子、諸侯大夫同之，唯五者，家國之所皆有，誰能去之？自黄帝立五祀，歷代守之，無敢或廢。《世本》言湯五祀，故《曲禮》謂天子五祀，歲徧，康成以爲商制。若天子之七祀乃有泰厲、司命，《宫正》、《舞師》七祀，自與五祀不相統也。且以五祀、四祀、三祀、二祀、一祀，其説尤乖。《祭法》諸侯五祀乃有厲、命，而去户、竈，大夫三祀族厲、門、行，適士二祀門、行，庶士、庶人一祀，或户或竈，是則家無井、竈，而士庶無門、井矣，果合已乎？鄭於《祭法》大夫與王有别，故以《周禮》解之，至於《王制》大夫五祀，乃又以爲有采地者，無地則祭三，而遽以《曲禮》爲商禮，《祭法》爲周制，其不達乃如此。《祭法》「王爲羣姓立七祀，又自爲立七祀」，是二七祀矣。夫王不過爲羣姓祀，爲羣姓祀即自爲矣，烏有二哉？記爲羣姓立社，又自爲立社，故説以爲天子、諸侯皆有私社，以爲私禱，其有是乎？

蕙田案：《祭法》立祀與諸經不合，先儒辨之極是。

右《祭法》立祀。

【《春秋》昭公二十九年《左氏傳》】蔡墨曰：「五行之官，是謂五官，實列受氏姓，封爲上公，祀爲貴神。社稷五祀，是尊是奉。木正曰勾芒，火正曰祝融，金正曰蓐收，水正曰玄冥，土正曰后土。」獻子曰：「社稷五祀，誰氏之五官也？」對曰：「少皞氏有四叔，曰重，曰該，曰修，曰熙，實能金木及水。使重爲勾芒，該爲蓐收，修及熙爲玄冥，世不失職，遂濟窮桑，此其三祀也。顓頊氏有子曰犂，爲祝融；共工氏有子曰勾龍，爲后土，此其二祀也。后土爲社；稷，田正也。有烈山氏之子曰柱，爲稷，自夏以上祀之。周棄亦爲稷，自商以來祀之。」

蕙田案：五官之神，乃從五帝而食者，《左傳》亦謂之五祀，此與《禮記》、《周禮》、《儀禮》五祀不同，特以鄭氏釋《周禮》往往引之，故附著於此。

右五官之神。

【《通典》】漢立五祀，《白虎通》云戶一祀，竈二祀，門三祀，井四祀，中霤五祀。歲一徧，有司行事，禮頗輕於社稷。祀戶以羊，竈以雞，中霤以牛，門以犬，井以豕。

岳氏曰：「古有七祀，於前代帝王、諸侯、卿大夫之無後者皆致祭焉，謂之泰厲、公厲、族厲。今絶無舉行者，故此等無依之厲，勢或出于依附淫祠，殆無足怪。《禮記·祭法》鄭氏注：『漢時民家皆秋祠厲。』蓋此祀又達于民也，於古加嚴矣。」

【《文獻通考》】馬氏曰：「《月令》五祀，《祭法》王爲羣姓立七祀，皆典祀之正者也。至漢則其制已廢，而《郊祀志》所載不經，淫祀甚衆，然武帝時李少君言：『祠竈則可致物，物謂鬼物。致物則丹砂可化爲黄金，黄金成以爲飲食器，則益壽，益壽則海中蓬萊仙可見。』於是天子始親祠竈。又高帝時南山巫祠南山秦中，秦中者，二世皇帝也，與注疏所言『泰厲者，謂古帝王無後者，其鬼無所依歸，好爲民作禍，故祀之』之意略同。然其所以立祀之意則皆淫諂，非禮之正也。」

武帝太初二年，令天下大酺五日，祠門、户，比臘。

後漢建武初，有五祀，有司掌之。人家祀山神、門、户。山即厲也，鬼有所歸，乃不爲厲。

魏武帝始定天下，興復舊祀而造祭五祀，門、户、井、竈、中霤也。

晉武帝時，傅玄云帝之都城宜祭一門，正宫亦祭一門，正室祭一户，井、竈及中霤各擇其正者祭之。以後諸祀無聞，唯司命配享於南郊壇。

蕙田案：後魏之制，祭門、户、井、竈、中霤於明堂，見太和十五年詔。

陳文帝天嘉中，太常卿許亨奏曰：「昔梁武帝云天數五，地數五，五行之氣天地俱有，故南北郊内並祭五祀。臣案：《周禮》：『以血祭社稷、五祀。』鄭玄云：『陰祀自血起，貴氣臭也。』五祀，五官之神也。五神主五行，隸於地，故與埋、沈、疈辜同爲陰祀，既非禋柴，無關陽祭，故何休云周爵五等者，法地有五行也。五神位在北郊圜丘，不宜重設。」制曰可。

隋定祀典五祀爲中祀，户以春，竈以夏，門以秋，行以冬，各于享廟日，中霤則以季夏祀黄郊日。夏季，土德王。各命有司祭于廟西門道南，牲以少牢。

唐初，廢七祀，唯季夏祭中霤。開元中制禮，祭七祀，各因時享祭之於廟庭，司命、户以春，竈以夏，門、厲以秋，行以冬，中霤以季夏。

【《開元禮》】祭七祀儀：各因時享祭之，唯中霤季夏別祭。祫禘之日徧祭之，如臘享。

祭日未明一刻，太廟令率其屬入布神席於廟庭西門之内道南，東向，以北爲上，席皆以莞。設神位各于座首。設酒罇於神座東南，設洗于酒罇東南，俱北向。罍水在洗東，篚在洗西，南肆。篚實以巾爵。❶太廟令與良醖令屬入實罇罍如常，其執罇罍篚者，各位于罇罍篚之後。初太祝以下入，祝史與執罇罍篚者次入就位。遂于堂上設饌，訖，太官丞引饌入，祝史迎引于座首，各設于神座前。于光禄卿將升獻，贊引引獻官詣罍盥洗，詣酒罇所，執罇者舉冪，獻官酌酒，贊引引獻官進，西面跪奠于司命神座，少退，西向立。祝史持版進神座之右，北向跪讀祝文曰：「維某年歲次月朔日，子開元神武皇帝遣具位姓名，昭告于司命：三陽照物，四序唯始。式遵常禮，謹以犧齊，粢盛庶品，明薦于司命，尚享。」户云：「時唯歲首，升陽贊滯。」竈云：「唯時夏始，盛陽作統。」門云：「時唯孟秋，升陰紀物。」厲云：「時屬實沈，氣序清肅。」行云：「時唯冬首，盛陰作紀。」讀祝文訖，興，獻官再拜。祝史進奠版于神座，還罇所。其七祀祝版，祝史一人讀之。❷獻官再拜訖，贊引引獻官詣酒罇所，酌獻並如上儀。訖，贊引引還本位。于堂上徹豆。祝史進徹豆。還罇所。

臘享祭七祀文：「維某年歲次月朔日，子開元神武皇帝遣具位姓名，昭告于司命、户、竈、中霤、門、厲、行，今時和年豐，式遵常禮，謹以犧齊，粢盛庶品，明薦于司命、户、竈、中霤、門、厲、行，尚享。」獻官唯獻司命，

❶「巾」，原作「中」，據《通典》卷一一四、《文獻通考》卷八六改。

❷「一人」，原作「入」，據《通典》卷一一四、《文獻通考》卷八六改。

餘座齋郎助奠，餘如上儀。

祭中霤儀

季夏土王日，祭中霤于太廟之庭。前祭三日，諸祭官散齋三日于正寢，❶致齋一日于廟所，如別儀。前一日，衛尉陳設如常。祭日，未明十刻，太官丞具特牲之饌。未明一刻，太常令帥其屬入布神座于廟庭西門之内道南，東向，席以莞。設神座于座首，設酒罇于神座東南，設洗于酒罇東南，俱北向。罍水在洗東，篚在洗西，南肆。篚實以巾爵。奉禮設太廟令位于神座東南，執事者位于其後，俱北向西上。設門外位皆于東門之外道南，重行北向，以西爲上。質明，諸行事之官各服其服。良醖之屬入實罇罍，太官丞監實籩豆簠簋。贊引引太廟令，又贊引引執事者，俱就門外位。太祝與執罇罍篚冪者先入，詣神座前，西向再拜訖，各就位，立定，贊引引太廟令，又贊引引執事者入就位。贊引贊拜，太廟令以下皆再拜。太官丞出，詣饌所。贊引進太廟令之左，白：「有司謹具，請行事。」退復位。太官丞引饌入，太祝迎引于座首，設于神座前訖，太官丞以下還本位，太祝還罇所。贊引引太廟令詣罍洗，盥手洗爵，詣酒罇所，執罇者舉冪，太廟令酌酒。贊引引太廟令進神座前，西向跪奠爵，俛伏，興，少退，西向立。太祝持版進于神座之右，北向跪讀祝文曰：「維某年歲次月朔日，子開元神武皇帝謹遣具位姓名，敢昭告于中霤：賴兹保養，甿庶以安。式荷神功，祇率常禮，爰以特牲、薌合、薌萁、嘉蔬、嘉薦、醴酒，明祀于

❶「諸」，原作「請」，據《通典》卷一一四、《文獻通考》卷八六改。

神，尚享。」訖，興。太廟令再拜。太祝進奠版于神座，俛伏，興，還罇所。太祝以爵酌福酒，❶進太廟令之左，北面立。太廟令再拜，受爵，跪祭酒，遂飲卒爵。太祝進受爵，還罇所。太廟令俛伏，興，再拜。贊引引還本位。太祝進，跪徹豆，俛伏，興，還罇所。太祝與執罇罍篚者俱復位。立定，贊引贊拜，太廟令以下皆再拜。贊引進太廟令之左，白：「禮畢。」遂引太廟令以下出，其祝版燔于齋所。

【《文獻通考》】宋制七祀，春祀司命及户，夏祀竈，季夏祀中霤，秋祀門及厲，冬祀行，爲小祀，用羊一豕一，不行飲福。神宗熙寧八年，詔寘太廟司命、户、竈、中霤、門、厲、行七祀版位。

【《宋史·禮志》】元豐三年，太常禮院請禘享徧祭七祀，詔從之。

詳定所言：「《周禮》：天子六服，自鷩冕而下，各隨所祭而服。今既不親祀，則諸臣攝事，自當從王所祭之服，其攝事之臣不繫其官。」

四年，詳定郊廟奉祀所言：「案《禮記·祭法》曰：『王自爲立七祀，曰司命，曰中霤，曰國門，曰國行，曰泰厲，曰户，曰竈。』孟春其祀户，祭先脾。孟夏其祀竈，祭先肺。中央土其祀中霤，祭先心。孟秋其祀門，祭先肝。孟冬其祀行，祭先腎。又《傳》曰：『春祀司命，秋祀厲。』此所祀之位，所祀之時，所用之俎也。《周禮》：『司服掌王之吉服，祭羣小祀則服玄冕。』注謂宫中七祀之屬。《禮記》曰：『一獻熟。』注謂宫中羣小神七祀之等。《周禮·大宗伯》：『若王不與祭

❶「祝」，原作「祀」，據庫本改。

祀，則攝位。』此所祀之服，所獻之禮，所攝之官也。近世因禘祫則偏祭七祀，其四時則隨時享分祭，攝事以卿行禮，而服七旒之冕，分太廟牲以爲俎，一獻而不薦熟，皆非禮制。請立春祭户于廟室户外之西，祭司命于廟門之西，制脾于俎；立夏祭竈于廟門之東，制肺于俎；季夏土王日祭中霤于廟庭之中，制心于俎；立秋祭門及厲于廟門外之西，制肝于俎；立冬祭行于廟門外之西，制腎于俎，皆用特牲，更不隨時享分祭。有司攝事，以太廟令攝禮官，服必玄冕，獻必薦熟。親祀及臘享，即依舊禮偏祭。」從之。

政和時，議禮局上《五禮新儀》，太廟七祀，四時分祭，如元豐儀，臘享、祫享則偏祭，設位于殿下横街之北、道東，西向北上。議禮局言：「《周禮·小司徒》：『小祭祀奉牛牲。』所謂小祭祀，即宫中七祀之類是也。後世以有司攝事，難于純用太牢，猶宜下同大夫禮，用羊、豕可也。」又言：「社稷五祀，先薦爓，次薦熟。至于羣小祀，薦熟而已。請宫中七祀止薦熟。」從之。

【王圻《續通考》】金宣宗承安四年六月，祭中霤。

蕙田案：《續通考》王圻稱元無五祀之祀。今考《明集禮》載元制，附祭七祀神位于廟庭中街之東，西向。其分爲四時之祭，並與宋同，惟中霤則附于七月之祭，特祭則偏設之。每位籩、豆各二，簠、簋各一，尊二，俎二。

【《明集禮》】國朝用周制，唯祭五祀于歲終臘享，通祭于廟門外。其籩、豆各四，簠、簋各一，尊二，共羊一，豕一。

【《明史・禮志》】五祀，洪武二年定制歲終臘享，通祭于廟門外。

【《續文獻通考》】二年，尚書崔亮奏：「《周官》天子五祀，曰門，曰户，人之所出；中霤，人之所居；曰竈，曰井，人之所養。故杜佑曰：❶『天子、諸侯必立五祀，所以報德也。』今擬《周官》五祀，止于歲終臘享通祀于廟門外。」從之。

八年，禮部奏：「五祀之禮，周漢唐宋不一，今擬孟春祀户，設壇皇宫門左，司門主之；孟夏祀竈，設壇御廚，光禄寺官主之；季夏祀中霤，設壇乾清宫丹墀，内官主之；孟秋祀門，設壇午門左，司門主之；孟冬祀井，設壇宫内大庖井前，光禄寺官主之。四孟于有事太廟之日，季夏于土旺之日，牲用少牢。」制可。後定中霤于奉天殿外文樓前。又歲暮合祭五祀于太廟西廡下，太常寺官行禮。

【王圻《續通考》】成祖永樂以後，五祀于四孟及季夏。已而立春祀户宫門外道左，西向；立夏祀竈大庖前中道，南向；季夏土王後戊日祀中霤文樓前，西向；立秋祀門午門外西角樓，東向；立冬祀井大庖前，南向。以時皆遣内臣祭，各少牢一。歲暮，太常少卿合祀于太廟丹墀西，東向，用少牢五。案《餘冬録》云：「古者祭必屏刑人。今制，陪祭官刑喪等項有禁。大祀地，内臣避之，以其人經刑，形體不全故也。而四孟及季夏五祀之祭，乃用内臣行事，國家每有興作，俱命内官監内臣致祭，不知刀鋸之餘，何以交神明？兵刑官尚嫌，不使與祭，而親經刑者主祭焉，又非不可之大者乎？」

❶「佑」，原作「祐」，據庫本改。

【于慎行《穀山筆麈》】曰：唐制，中官服色，即中尉、樞密皆䙆衿侍從，僖宗之世，始具襴笏。至昭宗即位，又命以冕服劍佩侍祠。蓋楊復恭恃援立之功，威稜震主，故以是假之也。本朝中官貴極於四品，其後多賜蟒玉，爲一品之服，而朝服則不以服此，亦䙆衫之遺也。惟司禮之長遺祭中霤，則有祭服，其徒多圖之畫像以爲榮觀，可見冠冕法服不施暬御，自昔然矣。

五祀儀：四孟及季夏分祭，各羊一，豕一。禮神制帛一。歲暮合祭，共羊五，豕五，制帛五。司户之神、宫内祭，内官行禮。司竈之神、光禄寺祭，内官行禮。中霤之神、奉天殿外文樓前，西向，司禮監官行禮。季夏土王後戊日祭。司門之神、午門前祭，守門内官行禮。司井之神、宫内祭，内官行禮。歲暮合祭五祀。太廟西廡下，東向，太常寺官行禮。

【《大學衍義補》】丘氏濬曰：「《周禮》、《儀禮》雖有五祀之名，而無其目。《月令》所謂門、行、户、竈、中霤，《白虎通》則無行而有井。漢及魏晉以來皆祭井不祭行。自鄭玄有凡祭五祀于廟之文，隋唐以來皆以時享祖宗時並祭之。本朝于四孟享太廟，各祭其一，于春祭户，夏祭竈，秋祭門，冬祭井，季夏土旺日祭中霤，又于歲暮享廟，命官兼祭五祀，蓋本《月令》『臘享五祀』也。又每遇親王來朝之國，皆設祭于承天門外，雖曰門祭，然即古人軷行之祀也。是則本朝五祀，蓋兼用《月令》、《白虎通》之文歟？」

右歷代祭五祀。

五禮通考卷第五十三

淮陰吴玉搢校字

五禮通考卷第五十四

内廷供奉禮部右侍郎金匱秦蕙田編輯
太子太保總督直隸右都御史桐城方觀承同訂
按察司副使元和宋宗元參校

吉禮五十四

六宗

蕙田案：陽祀自煙始，曰禋祀。陰祀自血始，曰血祭。六宗稱禋，則陽祀天神之屬也，但不知何神，自漢諸儒已經聚訟，立一説即有一難，迄今未定。今檢諸儒解説不同，凡十六條，每條先列本説，次列論難之説，案而不斷，俟明者擇焉。

【《虞書·舜典》】禋于六宗。

【《孔叢子》】宰我問禋于六宗。孔子曰：「所宗者六：埋少牢于泰昭，祭時也；祖迎于坎壇，祭寒暑也；至于王宫，祭日也；夜明，祭月也；幽禜，祭星也；雩禜，祭水旱也。禋于六宗，此之謂也。」

【孔傳】精意以享謂之禋。宗，尊也。所尊祭者，其祀有六，謂四時也，寒暑也，日也，月也，星也，水旱也，祭亦以攝告。

【孔疏】《國語》云：「精意以享，禋也。」《釋詁》云：「禋，祭也。」孫炎曰：「禋，絜敬之祭也。」《周禮·大宗伯》云：「以禋祀祀昊天上帝，以實柴祀日月星辰，以槱燎祀司中、司命、風師、雨師。」鄭云：「禋之言煙，周人尚臭，煙氣之臭聞者也。」鄭以禋祀之文在燎柴之上，故以禋爲此解耳。而《洛誥》云「秬鬯二卣，❶曰明禋」，又曰「禋于文王、武王」，又曰「王賓殺禋咸格」，經傳之文，此類多矣，非燔柴祭之也，知禋是精誠絜敬之名耳。❷宗之爲尊，常訓也。名曰六宗，明是所尊祭者有六，但不知六者爲何神耳。《祭法》云：「埋少牢于太昭，祭時。相近于坎壇，祭寒暑。王宫，祭日。夜明，祭月。幽禜，祭星。雩禜，祭水旱也。」據此言六宗，彼祭六神，故《傳》以彼六神謂此六宗。必謂彼之所祭是此六宗者，彼文上有祭天、祭地，下有山谷、丘陵，此六宗之文在上帝之下，山川之上，二者次第相類，故知是此六宗。王肅亦引彼文，乃云「禋于六宗」，此之謂矣。鄭玄注彼云「四時謂陰陽之神也」，然則陰、陽、寒、暑、水、旱各自有神。此言禋于六宗，則六宗常禮也。禮無此文，不知以何時祀之。鄭以彼皆爲祈禱之祭，則不可用。鄭玄注以解此傳也。漢世以來説六宗者多矣。歐陽及大小夏侯説《尚書》皆云：「所祭者六，上不謂天，下不謂地，旁不及四方，在六者之間，助陰陽變化，實一而名六宗矣。」孔光、劉歆以六宗謂乾坤六子：水、火、雷、風、山、澤也。賈逵以爲六宗者，天宗三：日、月、星辰；地宗三：河、海、岱也。馬融云：「萬物非天不覆，非地不載，非春不生，非夏不長，非秋不收，非冬不藏，此其謂六也。」鄭玄以「六宗言禋，與祭天同名」，則六者皆是天之神祇，謂星、辰、

❶「卣」，原作「鹵」，據庫本改。

❷「誠」，原作「成」，據庫本改。

司中、司命、風師、雨師。星謂五緯也，辰謂日月所會十二次也。司中、司命，文昌第五第四星也。風師，箕也。雨師，畢也。晉初，幽州秀才張髦上表云：「臣謂禋于六宗，祀祖考所尊者六，三昭、三穆是也。」司馬彪又上表云：「歷難諸家及自言已意，天宗者，日、月、星辰、寒暑之屬也；地宗，社稷、五祀之屬也；四方之宗，四時、五帝之屬。」惟王肅據《家語》六宗與孔同。各言其志，未知孰是。司馬彪《續漢書》云：安帝元初六年，立六宗祠于洛陽城西北亥地，祀比大社。魏亦因之。晉初荀顗定新祀，以六宗之神諸説不同廢之。摯虞駁之，謂宜依舊。近代以來，皆不立六宗之祠也。

【蔡《傳》】禋，精意以享之謂。宗，尊也，所尊祭者其祀有六。《祭法》曰：「埋少牢于泰昭，祭時也。相近于坎壇，祭寒暑也。王宮，祭日也。夜明，祭月也。幽宗，祭星也。雩宗，祭水旱也。」

【《朱子語録》】問六宗。曰：「古注説得自好。鄭氏宗讀爲禜，即《祭法》中所謂祭時、祭寒暑、祭日、祭月、祭星、祭水旱者，如此説，則先祭上帝，次禋六宗，次望山川，然後徧羣神，次序皆順。」

蘇氏軾曰：「此之禋六宗，望山川，徧羣神，蓋與類上帝爲一禮爾。攷之《祭法》，其泰壇祭天，即此類上帝也。祭時、寒暑、日、月、星、水旱，即此禋六宗也。四坎壇，祭四方，與山林、川谷、丘陵能出雲，爲風雨，見怪物皆曰神。有天下者，祭百神，即此望山川、徧羣神也。《祭法》所敘，《舜典》之章句義疏也。」

孫氏□曰：❶「六宗之義，其最有據而得其正者，孔安國之説是也。其傳曰：『所尊祭者，其祀有六，謂四時也，寒暑也，日也，月也，星辰也，水旱也。』可謂善也。而司馬彪亦曲説以駁之。王肅所解，本諸《家語》，與安國同，而肅對魏明，又以爲乾坤六子，則自叛其説矣。據孔傳唯引《祭法》，殊不知安國所據不獨《祭法》也。謹案《孔叢子》書載宰我問于孔子曰：『禋于六宗，何謂也？』孔子曰：『所宗者六，皆潔祭之也。埋少牢于泰昭，所以祭時也。祖迎于坎壇，所以祭寒暑也。主于郊宮，所以祭日也。夜明，所以祭月也。幽禜，所以祭星也。雩禜，所以祭水旱也。禋于六宗，此之謂也。』安國之傳端本于此。諸儒之説，紛紛不已，皆不見孔子之言故也。」

劉氏昭曰：「《孔叢子》之言，若果是夫子所説，則後儒無復紛然，正謂未必然耳。」

【《續漢志》注】司馬氏彪駁曰：安國案《祭法》爲宗，而除其天地于上，遺其四方于下，取其中以爲六宗。四時、寒暑、日月、衆星，并水旱，所宗者八，非但六也。《傳》曰：「山川之神，則水旱癘疫之災，于是乎禜之。日月星辰之神，則雪霜風雨之不時，于是乎禜之。」又曰：「龍見而雩。」如此禜者，祀日、月、星辰、山川之名；雩者，周人四月祭天求雨之稱也。雪霜之災，非夫禜之所禳；雩祭之禮，非正月之所祈。周人之後，説有虞之典故，

❶「孫氏□」，庫本作「楊氏復」。宋衛湜《禮記集説》卷首稱「孫俶」，卷一〇八引此文稱「眉山孫氏」。又清杭世駿《道古堂全集》集外文《六宗考》引此文逕稱「孫俶曰」。故闕字當作「俶」。

于學者未盡喻也。

【羅氏泌《路史》】「郊之祭也，大報天而主日，配以月」，則日月在郊，而不在宗矣。冬享司寒而四立各自迎氣，則四時、寒暑不在宗矣。此孔之失也。安國之説，出于《祭法》而附于《孔叢子》，《家語》因之，蓋孔氏之家世有是説，故王充、蘇軾一皆從之，亦未敢以爲安也。

楊氏復曰：「孔注『禋于六宗』，取《祭法》之説，王肅亦同。朱子《書説》非苟從者，亦取《祭法》爲宗，必有深意。但鄭玄注《祭法》，改『相近』爲『祈禳』，又以六者皆爲祈禱之祭。夫舜乃攝位告祭，安得有祈禳之禮哉？」

【《稗編》】唐氏順之曰：「六宗出于《虞書》，《周禮》則無明文。惟《孔叢子》以《祭法》祭時、祭寒暑、祭日、祭月、祭星、祭水旱爲六宗，孔安國因之，王肅之説亦同，朱子《書説》亦取焉。三山楊信齋之説足以破之，若以此祭爲常祀，則非也。夫舜類于上帝，望于山川，偏于羣神，所以告攝位也。告攝位于天地、山川、羣神足矣，何必告于四時、寒暑、水旱哉？先儒以《家語》爲漢儒附會，觀于此類信矣。孔安國、王子雍祖述其説，亦不足怪。朱子取之，何也？楊信齋述祭禮一書，足以爲不刊之典，既疑之，復以爲朱子取之必有深意，又何也？」

【王氏樵《尚書日記》】孔安國據《祭法》，王肅據《家語》，以四時、寒暑、日、月、星、水旱六者之祭當之，此視《家語》，差爲有據。然鄭玄以彼皆爲祈禱之祭，因事而行，今告攝須有六宗，常禮何爲祭及水旱哉？是亦未得爲定論也。

蔡氏德晉曰：「漢孔氏《書傳》云：『謂四時也，寒暑也，日也，月也，星也，水旱也。』魏王子雍亦同。九峰先生《書傳》因之。此本于《祭法》及《孔叢子》二書，皆漢人所作。《孔叢子》非真孔子語，《祭法》非古先聖王祀典，不足據也。且《祭法》原文上有祭天祭地，下有祭四方，祭百神，而截取中間六者以爲六宗，亦屬牽强。况司暑無過赤帝、炎帝、祝融，司寒無過黑帝、顓頊、玄冥，此即四時耳。水旱乃雩禜之祭，靡神不舉，非有專司。舜自以攝位告祭，何關水旱也？」

蕙田案：以上孔安國用《祭法》之説。

馬氏融曰：「萬物非天不覆，非地不載，非春不生，非夏不長，非秋不收，非冬不藏，禋于六宗，此之謂也。」《尚書大傳》同。

【梁博士崔氏靈恩《三禮義宗》】伏生、馬融謂六宗者，天地四方。所以用天地四方爲六宗者，萬物非天不覆，非地不載，非春不生，非夏不長，非秋不熟，非冬不藏，皆有功于民，故尊而祭之，謂之六宗。而或有非之者，以前文有「類于上帝」，今復謂天爲類，六宗無天地意，謂其在天地四方，生成道廣，濟物既洪，故報亦非一，或類，或宗，尤未盡其功，豈有嫌前已祀，而謂後爲非也。然迎春既祭蒼帝靈威仰之神，而復郊祭，豈可復以迎春祭天，而嫌郊爲非天也？

【《通典》】杜氏曰：「馬融以天地、四時爲六宗，禮無禋地與四時之義。」

司馬氏彪駁曰：「帝在于類，則禋者非天，伏失其義。」

蔡氏德晉曰：「古者祀帝于郊，祭社于

國。社稷、宗廟同在王宮中門之内。舜格文祖，則告宗廟必告社稷，而類上帝則已告天，不宜復數天地也。」

蕙田案：以上馬融天地、四時之說。

歐陽氏和伯、夏侯氏建曰：「六宗，上不謂天，下不謂地，旁不謂四方，在六者之間，助陰陽變化，實一而名六宗矣。」

李氏郃曰：「六宗者，上不及天，下不及地，旁不及四方，在六合之中，助陰陽化成萬物。」

【唐氏順之《稗編》】許謹非之曰：「處六合之間，❶謂之六宗，其實爲一而名六宗，虚實相互，何以爲義？意謂本義以六宗之中，合共尊祭，故謂之六者，明其在六之中間，爲人所宗，非名宗爲六，不可責其稱。六者非實，是一之名也。」

司馬氏彪駁曰：「六合之間，非制典所及。六宗之數，非一位之名，陰陽之說，又非義也。」

蔡氏德晉曰：「于天地四方之間，懸空立一祭，正恐無是神，而近于誣。」

蕙田案：以上歐陽、夏侯天地四方之間之說。

劉氏歆曰：「六宗，謂乾坤六子，水、火、雷、風、山、澤。」晁錯、孔光、王莽、顔師古同。

【唐氏順之《稗編》】孔光、劉歆謂六宗者，乾坤之六子，取水、火、雷、風、山、澤能生萬物，故禋祀以報之，謂之六宗。馬昭難云：「凡八卦者，所以生育萬物，若祭卦，便應祭八卦，豈但祭六，明非六卦也。意謂劉、孔之意，所以但祭六者，以爲非子不能成父之業，故生物之功由于六子，合

❶「合」，原作「宗」，據庫本改。

據成功而報，故舍乾坤而不祭也。」

【《通典》】杜氏曰：「漢以王莽等奏日、月、星、辰、山川、海澤六子之卦爲六宗者，案《周禮》以實柴祀日月星辰，則星辰非六宗矣。卦是物象，不應祭之。」

蕙田案：以上劉歆乾坤六子之説。

賈氏逵曰：「六宗，謂天宗三：日、月、星，地宗三：河、海、岱。」許慎同。

【《五經異義》】曰：❶古《尚書》説：六宗者，天地屬神之尊者，謂天宗三，地宗三。天宗，日、月、北辰也；地宗，岱山、河、海也。日月爲陰陽宗，北辰爲星宗，岱爲山宗，河爲水宗，海爲澤宗也。祀天則天文從，祀地則地理從也。

【賈疏】鄭駁之云：《書》云：「類于上帝，禋于六宗，望于山川。」既六宗云禋，山川言望，則六宗無山川明矣。

司馬氏彪駁曰：「山川屬望，則海岱非宗，宗猶包山，則望何秩焉？歆、逵失其義也。」

黄氏鎮成曰：「謂是山、澤、河、海之類，則望于山川，又在六宗之外，皆不可據。」

蕙田案：以上賈逵天宗三、地宗三之説。

鄭氏康成曰：「六宗言禋，與祭天同名，則六者皆是天之神祇，謂星、辰、司中、司命、風師、雨師。星，五緯也。辰，十二次也。司中、司命，文昌第五、第四星也。風師，箕也。雨師，畢也。」

【唐氏順之《稗編》】鄭云：「宗者，星、辰、司中、司命、風師、雨師，此謂六宗也。」王

❶「異」，原作「典」，據《太平御覽》卷五二八引《五經異義》改。

肅難云：「星則五緯之星，合爲一位。辰則十二月之會次，又合爲一位。名實不相副也。司中、司命，文昌第五、第四星，而別爲兩位。文昌之星獨分爲二，五緯之星所主各異，合而爲一，義則不安。」尋鄭本意，以五星、十二次各共成功，故各合爲一，司中、司命所司有一，不共成功，故分爲二。王肅六宗，亦以四時共成歲功，得合爲一宗，鄭以十二次、五星各共成歲，則何以不得各合爲一？王此難無通義也。

司馬氏彪駁曰：「并五緯以爲一，分文昌以爲二，箕、畢既屬于辰，風師、雨師復特爲位，玄之失也。」

范氏甯曰：「攷觀衆議，各有説難，鄭氏證據最詳，是以附之。」

【《通典》】杜氏曰：「鄭玄以司中、司命、風師、雨師爲六宗者，並是星質，不應更立風師、雨師之位。」

【羅氏泌《路史》】宗之爲言總也。司中、司命實係文昌，而好風、好雨乃是箕、畢。❶以總而言，是特一宗耳。豈得有實柴復曰槱燎哉？此鄭之失也。

蔡氏德晉曰：「鄭康成本《大宗伯》之文，俱以天神釋之，是矣。然以爲星、辰、司中、司命、風師、雨師，而不數日月，于理未安。」

蕙田案：以上鄭康成星、辰、司中、司命、風師、雨師之説。

幽州秀才張氏髦上疏曰：「禋于六宗，正謂祀祖考宗廟也。文祖之廟六宗，即三昭三穆也。若但類于上帝，不禋祖禰而

❶「乃是」二字，原乙，據庫本正。

行，去時不告歸，何以格？以此推之，較然可知也。」

【《書集傳》】孫氏曰：「類上帝，祀天神也。禋六宗，享人鬼也。望山川，祭地祇也。」王氏曰：「天子事七廟，于天不言日月星辰，于地不言大示，于人不言太祖，于天不言日月星辰，以地示人鬼之及六宗山川，則天神之及日月星辰可知也。以天帝之及上帝，則人鬼地示之及太祖、大示亦可知也。于天，則舉尊以見卑；于人于地，則舉卑以見尊。」程子、吕東萊同。

【《朱子語録》】問：「五峰取張髦之説如何？」先生曰：「非。唯用改易經文，兼之古者昭穆不盡稱宗，惟祖有功，宗有德，故曰『祖文王而宗武王』。且如西漢之廟，惟文帝稱太宗，武帝稱世宗。至唐朝，乃盡稱宗，此不可以爲據。」

林氏之奇曰：「三昭三穆，然愚亦知其不然者。蓋七世之廟，自太祖而下謂之六宗，則不可。古者祖有功，宗有德，必有德者而宗之，如云周之六宗是也。若以三昭三穆爲六宗，則七世之廟皆宗，古無是理也。而蘇氏謂受終之初，既有事于文祖，其勢必及餘廟，豈有獨祭文祖于齊七政之前，而祭餘廟于類上帝之後者乎？以此觀之，則張髦之説雖近似，不可從也。」

【羅氏泌《路史》】三昭三穆，前人如程顥、王安石輩多取以爲祭人鬼。然昭穆非宗也。夫祭，有其舉之，莫敢廢也。三昭三穆，世何嘗廢祀，此固不必議者。且七政既齊之後，則唯及天神，又曷有文祖有事于在璣衡之前，而後于餘廟哉？

王氏樵曰：「晉張髦以六宗爲三昭三穆，

受終之初，既有事于文祖，勢必及餘廟。然古者昭穆不盡稱宗，惟祖有功，宗有德，故商有三宗，周人祖文王而宗武王。下至漢世，猶止文帝稱太宗，武帝稱世宗。至唐乃盡稱宗，此豈可以爲據哉？」

蕙田案：以上張髦三昭三穆之説。

【虞氏喜《别論》】曰：地有五色，大社象之。總五爲一，則成六，六爲地數，推案經句，缺無地祭，則祭地。

劉氏昭曰：「虞喜以祭地近得其實，而分彼五色，合五爲六，又不通禋，更成疑昧。」

【《稗編》】唐氏順之曰：「舜攝位告祭，類于上帝，及望于山川，徧于羣神矣。惟不告祭于地祇，意六宗爲地祇也。蓋六爲地數，宗，尊也，且序其次，地祇正當在上帝之後，山川羣神之上。斯説豈不正大耶？《周禮·大宗伯》『王大封則先告后土』，大封猶且告后土，攝位爲天子，安得不告地也？晉虞喜《别論》蓋謂此也。但喜謂地有五色，大社象之，其總五爲一，成六爲地數，涉于鑿耳。劉昭亦以爲喜説近得其實。予亦云昭以《虞書》所稱『肆類于上帝』是祭天，不言天而曰上帝，帝是天神之極，舉帝則天帝斯盡，日月星辰從可知也。禋于六宗是祭地，不言地而言六宗，六是地數之中，舉中以該社稷等配從可知也。其説似好，謂帝能該日月星辰，則可；謂舉地數之中以該社稷等配，則不可。望于山川，豈非地乎？即如其説，若重複矣。但以地數六爲六宗自明，何必穿鑿如是。」

蕙田案：以上虞喜六爲地數之説。

司馬氏彪曰：「《春官》大宗伯之職掌玉，

『作六器以禮天地四方，以蒼璧禮天，以黃琮禮地，以青圭禮東方，以赤璋禮南方，以白琥禮西方，以玄璜禮北方』。天宗，日月、星辰、寒暑之屬也。地宗，社稷、五祀之屬也。四方之宗，四時、五帝之屬也。如此則羣神咸秩而無廢，百禮徧修而不瀆，于理爲通。」

王氏樵曰：「司馬彪言：『天宗者，日月、星辰、寒暑之屬也。地宗者，社稷、五祀之屬也。四方之宗，四時、五帝之屬也。』案《月令》孟春祈穀于上帝，孟冬祈來年于天宗，是天宗明有其文，但所稱數者之屬，則未見的有所據耳。」

蔡氏德晉曰：「司馬彪以天地四方之神皆統于六宗，更浮游而無當。」

蕙田案：以上司馬彪天宗、地宗、四方宗之說。

孟氏康曰：「六宗，天地間遊神也。」

【羅氏泌《路史》】《太玄》曰：「神遊乎六宗。」蓋指六合，非主于祭而言，孟康蓋因此，曾何取哉？

蕙田案：以上孟康遊神之說。

【摯氏虞《新禮儀》】曰：萬物負陰抱陽，本于太極。六宗者，太極中和之氣，六氣之宗也。劉邵同。

【《通典》】杜氏曰：「魏劉邵以沖和之氣六氣之宗者，氣先于天，不合禋。天之下氣從天，有則屬陰陽，若無所受，何以宗之？」

蕙田案：以上摯虞六氣之宗之說。

魏孝文帝曰：「《書》言上帝六宗，其文相屬，上帝稱肆而不禋，六宗言禋而不別其名，理是一事，六宗非別祭之名，肆類非獨祭之見。且禋非祀地之用，是祭帝之事，故稱禋以別之。蓋六宗一祭也。而今圜丘五帝在焉。」乃詔祭天皇大帝及五帝于郊壇，總爲一位。

【《通典》】杜氏曰：「後魏孝文帝以天皇大帝、五帝爲六宗，于義爲當。何者？案《周禮》以禋祀昊天上帝，則禋祀在祀天，不屬別神。又《司服》云祀昊天上帝大裘而冕，祀五帝亦如之。昊天、五帝乃百神之尊，宗之義也。或難曰：『《書》既云類上帝，何更言祀者？』此叙巡守祀禮之次矣，將出征，肆類也，禋宗，徧祀六天也。何以肆類之文而迷郊祀之禮乎？」

【羅氏泌《路史》】六天之説，本出漢世，源于緯侯，而成于康成。然魏氏以昊天上帝爲首，則又非矣。佑之所以取之，蓋以昊天上帝周用禋祀，而祀昊天上帝大裘而冕，五帝如之，則禋不屬于別祀。不知先王禮典莫有重舉，上帝既已肆類，豈復禋乎？佑抑不知漢之所祀自是泰乙，故曰「泰乙者，天神之最貴，其佐爲五帝」，是則非昊天矣。

蕙田案：以上《通典》六天之説。

張氏迪曰：「六宗，六代帝王也。」

【《通典》】杜氏曰：「張迪以六代帝王爲六宗，並不堪録。」

【羅氏泌《路史》】張迪、虞喜一無所據，曾何取哉？

蕙田案：以上張迪六代帝王之説。

【羅氏泌《路史》】宗亦祀之尊也。伯夷典天地人之三禮，而曰秩宗。《周官》主祀大神祇而曰宗伯。大宗小宗，族之尊也。老子曰「萬物之宗」，言萬物莫不尊也。莊周曰：「天地爲宗。」故禮有天宗，則亦有地宗矣。天宗者，萬象之宗，雲漢、虹霓、雷電、雪霜、風雨、氛祲之屬，非必日月星辰。而地宗者，萬類之宗也。土石、金穀、草木、毛羽、鱗介之屬，非必主于山川。求之于《傳》，又有河岱之宗，河宗則萬水之宗，謂淵泉、溪沼、藪岸、灘濤之屬，非主于山川四瀆。而岱宗則萬山之宗也。謂岡巒、陵谷、阿隴、原隰之屬，非主于五嶽、九山也。凡此皆微小族類，祀所不該，故以大爲宗，而總祭之，如夷蠻戎狄之總名曰人爾。王者事天明，事地察，故于地而加詳。是四宗者，所以及乎其不及而已矣。然則幽宗、雩宗，其不在六宗乎？日月既主于郊，四時寒暑復各屬于歲。惟星一類實繁，猶之在地之山，而水旱者，陰陽之極數，民事之尤切，故二者自爲宗。或曰：「六宗云禋，山川云望，則山川在望不在禋矣。是故禮無禋地之文。」是不然。禋者，蠲精之名爾。《大傳》作煙，則事止燔燎。然劉昭曰：「堙則及于瘞埋矣。」且古書曰六宗者，天地屬神之尊也，奚爲而不併地？如曰不然，則安國之說庶乎其次矣，他不足稽也。且將從孔說，則必上自類帝至于羣神合以爲一，而又升五帝于肆類而不禋于六宗，禋日月于六宗而不與于郊類，斯可矣，何則？郊祀而及于天地間之神，古蓋有矣。燔太壇、瘞太折，此則似乎類帝而合食矣。泰昭祭時，坎壇祭寒暑，王宮祭日，夜明祭月，幽宗祭星，雩宗祭水旱，此則似乎六宗矣。四時、寒暑雖別有祭，于此又合而享之，未大害。郊既主日，則日月決不可下齊乎六宗。星爲幽宗，水旱爲雩宗，此自二類。鄭改宗爲禜，踈矣。坎壇以祭四方，而又徧祭于百神。山林、川谷、丘陵能出雲，爲風雨，見怪物者。此則合乎山川與羣神矣。四方非山川、林谷、丘陵，又未盡于百神，此漢儒以意求之。是以漢世泰壇其中，而五帝環其下，以求當乎六宗，而復壇設羣神，以求合乎書之文，是則禋類百神，合之以爲一也。山川惟不望，知徧走其地矣。望者，遥祭爾。以山高可望而祭之。川曰望者，本山而言之。漢，嶽瀆各祠其處，然不望則非也。王肅治《家語》而輒自異之，必有其説矣。噫！多言奚爲？後世必有堯、舜、文王、周、孔者出，不由羣惑，一斷以義，則六宗之秩正矣，于予與何有？

蕙田案：此雜取莊周、《尚書》、《祭法》湊成六宗，恐亦臆説。

又案：以上羅泌天宗、地宗、河宗、岱宗、幽宗、雩宗之説。

黄氏度曰：「鄭康成據《周禮》『實柴祀日月星辰，槱燎祀司中、司命、風師、雨師也』，是皆天神，故稱宗，《月令》『祈年于天宗』是也。然去日月，恐不可。或曰：『日一，月二，星三，辰四，司中、司命五，風師、雨師六。』此恐當是。」

蕙田案：此用鄭氏之説而小變之。據鄭氏，司中、司命爲文昌第五、第四星，風師、雨師爲箕、畢二星，則已統在星宗内，未見其的。

又案：以上黄氏日、月、星、辰四宗，司中司命、風師雨師二宗之説。

蔡氏德晉曰：「《虞書》『禋于六宗』在『格文祖類上帝』之後，『望山川徧羣神』之前。所謂六宗者何也？《月令》『季冬乃祈來年于天宗』，《周官・大宗伯》『以禋祀祀昊天上帝』，則知宗爲天神，禋爲祀天神矣。蓋天神之祀，不外乎《大宗伯》『以禋祀祀昊天上帝，以燔柴祀日月星辰，以槱燎祀司中、司命、風師、雨師』之三言，言司中、司命以該司民、司禄諸星，言風師、雨師以該軒轅、雷電、霹靂諸星，皆于經星中抽出言之。是三言者，實二言已該也，故虞之類上帝即祀昊天上帝也，禋六宗即祀日、月、星、辰也。日、月、星、辰謂之六宗者，日一，月二，緯星三，經星四，五辰五，十二辰六也。緯星即五星，經星則二十八宿衆星之屬也。辰者，天之壤。五辰，即五方之帝。十二辰，則日月所會十二次也。此不必附會傳記之文，而以理揆之，庶乎其不遠者矣。」

蕙田案：此以星、辰各分爲二，實止四宗耳，亦未安。

又案：以上蔡氏日、月二宗，星、辰四宗之說。

【《周官・大宗伯》】以實柴祀日月星辰，以槱燎祀司中、司命、風師、雨師。【賈疏】此經星辰與司中、司命、風師、雨師，鄭君以爲六宗。案《尚書・堯典》「禋于六宗」，但六宗之義有其數無其名，故先儒各以意說。鄭君則以此「星也、辰也、司中也、司命也、風師也、雨師也」六者爲六宗。案《異義》：「今歐陽、夏侯說，六宗者，上不及天，下不及人，傍不及四時，居中央恍惚無有神助，陰陽變化有益于人，故郊祭之。古《尚書》說六宗，天地神之尊者，謂天宗三、地宗三。天宗，日、月、星辰；地宗，岱山、河、海。日月屬陰陽宗，北辰爲星宗，岱爲山宗，河爲水宗，海爲澤宗。祀天則天文從祀，祀地則地理從祀。謹案：夏侯、歐陽說，云宗實一而有六名，實不相應。《春秋》魯郊祭三望，言郊天，日、月、星、河、海、岱凡六宗，魯下天子，不祭日月星，但祭其分野星、其中山川，故言三望。六宗與古《尚書》說同。」「玄之聞也，《書》曰『肆類于上帝，禋于六宗，望于山川，偏于羣神』，此四物之類也、禋也、望也、偏也，所祭之神各異。六宗言禋，山川言望，則六宗無山川明矣。《周禮·大宗伯》曰：『以禋祀昊天上帝，以實柴祀日月星辰，以槱燎祀司中、司命、風伯、雨師。』凡此所祭皆天神也。《禮記·郊特牲》曰：『郊之祭也。迎長日之至也，大報天而主日也。兆于南郊，就陽位也。埽地而祭，于其質也。』《祭義》曰：『郊之祭也，大報天而主日，配以月。』則郊祭并祭日月可知。其餘星也、辰也、司中、司命、風師、雨師，此之謂六宗，亦自明矣。」《禮論》：「王莽時，劉歆、孔光以爲《易》震巽等六子之卦爲六宗。❶漢武即位，依《虞書》禋于六宗禮，用大社。至魏明帝時，詔令王肅議六宗，取《家語》宰我問六宗。孔子曰：『所宗者六，埋少牢于泰昭，祭時。相近于坎壇，祭寒暑。王宫，祭日。夜明，祭月。幽禜，祭星。雩禜，祭水旱。』孔安國注《尚書》與此同。張融許從鄭君，于義爲允。」案《月令》孟冬云：「祈來年于天宗。」鄭云天宗，日、月、星辰。若然，星辰入天宗，又入六宗。其日月入天宗，即不入六宗之數也。以其祭天主日配以月，日月既尊如是，故不得入宗也。

楊氏復曰：「諸儒説六宗，異同如此。愚案《舜典》『類于上帝，禋于六宗，望于山川』，六宗在上帝之後，山川之前，其禮甚重，因諸家之説不同而遂廢。惜哉！」

先君泉南先生曰：「《虞書》六宗之説，自漢以來紛然不一矣。其説似屬近理，而

❶「光」，原本作「昭」，據庫本改。

未有的據者，皆不具論。惟孔氏據《祭法》以四時、寒暑、日、月、星、水旱當之，較爲有據，故蔡氏解經全用其説，至今遵之。而鄭康成以爲彼皆祈禱之祭。因事而行告攝，宜有常禮，何爲祭及水旱？殊不知三代以前，初無非禮之祭，所得禱祈者，莫非常所當祭之神，非若秦漢以後有荒唐不經之祀也。告攝之時既祀上帝，以及羣神靡所不祭，豈獨舍其祈禱之所祭乎？況水旱尚可專屬祈禱，四時、日、月、星則何祈禱之有？是鄭氏所駁，亦未爲至當也。惟是安國所據者，《祭法》也。案《祭法》自天地而下則云泰昭祭四時，相近于坎壇祭寒暑，王宮祭日，夜明祭月，幽宗祭星，雩宗祭水旱也，四坎壇祭四方，有山林川谷風雨百神之語。今以天地屬之肆類，山川而下屬之山川羣神是矣，而自四時以至四方，其類尚有七，今存其六以配六宗，微不能無疑。然自漢及今，其説之有據而當于理，要無過于孔氏者，雖有毫髮之疑，亦當存之，以俟論定，而不敢以意爲附會也。」

觀承案：六宗之説，自漢以下，最著者十有二家，要以孔安國所據爲不刊。司馬彪謂《周禮》無六宗之兆，《禮記》無六宗之文，而直欲廢之，此固大謬也。若夫伏生以天地、四時爲六宗，而馬融從之。然舉首及天，已上複類帝。孔光、劉歆以水、火、雷、風、山、澤爲六宗，而魏晉間多從之。然六子皆象，既虚而無質，而山澤之下侵，又無論也。賈逵以天宗三、地宗三爲六，而許慎從之。然地宗之三則全逼山川矣。晉虞喜謂地有五色，大社象之，總五爲一則成六，而劉昭從之。然地示當祭而曰禋，其非大社可知。後魏文帝更以天皇大帝及五帝爲六宗，而《通典》從之。然除大帝則是五宗，連大帝則是類帝，何别云禋宗哉？此五説者，以本文上下核之，而皆拂戾者也。乃張迪之説，則以六代帝王爲六宗，夫禋宗皆天神之屬，忽移而之人，與張髦以宗廟三昭三穆爲六宗者畧同。此二説者，就文斷之，而已知其非也。歐陽和伯、大小夏侯則謂上不及天，下不及地，旁不及四方，在六者之間，助陰陽變化萬物者爲六宗，此即孟康天地間游神之説也，固已荒誕而不經。劉邵謂太極沖和之氣，六氣宗之，此即摯虞六氣之宗之説也，益復幽渺而無据矣，此二説直如一説，而不足道也。乃彪既歷難諸家，及自言己意，仍用賈氏天宗地宗，而益以四方宗爲六，亦即歐陽、夏侯六者之間之意而小變之，❶顧彼意其内而此揣其外爲更劣耳。鄭康成則以星、辰、司中、司命、風師、雨師爲六宗，雖孔穎達是之，然必推配日月以包於類帝，而後割截星辰以合爲六，終屬牽勉而已，是皆曲爲之説，而不免得此失彼者爾。惟安國之説本於《家語》，宰我問六宗，而孔子以祭時、祭寒暑、祭日、祭月、祭星、祭水旱六者告之，則顯有證据。或謂此説亦見《孔叢》，然《禮

❶「侯」，原作「后」，據庫本改。

記・祭法》正與此合，先以祭天地明類上帝之義，下以四方山川百神明望山川徧羣神之義，中間恰好詳陳此六者，直是《虞書》禋六宗之義疏也。四方即四望，其復何所疑議哉？ 至如盧植舊説以「祈來年於天宗」爲六宗，及羅泌等更以天宗、地宗、岱宗、海宗，讀幽宗、雩宗爲本字，而成六宗者，其亦不攻而自破矣。

蕙田案：以上總論。

右禋六宗。

【《文獻通考》】漢興，于甘泉汾陰立壇，禋六宗。

平帝時，王莽奏：「祀典，功施于民則祀之，天文日、月、星辰，所昭仰也；地理山川、海、澤，所生殖也；易有八卦，乾坤六子，水、火相逮，雷、風不相悖，山、澤通氣，然後能變化，既成萬物也。日、月、雷、風、山、澤，《易卦》六子之尊氣，所謂六宗也。星辰、水火、溝瀆，皆六宗之屬也。今或未特祀，或無兆。謹與太師光等議：《易》曰：『方以類聚，物以羣分。』羣神以類相從爲五部兆。天墜之别神、中央帝、黄靈后土時，及日廟、北辰、北斗、鎮星、中宿、中宫，于長安城之未墬兆。東方帝太昊青靈勾芒時，及雷公、風伯廟、歲星、東宿、東宫，于東郊兆。南方炎帝赤靈祝融時，及熒惑星、南宿、南宫，于南郊兆。西方帝少皡白靈蓐收時，及太白星、西宿、西宫，于西郊兆。北方顓頊黑靈玄冥時，及月廟、雨師廟、辰星、北宿、北宫，于北郊。」奏可。于是長安旁諸廟時甚盛矣。

馬氏曰：「王莽既以六子爲六宗矣，然所謂羣神以類相從爲五部兆，則日、月、雷、風皆祠之，而不及山、澤何也？」

【《後漢書·祭祀志》】安帝即位，元初六年，以《尚書》歐陽家説，謂六宗者，在天地四方之中，爲上下四方之宗。以元始中故事，謂六宗《易》六子之氣，日、月、雷公、風伯、山、澤者爲非是。三月庚辰，初更立六宗，祀于雒陽西北戌亥之地，禮比太社也。

【注】《月令》：「孟冬祈于天宗。」盧植注曰：「天宗，六宗之神。」《李氏家書》曰：「司空李郃侍祠南郊，不見六宗祠，奏曰：『案《尚書》：肆類于上帝，禋于六宗。六宗者，上不及天，下不及地，傍不及四方，在六合之中，助陰陽，化成萬物。漢初甘泉、汾陰祀天地亦禋六宗。孝成之時，匡衡奏立南北郊祀，復祀六宗。及王莽謂六宗，《易》六子也。建武都雒陽，制祀不道祭六宗，由是廢不血食。今宜復舊制度。』制曰：『下公卿議。』五官將行弘等三十一人議可祭，大鴻臚龎雄等二十四人議不當祭。上從郃議，由是遂祭六宗。」六宗之議，自伏生及乎後代，各有不同，今並抄集以證其論云。《虞書》曰：「肆類于上帝，禋于六宗，望于山川。」伏生、馬融曰：「萬物非天不覆，非地不載，非春不生，非夏不長，非秋不收，非冬不藏。禋于六宗，此之謂也。」歐陽和伯、夏侯建曰：「六宗上不謂天，下不謂地，傍不謂四方，在六者之間，助陰陽變化者也。」孔安國曰：「精意以享謂之禋。宗，尊也。所尊祭其祀有六：埋少牢于太昭，祭時也；相近于坎壇，祭寒暑也；王宫，祭日也；夜明，祭月也；幽禜，祭星也；雩禜，祭水旱也。禋于六宗，此之謂也。」《孔叢》曰，宰我問六宗于夫子，

夫子答如安國之説。臣昭以此解若果是夫子所説，則後儒無復紛然。文秉案劉歆曰：「六宗，謂水、火、雷、風、山、澤也。」賈逵曰：「六宗，謂日宗、月宗、星宗、岱宗、海宗、河宗也。」鄭玄曰：「六宗，星、辰、司中、司命、風師、雨師也。星，五緯也。辰謂日月所會十二次也。司中、司命，文昌第五、第四星也。風師，箕也。雨師，畢也。」晉武帝時，司馬紹統表駁之：「并五緯以爲一，分文昌以爲二，箕、畢既屬于辰，風師、雨師復特爲位，玄之失也。案《周禮》云，昊天上帝，日月、星辰，司中、司命，風師、雨師，社稷、五祀、五嶽，山林、川澤，四方百物。又曰：『兆五帝于四郊，四類、四望亦如之。』無六宗之兆。《祭法》云祭天，祭地，祭時，祭寒暑日月星，祭水旱，祭四方，及山林川谷丘陵能出雲爲風雨見怪物，皆是。有天下者祭百神，非此族也，不在祀典，復無六宗之文。明六宗所禋，即《祭法》之所及，《周禮》之所祀，即《虞書》之所宗，不宜特復立六宗之祀也。」幽州秀才張髦又上疏曰：「禋于六宗，禮祖考所尊者六也。何以考之？《周禮》及《禮記·王制》，天子將出，類于上帝，宜于社，造于禰。巡狩四方，覲諸侯，歸格于祖禰，用特。《堯典》亦曰：『肆類于上帝，禋于六宗，望于山川，徧于羣神，班瑞于羣后，肆覲東后。協時月正日，同律度量衡。』巡狩一歲以周，爾乃『歸格于藝祖，用特』。臣以《尚書》與《禮·王制》同事一義，符契相合。禋于六宗，正謂祀祖考宗廟也。文祖之廟六宗，即三昭三穆也。若如十家之説，既各異義，上下違背，且没乎祖之禮、考之禮，考之祀典，尊卑失序。若但類于上帝，不禋祖禰而行，去時不告，歸何以格？以此推之，較然可知也。《禮記》曰：『夫政必本于天，殽以降命，命降于社之謂殽地，降于祖廟之謂仁義，降于山川之謂興作，降于五祀之謂制度。』又曰：『祭天于郊，所以定天位也；祀社于國，所以列地利也；祭祖于廟，所以本仁也；山川，所以儐鬼神也；五祀，所以本事也。』又曰：『禮行于郊，而百神受職焉；禮行于社，而百貨可極焉；禮行于祖廟，而孝慈服焉；禮行於五祀，而正法則焉。故自郊、社、祖廟、五祀，義之修而禮之藏也。』凡此皆孔子所以祖述堯舜，紀三代之教，著在祀典。首尾相證，皆先天地，次祖宗，而後山川羣神耳。故《禮·祭法》曰：『七代之所更變者，禘郊祖宗。』明舜受終文祖之廟，察璇璣，考七政，審已天命之定，遂上郊廟，當義合《堯典》，則周公其人也。郊祀后稷以配天，宗祀文王于明堂以配上帝，是以四海之內各以其職來祭者也。居其位，攝其事，郊天地，供羣神之禮，巡狩天下而遺其祖宗，恐非有虞之志也。五岳視三公，四瀆視諸侯，皆以案先儒之説，而以水旱風雨先五岳四瀆，從祖考而次上帝，錯于肆類而亂祀典，臣以十一家皆非也。」

太學博士吴商以爲：「禋之言煙也，三祭皆積柴而實牲體焉。以升煙而報陽。非祭宗廟之名也。鄭所以不從諸儒之説者，將欲據《周禮》禋祀皆天神也。日、月、星、辰、司中、司命、風師、雨師凡八，而日、月並從郊，故其餘爲六宗也。以

《書》『禋于六宗』，與《周禮》事相符，故據以爲説也。且文昌雖有大體，而星名異，其目不同，故隨事祭之。而言文昌七星，不得偏祭其第四第五，此爲周禮。復不知文昌之體，而又妄引爲司中、司命。箕、畢二星，既不係于辰，且同是隨事而祭之例，又無嫌于所係者。」范甯注《虞書》曰：「考觀衆議，各有説難。鄭氏證據最詳，是以附之。案六宗衆議，未知孰是。」虞喜《别論》云：「地有五色，太社象之。總五爲一則成六，六爲地數。推案經句，缺無地祭，則祭地。」

臣昭曰：「六宗紛紜，衆釋互起，竟無全通，亦難偏折。歷辨碩儒，終未挺證。康成見宗，是多附焉。盍各爾志，宣尼所許，顯其一説，亦何傷乎？竊以爲祭祀之敬，莫大天地，《虞典》首載，彌久彌盛，此宜學者各盡所求。臣昭謂虞喜以祭地，近得其實。而分彼五色合五爲六，又不通禋，更成疑昧。尋《虞書》所稱『肆類于上帝』，是祭天。天不言天而曰上帝，帝是天神之極，舉帝則天神斯盡，日月星辰從可知也。『禋于六宗』，是實祭地。地不言地而曰六宗，六是地數之中，舉中足以該數，社稷等配從可知也。天神稱上，地表數中，仰觀俯察，所以爲異。宗者，崇尊之稱，斯亦盡敬之謂也。禋也者，埋祭之言也，實瘞埋之異稱，非周煙之祭也。夫置字涉神，必以今之示。今之示即古之神，所以社稷諸字，莫不以神爲體。《虞書》不同，祀名斯隔。《周禮》改煙，音形兩異。《虞書》改土，正元祭義。此焉非疑，以爲可了，豈六置宗便爲傍祭乎？《風俗通》曰：『《周禮》以爲槱燎，祀司中、司命、文昌上六星也。槱者，積薪燔柴也。今民猶祠司命耳，刻木長尺二寸爲人像，行者置篋中，居者别作小居。齊地大尊重之，汝南諸郡亦多有者，皆祠以猪，率以春秋之月。』」

【《文獻通考》】魏明帝立六宗，祀六子之卦。帝疑其事，以問王肅。肅以爲六宗之卦，故不廢。

景初二年，改祀太極中和之氣。時散騎常侍劉劭言：「萬物負陰而抱陽，沖氣以爲和。六宗者，太極沖和之氣，爲六氣之宗也。」時從其議。

晉初，罷其祀，後復立六宗，因魏舊事。

【《晉書·禮志》】《尚書》「禋于六宗」，諸儒互説，往往不同。王莽以《易》六子，遂立六宗祠。魏明帝時，疑其事，以問王肅，亦以爲《易》六子，故不廢。及晉受命，司馬彪等表六宗之祀，不應特新禮，于是遂罷其祀。其後，摯虞奏之，又以爲：「案舜受終，類于上帝，禋于六宗，望于山川，則六宗非上帝之神，又非山川之靈也。《周禮·肆師職》曰：『用牲于社宗。』《黨正職》曰：『春秋祭禜亦如之。』《肆師》之宗與社並列，則班與社同也。《黨正》之宗，文不繫社，則神與社異也。周之命祀，莫重郊社，宗同于社，則貴神明矣。又《月令》『孟冬祈于天宗』，則《周禮》祭、《月令》天宗，六宗之神也。漢光武即位，高邑依《虞書》『禋于六宗』。安帝元初中，立祀乾位，禮同太社。魏氏因之。至景初二年，大議其神。朝士紛紜，各有所執，唯散騎常侍劉邵以爲：『萬物負陰而抱陽，沖氣以爲和。六宗者，太極沖和之氣，爲六氣之宗者也。』《虞書》謂之六宗，《周書》謂之天宗。』是時考論異同而從其議。

漢魏相仍，著爲貴祀。凡崇祀百神，放而不致，有其興之，則莫敢廢之，宜定新禮，祀六宗如舊。」詔從之。

【《文獻通考》】後魏明元帝太常三年，立六宗祀，皆有別兆，祭有常日，牲用少牢。孝文太和十三年，詔祀天皇大帝及五帝之神于郊天壇。

時大議禋祀之禮。高閭曰：「《書》稱：『肆類于上帝，禋于六宗。』六宗之祀，禮無明文，名位壇兆，歷代所疑。漢魏及晉，諸儒異説。或稱天地、四時，或稱六者之間，或稱《易》之六子，或稱風雷之類，或稱星辰之屬，或曰世代所宗，或云宗廟所尚，或曰社稷、五祀，凡有十一家。自晉以來，逮于聖世，以爲論者雖多，皆有所缺，莫能詳究，遂相因承，別立六宗之兆，總爲一位而祭之。」帝曰：「《尚書》稱：『肆類上帝，禋于六宗。』文相接屬，理似一事。上帝稱肆而無禋，六宗言禋而不別其名，以此推之，上帝、六宗當是一時之祀，非別祭之名。肆類非獨祭之目，禋非地祀之用。六宗者，必是天皇大帝及五帝之神，是祭帝之事，故稱禋；以缺其地，故稱一宗一祭也，互舉以成之。今祭圜丘五帝在焉，其牲幣一也，故稱『肆類上帝，禋于六宗』，一祭而祀備焉。六祭俱備，無煩別立。」

右歷代禋六宗。

五禮通考卷第五十四

淮陰吴玉搢校字

五禮通考卷第五十五

內廷供奉禮部右侍郎金匱秦蕙田編輯
太子太保總督直隸右都御史桐城方觀承同訂
按察司副使元和宋宗元參校

吉禮五十五

四方

蕙田案：四方之祭，見於經傳者不一。《祭法》「四坎壇祭四方」，此祭之壇也。《曲禮》「天子祭四方，諸侯方祀」，有兼祭、專祭之不同，此祭之等也。《大司馬》仲秋祀祊，則治兵有祭，《月令》季秋祭禽，則田獵有祭，《雲漢》「方社不莫」，《甫田》「以社以方」，則祈年有祭，《大田》「來方禋祀」，則報賽有祭，《占夢》「舍萌四方」，則因祓禳有祭，「八蜡記四方」，則蜡有祭，此祭之類也。其玉，青圭、赤璋、白琥、玄璜，其幣因方色，其牲疈辜，其尊蜃散，其舞羽舞，此祭之物也。四方之祭重矣，然乃不知其爲何神？鄭注《大宗伯》「于六器」則以爲五帝，「于疈辜」則以爲蜡，注《舞師》則以爲四望，注《曲禮》則以爲五官之神，注《祭法》則以爲山林、川谷、丘陵之神，即鄭氏一家，已參錯如此。案《大宗伯》「血祭祭五岳，疈辜祭四方」，是四方與四望不同也。《曲禮》祭四方之下，即曰祭山川，而貍沈與疈辜亦異，兵舞與羽舞又異，是四方與山川不同也。《周禮》祀五帝三月繫牲，十日誓戒，其義與祀天相等，四方則與百物連言，是四方與五帝不同也。唯五官之神之説應爲近之，五官之神生有功烈于民，死則祀之，各主一方，佐天成物。但從食五人帝以配五帝，尚非正祀，此祭四方或其正祀耳。然經傳雖詳，而漢以後無其祀，亦以諸儒之説未定故與？

【《禮記·祭法》】四坎壇，祭四方也。【注】四方即謂山林、川谷、丘陵之神也。祭山林、丘陵于壇，川谷于坎，每方各爲坎爲壇。【疏】山林、川谷、丘陵之神，有益于人民者也。四方各爲一坎、一壇，壇以祭山林、丘陵，坎以祭川谷泉澤，故言坎壇祭四方也。

方氏慤曰：「四方者，四方萬物之神也。方有四而位則有八，若乾位西方，艮位東方，坎位正北，震位正東，皆陽也；坤位西南，巽位東南，離位正南，兑位正西，皆陰也。故有坎，有壇，而合以四焉。」

周氏諝曰：「四坎壇祭四方，豈蜡之祭四方百物之神？若先嗇之類，則祭于壇；若水庸之類，則祭于坎歟？」

蕙田案：鄭以爲山林、川谷、丘陵之神，是以四方即山川，然據《曲禮》「歲徧」及《周禮·大宗伯》「貍沈疈辜」、《舞師》「兵舞、羽舞」，則四方與山川異祭，難于合一。方氏泛指萬物之神，無所依據。周氏移鄭氏疈辜祭四方之解以解《祭法》，恐亦未是。

右四方坎壇。

【《曲禮》】天子祭四方，歲徧。諸侯方祀，歲徧。【注】祭四方，謂祭五官之神于四郊也。勾芒在東，祝融、后土在南，蓐收在西，玄冥在北。《詩》云：「來方禋祀。」來方者，各祭其方之官而已。【疏】此經直言「祭四方」，知非祭五天帝于四方者，以上云祭天地，則五帝在其中矣，故知非天帝也。案《宗伯》云：「疈辜祭四方百物。」知此方祀非四方百物者，以此文在山川、五祀之上與？《大宗伯》「血祭社稷、五祀、五岳」，五祀在五岳之上，此四方亦在山川之上，故知是五官之神。云「祝融、后土在南」者，鄭意以爲黎兼爲后土，土位在南方，故知祝融、后土在南。引「《詩》云來方禋祀」者，是《小雅・大田》之詩，以刺幽王之無道，追論成王之太平時和年豐，至秋報祭，招來四方之神，禋潔祭祀。引之者，證四方之義也。諸侯方祀者，諸侯既不得祭天地，又不得總祭五方之神，唯祀當方，故云方祀。

楊氏復曰：「四方，注疏此一條謂五官之神，《祭法》一條謂山林、川谷、丘陵之神，《舞師》一條謂四望之神，《大宗伯》一條謂蜡祭四方百物之神，《月令》一條謂四方五行之神，《大司馬》一條謂祭四方之神。詳考諸説，唯《舞師》『帥而舞四方之祭祀』謂四望也，其説爲近。蓋四方即四望而又有不同。四望者，郊之屬是也。四方者，四時山川之祀而望祭之，如《左氏》曰『望，郊之屬』是也。四方者，四時各望祭于其方，如『天子祭四方，歲徧』是也。通而言之，則同時合祭四方謂之望，四時各祭于其方亦謂之望，如舜即位，同時告祭曰『望于山川』，歲二月東巡守亦曰『望秩于山川』是也。諸侯方祀，亦云歲徧，何也？諸侯之國，雖居一方，然國內又各有東西南北，亦隨四時而望祭于其方也。望祭之方，則五官之神、五行之神及山林川澤之神皆在其中矣，固不可又分而爲四也。《大宗伯》『以疈辜祭四方百物』，亦謂之四方，何耶？案以血祭祭五岳，以疈辜祭四方百物，禮固不同，所謂祭四方百物，言祭四方之內百物之神耳。《鼓人》『鼓兵舞、帗舞』，疏云『百神之小神』是也，非祭四方也。」

蕙田案：鄭氏數解，以此《曲禮》注爲是。楊氏亦主四望之説，然五岳用血祭，四方用疈辜，詎可合而一之與？

方氏慤曰：「天子言祭四方，則知諸侯之方祀爲一方。」

吕氏大臨曰：「天子四時各祭其方以迎氣，諸侯有國，國必有方祭，其所居之方而已，非所居之方皆不得祭，故曰方祀。」

【《周禮・春官・大宗伯》】以疈辜祭四方。

【注】鄭司農云：「罷辜，披磔牲以祭。若今時磔狗祭以止風。」玄謂：疈，疈牲胸也，疈而磔之，謂磔禳及蜡祭。《郊特牲》曰：「八蜡以記四方。」【疏】云「罷辜披磔牲以祭」者，此先鄭從古書。罷于義未可，故後鄭不從。罷從經，疈爲正，其云披磔牲以祭，仍從之矣。云「若今時磔狗祭以止風」者，此舉漢法以況疈辜爲磔之義。必磔狗止風者，狗屬西方金，金制東方木之風，故用狗止風也。云「疈，疈牲胸也」者，無正文，蓋據當時疈磔牲體者皆從胸臆解析之，故以胸言之。云「謂磔禳及蜡祭」者，案《禮記・月令》云九門磔禳，又十二月大儺時亦磔禳，是磔牲禳去惡氣之禮也。云「及蜡祭」者，案彼云蜡也者，索也，歲十二月聚萬物而索享之，謂天子于周之十二月建亥之月，于郊而爲蜡法，此所引《郊特牲》曰八蜡已下，彼據諸侯行蜡法，彼云八蜡以記四方，不作祀。作祀者，誤。云「八蜡以記四方」者，謂八蜡之禮以記四方諸侯知順成不順成。若年不順成，則八蜡不通者。若四方諸侯年穀有不順四時成熟者，其八蜡不得與四方成熟之處通祭八蜡也。

王氏昭禹曰：「疈者，肆而磔之。辜者，制而磔之。四方異體，肆而不全，故祭以疈。百物異用，制而不變，故祭以辜，亦各以其物宜。」

蕙田案：四方，謂各主其方之神，《詩》所謂「以社以方」者。鄭氏磔禳及蜡祭之説非是。

【《詩・小雅・甫田》】以社以方。【傳】方，迎四方氣于郊也。【疏】言「迎四方之神于郊」者，下《曲禮》云「天子祭四方歲徧」，注云：「祭四方，謂祭五官之神于四郊也。勾芒在東，祝融、后土在南，蓐收在西，玄冥在北。」是也。實五官而云四郊者，火、土俱在南，其火、土俱祀黎，又《大宗伯》注云：「五祀者，五官之神在四郊。」四時迎五行之氣于郊，而祭五德之帝，亦食此神焉。少昊氏之子曰重，爲勾芒，食于木。該爲蓐收，食于金。修及熙爲玄冥，食于水。顓頊氏之子曰黎，爲祝融、后土，食于火、土，是黎兼二祀也。《曲禮》言歲徧，此祀在秋而并言四方，蓋常祀歲徧，此秋成報功則總祭，故并言四方也。知此社與四方皆爲秋祭報功者，以上言黍稷之盛，而此言齊羊之祭，明是物成而祭也。下言農夫之慶，當孟冬休息。以御田祖，是來春祈穀，故知此祭在秋爲時次也，故《大司馬》仲秋云「遂以獮田，羅弊致禽，以祀祊」，注云：「祊當爲方，聲之誤也。獮田，主祭四方報成萬物。」即引此詩云「以社以方」，是報祭四方在仲秋也。

【朱子《集傳》】方，秋祭四方，報成萬物，《周禮》所謂「羅弊致禽以祀祊」是也。

【何氏《世本古義》】曰：「方，謂四方之神。《曲禮》云：『天子祭四方，歲徧。諸侯方祀，歲徧。』注云：『祭四方，謂祭五方之神於四郊也。勾芒在東，后土、祝融在南，蓐收在西，玄冥在北。』疏云：『諸侯不得總祭四方之神，唯祀當方，故云方祀。』愚案，詩每以方社對舉，以后土乃中央之神，既立爲社，自不當在五祀之列，故禮止言四方。注增謂五方，而疏又增置后土于南，皆臆説也。然四方之解，又自不一。《周禮・大宗伯》『以疈辜祭四方百物』，舊説謂磔禳及蜡祭也。《舞師》『教羽舞帥而舞四方之祭祀』，舊以爲四望。又《祭法》云『四坎壇祭四方』，舊以爲山林、川谷、丘陵之神也。今案，《周禮・鼓人職》云『凡祭祀百物之神，鼓兵舞、帗舞』者，則與四方之祭用羽舞異，可知四方與百物不同，必非磔禳、蜡祭之類也。《大司樂》祀四望在天神、地示之下，山川之上，而《鬯人》『掌供秬鬯，凡山川四方用蜃』，則又列四方于山川之下，可知四方别是一祭。既不同于山川，亦斷非祭日、月、星、海之四望也。參互衆説，唯以祭勾芒等神爲允。此祭社方，及下文御田祖，皆孟夏雩祭祈雨之禮，詳已見小引。下又證於《雲漢》之詩曰『祈年孔夙，方社不莫』，明前此冬春既行祈年之禮，及巳月又行雩祭方社之禮，而卒過時不雨，故閔之也。舊説皆以此爲秋報，誤矣。」

蕙田案：何氏之説當是。

右四方正祭。

【《禮記・月令》】季秋之月，天子乃厲飾，執弓挾矢以獵，命主祠祭禽於四方。【注】以所獲禽祀四方之神也。《司馬職》曰：「羅弊致禽以祀祊。」

【疏】謂獵竟也。主祠，謂典祭祀者也。禽者，獸之通名也。四方，四方有功于方之神也。四時田獵皆祭宗廟，而分時各以爲主也。春時土方，施生，獵則祭社爲主也。夏時陰氣始起，象神之在内，獵則祭宗廟爲主也。秋時萬物以成，獵則以報祭社及四方爲主也。冬時萬物衆多，獵則主用衆物以祭宗廟，而亦報于物有功之神于四方也。此天子獵既畢，因命典祀之官取田獵所獲之禽，還祭于郊，以報四方之神也。冬獵亦何以知然？案鄭注「秋獮祀方」云秋田主祭四方，報成萬物。《詩》曰「以社以方」，下云「方，迎四方氣于郊也」，鄭又云「秋祭社與四方，爲五穀成熟報其功也」。又《司馬》冬狩云「致禽饁獸于郊，入獻禽以享烝」，鄭云：「冬田主用衆物多，衆得取也。致禽饁獸于郊，聚所獲禽因以祭四方神于郊也。《月令》季秋天子既田，命主祠祭禽四方是也。入又以禽祭宗廟。」案于經注更相引證，如可見矣。其祭四方但用此禽，又用别牲，故《甫田》云「與我犧羊，以社以方」是也。此祀四方者，謂四方五行之神也。

方氏慤曰：「祭禽則以報成功于百神，且示非專爲一人之奉也。是月也，豺猶祭獸戮禽，則田獵而祭四方固亦宜矣。」

【《周禮·夏官·大司馬》】中秋教治兵，遂以獮田，羅弊，致禽以祀祊。【注】秋田，爲獮之殺也。羅弊，罔止也。秋田主用罔，中殺者多也，皆殺而罔止。祊當爲方，聲之誤也。秋田主祭四方，報成萬物。《詩》曰：「以社以方。」【疏】「羅弊致禽以祀祊」者，秋田主用羅，羅止田畢，入國過郊之神位，乃致禽以祀四方之神。又曰：云「祊當爲方，聲之誤也」者，以祊乃是廟門之外内，惟因祭宗廟，及明日繹祭乃爲祊祭。今既因秋田而祭，當是祭四方之神，故云誤也。云「秋田主祭四方，報成萬物」者，以秋物成，四方神之功，故報祭之。云「《詩》曰以社以方」者，《詩·大雅》，引之證方是四方之神也。

【《詩·大雅·雲漢》】祈年孔夙，方社不莫。【箋】我祈豐年甚早，祭四方與社，又不晚。【疏】祭社與四方，即「以社以方」是也。

【《世本古義》】曰：「方社，指雩祭四方之神及后土言，詳見《倬彼甫田》篇。前此冬春既行祈年之禮，及巳月萬物始盛，待雨而大，復行雩祭請雨之禮，謹遵其時，不爲晚矣。又案秋報亦祭方，春祈秋報皆祭社，解者或誤以此句兼祈報言，又或謂專指秋報言，皆于詩意未合。詩爲閔此時不雨而言，何遠及前歲報賽之事乎？」

【《小雅·大田》】來方禋祀。【箋】云成王之來，則又禋祀四方之神，祈報焉。【疏】此以田事爲主，成王出觀民事，因即祭祀，故云「成王之來，則又禋祀四方之神，祈報焉」。對出觀爲文也。此出觀之祭，則祭當在秋。祈報並言者，言其報禮成而祈後年也。

【朱子《集傳》】精意以享謂之禋。曾孫之來，又禋祀四方之神而賽禱焉。

【《周禮·春官·占夢》】乃舍萌于四方，以贈惡夢。【注】杜子春讀萌爲明。或曰其字當爲明。明，謂敺疫也，謂竟歲逐疫置四方。書亦或爲明。玄謂：舍讀爲釋，舍萌猶釋菜也。古時釋菜、釋奠多作舍字。萌，菜始生也。贈，送也，欲以新善去故惡。【疏】子春之説，舍萌爲敺疫。案下文自有敺疫，於此以舍萌爲之，其義不同，故後鄭不從。「玄謂舍萌，猶釋菜也」者，案《王制》有釋菜、奠幣之事，故從之。云「萌，菜始生也」者，案《樂記》「區萌達」，鄭注云：「屈，生曰區。芒而直出曰萌。」故知萌，菜始生者。云「欲以新善去故惡」者，舊歲將盡，新年方至，故于此時贈去惡夢。

鄭氏鍔曰：「舍萌，謂取菜之始萌者而祭也。夢者，禍福之萌，用菜萌以祭，示去其萌芽之義。」

【《禮記·郊特牲》】八蜡以記四方。【注】四方，方有祭也。

右因事祭四方。

【《周禮·春官·大宗伯》】以玉作六器，以禮天地四方。【注】禮，謂始告神時，薦于神坐。《書》曰「周公植璧秉圭」是也。【疏】言作六器者，此據「禮神則曰器」。上文「人執則曰瑞」，對此文義爾。若通而言之，禮神雖不得言「瑞」，人執者亦曰「器」，故《聘禮》云：「圭、璋、璧、琮凡四器者，唯其所寶，以聘可也。」《尚書》亦以五瑞爲五器。卒乃復，是其人執亦曰器也。云「禮謂始告神時薦于神坐」者，此以玉禮神在作樂下神後，故鄭注《大司樂》云「先奏是樂以致其神，禮之以玉而祼焉」，是其以玉禮神與宗廟祼同節。若然，祭天當實柴之節也。「《書》曰周公植璧秉圭是也」者，此《金縢》文。彼以周公請天，代武王死之説，爲三壇同墠，又爲壇于南方，周公于前立焉，告太王、王季、文王，故植璧于三王之坐，手秉桓圭。引之者，證植璧于神坐之側事也。以青圭禮東方，以赤璋禮南方，以白琥禮西方，以玄璜禮北方。【注】禮東方以立春，謂蒼精之帝而太昊、勾芒食焉；禮南方以立夏，謂赤精之帝而炎帝、祝融食焉；禮西方以立秋，謂白精之帝而少昊、蓐收食焉；禮北方以立冬，謂黑精之帝而顓頊、玄冥食焉。禮神者必象其類，圭鋭，象春物初生；半圭曰璋，象夏物半死；琥猛，象秋嚴；半璧曰璜，象冬閉藏，地上無物，唯天半見。【疏】云「禮東方以立春，謂蒼精之帝」者，此已下皆據《月令》四時迎氣皆在四立之日，故以立春、立夏、立秋、立冬言之也。知皆配以人帝、人神者，亦據《月令》四時十二月皆陳人帝、人神，彼止爲告朔于明堂，及四時迎氣配天帝而言。告朔于明堂，告五人帝、告五人神，配以文王、武王，必知迎氣亦有五人帝、五人神者，以其告朔入明堂，至秋總享五帝于明堂，皆以五人帝、五人神配天。若然，迎氣在四郊，還是迎五天帝，明知五人帝、五人神亦配祭可知。以其自外至者，無主不止，故皆以人帝、人神爲配也。言蒼精、赤精、白精、黑精者，皆據《春秋緯運斗樞》云太微宫有五帝坐星，《文耀鉤》亦云靈威仰之等而説也。云「禮神者必象其類」者，即「圭鋭」已下，是象其類也。云「圭鋭象春物初生」者，《雜記》贊大行云，圭剡上，左右各半寸，是圭鋭也。云「半圭曰璋」者，案《典瑞》云「四圭有邸以祀天，兩圭有邸以祀地」，是兩圭半四圭。又云「圭璧以祀日月」，是一圭半兩圭。又云「璋邸射以祀山川」，是璋又半一圭，故云「半圭曰璋」。《公羊傳》亦云：「寶者何？璋判白。」亦半圭曰璋。云「象夏物半死」者，夏時薺麥死，是半死。云「琥猛象秋嚴」者，謂以玉爲琥，形猛，屬西方，是象秋嚴也。云「半璧曰璜」者，逸《禮記》文，似半圭曰璋也。云「冬閉藏，地上無物，唯天半見」者，列宿爲天文，草木爲地文，冬時草木枯落，唯天上列宿仍在，故云唯天半見，故用半璧曰璜也。此六玉所用，則上璧下琮。案《覲禮》祀方明，東方圭，南方璋，西方琥，北方璜，與此同，唯上圭下璧與此違者，鄭彼注云：「上宜以蒼璧，下宜以黄琮，而不以者，則上下之神非天地之至貴者也。」彼上下之神是日月，故陳玉與此不同也。此經神不見中央含樞紐者，此四時迎氣，皆在四郊。《小宗伯》云「兆五帝於四郊」，鄭注云「黄帝亦於南郊」是也。

易氏祓曰：「圭鋭而首出，其色以青，象帝出乎震，而物色東方之義也。璋，明也，其色以赤，象物之相見乎離，南方之義也。琥，威也，其色以白，象秋之肅物，西方之義也。璜者，用藏也，其色以玄，象乎物之歸藏，北方之義也。」

【《詩·小雅·甫田》】以我齊明，與我犧羊，以社以方。【箋】云以潔齊豐盛，與我純色之羊，秋祭社與四方，爲五穀成熟，報其功也。

【《大田》】來方禋祀，以其騂黑，與其黍稷。以享以祀，以介景福。【傳】騂，牛也。黑，羊、豕也。【箋】陽祀用騂牲，陰祀用黝牲。【疏】毛以諸言騂者皆牛，故云「騂，赤牛也」。定本、《集註》「騂」下無「赤」字，是也。上篇云「以社以方」，而方社連文，則方與社稷同用太牢，故以黑爲羊、豕，通牛爲三牲也。且上章言犧羊，是方有羊，明不特牛，故爲太牢。牢中色而色不同者，毛意蓋以此四方既非望祀，又非五方之帝，故用是牲，所以無方色之别。箋「陽祀用騂牲，陰祀用黝牲」，《地官・牧人》文也。彼注云「陽祀，南郊及宗廟，陰祀，北郊及社稷」，非四方之神，而引以解此者，以毛分騂、黑爲三牲，鄭以騂、黑爲二色，故引《牧人》騂黝以明騂黑爲别方之牲耳，非謂四方之祭在陽祀、陰祀之中也。知方祀各以其色牲者，《大宗伯》云：「青圭禮東方，赤璋禮南方，白琥禮西方，玄璜禮北方，皆有牲幣，各放其器之色。」注云以爲禮五天帝、人帝而勾芒等食焉，是五官之神，其牲各從其方色，則宜五色。獨言騂黑者，略舉二方以韻句耳。故《周禮・大宗伯職》祀天乃稱禋，五祀在血祭之中，而言禋者，此五官之神有配天之時，配天則禋祀。此祭雖不配天，以其嘗爲禋祀，故亦以禋言之。五祀在血祭之中，則用大牢矣，故上篇云「與我犧羊，以社以方」，是方祭有羊。孫毓以爲方用特牲，非禮意也。

【朱子《集傳》】四方各用其方色之牲，此言騂黑，舉南北以見其餘也。

【《周禮・春官・大宗伯》】皆有牲幣，各放其器之色。【注】幣以從爵，若人飲酒有酬幣。【疏】言「皆」，則上六玉所禮者皆有牲與幣也。言「各放其器之色」，則上蒼璧等六器，所有牲幣各放此器之色。又曰：知幣是從爵非禮神者，若是禮神，當在牲上，以其禮神幣與玉俱設。若《肆師》云「立大祀用玉帛牲牷」，是帛在牲上，今在下，明非禮神者也。云「若人飲酒有酬幣」者，獻尸從爵之幣無文，故以生人飲酒之禮況之。案《聘禮》享時有酬幣，明此幣既非禮神之幣，則獻尸後酬尸時，亦有幣之從爵也。

【《春官・鬯人》】掌共秬鬯而飾之，凡四方用蜃，凡疈事用散。【注】故書蜃或爲謨。杜子春云：「謨當爲蜃，書亦或爲蜃，蜃，水中蜃也。」鄭司農云：「修、謨、概、散，皆器名。」玄謂：「修、蜃、概、散，皆漆尊也。蜃，畫爲蜃形。蚌，曰含漿，尊之象。概，尊以朱帶者。無飾曰散。」【疏】司農云「修、謨、概、散皆器名」者，先鄭從古云謨，後鄭亦不從之矣。鄭知「修、蜃、概、散皆漆尊也」

者，以稱散，凡物無飾曰散，直有漆，明概、散、蜃之等漆外別有飾，故知皆尊也。云「蜃，畫爲蜃形」者，亦謂漆畫之。云「蚌曰含漿，尊之象」者，蚌蛤一名含漿，含漿則是容酒之類，故畫爲蜃而尊名也。云「無飾曰散」者，以對概、蜃、獻、象之等有異物之飾，此無，故曰散。云「疈事」者，即《大宗伯》云疈辜祭四方百物者也。

王氏昭禹曰：「疈辜以祭四方百物，言疈則辜可知。」

鄭氏鍔曰：「祭四方百物則疈磔牲體，其尊用散，取其散在四方，各以羣分之意。上文所謂四方、山川者五岳、四瀆，下文所謂埋則山林、川澤，《小宗伯》兆四望之下又有兆山林、川澤、丘陵之文，則知山林、川澤與四方不同。」

【《地官·舞師》】教羽舞，帥而舞四方之祭祀。【注】羽，析白羽爲之，形如帗也。四方之祭祀，謂四望也。【疏】云掌教兵舞，謂教野人使知之。國有祭山川，則舞師還帥領往舞山川之祀，已下皆然。案《春官·樂師》有六舞，并有旄舞施于辟雍，人舞施于宗廟。此無此二者，但卑者之子，不得舞宗廟之酬，祭祀之舞，亦不得用卑者之子。彼樂師教國子，故有二者。此教野人，故無旄舞、人舞。又曰：但羽舞用白羽，帗舞用五色繒，用物雖異，皆有柄，其制相類，故云「形如帗也」。「四方之祭祀，謂四望也」，知者，若以四方連百物，則四望不止四方，今單云四方、四望，五岳、四瀆亦布在四方，故知四方即四望也。

王氏昭禹曰：「四方爲國翼蔽，故以羽舞之，羽有翼蔽也。」

黄氏度曰：「山川之在四郊者，蜡則其民得祭之。四方，鄭康成以爲四望。四望非州黨所得祭。《記》曰『順成之方，其蜡乃通』，《詩》曰『以社以方』，是則四郊之民各祭其方，王則通祭之。《王制》山川、社稷、四方則國子舞。此州黨之祭，故使舞徒舞，謂之野舞。野舞，舞師教之，舞師所以列于鄉官者以此。」

右祭四方禮物樂舞。

【《尚書大傳》】六沴之禮，散齋七日，致齋。新器絜，祀用赤黍。三日之朝于中庭祀四方，從東方始，卒于北方。【注】禮，致齋三日。《周禮》凡祭祀，前期一日，宗伯帥執事卜日，是爲齊一旬乃祀也。今此致齊即祀者，欲得容三祀也。蓋八日爲致齊，明九日朝而初祀者，一旬有一日事乃畢也。新器、赤黍，改過之宜也。中庭，明堂之庭也。或曰朝庭之庭也。此祀五精之神，其牲、器、粢盛有常禮，記其異者也。不祀天，非正月，亦以此禮祀此神也。其祀禮曰《格祀》，篇名也，今亡也。曰：「某也方祀。」曰：「播國率相行祀。」【注】篇中大祝贊主人辭也。某也，天子名也。方祀，祀四方也。播，讀曰藩，藩國，謂諸侯相助也，言諸侯率其常事來，即助行祭之禮也。其祀也，【注】大祝告神以君悔過之辭也。《周禮》大祝掌六祀之辭，以事鬼神祇，祈福祥，求永貞也。曰：「若尒神靈，洪祀六沴是合，【注】神靈謂木精靈威仰、火精赤熛怒、土精含樞紐、金精白招拒、水精汁光紀，及木帝大皞、火帝炎帝、土帝黄帝、金帝少皞、水帝顓頊，木官勾芒、火官祝融、土官后土、金官蓐收、水官玄冥皆是也。古者生能其事，死在祀典，配其神而食。合猶爲也。六沴是神靈所爲也。無差無傾，無有不正，【注】言神靈正直無類，所謂皆是也。若民有不敬事，則會批之六沴。【注】言民，廣及天下有道者也。事，六事也。會，合也。批，推也。言天下有道神靈亦合推内於六沴，天子以天下爲任者也。六事之機，以縣示我。【注】六事，貌、言、視、聽、思、心，王極也。機，天文也。天文運轉，以縣見六事之變異示我。我，謂天子。我民人無敢不敬事上下王祀。」【注】我與民人無敢不敬畏六事、上下君祀之所縣示變異者，言皆悔過也。上君祀靈威仰，下君祀大皞之屬也。

右六沴祀四方。

四類

蕙田案：四類之兆，見于《周禮·小宗伯》，與五帝、四望並言，則非小祀，但不知所祀何神，疏解家亦不同，今姑存其説，以備參考。

【《周禮·春官·小宗伯》】兆五帝于四郊，四類亦如之。

【鄭注】兆，爲壇之營域。鄭司農云：「四類，三皇、五帝、九皇、六十四民，咸祀之。」【賈疏】先鄭云「四類，三皇五帝九皇六十四民咸祀之」者，案《史記》云：「九皇氏没，六十四民興。六十四民没，三皇興。」彼雖無三王五帝之文，先鄭意三皇已祀之，明并祭五帝三王可知。後鄭不從者，以其兆五帝已下，皆據外神太昊、勾芒等配祭而已，今輒特祭人帝于其中，非所宜，故不從，是以易之也。

蕙田案：以上先鄭三皇、五帝、九皇、六十四民爲四類之説。

鄭康成曰：「四類，日、月、星、辰運行無常，以氣類爲之位，兆日于東郊，兆月與風師于西郊，兆司中、司命于南郊，兆雨師于北郊。」【賈疏】後鄭注云「四類，日月星辰」者，以其言類，明以氣類而爲位以祭之，故知是日月之等。知兆日于東郊者，案《祭義》云「大明生于東」，故《覲禮》亦云拜日于東郊，《玉藻》又云「朝日于東門之外」也。又知兆月于西郊者，月生于西。知風師亦于西郊者，以其五行金爲暘，土爲風，風雖屬土，秋氣之時，萬物燥落由風，故風亦于西郊也。云「兆司中司命于南郊」者，以其南方盛陽之大，司中、司命又是陽，故司中、司命在南郊也。云「兆雨師於北郊」者，以其雨是水，宜在水位，故知雨師在北郊也。

鄭氏鍔曰：「先儒以四類爲日、月、星、辰，攷之《書》云『類于上帝』，惟天神則類而祭之，以其神非一故也。日出于東，月始乎西，其類宜于東西。司中、司命，陽也，其類宜于南。雨師，水也，其類宜于北。先儒以風師亦在西郊，恐不然也。

五行箕星好風，箕，東方之宿也，西則違其方位，豈理哉？」

蔡氏德晉曰：「四望之兆，本有定方。其四類之兆，則日出于東，故兆于東郊。月生于西，故兆于西郊。其北斗、五星、二十八宿、北辰、十二辰，則歲星及析木、大火，壽星三辰、東方蒼龍七宿兆于東郊。熒惑、鎮星及鶉尾、鶉火、鶉首三辰、南方朱鳥七宿兆于南郊。太白及實沈、大梁、降婁三辰、西方白虎七宿兆于西郊。北辰、北斗、辰星及娵訾、玄枵、星紀三辰、北方玄武七宿兆于北郊也。」

蕙田案：以上後鄭日、月、星、辰爲四類之説。

華氏鳴翁曰：「四類即《大宗伯》以疈辜祭四方百物者。」

蕙田案：以上華氏四方百物爲四類之説。

蔡氏德晉曰：「《小宗伯》四郊之兆有四類者，何也？類，如倫類之類，《易》云：『方以類聚，物以羣分。』有若曰：『聖人之于民亦類也。』故物與物爲類，人與人爲類。四類者，四郊各爲一壇，以祀一方之人鬼、物鬽也。鄭司農云『四類，三皇、五帝、九皇、六十四民，咸祀之』，此專以人鬼言也。華鳴翁云『四類即《大宗伯》以疈辜祭四方百物者』，此專以物鬽言也。合考之，而四類之義明矣。類祭之神有四：一曰報祀，古昔君臣、聖賢有功德于民者，所謂盛德必百世祀也。二曰厲祀，古昔王侯之無後者，《祭法》王祀泰厲，諸侯祀公厲，《王制》天子、諸侯祭因國之在其地而無主後者是也。三曰酺祭，《族師》：『春秋祭酺。』康成注：『酺者，民物災害之神，若人鬼之步、蝝螟之步也。』四曰蜡祭，《郊特牲》『蜡也者，索也，歲十二月合聚萬物而索饗之也。天子大蜡八，主先嗇而祭司嗇，享農及郵表畷，祭坊與水庸，迎貓迎虎』是也。四類之壇，準四望壇之例，去王城十里，當季辰之位，辰、戌、丑、未是也。垣之外垣，方九十步，内爲方壝，壝之内相並爲方壇四，皆一成，廣五步，崇四尺，四階，階二等，壇上無木主，祭時以帛爲位，而書神之名號，祭畢則焚之也。鄭康成以『四類，爲日月星辰運行無常，以氣類爲之位』，則不宜在四望之下，蓋兆五帝則天神也，四望則地示也，四類則人鬼、物鬽也，此皆壇兆之在四郊者也。上文『左宗廟、右社稷』，此廟壇在國中王宮之内者，下文『兆山川、丘陵、墳衍各因其方』，則壇兆之在四方者，以自近而遠爲序也。」

蕙田案：以上蔡氏報祀、厲祀、酺祭、蜡祭爲四類之說。

右四類兆。

高禖

蕙田案：《月令》：「仲春之月，玄鳥至，以太牢祀高禖，乃禮天子所御，帶以弓韣，授以弓矢于高禖之前。」説者謂祀高禖以祈子，弓韣、弓矢，男子之祥也。《詩·大雅》：「克禋克祀，以弗無子。」《商頌》：「天命玄鳥，降而生商。」二詩推本稷、契之生，由于祈祀高禖而得，其日以玄鳥至，故云「天命玄鳥，降而生商」。説者以爲稷母履大人跡而有身，契母吞鳦卵而有身，非也。然則高禖之禮，上古有之，秦漢以後無常祀，每因皇嗣艱難，則立高禖以祈嗣焉。

【《禮記·月令》】仲春之月，玄鳥至。至之日，以太牢祀于高禖。天子親往。【注】玄鳥，燕也。燕以施生時來，巢人堂宇而孚乳，嫁娶之象也，媒氏之官以爲候。高辛氏之世，玄鳥遺卵，娀簡吞之而生契，後王以爲媒官嘉祥，而立其祠焉。變媒言禖，神之也。【疏】案蔡邕以爲禖神是高辛已前舊有。高者，尊也，謂尊高之禖，不由高辛氏而始有高禖。又《生民》及《玄鳥》毛詩傳云：「姜嫄從帝而祀于郊禖。」又云：「簡狄從帝而祈于高禖。」則是姜嫄、簡狄之前先有禖神矣。而此注立高辛氏爲禖神，是高辛氏以前未有禖神，參差不同也。

蕙田案：註疏不同，疏爲較長。

后妃帥九嬪御，乃禮天子所御，帶以弓韣，授以弓矢于高禖之前。【注】御，謂從往侍祠。《周禮》，天子有夫人，有嬪，有世婦，有女御，獨云帥九嬪，舉中云也。天子所御，謂令有娠者于祠，太祝酌酒，飲于高禖之庭，以神惠顯之也。帶以弓韣，授以弓矢，求男之祥也。《王居明堂禮》曰：「帶以弓韣，禮之禖下，其子必得天材。」【疏】祭高禖既畢，祝官乃禮接天子所御幸有娠之人，謂酌酒以飲之，飲酒既畢，乃屬帶此所御之人以弓韣，又授之以弓矢于高禖之前而北面也。禮此所御之人于禖神之前，禖在壇上，御者在下，故云禖下。以祭神必降福，故云其子必得天材。

方氏慤曰：「后妃與《關雎》所稱同義。九嬪御者，九嬪與九御也。御，即女御也。女御八十一人，每九人則屬一嬪，故謂之九御。言九嬪，則包夫人，言九御，則包世婦矣。以《周官·內宰》考之，故知其如此。天子所御，謂御而幸之者，亦見《曲禮》『琴瑟不御』解。禮，謂酌之以酒也。射者，男子之事。弓矢者，男子之祥也。男子生而懸弧者以此。韣則弓衣也。『帶以弓韣』者，示其有能受之資也。『授以弓矢』者，予之以所求之祥也。」

【《詩·商頌·玄鳥》】天命玄鳥，降而生商。【傳】玄鳥，鳦也。春分，玄鳥降。湯之先祖有娀氏女簡狄配高辛氏帝，帝率與之祈于郊禖，而生契，故本其爲天所命以玄鳥至而生焉。【疏】毛以爲，契母簡狄于春分玄鳥至日，祈于高禖而生契，封商，後世有此殷國。今以高宗有國，本而美之。《釋鳥》云：「燕，燕鳦也，色玄，故又名爲玄鳥。」毛氏不信讖緯，以天無命鳥生人之理。而《月令》仲春云：「是月也，玄鳥至之日，以太牢祀于高禖，天子親往，后妃率九嬪御。」玄鳥降之日，有祀郊禖之禮也。《大戴禮·帝系篇》說：「帝嚳卜其四妃之子，皆有天下。」云有娀氏女簡狄，則契爲高辛之子。簡狄，高辛之妃。而云玄鳥至生商，則是以玄鳥至日祈而得之也，故以爲「春分，玄鳥降，湯之先祖簡狄祈郊禖而生契」也。玄鳥以春分而至，氣候之常，非天命之使生契。但天之生契，將令王有天下，故本其欲爲天所命，以玄鳥至而生焉。記其祈福之時，美其得天之命，故言天命玄鳥，使下生商也。玄鳥之來，非從天至，而謂之降者，重之，若自天來然。《月令》，季春「戴勝降于桑」，注云：「是時指在桑，言降者，若始自天來，重之，故稱降也。」

【朱子《集傳》】玄鳥，鳦也。春分，玄鳥降。高辛氏之妃，有娀氏女簡狄，祈于高禖。鳦遺卵，簡狄吞之而生契，其後世遂爲有商氏，以有天下。事見《史記》。

歐陽氏修曰：「『天命玄鳥，降而生商。』毛氏之説，以今人情物理推之，事不爲怪，宜其有之。而鄭謂吞鳦卵而生契者，怪妄之説也。秦漢之間學者喜爲異説，鄭學博而不知統，又特喜讖緯諸書，故于怪説尤篤信。由是言之，義當從毛。」

嚴氏粲曰：「契母簡狄，于春分玄鳥至之日，祈于高禖而生契，故推本言之。」

【何氏楷《世本古義》】曰：「玄鳥生商，其語近奇，而事甚無怪。毛氏之説正矣。乃《詩緯含神霧》則云契母有娀浴于玄丘之水，睇玄鳥銜卵過而墜之，契母得而吞之，遂生契。《中候契握》則云玄鳥翔水遺卵流，娀簡吞之生契。《封禮緯》則云契姓子氏，以其母吞鳦子而生。紛紛語怪，遞相祖述，總不外吞卵一説，而甚且以契爲無父，娀非嚳妃，如劉向《列女傳》曰：『契母簡狄者，有娀氏之長女也。當堯之時，與其妹娣浴于玄丘之水，有玄鳥銜卵，過而墜之，五色甚好。簡狄與其妹娣競往取之，簡狄得而含之，誤而吞之，遂生契焉。』王嘉《拾遺記》曰：『商之始也，有神女簡狄遊于桑野，見黑鳥遺卵於地，有五色文，作「八百」字。簡狄拾之，貯以玉筐，覆以朱紱，夜夢神母謂之曰：「爾懷此卵，即生聖子，以繼金德。」狄乃懷一年而有娠，經十四月而生契，祚以八百，叶卵之文也。雖遭旱厄，後嗣興焉。』譙周則謂契生堯代，舜始舉之，必非嚳子，以其父微，故不著名。羅泌闢之云：『《世本》、《大戴》之書言昔帝嚳卜四妃之子皆有天下，而稷之後爲周，周人既上推后稷爲嚳子矣，何所疑耶？ 昔有娀氏有二女，長曰柬逖，次曰建庇。柬逖爲嚳次妃，是爲簡翟，故屈原云：「簡翟在臺，嚳何宜？ 乙鳥致貽，女何喜？」又曰：「高辛之靈盛兮，遭乙鳥而致貽。」夫古書之存者，其言簡翟，未嘗不及于嚳也。』若司馬遷、王逸亦既以簡狄爲嚳妃矣。而一則曰三人行浴，因吞墜卵，一則曰侍帝嚳臺上嘉墜卵而吞之，總無以異于讖緯之説。乃《吕氏春秋》更有異焉，謂有娀氏有二佚女，爲之九成之臺，飲食必以鼓。帝令燕往視之，鳴若謚隘，二女愛而爭持之，覆以玉筐，少選，發而視之，燕遺二卵，北飛，遂不反。善乎蘇洵之言，曰：『史載簡狄吞卵生契，爲商始祖。神奇怪濫，不亦甚乎。使聖人而有異于衆庶也，天地必將儲陰陽之和，積元氣之英以生，又安用此微禽之卵哉？ 燕墜卵于前，取而吞之，簡狄其喪心乎？』歐陽修亦云：『東漢之間，學者喜爲異説，謂高辛氏之妃陳鋒氏女，感赤龍精而生堯，簡狄吞鳦卵而生契，姜嫄履大人迹而生后稷。高辛四妃，其三皆以神異而生子，蓋堯有盛德，稷、契後世皆王天下數百年，學者喜爲之稱述，欲神其事，故務爲奇説也。至帝摯無所稱，故獨無説。』又蔡邕《月令章句》曰：『玄鳥感陽而至，其來主爲孚乳蕃滋，故重其至日，因以用事。契母簡狄，蓋以玄鳥至日有事高禖而生契焉，故《詩》曰：天命玄鳥，降而生商。』其説獨與毛傳合，當漢之世，而有能持正論如兩人者，正不多得。若褚先生謂：『《詩》言契生于卵，后稷人迹者，欲見其有天命精誠之意耳，鬼神不能自成，須人而生，奈何無父而生乎？』褚雖疑無父之説之非，而未免惑于神怪感通之事，未足稱達識也。雖然，以朱子之素持正論，而猶以吞卵爲可信，況其他哉？ 契爲商開基之祖，故謂生契爲生商。」

蕙田案：玄鳥生商之説，毛以爲祀高禖，鄭以爲吞鳦卵，朱子兼用之，歐陽以爲義當從毛，何氏以爲毛、孔説正，是也。

【《大雅·生民》】厥初生民，時維姜嫄，生民如何？ 克禋克祀，以弗無子。履帝武敏歆，攸介攸止，載震載夙，載生載育，時維后稷。【傳】生民，本后稷也。姜，姓也。后稷之母，配高辛氏帝焉。禋，敬。弗，去也，去無子，求有子。古者必立郊禖焉，玄鳥至之日，以太牢祀于郊禖，天子親往，后妃率九嬪御，乃禮天子所御。帶以弓韣，授以弓矢于郊禖之前。履，踐也。帝，高辛氏之帝也。武，迹。敏，疾也。從於帝而見于天，將事齊敏也。【箋】弗之言祓也。姜嫄之生后稷如何乎？乃禋祀上帝于郊禖，以祓除其無子之疾，而得其福也。帝，上帝也。敏，拇也。介，左右也。夙之言肅也。祀郊禖之時，時則有大人之迹，姜嫄履之，足不能滿，履其拇指之處，心體歆歆然，其左右所止住，如有人道感己者也。于是遂有身。【疏】禋祀郊禖之時，其夫高辛氏帝率與俱行，姜嫄隨帝之後，踐履帝迹，行事敬而敏疾，故爲神歆享。既享其祭，則愛而佑之，于是爲天神所美大，爲福禄所依止，即得懷姙，則震動而有身。經言禋祀，未知所祀之神，故云古者必立郊禖焉。言此祀，祀郊禖也。知者，以婦人無外事，不因求子之祭，無有出國之理。又禋祀以求子，惟禖爲然，故知禋祀是祀禖也。自「玄鳥至之日」以下，皆《月令》文。所異者，惟彼「郊」作「高」耳。于祀之時，乃以醴酒禮天子所御，謂已被幸有娠者也。使太祝酌酒飲之于郊禖之庭，以神之惠光顯之也。既飲之酒，又帶以弓之韣衣，授以弓矢，使執之于郊禖之前。弓矢者，男子之事，使之帶弓衣，執弓矢，冀其所生爲男也。鄭于《月令》之注，其意則然，惟高禖異耳。故鄭注云：「高辛氏之世，玄鳥遺鳦卵，簡狄吞之而生契，後王以爲禖官嘉祥，而立其祀焉。」以爲由高辛有嘉祥，故稱高禖。蔡邕《月令章句》云：「高禖，祀名。高猶尊也。禖猶媒也，言爭先見之象，謂之人先。」毛于此及《玄鳥》傳皆依作郊禖，則讀高爲郊。下傳云從于帝而見于天，則此祭爲祭天，不祭人先也。于郊，故謂之郊。不由高辛，亦不以高爲尊也。郊天用特牲，而此祭天用太牢者，以兼祭先禖之神，異于常郊故也。鄭于此箋亦云「禋祀上帝于郊禖」，則后稷未生之前，已有郊禖之祀矣。而《月令》注以爲簡狄吞鳦卵生契，後王以爲嘉祥而立其祀，又以契之後王始立此祀，二義不同者，《鄭記》王權有此問，焦喬答云：「先契之時，以自有禖氏祓除之祀，位在南郊，蓋以玄鳥至之日祀之矣。然得禋祀，乃于上帝也。娀簡吞鳦有子之後，後王以爲禖官嘉祥，祀之以配帝，謂之高禖。」毛傳亦云：「郊禖者，以古自有于郊克禋之義。」又據禮之成文耳。祀天而以先禖配之，義如后土祀以爲社。此是鄭冲弟子爲說，以申鄭義，其意言高辛已前祭天于郊，亦以先禖配之，謂之郊禖。至高辛之世，以有吞鳦之事以爲禖之嘉祥，又以高辛之世禖配此祭，故改之而爲高禖，故此箋從傳爲郊祀禮，解其高義，後王以爲禖官嘉祥而立其祀，謂立禖以配郊，非謂立郊求子始于後王。鄭意或當然也。如此爲説，可得合《詩》、《禮》二注耳。然《禮》注爲高辛之世者，謂高辛之後世子孫猶號高辛，其時簡狄吞鳦卵生契，如此得與稷同時，爲堯臣耳。

【朱子《集傳》】民，人也，謂周人也。時，是也。姜嫄，炎帝後，姜姓，有邰氏女，名嫄，爲高辛之世妃。精意以享謂之禋。祀，祀郊禖也。弗之言祓也，祓無子，求有子也。古者立郊禖，蓋祭天于郊，而以先媒配也。變媒言禖者，神之也。其禮，以玄鳥至之日，用太牢祀之，天子親往，后率九嬪御，乃禮天子所御，帶以弓韣，授以弓矢于郊禖之前也。履，踐也。帝，上帝也。武，迹也。敏，拇。歆，動也，猶驚異也。介，大也。震，娠也。夙，肅也。生子者，及月辰居側室也。育，養也。姜嫄出祀郊禖，見大人迹而履其拇，遂歆歆然如有人道之感，於是即其所大所止之處而震動有娠，乃周人所由以生之始也。

蕙田案：《集傳》云祀天于郊而以先媒配，據祀高禖在仲春之月。冬至圜丘，孟春祈穀，皆是郊天，不聞仲春之月又有郊天一祭，恐不必如此説。

【羅氏泌《路史》】皋禖之神，女媧是享。末世已失其源，謂爲娀簡之所託者，疏矣。昔者駘姜從嚳郊禖，則郊媒之禮，古先之世有之矣。娀駘同列，豈得爲娀簡哉？而《五經異義》乃以爲簡狄吞乙卵而生子，後王以爲禖官嘉祥從而祠之，故王權爲問，謂舊注以言先商之時未有高禖，《生民》禋祀以祓無子，而姜嫄禋祀上帝以生契，則郊禖非立于生契之後。《鄭志》焦喬答云：「先商之時自有禖氏祓除之祀，位在南郊，以玄鳥至之日祠之。彼其所禋乃于上帝，至娀簡吞鳦之後，後王乃復祠之以配帝。若昔先媒則廢之矣。」斯説爲覈。然乃不知其爲女皇，至商而祀簡狄，迨周而祭姜嫄，時各推其本而配之，亦猶后稷之神，古祠帝柱，逮周而易以棄，事資沿革，隨世而有變易，此蔡邕所以謂禖神高辛以前之所舊有，不由于高辛也。束皙云：「皋禖者，人之先也。」

盧植乃云：❶「玄鳥至時，陰陽中而萬物生，于是以三牲請于高禖之神，因其明顯，故謂之高；因其求子，故謂之禖。而古有禖氏之官，因以爲之神。」斯得之矣。秦廢典祀，及漢武晚無子，于是始立禖祠城南。下洎北齊，爰以太昊配之青帝壇之南郊旁。隋唐因之。及皇朝景祐四年，乃以春分之日壇于南郊，祠青帝而配以伏羲與嚳，猶不及女媧云。

嚴氏粲曰：「姜嫄爲高辛氏後世子孫之妃，能精意以享，能備禮以祀，祈于高禖之神，以祓除其無子之疾。天帝本無迹，今其來格，若有步武之迹，姜嫄奉祀周旋，若隨天帝之步武，即有所感也。履帝武，言祭神如神在，洋洋乎，如在其左右也。敏歆，言感動之速。大意言上帝降格，即有身耳。不必如鄭氏説『歆歆然如有人道感己也』。于是神介助之，依止之，則震動而有身，則夙早而不遲，則生産之，則長育之，是爲后稷也。《閟宮》言『彌月不遲』，謂滿十月即生，是早也。」

【何氏楷《世本古義》】曰：「堯既嗣嚳爲帝，則爲嚳後者當屬堯之子孫。稷不得爲嚳後，此周人所以特立姜嫄之廟，而詠歌亦止及嫄，彼有爲爾也。然《祭法》言周人禘嚳而郊稷者，所謂禘者，乃推其始祖之所自出而以始祖配之也。則周人亦何嘗不祀嚳乎？又嫄若非嚳妃，則何得行郊禖之禮？此理甚明，無容曲説。黄子道周云：『高禖，或曰高辛氏，或曰有儷氏。鄭氏曰「禮于高禖之下，其子必得天材」，蓋古云然也。又蔡邕、束皙皆云高禖，人之先也。』陳際泰云：『祓，祓除之義，所以禱于郊以祓除不祥，故用弓矢。後世射弧星，即其遺也。』殷大白云：『敏即膚敏之敏，歆即歆居之歆。孔氏解姜嫄得踐帝迹所由，以高辛之帝親行禋祀，姜嫄行在後，而踐帝之迹，即上《傳》所云「后妃率九嬪御」是也。踐足者，直謂隨後行耳，非必以足躡其踐地之處也。將事齊敏者，謂行祀天之事，齊敬而速疾也。鬼神食氣謂之歆，謂祭而神享之也。』《文獻通考》載宋高宗十六年，禮部言：『竊詳《生民》之詩，言「履帝武敏歆」，先儒以「敏」爲「拇」，謂姜嫄履巨迹之拇，以歆郊禖之神，是生后稷，以爲從帝嚳祀禖神之應，其説頗附會。玄鳥生契之意，如《詩》言「繩其祖武」，《傳》言「夫子步亦步，趨亦趨」，皆繼踵相因循之意。帝嚳引禖祀之禮，姜嫄踵而行之，疾而不遲，故上帝所歆，居然生子，以見視履考

❶「植」，原作「杜」，據庫本改。

祥，其應亦速。而後世弗深考經旨傳注，怪詭機祥，併爲一談。至北齊妃嬪參享，黷而不蠲，去禮逾遠，歷世非之。』」

蕙田案：履帝武敏歆，其説難解。嚴氏、何氏之説，頗爲近理，何氏似較長也。

【《魯頌》】閟宮有侐，實實枚枚。【傳】先妣姜嫄之廟在周，常閉而無事。孟仲子曰：「是禖宮也。」侐，清净也。實實，廣大也。枚枚，礱密也。【疏】孟仲子云是謂禖宮，蓋以姜嫄祈郊禖而生后稷，故名姜嫄之廟曰禖宮。

【朱子《集傳》】閟，深閉也。宫，廟也。時蓋修之，故詩人歌詠其事，以爲頌禱之詞。

【《史記・殷本紀》】曰：契母曰簡狄，爲帝嚳妃，三人行浴，見玄鳥卵，取之，因孕生契。

【《三代世表》】曰：后稷母爲姜嫄，出見大人迹而履踐之，知于身則生后稷。褚少孫曰：「稷、契之父，皆黄帝之子也。詩言契生于卵，后稷人迹者，欲見其有天命精誠之意耳。奈何無父而生乎？」

【《路史》】女皇氏女媧，太昊氏之女弟。出于承匡，生而神靈，亡景亡韻。少佐太昊，禱于神祇，而爲女婦正姓氏，職婚姻，通行媒，以重萬民之判，是曰神媒，治百有三十載而落。以其載媒，是以後世有國，是祀爲高禖之神，因典祠焉。

【《五經通義》】王者祭天地，仲春后妃郊禖，亦祭天地也。

【《五經異義》】鄭玄曰：「玄鳥至之日，以太牢祀于高禖。」注曰：「高辛氏之世，娀簡狄吞燕子而生契，後王以爲禖官嘉祥，其祀焉。」王權問曰：「以注言之，先商之時未有高禖。《生民》詩曰：『克禋克祀，以弗無子。』傳以爲古者必以郊禖焉。姜嫄禋祀上帝而生稷，是則郊媒之祀，非以生契之後立也。」焦喬答曰：「先商之時，自必有禖氏祓除之祀，位在南郊，蓋亦以玄鳥至之日祀之矣。然其所禋乃于上帝。娀簡狄吞鳳子之後，後王以爲禖官嘉祥，祀之以配帝，謂之高禖。」

【《月令廣義》】祀高禖以請子，請子必以乙至之日者，春分來，秋分去，開生之候鳥，帝少昊司命之官也。

蕙田案：注疏言祀天而以高禖配，後世遂有壇祀于南郊者，非也。南郊乃祭昊天上帝之所，豈可雜以他神，且因祀高禖而及上帝，尤爲倒置。考晉以後俱祀青帝，庶或近之。

右經傳祀高禖。

【《隋書·禮儀志》】漢武帝年二十九乃得太子，甚喜，爲立禖祀于城南，祀以特牲，因有其祀。

【《漢書·戾太子傳》】初，上年二十九始得太子，甚喜，爲立禖祀，使東方朔、枚皋作《禖祝》。

【《東方朔傳》】朔之文詞有《皇太子生禖賦》。

【《枚乘傳》】乘孽子皋。武帝春秋二十九迺得皇子，羣臣喜，故皋與東方朔作《皇太子生賦》及《立皇子禖祝》，受詔所爲皆不從故事，重皇子也。

【《通典》】晉博士束皙云：「漢武帝晚得太子，始爲立高禖之祠。高禖者，人之先也，故立石以爲主，而祀之以太牢也。」

蕙田案：武帝元朔元年皇太子生，爲立禖。師古曰：「求子之神也。」令皋作祭祀之文，見《戾太子傳》及《枚皋傳》，高禖之見于《漢書》者止此。

【《後漢書·禮儀志》】仲春之月，立高禖祠于城南，祀以特牲。

【《通典》】魏禖壇有石。青龍中造。許慎云：「山陽人以石爲主。」

【《隋書·禮儀志》】《禮》，仲春以玄鳥至之日，用太牢祀于高禖。晉惠帝元康六年，高禖壇上石中破爲二，詔問石毁今應復不。博士議：「《禮》無高禖置石之文，未知造設所由。既已毁破，可無改造。」更下西府博議。而束晳議以「石在壇上，蓋主道也。祭器敝則埋而置新，今宜埋而更造，不宜遂廢」。此議不用。後得高堂隆故事，魏青龍中，造立此石。詔更鐫石，令如舊。置高禖壇上，埋破石入地一丈。

【晉束晳《高禖壇石議》】元康六年，高禖壇上石破爲二段。詔書問：「置此石幾時？出何經典？今應復否？」博士議：「《禮》無高禖置石之文，未知設造所由，既已毁破，無可改造。」説高辛氏有簡狄吞卵之祥，今此石有吞卵之象，蓋俗説所爲，而史籍無記。可但收聚復于舊處而已。」太常以爲吞卵之言，蓋是逸俗之失義。因令毁破，便宜廢除。下四府博士議。賊曹屬束晳議。後得高堂隆故事，詔更置石如舊。夫未詳其置之故，而欲必其可除之理，不可。然案《郊祀志》，秦漢不祀郊禖，《漢武帝五子傳》，武帝晚得太子，始爲立禖。其事未之能審。許慎《五經異説》云：「山陽民祭，皆以石爲主。」然則石之爲主，繇來尚矣。《祭禮》龜策祭器敝則埋之，而改置新。石今破，則宜埋而更造，不宜遂廢，收集破石積之故處，于禮無依，于事不肅。愚所未安也。

【《通志》】宋元嘉中，得晉郊禖之石，或曰：「百姓祀其傍。」或謂之落星也。

【《隋書·禮儀志》】梁太廟北門内道西有石，文如竹葉，小屋覆之，宋元嘉中修廟所得。陸澄以爲孝武時郊禖之石。然則江左亦有此禮矣。

後齊高禖，爲壇于南郊傍，廣輪二十六尺，高九尺，四陛三壝。每歲春分玄鳥至之日，皇帝親帥六宫，祀青帝于壇，以太昊配，而祀高禖之神以祈子。其儀，青帝北方南向，配帝東方西向。禖神壇下東陛之南，西向。禮，用青珪、束帛，牲共以一太牢。祀日，皇帝服衮冕，乘玉輅。皇后服褘衣，乘重翟。皇帝初獻，降自東陛。皇后亞獻，降自西陛，並詣便坐。夫人終獻，上嬪獻于媒神，訖。帝及后並詣攢位，乃送神。皇帝、皇后及羣官皆拜。乃撤就燎。禮畢而還。

蕙田案：齊以前祀高禖之禮不詳，至是乃祀青帝，似爲得之。

【《北史·劉芳傳》】芳轉太常卿，上疏曰：「《禮儀志》云高禖祀于城南，不云里數，故今仍舊。」

隋制亦以玄鳥至之日，祀高禖于南郊壇，牲用太牢一。

蕙田案：禖祀用郊壇，不已甚乎？

【《通典》】唐《月令》，亦以玄鳥至之日，以太牢祀于高禖，天子親往。

【《宋史·禮志》】唐明皇因舊《月令》，特存其事。開元定禮，已後不著。

【《仁宗本紀》】景祐四年二月乙丑，置赤帝像于宫中祈嗣。

【《禮志》】初，仁宗未有嗣，景祐四年二月，以殿中侍御史張奎言，詔有司詳定。禮官以爲：「《月令》雖可據，然《周官》闕其文。《漢志》郊祀不及禖祠，獨《枚皐傳》言『皇子禖祀』而已。後漢至江左概見其事，而儀典委曲不可周知。惟高齊禖祀最顯，妃嬪參享，黷而不蠲，恐不足爲後世法。唐明皇因舊《月令》，特存其事，開元定禮，已後不著。朝廷必欲行之，當築壇于南郊，春分之日祀青帝，本《詩》『克禋』以祓之義，配以伏羲、帝嚳，以禖神從祀。報古爲禖之先。❶石爲主，依東漢、晉、隋之舊，牲用太牢，樂以升歌，儀視先蠶，有司攝，以乘輿所御弓矢、弓韣致禖神前。祀已，與胙酒進内，以禮所御，使齋戒受之。每歲孟春，有司申請以俟上旨，命曰特祀。」即用其年春分，遣官致祭。壇高九尺，周廣二丈六尺，四出陛，陛廣五尺，設三壝，壝别二十五步。青石主，長三尺八寸，用木生成之數，形準廟社主，植壇上稍北，露首三寸，玉幣青色，牲用牛、羊、豕各一，如盧植説。樂章、祀儀準青帝，罇器、神座如勾芒，唯有司攝事，受福不飲爲異。祀前一日，内侍請皇后宿齋别寢，宫嬪從。齋庭量地設香案、褥位各二，重行，南向，以望禖壇。又設褥位香案北，重行。皇后服褘衣，褥位以緋。宫嬪服宫中朝賀之服，褥位以紫。祀日，有司以福酒、胙肉、弓矢、弓韣授内臣，奉至齋所，置弓矢、弓韣于箱，在香案東；福酒于坫，胙肉于俎，在香案西。内臣引宫嬪詣褥位，東上南向立。又詣皇后幄次，跪請皇后行禮，導至褥位，南向立，請再拜。在位者皆再拜。導皇后詣香案、褥位上香，帶弓韣，受弓矢，轉授内臣置于箱。又請再拜，内臣進胙，皇后受

❶「古」，原作「吉」，據《宋史·禮志》改。

訖，轉授內臣。次進福酒，內侍曰：「請飲福。」內臣又奉請再拜，乃解弓韣，內臣跪受置于箱。導皇后歸東向褥位，又引宮嬪最高一人詣香案上香，帶弓韣，受弓矢，轉授左右置于箱。請再拜，左右授福酒，請飲福，再拜。解弓韣，還位。又引以次宮嬪，悉如上儀。俟俱復，內侍奉請皇后詣南向褥位，皆再拜。內侍跪奏「禮畢」，導皇后歸幄次，宮嬪並退。是歲，宮中又置赤帝像以祈皇嗣。

【《李綯傳》】仁宗未有繼嗣，綯因奉《祀高禖還奏賦》，大指言王者遠嬖寵，近柔良，則神降之福，子孫繁衍。帝嘉納。

【《仁宗本紀》】寶元二年八月甲戌，皇子生。辛巳，命輔臣報祠高禖。

【《禮志》】寶元二年，皇子生，遣參知政事王曙以太牢報祀，準春分儀，惟不設弓矢、弓韣，著爲常祀，遣兩制官攝事。

【《玉海》】仁宗寶元二年八月，皇子生。先是，見赤蛇出于殿墀，神光照庭，至是遣報祀高禖。

【《宋史·仁宗本紀》】慶曆元年春正月壬申，詔歲以春分祀高禖。

【《禮志》】慶曆三年，太常博士余靖言：「皇帝嗣續未廣，不設弓矢、弓韣，非是。」詔仍如景祐之制。

【《玉海》】皇祐三年九月四日，詔禖壇徙爽塏之地。

皇祐四年六月十四日，禖壇徙郊壇東南奉先寺。同知禮院張師中言其卑陋，保章正皇甫定等請徙于圜丘之東。鎮安軍文學鄭孝先謂宜在東方長男之位。命禮官、司天監詳定。

嘉祐二年五月甲申，徙禖壇于南郊壇東。

【《宋史・禮志》】神宗熙寧二年，皇子生，以太牢報祀高禖，惟不設弓矢、弓韣。既又從禮官言：「案祀儀，青帝壇廣四丈，高八尺。今祀高禖既以青帝爲主，其壇高廣，請如青帝之制。又祀天以高禖配，今郊禖壇祀青帝于南郊，以伏羲、高辛配，復于壇下設高禖位，殊爲爽誤。請準古郊禖，改祀上帝，以高禖配，改伏羲、高辛位爲高禖，而徹壇下位。」詔：「高禖典禮仍舊，壇制如所宜，改犢爲角握牛，高禖祝版與配位並進書焉。」又言：「伏羲、高辛配，祝文並云『作主配神』。神無二主，伏羲既爲主，其高辛祝文請改云『配食于神』。」

【《玉海》】熙寧五年閏七月己酉，判太常章衡請遵故事祀禖，飲福，受胙，以應求男之祥，上曰：「帝王子孫，自有天命。」

【《宋史・樂志》】熙寧以後，祀高禖六首：

降神，《高安》六變。　容臺講禮，禖宮立祠。司分届後，帶韣陳儀。嘉祥萃止，靈馭來思。皇支蕃衍，永固邦基。

升降，《正安》　郊禖之應，肇自生商。誕膺寶命，濬發其祥。天材蕃衍，德稱君王。本支萬世，與天無疆。

奠玉幣，《嘉安》　昔帝高辛，先禖肇祀。爰揆仲陽，式祈嘉祉。陳之犧牲，授以弓矢。敷祐皇宗，施于孫子。

酌獻，《祐安》　昭薦精忠，靈承瑞命。青帝顧懷，神禖儲慶。祚以蕃昌，協于熙盛。螽斯衆多，流于雅詠。

亞終獻，《文安》　赫赫高禖，萬世所祀。其德不回，錫兹福祉。蕃衍椒聊，和平芣苢。傳類降康，世濟其美。

送神，《理安》　禮奠斶束，祭儀竣事。丕擁靈休，蕃衍皇嗣。

【《文獻通考》】元豐四年，天章閣待制羅拯言：「高禖壇在南郊，制不甚廣，上設神位三，皆密列，祭器執事之人殆不容足，祀官奠獻或側身拜于褥位。乞令修展，以叶禮制。」詔太常禮院詳定以聞。禮官言：「高禖壇高八尺，廣二十六尺。上以青帝爲主，伏羲、高辛配侑。高禖設位壇下。壇上神位三，陳設祭器、樂架，實爲狹隘。酌奠、拜跪，及執事進退，不可觀禮。案祀儀，青帝壇廣四丈，高八尺。今祀高禖既以青帝爲主，其壇高廣宜如青帝之制。」從之。尚書、禮部言：「先農正座，帝神農氏祝文云：『以后稷配神作主。』配座后稷云：『作主侑神。』謹案《春秋公羊傳》曰：『郊則曷爲必祭稷？王者必以其祖配，王者則曷爲必以其祖配？自内出者，無匹不行；自外至者，無主不止。』何休曰：『天道闇昧，故推人道以接之。』然則古者作主配神之意，本施于祖宗，其間有雖非祖宗，而祝辭可以言『作主配神』者，如五人帝之于五帝，是推人道以接天神。勾龍之于社，后稷之于稷，是推人道以接土穀之祇。其祝辭俱云『作主』可也。若並爲外祭，而正配座又皆人鬼，則以正座爲主，其配座但合食從祭而已。伏請于神農祝文云『以后稷配』，于后稷云『配食于神』，高禖以伏羲、高辛配，祝文並云『作主配神』。神無二主，伏羲既爲主，其高辛祝文改云『配食于神』。」從之。

【《宋史・禮志》】元祐三年，太常寺言：「祀儀，高禖壇上正位設青帝席，配位設伏羲、高辛氏席，壇下東南設高禖從祀席。正配位各六俎，實以羊、豕腥熟。高禖位四俎，實以牛腥熟。祀日，兵部、工部郎中奉羊、豕俎升壇，詣正配位，❶高禖位俎，則執事人奉焉。竊以青帝爲所祀之主，而牲用羊、豕。禖神因其嘉祥從祀，而牲反用牛，又牛俎執事者陳之，而羊、豕俎皆奉以郎官，輕重失當。請以二牲通行解割，正、配、從祀位並用，皆以六曹郎官奉俎。今羊俎以兵部，豕俎以工部，牛俎請以户部郎官。」

【《文獻通考》】徽宗政和二年，詔春分祀高禖，青帝，以帝伏羲氏、高辛氏配，簡狄、姜嫄從祀。

【《宋史·徽宗本紀》】政和三年四月庚戌，班《五禮新儀》。

【《禮志》】《政和新儀》：春分祀高禖，以簡狄、姜嫄從配，皇帝親祀，並如祈穀祀上帝儀。惟配位作《承安》之樂，而增簡狄、姜嫄位牛、羊、豕各一。

高宗紹興元年，太常少卿趙子晝言：「自車駕南巡，雖多故之餘，禮文難備，至於祓無子，祝多男，所以係萬方之心，蓋不可闕。」

【《文獻通考》】紹興元年，太常少卿趙子晝言：「祀典，每歲春分日祀高禖，青帝正位，配以伏羲、高辛，從以簡狄、姜嫄。弓矢、弓韣，内出備器。禮畢收徹。三從祀神位前禮料，入禁中行禮。乞自來歲之春，復行高禖之祀。」從之。

【《玉海》】紹興二年二月，禮官上春分行禮飲福、受胙儀注。三年正月，博士趙霈請宸翰製祝辭，以代親祠。

十二年十二月，博士劉嶸請講求禖壇方位制度。禮官請建于行宮東南巽地城外。

【《宋史·高宗本紀》】紹興十六年八月辛

❶「詣」，原作「諸」，據《太常因革禮》卷七九、《五禮新儀》卷五四改。

丑，築高禖壇。

【《文獻通考》】紹興十六年，監察御史王鎡言：「禖祀之壇，卑陋弗稱。有司致齋于社亭之上，行事于民居之後；遇雨望祭，徙至江館，去壇既遠，事涉瀆慢，未足以彰禋潔祀，爲帝王求嗣之禮。乞申命攸司攷昔制度，一新壇宇，仍命大臣取《生民》姜嫄從于帝而見于天之義，《月令》以太牢祀于高禖，天子親往之文，詳加定議，乞法駕臨祀，必獲聖嗣詵詵之福。」詔禮部考詳。先時，禮部太常寺檢會《國朝禮例》：「高禖壇在國之東南，依儀合差三獻官、監察御史等，各前十日受誓戒，又排設登歌之樂，內行事官就南郊齋宮宿齋。牲用牛、羊、豕，每位籩、豆各一十二。昨緣車駕駐蹕臨安府，權于錢湖門外惠照院齋宮設位行禮，❶牲用羊、豕，每位籩、豆各六，差獻官一員行禮，不受誓戒，亦不設登歌之樂。今來劉嶸所請欲令臨安府于行宮東南城外踏逐，隨宜修建，及踏逐近便寺觀，權充行事官齋舍。所有設登歌樂，差行事官受誓戒，并合用牲牢、禮料、籩豆之數，並依見今大祀禮例，差官排辦。」從之。

又禮部言：「竊詳《生民》之詩，言『履帝武敏歆』，先儒以『敏』爲拇，謂姜嫄履巨跡之拇，以歆郊禖之神，是生后稷，以爲從帝嚳祀禖神之應，其説頗附會玄鳥生契之意，如《詩》言『繩其祖武』，《傳》言『夫子步亦步趨亦趨』，皆繼踵相因循之意。『履帝武敏歆』，猶言帝嚳行禖祀之禮，姜嫄踵而行之，疾而不遲，故上帝所歆，居然生子，以見視履考祥，其應亦速。而後世弗深考經旨、傳

❶「錢」，庫本作「望」。

註，怪詭機祥，併爲一談。至北齊妃嬪參饗，黷而不蠲，去禮逾遠，歷世非之。惟《禮記》、《通典》載《大唐月令》，具言仲春玄鳥至之日，以太牢祀于高禖，天子親往，而《政和新禮》亦有皇帝親享高禖之儀。緣祖宗以來，未嘗舉行親祠，惟兩制官并有司攝事。❶今欲乞比祖宗故事，增重祀典，依每歲元日祈穀于上帝禮例，命執政官攝事，前期申取指揮施行。又檢《國朝會要》，每歲春分，遣官致祭，牲用牛、羊、豕各一，弓矢、弓韣，以乘輿所御者權降付外有司，奉祠訖，以福胙、弓矢、弓韣授内侍，以進皇后、宮嬪，就宮中受胙飲福。今欲遇祠高禖及徹禮饌進内，依《景祐儀制》，行飲福受胙之禮。所有牲牢，亦依祖宗故事，用牛、羊、豕，務從豐備，以盡祈天錫羨之誠。」從之。

【《宋史·高宗本紀》】紹興十七年，二月乙巳，親祀高禖。

【《禮志》】紹興十七年，車駕親祀高禖，如政和之儀。

【《文獻通考》】紹興十七年，禮部太常寺言：「案禮經，仲春，天子親祀高禖。徽宗皇帝修成親祠之制，具載《新儀》，未經舉行。望皇帝親祠，以祈多男之祥，副天下之望。」從之。二月，上親祀高禖，以普安郡王爲亞獻，恩平郡王爲終獻。

【《玉海》】紹興十七年二月三日，上親祀。儀注：上服通天冠、絳紗袍，乘輦，詣壇大次。降輦，入次。服衮冕，執大圭，奏《儀安》、《嘉安》、《景安》之樂，帝臨，《降康》之舞。甲辰，以太師檜爲親祀使。乙巳，上親祀青帝于東郊，以伏羲、高辛配。普安郡王

❶「攝」，原作「執」，據庫本改。

亞獻，恩平郡王終獻。祀姜嫄于壇下，牲用太牢，玉用青，幣放其玉之色，樂舞如南郊之制。禮畢，御端誠殿受賀。樂曲十四，降神用《高安》，升壇用《正安》，奠玉幣用《嘉安》，捧俎用《豐安》，青帝酌獻用《祐安》，亞、終獻用《文安》，送神用《理安》。上祀高禖禮畢，十七日，有司奏築壇之所有瑞氣之應，修壇之日，有六鶴之祥。

【《文獻通考》】宋高宗駐蹕臨安府，權于望湖門外惠照院齋宮設位行禮。

【《玉海》】紹興二十三年三月己未，校書郎董德元請高禖與青帝分爲二壇。禮官請如舊制。

【《宋史·樂志》】紹興祀高禖十首：

降神，《高安》，圜鍾爲宮　聿分春氣，施生在時。禖宮肇啓，精意以祠。禮儀告備，神其格思。厥靈有赫，錫我繁釐。

黄鍾爲角　眷此尊祀，實惟仲春。青圭束帛，克祀克禋。庶蒙嘉惠，嗣續詵詵。神之降鑒，雲車來臻。

太簇爲徵　猗歟禖宮，祀典所貴。粤自艱難，禮或弗備。以迄于今，始建壇壝。願戒雲車，歆此誠意。

姑洗爲羽　春氣肇分，萬類滋榮。惟此祀事，皆象發生。求神以類，式昭至誠。庶幾來格，子孫繩繩。

升壇，《正安》　有奕禖宮，在國之南。壇壝既設，威儀孔嚴。登祀濟濟，神兮顧瞻。佑我皇祚，宜百斯男。

奠玉幣，《嘉安》　青律載陽，有虯頡頏。祈我繁祉，立子生商。三牲既薦，玉帛是將。克禋克祀，有嘉其祥。

奉俎，《豐安》　祗祓禖壇，潔蠲羊豕。博碩肥腯，爰具牲醴。執事駿奔，肅將俎几。神其顧歆，永錫多子。

青帝位酌獻，《祐安》伏羲、高辛酌獻並同。瑞鬯至止，祀事孔時。酌以清酒，裸獻載祗。神具醉止，介我蕃禧。乃占吉夢，維熊維羆。

亞終獻，《文安》　中春涓吉，蕆事禖祠。禮備樂作，籩豆孔時。貳觴畢舉，薦獻無違。庶幾神惠，祥啓熊羆。

送神，《理安》　嘉薦令芳，有嚴禋祀。神來燕娭，永既醉止。風馭言還，栗然歘起。以祓以除，錫我蕃祉。

【《金史·章宗本紀》】明昌六年二月己未，始祭高禖。

【《禮志》】明昌六年，章宗未有子，尚書省臣奏行高禖之祀。乃築壇于景風門外東南端，當闕之卯辰地，與圜丘東西相望，壇如北郊之制。歲以春分日祀青帝、伏羲氏、女媧氏，凡三位，壇上南向西上。姜嫄、簡狄位于壇之第二層，東向北上。前一日未明三刻，布神位，省牲器，陳御弓矢、弓韣于上下神位之右。其齋戒、奠玉幣、進熟，皆如大祀儀。青帝，幣、玉皆用青，餘皆無玉。每位牲用羊一，豕一。有司攝三獻司徒行事。禮畢，進胙，倍于他祀之肉。進胙官佩弓矢、弓韣以進，上命后妃嬪御皆執弓矢東向而射，以次飲福享胙。

【《章宗本紀》】承安元年二月甲子，命有司祠高禖如新儀。二年五月，皇子生，六月乙巳，命禮部尚書張暐報祀高禖。

【《明史·禮志》】嘉靖九年，青州儒生李時颺請祠高禖，以祈聖嗣。禮官覆以聞。帝曰：「高禖雖古禮，今實難行。」遂寢其議。已而定祀高禖禮。

【《春明夢餘録》】高禖臺，明初無此祀，世宗嘉靖中始設。木臺于皇城東永安門北震方。壇上皇天上帝南向，騂犢、花璧奉獻。皇考配西向，❶牛一，羊一，豕一。高禖在壇下，西向，牛一，羊一，豕一。禮：三獻，樂九奏，陳八佾。皇帝位，壇下北向。后妃嬪位，壇南數十丈外北向，用帷。壇下陳弓矢、弧韣，如后妃嬪之數。祭畢，女官導后妃嬪至高禖前，跪取弓矢，授后妃嬪，受而納于弧韣。張璁言：「頃者，生員李時颺、監生張岑各疏請舉祀郊禖之禮，以祈聖嗣。夫古后稷之生，祈于郊禖；孔子之生，亦禱于尼山。禱之説，古禮有之，然《大雅·既醉》之詩曰『公尸嘉告』，曰『君子萬年，永錫祚允』，曰『釐爾女士，從以孫子』。夫公尸之告，皆祖考之錫福也。皇上仁孝誠敬，天地神明，日鑒在兹，況祖考之親者乎？臣願當兹慎選淑女之時，以廣求嗣續之誠告于太廟，以祈祖考之祐，以慰聖母之心。」上嘉其請，擇十二月二十四日行禮。夏言充祈嗣醮壇監禮使。

【《世宗實録》】十年十一月，復于欽安殿建祈嗣醮，以禮部尚書夏言充監禮使，侍郎湛若水、顧鼎臣充迎嗣導引官。啓醮及除壇日，帝親詣進香行禮，餘遣大臣五人迭代。

【《圖書編》】高禖，設木臺于震方，皇城東永安門之北。祭品：上帝儀同祈穀，皇考儀同高禖，太羹一，和羹二，簠、簋各二，籩、豆各六，牛一，羊一，豕一，帛用紅。上拜位設于壇下，北向。后妃位七，設于壇南數十丈外，北向，用帷。待贊行禮行，欽天監擇吉，具奏。前三日，太常卿奏齋戒于宮中。上及皇后以下齋三日，執事内外官齋一日。

❶「考」，原作「帝」，據庫本改。

前二日，太常寺卿、光禄卿奏省牲如儀。昊天上帝正位，皇考、獻皇帝配位，西向。高禖設于壇下，西向。陳弓韣、弓矢，如妃嬪之數。質明，上祭服，后禮服，妃嬪各服其服。上率后以下乘輅車至壇所，降。導駕官導上至拜位，女官導后以下各至拜位。典儀唱：「執事官各司其事。」內贊奏：「就位。」上就位，傳贊同，后以下帷中就位。典儀唱：「迎神。」內贊奏：「陞壇。」上陞至上帝前。奏「跪」，奏「搢圭」，奏「上香」。司香官捧香跪進于左。上三上香，訖。奏「出圭」。導至皇考前，儀同。分獻官詣高禖神位前，上香訖，退立于東。奏：「復位。」奏：「四拜。」典儀唱：「奠帛。」內贊奏：「陞壇。」上陞至上帝前，跪。奏「搢圭」，奏「奠帛」。捧帛官以帛跪進于右，上受帛訖。導至皇考前，儀同。奏：「復位。」典儀唱：「行亞獻禮。」終獻禮儀同。太常卿進立于壇前，東向立。唱：「賜福胙。」內贊奏「詣飲福位」，奏「飲福酒」。上飲訖，光禄寺卿捧福胙跪于左，內贊奏：「受胙。」上受訖，奏「出圭、俯伏，興，平身」，奏「復位」，奏「四拜，平身」，傳贊同。典儀唱「徹饌」，唱「送神」。內贊奏：「四拜，平身。」傳贊同。典儀唱：「讀祝。」讀祝官捧祝，進帛官捧帛，掌祭官捧饌，各詣燎位。典儀唱：「望燎。」內贊奏：「詣望燎位。」上詣望燎位。燎畢，內贊奏：「禮畢。」分獻、太常寺官俱退。女官導皇后以下至高禖神位前，贊：「跪。」皇后以下皆跪。贊：「受弓矢。」女官跪詣神位取弓矢，以次授皇后以下。受訖，納韣。贊：「俯伏，興，再拜。」禮畢，退。執事捧禖神位帛饌詣燎所，焚之。上率后以下乘輅還宮。

蕙田案：世宗定制郊禖，改祀昊天

上帝，因明無五帝祀也，然太褻矣。

【《大學衍義補》】丘氏濬曰：不孝有三，無後爲大。蓋祖宗一氣相傳，自開闢天地有人類以來，至于今日，生生禪續之不已。一旦至我身而闕絶焉，豈非大變事乎？矧有天下之大宗社之重，將以綿千百世之宗支，而爲億兆生民之主宰，尤不可不加之意焉。然是事也，雖若人爲，而實由乎天，是以自古聖王制爲郊禖之祀，以爲祈嗣之禮，必順天時，感物類，精意以禋之，備禮以祀之，庶幾高高在上者或有所聞，而冀有感格之祥。後世不知出此，乃信方士之惑，而設素饌，投青詞，而求之窈冥茫昧之外，而不知吾聖人自有當行之禮也。臣竊以爲，古者祀高禖于郊壇，郊者，祀天之常所，而使后妃嬪御涉于其間，不無褻瀆，況郊在國都之外，而后妃嬪御之出入，亦或有不便焉者。臣請擇宫中潔净之地，立爲禖壇，中設帝位，而以高禖配，庶于行禮爲宜。

蕙田案：古者祭祀之事，必備内外之官。後世一切典禮，婦人不預，雖高禖係后妃應行之禮，往往以爲難行而罷，此古今禮數之異也。丘氏之説，或亦有可采者歟！

右歷代祀高禖。

五禮通考卷第五十五

淮陰吴玉搢校字

五禮通考卷第五十六

内廷供奉禮部右侍郎金匱秦蕙田編輯
太子太保總督直隸右都御史桐城方觀承同訂
按察司副使元和宋宗元參校

吉禮五十六

蜡　臘

蕙田案：《周禮·籥章》：「國祭蜡則吹《豳》頌，擊土鼓，以息老物。」《郊特牲》：「天子大蜡八，歲十有二月，合聚萬物而索饗之。」蓋當萬寶告成，歲功既畢，教民報本反始，息老送終。小民終歲勤動，至此始得醉飽歡樂，又因以教之禮讓。《黨正》：「國索鬼神而祭祀，則以禮屬民而飲於序，以正齒位。」注以爲即鄉飲酒之禮是也。周衰禮廢，一國之人皆若狂，然此飲酒意在勞農休息，故孔子以爲「百日之蜡，一日之澤」，雖若狂，未足深過。《月令》曰「臘先祖、五祀」，《左傳》曰「虞不臘矣」，孔疏謂明當時有臘祭，周時臘與大蜡各爲一祭，漢改曰臘，不蜡而爲臘矣。以經傳考之，蜡之祭自先嗇至水、庸、猫、虎，臘則止先祖、五祀而已。蜡之祭廣，故順成之方乃行之。臘之祭專，雖年不順成不能廢先祖、五祀之禮，此蜡與臘所以不同，而舉蜡者仍復舉臘也。自漢改蜡爲臘，而蜡禮始不舉矣。自蔡邕合蜡臘爲一而祖臘之説興，則并臘之正禮亦亡矣。自魏以後，祖臘異名，神位多少異數，亥辰寅戌異日，頗乖古義，並採著之，以考其得失焉。

【《禮記・郊特牲》】伊耆氏始爲蜡。【注】伊耆氏，古天子號也。【疏】《明堂》云：「土鼓葦籥，伊耆氏之樂。」《禮運》云：「夫禮之初，始諸飲食，蕢桴土鼓。」俱稱土鼓，則伊耆氏，神農也，以其初爲田事，故爲蜡祭以報天也。下云主先嗇，神農既爲始蜡，豈自祭其身以爲先嗇乎？ 皇氏云：神農，伊耆一代總號。

陳氏祥道曰：「《禮記》曰：『伊耆氏始爲蜡。』《周禮》伊耆氏掌共王之杖咸，以老者待杖然後安，猶老物待蜡然後息也。伊耆氏以有功于耆老著矣，故後世以其官爲姓。周文，以其姓名官。先儒謂其始制鼓籥，又始爲蜡，于是以爲古王者之號。然古之制法者，隸首造曆，大橈作甲子，倉頡造書之類，豈皆古王者哉？ 果伊耆氏實古王者之號，周人固應尊異而神之，不宜列于銜枚氏、壺涿氏而以下士之官名之也。」

蜡也者，索也，歲十二月合聚萬物而索享之也。【注】索，謂求索也。歲十二月，周之正朔，謂建亥之月也。享者，祭其神也。萬物有加功于民者，神使之也，祭之以報焉，造者配之也。【疏】萬物非所享，但享其萬物之神，所以享其神者，萬物所以能加功于民，神使爲之。

馬氏晞孟曰：「建亥之月，五穀已入，萬物所以成者，神有以相功于其幽，民有以致力于其明。神有功以相其幽則報之，民有力以致其明則勞之，所謂『百日之蜡，一日之澤』是也。」

蕙田案：蜡者，索也，合聚萬物而索享之，蓋農功既成，特祭享以報先嗇，而凡物之有功于嗇事者甚多，因非常祀之所及，故必索而祭之。《楚詞》「吾將上下而求索」，是索字義也。既云索，則細微幽隱無所不到。故天子大蜡，仁之至，義之盡，其非常祀所及之神明矣。自鄭氏解《月令》，以天宗、公社、門閭、先祖、五祀皆謂之蜡，而蜡之名義已失。夫日月星辰、社稷、宗廟乃國家之大祀，何待索而祭之耶？且合天宗與猫虎同類，而祭不已褻乎？又以先祖、五祀爲蜡，則混臘爲蜡，而臘之禮亦失，故蜡之名義不可以不正，名義正而注疏及後世之沿襲誤謬，可一覽而知也。

右蜡名義。

【《禮記·郊特牲》】天子大蜡八。【疏】大蜡八者，鄭注云先嗇一，司嗇二，農三，郵表畷四，猫虎五，坊六，水庸七，昆蟲八。蜡云大者，是天子之蜡。《禮運》云仲尼與蜡賓，是諸侯有蜡也。

蕙田案：鄭注八蜡有昆蟲，以祝詞誤也，經文實無之。

蜡之祭也，主先嗇而祭司嗇也，【注】先嗇，若神農者。司嗇，后稷是也。【疏】曰：若，是不定之辭，以神農比擬，故云「若」。司嗇后稷無所疑，故不言「若」，直云后稷是也。以先嗇爲主，司嗇從祭。種曰稼，斂曰嗇。不云「稼」而云「嗇」者，取其成功收斂受嗇而祭也。祭百種以報嗇也，【疏】百種，則農及郵表畷、禽獸等所以祭之者，報其助嗇之功，使盡享焉。享農及郵表畷、禽獸，仁之至，義之盡也。【注】農，田畯也。郵表畷，謂田畯所以督約百姓于井間之處也。【疏】農，謂古之田畯，有功于民。郵表畷者，是田畯于井間所舍之處。郵，若郵亭屋宇處所。表曰畔。畷者，謂田畔相連畷。于此田畔相連畷之所造此郵舍，田畯處焉。禽獸者，即下文云猫虎之屬。

古之君子，使之必報之。迎猫，謂其食田鼠也。迎虎，謂其食田豕也。迎而祭之也。迎其神也。祭坊與水庸，事也。【注】水庸，溝也。【疏】曰「祭坊與水庸，事也」者，是營爲所須之事，故云事也。坊者，所以畜水，亦以鄣水。庸者，所以受水，亦以泄水。謂祭此坊與水庸之神。

方氏慤曰：「上言祭，下言享，互相備也。百種，百穀之種也。百種乃嗇之所成，故祭百種以報嗇也。農則致所掌以養人而不失其時者也，郵則田官于此有所識，畷則田官于此有所聯，皆督約農事之處也。故三者合爲八蜡之一焉。鼠之于豕皆足以爲田之害，而猫與虎能食而除之，迎其神而祭之，則所以報之也。于猫虎如此，則六者可知矣。」

馬氏晞孟曰：「先嗇者，其智足以剙物立于其先。司嗇者，因其成法而謹其職而已，故祭則以先嗇爲主，而以司嗇配之。」

張子曰：「八蜡以記四方。八者，先嗇一也，是始治稼穡者，據《易》則是神農也。司嗇，是脩此職者，二也。農，三也。郵表畷，四也。猫虎，五也。坊，六也。水庸，七也。百種，八也。百種，百穀之種也，祭之，以民食之重，亦報其嗇所成。舊説以昆蟲爲八，蟲是爲害者，不當祭。百種，或致此百種而祭之，或只祭稷而已。」

【陳澔《集説》】❶嗇與穡同。先嗇，神農也。主，言爲八神之主也。司嗇，上古后稷之官。百種，司百穀之種之神也。報嗇，謂報其教民樹藝之功。

【陳氏《禮書》】蜡之爲祭，所以報本反始，息老送終也。其服，王玄冕而有司皮弁素服，葛帶榛杖。其牲體，疈辜。其樂，六樂而奏六變，吹《豳》頌，蕢土鼓，舞兵舞、帗舞。其所致者，川澤山林以至土示、天神莫不與焉，則合聚萬物而享之者，非特八神也。而所重者八，以其尤有功于田故也。其神之尊者，非特先嗇也，而主先嗇，以其始有事于田故也。鄭氏曰：「先嗇，若神農者，司嗇，后稷。」是

❶「澔」，原作「皓」，按《禮記集説》爲陳澔撰，據改。

也。農，田畯也。郵表畷，田畯所以督約百姓于井間之處也。《爾雅》：「田畯，農夫也。」然則蜡之八神，則先嗇也，司嗇也，百種也，農也，郵表畷也，禽獸也，坊也，水庸也。古者蜡則飲于學，《黨正》：「屬民飲酒于序。」是也。

程氏迥曰：「八蜡之祭，爲民設教也厚矣。方里而井，八家共焉，吾食其一，仰事俯育，資焉而無憾者，可不知所本乎。古有始爲稼穡以易佃漁，但吾卒歲無饑，不與禽獸争一旦之命者，繄先嗇是德，故祭先嗇焉。曰司嗇者，謂修明其政而潤色之者也。曰農者，謂傳是業以授之于我者也。曰郵表畷者，畷，井田間道也。郵表也者，謂畫界分理，以是爲准者也。昔之人爲是而勞，今我蒙之而逸，蓋不得不報也。曰猫虎者，謂能除鼠豕之害吾稼者也。曰坊者，謂昔爲隄防之人，使吾禦水患者也。曰水庸者，謂昔爲畎澮溝洫，使吾爲旱備者也。曰昆蟲者，先儒謂昆蟲害稼不當與祭，乃易以百種，是不然。所謂昆蟲者，非祭昆蟲也，祭其除昆蟲而有功于我者也。除昆蟲者，不一而足，如火田之人、捕蝗之子，禽鳥或能食之，霜霰或能殺之，以其不一而足，故直曰昆蟲焉耳。夫以表畷、坊庸之賤隸，猫虎、昆蟲之細效，吾不敢忘，皆得以上配先嗇、司嗇之享，其民勸于功利，推而廣之，等而上之，視君親如天地而不敢慢也。觀三代里田蜡祭之時，其民恬寧愉樂，和睦無怨，故鬼神享馨香之薦，交歸其德，不爲妖厲，豈不盛矣乎。」

【《大學衍義補》】丘氏濬曰：「八蜡之名，鄭玄所叙者有昆蟲而無百種，張載謂昆蟲不當祀，而以百種足其數，陳祥道則以猫虎爲禽獸。切觀下文所謂主先嗇，祭司嗇，祭百種，祭坊與水庸，享農及郵表畷、禽獸，曰主，曰祭，曰享，其文各不同。蓋主者以之爲主，司嗇與司穀種及坊與水庸之神則所致祭者焉，然所以主其祭者，則先嗇也。若夫所謂古者田畯之官，及郵表畷督耕之處，與夫食鼠食豕之禽獸，則有功于稼穡者，故從而索享之也。所謂迎猫爲其食田鼠，迎虎謂其食田豕，所以釋其享禽獸之故，則陳氏以迎猫虎爲禽獸者良是也。然禽獸不止猫虎，凡食爲除所以害稼穡者皆在其中矣。所謂昆蟲者，特見祝辭中語昆蟲，祝其毋作者，恐其起而害稼也，其不當祭明矣。八蜡之名，當以陳氏爲正。」

蕙田案：八蜡，昆蟲之祭，經無明

文。張子及《禮書》兩陳氏之説爲是，丘氏宗之當矣。沙隨説未的。

蔡氏德晉曰：「伊耆氏始爲蜡，皇氏侃及熊安生俱以伊耆爲神農。《路史》謂神農初國伊，繼國耆，故氏伊耆，生三歲而知稼穡，般戲必于黍稷，爲能神明于農事，因號神農也。天子大蜡八，則所祭之神有八，一先嗇，二司嗇，三農，四郵，五表畷，六坊，七水庸，八禽獸，即猫虎也。種曰稼，斂曰嗇，天生五穀，雜于庶草，先嗇知粒食利于養生，因收穫之，又從而種植之，而農事以起，是爲田祖。司嗇則守其法以教民稼穡者也。《路史》，燧人氏鑽木取火以燔黍捭豚，葛天氏之樂八闋，其四曰《奮五穀》，是有先神農而知穡事者也。農，勸農之官，是爲田畯。郵，始造郵舍俾田畯居之以督耕者。表畷，治疆理田而植樹木以爲標，列阡陌以爲道者。坊，始造隄防以障水者。水庸，始造水溝以注水者。禽獸即猫虎。猫能食田鼠，虎能食田豕，故迎其神而祭之。八神之位，先嗇爲主，正中，司嗇及農爲配；司嗇居左，次郵，次坊；農居右，次表畷，次水庸；禽獸附祭于下，猫左而虎右。陸農師謂：鼠善害苗，猫能捕鼠，故字從苗，其有功于田尤大也。先儒之言八神者，不知郵與表畷爲二，而誤合之，以爲造郵舍于田畔相連綴之處，即不足八神之數。鄭康成、蔡中郎則以祝詞有『昆蟲無作，草木歸其澤』之語，因以昆蟲爲一。夫昆蟲不當祭，若祭除昆蟲者，亦當祭除草木者，而不止于八矣。況《詩》云：『去其螟螣，及其蟊賊，毋害我田穉，田祖有神，秉畀炎火。』則除昆蟲亦先嗇、司嗇事耳。王子雍分猫虎爲二，夫猫虎即禽獸，似亦不宜分也。陳用之又因祭百種以報嗇之文，而以百種爲一。夫此特言祭用百種之穀以報先嗇、司嗇云耳，初非祭百種之穀也。若祭百種之穀，則是祭穀神而爲社稷之祭，非蜡祭也。」

蕙田案：蔡氏以郵表畷爲二，未詳何據。竊謂畷有郵而謂之表，若無郵則何表之與有？舊説爲是。又謂祭用百種之穀以報先嗇，若祭百種之穀，則是祭百神而爲社稷之祭，亦非也。從來祭祀用黍稷，未有用百種爲齍盛者，社稷正祭稷神，乃百穀之長，蜡則兼百種之神而祭之也。觀承案：八蜡之目，注疏以昆蟲爲第八者，自不合。即謂非祭昆蟲乃祭禦昆蟲之神，則《爾雅》「田祖有神，秉畀炎火」當祭田祖之神，且《地官・族師》有祭酺，是祭捕蝗之神，不當反以昆蟲名其神也。張子獨據經文祭百種句，而以百種易昆蟲，始爲穩妥，故二陳氏俱從之。若蔡德晉去昆蟲而析郵表畷爲二，則割裂不通矣。然司嗇即古稷官，稷爲百穀之長，祭百種以報嗇，是報司嗇之神，而百種乃其祭物耳，不當又分爲二也。王肅舊説，則先嗇一，司嗇二，農三，郵表畷四，猫五，虎六，坊七，水庸八，亦只就經文看出因迎猫迎虎本分爲二，而亦分之爲文順也。且祭各有尸，昆蟲之尸固難肖，即百種之尸亦當作何狀貌耶？則不如此説爲當也。

八蜡以記四方，四方年不順成，八蜡不通，以謹民財也。順成之方，其蜡乃通，以移民也。既蜡而收民息已，故既蜡君子不興功。

【注】四方，方有祭也。其方穀不熟則不通于蜡，使民謹于用財也。移之言羨也。《詩・頌・豐年》曰：「爲酒爲醴，烝畀祖妣，以洽百禮。」此其羨之與？收，謂收斂積聚也。息民與蜡異，則黄衣黄冠而祭，爲臘必矣。【疏】此論天子蜡祭四方不同，豐荒有異，兼記臘祭宗廟息民之事。四方之内，年穀不得和順成熟，則當方八蜡之神不得與諸方通祭，所以然者，欲使不熟之方萬民謹慎財物也。有順成之方，其蜡之八神乃與諸方通祭，以蜡祭豐饒，皆醉飽酒食，使民歆羨也。前文云黄衣黄冠而祭，不云臘之與蜡似爲一，此文云既蜡而收民息已，先蜡後息民，是息民爲臘，與蜡異也。前黄衣黄冠在蜡祭下，故鄭知是臘也。《月令》臘在祈天宗之下，但不知臘與蜡祭相去幾日，准隋禮及今禮，皆蜡之後日不興功，謂不興農功，若土功，則《左

傳》云：「龍見而畢務，戒事也，火見而致用，水昏正而栽，日至而畢。」土功，建亥之月起，日至而畢也。

方氏慤曰：「記四方者，記四方之豐凶也。年不順成，八蜡不通，此以蜡而記其凶也。順成之年，其蜡乃通，此以蜡而記其豐也。蜡乃合聚之祭，故因其合聚而收之也。物既收，則民亦息，民息則一歲之事已矣，故曰民息已。前言息田夫，此言民息，互相備也。功者，民力之所致。民息已，故既蜡君子不興功。但蜡本以息農夫，則此所言功，止謂農功爾。若夫宮功，則執于建亥之月，土功則畢于建子之月，武功則纘于建丑之月，而既蜡君子未始不興功焉。」

【柳宗元《蜡説》】柳子爲御史，主祀事。將蜡，進有司以問蜡之説，則曰：「合百神于南郊，以爲歲報者也。先有事，必質于户部，户部之詞曰旱于某，水于某，蟲蝗于某，癘疫于某，則黜其方守之神，不及以祭。」余嘗學《禮》，蓋思而得之，則曰：「『順成之方，其蜡乃通。』若是，古矣。繼而歎曰：神之貌乎，吾不可得而見也；祭之享乎，吾不可得而知也。是其誕漫惝怳，冥冥焉不可執取者。夫聖人爲心也，必有道而已矣，非于神也，蓋于人也。以其誕漫惝怳，冥冥焉不可執取而猶誅削若此，❶況其貌言動作之塊然者乎？是設乎彼而戒乎此者也，其旨大矣。」或曰：「若子之言，則旱乎、水乎、蟲蝗乎、癘疫乎，未有黜其吏者，而神黜焉，而曰『蓋于』人者，何也？」予曰：「若子之云，旱乎、水乎、蟲蝗乎、癘疫乎，豈人之爲耶？故其黜在神。暴乎、眊乎、沓貪乎、罷弱乎，非神之爲也，故其罰在人。今夫在人之道，則吾不知也。不明斯之道，而存乎古之數，其名則存，其教之實則隱。以爲非聖人之意，故歎而云也。」曰：「然則致雨反風，蝗不爲災，虎負子而趨，是非人之爲則何以？」余曰：「子欲知其以乎？所謂偶然者信矣。必若人之爲，則十年九潦、八年七旱者，獨何如人哉？其黜之也，苟明乎教之道，雖去古之數可矣，反是，則誕漫之説勝，而名實之事喪，亦足悲乎！」

右八蜡。

【《禮記·月令》】孟冬之月，臘先祖、五祀。

【注】臘，謂以田獵所得禽祭也。

【《春秋》僖公五年《左氏傳》】宮之奇曰：

❶「削」，原作「前」，據柳氏文集改。

「虞不臘矣。」【注】臘，歲終祭衆神之名。　【疏】此言「虞不臘矣」，明當時有臘祭。周時臘與大蜡各爲一祭，漢改曰臘，不蜡而爲臘矣。

朱子曰：「《史記》云：『左丘失明，厥有《國語》。』《左傳》是姓左人作，秦始有臘，而左氏謂『虞不臘矣』，是秦時文字分明。」

蕙田案：孔疏：「周時臘與大蜡各爲一祭，漢改曰臘，不蜡而爲臘矣。」的是蜡臘正解，既從杜氏，不以妨鄭爲嫌也。

【《玉燭寶典》】臘者祭先祖，蜡者報百神，同日異祭也。

【辨鄭氏祈年天宗、割祠公社及門閭臘先祖、五祀俱蜡祭】

【《禮記·月令》】孟冬之月，天子乃祈來年于天宗，大割祠于公社，及門閭，臘先祖、五祀。　【鄭注】此《周禮》所謂蜡祭也。天宗，謂日、月、星辰也。或曰祈年，或曰大割，或言臘，❶互文。　【疏】「祈來年于天宗」者，謂祭日月星辰也。「大割祠於公社」者，❷謂大割牲以祀公社。「及門閭」者，先祭社後祭門閭，故云「及」。「臘先祖五祀」者，❸臘，獵也，謂獵取禽獸以祭先祖、五祀也。此等之祭總謂之蜡，若細別言之，天宗、公社、門閭謂之蜡，其祭則皮弁素服，葛帶榛杖。其臘先祖、五祀謂之息民之祭，其服則黄衣黄冠。鄭注《郊特牲》云：「息民與蜡異也。」如此，周禮所謂蜡者，以《郊特牲》「蜡者，索也，索萬物而享之」。案：《籥章》云：「國祭蜡，吹《豳》頌，以息老物。」蜡而後息老。此經亦先祭衆神乃後勞農休息，文與《籥章》相當，故經廣祭衆神，是《周禮·籥章》所謂蜡祭也。云「或言祈年，或言大割，或言臘，互文」者，天宗、公社、門閭、先祖、五祀等皆祈年大割臘祭之事，故云互文也。

【陳氏《禮書》】既蜡，則臘先祖、五祀於

❶ 「言」，原脱，據庫本補。
❷ 「祠」，原作「祀」，據庫本改。
❸ 「祖」，原作「祭」，據庫本及《禮記注疏》卷一七改。

廟。「仲尼與于蜡賓，事畢，出遊於觀之上」是也。然則臘亦謂之蜡矣。先儒以《郊特牲》言皮弁素服而祭，又言黄衣黄冠而祭，則二祭之服不同。《月令》言祈來年於天宗，割祠于公社，又言臘先祖、五祀，則祈臘之名不同，於是謂皮弁素服而祭與祈來年于天宗，蜡也，黄衣黄冠而祭與臘先祖、五祀，臘也，蜡以息老物，臘以息民，息民固在蜡後矣。此《記》所以言「既蜡而收民息已」也。周蜡于十有二月，秦臘于孟冬，皆建亥之月也。晉侯以十二月滅虢，遂襲虞，宫之奇曰「虞不臘矣」，則臘在蜡月可知矣。古者臘有常月而無常日，祖在始行而無常時。由漢以來，溺于五行之説，以王曰祖，以衰曰臘，其失先王之禮遠矣。後周兼五天帝、五人帝與百神而蜡于五郊。唐不祭五天帝、五人帝，特蜡百神于南郊，而缺其方之不登者，然蜡因其順成之方以報神，因其州之序以樂民，則唐一于南郊，非也。蜡及天宗，則日月星辰之類而已，後唐兼天帝而祭之，亦非也。先儒謂蜡六奏樂而禮畢，東方之祭則用太簇、姑洗，南方蕤賓，西方夷則、無射，北方則黄鍾爲均，於理或然。

【羅泌《路史》】蜡與臘異。臘也者，獵也，獵取禽獸以祭祖，故禮臘先祖、五祀在蜡後。漢唐蜡祭徧及五祀，蜡則于郊，臘則于廟。蜡祭宗而不及天，祭社而不著地，以異于郊也。《玉燭寶典》云：「臘者祭先祖，蜡者報百神，同日而異祭。」蓋亦以漢世季冬勞農大享、臘祭宗廟五祀同于一日爾。

蔡氏德晉曰：「《周禮·司服》：『祭羣小

祀則玄冕。』然冕服始于黄帝而神農時未有，故蜡祭主祭者皮弁素服，助祭者黄衣黄冠。鄭康成以黄衣黄冠爲既蜡臘先祖、五祀者，非也。《月令》孟冬『天子乃祈來年于天宗，大割祠于公社，及門閭，臘先祖、五祀』，言祈，言祠，言臘，三祭皆與蜡無涉。蜡惟祭八神，不及其他，而鄭康成《月令》注云此《周禮》所謂蜡祭者，非也。《左傳》宫之奇云『虞不臘矣』，即《月令》之臘先祖、五祀，謂以田獵所得禽祭，《周官·大司馬》『仲冬，教大閲，致禽饁獸于郊，入獻禽以享烝』是也。蓋周時蜡祭八神，臘祭先祖、五祀，各爲一祭，至秦漢間，歲終祭衆神俱名臘，故《説文》云：『冬至後三戌臘祭百神。』《史記》：『秦惠文王十二年，初臘。始皇三十一年，更名臘曰嘉平。漢復曰臘。』秦又有伏。《史記》：『秦德公二年，初伏。』注：『六月，三伏之節，始自秦德公。伏者，金氣伏藏之日，四氣代謝皆相生，至立秋以金代火，金畏火，故庚日必伏。』夏至後三庚爲初伏，四庚爲中伏，立秋後初庚爲末伏也。漢又有祖，旺曰祖，衰曰臘。周以前無所謂伏與祖者。蜡之名則自神農至周不變，臘則僅爲先祖、五祀之祭，而與蜡同月。乃中郎《獨斷》載四代臘之别名：夏曰嘉平，殷曰清祀，周曰大蜡，漢曰臘。五祖，臘祖之别名，青帝以未臘卯祖，赤帝以戌臘午祖，白帝以丑臘酉祖，黑帝以辰臘子祖，黄帝以辰臘未祖，均係漢儒附會之説，不足信也。」

蕙田案：蜡臘之祭是二非一，見于經傳者甚明。蜡祭有八，而八者所統甚多，故有百物、萬物之説。臘則先祖、五祀而已。《月令》孟冬祈年是祭天宗，割祠是祭社及門閭，臘是祭先祖、五祀，皆與蜡無涉。鄭氏以蜡有索享萬物之語，遂并以爲蜡祭，蔡氏辨之極是。豈知《禮》文明言萬物、百物，至日月星辰、社稷乃天地神祇中之尊者，而豈以萬物該之乎？自此注一誤，秦漢遂舉臘而廢蜡，蔡邕遂以蜡臘爲一事，後世且以天神地祇爲重而祭之于南郊、四郊，是并八蜡之本義俱失之，而非主先嗇祭司嗇之意矣，皆鄭氏誤之也。

楊氏復曰：「夏正建寅，殷正建丑，周正建子，三正不同。夫子告顔淵獨以夏時爲正，蓋建寅者，生物之始，亦人事之始，故以爲歲首。建丑者，成物之終，亦人事之終，故以爲歲終，則行蜡臘之祭宜也。《禮記·月令》孟冬臘先祖、五祀，《籥章》『國祭蜡』，《黨正》『國索鬼神而祭祀』，鄭氏兩注皆謂建亥之月，亦可疑。原記禮者及注家之意，豈不曰此皆周禮也。周以建子爲歲首，故以建亥之月爲歲終，然夏殷周三正示不相沿，特以其月爲大朝會大政令之始，而天時之始終則不可易也。建亥，孟冬之月，謂之歲終可乎？漢史『臘月，陳勝之御莊賈殺勝以降秦』，張晏曰：『秦之臘月，夏之九月也。』其意亦曰秦以建亥爲正，而臘則建戌也。臣瓚曰：『建丑之月也。』師古曰：『《史記》云胡亥二年十月誅葛嬰，十一月周文死，十二月陳勝死。臣瓚説是也。』夫秦人不師古始，猶知以建丑之月爲臘，孰謂周人以建亥爲臘乎？」

蔡氏德晉曰：「建亥之月，農事既畢，乃行蜡祭，于夏爲十月，于商爲十一月，于周爲十二月，《郊特牲》云『蜡也者，索也，歲十二月合聚萬物而索享之』是也。」

蕙田案：《豳·七月》詩躋堂稱兕，疏引「國索鬼神而祭祀」，「以禮屬民而飲于序以正齒位」，則即是蜡也，據《詩》在「十月滌場」之時，故《月令》屬之孟冬。蓋農功甫畢，三時勤動，至是乃始休息，是蜡在建亥之月無疑。且《春秋》用周正，虞滅虢在十二月，明是一大證據。况若在建丑之月，是元正方過，于耜舉趾，又將復始農功，何息之有？楊氏之説非是。

右臘。

【《周禮·春官·大宗伯》】以疈辜祭四方百物。【注】疈，謂磔攘及蜡祭。【疏】云「及蜡祭」者，彼云「蜡也者，索也，歲十二月合聚萬物而索享之」，謂天子于周之十二月建亥之月，于郊而爲蜡法。

【《司服》】祭羣小祀則玄冕。【注】羣小祀，林澤、墳衍、四方百物之屬。【疏】云「羣小祀，林澤、墳衍、四方百物」者，此據地之小祀，以血祭社稷爲中祀，貍沈以下爲小祀也。

【《禮記·郊特牲》】皮弁素服而祭。素服，以送終也，葛帶榛杖，喪殺也。蜡之祭，仁之至，義之盡也。【注】送終、喪殺，所謂息老物也。素服，衣裳皆素。黄衣黄冠而祭，息田夫也。野夫黄冠，黄冠，草服也。【注】祭，謂既蜡，臘先祖、五祀也，于是勞農以休息之。《論語》曰：「黄衣狐裘。」黄冠草服，言祭以息民，服象其時物之色，季秋而草木黄落。【疏】上云蜡，此云祭，故知既蜡臘先祖、五祀，對文蜡臘有别，總其義俱名蜡也。田夫則野夫也，野夫著黄冠。

陳氏祥道曰：「皮弁素服而祭者，蜡祭四方百物也。黄衣黄冠而祭者，臘先祖、五祀也。蜡以息老物，故服送終之服，而以皮弁素服，葛帶榛杖。臘以息民，故服田夫之服，而以黄衣黄冠。然《周禮·司服》：『王祭羣小祀則玄冕。』鄭氏曰：『羣小祀，林澤、墳衍、四方百物之屬也。』《大宗伯》：『以疈辜祭四方百物。』鄭氏曰：『四方百物，磔攘及蜡祭也。』王于蜡服玄冕而有素服與黄冠者，蓋執事者之服歟？」

方氏慤曰：「皮則其色白，素服則衣裳皆素。素者，送終之服，而蜡亦送終之事，故云以送終也。别言之，則服止言衣裳，合言之，則弁亦服爾，故下止言素服也。帶不以麻而以葛，杖不以竹而以榛，若喪也而實非喪，故曰喪殺也。既非喪，必欲若喪者，以其有送終之義故也。前言皮弁素服，後言黃衣黃冠而祭，説者謂皮弁素服爲主祭者之服，黃衣黃冠爲助祭者之服，是矣。其言野夫黃冠，則爲助祭者之服可知。且皮弁素服則以送終爲義，黃衣黃冠則以息田夫爲義。送終者，祭之道也；田夫者，祭之事也。夫黃者，土之色，百昌生于土而作，終亦反于土而息，冬則反于土之時也，服以是色亦宜矣。土爰稼穡者，田夫之事，取土之義以息田夫，又宜矣。以土之義如此，故凡野夫皆黃冠。野夫即田夫也，言其所事曰田夫，言其所居曰野夫。草服，謂草野之服，故下言草笠以爲野也，上兼言黃衣而下止言黃冠，則以草服該之故也。然《籥章》曰息老物，此曰息田夫者，蓋作之于始，息之于終，雖人之情，亦是道也。終則有始，今歲之息乃所以兆來歲之作。息猶氣之息也。往來未嘗息，乃所以爲息也。」

蕙田案：鄭以皮弁素服是蜡祭，黃衣黃冠是臘服。陳氏以爲俱是執事者之服，方氏以爲皮弁素服是主祭者之服，黃衣黃冠是助祭者之服。三説之中，當以方氏爲長。

【《周禮·春官·籥章》】國祭蜡，則吹《豳》頌，擊土鼓，以息老物。【注】玄謂十二月，建亥之月也。索萬物而祭之者，萬物助天成歲事，至此爲其老而勞，乃祀而老息之，于是國亦養老焉。《月令》孟冬「勞農以休息之」是也。《豳》頌，亦《七月》也。《七月》又有「穫稻作酒，躋彼公堂，稱彼兕觥，萬壽無疆」之事，是亦歌其類也。謂之頌者，以其言歲終人功之成。【疏】此蜡祭直擊土鼓。案《明堂位》云「土鼓蕢籥，伊耆氏之樂」，即此，亦各有蕢籥可知。言「以息老物」者，謂息田夫、萬物也。云「謂之頌者，以其言歲終人工之成」者，凡言頌者，頌美成功之事，故于《七月》風詩之中亦有雅、頌也。

李氏景齊曰：「《豳》詩曰《豳》雅，先儒以爲《七月》之詩備風、雅、頌三體，非也。《籥章》所謂豳籥者，蓋以豳吹爲籥，以豳籥而吹詩與雅、頌，皆以豳名。夫逆暑迎寒而吹《豳詩》者，此則《七月》之詩，蓋如授衣、鑿冰之屬，皆先寒暑以戒事故也。祈年而吹《豳》雅，祭蜡而吹

《豳》頌。蓋雅者，言王政之所由廢興；頌者，以其成功告神明。祈年之禮，王政之所急先，故宜歌雅。而蜡祭之設，所以答鬼神之功，故宜歌頌。《詩》之《小雅·甫田》之詩曰：『琴瑟擊鼓，以御田祖，以祈甘雨。』所謂祈年而吹《豳》雅者，毋乃在是詩？《周頌·豐年》之詩曰：『爲酒爲醴，烝畀祖妣，以洽百禮。』所謂祭蜡吹《豳》頌者，毋乃在是乎？」

【何氏楷《世本古義》】《豐年》，孟冬祭八蜡也，是爲《豳頌》。今案：《豐年》之詩，舊亦知爲報賽而作，然無有知其專爲蜡祭者。愚蓋即以豐年一語知之。蜡祭惟年豐有之，非若他祭，不問豐凶，其禮不廢。此詩特以年豐降福爲言，非報賽八蜡而何？天子大蜡八，諸侯之蜡未聞。然《禮運》言仲尼與于蜡賓，則可見諸侯之國有蜡矣。所以知此詩爲《豳》頌者，以其事與《周禮》合，而詩又在頌中，其爲《豳》頌明矣。

又曰：《良耜》，蜡祭報社也，是爲《豳》頌。蜡之爲言索也，謂合祭萬物之神，而索享之也。天子大蜡八，而又有天宗之祈，公社門閭之祀，《周禮·黨正》亦云「國索鬼神而祭祀」。若然，則凡爲神者莫不與矣，而獨謂是詩爲報社者何也？禮，祭陰祀用黝牲。陰祀者，先儒謂祭地北郊及社稷也。黝也者，黑也。「殺時犉牡」，固黑脣也。祭地北郊，天子之禮，諸侯惟祭社稷，祭社必及稷也，是以知其爲報社也。社祭一歲凡有三：《月令》「仲春，擇元日，命民社」，一也；雩祭「以社以方」，二也；孟冬，「大割祠于公社」，三也。與祈年天宗並舉者，《周禮·肆師之職》所謂「社之日，涖卜來歲之稼」，即此時事也。若門閭之祀，不知何神，如以爲五祀中之門，則既蜡而臘，復又及五祀矣，似不應瀆祭也。且既非陰祀，即不用黝牲，以是知此詩之作，專爲報社也。

又曰：《載芟》，孟冬臘先祖、五祀，以禮屬民，飲酒正其齒位，亦《豳》頌也。《月令》孟冬之月，「天子乃祈來年于天宗，大割祠于公社及門閭，臘先祖、五祀」。《郊特牲》云：「黄衣黄冠而祭，息田夫也。野夫黄冠，黄冠，草服也。」先儒謂此既蜡後臘先祖、五祀之祭也。對文蜡臘有别，總其義俱名蜡也。唐孔氏云：「《月令》臘在祈天宗之下，但不知臘與蜡祭相去幾日，准隋禮及今禮，皆蜡之後日。」又案：臘之義訓有二。徐鍇云：「臘，合也，合祭諸神也。」應劭亦云：「臘者，接也，新故交接，狎臘大祭以報功也。」愚謂此義得之。狎臘者，重接之貌，《西京賦》「披紅葩之狎臘」是也。乃先儒相傳，皆謂臘者，獵也，謂以田獵所得禽祭也。夫《郊特牲》篇有曰：「大羅氏，天子之掌鳥獸者也。諸侯貢屬焉。草笠而至，尊野服也。羅氏致鹿與女而詔客告也，曰：『好田好女者，亡其國。』」是則好田之戒，正申飭于臘月來貢之時。而謂其臘禽以祭乎，必不然矣。或有疑《周禮・羅氏職》有「蜡則作羅襦」之語，謂將以羅網圍取禽也。夫野虞教道田獵實在仲冬，此時作羅襦亦以備用也，即《周禮》「中冬狩田獻禽享烝」，非臘月也。

【《大司樂》】凡六樂者，一變而致羽物及川澤之示，再變而致贏物及山林之示，三變而致鱗物及丘陵之示，四變而致毛物及墳衍之示，五變而致介物及土示，六變而致象物及天神。【注】此謂大蜡索鬼神而致百物，六奏樂而禮畢。東方之祭用太簇、姑洗，南方之祭用蕤賓，西方之祭用夷則、無射，北方之祭用黄鐘爲均，每奏有所感，致和以來之。

鄭氏鍔曰：「致者，使之自至。樂作于此，物應于彼，雖聖人亦安能限其必至哉，亦意其來格而已。樂止于六變者，蓋蜡祭之樂六變而祭畢。」

【《地官・鼓人》】凡祭祀百物之神，鼓兵舞帗舞者。【注】兵，謂干戚也。帗，列五采繒爲之，有秉，皆舞者所執。【疏】此更廣見小神之事，故云凡祭祀百物之神也。云「鼓兵舞帗舞」者，天地之小神所舞，不過此兵舞、帗舞二事。案下《舞師》山川用兵舞，社稷用帗舞，今此小神等，若義近山川者舞兵舞，義近社稷者舞帗舞，故六舞之中惟言此二物而已。

【《禮記・郊特牲》】曰：土反其宅，水歸其壑，昆蟲毋作，草木歸其澤。【注】此蜡祝辭也。若辭同，則祭同處可知矣。壑猶坑也。昆蟲，暑生寒死，螟螽之屬爲害者也。【疏】此以下皆蜡祭之祝辭。土即防也。反，歸也。宅，安也。土歸其安，則不崩。水歸其壑者，水即水庸，壑，坑坎也，水歸其壑，謂不汎濫。昆蟲毋作者，昆蟲，螟螽之屬也，得陰而死，得陽而生，故曰昆蟲。毋作，謂不爲災。❶草木歸其澤者，❷草，苔稗；木，榛梗之屬也。當各歸生藪澤之中，不得生于良田害嘉穀

❶「災」，原作「夭」，據庫本及《禮記注疏》卷二六改。
❷「澤」，原作「宅」，據庫本及《禮記注疏》卷二六改。

也。蜡祭乃是報功，故亦因祈禱有此辭也。一云祝辭，言此神由有此功，故今得報，非祈禱也。辭有水土、昆蟲、草木者，以其無知，故特有辭也。而先嗇之屬有知，故不假辭也。據此祭草木有辭，則草木當有神，八蜡不數之者，以草木徧地皆是，不如坊與水庸之屬各指其一物，故不數。

周氏諝曰：「大蜡祝辭雖紀歲終之事，蓋亦有順天時、息老物之意也。」

馬氏晞孟曰：「蜡者，于歲之終報其成功，又以祈來年之始，故祀之辭如此。草木者，荑稗之屬。」

【蔡邕《獨斷》】天子大蜡八神。爲位相對向。祝曰：「土反其宅，水歸其壑，昆蟲毋作，豐年若土，❶歲取千百。」

右蜡祭禮物、樂舞、祝詞。

【《周禮・地官・黨正》】國索鬼神而祭祀，則以禮屬民而飲酒于序，以正齒位。【注】「國索鬼神而祭祀」，謂歲十二月大蜡之時，建亥之月也。「正齒位」者，《鄉飲酒義》所謂「六十者坐，五十者立侍，六十者三豆，七十者四豆，八十者五豆，九十者六豆」是也。必正之者，爲民三時務農，將缺于禮，至此農隙而教之尊長養老，見孝悌之道也。黨正飲酒禮亡，以此事屬于鄉飲酒之義，微少失矣。凡射飲酒，比鄉民，雖爲鄉大夫，必來觀禮。《鄉飲酒》、《鄉射・記》「大夫樂作不入，士既旅不入」是也。【疏】曰：黨正行正齒位之禮，在十二月建亥之月爲之，非蜡祭之禮，而此云「國索鬼神而祭祀」者，以其正齒位，禮在臘月，故言之以爲節耳。當國索鬼神而祭祀之時，則黨正屬聚其民而飲酒于序學中，以行正齒位之法。當正齒位之時，民內有爲一命以上必來觀禮，故須言其坐之處。

黃氏度曰：「社、禜、酺皆鄉祭，惟蜡爲國祭，蓋亦命祀也。」

陸氏佃曰：「其屬飲則于鄉學，其主人則以鄉官，其賓介則處士賢者，其謀介則就先生。坐主人于東南，僎于東北。坐賓于西北，坐介于西南，此正位也。一命齒于鄉里，再命齒于父族，三命而不齒。六十者三豆，七十者四豆，八十者五豆，九十者六豆，此正齒也。」

【王氏《詳說》】曰：鄉大夫三年一行鄉飲酒禮，黨正一

❶「土」，原作「上」，據《獨斷》卷上改。

年而行鄉飲酒禮。鄉大夫行此禮以賓興，黨正行此禮以正齒位。

劉氏彝曰：「《大司徒之職》曰『大荒、大札，則令邦國移民通財，舍禁，弛力，薄征，緩刑』，然則蜡之通不通皆聽命于司徒矣。蜡禮既畢，然後息民之祭行焉。然則《黨正》國索鬼神而祭祀者，蜡也，非其所職焉，其所職者，于蜡之後以禮屬其黨之民飲酒于序，以正齒位。而謂之息民者，息其田野之勞，而入于邑居以習禮義，故正其齒位以爲庠序之先焉。」

【《禮記·禮運》】昔者仲尼與于蜡賓，事畢，出遊于觀之上，喟然而歎。【注】蜡者，索也，歲十二月合聚萬物而索享之，亦祭宗廟，時孔子仕魯在助祭之中。觀，闕也。孔子見魯君于祭禮有不備，于此又睹象魏舊章之處，感而歎之。【疏】鄭引《郊特牲》十二月蜡，據周言之，夏則十月，殷則十一月，謂建亥之月也。以萬物功成報之。

方氏慤曰：「助祭者必有飲食以勞之，故謂之賓焉。《文王世子》于釋菜言退儐者，以此。」

【《雜記》】子貢觀於蜡，孔子曰：「賜也樂乎？」對曰：「一國之人皆若狂，賜未知其樂也。」子曰：「百日之蜡，一日之澤，非爾所知也。張而不弛，文武弗能也。弛而不張，文武弗爲也。一張一弛，文武之道也。」【注】國索鬼神而祭祀，則黨正以禮屬民而飲酒于序，以正齒位，於是時民無不醉者如狂矣。曰未知其樂，怪之也。蜡之祭，主先嗇，大飲烝，勞農以休息之，言民皆勤稼穡，有百日之勞，喻久也。今一日使之飲酒燕樂，是君之恩澤非女所知，言其義大也。張弛，以弓弩喻人也，弓弩久張之則絶其力，久弛之則失其體。

吕氏大臨曰：「自秋成至于十二月，有百日，在百日中索是鬼神以修蜡禮，故曰百日之蜡。至于十二月乃祭，祭而遂息田夫，故曰一日之澤。」

方氏慤曰：「蜡者，既勞之而報之也；澤者，欲息之而加之惠也。勞之其來也久，故言百日之蜡；息之其及也均，故言一日之澤。」

【《玉藻》】惟饗野人皆酒。【疏】饗野人，謂蜡祭時也。❶野人賤，不得本古，又無德，又可飽食，則宜貪味，

❶「時」，原作「是」，據《禮記疏》改。

故惟酒而無水也。

右祭蜡飲酒正齒位。

【《周禮・考工記・梓人》】張獸侯，則王以息燕。【注】獸侯，畫獸之侯也。息者，休農息老物也。燕，謂勞使臣若與羣臣飲酒而射。【疏】云「息者，休農息老物也」者，謂十月農功畢，君臣飲酒，以休農止息之老萬物也。

【《夏官・羅氏》】蜡則作羅襦。【注】作猶用也。鄭司農云：「蜡謂十二月大祭萬物也。襦，細密之羅，襦讀爲『繻有衣袽』之繻。」❶玄謂：蜡，建亥之月，此時火伏，蟄者畢矣，豺既祭獸，可以羅罔圍取禽也。【疏】先鄭所云，其義得矣，後鄭增成之，言蜡者直取當蜡之月，得用細密之網羅取禽獸，故後鄭云此時火伏。十月之時，火星已伏在戌，將蟄者畢矣。引《王制》者，證十月蜡祭後得火田，有張羅之事。

薛氏季宣曰：「《漢史》：『六人皆一襦，吾獨五襦。』《晉史》云：『先且作襦，後當作袴。』裙襦襠，婦人之飾也。《郊特牲》言：『歲十二月合聚萬物而索享之，四方諸侯草笠而至。大羅氏，天子掌鳥獸之官，致鹿與女，戒諸侯曰：「好田好女者，亡其國。」』然以禮屬民而飲酒，存國家之大體，豈可真致鹿與女哉？以鹿不可致，故作羅以示之；女不可致，故作襦以示之耳。」

鄭氏鍔曰：「致鹿與女，非必用鹿與女也。蓋用取鹿之具與婦人之裙襦而已。用羅襦以示之者，羅以戒其好田也，襦以戒其好女也。然使羅氏作之而已。先儒以羅襦爲一物，殆未之思歟？」

【《禮記・郊特牲》】大羅氏，天子之掌鳥獸者也，諸侯貢屬焉。草笠而至，尊野服也。【注】諸侯于蜡，使使者戴草笠，貢鳥獸也。《詩》云：「彼都人士，臺笠緇撮。」又曰：「其餉伊黍，其笠伊糾。」皆言野人之服也。【疏】天子掌鳥獸之官，謂大羅氏也。謂爲大羅者，鄭云能以羅捕鳥獸者也。《周禮・羅氏》：「掌羅烏鳥，蜡則作羅襦。」鄭司農云：「襦，細密之羅也。」解者云順秋冬殺物，故羅氏用細密之羅網以捕禽鳥矣。然《周禮》不云掌獸，此云獸者，以其受貢獸故也。諸侯貢屬焉者，大羅氏既以羅爲名，能張羅得鳥獸，故四方諸侯有貢獻鳥

❶「襦」，原爲重文，據《周禮注》删。

獸于王者，皆屬大羅氏也。

羅氏致鹿與女，而詔客告也，以戒諸侯曰：「好田好女者，亡其國。」【疏】羅氏先受貢，畢，使者臨去，羅氏又以鹿及女子致與使者，而宣天子之詔于使者，令使者反還其國以告戒其君，故云詔言也。令使者還其國，以如此告汝君曰：「不得好田獵及女色，使國亡也。」言鹿是田獵所得之物，女是亡國之女，而王所以獲者也，故與之鹿、女，明以此爲戒也。一云豈每國輒與女、鹿耶？正當羅氏以鹿與女示使者耳。

天子樹瓜華，不斂藏之種也。【注】華，果蓏也。又詔以天子樹瓜蓏而已，戒諸侯以畜藏蘊財利也。【疏】言天子惟樹瓜與果蓏，所以惟樹植此瓜華者，是供一時之食，不是收斂久藏之種。若其可久藏之物，則不樹之，不務畜藏，與民爭利。

劉氏彝曰：「四方諸侯當仲冬而遇于天子者，必助其祭祀也，故其爲蜡而獵莫不從焉，貢其禽于天子，則大羅氏受之。獻禽者，諸侯之卿大夫也。草笠而至，尊野服者，以明諸侯及其臣皆野服，馳騁從禽，以助王也，其爲忠義亦可尊矣，即之以爲禮焉。既受草笠之獻，則致鹿與女于庭，而詔獻禽之客，俾還告于其君，以申天子之戒勸也。」

周氏諝曰：「《周官・羅氏》謂『蜡則作羅襦』，蓋羅則鹿之所以獲者，而襦則女之所衣者也，故致之以戒于諸侯。然戒之必至于歲終者，戒于終，所以圖其始也。瓜華者，不斂藏之種也，樹其不斂藏之種者，所以戒聚斂也。」

右蜡時之事。

【《史記・秦本紀》】惠文君十二年，初臘。【注】臘，獵禽獸以歲終祭先祖。秦是時始效中國爲之。《風俗通》：「夏曰嘉平，殷曰清祀，周曰蜡，漢改曰臘。」索羣鬼神而祭之。

【《始皇本紀》】三十一年十二月，更名臘曰嘉平。索隱曰：《廣雅》曰：「夏曰清祀，殷曰嘉平，周曰大蜡，亦曰臘。秦更曰嘉平，蓋應歌謠之詞而改從殷號也。」

【《通典》】漢復嘉平曰臘。

【《玉海》】周顯王四十三年，秦初臘。案

春秋時已稱虞不臘，非始于秦也。始皇更名臘曰嘉平，亦復用夏之舊名也。周蜡于十二月，秦臘于孟冬，皆建亥之月也。蜡以息老物，臘以息民。

【《後漢書·禮儀志》】季冬之月，星迴歲終，陰陽以交，勞農大饗臘。正祭宗廟，旁祭五祀，蓋同一日，自此而始非舊典。

【《東觀漢記》】甄宇，北海人，建武中青州從事徵拜博士。每臘，詔賜博士羊，人一頭，羊有大小肥瘦。時博士祭酒議欲殺羊稱分其肉，宇曰不可。又欲投鉤，宇復恥之。宇因先自取其最瘦者。

【袁山松《後漢書》】韓卓，字子助，陳留人。臘日，奴竊食祭其先人，卓義其心，即白免之。

【《後漢書·陳寵傳》】寵曾祖父咸，成哀間以律令爲尚書。及莽篡位，召咸以爲掌寇大夫，謝病不肯應。時三子參、豐、欽皆在位，乃悉令解官，父子相與歸鄉里，閉門不出入，猶用漢家祖臘。人問其故，咸曰：「我先人豈知王氏臘乎？」

【《鄭玄别傳》】玄年十二，隨母還家，正臘，晏會，同列十數人皆美服盛飾，言語閑通。玄漠然，如不及。父母私督數，乃曰：「此非吾志，不在所願。」

【蔡邕《獨斷》】四代臘之别名，夏曰嘉平，殷曰清祀，周曰大蜡，漢曰臘。五帝臘祖之别名：青帝以未臘，卯祖。青帝，大昊，木德。赤帝以戌臘，午祖。赤帝，炎帝，火行。白帝以丑臘，酉祖。白帝，少昊，金行。黑帝以辰臘，子祖。黑帝，顓頊，水行。黄帝以辰臘，未祖。黄帝，軒轅，后土，土行。

蕙田案：邕之説，當本于讖緯。

【《通典》】魏因漢制，高堂隆議臘用日云：

「王者各以其行之盛而祖，以其終而臘。水始于申，盛于子，終于辰，故水行之君，以子祖，以辰臘。火始于寅，盛于午，終于戌，故火行之君，以午祖，以戌臘。木始于亥，盛于卯，終于未，故木行之君，以卯祖，以未臘。金始于巳，盛于酉，終于丑，故金行之君，以酉祖，以丑臘。土始于未，盛于戌，終于辰，故土行之君，以戌祖，以辰臘。今魏土德，而王宜以戌祖，辰臘。」博士秦静議：「古禮，歲終聚合萬物祭宗廟謂之蜡，皆有常日，臨時造請而用之，又無正月祖祭之禮。漢氏用午祖戌臘，午者，南方之象，故以午祖。正月爲歲首，故以寅始用午祖。戌者，歲之終，萬物畢成，故以戌臘。小數之學，因就傅著五行以爲説，皆非典籍經義之文也。《尚書》、《易經》説五行：水火金木土，王相衍天地陰陽之義，故《易》曰坤爲土，土位西南，❶黄精之君，盛德在未，故大魏以未祖。戌者，歲終日窮之辰，不宜以爲歲初祖祭之行始也。《易》曰：坤，利西南得朋，東北喪朋。丑者，土之終，故以丑臘，終而復始，乃終有慶，宜如前，以未祖丑臘。」奏可之。

【《魏名臣奏》】大司農董遇議曰：「土行之君，故宜以未祖、以丑臘，爲得盛終之節，不可以戌祖辰臘也。」

【《禮記外傳》】漢則臘而不蜡，受命之王皆以王日爲祖，衰日爲臘。又云周水德，漢火德，各以其五行之王日爲祖，其休廢日爲臘也。火王午，木王卯，水王子，金王酉，而臘各用其衰日，如魏土行，土衰于辰，故魏臘用辰。晉金行，金衰于丑，

❶「土」，原作「王」，據《通典》卷四四改。

故晉臘用丑。五運相承，莫不皆然。秦靜曰：「古禮出行有祖祭，歲終有蜡祭，無正月必祖之祀。」

蕙田案：秦漢以後，雖改蜡爲臘，其禮不同于古，然饗祀之意則無異也。自蔡邕有五帝臘祖之名之説，而高堂隆引伸之，遂爲魏家之令典，而不知其出于讖緯之邪説也。博士秦静謂非典籍經義之文，可爲有識，惜其不能奪，而終歸于附會耳。

【《通典》】東晉元帝大興二年，未臘，前一日，詔明日當爲范氏從母舉哀，百官戒嚴。尚書郎張亮議曰：「天子祭宗廟、社稷，鼎俎既陳，不得終事者四。若五服之喪，以當降者不以廢。從母無服之喪，不宜廢事舉哀。又禮，祭之明日改祭于祊，以燕皇尸，殷謂之肜，周謂之繹。今雖未施肜繹之祭，先王之典，聖人重不忘。但大臘之日休息，黎衆百日之勤，一日之澤，未可戒嚴。」宋以水德王，祖以子，臘以辰。

【《隋書·禮儀志》】後周以十一月祭神農氏、伊耆氏、后稷氏、田畯、鱗羽贏毛介、水墉、坊、郵表畷、獸猫之神于五郊。五方上帝、地祇、五星列宿、蒼龍、朱雀、白獸、玄武、人帝、五官之神、嶽鎮、海瀆、山林、川澤、丘陵、墳衍、原隰，各分其方合祭之。上帝、地祇、神農、伊耆、人帝于壇上，南郊則以神農，既蜡無其祀。三辰七宿則爲小壇于其側，嶽鎮、海瀆、山林、川澤、丘陵、墳衍、原隰則各爲坎，餘則于平地。皇帝初獻上帝、地祇、神農、伊耆及五人帝。冢宰亞獻，宗伯終獻。上大夫獻三辰、五官、后稷、田畯、嶽鎮、海瀆。中大夫獻七宿、山林、川澤以下。自天帝、人帝、田畯、羽毛之類，牲幣玉帛皆從燎，地祇、郵表畷之類皆從埋。祭畢，皇帝如南郊便殿致齋，明日乃蜡祭于南郊，如東郊儀，祭訖又如黄郊，又如西郊，又如北郊，祭訖還宫。

蕙田案：魏晉祖臘之制，蜡臘之禮意亡矣。至是又加以天神、地祇、星宿、嶽瀆之位，何其濫而不經耶？厥後，隋唐宋相仍，無有起而正之者，宜其不行于後矣。禮教不明，使先王仁至義盡之典，泯然歇絶，皆附會杜撰者階之厲耳，惜哉！

隋初因周制定令，亦以孟冬下亥蜡百神，臘宗廟，祭社稷，其方不熟，則闕其方之蜡焉。開皇四年十一月，詔曰：「前周歲首，今之仲冬建亥之月，稱蜡可也。後周用夏后之時，行姬氏之蜡，考之前代，于義有違，其十月行蜡者停，可以十二月爲臘。」于是始革前制。前周姬氏，後周宇文氏。

【《舊唐書·禮儀志》】太宗貞觀十一年，房玄齡等與禮官述議，以爲《月令》蜡祭惟祭天宗，謂日月而下，近代蜡五天帝、五人帝、五地祇，皆非古典，今並除之。季冬寅日，蜡祭百神于南郊。大明、夜明用犢二，籩、豆各四，簠、簋、甄、俎各一。神農及伊耆氏各用少牢一，籩、豆等與大明同。后稷及五方、十二次、五官、五方田畯、五嶽、四鎮、四海、四瀆以下，方别各用少牢一。其日祭井泉于川澤之下，用羊一。卯日祭社稷于社宫，辰日臘享于太廟，用牲皆准時祭。井泉用羊二。二十八宿、五方之山林、川澤、丘陵、墳衍、原隰，鱗羽贏毛介、水墉、坊、郵表畷、猫、於菟及龍、麟、朱鳥、白虎、玄武，方别各用少牢一，每座籩、豆各二，簠、簋、甄、俎各一。蜡祭凡一百八十七座，當方年穀不登，則闕其祀。

【《通典》】玄宗開元中制儀，季冬臘日蜡百神于南郊之壇，若其方不登，則闕之。

【《開元禮》】臘日蜡百神于南郊，都百九十二座。大明、夜明在壇上，每座籩、豆各十，簠、簋、甑、俎各一。神農、伊耆、五官、每座籩、豆各四，簠、簋、俎各一。五星、三辰、后稷、五方田畯、嶽鎮、海瀆、二十八宿、五方山林、川澤、丘陵、墳衍、原隰、龍、麟、朱鳥、百獸、玄武、鱗羽毛介，於菟、井泉等八十五座。籩、豆各二，簠、簋、俎各二。樂，舊用黄鍾之均，三成，新改用《天神》之樂，圜鍾之均，六成。

【皇帝臘日蜡百神于南郊儀】攝事附

齋戒，如圜丘。從事官及攝事齋戒並如別儀。

陳設

前蜡三日，尚舍直長施大次于外壝東門之内道北，南向，尚舍奉御鋪御座。攝事，衛尉設祀官、公卿以下次于東壝之外道南，北向，以西爲上。衛尉設陳饌幔于内壝東門、西門之外，❶道東，西向。東方、南方之饌陳于東門外。西方之饌陳于西門外，北方之饌陳于北門外。設文武侍臣次。又設祀官及從祀羣官、諸州使人、蕃客等次。攝則無文武侍臣、蕃客等次。前蜡二日，太樂令設宫懸、歌鐘、歌磬，如圜丘之儀。右校掃除壇之内外。郊社令積柴于燎壇，其壇于神壇之左，内壝之外。方八尺，高一丈，開上，南出户，三尺。右校爲瘞埳于壇之壬地，内壝之外，方深取足容物，南出陛。前蜡一日，奉禮設御座及望燎位，祀官、從祀羣官、諸州使人、蕃客等于壝門外，皆如圜丘之儀。攝事如圜丘之儀。設日月酒罇之位。大明太罇二，著罇

❶「之外」下，《文獻通考》卷八五引《大唐開元禮》有「道北，南向北門之外」八字。

二，罍一，在壇上，于東南隅，北向。夜明太罇二，著罇二，罍一，在壇上，于西南隅，北向。神農氏、伊耆氏各著罇二，各于其壇上。五星、五官、后稷各象罇二。七宿、田畯、龍、麟、朱鳥、騶虞、玄武等各壺罇二。❶鱗羽贏毛介等散罇二，俱設于神座之左而右向。五方嶽鎮海瀆俱山罇二，山林川澤俱蜃罇二，丘陵、墳衍、原隰、井泉、水墉、坊、郵表畷、於菟、猫等俱散罇二，各設于神座之右而左向。伊耆氏已上之罇置于坫，星辰已下之罇藉以席，皆加勺、羃。設爵于罇下。設御洗于壇南陛東南。亞獻之洗又于東南，北向。罍水在洗東，篚在西，南肆。篚實以巾、爵。設分獻罍洗羃各于其方陛道之左右，❷俱内向。執罍洗篚羃者，各立于罇罍篚羃之後。各設玉幣之篚于壇之上下罇坫之所。晡後，謁者引光禄卿詣廚視濯溉，又引諸祝官詣廚省饌具，訖，還齋所。

蜡日，未明十刻，太樂令帥宰人以鸞刀割牲，祝史以豆取毛血置于饌所，遂烹牲。日青牲一，月白牲一，其餘方各少牢一。未明五刻，太史令、郊社令升設日月神座于壇上，大明于北方，少東，夜明于大明之西，俱南向，席皆以藁秸。神農、伊耆神座各于其壇上，俱内向。設后稷氏神座于壇東，西向。設五官、田畯之座，各于其方。設五星、十二次、二十八宿、五官、嶽鎮、海瀆、山林、川澤、丘陵、墳衍、原隰、井泉神座各于其方之壇。其五方神獸、鱗、羽、贏、毛、介、水墉、坊、郵表畷、于菟、猫等之座，各于其方壇之後，俱

❶「朱鳥」，原作「牛馬」，據《通典》卷一一〇、《大唐開元禮》卷二二、《文獻通考》卷八五改。

❷「羃」，原作「畢」，據《大唐開元禮》卷二二改。

内向，相對爲首。自神農、伊耆已下百九十座，席皆以莞，設神位各于座首。

鑾駕出宮，如圜丘儀。

奠玉帛

蜡日未明三刻，諸祀官各服其服，郊社令、良醖令各帥其屬入實鐏罍玉幣。凡鐏之次，太鐏爲上，實以醴齊；著鐏次之，實以盎齊。神農、伊耆氏之著鐏，實以盎齊。五星、三辰、五官、后稷、田畯之象鐏，俱實以醍齊。七星之壺鐏，實以汎齊。五方嶽鎮海瀆之山鐏，實以醍齊。山林川澤之蜃鐏，實以汎齊。邱陵已下之散鐏，實以清酒玄酒，❶各實于諸座之上鐏。禮神之玉，大明、夜明以珪璧，大明之幣以青，夜明以白，神農氏幣以赤，伊耆氏幣以玄，五星已下之幣各從方色。太官令帥進饌者實諸籩豆簠簋，各設於内壝之饌幔内。其日未明二刻，奠玉幣毛血等，如圜丘儀。皇帝服玄冕出次。壇上神位，大明、夜明。鼓柷作無射、夷則，奏《永樂》，蕤賓、姑洗、太簇，奏《順和》，黄鐘奏《元和》，凡六均，均一成，俱以文舞。攝事如圜丘之攝事儀。

進熟

皇帝既升奠玉帛，其設饌、盥洗、奠爵，並如圜丘儀。攝事亦同。大祝持版進于神座之左，西面跪讀祝文曰：「維某年歲次月朔日，子嗣天子臣某，攝則云「謹遣太尉封臣名」，已下改皇帝爲太尉，皆謁者贊引。敢昭告于大明：惟神晷耀千里，精烜萬物，覺寤黎蒸，化成品彙。今則璇璣齊運，玉燭和平，六府孔修，百禮斯洽。謹以玉帛犧齊，粢盛庶品，致其燔燎，尚享。」訖，興。皇帝再拜。初讀祝文訖，樂作，大祝進，跪奠版于神座，興，還鐏所，皇帝再拜，訖，樂止。太常卿引皇帝詣夜明鐏所，執鐏者舉冪，侍中取匏爵于坫進，皇帝

❶「玄酒」，原脱，據《通典》卷一一〇、《大唐開元禮》卷二二一、《文獻通考》卷八五補。

受爵。侍中贊酌醴齊，訖，樂作。太常卿引皇帝進夜明神座前，北向，跪奠爵，俛伏，興。太常卿引皇帝少退，北向立，樂止。太祝持版進于神座之右，東面跪讀祝文曰：「維某年歲次月朔日，子嗣天子臣某，敢昭告于夜明：惟神貞此光華，恒茲盈減，表斯寒暑，節以運行，對時育物，登成是賴。豐年之報，式備恒禮。謹以制幣犧齊，粢盛庶品，致其燔燎，尚享。」訖，興。皇帝再拜。讀祝文訖，樂作。太祝進，跪奠版于神座，興，還罇所。皇帝拜訖，樂止。太常卿引皇帝少退，當兩座前，北向立，樂作。其飲福、受胙，並如圜丘儀。

皇帝獻將畢，謁者引太尉攝則謁者引太常卿，已下倣此。詣罍洗，盥手、洗匏爵訖，謁者引太尉自東陛升壇，詣大明著罇所，執罇者舉冪，太尉酌盎齊，武舞作，謁者引太尉進大明神座前，北向跪奠爵，興，謁者引太尉少退，再拜。謁者引太尉詣夜明罇所，取匏爵于坫，執罇者舉冪，太尉酌盎齊訖，謁者引太尉進夜明神座前，北面跪奠爵，興。謁者引太尉少退，再拜。謁者引太尉少東，當兩座前，北向立，太尉再拜，受爵，跪祭酒，遂飲，卒爵。太祝進受爵，復于坫，太尉興，再拜。謁者引太尉降，復位。

初太尉獻將畢，引光禄卿攝事同以光禄卿爲終獻。詣罍洗爵，升酌盎齊，終獻，如亞獻之儀。❶ 初亞獻，升壇。謁者二人分引獻官詣罍洗，盥手，洗爵，酌酒，一獻帝伊耆氏，一獻神農氏，跪奠爵神座前，俛伏，興，向神立。太祝持版進于神座之右，跪讀祝文訖，

❶「之儀初亞獻」五字，原脱，據《大唐開元禮》卷二二、《通典》卷一一〇補。

興，獻官再拜訖，謁者引降還本位。

初伊耆氏獻官將升，謁者五人各引獻官詣罍洗，盥手，洗爵，詣酒罇所酌酒，一獻歲星，一獻熒惑，一獻鎮星，一獻太白，一獻辰星，各奠于神座，少退，向神立。于獻官奠訖，七星皆祝史助奠，相次俱畢。太祝各持版進于神座之右，跪讀祝文訖，興。凡讀蜡祝文，每一番獻酒，從東方祝文爲始，讀祝訖，次南方，次西方。餘神亦同也。獻官再拜訖，太祝各進奠版于神座前，還罇所。

謁者遂引五星等獻官詣罍洗，盥手洗爵，各詣酒罇所酌酒，一獻東嶽，一獻南嶽，一獻中嶽，一獻西嶽，一獻北嶽，俱奠于神座，少退，向神立。嶽鎮、海瀆、山林、川澤、丘陵、墳衍、原隰、井泉皆祝史助奠，相次俱畢。太祝持版進神座之右，跪讀祝文訖，興。獻官再拜訖，太祝奠版于神座，還罇所。謁者各引獻官還本位。

初酌嶽鎮酒，贊引五人各引獻官詣罍洗盥洗，詣酒罇所酌酒，一獻勾芒氏，一獻祝融氏，一獻后土氏，一獻蓐收氏，一獻玄冥氏，后稷、田畯等各祝史助奠訖，祝史持版進神座之右，跪讀祝文訖，興，餘與東方同，惟無后稷。獻拜。祝史奠版于神座。贊引遂引五官獻官等詣罍洗酒罇所酌酒，分獻五靈。其鱗、羽、鸁、毛、介、猫、於菟、坊、水墉、昆蟲等皆齋郎助奠，相次俱畢。祝史持版跪讀祝文訖，興。拜訖，奠版，各引還本位。武舞六成，樂止。

舞獻俱畢，上下諸祝各進徹豆，還罇所。徹者，籩、豆各一，少移故處。奉禮曰：「賜胙。」贊者唱：「衆官再拜。」衆官在位皆再拜。已飲福受胙者不拜。《元和》之樂作，太常卿前奏稱：「請再拜。」退位，皇帝再拜。奉禮曰：「衆官再拜。」在位者皆再拜。樂一成，止。太常卿前奏：「請就望燎位。」攝事，謁者引太尉就望燎位。太常卿引皇帝，樂作。皇帝就望燎位，南向立，樂止。于羣官將拜，上下諸祝各執篚進神座前，跪取玉帛、祝版。齋郎以俎載牲體、稷黍飯、爵酒，各由其陛降壇，南行，經懸内，當柴壇，東行，自南陛登柴壇，以玉幣、饌物、祝版置于柴上户内，諸祝以星辰七宿已上之禮幣皆從燎。神農、伊耆氏、嶽鎮已下之祝俱詣瘞埳，以玉幣饌物置于埳。訖，奉禮曰：「可燎。」東西面各六人炬燎，初唱「可燎」，埳東西廂各四人寘土，火半柴，太常卿前奏：「禮畢。」攝事，謁者白「禮畢」。太常卿引皇帝還大次，樂作，皇帝出中壝門，殿中監前受鎮珪，以授尚衣奉御，殿中監又前受大珪，華蓋侍衛如常儀。皇帝入次，樂止。謁者、贊引各引祀官，通事舍人分引從祀羣官、諸國客使以次出。贊引引御史已下俱復執事位，立定。奉禮曰：「再拜。」御史已下皆再拜。贊引引出，工人、二舞以次出。其神農已下祝版，燔于齋所。

鑾駕還宫，如圜丘之儀。

伊耆氏祝文曰：「維某年歲次月朔日，子嗣開元神武皇帝諱，謹遣具位姓名，敢昭告於帝伊耆氏：惟帝體仁尚義，崇本念功，爰創嘉祀，息農饗物。今九土攸宜，百穀豐稔，備兹八蜡，大旅四方。謹以制幣犧齊，粢盛庶品，明薦於帝，尚享。」

神農氏祝文曰：「維某年歲次月朔日，子嗣開元神武皇帝諱，謹遣具位姓名，敢昭告于帝神農氏：惟帝肇興播植，粒此黎元。今時和歲稔，神功是賴，謹以制幣犧齊，粢盛庶品，明薦于帝，尚享。」

東方歲星祝文曰：「維某年歲次月朔日，子嗣天子諱，謹遣具位姓名，敢昭告于東方歲星七宿：惟神列位垂象，叶贊穹蒼，昭晰羣生，蕃阜庶類。今時和歲稔，恒禮是率，謹陳嘉薦，庶神享之。」南方、中央、西方、北方准此。

東方嶽鎮海瀆祝文曰：「維某年歲次月朔云云，惟神宣導坤輿，興降雲雨，亭毒庶品，實賴滋益。年穀順成，用通大蜡，謹薦嘉祀，溥及一方，山林川澤，丘陵墳衍，原隰井泉，庶神咸享！」南方、西方、北方准此。

勾芒氏祝文曰：「維某年歲次月朔日，子嗣開元神武皇帝諱，謹遣具位臣姓名，敢昭告于勾芒氏：惟神贊陽出滯，發生品物，萌者畢達，仁德以宣，用陳明薦，神其臨享！」

后稷氏祝文曰：「維某年歲次月朔日，子嗣開元神武皇帝某，謹遣具位臣姓名，敢昭告于后稷氏：惟神誕降嘉種，播兹百穀，蒸庶以粒，乂此萬邦，爰及田畯，實勸農穡，謹薦明祀，庶神享之！」

祝融氏祝文曰：「維某年歲次月朔日，子嗣開元神武皇帝諱，謹遣具位臣姓名，敢昭告于祝融氏：惟神典司火正，淳耀昭明，式贊南訛，厥功以致，豐年之薦，庶神臨享！」

后土氏祝文曰：「維某年歲次月朔日，子嗣開元神武皇帝諱，謹遣具位臣姓名，敢昭告于后土氏：惟神式贊黄道，典司土正，居中執信，是興稼穡，年穀既登，庶享嘉薦！」

蓐收氏祝文曰：「維某年歲次月朔日，子嗣開元神武皇帝諱，謹遣具位臣姓名，敢昭告于蓐收氏：惟神典司金正，式贊西成，執矩懷莊，尚義趨方，豐年之報，饗兹嘉祀！」

玄冥氏祝文曰：「維某年歲次月朔日，子嗣開元神武皇帝諱，謹遣具位臣姓名，敢昭告于玄冥氏：維神典司水正，贊序幽都，厥務安寧，積藏斯在，豐年之祀，庶饗明薦！」蒼龍祝文曰：「維某年歲次月朔日，子嗣天子諱，謹遣具位臣姓名，敢昭告于蒼龍之神：惟神體備幽明，質兼小大，實爲鱗長，贊明造物，歲稔年登，實資弭患。式陳嘉薦，百靈是屬，爰及東方，鱗羽羸毛介衆族，猫、於菟、坊、水墉、昆蟲諸神咸享。」其朱鳥、騶虞、玄武祝文首尾，並與此同，祝文發首亦同也。朱鳥之神：「惟神肇自火精，冠兹羽族，輔時宣化，効祥蹈禮，年和歲稔，有賴厥功。」麟之神：「惟神體信爲質，惟和是歸，作長毛宗，表靈玉牒，年穀豐稔，實兹宣助，式陳嘉薦，庶神臨饗！」騶虞之神：「惟神性履至仁，稟靈金宿，贊育生類，實參利物，爰兹報功，用率恒祀。」玄武之神：「惟神誕稟辰精，長兹介族，先知稱貴，誠行攸底，伊此豐年，有憑宜慶。」

【《宋史·太祖本紀》】建隆元年春三月，定國運以火德王，色尚赤，臘用戌。

【《禮志》】大蜡之禮，自魏以來始定議。王者各隨其行，祖以其盛，臘以其終。建隆初，以有司言：「周木德，❶木生火，宜以火德王，色尚赤。」遂以戌日爲臘。

【《文獻通考》】建隆三年十二月戊戌，臘。有司畫日，以七日辛卯蜡百神。太常博士和峴奏議曰：「謹案：蜡始于伊耆，後歷三代及漢，其名雖改，而臘與蜡其實一也。漢火行，用戌臘。臘者，接也，新故相接，畋獵禽獸以享百神，報終成之功也。王者因蜡祭上享宗廟，旁及五祀，展其孝心，盡物示恭也。魏晉以降，悉沿其制。唐乘土德，貞

❶「周」，原作「用」，據《宋史·禮志》、《群書考索》卷三四改。

觀之祭，以前寅日蜡百神，卯日祭社宫，辰日饗宗廟。開元定禮，三祭皆于臘辰，以應土德。聖朝常以十二月戌日爲臘，而以前七日辛卯先行蜡祭，蓋禮官之失也。事下有司，請準唐禮，蜡百神，祀社稷，享宗廟，皆同用臘日。」從之。蜡百神，壇高四尺，東西七步二尺，南北六步四尺。

仁宗天聖三年，禮官陳詁言：「蜡祭一百九十二位，而祝文所載一百八十二位，無五方田畯、五方郵表畷一十位。蓋開元以來，年祀寖遠，有司失傳。《郊祀録》、《正辭録》、《司天監神位圖》皆以虎爲於菟，乃避唐諱，請復爲虎。載田畯、郵表畷。」慶曆用羊、豕各二，大明、夜明壇增山罍爲二，籩、豆十二，三獻終。禮生引司天監、分獻官逐階下，罍洗，詣帝神農、伊耆、五星、三辰、七宿、嶽鎮、海瀆、祝融、后土、后稷、蒼龍、朱雀、麒麟、玄武、白虎神座前上香，奠幣爵，並再拜。内從祀神位不設香幣、祝版，惟奠酒再行。後皇祐定壇高八尺，廣四丈。嘉祐加羊、豕各五。

神宗元豐六年，詳定郊廟奉祀禮文所言：「《記》曰：『八蜡以記四方，年不順成，八蜡不通。』歷代蜡祭，獨在南郊爲一壇，惟周、隋有四郊之兆。又《禮記·月令》以蜡與息民爲二祭，故隋唐息民祭在蜡之後日。請蜡祭四郊各爲一壇，以祀其方之神。有不順成之方，則不修報，其息民仍在蜡祭之後。」從之。先是，太常寺言：「四郊蜡祭，宜依百神制度築壇，其東西有不順成之方，即祭日月。其神農、后稷，舊設位于壇下，當移于壇上。其壇下伊耆氏之位，宜除之。」禮部復言：「蜡祭四壇皆設神農、后稷，同日祭享，頗爲重複。」太常寺以謂：

「蜡祭本以神農爲主，后稷從祭四郊，今設壇自當每方各祭，同日不爲重複。」從之。

【《宋史·徽宗本紀》】政和三年四月庚戌，班《五禮新儀》。

【《禮志》】《政和新儀》：臘前一日，蜡百神。四方蜡壇廣四丈，高八尺，四出陛，兩壝，每壝二十五步。東方設大明位，西方設夜明位，以神農氏、后稷氏配。配位以北爲上，南北壇設神農氏位，以后稷氏配。五星、二十八宿、十二辰、五官、五嶽、五鎮、四海、四瀆及五方山林、川澤、丘陵、墳衍、原隰、井泉、田畯、蒼龍、朱鳥、麒麟、白虎、玄武、五水墉、五坊、五虎、五鱗、五羽、五介、五毛、五郵表畷、五贏、五猫、五昆蟲從祀，各依其方設位。中方鎮星、后土、田畯設于南方蜡壇西階之西。中方嶽鎮以下設于南方蜡壇午階之西，伊耆設于北方蜡壇卯階之南，其位次于辰星。

紹興十九年，有司檢會《五禮新儀》，臘前一日蜡東方、西方爲大祀，蜡南方、北方爲中祀，並用牲牢。

【《文獻通考》】紹興十九年，臣僚言：「《月令》：『臘先祖、五祀，勞農以休息之。』釋者謂蜡祭也，所以報一歲之成功，求嗣歲之福也。今已行臘享，而報農之祀或闕，請並行蜡祭。」有司檢會，以臘前一日蜡祭，東西方百神禮料，一視感生帝，內從祀視釋奠文宣王從祀。蜡祭南北方百神，一視鎮嶽海瀆，內從祀一視釋奠武成王從祀。

【《玉海》】紹興十九年五月乙酉，詔定蜡祭，從户部郎周莊仲之言也。

【《宋史·禮志》】孝宗乾道四年，太常少卿王瀹請于四郊各爲一壇，以祀其方之神，東西以日月爲主，各以神農、后稷配；南北方皆以神農爲主，以后稷配。自五帝、星辰、嶽、鎮、海、瀆以至猫、虎、昆蟲，各隨其方，分爲從祀。其後南蜡仍于圜壇望祭殿，北蜡于餘杭門外精進寺行禮。

【《玉海》】乾道四年十一月二十七日，禮官王瀹等言：「東西蜡備登歌、三獻，而南北方正配從祀一奠而已，請如中祀儀式。」從之。

【《大學衍義補》】丘氏濬曰：「大蜡之祭，三代已有之。在周之前，夏曰嘉平，殷曰清祀，而在周則曰大蜡焉。秦始謂之臘，尋更曰嘉平，漢復曰臘。季冬之月，星回歲終，陰陽以交，農大享臘。臘者，接也，新故相接，畋獵禽獸以享百神，報終成之功也。魏晉以後，皆有其禮。古者所祭者，八神而已，皆有功于農事者也。後世所祀之神乃至于八十有五座，一百九十有二位，何也？本朝於古祀典所當舉者未嘗或廢，惟于蜡祭闕焉。蓋此祭也，與籍田相爲始終，當夫東作方興之始，既舉籍田之禮以祀先農于春，而以帥先農民以興其務本之心，則夫百穀告成之後，載舉大蜡之禮以報先嗇于冬，而以勞來農民以報其勤動之苦。是故舉先王莫大之禮，是亦廣聖君莫大之恩也。倘不棄愚言，復行盛禮，則幽明、人鬼皆蒙其休。」

【明彭謹《八蜡廟記》】聖人緣情以起禮，因民而事神，故享祀必本之有功，而報德不遺于其細，此伊耆氏之所以爲蜡。蜡者，索也，時維季冬，百物用成，合山川人物之靈而索享之也。《記·郊特牲》曰先嗇，曰司嗇，曰農，曰郵表畷，曰猫虎，曰坊，曰水墉，曰昆蟲，其教陳矣，而所主者，息老送終，勞勤休力，仁之至，義之盡也。古禮，天子大蜡。今之制止于府州縣，王國則否。畿甸以降，惟兩河之間則有之，荆揚而南，莫之行也。豈不以有司于民最親，足食爲政首務，而聖人之流風遺澤，在中土爲獨存與？寶慶舊無廟，有廟蓋自郡守鈞陽郭公始也。部符南楚，星軺載臨，式崇禮教，以索享之典弗復，非所以重祈報而昭敬事也，乃因郡鐘樓之屢徙將圮，議欲爲新室于公庾之右，以祀八蜡而薦明德。請于當路，咸可之。爰命縣典史陳春董其事，材取諸斧琢之既成者，力取諸輿臺之已役者，始于丙辰冬十月而就功，不待改歲，翿然輪奂炳若，位置秩如矣。彭子曰：仁哉！公之用心，其善于復古矣。凡禮，有其舉之，莫可廢也，無其人焉，莫可强也。夫子修經，譏南門之作；删《詩》，録史克之頌，蓋以僖公賢于魯閟宫，義當復古，《春秋》之所予也。今二千石之選，孰有踰公者？修美報以答明賜，行典禮而觀會通，人之稱是舉也，其不謂之社稷之役也乎？長人者之于百姓，既盡心力以圖其明，尤資鬼神以相其幽，而神有不享、民有不安者，弗信也。繼自今將陰陽調，風雨時，衣食足，禮義興，而公之功爲益大，德爲益溥矣。

【陸東《蜡祭議》】案八蜡神祠制也，相沿以春秋仲月戊日致祭。考之典禮，于義未當。《禮》曰：「蜡，索也，歲十二月合聚萬物而索享之。」子貢觀于蜡，孔子曰：「賜也，樂乎？」子貢曰：「一國之人皆若狂，賜未知其樂也。」子曰：「百日之蜡，一日之澤，非爾所知也。」蓋終歲勞農，是日飲樂，以享君恩也，亦曰臘也。

漢應劭曰：「周曰大蜡，漢改曰臘。漢火行，衰于戌，故此日臘也。」蔡邕《獨斷》曰：「臘者，歲終大祭。」《漢舊議》曰：「臘者，報諸鬼神聖賢有功于民者也。」《魏臺訪議》曰：「帝問：何用未社丑臘？王肅對曰：丑之明日便寅，寅，木也，故以丑臘。」由是觀之，則蜡之祭十二月也。漢戌魏丑，日則不一。愚意蔡邕謂歲終，王肅謂明日爲寅，似當以歲除行事，則丑之義爲長。然或立春在十二月，則又除夕屬新歲矣。議立春于除前，則用立春前丑日，立春于來歲，則用下旬丑日。庶報祀事崇興，而舉事協祭義矣。

蕙田案：元明以來，蜡臘之祭不行，故瓊山丘氏有復行之請。今觀彭、陸二文，一曰今之制於府州縣，一曰相沿以春秋戌日致祭，則其行於民間者，蓋未嘗絶也。聖人制禮，協諸義而和於情，宜其流風餘韻如此。

右歷代蜡臘。

五禮通考卷第五十六

淮陰吴玉搢校字

五禮通考卷第五十七

内廷供奉禮部右侍郎金匱秦蕙田編輯
太子太保總督直隸右都御史桐城方觀承同訂
按察司副使元和宋宗元參校

吉禮五十七

儺

蕙田案：《易》曰：「精氣爲物，游魂爲變，故知鬼神之情狀，幽明之故。」聖人通之，故有儺禮，以驅疫焉。疫者，四時不正之氣，邪鬼或憑之以爲癘。鬼神之有邪正，亦猶人之有君子、小人也。神之正直者不畏人鬼之奇衺者，陰氣之慝，以陽剛之氣懾之，則遊散而不爲害，亦其理也。《周禮》所載狂夫之狀，雖近于誕，然豈非所謂知鬼神之情狀者乎？今以《周禮》、《禮記·月令》之言載于前，後世之事附焉，殆亦聖人神道設教之一端也夫。

【《周禮·夏官》】方相氏，狂夫四人。

王氏昭禹曰：「方相氏者，以其相視而攻疫者，非一方也。《月令》于季冬命有司大儺，則曰旁磔，亦以方之所在，非一方。」

鄭氏鍔曰：「或謂：每歲有時儺之事，所謂季春命國儺，仲秋天子乃儺，季冬命有司大儺，見于《月令》者是也。三時有儺，夏則無之。方相氏乃爲夏官之屬，何耶？蓋方相氏以狂夫爲之，康成謂方相猶放想，可畏怖之貌，義無所考，殆猖狂之意也。因四方而驅疫，必狂夫爲之，蓋陽勝則爲狂，陰慝則爲疫，狂夫，陽之太過者也。夏則陽盛而火王，陽盛而太過則爲狂矣，使之索陰慝之鬼，亦厭勝之術。」

高氏愈曰：「方相，能于四方上下相察凶神者也。狂夫不自檢飭者，其職主逐疫，而屬夏官者，陽誅殘賊，陰驅疫癘，其義一也。」

掌蒙熊皮，黄金四目，玄衣朱裳，執戈揚盾，帥百隸而時儺，以索室毆疫。【疏】案《月令》惟有三時儺，季春有國者儺，仲秋天子乃儺，季冬乃命有司大儺，言大，則及民庶。此經所儺，據十二月大儺而言。《鄉黨》「鄉人儺」，《郊特牲》「鄉人禓」，亦皆據民庶得儺而言也。

李氏嘉會曰：「鬼神，陰物。狂夫四目，玄衣朱裳，皆象陽氣以抑陰氣。」

蔡氏德晋曰：「蒙冒熊皮，示其猛。黄金四目，示其明。執戈揚盾，示其威。百隸，《秋官》司隸所掌五隸也。時儺，以季春、仲秋、季冬三時而儺也。索室驅疫，謂入室中搜索疫鬼，而驅逐之也。」

方氏苞曰：「玄衣朱裳，執戈揚盾，以驅疫可也。而蒙熊皮，黄金四目，則怪誕可駭。蓋王莽好厭勝，如遣使負瞽持幢，與令武士入高廟拔劍四面提擊，正與此相類。故劉歆增竄此文，以示聖人之法固如是，其多怪變耳。削去則職中辭氣相承，完善無疵。」

蕙田案：方氏于《周禮》之文可疑者，輒謂劉歆附王莽竄入，此亦其一。然聖人不語怪，而除怪以怪，蓋爲愚夫婦而設，未足過也。若因誕而削之，則石言神降，豈非怪之尤者乎？謂王莽竊其似以行私則可，竟因此而削之則不可也。

【《春官·占夢》】季冬，遂令始難毆疫。【注】令，令方相氏也。難，謂執兵以有難卻也。故書難或爲儺。杜子春：儺當作難。【疏】難者，以其難去疫癘，故爲此讀。

李氏嘉會曰：「季春、仲秋、季冬皆有儺。今日始儺者，蓋在上始行儺禮，則諸侯、萬民斯可儺也。」

王氏昭禹曰：「既舍萌贈惡夢，内無釁，然後自外至者可索而毆也。」

易氏祓曰：「始儺，所以迎和氣。毆疫，所以送戾氣。」

【《男巫》】冬堂贈，無方無算。【注】杜子春云：

「堂贈，謂逐疫也。無方，四方爲可也。無算，道里無數，遠益善也。」玄謂：冬歲終，以禮送不祥及惡夢皆是也。其行必自堂始。巫與神通言，當東則東，當西則西，可近則近，可遠則遠，無常數。

【《禮記·月令》】季春之月，命國難，九門磔攘以畢春氣。

【陳澔《集説》】難之事，在《周官》則方相氏掌之。裂牲謂之磔，除禍謂之攘。春者，陰氣之終，故磔攘以終畢厲氣也。舊説，大陵八星在胃北，主死喪。昴中有大陵積尸之氣，氣佚則厲鬼隨之而行。此月初日在胃。從胃歷昴，故毆疫之事當于此時行之也。

仲秋之月，天子乃儺，以達秋氣。【注】此儺，儺陽氣也。陽暑至此不衰，害亦將及人，所以及人者，陽氣左行，此月宿值昴畢，昴畢亦得大陵積尸之氣，氣佚則厲鬼亦隨而出行。于是亦命方相氏帥百隸而儺之。《王居明堂禮》曰：「仲秋，九門磔攘以發陳氣，禦止疾疫。」

【陳澔《集説》】此獨言天子難者，此爲除過時之陽暑。陽者，君象，故諸侯以下不得難也。

季冬之月，命有司大難，旁磔，出土牛，以送寒氣。

【陳澔《集説》】季春惟國家之難，仲秋惟天子之難，此則下及庶人，又以陰氣極盛，故云大難也。旁磔，謂四方之門皆披磔其牲，以攘除陰氣，不但如季春之九門磔攘而已。舊説，此日月經虚危，司命二星在虚北，司禄二星在司命北，司危二星在司禄北，司中二星在司危北。此四司者，鬼官之長。又墳四星在危東南，墳墓四司之氣能爲厲鬼，將來或爲災厲，故儺磔以禳除之。事或然也。出猶作也。月建丑，丑爲牛，土能制水，故特作土牛以畢送寒氣也。

方氏慤曰：「儺，所以儺陰慝而毆之。《周官》方相氏帥百隸而時儺，以狂夫爲之，則狂疾以陽有餘，唯陽有餘，足以勝陰慝故也。攘九門，欲陰慝之出。凡此慮春氣之不得其終也，故曰以畢春氣。此儺陰慝之作于春者也。仲秋、季冬，則儺陰慝之作于秋冬者也。獨夏不儺，則以陽盛之時，陰慝不能作故也。季冬，一歲陰慝之盛，故本其積陰之氣而言之，特謂之大。蓋毆者邪氣也，達之、送之者，正氣也。春曰磔攘，冬曰旁磔者，災難，故旁又磔焉，不特九門故也。秋雖不言，從可知矣。春曰命國，秋曰天子，冬曰命有司，何也？蓋天子之儺爲國而已，非自爲之也，委之有司而已，故言之序如此，且互相備也。」

【《郊特牲》】鄉人禓，孔子朝服立于阼，存室神也。【注】禓，强鬼也。謂時儺索室毆疫逐强鬼也。禓或爲獻，或爲儺。朝服立于阼，神依人也。【疏】此一經論孔子存神之事。鄉人驅逐强鬼，孔子恐廟神有驚恐，身着朝服立于廟之阼階，存安廟室之神。朝服以祭，故用祭服以依神也。

馬氏晞孟曰：「儺者，索室以去其不祥，其法見于周方相氏，而其事見于《月令》之季秋。孔子，聖人，德合于神明矣，非俟于索室以去其不祥，然必從鄉人之儺者，不違衆以立異也。」

葉氏夢得曰：「儺有二名，儺猶禳也，以禦陰爲義，故文從儺，猶禬也；以抗陽爲義，故文從昜。此以存室神也，故以禓爲名。鄭氏以爲强鬼之名，誤也。」

【《論語·鄉黨》】鄉人儺，朝服而立於阼階。

【朱子《集注》】儺雖古禮而近于戲，亦必朝服而臨之者，無所不用其誠敬也。或曰：恐其驚先祖、五祀之神，欲其依己而安也。

【《雲麓漫抄》】世俗，歲將除，鄉人相率爲儺，俚語謂之打野狐。案《論語》「鄉人儺，朝服立于阼階」，注：「大儺，驅逐疫鬼也。」亦呼爲野雲戲。

【《禮記外傳》】方相氏之官，歲有三時，率領羣隸驅索癘疫之氣于宮室之中，亦攘送之義也。天以一氣化萬物，五帝各行其德，餘氣留滯則傷，後時謂之不和，而災疫興焉。大儺者，貴賤至于邑里皆得驅疫。命國儺者，但于國城中行之耳。

【《莊子》】游島問雄黄曰：❶「今逐疫出魅，擊鼓呼譟何也？」雄黄曰：「黔首多疫，黄帝氏立巫咸，使黔首沐浴齋戒以通九竅，鳴鼓振鐸以動其心，勞形趨步以發陰陽之氣，飲酒茹葱以通五臟。夫擊鼓

❶ 此段文字不見於今《莊子》，最早見《太平御覽》卷五三〇。「游」，原作「遊」，據改。

呼噪逐疫出魅，黔首不知，以爲魅祟也。」

右經傳儺。

【《漢舊儀》】顓頊氏有三子，生而亡去爲疫鬼。一居江水，是爲疫鬼。一居若水，是爲魍魎蜮鬼。一居人宫室樞隅處，善驚人小兒。《月令章句》曰：「日行北方之宿，北方大陰，恐爲所抑，故命有司大儺，所以扶陽抑陰也。」方相帥百隸及童女，以桃弧、棘矢、土鼓，鼓且射之，以赤丸、五穀播灑之。

【《後漢書・禮儀志》】先臘一日，大儺，謂之逐疫。其儀：選中黄門子弟年十歲以上，十二以下，百二十人爲侲子。侲之言善，善童，幼子也。皆赤幘皂製，執大鼗。方相氏黄金四目，蒙熊皮，玄衣朱裳，執戈揚盾。十二獸有衣毛角。中黄門行之，冗從僕射將之，以逐惡鬼于禁中。夜漏上水，朝臣會，侍中、尚書、御史、謁者、虎賁、羽林郎將執事，皆赤幘陛衛。乘輿御前殿。黄門令奏曰：「侲子備，請逐疫。」于是中黄門倡，侲子和，曰：「甲作食殅，胇胃食虎，雄伯食魅，騰簡食不祥，攬諸食咎，伯奇食夢，强梁、祖門共食磔死寄生，委隨食觀，錯斷食巨，窮奇、騰根共食蠱。凡使十二神造惡凶，赫女軀，拉女幹，節解女肉，抽女肺腸。女不急去，後者爲糧！」【注】《東京賦》曰：「捎魑魅，斮獝狂。斬委蛇，腦方良。囚耕父于清泠，溺女魃于神潢。殘夔魖與罔象，殪壄仲而殲游光。」注曰：「魑魅，山澤之神。獝狂，惡鬼。委蛇，大如車轂。方良，草澤神。耕父、女魃皆旱鬼，惡水，故囚溺于水中，使不能爲害。夔魖、罔象，木石之怪。壄仲、游光，兄弟八人，恒在人間作怪害也。孔子曰：『木石之怪夔魍魎，水之怪龍、罔象。』」臣昭曰：木石，山怪也。夔一足，越人謂之山獠。魍魎，山精，好學人聲而迷惑人。龍，神物也，非所常見，故曰怪。罔象，食人，一名沐腫。《埤蒼》曰：「獝狂，無頭鬼。」因作方相與十二獸儛。嚾呼，周徧前後省三過，持炬火，送疫出端門；【注】《東京賦》曰：「煌火馳而星流，逐赤疫于四裔。」注曰：「煌，火光。逐，驚走。煌然火光如星馳。赤疫，疫鬼惡者也。」侲子合三行，從東序上，西序下。門外騶騎傳炬出宮，司馬闕門之外五營騎士傳火棄雒水中。【注】《東京賦》注曰：「衛士千人在端門外，五營千騎在衛士外，爲三部，更送至雒水，凡三輩逐鬼投雒水中，仍上天池，絶其橋梁，使不度還。」百官官府各以木面獸能爲儺人師訖，設桃梗、鬱儡、葦茭畢，執事陛者罷。【注】《山海經》曰：「東海中有度朔山，上有大桃樹，蟠屈三千里，其卑枝門曰東北鬼門，萬鬼出入也。上有二神人，一曰神荼，一曰鬱儡，主閲領衆鬼之惡害人者。執以葦索而用食虎。」于是黄帝法而象之，毆除畢，因立桃梗于門户上，畫鬱儡持葦索，以御凶鬼，畫虎于門，當食鬼也。《史記》曰：「東至于蟠木。」《風俗通》曰：「《黄帝》：『上古之時，有神荼與鬱儡兄弟二人，性能執鬼。』桃梗，梗者更也，歲終更始，受介祉也。」葦戟、桃杖以賜公卿、將軍、特侯、諸侯云。

【《鄧皇后本紀》】永初三年，舊事，歲終當饗衛士，大儺逐疫。太后以陰陽不和，軍旅數興，詔饗會勿設戲作樂，減逐疫侲子之半，悉罷象橐駝之屬。豐年復故。

【《北魏書·高宗本紀》】和平三年十有二月乙卯，因大儺耀兵，有飛龍、騰蛇、魚麗之變，以示威武。

【《禮志》】和平三年十二月，因歲除大儺之禮，遂耀兵示武，更爲制令。

【《隋書·禮儀志》】齊制，季冬晦，選樂人子弟十歲以上，十二以下爲侲子，合二百四十人。一百二十人，赤幘皂褠衣，執鼗。一百二十人，赤布袴褶，執鞞角。方相氏黄金四目，熊皮蒙首，玄衣朱裳，執戈揚盾。又作窮奇、祖明之類，凡十二獸，皆有毛角。鼓吹令率之，中黄門行之，冗從僕射將之，以逐惡鬼于禁中。其日戊夜三唱，開諸里門，儺者各集，被服器杖以待事。戊夜四唱，開諸城門，二衛皆嚴。上水一刻，皇帝常服，即御座，王公執事官第一品已下、從六品已上，陪列預觀。儺者鼓譟，入殿西門，徧於禁内。分出二上閤，作方相與十二獸儛戲，喧呼周徧，前後鼓譟。出殿南門，分爲六道，出于郭外。

隋制，季春晦，儺，磔牲于宮門及城四門，以禳陰氣。秋分前一日，禳陽氣。季冬，傍磔，大儺亦如之。其牲，每門各用羝羊及雄雞一。選侲子如後齊，冬八隊，二時儺則四隊。執事十二人，赤幘褠衣，執皮鞭。工人二十二人，其一人方相氏，黄金四目，蒙熊皮，玄衣朱裳。其一人爲唱師，著皮衣，執棒。鼓角各十。有司預備雄雞、羝羊及酒，于宮門爲坎。未明，鼓譟以入。方相氏執戈揚楯，周呼鼓譟而出，合趣顯陽門，分詣諸城門。將出，諸祝師執事，預副牲匈，磔之于門，酌酒禳祝。舉牲并酒埋之。

【《唐書·禮樂志》】大儺之禮，選人年十二以上、十六以下爲侲子，假面赤布袴褶。二十四人爲一隊，六人爲列。執事十二人，赤幘赤衣麻鞭。工人二十二人，其一人方相氏，假面，黄金四目，蒙熊皮，黑衣朱裳，右執楯。其一人爲唱師，假面皮衣，執棒。鼓角各十，合爲一隊，隊別鼓吹令一人，太卜令一人，各監所部。巫師二人，以逐惡鬼于禁中。有司預備每門雄雞及酒，擬于宮城正門、皇城諸門磔禳。設祭，太祝一人，齋郎三人，右校爲瘞埳，各于皇城中門外之右。前一日之夕，儺者赴集所，具其器服以待事。其日未明，諸衛依時刻勒所部屯門列仗近仗入，陳于階。鼓吹令帥儺者各集于宮門外。内侍詣皇帝所，御殿前奏：「侲子備，請逐疫。」出，命寺伯六人分引儺者于長樂門、永安門以入，至左右上閤，鼓譟以進。方相氏執戈揚楯。唱侲子和，曰：「甲作食殅，胇胃食虎，雄伯食魅，騰簡食不祥，攬諸食咎，伯奇食夢，彊梁、❶祖明共食磔死寄生，委隨食觀，錯斷食巨，窮奇、騰根共食蠱，凡使一十二神追惡凶，赫汝軀，拉汝幹，節解汝肉，抽汝肺腸。汝不急去，後者爲糧！」周呼訖，前後鼓譟而出。諸隊各趨順天門以出，分詣諸城門，出郭而止。儺者將出，祝布神席，當中門，南向。出訖，宰手、齋郎疈牲匈，磔之神席之西，藉以席，北首。齋郎酌清酒，太祝受奠之。祝史持版于座右，跪讀祝文曰：「維某年歲次月朔日，天子遣太祝臣姓名，昭告于太陰之神。」興，奠版于席，乃舉牲并酒瘞埳。

【《百官志》】內寺伯六人，歲儺則涖，出入鼓吹。署令二人，大儺帥鼓角以助侲子之唱。宮門局、宮門郎二人，歲終行儺，則先一刻而啓皇太子。

【《舊唐書·禮儀志》】季冬晦，堂贈儺，磔牲于宮門及城四門，各用雄雞一。

【《職官志》】太卜令掌卜筮之法，歲季冬之晦，帥侲子入宮中，堂贈大儺。

【《開元禮》】諸州縣儺，方相四人，執戈楯。唱率四人。侲子，都督及上州六十人，中下州四十人，縣皆二十人。方相、唱率，縣皆一人，皆以雜職充之。其侲子取人年十五以下、十三以上充之。又雜職八人，四人執鼗鞞，四人執鞭戈。儺前一日之夕，所司帥領宿于州門外，其縣門亦如之。未辨色，所司白刺史、縣令，請引儺者入。將辨色，官者二人出門，各執青麾，引儺者入。無官

❶「彊」，原作「疆」，據庫本及《新唐書·禮樂志》改。

者，外人引導。于是儺，擊鼓鞉，俱譟呼，鼓鞭、戈、楯而入。官者引之，徧索諸室及門巷，訖，官者引出中門，所司接引出，仍鼓譟而出，大門外分爲四部，各趨四城門，出郭而止。初儺者入，祝五人，各帥執事者，以酒脯各詣州門及城四門。儺者出便酌酒，奠脯于門右，禳祝而止，乃舉酒脯埋于西南。酒以爵，脯以籩。其祝文曰：「維某年歲次月朔日，子祝姓名，敢告于太陰之神：寒暑往來，陰陽之常度，惟神以屏殄厲，謹以酒脯之奠，敬祭于神，尚饗！」

【《乾淳歲時記》】禁中，臘月三十日，呈女童驅儺，裝六丁、六甲、六神之類。

【《東京夢華録》】除日，禁中呈大儺儀，並用皇城親事官諸班，直戴假面，繡畫色衣，執金鎗、龍旗。教坊使孟景初身亦魁偉，貫全副金鍍、銅甲裝將軍。用鎮殿將軍二人，亦介胄，裝門神。教坊南河炭醜惡魁肥，裝判官。又裝鍾馗小妹、土地、竈神之類，共千餘人。自禁中驅祟出南熏門外轉龍彎，謂之「埋祟」而罷。

【《荊州歲時記》】十二月八日爲臘日，諺語：「臘鼓鳴，春草生。」邨人並擊細腰鼓，戴狐頭，及作金剛力士，以逐疫。注：「案《禮記》云：『儺所以逐癘鬼也。』《吕氏春秋·季冬紀》注云：『今人臘前一日擊鼓驅疫，謂之逐除。』《晉陽秋》：『王平子在荆州，以軍圍除，以鬭故也。』《元中記》：『顓頊氏三子俱亡，處人宮室，善驚小兒。漢世以五營千騎，自端門傳炬送疫，棄洛水中。』故《東京賦》云：『卒歲大儺，❶驅除羣癘。方相秉鉞，巫覡操茢，侲子萬童，

❶「卒」，原作「率」，據庫本及《後漢書·張衡傳》改。

丹首玄製，桃弧棘矢，所發無臬。』《宣城記》云：『洪矩，吴時作廬陵郡，載土船頭，逐除人就矩訖。矩指船頭云：「無取所載，土耳！」』《小説》：『孫興公常著戲頭，與逐除人共至桓宣武家。宣武覺興應對不凡，推問乃驗也。』金剛力士，世謂佛家之神。案《河圖玉版》云：『天立四極，有金剛力士，長三十丈。』此則其義。」

蕙田案：自唐以後，儺之禮不見于正史。以上三條雖出于小説，而語稍近實，附載之。

【《大學衍義補》】丘氏濬曰：「儺者，索室以去其不祥。其法始于《周禮·方相氏》，而其事見于《月令》之三時：季春行于國中，仲秋行于宫禁，惟季冬謂之大儺，則通上下行之也。雖以孔子之聖，亦從鄉人之所行，蓋有此禮也。若無此禮，聖人豈苟于同俗者哉？漢唐以來，其法猶存。漢以中黄門爲之，蓋以其出入禁掖爲便。今世，此法不傳，然宫中邃密，陰氣偏盛，不能無影響之疑，于是乎假外道以驅除之。臣請斟酌漢唐之制，俾内臣依古制，以爲索室逐疫之法。是亦闢異端、嚴宫禁之一事也。」

右歷代儺。

酺

蕙田案：酺祭不知何神，鄭康成注爲人物裁害之神，後世蝗則行之，亦爲民祈禱之意也。

【《周禮·地官·族師》】月吉則屬民而讀邦法，春秋祭酺亦如之。【注】酺者，爲人物災害之神。故書酺或爲步。《校人職》又有冬祭馬步，則未知此世所云蝝螟之酺與？人鬼之步與？蓋亦壇位如雩禜云。

王氏昭禹曰：「祭酺必于族，祭禜必于黨，祭社必于州者，凡以其祭有大小之不同，故即其所聚之衆寡。唯爲社事，單出里，唯爲社田，國人畢作。然則社之祭大矣，故祭社于二千五百家之州。禜之祭次之，故祭禜于五百家之黨。酺之祭小矣，故祭酺于百家之族。」

鄭氏鍔曰：「漢律，三人以上無故羣飲，罰金四兩，詔得橫賜則會幾日謂之酺。説者謂酺之言布也，王者布德于天下而合聚飲酒也。周人之酺，殆此類。」

蕙田案：經明言春秋祭酺，與合聚飲酒之説不同，鄭説非。

【《五代史·晉本紀》】出帝天福八年六月庚戌，祭蝗于皐門。

【《文獻通考》】宋太祖建隆二年六月，澶、濮、曹、絳等州蝗，命長吏以牢禮祭之。

【《宋史·真宗本紀》】天禧元年五月，諸路蝗食苗，詔遣内臣分捕。

【《文獻通考》】天禧元年，以蝻蝗再生，分遣官禱京城宫觀寺廟，仍諭諸州軍于公宇設祭。

【《宋史·仁宗本紀》】慶曆四年正月，太常禮儀院上新修禮書及《慶曆祀儀》。

【《禮志》】慶曆中上封事者言：「螟蝗爲害，乞外内並修祭酺。」禮院言：「案《周禮》：『族師春秋祭酺。』酺爲人物災害之神。鄭玄云：『校人職有冬祭馬步，則未知此酺者，蝝螟之酺歟，人鬼之步歟？蓋亦爲壇位如雩禜云。』然則《校人職》有冬步，是與馬爲害者，此酺蓋人物之害也。漢有蝝螟之酺神，又有人鬼之步神。歷代書史，悉無祭酺儀式。欲準祭馬步儀，壇在國城西北，差官就馬壇致祭，稱爲酺神。若外州者即署依禜禮。其儀注：先擇便方，設營攢爲位，營攢謂立表施繩以代壇。其致齋、行禮、器物，並如小祠。先祭一日致齋，祭日設神坐，内向。用尊及籩一，豆一，實以酒脯，設于神坐左。又設罍洗及篚於酒罇之左，俱内向，執事者位于其後，皆以近神爲上。薦神用白幣一丈八尺，在篚。將祭，贊祀官拜，就盥洗訖，進至神座前，上香，奠幣。退，詣罍洗盥，以酒再詣神坐前，奠爵，讀祝，再拜，退而瘞幣。其酺神祝文曰：『維年歲次月朔某日，州縣官某，敢昭告于酺神：蝗蝝荐生，害于嘉禾，惟神降祐，應時消殄。謹以清酒、制幣、嘉薦，昭告于神，尚饗！』」

高宗紹興三十二年，太常寺言：「酺祭依紹興祀令。」從之。

【《孝宗本紀》】紹興三十二年五月癸巳，蝗。

【《文獻通考》】紹興三十二年八月，禮部太常寺言：「看詳酺祭事，欲依紹興祀令。蟲蝗爲災，則祭之。俟得旨，本寺擇日依儀祭告。其祭告之所，國城西北，無壇。乞于餘杭門外西北精進寺設位行禮，所差祭告官合并辦排事，並依常時祭告小祀例。在外州縣無蟲蝗爲害處，候得旨令，户部行下。有蝗蟲處，即依儀式。一面差令設位祭告，施行。」從之。

寧宗嘉定八年，以飛蝗入臨安，祭告酺神。

【《宋史·禮志》】嘉定八年六月，以飛蝗入臨安界，詔差官祭告。又詔兩浙、淮東西路州縣，遇有蝗入境，守臣祭酺神。

蕙田案：蝗亦昆蟲之類耳，而其害民至大。世謂蝗所行處有神，故古稱飛蝗不入境及自入水死，若有默相然者，此祭之所以不可已也。然則酺非祭害物之神，祭其主此害物之神者耳。

右祭酺。

盟詛

蕙田案：《穀梁》曰：「盟詛不及三王。」考之《書》「苗民罔中于信，以覆詛盟」，則三王以前蓋有之矣。苗民覆之，故數之以爲罪。展禽有言：「周公、太公股肱王室，成王勞而賜之盟曰：『世世子孫，無相害也。』載在盟府，太史職之。」《詩》：「君子屢盟，亂是用長。」非謂不可盟，謂其盟之屢而無信也。夫世之治也，人以心相與，家以誠相示，知畏于神而不敢欺，敬于神而不敢慢，先王因其畏敬之心而躬信畏以先之，此盟之所以息邪省刑，而足以輔治也。故《周禮・秋官》立司盟以掌其事。至并盟誓而背棄之，則刑罰有所必加矣。司盟亦謂之司載，《國語》「司載糾虔天刑」是也。但古者結繩足以示信，盟詛雖有，而不必用。去古既遠，民俗澆漓，盟詛雖用，而如無有，升降之際，良可慨已。盟誓盛于春秋，後世間有之，學者不察，以《周官》太平之書，胡爲《玉府》有珠盤、玉敦之事，《戎右》有贊牛耳桃茢之文？遂信何休戰國陰謀之説，蓋亦不考之于《詩》、《書》爾。今依經傳通解之例，附著于篇。

【《書・呂刑》】罔中于信，以覆詛盟。【傳】三苗之民，瀆于亂政，起相漸化，皆無中于信義，以反背盟詛之約。【疏】三苗之民，謂三苗國内之民也。苗君久行虐刑，民慣見亂政，習以爲常，起相漸化。中猶當也。皆無中於信義，言爲行無與信義合者。《詩》云：「君子屢盟，亂是用長。」亂世之民，多相盟詛，既無信義，必皆違之，以此無中於信，反背盟詛之約也。

【《詩·小雅·巧言》】君子屢盟，亂是用長。【傳】凡國有疑，會同則用盟而相要也。【箋】屢，數也。盟之所以數者，由世衰亂，多相背違。時見曰會，殷見曰同。非此時而盟謂之數。【正義】言凡國有疑，謂于諸侯、羣臣有疑不相協，則在會同之上用盟禮，告盟而相要束。《司盟職》曰「凡邦國有疑，會同則掌其盟約之載，及其禮儀，北面詔明神」是也。

【《何人斯》】出此三物，以詛爾斯。【傳】三物，豕、犬、雞也。民不相信，則盟詛之。君以豕，臣以犬，民以雞。【箋】我與汝俱爲王臣，今汝心誠信，而我不知，且共出此三物以詛女之此事，❶爲其情之難知，己又不欲長怨，故設之以此言。【疏】解所以有詛者，民不相信則盟詛之。言古者有此禮，故欲與之詛也。《司盟》曰：「盟萬民之犯命者，詛其不信者。」是不相信有盟詛之法也。彼不信，自在詛下，而兼言盟者，以詛是盟之細，故連言之也。犯命者盟之，不信者詛之，是盟大而詛小也。盟詛雖大小爲異，皆殺牲、歃血、告誓明神，後若背違，令神加其禍，使民畏而不敢犯，故民不相信，爲此禮以信之。此傳言民者，據《周禮》之文耳。其實人君亦有詛法。襄十一年《左傳》言「季武子將作三軍，盟諸僖閎，詛諸五父之衢」，定六年「陽虎及三桓盟于周社，盟國人于亳社，詛諸五父之衢」，是人君與羣臣有詛法也。此何人與蘇公同爲王臣，蘇公與之詛，則諸臣相疑，亦應有詛法，但春秋之世無其事耳。詛之所用，一牲而已，非三物並用。而言出此三物，以三物皆是詛之所用，總而言之。故傳辨其等級云：「君以豕，臣以犬，民以雞。」則鄭伯使卒出豭，行出犬、雞，所云三物並用者，時考叔爲子都所射，鄭伯不誅子都而使諸軍詛之。百人爲卒，出一豭詛之。二十五人爲行，或出犬，或出雞以詛之。每處亦止用一牲，非一處而用三物也。如此傳「君乃得用豕」，彼百人即得用豭者，於時鄭伯使之詛，故得用君牲也。以行之人數少於卒，自爲等級耳。此豕、犬、雞，詛所用也。若盟，皆用牛。哀十五年《左傳》説衛太子蒯聵與伯姬輿豭以盟孔悝者，時太子未

❶「事」，原作「物」，據《毛詩》鄭箋改。

立，不敢從人君之禮，故鄭《異議駁》云：《詩》説及鄭伯使卒及行所出皆謂詛耳，小于盟也。《周禮·戎右職》云：「若盟則以玉敦辟盟，遂役之，贊牛耳桃茢。」哀十七年《左傳》曰：「孟武伯問於高柴曰：『諸侯盟，誰執牛耳？』」然盟者，人君用牛，伯姬、孔悝以豭，下人君牲，是盟用牛也，此謂大事正禮所當用者耳。若臨時假用其禮者，不必有牲，故《左傳》孟任割臂以盟莊公，華元入楚師登子反之牀，子反懼而與之盟，皆無牲也。

【《周禮·秋官·司盟》】掌盟載之法。【注】載，盟辭也。盟者書其辭於策，殺牲取血，坎其牲，加書於上，而埋之，謂之載書。【疏】謂以牲載此盟書於上，故謂之載也。若云：「爾無我詐，我無爾虞，有違此盟，無克祚國。」盟辭多矣，以此爲本。

凡邦國有疑，會同則掌其盟約之載，及其禮儀，北面詔明神。既盟則貳之。【注】有疑，不協也。明神，神之明察者，謂日月山川也。覲禮加方明于壇上，所以依之也。詔之者，讀其載書以告之也。貳之者，寫副當以授六官。

鄭氏鍔曰：「神之明者，吉凶禍福必審。神尚幽，人將告幽，故北面也。」

王氏昭禹曰：「幽則質之神，而盟者，神之所爲也；明則盡之人，而約者，人之所爲也。盟諸神，約之人，所以結信之道。」

盟萬民之犯命者，詛其不信者，亦如之。【注】盟詛者，欲相與共惡之也。犯命，犯君教令也。不信，違約者也。《春秋傳》曰：「臧紇犯門斬關以出，乃盟臧氏。」又曰：「鄭使卒出豭，行出犬、雞，以詛射穎考叔者。」【疏】凡言盟者，盟將來；詛者，詛往過。

凡民之有約劑者，其貳在司盟。【注】貳之者，檢其自相違約。

有獄訟者，則使之盟詛。【注】不信則不敢聽此盟詛，所以省獄訟。【疏】此盟詛謂將來訟者，先使之盟詛，盟詛不信，自然不敢獄訟，所以省事也。

黄氏度曰：❶「獄訟覆情匿詐，無質證不可推究者多矣。株連則恐其枉，故爲盟詛以止之。《詩》蘇公刺暴公之語曰：『出此三物，以詛爾斯。』是蓋恥格之風猶

❶「度」，原闕，據庫本補。

在，不敢自欺其心，敬畏昭明，故其事可行也。苗民以覆詛盟，則以亂濟亂而已。《左氏》論鄭事曰：『邪而詛之，將何益哉。』反諸本之謂也。」

凡盟詛，各以其地域之衆庶共其牲而致焉。既盟則爲司盟，共祈酒、脯。【注】使其邑閭出牲而來盟，已，又使出酒、脯，司盟爲之祈明神，使不信者必凶。【疏】盟處無常，但盟則遣其地之民出牲以盟，并出酒脯以祈明神也。

鄭氏鍔曰：「民有盟詛則鄰里當共其牲，既使衆庶共質之，而鄰里共牲之人必能詰責之，彼將知愧而自悔也。共酒、脯以祈神，祈其盟之必驗也。神之小者用酒、脯，故祭侯之禮用酒、脯醢也。」

【《天官・玉府》】若合諸侯，則共珠槃、玉敦。【注】敦，槃類，珠玉以爲飾。【疏】若合諸侯，謂時見曰會，若《司儀》云爲壇十有二尋，王與諸侯殺牲歃血而盟，則供珠槃、玉敦。

王氏昭禹曰：「珠槃以盛牛耳，玉敦以盛血。」

【《春官・詛祝》】掌盟、詛、類、造、攻、説、禬、禜之祝號。【注】八者之辭，皆所以告神明也。盟詛主於要誓。大事曰盟，小事曰詛。【疏】《秋官》自有司盟之官，此詛祝兼言之者，司盟直掌盟載之法，不掌祝號與載辭，故使詛祝掌之。

作盟詛之載辭，以叙國之信用，以質邦國之劑信。【疏】爲要誓之辭，載之于策，人多無信，故爲辭，對神要之，使用信，故云「以叙國之信用，以質邦國之劑信」。亦爲此盟詛之載辭以成之，謂正之使不犯。

【《地官・封人》】大盟則飾其牛牲。【注】大盟，會同之盟。【疏】大盟，謂天子親往臨盟。此一經皆用牛牲，故總云飾其牛牲也。

【《夏官・戎右》】盟則以玉敦辟盟，遂役之。【注】鄭司農云：「敦，器名也。辟，法也。」玄謂：將歃血者，先執其器，爲衆陳其載辭，使心皆開闢也。役之者，傳敦血授當歃者。【疏】凡盟先割牛耳，盛於珠盤，以玉敦盛血。戎右執此敦血，爲陳其盟約之辭，使心開辟，乃歃之。

贊牛耳、桃茢。【注】鄭司農云：「贊牛耳，《春秋傳》所謂執牛耳者。故書茢爲滅。」杜子春云：「滅當爲厲。」玄謂：尸盟者割牛耳取血，助爲之。及血在敦中，以桃茢拂之，又助之也。耳者，盛以珠盤，尸盟者執之。桃，鬼所畏也。茢，苕帚，所以埽不祥。

鄭氏鍔曰：「盟雖歃血，必有尸盟者執牛耳。牛牲至順，執牛耳者，取其順從以聽命也。」

【陳氏《禮書》】古者人君出户則巫覡有事，弔臣則桃茢在前，開冰則桃弧棘矢以除其災，致膳則葷、桃茢以辟凶邪，膳于君有葷、桃茢，于大夫去茢，於士去葷，則盟用桃茢宜矣。蓋桃茢，凶邪之所畏避者也。觀古人度朔之論，桃湯之用，則桃有過于茢矣。

【《秋官・大司寇》】凡邦之大盟約，涖其盟，書而登之于天府。太史、内史、司會及六官皆受其貳而藏之。【注】涖，臨也。天府，祖廟之藏。【疏】王與諸侯因大會同而與盟，既臨其盟書，因登此書于天府。太史、内史、司會、掌事皆與六卿同，故皆有副貳盟辭而藏之，擬相勘當也。

【《儀禮・覲禮》】諸侯覲于天子，爲宫方三百步，四門，壇十有二尋，深四尺，加方明於其上。天子乘龍，載大旂，象日月、升龍、降龍，出拜日於東門之外，反祀方明。禮日於南門外，禮月與四瀆於北門外，禮山川、丘陵於西門外。祭天燔柴，祭山、丘陵升，祭川沈，祭地瘞。

蕙田案：此因覲而以會同之禮見諸侯，遂有盟約之事。《司寇》謂「邦之大盟約」，《春秋傳》所云「勞而賜之盟」者也。盟詛所祭之神，經無明文，據此則祀方明也。

【《禮記・曲禮》】涖牲曰盟。【注】涖，臨也。坎用牲，臨而讀其盟書。聘禮今存，遇、會、誓、盟禮亡。誓之辭，《尚書》見有六篇。

【《春秋》】隱公元年三月，公及邾儀父盟于蔑。【疏】諸侯俱受王命，各有寰宇，上事天子，旁交鄰國。天子不信諸侯，諸侯自不相信，則盟以要之。凡盟禮，殺牲、歃血，告誓神明，若有背違，欲令神加殃咎，使如此牲也。《曲禮》曰：「約信曰誓，涖牲曰盟。」《周禮・天官・玉府職》曰：「若合諸侯，則共珠槃、玉敦。」《夏官・戎右職》曰：「盟則以玉敦辟盟，遂役之，贊牛耳、桃茢。」《秋官・司盟職》曰：「掌盟載之法，曰邦國有疑，會同則掌其盟約之載，及其禮儀，北面詔明神。」鄭玄以爲槃、敦皆器名也，珠玉以爲飾。合諸侯者，必割牛耳，取其血歃之以盟。敦以盛血，槃以盛耳。將歃，則戎右執其器，爲衆陳其載辭，使心皆開辟，司盟之官乃北面讀其載書，以告日月山川之神。既告，乃尊卑以次歃。戎右傳敦血以授當歃者，令含其血。既歃，乃坎其牲，加書于上而埋之。此則天子會諸侯，使諸侯聚盟之禮也。凡天子之盟諸侯，十二歲於方岳之下，故《傳》云「再會而盟，以顯昭明」。若王不巡守，及諸侯有事朝王，即時見曰會，殷見曰同，亦爲盟禮。其盟之法，案《覲禮》：「爲壇十有二尋，深四尺，加方明于其上。方明者，木也，方四尺，設六玉，上圭，下璧，南方璋，西方琥，北方璜，東方圭。」朝諸侯於壇，訖乃加方明於壇而祀之。列諸侯于庭，玉府共珠槃、玉敦，戎右以玉敦辟盟，遂役之，贊牛耳、桃茢。司盟北面詔告明神，諸侯以次歃血。鄭注《覲禮》云「王之盟，其神主日；王官之伯盟，其神主月；諸侯之盟，其神主山川」，是盟禮之畧也。若諸侯之盟，亦有壇，知者，故柯之盟，《公羊傳》稱「曹子以手劍刼桓公于壇」是也，其盟神則無復定限，故襄十一年《傳》稱「司慎、司盟、名山、名川、羣神、羣祀、先王、先公、七姓十二國之祖」是也。其盟用牛牲，故襄二十六年《傳》云歃用牲，又哀十七年《傳》云「諸侯盟，誰執牛耳」是也。其殺牛必取血及耳，以手執玉敦之血，進之於口，知者，定八年涉佗捘衛侯之手及捥，又襄九年《傳》云「與大國盟，口血未乾」是也。既盟之後，牲及餘血并盟載之書加于牲上，坎而埋之，故僖二十五年《傳》云「宵坎血加書」是也。春秋之世，不由天子之命，諸侯自相與盟，則大國制其言，小國尸其事，官雖小異，禮則大同，故《釋例》曰「盟者，殺牲載書，大國制其言，小國尸其事，珠槃、玉敦以奉流血，而同歃」，是其事也。其盟載之辭，則傳多有之。此時公求好于邾，邾君來至蔑地，❶公出與之盟。史書魯事以公爲主，言「公及」，及者，言自此及彼，據魯爲文也。「桓十七年，公會邾儀父，盟于趡。」彼言會，此言及者，彼行會禮，此不行會禮故也。故劉炫云：「策書之例，先會後

❶「地」，原作「也」，據庫本改。

盟者，上言會下言盟，惟盟不會者，直言及。」此爲不行會禮，故言及也。或可史異辭，非先會而盟則稱會，知者，文七年，公會諸侯、晉大夫盟于扈。《傳》云「公後至」，則是不及其會而經稱會，故知盟稱會者，未必先行會禮也。

蕙田案：此《春秋》書盟之始，疏文亦最詳，故録之。後但載其有關盟詛之事義者。

【七年《左氏傳》】陳五父如鄭涖盟。壬申，及鄭伯盟，歃如忘。洩伯曰：「五父必不免，不賴盟矣。」【注】歃如忘，志不在于歃血也。【疏】歃，謂口含血也。當歃血之時，如似遺忘物然。

蕙田案：此口含爲歃血之證。

八年，秋七月庚午，宋公、齊侯、衛侯盟于瓦屋。【注】宋序齊上，王爵也。瓦屋，周地。

【《穀梁傳》】外盟不日，此其日何也？諸侯之參盟於是始，故謹而日之也。誥誓不及五帝，【注】五帝，謂黄帝、顓頊、帝嚳、帝堯、帝舜也。誥誓，《尚書》六誓七誥是其遺文。五帝之世，道化淳備，不須誥誓，而信自著。盟詛不及三王，【注】三王，謂夏、殷、周也。夏后有鈞臺之享，商湯有景亳之命，周武有孟津之會。衆所歸信，不盟詛也。交質子不及二伯。【注】二伯，謂齊桓、晉文。

【胡傳】《周禮》設司盟掌盟載之法，凡邦國有疑，則請盟于會同，聽命于天子，亦聖人待衰世之意耳。德又下衰，諸侯放恣，其屢盟也不待會同，其私約也不由天子。口血未乾而渝盟者有矣，其末至於交質子，猶有不信者焉。《春秋》謹參盟，善胥命，美蕭魚之會，以信待人而不疑也。蓋有志于天下爲公之世，凡此類，亦變周制矣。

湛氏若水曰：「紀參盟也。古者天下爲公，會同之禮制于天子，無上命而私盟，無道之甚者也。然而彼善于此則有之，參盟之謂也，故書而紀之。」

【十一年《左氏傳》】鄭伯將伐許，授兵于大宫。公孫閼與潁考叔争車，潁考叔挾輈以走，子都拔棘以逐之，及大逵，弗及，子都怒。秋七月，傅于許。潁考叔取鄭伯之旗蝥弧以先登，子都自下射之，顛。鄭伯使卒出豭，行出犬、雞，以詛射潁考叔者。【注】百人爲卒，二十五人爲行，行亦卒之行列。疾射潁考叔者，故令卒及行間皆詛之。【疏】詛者，盟之細，殺牲告神，令加之殃咎。疾射潁考叔者，令卒及行間祝詛之，欲使神殺之也。一卒之内已用一豭，又更令一行之間或用雞，或用犬，重祝詛之。犬、雞者，或雞，或犬，非雞、犬並用。何則？盟詛例用一牲，不用二也。豭，謂豕之牡者。《爾雅·釋獸》：「豕牝曰豝。」豝者是牝，知豭者是牡。祭祀例不用牝。且宋人謂宋朝爲艾豭，明以雄猪喻也。君子謂：鄭莊公失政刑矣。政以治民，刑以正邪，既無德政，又無威刑，是以及邪。邪而詛之，將何益矣！

蕙田案：此詛用三物之證。

【僖公二十五年《左氏傳》】秦人圍商密，昏而傳焉。宵，坎血加書，僞與子儀、子邊盟者。【注】掘地爲坎，以埋盟之餘血，加盟書其上。

蕙田案：此坎血加書之證。

【二十八年《左氏傳》】晉文公伐衛，楚師救衛，戰于莘北，楚師敗績。晉師還至于衡雍，作王宫于踐土，獻楚俘于王。王子虎盟諸侯于王庭，【注】踐土宫之庭。書踐土，别于京師。要言曰：「皆獎王室，無相害也。有渝此盟，明神殛之，俾隊其師，無克祚國。」【注】獎，助也。渝，變也。殛，誅也。俾，使也。隊，隕也。克，能也。

晉人復衛侯，甯武子與衛人盟于宛濮，曰：「天禍衛國，君臣不協，以及此憂也。今天誘其衷，使皆降心以相從也。不有居者，誰守社稷？不有行者，誰扞牧圉？不協之故，用昭乞盟于爾大神，自今日以往，行者無保其力，居者無懼其罪。有渝此盟，明神先君，是糾是殛。」國人聞此盟也，而後不貳。

【成公十二年《左氏傳》】晉士燮會楚公子罷、許偃，盟于宋西門之外，曰：「凡晉楚無相加戎，好惡同之；同恤災危，備救凶患；交贄往來，道路無壅；謀其不協，而討不庭。有渝此盟，無克祚國。」

蕙田案：此三條皆盟辭。

【襄公九年《左氏傳》】諸侯伐鄭，鄭人恐，乃行成，【注】與晉成也。同盟于戲。鄭將盟，鄭六卿、公子騑、【注】子駟。公子發、【注】子國。公子嘉、【注】子孔。公孫輒、【注】子耳。公孫蠆、【注】子蟜。公孫舍之【注】子展。及其大夫、門子，皆從鄭伯。【注】門子，卿之適子。晉士莊子爲載書，【注】莊子，士弱，載書盟。曰：「自今日既盟之後，鄭國而不唯晉命是聽，而或有異志者，有如此盟。」【注】如違盟之罰。公子騑趨進，曰：「天禍鄭國，使介居二大國之間，大國不加德音，而亂以要之，使其鬼神不獲歆其禋祀，其民人不獲享其土利，夫婦辛苦墊隘，無所厎告。自今日既盟之後，鄭國而不唯有禮與彊可以庇民者是從，而敢有異志者，亦如之。」【注】亦如此盟。荀偃曰：「改載書。」【注】子駟亦以所言載于策，故欲改之。公孫舍之曰：「昭大神要言焉，【注】要誓以告神。若可改也，大國亦可叛也。」知武子謂獻子曰：「我實不德，而要人以盟，豈禮也哉？非禮，何以主盟？姑盟而退，修德息師而來，終必獲鄭。何必今日？我之不德，民將棄我，豈唯鄭？若能休和，遠人將至，何恃于鄭？」乃盟而還。【注】遂兩用載書。楚子伐鄭，子駟將及楚平。子孔、子蟜曰：「與大國盟，口血未乾而背之，可乎？」子駟、子展曰：「吾盟固云『唯彊是從』，今楚師至，晉不我救，則楚彊矣。盟誓之言，豈敢背之？且要盟無質，神弗臨也。所臨唯信，信者，言之瑞也，善之主也，是故臨之。【注】神臨之。明神不蠲要盟，【注】蠲，潔也。背之可也。」乃及楚平。公子罷戎入盟，同盟于中分。【注】中分，鄭城中里名。罷戎，楚大夫。

蕙田案：此用兩載書盟及要盟之證。

【十一年《左氏傳》】季武子將作三軍，告叔孫穆子曰：「請爲三軍，各征其軍。」穆子曰：「政將及子，子必不能。」❶武子固請之。穆子曰：「然則盟諸？」乃盟諸僖閎，【注】僖公之門。詛諸五父之衢。【注】五父，衢道名，在魯國東南。詛，以禍福之言相要。

蕙田案：此盟後復詛之證。

諸侯伐鄭，鄭人懼，乃行成。秋七月，同盟于亳。范宣子曰：「不慎，必失諸侯。諸侯道敝而無成，能無貳乎？」乃盟。載書曰：「凡我同盟，毋蘊年，毋壅利，毋保姦，毋留慝，救災患，恤禍亂，同好惡，獎王室。或間茲命，司慎、司盟、名山、名川、【注】二司，天神。【疏】盟告諸神而先稱二司，知其是天神也。《覲禮》：諸侯覲于天子，爲宫方三百步，壇十有二尋，深四尺，加方明于其上。方明者，木也，方四尺，設六色，青、赤、白、黑、玄、黄；設六玉，圭、璋、琥、璜、璧、琮。公、侯、伯、子、男皆就其旂而立。天子祀方明，禮日月、四瀆、山川、丘陵。彼方雖不言盟，其所陳設，盟之禮也。鄭玄云：「方明者，上下四方神明之象也。會同而盟，明神監之，則謂之天之司盟。有象者，猶宗廟之有主乎？天子巡守之盟，其神主日。諸侯之盟，其神主山川。王官之伯會諸侯而盟，其神主月，是言盟之所告，告天神也。」鄭云神監之謂之司盟，司盟非一神也。其司慎亦不知指斥何神，但在山川之上，知其是天神耳。名山，山之有名者，謂五嶽、四鎮也。名

❶「子」，原作「今」，據庫本及《春秋左傳正義》卷三一改。

川，謂四瀆也。羣臣羣祀，【注】羣祀，在祀典者。先王先公，【注】先王，諸侯之大祖。宋祖帝乙，鄭祖厲王之比也。先公，始封君。七姓十二國之祖，七姓，晉、魯、衛、鄭、曹、滕，姬姓；邾、小邾，曹姓；宋，子姓；齊，姜姓；莒，己姓；杞，姒姓；薛，任姓；實十三國，言「十二」，誤也。【疏】十三國，爲七姓。《世本·世家》文也。姬即次曹，意及則言，不以大小爲次也。實十三國而言十二，服虔云：「晉主盟，不自數。」知不然者，案定四年，祝佗稱踐土之盟云：「晉重，魯申。」于是晉爲盟主，自在盟内，何因晉今主盟，乃不自數？故知字誤也。劉炫難服虔云：「案宣子恐失諸侯，謹慎辭令，告神要人，身不自數，已不在盟，彼叛必速，豈有如此理哉？」明神殛之，殛，誅也。俾失其民，隊命亡氏，踣其國家。」【注】踣，斃也。

蕙田案：此盟之明神，見於盟書可據者。

【二十三年《左氏傳》】季武子無適子，公彌長，而愛悼子，欲立之。訪於臧紇，紇爲立悼子，紇廢公鉏。後孟莊子疾，豐點謂公鉏：「苟立羯，請讎臧氏。」及孟孫卒，季孫至，入，哭而出曰：「秩焉在？」公鉏曰：「羯在此矣。」孟氏閉門，告於季孫曰：「臧氏將爲亂，不使我葬。」季孫不信。臧孫聞之，戒。除於東門，甲從己而視之。孟氏又告季孫，季孫怒，命攻臧氏。臧紇斬鹿門之關以出，奔邾，乃盟臧氏。

【二十五年《左氏傳》】崔杼弒齊君，立景公而相之。慶封爲左相，盟國人于大宮，【注】大宮，大公廟。❶曰：「所不與崔、慶者。」晏子仰天歎曰：「嬰所不唯忠于君、利社稷者是與，有如上帝！」乃歃。【注】盟書云：「所不與崔、慶者，有如上帝。」讀書未終，晏子抄答易其辭，因有歃。「曰所不與崔、慶者」，本或此下有「有如此盟」四字者，後

❶「公」，原作「宫」，據庫本改。

人妄加。

蕙田案：此亦改盟書之證。

【二十六年《左氏傳》】宋寺人惠墻伊戾爲太子痤内師，無寵。【注】惠墻，氏。伊戾，名。秋，楚客聘於晉，過宋。太子知之，請野享之。公使往。伊戾請從之。至，則坎，用牲，加書，徵之，而騁告公曰：「太子將亂，既與楚客盟矣。」

蕙田案：此亦坎血加書之證。

【二十七年《左氏傳》】宋向戌善于趙文子，又善于令尹子木，欲弭諸侯之兵以爲名。如晉，告趙孟，晉人許之。如楚，楚亦許之。如齊，齊人難之。陳文子曰：「晉、楚許之，我焉得已。」齊人許之。告于秦，秦亦許之，皆告于小國，爲會于宋。將盟於宋西門之外。楚人衷甲。伯州犁曰：「合諸侯之師，以爲不信，無乃不可乎？」固請釋甲。季武子使謂叔孫以公命曰：「視邾、滕。」既而，齊人請邾，宋人請滕，皆不與盟。叔孫曰：「邾、滕，人之私也。我，列國也。何故視之？宋、衛，吾匹也。」乃盟。晉、楚争先，晉人曰：「晉固爲諸侯盟主，未有先晉者也。」楚人曰：「子言晉、楚，匹也。若晉常先，是楚弱也。且晉、楚狎主諸侯之盟也久矣，豈專在晉？」叔向謂趙孟曰：「諸侯歸晉之德只，非歸其尸盟也。子務德，無争先！且諸侯盟，小國固必有尸盟者。楚爲晉細，不亦可乎？」乃先楚人。書先晉，晉有信也。晉荀盈遂如楚涖盟。

蕙田案：此小國尸盟之證。

【二十九年《左氏傳》】鄭大夫盟于伯有氏。裨諶曰：「是盟也，其與幾何？《詩》曰：『君子屢盟，亂是用長。』」【注】言不能久也。

【昭公元年《左氏傳》】會于虢，尋楚之盟也。

祁午謂趙文子曰：「宋之盟，楚人得志于晉，晉之恥也。子相晉國以爲盟主，於今七年矣，再合諸侯，三合大夫，服齊、狄，寧東夏，平秦亂，城淳于，師徒不頓，國家不罷，民無謗讟，諸侯無怨，天無大災，子之力也。有令名矣，而終之以恥，午也是懼！吾子其不可以不戒！」文子曰：「武將信以爲本，循而行之。譬如農夫，是穮是蔉，雖有饑饉，必有豐年。且吾聞之：『能信，不爲人下！』吾不能是難，楚不爲患。」楚令尹圍請用牲，讀舊書，加于牲上而已。晉人許之。

蕙田案：此尋盟之證，讀舊書，加於牲上也。

【三年《左氏傳》】子太叔曰：「有事而會，不協而盟。」【疏】十三年《傳》云：「明王之制，使諸侯歲聘以志業，間朝以講禮，再朝而會以示威，再會而盟以顯昭明。」彼謂諸侯于天子朝覲同盟之數，此説文、襄之霸，諸侯朝霸主大國之法也。霸主之合諸侯，不得令其同盟以獎己，故令有事而會，不協而盟，不復設年限之期。周室既衰，政在霸主。霸主不可自同天子，故設此制以簡之。

蕙田案：此霸主會盟之法。

【十三年《左氏傳》】晉人將尋盟，齊人不可。晉侯使叔向告劉獻公，曰：「抑齊人不盟，若之何？」對曰：「盟以底信，君苟有信，諸侯不貳，何患焉？告之以文辭，董之以武師，雖齊不許，君庸多矣！天子之老，請帥王賦，元戎十乘，以先啓行，遲速惟君！」叔向告于齊，曰：「諸侯求盟，已在此矣。今君弗利，寡君以爲請！」對曰：「諸侯討貳，則有尋盟。若皆用命，何盟之尋？」

【定公五年《左氏傳》】陽虎囚季桓子。冬十月己丑，盟桓子於稷門之内。庚寅，大詛。【注】稷門，魯南城門。傳言季氏之亂。

【六年《左氏傳》】秋，陽虎又盟公及三桓于周社，盟國人于亳社，詛于五父之衢。【注】傳言三桓微，陪臣專政，爲八年陽虎作亂起。

蕙田案：此二條亦盟詛並用之證。

【八年《左氏傳》】晉師將盟衛侯于鄟澤，趙簡子曰：「羣臣誰敢盟衛君者？」涉佗、成何曰：「我能盟之。」【注】二子，晉大夫。衛人請執牛耳，【注】盟禮，尊者涖牛耳，主次盟者。衛侯與晉大夫盟，自以當涖牛耳，故請。【疏】盟用牛耳，卑者執之，尊者涖之。請執牛耳，請使晉大夫執牛耳。今衛侯與晉大夫盟，自以當爲盟主，宜涖牛耳，故請晉大夫使執之。成何曰：「衛，吾温、原也，焉得視諸侯？」【注】言衛小，可比晉縣，不得從諸侯禮。將歃，涉佗捘衛侯之手及捥。【注】捘，擠也。血至捥。【疏】曰：《説文》云：「推，排也。排，擠也。」捘是推排之意，故爲擠也。昭十三年《傳》言：「擠于溝壑。」謂被推入坑也。衛侯怒，王孫賈趨進，賈，衛大夫。曰：「盟以信，禮也。有如衛君，其敢不唯禮是事，而受此盟也！」【注】言晉無禮，不欲受其盟。

蕙田案：此小國執牛耳之證。

【哀公十二年《左氏傳》】魯哀公會吴于橐皋。對曰：「盟所以周信也，故心以制之，玉帛以奉之，言以結之，明神以要之。寡君以爲苟有盟焉，弗可改也已。若猶可改，日盟何益？今吾子曰：『必尋盟。』若可尋也，亦可寒也。」【注】尋，重也。寒，歇也。乃不尋盟。

蕙田案：此不尋盟之證。

【十四年《左氏傳》】小邾射以句繹來奔，曰：「使季路要我，吾無盟矣。」使子路，子路辭。季康子使冉有謂之曰：「千乘之國，不信其盟，而信子之言，子何辱焉？」

【十五年《左氏傳》】衛太子蒯聵與伯姬，輿豭以盟孔悝。

蕙田案：此盟不用牛之證，下于

君也。

【十七年《左氏傳》】哀公會齊侯，盟于蒙。武伯問於高柴曰：「諸侯盟，誰執牛耳？」【注】執牛耳，尸盟者。 季羔曰：「鄫衍之役，吳公子姑曹。【注】季羔，高柴也。鄫衍在七年。 發陽之役，衛石魋。」【注】發陽，鄖也，在十二年。石魋，石曼姑之子。 武伯曰：「然則彘也。」【注】彘，武伯名也。鄫衍則大國執，發陽則小國執，據時執者無常，故武伯自以爲可執。【疏】依禮，小國執牛耳。武伯得季羔之言，以鄫衍則大國執，發陽則小國執之，既合古典，武伯自以魯是小國，故云『然則彘也』。杜以傳有小國、大國之執，故云據時執者無常。劉炫以爲小國恒執牛耳，何得云執者無常？

蕙田案：此亦小國執牛耳之證。

【《國語·楚語》】成王盟諸侯于岐陽，楚爲荆蠻，置茅蕝，設望表，與鮮牟守燎。【注】置，立也。蕝，謂束茅而立之，所以縮酒。望表，謂望山川立木以爲表，表其位也。鮮牟，東夷國。燎，庭燎也。

【《晉語》】晉文公合諸侯而盟，曰：「吾聞國之昏，不由聲色，必由姦利。好樂聲色者，淫也。貪姦者，惑也。夫淫惑之國，不亡必殘。自今以來，無以美妾疑妻，無以聲樂妨正，無以姦情害公，無以貨利示下。其有之者，是謂伐其根素，流于華葉。若此者，有患無憂，有寇勿弭。不如言者，盟示之！」于是君子聞之曰：「文公其知道乎！其不王者，由無佐也！」

【《春秋》莊公十三年《公羊傳》】莊公會齊侯，盟于柯。曹子曰：「君之意何如？」莊公曰：「寡人之生，則不若死矣。」曹子曰：「然則君請當其君，臣請當其臣。」莊公曰：「諾！」於是齊桓公、莊公升壇。曹子手劍而從之。管子進曰：「君何求？」曹子曰：「城環厭竟，君不圖歟？願請汶陽之田。」

管子顧曰：「君其許諾！」桓公曰：「諾！」已盟，曹子摽劍而去之。要盟可犯而桓公不欺，曹子可讎而桓公不怨，桓公之信著乎天下，自柯之盟始焉。

【《穀梁傳》】葵丘之盟，束牲而不殺，讀書加于牲上，曰：「毋雍泉，毋遏糴，毋易樹子，毋以妾爲妻，毋使婦人與國事。」

【《孟子》】五霸，桓公爲盛。葵丘之會，諸侯束牲，載書而不歃血。初命曰：「誅不孝，無易樹子，無以妾爲妻。」再命曰：「尊賢育才，以彰有德。」三命曰：「敬老慈幼，無忘賓旅。」四命曰：「士無世官，官事無攝，取士必得。無專殺大夫。」五命曰：「無曲防，無遏糴，無有封而不告。」曰：「凡我同盟之人，既盟之後，言歸于好。」

【《家語》】定公與齊侯會于夾谷，孔子攝相事，曰：「臣聞：有文事者，必有武備，有武事者，必有文備。古者諸侯出疆，必具官以從。請具左右司馬。」定公從之。至會所爲壇位，土階三等，以遇禮相見，揖讓而登。獻酢既畢，齊使萊人以兵鼓譟劫定公。東夷雷鼓曰譟。孔子歷階而進，以公退曰：「士以兵之，吾兩君爲好，裔夷之俘，敢以兵亂之，非齊君所以命諸侯也，裔不謀夏，夷不亂華，俘不干盟，兵不偪好，於神爲不祥，於德爲愆義，於人爲失禮，君必不然！」齊侯心怍，麾而避之。將盟，齊人加載書曰：「齊師出境，而不以兵車三百乘從我者，有如此盟！」孔子使兹無還對曰：魯大夫也。「而不返我汶陽之田，吾以供命者亦如之！」齊侯歸，責其羣臣曰：「魯以君子道輔其君，而子獨以夷狄道教寡人，使得罪於是！」乃歸所侵魯之四邑及汶陽之田。四邑，鄆、讙、龜、陰也。汶陽之田本魯界。孔子適衛，路出于蒲，會公叔氏以蒲叛衛而止之。孔子弟子有公良儒者，爲人賢長有勇力，以私車五乘從夫子行，喟然曰：「昔吾從夫子遇難于匡，又伐樹于宋。【注】孔子與弟子行禮于大樹之下，桓魋欲害之，故先伐其樹焉。今遇困于此，命也夫！與其見夫子仍遇于難，寧我鬬死。」挺劍而合衆，將與之戰！蒲人懼曰：「苟無適衛，吾則出子。」以盟孔子，而出之東門，孔子遂適衛。子貢曰：「盟可負乎？」孔子曰：「要我以盟，非義也。」

【陳氏《禮書》】先王之時，結民以忠信誠慤之心，維邦國以比小事大之禮。然盟詛之末，常不弛於天下，使人明則知好惡，幽則知信畏，然後有同德而無離心，則盟詛之輔于教也，其可忽哉？《周禮》有盟萬民，有盟諸侯，有詛萬民之不信，有教國之信用，則盟詛固有大小矣。司盟若合諸侯，則共珠盤、玉敦。戎右以玉敦辟盟，贊牛耳、桃茢。封人凡賓客、軍旅、大盟，飾牛牲。其未殺也，飾以文繡；其殺也，寘之於坎，加書其上。盤以盛耳，敦以盛血，尸之者執耳，大者先歃，小者亞之。哀十三年，吴、晉争先，《國語》曰：「吴先歃，晉亞之。」又《晉語》：「宋之盟，楚人請先歃。」霸王之勢，在德不在先歃。定四年祝鮀曰：「晉文踐土之盟，衛成公弟猶先蔡。」有玉帛以禮明神，哀十二年子貢曰：「盟有玉帛以奉之。」有桃茢以祓不祥。既盟，則以盟書登于天府，太史、内史、司會及六官皆受其貳而藏之。然則司盟共祈酒脯，則既殺以盟於前，又用酒脯以祈於後也。《覲禮》諸侯覲天子，春拜日，秋禮山川、丘陵，冬禮月與四瀆，而繼之以祭天燔柴，祭山丘陵升，祭川沈，祭地瘞，謂升沈必就祭，謂王巡狩也。王巡狩之盟，其神主日。諸侯之盟，其神主山川。王官之伯會諸侯，❶其神主月歟？經言祭天而鄭氏言祭日，經言祭地而鄭氏言祭月，且方明以象上下四方，而經傳凡言主盟者多稱明神，曰：「司慎、司盟、名山名川、羣神、羣祀、先王先公，七姓十二國之祖。」《齊語》桓公與諸侯飭牲爲載，以約誓于上下庶神，則諸侯之盟非特主山川也。鄭氏謂王之盟主日，諸侯主山川，王官之伯主月，其禮無據。瑕禽曰：「平王東遷，吾七姓從王。王賜之騂旄之盟。」杜預曰：「言得重盟，不以雞、犬。」蓋騂旄之盟，非王賜者不得用也。襄十年。《詛祝》：「掌盟、詛、類、造、攻、説、禬、禜之祝號，作盟詛之載辭，以叙國之信用，以質邦國之劑信。」《詩》曰：「出此三物，以詛爾斯。」《左傳》曰：「鄭伯使卒出豭，行出犬、雞，以詛射潁考叔。」《書·無逸》曰：「否則厥口詛祝。」鄭氏曰：「大事曰盟，小事曰詛。」賈公彦曰：「盟者盟將來，詛者詛往過。」然季武子作三軍，盟諸僖閎，詛諸五父之衢。陽虎己丑盟桓子于稷門之內，庚寅大詛，又盟三桓于周社，盟國人于亳社，詛于五父之衢。鄭伯使卒出豭，行出犬、雞，以詛射潁考叔者。是盟有繼之以詛，詛有不繫于盟，則大事必盟而或詛，詛以詛往過，而或爲將來也。《詩》曰：「出此三物，以詛爾斯。」毛氏曰：「君以豕，臣以犬，民以雞。」蓋以鄭伯使卒與行出此三物，辨而等之，其詳不可考也。《周禮》、《左傳》天子、諸侯之盟，皆執牛耳，而衛太子蒯聵與伯姬輿豭

❶「官」，原作「宫」，據庫本改。

以盟，蓋下人君之禮也。然盟詛皆坎牲加書以告明神，其異者，盟有執耳歃血，既盟有祈，而詛無是也。春秋之盟，有適一時之急而不用牲者，若孟任割臂以盟莊公，華元登楚子反之牀，子反懼而與之盟，此皆假行其禮而不用牲也。春秋之盟，或尋，或同，或乞，或要，或逃，或渝，或盟君以大夫，或辱人以城下，日以長亂，莫之或熄，皆先王之罪人也。

右經傳盟詛。

【《史記》】平原君適楚。毛遂謂楚王之左右曰：「取雞、狗、馬之血來。」毛遂奉銅盤，而跪進之楚王：「王當歃血而定從於殿上。」毛遂左手持盤血，而右手招十九人，曰：「公相與歃此血於堂下，公等録録，音禄。所謂因人成事者也。」

【《漢書・王陵傳》】高后欲立諸吕爲王，問陵。陵曰：「高皇帝刑白馬而盟曰：『非劉氏而王者，天下共擊之。』今王吕氏，非約也。」

【《魏志・臧洪傳》】臧洪，字子原，廣陵射陽人也。太守張超請洪爲功曹。與西至陳留，見兄邈計事。邈與語，大奇之。又致之於劉兖州公山、孔豫州公緒。乃設壇場，方共盟誓，諸州郡相讓，乃共推洪。洪乃升壇，操盤歃血而盟。

【吴孫權與蜀盟文】天降喪亂，皇綱失叙，逆臣乘釁，刼奪國柄，始于董卓，終于曹操。九州幅裂，普天無繼。及曹丕偷取天位，而子叡么麽，尋亦凶逆。昔共工亂象，而高辛行師；三苗干度，而虞舜征焉。今日滅叡，擒其徒黨，非漢與吴，將復誰在？建大事，必先盟誓。漢之與吴，雖信由中，然分土列境，宜立盟約，使東西士民，咸共聞知。既盟之後，戮力一心，同討魏賊，救危恤患，分災共慶，各守分土，無相侵犯。傳之後葉，克終若始。有渝此盟，創禍先亂，俾墜其師，無克祚國。

【晉劉琨與段匹磾盟文】天不靖晉，難集上邦，四方豪傑，是焉扇動，乃憑陵於諸夏，俾天子播越震蕩，罔或攸底，二鹵交侵，區夏將泯，神人乏主，蒼生無歸，百罹備臻，死喪相枕，肌膚潤於鋒鏑，骸骨曝於草莽，千里無煙火之廬，列城有兵曠之邑，兹所以痛心疾首，仰訴皇穹者也。臣琨蒙國寵靈，叨竊台岳。臣磾世效忠節，忝荷公輔。大懼醜類，猾夏王旅。隕首喪元，盡其臣禮。古先哲王，貽厥後訓，所以翼戴天子，敦序同好者，莫不臨之以明神，結之以盟誓。故齊桓會於召陵而羣后加恭，晉文盟於踐土而諸侯兹順。而臣等介在遐鄙，而與主相去迴遼，是以敢干先典，刑牲歃盟。自今日既盟之後，皆盡忠竭節，以剪夷二寇。有加難於琨，磾必救；加難於磾，琨亦如之。繾綣齊契，披布胸懷，書勒金石，藏於王府。有渝此盟，亡其宗族，俾墜軍旅，無其遺育。

【晉庾闡爲郗車騎討蘇峻盟文】賊臣祖約、蘇峻，不恭天命，不畏王誅，凶戾肆逆，干國之紀，稱兵攻宮，焚掠宗廟，遂乃制脅幼主，有無君之心，大行皇太后，以憂厄崩殂，殘害忠良，禍虐烝民，窮凶極暴，毒流四海。是以率土怨酷，兆庶泣血，咸願奉辭伐罪，以除元惡。今主上憂危，百姓倒懸，忠臣烈士，志在死國，既盟之後，戮力一心，共剪醜類，殞首喪元，以救社稷。若二寇不梟，無望偷安，當令生者不食今誓，死者無媿黄泉。【陳沈烱爲陳武帝與王僧辯盟文】侯景，戎羯小醜，逆天無狀，背我恩義，破我國家，毒我生民，改移我廟社，誅鋤我郡縣，割裂我宗姻。我高祖靈聖聰明，光宅天下，劬勞兆庶，亭育萬民，哀景以窮見歸，全景將戮之首，授景要害之地，崇景非次之榮。於景何怨？而景長戟强弩，陵蹙朝廷，刳肝斮趾，不厭其快。高祖菜食卑宮，春秋九十，屈意凝威，憤終寇手。大行皇帝温嚴恭默，不守鴻名，於景何有，復加忍毒？豈有率土之濱，忍聞此痛？僧辯等荷相國湘東王泣血銜冤之寄，摩頂至踵之恩，能不瀝膽抽腸，共誅姦逆，和將帥同心共契，必誅逆豎。尊奉湘東王，嗣膺鴻業，以主郊祀。若一相欺負，一相違戾，天地宗廟，是譴是詰。

右後世盟詛。

釁

蕙田案：釁之禮小矣，古人敬事神明，所以交之者異也。以血塗釁即以釁名祭，孫奭謂：「猶治亂曰亂。」抑其義歟？

【《大戴禮・諸侯釁廟》】成廟，釁之以羊。

【注】廟新成而釁者，尊而神之也。

【孔氏《禮記・雜記》疏】謂宗廟初成，則殺羊取血以釁之。

君玄服立於寢門内，南向。祝、宗人、宰夫、雍人皆玄服。【注】以神事，故亦同爵弁。以載君朝服者，謂不與也。

宗人曰：「請令以釁某廟。」君曰：「諾。」遂入。雍人拭羊。宰夫入廟門，碑南北面東上。【注】拭，帨。東上者，宰夫也，宰夫攝主也。

【鄭氏《雜記》注】拭，静也。

【孔氏《雜記》疏】雍人是廚宰之官，拭羊，拭静其羊，拭於廟門外。但初受命於寢門内之時，君與祝、宗人、宰夫、雍人等皆著玄服，謂朝服、緇衣、素裳等。其祝、宗人、宰夫、雍人等皆入廟之時，則爵弁純衣。

雍人舉羊，升屋自中。中屋南面刲羊，血流于前。乃降。

【鄭氏《雜記》注】自，由也。

【孔氏《雜記》疏】「雍人舉羊升屋」者，熊氏云：「謂抗舉其羊升於屋。自中者，自，由也，謂升屋之時由屋東西之中，謂兩階之間而升也。中屋南面者，謂當棟屋之上，亦東西之中而南面。刲割其羊使血流于前，雍人乃降。」皇氏云：「舉羊，謂縣羊。升屋，謂掛羊於屋。自中，謂在屋之中。中屋，謂羊在屋棟之下縣之，上下處中。今謂屋者，謂室之在上之覆也。」前云「升屋」，下云「乃降」，與《喪大記》「復者升屋」，其文正同，何得以升爲縣？又中屋爲屋棟，去地上下爲中，此正得云屋中，不得云中屋。若室裏縣羊血，則當羊而下，何得云「血流于前」？又下文其衈皆于屋下，明知其釁則在屋上，檢勘上下，皇氏之説非也。

門以雞。有司當門北面，雍人割雞屋下當門。【注】有司，宰夫、祝、宗人也。

【孔氏《雜記》疏】門，廟門也。減於廟室，故釁不用羊也。門則當門屋之上中割雞，使血流，故云門當門。

郟室，割雞于室中，有司亦北面也。【注】郟室，門郟之室。一曰東西廂也。釁東西室，有司猶北面，統于廟也。案《小戴》割雞亦于屋上，記者不同耳。

【孔氏《雜記》疏】夾室，東西廂也。門與夾室各一雞，凡用三雞。釁門、夾室用雞之時，如上用羊之法，亦升屋而割之。先釁門，後釁夾室，又卑於門也。其衈皆於屋下，衈訖，然後升屋而釁也。夾室，則當夾室上之中。釁夾室之時，宰夫、祝、宗人皆當於夾室而立。

既事，宗人告事畢，皆退。反命於君。君寢門中南向，宗人曰：「釁某廟，事畢。」君曰：「諾。」宗人請就宴。君揖之，乃退。

【鄭氏《雜記》注】告者，告宰夫。

【孔氏《雜記》疏】釁事既畢，宗人告攝主宰夫以事畢。

宰夫及祝、宗人等乃退，反報君命於路寢。君受命之時，南鄉于於路寢門内，南面而立。

【《禮記·雜記》】成廟則釁之，其禮：祝、宗人、宰夫、雍人皆爵弁純衣。雍人拭羊，宗人祝之，宰夫北面于碑南，東上。雍人舉羊，升屋自中，中屋南面封羊，血流于前，乃降。門、夾室皆用雞，先門而後夾室，其衈皆于屋下割雞。門，當門。夾室，中室。有司皆鄉室而立，門則有司當門北面。既事，宗人告事畢，乃皆退。反命于君曰：「釁某廟事畢。」反命于寢，君南鄉于門内，朝服。既反命，乃退。【注】宗人先請于君曰：「請命以釁某廟。」君諾之，乃行。衈，謂將封割牲以釁，先滅耳旁毛薦之。耳，聽聲者，告神欲其聽之。《周禮》有刉衈。君朝服者，不至廟也。【疏】其衈皆于屋下者，謂未封割羊與雞之時，先滅耳旁毛以薦神。廟則在廟之屋下，門與夾室則在門夾室之屋下。衈訖，爲釁之時，門則當門屋之上中，夾室則當夾室上之中，以割雞使血流，故云：「門，當門。夾室，中室。」鄭注《周禮》云：「毛牲曰刉，羽牲曰衈。」以此經有羊有雞，無别刉文，故總以衈包之。朝服，即《大戴禮》云玄衣，以不入廟，故朝服。

蕙田案：釁廟之禮，二戴大同小異。但《小戴》厠于《雜記》内，《大戴》則另列爲篇，故朱子集《儀禮》經傳，取之二書，互有詳略，今以《大戴》爲正，仍録《小戴》于後，以備參考。

【《周禮·夏官·小子》】掌珥于社稷，祈于五祀。【注】鄭司農云以牲頭祭也。玄謂：珥讀爲衈，祈或爲刉，刉衈者，釁禮之事也。用毛牲曰刉，羽牲曰衈。衈刉社稷、五祀，謂始成其宮兆時也。【疏】先鄭云珥以牲頭祭，漢時祈禱有牲頭祭。後鄭不從者，案《禮記·雜記》釁廟之禮，云門、夾室用雞，其衈皆于屋下。衈既爲釁禮，此刉與衈連文，則刉亦是釁禮，非祭祀之法，何得爲牲頭祭乎？是依後鄭爲釁法解之。「玄謂珥讀爲衈，祈讀爲刉」者，以釁法無取于玉珥及祈禱之義，故以《士師》刉衈爲正也。鄭知刉衈爲釁禮之事，約《雜記》而知也。云

「用毛牲曰刉，羽牲曰衈」者，此相對而言。《雜記》廟用羊，門用雞，皆云衈，散文通也。知「刉衈是社稷、五祀始成其宫兆時也」者，凡物須釁者皆謂始成時，是以《雜記》云「廟成則釁之」是也。

王氏與之曰：「珥當爲弭，如《小祝》所謂『弭災兵』。祈如《小祝》所謂『祈福祥』，非釁事也。」

蕙田案：王氏之説非是。當從康成注。

【《禮記·雜記》】路寢成，則考之而不釁。釁屋者，交神明之道也。【注】言路寢者，生人所居。不釁者，不神之也。考之者，設盛食以落之耳。【疏】「釁屋者，交神明之道也」者，釋所以不釁路寢之義，言此屋與神明相交，故釁之也。

蕙田案：以上釁廟。

【《禮記·雜記》】凡宗廟之器成，則釁之以豭豚。【注】宗廟名器，謂尊彝之屬。【疏】器之名者，尊彝之屬也。若作名者成則釁之，若細者成則不釁。名器，則殺豭豚血塗之也。不及廟，故不用羊也。

【《周禮·春官·天府》】上春，釁寶鎮及寶器。【注】上春，孟春也。釁，謂殺牲以血血之。鄭司農云釁讀爲徽。或曰釁鼓之釁。【疏】云「上春，孟春也」者，謂建寅之月也。殺牲取血釁之，若《月令》上春釁龜筴等也。云「釁讀爲徽」者，《周禮》先鄭皆讀釁爲徽，徽取飾義。云「或曰釁鼓之釁」者，讀從定四年祝佗云「君以軍行，祓社釁鼓」，釁皆以血血之也。

【《禮記·文王世子》】始立學者，既興器，用幣。【注】興當爲釁，字之誤也。禮樂之器成則釁之，又用幣告先聖先師以器成。【疏】「始立學者」，天子命諸侯始立教學，又造禮樂之器，新成釁之。既畢，乃用幣告先聖先師以器成也，然後釋菜。既以幣告，後又更釋菜告先聖先師，以器成將用也。案《雜記》「宗廟之器其名者成，則釁之以豭豚」，是器成當釁之，故知興當爲釁。經言用幣，故知告先聖先師以器成也。

【《周禮·夏官·大司馬》】若大師，帥執事臨，釁主及軍器。【注】大師，王出征伐也。涖，臨也。主，謂遷廟之主及社主在軍者也。軍器，鼓鐸之屬。凡師，既受甲，迎主于廟，及社主，祝奉以從。殺牲以血塗主及軍器，皆神之。【疏】云「主，謂遷廟之主」，❶《左傳》祝佗云「軍行，祓社釁鼓，祝奉以從」，《尚書》云「用命賞于祖，不用命戮于社」，皆是在軍是也。

【小子】釁邦器及軍器。【注】邦器，謂禮樂之器及祭器之屬。《雜記》曰：「凡宗廟之器其名者成，則釁之以豭豚。」【疏】鄭以軍器別言，即云邦器者是禮樂之器也。鄭云禮器者即射器之等，樂器即鐘鼓之等，祭器即籩、豆、俎、簋、尊、彝器皆是。引《雜記》「宗廟器成釁之以豭豚」者，證此等所釁亦用豭豚也。

【《禮記·樂記》】車甲衅而藏之府庫，而弗復用。【注】衅，釁字也。【疏】言車甲不復更用，故以血衅而藏之。

【《周禮·春官·龜人》】上春釁龜。【注】釁者，殺牲以血之，神之也。玄謂上春者，夏正建寅之月。《月令》孟冬云釁祠龜筴，相互矣。秦以十月建亥爲歲首，則《月令》秦世之書，亦或欲以歲首釁龜耳。【疏】云「釁者，殺牲以血之神之也」者，謂若《禮記·雜記》云「廟成則釁之，廟用羊，門、夾室用雞」之類，皆是神之，故血之也。

【《禮記·月令》】孟冬，命太史釁龜、筴。【注】筴，蓍也。《周禮·龜人》：「上春釁龜。」秦以其歲終使太史釁龜、筴，與周禮異矣。【疏】太史，史官。釁龜、筴，謂殺牲以血塗釁其龜及筴。筴謂蓍也。

【《孟子》】齊宣王坐於堂上，有牽牛而過堂下者。王見之曰：「牛何之？」對曰：「將以釁鐘。」王曰：「舍之，吾不忍其觳觫，若無罪而就死地。」對曰：「然則廢釁鐘與？」曰：「何可廢也，以羊易之。」【趙氏注】胡齕，王左右近臣也。觳觫，牛當到死地處恐貌。新鑄鐘，殺牲以血塗其釁郄，因以祭之曰釁。《周禮·大祝》曰：「墮釁，逆牲，逆尸，令鐘鼓。」《天府》：「上春釁寶鎮及寶器。」

蕙田案：釁，禮之小者也，故宗廟唯用羊，若器則雞、豚之屬而已。釁鐘以牛，非禮也。

【《春秋》定公四年《左氏傳》】君以軍行，祓

❶「之主」下，《周禮疏》尚有大段文字，而此書未引，以致下文所釋者乃「社主」而非「遷廟之主」。

社釁鼓。【注】師出先有事，祓禱于社謂之宜社，于是殺牲以血塗鼓鼙爲釁。【疏】《釋天》云：「起大事，動大衆，必先有事乎社而後出，謂之宜。」是軍師將出，必有祭社之事也。《周禮・女巫》：「掌祓除釁浴。」則祓亦祭名，故知祓社即宜社是也。《説文》云：「釁，血祭也。」是殺牲以血塗鼓鼙爲釁鼓，此皆祝掌之。

蕙田案：以上釁器。

【《周禮・夏官・圉師》】春除蓐，釁廄。【注】蓐，❶馬兹也。馬既出而除之，新釁焉，神之也。

蕙田案：此條釁廄。

【《周禮・秋官・司約》】若有訟者，則珥而辟藏。【注】鄭司農云：「謂有争訟罪罰，刑書謬誤不正者，爲之開藏，取本刑書以正之。當開時，先祭之。」玄謂：訟，訟約，若宋仲幾、薛宰者也。辟藏，開府視約書。不信，不如約也。珥讀曰衈，謂殺雞取血釁其户。【疏】訟，謂争約劑不決者。云「則珥而辟藏」者，謂以血塗户，乃開闢其户，以出本約劑之書勘之。又曰：司約所掌，唯約劑之書，先鄭以爲争訟罪罰刑書，及以珥爲祭。後鄭皆不從，而謂訟約若宋仲幾、薛宰者，案定元年正月，晉魏舒合諸侯之大夫于狄泉，將城成周。宋仲幾不受功，曰：「滕、薛、郳，吾役也。」薛宰曰：「宋爲無道，絶我小國于周，以我適楚，故我常從宋。」晉文公爲踐土之盟，曰：「凡我同盟，各復舊職。」若從踐土，若從宋，亦唯命。」宋仲幾曰：「踐土固然。」又士彌牟曰：「子姑受功，歸，吾視諸故府。」仲幾曰：「縱子忘之，山川鬼神其忘諸乎？」此是訟約法，故引之爲證。云殺雞者，以《雜記》云：「割雞當門，其衈皆于屋下。」言衈，故知用雞也。

蕙田案：此條辟藏而釁。

【《周禮・春官・肆師》】以歲時序其祭祀及其祈珥。【注】序，第次其先後大小。祈，當爲造機之機。珥，當爲衈。機衈者，釁禮之事。《雜記》曰：「成廟則釁之，雍人舉羊，升屋自中，中屋南面刲羊，血流于前，乃降。門、夾室皆用雞，其衈皆于屋下割雞。門，當門。夾室，中室。」然則是機謂羊血也。《小子職》曰「掌珥于社稷，祈于五祀」是也。

【孫奭《孟子疏》】《周禮・大祝》：「隋釁，逆牲，逆尸，令

❶「蓐」，原作「廄」，據庫本及《周禮注疏》改。

鐘鼓者。」鄭司農云「墮釁，謂薦血也。凡血祭曰釁，既墮釁後言逆牲，容逆鼎」是也。蓋古者器成而釁以血，所以厭變怪禦妖。釁，釁鐘之釁，謂之釁，亦治亂謂之亂之類也。

【鬯人】共其釁鬯。【注】釁尸以鬯酒，使之香美者。鄭司農云：「釁讀爲徽。」【疏】鄭云「釁尸以鬯酒，使之香美」者，案《肆師》云：「大喪築鬻。」則此鬯酒中兼有鬱金香草，故得香美也。司農云「釁讀爲徽」者，以鬯釁尸，故以徽爲莊飾義也。

【《夏官·羊人》】凡祈珥，共其羊牲。【注】共猶給也。【疏】《犬人》共犬，此云共羊。或羊或犬，俱得爲釁，故兩職各共之也。

侯禳釁積，共其羊牲。【注】鄭司農云：「謂釁國寶漬軍器也。」玄謂：積，積柴。

【《秋官·士師》】凡刉珥，則奉犬牲。【注】珥讀爲衈。刉衈，釁禮之事。用牲毛者曰刉，羽者曰衈。【疏】鄭爲衈者，珥是玉名，故破從衈，取用血之意。知刉衈是釁禮者，《雜記》云：「成廟則釁之，門、夾室皆用雞，其衈皆于屋下。」彼雖不言刉，刉衈相將，故知是釁禮。知用牲「毛者曰刉，羽者曰衈」者，《雜記》雞言衈，即毛曰刉可知。

【犬人】凡幾珥沈辜，用駹可也。【注】鄭司農云：「幾讀爲庪。《爾雅》曰：『祭山曰庪縣，祭川曰浮沉。』駹，謂不純色也。」玄謂：幾讀爲刉，珥當爲衈。刉衈者，釁禮之事。【疏】幾珥言「凡」，則宗廟、社稷壇廟新成者皆釁之，故云「凡」也。云「沈辜」者，沈謂沈牲于水，辜謂疈磔牲體以祭。云「用駹」者，駹謂雜色牲，此則《牧人》云「毀事用駹」是也。云「可也」者，用純爲正，用駹亦可也。又曰：先鄭讀幾爲庪，雖引《爾雅》，後鄭不從。云「玄謂幾讀爲刉」，從《士師》爲正。珥讀爲衈，從《雜記》爲正。云「釁禮之事」者，據《雜記》而知也。

【《春官·雞人》】凡釁，共其雞牲。【注】釁，釁廟之屬。釁廟以羊，門、夾室皆用雞。鄭司農云：「釁讀爲徽。」【疏】鄭云「釁，釁廟之屬」者，言「之屬」則釁鼓、釁甲兵皆在其中。「釁廟以羊」以下，《雜記》文。司農云「釁讀爲徽」者，亦謂以徽爲飾治之義也。

蕙田案：以上釁祭禮。

【《周禮·春官·女巫》】掌祓除釁浴。【注】歲時祓除，如今三月上巳如水上之類。釁浴，謂以香薰草藥沐浴。【疏】歲時祓除者，非謂歲之四時，惟謂歲之三月之時，故鄭君云「如今三月上巳」，見今三月三日水上戒浴是也。云「釁浴謂以香薰草藥沐浴」者，若直言浴，則惟有湯，今兼言釁，明沐浴之物必和香草。經直云浴，兼言沐者，凡潔静者，沐浴相將，故知亦有沐也。

蕙田案：此條所言釁乃祓除之義，非釁禮也。

【《春秋》】僖公十有九年，邾人執鄫子，用之。【《左氏傳》】宋公使邾文公用鄫子于次睢之社，欲以屬東夷。【《公羊傳》】用之者何？蓋叩其鼻以血社也。

【成公三年《左氏傳》】知罃曰：「執事不以釁鼓。」【注】釁鼓，以血塗鼓。

【昭公五年《左氏傳》】楚子伐吴，吴子使其弟蹶由犒師。楚人執之，將以釁鼓。

十一年，楚師滅蔡，執蔡世子友以歸，用之。【范甯注】用之者，叩其鼻以衈社。

蕙田案：釁社、釁鼓，皆古禮也。然小事不用大牲，而況敢用人乎？以人血爲釁，怪矣。

又案：以上釁附。

【陳氏《禮書》】釁者，塗釁以血，交神明之道也。廟成則釁，室成不釁，以室不可以神之也。宗廟之器其名者釁，非名者不釁，以非名者不足以神之也。《周官·羊人》「釁共羊牲」，將以釁廟也。《雞人》「釁共雞牲」，將以釁門及夾室也。《犬人》「幾珥用駹」，《禮記》言「宗廟之器釁之以豭豚」，則釁牲不特雞、羊而已。賈公彦曰「或犬或羊，俱得爲釁」是也。《小子》「珥于社稷，祈于五祀」，《羊人》之祈衈，《犬人》之幾珥，《士師》之刉珥，《司約》之珥，鄭氏皆以爲釁禮，謂祈幾皆當爲刉，而珥當爲衈，毛牲曰刉，羽牲曰衈，其說蓋以《禮記》言釁，而繼之以衈，皆於屋下，於是以祈珥爲釁，其詳不可考也。古之用釁者多矣，若《天府》釁寶鎮及寶器，《小子》釁邦器及軍器，《龜人》釁龜，《圉人》釁廐，以至社稷、五祀與夫師行之主，藏約之户，或釁於始成，或釁於將用，其禮豈一端哉！ 然釁，有司行事而君不親，犬羊爲牲而牛馬不預，有司爵弁而不冕，牲駹而不純，則釁之爲禮也小矣。後世有牛釁鐘，而甚者有叩人鼻以衈社，此先王之所棄也。《大祝》「隋釁令鐘鼓」，鄭氏曰：「隋釁謂薦血也。 凡祭血曰釁。」《女巫》「掌歲時祓除釁浴」，鄭氏曰：「釁浴，謂以香薰草藥沐浴也。」然釁浴之于釁禮，名同而實異。 若夫隋釁，則援與釁也。 鄭氏合之以爲薦血，誤矣。

右釁禮。

五禮通考卷第五十七

淮陰吴玉搢校字

五禮通考卷第五十八

內廷供奉禮部右侍郎金匱秦蕙田編輯
太子太保總督直隸右都御史桐城方觀承同訂
按察司副使元和宋宗元參校

吉禮五十八

宗廟制度

蕙田案：天子宗廟之制，三昭三穆，與太祖之廟而七，蓋自虞夏以來。《商書》云：「七世之廟，可以觀德。」其明證也。周監二代，制度益昭。凡祧遷宗祖，以暨宮室、服冕、籩豆、尊罍、牲牢、器數、樂舞之制，散見于《儀禮》、《周官》、戴《記》者，雖不無闕略，然皆有脉絡可尋，推類以求聖人制作之精意，穆然可思也。今詳其條目，統爲制度，列于時享之前。各家異同之説，略爲考定。至律吕，本通貫祭祀之樂，因廟享最詳，並附著焉。

【《易·萃卦》】萃亨，王假有廟。【注】假，至也。王以聚至有廟也。【疏】「王假有廟」者，天下崩離則民怨神怒，雖享祀，與無廟同。王至大聚之時，孝德乃昭，❶始可謂之有廟矣，故曰「王假有廟」。

【程《傳》】王者萃聚天下之道，至于有廟，極也。羣生至衆也，而可一其歸仰；人心莫知其鄉也，而能致其誠敬；鬼神之不可度也，而能致其來格。天下萃合人心，總攝衆志之道非一，其至大莫過於宗廟，故王者萃天下

❶「昭」，原作「洽」，據《周易·萃卦》孔疏改。

之道，至于有廟，則萃道之至也。祭祀之報本于人心，聖人制禮以成其德耳，故豺獺能祭，其性然也。

【《本義》】萃，聚也，廟所以聚祖考之精神。又人必能聚己之精神，則可以至于廟而承祖考也。

程子曰：「《萃》、《渙》皆立廟，因其精神之萃而形于此，爲其渙散，立廟以收之。」

張氏浚曰：「巽木在上爲有廟。」

朱氏震曰：「艮爲門闕，巽爲高上，爲宗廟。」

李氏過曰：「宗廟者，人心所係。武王伐商，載車以行，係人心也。」

趙氏汝楳曰：「天下主王者以聚其生，王者主宗廟以聚其民。君子將營宮室，宗廟爲先。有廟者，萃人心之本。」

龔氏焕曰：「『假』字，疑當作『昭假列祖』之『假』，謂感格也。王者致祭于宗廟，以己之精神感假祖考之精神也。」❶

沈氏起元曰：「『王假有廟』，玩象辭『有』字最重。觀《渙》大象『先王以享于帝立廟』，可見有廟者立廟之謂，『假』字訓『至』爲是。」

蕙田案：注、疏訓「假」爲「至」，原本《渙》大象立義，似更平實有關係。

【《彖下傳》】王假有廟，致孝享也。

陸氏希聲曰：「氣聚而生，氣散而死，魂氣游散，無所依歸，故聖人于萃聚之時，立宗廟以致孝享。」

吴氏澄曰：「致者，至其極也。極盡孝享之道，乃能萃已散之精神也。」

雷氏次宗曰：「得萬國之歡心，四海之内，各以其職來祭，然後可以謂之有廟而致孝享，此謂天子之孝。」

【《渙卦》】渙亨，王假有廟。【疏】王假有廟者，王能渙難而亨，可以至于建立宗廟，故曰「王假有廟」也。

【《本義》】渙，散也。祖考之精神既散，故王者當至于廟以聚之。

胡氏炳文曰：「《萃》與《渙》皆互艮，艮爲門闕，一陽在上爲屋，二陰在下爲闕，高巍之象，故曰有廟。《萃》言假廟，是言聚己之精神以聚祖考之精神。《渙》言假廟，是祖考之精神既散，至于廟所以聚之。」

❶ 「假」，庫本作「格」，疑是。

朱氏震曰：「上爲宗廟，艮爲門闕，五王位九五，❶有入自門闕至于廟之象。」

【《象下傳》】王假有廟，王乃在中也。【注】王乃在乎渙然之中，故至有廟也。【疏】此重明渙時可以有廟之義。險難未安，方勞經略，今在渙然之中，故至于有廟也。

【程《傳》】王假有廟之義，在《萃卦》詳矣。天下離散之時，王者收合人心，至于有廟，乃是在其中也。在中，謂求得其中，攝其心之謂也。中者，心之象。

【《本義》】中謂廟中。

楊氏繪曰：「當渙之時，何以御之？王者宅中而正位，託天地宗廟之靈以固民之離心，故曰：『王假有廟，王乃在中也。』」

鄭氏汝諧曰：「方其渙也，孰爲君？孰爲臣？至于有廟，則王位乎中而上下定矣。」

張氏栻曰：「收天下之心，莫若立宗廟而正王位。王乃在中，所謂中天下而立定四海之民也。」

何氏楷曰：「王乃在中者，非在廟中之謂。王者之心渾然在中，則不薦之孚，直有出于儀文之外者，宜其精神之與祖考相爲感格也。」

蕙田案：在中，楊氏、鄭氏爲是。

【《象下傳》】風行水上，渙。先王以享于帝立廟。【疏】先王以渙然無難之時，建立宗廟，以祭祖考。

【程《傳》】風行水上，有渙散之象，先王觀是象，收天下之渙散，至于享帝立廟也。收合人心，无如宗廟。祭祀之報，出于其心，故享帝立廟，人心之所歸也。係人心、合離散之道，無大于此。

【《本義》】皆所以合其散。

項氏安世曰：「立廟于宮，象坎之隱。」

朱氏震曰：「立廟則人知反本，鬼有所歸，所以一天下之心，合天下之渙。」

丘氏富國曰：「鬼神之道，幽深渺邈，不可度思，惟至誠貫徹，潛乎冥感，如水之遇風，渙然相受，則陰陽交通，有合无間，廟焉而神鬼享矣。」

俞氏琰曰：「渙，泮渙也。風來水面而水有文，故曰渙。風無形，无所寓則无以見之。水動成文，後見風之至。

❶「五王位九五」，朱震《漢上易傳》作「五王位中者心之位九五」。

鬼神亦無形者，立廟于宫，而後人鬼享有所寓故也。」

【《詩·小雅·巧言》】奕奕寢廟，君子作之。【疏】連言「寢廟」者，《周禮》註云：「前曰廟，後曰寢。」則寢廟一物。先寢後廟，便文耳。此自工匠所造，而言君子者，《閟宫》曰：「新廟奕奕，奚斯所作？」彼「奚斯」，君子也。以教護課程，必君子監之，乃得依法制也。

【《春秋》桓公二年《左氏傳》】清廟茅屋。

【《周禮·春官·大宗伯》】掌建邦之人鬼之禮。

【《小宗伯》】掌建國之神位，左宗廟。【注】庫門内、雉門外之左右。

王氏昭禹曰：「左，陽也，人道所尚。君子于其親，事死如事生，故左宗廟。」

鄭氏鍔曰：「《匠人》云『左祖右社』，匠人所掌者，營作之事；小宗伯所主者，辨其方位也。」

【《考工記》】匠人營國，左祖右社。【注】左宗廟。【疏】案《祭義》注云：「周尚左。」《桓二年》「取郜大鼎，納于太廟」。何休云：「質家右宗廟，尚親親；文家左宗廟，尚尊尊。」

【陳氏《禮書》】《周官·小宗伯》、《禮記·祭義》皆曰「建國之神位，右社稷，左宗廟」，《考工記》「匠人營國，左祖右社」，蓋宗廟陽也，故居左陽，故宗廟皆南嚮。廟所以象王之朝，而朝必南面，則廟皆南嚮可知。《聘禮》：賓入大門内，公揖入，每門每曲揖，然後及祖廟。司儀諸公相。爲賓及將幣，三揖三讓，每門止一相，然後及廟。賈公彦曰：「賓大門，❶東行至廟，考之于禮，諸侯之廟在闕門内，先儒皆謂在大門内。其間有每門者，諸侯五廟，祖廟位居中，東二昭廟，西二穆廟，各有門。門之旁有墻，墻之中夾通門，則祖廟以西閤門者三，東行而歷三門，及至祖廟，則廟皆南嚮矣。廟皆南嚮，而昭南面、穆北面

❶「賓」，聖環本、庫本作「入」。

者，禘祫之位也。」晉孫毓曰：「宗廟之制，外爲都宫，内各有寢廟，别爲門垣。太祖在北，左昭右穆，次而南。」蓋其所傳聞者異也。

【《禮記·曲禮》】君子將營宫室，宗廟爲先。

【注】重先祖。

馬氏晞孟曰：「太王之遷豳也，作廟奕奕，然後百堵皆興。宣王之考室也，似續妣祖，然後作室百堵。則古人之營宫室者，豈有不先宗廟者哉？《檀弓》曰：『喪不慮居，爲無廟也。』」

【《祭義》】宰我曰：「吾聞鬼神之名，不知其所謂。」子曰：「氣也者，神之盛也。魄也者，鬼之盛也。合鬼與神，教之至也。衆生必死，死必歸土，此之謂鬼。骨肉斃于下陰，爲野土，其氣發揚于上，爲昭明。焄蒿悽愴，此百物之精也，神之著也。因物之精，制爲之極，明命鬼神，以爲黔首。則百衆以畏，萬民以服。聖人以是爲未足也，築爲宫室，設爲宗祧，以别親疏遠邇，教民反古復始，不忘其所由生也。衆之服自此，故聽且速也。」【疏】此經明聖人爲鬼神立宗廟之事。聖人以尊名鬼神爲未足稱其意，故爲宫室宗祧，以别親疏遠邇，教民反古復始也。古謂先祖，追而祭之，是反古也。始謂初始，父母始生于已，今追祭之，是復始也。追遠報祭，是不忘其所由生也。

劉氏彝曰：「所以别其親疏者，立祖禰之名也。所以辨其遠邇者，定宗祧之數也。教民尊祖，以時祭之，故曰反古也。教民親禰，以禮敬之，故曰復始也。不忘其所由生者，其謂此乎？」

慕容彦逢曰：「親而邇者爲宗，疏而遠者爲祧，此宗祧所以别親疏遠邇也。廟有寢，祧無寢，廟則修除，祧則黝堊，此宫室所以别親疏遠邇也。祧則以教反本之道也，祖則以教反始之道也，禰則以教不忘其所由生也。民德齊厚而不忘其本，其服也出其中心之誠，非有强之而爲也。」

【《祭法》】天下有王，分地建國，置都立邑，設廟、祧、壇、墠而祭之，乃爲親疏多少之數。是故王立七廟，一壇一墠，曰考廟，曰王考廟，曰皇考廟，曰顯考廟，曰祖考廟，皆月祭之。遠廟爲祧，有二祧，享嘗乃止。去祧爲壇，去壇爲墠。壇、墠有禱焉祭之，無禱乃止。去墠曰鬼。

蕙田案：《祭法》非宗廟正禮，詳見後。茲取其廟名存之。

【《曲禮》】祭王父曰皇祖考，王母曰皇祖妣。父曰皇考，母曰皇妣。夫曰皇辟。

吕氏大臨曰：「宗廟祭祀，尊而神之，有君道焉，故皆曰皇也。君亦曰辟，則臣之所取法也。」

陳氏祥道曰：「《詩》曰『皇皇后帝』，又曰『皇王維辟』，❶天王祔而臣子加之以帝，尊之與天同故也。祖父死而子孫加之以皇，夫死而妻加之以辟，尊之與君同故也。《周官·大祝》所謂『鬼號』，此也。」

陳氏澔曰：「曰『皇』、曰『王』，皆以君之稱尊之也。考，成；妣，媲；辟，法也。妻所法式也。爲之宗廟，以鬼享之，不得不異其稱謂也。」

【《曲禮》】措之廟，立之主，曰帝。【注】立主曰帝，同之天神。【疏】卒哭竟而祔置于廟，立主使神依之。崔靈恩曰：「廟主曰帝。」蓋是爲祀時有主入廟稱帝之義，記者録以爲法也。

吕氏大臨曰：「措之廟曰『帝』者，祔于廟之詞也。周人卒哭而祔，殷人練而祔。祔而作主，始入于廟。曰『帝』者，同于天神，生事畢而鬼事始也。鬼神莫尊于帝，以『帝』名之，言其德足以配天也。然考之禮經，未見有以『帝』名者，惟《易》稱『帝乙』，亦不知其何帝。獨司馬遷《史記》載夏、殷之王皆以『帝』名，疑殷人祔廟稱『帝』，遷據《世本》而言，當有所考。至周有謚，始不稱『帝』。」

【《禮運》】祖廟所以本仁也。

【《孝經》】爲之宗廟，以鬼饗之。【注】立廟祔廟之後，則以鬼禮享之。【疏】立廟者，即《禮記·祭法》「天子至士皆有廟」。

❶「王」，原作「皇」，據庫本及《詩·大雅·文王有聲》改。

【《尚書大傳》】廟者，貌也。以其貌言之也。❶

【《爾雅・釋名》】宗，尊也。廟，貌也。先祖形貌所在也。寢，寢也，所寢息也。

【《釋宫》】室有東西廂曰廟，無東西廂曰寢。

【《家語》】孔子曰：「吾于《甘棠》，見宗廟之敬也。甚矣！思其人猶愛其樹，尊其人必敬其位，道也。」

【《白虎通》】聖人所以制宗廟何？生死殊路，故敬鬼神而遠之，所以有屋何？所以象生之居。王者立宗廟何？緣生以事死，敬亡若事存，欲立宗廟而祭之，此孝子之心所以追養繼孝也。

【《孝經援神契》】宗廟所以尊祖也。

右宗廟名義。

【《書・舜典》】正月上日，受終于文祖。【傳】文祖者，堯文德之祖廟。【正義】禮有大事，行之于廟，況此是事之大者？知文祖者堯文德之祖廟也，且下云「歸格于藝祖」，藝、文義同。知文祖是廟者，《咸有一德》云：「七世之廟，可以觀德。」則天子七廟，其來自遠。堯之文祖，蓋是堯始祖之廟，不知爲誰也。《帝繫》及《世本》皆云「黄帝生玄囂，玄囂生僑極，僑極生帝嚳，帝嚳生堯」，即如彼言，黄帝爲堯之高祖，黄帝以上不知復祭何人，充此七數。況彼二書未必可信。堯之文祖，不可强言。

林氏之奇曰：「薛氏云：『受天下于人，必告于其人之所從受者。』此論當矣。然而所祖之人，不可得而知也。《祭法》曰：『有虞氏禘黄帝而郊嚳，祖顓頊而宗堯。』《舜典》、《大禹謨》皆《虞書》也，既是《虞書》，則所稱祖宗必自虞世言之。神宗即堯也，神宗爲堯，則文祖亦可指爲顓頊。然而去古遠矣，不可以爲必然之論。」

歸格于藝祖，用特。【傳】告至文祖之廟。藝，文也。言祖則考著。【正義】以上受終在文祖之廟，知此以告至文祖之廟。才藝、文德，其義相通，故藝爲文也，文祖、藝祖，史變文耳。此時舜始攝位，未自立廟，故知告堯之

❶「以其」，三家校乙正爲「其以」。

文祖也。

月正元日，舜格于文祖。【傳】舜服堯三年喪畢，將即政，故復至文祖廟告。【疏】此文又承三載之下，故知舜服堯喪三年畢，將欲即政，復至文祖廟告。前以攝位告，今以即政告也。❶此猶是堯之文祖。自此以後，舜當自立文祖之廟，堯之文祖當遷于丹朱之國也。

【《大禹謨》】正月朔旦，受命于神宗。【傳】受舜終事之命。神宗，文祖之宗廟。言「神」，尊之。【正義】《舜典》説舜之初受終于文祖，此言若舜之初，知受命即是舜終事之命也。神宗猶彼文祖，故云文祖之宗廟。文祖言祖有文德，神宗言神而尊之，名異而實同。神宗當舜之始祖。案《帝繫》云：「黄帝生昌意，昌意生顓頊，顓頊生窮蟬，窮蟬生敬康，敬康生勾芒，勾芒生蟜牛，蟜牛生瞽瞍，瞽瞍生舜。」即是舜有七廟，黄帝爲始祖，則文祖爲黄帝、顓頊之等也。

【蔡《傳》】神宗，堯廟也。蘇氏曰：「堯之所從受天下者，曰文祖。舜之所從受天下者，曰神宗。受天下于人，必告于其人之所從受者。《禮》曰：『有虞氏禘黄帝而郊嚳，祖顓頊而宗堯。』則神宗爲堯明矣。」

陳氏師凱曰：「《祭法》疏云：『有虞氏以上尚德，禘郊祖宗，配用有德者而已。』虞氏禘郊祖宗之人，皆非虞氏之親，是尚德也。『自夏以下，稍用其姓代之。』」

時氏瀾曰：「神宗，堯也。天下者，堯之天下。受命于神宗，示不敢專也。」

吴氏澄曰：「《祭法》必有所據。舜受堯之天下，今以授禹，其宗堯爲宜。或謂舜不當立堯廟，然堯與舜皆黄帝之後，其宗堯何嫌？」

【《益稷》】夔曰：戛擊鳴球，搏拊琴瑟以詠。祖考來格，虞賓在位，羣后德讓，下管鼗鼓，合止柷敔，笙鏞以間，鳥獸蹌蹌，簫韶九成，鳳皇來儀。【正義】此舜廟堂之樂，謂廟内堂上之樂。言「祖考來格」，知在廟内。下云「下管」，知此在堂上也。馬融見其言「祖考」，遂言此是舜除瞽瞍之喪、祭宗廟之

❶「政」，原作「位」，據庫本及《尚書注疏》卷三改。

樂，亦不知舜父之喪在何時也。但此論詔樂，必在即政後耳。

【《中庸》】舜其大孝也與！　宗廟饗之。

【《國語・魯語》】有虞氏禘黄帝而祖顓頊，郊堯而宗舜。　幕能率顓頊者也，故有虞氏報焉。

【《禮記・祭法》】有虞氏禘黄帝而郊嚳，祖顓頊而宗堯。【疏】案《聖證論》以此禘黄帝是宗廟五年祭之名。虞氏之祖出自黄帝，顓頊是虞帝七世祖，以顓頊配黄帝而祭，是禘其祖之所自出，以其祖配之。

趙氏匡曰：「虞氏禘黄帝，蓋舜祖顓頊出于黄帝，則所謂禘其祖之所自出也。郊嚳者，帝王郊天，當以始祖配天，則舜合以顓頊配天也。爲身繼堯緒，不可捨唐之祖，故推嚳以配天。而舜之世系出自顓頊，故以爲始祖，情禮之至也。」

周氏諝曰：「舜之受禪，止于一世，故就舜之身而言之，則不得不郊嚳而宗堯。」

方氏慤曰：「帝，公天下者也。王，家天下者也。有虞氏所郊、所祖，不皆祖瞽瞍之親而祖堯之親者，凡以爲公而已。」

楊氏復曰：「黄帝生昌意，昌意生顓頊，顓頊生窮蟬，窮蟬至瞽瞍，皆微爲庶人。舜嗣帝位，以帝顓頊爲祖廟。黄帝者，帝顓頊之所自出也，故禘黄帝于帝顓頊之廟，而以帝顓頊配之也。帝嚳，堯之父也。顓頊，舜之祖也。有虞氏當以帝顓頊配天，爲身嗣堯位，故推帝嚳以配天，而以顓頊爲祖，仁之至、義之盡也。顓頊，虞氏異代之祖，以功德而祖之。有虞氏宗堯，亦以功德而宗之也。《國語》注曰『虞以上尚德』是也。」

金氏履祥曰：「史稱黄帝之曾孫嚳，嚳之子堯，則堯黄帝之玄孫也。又稱黄帝生昌意，昌意生顓頊，歷窮蟬、敬康、勾芒、蟜牛，以至瞽瞍而生舜，則舜黄帝八世孫也。《世系》之傳，《史記》之失考也。或曰：《世本》也。朱子謂《世本》或出于附會假托，不可憑據，今以其敘舜之世推之，其不可憑也審矣。曰：然則舜果何出乎？考之于《書》，曰『虞舜』，曰『嬪于虞』，是虞者有國之稱也。參之《國語》史伯之言，曰：『成天地之大功者，其子孫未嘗不章，虞、夏、商、周是也。虞幕能聽協風，以成樂物生者也。夏禹能平水土，以處庶類者也。商契能和合五教，以保于百姓者也。周棄能播殖穀疏，以衣食民人者也。其後皆爲王公侯伯。』夫以虞幕並稷契而言，則幕爲有功始封之君，虞爲有國之號，而舜所自出以王天下者也。考之左氏史趙之言，曰：『自幕至瞽瞍，無違命，舜重之以明德。』夫自幕以至于瞽瞍，則非黄帝、昌意、顓頊、窮蟬、敬康、勾芒、蟜牛以至瞽瞍也。或曰：然則昌意、窮蟬以下之説固妄矣。《國語》不曰『幕能帥顓頊』乎？左氏不曰『陳顓頊之族』乎？曰幕之出于顓頊，左氏、《國語》之説固足徵也。然謂顓頊之必出于黄帝，《史記》之説，其果足徵乎？黄帝氏殁，則少昊氏作，是爲五帝之首。《國語》稱『少昊氏之衰，九黎亂德，顓頊受之』，則少昊似一代之通稱，後世始衰，非少昊之世即衰也。而《史記》于黄帝之後不及少昊，懸紀顓頊，指爲黄帝之孫，隔遠無緒，少昊之代何所往，而黄帝之孫何其壽也！莫難明者譜牒，莫易知者朝代。《史記》序朝代尚有遺，則其序譜牒豈足信乎？傳稱『有虞氏禘黄帝而郊嚳，祖顓頊而宗堯』，何也？曰：此亦小戴收《國語》之文而又失之者。《國語》論禘、郊、祖、宗，皆以其有功德于民而祀之，初不論其世也。故説者謂『虞以上尚德，夏以下親親』，戴氏《祭法》易其前後，故讀者不覺耳。此朱子固嘗言之矣。無已，則又決之于《書》乎？《書》稱『舜格于文祖』，即受終于堯之廟也。稱禹『受命于神宗』，即舜宗堯之廟也。其禘黄帝、其郊嚳，即宗堯之意云爾。是以有虞子孫猶郊堯而宗舜，以天下相傳，則有天下之大統焉。有虞氏受堯之天下則宗堯，宗堯則禘、郊堯之宗、祖，計堯以前亦或有然者矣，况《國語》固云『禘、郊、祖、宗，與報爲五』，則禮固有並行而不相悖者。近世有爲之説者，曰：『祖考來格，虞賓在位』，此有虞祭顓頊，報幕，以至瞽瞍之祖考也，《國語》所謂『祖顓頊』與『有虞氏報焉』者也。禘黄帝、郊嚳、宗堯，《書》所謂『文祖』、『神宗』，舜受堯之天下，故宗堯爲宗而祖堯之祖也，《大傳》所謂『帝入唐郊，以丹朱爲尸』者也。祖顓頊，報幕，以至瞽瞍者，一家之私親也。禘郊宗堯者，天下之公義也。然《韶》之爲樂，正以紹堯而得名，則『祖考來格』者，即『文祖』、『神宗』之謂，而『虞賓在位』，安知非丹朱之在尸位乎？况禘、郊、祖、宗、報五者，各有所尊，自不相厭，而虞賓之位亦不相妨也。」

又曰：「有虞氏宗堯，則『神宗』堯廟也。古史稱『舜之子孫乃更郊堯而宗舜』，此説非也。當是禹郊堯而宗舜爾。三聖揖遜，以天下相傳，祀以爲宗，以有天下之大統也。自夏后氏子孫繼世以有天下，商、周征伐以有天下，固異于是，而諸儒之説亦始膠矣。」

朱氏鶴齡曰：「攝位受終于文祖，巡守歸

格于藝祖，即位格于文祖，此舜代堯守宗廟社稷，爲祭主之明文也。堯祔于廟，舜以大義主其祭，與臣工共盡享格之義，此不易之理也。然則如非族何？曰：神不歆非類，民不祀非族。舜與堯雖非族也，非非類也。聖人之德也，君臣之契也，禪受之統也，類莫如堯與舜也。廟號『神宗』，自官天下視之，萬世之宗也。堯之祀非舜主之而誰也？然則于瞽瞍如何？曰：其生也以天下養，其死也自爲虞氏之祖，故曰『宗廟饗之，子孫保之』，此于堯以天下相傳之義固不相妨也。禹之于鯀亦然矣。然則丹朱不祀堯乎？曰：朱子謂堯廟當立于丹朱之國，修其禮物，作賓王家。愚謂此商周革命之禮，非舜、禹禪承之禮也。以經考之，『祖考來格，虞賓在位，羣后德讓』，此非舜祭于廟而丹朱與有事之明徵乎？『祖考』下繫『虞賓』，則『考』者堯也。若謂舜祭其祖考而丹朱在位，是于殷之孫子侯服駿奔于周廟者同也，❶其必不然矣。」

吴氏棫曰：「《祭法》必有所據，舜受堯之天下，今以授禹，禹其宗堯何疑？唐孔氏以爲舜始祖之廟，非也。」

王氏樵曰：「『神宗』爲堯，斷然不易。『文祖』、『神宗』，其祖有功、宗有德之所自始與？」

蕙田案：唐虞宗廟之祭曰「文祖」，曰「藝祖」，曰「神宗」，「藝祖」即「文祖」，蓋堯之始祖廟也。堯之天下受于文祖，今將以授舜，故攝位告、即位告、巡狩告。攝位、即位告者，明統緒之授受也。巡狩告者，攝政而代主宗廟之事也。孔《傳》所云，自

❶ 上「于」字，庫本作「與」。

屬不易。至其人之或爲黄帝，或爲顓頊，《史記》、《世本》所載，皆不足憑，故《傳》稱不知爲誰，是亦闕疑之義。惟「神宗」之説則《傳》與《正義》謂「爲舜之始祖」，而蔡《傳》據蘇氏之説，斷以爲堯廟，則蔡《傳》是也。《祭法》云「有虞氏祖顓頊而宗堯」，宗堯故不稱祖而稱宗，蓋統緒者天下之統緒也，受天下即受與天下者之統緒，故禘、郊、祖、宗，一氣相接，義之盡、仁之至也。祖考來格，虞賓在位，既稱「宗」，即可稱「考」。紹統者主祭，來賓者助祭，禮固然矣。若承其統緒，舍其宗廟而自立宗廟，俾堯之子孫與于駿奔之列，不特等于商周革命之事，其與後之莽、懿，相去幾何？孰謂大聖人而出此？且豈所稱官天下者耶？至《中庸》稱舜大孝，而曰「宗廟饗之，子孫保之」，蓋舜之宗廟享舜及舜子孫之祭，無非舜之大孝也。夫舜以側微受命，以其一身繼天下之統，而又自爲其祖考立宗廟，爲其子孫立國家，俾世世享其祀而弗替，非大德大孝，孰克爲之？《左傳》「自幕至于瞽瞍，無違命」，《國語》「幕能帥顓頊者也，故有虞氏報焉」，非宗其統也，報其功也。此宗廟饗之也。舜處其子均于商，而禹復封之虞，古史謂「服其服，禮樂如之，客見天子而不臣」，此子孫保之也，正合《國語》禘、郊、祖、宗與報爲五之義，與《祭法》固並行而不悖。金仁山謂：「祖顓頊，報幕，以至瞽瞍者，一家之私親也。禘郊祖宗者，天下之公義也。」朱長孺謂：「堯祔于廟，舜以大義主其祭，廟號神宗。自官天下視之，萬世之宗也。于瞽瞍，其生也以天下養，其死也自爲虞氏之祖。」其説皆精當不可易矣。

【《通典》】唐虞立五廟。

蕙田案：杜氏泥鄭氏所引《禮緯稽命徵》之説，謂唐虞立廟，親廟四，始祖廟一，故創爲五廟之説，非也。《商書》：「七世之廟，可以觀德。」疏謂：「漢氏以來，論七廟者多矣，其文見于記傳者，《禮器》、《家語》、《荀卿書》、《穀梁傳》，皆曰『天子立七廟』，以爲天子常法。」「舜格于文祖」，《正義》曰：「天子七廟，其來自遠。」説不可易也。

【《國語·魯語》】鯀障洪水而殛死，禹能以德修鯀之功。夏后氏禘黄帝而祖顓頊，郊鯀而宗禹。杼能率禹者也，夏后氏報焉。

【《禮記·祭法》】夏后氏亦禘黄帝而郊鯀，祖顓頊而宗禹。

趙氏匡曰：「夏后氏禘黄帝，義同舜也。郊鯀者，禹尊父，且以有水土之功，故以配天。祖顓頊者，禹世系亦出顓頊也。宗禹者，當禹身亦宗舜，子孫乃宗禹。」

吕氏大臨曰：「瞽、鯀皆有惡德，虞不郊瞽而夏郊鯀，以鯀有以死勤事之功也。」

周氏諝曰：「有虞氏、夏后氏既同一禪讓得天下，則有虞氏郊嚳而宗堯，夏后氏亦當郊嚳而宗舜。今于夏后氏反謂祖顓頊而宗禹，何也？舜之受禪，止于一世，故就舜之身言之，則不得不郊嚳而宗堯。禹之受禪，傳于數世，故就禹之子言之，則不得不郊鯀而宗禹。使就舜之子言之，則固當郊瞽瞍而宗舜。而就禹之身言之，則固當郊嚳而宗舜。」

又曰：「虞、夏、殷之世，其禮猶質，而不若周之文，故所謂『祖』者，即太祖也。而爲太祖者，其廟不毁于萬世，而其祭常行于四時，則尊而且親。所謂『郊』者，其廟不免于毁，而又止祭及于圜丘而已，則尊而不親，此虞、夏、殷、周之世，所以用其先而尊者爲祖，後而卑者爲郊。」

蕙田案：郊祀配天，其禮甚大。周氏以爲其廟不免于毁，非也。

張子曰：「夏郊鯀，以其祖也。杞之郊禹者，必繫時王之命，不使郊鯀。祀私廟，猶可也。」

楊氏復曰：「夏后氏之祖顓頊，猶有虞氏也。禹啓夏祚，既以顓頊爲祖，故夏后氏祖顓頊而宗禹。至其後世子孫，乃以禹爲受命之祖。《書》曰『明明我祖』是也。」

金氏履祥曰：「古史謂舜宗祀堯，至舜之子孫則更郊堯而宗舜，此據《國語》及韋昭之説也。舜郊嚳宗堯，則禹固當郊堯而宗舜矣，而乃以堯之祀歸之舜之子孫，顧自郊鯀焉，何也？曰：此夏之末造也。夫三聖以天下爲公，則皆承其祀。三王之子孫以天下爲家，則各祖其祖。舜之宗堯，禹之宗舜，一也。舜之郊嚳，禹之郊堯，亦一也。其郊鯀也，則夏之末造也。祀夏配天，其諸始于少康乎？于是郊堯宗舜，則屬之虞思之國矣。孔子曰：『杞之郊也禹也，宋之郊也契也。』蓋商、周存二代之後，猶尊賢也。尊賢則杞郊禹矣，杞而郊禹，則虞郊舜而唐郊堯者，天子之事守也。」

蕙田案：禘黄帝、郊鯀之説，詳見《郊祀》、《禘祫》二門。宗舜、宗禹，則金氏之説是也。禹之受禪同舜，則宗舜亦應如舜之宗堯。《國語》、《祭法》所言，皆禹子孫之事耳。

觀承案：唐虞官天下，則舜受堯統，

自當郊嚳而宗堯矣。三代家天下，則禹受舜禪，雖當郊堯而宗舜，至其子啓賢而繼立，固宜以郊堯宗舜者歸之商均之國，而夏自宜郊鯀而宗禹耳。金仁山之説極當，但必以爲祀夏配天始於少康，則亦未見其果然否也，然立説自穩。

【《通典》】夏氏五廟。

蕙田案：《通典》據鄭注之説，其謬與唐虞五廟同。天子之制，皆七廟也。

【《書·咸有一德》】七世之廟，可以觀德。

【傳】天子立七廟，有德之主則爲祖宗，其廟不毁，故可觀德。　【疏】天子立七廟，是其常事，其有德之王則列爲祖宗，雖七世親盡而其廟不毁，故于七廟之外，可以觀德。下云「萬夫之長，可以觀政」，謂觀其萬夫之長，此七世之廟可以觀德，謂觀七世之外。文雖同而義小異，所謂辭不害意。漢氏以來論七廟者多矣，其文見于紀傳者，《禮器》、《家語》、《荀卿書》、《穀梁傳》皆曰「天子立七廟」，以爲天子常法，不辨其廟之名。《王制》云「天子七廟，三昭三穆，與太祖之廟而七」，《祭法》云「王立七廟，考、王考、皇考、顯考、祖考廟，皆月祭之。遠廟爲祧，有二祧，享嘗乃止。」《漢書》韋玄成議曰：「周之所以七廟者，周后稷始封，文、武受命而王，是以三廟不毁，與親廟四而七也。」鄭玄用此爲説。唯周有七廟，二祧爲文武，故鄭玄《王制》注云：「此周制。七廟者，太祖及文武二祧，與親廟四。太祖，后稷也。殷則六廟，契及湯，與二昭二穆。」良由不見古文，故爲此謬説。《商書》已云「七世之廟」，則天子立七廟，王者常禮，非獨周人始有也。劉歆、馬融、王肅雖不見古文，皆以七廟爲天子常禮，所言「二祧」者，王肅以爲高祖之父及祖也，并高祖以下共爲三昭三穆耳。

【《詩·烈祖》疏】禮：王者祖有功，宗有德，不毁其廟，故《異義》：「《詩》魯説，丞相匡衡以爲殷中宗、周成宣王，皆以時毁。古文《尚書》説，經稱中宗，明其廟宗而不毁。謹案：《春秋公羊》御史大夫貢禹説，王者宗有德，廟不毁，宗而復毁，非尊德之義。」鄭從而不駁，明亦以爲不毁也，則非徒六廟而已。鄭言殷六廟者，據其正者而言也。《禮稽命徵》曰：「殷五廟，至于子孫六。」注云：「契爲始祖，湯爲受命王，各立其廟，與親廟四，故六。」鄭據之，以爲殷立六廟，至于中興之主有德則宗，既無常數，故鄭不數二宗之廟也。

【蔡《傳》】天子七廟，三昭三穆，與太祖之廟七。七廟親盡則遷，必有德之主，則不祧毁，故曰：「七世之廟，可以觀德。」

孫氏□曰：❶「天子祖有功而宗有德，故雖七世而其廟不毁。七廟者，漢世以來論之多矣。鄭康成謂『夏五廟，無太祖，禹二昭二穆。殷六廟，契與湯及二昭二穆。周則七廟，后稷爲始祖，文、武受命而王，三廟不毁，與二昭二穆』，此説妄也。天子七廟之制，久矣。」

蕙田案：注疏謂「天子立七廟，是其常事」，是也。鄭氏乃有殷六廟之説，昔人已闢其謬，但注疏「七世之廟，可以觀德」，謂觀七世之外，專以有德不祧毁者言，云與「萬夫之長，可以觀政」文雖同而義小異，所謂辭不害意。蔡氏因之。今案：「七世之廟，可以觀德。萬夫之長，可以觀政」，文義一串，謂承七世之廟而爲天子，有德則存，無德則亡，故曰「可以觀德」。爲萬夫之長而出政，政善則安，政壞則危，故曰「可以觀政」。緊承上文「克綏先王之禄」二句言，似更直截，且以見七廟爲天子定制也。蓋人君既爲天子，則上承七廟之重，宗社所係，其可懼爲何如？若云觀于七廟外之有德者言，太祖見居七廟中，寧無德可觀？且詎不嫌于譏七廟爲無德耶？「德」字當主人主言，不宜指祖宗言，注疏似稍迂曲，故又有「文同義異」之説。

❶「□」，庫本補「炎」字。

【《國語・魯語》】契爲司徒而民輯，冥勤其官而水死。商人禘嚳而祖契，❶郊冥而宗湯。上甲微能帥契者也，商人報焉。【鄭注】殷宜郊契。【疏】殷人宜郊契者，今虞先云郊嚳，後云祖顓頊，夏先云郊鯀，後云祖顓頊，殷先云郊冥，後云祖契，是在前者居後，在後者居前，故云宜也。

趙氏匡曰：「殷祖契出自嚳，故禘嚳。冥有水功，故郊冥以配天。湯出契後，故祖契。宗湯者，當湯身未嘗有宗也。」

楊氏復曰：「殷祖于契。契母曰簡狄，有戎氏之女，爲帝嚳次妃，吞玄鳥而生契。帝嚳者，契之所自出，故殷人禘嚳于契之廟，而以契配之也。殷人郊冥者，冥，契六世孫也。冥勤其官而水死，祭法推其功烈，至與先聖王並稱，❷故殷人以冥配天也。殷人祖契而宗湯者，湯革夏命，爲殷之祖。然殷之功始于契，故殷人祖契而宗湯，後世子孫乃以湯爲受命之祖，《詩》曰『衎我烈祖』是也。又其後殷有三宗，祖甲曰太宗，太戊曰中宗，武丁曰高宗，亦有德而可宗。周公作《無逸》，舉殷三宗以戒成王，然則三宗亦爲不毀之廟也。」

何氏楷曰：「《孔叢子・論書篇》云：『維高宗報上甲微。定公問曰：「此何謂也？」孔子對曰：「此謂親盡廟毀，有功而不及祖，有德而不及宗，故于每歲之大嘗而報祭焉。」』案《竹書》夏帝芒三十三年，商侯遷于殷。帝泄十二年，殷侯子亥賓于有易，有易殺而放之。十六年，殷侯

❶「嚳」，《國語・魯語》作「舜」。案：韋昭注云：「舜，當爲嚳，字之誤也。《禮・祭法》曰：『商人禘嚳。』嚳，契父，商之先，故禘之。」

❷「與」，原作「于」，據宋衛湜《禮記集説》卷一〇八所引楊復説改。

微以河伯之師伐有易，殺其君綿臣。至殷武丁十二年，報祀上甲微。季本云：『相土生昌若，昌若生曹圉，曹圉生冥。』《竹書》載夏少康十一年使商侯冥治河，至帝杼十三年商侯冥死于河，中間計三十四年，《魯語》及《祭法》所謂『冥勤其官而水死』者。冥生振，《竹書》以爲殷侯子亥，蓋振名而子亥其字也，實始遷殷，計三十七年而爲有易之君綿臣所殺，國統幾絶。振生微，字上甲，乃殺綿臣而以殷興，仍居殷地。是則殷之遷雖在子亥，而昌殷緒以基王業者，乃在上甲，故殷人報之也。皇甫謐謂『微字上甲，其母以甲日生故也。商家生子，以日爲名，蓋自微始』，《白虎通》亦云『殷道尚質』，故直以生日名子，而譙周則謂『死稱廟主曰甲』，蓋謂生稱其名，死則以其生之名爲廟主也，于理或然。」

【《詩・商頌・那》】衎我烈祖。【傳】烈祖，湯，有功烈之祖也。【箋】烈祖，湯也。

【《詩序》】那，祀成湯也。【箋正義】序稱祀成湯，則經之所陳是祀湯之事，不宜爲湯之祀祖。

【《商頌・烈祖》】嗟嗟烈祖。【箋】我功烈之祖成湯。❶

【《詩序》】烈祖，祀中宗也。【箋】中宗，殷王大戊，湯之玄孫也。有桑穀之異，懼而修德，殷道復興，故表顯之，號爲中宗。

【《商頌・玄鳥》】受命不殆，在武丁孫子。【傳】武丁，高宗也。

【《詩序》】玄鳥，祀高宗也。【箋】祀當爲祫。祫，合也。高宗，殷王武丁，中宗玄孫之孫也。有雊雉之異，又懼而修德，殷道復興，故亦表顯之，號爲高宗。云崩而始合祭于契之廟，歌是詩焉。【正義】知此祀當爲祫者，

❶「之」，原作「烈」，據庫本及《詩・商頌・烈祖》鄭箋改。

以經之所陳，乃上述玄鳥生商及成湯受命，若是四時常祀，不應遠頌上祖。《殷武》與此皆云「祀」，《殷武》所陳，高宗身祀而已，則知此與彼殊，宜當爲祫也。案：《殷本紀》：「大戊生仲丁及外壬及河亶甲，亶甲生祖乙，祖乙生祖辛，祖辛生祖丁，祖丁生陽甲及盤庚及小辛及小乙，小乙生武丁。」是武丁爲大戊玄孫之孫。《書序》云：「高宗祭成湯，有飛雉升鼎耳而雊，作《高宗肜日》。」《殷本紀》稱武丁見雉升鼎耳，懼而修政行德，天下咸懽，殷道復興，立其廟爲高宗。

【《商頌·長發》】玄王桓發。【傳】玄王，契也。【箋】契即湯之始祖，故亦以王言之也。

帝命不違，至于湯齊。【箋】帝命不違者，天之所以命契之事，世世行之，其德寖大，至于湯而當天心。

【《詩序》】長發，大禘也。

【朱子《集傳》】序以此爲大禘之詩。蓋祭其祖之所自出，而以始祖配也。蘇氏曰：「大禘之祭，所及者遠。故其詩歷言商之先后，又及其卿士伊尹，蓋與祭于禘者也。《商書》曰：『茲予大享于先王，爾祖其從與享之。』是禮也，豈其起于商之世與？今案：大禘不及羣廟之主，此宜爲祫祭之詩，然經無明文，不可考也。」

何氏楷曰：「此詩末章舉及阿衡正配享太廟之事，固大禘之一證也。《書·盤庚篇》『茲予大享于先王，爾祖其從與享之』，《周禮·司尊彝》云『凡四時之間祀：追享，朝享』，先儒謂禘追其所自出，故爲追享。祫羣廟主皆朝于太廟，故爲朝享。禘祫皆以享名，而禘尤大于祫，故以大享名也。《盤庚》言功臣配享，正在大享之時，則《序》以《長發》爲大禘，信非妄矣。何休亦云：『禘所以異于祫者，功臣皆祭也。』」

蕙田案：《序》以爲大禘，朱子謂禘不當及羣廟之主。王安石曰：

「《雝·序》禘太祖，周無四時之禘故也。此序曰大禘，則商有四時之禘故也。四時之禘爲小，則禘其祖之所自出爲大。」何玄子曰：「禘之名義有三：一曰時禘，一曰吉禘，一曰大禘。時禘之名，至周而改。今考周宗廟之禘，惟有一祭。時禘，的是殷禮，而大禘之兼及羣廟及配享功臣，亦與周不同。《盤庚》云：『大享于先王，爾祖其從與享』者，或亦殷時大禘之制與？然其爲宗廟之祭，不可易也。」

宗元案：大禘對時禘言，是也，猶之大祫對時祫言也。若因追享爲大禘，而即以大禘爲大享，則未確。夫享莫尊于禘而莫大于祫，禘惟太祖一人，所以尊之，又追其所自出之帝，故謂之追享。特以對時禘及吉禘言而謂之大禘，不可因大禘而謂之大享也。惟三年之祫徧及羣廟、毁廟，而元功之臣亦配享焉，但不及所出之帝，然其禮最爲周徧而廣闊，故對時祫言既謂之大祫，又對追享言而謂之大享也，亦謂之朝享者，正是功臣亦在而同朝于太祖也。考《長發》之詩中及相土毁廟之主，并及伊尹之元功，即所謂「大享于先王，爾祖其從與享」者，正是大祫之祭，而謂之大享者也。小序謂「大禘」者非，朱子已曾駁正之。《集傳》雖未質言，要已發其疑矣。何玄子信序而曲證爲大享即大禘者，欲以强詞軋正理，實不足取也。夫自漢儒以來，多以大禘爲合祭羣廟，惟趙伯循因《大傳》只云「以其祖配之」而無「合食于前」之文，故謂「禘其始祖所自出」者，配惟始祖一人，而不及羣廟。此不刊之論也。蓋古祭各于其廟，惟時祫、大祫乃合食于太廟，故謂之祫耳。若禘、郊、宗、祖之祭，尤典禮之特隆者，而可以羣廟之主雜于其間乎？朱子獨從趙氏說，洵至當不易矣。說此詩者，又因《序》有「大禘」之語，反謂大禘原及羣廟，以遷就之，何其惑也！又或以爲商周之禮不同，亦未免從而爲之詞耳。夫周公所損益者，不過制度文爲之末，若禘、郊、宗、祖之祭，乃享帝、享親之極盛，正所謂「殷因於夏禮，周因於殷禮」者，而可假商周異制之說以巧爲解乎？則《序》說洵爲無稽而不足据也審矣。

【《商頌·殷武》】撻彼殷武。【傳】殷武，殷王武丁也。

【《詩序》】殷武，祀高宗也。【正義】高宗前世，殷道中衰。高宗伐荆楚，修宫室，子孫美之，詩人追述其功而歌此詩。

朱子曰：「高宗中興，特爲百世不遷之廟，不在三昭三穆之列。此詩則廟成始祔而祭之詩也。」

劉氏瑾曰：「高宗七世親盡而立廟，此詩其作于帝乙之世與？」

劉氏歆曰：「天子七廟，七者其正法數，可常數者也。宗不在數中。宗，變也，于有功德則宗之，不可預爲設數。故于殷太甲爲太宗，大戊爲中宗，武丁爲高宗。由是言之，宗無數也。或言天子五廟，無見文。或言中宗、高宗者，宗其道而毁其廟，則名與實異，非尊德貴功之意也。」

朱子曰：「劉歆說文、武爲宗，不在七廟

數中，此說是。又曰商之三宗，若不是別立廟，只是親廟時，何不胡亂將三箇來立？如何恰限取祖甲、太戊、高宗爲之？那箇祖有功、宗有德，天下後世自有公論，不以揀擇爲嫌。所以名之曰幽、厲，雖孝子慈孫，百世不能改。那箇好的自是合當宗祀，如何毀得？如今若道三宗只是親廟，則是少了一箇親廟了。」

何氏楷曰：「武丁雖自立廟，然當世數未盡時，必仍居七廟中。及夫親盡應毀之日，乃始遷其主于新廟，與七廟同享祀，爲百世不遷之宗，而不與羣祧等列耳。又案：先儒謂『遠廟爲祧，遷主藏焉』，劉公瑾云：『三宗之廟，未知立于何所。』竊意中宗當穆，高宗、祖甲當昭，各隨昭穆之位，特立其廟于太祖廟之兩旁，三昭三穆之上，如周文、武世室之謂也。」

周氏世樟曰：「從來稱殷有三宗，而不數成湯，于理未安。然《國語》及《祭法》皆言『殷人祖契而宗湯』，則湯固殷宗，不獨三也。據《商頌》，則湯實稱祖，故賀循云：『殷有二祖三宗。』然則殷之特廟蓋有四矣。」

蕙田案：七廟之制，自虞至商已然。殷之三宗百世不毀，不在七世親廟之數。劉歆之論不可易也，故朱子亦以爲是。

【《書·武成》】丁未，祀于周廟，駿奔走，執豆籩。【傳】四月丁未，祭告后稷以下，文考文王以上七世之祖。駿，大也。諸侯皆大奔走于廟執事。【疏】知告后稷以下，后稷則始祖，以下容毀廟也。天子七廟，故云文考文王以上七世之祖，見是周廟皆祭之。故經總云「周廟」也。

【《禮記·大傳》】牧之野，武王之大事也。既畢而退，設奠于牧室。遂率天下諸侯，執豆籩，逡奔走，追王太王亶父、王季歷、文王昌，不以卑臨尊也。【疏】此論武王伐紂，率領諸侯以祭祖廟，追王太王、王季，上尊祖禰之事，率領天下諸侯在廟祭先祖，乃追王太王、王季、文王等爲王，不以諸侯之卑號臨天子之尊也。

【《書經・洛誥》】戊辰，王在新邑烝祭歲，王入太室祼。【疏】太室，室之大者。故爲清廟，廟有五室，中央曰太室。王肅云：「太室，清廟中央之室。」

【《通鑑前編》】成王七年，王至新邑。十有二月，烝于文、武。

【《書・召誥》疏】《洛誥》云「王在新邑烝祭，王入太室祼」，則洛邑亦立宗廟。

【《詩・周頌・清廟》】於穆清廟。

【《序》】清廟，祀文王也。周公既成洛邑，朝諸侯，率以祀文王焉。【箋】清廟者，祭有清明之德者之宮也，謂祭文王也。天德清明，文王象焉，故祭之而歌此詩也。廟之言貌也，死者精神不可得而見，但以生時之居，立宮室象貌爲之耳。成洛邑，居攝五年時。【疏】此解文王神之所居稱爲清廟之意。文王之神有清明之德者，文王能象天清明，故謂其廟爲清廟。賈逵《左傳注》云：「肅然清靜，謂之清廟。」鄭不然者，以《書傳》説清廟之義，云：「於穆清廟，周公升歌文王之功烈德澤，尊在廟中嘗見文王者，❶愀然如復見文王。」説清廟而言功德，則清是功德之名，非清靜之義也。廟者，人所不居，雖非文王，孰不清靜？何獨文王之廟顯清靜之名？以此故不從賈氏之説也。言祭之而歌此詩者，謂周公之時，詩人述之而作此《清廟》之詩，既作之後，其祭皆升堂歌之，以爲常曲。故《禮記》每云「升歌清廟」，是其事也。立宮室象貌而爲之者，言死者之宗廟，象生時之宮室容貌。故《冬官》匠人所論宗廟及路寢，皆制如明堂。是死之宗廟猶生之路寢，故云象貌爲之。由此而言，自天子至于卿士，得立廟者，其制皆如生居之宮矣。

【劉歆《曆譜》】惟四月，既旁生霸。粤六日，庚戌，武王燎于周廟。翼日，辛亥，祀于天位。粤五日，乙卯，乃以庶國祀馘于周廟。【注】今文《尚書》。

❶「尊」，《尚書大傳》作「苟」。

【《禮記·祭法》】周人禘嚳而郊稷，祖文王而宗武王。

【《王制》】天子七廟，三昭三穆，與太祖之廟而七。【注】此周制。七者，太祖及文王、武王之祧，與親廟四，太祖后稷。殷則六廟，契及湯，與二昭二穆。夏則五廟，無太祖，禹與二昭二穆而已。【正義】鄭氏之意，天子立七廟，惟謂周也。鄭必知然者，案《禮緯稽命徵》云：「唐虞五廟，親廟四，始祖廟一。夏四廟，至子孫五。殷五廟，至子孫六。」《鉤命決》云：「唐堯五廟，親廟四，與始祖五。禹四廟，至子孫五。殷五廟，至子孫六。周六廟，至子孫七。」鄭據此爲説，故謂七廟周制也。周所以七者，以文王、武王受命，其廟不毁，以爲二祧，并始祖后稷及高祖以下親廟四，故爲七也。若王肅則以爲天子七廟者，謂高祖之父及高祖之祖廟爲二祧，并始祖及親廟四爲七，故《聖證論》肅難鄭云：「周之文、武，受命之王，不遷之廟，權禮所施，非常廟之數。殷之三宗，宗其德而存其廟，亦不以爲數。凡七廟者，皆不稱周室。《禮器》：『云有以多爲貴者，天子七廟。』孫卿云：『有天下者事七世。』又云：『自上以下，降殺以兩。』今使天子、諸侯立廟，並親廟四而止，則君臣同制，尊卑不別。名位不同，禮亦異數，況其君臣乎？又《祭法》云：『王下祭殤五，及五世來孫。』則下及無親之孫而祭，上不及無親之祖，不亦詭哉？《穀梁傳》云：『天子七廟，諸侯五。』《家語》云：『子羔問尊卑立廟制。孔子云：「禮，天子立七廟，諸侯立五廟，大夫立三廟。」』又云：『遠廟爲祧，有二祧焉。』」又儒者難鄭云：「《祭法》遠廟爲祧，鄭注《周禮》云『遷主所藏曰祧』，違經正文。鄭又云『先公之遷主藏于后稷之廟，先王之遷主藏于文武之廟』，便有三祧，何得《祭法》云有二祧？」難鄭之義，凡有數條，大略如此，不能具載。鄭必謂天子七廟惟周制者，馬昭難王義云：「案《喪服小記》『王者立四廟』，又引《禮緯》夏無太祖，宗禹而已，則五廟。殷人祖契而宗湯，則六廟。周尊后稷，宗文王、武王，則七廟。自夏及周，少不減五，多不過七。《禮器》云：『周旅酬六尸，一人發爵。』則周七尸七廟明矣。今使文武不在七數，既不同祭，又不享嘗，豈禮也哉？故漢侍中盧植説文云『二祧謂文武』，《曾子問》『當七廟無虚主』，《禮器》『天子七廟，堂七尺』，《王制》七廟，盧植云『皆據周言也』。《穀梁傳》『天子七廟』，尹更始説『天子七廟，據周也』，《漢書》韋玄成四十八人議，皆云『周以后稷始封，文武受命』，石渠論、《白虎通》

云『周以后稷文武，特七廟』」。又張融謹案：「《周禮》守祧職奄八人，女祧每廟二人，自太祖以下，與文武及親廟四用七人，姜嫄用一人，適盡。若除文武，則奄少二人。《曾子問》孔子説周事，而云『七廟無虛主』，若王肅數高祖之父、高祖之祖廟，與文武而九，主當有九，孔子何云七廟無虛主乎？故云以《周禮》孔子之言爲本，《穀梁》説及《小記》爲枝葉，韋玄成《石渠論》、《白虎通》爲證驗。七廟斥言，玄説爲長。」是融申鄭之意。且天子七廟者，有其人則七，無其人則五。若諸侯廟制，雖有其人，不得過五，則此天子諸侯七五之異也。王肅云「君臣同制，尊卑不別」，其義非也。又王「下祭殤五」者，非是別立殤廟，七廟外親盡之祖，禘祫猶當祀之，而王肅云「下祭無親之孫，上不及無親之祖」，又非通論，且《家語》云「先儒以爲肅之所作，未足可依」，案《周禮》惟存后稷之廟不毁，案昭七年《傳》云「余敢忘高圉、亞圉」，注云：「周人不毁其廟，報祭之。」似高圉、亞圉廟亦不毁者。此是不合鄭説，故馬融説云「周人所報而不立廟」。

蕙田案：天子七廟之制，諸儒多言「自虞夏以來」，惟鄭氏據《禮》緯，有「虞夏五廟，殷六廟，周七廟」之説，王肅著《聖證論》以非之，當矣。而孔疏又引馬昭難王義，以附會鄭注，遂啓後人之疑。然王説之是，後多信之，至馬説之謬，尚未有奪其所據而詳辨之者。今案：馬昭引《喪服小記》「王者立四廟」爲證，夫諸侯立四親廟，天子無四廟之禮，方性夫謂以月祭之親廟言之，徐伯魯云「天子七廟，并二世室而九」，豈有止立五廟之理？方氏之言，理或有之。而劉原父則云「此一句上有脱簡」，吴幼清從之，謂「而立四廟」四字無所系屬，義不可通。劉氏謂當曰「諸侯及其太祖而立四廟」。案《大傳》「以其祖配之」之下有此六字，劉氏所謂有闕文者，是也。今以《大傳》補之，言諸侯不得如天子之追禘太祖以上，所祭上及太祖而止耳，而太祖之下則立二昭二穆之廟爲四親廟也。此説似有據而可從，則《喪服小記》所云，固不得爲王者立四廟之證矣。馬昭又引《禮器》「周旅酬六尸，一人發爵，則七尸」爲證。案：宗廟以七爲正數，則七廟七尸自無疑義，乃謂文武不在七數，既不同祭，又不享嘗，爲無是禮。案《商書》云「七世之廟，可以觀德」，周因殷禮，自開國已然。是時文、武正在七廟之數，至兩世室當立，在懿王、孝王之世，何得以《祭法》所云，强入之懿、孝之後，而謂文、武不在七數耶？其爲穿鑿附會明矣。馬昭又引《曾子問》「七廟無虛主」及《周禮》守祧奄八人爲證。案「七廟無虛主」是孔子特明齋車必載祧主而言，正足爲七廟之證，乃謂周以后稷、文、武特七廟，是其説固不可通。于文、武見居七廟之時，即懿、孝以後，文武有功德，親盡不祧，而所立者世室也，非廟也。不曰廟而曰世室，正以廟數不能減于七，亦不能加于七耳。如以功德之祖而充七廟之數，是仍在祧遷之列，何必又創爲世室之名？且與不毀之義大不相符矣，寧不謂之謬説乎？《周禮》守祧奄八人，鄭謂太祖之廟及三昭三穆，孔疏：天子七廟，通姜嫄爲八廟，廟一人，故八人，乃謂若除文、武，則奄少二人。陳祥道云：「是不知周公制禮之時，文武尚爲近廟，其所以宗之之禮，特起于後代也。果所以宗之者在七廟内，使繼世祖先功德不下文武，復在可宗之列，則親廟又益殺，于理必不然。」真足以破其蔽矣。馬昭又稱「天子七廟，有其人則七，無其人則五」。案：七廟除太祖外，三昭三穆，皆親也。諸侯及其高祖，天子益二廟，以昭尊卑之分，所云「降殺以兩」，不可易也，乃强以功德不遷之祖入于親廟之數，而造爲有其人、無其人之説，即無功德之祖，豈無高祖之父、祖耶？彌見其説之誣耳。又云「七廟外親盡之祖禘祫猶當祀之」。夫禘非合食，不及羣廟，何有毁廟？牽連言之，混而無别。夫七廟之議，王肅爲是。疏既引之，而又必舉馬昭之難以牽合者，此疏家之陋例，適足以益鄭氏之過而啓千萬世紛紛之議耳。

【《曾子問》】七廟、五廟，無虚主。

【《禮器》】禮有以多爲貴者，天子七廟。

【《春秋》僖公十有五年《穀梁傳》】天子至于士皆有廟，天子七廟，故德厚者流光。

【《家語》】衛將軍文子將立先君之廟于其家，使子羔訪於孔子。孔子曰：「公廟設于私家，非古禮之所及。天子七廟，自虞至周，所不變也。」

【《荀子·禮論篇》】有天下者，事七世。

【袁準《正論》】禮，天子七廟，左昭右穆。又有祖、宗，不在數中。

【《晉書·禮志》】周制七廟，以辯宗祧。虞喜曰：「七廟不始于周，伊尹已言矣。」

【《唐會要》】岑文本云：「載籍紀七廟者多，稱四廟者寡。《穀梁》、《王制》、《祭法》、《禮器》、《書・咸有一德》並云七廟，荀卿、孔安國、劉歆、班彪父子、孔晁、虞喜、干寶之徒咸以爲然。祖鄭玄者陳四廟之制，述王肅者引七廟之文。」

【《通典》】杜氏曰：「禮有以多爲貴，《王制》云：『天子七廟，諸侯五廟。』《祭法》云：『遠廟爲祧，有二祧焉，享嘗乃止。』而鄭玄以文武之廟曰祧，不亦疎乎？若以天子之祖功德則不立二祧，二祧不廟數，與諸侯同，何以爲隆殺哉？虞喜云：『七廟不始于周，伊尹已言七世之廟矣。』成王六年制禮，七廟亦已有見數。文王爲祖，武王爲禰，祖非遠廟也。周官掌宗廟而職曰守祧，周公不稱祖禰爲遠祧也。當須逆數成，然後廟得別出，不可于成王之代，以文武逆云爲遷主所藏矣。」

王氏應麟曰：「《書・咸有一德》『七世之廟，可以觀德』，疏：『有德之王，則列爲祖宗。雖七廟親盡，而其廟不毁。』漢氏以來論七廟者多矣。其文見于記傳者，《禮器》、《家語》、《荀卿書》、《穀梁傳》皆曰『天子立七廟』，以爲天子常法。」

方氏慤曰：「天子之廟止于七，何也？太祖之廟，創業之所始，萬世所不遷也。而昭穆則合而爲六者，蓋四世其服已窮矣，然猶緦也。五世同姓已殺矣，然猶免也。至于六世，然後親屬絶。故止于三昭三穆，與太祖之廟而七也。」

馬氏晞孟曰：「自上以下，降殺以兩，禮也。故天子七廟至士一廟，合于降殺以兩之意也。祖以功建，故無可毁之禮，而有百世不遷者也。昭穆以親象，故有可毁之禮，親盡則有祧。說者以爲周則七廟，夏則五廟，殷則六廟，蓋非是也。」

陳氏祥道曰：「積厚者流澤廣，積薄者流澤狹，故天子七廟，諸侯五廟，大夫三廟，士一廟，廟而祭之，仁之至也。以七，以五，以三，以一，義之盡也。舜之時禋于六宗，與藝祖而七。《商書》『七世之廟，可以觀德』，則七廟之制其來尚矣。先王之于死者常待之以生。由士而上，生而異宮，死則爲之立廟。庶人則生非異宮，死則祭于寢而已。」

【陳氏《禮書》】廟所以象生之有朝也，寢所以象生之有寢也。建之觀門之内，不敢遠其親也。位之觀門之左，不忍死其親也。《家語》曰：「天子七廟，諸侯五廟，自虞至周之所不變也。」是故《虞書》禋于六宗以見太祖，周官守祧八人，以兼姜嫄之宮，則虞周七廟可知矣。伊尹言「七世之廟」，商禮也。《禮記》、《荀卿》、《穀梁》皆言「天子七廟」，不特周制也，則自虞至周七廟又可知矣。然存親立廟，親親之至恩；祖功宗德，尊尊之大義。古之人思其人而愛其樹，尊其人則敬其位，況廟乎？法施于民則祀之，以勞定國則祀之，況祖宗乎？于是禮以義起，而商之三宗、周之文武、漢之孝文孝武、唐之神堯文皇，其廟皆在三昭三穆之外，歷世不毁，此所謂不遷之廟，非謂祧也。鄭康成之徒以《喪服小記》言王者立四廟，則謂周制七廟，文武爲二祧，親廟四而已，則文武不遷之廟在七廟内，是臆説也。王肅《聖證論》曰：「禮自上以下，降殺以兩。使天子諸侯皆親廟四，則是君臣同等，尊卑不别也。又王祭殤五而下及無親之孫，上不及無親之祖，不亦詭哉？」

王舜、劉歆論之于漢，韓退之論之于唐，皆與肅同，蓋理之所在者無異致也。

【辨韋玄成天子五廟】

《漢書・韋玄成傳》禮，王者始受命，諸侯始封之君，皆爲太祖。以下，五廟而迭毀，毀廟之主，藏乎太祖，五年而再殷祭，言一禘一祫也。祫祭者，毀廟與未毀之主皆合食于太祖，❶父爲昭，子爲穆，孫復爲昭，古之正禮也。《祭義》曰：「王者禘其祖自出，以其祖配之，而立四廟。」言始受命而王，祭天以其祖配，而不爲立廟，親盡也。立親廟四，親親也。親盡而迭毀，親疏之殺，示有終也。周之所以有七廟者，以后稷始封，文王、武王受命而王，是以三廟不毀，與親廟四而七。非有后稷始封，文、武受命之功者，皆當親盡而毀。成王成二聖之業，制禮作樂，功德茂盛，廟猶不世，以行爲謚而已。又曰：祖宗之廟，世世不毀。繼祖而下，五世而迭毀。

劉歆議曰：「《禮記・王制》及《春秋穀梁傳》天子七廟，諸侯五，大夫三，士二。天子七日而殯，七月而葬；諸侯五日而殯，五月而葬，此喪事尊卑之序也，與廟數相應。其文曰：『天子三昭三穆，與太祖之廟而七。諸侯二昭二穆，與太祖之廟而五，故德厚者流光，德薄者流卑。』《春秋左氏傳》曰：『名位不同，禮亦異數。』自上以下，降殺以兩，禮也。』七者，其正法數，可常數者也，宗不在此數中。宗，變也。苟有功德則宗之，不可預爲設數。故于殷太甲爲太宗，太戊爲中宗，武丁曰高宗。周公爲《毋逸》之戒，舉殷三宗以勸成王。由是言之，宗無數也。然則所以勸帝者之功德博矣。或説天子五廟無見文，或言中宗、高宗者，宗其道而毀其廟，則名與實異，非尊德貴功之意也。」

【朱子《或問》】「天子之廟，其制若何？」

❶ 上「毀」字，原作「殷」，據《漢書・韋玄成傳》改。

曰：「唐之文祖，虞之神宗，殷之七世三宗，其詳今不可考，獨周制猶有可言。然而漢儒之説，又有不同矣。謂后稷始封，文、武受命而王，故三廟不毁，與親廟四而七者，諸儒之説也。謂三昭三穆，與太祖之廟而七，文、武爲宗，不在數中者，劉歆之説也。雖其數之不同，然其位置、遷次宜亦與諸侯之廟無甚異者。但如諸儒之説，則武王初有天下之時，后稷爲太祖，而祖紺居昭之北廟，太王居穆之北廟，王季居昭之南廟，文王居穆之南廟，猶爲五廟而已。至成王時，則祖紺祧，王季遷，而武王祔。至康王時，❶則王季祧，武王遷，而康王祔。自此以上，亦皆且爲五廟，而祧者藏于太祖之廟。至穆王時，則文王親盡當祧，而以有功當宗，故别立一廟于西北，而謂之文世室。于是成王遷，昭王祔，而爲六廟矣。至共王時，則武王親盡當祧，而亦以有功當宗，故别立一廟于東北，謂之武世室。于是康王遷，穆王祔，而爲七廟矣。自是以後，則穆之祧者藏于文世室，昭之祧者藏于武世室，而不復藏于太廟矣。如劉歆之説，則周自武王克殷，即增立二廟于二昭二穆之上，以祀高圉、亞圉，如前遞遷，至于懿王而始立文世室于三穆之上，至孝王時始立武世室于三昭之上，此爲少不同耳。」曰：「然則諸儒與劉歆之説孰爲是？」曰：「前代儒者多是劉歆，愚亦意其或然也。」

❶「至康王時，則王季祧，武王遷而康王祔」，疑有脱文。《或問》原文作：「至康王時，則太王祧，文王遷而成王祔。至昭王時，則王季祧，武王遷而康王祔。」

《祧廟議》曰：「天子七廟，宗者不在數中，此爲禮之正法。宗者在數中，禮之末失也。」

陳氏澔曰：「王立七廟而以文武不遷之廟足其數，則其實五廟而已。若商有三宗，則將爲四廟乎？然則朱子然劉歆之説，豈無見乎？」

蕙田案：韋玄成論天子七廟，實止五廟。今核其説，乃實止四廟耳。玄成曰：「『王者禘其祖自出，以其祖配之而立四廟』，言始受命而王，祭天以其祖配而不爲立廟，親盡也。」此其説有數悞。《小記》「而立四廟」句上有闕文，劉原父、吴草廬之説甚明。玄成他無所據，而引此闕文爲據，一悞。指立四廟爲王者之禮，雖有配天之祖，亦不得立廟，則天子止得四廟，比諸侯反殺其一，二悞。禮莫大于配天，既祭天以祖配矣，而仍不爲祖立廟，豈宗廟之禮反隆于配天之禮，而乃靳之耶？三悞。配天以功德，不限定五世之祖，而曰「不爲立廟，親盡也」，四悞。《小記》之文本言禘祭太祖所自出，而以太祖配之，如商禘嚳而契配，周禘嚳而稷配耳，與祭天、配天何與？而乃以禘爲祭天，以配爲配天，五悞。若夫功德之廟，不可預爲設數，使文、武而下，復有可宗之人，親廟慮又益殺。劉歆之論足以正韋之失矣。

右四代七廟之制。

【《周禮·考工記·匠人》】夏后氏世室。

【注】世室者，宗廟也。魯廟有世室，此用先王之禮。

【疏】鄭云此用先王之禮者，世室用此經夏法，是用先王之禮也。

蕙田案：世室之名始此。

【《禮記·明堂位》】魯公之廟，文世室也。武公之廟，武世室也。【注】此二廟象周有文王、武王之廟也。世室者，不毁之名也。【疏】此一經明魯有二廟不毁，象周之文武二祧也。

任氏啓運曰：「文武之不遷，謂之世室，魯以二公比之也。」

蕙田案：文世室、武世室之名見于此。

【《春秋》】文公十三年，世室屋壞。【《公羊傳》】❶世室者何？【疏解云】欲言君寢，于例不書。欲言宗廟，未有世室之名，故執不知問。魯公之廟也。周公稱太廟，魯公稱世室，羣公稱宫，此魯公之廟也。【注】魯公，周公子伯禽。曷爲謂之世室？世室猶世室也，世世不毁也。【疏】言謂之世室者，猶世世室也。世室屋壞，何以書？譏。何譏爾？久不修也。

【朱子《禘祫議》】天子太祖百世不遷，一昭一穆爲宗，亦百世不遷。宗亦曰世室，亦曰祧。鄭注《周禮·守祧》曰：「宗亦曰祧，亦曰世室。」《周禮》言守祧之宫，鄭氏曰：「遠廟爲祧，周爲文武之廟，遷主藏焉。」又曰：「遷主所藏曰祧，先公之遷主藏于太祖后稷之廟，先王之遷主藏于文武之廟，羣穆于文，羣昭于武。」《明堂位》有文世室、武世室，鄭氏曰：「世室者，不毁之名也。」

又曰：周穆王時，文王親盡當祧，而以有功當宗，故别立一廟于西北，而謂之文世室。共王時，武王親盡當祧，而亦以有功當宗，故别立一廟于東北，而謂之武世室。

【陳氏《禮書》】父昭子穆而有常數者，禮

❶「公羊傳」，原作「穀梁傳」，下引文實出自《公羊傳》，據改。

也。祖功宗德而無定法者，義也。故周于三昭三穆之外，而有文、武之廟。魯于二昭二穆之外，而有魯公之世室。觀《春秋傳》稱襄王致文、武胙于齊侯，《史記》稱顯王致文、武胙于秦孝公。方是時，文武固已遠矣，襄王、顯王猶且祀之，則其廟不毁可知矣。《家語》、《左傳》稱孔子在陳，聞魯廟火，曰：「其桓、僖乎？」以爲桓、僖親盡，無大功德，而魯不毁，故天裁之。其言雖涉于怪，而理或有焉。若然，則魯公之室在所不毁可知矣。王舜、❶劉歆、王肅、韓退之之徒，皆謂天子祖功宗德之廟，不在七世之列。特鄭康成以《周禮》守祧有八人，《小記》「王者立四廟」，則謂周制七廟，文武爲二祧，親廟四而已。是不知周公制禮之時，文、武尚爲近廟，其所以宗之之禮，特起于後代也。果所以宗之者在七廟内，使繼世祖先間有豐功盛德不下文、武，復在可宗之列，則親廟又益殺乎？理必不然。

錢氏梅仙曰：「天子之廟七，不可益，亦不可損。所謂七廟者，高、曾、祖、考親廟四，五世、六世祧廟二，始祖之廟一。孔子所謂『自虞至周之所不變者』，此制是也。獨有功德之主親盡不遷，故周立文、武世室，不曰『廟』而曰『世室』，亦以廟制不能加于七耳。或謂周立九廟。如九廟可立，何必又爲世室之名哉？劉歆謂七者正數，其常也，宗不在此數中。宗，變也，在殷則成湯而下爲中宗、高宗、祖甲，在周則爲文、武。苟有功德則宗之，不可

❶「王舜」，原作「王舜中」，據庫本改。按：三家校云：「王舜、劉歆，『中』字衍，宜削。」下逕改，不另出校。

預爲設數也。至于二祧廟爲五世、六世祖，即王肅所謂高祖之父、高祖之祖也。而韋玄成之徒則云『王立七廟者，親四，始祖一，文武不遷，合爲七』，此大謬之説也。蓋文、武在共王時猶在七廟之内，至懿王、孝王別立二世室，則在七廟之外。《左傳》載景王之言，曰『予敢忘高圉、亞圉』，朱子謂武王克商，增立二祧于二昭二穆之上，祀高圉、亞圉。則七廟之立，自武王時已然。如合世室而始足七廟之數，是周止五廟矣。豈周家制禮，竟下同于諸侯之制乎？必不然矣。」

【辨諸家立虛廟】

【《王制》孔疏】天子七廟，有其人則七，無其人則五。

任啓運曰：「世室二廟，有其人則實之，無其人則虛之。馬昭引《禮緯》云：『唐虞五廟，夏初四廟，子孫宗禹而五。殷初祖契，與親廟而五，子孫宗湯而六。周初五廟，子孫宗文、武而七。』是有虛廟之明證也。如魯公始封，周公尚在，王季、文王不得祀于諸侯之廟，是五廟皆虛也，烏得謂無虛廟乎？」

孔穎達曰：「凡始封之君，謂王之子弟封爲諸侯，爲後世之太祖。當此君之身，不得立王之廟，則全無廟也。故諸侯不敢祖天子，始封之子得立一廟，始封六世之孫，始五廟備也。」

朱子曰：「如劉歆之説，周自武王克殷，即增立二廟于二昭二穆之上，以祀高圉、亞圉，如前遞遷，至于懿王而始立文世室于三穆之上，至孝王時始立武世室于三昭之上。」❶

【辨趙德周無文武兩世室】

趙氏德曰：「文世室、武世室，蓋本于《禮記·明堂位》之言。魯公之廟，文世室也。武公之廟，武世室也。鄭注：『此二廟象周有文王、武王之廟也。世室者，不毁

❶「三」，原作「二」，據聖環本、庫本改。

之名。魯公，伯禽也。武公，伯禽之玄孫，名敖。』疏云：『文世室者，魯公伯禽有文德，世世不毀其室，故云文世室。武世室者，伯禽玄孫武公有武德，其廟亦不毀，故云武世室。』案：記禮者之意，謂周有文王世室、武王世室，成王賜魯以天子禮樂，故魯有伯禽及武公之廟，得以象文王、武王不毀之廟也。後儒因《明堂位》之文，遂以爲周有文世室、武世室也。《三禮辨》曰：『武公之廟蓋已久毀，成公三年季孫宿以鞌之戰有功而立之。《春秋》書「立武宫」，《左氏》、《公羊》並譏之，謂不宜立也。世室屋壞，《左氏》謂之太室，《公》、《穀》謂之世室。武、煬皆稱宫，無所謂武世室也。諸儒或引此以證文王、武王之廟爲世室，悞矣。』」

蕙田案：趙氏謂武公之廟當不得武世室，可也。謂周并無文、武兩世室，可乎？《春秋傳》、《史記》載襄王、顯王致文武胙于齊、秦，是世室不毀之確證。《明堂位》侈張《魯禮》，語雖近誣，而所引四代服器官，其制度名色，無緣都是鑿撰。古禮之亡，安知不藉此反存其一二耶？

右世室。

【《禮記・祭法》】天下有王，分地建國，置都立邑，設廟、祧、壇、墠而祭之，乃爲親疎多少之數。是故王立七廟，一壇一墠。曰考廟，曰王考廟，曰皇考廟，曰顯考廟，曰祖考廟，皆月祭之。遠廟爲祧，有二祧，饗嘗乃止。去祧爲壇，去壇爲墠，壇、墠有禱焉祭之，無禱乃止。去墠曰鬼。諸侯立五廟，一壇一墠。曰考廟，曰王考廟，曰皇考廟，皆月祭之。顯考廟、祖考廟饗嘗乃止。去祖爲壇，去壇爲墠，壇、墠有禱焉祭之，無禱乃止。去墠爲鬼。大夫立三廟，二壇。曰考廟，曰王考廟，曰皇考廟，饗嘗乃止。顯考、祖考無廟，有禱焉爲壇祭之，去壇爲鬼。適士二廟，一壇。曰考廟，曰王考廟，饗嘗乃止。顯考無廟，有禱焉爲壇祭之，去壇爲鬼。官師一廟，曰考廟。王考無廟而祭之，去王考爲鬼。庶士、庶人無廟，死曰鬼。

【注】廟之言貌也。宗廟者，先祖之尊貌也。祧之言超也，超上去意也。封土曰壇，除地曰墠。《書》曰「三壇同墠」。王、皇皆君也。顯，明也。祖，始也。名先人以君，明始者所以尊本之意也。天子遷廟之主，以昭穆合藏于二祧之中。諸侯無祧，藏于祖考之廟中。《聘禮》曰「不腆先君之祧」，是謂始祖廟也。饗嘗謂四時之祭。天子、諸侯爲壇、墠祈禱，謂後遷在祧者也。既事則反其主于祧，鬼亦在祧，顧遠之于無事，祫乃祭之耳。《春秋》「文二年秋，大事于太廟」，《傳》曰「毁廟之主陳于太祖，未毁廟之主皆升，合食于太祖」，是也。魯煬公者，伯禽之子也。至昭公、定公，久已爲鬼，而季氏禱之而立其宮，則鬼之主在祧明矣。惟天子、諸侯有主，禘祫。大夫有祖考者亦鬼，其百世不禘祫，無主耳。其無祖考者，庶士以下鬼其王考，官師鬼其皇考，大夫、適士鬼其顯考而已。大夫祖考，謂别子也。凡鬼者薦而不祭，《王制》曰：「大夫士有田則祭，無田則薦。」適士，上士也。官師，中士、下士、庶士、府史之屬。此適士云「顯考無廟」，非也，當爲「皇考」，字之悮。

方氏慤曰：「二祧，顯考之父、祖也。」

馬氏晞孟曰：「説者謂七廟之中祧廟二，則爲文武之廟，其説非也。遠廟爲祧，而二祧之廟止于享嘗而已。苟文、武之廟而祭止享嘗，亦非先王所以尊祖宗之意也。《王制》所謂太祖則無可毁之理，此天子、諸侯、大夫之廟而曰『去祖爲壇』，則祖有可毁之理，何也？蓋《祭法》爲無功德者言之，《王制》爲有功德者言之，此所以不同。」

張氏融曰：「《孝經》『爲之宗廟，以鬼享之』，《公羊》『毁廟之主，藏乎太祖，五年而再殷祭』，無去祧爲壇、去壇爲墠、去墠爲鬼之制。《祭法》所言，皆衰世之法。」

楊氏復曰：「案《祭法》與《王制》不同。《王制》天子七廟，三昭三穆，與太祖之廟而七，《祭法》則序四親廟、二祧、太祖，以辨昭穆。《王制》諸侯五廟，二昭二穆，與太祖之廟而五，《祭法》則三親廟月祭，高、太廟享嘗，以見隆殺。《王制》大夫三廟，一昭一穆，與太祖之廟而三，《祭法》但有三親廟，而無高、太廟，有二壇爲請禱之祭而已。《王制》士一廟，《祭法》分適士二廟、官師一廟，又《祭法》有考、王考、皇考、顯考、祖考之稱，《王制》無之。《祭法》有壇有墠，或二壇無墠，或一壇無墠，《王制》無之。大抵《王制》略而《祭法》詳。又案：三壇同墠之説出于《金縢》，乃因有所禱而爲之，非宗廟之外預爲壇墠，以待他日有禱也。《孝經》『爲之宗廟，以鬼享之』，非去壇爲鬼也。晉張融謂《祭法》去祧爲壇、去壇爲墠、去墠爲鬼皆衰世之法，則所言難以盡信。」

陳氏澔曰：「案此章曰王立七廟，而以文武不遷之廟爲二祧，以足其數，則其實五廟而已。若商有三宗，則爲四廟乎？壇、墠之主藏于祧，而祭于壇、墠，猶之可也，謂有禱則祭，無禱則止，則大祫升毁廟之文何用乎？又宗廟之制，先儒講之甚詳，未有舉壇、墠爲言者。周公三壇同墠，非此義也。又諸儒以周之七廟始于共王之時，夫以周公制作如此其盛，而宗廟之制，顧乃下同列國，吾知其必不然矣。然則朱子然劉歆之説，豈無見乎？鄭注此章，謂祫乃祭之，蓋亦覺記者之失矣。」

徐氏師曾曰：「去墠爲鬼，則王者何以有禘乎？其謬甚矣。」

郝氏敬曰：「案《王制》天子七廟，三昭三穆，與太祖之廟而七。天子、諸侯皆有太祖，無祧、壇、墠、鬼。此不言太祖，泛云祖考，遠廟爲祧，則似世遠去，太祖亦不免矣。至使壇墠露處，絶其血食，故鄭有『祫乃祭之』之説以救之，實非《記》本意。《記》有禱焉祭之，無禱乃止，未及祫也。然則《祭法》與《王制》，其誰爲先王之舊乎？人生有貴賤，孝先之情本一，自官師不得與士大夫同祀其祖，至于庶士、庶人，不幸不得爲大夫士，而親死即爲無祀之鬼，諒非先王制禮之意。」

蕙田案：《祭法》與《王制》不合，諸儒多以《祭法》爲疑。今考此條蓋本于《家語》，而汲古閣所刊《家語》與葛氏本其文亦有異同，則係漢儒附會，理或有之。今并附于後，以俟參考。

【《家語·廟制》】衛將軍文子將立先君之廟于其家，使子羔訪于孔子。子曰：「公廟設于私家，非古禮之所及。吾弗知。」子羔曰：「敢問尊卑上下立廟之制，可得而聞乎？」孔子曰：「天下有王，分地建國，設祖宗，乃爲親疏貴賤多少之數。是故天子立七廟，三昭三穆，與太祖之廟而七。近廟皆月祭之，遠廟爲祧，有二祧焉，享嘗乃止。諸侯立五廟，二昭二穆，與太祖之廟而五，祖考廟享嘗乃止。大夫三廟，一昭一穆，與太祖之廟而三，享嘗乃止。士一廟，曰考廟。王考無廟，合而享嘗乃止。庶人無廟，四時祭于寢。此自有虞以至于周之所不變也。凡四代帝王之所謂郊者，皆以配天，其所謂禘者，皆五年大祭之所及也。應爲太祖者，則其廟不毁。不及太祖，雖在禘、郊，其廟則毁矣。古者祖有功而宗有德，諸見祖宗者，其廟皆不毁。」汲古閣本。

葛氏本：衛將軍將立三軍之廟于其家，使子羔訪于孔子。子曰：「公廟設于私家，非古禮之所及。吾弗知。」子羔曰：「敢問尊卑上下立廟之制，可得而聞乎？」孔子曰：「天下有王，分地建國，置都立邑，設廟、祧、壇、墠而祭之，乃爲親疏多少之數。是故天子立七廟，三昭三穆，與太祖之廟七，曰太廟。有一壇，有一墠。曰考廟，曰王考廟，曰皇考廟，曰顯考廟，曰祖考廟，皆月祭之。遠廟爲祧，有二祧，享嘗乃止。去祧爲壇，去壇爲墠，壇、墠有禱焉祭之，無禱乃止。去墠爲鬼。諸侯立五廟，二昭二穆，與太祖之廟五。曰祖考廟，有一壇一墠。曰考廟，曰王考廟，曰皇考廟，皆月祭之。顯考廟、祖考廟享嘗乃止，去祖爲壇，去壇爲墠，壇有禱焉祭之，無禱乃止。去墠爲鬼。大夫立三廟，一昭一穆，與太祖之廟三。曰皇考廟，有一壇。考廟月祭，王考廟、皇考廟爲始祖廟，享嘗乃止。顯考無廟，有禱焉爲壇祭之。去壇爲鬼。適士二廟，曰王考廟，有一壇。曰考廟，曰王考廟，享嘗乃止。皇考無廟，有禱焉爲壇祭之，去壇爲鬼。官師一廟，曰考廟。王考無廟而祭之，去王考爲鬼。庶人無廟，四時祭于寢。此自有虞以至于周之所不變也。」「諸見祖宗」作「謂之祖宗」。

【《禮記・喪服小記》】王者禘其祖之所自出，以其祖配之，而立四廟。庶子王亦如之。【鄭注】四廟，高祖以下，與始祖而五。

方氏慤曰：「王立七廟，三昭三穆，與太祖之廟而七。此言王止曰立四廟者，據月祭之親廟言之也。蓋遠廟爲祧，有二祧，享嘗乃止。既言禘其祖之所自出，以其祖配之，則祭及其二祧可知矣。此所以不言之也。」徐氏師曾曰：「案天子七廟，并二世室而九，豈有止立五廟之理？方氏以爲此據月祭之廟言之，理或然也。」

劉氏牧曰：「而立四廟，云天子立四廟，非也。此一句上有脱簡耳，當曰『諸侯及其太祖，而立四廟』」。

吴氏澄曰：「『而立四廟』四字，無所系屬，義不可通。劉氏曰『此句上有缺文，當曰「諸侯及其太祖，而立四廟」』。案：《大傳》以『其祖配之』之下有此六字，劉氏所謂有缺文者，是也。今從其說，而以《大傳》篇之文補之。言諸侯不得如天子之追禘太祖以上，所祭上及太祖而止耳。而太祖之下則立二昭二穆之廟，爲四親廟也。」

【陳氏《禮書》】庶子王亦如之者，禮，爲人後者爲父母期，公子爲後，爲其母，于子祭，于孫否。蓋爲人後者，雖受重于所後，而不廢父母期。公子爲後，雖受重于君母，而不廢其母祭。則庶子爲王，雖有正統之七廟，其可輒廢祖考之祭乎？于是自立四廟，以視始受命而王者，所以著其不忘本也。昔漢宣帝以從孫繼昭帝，患昭穆之體一也，于是立悼皇考廟，以當一代之穆。而王舜中、劉歆以爲孝宣以兄孫繼統爲孝昭後，考廟固不當立，累世奉之，是兩統二父也。然宣帝以悼皇考當一代之穆，固不合禮，若特立廟，乃庶子王之所當立者，謂不當立，悮矣。「王舜、劉歆」當作「王莽」，❶「中」字衍。

陸氏佃曰：「此言王者後世衰亂，統序既絶，其子孫有特起者，若漢光武復有天下，既復七廟，則其曾、祖、禰當別立廟祀之，故曰庶子王亦如之也。若孝文繼孝惠，

❶「莽」，依文義疑當作「舜」。蓋此校語以衍「中」字，則「王舜中」當作「王舜」也。

雖非適子，其承祭祀不言可知。今經言此者，正爲庶子不祭，庶子王然後祭耳。」

蕙田案：立四廟，徐伯魯以月祭之廟言，亦屬强解。劉氏、吴氏脱簡之説近是。且有《大傳》之文，亦不可爲無據也。

【附辨杜氏不毁高圉、亞圉廟】

《春秋》昭七年《左氏傳》余敢忘高圉、亞圉？【杜注】周人不毁其廟，報祭之。

【孔穎達《王制》疏】曰：「案：周禮惟存后稷之廟不毁，案昭七年傳注，似高圉、亞圉廟亦不毁者，此是不合鄭説。故馬融説云周人所報而不立廟。」

【辨郝敬不信七廟五廟】

郝氏敬曰：「案：七廟不見于《詩》、《書》，孔書云『七世之廟』，非必真伊尹語。《儀禮》、《周禮》、《穀梁》、《家語》等書，大抵與《記》先後雜出，未可相徵。或稱虞夏五廟，殷六廟，周七廟，或云九廟，以至於十二廟，《祭法》又云『適士二廟，官師一廟』，未知誰是。夫尊祖敬宗，人有同心，天子道隆德尊，何以恩窮七世？諸侯五世上，不得伸情，大夫祭，不得越祖禰，士庶人則并王父母不祭，豈人情乎？」

蕙田案：郝氏之意，以七世、五世爲不足，而欲軼而過之。蓋以後世世世不毁之典爲是，而魯立煬宫，以諸侯而祭二十一傳之祖，亦不非也。且《書》明言七世之廟，京山自不信耳，而乃以爲不見於《詩》、《書》，不亦誣乎？

右經傳言廟不同。

五禮通考卷第五十八

五禮通考卷第五十九

內廷供奉禮部右侍郎金匱秦蕙田編輯
太子太保總督直隸右都御史桐城方觀承同訂
按察司副使元和宋宗元參校

吉禮五十九

宗廟制度

【《周禮·春官·守祧》】掌守先王先公之廟祧。【注】謂太祖之廟及三昭三穆。遷主所藏曰祧。先公之遷主藏于后稷之廟，先王之遷主藏于文武之廟。【疏】先公謂諸盩已前，不可下入子孫廟，故入后稷廟。后稷廟藏先公不名祧者，以有太祖廟名，又文、武已名祧，故后稷不名祧也。云「先王之遷主藏于文武之廟」者，當周公制禮之時，文、武在親廟四之內，未毀不得爲祧，然文武雖未爲祧，已立其廟，至後子孫，文武應遷而不遷，乃爲祧也。案孔君、王肅之義，二祧乃是高祖之父、高祖之祖，與親廟四，皆次第而遷，文武爲祖宗，不毀矣。鄭不然者，以其守祧有奄八人，守七廟并姜嫄廟，則足矣。若益二祧，則十廟矣，奄八人何以配之？明其義非也。

王氏應電曰：「廟即祧，故《聘禮》『不腆先君之祧，既拚以俟』，此官雖名守祧，其職掌則總廟祧之事也。」

華氏學泉曰：「遷主所藏曰祧。周先公遷主藏于后稷之廟，則后稷之廟爲祧。成康以下，先王之遷主藏于文、武之廟，故文、武之廟亦爲祧。此周所以有二祧，非凡王者三昭三穆之外必當有二祧廟也。諸侯遷主藏于太廟，故《聘禮》云『不腆先君之祧』，蓋指太廟爲祧，言祧則足以統羣廟也。《周官》守祧掌先王、先公之廟祧而專以守祧名官，亦舉祧以該廟也。」

蔡氏德晉曰：「周初遷主藏于后稷廟之東、西夾室，則后稷廟爲祧。至懿、孝後，成、康以下遷主，藏于文、武兩世室，故文、武廟亦稱祧。此成王、周公時所稱祧，則專指后稷廟也。守祧兼掌七廟，而專以祧名官者，舉遠以該親廟也。主以奄人者，高紫超謂古人廟近宮内之故，且祭祀之時，有后妃、内外宗行禮之事，故用奄人、女奴爲宜也。」

蕙田案：廟祧之説，華氏爲長。

廟則有司脩除之，其祧則守祧黝堊之。【注】廟，祭此廟也。祧祭遷主。有司，宗伯也。脩除、黝堊，互言之。有司恒主脩除，守祧恒主黝堊。

華氏學泉曰：「廟曰脩除，祧曰黝堊。康成曰『互言之』，其實廟之昭穆遞遷，則有毁壞，毁壞則當有脩除。《春秋傳》曰『壞廟之道，易檐可也，改塗可也』，脩除之謂也。祧廟不毁，但當黝堊之，使常新而已。」

方氏苞曰：「文武在七世之内本爲祧廟，八世、九世則别立世室，而祧主藏焉。廟既增立，則守祧者亦以時增。疏乃謂奄八人守七廟及姜嫄廟，而不得更增文武二廟，則固矣。」

蕙田案：華氏、方氏二説，可開鄭氏之蔽。

【《禮記·祭法》】遠廟爲祧，有二祧，饗嘗乃止。【注】天子遷廟之主以昭穆合藏于二祧之中，諸侯無祧。

方氏慤曰：「二祧，顯考之父、祖也。」

馬氏晞孟曰：「説者謂七廟之中祧廟二，則爲文武之廟。其説非也。遠廟爲祧，而二祧之廟止于享嘗而已。苟文武之廟而祭止享嘗，亦非先王所以尊祖宗之意也。」

【辨鄭氏三祧】

【《周禮·春官·守祧》鄭注】遷主所藏曰祧，先公之遷主藏于后稷之廟，先王之遷主藏于文、武之廟。【《小宗伯》「辨廟祧之昭穆」鄭注】祧，遷主所藏之廟。【賈疏】周以文、武爲二祧。【《祭法》「遠廟爲祧，有二祧」鄭注】祧之言超也，超上去意也。天子遷廟之主，以昭穆合藏于二祧之中。諸侯無祧，藏于祖考之廟中。《聘禮》「不腆先君之祧」，是謂始祖廟也。

【孔穎達《王制》疏】儒者難鄭云：《祭法》「遠廟爲祧」，鄭注《周禮》云「遷主所藏曰祧」，違經正文。鄭又云「先公之遷主藏於后稷之廟，先王之遷主藏於文武之廟」，便有三祧，何得《祭法》云有二祧？

【《祭法》疏】曰：「遷主所藏曰祧，是對例言之耳。若散而通論，則凡廟曰祧，故昭元年《左傳》云『其敢愛豐氏之祧』，彼祧遠祖廟也。襄九年《左傳》云『君冠，必以先君之祧處之』，服虔注云『曾祖之廟曰祧』者，以魯襄公於時冠於衛成公之廟，成公是衛今君之曾祖，曰祧也。」

何氏洵直曰：「《祭法》『遠廟爲祧』，而鄭氏以文、武爲之，蓋非是也。」

【陳氏《禮書》】曰：「《祭法》云『遠廟爲祧』，則祧者兆也。天子則五世、六世之祖爲祧，所謂有二祧是也。諸侯以始祖爲祧，所謂『先君之祧』是也。鄭氏以『祧』爲超去之『超』，誤矣。既曰『超矣』，又以文、武爲不毁之祧，何耶？」

蕙田案：《周禮》小宗伯辨廟祧之昭穆，守祧掌守先王、先公之廟祧。廟者主未毁之廟，祧者主已毁之廟。設官不曰守廟而曰守祧，蓋尊之也。以仁率祖則主近爲親，以義率親則主遠爲尊。遠者以祧爲主，故言祧以該廟。蓋祧本以祧遷爲義，後遂借以爲祖廟之通稱也。如《聘禮》曰「不腆先君之祧」，昭元年《左傳》曰「其敢愛豐氏之祧」，襄九年《左傳》曰「君冠，必以先君之祧處之」，有明證矣。諸侯以太廟曰祧，從遠祖爲義，且以示謙，非百世不毁之廟云爾。《祭法》「遠廟爲祧，有二祧」，先儒皆以五世、六世祖爲二祧。蓋親盡世遠，漸即祧遷，享嘗乃止，禮亦從殺。鄭氏誤解，以文、武二廟當二祧，遂至七廟常數反缺其二。且二廟不祧，反稱二祧，名實乖違。又謂遷主所藏曰祧，據先公之主藏后稷廟，先王之主藏文、武廟，則明有三祧，與二祧之文不合。蓋由誤解《祭法》而即與《祭法》之文相戾，弗思甚矣。服虔訓「先君之祧」爲「曾祖之廟」，則知諸侯不拘何祖，通謂之祧。鄭以爲始祖廟，亦未見其必然也。陳用之訓祧爲兆，從壇墠爲義類。但兆既非廟，又非壇墠，不審何者名爲兆？恐仍不若鄭作「超」解，於祧遷之義爲近耳。

【《春官·小宗伯》】辨廟祧之昭穆。【注】祧，遷主所藏之廟。自始祖之後，父曰昭，子曰穆。【疏】云「自始祖之後父曰昭子曰穆」者，周以后稷廟爲始祖，特立廟不毁，即從不窋已後爲數。不窋，父，爲昭；鞠，子，爲穆。從此以後，皆父爲昭，子爲穆。至文王十四世，文王第稱穆也。

【《小史》】掌邦國之志，奠繫世，辨昭穆。【疏】「奠繫世」者，謂定帝繫、世本。「辨昭」穆者，帝繫、世本之上，皆自有昭穆親疎，故須辨之。

大祭祀，以書敘昭穆之俎簋。【注】大祭祀，小史主序其昭穆，以其主定繫世。祭祀，史主敘其昭穆，次其俎簋。

【《禮記·王制》】天子七廟，三昭三穆，與太祖之廟而七。諸侯五廟，二昭二穆，與太祖之廟而五。大夫三廟，一昭一穆，與太祖之廟而三。

【《周禮·夏官·司士》】凡祭祀賜爵，呼昭穆而進之。【注】賜爵，神惠及下也。此所賜，王之子姓兄弟。【疏】云及賜爵者，謂祭未旅酬、無算爵之時，皆有酒爵賜及之，皆以昭穆爲序也。

【《禮記·祭統》】凡賜爵，昭爲一，穆爲一，昭與昭齒，穆與穆齒，此之謂長幼有序。【疏】凡賜爵者，爵，酒爵也，謂祭祀旅酬時，賜助祭者酒爵。在昭列者則爲一色，在穆列者自爲一色。各自相旅，尊者在前，卑者在後。若同班列，則長者在前，少者在後，是昭與昭齒，穆與穆齒。

夫祭有昭穆。昭穆者，所以別父子、遠近、長幼、親疎之序而無亂也。是故有事於太廟，而羣昭羣穆咸在而不失其倫，此之謂親疎之殺也。【注】昭穆咸在，同宗父子皆來。【疏】昭穆謂尸主行列於廟中。「所以」至「無亂」者，謂父南面，子北面，親者近，疎者遠，又各有次序。「是故有事於太廟，則羣昭羣穆咸在」者，祭太廟之時，則衆廟尸主皆來，及助祭之人，同宗父子皆至，則羣昭穆咸在。若不於太廟，餘廟之祭，唯有當廟尸主及所出之廟子孫來至，不得羣昭羣穆咸在也。「而不失其倫」者，尸主既有昭穆，故主人及衆賓亦爲昭穆列在廟，不失倫類。殺，漸也，列昭穆存亡，名有遠近，示天下親疎有漸也。

【《仲尼燕居》】嘗禘之禮，所以仁昭穆也。【注】仁猶存也。凡存此者，所以全善之道也。

【《中庸》】宗廟之禮，所以序昭穆也。【注】序猶次也。

【《大傳》】合族以食，序以昭穆，人道竭矣。

【《喪服小記》】妾祔於妾祖姑。亡，則中一以上而祔。祔必以其昭穆。【注】中猶間也。【疏】「妾祔於妾祖姑」者，言妾死亦祔夫祖之妾也。「亡則中一以上而祔」者，亡，無也。中，間也。若太祖無妾，則又間曾祖而祔高祖之妾也。「祔必以其昭穆」者，解所以祖無妾不祔曾祖而祔高祖之義也。凡祔必使昭穆同，曾祖非夫同列也。然此下云「妾母不世祭，于孫否，則妾無廟」，今乃云「祔及高祖」者，當爲壇祔之耳。

蕙田案：妾母不世祭，謂奠而不祭，無牲之謂，非竟不祭也。妾母無廟，謂以昭穆祔祭於妾祖姑，非無廟祭之謂也。疏謂「爲壇祔之」，《王制》之謬惑之耳。

【《雜記》】士不祔大夫，祔於大夫之昆弟。無昆弟，則從其昭穆。婦祔於其夫之所祔之妃。無妃，則亦從其昭穆之妃。妾祔於妾祖姑，無妾祖姑，則亦從其昭穆之妾。【注】夫所祔之妃，於婦則祖姑。【疏】大夫祔於士者，謂祖爲士，孫爲大夫，若死，可以祔祭於祖之爲士者也。「士不祔於大夫」者，謂先祖爲大夫，孫爲士，不可祔祭於大夫，唯得祔於大夫之兄弟爲士者。「無昆弟，則從其昭穆」者，謂祖爲大夫，無昆弟爲士，則從其昭穆，謂祔于高祖爲士者。若高祖爲大夫，則祔於高祖昆弟爲士者。「則亦從其昭穆之妃」，謂亦間一以上，祔於高祖之妃。高祖無妃，則亦祔於高祖之祖妃。若其祖有昆弟之妃班爵同者，則亦祔之。

【《喪服小記》】庶子不祭殤與無後者。殤與無後者，從祖祔食。【疏】己不得祭父祖，而以此諸親皆各從其祖祔食，祖廟在宗子之家，故己不得自祭之也。

【《儀禮·士虞禮·記》】明日，以其班祔。【注】卒哭之明日也。班，次也。《喪服小記》曰：「祔必以其昭穆，亡，則中一以上。」凡祔已復於寢，如既祫，主反其廟，練而后遷廟。【疏】引《喪服小記》者，彼解中猶間也，一以上，祖又祖，孫祔祖爲正，若無祖則祔於高祖，以其祔必以昭穆。孫與祖同昭穆，故間一以上取昭穆相當者。若婦則祔於夫之所祔之妃，無亦間一以上。若妾祔亦祔於夫之所祔之妾，無，則易牲祔女君也。

【《周禮·春官·冢人》】掌公墓之地。先王之葬居中，以昭穆爲左右。

【《春秋》僖公五年《左氏傳》】宫之奇曰：「太伯、虞仲，太王之昭；虢仲、虢叔，王季之穆。」【注】太伯、虞仲，皆太王之子。穆生昭，昭生穆，以世次計，故太伯、虞仲於周爲昭。王季者，太伯、虞仲之母弟也。虢仲、虢叔，王季之子，文王之母弟也。仲、叔，皆虢君字。

【二十四年《左氏傳》】富辰曰：「管、蔡、郕、霍、魯、衛、毛、聃、郜、雍、曹、滕、畢、原、酆、郇，文之昭也。邘、晉、應、韓，武之穆也。」【疏】文之昭者，自后稷以後，❶一昭一穆，文王於次爲穆，故文子爲昭，武子爲穆。

【二十八年《左氏傳》】曹侯曰：曹叔振鐸，文之昭也。先君唐叔，武之穆也。

文公二年，大祀於太廟，躋僖公。《穀梁傳》曰：「先親而後祖，逆祀也。逆祀是無

❶「稷」，原作「穆」，據《左傳》僖公二十四年孔疏改。

昭穆也，無昭穆則是無祖也，無祖則無天也。君子不以親親害尊尊，《春秋》之義也。」【注】祫祭者，皆合祭諸廟已毁、未毁之主於太祖廟中，以昭穆爲次序。父爲昭，子爲穆，昭南鄉，穆北鄉，孫從王父坐也。祭畢，則復還其廟。僖公雖長，已爲臣矣；閔公雖小，已爲君矣。臣不可以先君，猶子不可以先父，故以昭穆、父祖爲喻。

【《國語》】夏父弗忌爲宗，烝，將躋僖公。宗有司曰：「非昭穆也。」曰：「我爲宗伯，明者爲昭，其次爲穆，何常之有？」有司曰：「夫宗廟之有昭穆也，以世次之長幼，而等胄之親疎也。夫祀，昭孝也，各致齊敬於其皇祖，昭孝之至也。故工史書世，宗祝書昭穆，猶恐其踰也。」弗聽。遂躋之。

劉歆曰：「孫居王父之處，正昭穆，則與祖相代，此遷廟之殺也。」

張純曰：「父子不並坐，而孫從王父。」

《決疑要注》曰：「凡昭穆，父南面，故曰昭。昭，明也。子北面，故曰穆。穆，順也。」

【《通典》】杜氏佑曰：「太祖於室中之奥，西壁下，東面。太祖之子南面爲昭，次之，昭之子北面相對爲穆。」

張純曰：「元始中禘禮，父爲昭，南向，子爲穆，北面，父子不並坐。」

【陳氏《禮書》】宗廟有迭毁，昭穆則一成而不可易。《春秋傳》言「太王之昭，王季之穆」，又言「文之昭，武之穆」，此世序之昭穆不可易也。《周官》冢人掌公墓之地，先王之葬居中，以昭穆爲左右，此葬位之昭穆不可易也。《儀禮》曰「卒哭明日，以其班祔」，《禮記》曰「祔必以其昭穆」，此祔位之昭穆不可易也。《司士》「凡祭祀賜爵，呼昭穆而進之」，《祭統》

「凡賜爵，昭爲一，穆爲一。昭與昭齒，穆與穆齒」，此賜爵之昭穆不可易也。《大傳》曰「合族以食，序以昭穆」，此合食之昭穆不可易也。生而賜爵、合食，死而葬祔，皆以世序而不可易，則廟之昭穆可知矣。其制蓋祖廟居中，而父昭在左，子穆在右。始死者昭耶，則毀昭廟；始死者穆耶，則毀穆廟。昭與昭爲列，而無嫌乎子加於父；穆與穆爲列，而無嫌乎父屈於子也。先儒謂周藏先公木主於后稷之廟，先王木主，穆在文王廟，昭在武王廟，於理或然。

周氏世樟曰：「廟之外爲都宮，諸廟在內，各有門堂寢室，墻宇環之。太祖居北，其餘以次而南。廟皆南向，廟主在本廟之室中，皆東向。若羣廟之主合食於太廟，則唯太祖東向，羣昭皆列北牖下而南向，羣穆皆列南牖下而北向。若禘祭，則於太廟中特設太祖所自出之帝於東向，而太祖退居南向以配之。太祖之主不遷，其餘親盡則遷。遷昭之首廟主，則以次廟、末廟之主遞遷而上，而以新主祔於末廟。遷穆廟之主亦然。總之，昭常爲昭，穆常爲穆。有時子在三昭，父在三穆，似乎倒置。然廟有門垣，各全其尊，不以左右爲尊卑也。凡遷主必毀其廟，《穀梁傳》云『壞廟之道，易簷可也，改塗可也』，謂更而新之，移置其主也。古者遷主，皆入於太廟之東、西兩夾室。至周，則王季以上穆之遷主入於太廟，文王以下穆之遷主入於文王世室，武王以下昭之遷主入於武世室。凡藏主，必藏石室之中。《左傳》昭十四年鄭原繁云『我先人典司宗祏』，所謂宗祏者，宗廟中藏主石室也。」

【附辨陸氏佃昭穆爲父子之號及廟次、世次不同】

陸氏佃曰：「昭穆者，父子之號。昭以明下爲義，穆以恭上爲義。方其爲父，則稱昭，取其昭以明下也。方其爲子，則稱穆，取其穆以恭上也，豈可膠哉？張璪、何洵直謂昭常爲昭，穆常爲穆，左者不可遷於右，右者不可遷於左。既爲昭矣，又有時而爲穆；既爲穆矣，復有時而爲昭，是亂昭穆之名。此説非也。苟爲昭者不復爲穆，爲穆者不復爲昭，則是子常事父，爲之子者，今雖有子，不得爲父。苟復爲父，則以爲是亂父子之名，可乎？」又曰：「假令甲於上世之次爲穆，今同堂合食，實屬父行。乙於上世之次爲昭，今同堂合食，實屬子行。則甲宜爲昭，乙宜爲穆，豈可遠引千歲以來世次，覆令甲爲右穆，乙爲左昭，以紊父子之序乎？」又曰：「世次與廟次不同。世次無遷法，而廟制親盡則移。世次無遷法，則昭生穆，穆生昭；廟制親盡而遷，則昭穆移易。《祭統》曰：『昭穆者，所以别父子、遠近、長幼、親疎之序。』故有事於太廟，則昭穆咸在而不失其倫。若廟次昭常爲昭，穆常爲穆，則子或壓父，尊卑失序，豈所謂不失其倫者耶？」

何氏洵直曰：「案古者宫寢宗廟皆以孫居王父之處，而不以子代父。自始祖之後，父曰昭，子曰穆，孫爲昭，曾孫爲穆，玄孫爲昭，謂之昭穆。通於存亡，居昭位者不可遷於穆行，居穆行者不可入於昭位。本之於經，質之於傳，驗之以先儒之説，根據盤互，枝連葉貫，議論符合，如出一人，請得條别而陳之。何謂宫寢宗廟皆以孫居王父之處？曰：《春秋》書高寢、路寢、小寢。何休曰：『父居高寢，子居路寢，孫從王父母。』疏義謂孫死亦從王父母，是殯於其宫之西序矣。殷則殯於祖廟之兩楹間，設朝而殯於祖是也。至及冢人辨其兆域，則以昭穆爲左右。女卒哭明日，又各從其昭穆，祔於祖父。女子則祔皇祖妣，婦則祔皇祖姑，故曰『以其班祔』。以士大夫言，若祖爵尊，則祔於諸祖父爲士大夫者。若無可以祔，或王父母在，則越曾祖一世，當爲壇而祔高祖。若又無可以祔，則越高祖之父一世，祔高祖之祖。《記》所謂『亡，則中一以上而祔』，必以其昭穆者也。以諸侯五廟爲言，祔祭既畢，則主復於殯宮之寢。如既祫，主還其廟然也。練而後遷廟，於是以始祔之孫入王父廟，以王父入高祖廟，以高祖之主藏於太祖廟。《春秋穀梁傳》曰：『作主壞廟有時日，於練焉壞廟。壞廟之道，易檐可也，改塗可也。』范甯曰：『親過高祖則毀其廟，將納新神，故示有所加。』孔穎達曰：『練時壞祖與高祖之廟，改塗、易檐，示有壞意。以其高祖入於太祖之廟，其祖祔入高祖廟，其新神入祖廟，是練時遷廟也。』遷廟以孫代王父，取其昭穆相當，所以壞祖與高祖廟，而不毀曾祖爾。漢劉歆之論最博而篤，曰：『孫居王父之處，正昭穆，則孫常與祖相代，此遷廟之殺也。』今之説者，祔廟與遷廟異，是不然也。至祥禫既終而合食於祖，則室中之位，太祖西方東向，太祖之子爲昭，北方南面，太祖之孫爲穆，南方北面，差次而東，孫與王父並列，下達於禰。張純曰：『父子不並坐，而孫從王父。』王肅引賈逵説『吉禘於莊公』曰：『遷主遞位，孫居王父之處也。』雖祭殤與無後，亦以孫從王父。《記》曰『從祖祔食』，蓋曰自祭於殤，在於父廟；祭無後兄弟，當就祖廟；祭無後諸父，當於曾祖廟，各從其班也。祭成人者必有尸，尸必以孫。孫幼則使人抱之，皆衣其祖之遺衣服，而坐於祖主之左。然於祭者子行也，父北面而事之，故曰『君子抱孫不抱子，子不可以爲父尸』，以其異昭穆，而祖孫則同耳。《祭統》曰『羣昭羣穆咸在，而不失其倫』，謂同宗人皆來助祭也。又曰：『昭爲一，穆爲一，昭與昭齒，穆與穆齒。』賈公彦曰：『昭穆在助祭之中者，皆在東階之前面陳。』假令父行爲昭，子行爲穆，孫行還爲昭，曾孫行還爲穆。就昭穆中各以年長者在上，幼者居下，故云齒也。夫古者葬祔以其班，祫以其班，爲尸及賜爵以其班。故昭常爲昭，穆常爲穆，義據明白，有如日星。説者謂父昭子穆，何常之有？對父則身爲之穆，對子則身爲之昭，其意以爲廟次與世次不同，故昭穆遷徙無常位。右者可移之左，左者可移之右。殊不知廟次與世次一也。廟次雖遷，唯昭穆之班一定不移。祖以傳孫，孫以傳子，縱歷百世，其當爲昭、當爲穆者，未之有改也。如武王之時，廟次以文王爲穆；至襄王之世，凡歷十八君矣，猶謂之穆。《左氏》載富辰之語，曰：『管、蔡、郕、霍、魯、衛、毛、聃、郜、雍、曹、滕、畢、原、酆、郇，文之昭也。』十六國，文王之子，文王於廟次、世次皆當爲穆，故謂其子云『文之昭也』。康王時，廟次以武王爲昭，至襄王之世猶謂之昭。富辰曰：『邘、晉、應、韓，武之穆也。』四國，武王之子，武王於廟次、世次皆當爲昭，則謂其子曰『武之穆也』。至於宫之奇謂『太伯、虞仲爲太王之昭，虢仲、虢叔爲王季之穆』，與此同意。夫文王、太王，其子對父皆稱昭，曰『文王之昭』、『太王之昭』；武王、王季，其子對父皆稱穆，曰

『武王之穆』、『王季之穆』，其爲子一也。對父或稱昭，或稱穆，知昭穆爲定班，而廟次、世次未始異也。《書》曰『七世之廟』，《記》曰『天子七廟，三昭三穆』，《書》言世而《禮》言昭穆，則世與昭穆無不同之理。説者引《魯語》曰『工史書世，宗祝書昭穆』，知廟次昭穆與世次異，臣以爲不然。工史所書者，帝繫、世本之屬；宗祝所書者，几筵表著之位。自其譜諜，則謂之世；據其班秩，則謂之昭穆。此離而言之者也。又《楚語》曰：『宗廟之事，昭穆之世。』此合而言之者也。既曰昭穆之世，則廟次昭穆果與世次不同乎？經傳之言既然矣，觀先儒之論，則韋玄成曰：『父爲昭，子爲穆，孫復爲昭。』杜預曰：『穆生昭，昭生穆。』漢帝詔曰：『孝宣皇帝爲孝昭皇帝後，爲義一體。』顔師古曰：『一體，謂俱爲昭也。禮，孫與祖俱爲昭。』鄭氏曰：『周以文武爲二祧，藏遷主。文爲穆，祧爲昭主，武爲昭，祧爲穆主。』此先儒論昭穆一定不易，皆與經合。但《祭法》『遠廟爲祧』，而鄭氏以文武爲之，蓋非是也。説者曰：『穆王入廟，王季親盡而遷，則文王宜自右而左，居昭位；武王宜自下而上，居穆位。』必如此言，則世次、廟次常以子代父，古無此理。又曰：『王季既遷，文王居昭，成王、昭王次焉；武王居穆，康王、穆王次焉，所謂孫與祖昭穆同。』臣謂此非禮意。何者？葬與祔、祫，皆以孫從王父，其無祖可祔者，必中一以上祔於高祖。論其爲尸則抱孫不抱子，是昭是昭班，穆是穆班，故曰『孫與祖同』。若謂祖遷於上，則孫與玄孫皆次之，昔以爲穆，今以爲昭，昔以爲昭，今更爲穆。以葬位、祔位、祫位、尸位觀之，皆顛倒失序，是但知有昭穆之名，不知有昭穆之班，何所謂『孫與祖同』？故曰此非禮意。竊嘗以爲天子七廟，三昭三穆，與太祖之廟而七，此據迭毁爲言也。《祭法》『王立七廟，一壇一墠。曰考廟、曰王考廟、曰皇考廟、曰顯考廟、曰祖考廟。遠廟爲祧，去壇爲墠』，此據定體爲言也。迭毁者言乎其動也，言乎其動則云『三昭三穆』，而孫代王父之意寓於其中矣。定體者言乎其常也，言乎其常則云考與王考，至於遠廟去壇而墠，遷祖遞位之義，亦不外是矣。祔與廟遷雖非一時，然均名昭穆，豈有二位？祔則孫從王父合食，遷則孫常與祖相代者，入其廟而襲其處，如劉歆、王肅之論是也。既生居王父之寢，殁則殯於其宮之西序，葬與祔、祫俱從祖列，至其爲尸，亦襲祖之遺衣服而坐於主之左。助祭、賜爵，各以昭穆序，以受氏命族，又以王父之序，是無所不用其班，何獨遷廟則以子代父而亂其班乎？説者又引『適子冠於阼』爲證，蓋亦不類。《記》曰『適子冠於阼，以著代』，明其代父傳重，其當祖統，昭穆相代也。」

又曰：「《禮記》：『天子七廟，三昭三穆，與太祖之廟而七。諸侯二昭二穆，與太祖之廟而五。大夫一昭一穆，與太祖之廟而三。』謂之祖則無對，故其位居中，而不以昭穆居之，且世世不毁。昭穆有對，故斷自始祖之後。父曰昭，子曰穆，至親盡則迭遷。后稷爲周祖，其子不窋曰昭，其孫鞠陶曰穆。周公爲魯祖，其子伯禽曰昭，其孫考公曰穆。萬物本乎天，人本乎祖。祖者天也。昭居左，爲陽；穆居右，爲陰。以三昭三穆言之，則一爲昭，二爲穆，三爲昭，四爲穆，五爲昭，六爲穆。一、三、五者，陽奇之數也；二、四、六者，陰耦之數也，自一世推而至百世皆然。昭者有昭班，與陽奇同類；穆者有穆班，與陰耦同類。故葬與祔、祫必以孫從王父，蓋神得同班同類則爲安也。昭之王父以昭孫爲尸，穆之王父以穆孫爲尸，蓋神得同類則憑依之也。夫奇耦爲定數，左右爲定位，昭穆爲定班。若曰右者可移之左，左者可移之右，猶陽奇有時爲耦，陰耦有時爲奇，班類顛錯，尊卑失序矣。《周禮》冢人掌公墓之地，先王之葬居中，以昭穆爲左右，是葬位有昭穆。《儀禮》曰『卒哭明日，以其班祔』，《禮記》曰『祔必以其昭穆。亡，則中一以上而祔』，是祔位有昭穆。大祫室中太祖東向，昭南面，穆北面，父子不並坐，而孫從王父，是祫位有昭穆。孫爲王父尸，子不可以爲父尸，是尸位有昭穆。天子七廟，三昭三穆；諸侯五廟，二昭二穆；大夫三廟，一昭一穆，是廟位有昭穆。葬位之昭穆一定不移，則祔可知也。祔位之昭穆一定不移，則祫可知也。祫位之昭穆一定不移，則尸可知也。尸位之昭穆一定不移，則廟可知也。葬位、祔位、祫位、尸位、廟位五者，均謂之昭穆，豈有二義哉？在葬位爲昭，則於祔位、祫位、尸位、廟位俱爲昭；在葬位爲穆，則於祔位、祫位、尸位、廟位俱爲穆。今之説者曰『父昭子穆，何常之有，對父則爲穆，對子則爲昭』，故有在廟位爲昭，而於祔位、祫位爲穆；在廟位爲穆，而於祔位、祫位爲昭，失禮意矣。王季之時，以太王爲穆，至惠王歷十八君而謂之穆；文王之時，以王季爲昭，至惠王時歷十八君而謂之昭。宫之奇曰『太伯、虞仲，太王之昭，虢仲、虢叔，王季之穆』，太伯、虞仲者，太王之子；虢仲、虢叔者，王季之子。太王於廟次、世次爲穆，故謂其子爲昭；王季於廟次、世次爲昭，故謂其子爲穆。武王時，廟次以文王爲穆，康王時，廟次以武王爲昭，襄王之世，亦謂其子曰『文王之昭，武王之穆』。周大夫富辰既言之矣，曹伯之臣侯獳又曰『曹叔振鐸，文之昭也；先君唐叔，武之穆也』，襄王距文王之時無慮十有八世，景王之子恭王距襄王又七世而遠，魯定公四年衛大夫祝鮀之言猶曰『曹，文之昭；晉，武之穆』，由此論之，昭常爲昭，穆常爲穆，雖百世無易也。始祖之位定，則昭穆從而正；始祖之位不定，則昭穆從而不正。漢以太上廟瘞於陵園，而悼皇考序於昭穆，是高皇帝以有功加其父，史皇孫以旁支干大統，有以知漢之昭穆不正也。唐以景皇帝爲太祖，而上有獻、懿二祖，❶貞元中用陳京議，遷獻、懿於别廟，而景皇帝正東向之位，有以知唐之昭穆不正也。漢唐猶然，又況晉、隋、五代之末造乎？祖位定而昭穆正者，殷周與本朝是也。」

蕙田案：何氏之論，援據詳盡，斷制明確，論昭穆者無出其右。

張氏璁曰：「以周制言之，王季爲昭，文王爲穆，武王爲昭，成王爲穆，則所謂父

❶「獻」，原作「顯」，據聖環本、庫本及《舊唐書・禮儀志》、《新唐書・禮樂志》改。

昭子穆也。然則王季親盡，其廟既遷，武王自右而上，從王季之位而不嫌尊於文王，何也？蓋昭穆以定位也，武王既爲昭矣，則其位在左，自爲尊卑，而無與乎文王之穆也。又四時常祀各於其廟，不偶坐而相臨，此其所以進居王季之位而不嫌尊於文王也。及乎合食於太祖之廟，則王季、文王更爲昭穆，而世次雖遠，不可謂無尊卑之序矣。今若以王季親盡毁廟，文王自右而左居昭位，武王自下而上居穆位。及合饗之祭，而文王復爲穆，武王更爲昭，則是一身既爲昭矣，又有時而爲穆；既爲穆矣，復有時而爲昭。不唯亂昭穆之名，又考之經傳，無所據矣。且生而居處，殁而殯葬，以至祔祭、入廟、爲尸、賜爵，皆孫從祖而不從父，所以昭穆常用世次，奚至於廟次獨不然乎？」

蕙田案：張氏昭穆自爲尊卑，而不嫌相臨，可補何氏所未及。

張子曰：「夏殷以前，太祖亦以世數而遷，復於郊、禘及之。至周，則太祖常存。當文武時，則以后稷爲太祖。至後世，則以文王爲太祖，稷則郊祀以配天，二祧則武王必居其一，武王是其德可宗者也。凡廟須推始祖以爲太祖，又須有一創業之主，即所謂祖也，又須有一有功業致太平之主，所謂宗也。祖、宗二祧，與始祖之廟永不祧也。❶若後世之君有中興大勛業者，亦當爲不祧之主，如祖、宗也。若漢高祖爲創業之主，文帝爲太宗，武帝爲世宗，此二宗者，後世祧之亦可。若光武復興，後世安得不立爲宗也？又如東

❶ 「之」，原作「二」，據聖環本、庫本改。

漢既滅，劉先主復立漢嗣，後世安得不以宗事也？以此言之，則周之文、武二祧，蓋亦不可爲定數。又如四親廟，自高至禰，皆不可不祭。若使一世之中，各有兄弟數人代立，不可以廟數確定，却有所不祭也。雖數人，止是當得一世，故雖親廟，亦不害爲數十廟也。」

【朱子《禘祫議》】《王制》「天子七廟，三昭三穆，與太祖之廟而七」，諸侯、大夫、士降殺以兩，而《祭法》又有「適士二廟，官師一廟」之文，大抵士無太祖，而皆及其祖考也。鄭氏曰：「夏五廟，商六廟，周七廟。」今案：《商書》已云「七世之廟」，鄭説恐非。顔師古曰：「父爲昭，子爲穆，孫復爲昭。昭，明也。穆，美也。後世晉室諱昭，故學者改昭爲韶。」其制皆在中門之左外爲都宮，内各有寢廟，別有門垣。太祖在北，左昭右穆，以次而南。晉博士孫毓議。天子太祖百世不遷，一昭一穆爲宗，亦百世不遷。二昭二穆爲四親廟。高祖以上，親盡則毁而遞遷。昭常爲昭，穆常爲穆。昭之二廟，親盡則毁，而遷其主於昭之宗，曾祖遷於昭之二，新入廟者祔於昭之三，而高祖及祖在穆如故。穆廟親盡放此。新死者如當爲昭，則附於昭之近廟，而自近廟遷其祖於昭之次廟。而於主祭者爲曾祖，自次廟遷其高祖於昭之世室。蓋於主祭者爲五世而親盡故也。其穆之兩廟如故不動。其次廟於主祭者爲高祖，其近廟於主祭者爲祖也。主祭者殁，則祔於穆之近廟，而遞遷其上放此。凡毁廟遷主，改塗易檐，示有所變，非盡毁也。見《穀梁傳》及註。諸侯則無二宗，大夫則無二廟，其遷毁之次，則與天子同。傳：「毁廟之主藏于太祖。」《儀禮》所謂「以其班祔」，《檀弓》所謂「祔於祖父」者也。《曲禮》云：「君子抱孫不抱子」，此言孫可以爲王父尸，子不可以爲父尸。鄭玄云「以孫與祖昭穆同也」。周制自后稷爲太祖，不窋爲昭，鞠爲穆。以下十二世至太王，復爲穆；十三世至王季，復爲昭；十四世至文王，又爲穆；十五世至武王，復爲昭。故《書》稱文王爲「穆考」，《詩》稱武王爲「昭考」，而《左氏傳》曰：「太伯、虞仲，太王之昭也。虢仲、虢叔，王季之穆也。」又曰：「管、蔡、魯、衛，文之昭也。邘、晉、應、韓，武之穆也。」蓋其次序一定，百世不易。雖文王在右，武王在左，嫌於倒置，而諸廟別有門垣，足以各全其尊，初不以左右爲尊卑也。三代之制，其詳雖不得聞，然其大略不過如此。漢承秦弊，不能深考古制，諸帝之廟各在一處，不容合爲都宮，以序昭穆。《韋玄成傳》云：「宗廟異處，昭穆不序。」但考周制，先公廟在岐，文王在豐，武王在鎬，則都宮之制亦不得爲，與漢亦無甚異。未詳其說。貢禹、韋玄成、匡衡之徒，雖欲正之，而終不能盡合古制，旋亦廢罷。後漢明帝又欲遵儉自抑，遺詔毋起寢廟，但藏其主於光武廟中更衣別室。其後章帝又復如之，後世遂不敢加，而公私之廟皆爲同堂異室之制。見後漢《明帝紀》。《祭祀志》又云：「其後積多無別，而顯宗但爲陵寢之號。」自是以來，更歷魏晉，下及隋唐，其間非無奉先思孝之君，據經守禮之臣，而皆不能有所裁正。其弊至使太祖之位下同子孫，而更僻處於一隅。既無以見其爲七廟之尊，羣廟之神，則又上厭祖考，而不得自爲一廟之主。以人情而論之，則生居九重，窮極壯麗，而没祭一室，不過尋丈之間，甚或無地以容鼎俎，而陰損其數。孝子順孫之心，於此宜亦有所不安矣。肆我神祖，始獨慨然，深詔儒臣，討論舊典。蓋將以遠迹三代之隆，一正千古之謬，甚盛舉也。不幸未及營表，世莫得聞，秉筆之士，又復不能特書以詔萬世。今獨具見於陸氏之文者爲可攷耳。然其所論昭穆之說，亦未有定論。圖說在後。獨原廟之制，外爲都宮，而各爲寢廟門垣，乃爲近古。但其禮既不經，儀亦非古，故儒者得以議之。如李清臣所謂略於七廟之室，而爲祠於佛老之側，不爲木主而爲之象，不爲禘祫烝嘗之祀，而行一酌奠之禮；楊時所論舍二帝三王之正禮，而從一謬妄之叔孫通者，其言皆是也。然不知其所以致此，則由於宗廟不立，而人心有所不安也。不議復此，而徒欲廢，彼亦安得爲至當之論哉！

韋玄成王者五廟圖

北

太祖

昭　昭

穆　穆

都宮門

東　西

南

廟制圖

北

寢

廷

廟

廷

垣門

東　西

南

王者始受命，諸侯始封之君，皆爲太祖。以下五世而迭毀，毀廟之主藏乎太祖。五年而再殷祭，言一禘一祫也。祫祭者，毀廟與未毀廟之主皆合食於太祖，父爲昭，子爲穆，孫復爲昭，古之正禮也。

韋玄成等周廟圖

太祖后稷

昭武王世室　昭　昭

穆文王世室　穆　穆

周之所以七廟者，以后稷始封，文王、武

王受命而王，是三廟不毁，與親廟四而七。

劉歆宗無數圖

武世室　昭　昭　昭

太祖后稷

文世室　穆　穆　穆

七者，其正法數可常數者，宗不在此數中。宗，變也。苟有功德則宗之，不可預爲設數。故於殷有三宗，周公舉之以勸成王。由是言之，宗無數也。

朱子曰：「劉歆説文武爲宗，不在七廟數中，此説是。」

周世數圖

后稷	
不窋	鞠
公劉	慶節
皇僕	差弗
毀隃	公非
高圉	亞圉
公叔	太王
王季	文王
武	成
康	昭
穆	共
懿	孝
夷	厲
宣	幽

周七廟圖

稷	高圉以上藏主		公叔	亞圉	王季	古公	文王時
稷	亞圉以上藏主		公叔	太王	王季	文王	武王時
稷	公叔以上藏主		王季	太王	武王	文王	成王時
稷	太王以上藏主		王季	文王	武王	成王	康王時
稷	王季以上藏主		武	文	康	成	昭王時

周九廟圖

稷									
稷	公非以上藏主		高圉	亞圉	公叔	太王	王季	文王	武王時
稷	高圉以上藏主		公叔	亞圉	王季	太王	武王	文王	成王時
稷	亞圉以上藏主		公叔	太王	王季	文王	武王	成王	康王時
稷	公叔以上藏主		王季	太王	武王	文王	康王	成王	昭王時

禝		禝		禝		禝		禝		禝		禝		禝	
文 成、昭、共	武 康、穆、懿	文 成、昭、共	武 康、穆	文 成、昭	武 康、穆	文 成、昭	武 康	文 成	武 康	文 成	武 世室	文 世室	武 世室	文 世室	
孝	夷	孝	懿	共	懿	共	穆	昭	穆	昭	康	成	康	成	武
厲	宣	厲	夷	孝	夷	孝	懿	共	懿	共	穆	昭	穆	昭	康
幽王時		宣王時		厲王時		夷王時		孝王時		懿王時		共王時		穆王時	

禝		禝		禝		禝		禝		禝		禝		禝	
												上藏主	王季以	上藏主	太王以
文 成、昭	武 康、穆	文 成、昭	武 康	文 成	武 康	文 成	武	文 世室	武 世室	文 成室					
共	懿	共	穆	昭	穆	昭	康	成	康	成	武	文	武	文王	王季
孝	夷	孝	懿	共	懿	共	穆	昭	穆	昭	康	成	康	成	武
厲	宣	厲	夷	孝	夷	孝	懿	共	懿	共	穆	昭	穆	昭	康
幽王時		宣王時		厲王時		夷王時		孝王時		懿王時		共王時		穆王時	

朱子曰：「韋玄成、劉歆廟數不同，班固以歆説爲是。今亦未能決其是非，姑兩存之。至於遷廟之序，❶則昭常爲昭，穆常爲穆，假令新死者當祔昭廟，則毁其高祖之廟而祔其主於左，祧遷其祖之主於高祖之故廟，而祔新死者於祖之故廟。即當祔於穆者，其序亦然。蓋祔昭則羣昭皆動而穆不移，祔穆則羣穆皆移而昭不動，故虞之明日祔於祖父，蓋將代居其處，故爲之祭，以告新舊之神也。今以周室世次爲圖如右，所謂『高祖以上親盡當毁，虞之明日祔於祖父』者也。元豐議禮，何洵直、張璪以此爲説，而陸佃非之。曰：『昭穆者，父子之號。昭以明下爲義，穆以恭上爲義。方其爲父則稱昭，取其昭以明下也；方其爲子則稱穆，取其穆以恭上也，豈可膠哉？壇立於右，墠立於左。以周制言之，則太王親盡去右壇而爲墠，王季親盡去左祧而爲壇。左右遷徙無嫌。』又曰：『顯考、王考廟與左祧爲昭，皇考廟與右祧爲穆。如曰成王之世武王爲昭，文王爲穆，則武不入考廟而入王考廟矣。』此皆爲説之誤，殊不知昭穆本以廟之居東、居西，主之向南、向北而得名，初不爲父子之號也。必曰父子之號，則穆之子又安得復爲昭哉？壇、墠之左右，亦出先儒一時之説，禮經非有明文也。政使果然，亦爲去廟之主藏夾室而有禱之祭。且壇、墠又皆一而已，昭不可以越壇而徑墠，穆不可以有壇而無墠，故迭進而無嫌，非若廟之有昭穆而可以各由其序而遞遷也。又况昭穆之

❶「廟」，聖環本、庫本作「毁」，疑是。

分，自始封以下，入廟之時，便有定次。後雖百世不復移易，而其尊卑則不以是而可紊也。故成王之世，文王當穆而不害其尊於武，武王爲昭而不害其卑於文，非謂之昭即爲王考，謂之穆即爲考廟也。且必如佃説，新死者必入穆廟，而自其父以上穆遷於昭，昭遷於穆，祔一神而六廟皆爲之動，則其祔也又何不直祔於父，而必隔越一世，以祔於其所未應入之廟乎？佃又言曰：『假令甲於上世之次爲穆，今合堂同食，實屬父行；乙於上世之次爲昭，今合堂同食，實屬子行，則甲宜爲昭，乙宜爲穆，豈可遠引千歲以來世次，覆令甲爲右穆，乙爲左昭，以紊父子之序乎？』此亦不曉前説之過也。蓋昭穆之次既定，則其子孫亦以爲序。《禮》所謂『昭與昭齒，穆與穆齒』，《傳》所謂『太王之昭，王季之穆』、『文之昭，武之穆』者是也。如必以父爲昭而子爲穆，則太伯、虞仲乃太王之父，而文王反爲管、蔡、魯、衛之子矣，而可乎哉！且一昭穆也，既有上世之次，又有今世之次，則所以序其子孫者，無乃更易不定而徒爲紛紛乎？曰：然則廟之遷次，如圖可以見矣。子孫之序，如佃所駁，得無真有難處者耶？曰：古人坐次，或以西方爲上，或以南方爲上，未必以左爲尊也，且又安知不如時祫之位乎？」其虞祭、祔禮，俱詳見《讀禮通考》中。

周太禘圖

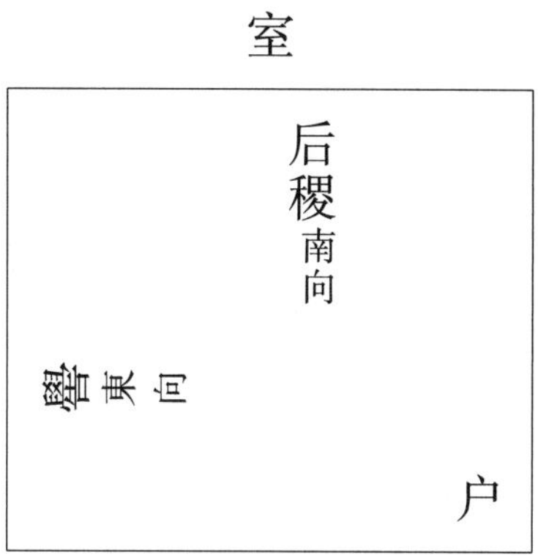

趙伯循曰：「禘，王者之大祀也。王者既立始祖之廟，又推始祖之所自出，祀之於始祖之廟，而以始祖配之也。」

周太祫圖

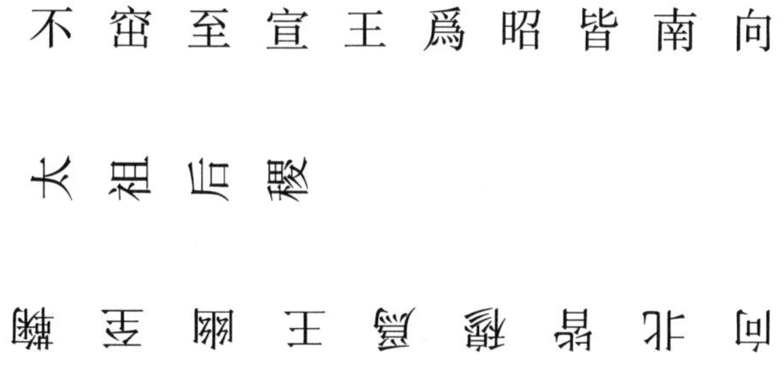

《春秋傳》曰：「祫祭者，毁廟之主皆陳於太祖，群廟之主皆升，合食於太祖。」

周時祫圖

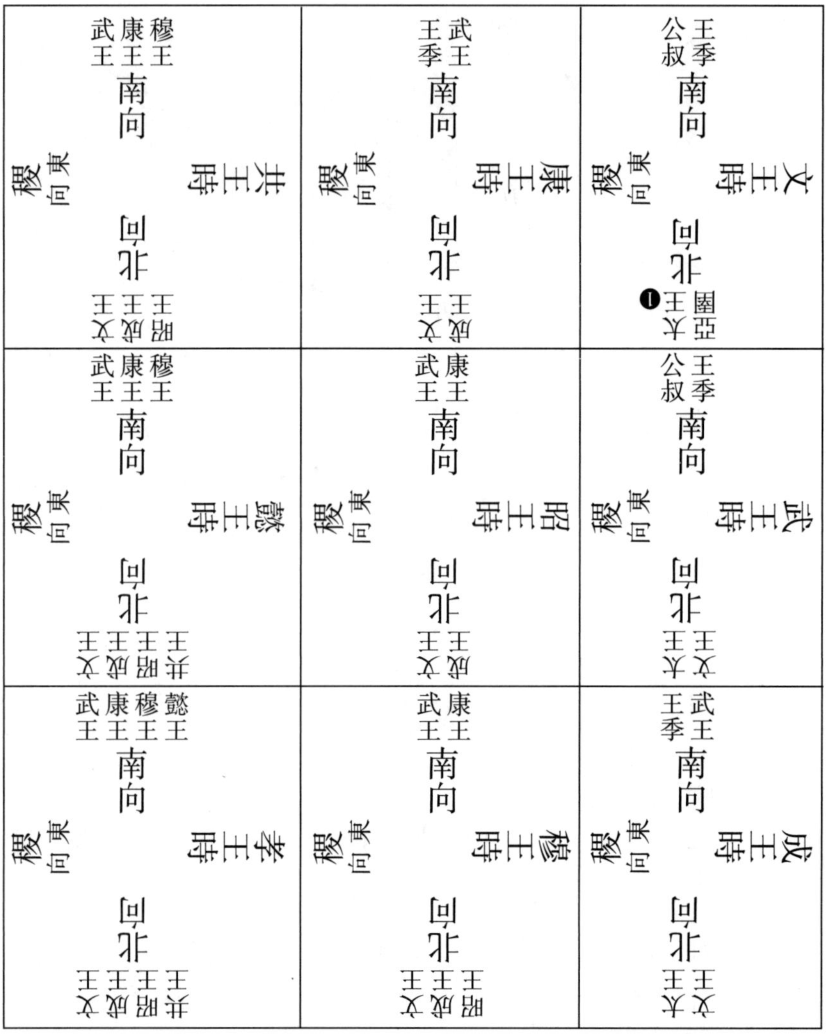

❶「北向」、「亞圉」、「太王」六字原脱，據庫本補。

昭穆之不爲尊卑，説已前見。其大祫則始封以下以次相承，亦無差舛。故張璪以爲四時常祀各於其廟，不偶坐而相臨，故武王進居王季之位，而不嫌尊於文王；及合食乎祖，則王季、文王更爲昭穆，不可謂無尊卑之序者是也。但四時之祫不兼毁廟之主，則有右無昭而穆獨爲尊之時。若兩世室之主，則文常爲穆，而武常爲昭也。故陸佃以「爲毁廟之主有皆不祫之時」難之，而未見璪之所以對也。余竊謂以上世之次推之，一昭一穆，固有定矣。而其自相爲偶，亦不可易，但其散居本廟，各自爲主而不相厭，則武王進居王季之位，而不嫌尊於文王，及其合食於祖，則王季雖遷，而武王自當與成王爲偶，未可以遽進而居王季之處也。文王之爲穆，亦虚其所向之謂而已，則雖北向而何害其爲尊哉？

【朱子《或問》】昭穆之昭，世讀爲「韶」，今從本字，何也？曰：昭之爲言明也，以其南面而向明也。其讀爲「韶」，先儒以爲晉避諱而改之，然禮書亦有作「佋」字者，則假借而通用耳。

曰：其爲向明，何也？曰：此不可以空言曉也，今且假設諸侯之廟以明之。蓋周禮建國之神位左宗廟，則五廟皆在公宫之東南矣。其制則孫毓以爲外爲都宫，太祖在北，二昭二穆以次而南是也。蓋太祖之廟，始封之君居之；昭之北廟，二世之君居之；穆之北廟，三世之君居之；昭之南廟，四世之君居之；穆之南廟，五世之君居之。廟皆南向，各有門堂寢室而墻宇四周焉。太祖之廟百世不遷，自餘四廟，則六世之後每一易世而一遷。其遷之也，新主祔於其班之南廟，南廟之主遷於北廟，北廟親盡則遷其主於太祖之西夾室，而謂之祧。凡廟主在本廟之室中，皆東向；及其祫於太廟之室中，則唯太祖東向自如而爲最尊之位。羣昭之入乎此者，皆列於北墉下而南向；羣穆之入乎此者，皆列於南墉下而北向。南向者，取其向明，故謂之昭；北向者，取其深遠，故謂之穆。蓋羣廟之列，則左爲昭而右爲穆；祫祭之位，則北爲昭而南爲穆也。

曰：六世之後，二世之主既祧，則三世爲昭而四世爲穆，五世爲昭而六世爲穆乎？曰：不然也。昭常爲昭，穆常爲穆，禮家之説，有明文矣。蓋二世祧，則四世遷昭之北廟，六世祔昭之南廟矣；三世祧，則五世遷穆之北廟，七世祔穆之南廟矣。昭者祔則穆者不遷，穆者祔則昭者不動，此所以祔必以班、尸必以孫而子孫之列亦以爲序。若武王謂文王爲穆考，成王稱武王爲昭考，則自其始祔而已。然而《春秋傳》以管、蔡、郕、霍爲文之昭，邘、晉、應、韓爲武之穆，則雖其既遠而猶不易也，豈其交錯彼此若是之紛紛哉？

曰：廟之始立也，二世昭而三世穆，四世昭而五世穆，則固當以左爲尊而右爲卑矣，今乃三世穆而四世昭，五世穆而六世昭，是則右反爲尊而左反卑也，而可乎？曰：不然也。宗廟之制，但以左右爲昭穆，而不以昭穆爲尊卑，故五廟同爲都宫，則昭常在左，穆常在右，而外有以不失其序。一世自爲一廟，則昭不見穆，穆不見昭，而内有以各全其尊。必大祫而會於一室，然後序其尊卑之次，則凡已毀未毀之主，又畢陳而無所易。唯四時之祫不陳毀廟之主，則高祖有時而在穆，其禮未有考焉。意或如此則高之上無昭，而特設位於祖之西禰之下；無穆，而特設位於曾之東也歟？

曰：然則毀廟云者，何也？曰：《春秋傳》曰：「壞廟之道，易檐可也，改塗可也。」說者以爲將納新主，示有所加耳，非盡撤而去之也。

曰：然則後世公私之廟，皆爲同堂異室，而以西爲上者，何也？曰：由漢明帝始也。夫漢之爲禮略矣，然其始也，諸帝之廟皆自營之，各爲一處，雖其都宮之制，昭穆之位，不復如古，猶不失其獨專一廟之尊也。至於明帝，不知禮義之正，而務爲抑損之私，遺詔藏主於光烈皇后更衣別室，而其臣子不敢有加焉。魏晉循之，遂不能革，而先王宗廟之禮，始盡廢矣。降及近世，諸侯無國，大夫無邑，則雖同堂異室之制猶不能備，獨天子之尊可以無所不致，顧乃牿於漢明非禮之禮，而不得以致其備物之孝。蓋其別爲一室，則深廣之度或不足以陳鼎俎，而其合爲一廟，則所以尊其太祖者既褻而不嚴，所以事其親廟者又厭而不尊，是皆無以盡其事生事存之心，而當世宗廟之禮亦爲虛文矣。宗廟之禮既爲虛文，而事生事存之心有終不能自已者，於是原廟之議不得不盛。然亦至於我朝，而後都宮、別殿、前門、後寢，始略如古者宗廟之制。是其沿襲之變，不唯窮鄉賤士有不得聞，而自南渡之後，故都淪没，權宜草創，無復舊章，則雖朝廷之上禮官博士、老師宿儒，亦莫有能知其原者。幸而或有一二知學古之人，乃能私議而竊嘆之，然於前世，則徒知孝惠之飾非，責叔孫通之舞禮，而於孝明之亂命，與其臣子之苟從，則未有正其罪者。於今之世，則又徒知論其惑異端，狗流俗之爲陋，而不知本其事生事存之心，有不得伸於宗廟者，是以不能不自致於此也。抑嘗觀於陸佃之議，而知神祖之嘗有意於此。然而考於史籍，則未見其有紀焉。若曰未及營表，故不得書，則後日之秉史筆者，即前日承詔討論之臣也。所宜深探遺旨，特書總序，以昭來世，而略無一詞以及之，豈天未欲斯人者復見二帝三王之盛，故尼其事而嗇其傳耶？嗚呼！惜哉！然陸氏所定昭穆之次，又與前説不同，而張璪之議庶幾近之，讀者更詳考之，則當知所擇矣。

【辨朱子兄弟異昭穆】

【朱子《禘祫議》】「周九廟圖」宣王時，穆、懿、夷，三昭；共、孝、厲，三穆。

【《祧廟議狀》】第七室欽宗爲穆，第八室高宗爲昭。

【《文獻通考》】馬氏曰：「七廟之制，諸儒皆能言之，而歷代不能如其制而建造者，又在昭穆之位太拘。諸儒之言昭穆者，莫詳明於晦菴之説矣。既爲之説，又爲之圖，覽者一見可決。然愚謂此制也必繼世有天下者，皆父死子立而後可。若兄終弟及，則其序且紊矣。姑以其圖考之。圖自武王至於幽王，皆定六廟三昭三穆之位，然自懿王之前，皆父傳之子，則其序未嘗紊也。懿王崩，孝王以共王之弟、懿王之叔繼懿王而立，故晦菴《廟圖》宣王之世，則以穆、懿、夷爲昭，共、孝、厲爲穆。夫穆王於世次昭也，共王爲穆王之子，於世次穆也。懿王爲穆王之孫，則繼穆而爲昭也，皆是也。孝王爲共王之弟，而以繼共王爲穆。雖於世次不紊，然以弟而據孫之廟矣。至夷王爲懿王之子，世次當穆，而圖反居昭；厲王爲夷王之子，世次當昭，而圖反居穆。則一孝王立，而夷、厲之昭穆遂至於易位。於是晦菴亦無以處此，不過即其繼立之先後以爲昭穆，而不能自守其初説矣。又况宣王之世，三昭三穆爲六代，則所祀合始於昭王。今以孝王厠其間，而其六世祖昭王雖未當祧，而已在三昭三穆之外，則名爲六廟，而所祀止於五世矣。然此所言昭穆祧遷之紊亂者，不過一世耳。前乎周者爲商，商武丁之時，所謂六廟者，祖丁、南庚、陽甲、盤庚、小辛、小乙是也。然南庚者，祖丁兄子；陽甲、盤庚、小辛、小乙，又祖丁子也。姑以祖丁爲昭言之，則南庚至小乙皆祖丁子屬，俱當爲穆，是一昭五穆，而武丁所祀者上不及曾祖，未當祧而祧者四世矣。後乎周者有唐，唐懿宗之時，所謂六廟者，憲、穆、敬、文、武、宣是也。然穆、宣皆憲之子，敬、文、武又皆穆之子。姑以憲宗爲昭言之，則穆、宣爲穆，憲、敬、文、武爲昭，是四昭二穆，而懿宗所祀上不及高祖，未當祧而祧者三世矣。至此，則不特昭穆之位偏枯，而祧遷之法亦復紊亂。若必祀及六世，則武丁之時，除太祖之外，必創十廟；懿宗之時，除太祖之外，必創九廟而後可。且繼世嗣位者，既不能必其爲子、爲弟，而創立宗廟，又安能預定後王之入廟，爲穆多昭少，爲昭多穆少哉？則立廟之制，必合於升祔之時旋行營創，屬於昭者，於太祖之左建之；屬於穆者，於太祖之右建之，方爲合宜。而預爲六廟，定爲三昭三穆之説，不可行矣。又必如晦菴之説，外爲都宮，内則各有廟、有寢、有門、有垣，則其制甚大。且必在國中門之左，則其地有限。昭穆之位既已截然，則雖昭多於穆，昭必不可侵穆之位，而穆位多虛；雖穆多於昭，穆必不可居昭之地，而昭地半闕。易世之後，又不知爲昭爲穆者何如。而已創之廟，其世代之近者既未可祧遷，如武丁十廟之類。其昭穆之不順者，則必逐代旋行位置營建而後可。而其地又拘於中門之内、太祖之左右，創造煩擾，非所以安神明。對偶偏枯，又無以聳觀聽，則反不如漢代之每帝建廟，各在一所，東都以來之同堂異室、共爲一廟之渾成也。故曰：昭穆之位太拘也。」

蕙田案：朱子昭穆之説，止言父死子立之常，而未及兄終弟及之變。設有善發問者舉以相難，朱子必有説以處之矣。馬氏所駁雖爲明辨，然其説實先自疏家發之。《春秋》文公二年《左傳》孔疏云：「若兄弟相代，即異昭穆。設令兄弟四人皆立爲君，則祖父之廟即已從毁，知其理必不然。」此與馬氏同義。且張子亦嘗曰：「若使一世之中各有兄弟數人代立，不可以廟數確定，却有所不祭也。雖數人，止是當得一世。」則已發其端矣。馬氏乃以衆難自塞，而欲苟安於漢代之末失，豈古禮真不可行耶？又檢諸儒，近世四明萬氏能發揮其説，而不失禮之意，附於後，以補馬氏所不及云。

萬氏斯大曰：「天子七廟，固爲定制，然而處常則易明，遇變則難曉。何謂常？父死子繼是也。何謂變？兄終弟及，或以兄繼弟，以叔繼兄子之類是也。經傳止道其常，而處變者無從考見，唯《春秋》躋僖公一事，三《傳》以祖禰父子爲言，《國語》則直謂『異昭穆』，諸家注疏皆謂閔雖弟，先爲君；僖雖兄，嘗爲臣，臣不可以先君，猶子不可以先父，故假祖禰昭穆爲喻。范甯獨不然之，胡安國亦以兄亡弟及爲易世。以愚觀之，則諸家爲善會傳文，而深得乎禮意者也。蓋嘗思之，昭穆之爲義，生於太廟中祫祭位鄉，而子孫因之以定其世次。故父子異昭穆，而兄弟則昭穆同。如《左傳》所謂『太伯、虞仲，太王之昭也；虢仲、虢叔，王季之穆也』、『管、蔡、郕、霍，文之昭也；邘、晉、應、韓，武之穆也』，皆一定而不可易。在虞、虢、管、蔡諸子，雖生列藩封，死亦不得入先王之廟，然而昭穆之稱，太伯、虞仲不聞異於王季也，虢仲、虢叔不聞異於文王也，管、蔡及邘、晉而下，不聞異於武王、成王也。是則身爲諸侯，且不與天子異昭穆之班，而如以兄終弟及之故，即如父子之易世，則設武王無子，立管、蔡而下一人，成王無子，立邘、晉而下一人，此一人者反以天子故，而昔爲文之昭者今且爲武之穆，昔爲武之穆者今更爲成之昭矣，而可乎？故曰：父子異昭穆，兄弟昭穆同，此至當不易之理也。至於兄而繼弟，則弟爲適而兄爲庶，庶不並適，又昔已爲臣，故雖兄不得加於弟；叔而繼兄子，雖本異昭穆，亦必進之先廟，謂其兄廟。始不至以兄子而子叔，以兄而孫弟。若夫廟制，則一準《王制》之言。太祖而下，其爲父死子繼之常也，則一廟一主，三昭三穆而不得少；其爲兄弟相繼之變也，則同廟異室，亦三昭三穆而不得多。觀《考工記》匠人營國所載世室、明堂皆五室，知周同廟異室，古人已有通其變者，正不得指之爲後人之臆見也。得乎此制，則位置井然。雖如殷之兄弟四人相繼，亦豈有昭多穆少，或昭少穆多，如馬端臨所謂『對偶偏枯之慮』哉？朱子之圖，可以處常而不可以處變，故孝王以叔居子列，弟處孫行，遂使夷王以穆而居昭，厲王以昭而居穆，蓋亦未酌乎此制也。」

蕙田案：昭穆之説，何氏洵直爲的，至朱子始詳。然馬貴與猶有昭穆偏枯、祧遷紊亂之疑。萬充宗據兄弟同昭穆之義，定爲同廟異室之制，則世次不紊而廟制有常，不唯補先儒之闕，直可爲萬世之典矣。

顧氏炎武曰：「商之世，兄終弟及，故十六世而有二十八王。如仲丁、外壬、河亶甲兄弟三王，陽甲、盤庚、小辛、小乙兄弟四王，未知其廟制何如。《商書》言『七世之廟』，賀循謂殷世有二祖三宗，若拘七室，則當祭禰而已。徐邈亦云：「若兄弟昭穆者，設兄弟六人爲君，至其後世當祀不及祖禰。」《唐書·禮樂志》自憲宗、穆宗、敬宗、文宗四世祔廟，睿、玄、肅、代以次遷，至武宗崩，德宗以次當遷，而於世次爲高祖。禮官始覺其非，以謂兄弟不相爲後，不得爲昭穆，乃議復祔代宗。而議者言已祧之主不得復入太廟，禮官舊史亦但言禮儀使，不載其名。曰：『昔晉元、明之世，已遷豫章、潁川，豫章府君，宣帝之曾祖。潁川府君，宣帝之祖。惠帝崩，遷豫章。元帝即位江左，升懷帝，又遷潁川。位雖七室，其實五世，蓋從刁協以兄弟爲世數故也。後皆復祔，元帝時，已遷豫章、潁川。尋從温嶠議，復故。明帝崩，又遷潁川。簡文帝立，復故。此故事也。』議者又言廟室有定數，而無後之主當置別廟。開元初，奉中宗別廟，升睿宗爲第七室。禮官曰：『晉武帝時，景、文同廟，廟雖六代，其實七主。至元帝、明帝，廟皆十室。賀循曰：廟以容主爲限，而無常數也。』於是復祔代宗，而以敬宗、文宗、武宗同爲一代。何休解《公羊傳》文公二年『躋僖公』，謂『惠公與莊公當同南面西上，隱、桓與閔、僖當同北面西上』，據大祫如此，則廟中昭穆之序，亦從之而不易矣。鄞萬斯大本之立説，謂『廟制當一準《王制》之言，太祖而下，其爲父死子繼之常也，則一廟一主，三昭三穆而不得少；其爲兄弟相繼之變也，則同廟異室，亦三昭三穆而不得多。觀《考工記》匠人營國，所載世室、明堂皆五室，則知同廟異室，古人或已有通其變者，正不可指爲後人之臆見也』，《記》曰『協諸義而協』，則禮雖先王未之有，可以義起。然則賀循之論，可爲後王之式矣。」

任氏啓運曰：「同堂異室，以西爲上。朱子謂其失始於漢明帝。蓋別爲一室，則深廣不足以容俎豆，而合爲一廟，則事太祖者既褻而不嚴，事親廟者又厭而不尊也。然愚謂禮有經有權，朱子之説，以論父子祖孫當異廟而同堂者耳。若兄弟嗣位，不當以此拘也。朱子《議祫禘》以太祖爲昭，太宗爲穆；欽宗爲昭，高宗爲穆。蓋因宋制而言。觀欽宗、高宗當爲一世而同祧一疏，則知朱子云『昭常爲昭，穆常爲穆』者爲定論，而欽昭高穆之説非確論矣。故兄弟嗣位，必同堂異室，並祔同祧也。」

蕙田案：此與萬氏義同。

蔡氏德晉曰：「天子諸侯廟祧昭穆之制，天子始受命、諸侯始封之君爲太祖，不在昭穆之數。其子爲昭之始，孫爲穆之始，以後穆生昭，昭生穆，相間而下，至於無窮。太祖之廟百世不毀，昭穆之廟謂之親廟，親盡而迭毀。凡廟必建於宮室之左，中門之外，總度立廟之地，而環之以墻。其南爲門，謂之都宮。都宮之内，乃建羣廟。每一廟爲三屋，皆南向。一爲門塾，《士冠禮》『筮於廟門』是也；一爲廟，以奉神主而祭祀焉；一爲寢，以藏衣冠，祭祀畢則燕飲於此，《小雅》『樂具入奏』是也。三屋總周之以墻，爲一廟。天子七廟，太祖居中，坐北而向南，三昭居左，三穆居右，皆下於太祖，以次而出，向南。廟必有主藏於本廟室中，皆居奥而東向。及祫祭於太廟，惟太祖東向居尊，羣昭皆列坐於北而南向，羣穆皆列坐於南而北向，位皆自西而東，以近至尊者爲上也。南向者取其向明，故謂之昭；北向者取其深遠，故謂之穆。昭穆所以别世次，而名義必取於祫祭之位者，祫祭則祖考子孫咸在，死者以世次爲坐位，生者以世次爲立位，秩然不紊，而名分可因以正也。七廟初立之時，一世爲太祖，二世居一昭，三世居一穆，四世居二昭，五世居二穆，六世居三昭，七世居三穆。至第八世没，仍當祔於三昭内，而以六世主遷於二昭，四世主遷於一昭，而祧其二世主，藏於太廟之東夾室。如第二世主有功德不當祧而爲後世所當宗者，則別立廟於三昭之上，與太祖並，謂之世室。第九世没，仍當祔於三穆内，而以七世主遷於二穆，五世主遷於一穆，而祧其第三世主，藏於太廟之西夾室。如第三世主有功德不當祧而爲後世所當宗者，則別立廟於三穆之上，亦與太祖並，而謂之世室。世室或稱祖，或稱宗，《家語》所謂『古者祖有功而宗有德，謂之祖宗者，其廟皆不毁』是也。凡死者卒哭而祔祭於祖，祔祭者將代居其廟，故爲之祭，以告新舊之神也。既祭，復反於寢，練而毁廟。毁廟者，《穀梁傳》云：『易檐可也，改塗可也。』以示將納新主而有所加，非盡撤去而更造之也。始死者昭，則羣昭之廟皆毁；始死者穆，則羣穆之廟皆毁。三年喪畢而後祔廟，祔昭則羣昭皆動而穆不移，祔穆則羣穆皆移而昭不動，何氏洵直所謂『昭常爲昭，穆常爲穆』。居昭位者不可遷於穆行，居穆行者不可入於昭位』是也。然昭穆初建之位，一世昭而三世穆，則左尊而右卑。至八世升祔於昭，而祧其第二世，於是四世昭而五世穆，則左反卑而右反尊者，陳用之謂『昭與昭爲列，而無嫌乎子加於父；穆與穆爲列，而無嫌乎父屈於子』，朱子謂『宗廟之制，但以左右爲昭穆，不以昭穆爲尊卑』，蓋諸廟各有門垣，足以各全其尊故也。況禮之尚左、尚右何常？父居昭而子居穆，則以東爲上；父居穆而子居昭，則以西爲上，固無不可也。特是父死子繼，昭穆之廟得其常，如兄終弟及，或以兄繼弟，以叔繼姪，則昭穆之廟際其變。考之《商書》云『七世之廟』，而禮，天子七廟，三昭三穆，與太祖之廟而七，則每一世而一廟明矣。故父子異昭穆而各爲一世，兄弟同昭穆而並爲一世。各爲一世則祔於祖而各居一廟，並爲一世即祔於其兄同居一廟，而異其室。蓋禮祔必以其昭穆，故孫祔於祖，子不祔於父，弟可祔於兄，《士虞禮》所謂『以其班祔』也。孫祔於祖，則有祔必有遷，有遷必有祧，而同班之廟皆毁。弟祔於兄，則有祔而無所遷，亦無所祧，但毁其兄廟之室，並爲二室，兄居第一室，弟居第二室耳。如三人祔，則並爲三室，一居中，二居左，三居右。四人祔，則並爲四室，一居中之左，二居中之右，三居左，四居右。五人祔，則並爲五室，一居中，二居中之左，三居中之右，四居左，五居右。古者廟皆有五室，故五人並祔而不嫌多。廟後之寢，其室數亦同於廟，而各藏其廟主之衣冠也。如弟先立而兄繼之，亦同祔一廟而爲二室，但弟當居第一室，兄當居第二室；其祫祭之位，則弟與兄同班，而兄必位於弟之下，兄弟之序不先君臣故也。如姪先立而叔繼之，則叔當祔於姪之父廟而異其室，然不嫌躋於姪之上者，同昭穆則有嫌，異昭穆則無嫌也。至祫祭於太廟，則叔必與姪之子同班，叔姪之序亦不先君臣故也。兄弟既同廟異室，故祔則並祔，遷則並遷，祧則同祧，是以昭穆不紊而廟數有常也。祫祭之位，昭穆相對，兄弟嗣位者，或三人俱昭，則唯第三昭與穆相對，而一昭、二昭對面之穆位皆虚；或三人俱穆，則唯第一穆與昭相對，而二穆、三穆對面之昭位皆虛，餘可例推也。以歷代之制言之，《家語》云：『天子立七廟，自有虞以至於周之所不變也。』朱子云：『劉歆謂宗不在七廟中者，恐有功德者多，則占了七廟數也。』其説是。故虞、夏皆以顓頊爲太祖，虞之時以帝嚳爲文祖，帝堯爲神宗，皆功德廟，而自立親廟五，祀瞽瞍以上。《史記》瞍父曰蟜牛，蟜牛父曰勾芒，勾芒父曰敬康，敬康父曰窮蟬，窮蟬即帝顓頊之子，故親廟止於五也。夏禹之時增立舜爲功德廟，而自立親廟五，祀鯀以上。《漢書·律曆志》鯀爲顓頊五世孫，則可具五廟。若《史記》以鯀爲顓頊之子，恐太近而非也。其後子孫又祖鯀宗禹，爲功德廟，而親廟漸增爲六焉。商以契爲太祖，而祖冥宗湯，後以湯爲烈祖，太甲爲太宗，太戊爲中宗，武丁爲高宗，皆爲功德，而親廟則六。周以后稷爲太祖，其後祖文王而宗武王，爲功德廟二，而親廟亦六也。至於昭穆之制，莫詳明於周。后稷第一世，爲太祖，第二世不窋爲昭，第三世鞠爲穆，傳至太王十三世，復爲穆，王季十四世，復爲昭，十五世文王又爲穆，十六世武王又爲昭，故《書》稱文王爲『穆考』，武王爲『昭考』，而《左傳》宫之奇曰：『太伯、虞仲，太王之昭；虢仲、虢叔，王季之穆。』富辰曰：『管、蔡、郕、霍、魯、衛、毛、聃、郜、雍、曹、滕、畢、原、豐、郇，文之昭也；邘、晉、應、韓，武之穆也。』衛祝鮀曰：『曹，文之昭；晉，武之穆。』何氏洵直謂：『父於廟次、世次爲昭者，故謂其子爲穆；父於廟次、世次爲穆者，故謂其子爲昭。由此論之，昭常爲昭，穆常爲穆，雖百世無易。』是也。若諸侯之制，則都宫中立五廟，一爲太祖，二昭二穆爲高、曾、祖、禰四親廟，升祔祧遷之法與天子同。但第六世祔於昭，即當祧第二世，第七世祔於穆，即當祧第三世，而有功德不當祧者，亦爲世室。如祝、陳、杞、宋，以堯、舜、禹、湯爲太祖，而陳胡公、杞東樓公、宋微子之屬，皆始封之君，當另立世室也。至如魯始封，周公尚存，而禮，諸侯不得祖天子，故不立廟。周公薨，始立昭第一廟。至五世當祧，以魯之受封實始於魯公，故另立世室於二昭之上。如齊太公始封，即立二昭二穆四親廟，而無太祖，以諸侯非始受封不爲太祖故也。太公薨則入禰廟，而上祧一世。所祧之主，則瘞埋於墓所。至五世當祧，乃正太公之位於太祖，而更定其子丁公爲昭之始。丁公以後，祧主則不瘞埋，而藏於太廟之夾室矣。丁公不立世室者，以齊之受封實始於太公也。任翼聖謂：『後世帝王掘起，其禮亦當如齊之例。漢元瘞太上主於園寢，晉初祀征西六世，唐初祀宣簡四世，宋初祀僖祖六世，皆有昭穆，而虚太祖。司馬温公以爲：「太祖未正位，故止祀三昭三穆；太祖已正位，乃並昭穆爲七世。」是也。蓋祖有功宗有德，與郊議謚同義，皆本天以衡之，非意爲推崇。王安石以僖祖爲始祖，謬甚。』其説精當，不可易矣。」

【又《周世次昭穆圖説》】

后稷、第一世，爲太祖。不窋、第二世，爲昭。鞠、第三世，爲穆。公劉、第四世，仍爲昭。慶節、第五世，仍爲穆。皇僕、六世昭。差弗、七世穆。毁隃、八世昭。公非、九世穆。高圉、十世昭。亞圉、十一世穆。祖紺、十二世昭。《史記》作「公叔祖類」。太王、十三世穆。王季、十四世昭。文王、十五世穆。武王、十六世昭。成王、十七世穆。康王、十八世昭。昭王、十九世穆。穆王、二十世昭。共王、二十一世穆。懿王。二十二世昭。

案：周自后稷以至懿王，凡二十二世，皆父死子繼。后稷爲太祖，其下一世昭，一世穆，相間而下。故文王以前立五廟，二昭二穆，與太祖而五。武王以後立七廟，三昭三穆，與太祖而七。凡親盡而祧之主，皆藏於太廟之夾室。至懿王時，文王親盡當祧，而以有功當宗，因另立文世室於三穆之上。及懿王崩，孝王立。孝王者，共王之弟，懿王之叔也。懿王本有子，乃不立子而立叔，昭穆之變於此始矣。史稱「懿王時，王室始衰」，此亦其明徵也。然懿王既崩，自當祔廟，懿王爲共王之昭，其主自當祔於第三昭廟之內。由是穆王遷於二昭，康王遷於一昭，而武王當祧矣。亦以有功當宗，因另立武世室於三昭之上。夫孝王爲共王之弟，孝王在位，猶共王在位也。共王時文王且不當祧，况武王乎？今以共王祔之，故不得不祧文王；又以懿王祔之，故不得不祧武王。是則孝王時三昭三穆之廟，雖仍有六世之主，而上事止四世矣。幸而文、武有功當宗，得立二世室，而所事仍六世。否則，僅得事四世而止矣。故成周廟制之變，於此始也，然猶變而不失其常者也。

至孝王没，夷王立，而廟制抑又變矣。孝王、共王弟，二十一世穆。夷王。懿王子，二十三世穆。夷王，孝王之姪孫而懿王之子也。以常制論，則孝王當祔於第三穆廟之內，由是共王遷於二穆，昭王遷於一穆，而成王當祧。然天子七廟本七世，《商書》所謂「七世之廟」也，則三穆廟當三世。今共王與孝王，本同一世而居二穆廟，則三穆廟二世矣。設兄弟四人嗣位，則三廟止一世，而祖亦在祧毁不祀之列矣，其可乎？然則孝王之主，當祔於何廟？曰：祔於共王之廟，而共王之主不遷，爲同廟異室之制可也。同廟異室，則遷則並遷，祧則同祧，則廟制之極其變，而仍不失其常者也。夷王崩，厲王立。夷王爲懿王之穆，當祔於第三穆廟之内。由是共、孝並遷於二穆，昭王遷於一穆，而成王祧矣。至厲王之子宣王當祔於三穆，則夷王當遷於二穆，共、孝並遷於一穆，而昭王祧矣。宣王之孫平王當祔於三穆，則宣王當遷於二穆，夷王當遷於一穆，而共、孝同祧矣。所謂並祔同祧，廟制之變而不失其常者也。其廟主之祧者，既立文武之世室，則穆主之祧者藏於文世室之夾室中，昭主之祧者藏於武世室之夾室中。鄭康成所謂「先公之遷主藏於后稷廟，先王之遷主藏於文、武廟」也。

厲王、二十四世昭。宣王、二十五世穆。幽王、二十六世昭。平王、二十七世穆。洩父。平王太子，未立而卒。二十八世昭。夷王以後，厲、宣、幽、平，皆父子相繼，昭穆世次井然矣。及平王時，太子洩父卒，立其子林，是爲桓王，蓋以嫡孫而承正統也。然則洩父當祔廟乎？不當祔廟乎？洩父之没在平王時，其卒哭而祔，當祔於祖乎？不當祔於祖乎？《雜記》言「公子祔於公子」，《喪服小記》言「諸侯不祔於天子，士大夫不祔於諸侯，祔於諸祖父之爲士大夫者」，則王子不當祔於先王矣。然太子儲君也，非王子比，固可祔於先王。但不立其子而立其弟，則正統有屬，異日太子不當祔廟，則卒哭而不祔於先王可也，如伯邑考是也。既立其子，則正統昭穆不容缺一世，異日太子必當祔廟，則卒哭而祔，不可不祔於先王矣，如洩父及明懿文太子是也。特是喪畢祔廟，王不當祔其子而遷其父，且父爲王而主祭，則子亦不得獨居一廟之尊。故喪畢祔廟，不毁廟，不遷主，但以廟之夾室藏其主可也。及子嗣位，則當取父之主，追尊其號，祔之於正室，以爲禰廟，而遷其曾祖於上廟，此不易之理也。明建文帝以太孫嗣高祖位，元年追尊皇考懿文太子爲孝康皇帝，廟號興宗，皇妣懿敬皇太子妃爲孝康皇后，祔享宗廟，禮之正也。否則，不父其父而禰其祖，天下豈有無父之人乎？漢宣帝以昭帝之兄孫而嗣昭位，因立悼皇考廟。明孫鑛謂「以孫繼祖，不嫌爲考立廟」，是也。此禮之權也，而漢尹更始及王莽乃以皇考廟爲不當立，則必將以孫禰祖，而紊昭穆之序，可乎？至正統昭穆不缺，而以旁支藩裔入繼大統者，其祖仍當祀之於本國，非唯不得祔享太廟，并不得追尊其號也。明世宗之祔興獻王於太廟也，欲尊其父，而陷其父以三罪：以臣匹君，一也；以支庶亂大宗，二也；以藩王干天位，三也。不孝莫大於是矣。

桓王、太子洩父子，二十九世穆。莊王、三十世昭。僖王、三十一世穆。惠王、三十二世昭。襄王、三十三世穆。頃王、三十四世昭。匡王、三十五世穆。定王。匡王弟，三十五世穆。桓王爲平王孫，同居穆位。歷莊、僖、惠、襄、頃五王，至匡王而世次復爲穆，定王以弟而繼兄之位，故匡、定二王，當同居一穆廟而異其室也。

簡王、三十六世昭。靈王、三十七世穆。景王。三十八世昭。案：景王有太子晉壽蚤卒，❶因立子猛，壽之弟也。晉壽雖爲太子，而其弟嗣位，則晉壽非正統相繼者矣，故皆不當祔廟也。子猛未終喪而卒，其弟敬王立，諡猛爲悼王，以猛當立爲王，當祔廟也。其後敬王亦當與悼王同廟異室也。

悼王、三十九世穆。敬王、四十世穆。❷元王、四十一世昭。貞王。四十二世穆。貞王，《史記》作「定王」，《世本》作「貞王」，皇甫謐《帝王世紀》作「貞定王」，司馬貞《索隱》以爲周家不應有兩定王，❸況世數非遠，《史記》乃文偶誤。皇甫謐彌縫兩用之，未爲得也。當以貞王爲正。蘇氏《古史》從之。爲允。

哀王、四十二世昭。思王、四十二世昭。❹考王。四十二世昭。❺貞王崩，長子去疾立，是爲哀王。哀王立三月，弟叔襲殺哀王而自立，是爲思王。思王立五月，少弟嵬攻殺思王而自立，是爲考王。夫哀、思皆嘗爲王，當祔廟。而思、考攻殺其兄，或未必以其兄之主祔廟。然所以攻殺兄者，不過利其國耳。既奪其國，而兄又死，謚

❶「景」，原作「靈」，據聖環本、庫本改。

❷「四十世穆」，依上文所述，敬王乃悼王猛之弟，故當作「三十九世穆」。由此下推，「元王」下當作「四十世昭」，「貞王」下當作「四十一世穆」。

❸「兩」字，原脱，據庫本及司馬貞《史記索隱·周本紀》補。

❹「二」，原作「三」，據庫本改。

❺「二」，原作「四」，據庫本改。

典虛名，廟享虛位，可以不吝，故既爲立謚，必祔廟可知。如祔廟，則哀、思、考當同廟而異室矣。

威烈王、四十三世穆。安王、四十四世昭。烈王、四十五世穆。顯王。烈王弟，四十五世穆。烈、顯二王，兄弟相繼，則其廟必同廟異室，並祔同祧，明矣。

慎靚王、四十六世昭。赧王。四十七世穆。周自后稷至於赧王，凡四十七世，皆父死子繼以爲常，而際其變者五：一則懿、孝、夷之交也；二則平王、洩父、桓王之交也；三則匡、定之交也；四則靈、景、悼、敬之交也；五則哀、思、考之交也。余因考其世次，而論定其昭穆如此，則變而仍不失其常者也。

或疑兄弟同廟異室固可無疑，以孫繼祖而祔其父於廟，必太子未立而死者可也。設太子有罪而廢者，恐不可以罪人而祔廟也。《周禮·冢人職》「死於兵者，不入兆域」，王昭明謂「刑戮之人，惡其毁傷故也」，廟制宜亦當如是。然則祖與孫同昭穆，其中虛其一世，不亦可使昭穆不紊乎？曰：是不然。死於兵者不入兆域，先王以是閑其臣子，而不可以加於君父。故魯昭公失國而死，季氏葬之於墓道之南，孔子溝而合諸墓。況宗廟之制，又非墓域比，雖厲王之流彘，幽王之被弑，楚穆王弑父自立，皆得祔廟。蓋立廟而祭，孝子順孫所以申其孝養之志也，不以祖、父之賢不肖而異也。惟親盡廟毁，始論其功德而立不祧之廟，非所論於親廟也。唯歷代帝王廟專以曆數相繼爲次序，亦非所論於親廟也。親莫親於父子，乃以有罪不立，而不使入廟，可乎？且父廢而子得立,《易》所謂「幹父之蠱,有子,考无咎」者也,子幹父蠱,猶己之悔過遷善也。悔過遷善,不失爲全人。子幹父蠱,則考得无咎。故禹幹父蠱,而鯀可以配天;蔡仲幹父蠱,而叔度可爲始祖,又何嫌祔於昭穆之廟乎哉?昔蒯聵得罪出奔,其子輒立而拒其入,孔子以爲不仁。及蒯聵入立,仍謚爲莊公而祔廟,君子不以爲非,而謚輒爲孝公。蓋罪者一時之過舉而可贖,父子者千古之大倫而不可廢。擯斥之權,❶祖父得加之子孫;而享祀之孝,子孫當自盡於祖父者也。惟爲人後者爲之子,父不可二,既以所後者爲父,不得復以本生父爲父,而僅得以伯、叔稱之。今既未嘗爲人後而有所後之父,乃廢其父而不祀,則是無父也。人有無子者,不聞有無父者。無父者,其必禽獸乎?禽獸之行,而可爲乎?

或疑不祔廟而別立廟以祀之,可乎?曰:禮無別立廟之文。昭穆之廟,皆親廟也,既爲吾父,惡得不入親廟?然則虞舜嗣堯之位,當祀堯爲禰乎?曰:禮,同宗則可爲之後,異姓不相爲後。使舜與堯爲同宗,當以堯爲禰,而封其弟象以奉瞍祀。無弟則立瞍同宗之子爲後,亦封之使奉瞍祀。今舜既與堯異姓,故祀堯於功德之廟,謂之神宗,而自立高、曾、祖、禰四親廟,祀瞍以上。孔子所謂「宗廟饗之」者,此也。孟子言「孝子之至,莫大乎尊親」,而以天下養。生而爲天子父,以天下養;没則以爲禰而祭之,所謂「追養繼孝」者也。曰:後世如周世

❶「斥」,原作「斤」,據庫本改。

宗爲郭氏養子，則何如？曰：養異姓爲子，非禮也。然其生也，既撫育之爲子，嚴事之爲父，没而禰之，所謂「事死如事生」者也，似不得以異姓不相爲後之禮繩之矣。酌乎人情以變而通之同宗爲後之禮可也。

蕙田案：蔡氏推廣萬氏之説，曲鬯旁通，殆無剩義。由是宗廟不易之制，古今事勢之變，經可守而權可達矣。惟天子七廟引《家語》云「自虞至周所不變」，又謂舜宗堯爲功德廟而自立四親廟，不知所云七廟者，指堯以上之祖乎？抑瞽瞍以上乎？所謂功德廟者，將合親廟爲一局乎？抑分爲兩事乎？合之則宗在堯而祖在瞍，無此兩岐之理；分之則宗堯一廟而祀瞍四廟，不合七廟之文，此尚未深考也。

觀承案：昭穆之説，自漢以來紛然聚訟，至朱子而始有定論。然是乃父子相繼之常經，若有兄弟相及，或以伯叔繼統，則昭穆紊矣。萬充宗据張子之説，謂兄弟當同廟而異室，而叔則祔於所繼之考廟，始有以通其變而仍不紊其常。蔡德晉因之，更爲推廣焉，亦云詳已。雖然，禮莫大於宗廟，蓋一舉而尊尊、親親、賢賢、貴貴之義無不盡，固未可以一端論也。夫廟制太祖居上而昭穆分列者，所以尊尊也。三昭三穆以次遞遷而不容少減者，所以親親也。而又有祖有功、宗有德、祀帝配天、百世不遷之廟，則所以賢賢也。諸侯不得祖天子，有以藩侯入承正統者，亦不得顧私親而祔廟，又所以貴貴也。今於尊尊、親親之禮，可以無憾矣，而賢賢、貴貴之道，似尚未盡，何也？夫所謂祖有功、宗有德者，必其功德在人，炳然難掩，則没身而後定謚稱宗，已衆著其爲百世不遷之主矣。而説者論周之文、武，一似隨例祔廟，茫不知其爲宗者。直至懿、孝之世當遷，始覺其不可，而爲之立廟，則聖人之垂典則以遺後人者，不已踈乎？夫周公制禮，於文王既没，特宗祀於明堂，以配上帝；東都甫建，又特立文、武二廟而不及其餘，則百世不遷，當時已有定制，必不以世室大典委諸六七世後不可預知之子孫也決矣。《殷武》之詩亦然。蓋高宗没而即立廟，必不遲之又久至武乙時也。《漢書》使顧成之廟稱爲太宗，是文帝在時且有此論。若武帝，則原有不滿人意處，故數世之後尚煩集議爾。觀此乃知説者多事後懸揣之詞，而未合於當日之情形也。若夫太子無後而立其弟，則不得祔廟，當如伯邑考；太子有後而其子立，不妨追尊祔廟，如周之洩父、明之懿文，此固例之可援者也。顧其説曰「太子本宜爲君，故可稱宗入廟」，則彼無後而令終之太子，豈不宜爲君者耶？又謂「天下無無父之人」，則彼同宗之入繼者，獨可爲無父之人耶？是不知君命立其弟，則兄弟不相爲後，故不可祔。若立其子，則祖孫不可異昭穆，故不得不祔也。與夫旁枝入繼非一脈相承者，固不可同年而語矣。至若得罪於父而廢斥以死者，而其子或得立，竟可追崇而祔廟，則有所未安焉。夫天下無無父之人，亦無無祖之人。母出而與廟絶，則子雖繼位而不可以欺死父，然則獨可以死父而欺其王父乎？非所謂「不以父命辭王父命」也。説者謂「子爲天子，則已能幹蠱而父罪可贖」，然繼世而立乃承襲之常，而未可遂謂之幹蠱也。幹蠱，如周宣之中興，而不敢改其父之謚也；禹之配鯀於郊，則鯀但斥於君，而未嘗絶於宗也。或更例之孔子溝昭公之葬而合諸墓，然昭公乃君逐於臣，而非父之逐其子也，是所未安於心者也。雖然，苟不祔，則將與王父異昭穆，是正所謂「不父其父而禰其祖」者，而昭穆之次不乃大亂乎？此所以不得已而爲之辭也。然而其意是也，其説非也。當曰：父子天性無終絶。既生而斥之，使不爲君，則已足以蔽其辜矣。初未嘗没而并欲絶其後也，今而其子既立，則子固不可以無父，而孫亦不可以禰祖，然則追王祔廟，固亦義之可安，而爲王父在天之靈所許者歟？夫如是，則於賢賢、貴貴之義固兩無所妨，而其所以尊尊而親親者，亦益以篤厚而不替也已。

右廟祧昭穆。

五禮通考卷第五十九

淮陰吴玉搢校字

五禮通考卷第六十

内廷供奉禮部右侍郎金匱秦蕙田編輯
太子太保總督直隸右都御史桐城方觀承同訂
按察司副使元和宋宗元參校

吉禮六十

宗廟制度

【《儀禮·士冠禮》】筮于庿門，【注】冠必筮日于廟門者，重以成人之禮，成子孫也。廟謂禰廟。乃宿賓。厥明夕，爲期于廟門之外。賓立于外門之外，【注】外門，大門外。主人迎，出門左，與賓揖。先入，每曲揖，【注】周左宗廟，入外門，將東曲，揖；直廟，將北曲，又揖。【疏】言此，皆欲見入大門東向入廟。云「入外門將東曲揖」者，主人在南，賓在北，俱向東，是一曲，故一揖也。至庿南，主人在東，北面；賓在西，北面，是曲爲二揖，故云「直庿，將北曲，又揖」也。通下將入廟又揖，三也。至于廟門。

【《聘禮》】公皮弁，迎賓于大門内。賓入門左，公揖入，每門每曲揖，及廟門，公揖入。【疏】諸侯三門，臯、應、路，則應門爲中門。左宗廟，入大門東行，即至廟門，其間得有每門者。諸侯有五廟，太祖之廟居中，二昭居東，二穆居西，廟皆别門，門外兩邊皆有南北隔墻，隔墻中夾通門。若然，祖廟已西隔墻有三，則閤門亦有三。東行經三門，乃至太祖廟。門中則相逼，入門則相遠，是以每門皆有曲，有曲即相揖，故每曲揖也，是以司儀亦云「每門止一相」，亦據閤門而言也。

蕙田案：諸侯三門，庫、雉、路，無臯、應。疏謂「諸侯三門臯、應、路」者，非也。

【朱子《儀禮釋宫》】宫室之名制，不盡見

于經。其可攷者，宫必南鄉，廟在寢東，皆有堂，有門，其外有大門。《周禮》「建國之神位，左宗廟」，宫南鄉而廟居左，則廟在寢東也。寢廟之大門，一曰外門，其北蓋直寢，故《士喪禮》注以寢門爲内門、中門。凡既入外門，其向廟也皆曲而東行，又曲而北。案《士冠禮》「賓立于外門之外，主人迎賓入，每曲揖，至于廟門」是也，又案《聘禮》「公迎賓于大門内，每門每曲揖，及廟門」。大夫三廟，其墻與門亦然，故賓問大夫，大夫迎賓入，亦每門每曲揖，乃及廟門。其説當攷。大夫士之門，惟外門、内門而已。諸侯則三，天子則五，庠序則惟一門。鄉飲酒、射禮主人迎賓于門外，入門即三揖至階是也。

　蕙田案：以上門。

【《士冠禮》】主人即位于門東，西面。【注】主人即位于禰廟門外東，西面立，以待筮事也。有司如主人服，即位于西方，東面北上。【注】主人、有司立位于廟門外西方，東面，以待事也。

【《燕禮》】卿大夫皆入門右。【注】凡入門而右由闑，❶左則由闑西。

【《周禮·考工記》】廟門容大扃七个。【注】大扃，牛鼎之扃，長三尺，每扃爲一个。七个，二丈一尺。

【《爾雅·釋宫》】閍謂之門。【注】《詩》曰「祝祭于祊」。【疏】李巡曰：「閍，廟門名。」

【《儀禮·士冠禮》】布席于門中闑西，閾外，西面。【注】闑，門橛也。古文闑爲槷。【疏】闑，一名橛也。

【《聘禮·記》】擯者立于閾外以相拜。

【《爾雅·釋宫》】樞謂之椳，【注】門户扉樞。【疏】樞者，門扉開合之所由。《易》曰「樞機之發」是也。闔謂之扉。【注】《公羊傳》曰「齒著于門闔」。【疏】

❶「闑」下，《儀禮·燕禮》注有「東」字。

李巡曰：「闔，門扇也。一名扉。」

【陳氏《禮書》】《爾雅》：「柣謂之閾，棖謂之楔，樞謂之椳。樞達北方謂之落時，門持樞者，或達北檼以爲固。落時謂之戺。樴謂之杙，在地謂之臬。」又曰：「橛謂之闑，門橛。楣謂之梁。」蓋界于門者，楣也，亦曰柣，曰閾。中于門者，闑也，亦曰闑，曰橛。旁于門者，楔也，亦曰棖。所以開闔者，樞也，亦曰椳。樞上之横梁，楣也。樞達北楝，落時也。《月令》曰「以修闔扇」，《爾雅》「闔謂之扉」，《公羊》曰「齒著于門闔」，《左氏》「以枚數闔」，《越語》曰「乃闔左闔」，荀卿曰「子貢觀于魯廟之北堂，復瞻九蓋，彼皆繼耶」，❶蓋即闔也。則扇也，闔也，扉也，其實一也。鄭氏釋《月令》，謂木曰闔，竹、葦曰扇，蓋對而言之然也。禮，君入中門，上介拂闑，大夫中棖與闑之間，士介拂棖入，以自高爲戒，故賓不履閾。君入中門，諸侯相朝之禮也。賓不入中門，諸侯來聘之禮也。凡入門而右，由闑東；左，由闑西。《曲禮》曰「大夫士出入君門，由闑右」，《燕禮》「大夫皆入門右」，臣統于君也，《聘禮》「賓入門左」，賓伉于主也。聘，公事也，故入門而左，所以致敬；覿面，私事也，故入門而右，所以致親。

【朱子《釋宫》】門之内外，東方曰門東，西方曰門西。《特牲饋食禮》注曰：「凡鄉内，以入爲左右；鄉外，以出爲左右。」《士冠禮》注又曰：「出，以東爲左；入，以東爲右。」以入爲左右，則門西爲左，門東爲右。《鄉飲酒禮》「賓入門左」，《燕禮》

❶「彼皆繼耶」，《荀子·宥坐篇》作「皆繼，必有説耶」。

「卿大夫皆入門右」是也。以出爲左右，則門東爲左，門西爲右。《士冠禮》「主人迎賓，出門左，西面」，《士虞禮》「側亨于廟門之右」是也。闑東曰闑右，亦自入者言之也。

中門屋爲門，門之中有闑。《士冠禮》曰「席于門中，闑西，閾外」，注曰：「闑，橛也。」《玉藻》正義曰：「闑，門之中央所豎短木也。」《釋宮》曰：「樴在地者謂之臬。」郭氏曰：「即門橛也。」然則闑者，門中所豎短木在地者也。其東曰闑東，其西曰闑西。

門限謂之閾。《釋宮》曰「柣謂之閾」，郭氏曰「閾，門限」，邢昺曰「謂門下横木，爲内外之限也」。其門之兩旁木則謂之棖，棖、闑之間則謂之中門，見《禮記》。

闔謂之扉。邢昺曰：「闔，門扉也，其東扉曰左扉。」門之廣狹，案《士昏禮》曰「納徵儷皮」，《記》曰「執皮左首，隨入」，注曰「隨入，爲門中阨狹」，賈氏曰「皮皆横執之，門中阨狹，故隨入也」。《匠人》云：「廟門容大扃七个。大扃，牛鼎之扃，長三尺。七个，二丈一尺。」彼天子廟門，此士之廟門降殺甚小，故云阨狹也。推此則自士以上，宮室之制雖同，而其廣狹則異矣。

【《四書大全》】汪氏份曰：「門以向堂爲正。自外而言，東扉實爲右扉，西扉則左扉也。君臣出入恒由右扉，則固就東扉而言矣。右扉左扉，此東彼西，原有定所。饒氏謂出則以東扉爲左，入則以西扉爲左，是謂左右扉無定所也。其爲麟士所駁，宜矣。但麟士謂由闑右非不中門正解，則非也。《燕禮》注云『凡入門而右，由闑東，左則由闑西』，所謂『入門而右』，入右扉也；所謂『由闑東』者，拂闑之東而行，即不中門之謂也。陸稼書疑由闑右即拂闑之義，而不敢遽定，麟士以爲非，何也？麟士又引《玉藻》『介拂闑，士介拂棖』，爲不中門之證，亦非也。《玉藻》所言，乃兩君相見，若擯介者隨君而入如此，與平時入公門之禮不同。若如麟士之言，則介拂闑之下，所謂大夫中棖與闑之間者，豈大夫獨當中門耶？」

蕙田案：古人門制，兩旁有棖，中間有闑，棖、闑之間爲中門。棖者，門之兩旁長木。闑則兩扉相合處有一木，常設而不動者。門以向堂爲正，故闑東爲右，闑西爲左。東爲主位，西爲賓位，闑東主所出入，闑西賓所出入，《曲禮》「主人入門而右，就東階；賓入門而左，就西階」是也。臣子在本國，則出入皆由闑東，《曲禮》謂「士大夫出入君門，由闑右」，《燕禮》「卿大夫皆入門右」是也。若聘于他國，則《玉藻》謂「公事自闑西，私事自闑東」，公事聘享，用賓禮；私事覿面，從臣禮也。東西兩扉，各有中。君出入由東扉之中，《玉藻》「閏月，則闔門左扉，立于其中。」臣子不敢當尊」，《鄉黨》「立不中門」，《曲禮》「爲人子者，立不中門」，此東扉之中也。兩君相見，則賓由西扉之中，臣爲賓則否。《玉藻》「賓入不中門」，此西扉之中也。饒雙峰謂：「君出入則皆由左，出則以東扉爲左，入則以西扉爲左。士大夫出入君門則皆由右，出以闑西爲右，入以闑東爲右。」郝仲輿謂：「闑東西自定，左右隨身出入。君自内南面，東出，由闑左，入由右，亦闑左也。臣自外北面，東入，爲闑右，出由西，亦闑右也。入由闑西，則疑于爲賓；

出由闑東，則疑于爲主，故不敢也」。今案：二説皆誤。《曲禮》言「闑右」，《燕禮》言「門右」，據門闑爲左右，則左右皆有定所，未聞隨身出入爲左右也。賓主有闑東、闑西之分，君臣但有中門、不中門之分，未聞君左臣右之説也。君臣常時出入皆在闑東，未聞爲君者東出西入，爲臣者東入西出也。曰「入由闑西則疑于爲賓」，是矣，曰「出由闑東則疑于爲主」，夫不敢疑于主，反儼然疑于賓矣。入不敢爲賓，而出乃敢爲賓，有是理乎？總由不知東西但別賓主而不別君臣，左右有定所而不隨身之出入，故爲此交互紛錯之説耳。至人臣出入由闑右，既不敢當中，即當稍近闑而行。陸稼書謂由闑右即拂闑之義，甚允。《玉藻》「大夫中棖與闑之間，士介拂棖」，蓋大夫士與上介雁行于後，不敢相沿，乃兩君相見之儀，非常時出入之儀也。

又案：以上門東西左右。

【《周禮·考工記》】闈門容小扃參个。【注】廟中之門曰闈。小扃，膷鼎之扃，❶長二尺。參个，六尺。

【《禮記·雜記》】如三年之喪，則君夫人歸。夫人至，入自闈門，升自側階。

【《儀禮·士冠禮》】冠者降自西階，適東壁，北面見于母。【注】適東壁者，出闈門也。時母在闈門之外，婦人入廟由闈門。

冠者降自西階，適東壁。

【《逸雅》】壁，辟也，辟禦風寒也。

❶「扃」，原作「扁」，據聖環本、庫本及《周禮注疏·匠人》鄭玄注改。

萬氏斯大曰：「東壁，東堂下。何以知之？《特牲禮》『主婦視饎爨於西堂下』，《記》又云『饎爨在西壁』，特牲一禮，饎爨無兩，既云『西堂下』，復云『西壁』，則西堂下即西壁矣。然則東壁非東堂下乎？鄭注冠者適東壁見母爲出闈門，且云『時母在闈門之外，婦人入廟由闈門』，非惟于解不明，抑亦乖古人左祖之制。」

【《鄉飲酒·記》】俎由東壁，自西階升。郝氏敬曰：「東壁，東側室。烹狗于東北，熟而實之于俎，故自東壁出，由西階升堂也。」

【《士虞禮》】饎爨在東壁。

【《士喪禮》】爲垼于西墻下。

【《特牲饋食禮》】主婦視饎爨于西堂下。

【《饋食禮·記》】饎爨在西壁。【注】西壁，堂之西墻下。

【《周禮·考工記》】墻厚三尺，崇三之。林氏希逸曰：「凡墻之厚若有三尺，則其高至九尺而止。舉其大概以爲準，高厚可以是推也。」

【《爾雅·釋宫》】墻謂之墉。

【《逸雅·釋宫室》】墻，障也，所以自障蔽也。

【陳氏《禮書》】《爾雅》曰「墻謂之墉」，《詩》曰「崇墉言言」，《易》曰「乘其墉」，則墉，墻之高者也。《儀禮》于房室言「墉」，《士冠禮》「陳服于房中西墉下」，《大射》「西夾六豆，設于西墉下」，《既夕·記》「士東首于北墉下」。于堂下言「壁」，墻之卑者也。《鄉飲酒》「俎由東壁，自西階升」，《士虞禮》「饎爨在東壁」，《特牲禮》「饎爨在西壁」，《士冠禮》「冠者降自東階，適東壁」。《書》有東序、西序，《爾雅》曰「東西墻謂之序」，則序，堂上之東西墻也。《詩》曰「之子于垣，百堵皆作」，《書》曰「既勤垣墉」，《春秋傳》曰「子産使盡壞其館之垣，納車馬焉」，則垣，宫室之外墻也。《考工記》曰「墻厚三尺，崇三之」，則墻者，垣墉之總名與？

【朱子《釋宫》】自門以北，皆周以墻。《聘禮》「釋幣于行」，注曰：「喪禮有毁宗躐行，出于大門。」則行神之位，在廟門外西方。《檀弓》正義曰：「毁宗躐行，毁廟門西邊墻，以出柩也。」《士喪禮》「爲垼于西墻下」，注曰：「西墻，中庭之西。」《特牲饋食禮》「主婦視饎爨于西堂下」，《記》曰「饎爨在西壁」，注曰：「西壁，堂之西墻下。」案：門之西有墻，則墻屬于門矣。西墻在中庭之西，則墻周乎庭矣。西壁在西墻下，則墻周乎堂矣。墻者，墉壁之總名。室中謂之墉，《昏禮》「尊于室中北墉下」是也。房與夾亦謂之墉，《冠禮》「陳服于房中西墉下」，《聘禮》「西夾六豆設于西墉下」是也。堂上謂之序，室、房與夾謂墉，堂下謂之壁，謂之墻，其實一也，隨所在而異其名爾。堂下之壁，闈門在焉。案《士冠禮》，冠者降，適東壁，見于母。注曰：「適東壁者，出闈門也。時母在闈門之外。婦人入廟由闈門。」《士虞禮》：「賓出，主人送，主婦亦拜賓。」注曰：「女賓也。不言出，不言送，拜之于闈門之内。」闈門如今東、西掖門，《釋宫》曰：「宫中之門，謂之闈。」郭氏曰：「謂相通小門也。」是正門之外，又有闈門而在旁壁也。

蕙田案：以上闈門墻垣。

【《儀禮・士冠禮》】筮與席、所卦者，具饌于西塾。【注】西塾，門外西堂也。【疏】筮在門外，故知西塾門外西堂也。擯者玄端，負東塾。【注】東塾，門内東堂。負之，北面。【疏】擯者是主人擯相。事在門内，故知在門内東堂。「負之，北面」，向主人也。

敖氏繼公曰：「東塾、西塾，其北蓋與東西堂相對，而廣亦如之。立于塾北而云『負』，則塾之崇其過於堂與？士之堂，崇三尺。」

【《士喪禮》】陳一鼎于寢門外，當東塾，少南，西面。

【《士虞禮》】匕俎在西塾之西，羞燔俎在内西塾。

【《書・顧命》】先輅在左塾之前，次輅在右塾之前。【傳】先輅、次輅，皆在路寢門内，左、右塾前，北面。　【疏】塾前陳車，必以轅向堂，故知左、右塾前，皆北面也。左塾者謂門内之西，右塾者門内之東，故以北面言之爲左右。所陳坐位、器物，皆以西爲上，由王殯在西序故也。其執兵宿衛之人則先東而後西者，以王在東，宿衛敬新王故也。顧氏云：「先輅在左塾之前，在寢門内之西，北面，對玉輅；次輅在右塾之前，在寢門内之東，對金輅也。」

【《爾雅・釋宫》】門側之堂，謂之塾。【注】夾門堂也。【疏】門側之堂，夾門東西者名塾。

【朱子《釋宫》】夾門之堂謂之塾。《釋宫》曰「門側之堂謂之塾」，郭氏曰「夾門堂也」。門之内外，其東西皆有塾，一門而塾四。其外南鄉，案《士虞禮》陳鼎門外之右，匕俎在西塾之西，注曰：「塾有西者，是室南鄉。」又案：《士冠禮》「擯者負東塾」，注曰：「東塾，門内東堂，負之，北面。」則内塾北向也。凡門之内、兩塾之間，謂之宁。案《聘禮》：「賓問卿，大夫迎于外門外。及廟門，大夫揖入。擯者請命，賓入，三揖，並行。」注曰：「大夫揖入者，省内事也，既而俟于宁也。」凡至門内霤爲三揖之始，上言「揖入」，下言「揖」、「並行」，則俟于霤南門内兩塾間可知矣。李巡曰：「宁，正門内兩塾間。」義與鄭同。謂之宁者，以人君門外有正朝，視朝則于此宁立故耳。周人門與堂，修廣之數不著于經。案《匠人》云：「夏后氏世室，堂修二七，廣四修一。」堂修，謂堂南北之深，其廣則益以四分修之一也，門堂三之二，室三之一。門堂通謂門與塾，其廣與修取數于堂，門得其三之二，室三之一者，兩室與門各居一分也。以夏后氏之制推之，則周人之門殺于堂之數，亦可得而知矣。

【陳氏《禮書》】《尚書大傳》「上老平明坐于右塾，庶老坐于左塾」，《食貨志》亦曰「里胥平旦坐于右塾，鄰長坐于左塾」。《書》言「先路在左塾之前，次路在右塾之前」，先路，象路也；次路，木路也。象路貴于木路，則左塾者東塾也；里胥尊于鄰長而在右塾，則右塾者西塾也。何則？自内視外，則左東而右西；自外視内，則左西而右東。《曲禮》曰「主人入門而右，客入門而左」，此左西而右東也，《玉藻》曰「公事自闑西，私事自闑東」，此左東而右西也。然則《書》言左塾，史言右塾，皆西塾也，自内外言之異耳。

蕙田案：《爾雅》「門側之堂謂之塾」，邢疏：「門側之堂，夾門東西者名塾。」《顧命》「先輅在左塾之前，次輅在右塾之前」，孔疏：「左塾者，門内之西；右塾者，門内之東。」蓋門堂北面，故以西塾爲左塾，東塾爲右塾。自天子五門，至大夫士二門，皆有之。《尚書大傳》「上老平明坐于右塾，庶老坐于左塾」，《漢書·食貨志》「里胥平旦坐于右塾，鄰長坐于左塾」，此係里門之塾，分南北，不分東西，陳用之謂史之右塾係西塾者，非是。又引《玉藻》「公事自闑西，私事自闑東」證左東而右西，亦非是。闑東主所出入爲右，闑西賓所出入爲左，《曲禮》「士大夫出入君門，由闑右。主人入門而右，客入門而左」是也。公事用賓禮，故自闑東；私事從臣禮，故自闑西，非左東而右西也。

吳氏紱曰：「《士虞禮》『羞燔俎在内西塾上，南順』，則塾之有内外東西易明也。但其堂與室，未知如何位置耳。或云：棟之下爲壁，隔斷内外，各以其一爲塾，近壁一半爲室，近檐一半爲堂，而皆無户牖，如房與北堂之制。然《月令》疏謂祀竈、祀門、祀行，皆在廟門外，先設席于廟門之奧。門亦有奧，則似非無户牖者矣。」

蕙田案：吳氏之説近是。《考工記》「門堂三之一，室三之一」，注：「兩室與門，各居一分。」既名爲室，則其户牖雖不可知，而其制度必有異于堂者矣。

又案：以上塾。

【《儀禮・燕禮》】賓所執脯，以賜鐘人于門内霤。

郝氏敬曰：「内霤，門内檐下。」

【《禮記・雜記》】禭者，降受爵于門内霤。

蕙田案：以上門内霤。

右廟門之制。

【《儀禮・鄉射禮》】司正實觶，降自西階，中庭。❶ 乃設楅于中庭南，當洗。

【《大射禮》】司正設洗，洗角觶，南面坐，奠于中庭。【疏】《燕禮》及此《射禮》，司正不以觶升，而奠之于地，比《鄉飲酒》及《鄉射》爲顯。

【《聘禮》】公揖入，立于中庭。擯者退，中庭。宰夫受幣于中庭以東。設于中庭，十以爲列。【注】庭實固當中庭。言當中庭者，南北之中也。言中庭，則設碑近如堂深也。【疏】上享時直言「庭」，入室不言「中庭」，則在東西之中。其南北三分庭，一在南。此更言中庭，欲明南北之中也。上文公立于中庭，宰受幣于中庭，皆南北之中也。

大夫降中庭。【注】大夫降出言中庭者，爲賓降節也。

❶ 此條之上，三家校有兩段校語，云：「此下有『朱子曰』一條，應低一字，小字寫。今刻脱去，應照原稿補入爲妙。但補刻甚屬費事，再酌。」又云：「此條已删去，是。」

【疏】大夫授擯圭訖，降自西階，將出門，至中庭不止。今云大夫降出中庭者，大夫至中庭，賓乃降，故鄭云「爲賓降節也」。

【《士喪禮》】主人進中庭，弔者致命。　甸人置重于中庭，三分庭一在南。　有襚者，賓入中庭，北面致命。　宵爲燎于中庭。

【《特牲饋食禮》】佐食北面，立于中庭。

【朱子《釋宮》】堂下至門謂之庭，三分庭一在北，設碑。《聘禮》注曰：「宮必有碑，所以識日景，知陰陽也。」賈氏釋《士昏禮》曰：「碑在堂下，三分庭一在北。」案：《聘禮》歸饔、餼，醯、醢，夾碑。米設于中庭。注曰：「庭實固當庭中。言中庭者，南北之中也。」列當醯醢南列，米在醯醢南，而當庭南北之中，則三分庭一在北可見矣。《聘禮》注又曰：「設碑近如堂深。」堂深謂從堂廉北至房室之壁，三分庭一在北設碑，而碑如堂深，則庭蓋三堂之深也。　又案：鄉射之侯去堂三十丈，大射之侯去堂五十四丈，則庭之深可知，而其降殺之度從可推矣。

蕙田案：以上中庭、門之內、堂之下也。

【《禮記·祭義》】君牽牲，入廟門，麗于碑。

【注】麗猶繫也。　【疏】君牽牲入廟門，繫著中庭碑也。王肅云：「以紖貫碑中，君從此待之也。」

【《儀禮·聘禮》】當碑南陳。【注】宮必有碑，所以識日景，引陰陽也。凡碑引物者，宗廟則麗牲焉。以取毛血。其材，宮廟以石，窆用木。【疏】「宮必有碑」者，案諸經云「三揖」者，鄭注皆云「入門將曲揖，既曲，北面揖，當碑揖」。若然，《士昏》及此《聘禮》是大夫士廟内皆有碑矣。❶《鄉飲酒》、《鄉射》言三揖，則庠序之内亦有碑矣。《祭義》

❶「士」字，原脱，據聖環本、庫本及《儀禮注疏·聘禮》孔疏補。

云「君牽牲，麗于碑」，則諸侯廟内有碑明矣。天子廟及庠序有碑可知。但生人寢内不見有碑，雖無文，兩君相朝燕，在寢，豈不三揖乎？明亦當有碑矣。言「所以識日景」者，《周禮・匠人》云「爲規識日出之景與日入之景」者，自是正東西南北。此識日景，惟可觀碑景邪正，以知日之早晚也。又云「引陰陽」者，又觀碑景南北長短。十一月，日南至，景南北最長，陰盛也；五月，日北至，景南北最短，陽盛也。二至之間，景之盈縮陰陽進退可知也。云「凡碑引物者，宗廟則麗牲焉，以取毛血」者，云凡碑引物，則識日景、引陰陽，皆是引物，則宗廟之中是引物。但廟碑又有麗牲，麗，繫也。案《祭義》云：「君牽牲，麗于碑，以其鸞刀以取血毛。」毛以告純，血以告殺，兼爲此事也。云「其材，宮廟以石，窆用木」者，此雖無正文，以義言之，葬碑取縣繩繂，暫時之間，往來運載，當用木而已。其宮廟之碑，取其妙好，又須久長，用石爲之，理勝于木，故云「宮廟以石，窆用木」也。是以《檀弓》云：「公室視豐碑，三家視桓楹。」時魯與大夫皆僭，言視桓楹。桓楹，宮廟兩楹之柱。

醓醢百甕，夾碑，十以爲列。　賓自碑内聽命。　賓降自碑内。

【《公食大夫禮》】陳鼎于碑南。　庶羞陳于碑内，庭實陳于碑外。

【陳氏《禮書》】《公食大夫禮》「庶羞陳于碑内，庭實陳于碑外」，《燕禮》「賓自碑内聽命」，《聘禮》「醓醢百甕，夾碑十，分以爲列。賓自碑内聽命」，《祭義》曰「君牽牲，入于廟門，麗于碑」，《士昏禮》「賓入廟門」，《鄉飲酒》「賓入庠門」，《鄉射》「賓入序門」，皆三揖，至于階。而三揖之中，有當碑揖，則諸侯、大夫、士之宮皆有碑矣。鄭氏曰：「宮必有碑，所以識日景、引陰陽也。凡碑引物者，宗廟則麗牲焉。其材，宮室以石，窆用木。」禮，天子之窆豐碑，諸侯桓楹，大夫二碑，士無碑。《喪大記》。　魯之季也，公室視豐碑，三家視桓楹。鄭氏曰：「豐碑，斲大木爲之，形如石碑。于椁前後四角植之，穿中于間，爲鹿盧。天子四碑，前後各重鹿盧也。桓楹，斲之如大楹耳，四植謂之桓。」窆碑如桓楹，則宫室碑制可知。

蕙田案：以上碑。朱子論庭之深，以碑爲節，則碑固宜屬于庭也。

【《詩·小雅·何人斯》】胡逝我陳。【傳】陳，堂塗也。【箋】堂塗者，公館之堂塗也。

【《陳風·防有鵲巢》】中唐有甓。【傳】中，中庭也。唐，堂塗也。甓，瓴甋也。【疏】以堂是門内之路，故知中是中庭。李巡曰：「唐，廟中路名。」孫炎引《詩》云「中唐有甓」，堂塗，堂下至門之徑也。然則唐之與陳，廟庭之異名耳，其實一也，故云「唐，堂塗也」。

【《爾雅·釋宫》】廟中路謂之唐。【注】《詩》曰「中唐有甓」。堂塗謂之陳。【注】堂下至門徑也。【疏】堂下至門徑名陳。

【陳氏《禮書》】《詩》曰「不入我陳」，又曰「中唐有甓」，《爾雅》曰：「廟中路謂之唐，堂塗謂之陳。」唐與陳皆堂下至門之徑，特廟堂異其名耳。《考工記》曰「堂涂十有二分」，鄭氏曰：「階前若今令辟械也，分其督旁之修，以二分爲峻。」蓋令辟即甓也，械其道也，中央爲督，峻其督，所以去水。

【朱子《釋宫》】堂塗謂之陳。郭氏曰：「堂下至門徑也，其北屬階，其南接門内霤。凡入門之後，皆三揖至階。」《昏禮》注曰：「三揖者，至内霤將曲，揖；既曲，北面，揖；當碑揖。」賈氏曰：「至内霤將曲者，至門内霤，主人將東，賓將西，賓主相背時也。既曲北面者，賓主各至堂塗，北行向堂時也。至内霤而東西行，趨堂塗，則堂塗接于霤矣。既至堂塗，北面至階而不復有曲，則堂塗直階矣。」又案：《聘禮》「饔鼎設于西階前，陪鼎當内廉」，注曰：「辟堂塗也。」則堂塗在階廉之内矣。《鄉飲酒禮》注「三揖」曰：「將進揖，當陳揖，當碑揖。」陳即堂塗也。

蕙田案：以上堂塗，由門上堂之路。朱子曰「其北屬階」，則堂塗當下接兩階矣。

【《儀禮·少牢饋食禮》】祝盥于洗，升自西階。主人盥，升自阼階。

【《士昏禮》】舅姑共享婦，舅姑先降自西階，婦降自阼階。【注】授之室，使爲主，明代己。

【《書·顧命》】大輅在賓階面，綴輅在阼階面。【傳】面，前。皆南向。

【《禮記·曲禮》】主人就東階，客就西階。

【《書·顧命》】夾兩階戺。【傳】堂廉爲戺。【疏】堂廉曰戺，相傳爲然。廉者，稜也，所立在堂下，迎于堂廉。

【《儀禮·鄉飲酒禮》】設席于堂廉，東上。【注】側邊曰廉。《燕禮》曰：「席工于西階上，少東。樂正先升，北面。」此言樂正先升，立于西階東，則工席在階東。

【《聘禮》】陪鼎當内廉。【注】當内廉，辟堂塗也。

【《書·顧命》】一人冕，執戣，立于東垂。一人冕，執瞿，立于西垂。【傳】戣、瞿，皆戟屬，立于東、西堂之階上。【疏】《釋詁》云「疆、界、邊、衛、圉，垂也」，則垂是遠外之名。堂上而立東垂、西垂，知在堂上之遠地。堂于序外東廂、西廂，必有階上堂，知此立于東、西堂之階上也。

【朱子《釋宫》】升堂兩階，其東階曰阼階。《士冠禮》注曰：「阼，酢也，東階所以答酢賓客也。」每階有東、西兩廉，《聘禮》「饔鼎設于西階前，當内廉」，此則西階之東廉，以其近堂之中，故曰内廉也。士之階三等，案《士冠禮》「降三等，受爵弁」，注曰：「下至也。」賈氏曰：「《匠人》云天子之堂九尺。」賈氏以爲階九等，諸侯堂宜七尺，階七等，大夫宜五尺，階五等，士宜三尺，故階三等也。兩階各在楹之外而近序。案《鄉射禮》「升階者，升自西階，繞楹而東」，《燕禮》：「媵爵者二人，升自西階，序進，東楹之西，酌散，交于楹北」，注曰：「楹北，西楹之北。」則西階在西楹之西矣。《士冠禮》「冠于東序之筵」，而《記》曰「冠于阼」，《喪禮》「攢置于西序」，而《檀弓》曰「周人殯于西階之上」，故知階近序也。

堂之側邊曰堂廉。《鄉飲酒禮》「設席于堂廉」，注曰：「側邊曰廉。」《喪大記》正義曰：「堂廉，堂基南畔，廉稜之上也。」又案《鄉射禮》「衆弓倚于堂西，矢在其上」，注曰：「上，堂西廉。」則堂之四周皆有廉也。

【陳氏《禮書》】《書》曰「四人執戈，夾兩階戺」，《鄉飲酒》「設工席于堂廉」，《聘禮》「陪鼎當内廉」，鄭氏曰：「側邊曰廉。」孔安國曰：「堂廉曰戺。」

又曰：《書》曰：「一人執戣，立于東垂。一人執瞿，立于西垂。」史曰：「坐不垂堂。」孔安國曰：「東西垂者，東西下之階上。」

蕙田案：以上阼階、賓階、堂廉、戺、垂。

右中庭、碑、堂塗、階、戺、堂廉、垂。

【《禮記·郊特牲》】詔祝于室，坐尸于堂。

【《禮器》】室事交乎户，堂事交乎階。

天子之堂九尺，諸侯七尺，大夫五尺，士三尺。【疏】天子堂九尺，此周法也。案《考工記》「殷人重屋，堂崇三尺」，鄭差之，云「夏高一尺」，故知此九尺者，周制也。

【朱子《釋宮》】堂之屋，南北五架。中脊之架曰棟。次棟之架曰楣。《鄉射禮·記》曰：「序則物當棟，堂則物當楣。」注曰：「是制五架之屋也。正中曰棟，次曰楣，前曰庪。」賈氏曰：「中脊爲棟，棟前一架爲楣，楣前接簷爲庪。」今見于經者，惟棟與楣而已。棟一名阿。案：《士昏禮》：「賓升，當阿致命。」注曰：「阿，棟也。」又曰：「入堂深，示親親。」賈氏曰：「凡賓升，皆當楣。此深入當棟，故云入堂深也。」又案《聘禮》賓升亦當楣，賈氏曰：「凡堂皆五架。」則五架之屋通乎上下，而其廣狹隆殺則異耳。

後楣以北爲室與房，後楣以下以南爲堂，以北爲室與房。室與房東西相連爲之。案《少牢饋食禮》：「主人室中獻祝，祝拜于席上，坐受。」注曰：「室中迫狹。」賈氏曰：「棟南兩架，北亦兩架，棟北楣下爲室，南壁而開户，以兩架之間爲室，故云迫狹也。《昏禮》『賓當阿致命』，鄭云『入堂深』，明不入室，是棟北乃有室也。序之制則無室。」案：《鄉射禮·記》曰：「序則物當棟，堂則物當楣。」注曰：「序無室，可以深也。」又禮席賓南面，注曰：「不言于户牖之間者，此射于序。」賈氏曰：「無室則無户牖故也。《釋宫》曰『無室曰榭』，即序也。」

【《殿屋夏屋説》】殿屋五間，前皆爲堂，後爲房、室，中間之前爲兩楹間。後爲室，東間之前爲東楹之東，又少東，爲阼階上，少北爲東序，後爲東房。西間之前爲西楹之西，又少西，爲賓階上，少北爲西序，後爲西房。序即墻也。設位在東、西序者，負墻而立也。其南爲序端，東序之東，西序之西，爲夾。亦謂之廂。又《説文》云「廂，廊也」，「廊，東、西序也」，此亦可見，但疑「序」下脱一「外」字。其前爲東、西堂，其後爲東、西夾室。

夾外之廉爲側階，房後爲北階。此其地之盤也。其棟則中三間爲一棟，横指東西，至兩序之上而盡，遂自此處分爲四棟，邪指四隅，上接横棟，下與霤齊。此其上棟之制，所謂四阿也。其宇則横棟，前後即爲南北兩下。横棟盡外，即爲東、西兩下。四棟之旁，即各連所向而下，四面榱桷，覆堂廉、出階外者謂之廡，《説文》云：「廡，堂下周屋也。」其屋盡水下處謂之霤。此其下宇之制也。厦屋則前五間，後四間，無西房，堂中三間之後，只分爲兩間，東房、西室。其餘並如殿屋之制。但五間皆爲横棟，棟之前後皆爲兩下之宇。横棟盡外有版，下垂，謂之摶風。摶風之下，亦爲兩廡，接連南北，以覆側階，但其廡亦不出摶風之外耳。《儀禮》疏云：「卿大夫爲夏屋，其室兩下而四周之。」殿屋四阿，連下爲廡，四面之簷，其水皆多，故其簷皆得以霤爲名。厦屋南北兩下之廡，與殿屋同，故其簷亦謂之霤。東西兩廡則但爲腰簷，不連棟下，又不出摶風之外。雖或有水，亦不能多，故但謂之榮，謂之翼，而不得以霤名也。榮、翼乃接簷之名，疏乃直指摶風，誤矣。

蕙田案：朱子謂夏屋前四間後五間，是仍鄭氏無西房之説也。前五後四，何以成堂宇之制耶？詳見後條。

【陳氏《禮書》】天子諸侯之寢廟，四阿有霤，士大夫則五架，有榮而已。五架之制，棟居中，而南北薦簷曰庪，棟、庪之間曰楣。《昏禮》「賓升當阿致命」，阿，棟也。則是大夫士之廟室設于棟北矣。《少牢禮》「主人獻祝，設席南面，祝拜于席上」，則是大夫士之廟室迫狹矣。《爾雅》曰：

「無東西廂，有室，曰寢。」其文對廟言之，則廟寢也。鄭氏謂天子路寢、太廟、明堂同制，豈非惑于《明堂位》「太廟天子明堂」之説乎？所謂「太廟天子明堂」者，蓋其崇、其飾與明堂同，非必五室四門一如明堂也。不然，《書》言路寢詳矣，而無是制，何耶？

蕙田案：以上總論廟屋堂室。

【《儀禮・士昏禮》】尊于室中北墉下。夫入于室，即席。

【《士喪禮》】親者在室。婦人髽于室。

【《既夕・記》】室中惟主人、主婦坐。

【《少牢饋食禮》】主人室中獻祝，祝拜于席上。

【《周禮・考工記》】庭中度以几。

【《禮記・曲禮》】室中不翔。【注】爲其迫也。

【《朱子語類》】李丈問太廟堂室之制。曰：「古制是不可曉。禮説士堂後一架爲室，蓋甚窄，天子便待加得五七架，亦窄狹，不知周家三十以上神主位次相逼，如何行禮？室在堂後一間，從堂内左角爲户而入，西壁如今墻上爲龕。太祖居之，東向，旁兩壁有牖。羣昭列于北牖下而南向，羣穆列于南牖下而北向。堂又不爲神位，而爲人所行禮之地。天子設黼扆于其中，受諸侯之朝。」

蕙田案：朱子以室之制爲窄狹，信有之。然古人之制，畢竟與後不同。《詩》「于我乎夏屋渠渠」，渠渠言高也。屋高則屋内之棟、楣相去自遠，而兩楹間尤較廣矣。《考工記》周人明堂，度九尺之筵五室，凡室二筵，則東西當有一丈八尺。或太廟之室較明堂更爲廣闊，未可知也。又謂兩壁有牖，考室内惟南壁有牖，《詩》「宗室牖下」是也。北則惟有墉而無牖，《士昏禮》「尊于室中北墉下」是也。南牖故明，北墉則幽，昭穆之義，並取于此，亦未可定。兩牖之説未確。

又案：以上正室，堂之北居中一間也。

【《儀禮·特牲饋食禮》】主人及祝升，祝先入，主人從，西面于户内。席于户内。

【《士昏禮》】贊户内北面，答拜。贊洗爵，酌于户外尊，入户西北面，奠爵拜。婦出，祝闔牖户。【注】凡廟無事則閉之。【疏】祭訖，先闔牖，後閉户，是無事則閉之，以其鬼神尚幽闇故也。

【《士虞禮》】贊闔牖户。

【《士虞禮·記》】祝闔牖户，降。啓户，主人入，祝從，啓牖鄉，如初。【注】牖先闔後啓，扇在内也。

【朱子《釋宫》】室南其户，户東而牖西。《説文》曰「户，半門也」，「牖，穿壁以木爲交窗也」，《月令》正義曰：「古者窟居，開其上取明，雨因霤之，是以後人名室爲中霤。開牖者，象中霤之取明也。牖一名鄉，其扇在内。」案《士虞禮》「祝闔牖户，如食間，啓户，啓牖鄉」，注曰「牖先闔後啓，扇在内也。鄉、牖一名」是也。

蕙田案：《易》曰「不出户庭」，又曰：「闢户之謂乾，闔户之謂坤。」一扉爲户，兩扉爲門，故户陽而門陰。《六書精蘊》「户，室之口也。凡室之口曰户，堂之口曰門。内曰户，外曰門。」古人堂内爲室，室東南啓一扉，曰户也。户之制，又隨室而移。《詩》「西南其户」，疏謂「在北者南户，在東者西户」，廟之室在堂北，南向，西有牖，故知爲東南扉也。《玉藻》「君子居恒當户」，《檀弓》「當户而坐」，註謂「當户向明」，非是。蓋户開則户直東南隅之壁，尊者居主奧，適與户相對，故曰「當户」。當户而坐，坐于奧也，所謂居恒當户也。

又案：以上室前户、牖也。

【《儀禮·士昏禮》】媵布席于奧。御衽于奧。婦奠菜，席于廟奧，東面，右几。

【《禮記·曲禮》】居不主奧。

朱子曰：「古人室在東南隅開門，謂之宎，東北隅爲宧，西北隅爲屋漏，西南隅爲奧。人纔進，便先見東北隅，却到西北隅，然後到西南隅，此是至深密之地。」

【朱子《釋宫》】室中西南隅謂之奧，邢昺曰：「室户不當中而近東。」西南隅最爲深隱，故謂之奧，而祭祀及尊者常處焉。

【《詩·召南》】于以奠之，宗室牖下。

【朱《傳》】牖下，室西南隅，所謂奧也。

蕙田案：鄭氏箋「牖下」在户外，非是。今不從。

【《大雅·抑》】相在爾室，尚不愧于屋漏。

【《禮記·曾子問》】凡殤與無後者，祭于宗子之家。當室之白，尊于東房，是謂陽厭。

【注】當室之白，謂西北隅，得户明者也。

吴氏澄曰：「孔子曰：『有陽厭，有陰厭。』陰者，室之西南隅，謂之奧，正當牖下，不受牖明，屋之隱奧處也。以其幽闇，故曰陰。陽者，室之西北隅，謂之屋漏，正與牖對，受牖之明，屋之漏光處也。又爲室之白，白，光明也，以其光明，故謂之陽。」

【《儀禮·既夕·記》】埽室聚之宎。

【《管子·弟子職》】拚前而退，聚于户内。

蕙田案：户内，宎也。埽地，自奧而屋漏而宧而宎也。

【《爾雅·釋宫》】西南隅謂之奧，西北隅謂之屋漏，東北隅謂之宧，東南隅謂之窔。

【疏】此别室中四隅之異名也。奥者，孫炎云：「室中隱奥之處也。」古者爲室，户不當中而近東，則西南隅最爲深隱，故謂之奥，而祭祀及尊者常處焉。屋漏者，孫炎云：「當室之所向，日光所漏入也。」宧者，李巡云：「東北者，陽始起，育養萬物，故曰宧。宧，養也。」窔亦隱暗之義也。

【朱子《釋宫》】東南隅謂之窔，郭氏曰「窔亦隱闇」。西北隅謂之屋漏，《詩》所謂「尚不愧于屋漏」是也，《曾子問》謂之「當室之白」，孫炎曰「當室日光所漏入也」，鄭謂「當室之白，西北隅，得户明者」，經止曰西北隅。

蕙田案：窔、宧、屋漏、奥，室中四隅也。

【《儀禮·士冠禮》】陳服于房中西墉下。

何氏楷曰：「房，《説文》云『室在旁也』，崔氏云『宫室之制，中央爲正室，正室左右爲房』。」

將冠者，采衣，紒，在房中，南面。

朱子曰：「房户宜當南壁東西之中，而將冠者宜在所陳器服之東，當户而立也。」

贊者盥于洗西，升，立于房中，西面南上。

朱子曰：「贊者西面，則負東墉，而在將冠者之東矣。」

【《特牲饋食禮·記》】尊兩壺于房中西墉下，南上。内賓立于其北，東面，南上。

【《鄉飲酒禮·記》】薦脯五挺，横祭于其上，出自左房。【注】在東，養也，陽主養。房，饌陳處也。

【《特牲饋食禮》】豆、籩、鉶，在東房。

【《鄉射禮》】薦脯用籩，醢以豆，出自東房。

【《大射儀》】宰胥薦脯醢，由左房。【注】左房，東房也。人君左右房。

【《公食大夫禮·記》】宰夫筵，出自東房。

【《少牢饋食禮》】主婦被錫衣，侈袂，薦自東房。

【《士昏禮》】女次純衣纁袡，立于房中，南面。主人説服于房。側尊甒醴于房中。饌于房中。

【《士昏禮・記》】婦席薦饌于房中。

蕙田案：以上東房，亦曰左房。

【《聘禮》】賓受圭退，負右房而立。【疏】大夫士直有東房西室，天子諸侯左、右房。今不在大夫廟，于正客館，故有右房也。

敖氏繼公曰：「《記》曰『卿館于大夫』，而此云『負右房』，則大夫之家亦有左、右房明矣。」

吴氏紱曰：「《鄉射・記》『豆籩出自東房』，《特牲》『豆籩鉶在東房』，《記》『賓長兄弟之薦自東房』，如此者非一。言左對右，言東對西，何于天子諸侯則云爾，于大夫則不云爾乎？經文同而疏解異，岐語徒滋眩耳。」

【《聘禮・記》】若君不見，使大夫受，自下聽命，自西階升，受，負右房而立。

【《禮記・祭統》】君純冕，立于阼。夫人副褘，立于東房。【疏】夫人副褘立東房，以俟行事。尸既入之後，轉就西房。故《禮器》云「夫人在房」，雖不云東、西房，下云「東酌罍尊」，則知夫人在房，謂西房也。

【《儀禮・士喪禮》】主婦髽于室。【疏】男子髺髮與免在東房，❶若相對，婦人宜髽于西房。大夫士無西房，故于室内户西，皆于隱處爲之也。

【《禮記・喪大記》】婦人髽、帶、麻，于房中。【注】髽、帶、麻于房中，則西房也。天子、諸侯左、右房。

【《禮器》】廟堂之上，罍尊在阼，犧尊在西。廟堂之下，縣鼓在西，應鼓在東。君在阼，夫人在房，大明生于東，月生于西，此陰陽之分，夫婦之位也。君西酌犧象，夫人東酌

❶「髺」，原作「髻」，據《儀禮・士喪禮》孔疏改。

罍尊。【注】人君尊東也。天子諸侯有左右房。【疏】罍尊在阼，謂夫人所酌也。犧尊在西，謂君所酌也。上云「罍尊在阼」，當阼階堂上而設之，則「犧尊在西」，當西階堂上而陳之。故君于阼階西鄉酌犧尊，夫人于西房之前東嚮酌罍尊。云「天子諸侯有左右房」者，以《士喪禮》「主婦髽于室」，在主人西，《喪大記》「君之喪，婦人髽、帶、麻于房中」，亦當在男子之西，故彼注亦云「則西房」。又《顧命》云「天子有左右房」，此云「夫人在房」，又云「夫人東酌罍尊」，是西房也，故云「天子諸侯有左右房」。

【《書·顧命》】允之舞衣、大貝、鼖鼓，在西房；兑之戈、和之弓、垂之竹矢，在東房。

【傳】西房，西夾，坐東。東房，東廂夾室。【疏】西序即是西夾，西夾之前已有南向坐矣，西序所陳之寶，近在此坐之西。知此在西房者，在西夾坐東也。東夾室無坐，故直言「東廂夾室」，陳于夾室之前也。案鄭注《周禮》宗廟路寢制如明堂，明堂則五室，此路寢得有東房、西房者。鄭注張逸以此問，鄭答云：「成王崩在鎬京，鎬京宮室因文武更不改作，故同諸侯之制，有左右房也。」

蕙田案：以上西房，亦曰右房。東房、西房，經有明文。疏以爲即夾室，併房與夾室爲一，非是。東、西房在序之内，夾室在序之外也。

【朱子《釋宫》】人君左右房，大夫士東房西室而已。《聘禮·記》「若君不見，使大夫受聘，升，受，負右房而立」，《大射儀》「薦脯醢由左房」，是人君之房有左右也。《公食大夫禮·記》「筵出自東房」，注曰「天子諸侯左右房」，賈氏曰：「言左對右，言東對西，大夫士惟東房西室，故直云房而已。」然案《聘禮》賓館于大夫士，君使卿還玉于館也，賓亦退負右房，則大夫亦有右房矣。又《鄉飲酒禮·記》「薦出自左房」，《少牢饋食禮》「主婦薦自東房」，亦有左房東房之稱。當考。

【陳氏《禮書》】以《書》考之，天子路寢之制，室居中，左户右牖，東西有房，又有東序、西序，東堂、西堂，東垂、西垂，賓階、阼階。房之南有東西夾室。鄭康成釋《儀禮》，謂「房當夾室北」是也，孔安國謂「西房西夾室，東房東夾室」，誤矣。諸侯路寢與士大夫之室皆東、西房，《士喪禮》男子髺髮于房，❶婦人髽于室，在男子之西，則諸侯之禮婦人髽于房爲西房矣。士亦有西房，而婦不于此髽者，尊卑之别然也。公食大夫于廟，宰夫饌于東房，贊者負東房，大夫立于東夾南，宰東夾北，則諸侯之廟亦東西房、東西夾矣。《少牢禮》司宮尊兩甒于房户之間，《士冠》、《鄉飲》亦尊于房户之間，《特牲禮》尊于户東，皆指東房言之，非謂無西房也。《鄉飲·記》曰「薦出自左房」，《鄉射·記》曰「出自東」，與《大射》「諸侯擇士之宮，宰胥薦脯醢由左房」，其言相類。蓋言左以有右，言東以有西，則大夫之房室與天子諸侯同可知。鄭氏謂大夫士無西房，誤矣。然房皆南户而無北墉，室有北墉而無北堂，則房户之外，由半以南謂之堂，其内由半以北亦謂之堂。《昏禮》「尊于房户之東」，是房有南户矣。禮《大射》「羞膳者升自北階，立于房中」，而不言「入户」，是房無北墉矣。《昏禮》「尊于室中北墉下」，是室無北堂矣。故《昏禮》洗在北堂，直室東隅，則北堂在房之北可知。

萬氏斯大曰：「《鄉飲酒禮》席次第云『乃席賓、主人、介，衆賓之位，皆不屬焉』，不詳何方何鄉，當于《鄉飲酒義》及《鄉射禮》考之。《義》曰：『坐賓于西北，坐介

❶「髺」，原作「髻」，據《儀禮·士喪禮》改。

于西南，主人坐于東南，坐僎于東北。』此言其方也。又曰：『賓必南鄉，介必東鄉，主人坐于東方。』此言其鄉也。《鄉射禮》曰：『賓南面，衆賓之席繼而西，主人阼階上，面西。』略著其方與鄉也。鄭本此二者注『飲酒』云：『賓席牖前，南面。主人席阼階上，西面。介席西階上，東面。衆賓席于賓席之西。』其方其鄉各得其正。但古人房、室在堂之北，鄭謂惟天子諸侯有左、右房，大夫士東房西室，無右房。若是，則賓席牖前，固當西北矣，然而實逼西序，墻也。席西餘地無幾，何能容衆賓之席？陳用之云：『《鄉飲禮》薦脯出自左房，《鄉射》籩豆出自東房，《大射》宰胥薦脯醢由左房。夫《鄉射》大夫禮，《大射》諸侯禮，其言相類。蓋言左以有右，言東以有西，則大夫士房、室與諸侯同可知。』如其言，則賓席之西得容衆賓之席，乃得其解矣。」

蕙田案：鄭康成謂天子諸侯左右房，大夫士東房西室，而無右房，陳用之、萬斯大皆主士大夫有東西房之説。夫天子諸侯臺門、兩觀，大夫士無之，此尊卑之差。若如右房，無之不爲卑，有之不爲僭，而何必無之？且吉凶之禮，多行于户牖之間，以其爲堂之正中也。設若果無西房，則户牖之前乃堂之西偏，而非正中矣，豈有行冠、昏諸大禮，不在于正中而在旁側者哉？况堂上則有東、西楹，堂下則有東、西階，門側則有東、西塾，皆取其規制之正耳。若無西房，則無西楹，并無西階矣。《士喪禮》「弔者入，升自西階，有大賓，則特拜之，即位于西階下」，何以解之？且有西房而後兩階之中爲中庭，西階之下爲中庭西，《士喪禮》「甸人掘坎于階間，少西，爲垼于西墻下」，注「中庭之西」，若無西房，則中庭以何者爲中，而又何有中庭之西耶？《士喪禮》「皆饌于西序下」，若無西房，則西序之前，即正堂之前矣。正室之前爲堂，方是時，衆婦人户外北面，注「婦人户外堂上」，且君使人弔，君使人襚，皆在堂上行事，何地可容貝以下之諸饌乎？竹扛長四尺，置于宇西階上。既無西房，則宇西階上何地？種種皆不可解，豈復成其規制乎哉？蓋西房之名，不多見于禮經者。禮，東爲主位，西爲賓位，故主人、主婦薦自左房，而賓受享，自西階升受，負右房而立。主禮之及于房中者多，而賓禮之及于房中者少，故略而不及耳。《大射儀》及《鄉飲酒·記》言「左房」，注、疏以爲即東房，《聘禮》「賓受圭退，負右房而立」，則右房是西房也。賈疏謂于正客館，故有右房，敖君善謂卿館于大夫，而此云負右房，則大夫之家亦有左、右房明矣。證佐最明。至郝仲輿又泥大夫無西房之説，謂此右房即東房。言右房者，升堂以東爲右。注、疏謂西房，誤也。案：郝于釋左房處既謂之東房，此釋右房處，又謂之東房，是一東房而兼左右兩名，有是理乎？郝仲輿又謂堂後爲室，室西深入爲奧，是堂之西北也，故西不復得有房。案：《爾雅》

奥、屋漏、宧、窔，俱室中四隅之名，故西南隅謂之奥，未聞堂之西北爲奥也。邢疏：「古者爲室，户不當中而近東，則西南隅最爲深隱，故謂之奥。」今以室西深入爲奥，而旁侵堂西北之地，是未明乎室之制但在堂北中央，而奥之位止在室之西南隅也。其誤甚矣。

又案：以上左右房，接于正室兩邊者也。

【《儀禮・特牲饋食禮・記》】宗婦北堂，東面，北上。【注】北堂，中房而北。【疏】謂房中半以北爲北堂也。

【《士昏禮・記》】婦洗在北堂，直室東隅。篚在東，北面盥。【注】洗在北堂，所謂北洗。北堂，房中半以北。洗，南北直室東隅，東西直房户與隅間。【疏】房與室相連，爲之房，無北壁，故得北堂之名，故云「洗在北堂」也。云「北堂房半以北」者，以其南堂是户外半以南得堂名，則堂是户外之稱，則知此房半以北得堂名也。知房無北户者，見上文云「尊于房户之東」，房有南户矣。《燕禮》、《大射》皆云「羞膳者升自北階，立于房中」，不言「入房」，是無北壁而無户，是以得設洗直室東隅也。云「洗南北直室東隅」者，是南北節也。云「東西直房户與隅間」者，是東西節也。

【《有司徹》】酌致爵于主婦，主婦北堂。

【《大射儀》】工人士與梓人升自北階。卒畫，自北階下。司宫埽所畫物，自北階下。【注】工人士、梓人、司宫，位在北堂下。【疏】南方不見有其位，其人升降自北階，明位在北堂下也。

郝氏敬曰：「北階，堂後階。」

乃命執幕者。執幕者升自西階，立于尊南，北面東上。【注】羞膳者由堂東升自北階，立于房，西面南上。不言命者，不升堂，略之。

【朱子《釋宫》】房中半以北曰北堂，有北階。《士昏禮・記》「婦洗在北堂，直室東隅」，注曰：「北堂，房中半以北。」賈氏曰：「房與室相連，爲之房，無北壁，故得北堂之名。」案《特牲饋食禮・記》：「尊兩壺于房中西墉下，南上。内賓立于其北，東面南上。宗婦北堂，北上。」内賓在宗婦之北，乃云北堂，又婦洗在北堂，而直室東隅，是房中半以北爲北堂也。婦洗在北堂，而《士虞禮》主婦洗足爵于房中，則北堂亦通名房中矣。《大射儀》「工人士與梓人升下自北階」，注曰「位在北堂下」，則北階者，北堂之階也。

蕙田案：以上房内北堂。《儀禮》所載，皆主東房爲之，蓋主人、主婦位在東也。《詩・衛風》「焉得諼草，言樹之背」，《傳》：「背，北堂也。」疏：「背者，向北之義。」豈男子居恒常在奥，而婦人常在北堂歟？ 北階，即北堂之階。其西房之制，不可考矣。

又案：以上東房、西房。

【《儀禮・聘禮》】西夾六豆，設于西墉下，北上；六壺，西上。二以並，東陳。【注】東陳，在北墉下。 饌于東方，亦如之。【注】東方，東夾室。 堂上之饌八，西夾六。【注】八、六者，豆數也。

【《公食大夫禮》】大夫立于東夾南。 宰東夾北。

【《禮記・雜記》】成廟則釁之。門、夾室皆用雞，先門而後夾室。割雞，門當門，夾室中室。【疏】門，廟門也。夾室，東西廂也。

【《内則》】大夫七十而有閣。天子之閣，左達五，右達五。公侯伯于房中五，大夫于閣三。【注】閣以板爲之，庋食物也。達，夾室。大夫言于閣，與天子同文。 【疏】宮室之制，中央爲正室，正室左右爲房，房外有序，序外有夾室。天子尊，庖廚遠，故左夾室五閣，右夾室五閣。諸侯卑，庖廚宜稍近，故降于天子，惟在一房之中而五閣也。大夫既卑無嫌，故亦于夾室而閣三也。

方氏慤曰：「夾室以自是而夾于外，故謂之達。」

陸氏佃曰：「堂上爲達，公侯伯于房中，下天子也。左達，左夾室前堂；右達，右夾室前堂。」

【朱子《釋宫》】序之外謂之夾室。《公食大夫禮》「大夫立于東夾南」，注曰「東于堂」，賈氏曰：「序以西爲正堂，序東有夾室。今立于堂下，當東夾，是東于堂也。」又案《公食禮》「宰東夾北，西面」，賈氏曰：「位在北堂之南，與夾室相當。」《特牲饋食禮》「豆、籩、鉶在東房」，注曰：「東房，房中之東，當夾北。」則東夾之北，通爲房中矣。室中之西與右房之制無明文。東夾之北爲房中，則西夾之北蓋通爲室中。其有兩房者，則西夾之北通爲右房也歟？

蕙田案：夾室之制，孔安國謂房與夾室實同而異名，鄭康成又謂房當夾室之北，非也。《尚書·顧命》明分西夾與西房爲二，孔氏何得合而一之？房之南即堂之東西空處。疏謂序中半以南乃得堂，稱堂上行事非專一所，近户則爲户東、户西，近房則言房外之東、房外之西，康成何得云夾在房南乎？夾室在序之兩旁，當以賈氏公彦之疏爲定。其《士喪禮》「襲絰于序東」之疏云「序墻之東，當東夾之前」，《公食大夫禮》「賓升，大夫立于東夾南」之疏云「序以西爲正堂，序東有夾室」，又「公許賓升，公揖退于廂」之疏云「室有東西廂曰廟，其夾皆在序外」是也。蓋夾室與房，一在序外，一在序内，不相混也。乃郝仲輿又謂夾室在庭之兩旁，東西相向，與堂不屬。萬氏斯同謂《顧命》明言「西夾南向」，則夾非東西相向可知矣。禮，祖宗之祧主皆藏于夾室，以其在序之兩旁，故可藏于此。若在庭之左右，則是子孫儼然居上，而坐祖宗于堂下矣，有是理乎？夾室與左右房並在堂北，何云與堂不屬乎？陳用之謂房之南有東西夾室，亦同鄭氏之誤，不知夾室之前亦謂堂，《内則》謂之左達、右達，山陰陸氏謂「堂上爲達。左達，左夾室前堂，右達，右夾室前堂」是也。《内則》又謂「大夫于閣三」，是大夫兼有夾室，不特有左右房而已。

又案：以上東、西夾室。

右廟中房室之制。

五禮通考卷第六十

鳴謝

《儒藏》精華編惠蒙善助，共襄斯文；謹列如左，用伸謝忱。

本焕法師　壹佰萬元

智海企業集團董事長　馮建新先生　壹佰萬元

NE·TIGER時裝有限公司董事長　張志峰先生　壹佰萬元

張貞書女士　壹佰萬元

北京大學《儒藏》編纂與研究中心

本册审稿人　方向東　王　鍔

本册責任編委　沙志利

圖書在版編目(CIP)數據

儒藏.精華編.六三/北京大學《儒藏》編纂與研究中心編.—北京：北京大學出版社，2020.7

ISBN 978-7-301-11781-1

Ⅰ.①儒… Ⅱ.①北… Ⅲ.①儒家 Ⅳ.①B222

中國版本圖書館CIP數據核字（2020）第028249號

書　　名	儒藏（精華編六三） RUZANG（JINGHUABIAN LIUSAN）
著作責任者	北京大學《儒藏》編纂與研究中心　編
責任編輯	王　應
標準書號	ISBN 978-7-301-11781-1
出版發行	北京大學出版社
地　　址	北京市海淀區成府路205號　100871
網　　址	http://www.pup.cn　新浪微博：@北京大學出版社
電子信箱	dianjiwenhua@126.com
電　　話	郵購部 010-62752015　發行部 010-62750672　編輯部 010-62756449
印 刷 者	北京中科印刷有限公司
經 銷 者	新華書店
	787毫米×1092毫米　16開本　64.25印張　743千字
	2020年7月第1版　2020年7月第1次印刷
定　　價	1200.00元

ISBN 978-7-301-11781-1

9 787301 117811 >

定價：1200.00元